世界上下五千年

世界历史的通俗性普及读物

姜忠喆／主编

辽海出版社

肆

意大利法西斯的兴起

西斯党魁墨索里尼

概况

1914年10月5日,米凯莱·比昂基等10人在米兰建立了第一个法西斯组织,取名为“国际行动革命法西斯”。这个组织的参与者以垄断资产阶级和民族沙文主义者为主,积极主张意大利进行扩张,因此极力鼓吹战争。

与此同时,意大利参议员乔万尼·普莱奇奥西等人纠集了150名参议院、众议院的议员,组成了“议员法西斯”,在议员中积极活动,以便推动议员赞同参战。1914年9月,意大利政府在法西斯分子的宣传下,开始从中立转向支持参战。

在战争期间,意大利经济受到了很大消极影响:大约70万军人死于战争,

流亡中的意大利末代君主翁贝托

战争费用支出占了国家预算支出的80%,同时外债增加了200亿里拉。同时,战争造成大量工人失业,农业产量急剧下降,国内通货膨胀严重,阶级矛盾日趋尖锐。工人罢工经常发生,农民也卷入了革命浪潮,退伍军人也参加了反政府的斗争。

第一次世界大战结束后,意大利作为四大战胜国之一,参加了巴黎和会。但是在《凡尔赛条约》中,英法等协约国并没有实现原先在伦敦密约中许诺的诺言,意大利只得到了一万五千平方公里的土地。意大利人民对此非常不满。民

族沙文主义者和法西斯分子借此发动了反对《凡尔赛和约》的政治运动。

在俄国十月革命的影响下，意大利工人革命愈演愈烈。到1920年秋，意大利北部的工厂基本上被工人占领，工人运动发展到了意大利南部和中部。面对此种形势，意大利政府决定镇压工人运动。此时，墨索里尼纠集了一批退伍军人组建了法西斯党。此后，墨索里尼在垄断资本家的支持下日益猖獗起来。

墨索里尼于1883年7月29日出生于意大利瓦拉诺·迪科斯塔的一个铁匠家里。1270年前后，墨索里尼的先祖乔瓦尼·墨索里尼是波伦亚这个好战尚武的城市的领袖。但是由于不断的党派内争，墨氏家族后来就逐渐衰落了。到了19世纪，墨索里尼家族已经变成了一个自食其力的中下等家庭。

1890年，墨索里尼到邻村去读书。在这个学校中，墨索里尼蛮性未改，行为乖戾，不听教诲，经常和同学们打架。两年之后，墨索里尼被学校开除了。

后来，他被送到了另一个学校，不过他的脾气依然如故。不过，墨索里尼聪明出众，教师们都夸奖他是“栋梁之材”。在老师们的帮助下，墨索里尼渐渐知道用功，而且功课也非常好。其外，墨索里尼的口才特别好。有一次口试，他一口气说了半小时，裁判员给了他零分，但是称赞他的口才非常好。在家里的时候，他总是练习演讲。母亲问他干什么，他说：“长大以后，我一定要让意大利听我的指挥。”

1902年，墨索里尼乘车到了瑞士西部。就在这一年，他的父亲因为参加社会党的暴动而被捕入狱。墨索里尼在瑞士经常参加当地的群众集会，有时也在公众场合发表演说。有一次在演讲时得罪了瑞士当局，被驱逐出境。此后，他回到意大利，随即在历史名城维罗纳参加了巴萨列里奥的联队。

1913年，墨索里尼成为意大利社会党的领导者之一，倾向于无政府主义。当法西斯主义在意大利兴起、并坚决主张意大利参战的时候，当时身为意大利社会党左派领导人的墨索里尼突然改变了原来的反战立场，于1914年10月18日发表了题为《从绝对中立转向积极有效的中立》的文章，公开支持意大利参战。社会党于是开除了墨索里尼。

11月14日，墨索里尼在米兰创办了《意大利人民报》，鼓吹战争。第一次世界大战为墨索里尼的发迹提供了很好的机会。在英、法等协约国拒不实现原先的承诺的时候，墨索里尼借古罗马的辽阔版图，鼓吹战争以扩大意大利版图。

墨索里尼在罗马威尼斯广场演说

他曾在公开场合说:“要么修改《凡尔赛和约》,要么进行新的战争。”

为了实现自己的反动抱负,墨索里尼于1919年3月,在米兰招集旧时政治上和行伍中的同志150人,组织了“战斗的法西斯党”。入党的人,多是一些退伍军人。一战后,意大利退伍军人对政府非常不满,他们没有土地,没有生活来源。墨索里尼抓住这一机会,在报纸上极力为军人歌功颂德,强烈建议为退伍军人分发土地,并公开支持他们去夺取地主的荒地,从而得到了广大退伍军人的拥戴。

在成立“战斗的法西斯党”时,墨索里尼扬言推行普选,实行8小时工作日,确定工人最低工资标准,把工厂的管理权交给无产阶级的组织,修改劳保法、把享受劳保的年龄从六十五岁降至五十五岁等。所以从表面打着社会主义招牌的法西斯党,貌似代表工人阶级利益,但是其实在建立之初,就决心要摧毁布尔什维克在意大利的势力,决定镇压工人罢工。他们的宗旨是:“用军队的组织,组成一个革命团体,恢复意大利固有的国性,铲除赤化势力。”

“战斗的法西斯党”成立之后,由于在社会上攻击社会党是民族的叛逆,而并没有起到笼络人心的作用,同时在社会上的影响也十分有限。在1919年11月的意大利第25届议会选举中,该党派无一人当选。墨索里尼此时举棋不定,最后决定投靠资产阶级。

1920年5月24日,“战斗的意大利法西斯”在米兰召开了全国代表大会,会议决定把暴力作为该党的组织原则,把“蓖麻油”和“大棒”作为该党的标志。

此后，墨索里尼对工人运动采取了凶残的暴力。他们的战斗小分队四处活动，对人民群众进行恐吓、抢劫、勒索和骚扰。法西斯别动队四出袭击工会，焚烧社会党的《前进报》馆，殴打、枪杀进步人士和共产党人。

短短几个月中，意大利的工人运动大为减少，罢工从1920年的2070次降低到1921年的1134次。垄断资产阶级对法西斯分子的行动大为赞赏，此后给墨索里尼提供了大量的活动经费，让他们购买武器。此后，法西斯党的势力迅速增加，党徒从1920年的两万多人增加到了1921年的20万人；基层党组织也从原先的88个增加到了834个。

1921年12月7日，“战斗的意大利法西斯”在罗马举行全国代表大会，宣布将党名正式改为“意大利国家法西斯党”，选举意大利法西斯“元老”为总书记，墨索里尼为“领袖”。

此外，法西斯党还将“棒束”作为自己党的标志。该党的党徽是一束棒子，中间捆着一柄斧头。棒子原是古罗马高级执法官的标志：在古罗马时代，贵族出游的时候，常常由仆人举着一个中间插着一把斧头、用红条紧束的棒子，这个棒束就叫“法西斯”(Fasces)，是古罗马权力的象征。墨索里尼把棒子象征人民，斧头象征领袖，意思是人民要绝对服从他们勇武的领袖。

意大利国家法西斯党成立后，马上就进行了夺权的准备。12月16日，法西斯党在其机关报《意大利人民报》上刊登了一个公报，决定把党的支部和法西斯军事组织行动队合并，所有党员一律参加行动队。此外，法西斯党在全国建立了一批能容纳千人以上的大型兵营，并强化法西斯军队的纪律。在采取了上述措施后，法西斯武装在数量上已经大大超过了意大利国民军。

此后，法西斯党加大了对工人组织破坏的程度。从1922年开始，法西斯党以帮助恢复社会秩序为名，有计划地袭击、捣毁各个城市的工会，夺取社会党控制的城市。从5月开始，法西斯开始转入武装夺取社会党控制的城市，先后占领了费拉拉、波伦亚等城市。

1922年10月16日，墨索里尼在米兰召集了党徒们开会，决定发动军事政变，同时决定由巴尔波、比昂基等4人组成“四人领导小组”，亲自指挥“向罗马进军”的军事政变。20日，“四人领导小组”制定了具体的行动计划，确定了军队的部署和指挥人选。

10月20日夜，法西斯总部下令全国总动员，同时发表了对全国国民的檄文，宣布进军罗马，劝告意大利国民军不要和他们作战，说明他们的目标仅在于推翻腐朽的统治阶级，劝慰有产阶级不要害怕，并且声明保护工农的正当权利。

10月24日，法西斯党在那不勒斯召开了由3万法西斯分子参加的大会。墨索里尼在会议上对党徒们说："假使我们不能和平接受国家政权，便带兵到罗马去，清君侧，用武力攫取政权。"墨索里尼话音刚落，下面的党徒们就狂叫着："到罗马去！到罗马去！跟我们的领袖到罗马去！"这场大会实际上是法西斯分子向罗马进军的誓师大会。此时，法西斯的武装党徒已经发展到了50万人，普通党员达到100万。另外，在他操纵控制下的工会和其他社团还有250万人。

法西斯上述的行动并没有引起意大利政府的足够重视，他们错误的认为法西斯已经放弃了向罗马进军的计划。26日的时候，意大利首相法克塔还说："那不勒斯法西斯群众大会是在平静的气氛中举行的，今天晚上法西斯行动队队员已经开始返回各自岗位了。迄今为止，没有发生任何事情。现在我相信，他们已经放弃了向罗马进军的计划。"

可就在这天晚上，墨索里尼在那不勒斯的一个旅馆召集"四人领导小组"，最终决定立即向罗马进军。27日，法西斯分子兵分3路，向罗马挺进。此时的意大利，天空阴云密布，恐怖气氛笼罩全国。

27日晚，意大利国王回到罗马，听取了首相法克塔的建议，同意实行全国戒严。但是法克塔并没有提出要将法西斯分子的镇压措施，甚至连一句警告的话都没有，只是强调"确保和平解决"。

当28日早上法克塔去王宫要求国王签署戒严令时，国王却对此断然拒绝，他认为当时的罗马，只有5000到6000人的卫戍部队，而且全是征集起来的，100%靠不住，因此罗马是完全抵抗不了法西斯分子的进攻的。其实，墨索里尼早就在暗地里和国王达成了交易，法西斯党对每个人都做过一些许诺。此外，垄断资本家也向国王施加了压力，期望通过法西斯军队的势力来镇压革命。

其实，墨索里尼也做好了进军失败的打算，因为如果保卫罗马的普里埃塞师团出面干预，法西斯武装肯定会被打败。因此，墨索里尼在28日后把法西斯军队的指挥权都交给了"四人领导小组"，自己则准备一旦进军失败，就跑到瑞士去。

就在墨索里尼准备逃亡时，接到了国王首席副官的紧急电话，说国王邀请他前往罗马组建新的政府。此时的墨索里尼还不相信，因此一定要求国王通过电报的形式把这些话再讲一次。收到电报后，墨索里尼当晚就前往罗马。30日早上，他就接受了国王的组阁委任状。次日，墨索里尼组成了新政府，建立了世界上第一个法西斯政权。

此后，墨索里尼通过各种方式削弱了非法西斯在意大利的势力。1924年意大利举行大选，法西斯党徒使用武力控制了选举机构，最后法西斯党获得了65%的选票，议员的席位从原来的不足50，增加到了375席。1925年1月，墨索里尼改组了内阁，把非法西斯大臣都赶出了内阁。继而，他解散了除法西斯党之外的所有政党，确认了墨索里尼的军事独裁统治。

墨索里尼可以说是法西斯的鼻祖，他在意大利法西斯分子的支持下，向罗马进军，最终建立了世界上第一个法西斯政权。此后，法西斯势力在意大利进一步得到巩固，在传播法西斯思想和推动世界法西斯势力方面，起到了很大的作用。此后，德国、日本也相继建立了法西斯政权，最终发动了第二次世界大战，给世界人民带来了巨大灾难。各国法西斯主义虽然具体纲领和表现形式有所不同，但憎恨自由精神，反对民主制和议会政治，宣扬极端的民族主义，推崇强权和暴力，主张专制统治，无情镇压反对派却是其共同特点。

意大利法西斯政党的建立

1922年10月27日，以法西斯创始人墨索里尼为党魁的意大利国家法西斯党，以它所控制的那不勒斯和佩鲁贾等城市为基地，发动了所谓“向罗马进军”的武装政变，关于10月31日夺取国家权力，建立了世界上第一个法西斯政权。

1914年第一次世界大战爆发后，意大利各派政治势力围绕着参战还是中立的问题，展开了激烈的斗争。

以社会党为代表的绝大多数意大利人民反对参战，主张中立。垄断资产阶级和民族沙文主义者企图利用世界大战的机会，对外进行扩张，建立起梦寐以求

墨索里尼在恺撒塑像前，他建立新罗马帝国的野心暴露无余

的“意大利帝国”，因而极力主张参战，并为此建立了各种名目的组织，进行战争宣传。其中有的组织为了标榜革命，笼络人心，以“法西斯”命名。第一个法西斯组织是由米凯莱·比昂基和切萨雷·罗西等10人于1914年10月5日在米兰建立的，取名“国际行动革命法西斯”，于10月11日发表了鼓吹参战的宣言。

“国际行动革命法西斯”建立后，除鼓动深受民族沙文主义思想毒害的青年学生举行游行，要求参战外，积极同墨索里尼等有影响的各派政治势力的领导人进行接触，以便取得他们的同情与支持。

与此同时，参议员马菲奥·潘塔莱奥尼和乔万尼·普莱齐奥西等人，网罗150名参、众两院议员，组成了一个“议员法西斯”，在议员中广泛进行活动，以便推动议会赞同参战。

1914年9月，以萨兰德拉为首相的意大利政府，为了摆脱内外交困的处境，从开始主张中立转而支持参战，致使参战派的声势大增。这使墨索里尼意识到，意大利参战是大势所趋。在投机心的驱使下，这个名噪一时的社会党左派领导人突然改变原来的反对参战的立场，于1914年10月18日，在由他任主编的社会党机关报《前进报》上，发表题为《从绝对中立转向积极、有效的中立》的文章，公开支持参战。为此，他于10月20日离开《前进报》，24日被开除出社会党。

墨索里尼依靠本国的昂萨尔多公司和皮雷利公司等大垄断集团提供的50万里拉，以及法国政府每月向其提供的1.6万里拉的经费，于1914年11月14日在米兰创办《意大利人民报》，鼓吹战争。他加入了《国际行动革命法西斯》，并以该组织领导人的身份，把米兰等几个地方组织改名为“革命行动法西斯”。

1915年1月24日—25日，“革命行动法西斯”在米兰召开第一次代表大会，正式宣布成立。它打着社会主义的旗号，凭借墨索里尼在社会党素有“强硬的革命派”的名声，吸引了不少人参加。到2月底，“革命行动法西斯”分布在全国各地的基层委员会共有105个，成员约9000人。“革命行动法西斯”在罗马和米兰等地，组织一些受沙文主义毒害的青年和教师，上街游行和举行集会，支持主战的政策，攻击和殴打反对参战的议员。

在主战派的威逼和英、法等国政策的利诱下，意大利国王维托利奥·埃马努埃莱三世，批准萨兰德拉政府于1915年3月开始同协约国政府就意大利参战的条件问题，举行谈判。4月26日意大利同英、法、俄三国秘密签订《伦敦条约》，5月24日，意大利正式对奥地利宣战。

然而，“革命行动法西斯”却随着墨索里尼于1915年8月应征入伍，而名存实亡。

第一次世界大战结束后，意大利虽然也以四大战胜国之一，出席巴黎和会，但在《凡尔赛和约》中，《伦敦条约》对意大利所作的许诺并未兑现。意大利仅仅分得1.5万平方公里的土地。它在这次战争中总共动员了500万人，死亡65万5千人，伤残145万人。军费总支出高达650亿里拉，致使这个当时每年国民总收入仅200亿里拉的国家债台高筑，有外债200亿里拉，内债350亿里拉。意大利付出巨大的代价，本来指望能够攫取它所期望获得的大片地区，结果所获甚微。意大利对此强烈不满。垄断资产阶级和民族主义分子借机发动了一场反对《凡尔赛和约》的政治运动。反动文人邓南遮组建一支由2500名退伍军人和狂热的民族主义分子参加的义勇军，于1919年9月12日占领阜姆城，并宣布阜姆与意大利合并。这种民族主义思潮加剧了战后的意大利发生的政治和经济危机。

意大利的工业，特别是与战争有关的工业，在第一次世界大战期间发展很快。战后由于政府撤销大批军事定货，造成工业生产急剧缩减。到1921年，有26%的钢铁公司倒闭。生铁的产量只相当战前水平20%。许多企业、银行和股份公司破产。100多万人失业。通货膨胀，粮食和工业品的价格昂贵。与战前的1913年水平相比，物价提高了441%，生活费用上升317%。工人的实际工资收入降低了50%。

广大工人生活状况的进一步贫困，引起阶级矛盾尖锐化。在俄国十月革命的影响下，意大利的工人运动蓬勃发展。1919年有记载的罢工达1871次，参加者共55.4万人次。1920年罢工增加到2070次，参加者达231.4万人次。就在这一年的8月底，意大利冶金工会为抗议厂主“同盟歇业”，决定米兰、都灵等地的冶金工人占领工厂。社会党左派领导人葛兰西等积极参与领导，组织各工厂建立“赤卫队”和“工厂苏维埃”。运动很快蔓延到整个意大利北部和中部的大部分地区。参加者共达60多万人，革命形势在逐渐成熟。

随着工人运动的发展，意大利社会党的威望大大提高，党员人数迅速增加。1919年10月，意大利社会党还只有党员 7.1 万人，1921 年 1 月增加到 22 万人。工人运动的发展，使社会党成为左右国内形势的重要力量。通过 1920 年的地方选举，它在全国 67 个省和 8327 个市镇议会中，在其中的 26 个省和 2166 个市镇控制了多数席位。这使广大工人产生了在意大利建立“苏维埃政权”的希望。

这时，社会党内部分化加剧，党的领导人屠拉梯等人深受第二国际改良主义的影响，不能肩负起领导无产阶级革命的重任。以塞拉蒂为首的人数众多的“最高纲领”派虽然表示赞同无产阶级专政，却迟迟未同改良主义者决裂。尽管以葛兰西为首的左派于 1921 年 1 月 21 日退出社会党，建立了意大利共产党，但在当时，其力量和影响十分有限，还不具备把工人运动引向无产阶级革命的能力。这样，1919—1920 年蓬勃发展的工人运动，也就未能转变为革命。

第一次世界大战使意大利的农村经济遭到严重破坏。大片耕地荒芜，1920 年的粮食生产比战前的平均年产量减少 1800 万公担。战后，社会党提出“土地社会化”的口号，即主张所有土地统归合作社所有，遭到农民的坚决反对。当城市工人举行大罢工和占领工厂时，农村爆发了占地运动。1919 年全国有 50 多万农民参加了这个运动，1920 年达到 100 多万。墨索里尼针对有地农民害怕失去土地和无地农民渴望得到土地的心理，提出“扩大小农所有制”和“分土地给农民”等口号，深得农民的拥护。农民转到了法西斯运动一边，成了这个运动的主要群众基础。

战后，意大利有 100 多万士兵退役。这些人主要来自农村，多数是无地或少地农民。王国首相曾在他们入伍前许诺：退伍时分土地给他们。但战后政府却拒不履行这个诺言。战前反对意大利参战的社会党不仅不支持他们的要求，反而对他们采取歧视、虐待的态度，不准他们加入社会党，甚至殴打战争中受伤致残者和获得勋章的人。退伍军人对现政权不满，对社会党抱敌视情绪。他们期望有人能帮助自己改变现状。这就为墨索里尼拉拢退伍军人提供了极好机会。他在报纸上极力为军人歌功颂德，提出分土地给退伍军人，并支持他们去夺取地主的荒地。这使他赢得了退伍军人的拥护。

在取得农民和退伍军人的支持后，墨索里尼于 1919 年 3 月 2 日在他创办的《意大利人民报》上，刊登一则启事，宣布将于 1919 年 3 月 23 日在米兰举行“一次非常重要的集会”，要求各方人士积极参加并给予大力支持。启事刊出后，他组成了一个以他为首的7人执行委员会，并于3月21日在他的办公室举行了第一次会议。3月23日在米兰的圣·塞波尔克罗广场，如期举行了以退伍军人为主要成分的会议。会上正式建立法西斯组织，取名“战斗的意大利法西斯”。会议通过一个宣言，“要求实行普选，给妇女以选举权和被选举权”；“实行八小时工作日，确定最低工资标准”和“把工厂或公用事业的管理权交给无产阶级组织”，“修改……劳保法，把享受劳保的年龄从65岁降至55岁”等等。

然而，由于墨索里尼在会上攻击社会党是“民族的叛逆”，使这个貌似代表工人阶级利益的“革命”纲领，没有起到笼络广大工人的作用。同时，它所打出的“社会主义”招牌，又使垄断资本家很不放心。

“战斗的法西斯”建立后，在国内的政治影响十分有限。在1919年举行的第25届议会选举中，法西斯分子无一人当选。许多法西斯分子纷纷退党。“战斗的意大利法西斯”一时处于危机之中。墨索里尼一度左右徘徊，举棋不定，最后才选定了投靠垄断资本的路线。他于1920年5月24日在米兰召开“战斗的意大利法西斯”全国代表大会。会议决定把暴力作为该组织的行动准则。自此以后，大搞暴力恐怖活动，“法西斯”同“蓖麻油和大棒”成了同义语。它彻底抛弃了虚假社会主义外衣，充当垄断资产阶级镇压工人运动的忠实工具。7月20日，法西斯分子袭击并焚毁了罗马的社会党《前进报》编辑部。

1920年8月30日，意大利北部地区爆发了60万工人占领工厂的运动，“战斗的意大利法西斯”中央委员会于9月6日晚举行紧急会议，研究对付冶金工人占领工厂的策略。会后发表声明，指责政府无能，要法西斯分子做好采取行动的准备。同年11月中旬，法西斯分子在当局的纵容下，开始对工人阶级采取了大规模的暴力行动。他们袭击和捣毁工会、殴打、杀害工人和革命者。法西斯分子在采取行动时，个个手提大棒，因而又被称为“棒喝队”。在短短几个月时间里，法西斯分子的暴力恐怖政策收到了使垄断资产阶级满意的效果。罢工大大减少，1921年罢工减少到1134次，参加者仅有72万人次。

法西斯分子的反革命行动深得垄断资本家的赏识。他们向法西斯分子提供大量经费，为他们购买武器和制作统一的黑色制服。法西斯分子在1921年春季都身穿黑衫，所以人们也常常称他们为“黑衫队”或“黑衫党”。此时，国王、高级军政官员和教会都把法西斯组织看成是国家秩序、尤其是王国权威的恢复者。官方的这种态度，促使一些深受沙文主义毒害，梦想当“英雄”和“骑士”的小资产阶级分子和青年学生，纷纷参加法西斯组织。法西斯党徒的数量迅速增加。据法西斯书记处公布的材料，到1921年底，它的基层组织从1920年底的88个增加到834个，党员从20615人增加到249036人。

法西斯势力壮大后，“战斗的意大利法西斯”于1921年11月7日在罗马举行全国代表大会。会议通过了一个声称“国家是至高无上”的纲领。法西斯组织正式更名为“意大利法西斯党”，选举米凯莱·比昂基为总书记，墨索里尼为“领袖”。

希特勒在德国上台

德国在第一次世界大战中失败，受到了战胜国的压制，丧失了大片的领土，还要付出沉重的赔款，在军事方面，还有苛刻的限制。这给德国法西斯主义的上台提供了借口。希特勒就是在这种情况下登上了德国统治者的宝座。

1889年，阿道夫·希特勒出生于德奥边境奥地利一侧的布劳瑙镇，他的父亲曾是鞋匠和奥地利一个海关小官员。希特勒从小开始就喜欢美术，曾幻想当一名画家。由于各科成绩太差，他没毕业就中学退学了。十八岁时，他到维也纳报考美术学院，但因成绩不理想而未被录取。

由于缺乏才能，希特勒靠从事各种最卑贱的工作来糊口，过了五年悲惨的生活。在这期间，希特勒曾经靠各种各样的杂活，绘制拙劣的风景画片来维持生计。也就是在这段期间，希特勒开始仇恨马克思主义者和犹太人，仇恨德国的议会制政体，蔑视富裕的资产阶级及其糜烂的生活。

1913年，希特勒浪流到了慕尼黑，并于次年加入了巴伐利亚团服役。在第一次世界大战中，希特勒在西线待了四年。在战争期间，希特勒作战十分勇敢，曾三次负伤并荣获令人羡慕的铁十字勋章，但除此之外没有表现出特别的才能，直到1917年由最初的传令兵升为下士。

德国在第一次世界大战中作为战败国，不得不接受了协约国提出的苛刻要求。这些要求包括放弃德国在世界上的殖民地，割让大量领土，不得保持军队，付出大量赔款等。虽然德国政府后来不

充满狂热气氛的纳粹党集会

得不签署了《凡尔赛和约》，但是德国人民对此却强烈反对。

1919年1月5日，慕尼黑铁路工人安东·特莱克斯勒创建了具有复仇主义和反犹太主义的组织“德意志工人党”。9月，当时作为慕尼黑陆军政治部侦探的希特勒受命调查“德意志工人党”的一次集会。但是希特勒却在这次集会上发表了有关强大的德意志的言论。次日，该党给希特勒发出邀请信，要他加入该党。出于好奇心，希特勒参加了“德意志工人党”的一次会议，并成为其第55名党员和主席团的第7名委员。1920年，希特勒被任命为该党“宣传部长”。

1920年2月，希特勒在一个啤酒馆组织了一次大规模集会。在会上，希特勒具体阐述了“德意志工人党”的党纲，即《25点纲领》。在这个党纲中，希特勒宣称要建立一个“大德意志帝国”，主张建立一个强大的日耳曼中央集权国家；提出实现“社会主义”，让工人分享企业利润，取消地租等口号；要求废除《凡尔赛和约》；规定犹太人不能担任德国的任何官职等。应该说，希特勒把民族主义和欺骗广大工人的“社会主义”口号结合起来，期望能够实现他的政治梦想。

1920年4月1日，希特勒将“德国工人党”改名为“国家社会主义德国工人党”。由于该党的德文缩写音译为“纳粹”，因此简称“纳粹党”，并把《25点纲领》作为该党的正式纲领。1921年7月，希特勒迫使特莱克斯勒修改了党章，让他自己担任主席，宣布了“领袖原则”，从而当上纳粹党的“元首”。

1921年10月，希特勒正式组建纳粹党的军事冲锋队，他把退伍军人拉拢在自己身边，组织成身穿褐色衬衫的“冲锋队”，“冲锋队员”臂带“C”标志。希特勒密谋着要发动一次夺权政变。

1923年11月8日，巴伐利亚长官卡尔应邀在慕尼黑一家名叫格勃劳凯勒的大啤酒馆讲述施政纲领。希特勒率领一群纳粹冲锋队员包围了该啤酒馆，把卡尔和另外两名巴伐利亚高级官员押到一间小屋里，要求他们和自己合作组成新政府。但是这3位官员死活不肯答应。这时，德国有名的鲁登道夫将军也来到了这里，一起劝说。

德国纳粹士兵在列队行进

巴伐利亚官员不得不答应了希特勒的要求，但是马上乘机逃走了。希特勒知晓后马上带领纳粹分子向市政府进发，但是遭到早有准备的政府军的镇压。几天后，希特勒被捕，并被判处5年徒刑。在法庭上，希特勒以他的口才，滔滔不绝地宣扬民族主义，并且宣称“我要做马克思主义的摧毁者”。当时，希特勒三十五岁。

在关押期间，希特勒在狱中写下了《我的奋斗》——一部夸张的长篇自传体回忆录。在书中，希特勒大肆宣扬日耳曼民族是主宰世界的优等民族，有权统治其他“低等”种族，而犹太人是最劣等的民族；此外，他还极力发泄了对共产主义的仇恨，叫嚣要对外扩张，以求得德国的生存空间；详细说明了战败的德国怎样才能成为“全人类的君主”。

他说：“对于形成雅利安这种高等的文化，作为奴隶的其他低等民族要比家畜更加重要”、“世界史是作为征服者的少数民族的历史，而那个少数民族只有一个”、“尤其在第一次世界大战之后，德国人民今天已经破败无奈，国土被瓜分，民族被分裂，生存空间被堵死，德国被全世界侮辱”。这些言论，使得希特勒在德国有了很大的听众，并且马上扬名德国。

除了完成这本著名的《我的奋斗》之外，希特勒还在狱中认真思考，领悟到不能单靠武力去夺取政权，而应该进入国会，和天主教议员和马克思主义议员打交道。因此，他决定要利用宪法给予的合法权利，争取国会的多数选票而当选政府首脑。

1924年12月20日，希特勒出狱，这

时离他入狱才9个月。此时，希特勒被禁止在公开场合发表演讲，其党徒也从原先的5万人减少到了1.5万人。在1924年12月的选举中，纳粹党仅获得14个席位和908000张选票；在1928年5月的选举中，纳粹党获得的席位和票数则更少——12个席位和81万张选票，占总票数的2.6%。

1929年，资本主义经济大萧条开始。在世界经济危机的冲击下，德国工业开始直线下降，其生产资料和消费品的生产指数分别倒退到19世纪末和20世纪初的水平。1931年，德国四大银行之一的达姆斯达特国家银行宣布破产。此后，德累斯顿银行等金融机构相继破产。在危机中，德国工人失业人数开始迅速增长，从危机爆发前1929年9月的130万猛升到1932年的800万，占全国工人总数的44%，此外还有27%的工人处于半失业状态。

在经济危机爆发时，当时的政府是一个中间偏左的联合政府，由社会党人赫尔曼·米勒总理领导。同其他国家的社会党内阁一样，米勒内阁也因如何解决大萧条造成的失业和其他问题方面的争论而逐渐遭到破坏。

由于经济政策的分歧，社会民主党人米勒不得不于1930年3月辞去总理职务，天主教中央党右翼布吕宁上台组阁。布吕宁是中央党的一位冷酷、严厉但却聪明、正直的成员，他所博得的是尊敬而不是友谊。

经济危机导致工人运动高潮迭起，1932年的两个月内就爆发了900次罢工。垄断资产阶级感到布吕宁政府已经不能有所作为了，他们迫切希望建立法西斯独裁政权，对内镇压人民革命，对外夺取殖民地。

经济危机给纳粹党提供了重整旗鼓、夺取政权的机会。希特勒乘机派出自己的党徒们到中小城市和农村进行宣传，到处散发传单、发表演讲、张贴广告。希特勒本人也租用了一架飞机，到各城市进行演讲。在上台之前，希特勒曾经3次周游德国，到达了60多个城市。此外，纳粹党还将希特勒和戈贝尔进行竞选演说的电影、唱片和希特勒的照片传播到德国的每一个角落。

在这些演讲和宣传中，希特勒保证在其上台后废除《凡尔赛和约》，取消军备限制，拒绝赔付战争赔款，收回战后失去的土地，并且向民众承诺将德国建成一个强大的国家。同时，他还向工人们保证，纳粹党将取消失业现象；向农民保证，将禁止拍卖土地。

处于绝望中的工人、农民、中小工商

业者和学生被希特勒煽动性的言语所蒙蔽，同时也不满魏玛民主政府的软弱无能，积极支持纳粹党的选举。纳粹党徒从希特勒出狱时的1.5万人增加到了1929年的17万人，此后增加到1930年的38万人，1931年则超过了80万。1930年，德国进行国会选举，纳粹党获得了107个议席，从德国第9个小党派跃居为仅次于社会民主党的第二大党。

在拉拢中下层民众的同时，希特勒又积极和垄断资产阶级相勾结，同时获得他们的大量资金支持。1931年8月，希特勒在垄断资本家的一个别墅向资本家发表演说，其后，希特勒在全国各地游说资本家。次年1月，希特勒在杜塞尔多夫工业家具乐部向聚会的300名垄断资本家发表演说，向其保证决不触犯私有财产，同时鼓吹日耳曼民族的优越性，攻击马克思主义思想，主张建立军事独裁统治，扩军备战。

布吕宁政府在执政期间，并没有得

希特勒走上纳粹德国的最高统治宝座

到国会的支持。因此，他经常利用魏玛宪法第48条所赋予的权利，依靠颁布“紧急条例”宋管理国家。这种“紧急条例”在1930年颁发了5次，到1932年的时候就达到了66次。

1932年春天，德国总统兴登堡任期届满。在3月举行的新任总统选举中，兴登堡作为总统候选人参加了竞选。最后，兴登堡再次以多数票当选。

在希特勒的策动下，兴登堡逼迫布吕宁递交了辞呈。希特勒以取消先前颁布的对纳粹党冲锋队的禁令和再次举行国会选举为先决条件，答应总统兴登堡自主人选组阁。

6月，兴登堡任命冯·巴布取代布吕宁上台组阁。由于得到德国年轻人、学生、一部分工人和垄断资本家的支持，希特勒在1932年7月的德国选举中获得了1300万选票，纳粹党获得了230个议会席位，成为德国第一大政党。

希特勒这时成为全国第一大政党的首脑。11月，垄断资本家赫特、凯普勒与党卫军头目希姆莱一起向兴登堡总统请愿，要求任命希特勒为总理。在希特勒和兴登堡总统的谈判中，兴登堡要求希特勒在巴布手下担任副总理，希特勒表示拒绝。当兴登堡问希特勒到底想干什么时，希特勒说希望“得到与墨索里尼在进军罗马后所行使的同样的权力”。兴登堡拒绝了这个要求。

但是兴登堡也知道巴布政府也同样得不到国会的绝大多数支持。于是,兴登堡解除了巴布的总理职务。由于国防军将领施莱彻尔向兴登堡保证能得到国会绝大多数的支持,兴登堡于12月1日任命施莱彻尔担任新任总理。

施莱彻尔上台后,采取了一些代表下层人民利益的措施,例如废除了巴布政府发布的有关降低工人工资和救济金的政策,答应降低有些生活必需品的价格等。垄断资本家和容克地主对施莱彻尔的政策深感不安,兴登堡也对这些政策非常不满。因此,施莱彻尔还是没有得到国会的支持。

希特勒和巴布一起组成联盟,反对施莱彻尔政府。1933年1月4日,巴布和希特勒在科隆举行秘密会谈,商定以“希特勒——巴布”内阁取代施莱彻尔内阁,希特勒为总理,巴布为副总理。同时,这个内阁还吸收其他各派政治力量的代表入阁,纳粹党人在内阁中只能占少数职位,不得担任外交、国防、经济等部门的部长之职。

1月23日,施莱彻尔会见兴登堡,承认自己也不能得到国会支持,希望总统支持他按照宪法第48条的规定发布“紧急条例”,要求解散国会。在这一要求遭到兴登堡拒绝之后,施莱彻尔提出辞呈。

1月30日,兴登堡正式任命希特勒为德国总理,巴布为德国副总理。纳粹正式在德国获得了政权。

此后,希特勒加紧在德国建立法西斯专政。1933年2月1日,兴登堡宣布解散国会,并宣布在3月再次进行国会选举。2月27日,纳粹分子在戈林的策划下制造了“国会纵火案”,然后将之嫁罪给共产党。此后,纳粹党徒带领警察查封了共产党的机关,大肆逮捕共产党人和民主人士。28日,希特勒政府发布“保卫人民和国家令”,取消魏玛宪法中有关新闻自由、人身自由、言论自由和通信自由的条款。

3月5日,继前所未有的宣传和恐怖主义之后,德国新国会选举开始。但是纳粹党人仍然只占总票数的44%。当议员们聚会时,希特勒宣布共产党人的席位无效,然后,与天主教中央党做成一笔交易,由后者给予他足够的票数。

3月23日,国会在纳粹党的控制下通过了《授权法》,给了希特勒长达四年的以法令进行统治的权力。到1933年夏时,纳粹党实际上已经控制了德国的工会、学校、教会、政党、交流媒介、司法系统和联邦各州。此后，德国建立了法西斯专政政权。

1934年8月2日，兴登堡年老去世。此后，希特勒把总统和总理的职权合为一体。9月，纳粹党代表大会在纽伦堡召开，希特勒宣布："德国今后1000年的生活方式已被清楚地确定。"

法西斯主义在德国抬头。希特勒上台之后，加紧扩军备战，两年时间，德国的军队就超过了50万，完全违反了《凡尔赛和约》。此后，德国取消了一切民主，推翻了魏玛共和国，在德国建立了法西斯专政统治，没有一种道德规范受到尊重，柏林成为了世界罪恶渊薮。这直接导致了德国成为第二次世界大战的主要策源地之一。

"日不落帝国"

19世纪时，得意忘形的英国殖民者曾狂妄宣称："大英帝国无落日。"就是说，大英帝国的领地布满全世界，无论地球怎样旋转，总有一部分领地向着太阳。当时英国倚仗其经济和军事实力，运用炮舰政策，疯狂地推行强权政治，侵略魔爪伸到了世界各地，按照"我的是我的，你的也是我的"的强盗逻辑，把凡是能够抢到的土地都攫为己有。1876年，英国的殖民地面积已达2250万平方公里；1914年更扩大为3350万平方公里，人口也达到3.9亿多万，分别为其本土面积和人口的110倍和9倍，超过了其他帝国主义国家殖民地面积的总和，建立了一个地跨五大洲的殖民大帝国，可谓盛极一时。但是，"千里搭凉棚，没有不散的筵席"，随着无产阶级革命的胜利进军，随着被压迫民族、被压迫人民解放运动的蓬勃发展，特别是经过第一次和第二次世界大战，英帝国很快土崩瓦解，无可挽回地衰落下去了。1952年7月，英国首相丘吉尔在一次会议上发出了"流水落花春去也"的慨叹："曾经是伟大辉煌而今仍然相当可观的英帝国，以它的威力、尊严、统治地位和权力，竟然不得不担心我们是否能支付每日的开支，这种景象确实悲惨。想到这一点我心如刀割。"

大英帝国的兴衰，也是与海上霸权的得失紧密相连的。

火与血的道路

英帝国为了争得海上霸权，征服和掠夺海外殖民地，从15世纪末到19世纪初，对外发动了近二百次战争，走过了一条火与血的道路。这个过程，大体上可以分为四个阶段，即：一、资产阶级革命前；二、资产阶级革命时期；三、资本主义制度确立后；四、工业革命以后。

在第一阶段，即1640年之前，英国还不是世界瞩目的大国。它虽然野心很大，但是其力量还不足以与别的殖民大国相匹敌。它在这个时期的海上活动主要是利用海盗抢劫和贩卖奴隶。但是，有时为了争夺殖民利益，它也不惜与强敌一决雌雄。比如，1588年，英国就孤注一掷地与西班牙“无敌舰队”进行了一场大海战，结果大获全胜。

在第二阶段，即从1640年爆发资产阶级革命到1688年资产阶级的统治在英国确立的近五十年中，虽然复辟与反复辟的斗争非常激烈，但是，不管是资产阶级还是封建贵族当权，都没有放松对外侵略扩张。由于对西班牙和荷兰战争的胜利，他们谋求海上霸权的野心更大了。

在第三阶段，由于资本主义制度的确立，英国的经济得到很大发展，使它有了在世界范围内争霸的力量，于是，英国便与其他殖民大国展开了更大规模的争夺。这个阶段，英国的主要对手是法国。17世纪末，法国已发展成欧洲大陆最强的军事封建国家，它不但有称霸欧洲的野心，而且在亚洲和美洲大抢殖民地，这当然是英国所不能容忍的。1688至1697年，法国与荷兰作战，英国乘机加入荷兰方面。经过九年的战争，法国失败，被迫退回了以前从西班牙夺去的许多土地。

1700年，西班牙国王查理二世死后无嗣，法国与奥地利爆发了争夺西班牙王位的战争。英国害怕西班牙余下的海外殖民地被法国夺去，加入奥方对法作战。1713年，战争以法国失败而结束，英国割去了法国在北美的广大殖民地，并夺得了地中海战略要地直布罗陀。

1740年至1748年，法国与奥地利又进行了争夺奥地利王位的战争。英国再一次站在奥地利一边，同法国作战。战争在美洲、印度、非洲、地中海等地同时进行。英国在海上摧毁了法国海军，击沉了大部分法国的主力舰和巡洋舰。战争结束后，法国只剩下了67艘大型舰艇，比英国少了73艘。英国取得了二比一的海上实力优势。

法国不甘心失败，决心寻找机会夺回失去的殖民地。1756至1763年，英法两国又展开了争夺霸权的大决战。这次战争历史上称为“英法七年战争”，它波及的范围更广。法国把奥地利拉到自己一边，英国则和普鲁士勾结在一起。在欧洲，英国在大陆上取战略守势，让普鲁士牵制法国的主力；在海上则取攻势，用海军封锁法国的海岸，并利用突然袭击的手段，歼灭了停泊在海港中的法国舰队的主力。在北美，英国对法国猛烈进攻，步步紧逼。1759 年，攻占法国的主要据点魁北克，1760 年又占领了另一个大城市蒙特利尔。法国被迫一退再退，最后在加拿大全军溃败，加拿大全部落到英国手里。在印度，1761 年英军攻克了法国在印度的最后一个堡垒本地治里。

在这一阶段，英国为它长达一百多年的海上霸权地位奠定了基石。

在这之后不久，英国开始进行工业革命，广泛采用机器生产，生产力得到了迅速提高。新的经济实力，为英国称霸海上提供了更雄厚的物质基础。英国国会一再通过大规模加强海军的法案，规定英国海军实力要等于两个其他海上强国实力的总和，叫做“双强标准”，在全世界展开了更疯狂的掠夺。在这第四阶段，英国与俄国进行了争霸战争。

19 世纪初，沙皇俄国成了“欧洲宪兵”，到处进行干涉和侵略。它骄横不可一世，妄图建立一个统治全世界的大斯拉夫帝国。它把侵略的矛头首先指向中东地区，而英国想独吞这个地区也为时已久。这样，俄、英便发生了尖锐冲突。当时，统治中东地区的奥斯曼帝国已经衰落，双方都想利用这个时机大捞一把，英，俄关系日趋紧张。开始，老奸巨猾的英国并不自己出面，而是联合法国策动土耳其与沙俄争夺克里木半岛和南高加索。1853 年 10 月，俄、土战争爆发，俄国海军在土耳其北部黑海沿岸摧毁了土耳其舰队。英国见势不妙，才联合法国正式参战。英法联合舰队同时在黑海、波罗的海、白令海和堪察加半岛东岸对俄军大举进攻，但都遭到了激烈的抵抗。从 1854 年秋起，英、法把兵力集中起来，在克里木半岛与俄军决战。在兵力和技术上占优势的英法军队把俄国海军围困在塞瓦斯托波尔港，经过将近一年的战斗，终于攻克该城，决定了俄国的败局。1856 年 3 月，战争双方签订了巴黎和约，俄国被迫拆除黑海沿岸的要塞，失去了在黑海保有舰队的权力。

这次战争后，英国控制了土耳其，加强了在巴尔干半岛和西亚的势力。它的海军在黑海已无可匹敌，更加巩固了海上霸主地位。

英国就是这样，按照弱肉强食的资产阶级法则，用数量越来越多的舰队和口径越来越大的火炮，打开了一条通向霸主地位的道路。

在称霸的日子里

殖民主义、帝国主义称霸海上的目

的，就是要最大限度地奴役和掠夺各国人民。英国在称霸海上的日子里，正是发财最多，掠夺最多的一个殖民帝国。

在美洲，英国于1733年就在东起大西洋沿岸西至阿巴拉契山脉的整个狭长地带，建立了十三个殖民地。在英法七年战争后，法属加拿大以及阿巴拉契山脉以西到密西西比河的辽阔地区都升起了英国的米字旗。

英国殖民者在美洲大陆对土著居民——印第安人的压榨和屠杀是极其残暴的。他们强迫印第安人从事最繁重的劳动，随意杀戮。在印第安人的累累白骨上，英国殖民者建起了一个个城市和工业中心。为了巩固海上霸权，他们利用美洲廉价原料和劳动力，大力发展造船业。18世纪中期，英国的船只有三分之一是在美洲殖民地建造的。利用这些船只，英国殖民者从北美运走了数百万公斤黄金和上亿公斤白银，以及无以计数的木材、皮革、粮食等等物品。

在印第安人大量死亡，英国殖民者感到劳动力缺乏时，他们同其他殖民国家一样，也做开了罪恶的奴隶贸易，从非洲往美洲贩卖黑人奴隶。在欧洲装运价值十英镑的一百加仑甜酒，在西非就可换一个奴隶，而这个奴隶在美洲奴隶市场上，卖价却高达500英镑左右。1783年至1793年，英国利物浦商人贩卖奴隶30万，获得暴利1500万英镑。由于有大利可图，英国利用其海上霸权垄断了资本主义世界全部奴隶贸易的一半以上。它从非洲贩走的黑奴数目，等于所有其他贩奴国家总和的四倍。利物浦和普利茅斯的繁荣，乃至英国舰队的强大，都是建立在罪恶的奴隶贸易之上的。这种灭绝人性的贸易，构成了英国历史上最黑暗、最可耻的一页。

英国和其他殖民国家所进行的奴隶贸易，使至少一亿黑人丧失了生命。但是，不屈的黑人奴隶从来没有向殖民者低过头，他们英勇地进行了无数次激烈的反抗。仅见于文字记载的，从黑人奴隶制度开始推行到最后被废除的近二百五十年间，黑奴的反抗就不下二百五十次，而这个数字，只不过是反抗总数的很小一部分而已。

英国还对非洲的领土蚕食鲸吞，先后占领了纳塔尔（现属南非）、贝专纳（现名博茨瓦纳）、南非、苏丹、桑给巴尔、肯尼亚、乌干达、尼亚萨兰（马拉维）、塞拉利昂、黄金海岸（现名加纳）、尼日利亚等地。

为了取得具有重要战略地位的埃及，控制连通欧亚海上交通的苏伊士运河，缩短军舰和商船掠夺亚洲的航程，英国殖民者使尽了卑鄙野蛮的手段。1875年,英国利用埃及的财政困难,以四百万英镑廉价购得了埃及在苏伊士运河的全部股份,占运河股票总额的44%,从而在很大程度上取得了控制运河的特权。1876年至1882年,英国又勾结法国,把埃及财政置于它们直接控制之下,由英国管理国家收入,法国管理支出。1878年,它们又得寸进尺,组成"欧洲人内阁",英国人担任财政部长,法国人担任公共工程部长,使埃及的主权丧失殆尽。这种无耻的控制和干涉激起了埃及人民的强烈反抗。

1881年初,农民出身的青年军官阿拉比领导开罗卫戍部队起义,要求撤换内阁,召开国会。英、法企图收买阿拉比,遭到拒绝。于是,他们又舞起了"炮舰政策"这根大棒。于1882年5月派舰队到亚历山大港示威。但是,炮舰吓不倒埃及人民,他们举行示威,对阿拉比表示坚决支持。阿拉比在人民的支持下准备和敌人决战,下令修建亚历山大港炮台。蛮横的英国政府7月10日向埃及发出最后通牒,限二十四小时内停止炮台修筑。第二天就派舰队向亚历山大港炮轰了十小时,接着派2.5万名士兵登陆,大肆劫掠。阿拉比领导人民对侵略者进行了坚决抵抗,但是,最后终于在内外敌人的夹击下失败。埃及被英国全部占领。

英国殖民者把印度作为侵略亚洲的基地,印度便首当其冲地受到了英国的浩劫。1760至1780年间,英国用从孟加拉搜刮的捐税,向印度"购买"了价值高达1200万英镑的原料和粮食。英国东印度公司占领孟加拉后,从国库抢走了3700万英镑的财富,还有2100万英镑落入公司高级职员的腰包。英国强盗克莱武一人就抢走了20万英镑和无数珍宝。他后来在英国国会上说:"富裕的城市在我脚下,壮丽的国家在我手中,满贮金银珍宝的财宝库在我眼前。我统共只拿了二十万英镑。直到现在,我还奇怪那时为什么那样留情。"这是何等无耻,何等嚣张!从1757到1815年,英国共从印度榨取了约十亿英镑的财富。19世纪初,英国在继续加强税收掠夺的同时,又开始把印度变成英国商品的倾销市场,用新的资本主义方式剥削印度人民。从1814到1835年,英国对印度输出的棉织品从不足一百万码增加到5100万码以上。从1818到1836年,英国对印度输出的棉纱增加了5200倍。在英国的残酷掠夺和商品倾销的打击下,印度的社会生产力遭到了严重破坏,使大批手工业工人失业,大批田园荒芜。

印度的纺织品曾远销亚洲和欧洲市场，但是，到了1840年，一直非常繁荣的印度纺织业中心达卡城人口从十五万减到三、四万，满城野草，瘟疫流行。连英国总督也不得不承认：“这种悲惨的境况，在商业史上是无与伦比的。棉织工人的白骨使印度平原都白成一片了。

面对英国的残暴侵略和掠夺，印度人民的反抗斗争从来没有停止过。1857至1859年爆发的印度民族大起义，震撼全世界。起义军曾攻克德里，狠狠地打击了英国在印度的殖民统治。

18世纪六十年代，英国殖民者强迫印度农民种植鸦片，用以到中国“换取”白银和毒害中国人民。这种罪恶的鸦片贸易也是靠炮舰政策支持的。英国在两次鸦片战争中，用海盗舰队打败了清政府，使中国成了英国鸦片的倾销地。英国从鸦片贸易中获得的纯收益，在鸦片战争前每年已达几十万到一百几十万英镑，鸦片战争后每年更增加到二百至四百万英镑。1835至1872年间，英国在中国倾销鸦片所获的暴利达一亿四千多万英镑。无怪乎英国殖民者无耻地叫嚷：“万物莫好过于鸦片。”对于英国利用鸦片攫取暴利、毒害中国人民的罪恶行径，中国人民进行了坚决抵抗和斗争。1841年，广东三元里数万群众奋起反抗，围歼英军二百余名。1900年又爆发了轰轰烈烈的义和团运动，使英国等殖民者吓破了胆。

鸦片战争后，英国侵略军在亚洲又先后侵占了克什米尔、亚丁港、阿富汗、缅甸等地。

18世纪末，英国殖民者把大批苦役运到澳大利亚殖民地去发展养羊业。1840年又迫使新西兰承认英国为宗主国。这样，英国殖民者的侵略魔爪就把整个地球都包起来了。

对殖民地人民的掠夺和剥削，大大刺激了英国经济的膨胀。从1845到1870年，英国工业的棉花用量差不多增长了一倍，棉织厂由1900家增加到2400家。1855到1864年，煤的产量由6000万吨增加到9000万吨。1848到1870年，铁的产量由200万吨增加到600万吨。煤、铁的产量都占世界总数的一半左右。1850到1870年，英国输出的机器总值由100万英镑增加到530万英镑。英国为了改进它的舰队，还第一个由用木材造船改用金属造船。

一个英国大资本家在1895年说过：“我们应当占领新领土，来安置过剩人口，为工厂和矿山生产的商品找到新的销售地区。我常常说……要是你不希望发生内战，你就应当成为帝国主义者。”

这就是英国殖民者的无耻自白！

海上霸权的丧失

当英国殖民者把自己的国家称为“日不落帝国”的时候，他们是何等骄横跋扈啊！但是，历史的发展规律毕竟是任何人也无法抗拒的。挂在军舰炮管上的大英帝国的“太阳”，随着海上霸权的丧失，很快就陨落了。

首先是在第一次世界大战中，英国的海上霸权受到了沉重的打击。

19 世纪末 20 世纪初，世界进入了帝国主义阶段。列宁指出：“帝国主义的一个重要的特点，是几个大国都想争夺霸权。”。由于英国等老牌的殖民国家已把世界分割完毕，美国和德国等后起的帝国主义国家就强烈要求重新瓜分世界。特别是德国，它拥有的殖民地还不到英国的十分之一，殖民地人口仅及英国的百分之三，因此，急切地想得到新的市场和原料基地。德国首相皮洛夫气急败坏地叫嚷：“让别的民族去分割大陆和海洋而我们德国人只满足于蓝色天空的时代已经过去了，我们也要求日光下的地盘。”其争霸的矛头，首先指向英国。所以，英德矛盾成了当时帝国主义国家之间的主要矛盾。为了战胜英国，德国拚命扩充海军。德皇威廉二世露骨地宣称：“德国的殖民目的，只有德国已经成为海上霸主的时候，方能达到。“我们的未来在海上。”1898 年，德国制定了一个为期二十年的海军建设计划，一年后又把这个计划扩大了一倍，大大加快了发展海军的步伐。1905 年，英国拥有普通型装甲舰 65 艘，德国已拥有 26 艘。德国发展海军的计划和速度使英国大为震惊。同年，英国建造了新型的号称“无畏舰”的主力舰，认为这是自己海军力量的一个飞跃，德国在几年之内是无法建造的，可以粉碎德国争霸海洋的梦想。但是，德国毫不示弱，也马上建造了“无畏舰”。到 1908 年，英国建成十二艘，德国建成九艘，德国的海军力量迅速赶了上来。

在疯狂扩军的同时，英国又企图用谈判的办法来压德国就范，维持自己的海上优势。在 1907 年海牙召开的世界和平会议上和 1908 年英王爱德华七世和德王威廉二世的谈判中，英国都提出了有利于自己的所谓限制海上军备的建议，但是，德国根本不买账。双方的军备竞赛更加剧烈了。

为了加强各自的争霸地位，德国和奥、匈、意等国结成同盟，形成了“同盟国集团”；英国和法、俄等国缔结协约，形成了“协约国集团”。两个集团尖锐对峙，愈演愈烈，终于在1914年夏季爆发了第一次世界大战。先后参加这次大战的国家有三十多个，卷入的人口达十几亿，占当时世界总人口的四分之三。战争主要在欧洲大陆进行，在海上的争夺也十分激烈。

战争开始时，以英国为首的协约国在海军方面占优势。协约国拥有主力舰23艘，而同盟国只有17艘。在其他水面舰艇和潜水艇方面，协议国领先更多。在这种情况下，德国舰队被迫以防御为主，英国舰队则积极活动，封锁德国海岸，保卫交通线。1914年8月28日，英国海军在北海赫耳果兰岛击沉德国三艘巡洋舰，一艘驱逐舰。12月8日，英国又在马尔维纳斯群岛（福克兰群岛）附近全歼了德国的一支舰队。1916年5月31日到6月1日，想突破封锁的德国舰队发动了日德兰大海战。德国出动了101艘军舰，英国以151艘截击。激战中英国被击沉14艘，德国被击沉11艘。但德国舰队仍无法突破封锁，被迫败退。这些战斗表明，英国海军在第一次世界大战中还基本上控制着制海权。

对此，英国人得意洋洋。1918年11月当第一次世界大战以协约国的胜利而结束时，英国外交大臣大吹大擂："目前，不列颠的旗帜，已飘扬在一个强大而统一的帝国领土之上！我们的意见，对于各国人民的意志，或是对于决定人类的命运，有着极大的影响，这都是前所未有的。"

但是，这位傲慢的外交大臣夸的海口再大，也掩盖不了问题的实质：英国赢得了战争，但失掉了优势，特别是失掉了海军优势。战争大大削弱了英国的经济和军事力量。英国的商船在战争中损失了百分之七十，而美国和日本的造船业和海军力量却在战争期间有了巨大的增长。英国的海上霸权没有被德国抢去，却越来越被后起的美国夺取了。

1917年，伟大十月社会主义革命的胜利，动摇了整个资本主义制度。英国殖民者对这一胜利恨得要死，怕得要命，在直接武装干涉失败后，就纵容希特勒重新武装德国，企图祸水东引，让法西斯德国扼杀苏维埃政权。1935年6月18日，根据德国要求，英、德签订了"海军协定"，规定德国与英国海军舰只总吨位为35∶100百。当时英国拥有120万吨位的舰艇，而德国只有7.86万吨。这样一来，德国海军可以增加四倍多，给了德国一个疯狂扩军的借口和机会。但是到头来，英国搬起石头砸了自己的脚，德国扩充起来的军队，在东侵之前，首先把矛头指向了西方。1939年9月1日，德国法西斯突然大举袭击波兰。在国内外舆论的强大压力下，英、法被迫对德宣战。第二次世界大战全面爆发。1940年5月10日，当德军进攻荷兰、比利时、卢森堡时，几十万英法联军不堪一击，节节败退。6月初，英国派出860多艘舰船，把退到法国敦刻尔克的30万英军和一些法军撤往英国。在撤退中，有243艘舰船被德国飞机炸沉，还丢失大炮2400门，各种机动车8.2万辆，弹药7000吨。后来，只是由于希特勒忙于准备集中力量进攻苏联，英国才幸免于灭亡。但是，希特勒却用飞机对英伦三岛狂轰滥炸，用潜艇在海上严密封锁。德国潜艇在战争初期就击沉英国商船670多艘，使英国惊恐万状。为了输入粮食和原料，这个昔日的海上霸王不得不向美国屈膝求援，甚至要求用美洲东岸的一些岛屿，换取美国50艘超龄的破旧军舰。1941年12月，日本又乘英国之危，袭击马来亚英国海军基地，炸沉了英国大型主力舰“威尔士亲王号”和“击退号”，接着，又从英军手中夺取了新加坡等地。英国首相丘吉尔惊叫道：“新加坡的陷落对于英国是历史上从来没有过的最大灾祸。”1945年8月，当德、意、日等法西斯在世界人民的打击下先后投降时，英国已经是一个百孔千疮的破落户了。

无可挽回的衰落

英国的衰落从19世纪末就开始了。英国资产阶级为了从海外攫取高额利润，大量输出资本，不但使国内工业技术装备的更新受到严重阻碍，而且造成了上百万靠“剪息票”过活的食利阶层。1899年，英国从海外投资中得到了近一亿英镑的收入，而同年的对外贸易利润只有1800万英镑。主要靠剥削殖民地过日子的英帝国，典型地反映了帝国主义的寄生性和腐朽性。加之由于受资本主义经济政治发展不平衡规律的支配，后起的帝国主义国家与英国激烈竞争，使它不可避免地从顶峰上跌落下来。19世纪90年代，美国的工业产值就超过了英国。20世纪初，德国也超过了英国。英国炮舰政策在第一次世界大战中的破产，使这种衰落更加迅速和无可挽回了。

第一次世界大战后，英国由原先的债权国变成了债务国，不得不变卖四分之一的海外投资还债。由于靠炮舰政策掠夺的财富大量减少，战后不久，1920至1921年，英国就发生了严重的经济危机。工业生产下降了46%。由这次危机开始，英国经济陷于长期的萧条之中。1924年，英国在资本主义世界工业中所占的比重，由第一次世界大战前的

14.5%下降到9%；而同期美国却从36%上升为48.5%。

第二次世界大战对英国的打击更甚于第一次，战争期间，它的国内资本共减损40亿英镑，还变卖了10亿英镑的海外投资，积下了30亿英镑的外债。战后，英国经济长期发展缓慢，除早已落后于美国外，1955年又被西德超过，1964年又被法国超过，1965年又被日本超过，使英国在资本主义各国中，退到了第五位。

在这同时，这个当年的“海上霸王”的海军力量也无足轻重了。1946年，英国造船总吨位占资本主义国家总数的53%，到1957年下降为17%。它甚至把当年引为骄傲的两艘八万吨级邮船——“玛丽皇后号”和“伊丽莎白皇后号”卖给了美国，以“皇后”还债。1974年，英国只有主要水面作战舰艇七十四艘，而美国有177艘，苏联有221艘。两个超级大国已完全不把英国放在眼里，它们到处挖英国的墙脚，攫取它的利益。

两次世界大战还促进了民族解放运动的蓬勃发展，许多殖民地纷纷独立，使“日不落”帝国土崩瓦解。第一次世界大战后，英属阿富汗、爱尔兰、埃及、伊拉克等先后独立；第二次世界大战后，亚、非、拉人民的反殖斗争更加风起云涌，缅甸、印度、巴基斯坦以及非洲和拉丁美洲数以十计的国家，也先后赶走了英国殖民者，赢得了民族独立。现在的“英联邦”，已经成了个名存实亡的空架子。

当年自称“日不落”的海上霸王，就这样“日落西山，气息奄奄”了。

德日军事同盟

1937年7月，日本发动了全面的侵华战争。希特勒在11月5日召集由纳粹德国军事、外交核心人物武装部队总司令勃洛姆堡、陆军总司令弗立契、海军总司令雷德尔、空军总司令戈林、外交部长牛赖特参加的秘密决策会议上，提出了发动世界大战的战略计划和时间表。德日两国都希望加快相互勾结的进程。

英、法、德、意在慕尼黑举行会议，签订阴谋瓜分捷克斯洛伐克的《慕尼黑协定》

对德国和日本来说，两国在华利益的冲突还阻碍双方进一步勾结。从20

年代开始，德国便同中国国民党政府保持着较密切关系。德国向中国派遣军事顾问、供应武器装备，德国以此换取所缺乏的工业原料和外汇。日本发动全面侵华战争后，1937 年 7 月，德国国务秘书魏茨泽克对日本驻德大使武者小路指出，德国不能“帮助日本进行可能导致”“鼓励中国的共产主义”和使中国与苏联接近的活动，日本威胁说，如果德国不停止向中国提供军用物资，日本准备废除《反共产国际协定》，但并没有起到什么作用，德国仍继续对华提供军事援助。

1938 年 1 月 2 日，里宾特洛甫向希特勒呈送了一份重要备忘录，其中提出，德国以武力改变中欧现状的行动，势必导致与英法的冲突。为了牵制英国的军事力量，使其无法给法国以有效的支持，德国必须同日本和意大利结成紧密的军事同盟。希特勒对这一备忘录极为赞同，并于 2 月 4 日任命里宾特洛甫为德国外长。德国为了维护在华利益和改善同日本关系，1938 年 2 月正式承认伪“满洲国”，7 月停止向中国出售武器，召回军事顾问；另一方面，从 1938 年 1 月开始，通过日本驻德武官大岛浩，向日本提议缔结一个既针对苏联，又针对西方列强的德日意三国军事同盟条约，德国提出“缔约双方应当无条件地对进攻缔约一方的敌人宣战。”

接到德方的提议后，在近卫首相、宇垣外相、池田大藏相、板垣陆相和米内海相参加的五相会议上，讨论了有关德日同盟条约的问题，日本统治集团内部产生了严重的意见分歧。外务省和海军认为，日本发动全面侵华战争已深陷于“中国泥淖”，外交上十分孤立，不宜再同西方国家为敌。他们希望同盟条约只针对苏联，不应针对英法。陆军认为，日本要独占中国，必然导致其与苏联及西方国家的矛盾尖锐化。同德国结成军事同盟，利用德国牵制苏联和西方国家，将有助于日本顺利解决“中国事变”，并进而在东亚放手行动。这实际上反映出，日本统治集团在陷入中国人民抗日战争汪洋大海的情况下，战略指导思想上发生了严重的混乱。

经过激烈的争论，外务省等方面的意见占了上风。1938 年 8 月下旬，日本五相会议决定了关于缔结日、德、意军事同盟的方案，其实质内容是：把同盟的目标只限定于苏联，这是日本的保留条件；在德国与苏联或其他国家开战时，日本将不承担“自动参战”的义务，是否提供军事支援，则要“协商决定”。会议还决定由驻德大使而不是武官同德国进行谈判。可是，外务省和陆军在会外各自向驻德大使和武官下达了不同的指令，致使日方未能形成统一的方案，日德谈判也就无法顺利地进行。

这时，欧亚两大洲局势都发生着重大变化。在欧洲，希特勒通过1938年9月的慕尼黑协定，兵不血刃地控制了捷克斯洛伐克的苏台德区，完成了占据中欧战略要地的战略步骤。德国下一步的侵略计划将要在西线同英法正面对峙，以建立在整个欧陆的霸权地位。希特勒清楚意识到，无论德国的下一个具体目标是什么，都必然会导致德国与英国矛盾的尖锐化。再要重演"不流血的征服"也将变得极为困难，因而，希特勒希望利用日本牵制英国。

在亚洲，日本近卫内阁于1938年11月3日发表建立"东亚新秩序"的声明，其独霸亚洲—太平洋地区的意图暴露无遗。美、英法等国先后发表声明，抗议日本的行动。1939年1月3日，近卫内阁辞职，新首相是平沼，他竭力主张和德、意合作，缔结军事同盟。在这之后，日本对三国同盟的态度有些改变。

早在1938年10月27日，里宾特洛甫为打破德日谈判的僵局，曾非正式地向日本新任驻德大使大岛浩提出德国新方案，在坚持德、日、意军事同盟应针对英法的同时，又在提供军事支援问题上对日本作了让步，同意日方原先提出的视情况"协商决定"的意见。1939年1月6日，德方正式向日方提出这一方案，只是文字上略有修改。1月19日，日本五相会议通过了日方的对策，其主要内容为：三国同盟主要是针对苏联的，但根据情况也可以针对第三国；在针对苏联的情况下，缔约国互相提供军事援助是不成问题的；在针对第三国时，是否互相提供军事援助，则须视情况而定。这表明，德日双方对于条约内容的态度都有改变，但仍存在重大分歧，因而谈判依然进展缓慢。

1939年3月，德国公然撕毁慕尼黑协定，出兵侵占捷克斯洛伐克剩余部分，接着又对波兰发出战争威胁。英、法向波兰等国作出安全保证。英、法、苏也开始就制止德国侵略扩张问题展开谈判。在欧洲局势急遽紧张，大战迫在眉睫之际，德国与日本缔结军事同盟的愿望更为强烈。5月，德国外交部条约局局长高斯向日方提出妥协案，其中包括两套供选择的方案。第一套以日方意见为基础，加进一些德方要求；第二套以德方意见为基础，加进一些日方要求。5月7日，日本五相会议基本上同意以第一套方案为谈判基础。

6月5日，日方向德方提出最后提

案，其要旨为：如发生德意反对苏联一国或与苏联结合在一起的其他国家的战争，日本将明确地站在德意一边，并提供军事支援；如发生德意反对苏联以外国家的战争，日本将支持德意而不是英法，但在苏联未就此表态前，为有利于阻止苏联参战，日本也可能不表态，并就表态问题同德意协商；在发生德意反对苏联以外国家的战争时，日本无力提供有效的军事援助，但将就此问题同德意协商。

日方的提案显然仍未满足德方的要求，因为德意坚持要求日本无条件加入三国军事同盟。虽然德国对日本加紧施加压力，日本的一些军方法西斯分子催促政府同德国缔结同盟条约，坚决主张满足德意提出的一切要求。直到1939年8月7日，陆军大臣板垣还晋见平沼首相，要求重新考虑三国条约问题，他提出，“军方认为，局势的变化表明有必要缔结进攻和防御条约”，否则板垣将宣布辞职。与此同时，欧洲形势又发生巨大变化。希特勒为了避免发动欧战时陷于两线作战的困境，主动向苏联伸出橄榄枝。苏联为了打破英法挑动苏德战争的阴谋，确保自身安全，于1939年8月23日同德国签订了互不侵略条约。这样，德国暂时已无必要继续与日本的结盟谈判。日本则“象打开信箱却猛地碰上一群黄蜂飞来一样”，不啻挨了当头一棒。平沼政府把苏德条约的签订，看成是德国对《反共产国际协定》的背叛和拒绝同日本结成军事同盟，社会舆论对该条约表示震惊。8月25日，日本五相会议决定停止三国同盟条约的交涉。德日结盟谈判暂时中断。

德意“钢铁盟约”

就在德日进行谈判的同时，德意之间也在就缔结军事同盟条约问题进行频繁磋商。在慕尼黑会议期间，希特勒曾向墨索里尼提出意大利参加德日军事同盟的问题，墨索里尼原则上表示同意。1938年10月28日，里宾特洛甫访问罗马。他在同墨索里尼会谈时表示，德日意军事同盟缔结后，一旦同西方列强开战，德意两国可投入战场二百个师；而日本“即将完成控制中国”，利用它来对西

希特勒向墨索里尼致意

方国家作战将“极有价值”。墨索里尼提出。“我们要建立的决不是一个仅仅防御性的联盟……恰恰相反，我们要建立一个足以改画世界地图的联盟”。

德意两国在推行扩张政策时，互相给予支持。1939 年 1 月 1 日，墨索里尼对齐亚诺说，他决定接受德国关于把三国《反共产国际协定》变成一项同盟条约的建议，他还提议在 1 月份就签订这项同盟条约。在里宾特洛甫、齐亚诺和日本驻德大使大岛直接磋商后，还曾草

奥地利的纳粹分子在德国的支持下刺杀了奥地利总理陶尔斐斯，阴谋夺取政权

拟了一个三国条约的文本。但由于日本政府坚持三国条约的保留条件，三国条约问题迟迟没有解决。1939 年 3 月 17 日，齐亚诺对德国驻意大使马肯森表示，意大利“无保留地同意”德国占领捷克斯洛伐克剩余部分的行动。4 月 7 日，意大利入侵阿尔巴尼亚。希特勒随即表示支持。4 月中旬和 5 月初，德国空军司令戈林和外长里宾特洛甫先后访问意大利，讨论德意两国建立双边同盟的问题。经过一连串幕后交易，5 月 22 日，里宾特洛甫和齐亚诺在柏林签订德意同盟条约。这个被称为“钢铁盟约”的军事同盟条约规定：德意互相承担义务，在涉及它们共同利益和整个欧洲局势的问题上进行磋商，如果一方的安全和其他重大利益受到外来威胁，另一方将给予充分的政治和外交支持；如果一方卷入同一国或数国的军事冲突，另一方将立即以全部军事力量给予援助；双方共同作战时，必须在互相取得完全一致的情况下，才能缔结停战协定与和约。

“钢铁盟约”的缔结，无疑是德意勾结、发动战争的重要步骤，其内容比《反共产国际协定》大大前进了一步，双方都承担了军事义务。然而，德意两国的“团结”并不如他们自己吹嘘的那样“坚如钢铁”。当时，意大利面临的迫切问题是强化对埃塞俄比亚和阿尔巴尼亚的占领。它在军事上、经济上尚未为参加德国所准备发动的欧洲战争作好准备。同时，在争霸斗争中惯于依附强者的意大利帝国主义，并不愿意在欧洲局势发生有利于法西斯国家的重大转折前就把赌注全部押到德国一方。墨索里尼在 1939 年 5 月 30 日的一份备忘录中即表明，由于“需要有一个准备时期”，意大

希特勒和墨索里尼在慕尼黑的大街上

利希望三年以后再打仗。8 月下旬，在德国入侵波兰的前夕，意大利又临阵退缩。墨索里尼致函希特勒说，如果德国进攻波兰，而冲突又保持局部化，意大利将对德国提供政治和经济援助；如果英法向德国展开反攻，意大利由于准备不足，不能在军事上采取主动行动。这样，尽管德意缔结了“钢铁盟约”，但在 1939 年 9 月德国入侵波兰、英法对德宣战后，意大利却宣布自己是“非交战国”。

轴心国的形成

德国入侵波兰后，凭藉经济、军事装备和战术上的优势，不到一个月便以“闪电战”打垮了对手。随后，它又趁英法对德宣而不战之机，调兵北上，征服了丹麦和挪威，然后于 1940 年 5 月，在西线向荷兰、比利时、卢森堡和法国发动大规模进攻。号称欧陆“第一军事强国”的法国，同德国正面交锋一个多月于 6 月 22 日就投降了。20 多万英国远征军在敦刻尔克丢盔弃甲，退到英伦三岛。希特勒德国在军事上取得暂时的胜利。

希特勒打败法国后，根据其既定的侵略计划，准备挥戈向东，入侵苏联。7 月 31 日，他在高级军事会议上宣布了第二年春天进攻苏联的决定。于是，对德国来说，同日本缔结军事同盟，利用日本的力量牵制美、英，夹击苏联的问题又提上了日程。意大利看到德国在西欧的胜利，在法国败局已定的时刻，于 6 月 10 日匆匆向英法宣战，完全站到了德国一边。

法国败降后，日本对于缔结三国军事同盟问题的立场也发生了重大变化。1939 年 8 月苏德签订互不侵犯条约，使日本外交政策受到猛烈冲击。德国入侵波兰后，日本政府奉行“避免卷入”的政策，实际上是企图等欧洲局势明朗化以后再作决断。随着法国败降，日本统治集团一方面为德国在欧洲发动“闪电战”的战果所鼓舞，认为南洋一带殖民

墨索里尼到前线部队视察

地已由于法国、荷兰等宗主国的败降而成为“真空地带”，因而是实行“南进”、建立“大东亚共荣圈”的天赐良机，另一方面，侵华战争使数十万日本军队被拖在中国战场上，造成日本战略上的严重失调和经济上的沉重负担，日本侵略者又企图通过“南进”，攫取东南亚丰富的战略资源，维持侵华战争，促进“中国事变的解决”。在这样的背景下，日本统治集团内部的“南进”论甚嚣尘上，与德意缔结军事同盟重新成为紧迫的问题。

1940年7月22日，发动侵华战争的罪魁之一近卫文麿组成第二届近卫内阁。就在受命组阁前三天，近卫同即将上任的外相松冈洋右、陆相东条英机和海相吉田善吾在东京的近卫官邸举行了一次重要决策会议。会议留下了一份题为《组阁中四巨头会议决定》的文件，决定要加强日、德、意轴心关系，实行“南进”方针。7月22日，在日本政府与大本营联席会议上，通过了《适应世界局势发展处理时局要纲》。其中规定：“首先要把对德、意、苏三国的政策作为重点，特别要迅速加强同德意两国的政治团结”。

德日之间再次开始关于缔结军事同

充满狂热气氛的纳粹党卫军大会

盟的谈判。7月30日，日本外务省制订了德日合作的新方案："如德意方面要求军事援助以对付英国，帝国将在原则上表示同意"。8月1日，日本外相松冈

墨索里尼和希特勒走到一块

邀请德国驻日大使奥特参加茶会，围绕同德国结盟问题进行了试探。此后，德日双方在东京和柏林通过外交途径进行了一系列会谈。为了加速谈判的进程。9月7日，德国派遣特命全权代表施塔默尔前往东京，9月9日，施塔默尔和驻日大使奥特代表德国同松冈外相举行会谈。德方的基本立场是：德日缔结军事同盟后，日本应在东亚牵制美国，并阻止其投入欧战，并吸引苏联的几十个师和空军；德国则同意向日本提供武器和军事物资，并承认日本在东亚的"政治领导权"。这是日本方面大致可以接受的。因此，德日谈判进展顺利。9月19日，日本天皇裕仁在全体内阁成员和陆

海军最高首脑出席的会议上，认可了施塔默尔—松冈会议所产生的三国同盟议定书。

9月19日至22日，德国外长里宾特洛甫访问罗马，同墨索里尼、齐亚诺举行会谈，就德意双方在政治上和军事上进一步互相支持达成了协议，并说服意大利接受三国同盟条约。

1940年9月27日，德、日、意三国在柏林签订了为期10年的同盟条约。其主要内容为：日本承认并尊重德国和意大利在欧洲建立"新秩序"的领导权：在缔约国一方遭受尚未参与欧战或中日冲突的国家攻击时，三国保证以政治、经济、军事之一切手段互相支援。

谈判期间，德日两国就南洋问题签署了秘密协定，商定一旦日本与英国发生冲突，"德国将尽其可能，以所拥有的一切手段援助日本"。德国同意曾处于日本委任统治下的德国过去在南洋的殖民地，仍由日本管辖，但德国得到一定的补偿。

1939年春，德军在奥地利进行军事演习

与此同时，德日意三国还签署了建立三个委员会（总委员会、军事委员会和经济委员会）的协议。总委员会的任务在于协调三国的大政方针；军事委员会和经济委员会的任务则是解决三国间协同作战和相互进行经济援助的问题。

这样，德、日、意三国终于在发动侵略战争的道路上全面勾结起来，结成了比较紧密的军事同盟。此后，1940年11月23日罗马尼亚安东尼斯库政府签署了罗马尼亚加入三国条约的协定书；1940年11月20日匈牙利霍尔蒂政府签署了加入三国条约的协定书；斯洛伐克傀儡政权也于1940年11月24日宣布加入三国条约；1941年3月1日保加利亚正式宣布加入；南斯拉夫则在1941年3月25日签署了加入这个条约的议定书，两天后又宣布取消。另外，西班牙佛朗哥政权虽然没有正式签署协定，但在实际上参加了这个集团。从而形成了一个以德、日、意为核心的侵略集团。

德、日、意之所以能结成侵略性军事集团，原因是多方面的。

从历史上看，德日意三国走上资本主义道路后，其社会政治制度仍在不同程度上都带有军事封建专制主义的色彩。第一次大战后，法西斯主义与法西斯运动的祸水分别在三国国内泛滥开来。从20年代到30年代,三国又以不同的方式先后建立起了法西斯专制统治。

从一次大战后形成的国际格局来看,德国是第一次大战的战败国,在战争中失去了全部殖民地和传统势力范围。日本和意大利虽然是战胜国,但在战后对世界的重新瓜分中未能达到自己的要求和目标,自认为吃了大亏。因此,它们在不同程度上对第一次大战后形成的、由英、法、美等国所操纵的凡尔赛—华盛顿体系极为不满。随着法西斯政权的建立,德日意三国都把以武力改变世界现状、重画世界地图,规定为自己的基本战略目标。它们因此而成为新的世界大战的策源地。

再从经济、军事潜力来看,德日意三国同英、法、美等国比较起来,它们的财政经济力量有限,军事力量起初也并不雄厚。更何况,它们的侵略行动与战争政策势必使它们遭到全世界一切爱好和平或希望维护和平的力量的反对。这就决定了谁都没有力量单独从一开始就发动一场世界性的全面战争,而须在采取局部性侵略行动、发动局部战争的过程中勾结起来,结成侵略性的政治军事同盟。

如果说,以上所述揭示了德日意三国在采取侵略行动、发动侵略战争时结盟的可能性与必要性的话,那么,在历史的实际发展中,这种结盟又并非一下子便由可能变为现实的。这还要取决于诸多的因素,如整个国际局势的发展变化,遭受侵略的弱小国家的抵抗,西方“民主国家”的反应,以及法西斯国家自身各个时期的实际战略需要与内外处境等等。因此,德日意三国从最初采取侵略行动时基本上各自为战,然后逐步接近,最终结成了侵略性的政治军事同盟,经历了一个复杂而曲折的历史过程。

三国同盟条约签订的第二年,德国法西斯就悍然发动侵苏战争,接着日本发动了太平洋战争。1942年1月18日,德日意又签订军事协定,以东经70度为界,划定了各自的作战区域。第二次世界大战的战火终于燃遍了全球。

二战爆发

开战概况

第二次世界大战从1939年9月德国入侵波兰开始,到1945年9月日本签署无条件投降书结束,历时整整六年。它经过法西斯国家的战略进攻、交战双方攻守互易的战略转折、反法西斯同盟国的战略反攻三个发展阶段，最终以法西斯轴心国的彻底失败而告结束。

慕尼黑协定签订不久，希特勒就开始准备侵占波兰。

波兰位于欧洲东部，东接苏联，西临德国，南接捷克斯洛伐克，北濒波罗的海，战略地位十分重要。

法西斯德国对波兰的侵略战争，是希特勒妄图称霸世界战争总计划中的一个重要组成部分。波兰是当时英、法在欧洲诸盟国中军事上最强大的一个国家。德国若占领波兰，不仅能获得大量的军事经济资源，而且还能大大改善自己的战略地位。即可消除进攻英、法的后顾之忧，又可建立袭击苏联的基地。

1939 年 3 月 21 日，德国向波兰发出通牒，要求将格但斯克“归还”给德国，并将在“波兰走廊”建筑公路、铁路的权利也转让给德国。这遭到波兰政府的拒绝。

随着德波关系的日益紧张，波兰加紧向英、法靠拢。3 月 22 日，波兰向英国建议，立即缔结一项英波协定。3 月 31 日，英国首相张伯伦宣布，“如果波兰受到进攻并进行抵抗的话，英国和法国将给予波兰政府全力支持。”这使希特勒大为恼火。4 月 1 日，希特勒发表演说，警告英法，恫吓波兰。4 月 3 日，德国统帅部下达了关于制定对波兰作战计划，代号为“白色方案”，定于 9 月 1 日以前作好一切作战准备。4 月 28 日，德国废除了德波互不侵犯条约，并再次向波兰提出了领土要求。

为了进攻波兰，希特勒在大战之前，首先在外交上孤立波兰。从 1934 年 1 月与波兰签订互不侵犯条约到 1939 年以睦邻合作为名义拉拢波兰，破坏波兰与英、法和苏联的关系。与此同时，希特勒大搞军事欺骗活动，使波兰丧失警惕，攻其不备。

“白色方案”制定后，希特勒建立了南北两个集团军群：由伦德施泰特上将指挥的南方集团军群，辖 3 个集团军共 36 个师；由博克上将指挥的北方集团军群，辖 2 个集团军共 21 个师。这两个集团军群分别由凯塞林将军指挥的第一航空队和勒尔将军指挥的第四航空队担任配合。德军的基本兵力集中在进攻集团的第一梯队。战役预备队是在战局过程中从德国抽调业已动员的师建立起来的。德军用于对波作战的兵力总共有 62 个师（其中 7 个坦克师、4 个轻步兵师和 4 个摩托化师），160 万人，2800 辆坦克，6000 门火炮和迫击炮，约 2000 架飞机。

1939 年 5 月 23 日，希特勒在总理府

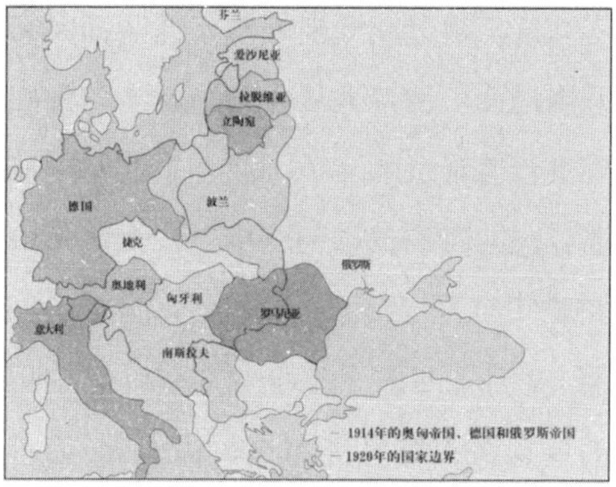

战时的两大军事集团

召集有14名高级军官参加的会议。会上，希特勒分析了欧洲的形势，提出了发动战争的战略部署。

张伯伦虽然为了应付国内的压力，宣布对波兰的保证，但他还是继续推行绥靖政策，幻想以波兰为筹码，与希特勒会谈达成瓜分欧洲的协议。就在希特勒进行总体战动员之后的第六天，即6月29日，哈里法克斯发表演说，否认英国的对外政策有孤立德国的意图，并说如果德国放弃使用武力即采取和平解决办法，那么“殖民地问题，原料、贸易障碍问题，生存空间、限制军备问题，以及其他影响欧洲各国公民的问题”都可以讨论。接着，英德举行秘密谈判。在谈判中，英国代表向德国代表提出英德缔结互不侵犯协定，这样英国“就能卸脱它对波兰所承担的义务”。这样，就使希特勒看出了英国对波兰保证的实质，于是他就更加放心大胆地对波兰发动进攻了。

开战前夕，希特勒纳粹党卫队首领海因里希·希姆莱要求德军总参谋部提供若干套波兰军服。尽管疑惑不解，总参谋部仍将这一要求视为圣旨，接受了希姆莱的要求，并以德军素有的高效率很快弄到并交付了这批军服。

1939年8月最后两个星期的某一天，13名德国囚犯突然从德国东部的一个集中营押送到了附近的一个学校，关在校舍中。8月的最后一天，除一名囚犯以外，其余12名都被命令穿上波兰军队制服，并给他们注射了一种致命药物。接着，他们被带到靠近德国—波兰边境的一片小树林击毙。他们的尸体被人作了伪装，看上去他们好像是在进攻德国时被打死的波兰士兵。

当天晚些时候，13名囚犯中惟一幸存的那位也被匆匆送往格利维策附近的一座小镇。他身着波兰便服，同随行的其他德国党卫队保安人员一起，占领了当地的广播站。当然，党卫队的成员也作了相应的装扮。他们播送了一纸颇具煽动性的声明书，宣称波兰正在进攻德国，号召所有的波兰人都参加这场战斗。接着，他们演出了一场与广播站工做人员的“搏斗”，扮演广播煽动性声明的“波兰”播音员被当场击毙，死在播音室的地板上。这一切都被一个通电工作的麦克风如实地记录了下来。

次日，也就是9月1日上午10点，希特勒在柏林的德国国会大厦前作讲演，他直言不讳的举出了格利维策发生的掩饰得并不高明的“波兰袭击德国”事件，作为波兰侵略德国领土的例证。事实上，就在他讲演的时候，德国向波兰的军事进攻的第一阶段已经开始。9月1日凌晨4时45分，德国发起了陆、海、空多方面的袭击。

希特勒在国会大厦前发表演说几小时之前，战争便在东普鲁士与德国分界的波兰之角的但泽打响了。此前两天，德海军“石勒苏益格—荷尔斯泰因”号教练舰以所谓礼节性访问名义开进了但泽港。9月1日晨，这艘友好访问的教练舰毫不含糊地将11英寸口径的大炮对准了但泽港的韦斯特普拉特，用炮火袭击了波兰海军基地。

德军在地面部队开进波兰以前，空军出动1400架战斗机和轰炸机对前沿阵地、纵深军事设施和交通枢纽进行破坏性轰炸。开战头两天，德军就掌握了制空权。在空军的掩护下，德军机械化部队越过国境线，很快就突入波境纵深。

德军的快速部队在波兰广阔的国土上到处袭击，很快就把波兰军队打得七零八落。被分割开来的每支部队都面临悲惨局面。波兰人从一开始就与各种困难进行着艰巨的斗争。波兰工业基础薄弱，战前又没有进行充分动员，无法集中和展开兵力，武器装备也大大落后于德军。9月1日开战那天，波军可以使用的只有935架飞机和500辆坦克，而且大部分是过时装备。这样一支军队，却需要坚守连绵1750英里长的国境线，而且没有自然的河流山脉可作屏障。

德军突破波军防线后，以每日50—60公里的速度向波兰腹地突进，从南、北两路向华沙迂回包抄。9月6—7日，南路德军在波克率领下攻占克拉科夫，北路德军在隆斯特德率领下占领波兰走廊，渡过维斯瓦河。9月17日，南北两路德军在布列斯特立托夫斯克地区会师。波兰政府无力挽回败局，于9月16日撤离华沙经罗马尼亚，先到达巴黎，后流亡伦敦。华沙军民拒绝投降，在极端困难的条件下顽强抗击德军。德军直到9月27日才占领这座孤立无援的城市。号称陆军居欧洲第五位的波兰，顷刻之间覆亡了。

在这一战争中，德军投入战斗的陆军共65个师(160万人)，1万多门大炮，2800辆坦克，2000多架飞机。德波军力的对比是：德军的步兵为波军的1.8倍，炮兵为5倍,坦克为6.5倍,飞机为7倍。波兰政府要求盟国英法立即履行对波的保证,在西线出兵,以减轻德国对波的压力。英法在9月1日晚向德国提出抗议,警告德国如不从波撤军,英法将出兵。2日上午,意大利建议:双方军队留在目前原地停火,举行英、法、波、德、意5国会议,解决德波争端。法国对此表示赞成,但英国再也不能容忍希特勒破坏慕尼黑会议形成的欧洲格局,提出要以德军撤军作为开始谈判的条件。3日上午9时,英国送给德国一份通牒,提出到上午11时,德国如不撤退,"英德两国即处于战争状态"。11时20分德国复照,拒绝接受英国的最后通牒,随后法国向德国表示,9月3日下午5时起,法国政府将充分地履行对波兰的义务。英国的自治领地澳大利亚、新西兰、南非联邦和加拿大也相继对德宣战。这样,欧洲的几个大国全都卷入战争,第二次世界大战终于爆发。

波兰是德国通过战争占领的第一个国家,波兰成了德国的"总督管辖区"。德国在波兰,特别是在华沙,进行大规模的报复性屠杀,驱赶千千万万波兰人到德国进行低贱劳役,或迁到贫困地区,为德国移民腾出地方。德国实行种族灭绝政策,对犹太人进行惨无人道的迫害,法西斯暴行特别疯狂。

德国进攻波兰以后,希特勒一面虚伪建议召开和平大会,讨论欧洲和平问题,一面下达秘密指令,准备大规模进攻西欧("黄色方案")。但进攻计划的实施一再拖延。英、法虽对德宣战,但对战争并没有充分准备,又指望能引起德、苏冲突。9月12日,英、法举行第一次最高军事会议,由法国甘末林将军担任盟军总司令。10至11月,英、法制定了一个全面进攻德国及其两侧的"D字"作战计划,之后就陷入旷日持久的准备中。因而,除了海上和陆地发生过一些小型战斗外,西线半年多没有大规模战事,被称为"奇怪的战争"。

但泽危机

但泽危机是纳粹德国为了侵略扩张,利用复杂的民族、归属和权益问题而蓄意制造的。

但泽(今称格但斯克),位于波兰西北部,南扼维斯瓦河河口,北濒波罗的海,是一个战略重镇。它早在12世纪就已属波兰管辖。以后波兰三次遭到俄国、普鲁士和奥地利瓜分,但泽也屡经战事,归属几经改变,民族构成发生重大变化,渐渐以日耳曼人为主。第一次世界大战前,它匍匐在德皇的脚下。1917年俄国革命推翻沙皇的统治,1918年德国在第一次世界大战中失败,被列强瓜分了近150年的波兰终于复国。根据凡尔赛和约和波(兰)但(泽)协定,但泽被划为国联保护和监督下的“自由市”,其关税和外交隶属波兰,允许波兰使用港口设施,内政保持独立,由国联派员协助草拟新宪法,并充当波但之间的仲裁者。该地区的东边(东普鲁士)和西边都是德国的领土,波兰只得到一条狭长的地带作为出海口,直通波罗的海,这一地带叫但泽走廊或叫波兰走廊。

这种处理并没有能防止20年代德波双方在但泽的归属和权益问题上的争执。

到了30年代,但泽的纳粹分子逐步掌握内政大权。那时希特勒德国的羽毛未丰,它的扩张目标首先指向奥地利和捷克斯洛伐克,然后才轮到波兰。所以它采取了安抚波兰的政策,多次保证尊重波兰在但泽现有的民族权利。波兰被希特勒的“和平”言辞所迷惑,而且觉得法国不太可靠,决定调整亲法的外交方针,于1934年与纳粹德国签订互不侵犯条约,德波关系一时趋向缓和甚至亲近起来。1938年捷克斯洛伐克危机中,波兰当局竟在希特勒的拉拢下,对邻国趁火打劫,侵占了捷克斯洛伐克的特申地区,德波关系达到“高峰”。

但是好景不长。经过德奥“合并”和慕尼黑的肮脏交易,希特勒德国占据了中欧战略要地,实力大增,战略地位明显增强。它加快了侵略扩张的步伐。波兰既是东侵苏联的必经之路,又是西攻法国的战略后方,具有重要的战略价值。但泽是波兰的咽喉,是一个由纳粹掌权、日耳曼人居绝大多数的“自由市”,无论从制服还是侵占波兰的角度考虑,它都是下手的最佳地点。1938年10月24日,即慕尼黑协定签订不到一个月,纳粹德国外交部长里宾特洛甫向波兰驻德大使约瑟夫·利普斯基提出,德国要求“收回”但泽,并在但泽走廊修建享有治外法权的公路和铁路运输线,“报酬”是延长德波和约,保证德波边界现状和共同反苏、反犹,这标志着存在已久的但泽问题,已越出德波之间一般的领土和权益纠纷的范围,演变成但泽危机。1939年1月5日,希特勒在接见波兰外长贝克时明确说:“但泽是德国人的”,“而且迟早要成为德国的一部分”。在希特勒的扩张计划中,宰割的屠刀该指向波兰了。

波兰已故“国父”毕苏斯基曾严肃指出,但泽是衡量德波关系的试金石。波兰政府慑于人民的反对和舆论的压

意大利军队向埃及发动进攻

力，拒绝了德国的无理要求，贝克回答说，他“看不出有什么可能达成协议”，此后的几个月，德波要人多次会晤，始终没能达成妥协。德波关系从“合作顶峰”上跌落下来。

1939 年 3 月 15 日，纳粹德国武装占领捷克斯洛伐克的残余部分，开始腾出手来对付不肯让步的波兰。手段也从诱骗转为威逼。3 月 21 日，里宾特洛甫第一次以非常严厉的口气向利普斯基重提 10 月 24 日的要求。高压并没有见效，反而迫使波兰实行局部军事动员，并加快向英国和法国靠拢。英国为了尽早组建以波兰为主体的“威慑”德国的东部战线，于 3 月 31 日破例对波兰的独立和安全承担保证义务。张伯伦在下院宣布，如果波兰受到进攻并进行抵抗，英法“将给予波兰政府全力支持”。波兰外长贝克马上出访伦敦，于 4 月 6 日签订了英波临时互助协定。与法国也达成了类似的协议。波兰匆匆忙忙地钻进英法的保护伞，这是其外交方针的又一次重大调整。

德军对南斯拉夫实施地空协同攻击作战

纳粹德国吞噬整个捷克斯洛伐克以后，抛开了不流血制服波兰的念头，决定一举摧毁主要敌手英法在欧洲大陆的这个战略侧翼。4 月 3 日，希特勒下达了一个代号为“白色方案”的绝密指令。

它指出："目的是歼灭波兰武装力量，并且在东方造成一种能满足国防要求的局面"。指令规定德国武装部队的任务是："为达到这一目的，必须准备进行突然袭击。"政治上的任务"是在可能范围内孤立波兰"；军事准备"务须做到能在1939年9月1日以后的任何时间内发动军事行动。"4月28日，希特勒在国会宣布，废除1935年英德海军协定和1934年德波和约，并首次公布德国对但泽的要求和准备给波兰的"报酬"。

但泽危机的公开化、国际化和尖锐化，使德波关系也朝着对抗的方向急速滑去。

闪击波兰

1939年9月1日清晨，54个德国精锐师团在2000架飞机和2800辆坦克的掩护下越过波兰边境，自西南和西北两个方向迅速朝波兰内地挺进。第二次世界大战开始了！仓促应战的波兰仅能动员39个师和870辆轻型坦克来对付德国入侵，并在德军锐利的攻势下节节败退。

遭到德国侵略的波兰理应得到它的西方盟国的援助。对此，英法曾作过多次慷慨允诺：1939年3月31日，张伯伦在下院宣布英国将保障波兰的独立；4

希特勒命令纳粹军队向波兰发动进攻

月6日，英波签订互助协定（不久法国也加入）；8月25日，英波签订同盟条约，答应给波兰"一切可能的援助和支持"；5月，法波军方达成协议，规定一旦德国进攻波兰，法国空军应立即出动支援，至迟在开战后第十五天，法国陆军也应转入进攻。然而在整个波兰战争期间，英法的所谓"援助"却始终停留在口头和纸面上。英国外交大臣哈利法克斯对波兰大使拉钦斯基表示，英国政府"不能分散为采取决定性行动所需的兵力"。法军总司令甘末林于9月3日致电波兰政府，声称将于次日在陆上发动攻势，但9月4日依然是"西线无战事"，这是明目张胆的欺骗。在波兰政府的一再催促下，英国政府竟然回答说，只有到次年春天，英法才能提供有效的援助。但是9月17日，随着波兰政府流亡罗马尼亚，波兰作为一个独立国家已不复存在。这对一向自我标榜为小国保护者的两个西方大国英法来说，该是一个多么辛辣的讽刺。

现在已经有足够的史料表明，就在德国进攻波兰后，英法仍然希望再一次用牺牲小国的办法去制造新的“慕尼黑”。两国政府都曾通过意大利外交大臣齐亚诺和瑞典资本家达列鲁斯祈求德国停止在波兰的军事行动。英国政府为顾全面子，还要求德军全部撤出波兰，然后再开始和平谈判。法国方面连这一点最起码的条件也放弃了。希特勒早在签署慕尼黑协定时，就曾恶意讥笑张伯伦和达拉第，现在则更傲慢地声称，假如他们胆敢到贝希特斯加登来，就毫不客气地将他们赶走，还要让尽可能多的记者来看热闹。只有在和谈的大门都已关闭后，英法两国才硬着头皮于9月3日向德国宣战。

希特勒像

英法和德国既已处于战争状态，那末在德军主力投向东线的情况下，自然就为英法在西线发动攻势创造了有利的条件。9月1日驻守在所谓齐格菲防线内的德军一共只有31个师，9月10日才增至43个师，并且几乎一辆坦克都没有。面对着它们的，则是配备有近两千辆坦克的法军90个师。戈培尔大事吹嘘的齐格菲防线尚处于初建阶段，根本谈不上什么“固若金汤”。不少深知内情的德国军官都认为，如果法军大举进攻，“那末，他们几乎毫无疑问会突破边界……可以肯定毫无困难地推进到莱茵河，还很可能越过莱茵河，以后战争的进程也就会很不一样了”，因而对法军的按兵不动均深感奇怪。即使希特勒身边的高级将领对此也不讳言，如希特勒最高统帅部作战部长约德尔说：“我们之所以能摆脱困境，完全是由于在西线没有军事行动”。希特勒最高统帅部长官凯特尔则声称：“假如法国进攻，那末他们所遇到的将只会是一道德国的军事纸屏，而不是真正的防御。”

的确，自9月1日后在西线出现了人类战争史上少见的现象：成百万配备精良的盟军稳坐在工事里，面对着近在

波兰各城市、村庄惨遭德国空军轰炸

咫尺的敌人，几个月内几乎一枪不发。英法两国不仅坐视波兰的覆灭，而且在此以后也毫无作为。9 月 9 日，甘末林为欺骗舆论，下令法国在萨尔地区的 10 个师向前推进了 3 至 8 公里。尽管没有遇到任何抵抗，但 12 日英法最高军事会议还是作出决定，把这次象征性的攻势也中止了。直到 12 月 9 日一支英国巡逻队遭到流弹袭击，才开始了联军在西线伤亡的记录。

曾经到过前线的法国记者多热莱斯对那里的情况作过以下的记述："……我对那里的宁静气氛感到惊讶。驻守在莱茵河畔的炮兵悠闲地观望着德国运送弹药的列车在河对岸来往行驶，我们的飞行员从萨尔区工厂冒烟的烟囱上空飞过也不投掷炸弹。"为了使成千上万的士兵不致在战壕里感到过分乏味，法国政府特地在军队中设立"娱乐服务处"，决定增加士兵的酒类配给，还为他们购买了一万多个足球。于是在德军的炮口下，盟军便以看电影、踢球、进行各种文娱活动来消磨时光。人们唱着"我们要到齐格菲防线去晒衬衣"的轻松歌曲，逐渐对这场战争是否真会继续下去产生了怀疑。这和 1941 年的边境血战和马恩河上的拼搏恰成鲜明对比，无怪乎大家要用"奇怪的战争"、"静坐战"或"假战争"，来称呼这种微妙的"对峙"了。

不管如何去称呼这场"战争"，它实质上仍是英法战前推行的绥靖政策的继续。绥靖主义者虽已多次碰壁，但在两国统治集团内，妄图用牺牲苏联的办法同德国达成妥协的顽固派确仍大有人在。1939 年 11 月底苏芬战争爆发后，英法掀起了新的反苏浪潮。英法对芬兰慷慨解囊，给予大量经济和军事援助。1940 年 1 月 19 日，达拉第责成甘末林和达尔朗共同制定袭击苏联油田的方案。2 月 22 日甘末林建议通过黑海进攻苏联南方，并在高加索穆斯林中策动反对苏维埃政权的叛乱。4 月 5 日，法国空军参谋部进一步计划在短期内摧毁巴库等地的炼油设施和码头。1940 年 2 月 27 日，英法最高军事会议决定组成所谓"援芬志愿军"，打算直接插手苏芬战争。3 月 12 日苏芬和约的签订，导致达拉第下台和雷诺组阁。德国对北欧的入侵，完全打乱了英法的部署。

耀武扬威的纳粹军队

英法隔岸观火与苏联趁火打劫

德国军队按照希特勒的计划，在 9 月 1 日凌晨出动，一星期内，德军已深入波兰国境，波兰失败的命运已经注定。

波兰政府长期以来奉行均衡外交，对德军的进攻缺乏准备，直到德国入侵的前一天，总统莫希切斯基才宣布总动员，命令 6 个军和 1 个后备军分散地防守西郊 1600 公里的防线。这种错误的战略布局很容易让敌人突破，但波兰政府仍信心十足，相信它的盟友英国和法国不会见死不救。

9 月 3 日，英法分别向德国宣战，波兰军事代表团兴致勃勃地赶到伦敦，请求与英国商议援波计划。万万没料到的是，英帝国总参谋长艾恩塞德将军竟闭门不见。波兰军事代表团多方活动，艾恩塞德将军才在一周后接见他们，但是宣称："英国总参谋部没有任何援波计划，你们还是到中立国去购买武器吧。"

波兰人在英国这位朋友面前碰了一鼻子灰，转而求助于当时号称欧洲一流陆军强国的法国。法国曾在 1939 年 5 月 19 日的法波军事协定中保证：法国将在总动员令下达后三天内逐步对有限目标发动攻势。承诺"一旦德国以主力进攻波兰，法国将从其总动员开始后第十五天起，以其主力部队对德国发动攻势"。但是，此时，法国却在昔日盟友面

美英两国首脑在纽芬兰阿金厦港军舰上在讨论对德政策

前要手段，法军总司令甘末林将军在9月1日波兰遭到进攻的当天宣称：“迅速而有效的帮助波兰的惟一办法是由法军取道比利时去同德国交战，但法国不愿破坏比利时的中立。”

9月6—7日晚，在波兰政府一再的恳求和抗议下，甘末林将军在西线发动了“萨尔攻势”。轻装的法军沿萨尔布吕肯东南的卡登布伦突出部，在一条24公里长的战线上越过边界。法军行动十分谨慎，以营为单位向前推进，兵寡势微的德军掩护部队只好向位于边界以北13公里的齐格菲防线撤退。

呆在指挥所等候好消息的希特勒，接到法国进攻的消息后，顿时绝望地瘫坐在椅子上。他仿佛感到末日的来临，他非常清楚，德军在西线的兵力是不堪一击的：以后备役师占多数的26个师要抵挡85个装备精良的法国师谈何容易，何况还有德法前线的1500架英国飞机相助。

但是，希特勒的恐惧没有维持多久。法国人为他解除了困境，9月12日下午，在英法盟国最高军事会议上，甘末林通知英国：鉴于波兰战局的发展，他要取消萨尔攻势。法国自己承认，萨尔攻势不过是装装样子而已。

波兰人不得不孤军奋战，但却不是希特勒的对手。9月28日，华沙陷落。当天，甘末林下令法军全线退却。此后，法军一直躲在钢筋水泥铸成的“马其诺防线”之后，等待末日的来临。而英军直到10月11日，即波兰灭亡已两个星期之后，才派出四个师在法国登陆。丘吉尔称它是“一种象征性的贡献”。到12月9日，英国远征军才第一次有了伤亡：一名士兵在巡逻时被打死。

西线的这种战争，西方人称为“假

张伯伦

战争”，德国人称之为“静坐战”。正如英国将军富勒所说：“世界上最强大的陆军，对峙的不过26个（德国）师，却躲在钢筋水泥的工事背后静静地坐看一个唐吉诃德式的英勇的盟国被人消灭了。”

德国将领后来承认，在波兰战争期间，西方国家没有在西线发动进攻是错过了千载难逢的良机。德国陆军参谋总长哈尔德将军在纽伦堡法庭上承认：“对波兰作战的成功，全靠将我国西部边境的兵力几乎全部抽光才办到。如果法国人利用我们几乎全部兵力被牵制在波兰这个机会，本来能够在我们无从防备的情况下渡过莱茵河，而且威胁到鲁尔，这个地区对德国进行战争是有决定性意义的。”

英国首相张伯伦

德国最高统帅部作战处处长约德尔说得更具体：“如果说我们在1939年没有崩溃的话，那是由于在波兰战役期间，西线的法国和英国的大约110个师完全没有用来同德国的23个师作战。”

静坐战的出现不是偶然的，根本原因在于英法两国的军事战略保守落后，英法人认为：防御优于进攻，进攻一方要突破防御就需要集中大量的兵力和兵器，而防御一方在削弱敌人并耗尽其物资技术资源之后，就可以在关键时刻转入进攻并取得胜利。

其次，英法两个盟友之间彼此缺乏信任，法国人感到英国人在共同的斗争中没有竭尽全力，因此不愿单独打这场战争。他们想拖延时间，等待英国大批部队的到来和美国的参战。

此外，希特勒的和平烟幕也蒙蔽了喜欢玩弄绥靖政策的英法人。9月19日，希特勒在但泽工会厅发表演说时装腔作势地说：“我没有要与英国和法国打仗的目的。……我很同情法国的普通士兵。他们不知道为什么要打仗。”负责宣传的戈培尔也在9月26日宣称：“法国和英国为什么现在还要打呢？没有什么可打的，德国在西方毫无要求。”

在这种情况下，当东边的波兰败亡时，西线竟出现这样的镜头：白天，双方士兵用高音喇叭互相叫喊，双方飞机虽不断飞临对方上空，但不是扔炸弹，而是撒小册子和传单。莱茵河两岸，隔河对峙的双方部队，彼此都看得见，都安然地在野战工事或者炮兵掩体中干活。法国士兵在闲时还兴致勃勃地踢起了足球，隔岸的德国士兵则聚集观看，不时发出喝彩声。夜晚，前线安静如墓地，士兵们睡得像死猪似的。只有偶尔走过的巡逻兵的声音打破夜晚的宁静。有些士兵常常瞒着长官，偷偷跑到对方的防线中交换食品和饮料。一些法国士兵酒过三巡后向德国士兵透露：长官禁止向德国人开枪。

9 月 17 日凌晨 5 时 40 分，波兰东部边境突然出现了大批苏军，直接闯入波兰境内，波兰守军命令他们止步。苏军中有人喊：“别开枪，我们是来帮助波兰人打德国人的。”这时，波军在德军的猛烈打击下已经成了一盘散沙，失去了统一指挥，守军与最高统帅部联系不上，不知道怎么处理，只好自作主张，将苏军放了进来。

但是，他们很快就发现自己是引狼入室。60 万苏军迅速蜂拥而入，越过几乎毫无防备的波兰东部边境，以排山倒海之势向西猛进，攻占城市，解除波军武装。波兰清醒过来后，在维尔纽斯、比亚威斯托克和奥兰纳等地与苏军展开了浴血拼杀，但毕竟势单力孤，很快就败下阵来。

苏联趁火打劫，给了波兰人背后一刀。苏联向世人说明它采取这一行动的“理由”是：由于波兰国家已经归于瓦解而不复存在，因此，同波兰缔结的一切协定也归于无效。第三国可能会利用目前出现的混乱局势。苏联政府认为自己有责任进行干预，以保护乌克兰和白俄罗斯族同胞，使这些不幸的人民有可能在和平的环境中安居乐业。这一“理由”是苏联外交部在 17 日凌晨 3 时向波兰驻苏大使格日博夫斯基递交的照会中提出的。

就是这样一个照会，却引起了希特勒的不快，因为照会中所说的“第三国”说明就是指的德国。德国驻苏大使舒伦堡对此提出反对，苏联外交人民委员莫洛托夫急忙解释说，苏联提供的这个理由的确会使德国感到不快，但苏联既要对波兰采取军事行动，又要避免落个侵略者的名声，总得找个借口，只有以“苏联有责任援助受德国威胁的乌克兰人和白俄罗斯人”这个借口最好，请德国体谅苏联政府的苦衷。

希特勒只好忍气吞声,因为是他主动邀请苏联与德国对波兰采取共同军事行动的,只好由斯大林漫天要价了。

原来,在9月3日英法对德宣战后,为了减轻德国的压力,希特勒邀请苏联出兵,从东面打击波兰军队,与德国对波兰形成夹攻。但莫洛托夫表示行动的时机尚未成熟,如果操之过急,会有损苏联的事业。其实,斯大林是想坐山观虎斗,等到两败俱伤时好坐收渔人之利。同时,他还想看看英法是不是真的会出兵进攻德国,如果德国同时与英、法、波等国进行战争,那苏联就得慎之又慎。

但是,局势的发展使斯大林很快就坐不住了。德军迅速逼近波兰首都华沙,而英法政府继续维持对德国的宣而不战的状态。形势对德国非常有利,如果德军进展顺利,就可能将在苏德条约中划给苏联的势力范围据为己有。9月10日,莫洛托夫向德国人表示苏联准备出兵。14日和15日,苏联的《真理报》和《消息报》先后发表文章,指责波兰人压迫乌克兰人和白俄罗斯人,开始为占据波兰东部领土找借口。

9月17日凌晨2时,斯大林接见了舒伦堡,他告诉德国大使,苏联红军将在当日凌晨6时沿波洛茨克—卡美涅茨—波多斯基一线全线出击,为避免意外事故,请德国飞机于当日不要飞越比亚威斯托克—布列斯特—里托夫斯克—伦堡的东侧。

德国同意后,苏军迅速采取行动,进展神速。第二天,苏军与德军便在布列斯特—里托夫斯克会师了。人们不会忘记,21年前,苏联人和德国人也在这里见过面,那是刚诞生不久的苏维埃俄国与德国在这里签订了《布列斯特—里托夫斯克和约》,苏俄政府以牺牲大片国土的代价换得了和平。而今天,苏联和德国都作为波兰的征服者在这里握手拥抱。

两个征服者刚刚亲热完毕,接着又在瓜分波兰等问题上展开了较量。斯大林一直怀疑德国人是否会恪守协定而退回到双方原来划定的分界线上去,德国人费尽口舌,总算让多疑的斯大林放了心。

接着,莫洛托夫暗示舒伦堡:斯大林想以皮萨河—那累夫河—维斯社拉河—散河为界瓜分波兰,并希望就这一问题与德国谈判。

9月25日晚,斯大林在克里姆林宫召见了舒伦堡,提出用已经被德国占领的两个波兰省来交换波罗的海各国。很明显,斯大林觉得他已经帮了希特勒一个大忙,现在该是希特勒作出回报的时候了,他要利用这个机会狠敲竹杠。另外,斯大林还存了一个心眼:让德国人把所有的波兰人都接手过去。他从以前俄国和普鲁士几次瓜分波兰的历史中得出教训:波兰人在丧失独立后决不甘心做亡国奴,必然会给统治者带来麻烦,让德国人去伤脑筋吧。

希特勒再次尝到了斯大林的厉害,但他不能得罪斯大林,那样他就得同时在东西两条战线作战,搞不好前功尽弃,因此只好再次忍气吞声。

9月27日,里宾特洛甫飞赴莫斯科。当晚与斯大林进行谈判,斯大林提出两个方案:第一个方案是接受原先苏德协定中划定的分界线,立陶宛归德国;另一个方案是把立陶宛让给苏联,交换条件是让德国取得更多的波兰领土(卢布林省和华沙以东的土地),这样,全部波兰人就几乎全部归于德国。

斯大林竭力劝德国选择第二种方案。里宾特洛甫在28日上午发电报征求元首的意见,希特勒表示同意。

29日凌晨5时,莫洛托夫和里宾特洛甫正式签署了德苏边界友好条约。与上次的德苏之间的交易一样,这个条约也有"秘密议定书",主要内容是:立陶宛划归苏联,卢布林和东华沙两省划归德国;双方在各自的领土内不得容许波兰人从事影响对方领土的活动,双方将在自己的领土内扑灭此种活动的一切萌芽,并将为此目的而采取的适当措施通知对方。

这样,波兰遭受了同奥地利和捷克斯洛伐克同样的命运,从欧洲地图上消失了。

德国进攻丹、挪、荷、比、卢、法

德国灭亡波兰之后,利用"奇怪的战争"时期加紧扩军备战。七个多月时间,德国武装了一百五十六个师,制造了四千架飞机,并把大批部队从波兰调往西线。

希特勒决定在进攻英法之前,首先闪击北欧,侵占丹麦和挪威。希特勒之所以作出这种决策,其意图是:第一,占领丹麦和挪威,可以打破英法对德国的海军封锁,使德国海军舰艇能畅通无阻地进入北海和大西洋,免遭第一次世界大战被英国海军封锁之苦;第二,占领丹麦和挪威,在挪威西海岸建立海空军基地,可以限制英国海军活动,从北面威胁英国;第三,保证瑞典铁矿砂安全运到德

捷总理贝奈斯称捷决不是另一个奥地利

国。当时瑞典是德国铁矿砂的重要供应国。1940年1月27日，德国统帅部制定了一个陆海空三军协同作战，进攻丹麦、挪威的军事计划，代号叫“威塞演习”。2月16日，德国供应舰“阿尔特玛克号”装载299名被俘英国船员，从南大西洋返航德国时驶入挪威领海，被英国侦察机发现，英海军舰艇进入挪威领海截搜“阿尔特玛克号”，救出被俘英国船员。为此挪威政府向英国提出抗议。“阿尔特玛克号”事件刺激了双方，英、法和德国都把注意力转向北欧，准备采取军事行动。

4月8日，英、法宣布在挪威海域敷设水雷，以阻止德国船只通过。英国本土舰队向挪威出动，以便占领挪威沿海港口，防止德军登陆。

但是，希特勒抢先实施“威塞演习”计划。德国以防止英、法入侵，保卫丹麦、挪威中立为由，提出最后通牒，要丹、挪政府接受“德国的保护”。同时，从海上、空中运送部队，于4月9日清晨5时许，对丹麦、挪威发动了突然袭击。德军一个营登陆丹麦首都哥本哈根，空降部队着陆后立即包围王宫。丹麦国王下令投降，停止抵抗，德军在一天之内就占领了丹麦全境。

挪威国王哈康七世拒绝德国要求，坚持抵抗。挪威前国防部长、民族叛徒吉斯林充当希特勒的“第五纵队”，在国内进行破坏和颠覆活动。德军占领了挪威沿海主要港口和首都奥斯陆。4月10至13日，英国舰队进攻北部港口纳尔维克的德国舰队，击毁击伤德国十几艘军舰，德军损失惨重，仍坚守纳尔维克。4月30日，德军攻占铁路枢纽当博斯，控制了挪威南部，挪军和英军向北部撤退。5月28日，英军攻占纳尔维克。在争夺挪威沿海港口的战斗中，英国虽然给德国海军以严重打击，但未能阻挡住德军的攻势。6月7日，英军从纳尔维克撤出挪威，哈康七世逃亡伦敦建立流亡政府。6月10日，德军占领挪威全境。在德军刺刀保护下，吉斯林组成傀儡政府，从此“吉斯林”成了内奸卖国贼的同义词。德国占领挪威,加强了德国战略地位,取得了从海上进攻英国的前哨基地。

未等挪威战役完全结束,希特勒于1940 年 5 月 10 日在西线对荷兰、比利时、卢森堡三个中立的小国发动了大规模的进攻,即“曼斯坦因”(“黄色方案”的修改物)计划。希特勒进攻荷、比、卢,既是他称霸欧洲计划的一部分,也是进攻英法的序幕。就在德军在西线发动进攻的当天,绥靖政策的代表人物张伯伦被迫辞去英国首相职务,主张对德国采取强硬路线的保守党人丘吉尔出任首相,组成有保守党、工党和自由党人参加的联合政府。1940 年5 月10 日清晨,德国出动 3280 架飞机、136 个师、2600 辆坦克,从瑞士边境到北海岸边 800 公里的西方战线上,发动了空前规模的“闪电”攻势。首先出动大批飞机猛烈轰炸荷兰、比利时和法国北部的 72 个机场,摧毁了几百架飞机。荷、比两国对德国宣战,并向英、法呼吁求援。英、法联军开入比利时境内,与比军配合作战抗击德军。但英、法联军未及赶到荷兰,德军已进占荷兰主要城市和地区,5 月 13 日,荷兰威廉明娜女王及政府大臣逃亡伦敦,5 月 15 日荷军投降。艰苦作战的浅。6 月和 7 月,希特勒几次向英国提比利时军队由于布鲁塞尔于 5 月 17 日的陷落而处境困难,英、法联军被迫西撤。5 月 26 日,比王利奥波德三世突然下令投降,20 万比军成为俘虏,已迁至巴黎的比利时流亡政府谴责比王的卖国行为,宣布停止其国王职权。

5 月 13 日,丘吉尔发表演说,指出德国已威胁到英国的生存,他向全国呼吁奋起打败德国。

苏德战争

占领社会主义苏联是希特勒侵略计划的一个重要目标。1939 年 8 月苏德互不侵犯条约的签订,并不意味着希特勒侵苏计划的改变。当时,希特勒决定首先向英法及其盟国开刀,为了避免两面作战,才与苏联签订上述条约,而把对苏联的侵略放在了下一步。希特勒曾明确地指出:他同斯大林结盟,“纯粹是为了取得但泽市和走廊而采取的一个策略步骤”。“只有我们在两线腾出手来的时候,才能够反对俄国”。

法国投降后,希特勒于 1940 年 7 月16 日下达“海狮作战计划”,企图征服英国。但因英国握有制海权,英吉利海峡是难以逾越的障碍,致使“海狮计划”搁出和平建议,遭到丘吉尔政府拒绝。8

德国外长里宾特洛甫、苏联外长莫洛托夫和斯大林在一起

月，希特勒对英国发动大规模空战，遭到重大损失。在这种情况下，希特勒决定暂时放弃征服英国的计划。

1940年11月和1941年3月，德国胁迫罗马尼亚、匈牙利和保加利亚先后加入德意日三国同盟条约，随后又同意大利一起占领了希腊和南斯拉夫，控制了整个巴尔干半岛，形成了对苏联的半月形包围。至1941年6月，德国占领欧洲14个国家，实力大增，基本上消除了后顾之忧。这时，希特勒认为，进攻苏联的时机已经成熟。他指望一举攻下苏联，利用苏联丰富的资源来加强自己，然后再回过头来攻打英国。

1940年7月21日，希特勒向三军总司令指出："必须密切注意苏联动向，应该考虑制订一个进攻苏联的计划"。希特勒曾打算在1940年秋对苏联发动进攻，但因尚未准备就绪，于7月29日把进攻日期改为1941年春天。7月31日，希特勒亲自向三军总司令和总参谋长宣布了这一决定，特别指出，占领俄国大片领土是不够的，"要消灭俄国生存的力量！这才是目的！"负责制订侵苏战争计划的是陆军总参谋部、最高统帅部的作战局以及经济和军备局。7月中旬开始工作，到11月已基本完成。11月28日至12月3日，德军统帅部进行了战役演习，以检验作战计划的可靠性。1940年12月5日，希特勒与陆军总司令勃劳希契和陆军总参谋长哈尔德共同解决了制订侵苏计划中出现的分歧意见。希特勒特别强调,进攻苏联时,"计划应该是把苏联战线分割为几段,迫使他们投降当俘虏,因此必须找好可以进行大规模围剿战的出发位置"。

1940 年 12 月 18 日,德国元首大本营发布 21 号指令,即代号为"巴巴罗沙计划"的侵苏战争计划。"巴巴罗沙"是红胡子之意,是德意志国王、神圣罗马帝国皇帝腓特烈一世(1125—1190)的浑号,用它作为代号,意即要实现腓特烈一世妄图征服周围国家、称霸欧洲的野心。

"巴巴罗沙计划"总的战略目的是:"在对英国的战争结束以前以一次快速的战役击溃苏联。"准备工作应在 1941 年 5 月 15 日以前完成。1941 年 5 月中开战。计划规定,"用装甲部队纵深楔入的大胆作战摧毁俄国西部的俄国陆军主力",攻占列宁格勒、莫斯科和顿巴斯,推进到阿尔汉格尔斯克,囊括伏尔加河至古比雪夫、斯大林格勒至阿斯特拉罕一线,并在那里建成防线,入冬前结束战斗。计划规定在三个方面发动进攻:"北方"集团军群自东普鲁士的哥尼斯堡以东向陶格夫匹尔斯、普斯科夫、列宁格勒总方向进攻,歼灭波罗的海沿岸苏军,阻止苏军东撤,在有利的条件下向列宁格勒推进。"中央"集团军群自波兰华沙地区向布列斯特、明斯克方向突击,围歼白俄罗斯的苏军,再向斯摩棱斯克方向进攻,直指莫斯科。"南方"集团军群自波兰的赫尔姆、热舒夫向科罗斯坚、基辅方向进攻,占领基辅和第聂伯河渡口,沿右岸向东南进攻,协同从罗马尼亚开来的军队,消灭右岸乌克兰的苏军,再强渡第聂伯河,进攻顿巴斯。

为了严格保密,"巴巴罗沙计划"只印了九份,三军各一份,其余由最高统帅部保存;对高级战地指挥官,也只能口头传达。希特勒采取了一系列迷惑手段,以掩护"巴巴罗沙计划"。德军最高统帅部于 1941 年 2 月 15 日下达了《制造假情报欺骗敌人的命令》,执行这一命令的德军总参谋部情报处和反间谍处策划了多种活动,制造入侵英国的假象。完成"巴巴罗沙计划"军事部署的德军大量东调,被说成是"为了隐蔽入侵英

希特勒空军狂轰乱炸苏联本土

国的最后准备工作而采取的有史以来的最大行动”。德国大量出版英国地图。军队配备了英语翻译。到处流传着那个不存在的空降军的消息。海岸上配置了假火箭。军队流传一种说法是，他们正在进行入侵英国以前的休整，另一种说法是军队将经过苏联进攻印度。为了使人相信登陆英国之说，制定了暗号为“鲨鱼”和“鱼叉”的特别作战计划。宣传完全中止了平常那种对苏联的攻击。

希特勒发布消灭布尔什维克政委、苏联国家政治保卫局人员和共产主义组织分子的《政治委员命令》，为发动反苏战争在军队中制造舆论。

希特勒采取了一系列外交和军事措施，创造对苏战争的有利条件。

1940年9月27日，德国同日本和意大利在柏林签订三国军事同盟条约，企图利用这一条约牵制苏联远东军的军事力量。1941年3月5日希特勒签署的《关于同日本合作》的24号指令明确规定：“三国同盟的合作旨在促使日本在远东尽快采取积极的行动”。1940年6月至1941年上半年，希特勒与墨索里尼和齐亚诺进行了多次会谈，并在北非、希腊、南斯拉夫和阿尔巴尼亚同意大利采取共同军事行动，帮助意军挽救了败局。这些行动使意大利增加了对德国的依赖，德国则乘机渗透控制，维持德国在北非和欧洲的优势，把意大利的军事行动纳入德国的计划，以保证“巴巴罗沙计划”的实行。

希特勒竭力拉拢苏联的周围国家以孤立苏联。德国挑拨芬兰与苏联的关系，1940年9月，德芬参谋部之间达成协议，共同进行侵苏战争准备，使芬兰成了德国发动反苏战争的伙伴。德国胁迫瑞典同意将铁矿砂的80%运往德国，允许德军和军用物资过境运入芬兰。德国对土耳其施加压力，迫使其于1941年6月18日与德国缔结《友好和互不侵犯条约》，允许德、意军舰通过黑海海峡。

为了保证“巴巴罗沙计划”的实施，希特勒不顾海空军关于增产飞机、鱼雷和潜艇的强烈要求，给托特下达命令：要千方百计地增加陆军装备的生产，为1941年发动侵略战争作准备。

德国攻占欧洲大片领土后，经济实力大为增强。1941年，德国生产钢1900万吨，生铁1400万吨，煤25700万吨，飞机11030架，坦克4000辆，火炮34000门（比1940年增加2.4倍），冲锋枪325000支（比1940年增加1.9倍），步骑枪1359000支。如果加上已占领的国家的人力物力，就远远超过上述数字。1941年德国及其占领国共生产钢3180

万吨，生铁 2430 万吨，煤 43900 万吨。此外，德国从战败的英、法、荷、比、挪等国军队那里缴获的武器装备可装备 150 个师。德国可从它占领和控制的地区取得它所缺乏的战略物资。德国利用雄厚的经济潜力，为对苏战争作了比较充分的准备。

德国在西线取得胜利后，军事力量大为增强。德国在陆军和空军的人数、装备及作战经验方面，都超过了任何资本主义大国。为了准备发动侵苏战争，德国在 1941 年上半年又扩建陆军 58 个师，到 1941 年 6 月，德国陆军共 214 个师又两个旅（其中有 19 个坦克师和 14 个摩托化师），约 500 万人；空军有 5 个航空队、国土防空军和空降兵，约 168 万人，海军共 3 个联合编队，约 40.4 万人；此外还有党卫军 15 万人。以上陆海空三军正规军加上党卫军，总计 723.4 万人。如果加上陆军中的 90 万编外人员和 35 万其他部队，德国的武装部队总人数达 850 万人。德军拥有 5639 辆坦克、1 万余架飞机、6 万余门大炮和迫击炮、217 艘舰艇。这就是发动侵苏战争前夕，德国战争机器的实力情况。

希特勒进攻苏联的军事准备，早于“巴巴罗沙计划”的出笼。德军的军事部署有两个阶段：

（1）“巴巴罗沙计划”出笼前的军事部署：

1940 年 8 月 9 日，武装部队最高统帅部发布了“奥托”指令，实际上是为东线作战制定运输和给养计划，其中包括在波兰总督区建立后勤军事设施；开辟训练场地；改进公路网和铁路网；在东普鲁士建立一个指挥作战的总部。1940 年 7 月起德军开始开进东普鲁士、波兰、挪威北部和罗马尼亚等地。至 1941 年 1 月，向东线集中了共 44 个师（其中有 3 个坦克师）和 12 个军的司令部。

（2）1941 年 1 月至 6 月的军事部署：

参加“巴巴罗沙计划”的德军，分为五个梯队调至苏德边境，除第五梯队为预备队外，其他四个梯队都是直接参加进攻的部队。第一梯队有 7 个步兵师和 1 个摩托化师，要在 2 月 4 日至 3 月 12 日集中在但泽、卡托维兹一线。第二梯队有 18 个步兵师，要在 3 月 16 日至 4 月 3 日抵达哥尼斯堡、华沙、塔尔努夫一线。第三梯队有 16 个步兵师，要在 4 月 10 日至 5 月 10 日调至沃耳希廷、腊多姆一线。第四梯队有 19 个步兵师和 28 个坦克和摩托化师，要在 5 月 25 日至 6 月初到达各指定地点，这是实施首次突击的主力。当上述调遣完毕，在入侵苏联前的最后几昼夜，各突击集团才进入进攻出发地区。第五梯队有19个步兵师以及3个坦克师和摩托化师，6月22日后才开始调集。

6月19日晚，德军共300万人进入邻近苏联边界的阵地。

6月21日，德军及其仆从军队全部进入阵地，完成了进攻苏联的军事部署。

德国发动侵苏战争的准备

征服前苏联，独霸欧洲，夺取世界霸权，这是法西斯德国蓄谋已久的国策，也是希特勒梦寐以求的目标。早在1925年，希特勒在其臭名昭著的《我的奋斗》一书中就写道："当我们今天谈到欧洲的新领土的时候，我们主要必须想到俄国和它周围的附庸国家。"1936年11月25日，德国和日本签订了"反共产国际"协定；次年11月6日，意大利也参加了这一协定。顾名思义，这主要是为了反对社会主义的前苏联。1939年8月23日苏、德签订互不侵犯条约，但是这个条约并没有改变希特勒的侵略野心。条约签订后不久，他便在一次会议上说道："现在俄国并不可怕，因为我们已同俄国缔结了条约。但是条约只是在对我们有用的时候才有遵守它的必要。一旦我们在西方腾出手来，我们就可以对俄国

希特勒、凯特尔和杰德尔在研究进攻苏联的计划

作战。"德国统治集团正是根据这个总的方针，不断加紧发动侵苏战争的准备。

1. 拼凑侵略集团，造成有利的战略态势

法国投降后，法西斯德国加紧对苏作战的准备，进一步加强与意大利和日本的勾结，并诱逼与前苏联邻近的国家参加侵略集团。1940年9月27日，德、意、日在柏林缔结军事同盟条约。条约第三条规定：德、意、日三国中，如有一方受目前尚未参加欧战或中、日争端之国家攻击时，则三国应以一切政治、经济或军事手段彼此互相援助。"显然这一条主要是针对前苏联和美国的。日本与

德、意结成军事同盟，严重威胁苏联远东地区的安全。

希特勒在欧洲采取威胁利诱、挑拨离间等各种卑鄙手段，搜罗侵苏战争的伙伴。芬兰在苏芬战争后对前苏联怀有强烈的对立情绪，德国乘机拉拢，将其纳入侵苏战争的行列。1940 年 9 月，德、芬两国总参谋部之间，达成了共同准备和进行侵苏战争的协议。芬兰统治集团倒向德国后，前苏联西北部波罗的海的出海口也随时有被封闭的危险。罗马尼亚自从失去比萨拉比亚和北布科维纳后，对前苏联极为不满。希特勒需要罗马尼亚的石油，便积极支持反苏的安东尼斯库上台，在罗马尼亚建立亲德的军事独裁制度。1940 年 10 月，德军进驻罗马尼亚后，前苏联的黑海出口受到严重威胁。匈牙利、罗马尼亚、斯洛伐克、保加利亚相继加入德、意、日军事同盟，大大加强了德国进攻前苏联的南翼力量。

至于西班牙、瑞典、土耳其等国，形式上虽保持中立，但实际上都站在亲德反苏的立场上。佛朗哥统治的西班牙，不仅是德国的供应基地，而且还成了德国准备侵苏战争的训练场。由西班牙长枪党党徒组成的志愿军"蓝色师团"，就是在西班牙进行训练后被派去对前苏联作战的。瑞典政府从 1940 年 7 月起公然允许德国军用物资和军队过境运入芬兰，并向其输出大量战略原料。1940 年，瑞典出产的铁矿有 80% 被运往德国。土耳其虽与英、法结盟，但自法国投降后便开始靠拢希特勒统治集团，并于 1941 年 6 月 18 日与德国缔结了"友好和互不侵犯条约"，允许德意两国的军舰通过土耳其海峡，并在与前苏联接壤的高加索边境集中大量军队。

法西斯德国在入侵前苏联前夕已形成很有利的战略态势。波兰灭亡后，德苏之间的"缓冲地带"业已消失，被德军占领的那部分波兰领土，成了德国进攻前苏联的军队集结地区。德国占领丹麦、挪威后，不仅改善了对西欧作战的战略态势，同时也有了东侵前苏联的跳板。荷、比、卢、法投降，英国退守英国本土，使希特勒基本上消除了东进的后顾之忧。至 1941 年 6 月初，法西斯德国占领了希腊等巴尔干国家后，最后完成了对前苏联西部月牙形的包围。至此，前苏联由远东进出太平洋，由芬兰湾进出波罗的海，由黑海进出地中海的航道，均有被封锁的可能，仅有北方的阿尔汉格尔斯克和摩尔曼斯克尚可用来经巴伦支海与美、英等国保持联系。

2. 加强军事经济力量，不断扩充

军队

法西斯德国原为工业化的国家，并在第二次世界大战爆发前早就将国民经济纳入了战时体制。大战爆发后，随着占领地区的不断扩大，德国的经济和军事能力都有很大提高。至1941年6月，德国已控制约90万平方公里的土地和1.17亿人口。希特勒残酷压榨本国人民，掠夺被其占领国的人力、物力资源。1941年德国及其占领国共生产钢3180万吨、生铁2430万吨、煤4.39亿吨、石油480万吨，德国本身生产钢1900万吨、生铁1400万吨、煤2.57亿吨，但石油产量很少，主要靠从罗马尼亚进口。德国的化学、电机、无线电技术工业和机器制造业很发达，拥有大量现代化设备，可以迅速转入军工生产。1940年德国共有机床117.8万台，而当时的美国也只有94.2万台。但是，德国的资源严重不足，一些重要的战略物资大部分依靠国外输入。德国虽然可以进口罗马尼亚的石油，南斯拉夫的锌，波兰的铅、铜，捷克斯洛伐克、丹麦、挪威的木材，匈牙利的铝矿砂，法国的煤、铁矿砂，意大利的汞，以及瑞典、瑞士、西班牙和土耳其的各种各样的原料，但仍难满足军工生产部门对这些物资日益增长的需要。石油、橡胶、粮食等尤感缺乏。人造汽油及各种代用品的生产，也未能从根本上解决供需之间的矛盾。

希特勒为了满足战争的需要，不得不采取削减其他部分开支的办法来不断增加军事拨款。德国的军费开支1941年已增至710亿马克，占整个国民收入的58%。国民经济的高度军国主义化，加速了军事工业的发展，提高了武器装备的产量。1941年生产的飞机为1.103万架、坦克400辆、火炮3.4万门。

此外，法西斯德国还将缴获的大批武器、装备补充部队。德军共缴获了6个挪威师、18个荷兰师、22个比利时师、12个英国师和92个法国师共150个师的武器装备。缴获的汽车足可装备92个德国师。由此可见，法西斯德国在入侵苏联之前已拥有大量先进的武器和技术装备。特别是在飞机、坦克和自动武器的数质量方面已达到当时的最高水平。

1940年西欧战局结束后，德国武装力量在人数、技术装备和作战经验等方面均已超过任何一个资本主义国家。为了进攻前苏联，德国又进一步动员和扩充军队，大力改进武器装备，以提高部队的作战能力。至1941年6月，德国武装力量的总人数已达723.4万人，装备各种坦克5639辆、飞机1万余架、火炮和迫击炮6万余门、舰艇217艘。其中陆军约500万人,共214个师又2个旅(内19个坦克师和14个摩托化师)。空军为168万人,由5个航空队、国土防空军和空降兵组成。海军为40.4万人,编成3个联合编队。此外,还有党卫军15万人。

德国统治集团认为,就其战略态势、军事经济状况和军队的实力来说,已经具备向前苏联发起进攻的有利条件,并认为:"如果我们进攻他们,斯大林的俄国将在8星期内从地图上抹掉。"

3. 确定战略目的,拟制作战计划

希特勒妄图消灭前苏联的野心由来已久,但制定侵苏战争的计划还是在法国投降以后。1940年7月21日,他要求陆军总司令布劳希奇为此进行准备。10天以后,希特勒在伯格霍夫举行的一次会议上公开表明了自己主要的战略目的。他说:"如果俄国被摧毁,英国的最后的希望就被粉碎。那时,德国就将成为欧洲和巴尔干的主人。"他设想"最初将发动两个攻势:一个是在南方向基辅和第聂伯河进攻,第二个是在北方通过波罗的海国家,然后向莫斯科进攻。两支军队在莫斯科会师。在这以后,必要时将进行一次特殊的作战,以获得巴库油田。"从这次会议后,拟制入侵计划的工作就逐步展开。

制订计划的工作由陆军总参谋部、最高统帅部的作战局以及经济和军备局负责。陆军总参谋长哈尔德指令第十八集团军参谋长马尔克斯负责草拟作战计划。8月5日,马尔克斯拟就了一份意见书,提出战争的目标是击败红军,夺取西德维纳河—伏尔加河中游—顿河下游一线以西的全部领土。他设想从普里皮亚特沼泽地以北向奥尔沙和莫斯科发起主攻,同时向波罗的海国家和列宁格勒发动攻势,保障主攻的翼侧。他还建议,在南部向基辅和第聂伯河发动辅助攻势,然后使之扩大到高加索地区的巴库。最高统帅部参谋长凯特尔也草拟了一个作战方案,据说是为了对陆军总部的计划进行"评头品足"。9月拟就的凯特尔方案,设想这次进攻将使用3个集团军群,在普里皮亚特沼泽地以北使用2个、以南使用1个。凯特尔认为,在越过奥尔沙—斯摩棱斯克地区以后,能否继续向莫斯科进攻应视肃靖斐罗的海苏军的情况而定。托马斯领导的经济和军备局,详细调查前苏联的工业、运输和石油中心的情况,作为以后轰炸的目标和统治苏联的指南。8月9日,德军最高统帅部发布了所谓"奥托"指令,要求在与前苏联西部接壤的领土上成立和训练新的兵团、建立后方军事设施、开辟训练场地、改进公路和铁路网、完善通讯线路。

1940年11月28日至12月3日，德军统帅部在措森进行了一次大规模的战役导演，以检查作战计划的可靠性和现实性。这次导演后，德国的高级军事领导人认为自己能取得胜利。与此同时，他们还感到有许多困难，特别是空间和人力上的困难。前苏联西部形若喇叭，突入越深，正面就越宽，除非在贝帕斯湖—明斯克—基辅一线以西将苏军主力歼灭，否则德军就没有足够的力量扼守深入腹地时不断拉长的战线。此外，后备力量不足，现有的后备军不到50万，只够补充夏季战役的损失。车辆燃料非常紧张，只有3个月的汽油储备。有些高级将领还担心，进攻前苏联可能会重犯第一次世界大战中两线作战的错误，因而企图说服希特勒放弃这种冒险。但是，希特勒认为，除非英国停止抵抗，否则就休想使前苏联永远按兵不动，而要击败英国，首先必须扩充海军和空军，结果势必要削减陆军，但当所谓“苏联威胁”仍然存在时，这种削减又是不可能的，因此，只有把“海狮”计划暂时搁置，集中力量先击败俄国，然后再解决英国的问题。12月5日，希特勒审定陆军总部的作战计划时，哈尔德主张“中央”集团军群主要突击方向应指向莫斯科。但希特勒认为前苏联将死守波罗的海沿岸地区和乌克兰，因为那里有海港，在经济上有重要意义，而夺取“莫斯科倒不是那样很重要”。“中央”集团军群的坦克部队应准备向北进入波罗的海沿岸地区，或向南进入乌克兰。布劳希奇支持哈尔德的意见。他指出斯摩棱斯克—莫斯科这条交通要道在历史上的重要性。但结果被认为这是一种“陈旧的见解”。1940年12月18日，希特勒发布第二十一号训令，代号为“巴巴罗萨”计划。希特勒所以要用12世纪神圣罗马帝国皇帝菲特烈·巴巴罗萨的名字来为其反苏战争的侵略计划命名，无非是想给这次战争涂上圣战的色彩。

“巴巴罗萨”计划总的战略目的是：在对英战争结束以前以一次快速的战局击溃前苏联。该计划的制定者企图以大量坦克部队、摩托化部队及航空兵实施“闪电”式的突然袭击，分割围歼前苏联西部苏军主力，尔后向战略纵深发展进攻，攻占列宁格勒、莫斯科和顿巴斯，前出到阿尔汉格尔斯克、伏尔加河、阿斯特拉罕一线，并于1941年入冬前结束战争。为此，德军最高统帅部集中了152个师又2个旅，连同芬兰、罗马尼亚等仆从国家的29个师又18个旅共181个师又20个旅，约4300辆坦克、4.7万余门火炮和迫击炮、4980架飞机、192艘舰艇，总兵力550万人，编成三个集团军群和三个独立行动的集团军，准备在三个战略方向上实施进攻。

“北方”集团军群，由莱布元帅指挥，辖第十六、第十八集团军和坦克第四集群，共29个师，在第一航空队1070架飞机支援下，自东普鲁士的哥尼斯堡（今加里宁格勒）以东向陶格夫匹尔斯、普斯科夫、列宁格勒总方向实施进攻，消灭波罗的海沿岸地区的苏军，占领沿海的港口，使前苏联舰队失去基地。同时该集团军群应阻止苏军从波罗的海沿岸向东部撤退，以便在有利条件下向列宁格勒推进；

“中央”集团军群，由博克元帅指挥，辖第四、第九集团军和坦克第二和第三集群，共50个师又二个旅，在第二航空队1600架飞机支援下，自波兰华沙地区向布列斯特、明斯克方向突击，割裂苏军防御的战略正面，围歼白俄罗斯境内的苏军，尔后向斯摩棱斯克方向进攻，直指莫斯科；

“南方”集团军群，由龙德施泰特元帅指挥，辖第六、第十七、第十一集团军，罗马尼亚第三、第四集团军，坦克第一集群和匈牙利一个快速军，共57个师又13个旅，在第四航空队和罗马尼亚空军共1300架飞机的支援下，自波兰的赫尔姆、热舒夫向科罗斯坚、基辅方向进攻，夺占基辅及其以南地域内的第聂伯河渡口，然后沿第聂伯河右岸向东南发展进攻，以便协同自罗马尼亚境内进攻的军队，消灭右岸乌克兰的苏军，强渡第聂伯河，向顿巴斯发展进攻；

德军的“挪威”集团军以及芬兰的东南集团军、卡累利阿集团军，共21个师又3个旅，在挪威和芬兰境内展开，由德军第五航空队和芬兰空军9000余架飞机进行支援。“挪威”集团军应攻占摩尔曼斯克、波利亚尔内，芬军则应沿拉多加湖两岸进攻，配合德军“北方”集团军群夺取列宁格勒。德军陆军总部预备队由第二集团军组成，共24个师。

“巴巴罗萨”计划规定，各项准备工作“必须在1941年5月15日以前完成”。后来，由于巴尔干战争不可能在5月中旬结束，希特勒决定将原定入侵的日期推迟到6月22日。

4. 进行欺骗和伪装，竭力荫蔽军队的集中和展开

法西斯德国为了荫蔽进攻前苏联的战略企图，对各项战争准备工作，特别是对军队的集中和展开，采取一系列的政治欺骗和战略战役伪装措施。在外交上

通过各种形式表示要与前苏联"友好"，主动与前苏联政府签订互不侵犯条约，并一再声称要恪守这一条约。1940年2月和1941年1月又与前苏联签订贸易协定，并以此作为苏德两国"和平友好的范例"，大肆进行宣传。在"巴巴罗萨"计划签署后，希特勒一反常态，批准出售给前苏联新式飞机和一些先进的技术兵器，因为他很清楚，进攻前苏联已为期不远，对方的国防工业来不及利用他们的新技术，而这种表示"信任"的姿态，倒可迷惑一下前苏联。在军事上德军统帅部故意制造准备执行"海狮"计划的舆论。在英吉利海峡东岸的港口，张贴了"打到英国去，活捉丘吉尔"的标语，并给部队大量印发英国地图，配备英语翻译，在海峡沿岸集结大量渡海、登陆器材，配置假火箭，还进行了频繁的登陆演习，以此来掩饰"巴巴罗萨"计划。为了避免前苏联对德军东调产生疑虑，希特勒指令德国驻苏的外交人员向前苏联进行所谓"解释"：如向波兰调集军队时，德国使馆通知前苏联说这是为了派新兵去接替即将退伍的老兵；当其部队进驻罗马尼亚时，诡称只是派了一些"教官"去协助该国进行军队训练。德军还利用实施"马利他"战役（入侵希腊）和"向日葵"战役（在北非发动战争）的掩护，将"A"集团军群调到东线，并散布假情报，扬言要实施"黑葡萄"战役（占领直布罗陀）、"阿提拉"战役（占领法国南部）和"鱼叉"战役（从挪威入侵英国），企图把人们的注意力吸引到上述地区，以保障德军荫蔽地向东线调集。

法西斯德军进攻前苏联的战略集中和展开早在法国投降后就已开始，按其时间和内容大致可划分为二个主要阶段：

第一阶段从1940年7月至1941年1月。在这一阶段中，德军掩护梯队向东普鲁士、波兰、挪威北部和罗马尼亚等地开进和展开。向东线集中的部队和司令部有："B"集团军群的司令部，第四、第十二、第十八集团军的司令部，坦克集群司令部，12个军的司令部，以及罗马尼亚的所谓"军事代表团"，共44个师，其中有8个坦克师；

第二阶段从1941年2月至战争爆发。在这一阶段中，德军的基本兵力约113个师（内32个坦克和摩托化师）从德国及欧洲各占领国调至苏德边境。军队的调动分五个梯队依次进行。第一、二、三、四梯队是战争第一天直接参加进攻的部队，第五梯队为陆军总部的预备队。第一梯队7个步兵师和1个摩托化师，从2月4日至3月12日调遣完毕，集中在但泽、卡托维兹一线。第二梯队18个步兵师，从3月16日至4月8日到达哥尼斯堡、华沙、塔尔努夫一线。第三梯队16个步兵师，从4月10日至5月10日调至沃耳希廷、腊多姆一线。第四梯队19个步兵师和28个坦克和摩托化师，于5月25日开始调遣和集中，6月初调遣完毕。第五梯队约19个步兵师和3个坦克和摩托化师，从6月22日以后开始调集。第一、二、三梯队的铁路运输仍按平时时刻表运行，第四梯队改用战时时刻表。第四梯队到达预定地域后，实施首次突击的主力集中即告结束。突击集团向进攻出发地域开进，是在入侵前的最后几昼夜。

前苏联抗击法西斯侵略的准备

前苏联是当时世界上惟一的社会主义国家，它处于帝国主义和资本主义国家的包围之中。早在1934年1月，斯大林在联共(布)第十七次代表大会上就已说过，国际形势要求党“采取一切措施保卫我们的国家以防备突然事迹，随时准备捍卫我们的国家以抵御侵犯”。1939年3月，在法西斯侵略业已开始的形势下召开的联共(布)第十八次代表大会上，斯大林又明确指出德、意、日结盟的侵略性，以及西方帝国主义国家企图“祸水东引”，怂恿德国发动侵苏战争的危险性，并强调前苏联必须从各方面作好反侵略战争的准备。

1. 前苏联政治、军事、经济和国防力量的加强

前苏联原主张与英、法等国建立欧洲集体安全体系，共同对付法西斯德国的侵略行径。1939年8月，在与英、法关于组织共同抗击侵略的谈判未达成协议后，前苏联从自身的安全出发，与德国签订了苏德互不侵犯条约。1941年4月，前苏联又与日本缔结了“苏日中立条约”，以消除两线作战的危险。前苏联还与土耳其签订协定，规定双方在遭受第三国进攻时保持中立，这对保障南部边境的安全具有重要意义。从1939年9月至1940年8月，前苏联通过军事、政治、外交等各种途径，将西部国界线向西推移，并认为由于国界线的向西推移，“致使希特勒军队向东进犯时，不是从纳尔瓦—明斯克—基辅一线开始，而必须从更西几百公里的线上开始”。

前苏联加快了作为国防基础的社会主义经济建设的步伐，至1937年已由一个落后的农业国变成了一个工业化和农业集体化的社会主义强国。前苏联的机器制造工业、拖拉机制造工业和石油工业的总产量跃居欧洲第一位，世界第二

位。1940年,前苏联生产钢1830万吨,与德国相接近,生铁1490万吨,比德国多50万吨,原油3110万吨,大大超过德国,但电力为483亿度,比德国少。前苏联极为重视在内地建立战略上具有重要意义的工业基地:在乌拉尔建成了第二个煤炭冶金基地乌拉尔—库兹涅茨克综合企业,在哈萨克建立了第三个煤矿基地卡拉干达煤田,在伏尔加河流域和南乌克兰建立了石油基地。1940年,上述工业基地提供了全国煤产量的36%、钢产量的32%、生铁产量的28.5%、石油产量的12%。这些工业基地战时成了苏军武器和装备的强大供应地。前苏联的农业实行了集体农庄制度。至1941年初,前苏联共有23.6万个集体农庄,4200个国营农场,7069个拖拉机站。粮食产量逐年提高,战前的储备粮已达600余万吨。农业生产的布局也已发生了很大的变化。在西伯利亚、乌拉尔、伏尔加河流域、哈萨克和中亚等地区建立了谷物、肉品、奶品、羊毛和经济作物的加工厂。这些地区的粮食作物约占全国的25%。1940年集体农庄和国营农场拥有53万台拖拉机、18.2万台联合收割机、22.8万辆载重汽车。几十万名拖拉机手、联合收割机手和汽车驾驶员是苏军坦克兵、机械化兵以及其他部队的重要后备力量。

前苏联共产党和前苏联政府在制订和执行国民经济发展计划时强调要优先发展重工业,特别是国防工业。因此,军工产品的增长速度超过了民用工业产品的增长速度。按照第三个五年计划(1938—1942年)的要求,整个工业年产量平均增加13%,而国防工业的年产量则增加39%。随着国际形势的变化,一批大型军事工厂开工生产,许多机器制造厂和其他工厂转产国防技术装备。1940年6月26日,前苏联最高苏维埃主席团通过了《关于改行每天工作8小时、实行7日工作周和禁止企业、机关职工任意旷工的命令》,从而提高了劳动生产率。国家机关和工业领导部门进行了机构改革。国防工业人民委员部分成了航空工业、造船工业、弹药、军械等四个人民委员部,进一步加强了对国防生产的领导。前苏联人民委员会所属的经济委员会也进行了改组,在它的基础上建立了国防、冶金、燃料、机械制造等经济委员会,具体指导与国防有密切联系的工业生产。1938—1940年,苏联约有3000个新的工业企业和军工企业投入生产。国家的战备物资储备总值在1940年已达40亿卢布,1941年上半年则增至76亿卢布。军事拨款逐年在增加,1939 年占国家预算的 25.6%,1940 年为 32.2%,1941 年已达 43.4%。

随着国防工业的迅速发展,军队的武器装备有了较大改善。从 1939 年 1 月到 1941 年 6 月 22 日,苏军获得了 7000 多辆坦克。至于新型坦克,因设计投产较迟,战前只生产出 KB 型坦克 639 辆和 T—34 型坦克 1225 辆,实际上从 1940 年下半年起才开始装备部队。在此期间,前苏联工业部门为军队提供了 2.9637 万门野战火炮、5.2407 万门迫击炮、1.7745 万架作战飞机,其中新式飞机为 3719 架。造船工业加快了舰艇的建造。仅 1940 年就有各级舰艇 100 艘下水,还有 270 艘正在建造。海军的总吨位从 1939 年至 1941 年增长了近 16 万吨。弹药的生产也在不断增长。前苏联在和平建设年代为改善军队的武器装备作了巨大努力。但是,由于对德国发动战争的时间判断不准,对武器装备的大量生产,特别是对新式飞机、坦克和火箭炮的成批生产抓得较晚,致使迅速发展的武装力量在战争开始时未能获得足够的技术装备和新式武器。

前苏联在兵员潜力上对德国占有绝对的优势。但是,它横跨欧亚,幅员辽阔,交通不够发达,是个多民族国家,西部部分领土又并入不久,因此对武装力量的动员和扩充仍有不少困难。前苏联对动员体制进行了多次改革。1938 年废除了民族部队,实行了全国统一的兵员补充制和服役制度。1939 年 9 月颁布了《普遍义务兵役法》,延长了服役期。至苏德战争开始时,前苏联的动员体制已日臻完善,从而保证了征召工作的顺利进行。前苏联武装力量人数不断增长。1939 年 1 月 1 日,苏军的编制人数为 194.3 万人;1940 年 6 月 1 日,为 360.2 万人;1941 年 1 月,增至 420 万人;到 1941 年 6 月 1 日,已达 500 余万人。苏军根据战时的需要,大规模地组建、改编和改装了几百个部队和兵团。1939 年陆军只有 98 个师,到 1941 年春已增加到 303 个师。机械化军在 1940 年只有 9 个,至 1941 年 3 月决定组建 20 个。但大部分兵团和部队在战前均未达到齐装满员。按 1941 年 4 月实行的战时编制,1 个步兵师应有 1.4483 人万,编成 3 个步兵团、2 个炮兵团、1 个工兵营、1 个通讯营以及后勤部队和机关,应装备 78 门野炮、54 门 45 毫米反坦克炮、12 门高炮、66 门 82 和 120 毫米迫击炮、16 辆轻型坦克、13 辆装甲车、300 多匹马。而在实际上内地军区大多数师仍保持简编师的编制,许多步兵师才开始组建和训练。就是西部边境军区的 170 个师和2个旅，也都没有满员。其中144个师每师只有8000人，19个师每师只有600至5000人，而7个骑兵师平均每师只有6000人。由于武器装备的生产跟不上新建部队数量的增长，步兵师缺乏足够的火炮、防空兵器和反坦克兵器，坦克部队没有按编制数装备应有的坦克。空军的扩建工作也有进展。1939年初，前苏联空军共有3个集团军、38个旅。在1939年至1940年期间，为了提高空军的作战能力，航空兵旅改编成航空兵师、团。1941年2月25日，联共(布)中央通过了《关于改编红军空军的决定》，计划在1年内组建25个航空兵师的指挥机关和106个航空兵团，其中半数应装备新式飞机。但至战争爆发时，只有19个航空兵团完成了改装。前苏联根据未来战争的特点大力扩充空降兵。1941年4月着手组建5个空降军。按编制，1个空降军应由3个空降旅和一个个独立轻型坦克营组成。至6月1日人员已配齐，但技术兵器严重不足，因此新建的兵团大部分人员在战争爆发时被当作步兵使用，苏军进一步加强了防空部队的建设，战前已拥有3659门高射炮、1500具探照灯、850个阻塞气球。空军还抽调出40个歼击航空兵团(1500架飞机)担任防空任务。全国按军区划分了防空区。但至1941年6月，新的防空作战体系没有最后完成，装备新式技术兵器的工作也只是刚刚开始。前苏联海军进行了调整和扩充。1939年已建立4个舰队(波罗的海舰队、黑海舰队、北方舰队、太平洋舰队)和5个区舰队。至1941年6月，海军已拥有各种军舰1000多艘，其中包括战列舰3艘、巡洋舰7艘、驱逐舰54艘、潜艇212艘、护卫舰22艘、扫雷艇80艘、鱼雷艇287艘，以及250架海军航空兵飞机、260个海岸炮兵连。前苏联海军建设上的严重缺点是：对将要在战争中担负重要任务的北方舰队重视不足，对于海岸防御和对空防御，以及水雷和鱼雷武器缺乏应有的关注。

前苏联在大力扩充武装力量的人员和技术兵器的同时，不断加强对军队的战斗训练。1940年3月，联共(布)中央召开了政治局会议，会上总结了苏芬战争的经验教训，指出了军队战斗训练和政治教育中的严重缺点，批评了军事干部理论学习和实际训练脱离现代战争要求的错误倾向，以及在军事训练中严重存在的形式主义、弄虚作假和简单化的作风。4月中旬，总军事委员会召开了扩大会议，确定了从当前需要出发组织部队训练的原则。根据联共(布)中央和前苏联政府的决定，组成以日丹诺夫和沃兹涅夫斯基为首的专门委员会，检查国防人民委员会的工作。接着，铁木辛哥于5月8日接替伏罗希洛夫担任国防人民委员。各级领导根据新的要求加强了对部队的整训。1940年12月底至1941年1月11日，在莫斯科召开了苏军高级指挥人员会议，检查了1940年的军事训练工作，并对军事学术上的一些起理论问题作了探讨。会后又在国防人民委员的主持下进行了战役战略演习，进一步研究军队的作战方针。苏军的军事院校进行了教学改革，根据欧战的经验传授现代军事理论，培训了大批学员。此外，还广泛开展了群众性的国防活动。至1941年1月1日，前苏联支援国防和航空化学建设协会已拥有1300万会员。每年有好几万名飞行爱好者、跳伞员、射手在各类俱乐部和航空学校接受训练。总之，战争前夕苏军的军事训练已有改进和加强，但由于对德军"闪击战"缺乏充分的研究，部队的训练未能完全适应未来敌人作战的新特点。

2. 苏军的战略计划和兵力部署

苏军总参谋部在战前制订作战计划时判断，西方的法西斯德国和东方的军国主义日本，虽都可能成为自己的作战对象，但是，主要的战场在欧洲，主要的敌人是德国。德国可能同芬兰、罗马尼亚、匈牙利、意大利、土耳其相勾结，向前苏联进攻。日本可能在德国发动侵苏战争的同时进犯前苏联，也可能先保持中立，待时机有利时才开始行动。因此，苏军的基本兵力应集中在本国的西部，而在远东只需保持必要的兵力。苏军总参谋部还认为，德军的主要进攻方向可能指向西北，所以苏军西部的主力应展开在波罗的海沿岸地区到波列西耶。1940年9月，总参谋部在修改作战计划时对原先的判断有所改变，认为德军的主要进攻方向可能是指向基辅，并确定将苏军的主要力量集中在西南方向。1941年2—4月，总参谋部再次修改作战计划时，仍判断德军的主要进攻方向是乌克兰和顿河流域，以夺取前苏联最重要的经济地区，掠夺乌克兰的粮食、顿涅茨的煤、高加索的石油。

战前，苏军总参谋部对于战争初期新的作战方法，没有进行充分的研究。当时判断，德国进攻前苏联不可能一开始就投入主力作战。可能还像第一次世界大战那样，战争开始后，双方在边境交战几天以后主力才进入交战。敌军主力同苏军主力一样，至少需2个星期才能完全展开。因此，在这段时间里，苏军的掩护部队能够完成抗击敌人首次突击的任务，并保障准备实施反击的全部兵力的集中和展开。

前苏联判断战争可能爆发的时间时认为，苏德之间的战争是不可避免的，但是只要行动上小心谨慎，就有可能将战争推迟到1942年。因而它要求苏军加快改装和扩建部队的速度，同时在行动上要极为谨慎，以便在前苏联完成军事准备以前，不给德国以任何挑动战争的借口。

1941年春，德军向前苏联西部边境毗连的邻国大量集结军队，形势日趋紧张。苏军总参谋部认为西部各军区兵力不足，必须从内地军区紧急动员和抽调若干集团军去加强西部边境的防御力量。根据国境掩护计划，决定将2个简编的集团军以野营训练为名调往乌克兰和白俄罗斯。5月13日，总参谋部又下令从内地军区向西部增调4个集团军和1个步兵军：第二十二集团军从乌拉尔调往大卢基地区；第二十一集团军从伏尔加河沿岸调往戈梅利地区；第十九集团军从北高加索军区调往白策尔科夫地区；第十六集团军从后贝加尔调往乌克兰的舍佩托夫卡地区；步兵第二十五军从哈尔科夫军区调往西德维纳河一线。同时，令第二十、第二十四和第二十八集团军作好调防的准备。按计划，战略第二梯队应由上述这7个集团军编成。但至战争开始时，除第十九集团军的几个兵团已到达规定地区外，其余大部分兵团还在半路或原地。在从内地向西部调动军队的同时，西部边境军区内部也开始变更部署，各兵团以夏季野营训练为名向掩护计划规定的展开地域靠近。由于缺乏现代化的交通工具，调运的速度缓慢，战争爆发时，只有几个兵团到达指定地域。

至1941年6月，前苏联西部边境的5个军区共有170个师又2个旅（其中115个步兵师又2个独立旅、32个坦克师、16个摩托化师和7个骑兵师），约有268万人，1540架新式飞机和大量老式飞机、1800辆重型和中型坦克（其中1475辆新型坦克）、3.4695门火炮和迫击炮，在北起巴伦支海南至黑海，宽达4500公里，纵深400公里的广大地区进行防御。由于所有的海岸线都只是靠海岸防御的海军负责掩护，所以陆军占领的防线为3300多公里。西部诸军区的兵力和任务区分如下：

列宁格勒军区（司令员波波夫中将）辖第十四、第七和第二十三集团军，共21个师又1个旅，其任务是掩护苏芬国境从雷巴奇半岛至芬兰湾一线，正面宽1200公里。军区的基本兵力集中在拉多加湖以南。拉多加湖以北的边境只以第十四集团军掩护各重要方向。按照苏芬条约，独立步兵第八旅驻守汉科半岛。军区的预备队由 1 个机械化军编成。

波罗的海沿岸特别军区（司令员弗·伊·库兹涅佐夫上将）辖第八、第十一和第二十七集团军，共 25 个师又 1 个旅，其任务是掩护前苏联与东普鲁士的边境（从帕兰加至立陶宛南部边境），正面宽 300 公里。从塔林至利耶帕亚的波罗的海沿岸，只有 2 个步兵师担任防守。独立步兵第三旅防守莫昂宗德群岛。军区的预备队由第二十七集团军（共 6 个师）编成。

西部特别军区（司令员巴甫洛夫大将）辖第三、第十、第四和第十三集团军，共 44 个师，其任务是掩护从立陶宛南端至乌克兰北端的国境线，正面宽 450 公里。军区的预备队由 6 个独立军编成，其中 2 个为机械化军。

基辅特别军区（司令员基尔波诺斯上将）辖第五、第六、第二十六和第十二集团军，共 58 个师，其任务是掩护从多玛切夫，经索卡耳、普热米什尔至利朴卡纳的国境线，正面宽 820 公里。军区的预备队由 4 个机械化军、5 个步兵军和 1 个骑兵师编成。从兵力编成来看，这个军区的力量最强大。

敖德萨军区（司令员切列维钦科中将）辖第九集团军、独立步兵第九军，共 22 个师，在滨海方向展开，正面宽 450 公里。第九集团军掩护前苏联同罗马尼亚的边境。独立步兵第九军防守克里木。军区的预备队由 2 个步兵军组成。

前苏联海军在西部共有 269 艘水面舰艇和 127 艘潜艇，编成 3 支舰队（北方舰队、波罗的海舰队、黑海舰队）和 2 支区舰队（平斯克区舰队和多瑙河区舰队），分别停泊在港口，尚未进入预定的阵地。

西部边境诸军区以 2/3 的兵力，即 107 个师担任掩护任务，并以 1/3 的兵力，即 63 个师为预备队。第一梯队各师的防御正面平均宽达 60 公里，有的师宽达 100 公里以上。而防御的纵深却很浅。预备队配置在距边境 100—400 公里的纵深内。西部边境军区预先均未在国境线展开自己的主力和占领各防御地区。战争爆发时，只有少数师直接在国境线上担负宽大正面的防御。大部分师最多的也只有 1 个团配置在边境工事内，而其主要兵力都驻扎在距边境 8—20 公里的野营或兵营内。驻守在边境军区纵深内的军队，刚开始向边界附近集中，离边界还有 150—500 公里。这在很大程度上，造成战争初期在边境一带的兵力、兵器对比上对苏军不利。

1941年6月13日，前苏联国防人民委员铁木辛哥鉴于战争已迫在眉睫，曾要求下令边境军区部队进入战争准备，并根据掩护计划展开第一梯队。但是，前苏联最高领导人因恐敌人借故挑衅，没有立即同意下达命令。直至6月21日午夜，当大量的情报和事实业已确证德军将于翌日凌晨发动进攻时，斯大林才指示铁木辛哥下令各边境军区所有部队立即进入战争准备，荫蔽占领国境筑垒地区。但是，这已为时太晚。苏军大部分部队还未接到命令，德军的炮火准备却已经开始了。

苏德战争的爆发

1941年6月22日凌晨，希特勒撕毁苏德互不侵犯条约，未经宣战，向苏联发起全面进攻。德方进攻的兵力，有德军153个师（其中有19个是坦克师），芬、罗、匈三个仆从国家37个师，共190个师；坦克3700辆，飞机4900架，大炮与迫击炮47000多门，舰艇193艘。战争是以突然袭击开始的。在地面部队越过国境之前，炮兵猛轰苏军的工事和驻地，空军则深入纵深轰炸机场、港口、交通枢纽等战略要地。德机在3时零7分袭击黑海舰队，3时30分袭击白俄罗斯城市，3时33分袭击乌克兰城市，3时40分袭击波罗的海沿岸的考那斯等城市，在半天之内就炸毁了66个机场和1200架飞机。4时左右，在波罗的海到匈牙利的苏联边界线，有多处被突破。24小时内，德军在不同战线侵入苏联境内25—50公里。

德军将领古德里安不赞同希特勒的作战理论

6月22日5时半，德国驻苏大使舒伦堡才向苏外长莫洛托夫递交宣战书。此后，芬兰、罗马尼亚、匈牙利和意大利相继对苏宣战。6月23日，希特勒到达东普鲁士拉斯登堡以东的大本营（“狼穴”）指挥战争。

法西斯侵略军根据“巴巴罗沙计划”，由北方集团军群、中央集团军群和南方集团军群分三路向苏联领土推进。

北方集团军群由第十八集团军、第十六集团军、第四装甲集群和3个保安师组成，共计29个师，还有第一航空队1070架飞机的支援；冯·李勃元帅任指

苏军向德军发射喀秋莎火箭炮

挥。这一路德军从东普鲁士哥尼斯堡向苏联波罗的海沿岸地区进攻,它的任务是歼灭波罗的海地区的苏军,进攻列宁格勒。

中央集团军群由第四集团军、第九集团军、坦克第二集群、坦克第三集群(共50个师又两个旅)组成,还有第二航空队1600架飞机的支援;冯·包克元帅任指挥。它的任务是围歼白俄罗斯的苏军。

南方集团军群由第六、第十七、第十一集团军,坦克第一集群,以及罗马尼亚第三、第四集团军和匈牙利1个快速军(共57个师又13个旅)组成,还有第四航空队和罗马尼亚空军共1300架飞机的支援;由冯·龙德斯泰特元帅指挥。它的任务是进攻基辅,在第聂伯河以西歼灭在乌克兰的苏军主力。

战争初期的胜利,使希特勒认为三个月征服苏联的美梦即将实现。希特勒的得意忘形,使“狼穴”内充满了欢乐气氛,一些法西斯将军们一度失去了理智。哈尔德“甚至认为对苏战争在14天内即使不能结束,至少也能胜利。”7月19日,希特勒成立了新的“东方部”,专门管辖俄国和巴尔干地区,任命罗森贝尔为部长。

战局并没有按照希特勒希望的那样

发展。德国进攻开始以后，以斯大林为首的苏联政府，立即采取了一系列紧急措施，动员全国一切人力、物力资源，进行伟大的卫国战争。

6月22日7时15分，苏联国防人民委员发布第二号命令，要各军区立即用所有的兵力歼灭入侵之敌。但当时的实际条件已不可能执行这一命令。上午10时，斯大林提交最高苏维埃主席团批准动员令：从6月23日起，除中亚、外贝加尔和远东军区外，在14个军区，对1905—1918年出生的有服兵役义务的公民实行动员，并在欧洲部分实行军事管制。12时，莫洛托夫发表广播讲话指出，德国背信弃义，撕毁苏德互不侵犯条约，对苏突然袭击，是侵略者；他号召苏联全体军民粉碎法西斯的进攻，将侵略者赶出国土。12时左右，国防人民委员发布第三号命令，要求苏军转入反攻，粉碎主要方向上的敌人，并向敌人国土挺进。这一命令当时实际上是办不到的，朱可夫后来说下达这样的命令是犯了错误。12时许，波罗的海特别军区改组为西北方面军，西部特别军区改组为西方方面军，基辅特别军区改组为西南方面军。13时，统帅部派朱可夫到西南方面军任统帅部代表，派沙波什尼科夫和库利克去西方方面军任统帅部代表，以加强方面军的领导力量。

6月23日，组成苏军统帅部：铁木辛哥任主席，其他成员为朱可夫、斯大林、莫洛托夫、伏罗希洛夫、布琼尼和库兹涅佐夫。同日，总参谋部预先制定的动员计划、弹药生产计划开始生效。

6月24日，列宁格勒军区改编为北方方面军。此外，还组建了南方方面军。同日，联共（布）中央和苏联人民委员会决定，建立疏散委员会，领导全部疏散工作，其中包括大企业的东迁。

6月26日，斯大林命令组成预备队方面军。

6月27—29日，联共（布）党中央动员共产党员和共青团员上前线，加强苏军的政治思想工作。

6月30日，成立国防委员会，斯大林任主席，领导战时的全部工作。

至7月1日，已动员了530万人组建新的战略预备队。在列宁格勒、莫斯科等城市建立了民兵组织。在沦陷区成立游击队，开展游击活动。

7月3日，斯大林代表党中央发表广播演说，说明前线情况，号召全国人民立即重新安排全部生活和国家经济，以适应战时要求，号召党和人民奋起保卫祖国，捍卫每一寸苏联国土，为保卫苏联的城市和乡村战斗到最后一滴血。

法西斯德军的突然袭击，使苏联边境线上的防御体系陷于瘫痪。苏军仍然奋战，打击敌人。希特勒的副官尼·冯·贝洛在回忆录中写道："头几天的交战表明，苏联对战争的准备工作比我们预料的要充分"。"苏联人的仗到处打得很漂亮，有些打得很顽强、很坚决，迫使我军不得不与之激战。""南方的俄国人抵抗是剧烈的，仗也打得漂亮。在那里指挥作战的龙德斯泰特说，在整个战争中还没有遇到如此精良的对手。"战争开始后，西方方面军面对的"中央"集团军群，在所有主要突击方向上，敌人都拥有五至六倍的优势，又不断地得到空中支援。其他方面军面临的敌我力量对比，与此类似。在这样力量对比悬殊的情况下，苏军节节败退。

德军的闪电战在战争初期取得了很大成功。德北方集团军群于6月26日夺取了西德维纳河的渡口，7月1日占领里加，7月5日攻占奥斯特罗夫。6月29日，德中央集团军群攻占白俄罗斯首府明斯克，合围苏联两个集团军，苏军损失惨重。6月30日，德南方集团军群攻占利沃夫和罗夫诺，7月9日攻占日托米尔，直趋基辅。

6月22日至7月中旬，德军的各集团军群推进300—600公里不等，占领了拉脱维亚和立陶宛的全部，白俄罗斯、乌克兰、摩尔达维亚的大部和第聂伯河以西的乌克兰地区，威胁着列宁格勒、斯摩棱斯克和基辅。苏军被歼28个师，遭受重大损失的70个师，30万人被俘，损失大炮3000门、坦克1500辆、飞机2000架和2000车皮的军火。在苏军的反击下，法西斯德军丧失近10万人，损失了1000多架飞机和1500辆坦克。

为了扭转战场的被动局面，苏联当局及时地调整了指挥机构和战略部署。7月10日，国防委员会把统帅部改组为最高统帅部，由斯大林任主席。7月19日，斯大林被任命为国防人民委员。8月8日，斯大林被任命为苏联武装力量最高统帅。国防人民委员部也进行了改组，建立了新的机构。斯大林出任最高统帅，受到了人民和军队的热烈欢迎。

在斯大林领导下，最高统帅部总结了卫国战争开始以后战略策略方面的错误，并及时地予以纠正。6月22日至7月9日的战斗历程表明，第一线的苏军无法阻止德军的全面进攻，也不能消灭入侵之敌。苏军采用的迅速反攻将战争推向敌国领土上的战略，是不符合卫国战争初期的实际需要的。苏军最高统帅部及时地改变了战略指导思想，由实施战略进攻改为战略防御，彻底地修改了作战计划。新的作战计划是破坏敌军的进攻,进行积极的防御,稳定战线,赢得时间以组建战略预备队,不断地消耗敌人的有生力量,不断地削弱敌人的暂时优势,改变力量对比,夺取主动权,为战略反攻创造条件。

为了适应战略防御的需要,调整了军队的组织结构、后勤机关及其工作,加强了战时生产和政治工作。在斯大林为首的联共(布)中央领导下,这些问题都很快地得到解决。“一切为了前线,一切为了胜利”已成为全体军民的发自内心的呼声和衡量自己工作和思想的准绳。苏联进入了战略防御阶段。在这一战争阶段中,苏军彻底粉碎了法西斯的闪击战,取得了几次重大防御战的辉煌胜利,沉重地打击了敌人,为最后反法西斯战争的胜利奠定了基础。

法西斯德国侵略苏联,遭到了全世界人民的反对和反法西斯各国政府的谴责。苏联的伟大卫国战争,得到全世界人民的支持和反法西斯各国政府的声援。1941 年6 月22 日21 时,英国首相丘吉尔发表声明,支持苏联对德作战。23 日,美国代理国务卿桑奈尔·威尔斯代表美国总统罗斯福发表声明,支持苏联的反法西斯斗争。6 月23 日,中国共产党发布了毛泽东起草的《关于反法西斯的国际统一战线》文件,提出组织反法西斯国际统一战线,支援苏联的反法西斯战争,号召用将日本帝国主义驱逐出中国的实际行动来支援苏联。

苏德战争使第二次世界大战进入一个新阶段。苏联人民的伟大卫国战争大大地加强了反法西斯阵营的力量,从而使国际反法西斯统一战线迅速形成和加强。

德国进攻前苏联,第二次世界大战进入新阶段

1941 年6 月22 日4 时30 分,法西斯德国撕毁了苏德互不侵犯条约,未经宣战就向前苏联发动了全线进攻。5 时30 分,当大批德军已侵入前苏联国境后,德国驻苏大使舒伦堡才向前苏联外交人民委员莫洛托夫宣布德国已开始对苏作战。接着,意大利、匈牙利、斯洛伐克、芬兰追随希特勒德国,相继对前苏联宣战。战争第一天,莫洛托夫代表前苏联政府发表广播演说,号召前苏联军队和各族人民奋起反击侵略者。当晚9 时,英国首相丘吉尔发表声明,支援前苏联对德作战,他说:“任何对纳粹帝国作战的个人或国家,都将得到我们的援助,任何跟着希特勒走的个人或国家,都是

我们的敌人。”翌日，美国代理国务卿桑奈尔·威尔斯代表罗斯福总统发表了美利坚合众国支持前苏联的声明。各国共产党和工人党纷纷发表声明，动员全世界各国人民支援前苏联的反法西斯斗争。前苏联的参战，大大加强了反法西斯阵营的力量，使全世界反法西斯国际统一战线迅速形成，鼓舞了世界各国人民为保卫国家和民族的独立自由而顽强战斗。从此，正如周恩来所指出的那样，“世界战争进入到苏德战争的新阶段。”

法西斯德国是以突然袭击的方式开始这场战争的。德军首先以大量的航空兵对前苏联西部的重要城市、交通枢纽、军事基地以及正在向国境线开进的军队进行猛烈轰炸，并在苏军防御纵深内空降伞兵，夺占要地，同时以数千门火炮对苏军的边防哨所、防御工事、通讯枢纽和部队集结地域实施猛烈轰击，然后以优势的坦克和摩托化兵团为先导，从波罗的海至喀尔巴阡山宽约1500公里的正面上，发起全线进攻。前苏联西部的66个机场遭到猛烈的轰炸。苏军半天之内就损失了飞机1200架，其中800架未及起飞迎战，即被毁于机场。许多重要城市、通讯设施、交通枢纽和海、空军基地，在德军航空兵和特务分子袭击下，遭受严重破坏。边境军区指挥机构基本上陷于瘫痪，部队出现了混乱。边防值班部队虽也进行了抵抗，但因得不到及时增援，防线迅速被突破。战争第一天，德军就前进了50—60公里。前苏联国防人民委员，在战况不明的情况下，于22日7时30分发布了第二号命令，要求边境军区实施猛烈反击，消灭入侵之敌。当时21时15分，国防人民委员又根据所谓“敌人已被击退”这一不确切的战况报告，下达了第三号命令，再次要求苏军转入反攻，粉碎主要方向上的敌人，并向敌国邻土挺进。苏军的反击没有达到预期的目的，损失巨大，前线战况更加恶化。

德军“北方”集团军群，其任务是歼灭波罗的海沿岸地区的苏军，攻占列宁格勒。6月22日，该集团军群在大量航空兵的支援下，从东普鲁士的哥尼斯堡向前苏联波罗的海沿岸地区发起进攻。至黄昏时，坦克第四集群的先遣部队已前出到杜比萨河。苏军西北方面军决定对突入第八和第十一集团军接合部的德军实施反突击。6月23日和24日，苏军向施亚乌利亚伊方向实施反突击的3个坦克师，与德国优势兵力遭遇，受损后被迫退却。6月26日，德军一股伪装成苏军的伤员，加入苏军运输队的行列，到达西德维纳河后，夺占了渡口，使德军的机械化部队顺利地渡过了西德维纳河，攻占了陶格夫匹尔斯。6月29日，德军在克鲁斯特皮尔斯地域渡过了西德维纳河，7月1日占领了里加，7月5日攻占奥斯特罗夫。苏军在奥斯特罗夫地区和普斯科夫接近地实施的反突击失利后，于9日放弃普斯科夫。苏军的坦克损失很大，有些新型坦克也落入了德军的手中。苏军红旗波罗的海舰队被迫从利耶帕亚撤至塔林。至此，德军“北方”集团军群在18天内已侵入前苏联境内约400—450公里，前出到列宁格勒州。

德军“中央”集团军群的任务是围歼白俄罗斯的苏军。德军计划分南、北两路实施钳形突击：北路第九集团军和坦克第三集群，从东普鲁士的苏瓦乌基地区发起进攻；南路第四集团军和坦克第二集群从布列斯特地区实施突击。两路德军应在白俄罗斯的首都明斯克会合，并在消灭被围的苏军后继续向斯摩棱斯克挺进。6月22日晨，德军“中央”集团军群以约40个师的兵力向苏军发起攻击。苏军西方方面军右翼第三集团军，被尼维尔纽斯方向上进抵湟曼河右岸的德军坦克第三集群包围后，于6月23日被迫放弃格罗德诺。西方方面军左翼第四集团军，在德军空军和炮兵的袭击下，其第四十二师和第六师未能按计划占领规定的防御地带，并在德军优势兵力的攻击下，开始从科布林撤退。这样一来，西方方面军的两翼就面临被德军坦克兵团深远包围的威胁，而其中央的第十集团军在比亚威斯托克突出部也有被合围的危险。在战争的头几天，西方方面军曾以机械化第十四军、第十一军和第六军分别向布列斯特和格罗德诺方向实施反击，虽取得了一定胜利，但因缺乏空中掩护，油料、弹药得不到补充而告失败。这时，德军坦克第三集群的基本兵力在占领维尔纽斯后，继续向明斯克推进。与此同时，德军坦克第二集群也已逼近期卢茨克。明斯克已危在旦夕。6月25日，西方方面军司令员巴甫洛夫根据统帅部指示，命令第三集团军和第十集团军从比亚威斯托克突出部向东撤至利达、斯洛尼姆、平斯克一线。但由于缺乏车辆和燃料。苏军未能摆脱德军。6月29日，德军第二和第三坦克集群的部队在明斯克会师，在比亚威斯托克和斯洛尼姆地区包围了苏军2个集团军。苏军被合围的部队，在激战中突围，受到很大损失。7月2日，苏军统帅部决定，将统帅部预备队集团军群编入西方方面军，并解除了西方方面军司令员巴甫洛夫的指挥职务，送交军事法庭审判。一起交法庭审判的还有参谋长克里莫夫斯基、通信兵主任格里哥里也夫、炮兵主任克里奇等。国防人民委员铁木辛哥被任命为西方方面军司令员、叶廖缅科为副司令员、马兰金为参谋长。但是，撤换方面军的领导后，该方向上的局势仍在继续恶化。7月3日，德军由明斯克向东和东北发展进攻。至9日黄昏，其坦克部队在从波洛茨克到日洛宾的正面上逼近了西德维纳河和第聂伯河地区，并攻占了维捷布斯克。从6月22日至7月10日，德军在这一方向上深入前苏联国境450—600公里，几乎占领了白俄罗斯全部领土，斯摩棱斯克受到严重威胁。

德军“南方”集团军群，其任务是向基辅总方向实施进攻，把乌克兰的苏军主力消灭在第聂伯河以西。德军的计划是：第六集团军和坦克第一集群从卢布林东南地区向东挺进，攻占基辅后转向东南，沿第聂伯河向黑海方向进军，夺取第聂伯河上的渡口，阻止苏军东撤；第十七集团军向利沃夫、文尼察方向发展进攻；第十一集团军和罗马尼亚军队取道卡缅涅茨—波多利斯基和莫吉廖夫—波多利斯基攻入乌克兰，牵制那里的苏军。德军“南方”集团军群于6月22日发起进攻后进展较慢，直至24日，才有几个师突破苏军西南方面军的防御正面，向杜布诺前进。西南方面军司令员基尔波诺斯为了肃清在第五和第六集团军接合部上突入的德军坦克第一集群的部队，先后以机构化第八、第九、第十五、第十九和第二十二军实施反突击。从6月24日到29日，在卢茨克、杜布诺、勃罗德一带进行了一场战争初期最大的坦克交战。苏军由于缺乏统一指挥，不能协调一致地行动，反突击终于失败。30日利沃夫和罗夫诺失守。德军坦克第一集群激战后调整了部署，于7月4日突入奥斯特罗格，7月9日攻占了日托米尔。个别坦克部队已进至通向基辅的接近地。德军第十一集团军和罗马尼亚军队也于7月3日进抵莫吉廖夫—波多利斯基。这样一来，不仅基辅受到威胁，而且西南方面军的主力有被德军包围的危险。于是，西南方面军决定将第六、第二十六和第十二集团军撤至科罗斯坚、沃伦斯基新城、舍佩托夫卡、旧康斯坦丁诺夫、普罗斯库罗夫和卡缅涅茨—波多利斯基老筑垒地域一线。南方方面军的右翼撤至卡缅涅茨—波多利斯基以南，至此，德军在西南方向已推进300—350公里。

战争头几天，苏德战场两翼（从巴伦支海到芬兰湾和从喀尔巴阡山到黑海）没有发生激烈的战斗。北翼德军

“挪威”集团军于6月底才开始行动，半月后前进25至30公里。南翼德军于7月1日发起进攻，5日开始向基什尼奥夫方向前进。

苏德战争一开始，前苏联共产党和苏维埃政府立即采取了一系列紧急措施：在军事上建立和改编军队的组织机构和战略指挥机构。6月22日，波罗的海沿岸特别军区、西部特别军区和基辅特别军区相应改为西北方面军、西方方面军和西南方面军。6月24日列宁格勒军区改编为北方方面军。此外，还组建了南方方面军。6月23日前苏联政府决定建立苏军统帅部，6月30日成立以斯大林为首的国防委员会。在全国进行公开动员，至7月1日，共动员了530万人，组建了新的战略预备队。在列宁格勒、莫斯科等城市建立民兵组织。在沦陷区成立游击队，开展游击活动；在政治上确定了伟大卫国战争的政治军事目标，对前苏联人民进行政治动员。7月3日，斯大林发表了广播演说，动员全国人民“挺身捍卫自己的自由、捍卫自己的荣誉、捍卫自己的祖国”。加强军队和居民中的群众性政治思想工作，动员共产党员和青年团员参加军队，提高苏军的组织性、纪律性和士气。前苏联政府还广泛开展外交活动，建立反希特勒同盟；在经济上进行改组，以保障战争的需要。从受威胁的地域向东疏散物资和居民。改组国家机关以保障动员全国的人力物力支援前线作战。

在苏德战争初期，从6月22日至7月9日，德军在西北方向推进约400至450公里，在西方方向推进450至600公里，在西南方向推进300至350公里，夺占了拉脱维亚、立陶宛全部，白俄罗斯、乌克兰、摩尔达维亚大部，侵入了俄罗斯联邦西部各州，进抵列宁格勒远接近地，威胁了斯摩棱斯克和基辅。在此期间，苏军遭到重大损失。西部边境军区170个师中有28个师被歼灭，70个师人员武器损失过半。法国亨利·米歇尔在其《第二次世界大战》一书中指出，经过为时18天的战斗，“俄国人丢掉了2000车皮的军火，30万人被俘，损失火炮3000门、坦克1500辆和飞机2000架。”至于德军在这期间的损失，据前苏联元帅朱可夫在《回忆与思考》一书中记载，“希特勒军队已经丧失将近10万人、1000多架飞机、近1500辆坦克。”

前苏联为什么在战争初期遭受如此严重的失利？前苏联有些史学家认为，主要是由于在欧洲没有第二战场；西方国家有人则把它说成是仅仅由于斯大林拒绝了丘吉尔关于德国即将向前苏联发动进攻的忠告,没有及时作好迎战准备的结果;赫鲁晓夫则把失利的原因归罪于所谓"斯大林在干预战争进程中所表现的那种神经质和歇斯底里性",这些说法,有的属于偏见,有的属于别有用心。前苏联在战争初期的严重失利。其原因是多方面的。

以马列主义为基础的前苏联军事思想,从总体上看,是先进的,但苏军在战前研究战争问题时也有形而上学的东西,在研究战争初期等问题时未能摆脱第一次世界大战旧观念的影响。前苏联元帅朱可夫也承认,当时国防人民委员部和总参谋部认为,"像德国和苏联这样的大国之间的战争,可能还像从前那样开始:先在边境交战几天以后双方主力才进入交战。"认为法西斯德国在集中和展开主力的时间方面将和前苏联一样,需要15到20天的时间。德军在使用兵力上,也只能以50%的兵力用于前苏联战场,其余兵力要驻守在西方被占领国。由此可见,苏军根本没有料到德军一开始就投入75%以上的主力,并大量集中使用坦克和飞机这些技术兵器,同时向大纵深实施突击。苏军战前关于战争初期的理论,仅仅研究了实施强大的进攻性回击,忽视了对战略防御问题的研究。至于在强敌突击下的战略退却、反合围战斗和遭遇战等也没有很好研究。这些军事理论上的错误,集中反映在前苏联1941年春季制定的国境防御计划中。该计划规定,"如果战略第一梯队不仅击退了敌人的首次突击,并且在主力展开之前已将战斗行动推至敌人领土,那末,战略第二梯队(预计在第聂伯河一带展开)根据总的战略企图应当加强第一梯队并实施反击。"这个严重脱离战争初期实际的计划,导致前苏联领导人在战争爆发的当天两次下令苏军转入反攻,并要求他们向敌国领土挺进,从而造成了严重的恶果。

战前,前苏联作了大量的战争准备工作。但是,由于对战争爆发的时间判断错误等原因,未能抢在战争爆发之前准备就绪。例如:前苏联没有及时安排武器装备,特别是新式技术兵器的大量生产。部队武器装备陈旧,而且缺额很大。苏军的飞机80%已陈旧,辅助设备很差。坦克大部队也很陈旧,临战前,20%的坦克在大修,47%的坦克正在进行或需要中修。新型坦克数量很少,且刚装备到部队。火炮,特别是防空武器和防坦克武器尤为缺乏。弹药储备不足,只能满足1个月的作战需要。苏军没有独立的国防通讯网,各种通讯手段的运用和维修均借助于邮电人民委员部，而该部的通讯手段远不能满足战争的需要。平时没有建立紧急报知系统，上级的指令无法迅速传至部队。从1941年6月21日17时斯大林召见铁木辛哥、朱可夫准备下达一级战备的训令，到6月22日4时30分德国发动进攻，中间将近11个小时；但是，由于没有建立报知系统，加上逐级传达训令迟缓，大多数部队均未及时接到进入战备的训令。战场建设的速度太慢。旧国境线上的工事大部分已拆除，新国境线上的筑垒地域尚未构筑完成，原定在西部修建170个机场，到战争暴发时大部分都没有完工。各级领导统率机关均未构筑地下指挥所。西部边境的交通条件差，不能满足调运大量军队的需要。部队的改编抓得太迟，缺额很大，西部边境军区的170个师和2个旅均不满员，战备训练脱离现代战争的实际，忽视了对预想敌人作战特点的研究。平时缺乏对打集群坦克、反空袭和组织诸兵种协同作战的训练。各级指挥人员和司令部人员指挥能力和文化科学知识较差，大部分还没有具备与其职务相称的战役、战术素养，因而在战争爆发后不能迅速适应德军那套闪击战法，一时找不出相应的对策。

前苏联对希特勒的侵略野心虽早有察觉，但对爆发战争的时间作了不符合实际的判断，不相信法西斯德国会背离俾斯麦东方政策的传统，在结束西线战事以前会向东对前苏联发动战争，并指望通过外交活动，使自己不致过早地卷入战争，并认为德国正忙于对英作战，无力在两线上同时打仗。政治局委员和高级将领们与都坚信可以避免在1942年以前卷入战争。他们估计，德国可能要在征服英国，或与英国议和后才会发动侵苏战争。1941年3月以后，前苏联从各种渠道获得德军即将进攻前苏联的大量情报，但前苏联以为这可能是英国在故意挑拨苏德关系，企图“火中取栗”。希特勒的副手鲁道夫，赫斯于1941年5月飞往苏格兰后，前苏联更加怀疑来自英国等资本主义国家的情报。尽管德国飞机不断侵犯前苏联的领空，大量的德军正向前苏联的边境集结，满载战争物资的火车日以继夜地向东方开进，但被德国“海狮”计划挡住了视野的前苏联领导人，还认为这仅仅是希特勒在向前苏联施加压力，不相信德军真的会进攻前苏联。1941年6月14日，即在战争爆发的前1周，塔斯社还受权发表了一项只能是麻痹自己的声明。声明说：“德国和苏联一样，也在认真遵守苏德互不侵犯条约，有鉴于此，德国企图撕毁条约和进攻苏联的传闻是毫无根据的。”前苏联由于在判断战争爆发的时间上犯了严重错误，临战动员失之过迟，边境军区部队未及展开便遭到德军强大的突然袭击，战争一开始就陷于极为被动的局面。

战前，苏军对德军的主攻方向判断错误。苏军总参谋部认为，“最危险的战略方向是西南方向的乌克兰，而不是西部方向的白俄罗斯。”因而在西南方向上配置了80个师，占西部边境苏军总兵力的47%，而在德军实施主要突击的西方方向上，只部署40个师，占23%。直至战争爆发几天后，苏军统帅部才发现自己判断失误，急忙将战略第二梯队的防线向中央收缩，并将配置在乌克兰地区第十六和第十七集团军转移到白俄罗斯，从而增加了苏军的被动和混乱。

前苏联在战争初期虽然遭受了严重损失，但是经受了严峻考验的前苏联人民和武装力量，在前苏联共产党的领导下，及时吸取了失利的教训，从政治、经济、军事上全面加强了反法西斯斗争，经过长时间的英勇奋战，终于打破了纳粹德国妄图以一次快速的战局击溃前苏联的迷梦。

苏军的战略防御

侵苏战争初期，法西斯德国取得了暂时性的胜利。至1941年7月10日，德军完成了战略突破任务，渡过西德维纳河，进逼第聂伯河。苏军节节后退，遭到重大损失。德军统帅部为其初期的胜利欣喜若狂。苏军在被迫退却的过程中转入战略防御，德军的进攻遭到苏军日益增强的抵抗。

为歼灭向东退过别列津纳河和退向第聂伯河的苏军，德军出动182个师继续在全线进攻，7月8日，希特勒给各集团军群规定的任务是：“北方”集团军群继续向列宁格勒方向推进，从东和东南切断该市与前苏联内地的联系，夺取列宁格勒，歼灭波罗的海沿岸地区的苏军；“中央”集团军群应合围并消灭斯摩棱斯克地域的苏军，为尔后进攻莫斯科创造条件；“南方”集团军群以主力合围第聂伯河右岸乌克兰地区的苏军，并以部分兵力向基辅方向进攻；芬兰集团军沿拉多加湖两侧进攻，歼灭卡累利阿南部和卡累利阿地峡的苏军，打通从芬兰到列宁格勒的道路。

6月底到7月初，苏军统帅部鉴于苏军在全线失利的情况下已不可能对敌实施战略进攻，因此，决心改变战略指导思想，修改作战计划，由企图实施战略进攻改为实施战略防御，通过战略防御首先迟滞、疲惫和削弱德军，破坏其进攻锐势，稳定战线，赢得组建和集结战略预备队的时间，逐渐改变力量对比，为转入战略反攻创造条件。

自1941年6月22日德国入侵前苏联，至1942年11月18日苏军在斯大林格勒胜利结束防御战役，为苏联卫国战争第一阶段。在这一阶段，苏军进行了近17个月的战略防御作战，经受了严峻的考验。

在战略防御开始时，摆在前苏联面前的一项重要任务是改组国民经济体制，使之转入战时轨道，动员工业、农业和人力，发展军事工业；为捍卫祖国的每一寸土地而英勇战斗，忘我劳动。

7月10日，苏军统帅部改组为总统帅部，并成立了中间战略领导机关，即西北方向指挥部、西方向指挥部和西南方向指挥部，分别由前苏联元帅伏罗希洛夫、铁木辛哥和布琼尼领导。7月19日，斯大林被任命为前苏联国防人民委员，8月8日又被任命为前苏联武装力量最高统帅，总统帅部改名为最高统帅部。

苏军最高统帅部判明，德军仍在三个战略方向发展进攻，其主要方向指向莫斯科，因此决定：在受威胁的方向迅速展开战略预备队，建立战略防线，在战略纵深建立坚固的防御，构筑防御地区和筑垒地域；将战略第二梯队转隶给第一梯队各方面军，在普斯科夫、波洛茨克、基辅、赫尔松一线抗击德军；集中主力在西方向阻止德军向莫斯科突进，调用北方面军加强列宁格勒西南接近地的防御；以反突击抗击德军主力的突击，以顽强的防御制止德军快速推进，稳定战局。

至7月10日，苏军共有201个师，其中满员师只有90个。苏军最高统帅部鉴于技术兵器不足，许多预备队部队开始组建，以及军事行动要求部队高度机动和便于指挥等原因，决定逐步改革军队的组织结构。集团军向小型化体制过渡，编5个至多6个师，取消军一级指挥机关，各师直属集团军司令员；撤销庞大的机械化军的编制，组建坦克师（辖2个坦克团）和坦克旅（辖1个坦克团）以及独立坦克营；反坦克炮兵旅改为反坦克炮兵团；缩小航空兵师的编制，由4至5个航空兵团改编为2个，每团飞机由60架减至30架，随后又减至22架。

苏军最高统帅部为改善军队的物资保障，改组了后勤指挥机关。8月1日斯大林签署了组建苏军总后勤部和方面军、集团军后勤部的命令，8月19日又设立了苏军空军后勤部长的职务，并挑选了一大批国民经济部门的领导人和数十名经济工作者，到军队后勤部门工作。此外，前苏联国防委员会还决定加速后方建设，建立野战基地，调整陆海空运输网，修复和修建铁路，以保障后勤供应。

8 月 16 日，联共(布)中央批准了由国家计划委员会制定的 1941 年第 4 季度和 1942 年度军事经济计划，规定将一些企业从受威胁地区迁到国家东部，并立即投入生产；在东部地区扩建军工基地，增加武器、弹药、金属、煤、汽油和其他重要产品的生产。联共(布)中央有步骤地采取措施扩大各种火炮的生产，战争开始后不久就大量生产了威力强大的"卡秋莎"火箭炮。9 月 11 日，坦克制造从中型机器制造人民委员部领导下独立出来，成立坦克工业人民委员部。以后，军事工业所有主要部门(飞机、船舶、火炮和弹药)都建立了自己的专业领导机构。

工业企业的东迁是在极端复杂的情况下进行的；企业的拆卸、装运经常在德机轰炸下进行。成千上万满载人员和物资的孵，川流不息地驶向东方。从 1941 年 7 月至 11 月，前苏联从波罗的海沿岸、乌克兰等地，转运了 150 多万车厢的物资设备，共有 1523 个大型企业迁至伏尔加河流域、乌拉尔、哈萨克斯坦、中亚细亚和西伯利亚。仅用铁路就向东疏散了 1000 多万人。前苏联战前在东部建成的工业基地，加上疏散到这里的企业，很快就变成了国家的军工生产基地。到 1942 年 3 月，这些地区的军工产品的产量，已达到卫国战争开始前全国的生产水平，成为前苏联战时经济体系的重要基础。

前苏联共产党和前苏联政府在动员国内一切力量抗击德国法西斯的同时，还广泛开展外交活动，同一切反法西斯国家建立友好合作关系，争取国际援助。1941 年 7 月中旬至 8 月，前苏联先后与英国、捷克斯洛伐克、波兰签订了在反法西斯战争中共同行动的协定。前苏联还和英国签订贸易协定，和美国签订军事经济互助协定，与挪威、比利时恢复了外交关系。9 月 29 日至 10 月 1 日，苏、美、英 3 国政府高级代表在莫斯科举行会议，讨论美、英向前苏联提供武器装备和战略物资问题。这次会议签订了对苏供货第一号议定书，规定从 1941 年 10 月 1 日至 1942 年 6 月 30 日期间，美国和英国每月向前苏联提供 400 架飞机、500 辆坦克以及其他种类的武器装备和军用物资，前苏联向美、英提供一定数量的军工生产原料。10 月 30 日，美国总统罗斯福代表美国政府写信给斯大林，宣布给前苏联 10 亿美元的无息贷款，11 月 7 日，罗斯福发表声明将武器和军用物资出借和租让法(即租借法案)扩大应用于前苏联。

至1941年年底，美国援助前苏联204架飞机、182辆坦克；英国供给前苏联669架飞机、487辆坦克、301支反坦克枪。

1941年7月中旬至12月，德军继续在西北、西方和西南3个方向展开疯狂的进攻。前苏联军民在前苏联共产党的领导下，为粉碎德军的进攻进行了艰苦卓绝的斗争。

德军士兵难以忍受苏联漫长而寒冷的冬季

列宁格勒保卫战

战争头18天，苏军在西北方向丧失了立陶宛、拉脱维亚和俄罗斯联邦的部分土地，从而使德军可以由卢加进逼列宁格勒。列宁格勒当时有300多万人口，是前苏联第二大城市，重要的文化和工业中心，重要的海港和铁路交通枢纽，又是前苏联波罗的海舰队的主要基地。希特勒在制定“巴巴罗萨”计划时，一再强调要攻占“布尔什维克主义的发祥地”——列宁格勒，并叫嚣一定要把这座城市“从地球上抹掉”。德军“北方”集团军群（司令莱布元帅）辖第十八、第十八集团军和坦克第四集群共23个师，以及芬兰东南集团军和卡累利阿集团军共15个师又3个旅，在德军第五航空队及芬兰空军共1600多架飞机的支援下，企图从南面和北面向列宁格勒进攻，迅速歼灭列宁格勒方向的苏军，攻占列宁格勒。希特勒准备在“中央”集团军群进到斯摩棱斯克以东地区时，将其坦克第三集群北调以加强“北方”集团军群。

在西北方向作战的苏军是：北方面军和西北方面军，辖5个集团军和1个战役集群，计47个师又3个旅。北方面军（司令员波波夫中将），辖第七、第二十三集团军（共8个师）和卢加战役集群（共8个师又1个旅），在列宁格勒北面和西南接近地沿卢加河担任防御。西北方面军（司令员索边尼科夫少将）辖第八、第十一、第二十七集团军（共31个师又2个旅，大部分师兵力缺额很大，满员师只有7个），在列宁格勒西南和南面

保卫列宁格勒的英勇的苏军战士

担任防御。苏军决心坚守列宁格勒，牵制和消耗德军，稳定西北战场，以减轻对莫斯科方向苏军的压力，然后伺机转入反攻。

自1941年7月10日至1944年8月10日，苏军坚守列宁格勒达3年零1个月，其中城市被围时间为900天。1941年7月10日至12月31日，为列宁格勒保卫战的第一阶段。

7月10日，德军从列宁格勒西南，芬兰军队从北面对列宁格勒发起进攻，几乎同时在卢加、诺夫哥罗德、旧鲁萨、爱沙尼亚和彼得罗扎沃茨克以及奥洛涅茨方向实施了突击。

卢加、诺夫哥罗德方向　德军坦克第四集群以两个突击集群沿两条相互分隔的轴线继续北进：摩托化第四十一军向卢加进攻，摩托化第五十六军向诺夫哥罗德突击，企图从南面和东南突入列宁格勒。7月中旬，德军摩托化第四十一军在卢加以南遭到苏军顽强抵抗，进攻受阻，于是转而向西北进攻，在金吉谢普东南前出到卢加河，又为苏军卢加战役集群所阻。德军摩托化第五十六军突至施姆斯克以西卢加河防御地带时，苏军西北方面军第十一集团军在索利齐地区以4个师实施了反突击，打击了德军坦克第八师、摩托化第三师和摩托化第五十六军的后方，7月18日迫使德军后退了40公里。

苏军7月防御，虽然阻止了德军的进攻，但德军距离列宁格勒只有100公里，情况仍十分危急。苏军除加强列宁格勒近接近地的防御外，还加强了城市防御军队，7月下旬将卢加战役集群扩编为3个独立战役军团。8月初，预备队方面军第三十四集团军转隶给西北方面军。列宁格勒党组织紧急动员居民，组建了3个民兵师，另有4个民兵师在组建。

7月底至8月初德军调整部署，以第十六集团军从东南保障坦克第四集群的翼侧，以第十八集团军的大部兵力与坦克第四集群组成3个突击集团：左集团共5个师，经赤卫队城向列宁格勒进攻；中集团共3个师由卢加向列宁格勒进攻；右集团共7个师，准备向诺夫哥罗德、楚多沃进攻，从东南迂回列宁格勒，并企图与由北进攻的芬兰军队会合。进攻由第八航空兵军进行支援。

8月8日德军在赤卫队城方向，10日在卢加—列宁格勒和诺夫哥罗德—楚多沃方向先后展开进攻。苏军第八、第四十二集团军和卢加战役集群以及第四十八集团军，分别抗击德军各集团的突击。至8月21日左集团逼近赤卫队城，切断了列宁格勒—卢加铁路和公路。右集团于8月15日和20日先后攻占诺夫哥罗德和楚多沃，切断了莫斯科—列宁格勒的公路和铁路。形势十分严峻，苏军第三十四集团军和第十一集团军在旧鲁萨地区对德军实施了反突击，迫使德军从斯摩棱斯克方向将坦克第三集群所属第三十九摩托化军调至旧鲁萨地区。苏军抵挡不住德军新锐兵力的突击，于8月25日退至洛瓦特河对岸。

在列宁格勒面临被合围的情况下，苏军最高统帅部为加强列宁格勒南面和东南接近地的防御，于8月23日将北方面军分编为卡累利阿方面军（司令员弗罗洛夫中将）和列宁格勒方面军（司令员波波夫中将，9月5日起为前苏联元帅伏罗希洛夫，9月10日起为朱可夫大将，10月10日起为费久宁斯基少将，10月26日起为霍津中将），卡累利阿方面军辖第七、第十四集团军和北方舰队。列宁格勒方面军辖第二十三、第八、第四十八集团军，后又增加了第五十二、第五十四、第五十五集团军。8月29日，苏军最高统帅部撤销了西北方向指挥部，各方面军由最高统帅部直接指挥。

8月25日，德军“北方”集团军群得到“中央”集团军群坦克第三集群的加强，以9个师的兵力向列宁格勒再次发动进攻。8月底德军进抵涅瓦河，切断了列宁格勒通往各地的交通线。并进至距列宁格勒城南20公里的斯卢茨克—科尔平诺筑垒地域。苏军虽采取措施，改进军队的领导，组织对空、对坦克防御，组织方面军炮兵和波罗的海舰队的协同，但未能收到预期效果。德军快速兵团利用苏军防线已出现的缺口，于9月8日经姆加突入拉多加湖南岸的什利谢利堡，从陆上封锁了列宁格勒。列宁格勒保卫者的处境更加困难，只能经过

苏军踏着白雪覆盖的战场发动猛烈反击

拉多加湖和空中同外地保持联系。

9月9日，德军集中11个师发起进攻，企图从南和东南突入列宁格勒。进攻前对市区进行了猛烈的炮击和轰炸。德军已突至城市近郊，情况异常紧急。9月10日，朱可夫大将被任命为列宁格勒方面军司令员，当日由莫斯科飞抵被围的列宁格勒。9月11日，列宁格勒方面军采取了紧急措施，加强城防：由于反坦克火炮严重缺乏，决定以部分高炮加强最危险地段的对坦克防御；全部舰炮集中火力支援从乌里茨克到普尔科沃高地地段的第四十二集团军；在重要方向建立纵深梯次的防御，埋设地雷，在部分地区设置电网；从卡累利阿地峡抽调第二十三集团军部分兵力到乌里茨克防御地域；以波罗的海舰队水兵、列宁格勒各军事院校和内务人民委员部人员组建5至6个独立步兵旅。

在坦克引导和掩护下，苏军向德军发起反攻

列宁格勒近接近地的战斗非常激烈。德军企图一两天内攻下列宁格勒，但是苏军第八、第四十二和第五十五集团军顽强抗击，终于粉碎了德军的进攻。至9月底，列宁格勒西南郊和南郊的战线趋于稳定，德军夺取列宁格勒的计划未能实现。

在德军向列宁格勒近郊猛攻的同时，其第十六集团军在坦克第三集群所属摩托化第五十七军的支援下，向伊尔门湖以南、旧鲁萨和霍尔姆之间的苏军第三十四、第二十七集团军发动进攻。9月中旬，德军进抵杰米扬斯克和奥斯塔什科夫之间的湖滨地区，并攻占了杰米扬斯克。

爱沙尼亚方向

德军第十八集团军于7月10日向爱沙尼亚各港口，主要是向爱沙尼亚首都塔林发起进攻，遇到苏军第八集团军在皮亚尔努、塔尔图地区的顽强抵抗。8月7日，德军在增援3个步兵师后突破了苏军防御，进至孔达地区的芬兰湾沿岸地带，将苏军第八集团军分割成两部分；步兵第十一军向纳尔瓦地区退去，步兵第十军退至塔林。此时防守塔林的苏军波罗的海舰队海军陆战队和步兵第十军共2.7万人，而德军集中了4个步兵师约6万人从陆上向塔林发动猛攻。8月27日，德军突入塔林。苏军100余艘舰艇和2万余人退至列宁格勒和喀琅施塔得。9月初，德军占领芬兰湾南岸。

彼得罗扎沃茨克、奥洛涅茨方向

芬兰卡累利阿集团军于7月10日在拉多加湖与奥涅加湖之间，从北向南

列宁格勒苏联游击队抓获的德军俘虏

发起进攻，苏军第七集团军未能阻止芬军优势兵力的突击，至7月底芬军南进120公里。8月10日芬军补充4个师后继续进攻，苏军边战边退，至10月初撤至斯维里河地区。战线从此稳定下来。

卡累利阿地峡

芬兰东南集团军于7月31日在卡累利阿地峡由北向南发动进攻。8月，芬军突破苏军第二十三集团军的防御，9月初苏军退至1939年旧国境线一带。9、10月间，美国和英国警告芬兰不要超过1939年边界线，芬兰公开宣称不理会这些警告，但此后芬军再没有采取积极行动。德军最高统帅部参谋长凯特尔，奉希特勒之命要芬军总司令曼纳海姆渡过斯维里河，与德军会合。但曼纳海姆认为芬军已收复了芬兰1939年以前的领土，不愿再承担任务，于是藉口气候恶劣，没有继续向南推进。这样就使苏军得以将第二十三集团军一部从卡累利阿地峡调出，以加强列宁格勒的防御。

苏军季赫温防御战役(1941年10月16—11月18日)

德军“北方”集团军群未能实现从南面夺取列宁格勒的计划，便决定以第十六集团军所属第三十九军和第一军(2个坦克师、2个摩托化师、4个步兵师)向季赫温和沃尔霍夫发动进攻，企图进至斯维里河与芬军会合，完全封锁列宁格勒。苏军列宁格勒方面军第五十四集团

军、大本营第四、第五十二集团军和西北方面军一个战役集群,沿沃尔霍夫河向南直至伊尔门湖长经200公里的地区进行防御。10月16日德军转入进攻,20日突入第四、第五十二集团军接合部,主力向季赫温方向突进,23日向沃尔霍夫方向进攻,以保障季赫温集团的翼侧,苏军最高统帅部从列宁格勒方面军抽调4个师,从统帅部预备队抽调3个师,从西北方面军抽调1个师加强季赫温方向的防御和反击力量。德军进攻受阻后,从小维舍拉地段向季赫温方向调来1个坦克师和1个摩托化师加强突击集团。11月8日德军攻占季赫温,切断了从前苏联内地通往拉多加湖的惟一铁路干线。

苏军季赫温进攻战役(1941年11月10日—12月30日)

苏军进攻企图是,歼灭德军季赫温集团,缓和列宁格勒的严重局势,同时配合苏军在西部和西南战略方向的反攻,牵制德军主力于西北方向,阻止它调往莫斯科方向。苏军季赫温进攻战役的准备是在防御战役过程中进行的。最高统帅部给列宁格勒方面军增调了大本营预备队9个步兵师、1个坦克师和1个坦克旅。自11月10日起至12月初,苏军西北方面军诺夫哥罗德战役集群和列宁格勒方面军第五十四、第四、第五十二集团军,先后在诺夫哥罗德以北、小维舍拉以北及以南、季赫温东北和沃尔霍夫以西转入进攻。12月9日,苏军第四集团军解放季赫温,为了改进对部队的指挥,苏军最高统帅部于12月17日以第四、第五十二集团军编成沃尔霍夫方面军(司令员麦列茨科夫大将)。12月底,沃尔霍夫方面军进抵沃尔霍夫河,季赫温进攻战役,是苏军在卫国战争中发动的最初几个大规模战役之一。苏军这次进攻,重创了德军10个师,推进100至120公里,恢复了季赭温—沃尔霍夫铁路交通,改善了列宁格勒的防御态势,配合了苏军在莫斯科方向的反攻。

摩尔曼斯克和坎达拉克沙方向

在苏德战场北翼,苏军第十四集团军于1941年7月至10月先后以5个师和第二十三筑垒地域部队,在北方舰队支援下防守巴伦支海和白海沿岸。7月,德军“挪威”集团军(辖3个军共7个师)在第五航空队部分飞机(160架)支援下,分别向摩尔曼斯克和坎达拉克沙方向进攻,为苏军所阻。9月,德军“挪威”山地步兵军在约300架飞机支援下,重新对摩尔曼斯克发动进攻,再次为苏军所阻,于10月转入防御。苏军保卫了前苏联北方港口和北部陆海交通线。前苏联在摩尔曼斯克—沃尔霍夫铁路被切断时，修建了一条铁路支线，把摩尔曼斯克、阿尔汉格尔斯克、莫斯科连结起来，这条铁路于11月通车。前苏联在卫国战争年代进口物资的1/4，是经过北方港口运往国内的。

至12月底，苏军列宁格勒保卫战第一阶段结束，德军占领了波罗的海沿岸地区，以及诺夫哥罗德、旧鲁萨和彼得罗扎沃茨克等城市，由陆路封锁了列宁格勒。

早在9月上旬，当德军"北方"集团军群向列宁格勒近接近地进攻时，希特勒便改变了主意，决定集中兵力进攻莫斯科，他命令"北方"集团军群完成对列宁格勒封锁后，将机动部队及第八航空兵军调往莫斯科方向，对列宁格勒暂不强攻，而是围困和封锁，妄图以野蛮的轰炸和炮击切断城市与外界的联系，将全城困死。

德军从"北方"集团军群抽调兵力加强莫斯科方向后，即在列宁格勒附近和整个西北方向失去主动权，德军未能达成与芬军在斯维里河会师并攻占列宁格勒的企图。

1941年9、10月份，德军对城市进行了猛烈的空袭，共投弹9.3116万枚。9月下旬，德军连续空袭喀琅施塔得湾和列宁格勒港口，炸沉苏军战列舰"玛拉托"号。10月4日这1天，德军空袭持续达9个多小时。列宁格勒被围期间，军民的粮食和燃料供应急剧恶化。9至11月，居民面包定量先后降低5次，11月20日降到最低限量：高温车间工人每人每天375克，一般工人和技术人员250克，职员和儿童125克。军队的面包定量也先后降低3次，饥饿和疾病威胁着列宁格勒人，死亡率直线上升，列宁格勒市委及时组织生产各种代用食品、人造蛋白，以缓解食品和医药的供应之急。

列宁格勒军民在被封锁中度过了严冬，忍受了一切艰难困苦，经受了最严峻的考验。他们顽强战斗，不怕牺牲，终于守住了城市。直到1944年3月初，苏军胜利结束对敌第一次突击，才彻底解除了德军对列宁格勒的封锁。

1941年下半年，前苏联军民坚守列宁格勒，具有重大的政治和军事战略意义。列宁格勒保卫战坚定了前苏联人民抵抗德国法西斯的斗志，鼓舞了他们的胜利信心。苏军在这一方向上牵制了德军大量兵力和全部芬军，不但使希特勒"闪击战"计划的重要战略任务破产，而且对苏德战场它其方向的作战进程也产生了很大影响。当德军"中央"集团军群对莫斯科发动秋季攻势时，只能从“北方”集团军群调走4个坦克师和2个摩托化师。

列宁格勒保卫战，是苏军在被迫退却的过程中开始的，起初由于缺乏建立纵深防御的兵力兵器，因而在优势德军的进攻节节后退。但苏军在城市接近地的防御中陆续积聚了预备队，在防御的全纵深和城市周围建立了坚强的防御，实施了兵力兵器机动和反突击，终于将德军阻止在列宁格勒近郊。苏军组织了各方面军之间的战略和战役协同，以及各方面军与舰队、区舰队之间的协同。波罗的海舰队、拉多加湖区舰队和列宁格勒的防空兵力，在作战上隶属列宁格勒方面军，为合理地集中使用兵力兵器提供于条件。列宁格勒方面军和波罗的海舰队的炮兵对企图摧毁城市的德军炮兵进行了有效的斗争。波罗的海舰队破坏了德军的海上交通。各方面军航空兵、海军航空兵、国土防空军合编为航空兵战役集群，对德军实施了集中的轰炸和强击。所有航空兵和高射炮兵成功地进行了对空防御，保卫了城市和交通补给线。

列宁格勒军民在联共(布)的领导下团结奋战，是取得保卫战胜利的重要条件。居民和军队一起在城市周围建立了由数道环形地带组成的防御体系，在卢加、诺夫哥罗德、旧鲁萨附近和卡累利阿地峡宽900公里的地带构筑了坚固的防御工事。城市居民又是在被围条件下军队补充兵员的主要来源。在被围的第一个冬春，列宁格勒为部队输送了10万多名新兵。1941年7月至9月，列宁格勒党组织在市内组建了10个民兵师，其中7个后来改编为正规师。

各方面的支援是列宁格勒保卫战胜利的重要原因。为了援助这座被围困的城市，前苏联政府从9月开始，连续不断地向列宁格勒调拨了大量生活和作战所需的各种物资，9至12月共空运6700吨急需品。11月下半月，德军加强炮击和轰炸，城市开始处于饥饿状态，燃料很快用尽，列宁格勒的处境非常危急。从11月14日至28日，苏军总后勤部向列宁格勒空投了1200吨高热量食品，苏军除组织空中运输外，还在拉多加湖开辟了一条联结列宁格勒和前苏联后方运输线，结冰期间则在冰上开辟军用汽车路，这条航线被前苏联称为“生命之路”。列宁格勒通过水上和冰上交通线，运送战斗和生活必需品，撤走居民以及工业设备等。在列宁格勒封锁的第一个冬天，“生命之路”具有特别重要的意义。沿该线给列宁格勒运来了36万余吨物资和6个步兵师、1个坦克旅，运出约55万人、3700节车皮的工厂设备、文化珍品及其资财。

希特勒攻占列宁格勒以及用封锁和饥饿来毁灭这座城市的企图，被列宁格勒的英勇保卫者粉碎了。

苏军的战略反攻

斯大林

苏军于1943年在列宁格勒、斯大林格勒、北高加索、斯摩棱斯克、库尔斯克和第聂伯河左岸乌克兰地区进行的战斗，重创了德军的重要战略集团，歼灭了大量德军。夺取和巩固了战略主动权，战场形势发生了有利于苏军的根本变化。

苏军作战的胜利，使双方战线有了很大改变。在战线北段，苏军已突破了德军对列宁格勒的封锁，并在列宁格勒和诺夫哥罗德附近地区进攻德军北冀集团，同时牢固地坚守着卡累利阿地峡、南卡累利阿至北极圈内佩特萨莫地域的防线。在战线中段，苏军向西推进了500公里，前出到普斯托什卡、维捷布斯克和莫孜尔一线，严重地威胁着盘踞在白俄罗斯境内的德军集团。在战线南段，苏军西进了1300公里，前出到基辅以西地域，并开始越过第聂伯河，抢占了一些具有战略意义的登陆场，从北面深远地包围了德军整个南部集团。至此，苏军已解放了大约2/3的沦陷国土，极大地鼓舞了全体前苏联人民的反法西斯斗志。

苏军作战的胜利，使德军遭到严重损失，改变了双方的力量对比。1943年内，德军损失人员近400万，同时由于战线过长，补充又十分困难，因此到1944年初德军投入苏德战场的兵力已大大少于苏军。苏军兵力610万人，而德军只有490.6万人，苏军兵力已超过德军近25%。在武器装备方面，1943年德军损失火炮和追击炮4万多门、坦克和强击火炮2500多辆、飞机1.4万多架，而武器生产又远远落后于前苏联。1943 年，前苏联人民以极大的爱国热情大力发展生产，经济实力大大加强，伏尔加河沿岸地区、乌拉尔山区和西伯利亚西部等几个主要军工基地的武器产生都大幅度增长。全国生产火炮 13 万门、迫击炮 6.9 万门、坦克和自行火炮 2.4 万辆、飞机 3.5 万架。而在同期内，德国只生产火炮和追击炮 7.35 万门、坦克和强击火炮 1.2 万辆、飞机 2.5 万架。到 1944 年 1 月 1 日，苏军有火炮和追击炮 8.89 万门，德军有 5.4 万多门；苏军有坦克和自行火炮 4914 辆，德军有 5400 辆；苏军有飞机 8500 架，德军有 3073 架。到 1944 年初，除坦克和强击火炮德军还略占优势外，其他武器装备苏军在数量上都大大超过德军。苏军大批装备了 T—34 型坦克，其性能已优于德军坦克。飞机性能也逐渐赶了上来。部队已大量装备雅克—3、雅克—9 和拉—7 等新型歼击机，被称为“墨死神”的伊尔—2 强击机亦优于德国同类飞机，波—2 俯冲轰炸机和杜—2 大航速轰炸机也有很大改进。卡秋莎火箭炮对敌人构成了更大威胁。因此，如果说 1943 年初苏德双方兵力兵器是势均力敌的话，那么那 1944 年初，苏军已占有明显的优势。苏军已有足够的兵力兵器实施大规模的进攻。

苏军用缴获的德军榴弹炮猛烈轰击德军

苏作作战的胜利，使全国军民增强了把法西斯寇彻底赶出前苏联领土的信心。苏军在长期的作战实践中，积累了指挥和作战经验，掌握了防御和进攻作战的有效方法，特别是在突破德军防御、合围其重兵集团、夜间作战和强渡江河等方面，都有了成功的经验，为苏军在 1944 年实施大规模的战略进攻，把德军全部赶出前苏联领土，创造了有利条件。

1944 年初的国际形势对苏军进攻也十分有利。盟军已经肃清了北非的德、意军队，控制了地中海和大西洋的局势，又在意大利南部登陆成功，并正在集结力量准备在西欧登陆，开辟第二战场。中国的抗日战争牵制了大量日军，敌后战场已展开了局部反攻。美、英军在太平洋战场上也使日军受到严重损失，削弱了日本的军事、经济实力。因此，日本已失去了进攻前苏联的可能性。苏军解除了两线作战的后顾之忧，可集中力量对德作战。

德军在形势不利的情况下，已被迫转入战略防御来稳定战局。到1944年初，德军及其仆从军除坚守卡累利阿地峡以北防线外，还占领着苏联的列宁格勒州、加里宁州、波罗的海沿岸的爱沙尼亚、拉脱维亚和立陶宛，以及白俄罗斯、第聂伯河右岸乌克兰、克里木和摩心达维亚等广大地区。德军统帅部决定，在战场北冀和中段扼守所占地区，以掩护通往德国的接近地。在南翼力图恢复第聂伯河沿岸的防御，阻止苏军向克里木和罗马尼亚推进，把苏德战争拖延下去。同时，积极准备力量对付美、英军队可能在西线发起的进攻。为此，德军统帅部将198个师又6个旅和仆从国军队的38个师又18个旅部署在苏德战场，将64个师又1个旅用于防御美、英军队在西线的进攻，把38个师又2个旅部署在意大利。

苏军最高统帅部在1943年底曾多次召开会议，研究如何利用有利形势发展胜利的问题。苏军总的企图是，在1944年把德军全部赶出前苏联领土，把战争推到国外进行，并迫使德国的仆从国退出战争。为此，苏军制定了集中兵力连续实施数个高速度、大规模的战略性进攻战役计划。于是，苏军从1944年1月中旬开始，便从北起巴伦支海南到黑海大约45000公里的战线上，连续对德军及其仆从军实施了10次歼灭性打击。这就是前苏联卫国战争中著名的“十次突击”。

苏军的10次突击是在2个战局中实施的。在1944年1月至5月的第一个战局中，苏军在战场的两翼实施了3次突击，目的是削弱战场两翼的德军力量，为尔后在中部战场歼灭德军集团，顺利实施第二个战局创造有利条件。

斯大林的十大打击

经过1943年夏秋季的进攻性战役，苏军已收复沦陷领土的2/3，取得对德国的战略优势。它的作战经验更加丰富，指挥艺术更为成熟，兵器装备威力更大，军队士气更为高涨。1944年将是全线大规模追歼敌军，解放苏联全境的时候了。

凭着大大优势于敌的兵力，工业生产的恢复和英美援助物资源源不断的供应，1944年苏军一改上一年间歇进攻状态，在从伦巴支海到黑海的几千公里战线上，集中兵力主动选择出击地点，从一个地区到另一个地区连续不断实施相互联系的大规模进攻，使德军难以辨认苏军主攻方向，顾此失彼，疲于奔命，无法喘息，惟有不断溃退。这一年苏军共实施了十次重大战略性进攻，史称斯大林式的“十大打击”。在这些攻击中，苏军的主要战术是采用钳形攻势，首先突破德军比较脆弱的两翼，然后包抄围歼中路主力，继而全线推进。

1944 年 1 月，苏军在战线北端实施第一次打击。德军在苏军南北夹击下全线后撤到波罗的海沿岸，希特勒的“北方堡垒”彻底崩溃。1 月 27 日，艰苦奋战 900 天的英雄之城列宁格勒在 20 响礼炮声中胜利解围。

第一次打击尚未结束，苏军又在第聂伯河发动规模更大的第二次打击，他们向西推进 400 公里，解放了第聂伯河西岸的乌克兰地区，进抵到苏联与罗马尼亚国境线普鲁特河。

紧接这次胜利的是苏军在克里米亚实施的第三次打击，苏军陆海空军协同作战，希特勒的不得后撤的命令只能给德军造成更大灾难。苏军相继解放敖德萨，收复塞瓦斯托波尔，终于在 5 月把敌人赶出克里米亚半岛。

经过上述三大打击，苏军已解放了 3/4 以上的被占国土，有些地方甚至到

斯大林

达或越过边境。5 月 1 日最高统帅斯大林发布命令，指出苏军的任务不能只限于把敌军驱逐出苏联国境，“必须跟踪这支受了伤的德国野兽，并把它打死在自己的洞穴里”，同时要解放波兰、捷克斯洛伐克以及处于德国铁蹄之下的西欧人民。在这一命令指导下，苏军借助英美已在诺曼底登陆，希特勒终于完全陷入两线作战的有利时机，发动了新的攻势。

被称为第四次打击的是 6 月 10 日到 6 月底苏军对芬兰展开的强大攻势，将芬兰军队赶回 1940 年苏芬划定的边界以西，迫使芬兰当局停战求和。

在苏芬战役进行的过程中，苏军于6月23日发动最著名的第五次打击，即白俄罗斯战役。此时盟军不仅在诺曼底站稳了脚跟，在意大利战场也进展顺利，德军四面受敌，为苏军发动这场攻势提供了有利条件。苏军投入140万兵力和14万游击队配合作战，从几处同时发动进攻，德军统帅部在慌乱中判断错误，把预备队中的80%的坦克和机械化师集中于苏联南部，造成中路空虚，使攻势凌厉的苏军得以于7月3日长驱直入明斯克，并乘胜向东普鲁士推进。与此同时苏军于7月24日攻入卢布林，26日进抵维斯瓦河，第五次打击胜利结束。

为从战略上支援和配合白俄罗斯战役，7月中旬苏军发动第六次打击，进击西乌克兰。27日收复利沃夫和布列斯特一立托夫斯克，解放了西乌克兰，并强渡维斯瓦河，近逼喀尔巴阡山和捷克斯洛伐克边境。

8月中旬开始了针对罗马尼亚战线的第七次打击。23日罗马尼亚人民在罗共领导下武装起义，推翻安东尼斯库法西斯政权，建立新政府，立即宣布与同盟国媾和并向德国开战。30日苏军占领重要石油工业城市普洛耶什蒂，切断了德军最重要的汽油的供应。31日布加勒斯特获得解放。与此同时，苏军进逼保加利亚边境，迫使保加利亚退出战争。9月底，保加利亚人民在苏军协助下解放全国。

苏军乘胜前进，于9月——12月连续进行三次打击。第八次，把德军赶出整个爱沙尼亚和大部分拉脱维亚领土，并使芬兰对德宣战。第九次，苏军进入匈牙利大平原，包围首都布达佩斯，并进入捷克斯洛伐克和南斯拉夫，与铁托的游击队会师，11月10日解放首都贝尔格莱德。第十次再击芬兰，并把德军打到挪威境内。

1944年苏德战场的大反攻，共歼敌138个师160万人，击毁或缴获坦克6700辆，飞机1.2万架，大炮2.8万门，收复了几乎全部国土，并协同各国反法西斯武装力量，把德军驱出部分东欧国家，为最后打败纳粹德国奠定了坚实基础。

第一次突击

1944年1月14日至3月1日，苏军在列宁格勒和诺夫哥罗德附近实施了第一次突击。这次突击也称列宁格勒—诺夫哥罗德战役。

苏军虽然在1943年突破了德军对列宁格勒的封锁，打开了一条通往内陆的通道，但是并没有完全解除德军对列宁格勒的威胁，城区和通往内地的狭窄通道仍遭德军炮击，这座前苏联的第二大城市仍然有被德军重新封锁围困的危险。

德军统帅部判断，苏军在1943年取得胜利的基础上，必将迅速在列宁格勒和诺夫哥罗德地区发动进攻，因此命令“北方”集团军群(司令屈希勒元帅)不惜任何代价坚守这一地区，以保障德国舰队在波罗的海自由行动，保证德国同瑞典与芬兰的联系畅通，保持德军对列宁格勒和整个苏军北翼的威胁。德军“北方”集团军群，辖第十八、第十六集团军，1944年1月上半月兵力为48个师(含野战航空兵师、警卫师、教导师)又5个旅和1个集群(17个营)，共74.1万人，有火炮和追击炮1万余门、坦克和强击火炮385辆、飞机370架。德军利用围困列宁格勒27个月的时间，构筑了大纵深配置的永备工事，企图长期坚守。

为了彻底解除德军对列宁格勒的威胁。歼战场北翼的法西斯行军集团，苏军最高统帅部决定以列宁格勒方面军(司令员戈沃罗夫大将)和沃尔霍夫方面军(司令员麦列茨科夫大将)，与波罗的海沿岸第二方面军(司令员波波夫大将)协同，在波罗的海舰队(司令员特里布茨海军上将)和远程航空兵(司令员戈洛瓦诺夫空军元帅)的配合支援下，对德军“北方”集团军群展开强大进攻。苏军3个方面军辖8个集团军，步兵比敌人多0.7倍，火炮和迫击炮多1倍，坦克和自行火炮多3.1倍，作战飞机多2.7倍。在整个战役实施过程中，3个方面军还可得到波罗的海舰队和远程航空兵的火力支援。此外，还有游击兵团13个旅共3.5万人也参加了这次战役。

1月14日开始，列宁格勒方面军和沃尔霍夫方面军在波罗的海舰队和远程航空兵的支援下，首先在列宁格勒南、西南和诺夫哥罗德西、西南方对备第十八集团军实施翼侧突击，歼灭其翼侧集团，为尔后向纳尔瓦和卢加两个方向发展进攻，歼灭该集团军主力创造条件。由于波罗的海沿岸第二方面军在德第十六集团军当面实施了牵制性进攻，从而保障了列宁格勒方面军和沃尔霍夫方面军顺利地完成了预定的任务。1月20日，列宁格勒方面军进至红村、罗普沙，沃尔霍夫方面军解放了诺夫哥罗德。至1月30日，列宁格勒方面军推进60至100公里，前出到卢加河地区。沃尔霍夫方面军推进50至80公里，肃清了诺夫哥罗德附近的德军。

从1月31日开始，列宁格勒方面军和沃尔霍夫方面军向纳尔瓦和卢加两个方向发展进攻。2月3日，列宁格勒方面军前出到纳尔瓦河及楚德湖东岸，并在纳尔瓦河西岸夺取了登陆场，开始进入爱沙尼亚境内，2月13日攻占卢加，向前推进100至120公里。德军第十八集团军的失败，使第十六集团军的翼侧和后方受到威胁而被迫向西撤退。这时，战线大大缩短，因此苏军撤销了沃尔霍夫方面军。2月16日，列宁格勒方面军和波罗的海沿岸第二方面军开始追击退却的德军。到2月底，苏军前出到普斯科夫、新尔热夫和普斯托什卡一线。至此，第一次突击结束。

第一次突击的结果，全歼德军3个师，击溃23个师。苏军西进220至280公里，使列宁格勒从德军的长期围困中彻底解脱出来。苏军解放了列宁格勒州和加里宁州的部分土地，为尔后解放波罗的海沿岸地区创造了条件。

第二次突击

1944年1月24日至4月17日，苏军在第聂伯河右岸乌克兰地区实施了第二次突击。这是苏军实施的一次大规模的战略进攻，被称为第聂伯河右岸乌克兰进攻战役。

第聂伯河右岸乌克兰既是重要的经济区，又是重要的战略区。这一地区不仅是巨大的粮食和工业原料基地，而且还掩护着克里木和巴尔干半岛的接近地。德军认为坚守这一地区对于阻止苏军继续推进，拖延苏德战争具有重要意义，甚至“将决定德军在整个东战场的命运”。因此，德军统帅部决定建立强大预备队，以其“南方”集团军群（司令曼施泰因元帅）和“A”集团军群（司令克莱斯特元帅）的强大兵力，固守第聂伯河左岸某些地段和右岸广大地区。德军“南方”集团军群辖坦克第一、第四集团军和第六、第八野战集团军，部署在普里皮亚特河经科尔松——舍甫琴柯夫斯基至尼科波尔一带。“A”集团军群辖德独立第四十四军和罗马尼亚第三集团军，部署在第聂伯河口附近地区。德军第四航空队和罗马尼亚空军负责支援，另有1个集团军为预备队。这是德军两个庞大的战略集团，共有96个师，180万人。其中坦克师占苏德战场德军坦克师总数的70%以上，摩托化师近半数。德军装备火炮和迫击炮1.68万门、坦克和强击火炮2200辆、飞机1460架。

苏军最高统帅部根据总的战略计划，决定在2月至3月在第聂伯河右岸地区实施一次战略性进攻战役，目的是彻底歼灭战场南翼的德军集团，解放整个第聂伯河右岸乌克兰地区，并为尔后向巴尔干进攻和从南面歼灭白俄罗斯境内的德“中央”集团军群创造条件。参加作战的苏军有乌克兰第一方面军(司令员瓦杜丁大将。瓦杜丁巡视部队负伤后,3月1日由大本营代表朱可夫元帅接替指挥)、乌克兰第二方面军(司令员科涅夫大将)、乌克兰第三方面军(司令员马利诺夫斯基大将)和乌克兰第四方面军(司令员托尔布欣大将),兵力为220万人,有火炮和迫击炮2.8654万门、坦克和自行火炮2015辆、飞机2600架。大本营代表前苏联元帅朱可夫和华西列夫斯基分别负责协调乌克兰第一、第二方面军和乌克兰第三、第四方面军的行动。此外,白俄罗斯第二方面军也在北翼进行配合。

第二次突击是在北起萨尔内以西、南至第聂伯河河口1300多公里的宽大正面和东起第聂伯河、西至喀尔巴阡山山麓500公里的深远纵深内展开的,作战行动可分为两个阶段。

1. 第一阶段(1月24日至2月29日)

在这一阶段,苏军沿进攻正面连续实施了3次进攻战役。

第一次战役是在1月24日至2月17日期间,首先在战线中央由乌克兰第一、第二方面军共同实施的科尔松—舍甫琴科夫斯基战役。1944年初第聂伯河会战结束后,德军防线在科尔松—舍甫琴科夫斯基地域形成了一个底宽130公里,面积约1万平方公里的突出部,由德“南方”集团军群所属9个步兵师、1个坦克师和1个摩托化旅在突出部内防守特诺夫卡、卡涅夫、卡尼日一线,威胁苏军乌克兰第一、第二方面军的翼侧。因此,苏军最高统帅部决定,以乌克兰第一、第二方面军的5个合成集团军(欠一部)、2个坦克集团军、1个空军集团军和1个航空兵军的优势兵力,合围并歼灭这一德军重兵集团。1月24日和26日,乌克兰第二、第一方面军先后转入进攻,从突出部的根部急速对进,至28日完成了对科尔松—舍甫琴科夫斯基德军集团的合围,并及时建立了合围的对外正面。德军统帅部慌忙从其他地方调集约8个坦克师和6个步兵师来解围,被苏军击退。被围德军企图突围也未得逞。2月12日,苏军开始围歼被围德军,至17日,该集团被歼灭。德军损失7.3万人,15个师受重创,从而大大削弱了“南方”集团军群的战斗力。

第二次战役是乌克兰第一方面军右翼2个集团军于1月27日至2月11日实施的罗夫诺—卢茨克战役。目的是歼灭罗夫诺和卢茨克地域的德军,占领重要的交通枢纽和支撑点。1月27日,苏军开始进攻,2月2日解放了卢茨克和罗夫诺,至2月11日,攻占了舍佩托夫卡,达到了预期目的。苏军击溃了该地德军,在德“中央”集团军群和“南方”集团军群中间打开一个缺口,占据了对德“南方”集团军群深远纵深合围的有利态势。

第三次战役是1月30日至2月29日由乌克兰第三、第四方面军以7个合成集团军和2个空军集团军共同实施的尼科波尔—克里沃罗格战役。战役前,德军在尼科波尔附近第聂伯河左岸占据着一个较大的登陆场。实施这一战役的目的是清除德军占据的登陆场并全歼该敌,德军在这一地域进行坚固防御的是由第六集团军20个师编成的重兵集团。苏军参战兵力略多于德军,除坦克少于德军外,炮兵和航空兵均占1至2倍的优势。1月30日,苏军开始进攻。2月8日前,苏军清除德军占据的登陆场,并攻占了重要工业城市尼科波尔。2月17日,乌克兰第三方面军向克里沃罗格方向突击,于22日攻占该城。乌克兰第四方面军于2月下半月发起进攻,29日抵达新阿尔汉格尔斯克和杜德契诺地区。苏军进抵因古列茨河,切断了盘踞在克里木的德军集团同“A”集团军群的联系,为以后解放克里木创造了有利条件。

2. 第二阶段(3月初至3月末基本结束,个别战斗持续到4月中)

德军在战役第一阶段遭到失败后,其1000多公里的防线发生了动摇。德军统帅部害怕苏军推进到喀尔巴阡山,切断“南方”和“A”集团军群同本土的联系,因此调集兵力企图在普罗斯库罗夫方向、乌曼方向和别列滋涅戈瓦托耶方向坚守。苏军为发展第一阶段的胜利,决定以得到补充的乌克兰第一、第二、第三方面军同时对德军防御全纵深实施强大突击,分割并全歼第聂伯河右岸乌克兰之敌。

乌克兰第一方面军以5个合成集团军、3个坦克集团军和1个空军集团军,于3月4日至4月17日,实施了普罗斯库罗夫—切尔诺维策进攻战役。3月4日乌克兰第一方面军主要集团发起进攻。从3月12日至20日,苏军暂时停止了主要方向上的进攻,以抗击德军反突击。在击退德军反突击后,方面军于3月29日攻占了切尔诺维策城。接着方面军继续向南和西南方向发展进攻,使德军在喀尔巴阡山山麓遭到惨败,但与乌克兰第二方面军协同合围德军的企图未能实现。至3月31日,该方面军解放了4万多平方公里的领土和57座城市，使德军29个师和一些其他部队遭到重大损伤。作战中，白俄罗斯第二方面军在北翼进行了支援。

4月8日，乌克兰第一方面军在宽200公里的正面上抵达前苏联与捷、波交界的国境线上（均指1940年以后的新国境线。后同），开始把德军整个防线分成两个部分。

乌克兰第二方面军以5个合成集团军和3个坦克集团军于3月5日至4月17日实施了乌曼—博托沙尼进攻战役。方面军从维诺格勒、兹韦尼戈罗德卡、什波拉一线向乌曼方向实施主要突击，3月10日攻占乌曼，并在南布格河抢占了登陆场，开始解放摩尔达维亚。方面军的这一进攻，使德"南方"集团军群被分割，德第八集团军失去了同集团军群的联系而转隶"A"集团军群。于是乌克兰第二方面军便以主力向"A"集团军群进攻。3月26日，方面军在温格内以北85公里正面上抵达边境线，27日夜强渡普鲁特河，把作战行动转移到罗马尼亚境内。4月中，该方面军攻占博托沙尼，其右翼进至喀尔巴阡山，中央前出到雅西接近地，左翼前出到基什尼奥夫接近地，为尔后实施第七次突击创造了条件。方面军的这一进攻，使德军10个师损失50—75%的人员和几乎全部重型装备。

乌克兰第三方面军以7个合成集团军和1个空军集团，于3月6日至18日实施了别列兹涅戈瓦托耶—斯尼吉廖夫卡进攻战役。其目的是歼灭因古列茨河和南布格河下游地域的德军。3月6日，方面军发起进攻，德军在强大的突击下开始退却。3月8日苏军到达新布格河，尔后向南突击，将别列兹涅戈瓦托耶和斯尼吉廖夫卡地域的德军击退到南布格河彼岸。这样，在尼科波尔和克里沃罗格遭到惨败的德第六集团军，又一次遭到沉重打击，有10个师被击溃。乌克兰第三方面军前出到南布格河下游，占据了向敖德萨实施突击的有利态势。

第二次突击是一次战略性进攻战役。苏军投入兵力兵器多，战果显著。粉碎德军66个师，其中全歼10个师又1个旅，解放了整个第聂伯河右岸乌克兰。苏军在400公里的正面上前出到国境线，战争已开始转移到敌占国领土上进行。德军遭到惨重失败后，"南方"集团军群司令曼施泰因和"A"集团军群司令克莱斯特先后被免职。

在这次战役中，苏军先采取合围作战样式，歼灭了浅近纵深内的敌军重兵集团，使敌人的防线发生动摇，尔后又以数个方面军同时对敌防御全纵深实施分割突击，迫使德军撤退，从而在整个德军防线上打开了一个宽650公里、纵深450公里的巨大突破口，实现了卫国战争以来的第一次战略突破。德军为了堵塞这个大缺口，恢复防线，慌忙从匈牙利、保加利亚、南斯拉夫、德国本土和预备队中调来40个师又2个旅，大大削弱了其他方向的防御力量，严重影响了尔后的全线防御作战。

第三次突击

1944年3月26日至5月12日，苏军在敖德萨地域和克里木半岛实施了第三次突击。

敖德萨地域和克里木半岛的战略地位非常重要。德军在这里占据的海军基地和建立的机场网，对苏德战场南翼的苏军和黑海舰队的行动构成了很大威胁。这里掩护着罗马尼亚和整个巴尔干半岛的接近地。希特勒认为，如果丢掉了克里木和敖德萨，德国就将失去巴尔干这个重要的人员和石油、原料的补充供应基地，因此决心在这里固守。敖德萨地域守军是“A”集团军群（4月5日起称“南乌克兰”集团军群，司令克莱斯特元帅，后为舍尔内尔上将）所属的德第六集团军和罗马尼亚第三集团军，克里木守敌是德第十七集团军（司令埃仙凯上将）。

为了彻底解除德军对苏军整个南翼的威胁，苏军最高统帅部决定，以乌克兰第三、第四方面军和独立滨海集团军（司令员叶廖缅科大将）在黑海舰队（司令员奥克佳布里斯基海军中将）和亚速海区舰队的配合下，先后实施敖德萨战役和克里木战役，歼灭敖德萨地域和克里木半岛上的德军，为把德军彻底赶出苏联领土创造条件。

苏军从3月26日到4月14日实施了敖德萨战役。这次战役是在东起南布格河西至德涅斯特河，北起基什尼奥夫南到康斯坦丁诺夫卡大约2万平方公里的地域内进行的。战役企图是，乌克兰第三方面军利用第二次突击后所形成的有利态势，以4个合成集团军、1个骑兵机械化集群和1个坦克军的兵力从南布格河向拉兹杰利纳亚、季拉斯波尔总方向实施主要突击，从西北面包围德军，将德军向海边压缩，并在乌克兰第二方面军左翼军队协同下，围歼德第五集团军和罗第三集团军。另以3个集团军的兵力，在黑海舰队航空兵支援下，向尼古拉耶夫、敖德萨总方向进攻。3月26日，方面军发起进攻，于4月10日解放了敖德萨。11日至14日进抵德涅斯特河，解放了季拉斯波尔，夺占了登陆场。苏军推进180公里，重创了德军第六集团军和罗马尼亚第三集团军，解放了尼古拉耶夫州和敖德萨州，为完全解放摩尔达维亚，并向罗马尼亚和巴尔干推进创造了条件。

从4月8日开始，苏军实施克里木进攻战役。战役企图是，以乌克兰第四方面军和独立滨海集团军分别从彼列科普地域和刻赤登陆场发起进攻，共同向辛菲罗波尔和塞瓦斯托波尔总方向实施突击，在黑海舰队和亚速海区舰队的配合下合围德第十七集团军，尔后加以分割歼灭。参加这次作战的苏军共有3个集团军、1个坦克军和2个筑垒地域，并有2个空军集团军和黑海舰队航空兵支援，共47万人，有火炮和迫击炮5982门、坦克和自行火炮559辆、飞机1250架。德第十七集团军辖5个德国师和7个罗马尼亚师，近20万人，有火炮和追击炮3600门、坦克和强击火炮215辆、飞机148架（另有从罗马尼亚机场起飞的飞机支援）。苏军兵力兵器均占优势。乌克兰第四方面军和独立滨海集团军分别于4月8日和10日夜转入进攻，4月12日突破敌军防御，迫使德军退守塞瓦斯托波尔筑垒地域。4月15日，苏军追至城下，各兵种密切协同，并采用小分队行动的攻城经验，于5月9日解放了该城。至5月12日，德第十七集团军被歼灭。德军陆上损失10万多人，在海上撤退时又损失4万多人，并且几乎损失了所有的装备。至此，第三次突击以克里木半岛全部解放而告结束。

第三次突击完成后，苏军进行休整，苏德战场出现了28天短暂的间歇。这一间歇标志着苏军1944年第一个进攻战局的结束。

苏军在1944年1至5月的战略进攻中实施了3次突击，取得了重大胜利，达到了预期目的。德军有30个师又6个旅被全歼，142个师又1个旅损失过半，共损失100多万人和大批武器装备。苏军在战场北、南两翼前进300至500公里，严重削弱了德军两翼的防御力量，并且使在白俄罗斯境内的德“中央”集团军群翼侧暴露，处于不利的态势，这就为苏军在白俄罗斯发动进攻创造了有利条件。

第四次突击

苏军1944年夏季的进攻，是在美、英军队已在法国北部登陆开辟了第二战场之后开始的。第二战场的开辟，使希特勒德国处于东西两线夹击的不利地位，德国不得不抽调部分兵力去西线作战。这时，苏德战场上的德军兵力减少到430万人，兵力兵器只有苏军的60%。1944年上半年，前苏联工业迅速发展，军工生产大幅度增长，生产飞机1.6万架，坦克和自行火炮1.4万辆、76毫米以上口径火炮(不含高射炮)2.6万门、各种炮弹和炸弹9000多万发。由于经济迅速发展，前苏联已有强大的物质基础来保障大规模进攻战役的实施。与此同时，德国内部矛盾加剧，仆从国已在酝酿退出战争，美、英又对德国及其仆从国进行战略轰炸，德国经济更加困难。在这样有利的形势下，苏军开始了1944年夏季及尔后的进攻战役，连续实施了7次突击。

1944年6月10日至8月9日，苏军列宁格勒方面军(司令员戈沃罗夫元帅)右翼军队和卡累利阿方面军(司令员麦列茨科夫大将)左翼军队，在卡累利阿地峡和南卡累利阿实施了第四次突击。

1940年苏芬战争以后，前苏联在卡累利阿地峡和卡累利阿边界上，同芬兰有1000多公里的国境线。1941年夏秋，德、芬军队越过这条国境线，与苏军在1939年以前的旧国境线上对峙了3年之久。1944年1月苏军在列宁格勒和诺夫哥罗德附近实施了第一次突击后，迫使芬兰不得不考虑如何退出战争的问题。2月中，芬兰政府曾通过驻斯德哥尔摩的代表，征询前苏联政府关于芬兰退出战争的条件，前苏联政府提出恢复1940年苏芬条约规定的国境线等条件，芬兰政府没有接受。因此，芬军仍继续坚守旧国境线。

为了坚守防线，芬兰几乎集中了所有的陆军，共14个步兵师、1个坦克师、4个步兵旅、1个骑兵旅、2个岸防旅和1个边防营，编成2个战役集群，有飞机280多架支援。芬军兵力虽然不多，但工事构筑得很坚固。他们在从1941年9月至1944年6月近3年的时间里，充分利用难以通行的地形，构筑了3至6道坚固的防御地带。

苏军最高统帅部为了迫使芬兰加速退出战争，瓦解德军北翼，解除西进的后顾之忧，决定在1944年进攻作战中在苏、芬边界实施突击。根据芬军的防御情况，苏军在第四次突击中实施了两个战役：一个是列宁格勒方面军右翼军队在波罗的海舰队配合下，在卡累利阿地峡实施的维堡战役；另一个是卡累利阿方面军左翼军队在拉多加湖区舰队和奥涅加湖区舰队配合下，在南卡累利阿实施的斯维里河—彼得罗扎沃茨克战役。

6月9日晨，苏军开始以航空兵火力破坏维堡方向的芬军永备工事。6月

10日，列宁格勒方面军以2个集团军转入进攻，从芬兰湾东北部向维堡总方向实施主要突击。由于苏军兵力比芬军多1倍，炮兵和坦克多5倍，航空兵多2倍，所以进攻顺利。连续突破芬军3道防线，于6月20日晚即攻占维堡，肃清了维堡湾内15个岛屿上的芬军。苏军前进110—130公里，前出到沃克萨群湖一带。列宁格勒方面军的进攻，使芬兰军队惊恐万状，急忙从南卡累利阿调来4个步兵师又1个步兵旅，德军也增援1个步兵师和1个强击火炮旅。这亲，芬军有2/3的兵力集中在地峡方向，大大有利于卡累利阿方面军在南卡累利阿的进攻。

6月21日，卡累利阿方面军左翼2个集团军转入进攻，开始实施斯维里河—彼得罗扎沃莎克战役。为了歼灭南卡累利阿境内奥涅加湖与拉多加湖之间的芬军集团，苏军沿两个方向发起进攻：第七集团由洛杰伊诺耶波列地域沿拉多加湖向奥洛涅茨、索尔塔瓦拉总方向进攻；第三十二集团军主力由梅德韦日耶戈尔斯克东北地域向苏奥耶尔维方向进攻，而以一部兵力向彼德罗扎沃茨克进攻。苏军进攻当日突破芬军防御，芬军惧歼，开始退却。6月25日，沿拉多加湖进攻的苏军在由拉多加湖登陆的海军陆战队的配合下，解放了奥洛涅茨市。6月28日，沿奥涅加湖进攻的苏军在奥涅加湖区舰队登陆兵的配合下，解放了卡累利阿苏维埃共和国首都彼得罗扎沃茨克。接着苏军胜利挺进，至7月底，全线进抵1940年苏、芬国境线。苏军从国内和战线其他地段调来大批增援部队，经过激烈交战，至8月9日，战线稳定在库达姆古巴、库奥利马斯、洛伊莫拉以东、皮特凯兰塔一线。在这次战役中，苏军向前推进160至250公里。

苏军第四次突击的胜利，进一步改变了苏德战场北翼的战略态势，迫使芬兰于9月初退出战争，从而减轻了对苏军北翼的威胁，同时也为苏军尔后在波罗的海沿岸作战创造了有利条件。

第五次突击

苏军实施的第五次突击，是著名的白俄罗斯战役，代号为“巴格拉季昂”。这次战役是1944年6月23日至8月29日，由波罗的海沿岸第一方面军（司令员巴格拉米扬大将）、白俄罗斯第三方面军（司令员切尔尼亚霍夫斯基上将）、白俄罗斯第二方面军（司令员扎哈罗夫上将）、白俄罗斯第一方面军（司令员波普拉夫斯基中将）在白俄罗斯境内实施的一次大规模战略性进攻战役。

对苏军来说，解放白俄罗斯对于迅速进入波兰、攻占东普鲁士和开辟通往德国本土的捷径有着十分重要的意义。对德军来讲，白俄罗斯是其在前苏联境内最重要的一块立足之地。保住白俄罗斯，德远程航空兵还可以对莫斯科地域构成威胁，并可保证全线德军的协同动作；失去白俄罗斯，不仅使华沙至柏林这个重要方向立即受到苏军的威胁，同时，整个战略正面要被苏军分割，这对尔后的作战行动大为不利。

鉴于白俄罗斯具有重要的战略地位，德军统帅部企图不惜任何代价，依托完备的防御工事和天然森林、沼泽地区，固守白俄罗斯。德军在这里配置了下辖3个野战集团军和1个坦克集团军的“中央”集团军群（司令布施元帅），以及“北方”集团军群和“北乌克兰”集团军群的部分兵团，共计66个师又3个旅（含统帅部3个直辖师），120万人、火炮和迫击炮近1万门、坦克和强击火炮1000辆、作战飞机近1400架。

为了粉碎白俄罗斯境内的强大德军集团，苏军最高统帅部从1944年春就开始制定战役计划，进行周密的战役准备。苏军成功地进行了战役伪装，使德军错误地判断了苏军的主突方向。德军统帅部判断：1944年夏秋季苏军主突方向在南翼，不会在白俄罗斯实施大规模进攻，因而没有在这一方向作好大规模作战的准备，反而把坦克兵团大部调到战场南翼。苏军由于前4次突击歼灭了德军两翼强大集团，波罗的海沿岸第一方面军和白俄罗斯第三、第二、第一方面军得以在西方向沿波洛茨克、维捷布斯克、奥尔沙、莫吉廖夫、博布鲁伊斯克直到科维尔一线大约980公里的大弧形，形成对德军集团半圆形包围的态势。苏军最高统帅部充分利用这一有利的战略态势，决定首先从6个地段同时实施突破，围歼当面德军翼侧集团，继之以主力实施向心突击，合围德“中央”集团军群基本兵力，尔后扩大进攻正面，连续进攻，前出到前苏联西部边境。苏军参战的4个方面军辖19个合成集团军、2个坦克集团军，计166个师、12坦克军和机械化军、21个步兵旅、坦克旅和机械旅及其他部队，共140万人，有火炮和迫击炮3.1万门，坦克和自行火炮5200辆，并有5个空军集团军的5000架飞机负责支援。新组建的波兰第一集团军在白俄罗斯第一方面军编成内参加这一战役。大本营代表朱可夫和华西列夫斯基协调各方面军行动。战役分两个阶段进行。

1. 第一阶段（6月23日—7月4日）

在这一阶段中，苏军实施了维捷布斯克—奥尔沙战役、莫吉廖夫战役、博布鲁伊斯克战役、波洛茨克战役和明斯克战役。波罗的海沿岸第一方面军协同白俄罗斯第三方面军首先在右翼发起进攻，于27日前合围并歼灭了维捷布斯克以西德军5个师，28日前出到明斯克以北的列佩利市。与此同时，白俄罗斯第一方面军在左翼发起进攻，于29日前合围并歼灭了博布鲁伊斯克地域德军6个多师，前出到明斯克方向上的奥西波维奇等地。在中央地段的白俄罗斯第三、第二方面军也进行了牵制性进攻，并分别解放了波里索夫和莫吉廖夫两市。接着，两翼苏军高速向明斯克发展进攻，于7月3日解放白俄罗斯首俯明斯克，德军第四、第九集团军各兵团10万余人被合围在明斯克以东地域。波罗的海沿岸第一方面军解放了波洛茨克，并向希奥利艾发展进攻。至7月5日，苏军推进225至280公里，解放了白俄罗斯大部分领土。

2. 第二阶段（7月5日—8月29日）

在第二阶段中，苏军首先利用6天时间歼灭了明斯克以东德军被围集团。7月11日，被俘的德军5.7万人，经莫斯科送往前苏联东部地区战俘营。这一胜利极大地鼓舞了前苏联军民的士气。尔后，苏军便在宽大正面上连续向西高速发展进攻，胜利地实施了希奥利艾战役、维尔纽斯战役、考纳斯战役、比亚威斯托克和卢布林—布列斯特战役，击溃了退却的德“中央”集团军群的军队，重创了从其他方向调来的部队，以及新建的兵团，解放了白俄罗斯全境和立陶宛、拉脱维亚的部分领土。苏军于7月18日进入波兰境内。波兰第一集团军在解放祖国东部领土作战中，作出了贡献。特别是在维斯瓦河接近地和强渡该河的作战中，英勇地同苏军并肩作战，终于夺占了马格努舍夫和普瓦维登陆场，为尔后在华沙至柏林方向作战创造了条件。7月底德军在东普鲁士接近地、那雷夫河和维斯瓦河一带建立了绵亘的防御正面，并不断对苏军实施强大的反突击。苏军由于经过前一阶段的作战，已相当疲惫，损失很大，因此在整个8月，进攻无在进展。至8月29日，苏军在多别列、苏瓦乌基、华沙以东近郊、维斯瓦河一线，暂时转入防御。

第五次突击中，苏军全歼德军17个师又3个旅，使其50个师损失过半，约2000架飞机被击毁。德军整个“中央”集团军群被击溃，从而引起了战局的新变化。苏军在这次突击中再次突破了德军的战略防线，打开了宽500多公里、深550至600公里的巨大突破口，把德军防线分割成两部分。德军了为堵塞这一突破口，先后从其他地方调来30多个师，其中从“北方”集团军群调来5个师，从“南方”集团军群调来5个坦克师和1个步兵师，这就进一步削弱了德军两翼，为苏军尔后在南北两翼对德军连续实施突击创造了有利条件。

白俄罗斯战役是一次大规模战略性进攻战役。苏军在实施战役过程中沿正面同时在6个地段上突破德军防御，向纵深连续实施数个一定规模的战役（每个方面军都连续实施了2至4个突击）；不仅在战术纵深内合围德军，而且在追击时在战役纵深内也僵围德军重兵集团；出敌意料地选择主突方向并集中兵力兵器于主要方向等，都是成功的作战经验，这些经验在以后作战中都得到了运用。

第六次突击

当白俄罗斯战役正在激烈进行时，乌克兰第一方面军于1944年7月13日至8月29日，在乌克兰西部和波兰东南部实施了第六次突击。这次突击是在利沃夫和桑多梅日两个方向上实施的，因此也称利沃夫—桑多梅日战役

由于第二次突击的结果，德军整个防线已在喀尔巴阡山前被分割。在喀尔巴阡山以北的德军防线，又被苏军在白俄罗斯突破。这样就造成了苏军在喀尔巴阡山至白俄罗斯一段西乌克兰地区进攻的有利条件。德军企图固守西乌克兰地区，阻止苏军向和早沃夫和西乌克兰重要工业和石油地域——德罗戈贝奇方向突进。为此，德军在这里修筑3道完备的防御地带，纵深为40至50公里。在西乌克兰防御的德军是“北乌克兰”集团军群（司令哈尔佩上将），约40个师另2个旅，除后勤部队外，共有官后60万人，配备火炮和追击炮6300门、坦克和强击火炮900辆、飞机700架。

苏军最高统帅部决定，以乌克兰第一方面军实施一次进攻战役，歼灭乌克兰西部的德军，为尔后向波兰进攻创造条件。战役规定方面军应同时实施两个突击：右翼军队由卢茨克地域向俄罗斯拉瓦方向实施突击；中央集团由捷尔诺波尔地域向利沃夫总方向实施突击。为保障整个战役的胜利，方面军在左翼军队也同时向斯坦尼斯拉夫、德罗戈贝奇方向进攻。该方面军有82个师、10个坦克军和机械化军、4个独立坦克旅和机械化旅，共120万人，火炮和迫击炮1.3万门、坦克和自行火炮2200辆、飞

机 3000 余架。战役分两个阶段进行。

1. 第一阶段(7 月 13 日—27 日)

在这一阶段中,乌克兰第一方面军右翼 2 个合成集团军于 7 月 13 日发起进攻。15 至 16 日快速部队进入突破口。18 日进攻军队在多布罗钦地域强渡了西布格河,并切断了德军布罗德集团的退路,为合围该集团创造了条件。在中央利沃夫方向,方面军投入了 3 个合成集团军、2 个坦克集团和 1 个快速集群。14 日,苏军发起进攻。15 日,德军实施反突击。经过 3 天激战,苏军推进 18 公里,建立一条宽 4 到 6 公里的科尔托夫走廊。16 日,主力冒着德军从翼侧射击的危险,沿这条走廊进入突破口。至 18 日,与另一路苏军在杰列夫利亚内会合,合围了德军布罗德集团近 8 个师。22 日,布罗德集团被击溃。尔后,方面军的基本兵力向利沃夫挺进,在俄罗斯拉瓦地域强渡了桑河。27 日,攻占了利沃夫。苏军向纵深推进 200 至 220 公里,占领了亚努夫以西、索科武夫、多布罗米利一线,迫使德军一部向维斯瓦河,一部向喀尔巴阡山败退。

2. 第二阶段(7 月 28 日至 8 月 29 日)

方面军主力由利沃夫方向转到右翼桑多梅日方向,并与白俄罗斯第一方面军协同,全力向维斯瓦河推进。30 日方面军一部渡过维斯瓦河,夺占了数个登陆场。至 8 月初,德军调来大量兵力对苏军实施反突击。苏军击退德军多次反突击,于 8 月 18 日攻占桑多梅日。战斗持续到 8 月末,苏军在维斯瓦河西岸建立了一个正面为 75 公里、纵深约 55 公里的桑多梅日登陆场。方面军左翼军队向喀尔巴阡山追击溃退之敌,于 8 月初攻占德罗戈贝奇后,于 8 月 8 日编入重新组建的乌克兰第四方面军(司令员彼得罗夫上将),继续攻占喀尔巴阡山各山口。

第六次突击取得了重大的战果:击溃德军 23 个师,全歼 13 个师;解放了西乌克兰和波兰东南部;强渡了维斯瓦河,建立了巨大的登陆场,为尔后在华沙至柏林方向进攻占据了有利地位。地德军为了稳定和加强维斯瓦河的防御,调来了 1 个集团军司令部和 20 个师的兵力,其中有 13 个师是从战略预备队中抽出的,一部分师是从"南乌克兰"集团军调来的,这就进一步加深了德军预备队不足的危机,也为尔后苏军在罗马尼亚实施第七次突击创造了有利条件。

这次突击是由 1 个方面军独立实施的一次战略性进攻战役,被苏军称为是作战指导上的一个新范例。突出的一个特点是，充分发挥快速部队在进攻中的作用。快速集群往往脱离步兵向德军防御纵深迅猛突进，抢先夺占德军预有准备的中间地区和后方目标，从而保障了战役的顺利实施。此外，在适时转用主力和从行进间的宽大正面上强渡江河等方面，都有成功的经验。

第七次突击

苏军第七次突击是1944年8月20日至9月末，在苏、罗边境地区和罗马尼亚、保加利亚境内进行的一次进攻战役。雅西—基什尼奥夫战役是这次突击的重要组成部分。

纳粹德国非常重视对苏、罗边境地防御。德军一旦在罗马尼亚失败，不仅会失去石油、粮食和供应基地，而且希特勒反动联盟也会很快瓦解。因此，德军统帅部在苏、罗边境的雅西—基什尼奥夫地域部署了实力强大的“南乌克兰”集团军群（司令弗里斯纳上将）。该集团军群辖德军第六、第八集团军、独立第七军和罗军第三、第四集团军，兵力为90万人，共50个师，其中25个德国师。有火炮和迫击炮7600门、坦克和强击火炮400余辆，由德、罗航空兵810架飞机支援。敌人利用山地与河流建立了3道防御地带，并以战斗力最强的德第六集团军坚守基什尼奥夫突出部，两翼侧由罗军掩护。

苏军在第二次突击中，追击德、罗军队已越过了苏、罗边境。苏军乌克兰第二方面军自北面，乌克兰第三方面军从东面，对在雅西和基什尼奥夫地域的德军“南乌克兰”集团军群的基本兵力形成了包围的有利态势。前苏联政府曾于1944年4月12日敦促罗马尼亚政府与纳粹德国断绝关系，参加“旨在恢复罗马尼亚独立和主权的抗德战争”，但前苏联的这一建议遭到安东尼斯库反动政府的拒绝。罗马尼亚和保加利亚反动政府仍然追随德国进行战争。苏军实施第七次突击的目的是，歼灭摩尔达维亚、罗马尼亚和保加利亚境内的德军集团，全部解放前苏联西南方国土，并迫使罗、保两国政府退出侵占战争。参加作战的苏军有乌克兰第二、第三方面军以及乌克兰第四方面军的部分兵力，黑海舰队和多瑙河区舰队进行支援。乌克兰第二、第三方面军的兵力为125万人，有火炮和追击炮1.6万门、坦克和自行火炮1870辆、作战飞机2200架（含舰队航空兵飞机）。在苏军编成内还有罗马尼亚志愿步兵第一师。苏军在兵力兵器上比德、罗军队占有明显优势。

1944年8月20日，苏军利用有利态

势，发起了强大进攻。整个战役分两个阶段进行。

1. 第一阶段(8月20日—27日)

苏军在这一阶段的企图是合围并歼灭基什尼奥夫地域内的德第六集团军。为此，乌克兰第二方面军突击集团从雅西以北、乌克兰第三方面军突击集团在宾杰里以南同时发起进攻，突破德军防御后向胡希、弗尔丘方向实施向心突击，围歼基什尼奥夫地域德军。乌克兰第二方面军进攻迅猛，打破了德军增援计划，连克3道防御地带，在第二日日终前攻占了雅西、特尔古—弗鲁莫斯市，于23日进至胡希地域。乌克兰第三方面军从德、罗军接合部发起进攻后，很快切断了德军第六集团军同罗军第三集团军的联系，于23日进至普鲁特河。至此，苏军完成了对基什尼奥夫德军集团18个师的合围，同时在多瑙河区舰队配合下对罗和经3集团军也达成了合围。这一天，罗马尼亚人民在共产党领导下举行了反法西斯起义，赶走了驻扎在布加勒斯特的德军，成立了新政府。24日，罗政府声明脱离德国，退出侵略战争。于是罗马尼亚第三集团军停止抵抗，并很快将枪口转向法西斯德军。希特勒为了拖住这个同盟者，于8月24日命令德军向布加勒斯特进攻，结果被罗军击退，德军被迫放弃夺取罗马尼亚首都的计划，撤出了布加勒斯特地域。在此期间，苏军解放摩尔达维亚首都基什尼奥夫。接着苏军以34个师的兵力歼灭被围的德军集团，于27日日终前，全歼该敌于普鲁特河以东地域。

2. 第二阶段(8月28日—9月30日)

苏军在这一阶段的任务是歼灭罗马尼亚和保加利亚境内的德军。为此，苏军在围歼基什尼奥夫地域德军集团的同时，即以2个方面军的基本兵力50多个师，在合围的对外正面上向罗马尼亚胜利地发展进攻。乌克兰第二方面军以一部兵力向喀尔巴阡山进攻，以主力迅速向西南方向挺进。至30日攻占了罗马尼亚巨大的石油工业中心——普洛耶什蒂。8月31日，苏军进入罗马尼亚首都布加勒斯特。尔后，便向特兰西瓦尼亚进军。乌克兰第三方面军沿多瑙河向南疾进，9月5日前到达罗、保边境。保加利亚政府虽宣布中立，但未同德国断绝联系。9月5日，前苏联向保加利亚宣战。苏军从9月8日开始越过罗、保边境。这一天，保加利亚首都索非亚和其他一些城市爆发了武装起义，保军大部投诚到起义者一边。9月9日，保加利亚建立了新政权，并对德宣战。15日，苏军进入索非亚。尔后苏军与保加利亚军队联合行动，向西方和南方向挺进，21日前出到保、南边境。至月底，保加利亚境内的法西斯德军即被全部清除出去。

苏军第七次突击的胜利，在军事和政治上产生了很大影响。在作战过程中，苏军击溃了47个德国和罗马尼亚师和旅，缴获了大量技术兵器，使德军整个“南乌克兰”集团军群几乎全部覆没。苏军推进800至1000公里，前出到南斯拉夫东部边界，不仅造成了对巴尔干半岛法西斯军队的威胁，而且打开了通向德国在欧洲最后一个盟国匈牙利的通道。

第七次突击是一次成功的战略性进攻战役，其特点是：1. 苏军选择对方防御的薄弱部位作为主要突击方向。乌克兰第二方面军把主突方向选在雅西以北，因为那里是由士气低落、战斗力不强的罗马尼亚军队防守。乌克兰第三方面军把主突方向选在宾杰里以南，因为那里是德、罗军队的接合部。2. 在主突方向上高度集中兵力兵器。各方面军在主突方向上集中了67—72%的步兵、约61%的炮兵、85%的坦克和自行火炮和几乎100%的航空兵。这样，在选定的突破地段上形成了很大优势（人员4∶1至8∶1；炮兵6∶1至11∶1；坦克和自行火炮6∶1），保持了每昼夜20至25公里的高速度进攻。3. 采用了以钳形突击合围德军重兵集团的作战样式。在实施雅西—基什尼奥夫战役时，两个方面军在沿正面相隔200公里的地段上同时实施两个强大的向心突击，在纵深100至120公里的地方会合，达成对德军重兵集团合围。尔后，苏军只以一部兵力歼灭被围集团，主力则高速向纵深发展进攻。

第八次突击

苏军为解放西部最后一块沦陷的国土——波罗的海沿岸地区，实施了第八次突击。这次突击从1944年9月14日开始，主要作战行动到10月22日结束，但解放蒙海峡群岛的任务直到11月24日才最后完成。

波罗的海沿岸地区战略地位十分重要。对德国来说，它既掩护着东普鲁士，又保护着德国舰队在波罗的海行动的安全，同时德国还可以从这里与北欧各国保持联系。因此，德军统帅部决心不惜任何代价坚守这一地区。在这里组织防御的德军“北方”集团军群（司令舍尔内尔上将），在列宁格勒和诺夫哥罗德附近遭到苏军沉重打击后，进行了调整和补充，修筑了大量工事，企图依托预有准备的防线，阻止苏军进入波罗的海沿岸地区。德军采取从海、空军中抽调士兵、解散集团军中的后勤部队和机关、动员老年人和未成年人参战等办法，增加步兵兵力，同时还调来一些预备队和新组建的党卫军。到 9 月初，这个集团军群共有 59 个兵团（师、战斗群和旅），70 余万人，装备火炮和迫击炮约 7000 门、坦克和强击火炮 1200 辆、作战飞机近 400 架。

当时，国际形势对前苏联非常有利。意大利战场美、英军队已突破了哥特防线，正迅速向意大利北部推行。从法国南部登陆的盟军攻占了土伦和马赛。在西欧作战的盟军正在追击法国东北部和比利时境内的德军。芬兰和罗马尼亚已经正式退出侵略战争，德国处境更加困难。苏军最高统帅部为了尽快解放波罗的海沿岸地区沦陷的国土，决定利用有利的形势，对德军"北方"集团军群实施一次强大的突击。苏军总的企图是，切断波罗的海沿岸德军集团同东普鲁士的联系，并将其分割歼灭。参加作战的苏军有列宁格勒方面军（司令员戈沃罗夫元帅）、波罗的海沿岸第一方面军（司令员巴格拉米扬大将）、波罗的海沿岸第二方面军（司令员叶廖缅科大将）和波罗的海沿岸第三方面军（司令员马斯连尼科夫大将）。4 个方面军共有 90 万人，约 1.75 万门火炮和迫击炮，3080 辆坦克和自行火炮，2640 架作战飞机。此外，白俄罗斯第三方面军的部队军队和波罗的海舰队也进行了配合作战。大本营代表华西列夫斯基元帅协调各方面军的行动（从 9 月 24 日起，波罗的海沿岸第二、第三方面军的行动，由列宁格勒方面军司令员戈沃罗夫元帅负责协调）。苏军与德军的兵力兵器对比是：人员 1.3：1，炮兵和坦克 2.5：1，飞机 6.5：1。9 月 14 日，苏军在北起芬兰湾、经楚德湖、塔尔图、瓦尔加、米塔瓦、希奥利艾以西，南至涅曼河大约 1000 公里的战线上发起了进攻。这次突击分为两个阶段。

1.、第一阶段（9 月 14 日—9 月 27 日）

波罗的海沿岸第三、第二、第一方面军向里加地域实施向心突击，歼灭德军第十六、第十八集团军的基本兵力。当进攻的苏军进抵距里加 25 至 60 公里处时，德军依托早已构筑好的"锡古尔达"坚固防御地区进行顽强抵抗，并多次实施反突击突击，迟滞了苏军的进攻。但在苏军发起进攻的第二天，德军"北方"集团军群司令舍尔内尔便向陆军总参谋长请求批准实施所谓"翠菊"战役计划，以便把他的集团军群撤退到东普鲁士。德军统帅部于 16 日同意了他的撤退请求。苏军为了切断德军退路，于9月24日决定将波罗的海沿岸第一方面军调往梅梅尔方向，会同白俄罗斯第三方面军一部兵力向梅梅尔实施进攻。与此同时，列宁格勒方面军于17日至26日实施了塔林战役，重创了敌“纳尔瓦”战役集群，解放了爱沙尼亚首都塔林和爱沙尼亚整个陆地部分的领土。27日，该方面军进抵滨海地带，其左翼进抵“锡古尔达”防御地区，牵制了这一地区的德军。但这时苏军并未能切断“北方”集团军群与东普鲁士的联系。

2. 第二阶段（9月28日—11月24日）

在这一阶段中，波罗的海沿岸第一方面军在白俄罗斯第三方面军配合下，实施了梅梅尔战役。10月5日，方面军从希奥利艾地域出发，向梅梅尔方向突击。德军由于在这里的兵力薄弱，从北面调来3个坦克师，对进攻的苏军实施反突击，但未能阻止苏军的进攻。苏军顺利前出到波罗的海沿岸，楔入东普鲁士领土。虽然梅梅尔没有解放，但苏军已切断了整个德“北方”集团军群同东普鲁士的联系，打破了德军的撤退计划。波罗的海沿岸第三、第二方面军从10月6日开始继续实施里加战役，并利用梅梅尔方向的战果，于10月13日解放了里加。16日，波罗的海沿岸第三方面军因战线缩短而被撤销，由波罗的海沿岸第二方面军继续追歼敌人，至22日，里加战役结束，德军“北方”集团军群余部被封锁在库尔兰半岛狭窄地域内，以后由波罗的海沿岸第二方面军负责将其最后歼灭。列宁格勒方面军在波罗的海舰队协同下，从9月27日开始实施蒙海峡群岛登陆战役，只用11天的时间就解放了穆胡岛（蒙岛）、达格岛（希鸟马岛）、厄塞尔岛（萨列马岛），但在解放面积不大的谢尔维半岛时，由于守军构筑了纵深防御，加以敌海军舰炮火力支援，直到11月24日苏军才肃清了半岛上的德军。

苏军在第八次突击中，击溃了德军29个兵团，解放了波罗的海沿岸大部地区，战线由1000公里缩短到250公里，从而使苏军有可能腾出更多兵力用于东普鲁士和柏林方向上的进攻。但这次突击规模大，费时多，战果并不显著。苏军不但没能围歼大量德军，而且梅梅尔市和库尔兰半岛直到战役结束之后才获解放。

第九次突击

为了进一步粉碎苏德战场南翼的法西斯德军，苏军继第七次突击胜利之后，于1944年9月28日至翌年2月13日，在南斯拉夫、匈牙利、罗马尼亚北部和捷克斯洛伐克东部地区实施了第九次突击。

苏军在罗马尼亚、保加利亚胜利后，又成功地越过东喀尔巴阡山。这样，各乌克兰方面军就在战场南段前出到南斯拉夫、匈牙利和捷克斯洛伐克边境，并造成了对外喀尔巴阡乌克兰和北特兰西瓦尼亚德军集团的包围态势。

南斯拉夫和匈牙利是德国主要的粮食和航空工业原料供应基地，并且匈牙利西部多瑙河沿岸又是从未受到大规模轰炸的军事工业基地。因此，德国决心稳定战场南翼态势，保住这些重要的基地，并拖住欧洲最后一个盟友匈牙利。为此，德军不得不放弃阿尔巴尼亚和希腊，并把那里的军队大部撤到匈牙利，以建立强大预备防。德军还从法国、德国本土等地把大批军队调到匈牙利东部，并在匈牙利内地建立了3道防御地区。

德军统帅部根据在罗马尼亚和保加利亚失败后所形成的态势，企图在坚守林区喀尔巴阡山的同时，以“南方”集团军群和在南斯拉夫防御的军队共同向罗马尼亚西部反攻，把突入匈牙利的乌克兰第二方面军击退，将防御正面恢复到特兰西瓦尼亚阿尔卑斯山一线，并把林区喀尔巴阡山、特兰西瓦尼亚阿尔卑斯山和南斯拉夫防线连接起来，阻止苏军继续推进。

为了粉碎德军的防御计划，苏军最高统帅部决定在第七次突击胜利后，不给德军以喘息机会，迅速向布达佩斯实施主要突击，同时在右翼向乌日哥罗德，在左翼向贝尔格莱德进攻。参加作战的苏军有乌克兰第四、第二、第三方面军。罗马尼亚第一、第四集团军在乌克兰第二方面军编成内行动，南斯拉夫第三集团军和保加利亚第一集团军在乌克兰第三方面军编成内行动。作战开始前，乌克兰第四方面军配置在林区喀尔巴阡山地域，占有3个山口。在当面防守的是德军“A”集团军群所属的德、匈军队共20个师，配置在捷克斯洛伐克东部、外喀尔巴阡乌克兰和特兰西瓦尼亚北部地区。乌克兰第二方面军左翼和中路军队已前出到匈牙利，右翼军队正在特兰西瓦尼亚东部和南部作战。在乌克兰第二方面军当面防御的敌军是“南方”集团军群所属德军第六、第八集团军和匈牙利第三、第二集团军，共36个师。乌克兰第三方面军及其编成内的保加利亚、南斯拉夫军队主力配置在保加利亚和南斯拉夫边境内上，在巴尔干防守的是德军“F”集团军群共26个师，其中13个师配置在南斯拉夫境内。

9 月 28 日，苏军发起进攻。进攻分为两个阶段。

1. 第一阶段(9 月 29 日—10 月 28 日)

乌克幸第二方面军突入匈牙利后，其翼侧受到德重兵集团严重威胁。苏军认为在此情况下，不宜向布达佩斯进攻，因此，必须首先歼灭翼侧德军集团。这时，匈牙利和德国的关系恶化起来。匈牙利政府曾于 1944 年 10 月 5 日试图向反希特勒联盟各国提出缔结停战协定的建议，但第二天希特勒扶持的萨拉希集团攫取了匈牙利政权。这个傀儡集团向希特勒保证同德国一起继续进行战争，这给苏军进攻匈牙利带来了新的困难。

为了完成进攻第一阶段粉碎敌军翼侧集团的任务，苏军同时实施了两次大规模进攻战役：一次战役在捷克斯洛伐克东部、外喀尔巴阡山区和特兰西瓦尼亚北部实施；另一次战役在南斯拉夫东部多瑙河流域及贝尔格莱德地域实施。

第一次战役由乌克兰第四方面军在乌克兰第一方面军左翼和乌克兰第二方面军右翼军队协同下实施。乌克兰第四、第二方面军的进攻，使特兰西瓦尼亚突出部敌军集团的后方受到威胁而被迫撤退。至 10 月 25 日，乌克兰第二方面军攻占了卡雷伊和萨图马雷，特兰西瓦尼亚完全解放。乌克兰第四方面军在乌克兰第一方面军协同下越过了喀尔巴阡山，于 10 月 26 日和 27 日攻了穆卡切沃、乌日哥罗德，解放了外喀尔巴阡乌克兰，并于 10 月 28 日进入捷克斯洛伐克。与此同时，乌克兰第二方面军中路军队前出到匈牙利的蒂萨河一带。

另一次战役由乌克兰第三方面军和南斯拉夫人民解放军，在乌克兰第二方面军左翼军队协同下实施。经过 7 天战斗，突破了东谢尔比亚山的防御正面，并在发展进攻时很快切断了德军退路，于 10 月 14 日抵达贝尔格莱德南郊，展开了争夺城市的战斗。10 月 19 日，南、苏军队在城东南围歼敌军 2 万人，次日傍晚解放了贝尔格莱德。贝尔格莱德解放后，南斯拉夫军民在铁托的领导下继续为解放祖国全部领土而战斗，乌克兰第三方面军主力则转向多瑙河右岸进攻，并夺占了登陆场。至此，在匈牙利方向进攻的苏军翼侧已不受敌军威胁，战线由 1400 公里缩短到 700 公里，3 个乌克兰方面军前出到多瑙河中游平原，因此实施布达佩斯战役，解放整个匈牙利的条件已经成熟。

2. 第二阶段(1944 年 10 月 29 日—1945 年 2 月 13 日)

乌克兰第二方面军在中路向布达佩斯实施主攻，乌克兰第四方面军在右翼向昂达瓦河方向进攻，左翼乌克兰第三方面军在渡过多瑙河后向德拉瓦河至巴拉顿湖方向进攻。

乌克兰第四方面军的进攻开始时不大顺利，后来乌克兰第二方面军从南面夹攻，才迫使敌人仓促撤退。乌克兰第四方面军乘胜追击，于11月28日前出到昂达瓦河。乌克兰第二方面军10月29日转入进攻后，以一部兵力在右翼强渡蒂萨河后向西北发展进攻，切断了布拉佩斯敌军集团与撤退的特兰西瓦尼亚和林区喀尔巴阡山敌军的联系。方面军主力从正面进攻，于11月26日占领了哈特万城，从东面前出到布达佩斯的外围廓。为切断布达佩斯敌军集团的退路，方面军继续向黑沙方向进攻，于12月9日攻占黑沙城，并前出到多瑙河。与此同时，方面军以一部兵力从西南方向迂回布达佩斯。乌克兰第三方面军渡过多瑙河，于11月29日建立了宽180公里、纵深50公里的登陆场。12月1日方面军开始向西、北方向发展进攻，并根据统帅部的决定，参加解放布达佩斯的作战。12月26日，乌克兰第二、第三方面军在埃斯泰尔戈姆会师，完成了对德、匈布达佩斯集团18.8万人的合围。这时，匈牙利各民主团体在德布勒森召开临时国民会议，成立了临时政府，并于12月28日对德宣战。

苏军从1944年12月27日至1945年1月18日进行了攻占匈牙利首都东部佩斯的战斗，从1月22日至2月13日进行了攻占首都西部布达的战斗。1月，法西斯德军在布达佩斯以西向苏军实施了3次反突击，企图解救被围集团。乌克兰第三方面军巧妙地组织了防御，打破了德军的解围企图。苏军经过1个半月的激战，终于在1945年2月13日歼灭了德军集团，攻占了整个布达佩斯。

在第九次突击中，苏军共歼敌军50多个师，其中全歼20个师。德军为弥补损失，在作战过程中先后从其他方向调来36个师，其中从华沙至柏林方向调来11个坦克机械化师和16个步兵师，因此，第九次突击的胜利，不仅为苏军尔后在维也纳方向的进攻创造了前提，同时也为苏军尔后实施维斯瓦河—奥得河战役提供了条件。

第十次突击

从1944年10月7日开始至11月1日，苏军在北极圈内实施了1944年最后一次具有战略意义的进攻战役。这次战役是在前苏联的佩特萨莫和挪威的希尔克内斯北极地域实施的，因而也称佩特萨莫—希尔克内斯进攻战役。

苏军第四次突击和第八次突击的胜利，已使战场北翼的战略形势发生了有利于苏军的变化。芬兰不仅停止了对苏的军事行动，还承担了解除当时芬兰境内德军武装的义务。这样，德军从1944年9月开始便把军队撤向挪威北部。但德军为了利用佩特萨莫至希尔克内斯地域的重要矿藏和不冻港，仍以加强的山地第二十集团军第十九军防守该地域。德军在这里建立了完备的纵深梯次配置的防御，由3道防御地带组成，正面约60公里，纵深达150公里，左边临海，右翼暴露。

苏军最高统帅部根据战场上形成的有利形势，决定抓住战机实施一次进攻战役，歼灭这一德军集团。苏军企图是，在左翼由恰普尔湖以南向卢奥斯塔里、持萨莫总方向实施主要突击，前出到德军后方，并向挪威边界发展进攻；左右翼向北实施辅助突击，牵制德军，尔后会同2个海军陆战旅进攻佩特萨莫。参加作战的苏军是卡累利阿方面军右翼第十四集团军，由空军第七集团军支援和北方舰队（司令员戈洛夫科海军上将）配合。得到加强的第十四集团军，人员比德军多0.8倍、火炮多1.8倍、飞机多5.3倍、坦克多1.5倍。

10月7日苏军开始进攻，3天后德军被迫开始撤退。这时，北方舰队海军陆战旅从9日至12日在佩特萨莫以北海岸登陆并从北面进攻该城，15日解放了佩特萨莫。北方舰队陆战部队于10月18日至25日再次从瓦兰格尔湾登陆，配合陆上进攻军队于25日攻占了希尔克内斯市。至10月底，苏军完成了北极地区的进攻，推进150公里，前出到挪威北部沿海，第十次突击结束。

第十次突击是在江湖密布、山重林密难以通行的地形和风雪严寒的极区气候条件下实施的一次进攻战役。苏军部队顽强的战斗精神、灵活的机动能力以及陆海空密切的协同动作，是这次战役的突出特点。

苏军的10次突击，使德军遭到极其严重的损失。据前苏联统计，1944年上半年，德军就有30个师又6个旅被全歼，142个师又1个旅损失过半，共损失100多万人和大量武器装备。1944年夏秋，德军又有96个师又24个旅被歼俘，在219个师又22个旅损失50—70%。这一期间，德军又损失160万人、坦克6700辆、火炮和迫击炮2.8万门、飞机1.2万架。苏军通过10次歼灭性突击，取得了对德作战的决定性胜利。除拉脱维亚一小块土地外，前苏联几乎全部恢复了战前的国境线，并协同东欧一些国家的反法西斯武装力量，解放了他们的国家。苏德战线已由4450公里缩短到2250公里，苏军腾出了更多兵力集中到主要方向作战，为1945年最后战胜法西斯德国打下了可靠的基础。

莫斯科保卫战

1941年初秋，元首想当然地认为苏联已经完蛋了，因为它的两个最大的城市列宁格勒和莫斯科一个已成孤城一座，马上就能被从地球上消灭，另一个则只需刮起一股强劲"台风"就会被拿下。然而事与愿违。英雄的列宁格勒人民忍受着难以想象的艰难困苦，尤其是饥饿，抗住了德军的围攻，使这座孤城在长达900天的围困中保持着活力，直到1944年1月27日在苏军全线大反攻中胜利解围。莫斯科的保卫者们更是屹立不动，使侵略者只能在离该城20公里之处看到克里姆林宫顶端的红星，却从未能以一个征服者的姿态进入克里姆林宫。

不过到1941年9月底，苏军的确面临极其严峻的战斗形势。在苏德战线的北端是孤城列宁格勒，命运难测；南方的基辅已落入敌手；现在黑海港口敖德萨又危在旦夕。9月6日希特勒发布第三十五号指令，代号"台风"，向莫斯科发动进攻，企图实现"巴巴罗萨"的预定目标，但德军的处境也并非很妙。由于春天的巴尔干战役和苏德战争爆发后为攻打乌克兰而要求中路暂停推进，使攻打莫斯科的战役推迟了至少一个月。它不仅给苏军以时间，在中部地区集结防守兵力，做好保卫首都的准备，而且俄罗斯的严寒冬季也将使战线已长到极点的德军尝到当年拿破仑的经历。

斯大林像

9月30日，中路德军以180万人，1700辆坦克和约1390架飞机的兵力实施进攻莫斯科的“台风”行动。苏军已有准备，用三个方面军保卫莫斯科，西方方面军准备阻止德军沿主要方向突入首都；预备方面军准备击退突破西方方面军的来犯之敌；布良斯克方面军的任务是阻止德军沿莫斯科外围防御阵地对布良斯克的突破。10月2日德军以闪击式炮击和轰炸拉开了莫斯科战役的序幕。由于苏军对形势估计错误，又未认真进行侦察防御和建立纵深防御地区，加上坦克的缺乏，因此初期再次失利，使古德里安的装甲先头部队轻易突破布良斯克的苏军阵地，迅即占领奥廖尔和布良斯克，60万苏军被合围于维亚兹马和布良斯克之间。13日莫斯科西南100英里的卡卢加失守，接着西北的加里宁陷落。10月中旬“台风”行动初战告捷，苏军的5000门大炮，1200辆坦克和上万红军落入敌手。莫斯科处于万分危机之中。

从10月15日开始，苏联政府的部分机构和外交使团撤往古比雪夫，但斯大林留在了莫斯科，这是对恐慌的居民的镇定剂。全市人民在斯大林和新任西方方面军（这时该军已与预备方面军合并）总司令的朱可夫的指挥下迅速动

1944年2月5日至17日，第聂伯河被围歼德军战场一角

员，组织了3个工人师，10几万人的民兵师，几百个巷战小组和摧毁坦克班，全市约45万人修筑防御工事，其中3/4是妇女，她们在严寒的气候中建成了令德军吃惊的3道防御圈：上百公里长的防坦克障碍物和防步兵障碍物，几千个发射点和支撑点，增强了莫斯科的防守能力。同时来自全国的支援物资也源源不断。人民发誓决不能让纳粹玷污列宁的陵墓。

这时上苍似乎也要惩罚邪恶，这一年俄罗斯的冬天提前到来。10月6日冬雪初降，雪随降随融，不久地面和道路便成为深陷的泥潭，以后开始降大雨和零星雪花，并连绵不断，于是对大量没有履带的德国机动车辆和步兵来说，道路状况之糟已成为灾难性的。加上由于缺少御寒装备，使疾病和寒冷造成的减员已比作战伤亡还大，因此德军的推进速度被迫减低下来。到10月底11月初，德军终于在全线逐渐停止战斗，以待大地封冻再做打算。

然而在莫斯科城内，严寒似乎给人以更高的战斗激情。11月6日兵临城

下的莫斯科人民在地铁马雅可夫斯基车站里举行了“十月革命”24周年庆祝大会，斯大林庄严宣布：我们的事业是正义的，胜利一定属于我们！第二天，斯大林在红场检阅了直接开赴前线的红军队伍，大长了人民的志气，气壮山河。

经过半个月的整顿，11月15日德军在晴朗而寒冷的天气里重新开始了向莫斯科的进攻，他们打算用西、南、北三面钳形包围莫斯科，最后会师莫斯科以东的战略，一举占领苏联首都。但是，尽管德国的摩托化尖兵深入到离莫斯科仅20公里之处，但再想前进一步都已十分不易。这不仅由于苏军已有所准备，更由于无数军用列车已不分昼夜地把驻防西伯利亚的苏军调往西线保卫莫斯科，因为杰出的情报人员佐尔格已及时从东京发来日本已决定南进，不会攻打苏联的电报。另外，骤然下降的气温，使德军飞机、坦克、汽车、大炮难以发动，使冻残冻伤冻病的士兵激增。苏军得利于天时地利人民团结一心，乘德军不得不转入防御而又立足未稳，于12月6日开始快速大反击，迅速打退了从北、南及中路企图包抄莫斯科的德军。到1941年底，中路德军被击退100—250公里，收复克林、加里宁、卡卢加等城市，解除了德军对图拉的包围，德军损失惨重，终未能会师莫斯科以东。

在保卫莫斯科的激战之际，红军在北方解放了齐赫文等城市，在西南收复罗斯托夫，从而配合了保卫首都的战役。希特勒虽在一怒之下撤销了立下大功的古德里安和陆军总司令勃劳希契等人的职务，自己亲任陆军总司令，但最终不得不接受在莫斯科城下惨败的事实。

莫斯科保卫战是德国陆军在二战中遭到的第一次大失败，东线德军伤亡75万人，损失坦克1000多辆，大炮2500多门，“闪击战”终于破产。希特勒必须进行一场持久的两线作战。

斯大林格勒会战

斯大林格勒位于宽阔美丽的伏尔加河西岸，是苏联南方重要的铁路交通枢纽和工业中心，也是苏联内河航运干线即伏尔加河上的重要港口。在它以西和以南，是辽阔富饶的顿河与伏尔加河冲积平原。这里是苏联的粮食、石油和煤炭等多种工农业原料的主要产地。1941年德军侵占乌克兰后，斯大林格勒还成了由苏联中央地区通往南方重要区域的惟一交通要道，战略位置十分重要。在第二次世界大战中，德军和苏军在这里进行了一次大决战，这次决战，决定了苏

德军最新式的“豹”式坦克在库尔斯克战身中

德战争，以及这次世界大战的胜败。此次战役以后，胜败已分，盟国走向胜利，法西斯走向灭亡，已是不争的事实了。

自从德国突袭波兰之后，希特勒又以闪电式速度从欧洲的西、北、东南几个方向发动大规模进攻，并取得了惊人的胜利。

1940 年 3 月，希特勒签署代号为“威悉河演习”的作战指令，决定占领丹麦和挪威。4 月 9 日，德国政府用 34 个小时占领了丹麦；5 月 10 日，只有 30 万人口的卢森堡政府不战而降；5 月 13 日，德军突破法国防线，进入法国领土；5 月 17 日，德国占领比利时首都布鲁塞尔；6 月 10 日，德军占领挪威全境；6 月 14 日，德军占领法国巴黎，并于 22 日迫使法国投降。

1940 年秋，德军开进匈牙利。罗马尼亚和保加利亚，迫使三国加入了德、意、日同盟。1941 年春，德军又征服了南斯拉夫和希腊。至此为止，欧洲大陆的 14 个国家全部成为希特勒的囊中之物。

1940 年 9 月，意大利占领了英属索马里、肯尼亚和埃及的部分地区，不过等意军入侵希腊时，受到很大挫折，英国乘机占领了埃塞俄比亚首都。希特勒对此非常不妥，派隆美尔在非洲重创英军，控制了整个北非。

法国投降后，希特勒签署了“海狮作战计划”，企图攻破英伦三岛。8 月 13 日开始，德军出动近 2000 架次飞机对英国海军和空军基地进行狂轰滥炸。9 月 15 日，德军对英国的轰炸达到了高潮，在这次轰炸中，德军损失了 290 架飞机，

德军俘虏中通向集中营的路上看到腐烂不可辨认的尸骨

英同也损失惨重。但是德军始终不能夺得英国的制空权,因此希特勒无限期推迟了“海狮作战计划”,转而将攻击目标转向东边的苏联。

希特勒在东线聚集了190个师共550万人,近5000架飞机,4300辆坦克。1941年6月22日,德军在北起波罗的海、南至喀尔巴阡山的战线上开始突袭苏联,苏联被打得措手不及,德军迅速占领了拉脱维亚、立陶宛、白俄罗斯和乌克兰的大部分地区。到12月1日,苏联损失了700万军队,此后德军发起了莫斯科大会战。

但是在莫斯科会战中,德军遭到苏联红军的重创:苏联红军粉碎了包围莫斯科的德军突击集团,将德军向西击退100—250公里,使德军损失了将近50个师,约有30万人被击毙,并且还损失了1100架飞机和近3000辆坦克。应该说,莫斯科大会战是德军遭到的最大一次失败,使希特勒的“闪电战”计划彻底破产。

苏军庆祝斯大林格勒保卫战胜利

1942年初,战争的规模空前扩大,东边的太平洋中部、西边的大西洋西部、北边的北极圈、南边的北非、新几内亚,都发生了战争。反法西斯国家节节败退,处于最艰苦的阶段。

1942年4月5日,希特勒下达了第四十一号作战指令,决定发动夏季攻势,预谋攻克斯大林格勒,沿伏尔加河北上,西向迂回包围莫斯科,然后越过土耳其和伊朗,从印度洋上和日本的军队会合,最后回师进攻英、美,最终夺取世界霸权。

斯大林格勒原名察里津,1918年后改称斯大林格勒。它位于伏尔加河下游西岸,是苏联内河航运干线伏尔加河的重要港口,又是苏联南方铁路交通的枢纽和重要工业城市,也是来自高加索的石油转运站和重要的军事工业基地。

为此,德军最高统帅部拟定了代号为“蓝色作战”的作战计划,改组了原南方集团军群,将其分为A、B两个集团军群。德军在苏德战场部署了150万以上的兵力,包括60个德国师,其中10个装甲师、6个摩托化师,另外还有43个师的附庸国部队。希特勒还为围攻斯大林格勒的德军配备了1640架飞机、1200辆坦克和几万门火炮。

斯大林及苏军最高统帅部判断德军在1942年夏季很可能会向莫斯科方向和南方发动大规模的进攻，并以莫斯科为主要突击目标。因此，苏军最高统帅部决定将苏军的大部分兵力集中在莫斯科方向。苏军希望在短期先进行积极的战略防御，同时在克里米亚、斯摩棱斯克方向，列宁格勒和杰米扬斯克地域实施一系列进攻战役。

1942年5月8日，德国上将曼施泰因指挥第十一集团军首先在克里米亚发起了春季攻势，一周后占领了刻赤半岛，苏军被俘17万人。7月4日，德军攻占了塞瓦斯托波尔要塞，再次俘虏苏军10万人，至此，整个克里米亚都被德军占领。

6月28日，德军两个集团军群从库尔斯克东北到斯大林诺一带发动全面进攻，很快攻入了顿河河曲和高加索地区，苏军被迫后撤100—300公里。7月，德军越过顿河，南面的德A集团军群继续向高加索油田区推进，北面的B集团军群则以斯大林格勒为目标。

此时苏军才意识到德军的真正意图，苏军最高统帅部决心在斯大林格勒组织会战。因此，苏军在西南方面军的基础上组建了斯大林格勒方面军，包括从苏军战略预备队调来的第六十二、第六十三、第六十四集团军和原西南方面军的第二十一、第二十八、第三十八、第五十七集团军及空军第八集团军，外加苏海军伏尔加河区舰队。斯大林格勒方面军包括12个师约16万人、近400辆坦克、2200门火炮和迫击炮、454架飞机。显然，苏军的力量大大低于德军。

7月17日，德军和苏军在斯大林格勒远近地展开了激烈的交战，斯大林格勒战役正式开始，希特勒甚至定下了7月25日以前攻占斯大林格勒的计划。从此到1943年2月2日，斯大林格勒会战历时6个半月。

德军第六集团军分成南北两个突击集团，企图突破苏军防御，向卡拉奇总方向发展进攻，围歼顿河右岸的苏军，从西南方向对斯大林格勒发起进攻。第六集团军首先向苏军62集团军实施包围，同时为了吸引苏军注意力，以部分兵力向苏军第六十四集团军发起佯攻。7月23日，德军突破苏军的62集团军右翼防线，形势告急。

斯大林对苏军的战绩非常失望，撤换了斯大林格勒集团军的原司令员，由第六十四集团军司令戈尔多夫中将接任，并派苏军总参谋长、素有“苏军智多星”的华西列夫斯基上将作为最高统帅部代表协助指挥战事。同时，斯大林将

在冰雪消溶中实施机动战术的德军

预备队的坦克第一、第四集团军和守卫远东的10个师调往斯大林格勒，以加强防御。随后，斯大林发布了第二二七号命令，严厉要求苏军“绝对不许后退一步”。

7月25日，德军两个步兵师和1个装甲师对由苏军第六十四集团军的右翼阵地发起攻击，企图在卡拉奇附近强渡顿河，从西面直扑斯大林格勒。苏军刚调来的坦克第一和第四集团军起到了很大的作用，德第六集团军由于装甲兵力不够强大而被迫转入防御态势。

7月30日，希特勒又决定从A集团军群抽调兵力以增强B集团军群。8月1日，装备得到了加强的B集团军群霍特部奉命沿科捷尔尼科沃——斯大林格勒铁路向东北方向出击，突破了苏第五一集团军的防线，在占领了列蒙特纳亚后，开始向科捷尔尼科沃逼近。

8月3日，苏军守卫的科捷尔尼科沃失陷。5日，苏第六十四集团军的防御被攻破，但在阿勃加涅罗沃地域遭到苏军顽强的抵抗和反击。不得已，霍特只好放弃了独立攻占斯大林格勒的想法，并随之转入守势。

8月19日，德军调整部署，准备从西北、南部两个方向对斯大林格勒发起“钳形攻势”。为此，德军准备以第六集团军和霍克的第四装甲集团军的21万人，600辆坦克和1000多架飞机向斯大林格勒发动攻势。

22日，德第六集团军突破苏第六十二集团军在韦尔加奇和彼斯科瓦特卡地段的防线，强渡顿河，占领了卡拉奇，从此苏军第六十二集团军和斯大林格勒集团军切断了联系。

23日，德军迅速推进到斯大林格勒北郊的叶尔佐夫卡，并马上推进到伏尔加河，霍特第四装甲集团军从南面向北进攻，突破了苏第六十四集团军的防御，29日进至加夫里洛夫卡地域，威胁到斯大林格勒正面防御的苏军后方。同日，德军第四航空队出动了2000多架次的飞机对斯大林格勒进行了有史以来最为强烈的狂轰滥炸，斯大林格勒陷入一片火海之中。

斯大林格勒军民对德军的进攻进行了顽强的抵抗，“市民们也拿起了武器，表现得非常英勇，在战场上可以看到被打死的身穿工作服的工人，他们那已僵硬的手还握着步枪和手枪，在被击毁的战车驾驶舱里，呆坐着被打死的工人”。

斯大林对斯大林格勒的严峻形势非常愤怒，决定将一切能够动员的兵员物资，都派往斯大林格勒地区，并任命朱可夫为最高副统帅坐镇斯大林格勒。

8月中旬，朱可夫飞到斯大林格勒，立即着手组织苏军从南北两面对德军发起几次反击。但是这些反击虽然减轻了斯大林格勒城区的压力，但还是没能歼灭伏尔加河的德军。而且苏军也损失惨重。

9月5日，朱可夫命令3个新锐集团军投入反击。但从早上到傍晚，苏第一集团军才向前推进了2—4公里。在斯大林强硬命令下，朱可夫命令苏军在次日再次发起冲击，但是这次冲击又一次被德军击退。10日，苏军试图通过突袭来恢复和第六十二集团军的联系，又遭到失败。到12日，苏军撤至城郭，外围防御地带已全部丧失，德军突击集团军从东北和西南方向直接指向斯大林格勒市区，斯大林格勒面临巨大威胁。

9月13日，部分德军进入市区，市区争夺战全面展开。德军首先向市中心和南部发起进攻，但是遭到守城部队的顽强抵抗。从14日开始，双方在马马耶夫岗和一号车站等城郊进行激烈的街巷战斗。苏军利用建筑物和各种路障对德军进行阻击，市区争夺战达到白热化程度。为了争夺火车站，德苏双方争夺激烈，一周内火车站13次易手。

参战的德国将军汉斯·德尔在其回忆录中写道：“敌我双方为争夺每一座房屋、车间、水塔、铁路路基，甚至为争夺一堵墙、一个地下室和每一堆瓦砾都展开了激烈的战斗。其激烈程度是前所未有的，甚至第一次世界大战也不能相比。我们早晨攻占了20公尺，可是一到晚上，俄国人又夺了回去。”

从9月27日开始，德军开始往斯大林格勒增派军队，向苏联红军发起猛攻。11月初，苏联倒霉的冬天即将来临，但是德军始终未能完全占领斯大林格勒。由于没有多少越冬物资储备，希特勒命令德军在气候完全变冷之前发动最后一次大规模进攻。一天之内，双方为争夺每寸土地、每一座房屋，都进行了异常激烈的战斗。但是由于伤亡过于惨重，德军被迫于次日停止了进攻。

苏联最高统帅部决定发动全面反攻行动，围歼该地域的德国军队。最高统帅部也向战线两翼调集了西南方面军、顿河方面军和斯大林格勒方面军共110万兵力，准备从两翼向德军实施钳形突击，围歼斯大林格勒附近的德军主力。此后，苏联开始反攻。

11月19日早晨，苏军突破罗马尼亚军防线，并于次日和北翼苏军配合向卡拉奇发动钳形包围。23日，苏军包围了德军第六集团军和第四坦克集团军，把33万德军困在了包围圈中。

德军司令鲍罗斯向希特勒发出冲围撤退的请求。但是刚从阿尔卑斯山赏雪归来的希特勒给鲍罗斯的回复却是：第六军团必须死守阵地，直至一兵一卒一枪一弹。

到1943年1月初，德第六集团军的阵地被压缩得越来越小，此外还要受到苏军的空中封锁，德军濒于弹尽粮绝的地步。

1月8日，苏军向被围的德军发出最后通牒，敦促其投降。德军司令鲍罗斯要求希特勒准予他见机行事的权力，但希特勒再次驳回了他的请求。23日，苏军向被围德军发起攻击行动，并占领了马马耶夫岗。此后，斯大林格勒方面军和守城的第六十二集团军胜利会师。

1月31日，包括鲍罗斯在内的德军高级将领被迫投降。两天后，斯大林格勒附近的所有德军全部投降，包括9万名士兵和几千名军官。至此，历时6个半月的斯大林格勒会战结束。

斯大林格勒战役经过苏联军民艰苦的战斗，终于获得了胜利。此次战役是苏德战场的转折点，也是整个第二次世界大战的转折点。此后，反法西斯国家开始进入大反攻，而德国、日本等国家则开始步步败退。苏联红军在获得斯大林格勒会战的胜利之后，陆续收复了原先失去的苏联领土，并攻入德国本土。正如德国陆军总参谋长蔡茨勒将军所说的："我们在斯大林格勒损失25万官兵，那就等于打断了我们在整个东线的脊梁骨。"

1942年7月7日，希特勒先后动用

150万人以上的兵力，对斯大林格勒发动了进攻。希特勒的目的是打算切断伏尔加河，控制高加索，为北上莫斯科打开一条通路。苏联红军在顽强的防御中消灭了入侵的德军，结束了苏德战争中苏军的被动局面，成为第二次世界大战的一个转折点。

1942年4月下旬，苏德军经过10个月的激战，德军已在莫斯科城下受挫。至此，希特勒打算一鼓作气攻占莫斯科的希望化为泡影。

苏军完成了保卫莫斯科的伟大使命，但是，由于兵力、兵器上的不足，没有能够实现在各个战略方向上的预定反攻。到1942年5月，德军仍然占据着波罗的海沿岸地区、白俄罗斯、乌克兰、摩尔达维亚以及俄罗斯联邦的许多州。苏联失去了乌克兰的农业区、顿巴斯的煤和南方的巨大企业区。列宁格勒仍然没有打破德军的包围，德军距离莫斯科也只有150公里。

然而，整个国际政治军事形势却发生了很大的变化。1941年12月2日，日本军国主义发动了太平洋战争，美国等一系列国家开始了对德、日宣战。1942年1月1日，美、英、苏、中等26个国家在华盛顿签署了联合国家宣告，宣告参加联盟的国家与“柏林条约”成员德、意、日及其仆从国处于战争状态，在反对“柏林条约”成员国的战争中承担提供军事和经济资源的义务，不得单独与敌人缔结停战协定和条约。1942年5月26日，苏、英签订了对德作战的同盟条约。6月11日，苏、美缔结了在反法西斯斗争中的互助协定。至此，国际力量对比的变化已使法西斯德国处于不利的地位。

1942年5月，德军开始调兵遣将。他们在苏德战场上投入了620万人的兵力，坦克和强击火炮及迫击火炮3229辆，火炮和迫击炮约57000门，作战飞机3395架。他们准备对苏联发动新的攻势。

德军在莫斯科的失利，是自苏德战争爆发以来第一次受到的不可逾越的阻挡。无奈，希特勒只好放弃全面进攻的计划，而改为重点进攻。

希特勒认为，这个重点要放在能给苏联的战争经济以最严重的破坏，同时又能给德国的战争经济开辟新的原料来源的那条战线上发动。最重要的目标是高加索的油田，夺取高加索的油田可以减轻德国过度紧张的燃料补给。为此，希特勒决定进攻斯大林格勒。

面对德军即将发动的大规模进攻，苏军最高统帅部于7月12日成立了斯大林格勒方面军，这个方面军由预备队的第六十二、第六十三、第六十四集团军，原西南方面军的第二十一、第二十八、第三十八、第五十七集团军和空军第八集团军及伏尔加河航队编成。开始由铁木辛哥任方面军司令员，后改为戈尔道夫中将任司令员。斯大林格勒方面军中38个师中只有18个师为满员师，因为原西南方面军在战斗中损失较大。

苏军和当地居民还从顿河到伏尔加河一线，修建了工程浩大的防御工事。在斯大林格勒外围，从北、西、南三个方面构筑了四道防御线，但这四条防御线均为野战线，并不十分坚固。

会战开始时，德军兵力是苏军的1.3倍，坦克是苏军的2倍，飞机是苏军的3.6倍。

德军最高统帅部预定在7月25日占领斯大林格勒。

1942年7月17日，德军第六集团军主力分为两个突击集团，开始发动钳形攻势。北路突击集团以8个师的兵力从彼弄列拉佐夫斯基地域，分别向卡拉奇实施向心突击，企图围歼在顿河大弯曲部的苏军，尔后从西南一举攻占斯大林格勒。

德军第六集团军先头部队首先在顿河的切尔河和齐姆良河地区对苏军的第六十二、第六十四集团军的前沿阵地发动了猛烈地进攻。苏军进行顽强地抵抗，数天后，苏军边打边退，到了22日各支队已退守到主要防御地带。

7月23日，希特勒命令德军在加强顿河一线防御的基础上，猛攻斯大林格勒，迅速消灭那里的苏军，占领该城，封锁顿河至伏尔加河之间的陆上交通和顿河上的航运。

紧接着，德军以5个师的兵力对苏军第六十二集团军的阵地发动了进攻，并进至苏军主要防御地带前。

情况非常危急，7月28日，斯大林发布第二二七号令，指出苏德战场南部的危险，要求苏军坚决进行抵抗，寸土不让，直至最后一滴血……并提出了“绝不后退一步”的口号。

德军为了迅速地拿下斯大林格勒，重新部署了战局。7月30日，德军又将第四坦克集团军调到了斯大林格勒西南方向，沿科捷尔尼沃—斯大林格勒铁路线发动了新的进攻。与此同时，希特勒还向德军下达了命令：从行进间实施突击，从南面攻入斯大林格勒，造成对斯大林格勒方面军两面夹击之势。

苏军第五十七集团军的防御战线长达200公里，而且兵员不足，只能一面阻击一面后撤。

8月中旬，德军又加强了南北两个突击集团。8月19日。德军从北路和南路同时对斯大林格勒进行向心突击。德军动用了21万人，2700门大炮，百辆坦克，千架飞机，经过3天的艰苦作战，德军北路终于突破了苏军的防御强渡顿河，于8月23日进至斯大林格勒市区以北的伏尔加河畔，对市区造成了严重的威胁。从南路进攻的德军也于8月29日前出到加夫里洛卡地域，威胁着斯大林格勒正面担任防御的苏军后方。9月13日，德军两路人马开始对城市南部和中部发起进攻。

苏军最高统帅部也下达命令，要求斯大林格勒地区的苏军采取一切措施守住阵地，消灭步步逼近的德军。于是苏军从南北两个方向对德军侧翼实施了强大的反击，削弱了德军的力量。8月23日，为了消灭伏尔加河畔的德军，斯大林格勒方面军曾一度进到伏尔加河畔，将德军切为两段。但第二天，德军就以其强大的反突击又恢复了他们的联系。8月25日，斯大林格勒方面军司令部宣布全城处于戒严状态，并号召全市居民保卫自己的城市，苏联国防委员会还向斯大林格勒地区补充了兵力、弹药，并以物资进行支援。

8月26日，苏联国防委员会任命朱可夫为最高副统帅。

8月29日，朱可夫飞抵斯大林格勒前线卡拉奇以北约3公里的卡梅申—斯大林格勒方面军野战指挥所，与总参谋长华西列夫斯基和司令员戈尔道夫等高级指挥官共同研究战局后，决定9月3日从北面由近卫第一集团军发动攻势，但进展不大。

9月3日，苏军第二十四、第六十六集团军和近卫第一集团军，于9月5日拂晓对德军进行了空袭和轰炸，随后又进行了冲击，但由于德军的顽强抵抗，苏军只前进了2—4公里。

同天中午12时，德军出动飞机大炮，开始了全线进攻。100辆坦克排成方队，向北面方向进攻，最后距苏军指挥所只有2公里之遥，苏第六十二、第六十四集团军在强大的德军压力下，不得不向后撤退，一直退到了斯大林格勒城下的最后阵地。

此时，斯大林格勒的苏军防御前沿，距市区只有2—10公里。德军的突击集团已从东北和西南直接指向斯大林格勒市区。

在经过连续13天的战斗后，德军终于于9月25日占领了市南和市中心的部分地区，并前进到伏尔加河河面，所有渡口都处在了德军的枪炮火力控制之下。斯大林格勒，几乎没有一座建筑物、工厂、住宅保持完整。

9月28日，苏军最高统帅部将斯大林格勒方面军改为顿河方面军，命罗科索夫斯基中将为司令员；东南方面军改称斯大林格勒方面军，命叶廖缅科上将为司令员。两个方面军直接由苏联最高统帅部指挥。

10月5日，斯大林命令叶廖缅科在任何情况下都要坚守城市，把每幢楼帚，每条街道作为堡垒，抗击德军的进攻。每一座房屋，只要有苏联的军人，哪怕只有一个人，也要成为敌人攻不破的堡垒。于是，苏军在连营里，除了已有的班之外，又组织了新的战术单位——突击小组。

尽管炮火连天，弹片横飞，炮击和轰炸的喧嚣声此起彼伏，震耳欲聋，被炸毁的工厂成了苏联人的抵抗中心。一些工厂就是在炮火纷飞中修理坦克和其他武器的。如果工厂被炸得无法生产，工人们便拿起武器与正规部队一样，投入战斗。

10月14日，希特勒向德军下达了命令：除斯大林格勒外，整个苏德战场转入战略防御。在斯大林格勒方面，德军又开始了第三次进攻，企图通过这次攻击来夺取决定性的胜利。德军的进攻，最后进至伏尔加河，在约5公里宽的地段上，集中了2个坦克师、3个步兵师，出动了2000架次飞机作为支援轰炸市区。战斗空前激烈，仅朱可夫元帅的司令部里就有61人牺牲。

10月15日，德军突破防线攻占了拖拉机厂，冲到了伏尔加河边。17日，苏军第一三八师赶来增援工厂区的战斗。苏军的顽强抵抗，大量的杀伤了德军，终于迫使德军减弱了进攻的势头。

1942年11月19日，苏联红军完成了集结，开始了战略大反攻。

参加反攻的苏军有110万人，15000余门大炮，1400余辆坦克和1400架飞机，共编成3个方面军：顿河方面军、斯大林格勒方面军和西南方面军。

此时，在斯大林格勒方面作战的德国军队共计80个师计101万人，1万余门大炮，600余辆坦克和1200架飞机。

苏德两军的军力对比发生了变化。苏军在坦克和火炮上已有优势。双方的航空兵几乎是拥有同等数量的飞机，但此时德军的燃料基本上已消耗殆尽，而且苏军飞机发动机在性能上也较德军优良。

苏最高统帅部考虑到交通线的重要，首先恢复已被德军破坏的铁路、桥梁、车站，并修建了新的交通线。从

1942年10月到1943年2月共修建了1160公里长的铁路支线，恢复了1958公里的路线和293座铁路桥，保证了斯大林格勒地区的交通运输。

1942年11月19日7时30分，苏最高统帅部下达了进攻命令。按照这一命令，集结在3个狭长突击地带上（总长度28公里）的大炮和迫击炮向预先侦察到的目标一齐开火。在实施了一个小时的破坏性射击和20分钟的压制性射击后，8时50分，支援步兵的坦克群首先发起进攻。苏军在斯大林格勒的大反攻正式开始了。

22日夜间，苏军占领了顿河桥，并分批强渡顿河。

为了迅速断敌退路，防止德军龟缩，苏军第二十六坦克军军长罗金少将决定利用夜晚，先夺取敌纵深卡拉奇附近顿河上惟一剩下的一座桥梁。22日凌晨3时，他命先头部队的上百辆坦克全部打开车灯，成纵队沿着从奥斯特罗夫到卡拉奇的公路，穿过德军数十公里的防御阵地向大桥开进。

苏军的先头部队迅速控制了左右河岸，并发出信号弹，通知后续部队加速前进。德军发现中计，但为时已晚，苏军坦克里应外合，迫使德军向两翼败退。苏军第二十六坦克军固守在桥梁附近，切断了敌军的退路，粉碎了敌人向西面德军靠拢的企图。4天之后，苏军两支先头部队在斯大林格勒的正西面、德军第六集团军背后20公里的地方会师，这一会师不仅决定了斯大林格勒城内25万德军士兵的命运，而且标志着第二次世界大战在苏联战场上的转折。

斯大林格勒方面军于11月20日拂晓从城南发起反攻，突破了罗马尼亚第四集团军的防线后，向西北推进。

伏尔加河东岸的苏军也开始了反击。他们向城内的德军阵地发起了猛烈地炮击。斯大林格勒正北面的顿河方面军也发动了攻势。自11月22日起，他们与斯大林格勒方面军一起对德军进行压缩。至11月30日，苏军已完成了对德军共22个师33万人合围，将其压缩在1500平方公里的地域之内。

希特勒在苏军的强大攻势面前，并没有认清形势。他一再命令被围的德第六集团军守住斯大林格勒和伏尔加前线，第六集团军的处境已是非常艰难，甚至可以说是毫无希望。他们天天盼望的是希特勒大发慈悲，对他们采取援救行动。

为了稳住战局，希特勒又在高加索、沃罗涅什、奥廖尔和法国等各战场搜罗了10个师的兵力，拼成“顿河集团军群”，委派列宁格勒前线的曼施泰因指挥，前去解救斯大林格勒的第六集团军。希特勒向“顿河集团军群”下达的命令是坚守斯大林格勒。

12 月 12 日，援军沿着铁路线北上，不顾一切伤亡地向斯大林格勒方向猛冲。

12 月 19 日，援军同苏军在卡尔穆克草原与苏军展开了激战。21 日打到了米什科沃地区。这时，德援军同第六集团军防守的外围只有 40 公里。精疲力竭的德军、人员与技术兵器受到了重大损失。苏军发动了新的攻势，紧追退却之敌。12 月 20 日苏军占领了科捷利尼科夫斯基，把德军其他部队从斯大林格勒推出 200 至 250 公里以外，德军的阵地被压缩得越来越小，空运补给几乎中断，已是弹尽粮绝。

德第六集团军对于他们的处境非常清楚，他们一再请求希特勒准许他们突围。但希特勒却要求他们“死守斯大林格勒”。

气温下降到零下 30 度，德军大批官兵被冻伤。另有数千人患有伤寒痢疾。由于苏军的空中封锁，靠空运维持供给日甚艰难。德军每日所需的作战物资最少为 750 吨，但实际上运到的每天还不足 100 吨。1943 年 1 月 6 日只运到了 45 吨，1 月 21 日起空运则停止。

1 月 8 日，苏军指挥部向被围德军发出了最后通牒，命令他们停止抵抗，缴械投降。但德第六集团军拒绝了苏军的要求。

1 月 10 日，苏军围歼德军的代号为“指环”的作战计划开始实施。5000 门大炮一齐射向包围圈内的德军。在炮兵强大火力掩护下，苏军的坦克和步兵发起冲击，德军全线溃退。仅 6 天的时间，德军的阵地就缩小了一半。苏军再次敦促德军投降，德军再次拒绝。1 月 16 日晨，苏军占领了皮托姆尼克机场。22 日苏军发起全线总攻，切断了古姆拉克的铁路线，占领了斯大林格勒南部，夺取了古姆拉克机场，激战 4 天后，德军只剩下南北长 20 公里，东西长 3.5 公里地带。

1 月 26 日晨，苏军实施了决定性的突击。当天傍晚，苏第二十一集团军由西向东进攻，驻守市区的第六十二集团军由东向西进攻，在“红十月”工厂住宅区和马马耶夫高地胜利会师，将德第六集团军切割成南北两部分。1 月 27 日起，苏军开始缩小包围圈。1 月 29 日，苏军前出到市中心。三天的时间里，德军 15000 人放下武器。一支罗马尼亚部队带着全部武器和装备集体向苏军投降。

1月30日，苏军直逼市中心。1月31日中午12时，刚被希特勒擢升为陆军元帅的德第六集团军司令保卢斯和他的助手们向苏军宣布投降，他们先被送往苏第六十四集团军司令部，然后又从那里出发送往顿河方面军司令部。

但德军北部集群拒绝投降。在苏军的突击下，他们企图向城北逃窜。苏军决定用炮兵猛烈轰击德军。2月1日，全部炮火轰鸣起来，空军也实施了轰炸。2月2日，德军残部集群终于投降了，伏尔加河岸的战斗停止了。

至此，被围德军全部投降。1名陆军元帅，24名将军以及大约9万名官兵成为苏军的俘虏。

苏军胜利了，经过200个昼夜的激战，苏军总共消灭德军66个师，约150万人，占其苏德战场总兵力的1/4，击毁和缴获德军坦克及强击大炮3500多辆，火炮和迫击炮12000多门，飞机3000架。从此，苏军掌握了苏德战场的战略主动权，为第二次世界大战中反法西斯力量走向胜利奠定了基础。

希特勒为了挽回颓势，实行全国总动员。他乘西线还没有开辟第二战场，调集东线的精锐部队，配备了新型武器、大量弹药和装备，并委任了经验丰富的优秀指挥官（曼斯坦因等），于1943年7月在苏德战场上发动了第三次夏季攻势。德军在库尔斯克100多公里长的狭窄地段，以90万兵力，配备了包括新式的“虎型”、“豹型”坦克和“裴迪南”自行火炮在内的近2700辆坦克，上万门火炮和2000多架飞机，实行重点进攻，从南北夹击在库尔斯克突出部的苏联两个方面军，企图来一个“德国的斯大林格勒”，再次夺回战场主动权。由于1943年夏季苏军在兵员和装备的数量和质量上已占优势，事前又获悉了德军的意图和可能进攻的具体时间，所以不像在莫斯科和斯大林格勒那样被迫应战，而是先敌行动，调集了约133万兵力，3400多辆坦克，近2万门火炮和2100多架飞机，还在后方集中了大量预备队待命。这是苏军预先计划好的一次以逸待劳后发制人的防守反击战。

战役从7月5日开始到8月23日结束，大体分为两个阶段。7月5日至11日是苏军防御阶段，7月12日至8月23日是反攻阶段。7月12日在普罗霍罗夫卡发生了二战中最大的坦克战，双方投入了约1200辆坦克。德军损失惨重，战役由此转折，苏军经过50天浴血奋战，歼灭德军约12万，坦克师和机械化师约1/3经过莫斯科、斯大林格勒和库尔斯克三次鏖战，德军一蹶不振。第三次夏季攻势也是它在苏德战场上最后一次攻势。库尔斯克战役标志苏德战场转折的完成。从此,苏军完全掌握了战略主动权,并展开全线反攻。

世界反法西斯联盟

1941 年6 月22 日,法西斯德国向苏联发动大规模进攻,苏德战争爆发。苏联的参战大大扩大了世界反法西斯联盟的范围。

面对德国法西斯倾全力的进攻,苏联避免或至少推迟卷入战争的希望破灭了。苏联人民必须同全世界爱好和平的国家和人民一道为自己的生存而战斗。7 月 3 日,斯大林发表告苏联人民书。他说:我们为了保卫我们祖国的自由而进行的战争,将同欧洲和美国各国人民为争取他们的独立、民主自由的斗争汇合在一起。这将是各国人民争取自由、反对希特勒法西斯军队的奴役和威胁而结成的统一战线。

希特勒德国对苏联的进攻,使英、美,特别是英国松了一口气。一年多来,英国承受着纳粹军队从空中到海上的凌厉攻势,但现在,正如丘吉尔所说,“由于俄国参战,转移了德国对大不列颠的空袭,并且减少了入侵的威胁。”这使英国在地中海区域得到了重大的解救,但是,希特勒“进攻俄国,只不过是企图进攻不列颠诸岛的前奏”,所以,在德国进攻苏联的当天晚上,丘吉尔在广播演说中说,“俄国的危难,就是我们的危难,也是美国的危难,正是俄国人为保卫家乡而战的事业,是世界各地的自由人民和自由民族的事业一样”。“我们将要对俄国和俄国人民进行我们能够给予的一切援助”。

罗斯福领导的美国政府眼看美国面临的基本现实是“作为一场欧洲战争开始的已经发展成为一场企图征服世界的世界战争”,而法西斯德国对苏联的进攻,只不过是希特勒“统治世界的真正目的和计划”的“进一步的证明”。“德国迅速地战胜俄国,既是英国的也是美国的灾难,因为这种胜利将使德国有可能从大西洋和太平洋来威胁美国”。6 月 23 日,美国政府在《谴责德国侵略苏联的声明》中说,“任何防御希特勒主义的办法,任何集中力量——不论这种力量来自何方——的行动都将加速德国现在领袖逃不掉的失败,并因而有利于我们自己的国防和安全”。次日,罗斯福进一步声明,“美国决定在可能范围以内,全力援助苏联”。

希特勒的进攻和苏联的参战,进一

步推动欧、亚、美洲各国共产党和各国人民积极投入反对希特勒、建立反法西斯统一战线的斗争，苏德战争爆发第二天，毛泽东指出，“苏联抵抗法西斯侵略的神圣战争，不仅是保卫苏联的，而且也是保卫正在进行反法西斯奴役的解放斗争的一切民族的。目前共产党人在全世界的任务是动员各国人民组织国际统一战线，为着反对法西斯而斗争，为着保卫苏联、保卫中国、保卫一切民族的自由和独立而斗争”。中国共产党要“同英美及其他国家一切反对德意日法西斯统治者的人们联合起来，反对共同的敌人。”英国共产党发表宣言，提出“我们要求同社会主义的苏联团结一致。我们要求英国同苏联立即签订军事和外交协定……让我们建立起英国人民同世界上第一个社会主义国家人民的强大统一战线”。美国共产党发表了“让我们以全面援助苏联、英国及所有同希特勒战斗的各国人民的行动来保卫美国”的宣言。被德国法西斯占领的欧洲各国人民也积极开展抵抗运动，以实际行动援助苏联和推动世界反法西斯统一战线建立。

苏联、英国、美国和其他反法西斯国家面对共同敌人，产生了联合抗敌的共同愿望。斯大林指出，希特勒原来还想进攻苏联来吸引英美参加反苏同盟，但是，“英国和美国不仅没有参加德国法西斯侵略者的反苏进军，反而同苏联站在一个阵营里来反对希特勒德国。苏联不仅没有被孤立，反而有了新的盟国，如英国、美国以及其他被德国人占领的国家。苏德战争的爆发，加快了反法西斯力量的联合。

苏、英、美在战争中的合作关系迅速发展。1941 年 7 月 12 日，英国和苏联签订《为对德作战采取联合行动的协定》，相互承担“彼此给予各种援助和支持”、并且“除经彼此同意外，既不谈判也不缔结停战协定或和约”的义务。这个协定使得苏联和英国在反对希特勒德国的斗争中结成战斗的盟国。7 月底，罗斯福总统派霍普金斯访问莫斯科，了解苏联的抵抗能力和前途。霍普金斯的访问帮助美国政府最后确定了采取实际措施援助苏联抗击德国法西斯的方针。在这基础上，苏美两国于 8 月 2 日互换照会，美国政府决定“给予一切可以提供的经济协助，加强苏联反对武装侵略的斗争”。苏美互换照会正式肯定了美苏合作关系，是 1941 年 7 月 12 日苏英协定的一种“美国等价物”。

与此同时，苏联和其他一些宣布对希特勒德国作斗争的国家进行了广泛合作。1941 年 7——9 月间，苏联政府和欧洲被占领国家驻伦敦的流亡政府——波兰、捷克斯洛伐克、南斯拉夫、挪威、比利时，以及“自由法国”运动建立了联系并商定相互给予支援和合作。当德国在伊朗加紧渗透，阴谋通过政变建立一个亲德政权，以策动伊朗站在德国一方参与对苏、英作战时，苏联和英国采取联合措施，派出军队进入伊朗，和伊朗缔结了保证伊朗在第二次世界大战时期同反希特勒盟国合作的条约，打乱了德国在中近东的计划，由此向全世界表明英国和苏联的军队已经实际上携起手来。

1941年8月，英、美两国首脑在大西洋纽芬兰的阿金夏海湾举行会议。这次会议通过的著名的《大西洋宪章》，在建立反法西斯联盟的过程中占有重要的位置。这是当时名义上仍属中立的美国和已经作为一个对德交战国的英国发表的联合宣言。《大西洋宪章》在当时历史条件下，起到了进一步动员和团结各个反法西斯国家，促进世界反法西斯联盟形成的作用。中国共产党在1941年8月19日发表声明指出:《大西洋宪章》“表示了英美打倒法西斯主义的决心，这种决心是完全有利于苏联，有利于英美，有利于中国，有利于世界的”，它“决定了英美苏三大强国坚固联合这种具有政治远见的政策。”1941年9月，苏联、英国、比利时、捷克斯洛伐克、希腊、波兰、荷兰、挪威、南斯拉夫、卢森堡和“自由法国”等国家的代表在伦敦举行同盟国会议，一致赞同《大西洋宪章》的基本原则。苏联代表团在会议上发表声明，进一步明确反希特勒战争的性质和任务是“要集中爱好自由各国人民的全部经济和军事资源，以便把呻吟于希特勒强盗压迫下的各国人民彻底地、尽可能迅速地解放出来”。

根据大西洋会议的建议，苏、英、美三国代表于1941年9月29日至10月1日在莫斯科举行会议研究互相援助和物资分配问题。这是已经参战的英、苏和尚未参战的美国在经济上、军事上联合起来的一次同盟国会议。会议达成了关于从1941年10月1日到1942年6月30日这一期间美、英向苏联提供援助的协定。10月30日，罗斯福写信给斯大林，表示美国已同意莫斯科协定的援助项目，并宣布向苏联提供10亿美元的无息贷款。11月7日，罗斯福说，苏联的防务，“对美国的防务来说，是至关重要的”。他宣布把苏联列入有资格享受租借援助的国家之内。莫斯科会议及其做出的决定，表明了苏、美、英三国决心用联合的力量来击败希特勒主义。苏联外长莫洛托夫在莫斯科会议的闭幕词中说，“爱自由的各国人民，由苏英美作先锋，已形成了反希特勒的强大阵线。”这样的大联合“预定了我们对希特勒匪徒的斗争必然能取得最后的胜利”。莫斯科会议以后，“英国、美国和苏联结成了一个旨在粉碎希特勒帝国主义者及其侵略军的统一阵营”，这已经是一个无庸置疑的“事实”了。

法西斯集团扩大侵略的行径，促进了反法西斯国家的联合，推动了世界反法西斯联盟的最后形成。从1941年下半年起，由于德国潜艇加强在大西洋的活动，罗斯福政府采取一系列果断措施来加强对德“不宣而战的战争”。日本在太平洋地区虎视眈眈，准备南进。英国表示，如果美国同日本处于战争状态，英国就将“毫不犹豫地站在美国一方”，甚至“在一小时之内”对日宣战。假如说，直到1941年12月，罗斯福的行动多少还受到国内孤立主义者的掣肘，那么1941年7月，日本进攻美国的珍珠港海军基地，挑起太平洋战争以后，就使美国彻底地和英国“风雨共舟”了，珍珠港事件导致英、美对日宣战，接着德、美互相宣战。澳大利亚、荷兰、加拿大、新西兰、南非联邦、哥斯达黎加、古巴、尼加拉瓜、巴拿马、萨尔瓦多、“自由法国”民族委员会和波兰政府相继对日宣战，中国也向德、日、意宣战。战争波及世界五分之四人口。

1941年12月11日，德、日、意签订联合作战协定，声称三国“有毫不动摇的决心”，在把这场战争“胜利结束前决不放下武器”，并“紧密合作”建立法西斯“新秩序”。罗斯福说，德国和日本“把不帮助轴心国家的一切民族和国家都当作全体和每个轴心国家的共同敌人，这就是他们简单明确的总战略。所以，美国人民必须认识到，只有类似的总战略才能够抗衡它。”

1941年12月末，英、美首脑在华盛顿会晤（阿卡迪亚会议）。罗斯福倡议由所有对轴心国作战的同盟国家签署一项共同宣言。美国提出的宣言草案经与英国和苏联政府讨论修改后，又通过频繁的函电往来和会晤，通知给各同盟国政府。1942年1月1日，美国、英国、苏联、中国等二十六个反法西斯国家在华盛顿签署《联合国家宣言》，签字国政府赞成《大西洋宪章》所载之宗旨与原则。签字国政府宣告：

（一）每一政府各自保证对与各该政府作战的三国同盟成员国及其附从者使用其全部资源，不论军事的或经济的。

“（二）每一政府各自保证与本宣言签字国政府合作，并不与敌人缔结单独停战协定或和约。”

《联合国家宣言》把代表五大洲绝大多数居民的二十六个自由国家的决心和意志联合起来了。它的发展标志着世界反法西斯联盟经过曲折发展的道路，终于正式形成。随之，在英、美、苏、中等盟国之间签订了一系列双边协定，如《英美关于在进行反侵略战争中相互援助所适用原则的协定》(1942 年 2 月 23 日)、《苏英对希特勒德国及其欧洲与国作战的同盟和战后合作互助条约》(1942 年 5 月 26 日)、《美中抵抗侵略互助协定(租借协定)》(1942 年 6 月 2 日)和《美苏关于在进行反侵略战争中相互援助所适用原则的协定》(1942 年 6 月 11 日)等，这些协定是《联合国家宣言》的具体化和进一步发展。

这样，反对法西斯侵略国家和人民经过正反两方面的教训，特别是经过战争的洗礼，终于结成广泛的反法西斯统一战线，汇成不可抗拒的历史洪流。

世界反法西斯联盟的建立，标志着在希特勒德国强加于各国人民的战争的过程中，力量发生了根本的划分，形成了两个对立的阵营：以德、日、意同盟为核心的法西斯阵营和以英、美、苏同盟为核心的反法西斯阵营。在这个反法西斯阵营中，包括不同的民族和阶层、不同的社会制度和意识形态、不同的战争目的。这个阵营内部，也有各种矛盾和斗争——既有不同社会制度的国家、不同意识形态的矛盾，也有帝国主义国家为争夺海外市场和殖民地而引起的矛盾以及它们和弱小国家的矛盾，但是，这丝毫也不排斥他们采取共同行动，去反对使它们受奴役威胁的共同敌人。打败法西斯，就是他们斗争的共同目标，就是他们团结的共同旗帜。

世界反法西斯联盟的建立，其影响“不仅仅是在精神上和决心上，并且还在全面作战的各个阶段上”(罗斯福语)。它使得所有联合国家在人口、资源、生产能力、人心向背和团结互助方面协调合作，从而远远压倒与世界各国人民为敌的法西斯轴心国。反法西斯联盟建立以后，盟国军队在欧、亚、非战场发起的斯大林格勒会战，北非“火炬”战役、太平洋上中途岛和瓜岛战役的胜利，使第二次世界大战各个战场的形势发生了有利于同盟国的根本转折；而盟国首脑的开罗会议、德黑兰会议、雅尔塔会议和波茨坦会议对推动反法西斯战争的胜利前进和加速最后胜利的到来，都起了重要作用。世界反法西斯联盟的建立和巩固发展，是反法西斯战争取得最后胜利的决定性因素之一。

世界反法西斯联盟建立的影响，甚至还不仅仅限于第二次世界大战。《大西洋宪章》所确立的民主原则，通过《联合国家宣言》而建立起来的由同等尊严和同等重要的独立民族组成的联盟，是战后国际和平与安全组织——联合国的范本和雏型，对战后国际关系产生了深远的影响。

艾森豪威尔将军像

诺曼底登陆

苏德战争爆发后，苏、美、英3国曾多次商讨在西欧开辟第二战场，共同打击希特勒德国的问题。几经周折，直到1943年11月苏、美、英3国首脑在德黑兰会议上，才最后达成协议，确定开辟第二战场的日期不迟于1944年5月1日，届时苏军将发动大规模进攻相配合。1943年12月7日，艾森豪威尔被任命为盟军最高司令，统一指挥盟军在西欧的登陆作战，并在伦敦市郊的布歇公园区设立盟国远征军最高统帅部。1944年初，盟军开始进行登陆作战的准备工作。

1944年上半年的世界形势，对盟军在西欧登陆开辟战场极为有利。在亚洲太平洋战场，日本陆军深陷中国大陆，海、空军也在太平洋上连遭失败，日本政府自顾不暇，无力与德国进行战略配合。在意大利战场，由于意大利政府投降，德国不得不把大批兵力部署在那里，以对付美、英军队的进攻。在苏德战场，苏军已经发动了大规模的战略进攻，法西斯德军一再溃退，希特勒不得不把大量预备队的西线兵力调去阻止苏军的推进。在西欧各国，大规模的反法西斯运动正蓬勃发展，各国人民展开了反对占领制度的武装斗争，德军在各占领国已立脚不稳。6月底以前，仅在法国就有近50万人在进行反对法西斯占领军的战斗，

在一些地段上，登陆部队必须在敌人设置水中障碍前下船，涉水登陆

有的城市正在酝酿起义。在地中海和大西洋，盟军已控制了那里的海上通道。所有这些，都为盟军在西欧登陆开辟第二战场提供了最有利的条件。

盟军开辟第二战场总的企图是，在法国西北部登陆，夺占登陆场和港口，保障主力上陆和后勤供应，然后发动攻势占领整个法国西北部地区，并与在法国南部登陆的部队配合，向德国内地进攻，协同苏军最后战胜法西斯德国。盟军认为，在法国西北部有三处比较合适的登陆地区，即康坦丁半岛、诺曼底地区和加来地区。从康斯坦丁半岛登陆虽易成功，但该半岛地形狭窄，登陆后不易展开兵力向纵深发展进攻。加来地区距英国海岸最近点只有33公里，有其登陆的有利条件，但该地区距英国海港较远，运送人员和物资不便，同时又是德军重点设防地区，登陆必遭激烈抵抗。加之这一地区缺乏内陆通道，即使登陆成功，也不易向纵深发展。诺曼底地区与胶两个地区相比，登陆条件优越得多。这里沿海地势开阔，可同时展开26至30个师，距英国西南海岸的各大港口较近，便于输送部队和运送物资，德军在这里兵力薄弱，登陆容易成功。这里虽然缺乏良港，但可用人造港补救。因此，盟军在权衡利弊后决定把在法国西北部登陆地区选在诺曼底，规定登陆作战的代号为“霸王”（登陆阶段代号为“海王”）。

为了确保在诺曼底登陆成功，盟军进行了周密的准备工作。参加战役的盟军共36个师，总兵力约288万人，其中陆军为153万人；空军飞机1.37万余架，其中轰炸机5800架、战斗机4900架、运输机（包括滑翔机）300架；海军各型舰艇9000余艘，其中登陆艇4000艘。地面部队编为4个集团军。美第一集团军、英第二集团军和加拿大第一集团军组成第二十一集团军群，由英军蒙哥马利将军指挥，美第三集团军直属远征军总部。登陆前对诺曼底地区进行了长期空中侦察，查明了德军海岸防御配系、预备队集结地域、弹药和补给品贮存位置，以及纵深内交通枢纽、桥梁、机场和军工生产基地的位置，并于登陆前50天就开始轰炸上述目标，摧毁德军海岸防御配系，削弱德军空军力量，破坏德国军工生产能力。为了在登陆地点和时机上迷惑德军，盟军进行了一系列战役伪装。例如，在加来地区所投炸弹吨数比在诺曼

德军摧毁了莱茵河上的桥梁阴止盟军行动，英军部队乘水陆两用装甲车过河

底地区所投炸弹超过 2 倍；登陆前对加来地区德军海岸炮兵阵地、防御支撑点及其他防御设施进行了集中轰炸，在加来海峡的英国海港设置了大量假登陆艇和假的物资器材堆积场，并以一部兵力在加来当面运动。这些伪装措施给德军造成了错觉，以为盟军要在加来地区登陆，从而忽视了对诺曼底地区的防御。盟军还对天气、水文进行了周密的调查，并进行了大规模的登陆预演，以保障登陆成功。

希特勒为了预防盟军在西欧登陆，曾下令从挪威到西班牙修筑一道由坚固支撑点构成的“大西洋壁垒”。但由于工程量过大，到 1943 年末还远远没有完成。德军统帅部判断，盟军可能在 1944 年进攻西欧，并认为盟军在西欧登陆可能会带来两种后果：一是造成德军的总崩溃；二是成为德军扭转败局的好时机。如果不能击退盟军的登陆部队，就可能导致前一种结果。但倘若能一举歼灭盟

夏尔·戴高乐像

军的登陆部队，就会使盟军与苏军两面夹击的企图破产，德军就可腾出50个师的兵力加强东线，从而阻止住苏军的进攻。为争取达成后一种结果，德军研究制定了抗登陆的方针，即集中大部兵力、兵器于敌人可能登陆的主要方向上，对已登陆的敌军实施决定性的反突击，一举歼灭登陆之敌。为此，德军必须在漫长的海岸线上确定一个盟军可能突击登陆的主要方向。希特勒本人和德军总参谋部都认为，盟军将横渡加来海峡在加来地区登陆，向法国东北沿海地区实施主要突击。德军根据这一判断进行了部署。这时，德军在法、比、荷的兵力有"B"集团军群（司令隆美尔元帅）、"G"集团军群和独立第八十八军，共60个师（含统帅部预备队4个师），飞机450架、舰艇301艘，统由龙德斯泰特元帅指挥。"B"集团军群辖第十五、第七集团军共39个师，其中十五集团军23个师（14个海防师、4个步兵师、5个装甲师）配置在加来地区900公里的海岸线上。其余部队都分散地配置在荷兰、诺曼底地区、康坦丁半岛和布列塔尼半岛沿海地区。诺曼底地区只部署了第七集团军的6个师又3个团，地面部队兵力不超过9万人，"G"集团军群共17个师，防守法国南部和西南部海岸。在加来地区，德军沿海岸修筑了一道纵深5—6公里的防御地带，设有岸炮阵地以及由坦克陷阱、防坦克壕、钢筋混凝土隐蔽部构成的坚固支撑点，各支撑点之间敷设有大量地雷和障碍物。水中设置了障碍物和水雷区。诺曼底地区的海防工事远不如加来地区。这里只构筑了若干个独立支撑点，且大部是野战工事，纵深内只设置了防空降障碍物。

一名阿登战役中的德国士兵

1944年6月6日晨，盟军利用涨潮时机和刚刚出现的暂短的好天气，开始在诺曼底地区登陆。在登陆兵登陆前4

美军B－17重型轰炸机

至5小时，美空降第八十二师、第一零一师和英第六师在登陆地域两翼距海岸10至15公里的纵深处实施了空降，占领登陆地域内的交通枢纽、渡口、桥梁和其他设施，配合了登陆兵登陆。美第一集团军所属第七军步兵第四师、第五军步兵第一师（配属1个团）和英第二集团军所属第三十军步兵第五十师（加强1个装甲旅和1个突击营、第一军步兵第三师及加拿大步兵第三师其他部队）参加了登陆作战。6日5时，盟军开始火力准备。1个半小时之后，美、英军第一批登陆部队陆续登陆。由于盟军掌握着制空权，德军抗登陆的准备又不足，所以登陆部队未遇德军强大的反击，日终前已夺占了数个纵深8至10公里的登陆场。但各登陆场未建立起联系。有的地段，登陆兵上陆的速度非常缓慢，有的师在6日日终只前进了1.6公里。从6月7日起，登陆部队开始建立统一登陆场。经过激战后，于6月12日各登陆场连成一片，正面宽约80公里，纵深12—18公里。

这时，德国为了干扰和阻止盟军大批上陆，迫使美、英妥协，使用了所谓"新式秘密武器"V—1型飞弹。（这是一种小型火箭，总重量2300公斤，弹头炸药量为850至1000公斤，最大时速240公里，最大射程280公里，可由地面发射架或由飞机载运发射，由于飞行中发出可怕的声响，因而也叫"嗡嗡飞弹"。8月初，德国还使用了射程为350公里，时速5800公里的V—2型火箭。）6月12日，第一枚飞弹落入伦敦。同时，德军统帅部还调来4个师先后投入战斗。但德军采取的这些措施，对盟军

森豪威尔的副手蒙哥马利，在诺曼底举行第一次战地会议

登陆没有产生多大影响。从6月中起，盟军开始扩大登陆场。盟军在扩大登陆场的战斗中，于6月21日包围了瑟堡，并于26日攻占了该港城，从而使登陆部队的物资供应有了保障。6月底，盟军

1944 年，美步兵乘步兵登陆艇冲向诺曼底登陆

占领了正面 100 公里、纵深 50 公里的登陆场。7 月底，盟军已有 13 个美国师、11 个英国师和 1 个加拿大师，100 万人在诺曼底登陆场登陆，有近 56.7 万吨物资和 17.2 万辆车辆被运送上岸，而这时在那里抵抗的德军只有 13 个师。7 月 9 日，英军攻占了卡昂西北部，至 7 月 18 日完全占领该城。与此同时，向圣洛方向进攻的盟军占领圣洛，从而在西欧大陆上建立起从卡昂，经科蒙、圣洛，一直延伸到来赛的稳固战线。至此，盟军已

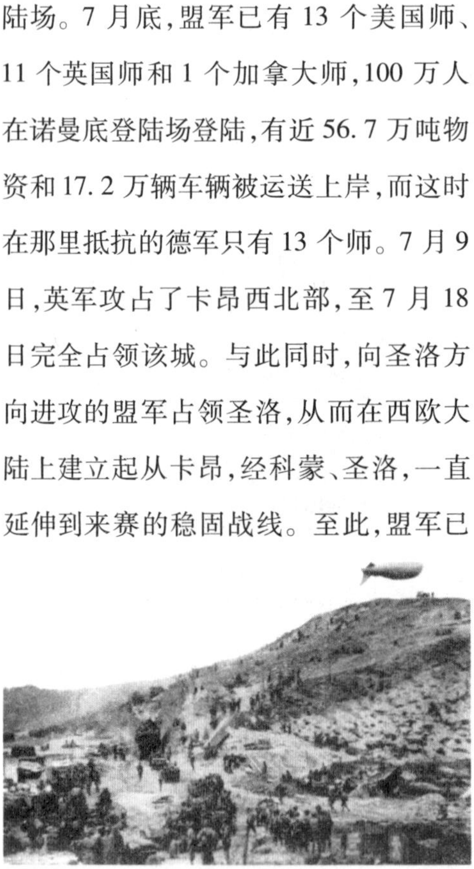

诺曼底滩头阵地一片繁忙

诺曼底登陆战役，是第二次世界大战中规模最大的一次登陆战役。这次登陆作战历时 43 天，主要特点是：第一，战前进行了长期周密的准备。战役准备时间长在半年之久。兵力与物资器材准备充足，对登陆地区的天气、水文、地形调查清楚，战役伪装成功，为保障登陆提供了必要的条件。第二，登陆是在掌握绝对制空制海权的条件下实施的。在整个登陆战役过程中，盟军可能使用的各型飞机 1 万余架，而德军不超过 500 架，盟军空军超过德军空军实力 20 倍。因而盟军能在登陆前和登陆过程中以强大的航空兵进行猛烈的轰炸。仅在航空火力准备阶段，就在整个登陆正面上投下了 1 万吨炸弹，平均每公里正面达 100 吨，这对于摧毁德军海岸防御，掩护登陆兵上陆起了重要作用。第三，有大规模空

降相配合。登陆前在德军防御战术纵深内同时空降了 3 个师，支援了登陆兵上陆和扩大登陆场的战斗。第四，采取了严密的伪装措施。盟军出敌不意地选定登陆地区，荫蔽地进行战役准备，以及在加来地区当面进行佯动等措施，使德军错误地判断了主要登陆方向。德军把大量兵力配置在加来地区，而在诺曼底地区部署兵力较少，使盟军登陆得以成功。

德国投降

德国在 1944 年受到苏军和西线盟军沉重打击后，处境更加艰难。到 1945 年初，希特勒德国在国际上更加孤立，在国内更加不得人心。内部矛盾加剧，军工生产下降，畜牧业减产，经济和军事力量都大大地削弱了。更为严重的是兵员缺乏。1944 年德军人数减少了 26%，德国已无力补充这样大的损失。但是，希特勒德国并不甘心失败，这妄图在东西两线同时作垂死挣扎。在东线，希特勒决心依靠经营多年的东普鲁士强大筑垒地域和新建的那雷夫河、维斯瓦河防御地区，以及难以通行的喀尔巴阡山，阻止苏军继续向波兰和奥地利推进。在西线，则坚守齐格菲防线和莱茵河，阻止美、英军队向德国腹地推进，并试图单独和美、英媾和。同时严密控制荷兰、丹麦、挪威，企图把战争无限期地拖延下去。这时，德军共有 313 师又 32 个旅，其中 185 个师又 21 个旅用于苏德战场，其余部队用于西线和控制占领区。

前苏联在取得 1944 年决定性胜利之后，军民士气高涨，经济、军事实力大幅度增长，武器装备大大加强。到 1945 年初，苏军距柏林只有 600 公里。苏军的任务是，在最短时间内彻底粉碎法西斯德军，攻克柏林，胜利结束对德战争。这时，苏军已有 640 万人、火炮和追击炮 10 万多门、坦克和自行火炮 1.18 万辆、作战飞机 1.27 万架。而德军这时在苏德战场只有 370 万人，火炮和追击炮 5.6 万门，坦克和强击火炮 8000 辆，作战飞机 4100 架。苏军人员是德军人员的 1.7

希特勒像

倍,炮兵为1.8倍,坦克和自行火炮为1.5倍,飞机为3倍以上。苏军在作战指挥方面又有了新的提高,取得了连续实施大规模战略性进攻战役、围歼德军重兵集团的经验,战斗力大大加强,具备了彻底战胜德军的条件。

西线盟军到1945年初不仅收复了西欧一些国家的领土,而且还挫败了德军在阿登地区的反扑,消耗了大量德军,迫使德军撤回原出发地域。同时,盟军兵源充足,兵方补给源源不断地运上欧洲大陆,战场形势对盟军十分有利。盟军企图利用对德作战的有利态势,迅速突破齐格菲防线,强渡莱茵河,向德国腹地推进,协同苏军共同击败法西斯德国。

1945年是最后战胜法西斯德国的1年。1月中旬,苏军以5个方面军的兵力在波罗的海至喀尔巴阡山1200公里宽的战线上,发起强大的进攻,同时在波兰和东普鲁士实施两个相互联系的战役,即维斯瓦河—奥得河战役和东普鲁士战役。尔后,苏军为了歼灭两翼德军,解除两翼威胁,又于2月至4月上半月在东波美拉尼亚(现波兰西北部)和奥地利实施了两个大规模进攻战役,即东波美拉尼亚战役和维也纳战役。这些战略性进攻战役的胜利实施,对于最后战胜法西斯德国具有重要意义。

维斯瓦河—奥得河战役

苏军1945年的进攻,首先是在华沙至柏林这个主要战略方面上发起的,作战地域在波兰境内的维斯瓦河至奥得河之间,因此称维斯瓦河—奥得河战役。

苏军的这次进攻,本来计划在1945年1月20日开始,但1月6日丘吉尔给斯大林打电报说,德军在阿登地区疯狂反扑,盟军期望苏军及早在维斯瓦河发起攻势。因此,苏军于1月16日提前发起进攻。

战役开始前,德军统帅部没有发现苏军在这一方向的进攻企图,错误地认为苏军将首先在南北两翼实施重要战役,尔后才可能在柏林方向上进攻,因而把配置在这里的许多兵团调往匈牙利和波美拉尼亚。到战役开始时,德军“A”集团军群(1月26日改称“中央”集团军群,司令哈尔佩上将),辖2个合成集团军和1个坦克集团军,共有56万人、火炮和迫击炮约5000门、坦克和强击火炮1200余辆、飞机600余架。尽管德军为了削弱和阻止苏军而预先在维斯瓦河至奥得河之间建立了横贯整个波兰、纵深达500多公里的7道防御地区,但因兵力不足,防御仍很薄弱。

为了歼灭掩护德国边境的德军“A”

集团军群，为攻克柏林创造条件，苏军最高统帅部决定，以乌克兰第一方面军和白俄罗斯第一方面军利用在维斯瓦河两岸已经夺占的登陆场发起进攻，实施维斯瓦河—奥得河战役。战役企图是，两个方面军从各登陆场同时实施分割突击，突破德军防御后，迅速向纵深发展进攻，并在德军退却或预备队固守之前夺取中间防御地带，规定乌克兰方面军的战役纵深为280至300公里，白俄罗斯方面军为300至350公里。为此，乌克兰第一方面军应先从桑多梅日登陆场向拉多姆斯科方向发起进攻，继而向布雷斯劳方向发展进攻。白俄罗斯第一方面军应实施3个突击：主要突击从马格努舍夫登陆场向波兹南方向实施；第二个突击从普瓦维登陆场向罗兹方向实施，尔后再向波兹南发展进攻；第三个突击从华沙以北向西方向实施，迂回并解放华沙。2个方面军编成内共有16个合成集团军、4个坦克集团军、2个空军集团军和若干个独立军及其他部队，共220万人，有火炮和追击炮3.3万多门、坦克和自行火炮7000辆、飞机5000架。波兰第一集团军在白俄罗斯第一方面军编成内参加了解放自己国土的作战。进攻前2个方面军建立了强大突击集团。乌克兰第一方面军在桑多梅日登陆场集中了8个合成集团军、2个坦克集团军、3个独立坦克军的兵力，火炮和追击炮1.19万多门、坦克和自行火炮1434辆，白俄罗斯第一方面军在马格努舍夫登陆场和普瓦维登陆场集中了火炮和迫击炮1.3792万门、坦克和自行火炮768辆。苏军对德军的火力优势超过几倍到十几倍。

1月12日，乌克兰第一方面军发起进攻。两天后，白俄罗斯第一方面军也发起进攻。苏军很快突破了德国防御。从1月14日和15日起，德军开始撤退。至1月17日，苏军突破了德军防御正面500公里、纵深达100至150公里，德"A"集团军群主力被击溃，波兰第一集团军进入华沙，波兰首都获得解放。17日日终苏军前出到赫林、罗兹、拉多姆斯科、琴斯托霍瓦、梅胡夫一线，完成了大本营赋予的当前任务，苏军的迅猛进攻，使德军统帅部慌了手脚，急忙从预备队、西战场和苏德战场其他方向调来40个师，仓猝组织防御，但未能阻止苏军进攻。苏军2个方面军在乌克兰第四方面军和白俄罗斯第二方面军于两翼的配合下，高速向纵深追击敌人。乌克兰第一方面军左翼军队先于1月19日攻占克拉科夫，尔后又开始争夺西里西亚工业区，并迫使德军撤退。方面军主力则向布雷斯劳方向进攻,1 月 22 至 23 日前出至奥得河,并在许多地段强渡了该河。白俄罗斯第一方面军完成当前任务后,向波兹南方向挺进。1 月 25 日强渡了瓦尔塔河,突破了波兹南防御地区,合围了德军 6 万人。至此,大本营赋予的整个战役任务已经完成。但各方面军并没有停止进攻。乌克兰第一方面军解放了西里西亚工业区,巩固了奥得河西岸布雷斯劳、奥珀伦以南各登陆场。白俄罗斯第一方面军于 1 月 26 日开始,继续向纵深推进,克服了德军筑垒防御,至 2 月 3 日前出到奥得河,并在河西岸屈斯特林(科斯钦)地区夺取了登陆场。至此,2 个方面军停止了进攻。

苏军在维斯瓦河—奥得河战役中,全歼德军 35 个师,击溃 25 个师,波军同苏军一起作战,收复了波兰的大部领土。这次战役打开了通向柏林的大门,苏军向西推进 570 公里,到战役结束时,距柏林只有 60 公里了。

维斯瓦河—奥得河战役有几个特点:一是进攻的速度高、规模大。苏军在这次战役中的进攻速度是战争以来最高的一次,平均每昼夜达 25 公里,步兵有些天进攻速度每昼夜为 45 公里,快速兵团达 70 公里。进攻规模之大也是以前少有的。两个方面军的进攻正面开始为 500 公里,到战役结束已扩大到 1000 公里。大本营原规定战役纵深为 280 至 350 公里,但实际上达到了 570 公里。二是在主要突击方向上高度集中兵力兵器。据统计,在各方面军的主要方向上,集中了 75% 以上的合成军团和兵团,90% 左右的坦克军团和兵团,75—90% 的炮兵和 100% 的航空兵。三是两个方面军相互协同,采取对敌防御全纵深实施正面突击的方法,分割德军战略防线,歼灭其各个孤立的集团。苏军的这次进攻,先是以优势兵力在 4 个方向同时实施迅猛突击,使德军失去相互间联系而变成孤立集团,然后以部分兵力加以围歼,主力(特别是坦克军团)则继续高速度向大纵深发展进攻。因此,苏军以较小的代价取得了重大胜利。

东普鲁士战役

东普鲁士(今分别属于立陶宛共和国和波兰)是纳粹德国东方重要的战略区和经济区。东普鲁士失守,既影响到柏林方向的安全,也将使德国经济实力受到严重削弱。因此,德军统帅部非常重视东普鲁士防御,多年来一直在那里构筑工事,企图依托经营多年的东普鲁士强大防御体系,阻止苏军推进,不让战火转移到德国本土。在苏军进攻前,德军在东普鲁士建成的防御体系，包括7道防御地区和6个筑垒地域，其中尤以马祖里湖附近及柯尼斯堡（今前苏联加里宁格勒）地区最为强固。德军以“中央”集团军群（司令莱因哈特上将，从1月26日起改称“北方”集团军群，司令伦杜利奇上将）在东普鲁士防守。该群辖2个野战集团军、1个坦克集团军和1个航空队，及其他部队共计78万人，有火炮和迫击炮8200门坦克和强击火炮700辆、飞机775架。

为了歼灭东普鲁士德军集团，保障在华沙至柏林方向进攻苏军的翼侧安全，苏军最高统帅部决心在实施维斯瓦河—奥得河战役的同时，以白俄罗斯第三、第二方面军在波罗的海沿岸第一方面军一部和波罗的海舰队的配合下，实施东普鲁士战役。战役企图是，以白俄罗斯第二方面军（司令员罗科索夫斯基元帅）向马林堡、埃尔宾方向实施突击，以白俄罗斯第三方面军（司令员切尔尼亚霍夫斯基大将，1945年1月18日切尔尼亚霍夫斯基在巡视前线时阵亡，从2月20日起由华西列夫斯基元帅接替指挥）由马祖里湖以北向柯尼斯堡实施突击，切断东普鲁士集团与其他德军的联系，并将其逼到海边后分割歼灭。参加进攻的苏军共有14个合成集团军、1个坦克集团军、5个坦克军和机械化军、2个空军集团军，共计167万人，火炮和迫击炮2.5万多门、坦克和自行火炮3859辆、飞机3097架。

1945年1月中旬，东普鲁士地区天气恶劣，航空兵不能出动。但为了保持同在华沙至柏林方向进攻的苏军的战略协同，白俄罗斯第三、第二方面军分别于1月13日和14日及时转入进攻。经过5至6天激战，至1月18日日终，2个方面军均已突破德军防御战术地幅，为向柯尼斯堡和马林堡发展胜利、合围德“中央”集团军群主力创造了条件。德军在防御战术地幅被突破后开始撤退，苏军立即转入追击。1月26日，白俄罗斯第二方面军在埃尔宾以北前出到波罗的海沿岸，切断了东普鲁士德军向西的退路。1月29日，白俄罗斯第三方面军与波罗的海沿岸第一方面军一部也进抵波罗的海沿岸，包围了柯尼斯堡。这样，到1月底2个方面军把东普鲁士德军集团约32个师的基本兵力分割成3个孤立的集团，其中最大的集团约20个师被合围在柯尼斯堡以南和西南地域，约有4个师被压缩到泽姆兰德半岛上，其余被围困在柯尼斯堡，各集团之间已失去了联系。

东普鲁士德军被分割以后，白俄罗

斯第二方面军主力被调去实施东波美拉尼亚战役，歼灭东普鲁士德军的任务由白俄斯第三方面军完成。该方面军得到白俄罗斯第二方面军留下来的4个集团军的加强，同时波罗的海沿岸第一方面军从2月24日起改成泽姆兰德集群后也编入了白俄罗斯第三方面军。白俄罗斯第三方面军得到加强后，于3月13日重新发起进攻，至3月29日，歼灭了柯尼斯堡以南和西南地域的德军主力。尔后，方面军开始集中力量歼灭被围困在柯尼斯堡的德军。至4月9日，苏军攻占柯尼斯堡市及其要塞，歼灭了被围德军。从4月13日起，方面军在波罗的海舰队配合下开始进攻德军泽姆兰德集团，至4月25日歼灭了该集团。至此，整个东普鲁士德军集团被歼灭，白俄罗斯第三方面军转入大本营预备队。

在东普鲁士战役中，苏军歼灭德军25个师，重创12个师，攻占了整个东普鲁士，使法西斯德国失掉了一个重要的战略基地。这次战役虽然到4月下旬才结束，但牵制了德军大量兵力，使之不能向柏林方向机动，大大有利于苏军在柏林方向的作战。

东波美拉尼亚战役

1945年2月初，在华沙至柏林方向上行动的苏军已前出至奥得河，而在东普鲁士进攻的苏军仍在东普鲁士作战。这样就在进至奥得河的白俄罗斯第一方面军和仍在东普鲁士作战的白俄罗斯第二方面军之间的东波美拉尼亚地区，形成了一个大约150公里宽的间隙地带。苏军在这里兵力空虚，白俄罗斯第一方面军的右翼暴露，后方受到威胁。德军统帅部为了改善柏林方向上不利的态势，决定以1月26日新组建的“维斯瓦”集团军群（司令希姆莱）的一部兵力对白俄罗斯第一方面军右翼实施反突击，妄图歼灭进至奥得河的苏军，尔后在东波美拉尼亚固守，以稳定柏林方向上的防御，德“维斯瓦”集团军群编有2个野战集团军和1个坦克集团军。德军统帅部拟以1个野战集团军阻止可能从东普鲁士调来的苏军，以另1个野战集团军对白俄罗斯第一方面军右翼实施反突击，坦克集团军作为预备队。

苏军最高统帅部鉴于进攻柏林的苏军翼侧受到严重威胁，决定推迟实施进攻柏林的计划，先抽调兵力在东波美拉尼亚实施一次进攻战役，以消除这一威胁。2月9日，苏军最高统帅部发布训令，命令正在东普鲁士作战的白俄罗斯第二方面军将其右翼军队转隶白俄罗斯第三方面军，继续歼灭东普鲁士德军，而以中路和左翼军队去围歼东波美拉尼亚的德军集团，占领从但泽至斯德丁之间的东波美拉尼亚，并前出到波罗的海沿岸。

2 月 10 日晨，白俄罗斯第二方面军按照大本营的指令，从布罗姆贝格（比得哥什）以北维斯瓦河各登陆场发起了进攻。德军于 2 月 16 日用 6 个师的兵力在施塔尔加德以南开始对白俄罗斯第一方面军在施塔尔加德以南开始对白俄罗斯第一方面军右翼实施反突击，并向西南方面压挤苏军，前进了 8 至 12 公里。白俄罗斯第二方面军前进 70 公里后，进攻受阻。苏军最高统帅部认为，在这种情况下，白俄罗斯第二方面军已不可能单独完成歼灭东波美拉尼亚德军集团的任务，因此，于 2 月 17 日决定，白俄罗斯第一方面军编组强大的突击集团（辖 4 个合成集团军，2 个坦克集团军，其中包括波兰第一集团军）参加这一战役，苏军企图是，以白俄罗斯第二方面军左翼军队由采姆佩尔堡（森普尔诺）以北地区向克兹林（科沙林）方向实施主要突击，以白俄罗斯第一方面军突击集团从阿恩斯瓦尔德（霍什奇诺）地区向科尔贝格（科沃布热克）实施突击，并前出到波罗的海沿岸，把德军东波美拉尼亚集团分割成两个部分。尔后，白俄罗斯第一方面军突击集团向西北、白俄罗斯第二方面军向东北发展进攻，在波罗的海舰队配合下，各个歼灭被分割之敌。

这时，东波美拉尼亚德军集团已得到加强。在白俄罗斯第二方面军当面，德军部署了 23 个师，在白俄罗斯第一方面军突击集团当面部署了 19 个师。德军统帅部拟以 42 个师在东波美拉尼亚组织预有准备的防御，除了有效利用 1933 年构筑起来的所谓“波美拉尼亚壁垒”外，还在 2 至 3 月新构筑了许多永备工事和大量的野战防御工事。

2 月 23 日，苏军发出进攻命令。白俄罗斯第二方面军突击集团调整部署后于 24 日晨重新发起了进攻。3 月 1 日，白俄罗斯第一方面军突击集团也转入进攻。2 个方面军的部队对德军防御纵深实施深远突击，于 3 月 5 日前就突击到波罗的海沿岸克兹林和科尔贝格地区，将敌军分割成两个部分。尔后，白俄罗斯第一方面军突击集团把歼灭科尔贝格地区德军的任务交给波兰第一集团军，主力迅速向西北挺进，至 3 月 10 日前出至奥得河。白俄罗斯第二方面军则挥戈东进，向但泽方向进攻，于 3 月 28 日攻占格丁尼亚，3 月 30 日占领但泽。整个战役击溃德军 21 个师又 8 个旅，其中全歼 6 个师又 3 个旅，使柏林方向上苏军的右翼安全得到了可靠的保障。战役结束后，苏军抽调10个集团军加强柏林方向，从而大大增强了进攻柏林的力量。

在维也纳方向的进攻

正当白俄罗斯第二、第一方面军在东波美拉尼亚节节胜利的时候，乌克兰第三、第二方面军于1945年3月又在匈牙利西部向奥地利首都维也纳方向发起了进攻。

苏军1944年第九次突击结束后，乌克兰第三、第二方面军前出到匈牙利西部地区德拉瓦河、巴拉顿湖、埃斯泰尔戈姆一线。希特勒为了确保匈牙利西部石油产地和维也纳方向的安全，决定把反党卫坦克第六集团军从西线调到匈牙利西部，企图在巴拉顿湖附近地区对苏军实施一次大规模反攻，迫使苏军退至多瑙河东岸，同时依托在沿匈牙利山林、奥匈国境线和维也纳接近地构筑的3道防御地带，阻止苏军向维也纳方向突进。

配置在维也纳方向的德军是“南方”集团军群（司令韦勒将军），辖第八、第六集团军、党卫坦克第六集团军和坦克第二集团军以及匈牙利第三集团军。德军这1兵力集团，连同与保加利亚、南斯拉夫军队对峙的德军，总共约有40万人，装备火炮和迫击炮6000门、坦克和强击火炮1600辆、装甲输送车800余辆，由第四航空队700架飞机支援。

苏军最高统帅部总的意图是，首先击退德军的反突击，尔后向维也纳方向进攻，攻占维也纳。为此，苏军拟以乌克兰第三方面军在巴拉顿湖附近地区组织防御，消耗和疲惫德军，然后以乌克兰第二、第三方面军在其相邻翼侧实施两个强大的突击：一个向肖普朗方向实施，目的是迅速歼灭德军党卫坦克第六集团军的基本兵力；另一个向杰尔方向实施，目的是歼灭埃斯泰尔戈姆德军集团。尔后，两个突击均应沿多瑙河南向维也纳方向发展。为保障这一主要突击，乌克兰第三方面军中路和左翼军队向西南方向、乌克兰第二方面军中路军队在多瑙河北岸配合进攻。苏军参加作战的乌克兰第三方面军和第二方面军左翼军队共有7个合成集团军（含保加利亚第一集团军）、1个坦克集团军、2个空军集团军、4个坦克机械化军、1个骑兵军和多瑙河区舰队。

3月6日，德军在巴拉顿湖附近地区实施了反突击。乌克兰第三方面军凭借预先构筑的工事进行了顽强防御，德军前进7—12公里，但未能突破苏军防御。至3月16日，苏军击溃了德军的反突击，使德军损失4万人和许多装备，为在纳也纳方向进攻创造了条件。

3月16日，乌克兰第三方面军突击集团（由18个师编成）出敌意外地发起猛烈进攻。德军开始未能进行有效的抵抗，一时陷于混乱。但苏军由于指挥不力、步炮协同不好和使用坦克不当等问题，也未能扩大战果，致使德军得以利用有利地形阻止了苏军前进。根据这一情况，苏军最高统帅部决定将在布达佩斯以西集结待命的近卫坦克第六集团军转隶乌克兰第三方面军。该坦克集团军于3月9日进入交战，很快击溃了顽抗之敌，德军党卫坦克第六集团军陷入半合围的不利态势，于3月21日日终开始退却。3月25日，苏军越过了匈牙利西部巴空尼林山进行追击，3月30日进入奥地利，并于4月4日日终前进抵维也纳接近地。乌克兰第三方面军左翼集团于3月29日在巴拉顿湖以南转入进攻，至4月2日攻占了匈牙利石油中心瑙杰考尼饶市，尔后向西北方向发展进攻。

乌克兰第二方面军以12个师编成的突击集团于3月17日发起攻击，在多瑙河以南突破德军防御后，开始向杰尔方向发展进攻。方面军中路和右翼军队于25日突破防御后向布拉格方向突击。方面军左翼突击集团在中路部分部队和多瑙河区舰队协同下，于3月28日歼灭了多瑙河南岸埃斯泰尔戈姆—托瓦罗什德军集团，并攻占了杰尔等地。4月2日，进攻军队进抵奥、匈边境。尔后，突击集团主力第四十六集团军北渡多瑙河，开始从北面迂回维也纳，切断德军退路。

4月5日乌克兰第三方面军开始了进攻维也纳的战斗。第二天苏军突入市郊。守城德军8个坦克师、1个机械化师和15个独立步兵营充分利用外围工事和市内建筑物进行坚守。苏军昼夜不停地进攻，经过激烈争夺，于4月13日攻占了维也纳。尔后开始追歼逃敌。乌克兰第二方面军在此期间强渡了多瑙河和摩拉瓦河，并向维也纳以北进攻。但德军抽调8个师加强对乌克兰第二方面军进攻地段的防御，使其进攻速度缓慢下来。因而维也纳守军得以从城北和西北方向撤退。4月15日，2个方面军前出到摩拉瓦河、施托克劳、圣珀尔滕、马里博尔以东及德拉瓦河北岸一线。

苏军在向维也纳的进攻中，击溃德军32个师，俘13万人，并缴获大量武器装备。这一进攻肃清了匈牙利全境和奥地利东部及首都维也纳的德军集团，同时造成了对布拉格进攻的有利态势。

在这次进攻作战中，苏军先以1个方面军进行防御作战，消耗德军，然后再周密地组织2个方面军的协同动作，成功地歼灭了当面之敌。

易北河会师

1945年2月初，西线盟军已击退德军在阿登地区的反扑，进逼齐格菲防线。东线苏军已完成维斯瓦河至奥得河的进攻，进至奥得河。在苏军对柏林已构成严重威胁的情况下，德军不得不把西战场半数以上的装甲师和大批的坦克、火炮调到苏德战场对付苏军的进攻，在西战场则企图以剩下的大约59个师，依托沿莱茵河西岸构筑的齐格菲防线，阻止美、英、法、加拿大联军的推进。德军59个师分别为"H"集团军群（司令施图登上将）、"B"集团军群（司令莫德尔元帅）和"G"集团军群（司令勃拉斯科维次）所属，分散部署在整个防线上，战斗力已大大削弱。这时，希特勒虽然还用欺骗和强迫手段驱使德国人为法西斯卖命，但两线夹击的不利形势和盟军大规模持续的战略轰炸，已使德国军民丧失了信心。因此，联军统帅艾森豪威尔当时预言，如果再发动一次大规模的进攻，就可以使希特勒统治下的德国受到致命的打击。

为了组织一次大规模的进攻，盟军一面以每周1个师的速度向西欧增调部队，增强对德作战力量，弥补在阿登地区受到的损失；一面制定尔后总的军事行动计划。盟军总的企图是，首先歼灭莱茵河以西的德军，尔后强渡莱茵河攻占鲁尔区，继而发动最后的进攻，进抵易北河与苏军会师。

为了摧毁莱茵河以西的德军力量，盟军在全线展开了大约85个师的兵力，预定实施3个突击：在莱茵河下游地区，德军防御薄弱，由英军第二十一集团军群（辖加拿大第一集团军、英第二集团军和美第九集团军）在这里实施主要突击，首先渡过莱茵河；莱茵河中游地区，是德军齐格菲防线最坚固的部分，由美军第十二集团军群（辖美第一、第三集团军）在这里发起进攻。迫使德军撤至莱茵河东岸，并夺占登陆场，为强渡莱茵河作准备；在南部的萨尔盆地，由美军第六集团军群（辖法第一集团军和美第七集团军）与第十二集团军群一部共同实施向心突击，歼灭那里的德军，前出至莱茵河。

在下莱茵河以西地区，盟军决定：以加拿大第一集团军渡过马斯河向南和东南、美第九集团军渡过鲁尔河向东北同时实施向心突击，歼灭当面之敌，前出至莱茵河。美第一集团军一部负责掩护其右翼安全。2月8日，加拿大第一集团军在进行5个半小时炮火准备后发起进攻,2月13日突破德军主要防御地带后向东南推进,2月17日在戈赫一带受阻。美第九集团军原计划于2月10日发起进攻,但由于德军在2月9日炸毁了鲁尔河水闸使河水泛滥,美军进攻受阻达2个星期。2月23日,美第九集团军和第二集团军一部开始强渡鲁尔河,由于加拿大第一集团军的进攻吸引了当面德军的大量兵力,因此美军进展顺利。至3月2日,美军抵达靠近杜塞尔多夫的莱茵河,次日与加军在格尔登地域会师,使德军15个师陷入被围歼的威胁之中。在这种情况下,希特勒仍严令德军不准撤退,但这时候德军已处于崩溃状态,希特勒的命令已无济于事。德军在遭到损失之后慌忙撤退到莱茵河东岸。

在莱茵河中游以西地区,担负掩护美第九集团军右翼任务的美第一集团军一部于3月5日抵达科隆,并于3月7日攻占该市。与此同时,美第一集团军其他部队也向莱茵河迅速推进,3月7日在雷马根抵达莱茵河,并夺取了河上德军未及炸毁的“鲁登道夫”铁路大桥。美军利用这座桥通过了5个师的部队,很快在河对岸建立起一个宽40公里、纵深15公里的登陆场。美第三集团军一部于2月23日发起进攻后,在特里尔附近首先突入齐格菲防线。3月初,该集团军发动进攻,于3月9日至10日抵达莱茵河,其左翼与第一集团军部队会合。

这时,在莱茵河以西就只剩萨尔盆地的德军还在抵抗。守军部署在一个以莱茵河为底边、以摩泽尔河和齐格菲防线为另外两边的大三角形地域内。3月15日,盟军第六集团军群从齐格菲防线的南面发起进攻。与此同时,第十二集团军群一部也从北边的摩泽尔河发起攻击。两军同时实施强大的向心突击,于3月23日前出至莱茵河,并在奥彭海姆夺占了登陆场。至3月25日全部肃清了萨尔盆地的敌人。

在莱茵河以西的作战中,德军损失约20个师,被俘27.5万人,死伤在6万人以上。盟军进抵莱茵河后,德军就被压缩在莱茵河至奥得河这两条大河之间的地带内。这时,德军士气更加低落,军心更加动摇。

3月23日,盟军开始强渡莱茵河,并对河东鲁尔工业区实施突击。在鲁尔工业区防守的是西线德军最强大的集团——“B”集团军群。该集团军群辖29个师又1个旅,占西线德军总数的一半,由1704架飞机支援。参加作战的盟军是第二一、第十二集团军群和独立空降第十八军,共51个师又12个旅,支援飞机9000架。盟军企图以第二十一集团军群由威赛尔地域向鲁尔以北实施主要突击,以第十二集团军群从已取得的莱茵河登陆场向卡塞尔实施辅助突击,围歼德军鲁尔集团,尔后向易北河总方向发展进攻。

3月23日夜,第二十一集团军群主要突击集团发起进攻。1夜之间,英第二集团军和美第九集团军强渡了莱茵河,在东岸夺取了登陆场。第二天上午,空降第十八军在敌后实施空降,并很快与正面进攻的英军会合。至28日,登陆场已扩大到正面60公里、纵深35公里。第十二集团军群在辅助方向的进攻也很顺利,4月1日即与第二十一集团军群的部队在利普施塔特地域会合,从而对鲁尔工业区的法西斯德军18个师,32.5万人(含将官30人)达成合围。这时,艾森豪威尔发表了告德国军民书,敦促德国投降,但被围德军没有立即投降。

鲁尔集团被合围后,德军西部防线已基本瓦解,于是盟军统帅部决定以一部兵力歼灭被围德军(德军抵抗18天后,于4月18日投降),将主要力量转移到中央方向,立即在全线发起最后的进攻。盟军的企图是,以第十二集团军群在中央方向实施主要突击,直接向易北河中游推进;以第二十一集团军群在北翼向易北河下游进攻;南翼由第六集团军群攻入奥地利。

为了加强中央方向的突击力量,美第九集团军于4月4日由第二十一集团军群转隶第十二集团军群。第十二集团军群在鲁尔合围德军后,继续由卡塞尔地域向东推进,几乎未遇德军抵抗,于4月16日在维滕贝格和马格德堡地域进抵易北河,19日攻占莱比锡,尔后进入捷克斯洛伐克国境。25日,美第一集团军的部队在托尔高地域的易北河上与苏军乌克兰第一方面军会师,德国即被分割成南北两部分。在北翼,第二十一集团军群向东北迅速推进,于4月19日至月底在许多地段前出到易北河。尔后,英军强渡易北河继续向东推进,汉堡守军不战而降。5月初,英军在易北河以东与苏军会师。在南翼,第六集团军群利用3月底夺占的奥彭海姆登陆场发起进攻后,迅速向东推进,于4月月中占领纽伦堡地域,至5月初攻入奥地利西部。与此同时,第十二集团军群的部队也进入奥地利的林茨地域。这时,盟军已经肃清了荷兰、挪威和意大利境内的法西斯军队,残余德军被压缩在柏林附近地域作垂死挣扎。

柏林战役

柏林是德国的政治、经济、军事中心

希特勒不惜将儿童驱赶上战场

和重要的交通枢纽，也是德国纳粹分子的最后巢穴。攻克柏林将意味着法西斯德国的灭亡和欧洲战争的结束。苏军根据苏、英、美等国关于把柏林划为苏军战区的协议，负责攻打柏林。

1945年1月至4月中旬，苏军在东战场和盟军在西战场的进攻都取得了一系列胜利。

在东战场，苏军歼灭了柏林方向的德军重兵集团，在宽大正面上前出至奥得河和尼斯河，并占领了维也纳，从东面和南面包围了柏林，距柏林最近距离只有60公里。在西战场，盟军合围了鲁尔德军集团，进抵易北河，向汉堡、莱比锡和布拉格方向发展进攻，距柏林100至120公里。

德国丧失了鲁尔、西里西亚煤、钢产区和匈牙利、奥地利石油产地，军用物资的产量急剧下降。1945年3月，德国钢产量只达1944年平均月产量的15%，采煤量只达16%；1944年平均每月生产坦克705辆，而1945年第一季度平均每

1945年5月德国纳粹终于在投降书上签字

月生产坦克333辆。至1945年4月初，技术装备、武器和弹药生产量更加降低。由于油料供应严重短缺，使很大一部分飞机和坦克不能参加战斗。

苏军进攻柏林之前，德国在欧洲已失去了所有的盟国，政治上空前孤立，内部矛盾加剧，众叛亲离，分崩离析，国家经济崩溃，人心浮动。军事上不仅兵员缺乏，不得不把16至17岁甚至年龄更小的少年拉去打仗，而且装备不足，补充困难，士气低落。法西斯德国已处于四面楚歌、土崩瓦解的境地，灭亡之日已屈指可数。

在希特勒的末日即将来临之时，1945年4月12日下午美国总统罗斯福在美国佐治亚州温泉病逝。消息传到柏林，希特勒和他的宣传部长戈培尔等人一时欣喜若狂。纳粹头子们幻想历史的转折点已经到来，认为这是上帝要拯救第三帝国。他们曾设想派代表去和美国

新任总统杜鲁门谈判并幻想能单独和美、英媾和,可是这类念头很快被无情的现实所粉碎。

但是,希特勒仍然力图拖延战争。他把59个师兵力,用于西线同盟军作战,而把214个师又14个旅的兵力用于苏德战场,竭尽全力固守柏林,妄图以此达到拖延战争的目的。德军统帅部在柏林方向部署了“维斯瓦”集团军群(司令海恩里齐上将)的全部和“中央”集团军群的大部兵力,共100万人,火炮和迫击炮1万多门、坦克和强击火炮1500辆、作战飞机3300架。德陆军总部预备队8个师。此外,柏林市内还有守备部队20多万人。为便于坚守,德军在奥得河、尼斯河地区构筑了3道防御地带,在柏林防御地域构筑了3道环形防御围廓。

苏军最高统帅部为了迫使德国无条件投降,尽快结束欧洲战争,决定从4月中旬,开始实施柏林战役。苏军的企图

遭到轰炸的德国总理府

是,以3个方面军的强大兵力,在远程航

德军军官普拉斯到达苏军指挥部谈判投降事项

空兵和部分海军的协同下,在宽大正面上实施数个猛烈突击,迅速突破奥得河、尼斯河防御,合围德军柏林集团,同时予以分割歼灭,攻占柏林,并于战役结束前在易北河与美、英军会师。

参加柏林战役的苏军是白俄罗斯第一方面军、乌克兰第一方面军和白俄罗斯第二方面军,波兰第一、第二集团军、波罗的海舰队以及远程航空兵的部分兵力也参加了作战。该集团共有162个步兵师和骑兵师、21个坦克军和机械化军、4个空军集团军,约250万人,配备火炮和迫击炮约4,2万门、坦克和自行火炮6250辆、作战飞机7500架。苏军人员为敌人的2.5倍、炮兵为4倍、坦克

正在欢呼庆祝胜利的苏军士兵

和自行火炮为 4.1 倍、飞机约为 2.3 倍。

苏军最高统帅斯大林指令朱可夫元帅指挥白俄罗斯第一方面军攻占柏林。该方面军的任务是，从屈斯特林登陆场实施主要突击，攻占柏林，尔后前出到柏林以西，战役结束时前出到易北河。为保障主要突击的实施，方面军在屈斯特林（科斯钦）以南、以北同时实施两个辅助突击。乌克兰第一方面军的任务是，突破尼斯河防御后，向贝尔齐希总方向实施主要突击，歼灭科特布斯和柏林以南地域的德军，攻占别力茨、维滕堡、德累斯顿地区，同时以一部兵力向包岑、德累斯顿方向实施辅助突击。白俄罗斯第二方面军的任务是，强渡奥得河后，在斯德丁（什切青）、施韦特地段突破敌防御，歼灭这里的德军，尔后攻占安克拉姆、德明、瓦伦、维滕贝格。

为了集中优势兵力实施突击，各方面军编组了强大的突击集团，3 个方面军共编 6 个突击集团，其中 3 个主要突击集团：白俄罗斯第一方面军的主要突击集团由 5 个合成集团军、2 个坦克集团军、2 个空军集团军和 2 个独立坦克军编成，共有 43 个步兵师、火炮和迫击炮 9000 门、坦克和自行火炮 2347 辆、飞机 3988 架；乌克兰第一方面军的主要突击集团由 4 个合成集团军、2 个坦克集团军、1 个空军集团军和 2 个独立坦克军编成，共有 35 个步兵师、火炮和迫击炮 7400 门、坦克和自行火炮 1300 辆、飞机 2148 架；白俄罗斯第二方面军主要突击集团由 3 个合成集团军、1 个空军集团军、2 个独立坦克军、1 个机械化军和 1 个骑兵军编成，共有 27 个步兵师、火炮和迫击炮 5744 门、坦克和自行火炮 976 辆、飞机 1360 架。

在战役准备过程中，各方面军进行了大规模的变更部署；进行了周密的侦察，出动侦察机对柏林及 3 道防御地带进行了 6 次空中照相；在出发地域进行了大量的工程构筑，仅在奥得河上架设通向登陆场的桥梁就达 25 座；还周密地进行了战役伪装。例如在白俄罗斯第二方面军第二突击集团军地带内，设置了 350 个坦克模型和 500 个火炮模型，前面用垂直遮障遮挡，使德军误认为苏军将在斯德丁（什切青）以北地区实施主要突击，从而保障了苏军在柏林以东主要方向上的突击达成了突然性。

柏林战役从 1945 年 4 月 16 日开始，至 5 月 8 日结束，为期 23 天。战役分为 3 个阶段。

1. 第一阶段，苏军突破德军奥得河—尼斯河地区（4 月 16 日—19 日）

白俄罗斯第一方面军和乌克兰第一方面军于 4 月 16 日转入进攻。白俄罗斯第一方面军主要突击集团于拂晓前在 140 具探照灯的照射下，从屈斯特林登陆场发起进攻，很快突破了德军第一道阵地，但随即遭到顽强抵抗，进攻速度缓慢下来。苏军不断增加突击力量，并于进攻当日下午将 2 个坦克集团军投入交战。各坦克集团军均参加了对战术防御地幅的突破，从而提高了进攻速度，至 19 日日终，方面军在 70 公里正面上突破整个 3 道防御地带，突破纵深约 30 公里。同时，方面军辅助集团顺利开进，在左翼创造了从北面迂回德军法兰克福—古本集团的条件。乌克兰第一方面军强渡尼斯河后，于 4 月 18 日日终前突破了德军尼斯河 3 道防御地带，尔后强渡了斯普里河，3 天前进 30 公里，歼灭德军 14 个师，创造了从南面包围柏林的条件。这时，由于白俄罗斯第一方面军进展缓慢，苏军最高统帅部决定以乌克兰第一方面军各坦克集团军从南面突击柏林，白俄罗斯第二方面军于 4 月 18 日发起进攻，至 19 日强渡了东奥得河，占领了强渡西奥得河的出发地位。

就在苏军开始进攻柏林的前一天，希特勒发布了最后一道命令，警告官兵说“后撤便当场格杀勿论”，并欺骗官兵说，如果让苏军“蹂躏”了德国，老人和孩子将被残杀，妇女和姑娘将成为军妓，其余所有的人将被驱往西伯利亚。因此，苏军在通往柏林的道路上，仍然遇到了顽强的抵抗。

2. 第二阶段，苏军合围分割德军集团(4 月 19 日—25 日)

遭苏军突然袭击后的德军机场飞机残骸

4 月 20 日，白俄罗斯第一方面军继续发展进攻，经激战后，突破了柏林远郊防御围廓。1 天以后，进攻部队突入城郊，开始了市区交战。乌克兰第一方面军突破敌防御后，快速军团至 20 日前进 95 公里，从南面前出到柏林接近地。21 日，近卫坦克第三集团军突入柏林南郊，近卫坦克第四集团军进抵波茨坦市南郊。向德累斯顿方向进攻的方面军部队(包括波兰第二集团军)击退了敌人的反突击，保障了柏林方向上主要突击集团的进攻。

4 月 24 日，白俄罗斯第一方面军近卫第八集团军和近卫坦克第一集团军、乌克兰第一方面军近卫坦克第三集团军和第二十八集团军在柏林东南会合，完成了对德军法兰克福一古本集团的合围，切断了该集团与柏林集团的联系。4 月 25 日，乌克兰第一方面军近卫坦克第四集团军同白俄罗斯第一方面军第四十七集团军、近卫第二集团军在波茨坦以西会合，从而最后完成了对德军柏林集团的合围。同日，乌克兰第一方面军所属近卫第五集团军前出到托尔高地区，同西线美军第一集团军所属部队会师。

3. 第三阶段，苏军歼灭德军被围集团，攻克柏林

(4 月 26 日—5 月 8 日)

当苏军兵临柏林城下时，希特勒慌了手脚。4 月 19 日，他曾令海恩里齐的“维斯瓦”集团军群负责保卫柏林。3 天以后，他又接管了柏林防御的指挥权。又过了 2 天，他又想重新任命柏林地区的军事指挥官。希特勒在 4 月 20 日他生日的时候曾想离开柏林，而且他的侍从和统帅部人员在 10 天前已去巴伐利

红军指挥官在研究作战计划

亚建立了大本营，但他对是否要离开柏林一直犹豫不决。在大势已去的情况下，希特勒仍然幻想能继续拖延战争，因此他最后决定留在柏林，并命令将他继续留在柏林的消息通过无线电台广播出去，妄图以此鼓舞士气。

但是，希特勒的任何行动已不可能使德国逃脱彻底灭亡的命运。4月26日至5月1日，前出到柏林东南的苏军沿向心方向实施突击，分割歼灭了德军法兰克福—古本集团。与此同时，合围柏林的苏军展开了强攻城市的激烈战斗。4月29日，被围德军被分割成3个孤立的部分。按照希特勒的命令，德军放水淹没了柏林市的地下铁道，淹死了在地下铁道内避难的成千上万的妇女、儿童和负伤的德军官兵。这一天，白俄罗斯第一方面军第三突击集团军步兵第七十九军打响了夺取国会大厦的战斗，经过逐层逐房间的争夺之后，于4月30日下午苏军2个军士把红旗插上了大厦屋顶。5月2日，德军完全停止了抵抗，柏林城防司令魏德林将军率残部投降。

在苏军开始夺占国会大厦的当天，希特勒已决定结束自己的生命。但他还念念不忘安排后事。他在遗嘱里，指定海军元帅邓尼茨继任政府首脑兼任武装部队总司令，同时还指定了戈培尔、博尔曼等一些人为新政府成员。4月30日下午，希特勒在总理府的地下室自杀身死。骄横狂妄、凶残暴戾、恶贯满盈、妄图称霸欧洲和世界的法西斯元凶，终于结束了可耻的一生而遗臭万年。他的情妇爱娃·勃劳恩服毒死在他的身边。戈培尔命令纳粹党先锋队警卫员把他自己和妻子开枪打死。5月1日，汉堡广播电台广播了希特勒丧命和邓尼茨继任的消息。

5月3日至8日，白俄罗斯第一方面军向易北河推进，白俄罗斯第二方面军也在5月3日至4日前出到易北河和波罗的海海岸，并与英军取得了联系。苏军在这次战役中共歼灭德军93个师，俘48万人，缴获坦克和强击火炮1500余辆、飞机4500架。

1945年5月8日午夜，德军最高统

二战后的德国首都柏林

在柏林近郊卡尔斯霍斯特签署了无条件投降书。前苏联政府委派朱可夫元帅同盟军代表英国空军上将泰德等一起接受了德军投降。

柏林战役是第二次世界大战中欧洲战场的最后一次重大战役。尽管法西斯德国妄图阻止苏军的进攻，但已是垂死挣扎力不从心了。德军遭到最后一次歼灭性打击，德国最后败降。

斯大林在纪念前苏联十月社会主义革命27周年大会上（1944年11月6日）指出，苏军最后一个使命就是同我们盟国的军队一起完成粉碎德国法西斯军队的事业，在柏林城上升起胜利的旗帜。苏军攻克柏林，完成了这一历史性任务。

在柏林战役中，苏军进攻正面约400公里，战役纵深白俄罗斯第一方面军和乌克兰第一方面军为160公里，白俄罗斯第二方面军为200公里。苏军进攻柏林的特点是：集中兵力兵器，编组强大的突击集团，连续突破德军防御。方面军集中步兵师60—80%，火炮和追击炮60—905%，坦克和自行火炮80—95%，航空兵100%，从而在突破地段上形成对德军的绝对优势：步兵3至5倍，火炮和追击炮5至10倍，坦克和自行火炮7至9倍，飞机2至4倍。由于苏军在决定性方向上集中优势兵力兵器，保证了连续突破德军奥得河——尼斯河防御地区；诸军兵种协同作战，迅猛的突击与分割、合围以及各个歼灭德军基本兵力相结合。柏林战役是苏军在卫国战争中进行的一次规模最大的城市进攻战役，在对柏林达成合围的同时，数个集团军从四面对城市发起强击，突破德军防御围廓，不断压缩被围之敌，对其实施分割歼灭。对德军法兰克福—古本集团的歼灭，不是在被围地域进行的，而是在其向西突围过程中，各方面军以预备队拦击，对敌翼侧实施猛烈突击，然后分割歼灭。对柏林集团的歼灭，是在对城市实施强攻过程中进行的；坦克军团用于外围机动作战，也用于城市市区作战。战役中，各坦克集团军对分割与合围德军集团起了重要作用，但白俄罗斯第一方面军的快速集团，在战役第一阶段一直协同步兵逐次突破德军防御，未能发挥坦克兵的机动能力，在对柏林攻坚过程中，坦克集团军受领了单独进攻地带，因其本身缺少步兵，独立作战遭到很大损失。乌克兰第一方面军，不得不以1个诸兵种合成集团军的步兵加强坦克第三集团军；苏军在市区进攻时，各师都派出了强击群（兵力1个班至1个排）和强击队（兵力1个连至1个营），加强火炮、坦克和工兵,对目标实施冲击。

布拉格战役

苏军攻克柏林后,在战场南部还剩下最后一个德军重兵集团盘踞在捷克斯洛伐克境内。德军的这一集团包括“中央”集团军群(司令舍尔内尔元帅)和新拼凑起来的“奥地利”集团军群(司令伦杜利奇上将)所属军队共2个野战集团军和3个坦克集团军,总兵力90余万人,法西斯德国曾企图利用这一集团在捷克斯洛伐克、奥地利和德国南部地区继续进行战争。苏军最高统帅部根据上述情况决定在最短时间内向布拉格进军,消灭德军最后一个重兵集团,结束欧洲战争。于是,在柏林战役末期,苏军最高统帅部即命乌克兰第一方面军调主力南下,会同乌克兰第二、第四方面军实施布拉格战役。

苏军布拉格战役的企图是,切断德军西退的道路,并利用对德军形成包围的有利态势,同时从数个方向向布拉格实施向心突击,合围并分割歼灭德军主力,解放布拉格和全部捷克斯洛伐克领土。参加作战的3个乌克兰方面军共有20个合成集团军、3个坦克集团军、3个空军集团军和其他部队,其中包括波兰第二集团军、罗马尼亚第一、第四集团和捷克斯洛伐克第一军,总共200余万人。

5月6日,乌克兰第一方面军右翼军队,在部分德军已经开始撤退的情况下,从德累斯顿以北直接转入追击。乌克兰第二、第四方面军于5月7日、8日相继发起进攻,9日苏军进入布拉格。同布拉格起义人民一起肃清了市内的德军。至5月11日,捷克斯洛伐克境内的德军已被完全歼灭,德军被俘86万人,其中有60名将军。1945年5月11日,苏、美军队在卡罗维发利和克拉托维地域会合,苏军与盟军在欧洲同法西斯德军的作战至此结束。法西斯德国被彻底打败,各国人民和反法西斯武装力量取得了历史性的胜利。

日本偷袭珍珠港

1941年12月7日,日本对美国太平洋军事基地珍珠港发动了突然袭击,从而揭开了太平洋战争的序幕。

1940年7月22日,日本更换内阁,侵华战争的罪魁之一近卫文唐二次组阁。近卫将英、法、荷、葡在东南亚的殖民地都划入了日本的“大东亚新秩序之内”。近卫抛出的“适应世界形势处理时局纲要”,就是要抓住有利的“形势变化”,实施其“南进”的侵略方针。日本

美军驱逐舰爆炸时的情景

外相松冈，极力鼓吹近卫的侵略计划，并称其为“大东亚共荣圈”。划人这个圈内的有中国、朝鲜、印度支那、印度、马来亚、缅甸、菲律宾、泰国、澳大利亚、新西兰以及西南太平洋上的所有岛屿。

1940 年，美国宣布原驻美国西海岸的太平洋舰队将不定期留驻夏威夷。同年冬，日本舰队开进金兰湾示威，英国为了防止发生意外事件，立即宣布马来亚、新加坡处于紧急状态。

日军袭击珍珠湾

太平洋形势一触即发，但日本并不急于马上动手。日本还有许多的准备工作要做，如三国条约签订后，美国对日本实行石油禁运，日本得重新寻找油源，以保障每年 180 万吨的石油供应。日本为争取时间，在与德意签订同盟条约后，故意散布缓和的空气，制造错觉。日本外务省还通过新闻媒介声称：日美关系仍和往常一样，不会因三国同盟而恶化。

就在日本高唱缓和的时候，日本联合舰队长官山本五十六已把他的偷袭美国太平洋舰队的“关于战略意见”的报告书上交给了海军大臣及川古志郎，并得到了日本军令部的批准。

为了袭击珍珠港，日本在进行海上战斗训练之前，首先将原“赤诚”号航空母舰的飞行队长，现任第三航空舰队参谋渊田美津雄海军少佐调回“赤诚”号，担任空袭珍珠港飞行队的总指挥。

如何空袭珍珠港？在“赤诚”号航空母舰第一航空队的参谋室里，第一航空舰队司令官南云忠一海军中将、参谋长草鹿龙之介海军少将、渊田美津雄海军少佐以及有关人士，围着珍珠港沙盘模型进行了长时间的策划。最后，决定实施鱼雷攻击的同时，还要实施水平

在未经宣战的情况下袭击了美海军基地珍珠港

轰炸。

当时，在第一航空舰队里，能担负珍珠港作战任务的水平轰炸机和鱼雷机共有90架。从命中率来看，要算鱼雷攻击最好。由于珍珠港的美国太平洋舰队的舰只，是两艘军舰并排停靠在码头上的可能性很大，如果这样，停靠在内侧的军舰，鱼雷就攻击不到，而必须实施水平轰炸。于是，渊田开始进行海上战斗的基本训练再进行浅海鱼雷攻击的应用训练和袭击停泊舰船的训练。为此日本联合

美国总统罗斯请求国会对日宣战

舰队特意选中了四面环山、港口狭隘、地势与珍珠港相似的鹿儿岛湾，由渊田率领进行训练和超低空俯冲飞行。

与此同时，袖珍潜艇在四国的中诚湾进行夜袭训练、海上加油等科目训练。

日本军令部还通过日本驻檀香山总领事详细地了解了珍珠港的航空母舰停泊情况，码头、船坞和船舶系缆情况并把珍珠港分为5个区，其他军事情报也一一搞到。

为了掩盖直接的军事企图，山本五十六还精心策划了一系列伪装措施和极其严格的保密措施。在很长一段时间里，山本坚持只让几个少数军官知道攻击计划的细节。至于舰队一般军官，那是在舰队开往珍珠港途中才知道珍珠港作战这一军事行动。

然而，此时的美国却对日本仍抱有幻想。美国认定，希特勒德国是美国最危险的敌人，美国应集中力量对付德国法西斯，“同样也要保卫太平洋”，但首要的应放在大西洋。“在太平洋上的行动要推迟下去”。

美国还确定了对日的四点原则：(1)避免和日本发生冲突；(2)改变以前不与日本对话的态度；(3)保留使用经济压力的权力，以使日本恢复理智；(4)敞开谈判的大门，在远东保持美国现有

日军袭击爪哇一机场

地位与格局，力求美日协调。

1940年11月12日，美国海军作战部长斯塔克建议采取“大西洋攻势，太平洋守势”的战略方针。这个方针经陆军参谋长马歇尔会同签署，罗斯福总统批准，成为美国在第二次世界大战中的基本作战方针。

尽管如此，美国还是意识到了对日战争已是不可避免，但美国仍希望通过谈判赢得时间。

1941年1月7日，山本正式提出了偷袭珍珠港的设想。日本以惯用的假谈真打的手法与美国进行周旋。日本在拔剑出鞘之前，先用外交手段——和平方式对付美国，使美国人不在太平洋采取行动。

日本看出了美国极力想避免战争，认为有机可乘。5月12日日本抛出了一个以“以意德不失信义”和“不违背大东亚共荣圈”为前提条件的《松冈修正案》。该修正案认为：(1)关于三国同盟问题。“信守把三个轴心国家（日、德、意）看作为一整体”。(2)关于中国问题，“美国只能全盘接受汪精卫政权和日本之间的既成事实，而对蒋介石则劝其实现和平，并在和平条件上一概不加干涉”。(3)关于东南亚问题删去了“不诉诸武力”这一条。根据这三条，日本可以独占中国，吞并东南亚，而且还不背弃三国同盟。

美国看出了日本决意成为亚洲及太平洋地区霸主的野心，但仍同意以日本方案为基础，继续谈判。

5月16日和5月31日，美国政府提出了自己的“对案”。

班提大君

莫卧儿王朝的最后一个皇帝巴哈都尔沙二世吸着水烟筒斜倚在长椅上

6月21日，美国提出最后一个试案，坚持“三国同盟不适用于自卫行动”的原则。日本代表拒绝了美国的要求。

日本利用美国的绥靖政策，一步步地谋划着它的侵略图谋。1941年8月初，美国对日实行石油禁运后，日本慌了手脚。现在惟一能够取得石油补给和来源只剩下荷属东印度群岛的油田了。日本想依靠爪哇、苏门答腊的石油供应来挽救美国石油禁运造成的困难局面。统治集团打算以速决的方法夺取荷属东印度群岛，摆脱困境。

为了掩饰侵略企图，日本政府于8月7日提出日美首脑在火奴鲁鲁直接会谈。以解决两国的争端。8月26日，在日本军部的同意下，近卫内阁写信给罗斯福总统，表示“日本渴望维持太平洋的和平”，为清除“相互猜疑和误会”，希望亲自会见美国总统，以便“阐明双方见解”。

9月3日，罗斯福总统亲手将致近卫的复信交给野村大使，提出在举行首脑会谈前，有必要先进行预备会议。

就在近卫向美国总统提出日美首脑举行会谈的时候，9月3日，日本正在召开会议，讨论日本国策实施问题。9月6日御前会议，日本通过了决心对美开战的方案，并决定10月15日结束日美谈判。

10月12日，近卫内阁就日美和战问题进行最后抉择。会上，由于内阁意见分歧严重，近卫被迫提出辞职。10月17日，日本天皇下达谕旨，授命东条英机组阁。

东条内阁是一个地地道道的战争内阁。他上台后，连续召开9天的政府和大本营联络会议，最后确定了新的《帝国国策实施要点》草案。

和平烟幕笼罩下的东京，11月5日的御前会议，决定了开战的时间。同日，日本军令部下达了：“大海令第一号”，预计在12月上旬对英、美、荷开战；命令舰队司令官完成各项作战准备；命令攻击珍珠港的机动部队按所指定的地点及时进入作战开始前的待命区——择捉岛的单冠湾待命。以先遣部队、机动部队、南洋部队、北方部队、主力部队对美国舰队进行作战。

陆军也下达了“大陆令第五五六号”。命令南方军进入战斗序列，协同海军准备进攻南方重要地区，同时下令侵华日军作好进攻香港的准备。但陆军的一切行动，都是配合海军作战，即一切为了偷袭珍珠港。

11 月 7 日，联合舰队发布第二号令，要求完成开战准备，开战日期预定为 12 月 8 日。

11 月 13 日，联合舰队举行最后一次碰头会。山本五十六以最高指挥官身份命令“全军将士与本人同生共死”。

12 月 6 日是夏威夷的周末。晚 8 时，日本海军特遣舰队在南云忠一的率领下正在全速前进。他们将到达瓦胡岛的正北方，从这里开始转入正南方，驶到瓦胡岛以北 230 海里处的偷袭起点。

机动部队距离夏威夷已经很近，几乎能听到那里的广播。瓦胡岛上平静，未实行灯火管制，珍珠港美军没有特殊警戒，一切照常。这时，美军太平洋舰队司令金梅尔和陆军司令肖特都去出席各自友人举行的周末晚宴。

午夜过后，南云忠一率领的特遣舰队已经由转折点处向正南行驶，起飞点就在眼前了。6 艘航空母舰的甲板上，排列着一架一架的飞机，正做好起飞前的最后检查。……

“虎！虎！虎！”

12 月 7 日早上 6 时，担任主攻任务的南云机动部队接到了进攻命令，各航空母舰的飞行甲板上的绿灯亮了，飞机一架接一架飞离航母，不到 15 分钟，担任第一波攻击任务的 183 架飞机就全部飞离甲板，其中战斗机 43 架、水平轰炸机 49 架、鱼雷机 40 架、俯冲轰炸机 51 架，在领航机信号灯导引下，迅速编好队形，绕舰飞行一周，然后在渊田美津雄海军中校的率领下扑向珍珠港。

日本航母被美军军潜艇击沉

此时美军太平洋舰队停泊在珍珠港内的舰船计有战列舰 8 艘、重巡洋舰 2 艘、轻巡洋舰 6 艘、驱逐舰 29 艘、潜艇 5 艘、辅助舰船 30 艘。岸上机场停有飞机 262 架，其余的 2 艘航空母舰、8 艘重巡洋舰和 14 艘驱逐舰分别在威克岛、中途岛运送飞机，以及在约翰斯顿岛演习。

7 时 57 分，日本鱼雷机从几个方向突入珍珠港，在仅仅掠过水面 12 米的高度上，向福特岛东西两侧的美国军舰发射鱼雷。8时05分，日本水平轰炸机从正西方向进入，再次轰炸了福特岛东侧停泊的战列舰，同时轰炸了高炮火力集中的依瓦机场。大火和爆炸引起的烟雾，顿时遮蔽了整个珍珠港，不少美国军舰来不及作战斗准备就沉入海底。8时40分，第一攻击波攻击结束，日机顺利完成首次空袭任务后安然返航。

8时40分，由78架俯冲轰炸机、54架水平轰炸机和35架战斗机组成的第二波攻击波已在瓦胡岛上空展开完毕。8时42分，167架飞机冒着越来越猛的炮火开始了进攻。水平轰炸机队负责攻击瓦胡岛的机场，俯冲轰炸机继续攻击舰只。两次空袭之间美军只有少数陆军的飞机得以起飞，又全部被零式战斗机击落，继第一波攻击之后，日军继续保持着制空权。

这时珍珠港已经浓烟滚滚，严重妨碍了俯冲轰炸机寻找下面的舰只。99式俯冲轰炸机都采取了根据弹幕轰炸的方式，就是哪里高炮最猛烈，飞机向哪里俯冲。有一架飞机俯冲下去后才发现目标是一座陆上炮塔，又连忙拉起。港内，停在战列舰队末尾的内华达号战列舰离开了泊位，它也是整个袭击过程中惟一开动的战列舰，但也因此多吃了不少炸弹。在第二次袭击的末尾，轰炸机队炸掉了靶船犹他号和其他几艘辅助舰只。

9时40分，第二攻击波大摇大摆地撤离后，渊田又在珍珠港上空盘旋，拍摄着他的胜利成果。而后飞往集结地率领机队返航。渊田的飞机最后一批降落。他强烈要求实施第三次空袭，轰炸油罐场和修理设施。南云认为基本任务已超额完成，不愿再冒更大的风险，10时整，日本舰队迅速地、静悄悄地溜走了。

这是一场海上、水下、空中闪电式的立体袭击战，在短短的1个多小时里，日军共投掷鱼雷40枚，各型炸弹556枚，共计144吨。击沉、击伤美军各型舰船总计40余艘，其中击沉战列舰4艘、重巡洋舰2艘、轻巡洋舰2艘、驱逐舰2艘和油船1艘；重创战列舰3艘、巡洋舰2艘和驱逐舰2艘；击伤重巡洋舰1艘、轻巡洋舰4艘、驱逐舰1艘和辅助船5艘。击毁飞机265架。美军伤亡惨重，总计2403人阵亡，1778人受伤。日军只有29架飞机被击毁，70架被击伤，55名飞行员死亡，5艘袖珍潜艇被击毁，1艘袖珍潜艇被俘。日本联合舰队司令官山本五十六赢得了这场赌博，这是他最为冒险、收益最大的一次赌博，这一赌使他名震世界海战史。

日本偷袭珍珠港，前后历时110分

钟，击沉美国太平洋舰队的主力舰4艘、重创1艘、炸伤3艘，此外还炸沉炸伤巡洋舰、驱逐舰和各类辅助舰艇10多艘。空军损失也很大。陆军夏威夷航空部队的243架飞机中有128架被炸毁。海军基地的航空部队也有103架飞机被炸毁，剩下的飞机只有9架。美国陆海军官兵死伤4500多名（死亡3300多名）。美国太平洋舰队元气大伤，几乎全军覆没，太平洋舰队的战斗力下降了80%—90%，超过了美国海军的第一次世界大战中所受损失的总和。

太平洋舰队幸运的是，3艘航空母舰由于偶然的原因全部安然无损地保存下来了。“企业”号在从威克岛返回珍珠港的途中，迟到了10几个小时，从而躲过了这场灾难。傍晚，“企业”号驶入珍珠港。在它经常停靠的泊位上，靶舰“犹他”号被炸沉，无声地沉没在碧波中。“列克星顿”号离开珍珠港去中途岛运送飞机，“萨拉多加”号则在美国的西海岸进行检修。除此之外，还有部分巡洋舰，由于出去护卫舰队和海上运输队，或出外演习及执行特殊任务等，轰炸时不在港内，因此逃脱了这场葬身海底的灾难。

1941年12月7日，美国总统罗斯福签署了对日宣战书，随后，英国等也相继宣布对日作战。

珍珠港事件是日本军国主义策划已久的一个阴谋。美国想通过秘密交易，取得日美两国暂时的妥协。然而珍珠港事件引发了太平洋战争，打破了美国“先欧后亚”、“孤立主义”、绥靖政策等等不切实际的幻想，从而深刻地影响了第二次世界大战的进程。

日本投降

原子弹的研制

原子弹又称裂变武器。它是利用铀等重原子核在中子作用下发生裂变链式反应时，瞬间释放出巨大能量，起到杀伤破坏作用的核武器。通常由核料、炸药、中子源、起炸装置和弹壳等部分组成。原子弹的威力通常在几百到几万吨TNT当量之间。这种武器，是足以毁灭人类的武器。而这种武器却又很少使用，惟一遭到原子弹打击的，就是第二次世界大战中的日本。

1939年8月的一天，一封由著名科学家爱因斯坦签名的信，放在了美国白宫椭圆形办公室罗斯福总统的办公桌上：“总统阁下：……元素铀在最近的将来，将成为一种新的、重要的能源。……

在不远的将来,有可能制造出一种威力极大的新型炸弹。……目前德国已停止出售它侵占的捷克铀矿的矿石。如果注意到德国外交部次长的儿子在柏林威廉皇帝研究所工作,该所目前正在进行和美国相同的对铀的研究,就不难理解德国何以会有此举了。”

罗斯福总统默默地读完了爱因斯坦的信,他有些犹疑不定;这件事非同小可,这种谁也没见过的原子弹能否制造出来?人员、经费、保密问题如何解决?假如制造中不慎爆炸怎么办?

他召来了科学顾问萨克斯,萨克斯提醒他说,当年拿破仑就是因为没有采用富尔顿创造蒸汽船的建议,最终没能渡过英吉利海峡征服英国。如今,德国正在疯狂扩军备战,一旦他们得逞,美国就会处于危险被动的境地。

经过一周的思考和研究,10 月 11 日,罗斯福决定对爱因斯坦的信作肯定的回答。他按了一下手边的电铃按钮,指着一大堆各种说明资料,对应声而入的军事助手平静地说道:“这件事必须很好地处理”。

按照罗斯福的指令,一个代号为“S－11”的特别委员会很快成立起来,开始了核试验研究。

1942 年 8 月,美国陆军工程兵团建筑部副主任格罗夫斯将军主持“S－11”特别委员会的科学家和高级管理人员召开会议,制定了一个名叫“曼哈顿”的新计划。计划规定,研究工作所有指挥权都集中在“曼哈顿”工程管理处。格罗夫斯将军坐镇华盛顿“曼哈顿”总部,而新墨西哥州荒原上的原子实验室由著名科学家罗伯特·奥本海默主持。他们俩每天通过电话联系,及时解决工作中出现的问题。

整个工作受到严格保密,连副总统杜鲁门也是在 1945 年罗斯福死后接任总统时才得知这一计划。

与此同时,纳粹德国也在加紧研究制造原子弹。1942 年 6 月,罗斯福与丘吉尔会晤,全面衡量了双方研制原子弹工作进展情况。他们从情报中获悉,德国占领挪威后,便命令挪威一家生产重水的工厂每年向德国提供 5 吨重水。重水是使原子反应堆中的中子得以减速的缓冲材料。有了重水就能控制反应堆,制造原子弹就有了可能。为了阻止德国制成原子弹,必须炸毁挪威的重水工厂,切断德国的重水来源。

1943 年 2 月 17 日,盟国派出的突击队经过一次失败后,终于潜入了挪威重水工厂。他们把炸药贴在重水罐的桶板上,点燃了导火索,随着“轰”的一声爆炸，所有罐中的重水流入了下水道。

这次爆破的胜利，使这个重水工厂至少一年之内无法再生产出一滴重水。纳粹德国制造原子弹的工作受到了阻碍。为了抢在德国人之前造出原子弹，美国向欧洲战场派出了“阿尔索斯”行动小组，专门在欧洲各地搜捕德国科学家和收集德国制造原子弹的情报。美国认为，得到一个第一流的德国科学家，比俘获10个师的德军还要重要。

1944年春季，“阿尔索斯”行动小组忽然发现，在德国占领区的小镇黑兴根，有一个德国“U计划”基地，这一情况传到了美国陆军总部。陆军参谋长马歇尔和几个高级将领趴在地板上的大地图上找了半天，才找到了这个不知名的小镇。他们当即决定，派出一个突击兵团袭击黑兴根。行动获得了成功，黑兴根的这个“U计划”基地被彻底破坏。

1945年7月16日5时30分，美国制造的第一颗试验性原子弹在新墨西哥州爆炸成功。一道闪电划破了黎明的长空，一团巨大的火球升上8000米高空，大地也在微微颤抖。美国整个西部都听到了爆炸巨大的声响，面对着这个强大的爆炸，参与试验的每一个人都感到了恐惧。

美国第一批制造出三颗原子弹。第一颗试爆的原子弹命名为“瘦子”，另外两颗分别叫“胖子”和“小男孩”。

战局发展态势

1945年，随着第二次世界大战战局的迅速发展，日本军国主义已处于空前孤立的最后挣扎阶段。意大利和德国这两个法西斯国家相继投降，欧洲形势发生了根本变化。日本所面对的不仅是亚洲各国人民，而是世界反法西斯同盟的强大压力。陷在中国大陆的日军已经失去了往昔的势头，处处被动挨打，正在滑向深渊。在东南亚，各地的抗日武装日益强大，在美英军节节胜利的鼓舞下，掀起了救亡图存的新高潮。美军在夺取硫磺岛、冲绳岛之后，已把战火引向了日本本土。

日本虽然在军事上败局已定，但是，日本军国主义势力不甘心于失败。他们准备把日本国民，特别是那些受反动民族主义情绪煽动起来的年轻人，推向拼死顽抗的绝路，实施本土决战，妄图以流血震惊美国，争取在较为有利的条件下结束战争，而不是“无条件投降”。1945年春天，日本进行军事动员，降低征兵年龄，扩大征兵范围，并从中国、朝鲜等地向本土调兵。7月，全国实行第三次动员。这时，日军的人数达到720万，较年前的380万几乎增加了一倍。飞机达到7000架。6月8日，日军参谋次长在御前会议上宣称，在日本本土决战，对美军不利，对日有“绝对优势”，提出“发挥1亿国民的特攻攻击精神”，以“互相刺杀的战法”，消灭敌人，保卫大日本帝国国土。

7月17日至8月2日，苏美英3国在柏林郊外的波茨坦举行会议，会议还讨论了日本问题，并通过了《波茨坦公告》，要求日本政府立即宣布“所有日本武装部队无条件投降”。这个公告以中、美、英3国的形式公布。苏联当时还没有对日宣战，后来，苏联出兵对日宣战时，也在《公告》上签了字。但是，日本拒绝执行《波茨坦公告》。在这种情况下，反法西斯同盟国认为，要使日本真正接受《公告》的要求，举行投降，还要在战场上进行最后的军事较量。

1944年12月，美军参谋长联席会议拟订了在日本本土实施登陆的计划。1945年3月，重新改组了太平洋战区的指挥机构，麦克阿瑟负责全部地面部队的指挥，尼米兹负责海军指挥，战略空军由斯帕兹上将统一指挥，继而又下达了登陆日本本土的日期。

4月1日，美军在日本冲绳登陆，作战82天，阵亡将士1.25万人。日军虽然战败，冲绳被攻克，但是，美军对日本人的作战表现已有切身领教。因此，美军统帅部认为，美军要在日本本土登陆，将要付出巨大的伤亡代价。那么，如何用较小的代价迫使日本法西斯投降呢？

用原子弹袭击日本的轮廓由模糊变得清晰起来。

美国准备对日本实施原子打击，其动议决非在《波茨坦公告》发表之后，也不是在原子弹试验成功之后，应该说是早有准备的。他们早已在太平洋的提尼安岛上准备了作战基地，并组建了执行投放原子弹的第五零九混合大队，由蒂贝茨上校指挥。

1945年7月27日到8月1日，美国每天都出动飞机在日本各城市上空散发波茨坦公告和传单。传单上警告说，如果不接受波茨坦公告，它们将会受到更猛烈的空中轰炸。每次传单散发之后，紧接着就是一次普通炸弹的猛烈轰炸。日本政府对此无动于衷。

8月1日，执行轰炸任务的美军第五零九混合大队进行了最后一次演习。

8月2日，大队接到命令，派出7架B29飞机轰炸广岛。其中一架飞机运载原子弹，由大队长蒂贝茨亲自驾驶，另两架飞机担任观测，3架飞机担任气象侦察。此外，还有一架飞机作为预备队，留在硫璜岛机场，随时准备替换发生故障的飞机。在轰炸以后，还指定有两架飞机进行效果检查。第二十航空队负责担任援救任务。

8月5日下午2时，按蒂贝茨母亲的名字命名，代号为“埃诺拉·盖伊”的B29飞机装载了原子弹，弹身上满是用铅笔写的给日本天皇的信。这天晚上，飞行员们吃惊地从蒂贝茨那里获悉，他们要执行的具体任务是扔一颗破坏力有2万吨梯恩梯炸药的特殊炸弹。

5日傍晚，最后的检查工作已经全部完毕，原子弹安然无恙，飞机随时可以起飞。

8月6日，起飞基地提尼安岛时间1时17分，3架气象飞机首先起飞。2时45分，装载原子弹的飞机机组共12人也上了飞机。

“起飞”命令下达后，装载原子弹的飞机冲向跑道，加速前进。但是，由于飞机太重，上面除了装有5吨重的原子弹以外，还有2千6百升汽油。飞机以每秒80米的速度全速滑行，可是飞机仍起飞不了。已经看到跑道尽头了，蒂贝茨万分焦急，身上浸出汗水。在这千钧一发之际，他用尽全力把驾驶杆一拉，机头终于抬起来了，紧接着其他飞机也跟着依次起飞。载着原子弹的飞机和观测飞机起飞后，在硫璜岛上空集合，然后爬到航行高度。按原先规定，如果广岛、小仓和长崎这3个城市都被云遮，不便目视，可以把原子弹带回。据气象机构报告，当时广岛上空云量极少，完全可以目视轰炸。因此决定轰炸广岛。机上工程人员把原子弹各部件进行最后装配、检查。观测飞机用降落伞投下测量仪器，进行最后测量。

这天，广岛天气晴朗，气候炎热。广岛时间7时9分，响起一阵警报，美军飞机数架，飞入广岛上空，盘旋几周后又飞离而去，没有轰炸。8时整，广岛上空出现3架飞机。虽然这时已经发出了空袭警报，但广岛居民好像没听见似的。因为美军飞机不断对日本国土进行轰炸，市民都疲惫了。因此广岛市民很少有人进入防空壕进行隐蔽，他们有的正在工作，有的正在街上，有的还在翘首仰望飞机，指指画画。

机组人员都戴好了每人发到的电焊工用护目镜。他们已经发现了广岛的主要标志相生桥，它坐落在广岛市中心。

蒂贝茨打开了自动驾驶仪。投弹手菲莱少尉俯身把左眼贴在诺尔敦瞄准器上，相生桥进入瞄准器的十字线上。他打开自动投弹系统，启动了电子投弹器。

8时15分17秒，飞机骤然爬升，把

大型黑色圆筒状的原子弹从大约1万米的高空投了下去。这时飞机急忙作了一个155度的大转弯，向下俯冲，使飞行高度下降300米。为了不使飞机遇到危险，设计者给原子弹带上用尼龙做的降落伞，以延长原子弹在空中降落的时间，以使投弹飞机有足够的时间脱离现场。随即，另一架观测飞机舱门打开，3个包裹落下，变成了降落伞。吊在它下面的形状像灭火器一样的圆筒，是一架把爆炸数据发射回云的发报机。

霎时，原子弹爆炸了，戴着特别护目镜的机组人员看到一道紫白色闪光，随之而来的是震耳欲聋的大爆炸。顷刻之间，在广岛上空有一团直径约3英里的深灰色烟云，烟云中心腾起一道白色烟柱。烟云在顶部形成蘑菇状，然后离开烟柱。而烟柱体顶部又形成蘑菇状。

广岛成了一片火海。在爆炸中心500米之内的温度接近100万度，实际上把所有的东西都烧成灰烬。居住在爆炸中心方圆800米内的所有居民都被杀死。爆炸引起了巨大震波。震波又引起火灾。浓厚的黑烟、碎石和蒸气迅速冲入天空，在高空形成一片蘑菇云，完全遮住了太阳。

驻守在广岛的第二军司令藤井在最初几分钟内就被烧死在城堡附近的司令部内。整个指挥系统失灵了。军通讯大楼的通讯器材完全被破坏，无法使用。

在距爆炸中心16公里以外的地区，人们仍然感到炽热的气流。由于市民没有防原子的知识，当原子弹爆炸后放射性污染还很严重的情况下，就到受炸地区行走，加上救护机构被摧毁，受伤人员没有得到及时救治，致使死亡率大增。

广岛化为焦热火海，广岛被摧毁了！

据事后统计，广岛当日死亡7万多人，受伤和失踪者达到5万多，占城市总人口的一半。市区76000多幢建筑物中，有48000幢完全被毁，半毁的为22000幢。

与此同时，执行轰炸任务的美军3架飞机返回提尼安岛，受到一大群高级官员的迎接。其中有从关岛特意赶到的空军第二十航空队司令斯波茨将军。在驾驶员蒂贝茨走下飞机时，给他戴上了一枚杰出飞行十字奖章。后来，参加这次特殊任务的其他人员都由空军授予了勋章。

广岛的悲剧并没有使日本政府立即同意接受“无条件投降”。他们把希望寄托在苏联调停上。出乎日本人的预料，苏联人民委员莫洛托夫告诉日本驻苏大使说，因为日本仍在进行战争，拒绝接受《波茨坦公告》，使日本请求苏联调解远东战争的建议没有希望。苏联政府遵守苏、美、英三国首脑在雅尔塔会议的义务和要求，即苏联有条件地正式承担了在德国投降及欧战结束两个月或3个月内，参加对日作战。

原子弹的袭击，苏联的参战，日本帝国主义走投无路，被逼近死角。8月9日上午，日本最高战争指导会议在皇宫地下防空洞里举行，讨论是否接受《波茨坦公告》以结束战争。正当会议在激烈争论中进行的时候，美国在长崎投下了第二颗原子弹。

第二颗原子弹是内爆式的钚弹，绰号叫“胖子”。这颗原子弹的投掷日期，最初的计划是8月20日，后来又改为8月11日。8月7日，在轰炸广岛成功的第二天，又从预订的时间表里减去了一天。但是，根据天气预报，8月9日是个好天气，而8月9日以后将有连续5天的坏天气。这就给决策人提出了一个非常简单又非常严峻的问题，要么再提前一天，要么就推迟5天。他们选择了前者。

这是个艰难的选择，这是个冒险的选择。工程技术人员认为，这样干很不可靠。他们警告说，缩短整整两天的时间，将妨碍一系列重要的检查程序。但是“命令就是命令”，他们决定执行。

8月9日凌晨3时47分，“胖子”在热带暴雨中，伴着闪电划破的朦朦黑夜的亮光起飞了。驾驶载运原子弹的飞行员是查理·斯威内少校。与这架飞机同时起飞的还有两架观察机。

这次轰炸目标只指定了两个，主要是小仓，其次是长崎。为了尽可能轰炸第一目标，规定不管天气预报如何，轰炸机必须尽量靠近第一目标飞行，只有在肯定第一目标没有进行目视轰炸的可能以后，再飞往第二个目标。为了避免进行摄影的飞机提前到达现场，要求他们在飞过硫磺岛以前，必须与硫磺岛和提尼安岛两地核对情况。如果由于情报不充分而产生怀疑，摄影飞机就必须把两个目标都拍摄下来。但是，担任照相任务的B29轰炸机不知什么原因，未能按时赶到屋久岛汇合地点。前两架飞机的驾驶员焦急地在空中盘旋了45分钟，仍未能见到他们的伙伴。最后得到指挥官同意，它们即飞向自己的第一个目标——九州的小仓(这里有日本的重要兵工厂)。

当飞机抵达小仓上空时，由于城市烟雾很浓，飞机在那里环绕飞行3圈，投弹手克米特·比汉没有发现目标。而排在轰炸名单上的第三个城市新潟，路途太远，飞去有困难。由于飞行燃料不够，于是，飞往机器制造业集中的长崎这个候补目标试设。这时，机上的燃料已不多了，没有再多的选择余地，只能作最后一次行动。再迟延有可能飞不回去。

长崎是个有20万人口的城市。这个城市建在一些陡峭的小山上。它的港湾面对东海。长崎是寓言传说中风景特别秀丽的港口，市区面朝港湾，浦上川从北面流进该湾。长崎很早就成了日本的主要对外贸易港口。

10时多，飞机飞到长崎上空，发现这里的天气也不好，云量很浓，目视条件并不比小仓好。于是决定采用雷达轰炸。

10时58分，在即将准备用雷达指挥投弹的一瞬间，突然发现云雾中出现了一个小孔隙，随即改为轰炸目标。投弹手比汉瞄准了山谷中的一条跑道投下了原子弹。但是，原子弹并没有投到原定的目标点，而是投到了该目标以北1.5英里的地方，即浦上河流域，落在两家大兵工厂之间，把两家生产军用物资的工厂炸个粉碎。

轰炸长崎的原子弹从29000英尺的高度投下。11时2分，长崎出现了异常炽亮的蓝色闪光。先是沉闷的隆隆声，接着刮起一阵狂风。

少倾，又一次颤动。冲击波和震动延续了5分钟的样子。当时，一架日本水上飞机在7000米的高空穿进云层，向长崎飞去。飞机从云层钻出来时，驾驶员看到一根巨大的黑烟柱，上面“像一个怪物的脑袋”，不断地向上翻动，不时呈现出各种光怪陆离的色彩。热度很高的烟云也使飞机和机上人员恶心呕吐。从拉开的舱盖涌进一些黑色的尘土。

由于气候不好没有立即派出空中侦察机。一周后天气转好，获得的空中侦察照片表明，长崎市44%被毁掉。

一声爆炸，长崎这座城市的20万居民中，约78000人死亡，负伤者亦达70000多人。伤亡人数占全市总人口的三分之二。

杜鲁门的决定

1945年8月5日下午，代号为“埃诺拉·盖伊”的B29型轰炸机装载了原子弹。6日凌晨2时45分三架B29型机由提尼安岛的起飞，经航程3200公里，8时正，抵达日本上空，高度9400米，执行原子弹突袭任务。

9点14分17秒，“埃诺拉，盖伊”轰炸机的视准仪对准了广岛一座桥的正中时，自动装置被打开了。60秒钟后，原子弹从打开的舱门落下。为了尽量远离爆炸地点“埃诺拉·盖伊”瞬即155度

广岛原子弹爆炸后的惨状

转弯，俯冲下来，飞行高度下降了300多米，45秒钟后，原子弹在离地600米空中爆炸。立即发出令人眼花目眩的强烈的白色闪光，广岛中心上空随即发生震耳欲聋的大爆炸。大地被震得微微颤抖。滚滚浓烟腾空而起。一些烟是红色的，一些是黑色的。瞬时城市冒起黑焦油式的浓烟，在19000米的高空形成巨大的蘑菇状烟云，霎时便竖起几百根火柱，广岛市马上沦为焦热的火海，气浪沸腾。

杜鲁门像

8月6日，开完波茨坦会议的杜鲁门总统，乘坐“奥克斯塔”号巡洋舰，正中回国途中，心情激动异常。他认为原子弹对美国和他本人来说，不仅是一种军事武器，可以对付日本，也是一种外交武器，可以抑制苏联。便决定对日本进行原子弹突袭，借以敦促日本投降。他指令“第五零九大8月3日以后，只要天气允许，即可使用特殊炸弹以目视轰炸突袭广岛、小仓、新泻、长崎等目标之一”。8月1日，美在提尼安岛组装原子弹。但由于3日后天气一直不好，最后选定8月6日为突袭日期。此时此刻，杜鲁门总统预备了整整三页的声明，等着太平洋地区传来的消息。

上午10点30分，代理白宫新闻秘书埃本·艾尔斯在早晨例行的新闻发布会上对记者说，他没有什么新东西好告诉大家，但晚些时候也许会有。在史密斯不在时，代替史密斯在白宫采访的合众社记者查尔斯·法格斯问道，这是不是一个般性的、好的或热门的消息。

艾尔斯说："这将是一个非常好的消息。"

半小时之后，艾尔斯又把记者们叫到"奥克斯塔"作战室内，由杜鲁门亲自向聚集在作战室内的军官严肃地宣布：

"美国第一次对日本使用了爆炸力相当于两万吨梯恩梯的原子弹。这种新式炸弹，现在还在生产，威力更大的型号也正在研制之中。"后，艾尔斯宣读了杜鲁门总统三页纸的一项声明中的几段，并把声明的文本分发给大家。就在记者通过电传打字机咔嚓咔嚓地往全国和全世界传播这条消息时，华盛顿其他的消息闸门也敞开了。

在国防部，一位负责公共关系的将军打开保险柜，将一叠叠预先准备好的绝密材料分给记者。从国会山则传出了这样的消息；国会的一些委员会对于自己授权政府开支的20亿美元，政府除了告诉他们这笔钱将用于"曼哈顿计划"外，其他情况对他们也一概保密。就连副总统杜鲁门，也是在1945年4月罗斯福死后接任总统时才获悉的。

曼哈顿计划是罗斯福制定的。三十年代中期，德国科学家哈恩·斯托拉斯曼和犹太女科学家迈特纳发现了铀238如在中子轰击下就会产生链式反应的核裂变。由于纳粹德国疯狂迫害知识分子和犹太人，迈特纳、特勒、西拉德和其他杰出的科学家，包括科学巨人爱因斯坦在内，先后逃离德国，迁居美国。1939年8月西拉德等人听说德国科学家打算要分裂原了的消息时，请求爱因斯坦出面写信给美国总统罗斯福。要他警惕纳粹有制造原子弹的可能性；制造原子弹非同小可，人手、经费、保密问题如何解决？罗斯福经过一周的思索，终于在10月19日对爱因斯的信作了肯定的回答。他按了一下电钮，指着一大堆各种说明资料，对应声而入的军事助手平静地说："这件事必须处理一下。"

随即，按照罗斯福的指令，组成了一个以"S——11"为代号的特别委员会，由陆军工兵部队的韦斯利·格罗夫斯少将领导。具体科研由杰，奥本海姆为首的科学家进行。格罗夫斯领导委员会制定了一个命名为"曼哈顿"的计划。计划投入人力约50万，经费达22亿美元。

研究工作所有权都集中在“曼哈顿”工程管理处。格罗夫斯将军坐镇华盛顿“曼哈顿”总部。“曼哈顿”计划大致有三方面内容：生产钚、生产浓缩铀235和研制炸弹。1942年12月，铀235链式反应度验成功；翌年4月在美国新墨西哥州阿拉莫斯成立原子能研究所。在橡树岭、汉福特两家工厂配合下，开始原子弹的设计与制造。

每天，格罗夫斯与在研究所的奥本海姆通话数次，以便及时解决工作中出现的问题。科学家们研究了两种原子弹：一种以铀原料为基础的原子弹，绰号“小男孩”。每颗需要六十分斤钚，经过六个月加工提炼后，才能制造；另一种以钚原料为基础的原子弹，绰号“胖子”，每颗仅需十二磅钚，一个月加工即可制成。1945年7月16日，美国试验钚原子弹成功。加上试爆命名为瘦子子的原子弹，第一批共制造出三颗原子弹。

正在参加波茨坦会议的杜鲁门得知原子弹试验成功，别人种树，他来摘桃，心里非常高兴。于是他在8月2日的回国途中，授权美军在8月3日后可对日投掷两颗原子弹。

美国原子弹突袭日本的哪个城市，在此之前，杜鲁门总统成立丁一个目标选择特别委员会，研具体突袭目标。1945年夏，美国对选择突袭目标，众议纷纭。陆军要求对日入侵作战，海军建议封锁日本，陆军航空队主张以常规轰炸方式摧毁日本。惟有科学家们主张使用原子弹作为结束战争的手段。

原子弹要袭击有选择的日本城市，不在于军事效果，而在于制造恐怖气氛。美国负责官员支持科学家的意见并将各种建议送交杜鲁门，杜鲁门又去征求英国首相邱吉尔的意见。

“一次或两次袭击可能结束战争，给日本挽回其‘体面’的台阶，这样可解除日本决死作战的武士道精神”，邱吉尔说。

杜鲁门指令委员会选择好目标，美国把突袭日本的目标从17个城市减至5个，在执行轰炸前一个月又筛选出广岛、小仓、长崎、新泻四处，去掉京都地区。7月23日格罗夫草拟突袭计划，最后经正在参加波茨坦会议的杜鲁门总统批准。7月26日至8月1日，盟国飞机在日本各城市上空散发了150万张传单，300万张美、英、中发表的《波茨坦宣言》，敦促日本立即无条件投降。传单对这些城市发出警告，说它们将受到猛烈的空中轰炸。但日本政府并没有表示接受《波茨坦公告》的任何迹象。这样，杜鲁门便按原来计划，对日本使用原子弹。

但是，日本政府并未因广岛悲剧而立即同意接受波茨坦最后通牒，即无条件投降。而苏联政府遵守对盟军的义务，接受盟军的要求，宣布从8月9日对日宣战。美国在9日上午11时30分，又在长崎投下第二颗原子弹，两次突袭共杀伤239000人，数十万人无家可归。给日本人民带来惨重灾难。日本终于在8月15日宣布无条件投降。

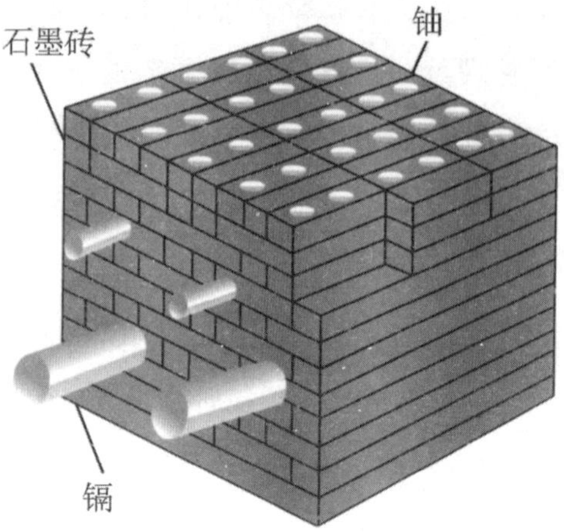

芝加哥费米核反应堆

原子弹的威力何在

美国对日使用原子弹的决定迄今仍是世界军事史上作出的最有争议的决定。美国政府官员反复强调，虽然广岛和长崎原子弹的投掷给日本人民带来大规模的伤亡和破坏，却减少了美军和日本更大的伤亡。曼哈顿计划的负责人格罗夫斯将军认为，杜鲁门费了不少脑筋作出的对日使用原子弹的最后决定，“将永远被认为是无比勇敢和聪明的行动。”在对日战争胜利两周年的纪念会上，有人问杜鲁门，他是否由于当初下令毁灭了广岛而心里感到遗憾。他若有所思地回答道：“没有。……做这桩事固然我也感到害怕，但是我肯定救了五十万条生命。这是不得已而为的。”1946年麻省理工学院长卡尔·康普顿在《大西洋》月刊上撰文辩解说：“我相信，如果有这种炸弹而不用，事后就无法向自己国人交代。”他建议持批评意见的人，应该回忆一下轰炸德累斯顿市和汉堡市所引起的大火，和B—29轰炸机两次对东京空袭投掷的燃烧弹，其中一次杀死12.5万日本人，另一次近十万人。他意思是说，如果道义这个问题可用统计数字来衡量的话，那么，决定使用核武器对付日本，远远不是最大的罪过。

然而，有些美国军事领导人对杜鲁门使用原子弹的决定纷纷提出异议。道格拉斯·麦克阿瑟将军在战后一再认为，从军事角度看，为了迫使日本投降而使用这种炸弹是“完全不必要的”，因为在那时，日本无疑已到了彻底崩溃的边缘。艾森豪威尔将军、李海海军上将、金海军上将、阿诺德空军上将和英国前首相丘吉尔也持同样看法。战后美国战略轰炸调查处的报告更为明确:“即使不投原子弹,即使俄国不参战,即使不制订进攻的计划,日本也是会投降的。”

另外一些科学家和外交家则侧重从政治上着眼来考虑使用原子弹的问题。英国著名物理学家布莱克特指控说,美国政府抢在苏联参战之前匆忙对日使用原子弹,“与其说是第二次世界大战的最后一次军事行动,不如说是现在正在进行的对苏外交冷战的最初一次大规模作战。”国务卿贝尔纳斯明确地声明说,亮出原子弹是为了使俄国在欧洲更加驯服。苏联官方学者甚至认为:“无论从战略上或战术上看,都没有任何必要使用原子弹。所以说,使用原子弹基本上只带有政治色彩,是美国帝国主义企图显示其原子威力,以便在解决远东问题上削弱苏联的地位,并把战后的日本变成它在亚洲的重要基地;而建立美国的世界霸权,是使用原子武器的更大的政治目的。”他们的结论是:“原子弹不能决定战争的结局,”只有“苏联的参战,消灭了日本黩武主义者手中的王牌,”“才决定了战争的结局。”

客观地说,反法西斯战争的胜利和日本的无条件投降,是美国、中国、苏联和所有其他参加反法西斯统一战线的世界各国人民的共同努力和长期斗争的结果,虽各个国家对日本法西斯作战的积极程度,时间长短和贡献大小不同,但不能把迫使日本投降的决定性因素简单地归之于美国的两颗原子弹或苏联的参战。事实是,战争进行到 1945 年 7 月,日本法西斯的统治已面临绝境。德国在欧战中的失败,使日本军国主义在国际上陷于彻底孤立;中国的持久抗战,拖住了日本陆军主力,歼灭日本军事力量一百多万人;美、英盟军在太平洋战场反攻节节胜利,基本上摧毁了日本的庞大舰队和空军力量,切断了日本与南方的海上联系;美军对日本本土岛屿的大规模轰炸、炮击和封锁,使日本的战时经济遭到彻底破坏,石油和粮食不能进口,工业原料极端缺乏,人民反战情绪高涨,国内各种矛盾十分尖锐。日本法西斯的末日指日可待。有些日本上层统治者已经意识到,他们的失败已不可避免,期望通过苏联从中斡旋,同美、英进行和谈,幻想要有利条件下结束战争。但日本军方顽固派不甘心于灭亡,还试图作最后一次较量。这时,美国原子弹的投掷和苏联出兵对日作战,起了加速日本帝国主义崩溃和日本政府作出无条件投降决定的作用。

1945 年 3 月美军占领硫黄岛后轰

炸更为频繁,平均每月3000多架次,7月份高达二万架次。特别是3月9日和5月19日对东京的两次大空袭,使东京损失最为惨重。3月9日至10日大空袭,使东京15平方英里的人口密集区化为焦土,市民被烧死者达九万八千人。5月19日大空袭,使皇宫的部分宫殿亦被烧毁,东京市区一半以上化为一片灰烬。美军不加区别地对日本大中小城市98座进行狂轰滥炸,其中72个城市并无军事设施,甚至“避开要害部门而过”。美国对日本滥施轰炸,一方面使日本全国生产陷于瘫痪状态,亦使日本统治集团受到震惊,起到迫使其尽快投降的作用;另一方面,“已经隐藏着战后要在美国统治下把日本培育成远东工厂的意图”,因而受到世界公正舆论的谴责。截至日本投降,被炸大城市的烧毁率为:京滨地区为56%,名古屋为52%,阪神地区为57%。中小都市也在40%以上,个别城市如福井市高达96%。共烧房屋221万户,受灾人920万,炸死35万,炸伤42万。

美国于1945年7月16日第一颗原子弹试爆成功后,为掌握对日最后一战的主动权,总统杜鲁门决定向日本投掷仅有的另外两颗原子弹。8月6日上午8时15分,美国在居民密集的广岛市投下了第一颗原子弹,9日上午11时30分,又在长崎设掷了第二颗原子弹。如将爆炸后几年内因原子病而死亡者计入在内,广岛死亡20万人左右,长崎死亡12万2千人。美国投掷原子弹,确实可使美国军人减少牺牲,也造成日本统治集团的恐惧,加速他们作出日本投降的决定,但美国使用这种大规模的杀人武器时,日本败局已定,从军事来说是毫无必要的,而且死伤的大部分是和平居民。

8月8日夜11时(莫斯科时间为下午5时),苏联政府对日宣战。9日零时,百万苏联红军以迅雷不及掩耳的猛烈攻势向侵占中国东北的关东军及朝鲜、库页岛日军发起全面进攻。当时关东军有60至70万人,精锐已抽调南下,装备水平亦大不如前。在苏军打击下,一周之内即迅速崩溃。除8万3千余人被歼灭外,其余59万4千人全部投降。

与此同时,中国和亚洲各国人民也对日本侵略军展开了大反攻。

在中国敌后根据地战场,于苏联宣布对日作战的第二天,即8月9日,毛泽东发表《对日寇的最后一战》,指出:“最后地战胜日本侵略者及其一切走狗的时间已经到来了”,“中国人民的一切抗日力量应举行全国规模的反攻”翌日,八路军总司令朱德发布大反攻命令,要求八路军、新四军及其他人民武装向日伪军展开全面进攻，并限令为伪军无条件投降。11日，八路军总部又发布六项命令，要求各解放区武装部队展开积极进攻，迫使日伪军投降。八路军、新四军及其他人民武装，在东北、平津、归绥、太原、平汉、陇海、济南、胶东、津浦、沪宁、运河、广（州）九（龙）前线，向日伪军发起猛烈反攻，取得了巨大胜利，占领了广大农村。在总反攻期间，收复国土31万5千平方公里，解放190座城市，歼灭日伪军23万人以上。

在中国国民党战场，蒋介石集团在美国支持下，也展开反攻抢占和接受沦陷区。国民党军队主要是占领城市。国民党陆军总司令部指派第一战区司令长官胡宗南到洛阳、第二战区司令长官阎锡山到太原、第三战区司令长官顾祝同到杭州，第五战区司令长官刘峙到南阳、第六战区司令长官孙蔚如到武汉，第七战区司令长官余汉谋到潮汕、第九战区司令长官薛岳到南昌、第十战区司令长官李品仙到徐州、第十一战区司令长官孙连仲到天津、第十二战区司令长官傅作义到归绥、第二方面军司令长官张发奎到广州，第三方面军司令长官汤恩伯到上海、第四方面军司令长官王耀武到长沙“接受日寇投降”。

1945年9月9日，日本派遣军总司令官冈村宁次大将在南京向中国政府代表何应钦上将签署了投降书。标志着中国人民的八年艰苦、英勇的抗战，终于取得了最后的胜利。

在朝鲜，金日成将军命令长期战斗在朝鲜和中国东北的朝鲜人民军转入全面反攻，发动解放祖国的大决战。并在苏联红军帮助下解放了朝鲜，结束了日本帝国主义长达36年的殖民的统治。在越南，1945年8月13日印度支那共产党在新潮召开全国代表会议，决定举行总起义。当天夜里发布了总起义命令。越南从北到南处都爆发了人民武装起义。8月17、18日，首都河内数十万群众举行政治总罢工。19日10万群众的示威游行转为武装起义，当晚，起义军解放了河内。8月23日爆发顺化起义，25日爆发西贡起义。日本傀儡政权保大“皇帝”被迫下台。越南八月革命取得了最后胜利，不仅制服了日本法西斯，而且推翻了近百年的帝国主义统治和上千年的封建君主专制制度。

在马来亚，抗日军于1945年8月通过英勇的战斗，强令日军投降，并接管了城市和乡村。9月5日，英军在新加坡登陆。9月12日，日军向盟军东南亚战区最高司令蒙巴顿将军投降。

美国对日本本土的轰炸及投掷原子弹，苏联的对日宣战，以及中国和亚洲其他各国人民的大反攻，敲响了日本法西斯的丧钟，终于迫使日本除迅速接受波茨坦公告宣布投降外，别无他途。

苏军出兵中国东北

1941 年 4 月，苏、日两国政府签订《苏日中立条约》。签约同时，日本声明“尊重蒙古人民共和国之领土完整与神圣不可侵犯性”，前苏联声明“尊重满洲帝国（注，即伪满）之领土完整与神圣不可侵犯性”。条约签订以后，苏、日之间一直保持着正常的外交关系。

在太平洋对日作战中，美、英两国从其自身利益出发，不断要求前苏联参加对日作战，前苏联政府一直未予允诺。1945 年 2 月，苏、美、英 3 国首脑在雅尔塔举行的会议上，前苏联有条件地正式承担了在德国投降及欧战结束后 2 个月或 3 个月内，参加对日作战。

占领哈尔滨市的苏军一部

苏军进入满洲里

1945 年春季之前，日本关东军的作战计划，一直根据日军大本营“北进”方针，拟在迅速结束侵华战争后，准备对苏作战，配合德国，进攻前苏联远东地区。德、日协议规定，以东经 70 度线为德、日作战分界线。日本关东军按照进攻企图和计划进行部署。

中国的持久抗战，粉碎了日军的企图，打乱了它的战争时间表；德国在欧战中失败；英、美军队在太平洋的反攻节节胜利；日本的经济、军事力量大为下降，国内矛盾更加尖锐；在亚洲、太平洋战争过程中，关东军大批主力被调往中国关内和南洋战场，新建的一些师团战斗力不强，使整个关东军的战斗力大为削弱。

在这种情况下，日军大本营不得不改变计划。

1945年春，关东军的作战计划由进攻改为防御性的持久作战，关东军按照防御作战要求，重新组建部队，调整部署，加紧防御准备。日军关系，苏军对德作战结束后，需要休整，对日作战时间可能在1946年春季，最早也要在1945年9月上旬。苏军的主要进攻方向，可能由前苏联远东滨海地区向中国东北实施。据此判断，日军确定关东军防御的重点在中国东北的东部方向。

苏联红军解放大连时，受到大连民众热烈欢迎的情景

当时，日军关东军辖第一、第三、第十七共3个方面军和独立第四军，共31个师团、13个旅团、约97万人，火炮5000余门，坦克160辆、飞机1800架。另有伪满和伪蒙军约20万人。其部署为：

第一方面军：10个师团约24万人，主要担负中国东北东部方向防御，抗击苏军的进攻。

第三方面军：9个师团约20万人，是关东军的机动部队，主力配置在长春、沈阳地区，准备向苏军可能进攻的方向机动使用。以1个师团担任中国东北西部方向的边境防御。

独立第四军：3个师团约10万人，担任中国东北北部和西北部的防御。

第十七方面军：9个师团约21万人，是关东军的战役预备队，配置在朝鲜境内，策应中国东北和日本本土作战。

关东军的防御计划要求，以1/3左右兵力配置在边境主要防御地段上，依托筑垒工事和有利地形，抗击苏军的进攻，掩护主力机动。以2/3兵力作为战役机动部队，配置在纵深，随时准备前出到受威胁方向，以反突击制止苏军突破并阻止其进攻。计划还规定，如苏军优

蘇聯對日宣戰

加速結束戰爭減少各國人民的犧牲和苦難

莫洛托夫

斯大林接見宋子文

西伯利亞紅軍上月底演習作戰

苏联红军向中国东北兴安岭地区的日军发起进攻

势过大或反突击失利，则退至长春、沈阳、锦州地区进行坚守。如这一地区不能坚守，则将主力撤至朝鲜境内，依托中朝边境山区凭险固守，以持久战策应本土决战。当条件有利时，决不放弃实施反攻，甚至进一步占领前苏联远东部分领土。

前苏联在对德作战尚未完全结束时，已开始拟制对日作战计划并进行作战准备。从 1945 年 2 月开始，苏军在极严格的保密与伪装下，从欧洲战场抽调大量军队输送至远东，其中包括成建制的 4 个集团军，共约 75 万人，使远东地区的兵力增至 80 个师、46 旅，共 158 万余人，2.6 万余门火炮和迫击炮、5500 余辆坦克和自行火炮、5300 余架飞机、670 余艘各型舰艇，形成了对日关东军的兵力优势。同时，苏军储备各种作战物资，改善交通条件，加速进攻准备。

为了领导对日作战的陆军和海军，成立了远东苏军总部，任命华西列夫斯基元帅为总司令。

苏军企图是，使用 3 个方面军从西、东、北 3 个方向，向中国东北纵深实施向心突击，夺取沈阳、长春、哈尔滨、吉林，切断关东军与关内日军及在朝鲜日军之间的联系，全歼关东军主力，占领中国东北全境。主要突击方向选在日军设防薄弱的西部。苏军的进攻部署是：

后贝加尔方面军（司令员前苏联元帅马利诺夫斯基）：辖 4 个合成集团军、1 个坦克集团军、1 个骑兵机械化集群，共 37 个师、20 个旅，约 65.4 万人。方面军集中基本兵力于蒙古东部塔木察格布拉克地区，向沈阳、长春方向实施主要突击。坦克集团军在主突方向第一梯队内行动。同时，方面军实施两个辅助突击，一个向张家口、承德方向；一个向海拉尔、齐齐哈尔方向。方面军进攻正面约 2300 公里，进攻纵深约 1000 公里。

远东第一方面军（司令员前苏联元帅麦列茨科夫）：辖 4 个合成集团军，共 32 个师、14 个旅，约 58.7 万人。方面军集中基本兵力于兴凯湖东南地区，向绥芬河、牡丹江方向实施主要突击，尔后向吉林、哈尔滨推进。同时，实施两个辅助突击，一个向密山方向；一个向汪清、延吉方向。

远东第二方面军(司令员普尔卡耶夫大将):辖3个合成集团军及其他部队,共11个师、12个旅,约33.7万人。方面军集中基本兵力兵器于列宁斯科耶地区,沿松花江向哈尔滨实施主要突击。同时,实施两个辅助突击,一个向饶河、宝清方向,一个向孙吴、齐齐哈尔方向。

亚洲和太子洋战争后期,日军在中国战场和太平洋战场节节失利。日本统治集团感到大势已去,期望通过前苏联的斡旋,谋求在对日有利条件下结束战争。

日本无条件投降签字仪式

日本法西斯投降

在中美苏英及亚洲其他各国人民的共同打击下,日本法西斯已完全陷入绝境。1945年8月9日上午10时30分,日本最高战争指导会议在皇宫内举行,铃木首相首先表示,鉴于目前形势,日本只有接受波茨坦公告,陆军大臣阿南惟几和参谋总长梅津美治郎要求先讨论应否把战争继续下去,海军大臣米内光政建议附带条件接受波茨坦公告,外务大臣东乡茂德认为只可讨论附带“维持国体”条件一个问题。由于意见分歧,未能取得一致意见。同日下午2时半至晚10时半,铃木内阁连续召开紧急会议。阿南等仍主张除“维持国体”外,还必须附带三个条件:日本自行处理战犯;自主解除武装;盟军不得进驻日本,万一进驻,也应限制在最小范围内以最低数量实行短期占领。因此仍未做出任何决定。同日午夜,昭和天皇在皇宫防空洞内召开御前会议,会议讨论了两个多小时,与会者意见形成三比三,仍相持不下,毫无结果。铃木根据事前同木户内大臣等人的默契,在会议即将结束时起立面请天皇“圣断”。天皇表示本土决战毫无可能,只有接受波茨坦公告。御前会议遂于10日凌晨2时30分结束。铃木立即召开内阁会议,让阁员们在同意受波茨坦公告的文件上签字。10日上午6时45分，日本外务省打电报给驻中立国瑞士和瑞典的日本公使，请两国政府将日本接受波茨坦公告的照会转交中美苏英四国政府，但附有一项“谅解”，即认为波茨坦公告“不包含变更天皇统治国家大权的要求”。

战败后的日本天皇裕仁

8月12日凌晨，日方收听到美国广播同盟国的答复，12日下午6时后，日本驻瑞士和瑞典公使相继发回美国国务卿贝尔纳斯代表美英苏中四国政府的正式复照。主要内容是：“自投降之时刻起，日本天皇及日本政府统治国家之权力，即须听从于盟国最高司令官”，“按照波茨坦公告，日本政府之最后形式将依日本人民自由表示之意愿确定之。”对此复照，日本统治集团再次争议。13日上午9时，最高战争指导会议开会，下午4时，内阁又举行会议，争论均无结果。与此同时，美军舰基飞机猛烈轰炸关东和东北地区，又在广播中谴责日本故意拖延时间，并从13日下午5时至14日清晨派出飞机在东京等地大量散发日语传单，载明8月10日日本政府接受波茨坦公告的照会电文和同盟国的复照。这样就把日本政府一直讳莫如深的交涉秘密公诸于日本人民，使日本统治集团深为不安。14日上午10时50分，天皇再次防空洞召开御前会议，会上仍争议不定，最后，天皇在凄惨沉寂中开始讲话。他说：“我的异乎寻常的决心没有变……如果继续战争，无论国体或是国家的将来都会消失，就是母子都会丢掉。现在如果停战，可以留下将来发展的基础，……希望赞成此意。”天皇讲话后，

南京陆军总部举行了中国战区日本投降签字仪式

铃木表示当即起草停战诏书，会议于正午结束后，日本政府随即拟就一份宣布接受波茨坦公告的诏书以及给同盟国的电报稿。这两份文件于14日23时拍发，天皇诏书还于23时20分录了音。近卫第一师团中的几名法西斯军官于14日深夜至15日凌晨，闯进皇宫，图谋劫夺天皇诏书录音盘。事败自杀。15日晨，陆军大臣阿南切腹自杀。此后，一批死硬的法西斯分子如陆军元帅杉山地、陆军大将本庄繁等亦纷纷自杀。15日正午，日本广播协会广播了天皇宣读“终战诏书”的录音。至此，日本正式宣布接受波茨坦公告，向盟国投降。标志着日本法西斯彻底崩溃。

8月15日，铃木内阁总辞职。8月17日，皇族东久迩稔彦组阁，近卫文麿以副首相身份参加内阁，重光葵提任外相。同日，昭和天皇发布敕谕，命令国内外日本军队立即停止一切战斗行动。

8月28日，美军先头部队在东京附近的厚木机场着陆，开始对日本本岛实行占领。

9月2日上午9时，在停泊于东京湾的美国战列舰“密苏里号”上举行了签降仪式。首先由日本外相重光葵代表天皇和政府、陆军参谋总长梅津美治郎代表大本营在投降书上签字。接着麦克阿瑟上将以盟国最高司令官的身份签字。然后是接受投降的9个盟国代表分别代表本国依次签字：美国代表尼米兹海军上将、中国代表徐永昌将军、加拿大代表穆尔——戈斯格罗夫上校、法国代表雅西，勒克莱尔将军、英国代表布鲁斯、弗雷泽海军上将、苏联代表杰列维扬科中将、澳大利亚代表托马斯·布莱梅将军、荷兰代表赫尔弗里希海军中将、新西兰代表艾西特空军中将。至此，正式宣告了日本法西斯战败投降，德意日轴心国发动的第二次世界大战，也以反法西斯同盟国的胜利而同时宣告结束。

纽伦堡军事法庭庭审与判刑

纽伦堡欧洲国际军事法庭从1945年11到1946年3月进行了错综复杂、旷日持久的审案工作。这是一场艰苦的、面对面的舌战。法庭成为同德国法西斯战犯最后较量的战场。四国检查官

臭命昭著的日本战时东条英机内阁

分别对被告们作出详尽的指诉。法庭共进行公开审判403次,多次传讯每一名被告。请200多位证人出庭作证。请143人提供调查记录。还允许22名德国律师为被告进行辩护,同时接受了律师们提交法庭的30万条书面证明材料。最后在3月8日至6月26日准予被告行使答辩权。在审讯过程中,法庭的作法充分体现了公正、人道、民主的精神,从而更加显示了法律的尊严。审讯始终是一场激烈的唇枪舌战。因为要在法庭上彻底战胜纳粹被告,并从法律的角度定下历史的铁案,就必须让被告在大量确凿的人证物证面前理屈词穷,从根本上服罪(而不是表面上,有些人表面上可能决不服输或只是假服),所以这样的较量并不亚于在枪林弹雨的战场上展开的交锋。

一些顽固的被告竟当庭宣扬悖谬的纳粹理论以为法西斯开脱罪责,对此,法庭理所当然地进行了有力驳斥。

辩护方面(包括某些律师)反复提出了"无法规定者不罚"的理由,一再抗辩说:追溯既往地运用法律是不允许的,言下之意是,在他们谋划和发动侵略战争时,还不存在禁止密谋和进行侵略战争的法律规定,因之不能给他们定罪。检察方面义正辞严地指出,这恰恰说明法西斯分子从来就无视国际法。法庭列举了海牙、凡尔赛、洛迦诺、凯洛格—白里安等一系列国际条约的具体条文,一一说明德国法西斯对奥地利、捷克斯洛伐克、波兰、丹麦、挪威、比利时、荷兰、卢森堡、法国、英国、南斯拉夫、希腊、苏联及美国的战争从根本上违背了国际法规,是赤裸裸的侵略战争。而侵略战争历来属刑事犯罪。

被告还提出一种"你亦同样"的论调,企图通过诬蔑对方也犯有同样的"罪行",而将自己的罪行勾销。他们制造"双方都违法"的谬论,达到"合理"地追究对方法律责任,"双方均不追究"的目的,实质为自己开脱。法庭戳穿了被告们玩弄的"相互抵消法",指出他们妄图把自己的侵略行径同盟国、受难人民反侵略战争和反法西斯抵抗运动混为一谈。是只许侵略者挑衅而不许受害者作正义还击的强盗逻辑。

被告们还试图以"执行命令"为自己辩解,有军衔者尤其把这点奉若至宝。这是自我洗刷的托词,犯罪已无法抵赖,但不承认是罪犯,因为自己只是执行者,法律责任只能由发布命令的人来承担。按照这种逻辑,最后就只需对希特勒一人治罪,他既已身亡,被告们都可逃脱法网了。但法庭有力地引证道:"即使在最富有盲目服从传统的德国，即使在元首国家时期，德国军事刑法第四十七条仍然规定：就是下属人员，假如他知道上级命令以违反民法或军法的犯罪行为为目的时，再执行这道命令也应受到惩罚。”这一论据使被告们无以对答。最后法庭斩钉截铁地裁断：“执行上级命令不属减刑之列！”

被告戈林在这类诡辩中表现最为狡黠、蛮横，他准备与法庭对抗到底，公然声称不承认法庭的职权，还在下面暗搞攻守同盟，破坏审讯。对这样顽固的罪犯，法庭与监狱管理人员进行了针锋相对的斗争。

经过九个月艰苦斗争，法庭基本上达到预期的目的。1946 年 8 月 31 日，法庭给各被告以最后辩护发言的机会并宣布休庭一个月，对案情加以缜密分析及研究最后判决。

1946 年 9 月 30 日，纽伦堡欧洲国际军事法庭宣读了长达 250 的判决书，判刑情况下如下：

判处被告共 22 名（其中一人缺席）。

判处绞刑者 12 名：戈林、里宾特洛甫、罗森堡、凯特尔、施特莱歇尔、约德尔、绍克尔、弗兰克、弗利克、卡尔腾布龙纳、赛斯一英夸特、鲍曼（缺席）。

判处无期徒刑者 3 名：赫斯、冯克、雷德尔。

判处 20 年徒刑者 2 名：席腊赫、施佩尔。

判外 15 年徒刑者 1 名：牛赖特。

判处 10 年徒刑者 1 名：邓尼茨。

被告巴本、沙赫特、弗里切被宣判无罪，予以释放。

以下各组织被宣判为犯罪组织：德国政治领袖集团、秘密警察和保安勤务处、党卫队。

宣判完毕后附加一则说明：凡有上诉者，可在四天之内向管制委员会呈递“宽恕请求书”。

之后，庭长又宣布了苏联方面的不同意见。苏联法官、司法少将伊·特·尼基钦科认为，不宣告德国内阁、参谋本部及国防军最高统帅部为犯罪组织，判处被告赫斯无期徒刑，宣告被告沙赫特、巴本、弗里切无罪而予以释放是不正确的，没有根据的。苏联法官在长达 30 页的意见书中详尽阐述了自己的理由。他列举了上述三组织的累累罪行，认定其均为犯罪组织。同时一一摆出四名被告的材料说明均属罪大恶极，认为应将赫斯判处死刑。另外三名均应定罪，不该释放。

1946 年 10 月 1 日下午，纽伦堡法庭正式闭庭。

从退庭之后到行刑之前，被告里宾特洛甫、弗兰克、赛斯—英夸特、席腊赫、施佩尔、邓尼茨六人先后上诉，要求减刑。戈林上诉要求改绞刑为枪决。以上请求均被驳回，法庭一律维持原判。

整个审讯期间，世界公众密切注视着纽伦堡的动向。对德国首要战犯判刑的消息尤使全世界人心大快。苏联《真理报》在判决宣布之后发表的评论说："一切进步的人民，诚实的人民都衷心满意地欢迎国际法庭的判决书。这是无情的、坚决而公正的判决。"而苏联法官所持的不同意见也在民众中得到强烈共鸣。判决公诸于世后，人们纷纷谴责法庭对巴本、沙赫特、弗里切三被告的过度宽恕。法、美、英、奥、挪等国进步报刊先后载文，"对释放战犯表示惊愕"、"遗憾"。柏林十万工人举行罢工，抗议开释战犯。德国统一社会党领导人皮克和格罗提渥发表联合声明，要求对纳粹罪犯严加惩处。值得注意的是"三被告在得知获释时没有任何人比他们本人更觉吃惊"。他们不敢离狱。沙赫特供认："余深惧德国民众……实觉无处容身"，要求暂时"准予留狱"，巴本欲往法国，但法国拒绝为其办理过境手续。当然也有极少数人指责"纽伦堡是胜利者的法庭"，"违背了法律不溯既往的原则"，甚至反对通过设立国际法庭的方式惩处战犯。

1946 年 10 月 16 日对死犯处以极刑。凌晨 1 时 11 分，是里宾特洛甫第一个被套上绞索，2 时许，10 名死囚先后在绞架上结束了罪恶的生命。罪首戈林在临刑前两小时吞服氰化钾毙命。鲍曼"需追捕归案后处死"，余犯皆投入狱中服刑。

客观地说，纽伦堡审判是一次公正的、经得起历史考验的审判。第二次世界大战是人类历史上一场空前的浩劫，5000 万无辜人民惨遭屠戮，广袤的和平土地落得满目疮痍，甚至化为焦土。尸横遍野的战场、灭绝营、毒气室、焚尸炉……构成了名副其实的死亡工厂，而法庭正是对一惨绝人寰罪恶的主要肇事者加以惩处，从而在全世界伸张正义，所以是符合人民意愿的。同时对战犯的惩治也是世界反法西斯斗争的重大胜利，它巩固了第二次世界大战的成果。纽伦堡所审理的是历史上规模最大、案情最复杂、犯罪事实最令人发指的大案。而审讯和定案又是严格依靠证据进行的。司法人员能严肃、缜密、客观地依法审案、定审，也为国与国联合共同制裁侵略者提供了先例。纽伦堡审判揭开了国际法史上新的一页。在人类历史上，这是第一次给予侵略战争的密谋者、组织者、执行者以公开公正的处分，它表明：“破坏和平和违反人道从法学的观点上是构成犯罪的”。美国首席检察官杰克逊谈到：“纽伦堡判决的重要性并不在于它怎样忠实地解释过去，它的价值在于怎样认真地儆戒未来。”他认为，审判有两大任务，“一是核实纳粹重大历史罪行的证据，二是解释并规定新形成的国际法基本准则。”后一点在国际范围内是一次新的开拓，而且初见成效，对后来的“联合国国际法委员会”是有启示的。所以有人把纽伦堡审判喻为“国际刑法史上第一部非常重要的文件。”

有人说，纽伦堡审判是“最使德国人民难堪之事”。实际上决不可把德国法西斯与德国人民混为一谈。如果当初德国大众欣然接受了希特勒的计划，那么就根本不需要什么冲锋队、盖世太保了。但纽伦堡审判对德国人民也是有益的教育，因为“德国人民通过纽伦堡审判第一次认识到在他的名义下对手无寸铁者、犹太人、病人、被绑架和被拘捕者所犯下的罪行”。

纽伦堡法庭不宣布德国内阁、最高统帅部和参谋本部为犯罪组织，释放沙赫特、巴本和弗里切三被告是不妥的。杰克逊先生在1955年也承认：如果当时对沙赫特的案件“进行非常慎重的调查，那么起诉肯定也不至于败诉”。另外，联邦德国历史学家埃德曼认为：“如果法庭……有中立国参加，那么法庭的设立就会有更大的说服力。”这种见解也属探讨此课题的一家之言。

远东国际军事法庭

第二次世界大战，是人类历史上最大的一场浩劫，给各国人民造成了空前深重的灾难。遭受日本侵略的中国、东南亚等各国人民，在这场战争中付出了重大代价。据不完全统计，仅中国在战争中，军队伤亡达380余万人，民众伤亡达1800余万人，财产损失达一千多亿美元。日本法西斯侵略者令人发指的罪行，使受害各国人民和支持正义的人们从大战初期起就主张，战后应严厉惩处战争罪犯，不能像以前那样，仅仅惩办违反战时国际法规的战犯，而且要惩办对战争本身负有罪责的人，即对准备、发动、进行侵略战争的人，追究其作为战犯的责任。

1941年12月4日，苏联政府发表声明说：“在战争胜利并相应地惩处希特勒罪犯后，苏维埃国家的任务将是保证持久正义的和平”。1942年8月，美国总统罗斯福根据对欧、亚侵略者的调查，主张要在实际进行犯罪活动的国家内进行审判。1943年10月，美、英、中、荷、澳大利亚等国设立了战争罪犯调查委员会。1943年11月20日在莫斯科发表的苏、美、英三国外长关于德国暴行的宣言指出：凡是应该对暴行和罪行负责、或者曾经同意进行暴行和罪行的德国军官、人员和纳粹党员，将被解回他们犯下罪恶行为的国家，以便按照这些被解放的国家和将在这些国家建立的自由政府的法律加以审判和惩处；这一宣言不影响主要罪犯的案件，他们罪行没有特殊的地理位置，他们将按照盟国政府的共同决定受到惩处。

1945年8月8日，苏、美、英、法根据上述莫斯科宣言，在伦敦签订了《关于控诉和惩处欧洲的轴心国主要战犯的协定》，及其附件《欧洲国际军事法庭宪章》。欧洲国际军事法庭从1945年11月10日在纽伦堡开庭，到1946年10月1日结束。

战争罪犯调查委员会表示，日本战犯也应受到与德国战犯同样的处理。1945年7月26日，中、美、英三国促令日本投降之波茨坦公告第十项规定：“吾人无意奴役日本民族或消灭其国家，但对于战罪人犯，包括虐待吾人俘虏者在内，将处以法律之严厉制裁。”1945年12月16日至26日，在莫斯科召开的苏、美、英三国外长会议决定（中国也同意），驻日盟军统师应采取一切必要措施，以实现日本的投降条件，占领并管制日本。他必须实施波茨坦公告的条件，包括惩办日本战犯。

经盟国授权，驻日盟军最高统师麦克阿瑟于1946年1月19日颁布了《特别通告》及《远东国际军事法庭宪章》（同年4月26日修正）。设立东京法庭的根据，是1943年12月1日的开罗宣言、1945年7月26日的波茨坦公告、1945年9月2日在美舰“密苏里”号上签署的日本投降书和1945年12月26日的莫斯科会议决定。法庭宪章共5章17条，规定了任务、组成、诉讼程序及其管辖权。其内容与《欧洲国际军事法庭宪章》大同小异。美国迫于战后初期世界民主舆论的压力，同时为了适当打击日本竞争者，在进行一系列民主改革的同时，不得不同意进行东京审判。但在东京审判无论开始或结束的时间都比较晚，由于战后国际形势的发展，这种时间上的差异也就使东京审判及其结果更多地反映了美帝国主义的要求。随着时间的推移，包庇日本战犯的意图变得越来越明显，甚至反映在法庭的一些程序和技术性问题上。

东京审判并不是以所有的战犯为对象，而只是审理和惩办主要的甲级战犯，其他较次要的战犯由被侵略国设庭审理和处置。宪章第五条规定，法庭有权审理三种犯罪：（甲）破坏和平罪，即计划、准备、发动或实行被宣告的或未被宣告的侵略战争，或参加为达成上述任何行为的共同计划或阴谋；（乙）战争犯罪，即违反战争法规和惯例的行为；（丙）违反人道罪，即在战争发生前或战争进行中，对任何平民之谋杀、灭绝、奴化、放逐，及其他非人道行为，或因政治或种族关系，为执行或关涉本法庭管辖范围内之任何罪行而为之迫害，不问其是否违反所在国之国内法。凡参与策动、或执行任何犯上述罪行的共同计划或同谋之领袖、组织者、教唆犯及共犯，对任何人在执行此项计划中所为之一切行为均应负责。主要战犯称为甲级战犯，因为破坏和平罪属甲类，这种罪行是由侵略国最高负责人所犯。

宪章第二条规定，东京法庭应由盟军最高统帅从日本投降书签署国及印度、菲律宾提出的人员中任命6名以上、11名以下法官组成。纽伦堡法庭的组成及有关事项都是根据完全平等选举和表决的原则，而东京法庭的法官和检察官却不经选举，而是由盟军最高统帅即麦克阿瑟任命。这种作法从组织程序上保证了美国意图的贯彻。1946年2月18日，麦克阿瑟任命澳大利亚的韦伯为首席法官，另外还任命了10名法官（中、苏、美、英、法、荷、菲律宾、加拿大、新西兰、印度）。被任命的首席检查官是接近杜鲁门的美国律师约瑟夫·B·基南，其他30名检察官大都来自上述诸国。

宪章第九条丙款规定，为对被告进行公正审理，各被告有权为自己选择辩护人，但法庭可随时不承认本人选择的辩护人。日本方面的辩护人有鹈泽总明等28人，美国方面有柯尔曼等22人。

1945年9月11日，前首相东条英机等39名战犯被捕；11月19日，宣布逮捕小矶国昭等11名战犯；12月2日，宣布逮捕平沼骐一郎、广田弘毅等59名战犯；12月6日，逮捕近卫文麿、木户幸一等9名战犯。其中除旧有意义的战争罪犯之外，还包括对战争本身负有责任的人。在准备审判时，苏联曾建议，组织和发动侵略战争的财阀头目如鲇川、岩畸、中岛、藤原、池田等也应与东条同时受审。但这个建议被首席检察官基南否决，这些人被捕后又很快被释放。在美国的包庇下，日本财阀头目得以免于受审。对发动侵华战争和屠杀中国人民的战犯，如派遣军总司令西尾寿造、烟俊六，华北方面军司令官多田骏等，到1945年底才能动，冈村宁次则逍遥法外。

用中国俘虏进行生物武器试验的日本战犯也受到美国的包庇。据参与东京审判的荷兰法官伯纳德·列凌克透露，这种试验杀死了两千名中国人。有关人犯战后逃回日本，被捕后送往美国。美国人答应，只忠实地说出他们通过自己的犯罪行为所得到的全部知识，就不予起诉，后来美国人遵守了诺言，但苏联审讯了犯有这类罪行的日本罪犯，并把起诉书送到东京。实际上，东京审判的首席检察官知道此事，但在法庭上根本不予追究。

关于国家元首应对发动侵略负刑事责任问题，第一次世界大战后对前德皇威廉二世的处理，至少从形式上已有了先例。第二次世界大战后，《欧洲国际军事法庭宪章》第七条规定："被告之官职上地位，无论系国家之元首或政府各部之负责官吏，均不得为免除责任或减轻刑罚之理由"。而《远东国际军事法庭宪章》中相应的第六条却回避了国家元首的责任问题。该第二条措词改为："被告无论何时期内之官职上地位，被告按政府指示或上级官员指示而行动的情况，均不得使其免除对被控所犯任何罪行之责任。"同是关于被告责任问题，东京法庭宪章第六条与纽伦堡法庭宪章第七条不同，恰恰删除了"国家元首"字样，这绝非是偶然，而是反映了美国的需要。

1946年4月29日，即审判开始前四天，对东条英机等28名甲级战犯正式起诉。法庭就设在原日本陆军省即所谓的军部，庭长室就设在东条英机原来的办公室里。5月3日，法庭在军部会议厅召开第一次公开会议，开始审理。由于中国法官梅汝璈的据理力争，法官座次除首席法官外，按日本投降书各受降国的签字顺序美、中、英、苏、加、法……等排定。审理采用英、美法律，分立证和辩论两个阶段，手续烦琐，迁延时日。3日至4日，首席检察官基南宣室读长达42页的起诉书。

起诉书指出，从1928年1月1日至1945年9月2日，日本的对内对外政策"被犯罪的军阀所控制和指导。这种政策是重大的世界纠纷和侵略战争的原因，同时也是爱好和平各国人民的利益和日本人民本身的利益遭受重大损失的原因。"起诉书列举出55项罪状。其中第一项罪状称："控告全体被告，在1928年1月1日至1945年9月2日这一期间，以领导者、组织者、教唆者或同谋者的资格，参与共同计划或阴谋，欲为日本取得对东亚、太平洋、印度洋以及其接壤各国或邻近岛屿之军事、政治、经济的控制地位，为达到此目的，使日本单独或与其他国家合作，对任何一个或一个以上之反对此项目的国家从事侵略战争。"第二十七项罪状是"对中国实行侵略罪状"。第五十五项罪状称："应其官职应负有采取适当方法确实遵守及防止违反战争法规和惯例之法律上的义务，而竟完全漠视和蔑视其法律上的义务。"检察官根据以上各项罪状追究被告的个人责任。被告中罪状最少的也有25项，最多的达54项。但在5月6日，当时在法庭受审的全体被告27人竟都声辩自己"无罪"。东条英机竟说："对一切诉因，我声明无罪。"

审理期间共开庭818次，法官内部会议131次，有419位证人出庭作证，779位证人提供供述书和宣誓口供，受理证据4336份，英文审判记录48412页。整个审判长达二年半之久，耗资750万美元。到1948年4月16日，法庭宣布休会，以作出判决。从1948年11月4日开始，宣读长达1231页的判决书，到12日才读完。

判决书由三部分组成。第一部分：一、法庭的设立和审理；二、法（甲，法庭的管辖权；乙，对俘虏的战争犯罪的责任；丙，起诉书）；三、日本的义务和权利；第二部分：四、军部控制日本、准备战争；五、日本对中国的侵略；六、日本对苏联的侵略；七、太平洋战争；八、违反战争法规的犯罪（暴行）。第三部分：九、起诉书中罪状的认定；十、判决。判决书肯定日本的内外政策在受审查的时期（1928—1945年）内都是旨在准备和发动侵略战争。

被告最初是28人，但前外交大臣松冈洋右和前海军大将永野修身病死，为日本侵略炮制理论根据的大川昭明因发狂而中止受审。结果只对25人进行了审判和判决。对七人处以绞刑（东条英机、广田弘毅、土肥原贤二、板垣征四郎、木村岳太郎、松井石根、武滕章），对16人处以无期徒刑（荒木贞夫、桥本欣五郎、烟俊六、平沼骐一部、星野直树、贺屋兴宣、木户幸一、小矶国昭、南次郎、冈敬纯、大岛浩、佐滕贤了、嶋田繁太郎、白鸟敏夫、梅津美治郎、铃木贞一），判处二人有期徒刑（东乡茂德20年，重光葵七年）。

由于美国的操纵和包庇，判决书对

有些战犯的判词太轻，对有些史实解释失当。例如，松井石根1937年任华中方面军司令官，统率上海派遣军和第十军。他在1937年12月13日统率军队占领南京，指挥日军犯下了震惊世界的"南京大屠杀"暴行，被杀害的中国人达30万以上，日军在南京疯狂烧杀掳掠，砍头、劈脑、切腹、挖心、水溺、火烧、砍去四肢、割生殖器、刺穿阴户、肛门等无所不用其极。日军的这些残酷暴行，比德军在奥斯威辛集中营单纯用毒气屠杀更加惨绝人寰。但判决书却对他在第二十七项罪状"对中国实行侵略战争"上，"判决为无罪"，硬说"1937年和1938年时他在中国的军事职务，就其本身论，不能认为与实行侵略战争有关"。再如，重光葵除在苏、英等国任大使时的反动活动外，还在1931—1932年任驻中国公使，1942—1943年任驻汪精卫伪政府大使时期，为策应日本的军事侵略，进行了大量罪恶活动。由于在审判期间，美国国务院和英国外交部提供文件为他开脱，判决书说他的活动"未超过职务的正当范围"，"不是阴谋分子之一员"，"并未实行侵略战争"等，因而仅判七年徒刑。1948年11月12日苏联《消息报》曾载文批评，指出这种判决本身就是袒护。此外，判决书认为，日本与德国共谋破坏和平的罪行还缺乏证据，那只是两国总参谋部中个别人员的私人图谋，与日本政府无涉。判决书极力强调日本军部在实行侵略计划方面的罪行，减轻日本政府和垄断资本的责任。

尽管存在上述问题，东京法庭的判决总的说来还是严正的，受到世界舆论的欢迎。1948年11月28日，苏联《消息报》发表《东京审判的总结》一文，指出："苏联人民也像全世界一切正直的人们一样，对法庭的判决非常满意……，法庭的功绩在于，尽管日本主要战犯的辩护人和保护者们机关用尽，国际反动势力施展了许多诡计，甚至法庭的某些法官也当了他们的代言人，但法庭还是做出了合乎正义的和严厉的判决"。

1948年11月12日，远东国际军事法庭宣告结束。

德黑兰会议

1943年11月28日至12月1日，苏、美、英三国首脑斯大林、罗斯福、丘吉尔在伊朗首都德黑兰举行会议。这是第二次世界大战期间反法西斯联盟三大国首脑的第一次会晤。会议就加速击溃德国法西斯，尽早开辟第二战场和战后世界的安排问题交换了意见。这次会议对大战的进程及战后国际关系的发展产生了重大影响。

1943年是反法西斯国家捷报频传的一年。苏联红军接连取得震惊世界的斯大林格勒战役和库尔斯克战役的胜利。美英联军占领北非后，又在西西里岛登陆，迫使意大利投降。美国在太平洋战场上也夺回战争的主动权。这一切标志着第二次世界大战已经发生了根本转折，德、日法西斯的覆灭已不可避免。在这种形势下，美、英、苏三国为了尽快结束对德、对日战争，商讨战后世界安排问题，都希望举行首脑会议，其中罗斯福尤为积极。

罗斯福认为，第二次世界大战是美国建立世界霸权的大好时机。早在大战初期，罗斯福就下令成立专门机构，研究如何“从美国的最大利益出发”，“建立一个理想的世界秩序”。1943年以后，罗斯福更明确地表示：美国“已经取得的权力——道义、政治、经济和军事的权力”，“给我们带来领导国际社会的责任和随之而来的机会”，为了美国的“最高利益”，美国“不能、不应、也不要回避这种责任”。同时，罗斯福看到，随着希特勒德国临近崩溃，苏联在国际舞台上的地位将日益重要。而美英在军事战略方面存在严重分歧，在战后世界安排方面也潜伏着深刻矛盾。为了实现美国的战略目标，罗斯福急于同斯大林和丘吉尔会晤，以便协调对德作战部署，争取苏联早日参加对日作战。他特别希望能在有关战后世界安排和处理德国问题方面取得斯大林的支持与合作。

二战结束时纽约华尔街上举行的庆祝活动

还在1942年12月，当苏军在斯大林格勒和顿河战线完成对德军的包围之后不久，罗斯福即一再向斯大林提议：他和斯大林、丘吉尔“应当早日会晤”，共同“作出重大的战略决定”，并“对德国一旦崩溃时应当采取的处置办法获致某种初步谅解”，还可讨论“有关在北非和远东和未来政策的其他事项”。

1943年5月初，罗斯福派前驻苏大使约瑟夫·戴维斯专程前往莫斯科，把他的一封"私人信件"送交斯大林,提出要跟斯大林进行几天"不带参谋人员"、"不拘形式的极其简单的会晤"和"谈心"。罗斯福还建议会晤地点可在白令海峡两岸的苏联或美国一边,而不要在英国属地或冰岛。因为那样做"很难不同时邀请"丘吉尔。斯大林复电罗斯福,表示同意两人会晤,但因苏联"正在准备击退德国人的攻势",所以他不能离开莫斯科。

英国首相丘吉尔从维护大英帝国的利益出发,既要依靠美国,联合苏联,以抗击德国,又要提防美国挖英国的墙脚;还担心苏联称雄欧洲。他看到美苏在第二战场问题上,观点比较接受,因而他不愿举行"三巨头"会议讨论这一类问题;但他又怕美苏撇开英国单独就重大问题达成协议。因此,他在 1943 年 7 月建议举行美、英、苏三国首脑会议。这一建议得到罗斯福和斯大林的赞同。

1943 年 8 月,三国商定在首脑会议前先举行外长会议。英美两国提出外长会议在英国或某个中立地点举行,但斯大林坚持要在莫斯科开会。9 月 10 日,英美作了让步。

10 月 19 日至 30 日,苏、美、英三国外长莫洛托夫、赫尔、艾登在莫斯科举行会议。参加会议的还有苏联元帅伏罗希洛夫、美国驻苏大使哈里曼、英国国防部参谋长伊斯梅将军等人。

外长会议的第一项议程是缩短战争时间的措施和开辟第二战场问题。这是反法西斯联盟内部争论的焦点。1941 年希特勒进犯苏联后,德军主力投入苏德战场,使苏联蒙受巨大牺牲。为了减轻战争压力,尽快打败希特勒,苏联一直要求英美两国在西欧开辟第二战场。但是,丘吉尔首先关心的是英国本土和整个大英帝国的安全。他坚持在北非登陆,以维护大英帝国从直布罗陀经苏伊士到远东的生命线;然后进军意大利和巴尔干,恢复英国在那里的势力范围,阻止苏联进入东南欧,固而借故拖延开辟第二战场。在 1943 年 1 月的卡萨布兰卡会议上,美国军方力主横渡英吉利海峡,在法国北部登陆,直捣德国。但罗斯福的态度不够坚决,以致第二战场的开辟被一再推迟。8 月间的魁北克会议虽批准了登陆西欧的"霸王"计划,并决定给予优先地位。但由于英国的掣肘,攻击日期又一次推迟。

在莫斯科外长会议上,苏联代表主张明确规定开辟第二战场的日期。英美代表对此不愿承担明确义务,反而提出了种种条件:(1)"如果英吉利海峡的气候有利";(2)"在西北欧的德国空军力量大量缩减”;(3)发起进攻时,德军在法国的预备队不得超过12个师,而且两个月内德国没有可能从其他战场向法国调遣15个师以上的兵力;(4)最后根据苏联的建议,会议公报只笼统地提到三国的“首要目标是尽快地结束战争”。

外长会议接着讨论了由美国起草、得到英国同意的《苏、美、英、中四国关于普遍安全的宣言》。最后决定这个文件用四大国名义发表,中国驻苏大使傅秉常代表中国政府签署了这个宣言。四国宣言宣布四国战时的“联合行动将为组织及维持和平与安全而继续下去”。它们将尽速“根据一切爱好和平国家主权平等的原则,建立一个普遍性的国际组织,所有这些国家无论大小,均得加入会员国,以维持国际和平与安全”。

外长会议着重讨论了德国问题,并根据艾登的建议,决定在伦敦成立“欧洲咨询委员会”。其任务是研究与战事发展有关的欧洲问题,首先是德国问题。

会议还发表了关于意大利、奥地利、德国暴行的三个宣言。宣布盟国对意大利政策必须根据彻底消灭法西斯主义的基本原则,并决定成立由苏联、美国、英国、法兰西民族解放委员会、希腊、南斯拉夫代表组成的意大利问题咨询委员会。宣布1938年德国对奥地利的强迫兼并无效”,表示“希望看到重新建立一个自由和独立的奥地利”。对“负责或同意参加暴行的德国官兵和纳粹党徒,将押回犯罪地点进行审判,对于罪行不限于某一地区的首要罪犯则将“由各盟国政府共同决定加以惩处”。

会上,英国提出战后欧洲小国建立联邦或邦联的方案,英美代表提出苏联与在伦敦的波兰流亡政府恢复外交关系问题,均遭到苏联的反对。美国还向会议提出了三个文件,包括战后各国经济关系的指导原则宣言和关于附属国人民托管的宣言,主张实行“自由贸易”原则,把殖民地变为国际托管。英国断然拒绝了这些主张。

10月30日外长会议结束时,斯大林设宴招待美、英代表。他在宴会上对赫尔表示:在打败德国后,苏联将参加对日作战。

在筹备首脑会议过程中,美苏两国为会议地点问题进行了激烈的争论。斯大林提出以伊朗首都德黑兰作为会议地点。罗斯福从他个人和美国的“威望”考虑,不愿跑到苏联的家门口同斯大林会晤。他说,“我决不考虑这样的事实:我必须从美国领土旅行到离俄国领土不到六百英里的地方”。他建议到伊拉克的巴士拉去开会。他最后说,“如果只是由于几百英里”而使三国首脑会晤不能举行,“后代子孙将认为这是一个悲剧”。但斯大林强调“由于前线极其复杂”,“我身为最高统帅,不可能到比德黑兰更远的地方去”。罗斯福急切希望同斯大林会晤,最后只好让步。

德黑兰会议前还有两个插曲。一是丘吉尔希望在会前先同罗斯福单独会谈,以协调彼此的立场。但罗斯福不愿在这个时候单独会见丘吉尔。他提出,他与丘吉尔、蒋介石在开罗会谈,并希望莫洛托夫代表斯大林出席。斯大林在得知蒋介石前往开罗后,不同意让莫洛托夫前往开罗,并向罗斯福指出,“德黑兰应该只是三国政府首脑之间的事,”“应当绝对排斥任何其他国家的代表参加”。二是罗斯福在开罗期间向斯大林提出他在德黑兰开会时的住处问题;他不同近在咫尺的丘吉尔商量,却致电远在莫斯科的斯大林说,美国驻伊朗使馆,距苏联和英国的使馆较远,驱车往来会议地点,“会冒不必要的风险”。他问斯大林:“您想我们应当住在哪里?”斯大林便顺手推舟,邀请罗斯福下榻在苏联使馆。这两个小小的插曲,反映了当时罗斯福、丘吉尔、斯大林之间的微妙关系。

1943 年 11 月 28 日至 12 月 1 日,斯大林、罗斯福、丘吉尔在德黑兰举行会谈。罗斯福被推为会议主席。三国首脑除举行正式会议外,还利用午餐、晚餐时间非正式地交换意见。斯大林还分别同罗斯福、丘吉尔进行了几次单独谈话,在这期间,三方外交和军事负责人也进行了会谈。会谈涉及协调军事行动和战后世界安排等广泛的重大问题。

1. 关于在西欧开辟第二战场问题。德黑兰会议开始时,罗斯福在第二战场问题上既想取悦斯大林,又不愿得罪丘吉尔,因而模棱两可,不愿明确表态。11 月 28 日下午,罗斯福在第一次全体会议上表白说,他同丘吉尔一直考虑如何减轻德国对苏联的压力问题;但又说,“英吉利海峡是一个难于对付的水域”,在 1944 年 5 月份以前开始渡海战役“是不安全的”,他提到“让地中海的盟军能最大限度地支援东线的苏联军队”,也许会使横渡英吉利海峡的战役推迟几个月;但又说,渡海战役“不应当因次要的军事行动而推迟”。

丘吉尔坚持英国的“地中海战略”,但他并不公开反对在法国北部登陆。他首先表白,英国“很早就同美国商定从法国北部或西北部向德国进攻,为此正进行大规模的准备”。接着话锋一转,说现在距实行“霸王”战役的“期限尚远”，在此期间应该“更好地使用我们在地中海的兵力来帮助俄国人”。他强调“首要的任务是占领罗马”。

斯大林认为，丘吉尔的地中海战役会破坏“霸王”计划，而且抱有难以告人的政治考虑。但斯大林并不想揭穿丘吉尔的政治意图，只是从军事观点上阐明意大利战场“对进一步对德作战并无意义”。他主张放弃攻占罗马。他说，“最好是把‘霸王’战役作为1944年一切战役的基础”，“进行两个战役：一个是‘霸王’战役，一个是支援它的在法国南部的登陆战役”。

罗斯福对丘吉尔的意图也看得很清楚。他表示，“如果不进行地中海战役，我们就能按期实施‘霸王’战役”；如果进行地中海战役，那么势必推迟‘霸王’战役，而他“是不想推迟‘霸王’战役的”。丘吉尔仍然坚持“不能确定5月1日作为开始发动‘霸王’战役的日期”，说“确定这个日期将是一个很大的错误，我不能仅仅为了确保5月1日这个时期而牺牲地中海战役”。最后只好决定这个问题交军事专家讨论。

会后，罗斯福对他的儿子伊利奥说，“当丘吉尔为他的巴尔干战役辩护的时候，屋子里每一个人都明白他的真正用意何在。大家都知道他很迫切地想在欧洲中部打进一个楔子，使红军无法进入奥地利和罗马尼亚，如果可能，甚至匈牙利也不让红军进入。斯大林知道这一点，我知道这一点，每个人都知道这一点”。“问题是丘吉尔太关心战后世界与英国的地位了。他怕苏联变得太强大”。

29日上午，三国军事代表举行会议。英国布鲁克将军基本上重复了丘吉尔前一天的论点，为“霸王”战役不能在5月1日前进行作辩解。苏联伏罗希洛夫元帅说，“美国人认为‘霸王’战役是主要战役”，“布鲁克将军作为英国的总参谋长是否也认为这个战役是主要战役”？是否认为“在地中海或其他某个地区进行的某个其他的战役能够代替这个战役”？布鲁克含其辞地承认“霸王”战役“非常重要”，但又强调横渡英吉利海峡的困难。于是，伏罗希洛夫列举英美在北非和意大利的胜利、对德国的空袭、英美军队的组织程度和海上威力、美国雄厚的技术装备。然后指出：这一切说明，只要有决心，“霸王”战役是能够成功的。他希望会议就通过哪些决议达成协议。但布鲁克不同意，要求11月30日继续开会。

就在这天上午参谋长们讨论军事问题的时候，丘吉尔派人送信邀请罗斯福共进午餐。罗斯福估计丘吉尔是想同他单独商谈地中海战役问题，为了避免这场不愉快的会面，便谢绝了邀请。

当天下午举行第二次全体会议，斯大林和丘吉尔短兵相接，争论十分激烈。三国军事代表简要地汇报了上午会议的情况以后，斯大林问，“谁将被任命为‘霸王’战役的总司令？”罗斯福说，“还没有决定”。斯大林说，“如果这点都不明确，‘霸王’战役不过是一场空谈”。丘吉尔继续鼓吹进行地中海战役。斯大林紧紧抓住“霸王”战役不放，强调“霸王”战役是“主要的决定性的问题”。他建议给军事委员会做出三点指示：第一、“霸王”战役的日期不得拖延，五月份为最后期限；第二、配合“霸王”战役，在法国南部发动一次辅助性战役；第三、抓紧任命“霸王”战役的总司令。他要求在德黑兰会议期间解决这些问题。

在斯大林和丘吉尔争论过程中，罗斯福的态度逐渐明朗。他表示，“霸王”战役的日期“已在魁北克确定”，他反对推迟“霸王”战役。丘吉尔仍坚持“莫斯科会议上提出的条件”。这时，斯大林陡然从座位上站起，对莫洛托夫和伏罗希洛夫说，“我们走吧！我们在这里没有什么事好干了。我们在前线还有许多事要做呢！”罗斯福赶忙打圆场，提议休会，让军事人员次日继续开会。在这种情况下，丘吉尔提议他和罗斯福商量一下，然后提出共同意见。斯大林追问：第二天丘吉尔和罗斯福能否把方案准备好，罗斯福无法回避，只能表示：“方案能准备好”。当晚罗斯福派霍普金斯去英国大使馆，劝说丘吉尔改变态度。

11 月 30 日是决定性的一天。丘吉尔看到罗斯福已明确表示支持苏联的主张，他不得不放弃拖延战术。上午，英美参谋长们开会，英国方面终于同意确定“霸王”战役开始的日期，还同意在法国南部发动一次配合性进攻。不过美国对英国也作了让步，同意单独设立地中海战区司令部，由英国人担任统帅。

午餐时，罗斯福告诉斯大林，英美联合参谋长委员会通过决议：“‘霸王’战役定于 1944 年 5 月进行，并将得到法国南部登陆作战的配合”。斯大林表示对这个决定很满意，并声明，在“霸王”战役开始时，苏联“将准备好给德寇以沉重打击”。至此，美、英、苏终于就长期争论的第二战场问题达成协议。几天来德黑兰会议上的紧张气氛一下子缓和下来。三国首脑商定第二天开始讨论政治问题。

2. 关于苏联参加对日作战问题。斯大林在 11 月 28 日第一次会议上正式表示,“一旦德国最后垮台,那时苏联就有可能把必要的增援部队调到西伯利亚,然后我们将联合起来打击日本”。11月30日午餐时,在罗斯福宣布美英两国同意于1944年5月开始“霸王”战役后,三国首脑在比较融洽的气氛中,就苏联参加对日作战的条件进行了试探。丘吉尔问斯大林对《开罗宣言》有何看法。斯大林提到希望达达尼尔海峡的管制放松一点。罗斯福则提出波罗的海入口和基尔运河的通航自由问题。然后斯大林问:在远东能够为俄国做些什么。丘吉尔说,正是为了这个理由,他特别愿意听听斯大林对《开罗宣言》的看法,“因为他对于弄清楚苏联政府对远东和那里的不冻港问题的看法感到兴趣”。斯大林回答说,这也许等到我们参加远东战争时再说比较好些。不过,他又说,苏联在远东没有一个完全不冻的港口。罗斯福因大连成为自由港问题已在开罗会议期间取得蒋介石的同意,便说“自由港的主张”也许还适用于远东,大连就有这种可能性。斯大林说,他认为中国人不会喜欢这样的方案。罗斯福用肯定的语气回答说,他认为,他们会喜欢在国际保证之下的自由港的主张。斯大林立即称赞说,“那将是不坏的”。据后来罗斯福在太平洋战争委员会上讲话中透露,当时斯大林还表示希望归还整个库页岛,并得到千岛群岛。

3. 关于建立国际组织问题。在德黑兰会议期间,罗斯福努力争取斯大林支持他的关于建立国际组织的计划。11月29日,罗斯福向斯大林提出,未来国际组织包括三个独立的机构。一个是由大约35个联合国家组成的庞大机构,这个组织要定期在不同的地方开会,进行讨论,并向一个较小的机构提出建议,第二个是由苏联、美国、英国和中国,再加上欧洲两个国家、南美一个国家、近东一个国家、远东一个国家和英帝国一个自治领所组成的执行委员会,这个执行委员会应处理所有非军事问题,诸如农业、粮食、卫生和经济问题。第三个机构是由苏、美、英、中组成的“四警察”。他提出和平受到威胁时的两种对付办法。一种情况是,威胁起因于一个小国的革命或扩张,可能采取隔离办法,封锁有问题国家的边界和实行禁运。第二种情况是,如果威胁更为严重,四大国要以“警察”身份行事,向有问题的国家发出最后通牒,要求停止危及和平的行动。如被拒绝,就会导致对那个国家立即进行轰炸,甚至占领。

斯大林建议建立两个组织;一个是欧洲组织,最好有美、英、苏三国或者还有一个欧洲国家参加；另一个是远东组织或世界组织。罗斯福说，斯大林的建议在某种程度上和丘吉尔的建议相吻合，“但问题是美国不能成为欧洲组织的成员”。后来斯大林在12月1日最后一次同罗斯福会谈时，表示同意罗斯福的意见，即新的国际组织应当是世界性的，而不是地区性的。

4. 关于处置德国问题。德黑兰会议就战后如何处置德国问题进行了初步讨论。三国首脑在这方面存在着严重分歧。罗斯福从称霸世界的全球战略考虑，主张削弱德国，分割德国，提出把德国分成五部分的方案：(1)普鲁士，尽可能缩小和削弱；(2)汉诺威和德国西北部地区；(3)萨克森和来比锡地区；(4)黑森——达姆斯达特、黑森——卡塞尔和莱茵河南部地区；(5)巴伐利亚、巴登和符腾堡地区。这五个地区应当自治。此外，还有基尔运河区和汉堡市、鲁尔和萨尔，这两个地区应当由联合国家管制或采取某种国际共管形式。

丘吉尔另有考虑。他既想适当地削弱德国，分割德国；又想在西欧建立某种联邦，以抗衡苏联。他提出两点意见。第一，把普鲁士同德意志的其他部分分开，将普鲁士置于十分苛刻的条件下。第二，让巴伐利亚、巴登、符腾堡同德国的其余部分脱离关系，使它们成为多瑙河联邦的一部分。

斯大林不同意丘吉尔的看法。11月29日，他与罗斯福单独会晤时表示，如果对德国不加任何控制，德国会在15年至20年内完全恢复过来，在12月1日举行的第四次会议上，斯大林明确表示，不赞成建立联邦的计划，主张让匈牙利、奥地利、罗马尼亚、保加利亚重新独立。他认为，“把德国的几个地区包括在庞大的联邦体制内，只会给德国佬提供复活一个强大国家的机会”。他强调任何维护和平的国际组织的全部目标都是要抵消德国人的这种倾向，要采取各种措施，包括使用武力来防止德国的重新统一和复活。他说，如果德国人敢于发动战争，战胜国必须有力地打击他们。

由于意见不能取得一致，三国首脑决定把这个问题提交欧洲咨询委员会研究。

5. 关于波兰问题。1943年3月，居留在苏联的波兰爱国人士，以共产党人为骨干，组成了“波兰爱国者同盟”。4月，苏联政府指责在伦敦的波兰流亡政府“对苏联采取了敌对态度”，宣布与其断绝外交关系。这时，英美两国耽心波兰民主力量在波兰国内建立政权机构，不得不改变态度，打算用边界问题上的让步，换取苏联同波兰流亡政府恢复外交关系，以保障流亡政府将来在波兰国内的统治地位。基于上述考虑，丘吉尔和罗斯福在德黑兰会议期间都力图调解苏联与波兰流亡政府的关系。丘吉尔强调英国对波兰十分关注。他说，“我们对波兰做了保证”，“我们对德国宣战就是因为德国进攻波兰”。他用三根火柴代表德国、波兰和苏联，主张这三根火柴都向西移动，以确保苏联的西部边界，至于波兰的要求，“应该由德国来满足”，然后苏联与波兰流亡政府开始谈判和恢复关系，罗斯福表示，他赞成丘吉尔的主张。不过由于政治上的理由，他不能参与关于这一问题的任何决定。

斯大林表示“赞成恢复波兰，加强波兰，让德国作出牺牲。不过，苏联把波兰和伦敦流亡政府分开”，“如果波兰流亡政府能和游击队合作，如果能向我们保证他的代理人将不与在波兰的德国人勾结，那我们准备与他们谈判”。关于边界问题，斯大林坚持苏波边界“应是1939年的边界线”。

在德黑兰会议快要结束时，丘吉尔又提出波兰问题，并宣读了他的提案：“原则上通过，波兰国家和人民的领土应该位于寇松线和奥得河之间，包括东普鲁士和奥别尔省。但边界的最后划定还需要仔细研究，有些地区可能进行移民。”斯大林说：“俄国人在波罗的海没有不冻港。因此，俄国人需要哥尼斯堡和默默尔这两个不冻港及东普鲁士相应的部分领土”。“如果英国人同意移交给我们上述领土，我们将同意丘吉尔的提案”。丘吉尔表示“一定要加以研究”。

6. 关于芬兰问题。1939 年至 1940 年苏芬战争后，两国签订和约，芬兰将卡累利阿地峡及维堡等地割让给苏联，汉科半岛租给苏联 30 年作海军基地。1941 年 6 月，芬兰参与希特勒侵略苏联的战争。到 1943 年苏德战局发生根本转折后，芬兰又通过美国、瑞典向苏联进行和平试探。

12 月 1 日，罗斯福在午餐会上提出，他愿意帮助芬兰退出战争，他建议让芬兰人派一个代表团去莫斯科去谈判。丘吉尔表示，首先要考虑“保证列宁格勒的安全”，“保证苏联作为波罗的海的一个主要海军和空军强国的地位”；但他“对损害芬兰独立的任何行为，将感到非常遗憾”。他不赞成“向芬兰这样贫穷的国家要赔款”。

斯大林表示，不反对芬兰人到莫斯科谈判；但是，以 1939 年边界作为基础是无法接受的。最后他提出了苏联的条件:(1)恢复1940年条约,可能以贝柴摩换汉科,贝柴摩将为苏联永久占有;(2)芬兰赔偿给苏联造成的损失的一半,其确数另作讨论;(3)芬兰同德国脱离,把德国人逐出芬兰;(4)改编芬兰军队。

7. 关于殖民地和战略据点问题。斯大林和罗斯福第一次会晤时就讨论了英法殖民地的问题。罗斯福告诉斯大林,他曾同蒋介石讨论"在印度实行托管的可能性"。他认为这个原则同样适用于其他殖民地。他说:"丘吉尔不愿意在实现关于托管制的建议方面采取坚决行动,因为他怕不得不对其他的殖民地也实行这个原则"。罗斯福希望将来同斯大林谈谈印度问题,说"在印度问题上局外人比有直接关系的人能更好地解决这个问题"。斯大林表示同意。

11月29日,斯大林和罗斯福又单独会晤,在谈过未来的国际组织问题后,斯大林提出为了防止德国和日本再次走上侵略道路,他认为除了建立国际组织外,还必须要德国境内靠近边界处、甚至更遥远的地方,控制某些牢固的据点。为维护和平而成立的任何委员会或机构应有权占领这种用以对付德国和日本的牢固据点。罗斯福表示"百分之百地同意"。

当天下午八时,三国首脑晚餐时,斯大林再次提出,为了防止德国和日本重新发动战争,盟国必须占领上述的重要战略据点。罗斯福主张对靠近德国、日本的基地和战略据点实行托管制。丘吉尔表示,"英国不想得到任何新的领土或基地,但打算保持原来他们所有的一切"。他甚至说,"不通过战争,就不能从英国夺去任何东西"。

第二天,11月30日,霍普金斯、艾登、莫洛托夫共进午餐时,霍普金斯又提出了战略据点问题。莫洛托夫说,斯大林认为,战后为了保证将来不再有大的战争,那些在保证和平方面负有特殊责任的国家,应该做到使重要的战略基地处于他们控制之下,他说,法国与德国合作,因而应当受到惩罚。艾登表示,从德国和日本取得的战略据点,可以由英美联合控制或由联合国家控制。艾登认为对法国的基地要慎重考虑。霍普金斯谈到使用比利时的战略据点和空军基地的可能性。他还希望在菲律宾独立和台湾交还中国后,美国在那里应有海陆空基地。艾登表示同意。最后霍普金斯说三大国应当对有关战略基地和由谁控制这些战略基地的基本问题作出决定。

德黑兰会议的最后成果是签订了《苏美英三国德黑兰宣言》和《苏美英三

国德黑兰协定》。三国还发表了关于伊朗的宣言，表示完全赞成伊朗政府维持独立、主权和领土完整的愿望，并期望伊朗在战后参加建立国际和平、安全和繁荣的工作。

德黑兰会议是在世界反法西斯战争进程中极为重要的一次会议。这次会议对战争的进程和结局产生了巨大的作用和影响，因而是一次成功的会议。

罗斯福认为：他“确信它是一件历史性的事件”。斯大林说，“德黑兰会议关于对德共同行动的决议以及这个决议的光辉实现，是反希特勒联盟战线巩固的鲜明标志之一。”这次会议本身以及在这之前举行的外长会议，反映了三大国继续合作打败法西斯的愿望。这对正在反对法西斯侵略和奴役的各国人民是一个巨大的鼓舞。会议就对德作战，尤其是开辟第二战场问题达成子协议，从而结束了苏、美、英之间一场长达两年多的争论，协调了三国的军事战略行动。会议还就建立国际组织及其他政治问题交换了意见。这对于维护和加强盟国间的团结与合作，加速反法西斯战争的胜利，具有重大意义。然而这次会议也有消极的一面。美、英、苏三国在会议期间从各自本身利益考虑，达成了一些损害他国利益的妥协或默契，给战后国际关系的发展造成了不良影响。

日内瓦会议

召开日内瓦会议，是根据1954年2月，苏、美、法、英4国外长柏林会议的决定召开的。柏林会议曾就朝鲜和印度支那问题达成这样的协议：“鉴于用和平方法建立一个统一与独立的朝鲜将是缓和国际紧张局势和恢复亚洲其他地区和平的重要因素；建议由苏维埃社会主义共和国联盟、美国、法国、联合王国、中华人民共和国、大韩民国、朝鲜民主主义人民共和国及其他有武装部队参加朝鲜战争并愿意参加会议的国家的代表于1954年4月26日在日内瓦举行会议，以期对朝鲜问题和平解决。”协议还提出“同意在那个会议上还要讨论恢复印度支那和平的原题，届时将邀请苏维埃社

四巨头齐聚日内瓦（由左到右）布尔加宁（苏联）、艾森豪威尔（美国）、佛尔（法国）和艾登（英国）

会主义共和国联盟、美国、法国、联合王国、中华人民共和国及其他有关国家的代表参加……”。

这一协议的达成，首先是中国人民以及朝鲜、印度支那各国人民坚持反对帝国主义侵略，争取世界和平斗争的重大成果。朝中人民和印度支那人民在两个战场上不断取得的胜利，从根本上迫使美、法等国，不得不同意坐到谈判桌上来，讨论和解决朝鲜问题以及恢复印度支那和平问题。其次，也是苏联政府坚持不懈地争取大国协商，谋求解决重大国际问题的努力的结果。苏联政府早在1953年9月28日，及以后致法、英、美3国政府的历次照会中，就一再建议召开5大国会议，审查和解决国际紧张局势的问题。

第二次世界大战后，美国国力空前增强，它处在扩张的势头上通过各种手段，妄图在世界上建立它的霸权地位，扼杀亚洲人民、特别是中国人民革命事业的胜利成果，用军事冒险行动征服朝鲜，进而进攻中国。它盗用联合国名义，纠集15个国家，共同进行了这场侵略战争。但是朝中两国人民并肩战斗通过5大战役把美国侵略者及其帮区赶到三八线以南，美国并被迫同意在板门店举行停战谈判，于1953年7月27日签订了停战协定。

朝鲜停战协定签订后，朝中方面反复建议用和平方式统一朝鲜，并坚决主张迅速召开解决朝鲜问题的政治会议，但都遭到了以美国为首的侵略集团的无理反对和拒绝。美国侵略军，还用武力劫夺朝中两国的被俘人员，使遣返战俘和解决朝鲜和平统一的会议迟迟不能召开。

印度支那战争，是法帝国主义强加在印度支那人民身上的侵略战争。正如周恩来总理当时指出：“印度支那战争是法国殖民主义者挑起的一个企图重新奴役印度支那人民的殖民战争……”。1946年9月，法国趁日本法西斯覆灭和中国国民党军队撤退之机，派军队进驻越南，占领西贡，设立专员公署企图重新恢复殖民统治。1946年12月，法国撕毁“法越初步协定”，向越南民主共和国发动了进攻，但法帝国主义并未能征服印度支那各国人民，自1946年开始的抗法斗争，使它陷入了进退维谷的困境。从战争开始到1954年3月共有38万1000多法军与越南伪军被歼，3/4的越南领土获得了解放，柬埔寨和老挝人民也奋起反抗。到1953年10月，法国不得不承认老挝为法兰西联邦内的独立国家，同意柬埔寨在1946年1月废除保护制，1953 年宣告完全独立。法国在印度支那战场上所消耗的军费，已从 1947 年的 2300 亿法郎增加到 1952 年的 18000 亿法郎，1953 年，达 40,000 亿法郎。美国从 1949 年起把印度支那列为侵略对象，干涉越南战争，企图遏制亚洲革命，1950 年 2 月，美国承认了越、老、柬 3 国的伪政权，美国一方面供给法国军队以军费，从 1951 到 1954 年，美国提供的大量军事援助，分别占法国侵越军费的 30%、35%、47% 和 78%，一方面又借机插手印度支那战争，直接派遣军事使团，利用法国屡屡失败的“窘境”，加强“对印度支那的干涉，以图逐步代替法国在印度支那的地位”。印度支那各国人民在对法帝国主义进行英勇斗争的同时，不断提出和平解决印度支那问题的建议。早在 1946 年至 1947 年间，胡志明主席就几次呼吁，在尊重印度支那人民民族权利的基础上进行和平谈判。1953 年 11 月，胡志明主席在答《瑞典快报》记者的谈话中，再次表示了关于和平解决印度支那问题的主张。越南人民的立场，获得了世界各国人民的普遍支持。与印度支那各国人民血肉相联的中国人民，在全力支持他们的反抗斗争的同时，也一贯主张和平解决印度支那问题，实现印度支那人民的独立、自由和民主的愿望。由于侵略印度支那的战争，法国国内的阶级矛盾也空前地激化起来，人民反战情绪愈益高涨，对统治集团极为不满，连法国侵越军总司令也哀叹“印支战争不能获得军事胜利来结束”。1948 年，法国国民议会投票反对侵越战争的非共产党议员仅 5 人，到 1954 年 3 月，增加到 160 余人。法国议会也不得不提出要“用一切可能办法通过谈判谋取全亚洲和平”。

赵南劳动党和赵南人民军在抗法救国的斗争中日益壮大。1951 年越南人民接连发动了中游战役、西北战役、东北战役、东北战役、宁平战役，解放了大片国土，歼灭大量法军。1953 年，越南劳动党根据抗法战争形势，决定在奠边府发动战略进攻，在中国军事顾问团的直接帮助下，战役从 1954 年 3 月 13 日开始，经过 55 天的激战，5 月 7 日解放奠边府，歼灭法军 1 万 6000 人。正是在这种形势下，在中朝人民和印度支那人民斗争节节胜利，在全世界人民渴望和平解决朝鲜问题和恢复印度支那和平的形势下，达成了柏林 4 国外交部长协议，并如期举行了日内瓦会议。

日内瓦会议一开始，就围绕着和平解决朝鲜问题展开了激烈的辩论和尖锐的斗争。中国、苏联和朝鲜民主主义人民共和国的代表团，以诚意和协商的精神，与参加会议的各国一起谋求日内瓦会议的成功。朝鲜民主主义人民共和国代表团在讨论朝鲜问题的第一次会议上，就提出了《关于恢复朝鲜的国家统一和举行全朝鲜自由选举的方案》的建议。方案的中心内容是：一、举行全朝鲜的选举"以组成朝鲜的统一政府"；二、一切外国武装力量"在6个月内撤出朝鲜"；三、恢复朝鲜的统一，"把朝鲜统一成为一个统一的、独立的、民主的国家"。这一方案，完全符合朝鲜人民恢复祖国统一的全民族的愿望，也符合加强各国人民之间和平的利益，因而得到中苏两国外交部长的坚决支持。周恩来外长在阐明中国的立场时指出：朝鲜民主主义人民共和国的建议应当"成为和平解决朝鲜问题的协议的基础"。同时又提出日内瓦会议不能回避的一个重要问题，即关于战俘问题。因为在朝鲜停战前后，美韩当局强迫扣留了48000余名朝中被俘人员，使他们不能重返祖国。为此，在5月3日的会议上，周恩来外长严肃提出"必须采取措施：保证1953年6月和1954年1月被强迫扣留并编入军队的朝中被俘人员得以重返祖国"。

恢复朝鲜统一，首先是朝鲜人民自己的事情，任何企图把朝鲜人民所不能接受的，关于朝鲜国家的政治和社会制度的解决办法强加给他们，都是通不过的。朝鲜民主主义人民共和国的3项建议，不仅符合民主原则，也符合朝鲜人民的根本利益，本应被接受作为日内瓦会议解决朝鲜问题的基础。但是美国及受其控制的国家，从一开始就毫无诚意，顽固地反对朝鲜、中国以及苏联和平解决朝鲜问题的建议，坚持把1950年10月7日联合国的非法决议强加给日内瓦会议，即让美军长期留驻朝鲜，以确保全朝鲜局势的"长期稳定"。联合国关于朝鲜问题的协议，是根本违反联合国宪章的宗旨和原则的，是为扩大美国侵略朝鲜战争张目的。美国的目的是在于利用谈判，提出用扩大李承晚统治到全国的办法"统一朝鲜"的计划。其核心是：中国人民志愿军从北朝鲜撤出，美国军队继续留在南朝鲜；北朝鲜交给美国军队占领，在那里举行由联合国"监督"的选举。美韩集团的建议，充分暴露了美帝国主义妄图吞并整个朝鲜的野心。对此，周恩来外长严正指出"由于美国的操纵，联合国已被置于朝鲜交战一方的地位，失去了公平处理朝鲜问题的资格和道义力量"。

在日内瓦会议上，美国纠集其他侵朝国家，一再阻挠会议的正常进行，甚至以中断会议相要挟。但中、苏、朝3国代表团，始终本着协商与和解的精神。竭尽全力促使朝鲜问题达成能为各方都接受的协议，并准备为此做出各种妥协，只要这种妥协不危害朝鲜人民的利益和世界和平与安全事业。

为了打开僵局，朝鲜民主主义人民共和国代表团曾提出：同意美国军队和中国人民志愿军，按照均等比例的原则从朝鲜分阶段撤退；中国代表团在5月22日的会议上提出："为了协助全朝鲜委员会根据全朝鲜选举法在排除外国干涉的自由条件下举行全朝鲜选举，成立中立国监督委员会，对全朝鲜选举进行监督。"苏联代表团团长、日内瓦会两主席之一莫洛托夫支持朝、中两国的建议，并认为，会议在许多问题上的观点已经趋于接近，应当把观点吻合或接近的一些条款确定下来，而继续讨论有争议的问题。上述建议充分表现了中、苏、朝3国力求和解的真诚愿望和协商精神。但是，所有这些建议，都遭到美国及其侵朝国代表团的反对。他们顽固地坚持由联合国监督朝鲜的选举，甚至扬言，如果由联合国监督选举的问题达不成协议，会议将不可能完成关于朝鲜问题的任务。

在这种情势下，朝鲜、中国和苏联，又相继提出了3个有助于达成协议的新建议，以期在最后时刻挽救会议免于破裂。这些建议是：南日外务相提出的保证朝鲜和平状态的6点建议；周恩来外长提出的由中、苏、英、美、法、朝鲜民主主义人民共和国和大韩民国举行限制性会议，讨论巩固朝鲜和平的有关措施；莫洛托夫外长提出的由会议的参加国发表共同宣言，保证不采取任何可能足以对维持朝鲜和平构成威胁的行动的建议。

美国肆意破坏日内瓦会议，拒不接受朝、中、苏3国代表团提出的合理建议，纠集15个参加侵略朝鲜的国家发表了一个《16国共同宣言》，硬要日内瓦会议接受。该宣言以抹煞事实颠倒黑白的手段，表明美国等国决心使会议在未达成任何协议的情况下结束。这理所当然地遭到了中、苏、朝3国拒绝。在会议即将陷于破裂的时刻，周恩来外长提出了一项最低限度的、最具有和解性的建议："日内瓦会议与会国家达成协议，它们将继续努力以期在建立统一、独立和民主的朝鲜国家的基础上达成和平解决朝鲜问题的协议。关于恢复适当谈判的时间和地点问题，将由有关国家另行商定。"周恩来外长这种力求和解、仁至义尽的让步，受到与会许多国家的代表的赞赏和同意，其中包括日内瓦会议两主席之一、英国外交大臣艾登，但却遭到美国代表团的无理拒绝。

日内瓦会议关于和平解决朝鲜问题的讨论,历时51天在没有达成任何协议的情况下,于6月15日结束。

显然,日内瓦会议的破裂,并非由于日内瓦会议没有可能对和平解决朝鲜问题在已经一致或接近一致的基础上继续讨论,并求得协议。会议的破裂只是由于美国的一意孤行,拒绝协商。美国应负日内瓦会议朝鲜问题谈判破裂的责任。

日内瓦会议自5月8日至7月21日,讨论了另一项议程,即恢复印度支那的和平问题。

印度支那问题的讨论,是在越南人民对法国侵略军的反击取得决定性胜利的形势下开始的。5月7日,奠边府战役的胜利,沉重地打击了法国侵略者,它对日内瓦会议恢复印度支那和平的讨论,当然是有重要意义的。这时,法国已无力继续进行印度支那战争。

5月8日,会议一开始,越南民主共和国代表团,就提出了恢复印度支那和平的8项具体建议,以作为谈判的基础。其核心是:法国承认"越南在越南整个领土上的主权与独立,并承认高棉与寮国的主权与独立";"在规定的时限内,自越南、高棉、寮国领土上"撤退法国的军队;在印度支那3国"举行自由普选"并建立"统一的政府,不允许有外来的干涉";印度支那3国政府,承认"法国在这些国家内现存的经济与文化上的利益",并同意研究自愿"加入法兰西联邦的条件"。

越南民主共和国代表团,还阐明提出上述建议的目的在于:一、停止战争、建立和平;二、保证在承认印度支那人民的民族权利的基础上恢复和平;三、建立印度支那各国与法国的友好关系。

越南民主共和国的建议,得到了中国和苏联代表团的支持。周恩来外长郑重指出:"摆在我们面前的重大任务就是要在承认印度支那人民的民族权利的基础上,停止敌对行动,恢复印度支那的和平"。

当时摆在法国政府面前的路有两条,一是在印度支那继续扩大战争,这不仅损害印度支那各国的利益,危害亚洲地区的和平,而且也违背它的国家的根本利益;另一是同印度支那各国建立正常的关系,这既符合印度支那各国的利益,有利于亚洲的和平和稳定,又满足法国人民反战的愿望。法国代表团团长、外交部长皮杜尔,在会上一方面为法国殖民主义者的侵略辩护,另一方面表示愿意促成军事行动的停止,企图把会议只限制在纯军事问题上，不解决政治问题。但是，没有政治问题的解决，印度支那的和平就不能恢复。不过，法国代表团的某些建议，如与会国保证停战的原则，成立国际委员会以监督停战条款的执行等，还是有利于谈判顺利进行的。但就总体说来，法国的建议不是旨在达成印度支那和平，而只是在越南人民的沉重打击下，考虑停止军事行动。他们甚至避而不谈柬埔寨、老挝的停战问题。

会议进行中，被无理地拒之于会议之外的寮国抗战政府和高棉抗战政府，于5月22日发表了“关于在全印度支那实行停火和停战以恢复和平的声明”，表达了这两个国家的人民渴望停战，恢复和平的强烈愿望。

为促进会议的进展，使印度支那早日恢复和平，中国代表团于5月27日的9国代表团会议上，提出了《关于在印度支那停止敌对行动的建议》。这是中国代表团为谋求在军事停战方面达成协议所做的重大努力、目的在于使与会国根据共同点达成协议，以便作为进一步谈判的基础，同时，对于那些差异点也寻找方法加以解决。中国代表团主张，目前在印度支那应该不分哪一个国家，不分正规军和非正规军，都必须同时停火而没有例外。这份含有6项条款的建议，更进一步促进了会议参加国观点的接近，并为会议达成协议铺平了道路。苏联、越南民主共和国代表团坚决支持中国的建议。

在中国代表团的推动下，5月29日，日内瓦会议达成了第一个协议——《9国代表团关于印度支那问题的一项决议》。决议的核心是：双方军事司令部的代表“应即在日内瓦会晤”，讨论有关停战的具体问题，以便“促使敌对行动的早日和同时终止”。这一决议的通过，为日内瓦会议处理印度支那问题打下了良好的基础。

当时的国际形势和法国的国内形势，也为印度支那问题的解决，提供了有利条件。世界各国人民渴望印度支那和平的恢复，许多国家的政府，首先是亚洲各国政府，都表现出解决印度支那问题的积极态度。会议在6月19日达成了在柬埔寨和老挝停止敌对行动的协议后，各国外长暂时离开日内瓦期间，周恩来总理访问印度、缅甸，在发表的“联合声明”中，都表示切望印度支那和平问题能得到满意解决。英国政府也表现出“和平精神”，赞成谋求达成协议的办法。这时，法国政局发生了变化。法国人民一贯反对印度支那战争，他们对拉尼埃政府“依靠实力摆脱战争”和热衷于依靠美国扩大干涉与援助的方针，表示强烈不满，曾多次派代表团去日内瓦，要求结束战争，恢复印度支那和平。法国政府的立场在议会中也遭到了多数的反对，在一片反对声浪中，坚持顽固立场的拉尼埃—皮杜尔政府倒台，国民议会通过了停止“肮脏战争”的决议，由孟戴斯—弗朗斯领导的新内阁表示“将竭尽一切力量达成印度支那的和平”。

在这种形势下，经过努力，会议终于冲破重重障碍，达成了恢复印度支那和平的一系列协议。这些协议包括《关于在越南停止敌对行动的协定》、《关于在老挝停止敌对行动的协定》、《关于在柬埔寨停止敌对行动的协定》。这3个协定，是由在越南、老挝、东柬埔寨3国交战双方司令部的代表，于1954年7月20日夜和7月21日中午签订的。7月21日，在最后一次的日内瓦会议上，通过了恢复印度支那和平的《日内瓦会议最后宣言》。历时3个月的日内瓦会议随之宣布结束。

日内瓦会议关于恢复印度支那和平协议的达成，结束了1946年到1954年长达8年的印度支那战争，这是印度支那人民的胜利，是对帝国主义侵略势力的一次沉重打击。协议的主要内容是：①规定印度支那3国停止敌对行动；②在北纬17度线以南，9号公路以北划一条临时军事分界线，建立非军事区。3国不得再从境外运入增援性的外国军队、军事人员和武器弹药；③设立双方司令部代表组成的联合委员会解决争端，设立由印度、波兰、加拿大3国代表组成的国际委员会，负责监督实施；④法国政府被迫同意越南、老挝和柬埔寨独立，并从这3个国家撤出其军队；印度支那3国在尊重基本自由的情况下，分别于1955、1956年举行自由选举；⑤日内瓦会议的与会国家在对柬埔寨、老挝和越南3国的关系上，保证尊重上述各国的主权、独立、统一和领土完整，并对其内政不予任何干涉。印度支那3国保证不参加任何军事集团，任何外国也不得在他们的领土上建立军事基地。

对于这个《日内瓦会议最后宣言》，美国政府未予签字，仅仅声明，美国政府将“按照联合国宪章第二条第四款关于各会员国在其国际关系上不得使用威胁和武力的规定，美国将不使用威胁或武力去妨害这些协定和条款。”但是，后来的事实证明了，美国政府完全背弃了自己的诺言和它所承担的义务，并彻底地破坏了《日内瓦会议最后宣言》和各项协定。

日内瓦会议关于印度支那协议的达

成，促进了国际局势的进一步缓和，促进了印度支那地区和平的实现，这是具有重要意义的成果。同时，会议的结果表明：任何国际争端是可以用和平协商的方法解决的，不同社会制度国家间可以和平共处，并能在国际事务中合作。会议也反映了美国在国际事务中的孤立。尽管由于杜勒斯之流的阻挠和破坏，和平解决朝鲜问题没有能达成任何协议，但朝鲜问题并没有从日程上抹掉。诚如周恩来总理兼外长在中央人民政府委员会第三十三次会议上的外交报告中所指出的，“日内瓦会议在恢复印度支那和平问题上，既已达成了解决政治问题的原则协议，这就为朝鲜问题的政治解决带来了新的希望”。

日内瓦会议能够获得如此重大的成果，是印度支那人民、法国人民和全世界爱好和平的国家及人民从各方面共同努力的结果。中华人民共和国政府对日内瓦会议所做出的卓越的贡献，是为世人所公认的。同时，印度支那问题谈判的成功，雄辩地证明了中国参加解决国际问题的决定性意义。

全世界人民都热烈地欢迎日内瓦会议的成功。日内瓦会议，作为第二次世界大战后的一次极为重要的国际会议，已载入了现代国际关系的史册。

朝鲜战争

朝鲜战争是第二次世界大战后规模最大的局部战争之一，有近20个国家和地区（朝鲜民主主义人民共和国、中国、南朝鲜、美国、英国、加拿大、土耳其、新西兰、法国、澳大利亚、泰国、菲律宾、希腊、荷兰、比利时、哥伦比亚、埃塞俄比亚、南非联邦、卢森堡）卷入了这场战争。双方投入战场的兵力，高峰时达320多万。这场战争对朝鲜、对中国、对亚洲以及对战后整个世界政治、经济、军事等方面，都产生了深远的影响。

早在1910年，日本强迫朝鲜签订了“日韩合并条约”，朝鲜被日本侵吞，并且沦为日本的总督管辖区。日本侵占朝鲜后，即以朝鲜为跳板，加紧向中国进行侵略。1931年“九·一八”事变后，日本强占了中国东北。朝鲜人民、中国人民

美国士兵乘船进入北朝鲜，朝鲜局势恶化

为反对日本帝国主义的侵略，进行了长期艰苦卓绝的斗争。

第二次世界大战后期，美、英、中3国于1943年12月1日在开罗宣言中表示，打败日本后，把日本侵占中国的领土发东北、台湾、澎湖列岛等归还中国，使朝鲜自由独立。后来在德黑兰会议时，斯大林对开罗宣言的内容表示支持，并说朝鲜应当获得独立。

1945年2月举行雅尔塔会议时，罗斯福和斯大林在非正式谈话中又讨论到朝鲜问题。罗斯福提出朝鲜应当由前苏联、中国和美国3个国家的代表负责托管。他并以菲律宾为例，说明要使朝鲜能完全自治，将需要很长时间，菲律宾群岛花了40年，朝鲜也许只需要20年或30的。斯大林说，托管时间愈短愈好，他还认为应当请英国一起来商量。在此次会议上，关于前苏联参加对日作战的条件，罗斯福同意恢复1905年日俄战争

1950年，美登陆舰在仁川港的人员和武器装备

以前俄国在远东所获得的利益。1945年5月7日，德国宣布无条件投降。7月，美、英、苏3国举行波茨坦会议，讨论德国战败后的欧洲战后处理及关于苏军对日参战的协议等问题。会议对朝鲜的军事占领或托管问题未讨论，只是由美国参谋长联席会议主席马歇尔和苏军总参谋长安东诺夫就美、苏两军的作战区域进行了磋商。通过了海、空军的一条作战分界线，但对地面部队的作战分界线并未达成协议。当安东诺夫向马歇尔探询美军有没有同苏军在朝鲜半岛实施联合登陆作战的意向时，马歇尔表示美军地面部队尚未准备近期在朝鲜登陆作战。8月6日和9日，美国在广岛和长崎投掷了原子弹。8月8日，前苏联对日宣战。1个星期内，苏军消灭了日本关东军主力。接着进军满洲和北朝鲜。与此同时，另一支苏军在北朝鲜登陆。13日解放了雄基，接着在清津战役中消灭了驻朝日军主力，进驻罗津、罗南、咸兴、元山等地。8月15日，日本宣布投降。同日，美国将以北纬38度线为分界

美国总统杜鲁门授权麦克阿瑟向“三八线”以北大举进犯

线，命令朝鲜境内之日军，三八线以北向苏军、三八线以南向美军投降的文件转交前苏联和英国等同盟国征求意见。对此，斯大林8月16日的答复，没有反对三八线，另外提出了共同占领日本北海道的要求。此要求被美国拒绝。此后，苏军即停止在三八线附近，未再向南前进。20多天后，即9月8日，美军第二十四军，在朝鲜仁川登陆，次日进驻汉城。

美、苏军在战后分驻三八线南北地区，由于两国政府的政策截然不同，朝鲜终于分裂成南北朝鲜，种下了战争的种子。

1945年12月，在莫斯科举行的苏、美、英3国外长会议上，美国提出以美、苏、英、中4国对朝鲜实行托管的方案，企图使美获得实际统治权。前苏联没有同意美国方案而提出了自己的提案。最后三外长以前苏联提案为基础达成了协议。协议主要内容为：1. 为重建朝鲜成独立国家，特设立一个朝鲜临时民主政府；2. 为协助组成朝鲜临时政府，由美、苏占领军代表组织一个联合委员会，协商组成临时政府方案。1946年1月—1947年5月，美、前苏联合委员会围绕组成什么样的朝鲜临时政府问题展开针锋相对的斗争。美国的目标是要组成以南朝鲜李承晚集团为首的亲美的朝鲜临时政府，前苏联的目标是建立以北朝鲜民主革命政党为主导的朝鲜临时政府。但到1948年8月，南朝鲜通过“单独选举”成立了以李承晚为总统的大韩民国政府。南朝鲜李承晚政府成立后，加快了早已开始的扩军备战步伐，企图以武力解决问题。

美国政府宣布武装干涉朝鲜内政，总统杜鲁门前往前线视察

1945年8月，金日成所率抗日部队配合苏军对日作战，胜利返回朝鲜国土。随后，在朝鲜北部实行了一系列反帝、反封建的民主改革，建立了各级地方政权和朝鲜人民军。1946年8月，北朝鲜共产党和新民党合并为劳动党。朝鲜劳动党领导朝鲜民主爱国力量于1948年8月25日进行了民主选举，成立了朝鲜民主主义人民共和国。9月任命金日成为内阁首相。

朝鲜民主主义人民共和国成立后，前苏联宣布从朝鲜撤军。从10月份起，驻北朝鲜的苏军开始撤退，到12月底全部撤完。

南北朝鲜分别成立政府后,各自都加强武装力量建设,准备在必要时依靠武力实现统一。于是,南、北朝鲜之间的斗争日益尖锐,局势日趋紧张。据统计,从1949年1月到12月,三八线上的武装冲突达1000次以上。1950年6月25日,朝鲜南北之间终于爆发了大规模内战。

朝鲜战争按战争进程可分为两个时期。第一个时期,朝鲜人民军单独与美军、南朝鲜军作战。这个时期分为两个阶段:从1950年6月25日至9月14日为第一阶段,朝鲜人民军连续进行了五次进攻战役,由三八线进至洛东江;从9月15日至10月中旬为第二阶段,美军和南朝鲜军发起反攻,朝鲜人民军被迫由洛东江向北部中朝边境地区撤退。第二个时期,中国人民志愿军入朝后和朝鲜人民军一起共同对以美军为首的"联合国军"作战。这一时期也分为两个阶段:第一阶段,从1950年10月19日至1951年6月上旬,中朝人民军队进行5次运动战战役,恢复了朝鲜民主主义人民共和国三八线以北领土;第二阶段,从1951年6月中旬至1953年7月27日,中朝人民军队在三八线地区胜利地进行了阵地防御和阵地进攻作战,迫使美军在停战协定上签了字。

朝鲜人民军统帅金日成

上甘岭战役

1952年秋,在中国人民志愿军和朝鲜人民军实施全线性战术反击过程中,美国当局一直注视这一行动,猜测志愿军和人民军的意图。10月6日,美国陆军参谋长柯林斯偕"联合国军"总司令克拉克等人再次到南朝鲜视察,同范佛里特和李承晚进行磋商和谋划。他们认为志愿军和人民军的全线性战术反击,目的在于迫使"联合国军"接受朝中方面在谈判中提出的关于战俘遣返的方案。

这时离美国大选的时间已不及一个月,美国当局为了摆脱在朝鲜战场上和停战谈判中的被动处境,摆出了强硬的姿态。在政治上,美方代表仍无理坚持强行扣留朝鲜人民军战俘的条件，单方面宣布停战谈判“无限期休会”。在军事上，“联合国军”于10月14日集中兵力、火力，向志愿军发动了自1951年秋季以后规模最大的以上甘岭地区为主要进攻目标的“金化攻势”。范佛里特将此次攻势称之为“扭转当前战局”的所谓“摊牌作战”。

上甘岭是志愿军中部战线战略要点五圣山的前沿阵地，位于五圣山主峰南4公里处，其左侧为537.7高地北山、右侧为597.9高地，互为上甘岭的犄角，总面积约3.7平方公里，是上甘岭的天然屏障，又是志愿军五圣山主阵地前的2个连的支撑点，阵地突出，均楔入敌方，直接威胁“联合国军”金化防线。“联合国军”发动这次攻势的直接企图是：攻占志愿军上甘岭597.9高地及537.7高地北山，夺取五圣山，进而改善金化地区的防御态势；同时，破坏志愿军和人民军正在整个战线上进行的战术反击作战，并借以试探志愿军和人民军防御的稳定性。“金化攻势”，是由美第八集团军司令范佛里特亲自部署和指挥的。担任这次进攻的部队是原在万渊里（铁原东北）、后川里（金城西南）地段上防守的美第九军第七师和南朝鲜第二师。

在“联合国军”发动“金化攻势”之前，志愿军第一线各军根据志愿军司令部关于准备粉碎敌人可能发动秋季攻势，要坚守阵地，寸土必争，大量杀伤消耗敌人的指示，作了各方面的准备。在平康以南担任防御的第十五军，制定了粉碎“联合国军”3—4个师进攻的防御作战计划，并调整了部署。据守上甘岭阵地的该军第四十五师第一三五团，特别加强597.9高地和537.7高地北山两阵地的兵力、火力。

上甘岭战役，共持续了43昼夜，经历了三个阶段。

第一阶段，自10月14日至20日，其特点是志愿军表面阵地昼失夜复，与“联合国军”进行反复争夺。斗争的重点在597.9高地。10月12、13两日，“联合国军”对上甘岭地区进行了连续2天的火力突击。14日，又进行了长达2小时的炮火准备。接着以美第七师、南朝鲜第二师各一部共7个营的兵力，在300门火炮、30余辆坦克、40余架飞机支援下，分6路向志愿军第十五军第四十五师597.9高地和537.7高地北山2个阵地发起猛烈进攻。与此同时，美第七师、南朝鲜第九师各一部共4个营的兵力，分别向该军第四十四、第二十九师正面几个高地实施牵制性进攻。597.9高地的志愿军第四十五师防守部队当即进行顽强抗击，打退“联合国军”7次冲击。“联合国军”受挫后，又集中4个营的兵力，在坦克10余辆配合下，由东、南两面夹击597.9高地主峰阵地。志愿军防守部队指战员扼守各个阵地与敌人展开反复争夺战斗。经过激战，连续击退“联合国军”1个连到1个营十几次的冲击。当天，597.9高地野战工事全被摧毁，表面阵地大部被“联合国军”攻占，防守部队随即转入坑道坚持作战。537.7高地北山的防守部队与敌人2个营激战，击退敌人11次冲击后，表面阵地也被敌人攻占，当即退守坑道。

14日夜，志愿军第十五军乘敌立足未稳，以4个步兵连，在炮火支援下，分4路向“联合国军”进行反击。志愿军反击部队在坚持坑道作战的部队有力配合下，全部恢复阵地。

志愿军第十五军为了集中力量迎击敌人的进攻，14日晚将2个炮兵营调至上甘岭地区，以第一三四团2个营和第一三三团1个营分别加入597.9高地和537.7高地北山的防御作战。同时调来八二迫击炮10门支援防守537.7高地北山的战斗。

15日起连续3天，“联合国军”以2个团又4个营的兵力，在大量炮火支援下，对597.9高地和537.7高地北山2个阵地轮番进攻。志愿军第四十五师以顽强抗击和积极反击，与“联合国军”进行争夺。这几天，“联合国军”白天夺去阵地，志愿军在夜间又反击夺回，形成反复争夺的状态，战斗十分激烈。到18日，“联合国军”凭借已占领的部分表面阵地继续扩展。经激战后，两高地的全部表面阵地为“联合国军”占领，志愿军防守部队全部退守坑道。

19日，为了歼灭进攻的敌人，志愿军第十五军第四十五师分别以3个连的兵力，在103门火炮支持下，在坚守坑道的部队配合下，对占领该两高地表面阵地之敌实施反击，并一举恢复了阵地。在反击597.9高地的战斗中，第一三五团第二营通信员黄继光为打开冲击道路，掩护分队突击，以高度的自我牺牲精神，用自己的身躯堵住了敌人机枪工事的发射孔，保证了战斗的胜利。为了表彰黄继光的伟大精神和不朽功绩，第十五军党委追认他为中国共产党党员。志愿军领导机关给他追记特等功，追授特级战斗英雄称号。朝鲜最高人民会议常任委员会授予他“朝鲜民主主义人民共和国英雄”称号和一级国旗勋章、金星奖章。

20日，“联合国军”又以2个营的兵力，在飞机30架及大量炮火掩护下，拼命反扑。志愿军第四十五师防守部队与敌激战终日，除 597.9 高地西北山脚几个阵地外，其余表面阵地又相继为“联合国军”攻占。志愿军第四十五师防守部队随即退守坑道，继续坚持战斗。

从 10 月 14 日至 20 日，在上甘岭前 3.7 平方公里的阵地上，“联合国军”先后投入兵力 17 个营，志愿军参战的有 21 个连。由于“联合国军”事先有了充分准备，进攻的火力是很强的，有时一天竟发射 30 万发炮弹，飞机投弹 500 余枚，阵地表面工事几乎全被摧毁。但志愿军第四十五师依托坚固的坑道工事，坚决与敌人反复争夺，杀伤敌人 7000 余人。志愿军鉴于战斗规模将进一步扩大，即决定迅速调整部署，补充人员和弹药、器材，投入新的部队。于是，战役转入了一个新的阶段。

第二阶段，从 10 月 21 日开始，至 10 月 29 日结束，其特点是志愿军坚守坑道，同“联合国军”展开了围攻与反围攻、破坏与反破坏的斗争。

“联合国军”在第一阶段遭受打击后，继续拼凑力量组织进攻。从 10 月 21 日起，一面以各种手段围攻志愿军坚守坑道的部队，一面为实施进攻调整兵力部署，将遭受重大创伤的美第七师汉滩川以东的防务和进攻 597.9 高地的任务交给南朝鲜第二师，美第七师则西移，以防志愿军从汉滩川以西向其左翼出击；将南朝鲜第六师的防区向西延伸，以缩小南朝鲜第二师的防御正面；同时以美第三师接替了南朝鲜第九师在铁原地区的防务，南朝鲜第九师则东调金化以南史仓里地区，作为战役预备队。

为了取得此次防御作战的胜利，志愿军代司令员邓华及时地给第十五军发出指示，指出：目前敌人成营成团地向我阵地冲击，这是敌人用兵上的错误，是歼灭敌人的良好时机。应抓紧这一时机，大量杀伤敌人。我继续坚决地斗争下去，可制敌于死地。第三兵团决定将刚从一线阵地撤出、正开向休整地谷山的第十二军调往五圣山地区准备参加战斗。并指示防守部队，当前应以坚守坑道为主，同时集结力量，补充粮弹，为进行决定性反击做好准备。第三兵团还决定以第十五军第二十九师接替第四十五师除 597.9 高地和 537.7 高地北山以外的全部防务，以使第四十五师集中力量用于两高地的争夺战。第二十九师第八十七团的原防务，则由第四十四师第一三二团接替。第十五军为进一步坚守阵地和给实施反击创造条件，乃令第四十五师转入坚守坑道斗争，以争取时间，为进行最后粉碎敌人进攻、恢复全部阵地的决定性反击作准备。

“联合国军”为了巩固已占表面阵地并进一步向纵深发展，采用了一切可能的毒辣残酷的手段，对志愿军坚守坑道部队进行围攻。他们用炮火封锁和摧毁坑道口，用石头、麻袋或铁丝网阻塞坑道口，用炸药连续爆破坑道，向坑道内投掷汽油弹、毒气弹、硫磺弹，以及使用火焰喷射器等等。志愿军坚守坑道部队，由于有的坑道被炸塌，有的坑道口被堵塞，再加上坑道缺粮、缺弹、缺水、空气污浊、氧气不足，处境极端困难。但是，依靠共产党组织的坚强领导和强有力的政治工作，坑道里的勇士们都有一个坚守坑道、夺回阵地的坚强信念，发扬了不畏困难、不怕牺牲的革命英雄主义精神，始终保持着高涨的战斗情绪，同“联合国军”展开异常英勇顽强的斗争。

坚守坑道部队还在积极歼敌的思想指导下，依托坑道，广泛开展冷枪冷炮狙击活动，不断组织小型出击，积极主动地打击表面阵地的敌人，粉碎敌人对坑道的围攻。从 21 日至 29 日，坚守坑道部队共组织班、组兵力，以突袭手段出击 158 次，共歼敌 2000 余人，并恢复了 7 处阵地。在此期间，防御纵深部队为了支援坚守坑道的部队作战，以 2 个班至 5 个连的兵力，在炮兵和坚守坑道部队的配合下，向 597.9 高地反击 5 次，向 537.7 高地北山反击 7 次。每次反击，都使坚守坑道的部队得到了兵员和物资的补充。炮兵部队也以准确而猛烈的火力支援，有效地保护了坑道的安全，给占领表面阵地之敌以大量杀伤，并打击了敌人的炮兵，对坚守坑道起了重要作用。

为了直接配合上甘岭坑道作战和进行反击准备，第十五军第四十四师和第二十九师，从 20 日至 30 日，先后攻歼了上甘岭以西柏德里东山和平康以南万渊里地区 381、391 两高地的敌人，共歼敌 3000 余人。

志愿军在一部分部队坚守坑道作战的同时，紧张地进行了实施决定性反击的准备工作。到 29 日，兵员补充及部署调整已经完毕，各项准备工作已经就绪，决定性反击的时机已经成熟。

第三阶段，从 10 月 30 日开始，到 11 月 25 日结束，志愿军进行决定性反击，彻底粉碎敌人攻势。

10 月 29 日，志愿军第十五军经过 2 天的炮火准备，摧毁了“联合国军”在所占表面阵地修筑的地堡和其他防御设施。30 日夜，第十五军以第四十五师 5 个连、第二十九师 2 个连共 7 个连，与坚守坑道的 3 个连相配合，在山、野、榴炮 50 门和火箭炮 24 门、迫击炮 30 门的支援下，对597.9高地的敌人进行反击。经5小时激战，将守敌4个连全部歼灭，然后又打退敌人1个营的兵力的多次反扑。

11月1日，“联合国军”集中数十架飞机、70余辆坦克和大量火炮向上甘岭阵地轰击，共发射炮弹12万余发，先后共用6个营的兵力向597.9高地冲击14次。志愿军第十五军坚守部队在纵深炮火支援下，将敌击退，毙伤敌1500余人。是日晚，预备队第十二军第九十一团投入战斗，并增调了炮兵9个连参战。

2日晨，“联合国军”又对上甘岭阵地实施猛烈炮击达4小时之久，发射炮弹15万余发，并出动飞机100余架次，投弹100余枚。然后集中美第七师、美空降第一八七团各1个营，甫朝鲜军第九师2个营等共5个营的兵力，多路多梯次地向597.9高地攻击40余次，曾一度突入阵地。志愿军防守部队第十二军第九十一团和第十五军第八十六团各1个连，顽强机智作战，在炮兵火力的支援下，将敌人击退，毙伤敌1500余人，自己仅伤亡190余人。

3日以后，“联合国军”每日以1—4个营的兵力继续对597.9高地展开猛烈攻击。志愿军第十二军第九十三团1个营投入战斗，同第九十一团一起粉碎了敌人多次攻击。

志愿军以决定性反击夺回597.9高地后，连续7天挫败了“联合国军”5个团又2个营的轮番反扑，歼敌6000余人，巩固了阵地。“联合国军”在597.9高地失败后，企图集中力量固守537.7高地北山表面阵地，急调南朝鲜第九师接替伤亡惨重的南朝鲜第二师，增加火炮，加修工事。

11月11日，志愿军第十二军第三十一师以第九十二团2个连的兵力反击537.7高地北山之敌。各突击队于前夜隐蔽运动至537.7高地北山坑道内和敌前沿石崖下。他们在山、野、榴炮70门和迫击炮20门、火箭炮24门的直接支援下，分两路发起冲击，经激烈战斗，恢复了阵地，全歼守敌。12日，南朝鲜第二师第三十二团，在密集炮火支援下，向537.7高地北山连续反扑。经过激烈战斗，敌人占领了2个山脚的4个阵地。从此，交战双方在这几个阵地上反复进行争夺战。敌人先后投入的兵力在6个营以上。并集中使用炮火，每日以数十架飞机轮番轰炸，投掷大量重磅炸弹。战斗愈来愈艰苦激烈。第九十二团在4天激战中，反击20余次，击退敌人近百次冲击，杀伤敌人2900余人。

18日后，第十二军第三十四师第一

零六团投入战斗。由于双方均以密集炮火猛烈轰击，537.7 高地北山表面工事全被摧毁，因而增加了反击后巩固阵地的困难。第一零六团在极困难的条件下，首先以小分队在纵深强大炮火支援下，在前沿阵地上与敌人进行争夺，掩护主力抢修坑道和表面阵地工事，尔后依托坑道，以小兵群战术，继续大量杀伤敌人。激战至 25 日，第一零六团共击退敌人 50 余次冲击，歼敌 1400 余人，彻底粉碎了敌人的进攻，巩固了 537.7 高地北山阵地。至此，上甘岭战役便以志愿军的胜利而告结束。

停战谈判于 1953 年 4 月 26 日恢复。朝中人民军队为了以积极行动配合停战谈判，决心于 5 月中、下旬发起“战役性反击作战”。从 5 月 13 日至 6 月 23 日，中朝人民军队在第一、二次进攻中，取得了歼敌 4.5 万余人的胜利。

从 7 月 13 日开始对敌实施了第三次进攻。其中志愿军 5 个军编成 3 个作战集团，在金城以南上所里至北汉江之间地区，进行金城进攻战役，向南朝鲜军队阵地实施了主要突击，突破其 4 个师的坚固防御阵地，并先后击退“联合国军”约 8 个师的大小反扑 1000 余次，至 7 月 27 日战役胜利结束，共歼敌 5 万余人（第三次进攻共歼敌 7.8 万余人），作复土地 180 平方公里，拉直了战线，促进了停战的实现。

中朝人民军队作战的胜利，终于迫使以美国为首的“联合国军”向朝中方面作出了实施停战协定的保证。7 月 27 日，签署了停战协定。至此，朝鲜战争以中朝人民军队的胜利而告结束。

第一次中东战争

中东地区，是亚、非、欧三洲连接的地区，主要包括埃及、叙利亚、黎巴嫩、伊拉克、约旦、科威特、巴勒斯坦、巴林、卡塔尔、也门、沙特阿拉伯、阿们伯联合酋长国、阿曼、土耳其、塞浦路斯、伊朗和以

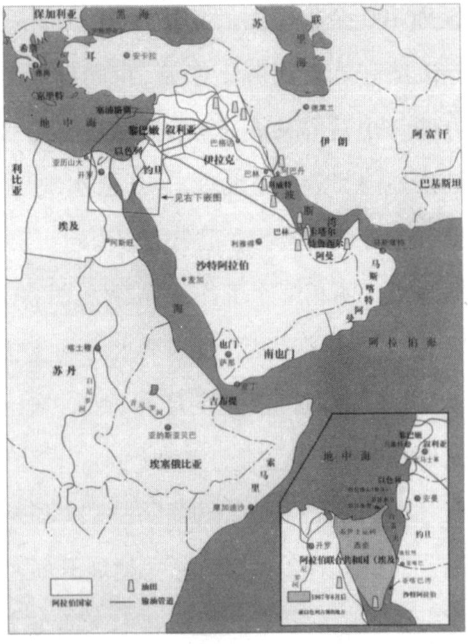

今日的中东

色列等广大地区，总面积为749万平方公里，人口约1.7亿。中东地区不仅战略地位极为重要，而且蕴藏有十分丰富的石油资源。第二次世界大战前，这一地区主要受英国和法国殖民主义控制。战后，美国乘英、法势力的削弱，乘虚渗透，逐步取代了英、法两国的地位。这一地区历史遗留的各种问题，随着国家的独立和发展而不断激化，使这一地区长期处于动荡不安之中，武装冲突和局部战争不断发生，成为世界重要“热点”地区。

1948年5月14日，犹太人宣告成立以色列国。当日夜半，埃及、叙利亚等6个阿拉伯国家集中数万军队，从3个方向向以色列发动进攻。史称第一次中东战争，巴勒斯坦战争；以色列则称为独立战争。

战后，阿拉伯国家与以色列在巴勒斯坦及其周围地区连续爆发多次较大规模的局部战争，有其深刻的历史渊源和国际背景。

历史上，阿拉伯人与犹太人的祖先均为古代的闪族，约在公元前30世纪，闪族中的迦南人（即阿拉伯人）建立了巴勒斯坦历史上第一个国家。公元前1020年，自阿拉伯半岛移居至巴勒斯坦的闪族希伯来人，建立希伯来王国。随后，这一王国分裂为以色列王国与犹太王国，均统称为犹太人。公元前722年与前586年，这两个国家先后被亚述帝国和巴比伦王国所灭亡。公元2世纪，罗马帝国军队征服这一地区，将居住在巴勒斯坦地区的犹太人驱逐出境。从此，犹太人被迫流落世界各地。犹太人坚信自己乃是“神所选择的子民”，坚持信奉犹太教，坚持犹太人的生活方式，矢志不与其他民族同化。因而，当罗马帝国确立基督教为其国教时，犹太教便被视为异教而遭到迫害，这种迫害延续到中世纪，被基督教宣布为邪教而遭取缔时，愈演愈烈。一直到1789年法国大革命后，对犹太人的迫害才趋向缓和。但到第二次世界大战期间，希特勒纳粹屠杀、迫害犹太人，达到了无以复加的地步。

从罗马帝国逐出犹太人之后，巴勒斯坦地区便成为阿拉伯人的居住区。1917年11月6日，英国军队占领巴勒斯坦地区，尔后于1922年对这一地区实行委任统治。之后，英国又将这一地区一分为二：以约旦河为界，约旦河东部称为外约旦，成立外约旦酋长国，1949年后改称约旦哈希姆王国；约旦河西部仍称巴勒斯坦。第二次世界大战中，希特勒纳粹对犹太人的大肆屠杀和迫害，激起

埃及首都开办的皇家国会广场

犹太复国主义运动的蓬勃兴起，犹太人开始向巴勒斯坦地区移民。自1939～1944年，从欧洲各地移居巴勒斯坦的犹太人4.4万人。连同第一次世界大战后回迁的犹太人，使巴勒斯坦地区的犹太

以色列步兵

人增至44万多人。英国委任统治当局在巴勒斯坦地区，实行支持犹太人、压制阿拉伯人的政策，并鼓励世界各地区的犹太人向巴勒斯坦地区移民，使这一地区的犹太人从1918年的5万余人，至1946年剧增到60余万人，加剧了阿拉伯人同犹太人的矛盾与冲突。同时，犹太人对英国采取的限制政策也日益不满，进行反限制斗争。在这种情况下，英国于1946年9月和1947年1月，先后两次召开巴勒斯坦地区的阿拉伯人与犹太人在伦敦举行会议，会议建议建立阿拉伯区与犹太区，仍由英国实行委任统治，遭致双方的强烈反对未逞。美国乘机插手，致使英国束手无策。英国终于1947年4月，将对巴勒斯坦委任统治问题交联合国处理。联合国为此组成了由11个国家参加的巴勒斯坦特别委员会，并赴巴勒斯坦调查考察，提出了两个解决方案。一是印度、伊朗、南斯拉夫等提

出的，建立巴勒斯坦联邦，阿拉伯人与犹太人分别实行地区分治；二是加拿大、捷克等提出的，在巴勒斯坦地区分别成立阿拉伯国与犹太国，对耶路撒冷则实行国际化。1947年11月29日，联合国第二次大会决定采纳加拿大、捷克等国提出的解决方案。会议以美苏等33国赞成，英国等10国弃权，阿拉伯国家联盟等13国反对的情况下，以超半数通过了“关于巴勒斯坦将来分理（分治计划）问题的决议”，决议规定：英国于1948年结束委任统治后，在巴勒斯坦成立阿拉伯国和犹太国，阿拉伯国面积为1.1万平方公里，犹太国面积为1.4万多平方公里。耶路撒冷及其郊区则由联合国负责管理。根据这一决议，占人口总数2/3（约130万）以上的阿拉伯人，其国土面积仅占巴勒斯坦总面积的42.88%；而人口总数不及1/3（约60.2万）的犹太人，其国土面积为56.47%。此前，犹太人居住区仅占巴勒斯坦面积的6%。巴勒斯坦的阿拉伯人与犹太人实行分治政策，为这一地区战乱频繁埋下了深重的祸根。

联合国通过巴勒斯坦分治决议案后半年，1948年5月15日，犹太人成立以色列国。在以色列发表独立宣言11分钟后，美国便宣布承认以色列国，尔后前苏联成为第二个承认以色列国的国家。对于联合国的分治决议案，阿拉伯联盟国家一直是持反对态度的。尽管它们内部意见不一，存在着严重矛盾。但从1948年2月9日、4月16日、4月25日召开的几次会议来看，在对待阻止建立以色列国，阿拉伯联盟统治巴勒斯坦，甚至不惜以武力阻止联合国分治决议的实施等问题上，意见是一致的。于是，犹太人宣布成立以色列国，便成为第一次中东战争的导火索。

在战争爆发的初期阶段，阿拉伯联盟军队总兵力约4万人，其中埃及投入3个旅、1个守备队，伊拉克3个旅、1个守备队，叙利亚3个旅，外约旦2个旅、1个守备队，黎巴嫩和阿拉伯解放军6个营、4个守备队，拥有各型飞机131架，舰船12艘，坦克装甲车240辆，各种野战炮140门。以色列军队总兵力约3万人，作战部队10个旅，各型飞机33架，舰船3艘，坦克装甲车3辆，65毫米野战炮5门。交战双方兵力对比，从兵力、兵器上看，阿拉伯联盟军队占有较大优势，以色列居于明显劣势地位。

整个战争进程，大致经历以下3个阶段：

第一阶段(1948.5.15. ~1948.7.8.)

该阶段大致经历了阿拉伯联盟军队向以色列发动进攻,双方实行第一次停火,以及以色列军队准备反攻和进攻等3个过程。

阿拉伯联盟军队的作战企图是,由埃及、叙利亚和黎巴嫩3国军队,分别从南北两个作战方向压迫与钳制以色列军队,由伊拉克与阿拼命后军团(外约旦军队)密切配合,渡过约旦河,攻击海法,进而夺占耶路撒冷。其中,南线为埃及军队2个旅,约为1万人,包括装备有“谢尔曼”式坦克的装甲部队,还有5个步兵营、1个机枪连、1个炮兵团,15架战斗机。其作战部署和作战目标是,以1个加强旅沿海岸公路向北推进,夺占特拉维夫;以另1个旅经比尔谢巴指向耶路撒冷。北线,叙利亚以2个机械化旅的主力向太巴列湖南端实施辅助进攻;黎巴嫩军队与阿拉伯解放军则分别对海法与太巴列湖西侧实施攻击。东线,伊拉克则集中主要兵力自纳布卢斯分别向特拉维夫与海法发动进攻;外约旦军队分兵向特拉维夫与耶路撒冷实施突击。

以色列军队部署:北部地区3个旅,中部地区2个旅,南部地区2个旅,耶路撒冷及其他通道以及拉特伦地区各部署1个旅。

战争初期,以色列三面临敌,处于明显不利的境地。在南线,阿拉伯军队于5月21日进抵伯利恒、阿什杜德一线,并继续向耶路撒冷和特拉维夫发动攻势。但在北线,叙利亚军和黎巴嫩军从5月16日~19日,同以色列军队在太巴列湖南部展开激战,以空军首次支援地面作战,迟滞了叙、黎军的进攻。在东线,伊拉克兵分三路向约旦河以西推进,攻占了距地中海仅有10公里的图勒卡姆后,继续向海边突击,几近把以色列拦腰切断。外约旦军在南线的埃及军队协同下,夺占了耶路撒冷旧城阿拉伯地区,同时在旧城犹太人居住区,逼使以150名武装人员和1700名居民向外约旦军投降。

阿拉伯联盟国家向以色列发动进攻的第三天,美国即向联合国安理会提出一份决议案,要求安理会出面,命令交战双方在36小时内停火;前苏联也要求就美国的提案进行表决,还要求阿拉伯国家立即停止军事行动。英国则站在阿拉伯联盟国家一边,明确表示不能将巴勒斯坦的局势,说成是“对和平的威胁”。

美丽而神秘的宗教圣城耶路撒冷

经过10余天的反复磋商协调，交战双方终于同意从6月11日开始停火四周。

四周的停火时间，为以色列获得了喘息时机和作进一步战争准备的时间。在这期间，以色列从美国、西欧一些国家和捷克等，得到了一大批武器装备，继续进行动员和军事训练，重新组织了步兵、炮兵、装甲兵和空、海军，组建了4个军区，实现了国防军的统一领导。与此同时，阿拉伯联盟国家也利用停火的时机，继续作了一次军事准备，主要包括：对驻地内的作战部队进行重新编组，埃及作战部队增至1.8万人，伊拉克作战部队增至1.5万人，叙利亚和黎巴嫩的作战部队也有所增加，使阿拉伯联盟国家的作战部队增到4.5万人。

以色列首任总理本·古里安在国民议会上宣布以色列成立

第二阶段(1948.7.9. ~10.14.)

在该阶段中，以色列经过充分准备，首先向阿拉伯联盟国家发起攻势，战事持续至10月14日，交战双方实现第二次停火。

7月9日，以色列军队向阿拉伯联盟国家军队发动攻势，持续至18日，称为“10 天进攻”。以色列这次发动的进攻行动,从根本上改变了第一阶段不利的作战态势。进攻行动大致可分为 3 个步骤:第一步,以军在中央战线加强了特拉维夫的阵地,夺回通至耶路撒冷的公路。以色列在此集中了 4 个旅(包括 1 个装甲旅),。对特拉维夫东南约 12 英里的卢德和腊姆拉城,实施突击和合围,并大量投入自行火炮、装甲输送车辆,空军直接支援地面作战,一举打通了通往耶路撒冷的公路。第二步,以军在中央战线进行反攻作战的同时,以 1 个旅的兵力分 4 路向北实施反击,试图攻占太巴列湖以北约旦河流域 30 公里正面的桥头阵地,一举击退叙利亚军队。但由于以军兵力分散,未形成重点,被叙军击败,未能实现作战企图。以军吸取兵力分散的失败教训,决定先行击退拿撒勒与加利北部的黎巴嫩军队和阿拉伯解放军。由卡梅尔指挥的 2 个营,利用夜间实施攻击,夺占了沙德阿姆尔和拿撒勒地区,直到夺占了整个西加利利地区。第三步,进军耶路撒冷。其作战企图是:首先夺占旧城西南马纳哈与艾因卡里姆谷地,以控制旧城和占领耶拉赫贾拉;夺回耶路撒冷,并切断阿拉伯人到新城的通道。以军投入 1 个旅的兵力,经过反复争夺,于 7 月 15 日攻占了巴纳哈谷地的大部地区。但对耶路撒冷旧城的突击,被埃及军队阻击于锡安门附近,未实现夺占旧城的作战企图。7 月 18 日联合国安理会关于阿以停火令时限已到,战斗停止。

以色列通过“10 天进攻”,占领了阿拉伯人的土地约 1000 平方公里,改善了战略地位,并将 6 万多阿拉伯居民逐出卢德和腊姆拉城,成为难民流入阿拉伯占领区。以色列还利用停火的时机,继续实行大量移民计划,扩充兵员和武器装备,截至 10 月初旬,以色列军队增到约 8 万人。

第三阶段(1948. 10. 15. ~1949. 3.)

以色列军队再次发动攻势,进一步改善了其战略态势和战略地位。

以色列利用第二次停火时机,扩充了国防军,改善和充实了武器装备,加紧了再次发动进攻的作战准备。10 月 15 日,以军破坏停火令,向阿拉伯联盟国家再次发动攻势。双方参战兵力:以色列投入陆军 9. 93 万人,12 个旅,坦克、装甲车等战斗车辆 315 辆,各型火炮近 300 门,空军各型飞机近 80 架,海军各型舰艇 15 艘;阿拉伯联盟投入陆军 7 万人,18 个旅,坦克、装甲车等战斗车辆 625 辆,各型火炮 532 门,空军各型飞机 160

余架，海军各型舰艇46艘。阿拉伯联盟在兵力对比上略占优势。

10月15日下午，以军以4个旅向埃及军队发起进攻，以空军轰炸了埃军阿里什机场和基地，但未能予以彻底摧毁。以军的进攻受到埃军的顽强反击而归于失败。次日以军运用装甲兵部队与炮兵的协调行动，向曼希方向埃军发动进攻，仍遭致失败。在这种情况下，以军决定改变进攻方向，将主攻方向改向胡莱卡特。进攻是于10月19日22时发起的，以军一举突破成功，夺占了从1947的11月以来一直被围困的通向内格夫地区的走廊，随后又于10月21日夺占了有500名埃及军队驻守的比尔谢巴，从而切断埃及军队通向北方的后方补给线，孤立了担任防守希布伦的埃及军队，并于10月27日夺占了阿什杜德。10月28日，北线以色列作战部队从塔尔希哈、萨费德向萨萨方向发动进攻，以空军集中力量袭击这地区的军事目标，并直接支援地面部队作战。以军终于10月31日攻占了萨萨和胡拉谷地。

与此同时，以色列在黎巴嫩边境地区的作战部队，也陆续夺取了北至利塔尼河、南至马利基亚一带。11月19日，南线埃及军队从加沙地区向内格夫沙漠推进，并于12月7日向以军发动攻势，

1968年，巴解组织主席亚西尔·阿拉法特

但被以军击退。12月22日，以色列军队发动了代号为“霍霍夫”的进攻作战。以军以戈兰尼旅对加沙地区的埃军进行钳制性进攻，阿隆师集中主力从比尔谢巴向奥贾发动攻势，夺占阿里什。随后又于12月28日夺占了阿布奥格拉。旋即调头向北推进，直指阿里什及其附近的海湾地区。正当以色列军队准备对埃及军队实施决定性打击之时，英国出面斡旋，要求以色列从埃及领土上撤出；埃及也于1949年1月7日提出停战。以色列同意埃及所提要求，双方停止战斗。2月24日，埃、以双方在罗得岛签订了停战协定。但到3月6日，以色列再次发动军事进攻，用2个旅的兵力向内格

夫沙漠推进，不仅保住了埃拉特，而且占领了其附近地区。从3月23日以后，以色列在联合国代表的组织主持下，先后与黎巴嫩、外约旦和叙利亚等国家签订了停战协定。停战协定生效时双方军队实际控制线，使被定为停火线，也成为后来不断爆发武装冲突的直接隐患。

在整个战争期间，以色列亡6000人，伤1.5万人。阿拉伯联盟国家军队亡1.5万人，伤2.5万人。以色列夺占了巴勒斯坦4/5的土地，达2万多平方公里，较联合国“分治”决议所确定的面积多出6700平方公里。有96万巴勒斯坦人被逐出家园，流离失所，成为难民。

埃及海军的易卜拉欣·阿瓦尔驱逐舰被以军俘获

第二次中东战争

1956年10月29日，以色列向埃及发动突然袭击。10月31，英法空军空袭埃及机场，爆发了第二次中东战争。亦称苏伊士运河战争。战争持续到1957年3月，以色列军队全部撤出埃及领土方告结束。

埃及自由军官团领导人、陆军中校纳赛尔，于1952年7月23日发动埃及革命，并于1954年执掌埃及政权，着手进行经济建设和加强军队建设。1956年6月18日，最后一批英军从苏伊士运河撤出。7月26日，纳赛尔宣布将苏伊士运河收归国有，并以运河的收益修建阿斯旺水坝。埃及实行运河国有化的举措，激起英、法两国极大的不满。英国首相艾登明确表示，在必要时不惜动用武力，以解决苏伊士运河问题，直至重新占领苏伊士运河。为此，英国政府于8月3日向英军下达了准备制定对埃及采取军事行动的作战计划。法国政府向英国派出联络员，以协调行动。而以色列一方，早在1953年埃及就封锁其蒂朗海峡。因此，当1956年7～8月间爆发的苏伊士运河危机，以色列就力主以军事手段解决危机，并指示国防军制定“卡达希”作战计划;同法国建立军事合作关系,购进武器装备,以增强其军队实力。

苏伊士运河,扼控欧、亚、非3洲海上交通要冲,欧、亚、非海上航运直航苏伊士运河,比绕道非洲好望角,其航程缩短5500~8000公里,战略地位十分重要。运河从1869年开通以来,一直受英国长期占领和控制。因此,当纳赛尔宣布运河国有化后,英、法深感其战略利益受到严重损害,便以运河国有化后,运河的自由通航将受严重威胁为借口,一方面冻结埃及的资金,策划召开“国际管制”运河的会议,另一方面加紧战争准备,包括英、法建立联合军事机构,制定作战行动计划,举行海陆空联合演习,大量集结部队,进行秘密动员,积极准备以军事行动解决运河问题。截至9月初旬,英、法基本完成了战争准备。

交战双方投入的兵力

英国、法国和以色列投入的兵力为22.9万人;海军舰艇185艘(其中有航空母舰7艘);各型飞机1261架,分别部在马尔他岛、塞浦路斯、利比亚,以色列、约旦、亚丁地区和航空母舰上。埃及总兵力为15万多人,坦克530辆,火炮500余门,其中部署在西奈半岛的3个师(第三步兵师、第八巴勒斯坦师、第四装甲师)3万余人;有作战飞机250余架,可遂行作战任务仅有100余架。英、法、以3个国家无论在兵力和武器装备上都对埃及占有明显的优势。

就重要作战方向和地区来看也是如此。在西奈半岛,以色列军队较埃军多一半以上,个别作战方向达2倍以上;在塞得港地区,英法军队较埃军多4倍以上。

战争发起一方的作战企图

英、法的作战企图是:利用以色列军队率先沿边境对埃发起大规模的突然攻势,将埃及军队主力和注意力吸引在西奈半岛上,尔后英、法集中空军力量,一举歼灭埃及的空军,并在运河地区实施登陆和空降,切断埃及军队主力的退路,将其歼灭在西奈半岛地区,进而夺占开罗、亚历山大地区,以控制埃及的心脏地区。

以色列则按事先同英、法商定的方案,首先发起代号为“卡达希的西奈战役,作战企图是席卷西奈半岛,击溃埃及,解除埃及对蒂朗海峡的封锁,并摧毁埃及军队设在加沙地区和边境附近的基地。

为了达成以上作战目的,英、法以采

取的作战方法是，英、法在以色列发起攻抛之后，借口“保证运河的通航安全和自由”，向埃、以双方发出“最后通牒”，要求双方实行战场停火，并从运河区后撤10英里，英、法进驻运河区，以保护航行安全。当埃及拒绝接受这一“最后通牒”，便立即集中空军力量，突然攻击埃及的大城市和机场、基地等。

1956年10月28日，即以色列向埃及发动进攻的前一天，其陆军共18个野战旅完成了作战部署。其中，12个旅由南部军区司令阿萨夫·辛霍尼准将负责指挥，总兵力4.5万人，分为4个支队，每个支队负责一个作战方向：第七十七支队辖第一、第十一、第二十七旅，向北部海岸公路推进；中路支队辖第四，第十步兵旅，第七装甲旅，遂行半岛中部的作战任务；南部的作战任务，由第二零二空降旅负责；沙姆沙伊赫方向，由第九旅负责，作战目的是，以突然袭击席卷西奈半岛，击溃埃及军队，并解除埃军对蒂郎海峡的封锁，以阻止埃及军队尔后的进攻行动，并摧毁埃及军队设在加沙及其附近地区的基地。

以军发起突然袭击，埃及奋起抗击

10月29日下午5时，以军4架运输机搭载第二零二空降旅一部，穿越西奈半岛边境，在米特拉山隘附近实施空降。同时第二零二空降旅主力3000余人，则在孔蒂拉附近突破边境，沿萨马德、纳赫勒直指米特拉山隘。从约旦方向攻击的以色列军队，经过30小时战斗，推进250公里，终于抵达米特拉山隘。

以色列作战的重点方向是阿布奥格拉方向。阿布奥格拉是埃及军队在西奈半岛的主要防御阵地。攻战阿布奥格拉，便可打通通往阿里什的海岸公路。以军中路支队3个旅，为加强这一作战方向的政击力量，还将37机械化旅配属给中路支队。但第七装甲旅、第三十七机械化旅，要待以军方确实判明英、法作意图后才能投入作战。因此，初期作战，中路支队实际只投入2个旅的兵力。中路支队于10月29日深夜，以第四步兵旅突击边境埃军防御阵地，于次日上午6时占领了库赛马地区，并乘胜追击，还向阿布奥格拉方向派出侦察部队。与此同时，第十步兵旅也突击了边境埃军防线，于30日12时30分推进至乌姆·卡泰南人南侧600米处，遭受埃军顽强阻击，前进受阻。第七装甲旅在意识到从正面攻占乌姆·卡泰夫无望的情况下，决定派出侦察部队，试图从达伊卡山隘突击。第七装甲旅通过达伊卡山隘这后，在以空军的支援下，经过与埃及军队的激烈战斗，夺占并守住阿布奥格拉，尔后于31日下午4时攻占鲁瓦法水坝。以军第十步兵旅和第三十七机械化旅进攻乌姆·卡泰夫，遭到埃军的顽强阻击，进攻受挫，被迫宣布终止对乌姆·卡泰夫阵地的进攻行动。

11月1日晨，北路支队以军向加沙地区发起攻势。其作战企图是，道先攻战腊法，并扫荡加沙地区，尔后打通阿里什，向坎塔腊、苏伊士运河推进。以工兵部队先行在腊法阵地正面的地雷场开辟了3条通路，以色列和法国海军对腊法阵地实施了舰炮火力准备，以空军进行了猛烈的空中火力袭击，尔后地面部队发起攻击。而实际上埃军已经接到撤退命令，并于数小时前就开始撤退，仅后卫部队以炮火和机枪火力阻南以军进攻，以军基本没有遇到大的抵抗行动，便占领了腊法地区。随后于2日下午攻战了加沙地区。

以色列作战目的之一，是解除埃及军队对蒂郎湾的封锁。以军第九步兵旅担任这一方向的作战任务。11月2日上午5时，以军第九步兵旅越过边境，至4日下午2时，推进至沙姆沙伊赫以北地区，夺占了埃军警戒阵地。以空降兵为配合第九步兵诱的作战行动。于2日中午在托尔空降了2个连的兵力，并以1个伞兵营自苏德尔沿公路南下。5日凌晨，以地面部队在空军和地面炮兵火力的支援发起进攻，经过数小时的激烈战斗，于当日上午9时30时发，夺占了埃军沙姆沙伊赫要塞。

埃军总司令于10月29日下午3时，获悉以军向埃军阵地发动进攻的信息。埃军东部军区对空降在朱特拉山隘的以军作出反应，下令驻守在苏伊士运河西岸的第二步兵旅派出部队，向以空降部队发动攻势。30日上午，埃、以双方均出动空军飞机动摇地面部队作战。经过激烈争夺，埃军控制了米特拉山隘东端入口的海坦谷地；以军地面部队后撤，以利于英法空军对埃及军队阵地的空中袭击。

埃军的作战企图是，埃军前沿部队竭力迟滞以军的进攻，主力则向吉夫加法、萨马代迅速集结，从左翼向阿布奥格拉实施包围作战，准备投入1个装甲师和2个步兵旅，预定于11月2～3日发动攻势。30日，埃及总统约赛尔发布总动员令，号召埃及军民奋起抗击侵略者。埃及人民掀直自动参军的热潮，积极准备抵抗侵略者的入侵行动。

埃、以双方在朱特拉山隘的争夺战斗相当激烈。朱特拉山隘全长30公里，包括东端的海坦谷地，西端的朱特拉谷地及中间的蝶状谷地3部分。海坦谷地长6公里、宽50米，两侧为县崖峭壁，是米特拉山隘的要冲。埃空控制海坦谷地东半部后，以军进行反复争夺。31日中午，以军侦察部队在坦克的支援下，强行通过海坦谷地。埃军以猛烈炮火予以阻击，致以军坦克、弹药车、油料车中弹起火，其前进纵队被阻于谷地内无法前进。为此，以军增派部队，并在火力支援下，同埃及军队展开了激烈的争夺战斗，至当日黄昏，夺占了海坦谷地东部地区。

埃、以在西奈地区的作战，持续到11月6日，以军经过反复争夺，迫使埃军撤出西奈半岛，以军全部夺占了西奈半岛。

英、法两国空军对埃及实施大规模空袭

以色列向埃及发动入侵之后，英、法两国于10月30日下午6时，当即向埃及、以色列两国政府发出“最后通牒”。其内容包括：两国应立即停止陆、海、空的作战行动；两国军队各自后撤，埃军撤至苏伊士运河西岸，以军撤至运河东岸的12英里处；埃及政府同意英、法联军为隔离埃、以两国军队及保障一切国家船舶依据国际法在运河航行，而暂时占领富阿德港、伊斯梅利亚、苏伊士城。这个所谓致埃、以两国政府的“最后通牒”，实际上是对埃及进行军事干预的“最后通牒”，也是向以色列显示英、法准备军事介入的决心和企图。

“最后通牒”要求埃及、以色列两国政府在12小时内作出答复。以政府答复接受“通牒”的要求。30日深夜，埃及纳赛尔总统表示断然拒绝接受“最后通牒”的无理要求，并于31日上午6时发出命令，要求尼罗河流域与苏伊士运河地区的埃及防空部队，进入防空作战的戒备状态。在埃及政府宣布拒绝接受英、法的“最后通牒”的次日，即31日19时，英、法两国空军向埃及发动空中突然袭击，对埃及4个主要机场进行集中轰炸。11月1日晨，再次出动空军作战飞机和海军舰载飞机，对这些机场实施猛烈的补充轰炸，并同时袭击了埃及另外5个机场，还运用燃烧弹袭击了埃及首都开罗及亚历山大等5个大城市。随后，英、法空军对埃及的袭击目标，转向对埃及军坦克、炮兵、战斗车辆集中地域及重要交通线，试图将埃军拦截在西奈半岛，配合以军将埃军包围歼灭。

埃军统帅部识破了英、法联军的作战企图，适时指挥埃军撤出西奈半岛，以便集中力量在苏伊士运河沿岸地区，抗

击英、法的地面入侵。11 月 2 日，埃军完成从西奈半岛的安全撤离，从而保存了有生力量。

埃军在苏伊士运河地区抗击英、法联军的地面入侵

11 月 5 ~6 日，英、法联军开始向苏伊士运河地区发动地面入侵。英、法在塞得港和富阿德港实施空降作战和登陆作战。11 月 5 日拂晓，英军舰载飞机袭击了塞得港和富阿德港的埃军防御阵地，8 时 20 分，其第十六空降旅一部在加密尔机场实施空降，并夺占了机场附近地区；8 时 35 分，法军第二空降团一部在富阿德港空降。下午 1 时 45 分，英、法军第二批空降部队实施空降。至此，英、法联军共空投了两个伞兵旅。10 月 6 日上午 6 时 50 分，英海军陆战旅一部于炮火准备之后，在塞得港登陆；法海军陆战旅则在富阿德港登陆，至当日下午，英、法 2.2 万登陆部队完成登陆任务，夺占了塞得港和富阿德港，并于当日深夜，沿苏伊士运河向南推进，企图一举攻占整个运河地区，遭到埃军的顽强抗击，仅前进 35 公里，抵达开普地区。6 日下午 4 时，法军空降部队夺占了伊斯梅利亚，英军也攻占了阿布苏外尔机场。

备受人民敬爱的埃及独立之父纳赛尔

英、法联军的入侵，激起了埃及军民的愤慨和英勇抵抗，并给予英、法入侵部队以沉重打击。埃及军民在保卫塞得港的战斗中，英勇奋击。埃及军民在保卫塞得港的战斗中，英勇奋战。英、法联军的第一批空降部队着陆后 1 个小时，即武装起来的埃及工人所歼灭。英、法联军以 8 万兵力从陆海空 3 面对塞得港发起突击。但直到停战前夕，也未达成全部占领塞得港的目的。在运河南端，英、法联军也受到埃及的陆海空部队的顽强抵抗，其登陆夺占苏伊士市的企图也未得逞。

英、法、以 3 国军队对埃及发动侵战争，激起了埃及人民、阿拉伯国家和全世界爱好和平的人民的强烈反对，也引起了美、苏两个大国的强硬反应，当时，前苏联部长会议主席赫鲁晓夫发表声明，宣称如英、法等国不同意停战，将对英国本土实施核攻击。但前苏联当时正卷入东欧匈牙利事件之中，难以抽身。英、法

将其看做是一种恐吓姿态。而美国总统艾森豪威尔的强硬态度,却使英、法不得不有所顾忌。艾森豪威尔命令部署在世界各地的美军进入戒备状态,并强烈要求英、法必须立即停战。英、法两国政府迫于各方的强烈反应和压力,接受停战要求。11 月 6 日,第二次中东战争即苏伊士战争宣告结束。但以色列入侵部队直至 1957 年 3 月,才全部撤出埃及领土。

在整个战争过程中,英、法对埃及连续 6 天的空中袭击,地面作战 40 余小时,伤亡约 300 人,损失飞机 50 余架(一说 20 架);以色列伤亡 1000 余人。埃及损失飞机约 200 架,伤亡、被俘约 1.1 万人,5 个大城市遭到严重破坏。

英、法并未达成战略目的,反而使其在政治、军事上都遭到严重挫折和失败,在国际上处境孤立,失去了在中东地区的主动权,英军首相艾登被迫宣布辞职。

在国内受到广泛支持的埃及总统纳赛尔

战争的结果之一,为美、苏进一步涉足中东地区埋下了深重的祸根。

以色列虽然最终被迫撤出西奈半岛,但达成击退西奈半岛的埃军和解除埃军对蒂郎海峡封锁的目的,以在亚喀巴湾的航行已不再受阻。而联合国部队驻扎在西奈半岛停战区,则使埃及的部队再无可能潜入以色列境内活动。埃及在军事斗争上遭到失败,但在政治上达成了实现苏伊士运河的国有化和促使以色列军队撤出西奈半岛的目的。当然,这一政治目的的达成,是同美、苏两个大国的插手和干预密切相关的。

英国和法国老殖民主义者在 50 年代中期撤离中东后,苏联和美国在中东地区展开了日益激烈的争夺。

随着英法两国在中东殖民统治的基本结束,美国首先向这一地区进行扩张。1957 年初,美国总统艾森豪威尔提出填补中东"真空"的艾森豪威尔主义。他要求美国国会授权总统在中东国家实行"军事援助和合作计划",给予中东国家经济"援助",必要时使用美国武装力量"保护"中东国家的"独立"。其目的在于对中东进行经济和军事渗透,遏制这一地区的民族独立运动,确立美国在中东的霸权。

60 年代,苏联趁美国陷入越南战

争，加紧对中东国家首先是对埃及的渗透。1960 年 1 月，苏联得知美国表示支持世界银行为阿斯旺高坝工程提供资金后，即同埃及就高坝第二期工程问题达成协议，给埃及贷款 8000 万英镑。1964 年 5 月，苏联领导人赫鲁晓夫访问埃及，答应为埃及实行第二个五年计划提供 1 亿英镑贷款。到 1964 年，苏联向埃及提供“经援”、“军援”已达 5 亿英镑。在勃列日涅夫时期，苏联增加了对埃及的军事援助，包括提供新式飞机、坦克和萨姆导弹。1966 年埃苏签订军事协定，苏军获得在埃及使用 3 个海港和 3 个机场的权利。

60 年代中期，苏联在叙利亚取得扩建铁路和开采石油的权利。至 1966 年底，苏联给叙利亚经济援助达 2.5 亿美元，并向它提供武器，派遣军事顾问。苏联还给予伊拉克以经济和军事援助。在这同时，苏联多次邀请巴勒斯坦解放组织领导人访苏，表示愿向巴解组织提供武器等援助。

苏联在中东的渗透，加深了它同美国的矛盾。当时的美国总统约翰逊在回忆录中写道：“苏联在这个战略地区扩充势力，威胁着我们在欧洲的地位。”约翰逊政府曾对阿拉伯国家特别是埃及施加压力，结果适得其反。由于美国的援助附加许多政治条件，1964 年 11 月埃及总统纳赛尔表示：“我不准备为了 3000 万，4000 万，或者 5000 万英镑而出卖埃及的独立。”同年 12 月，埃及击落一架入侵的美国飞机。1967 年 2 月，美国停止向埃及供应小麦。美埃关系紧张。

美国为了改变与苏联争夺中东的不利地位，着手制订主要包括支持以色列打击埃及的新战略，排挤苏联在中东的渗透。1967 年 3 月至 5 月，美国不仅给以色列 400 辆新型坦克和 250 架新式飞机，还抽调 1000 余名“志愿人员”充实以色列空军力量。美国的行动，助长了以色列对阿拉伯国家发动侵略战争的嚣张气焰。

60 年代前期，阿拉伯各国间的矛盾尖锐。埃及和其他阿拉伯国家的矛盾尤为突出。阿拉伯世界内部的不和，给以色列发动侵略战争以可乘之机。

1961 年 9 月，叙利亚退出由它与埃及联合组成的阿拉伯联合共和国。约旦在 24 小时内立即承认叙利亚。埃及同叙、约两国的关系处于紧张状态。埃及还因沙特阿拉伯承认叙利亚，引起两国关系的不和。埃及和伊拉克关系，由于 1959 年 3 月的摩苏尔事件早已恶化。1962 年 9 月，也门军官发动推翻巴德尔王朝的政变，成立共和国，得到埃及的承认。然而,王室势力在沙特阿拉伯和约旦的支持下,在也门北部聚集力量,力图恢复它们的统治。埃及为此派遣6万兵员,帮助也门共和国镇压王室的反抗。埃及出兵也门使阿拉伯世界矛盾更趋激化,也有损于埃及的实力。正如后来埃及萨达特总统所说:"(也门)战争消耗了我们很大一部分的外汇储备,拖住了我们两个精锐师的兵力使之无法投入1967年的战争。"

与此同时,巴勒斯坦人反对以色列侵略扩张、争取民族权利的斗争,从1965年起进入了一个有组织、有领导的阶段。1963年,阿拉伯联盟理事会决定建立巴勒斯坦人的组织。1964年5月,召开了由巴勒斯坦各解放组织代表参加的第一届巴勒斯坦全国委员会会议,决定成立巴勒斯坦解放组织(同年6月正式成立),并通过了巴勒斯坦民族宪章。1965年1月1日,巴勒斯坦最早成立的民族解放组织"法塔赫"在加利利地区开始了反对以色列侵略者的武装斗争。此后,巴勒斯坦游击队在阿拉伯国家的支援下,经常从约旦边境和加沙等地主动出击,仅1965年就达31起。以色列决定发动战争,用武力消灭巴解组织及其所属的游击队,打击阿拉伯国家。

特别是以色列于1957年从西奈半岛撤军后,不甘心它在第二次中东战争中的失败,加紧扩军备战。它力求发动一场新战争,打败阿拉伯国家中力量最强的埃及,至少应使埃及蒙受屈辱。

自1963年起,以色列统治集团内出现了深刻的政治危机。1959年再次出任总理兼任国防部长的本·古里安于1963年7月16日辞去职务。1965年,本·古里安和前参谋长摩西·达扬等退出执政的工党,另建新党——拉菲党(以色列工人党),同担任总理的艾希科尔和工党领袖梅厄夫人互助攻讦。本·古里安等人指责政府对阿拉伯国家的"威胁"没有作出强有力的反应,"危及了以色列的安全"。他主张"扩大以色列军队的威慑能力",对阿拉伯国家"采取更为大刀阔斧的行动";他还批评政府在经济问题上无能为力。

当时,以色列经济状况日益恶化。德国给以色列第二次世界大战的战争及人身损害赔款已告结束,犹太国民基金会收到的捐款越来越少,加上外贸逆差等困难,使以色列经济萎缩,企业倒闭,失业人数迅速增加。1967年初以色列失业人口达10万人,占劳动力总数的16—20%。犹太移民入境人数下降到1948年以来的最低点,而迁移出境的犹太人特别是知识分子却大量增加。以色列统治集团为摆脱困境，转移国内视线加紧对阿拉伯国家的军事挑衅，并且扬言：“以色列军队将在自己选择的时间和地点、以自己选择的方式”发动进攻。

以色列为发动侵略战争寻找借口，蓄意在边界制造事端。1966 年 11 月 12 日，以色列因一辆军事指挥车在约以边境巡逻时触雷，13 日黎明便以 3000 人的军队进攻约旦境内 3 公里处的萨木村。当赶来迎击的约军车队开进萨木村时，遭到以军伏击。这是苏伊士运河战争以来以军进行的规模最大的一次军事挑衅。后因联合国停火组织观察员进行干涉，以军被迫撤离。

在阿拉伯国家中，以色列把埃及作为军事进攻的主要对象。1966 年埃叙防御协定规定，对两国中任何一国的侵略都认为是对另一国的侵略。以色列认为对叙利亚施加压力，就可以挑动埃及卷入战争。从 1967 年起，它在叙利亚边境加紧军事挑衅。4 月 7 日，以军一辆装甲拖拉机在正规军掩护下，强行耕种非军事区内属于阿拉伯人的土地，叙军鸣枪警告。以军借口叙军开火，用火炮和坦克袭击叙利亚戈兰高地，并出动幻影式飞机入侵叙利亚领空。以色列在空战中击落叙利亚 6 架米格战斗机，侵入大马士革上空。叙以空战是以色列预谋发动大规模侵略战争的信号。在 4 月 11 日以后，叙以两国陆军多次交战，5 月 12 日，以军参谋长拉宾扬言：“我们要对叙利亚发动闪电进攻，占领大马士革，推翻阿萨德政权后再班师回国。”

以色列为挑起战争，利用发假电报设下圈套。1967 年 5 月 10 日前后，苏联截获一份紧急“绝密情报”，宣称以色列在叙利亚边境集结 11—13 个旅的兵力，计划在 5 月 17 日向叙利亚发动进攻。5 月 12 日，苏联驻埃使馆向埃及政府通报这份“情报”。第二天，苏联最高苏维埃主席团主席波德戈尔内又将这份“情报”通知当时正在苏联访问的埃及副总理萨达特，建议埃及增兵西奈半岛，表示苏联将给予支持。同日，苏联还将此“情报”通知叙利亚等阿拉伯国家。

纳赛尔接到苏联的“情报”后，为了警告以色列不要冒险，于 5 月 14 日决定往西奈增派部队。15 日，埃及宣布全国进入紧急状态。同日，叙利亚政府发表声明，揭露以色列武装进攻叙利亚的企图。

5 月 16 日，埃及外交部通知各国驻开罗大使，如果以色列进攻叙利亚，埃及将进攻以色列。但是，以色列在 17 日并没有向叙利亚发动进攻。16 日，埃及武装部队总参谋长穆罕默德·法齐中将奉总司令阿密尔之命,写信给联合国紧急部队司令里克耶将军,要求他的部队从加沙到埃拉特的埃以边界一线撤走。为了避免事态进一步扩大,法齐在信中特意说明,联合国部队可以继续留驻加沙地带和战略要地沙姆沙伊赫。当联合国秘书长吴丹拒绝部分撤军时,纳赛尔在5月17日提出联合国紧急部队全部撤离埃及的要求。两天后,联合国部队全部撤离埃及。

5月19日,以色列下达局部动员令,增兵埃以边境前线,至21日已达5个师。为了防止以军抢占西奈南端的沙姆沙伊赫,埃军于21日进驻该地。次日,埃及宣布封锁亚喀巴湾,禁止以色列船舶和为以色列运送战略物资的外国船舶通过。24日,埃及政府宣布所有通往亚喀巴湾的入口都已布下水雷,并用海岸炮兵部队、武装舰艇和空中巡逻加强对海湾的封锁。5月23日,以色列总理艾希科尔表示,埃及封锁亚喀巴湾构成"对以色列的侵略行动",扬言要对封锁进行"坚决斗争"。

美国总统约翰逊在5月15日至22日一周之内就中东局势发表了3次声明,攻击埃及所采取的行动。5月23日,美国驻埃及大使诺尔迪通知埃及外长马哈茂德·里亚德,美国反对撤出联合国紧急部队;埃及部队不得占领沙姆沙伊赫,除非埃及宣布承认海峡自由通航原则;埃及军队不得进入加沙地带,仍由联合国紧急部队负责管理。美国还威胁说,如果埃及不接受吴丹的建议,它将不惜使用武力。

埃及封锁亚喀巴湾后,苏联政府于5月23日发表声明,谴责以色列是中东的一个不稳定因素,强调维护和平的重要性。苏联担心埃及的行动会使事态进一步扩大,导致自己同美国直接冲突。24日,苏联部长会议主席柯西金对来访的埃及国防部长巴德朗说:"现在最重要的是使事情平息下来,不要给以色列或帝国主义势力以挑起武装冲突的任何借口。"同时,苏联又与美国进行"紧急而又秘密的接触"。26日,柯西金向约翰逊建议"两国采取行动缓和中东局势"。27日凌晨,苏联驻埃及大使匆忙求见纳赛尔,要求埃及"不要首先开火"。

随着战争危险的增加和阿拉伯国家面临共同的敌人,埃及和约旦两国的紧张关系得以缓和。5月30日,约旦国王侯赛因访问埃及,与纳赛尔会谈。两国签订了防御协定,规定一旦战争爆发,约旦军队将归阿拉伯联合司令部副司令阿卜杜勒·穆奈姆·里亚德将军指挥。

在整个5月期间，以色列抓紧发动战争的最后准备。6月1日，以色列改组内阁，任命力主侵略阿拉伯国家的摩西·达扬任国防部长。2日，达扬提出侵占西奈的作战计划。3日，达扬发表讲话，扬言要“打败阿拉伯人”。4日，以色列召开内阁紧急会议。以驻美大使从美国带回约翰逊的密信参加会议。会后，达扬和参谋长拉宾着手完成进攻计划的最后细节。

在发动战争前夕，以色列在埃及边境集结部队6.5万人，坦克650辆；在叙利亚边境集结部队2.5万人，坦克100辆；在约旦边境集结部队5万人，坦克350辆；还有增援各条战线的预备队。

第三次中东战争

1967年6月5日，以色列以突然袭击向埃及、约旦、叙利亚大举进攻，称为“六·五战争”，又称“第三次中东战争”。以色列在这次战争中取得胜利，阿拉伯国家遭受重大损失。这一结局进一步激化了以色列和阿拉伯国家的矛盾。

1967年6月5日晨，以色列空军对埃及、叙利亚和约旦发起突然袭击。埃及时间8时14分，第一批以色列飞机袭

巴勒斯坦的阿拉伯人游行示威

击开罗、苏伊士运河区和红海沿岸的机场。以机轮番轰炸了11个埃及机场，在1个多小时内炸毁机场6个，摧毁飞机197架，炸坏雷达站16个。

第二批以机164架于埃及时间上午10时43分出击，轰炸埃及的14个空军基地，击毁埃机107架。埃及总共拥有军用飞机430架，仅5日上午就损失320架。

5日午前，叙利亚空军轰炸以色列海法炼油厂周围地区、麦吉多空军基地和太巴列湖附近的以军阵地。以机随即轰炸大马士革附近的机场，炸毁埃机53架。中午，约旦空军轰炸以色列纳塔尼亚空军基地，炸毁以机1架。以色列则出动飞机轰炸安曼、马弗拉克机场及阿杰隆雷达站，炸毁约机28架。同日，伊拉克空军袭击了以色列拉马戴维亚空军

基地。以机于6日轰炸伊拉克哈巴尼亚空军基地，炸毁伊机6架。同日，以机还击落黎巴嫩飞机1架。

以色列地面部队于6月5日埃及时间8时15分开始进攻埃及的西奈半岛。埃军在西奈半岛的总兵力为5个步兵师和两个装甲师，约12万人，分别据守在巴勒斯坦的加沙地带和西奈半岛的阿里什、阿布奥格拉、沙姆沙伊赫等战略要地。以军分3路入侵，每路一个师的兵力，每师约1.5万人。

北路以军由塔勒少将率领，于6月5日攻克汗尤尼斯和腊法，6日又攻占加沙城和阿里什。以军在上述战斗中受到埃军顽强抵抗，遭受重大损失。北路以军在夺取阿里什后，分兵两路，一路往西进击马扎拉和苏伊士运河东岸，另一路往南与约菲部队会合，从背部进攻库塞马。

中路以军纵队由约菲少将率领于5日越过边境后，经过数十小时的强行军抵达米特拉山麓，于7日晚向山口发动猛攻。埃以双方有1000辆坦克投入战斗，经过一昼夜激战，以军攻克山口，并迅速在山口西部封堵埃军通向运河的退路。埃军在比尔古夫贾法至米特拉山口一线多次发动进攻，企图打开退路，都未成功。约菲部队占领米特拉和吉迪两个山口后，往西向运河进攻。

南路以军纵队由沙隆少将率领，于5日上午在奥贾和尼扎纳附近越过埃以边境，向乌姆卡特夫进军。6日，沙隆部队进攻阿布奥格拉，经过20个小时战斗后，占领阿布奥格拉，打开西进运河的大门。然后，沙隆的一部分部队折向东南往库塞马方向前进；其中的装甲旅向利卜尼山南部的纳赫勒前进，并于8日下午占领该地。

6月7日晨，已有少量以军抵达运河东岸。同日，以军占领埃军弃守的沙姆沙伊赫。8日，另一支以军攻克孔蒂拉至纳赫勒一线。当天，3路以军均已抵达运河东岸。西奈全部陷落。纳赛尔在当晚接受停火。

“六·五”战争爆发后，埃及于6日宣布关闭苏伊士运河，并与美国断交。叙利亚、伊拉克和苏丹仿效埃及与美、英断交。接着，阿尔及利亚、也门和毛里塔尼亚也相继与美国断交。

6月5日上午11时20分，约以部队在耶路撒冷东、西区分界线上开始交战。下午，以色列装甲部队在空军掩护下，进攻耶路撒冷东区和北部的杰宁，6日，杰宁失陷。7日，以军占领面积约4800多平方公里的约旦河西岸地区；同时突破耶路撒冷东区的斯蒂芬斯门，在空军支援下，经过激战夺取东区。当晚8时，约以双方指挥官接受联合国建议，实行停火。

6月8日，大批以军从约旦开往叙利亚。9日，以军在通往叙利亚的库奈特腊——大马士革公路以北，分兵3路进攻戈兰高地。以军突破从赫尔蒙山至太巴列湖北部边缘一带的叙军防线，接着向纵深推进，先后攻占马萨达，布特米亚和库奈特拉等地，进而占领整个戈兰高地。10日晚，叙以双方接受联合国安理会的停火建议。11日，双方代表在库奈特拉签署停火协议。

"六·五"战争给埃及、约旦和叙利亚造成巨大损失。埃及在西奈战役中有80%的武器装备遭到破坏，阵亡官兵约1.15万人，被俘官兵约5500人，负伤和被打散的官兵约3万多人。约军阵亡和失踪约6100人，伤700多人，被俘400余人，叙军阵亡约2500人，伤约5000人，被俘约600人。以军在战争中死759人，伤约2300余人，损失飞机40架、坦克80辆。

以色列在战争中占领了包括约旦河西岸、耶路撒冷东区、加沙的巴勒斯坦全境、埃及西奈半岛和叙利亚的戈兰高地，总共攫取了面积达6.5万多平方公里的阿拉伯土地。此外，战争给阿拉伯人民生命财产造成巨大的损失，近100万包括巴勒斯坦人在内的阿拉伯人沦为难民。

以色列发动进攻前，埃以实力大致相同，而埃约叙3国实力的总和则优于以色列。由于埃及轻敌麻痹，埃约叙3国在军事上未能协调一致，使他们遭受战争的失利。就客观原因而论，美国对以色列的支持，是造成埃约叙3国在战争中失败的主要因素。

从"六·五"战争爆发以来，阿拉伯各国人民的反美情绪不断高涨，苏联趁阿拉伯国家处境艰难以及美国在这一地区影响的下降，与美国展开争夺。

"六·五"战争爆发5小时后，苏联部长会议主席柯西金首次使用连接莫斯科——华盛顿之间的"热线"，同美国进行联系。他向美国总统约翰逊表示，将促成中东停火，不希望在中东发生同美国的冲突。约翰逊得知苏联不会干涉美国对以色列的支持，回电表示："愿意施加一切影响结束这场冲突。"他还提出阿以双方"无条件停火"的"建议"。6日，柯西金表示，苏联完全同意美国建议。于是，美苏两国代表立即向联合国提出一项阿以双方"立即实现停火"决议草案，并在当晚的安理会会议上获得通过。7日，苏联再次要求召开安理会，提出让阿拉伯国家停止抵抗的“限期停火”决议草案，得到美国的支持而被通过。以色列于8日晨表示接受停火，条件是阿拉伯国家也必须接受停火。

然而，以色列以假停火之名行战斗之实，于6月9日向叙利亚发动大规模进攻。苏联担心叙利亚战败，从而损害它在中东的利益。10日，柯西金通过热线电告约翰逊：中东局势正处于“十分危急时刻”，如果以色列不立即停止军事行动，苏联将采取“必要的包括军事上的措施”。同日，苏联宣布与以色列断交。针对柯西金的表态，约翰逊立即指示美国国防部长麦克纳马拉令第六舰队改变航向，加速开往叙利亚，将通常巡逻时离各国海岸100浬的限制缩小到50浬。约翰逊采取这一行动被认为是美国决定在中东与苏联进行对抗的信号。

在这种情况下，6月16日，柯西金率领一个庞大的代表团，参加讨论中东局势的联合国大会紧急会议，前往美国。23日上午，柯西金和约翰逊在葛拉斯堡罗会晤，就“政治解决”中东问题举行两次秘密谈判。7月10日，在美苏两国参与下，安理会通过关于派遣联合国观察员进驻苏伊士运河区等地监督停火的决议。此后，美苏两国几经磋商。安理会通过英国的提案，即联合国关于中东问题的“242号决议”。这个决议包含了维护阿拉伯国家利益的积极方面，它规定：以色列武装部队从这次冲突中占领的土地上撤退；结束一切挑战言论或交战状态，尊重和承认该地区每个国家主权、领土完整和政治独立，以及在安全和公认的边界范围内和平生活的权利，免遭武力威胁和武力行动；公正解决难民问题等。但是，这个决议没有谴责以色列的侵略，没有要求以色列从它所占领的阿拉伯领土上立即无条件撤退全部侵略军，反而要求保证以色列在苏伊士运河和蒂朗海峡的“自由通航”。决议否认巴勒斯坦人民收复失地、重返家园的民族权利，把巴勒斯坦问题归结为“难民问题”。它遭到一些阿拉伯国家和巴解组织的反对。242号决议通过后，联合国秘书长吴丹指派瑞典驻苏大使贡纳尔·雅林为特使，“与有关国家建立和保持接触，以便促使意见一致和帮助根据决议条款解决问题”。雅林从12月13日至28日对黎巴嫩、以色列、约旦和埃及进行穿梭访问。叙利亚谴责联合国242号决议，拒绝接待雅林。埃及为雅林执行使命提供一切方便，但拒绝向以色列让步。以色列拒绝履行242号决议认为它只是提供进行磋商的一些条件，阻挠雅林的使命。此后，由于以色列在美国的袒护和支持下拒不撤出被占领的阿拉伯领土，雅林的使命终于失败。

阿拉伯国家在“六·五”战争中的失利，使他们认识到加强军事力量和团结对敌的重要性。1967年8月29日至9月1日，阿拉伯国家首脑响应约旦国王侯赛因的呼吁，在苏丹首都喀士穆举行会议，讨论共同反对以色列侵略的政策。与会各国本着团结对敌的精神，达成协议：不承认以色列、不与以色列磋商、不停战，“不了结巴勒斯坦问题”。会议还决定，在阿拉伯国家恢复石油出口后，沙特阿拉伯、科威特和利比亚将赠款补偿埃及和约旦因战争受到的经济损失。喀土穆会议加强了阿拉伯国家之间的团结。

“六·五”战争结束后，以色列在美国支持下，继续侵犯阿拉伯国家。从1967年10月至1970年夏天，在苏伊士运河两岸、约旦河两岸和叙利亚的戈兰高地，不断挑起武装冲突。1968年11月和1969年4月，它两次派遣直升飞机袭击尼罗河上的桥梁上与埃及的发电厂。1969年夏，以色列空军多次袭击埃及炮兵阵地。9月，以色列从美国得到了鬼怪式轰炸机后，袭击埃及导弹基地和其他军事目标。它的炮兵不断袭击苏伊士运河西岸的埃及居民区。1970年1月，以军攻占红海边沙德万岛上的埃及雷达站。1969—1970年，有时一天约用1000吨炸弹轰炸埃及，耗资约100万英镑。以色列想以武力压服埃及等阿拉伯国家，永久霸占被占领土。埃及面对以色列不断的武装挑衅，采取打消耗战，试图打破以色列在“六·五”战争中侵占大量阿拉伯领土的既成事实。

“六·五”战争后，巴勒斯坦游击队加强了反对以色列侵略的战争。1968年3月，阿拉法特领导下的“暴风突击队”在约旦的卡马拉战役中，击溃1.5万名以军的进攻。同年6月，阿拉法特担任法塔赫中央委员会主席。次年2月，他被推选为巴勒斯坦解放组织执行委员会主席，后又兼任巴勒斯坦革命武装力量总指挥。从1969年至1971年5月，巴勒斯坦各游击队出击近万次，活动范围直至以色列首都特拉维夫，成为对抗以色列侵略的一支重要力量。

埃及为了重建军队，在消耗战中打击以色列侵略者，要求苏联提供武器装备。1967年6月下旬，波德戈尔内访问埃及，纳赛尔要求苏联赠送武器，派遣顾问和技术人员。苏联既为帮助埃及摆脱战败的困境，也为了控制埃及，使自己在中东站稳脚跟，表示同意埃及的要求。

为此，波德戈尔内提出应由苏联海军陆战队驻守亚历山大港，在这里设指挥部，并悬挂苏联国旗。纳赛尔因此停止同苏联的会谈，指出："这意味着我们要给你们一个基地。"1970 年 1 月 22 日，纳赛尔秘密访苏，要求苏联提供萨姆地对空导弹和派遣发射员等。苏联担心向埃及提供尖端武器将引起与美国直接冲突的危险，起初执意不允。纳赛尔当场表示："你们不准备像美国援助以色列那样援助我们，这意味着我只有一条路可走：回到埃及去把真相告诉埃及人民。我将告诉他们说，现在是我下台让位给一位亲美的总统的时候了。如果我不能拯救他们，别人就得去拯救他们。这就是我要讲的最后的话。"经过多次争论，苏联同意纳赛尔的要求。1970 年 3 月，苏联给埃及提供萨姆导弹，派出导弹技术人员，控制了埃及的防空网。到 1970 年底，苏联在埃及的军事人员达到 1.6—1.9 万人。

在美国看来，苏联对埃及的援助与渗透，会对西方构成严重威胁。1970 年 4 月，美国总统尼克松委派负责中东事务的助理国务卿约瑟夫·西斯科访问中东，同阿以双方讨论恢复停火的解决办法。接着。美国国务卿威廉·罗杰斯于 6 月 25 日宣布"政治解决"中东问题的新方案，即所谓"罗杰斯计划"。他主张埃及和以色列恢复至少为期 3 个月的停火；停火期间，双方各派代表团同雅林会谈，讨论执行联合国 242 号决议的方法。

在这同时，纳赛尔为从苏联获得进攻性武器，于 1970 年 6 月下旬抱病访问苏联，苏联拒绝提供这方面的武器，还拒绝支援埃军越过苏伊士运河进行反攻。苏联的这种态度，迫使纳赛尔当着勃列日涅夫的面下决心接受罗杰斯计划。当勃列日涅夫问纳赛尔"怎么接受一项美国的解决办法"时，纳赛尔回答说："我只能这样做，因为你们不动，我不能使我的国家利益受到损失"。7 月 23 日，纳赛尔正式宣布接受罗杰斯计划。

1970 年 8 月 7 日，埃及、以色列双方宣布停火 90 天，以利联合国特使进行调停。11 月停火到期，调停又毫无结果。美苏两国在联合国建议延长停火 3 个月，到 1971 年 2 月调停仍无结果。埃及为了打破"政治解决"的僵局，宣布再延长 30 天停火期，提出要以色列部分撤军，重新开放苏伊士运河的建议。但是，由于两个超级大国都需要在中东保持一个既紧张而又不发生直接军事对抗的局面，致使埃及的建议终未达成协议。中东仍然处于不战不和的僵局。这种局面实质上是鼓励以色列向阿拉伯各国继续进行侵略，从而导致1973年第四次中东战争的爆发。

第四次中东战争

1973年10月6日，爆发了第四次中东战争。埃及和叙利亚在其他阿拉伯国家和巴勒斯坦人民的支援下，突破苏美两国的控制，取得了反击以色列侵略的重大胜利。阿拉伯产油国在战争过程中发动的石油斗争震撼了整个西方世界。十月战争打破了以色列“不可战胜”的神话，迫使美国对其中东政策作出一定的调整，为后来中东和谈局面的形成创造了条件。

1973年10月6日下午2时，埃及出动200多架飞机，集中2000多门火炮向以军在西奈的防御阵地——巴列夫防线发起攻击。巴列夫防线全长170公里，其主阵地以运河为屏障，依托沙堤构成，共筑有19座要塞和30个据点。各据点之间的坦克和火炮掩体的火力互相交叉，控制着苏伊士运河和重要通道。这条被以色列吹嘘为“坚不可摧”的防线，在埃军炮火轰击下，顿时变成一片大海。埃军先头部队8000人在防空导弹和飞机掩护下，分乘1000余艘橡皮艇和两栖车辆从运河北部的坎塔腊、中部的伊斯梅利亚、南部的大苦湖等地强行渡河。以军面对突如其来的攻势，弃阵溃逃。埃军先头部队登上运河东岸沙滩后，用爆破筒在敌军阵地的铁丝网和地雷区中开辟通道，架设软梯，登上河堤，分割包围以军主要据点，接连粉碎以军前沿坦克的反攻，并掩护工兵部队在沙堤上打开缺口和在运河上架桥。埃及工兵部队不到10个小时就打开了60个可容坦克通过的缺口，架设了10座浮桥和50个门桥渡场，保证了坦克、装甲车、火炮和地对空导弹等重型军事装备不断通过运河。在战争开始后的24小时内，8万多名埃及士兵分成12批突破巴列夫防线，向西奈纵深推进达3.4公里。

埃军初战告捷，8日收复运河东岸重镇坎塔拉和夏特。9日击退以军装甲部队3次大规模反扑，全歼以色列第一九〇旅，活捉旅长亚古里上校。此后，埃军攻占富阿德港以南地区、伊斯梅利亚以东地区和陶菲克港一带。13日，盘踞在运河东岸最后一个据点的以军缴械投降。埃军在运河东岸的兵力增至5个师，约10万人，坦克600多辆，控制了东岸10—15公里的地区。埃军的数10支伞兵部队和特种部队乘直升飞机在苏伊士湾东岸的一些地区降落，破坏敌人的

以色列总理贝京（左）与埃及总统萨达特（右）握手，美国总统卡特站在中间，三方达成和平协议

交通联系和后勤供应。

在埃军发起进攻的同时，叙利亚以3个师的兵力，约500辆坦克，在空军掩护下向戈兰高地的以色列部队发起进攻。以军凭借工事和有利地形阻止叙军推进，调遣预备队增援前沿据点。叙军集中优势兵力于10月8日突破以军防线，夺取赫尔蒙山顶峰，包围戈兰高地重镇库奈特腊。9日，北路叙军攻占马萨达，中路推进到叙以边境的贝纳特雅古布桥和阿里克桥以东数公里处，并对以军前线指挥部驻地纳法赫发起攻击。南路叙军推进到菲格，越过1967年"六·五"战争停火线35公里。

战争开始后，巴勒斯坦突击队约2.6万人在戈兰高地、加沙地带和以色列北部地区展开游击战，有力地配合了埃叙军队的战斗。

以色列从最初的打击中逐渐恢复过来，力图先稳住叙以战场，以改变两线作战的被动局面，解除对其本土的威胁。从9日起，以军集中15个旅的兵力，近1000辆坦克，继续向叙军反击。以色列空军向叙军坦克部队和防空导弹阵地展开攻击，空袭大马士革和其他后方城市。叙利亚为保卫首都，从前线撤回部分防空导弹。11日，以军突破叙军阵地向大马士革进犯，12日，越过1967年停火线约30公里，占领纳赛吉，逼近卡塔纳和萨萨。13日，伊拉克、摩洛哥、约旦和沙特阿拉伯等国的装甲部队和炮兵部队先后到达，与叙军一起制止了以军推进。

以色列在战争初期遭到猛烈打击，损失惨重。仅头3天就有49架飞机和500辆坦克被击毁。战争开始一星期后，武器弹药和后勤物质严重匮缺，以色列便不断呼吁美国给予紧急援助。尼克松政府为帮助以色列挽回败局，在抵消苏联给阿拉伯国家军援的借口下，10月13日在国家安全委员会会议上作出立即向以色列空运军火的决定。美国从当天下午起，抽调大批C5A型军用运输机和属于库存装备的鬼怪式飞机，把包括F—4战斗机、"空中之鹰"飞机、各种自动导向炸弹在内的大批军事装备运往以色列，有些飞机还是从现役空军中调拨或从工厂的生产线上直接装运的。

以军依靠美国的军火补给，在叙以战线稳住阵脚，即向埃以战线转移兵力。从10月14日起，集结约10万军队，1000辆坦克，组成北、中、南3个战群，连续3天对埃军阵地实施反突击。14日，埃以两军在运河东岸进行了规模空前的坦克战。双方共投入1600多辆坦克。15日，以色列依靠美国间谍卫星和高空侦察所得情报，发现埃及第二集团军和第三集团军防线的接合部间隙大，防御薄弱，便决定从该地段偷渡到运河西岸。当晚，以色列西奈前线指挥官沙龙率领一支由数百人组成的突击队，驾驶"六·五"战争中缴获的13辆苏制F—54型和T—55型坦克，乔装成埃及士兵，从大苦湖以北的德维斯瓦附近渡河。16日凌晨到达运河西岸，在伊斯梅利亚和大苦湖之间加设3座浮桥，保障了两个装甲旅渡河。突入西岸的以色列部队摧毁埃军不少防空导弹基地和炮兵阵地，为以色列空军的活动创造了条件。此后，以军除2个师在东岸作战外，另2个师陆续渡河，向南推进，占领法伊德以及附近的埃及空军基地，控制了吉素法丘陵地带。埃及对以军偷渡运河的重大军事行动开始时并未警惕，认为只是小股部队的骚扰，到18时发现大批以色列军渡河后，才打算封锁以军突破口，但在运河西岸的兵力不足，虽从东岸调回第四装甲师，终未能扭转战局。23日，沿苏伊士运河向南迂回前进的以军抵达苏伊士湾，占领阿达比亚港，对埃及第三集团军和苏伊士城构成合围之势。

十月战争打响不久，苏美两国就策划停火，10月6日晚，苏联驻埃及大使维诺格拉多夫要求紧急会见萨达特。他谎称叙利亚已正式向苏联表示希望停火，企图以此劝诱埃及停火，遭到萨达特严辞拒绝。美国在同一天傍晚要求召开联合国安理会紧急会议，企图让英国出面提出“立即就地停火”的决议草案，遭到阿拉伯国家的抵制。此后几天，埃叙军队在战场上占据优势，美国生怕以色列战败，曾两次通过外交途径要求埃及停火，均遭萨达特拒绝。苏联暂时打消停火的念头，改而采取支援阿拉伯国家的姿态，从10月10日起，向埃及和叙利亚实施紧急空运计划。

战争进入第二个星期后，以色列进行大规模反扑。苏联既怕埃及和叙利亚战败会招致阿拉伯世界对它的不满；又怕战争升级导致苏美直接对抗，又开始呼吁双方停火。10月16日，苏联部长会议主席柯西金秘密到达开罗，与萨达特就停火问题举行了5次会谈。10月19日，勃列日涅夫给尼克松发去急电，要求他派基辛格立即前往莫斯科举行“适当的谈判”。在此后的谈判中，基辛格提出包括阿以双方就地停火、全面履行安理会242号决议和有关方面立即进行谈判的美国方案。苏联除要求对某些措辞作些改动外，全盘接受美国的停火方案。10月21日晚到22日凌晨，安理会应苏美两国紧急要求召开会议，通过关于阿以立即就地停火的决议，即第三三八号决议。10月22日晚，埃及宣布接受第三三八号决议。叙利亚在同苏联接触后，于24日宣布接受第三三八号决议。以色列表面上被迫接受停火决议，却利用埃军在接到停火命令后不再战斗的时机，于当晚占领苏伊士——开罗公路的一些路口，并在第二天切断埃及第三集团军两个师约2万人与外界的联系，控制了向他们运送补给的路线。

由于以色列违反停火决议，安理会应埃及要求于23日再次开会。会议通过第三三九号决议，重申第三三八号决议的有效性，要求联合国秘书长立即派遣观察员去中东监督停火。但是，以色列无视安理会决议。25日出动大批坦克多次猛攻苏伊士城。埃及军民在极端困难的条件下坚持战斗，保卫了苏伊士城。

埃及迫于以色列破坏停火。第三集团军随时可能遭到以军进攻，在24日的安理会上，要求苏美两国“各自立即从驻在中东附近的部队中抽派队伍去监督停火的实施”。苏联认为这是它重返埃及的良机，表示支持，美国认为，这一步骤会使苏联在中东地区的作用“合法化”，断然加以拒绝。24日晚，勃列日涅夫向尼克松发出一封措辞强硬的信件，声言美国如拒绝联合出兵，苏联将考虑“单方面采取适当步骤”。苏联的7个空降师处于戒备状态，随时准备开赴埃及。苏联驻地中海的军舰激增至85艘。美国对此作出强烈反应，国家安全委员会于24日深夜召开特别会议讨论对策。11时41分，参谋长联席会议主席穆勒命令美国所有军事部门进入三级戒备。25日凌晨，美国在全球的武装部队220余万人，包括核打击力量，战略空军司令部，全部处于三级戒备状态。

而对美国所采取的强硬态度，苏联很快降低了调门。勃列日涅夫于10月25日给尼克松的信中已不再提单方面出兵，仅表示拟派遣一些非军事人员去中东观察停火执行情况。同日，埃及鉴于美国反对派遣苏美联合部队，它要求安理会提供一支国际部队。27日，联合国秘书长根据安理会通过的有关决议，首先抽调驻塞浦路斯的部分联合国维持和平部队去中东，由芬兰的恩肖·西拉斯沃少将担任临时司令。11月2日，由印度尼西亚、巴拿马、尼泊尔、秘鲁、奥地利、芬兰、爱尔兰和瑞典派出部队正式组成联合国紧急部队，加拿大和波兰参加后勤工作。

10月25日以后，被围的埃及第三集团军2万多人弹尽粮绝，情况危急。美国为了拉拢埃及，对以色列施加压力，要其在允许埃及向第三集团军供应非军事性物质方面作出让步。基辛格于11月6日到8日访问开罗，向萨达特提出6点停火协议。萨达特接受了这一协议。以色列经美国劝说，于11月9日宣布原则上接受6点协议。11月11日，埃及武装部队助理参谋长贾马斯和以色列作战部长里亚夫在开罗—苏伊士公路101公里处签署6点停火协议：双方同意认真遵守联合国安理会要求的停火；从11月15日起分批交换战俘；以色列在开罗—苏伊士公路上的检查站由联合国军接管，以色列允许向埃及第三集团军和苏伊士城运送非军事物资。

十月战争的过程中，阿拉伯产油国采取减产、禁运和提价等措施，以石油斗争配合军事斗争，沉重打击以色列及其支持者。10月16日，海湾6国的石油部长会议决定把原油标价提高70%，北非阿拉伯产油国同时宣布把原油标价提高100%以上。10月17日，阿拉伯石油输出国组织作出决议，规定10个成员国以各自9月份的油产量为基础，每月递减5%，直到以色列从“六·五”战争中占领的土地撤走为止。同一天，沙特阿拉伯照会美国政府，要其停止对以色列的援助，否则将对美国实施石油禁运。美国国会以同意给予以色列22亿美元军援的法案作为回答。这个行动激起阿拉伯产油国的极大愤慨。它们从18日起纷纷宣布对美国实施石油禁运。由于荷兰和葡萄牙执行偏袒以色列的政策，产油国宣布也对它们实施石油禁运。

阿拉伯国家发动的石油斗争猛烈地冲击了西方经济。美国石油进口量每天减少200万桶，促使70年代以来日趋严重的能源危机进一步激化。一些大石油公司趁机抬价以牟取暴利，加剧了石油短缺的恐慌。尼克松政府被迫采取一系列应急措施，如减少班机航次，限制车速，假日关闭全国加油站等，引起美国人民的不满。西欧各国和日本由于对中东石油的依赖比美国更为严重。阿拉伯产油国采取减产、提价等措施后，它们纷纷制定严格的节油办法，有的还宣布进入紧急状态。人们上街抢购石油，工业股票价格猛跌，经济生活处于混乱不安的状态。

美国为了摆脱石油斗争带来的困境，先是企图诱使沙特阿拉伯撤消禁运，遭到拒绝后，又接连进行威胁和恫吓，暗示将使用武力占领阿拉伯油田。产油国就此发出严正警告，如果美国胆敢使用武力破坏石油斗争，它们将不惜炸毁油田。

阿拉伯国家在石油斗争过程中曾多次表示，它们的目的是要唤起全世界对中东问题的注意，促使中东问题早日获得公正的解决。而不是要给其他国家制造经济困难。对于同情和支持阿拉伯事业的国家，将优先保证它们的石油需要。阿拉伯石油输出国组织还成立了专门委员会来确定友好国家、中立国家和敌对国家的名单。绝大多数西欧国家和日本为确保石油供应，对中东问题采取新的立场。法国、西德、英国、西班牙和意大利等中止了同以色列的军火贸易，拒绝美国利用它们的设施向以色列运送补给品，禁止替以色列装运军火的美机在其领土上加油或检修。11月6日，欧洲共同体9国外长发表联合声明，正式要求以色列归还“六·五”战争中占领的阿拉伯领土和恢复巴勒斯坦人的合法权利，并敦促阿以双方的军队撤退到10月22日停火线。11月22日，日本政府也就中东形势发表声明，敦促以色列遵守联合国宪章的原则，放弃“六·五”战争中侵占的阿拉伯领土。西欧国家和日本还对美国施加压力，迫其采取较为明智的中东政策。针对这一情况，阿拉伯石油输出国组织于11月18日和12月底先后把除荷兰、葡萄牙以外的西欧国家和日本列为友好国家，对它们的石油供应量恢复到1973年9月时的水平。

阿拉伯产油国既坚决又灵活的斗争策略使美国处于极为孤立的境地，促使它对中东政策实行某些调整。1974年初，由于美国在阿以脱离接触谈判中开始起“调解人”的作用，一些阿拉伯国家在内部提出解除对美国石油禁运的建议。1974年3月17日—18日召开的阿拉伯石油输出国会议，通过埃及关于解除对美国石油禁运的提议。

埃及军民在十月战争中洗刷了“六·五”战争中的耻辱，从而为战后与以色列进行谈判创造了条件。埃及在战争中也付出了重大的代价，8000多名军人阵亡，10万多人受伤或被俘，遭受重大的经济损失。萨达特总统感到，埃及人民迫切需要休养生息，恢复和发展经济，需要寻求新的途径来解决埃以争端。

以色列在十月战争中遭到沉重的打击。2400多名军人被打死，800多辆坦克、115架飞机被击毁。军事动员使以色列减少近一半的劳动力，物质消耗和财产损失达70亿美元。以色列人民饱尝战争之苦，要求和平的呼声越来越高。在国际上，以色列进一步孤立，十月战争期间有20多个国家与它断绝外交关系。以色列统治集团在国内外舆论的压力下，不得不考虑进行和平谈判。

1973年12月21日到22日，在日内瓦召开了埃及、约旦、以色列、美国和苏联参加的中东和平会议。美国和苏联担任会议的两主席，联合国秘书长瓦尔德海姆出席了会议。会议的主要结果是决定成立军事工作小组，负责具体处理阿以军队脱离接触问题。根据这一决定的精神，埃及和以色列从1973年12月26日到1974年1月9日就双方军队脱离接触问题举行了6轮谈判，由于在具体问题上存在着明显的分歧，谈判在1974年1月9日后中断。

1974年1月11日到17日，基辛格在阿斯旺和耶路撒冷之间往返穿梭，与埃以领导人分别分谈。经基辛格的斡旋，埃及与以色列于1974年1月18日签署了第一个有关军队脱离接触的协议，主要内容是：以色列放弃在苏伊士运河西岸的桥头堡；埃军控制运河东岸5—7.5公里宽的地带；双方军队由一个驻有联合国部队的缓冲区隔开，缓冲区宽为3.5—5公里。脱离接触工作于1月25日开始，按预定计划在3月4日完成。

从1974年4月28日起，基辛格开始在叙以之间进行调停。经过32天来回穿梭，5月29日签订了叙以军队脱离接触的协议。协议对以色列撤出十月战争以及“六·五”战争中占领的叙利亚领土，遣返战俘，交还士兵尸体等事项作出规定。

埃及在同以色列签订第一个军队脱离接触协议后，经过一年多的谈判斗争，通过美国的多次斡旋，于1975年9月1日与以色列签订了第二个军队脱离接触协议，主要内容包括：以色列进一步后撤至吉迪山口和米特拉山口以东，把阿布鲁迪斯油田交还埃及；埃及允许以色列非军用船只通过苏伊士运河；双方保证不相互进行战争威胁、使用武力或实行军事封锁。协议还同意由美国派出人员参与管理设在上述两个山口及其附近的监听站。

十月战争结束后，美国与埃及等阿拉伯国家的关系逐步改善。1974年2月28日，埃美恢复了中断7年之久的外交关系。6月，尼克松在访问开罗期间与萨达特签署了《埃美关系和合作协定》；在访问大马士革时，美叙宣布恢复外交关系。

十月中东战争在阿拉伯国家反侵略史上写下了光辉的一页，在军事上，它粉碎了“以色列军队不可战胜”的神话。阿拉伯国家同仇敌忾，配合军事斗争运用石油武器，在反对以色列及其支持者的斗争中发挥了重要作用。给予帝国主义和霸权主义以沉重打击。阿拉伯国家在十月战争中的胜利，鼓舞了第三世界国家捍卫国家主权和保卫民族权益的斗争，为第三世界国家反帝反殖反霸斗争开创了一个新的局面。

前苏联入侵阿富汗

1979年12月，前苏联经过精心策划和周密准备，乘美国与伊朗关系恶化和南亚动乱之际，采用突然袭击的方式，对阿富汗发动了全面入侵。苏军共动有9个多师约十几万人的兵力，以陆空协同的突击行动。七天之内即席卷了阿富汗全境，并建立了由前苏联直接控制的卡尔迈勒政权。前苏联入侵后，遭到了阿富汗人民的顽强抵抗和国际社会的强烈谴责。尽管前苏联使用了各种手段一再强化战争，但始终未能达到征服目的。在阿抵抗运动的沉重打击和国际舆论的强大压力下，1989年2月，前苏联撤走了全部侵阿苏军，历时九年的阿富汗战争，由此宣告结束。

阿富汗的基本情况和战略地位

阿富汗位于亚洲中西部，总面积65.5万平方公里，人口2100万。北邻前苏联，边界线长2300公里；西接伊朗，边界线长800公里；东部和南部紧毗巴基斯坦，边界线长2200公里；东北突出部的瓦罕走廊与中国新疆接壤，边界线长92公里。阿富汗是个山地内陆国家，兴都库什山脉自东北向西南横贯全境，绵延1200余公里，平原只占国土总面积的1/5。阿交通极不发达，没有铁路。公路线长7000余公里。铺装路面仅2700公里。主要城市有：首都喀布尔；居于南部的第二大城市坎大哈；古丝绸之路上的西部贸易名城赫拉拉；商业中心马查沙里夫；北部交通枢纽昆都士；东部军事重镇贾拉拉巴德。

苏军入侵前，阿军总后力有10万人

阿富汗军对抗政府当局及苏联入侵者

左右。其中陆军9万人，空军约1万人。有坦克500辆，火炮1000余门，飞机近300余架为苏式装备。

阿富汗人民勤劳俭朴，英勇善战，有反抗外国侵略者悠久的传统。19世纪30年代，为抵御英帝国主义的入侵，阿富汗人民曾坚持了半个多世纪的斗争，终于在1919年恢复了独立，为了反对前苏联的渗透与控制，在亲苏的达乌德政权执政时期，阿富汗各部族人民又掀起了反政府武装斗争。塔拉基推翻达乌德后，反抗运动乘隙取得了较大进展，开始从农村扩展到城市，有的地区还建立了地方政权。在阿明政府存在的短暂时间内，反抗运动逐步扩大到阿全境，形成了全社会的反抗力量。

阿富汗位于中近东地区的中心、南亚北端。是联结欧亚两大洲的战略要冲，距阿拉伯海仅400公里。经阿富汗向东，可伸入次大陆的印度乃至中国腹地；西进可至地中海、迂回欧洲；南下可控制中东入印度洋的出海口，并由陆路进入非洲。地缘位置十分重要。从全球战略的角度来看，谁占据了阿富汗，谁就拥有了战略空间上的主动权，早在1857年8月，恩格斯就曾指出，阿富汗的地理位置和民族特征，使这个国家在中亚细亚的事务中具有重大的政治作用。因此，自近代以来，阿富汗就成为帝国主义推行扩张政策的目标。俄国在17世纪就谋划南下印度洋，在彼得大帝设想的三条南进路线中，以通过中亚经阿富汗至阿拉伯海这一条为最佳。拿破仑在1800年远征中东、北非时，也曾企图夺取阿富汗转而进军印度。而英国向来把阿富汗视为防止帝俄南下屏障，并以阿为跳板向周边地区扩充势力。第二次大战前，希特勒为开辟进攻前苏联的第二战场，不惜以巨额军费援助扶植当时的阿富汗政府。战后，美国也把这个国家作为其全球战略链条上重要的一个环节，加以经营，以达到遏制、包围前苏联的目的。前苏联自20世纪50年代开始，利用就近之便，从政治、经济和军事上对阿进行了长期渗透，不断干涉阿内政，最终排除了其他大国的影响。培植起了亲苏势力，为实现彼得大帝的梦想迈出了第一步。

前苏联入侵阿富汗的战略目的和战争背景

1. 前苏联的战略目的

前苏联入侵阿富汗，是基于其全球战略的需要，旨在通过占领阿富汗继而挥戈南下，达到战胜美国的目的。战后，国际社会的显著变化是，由过去数个帝国主义角逐的多极格局，演变为由苏美两个超级大国争雄的两极格局。其主要战场在欧洲，次之在远东，其他则分别位于中东、中北非和拉丁美洲。在欧洲，由于华约和北约两大军事集团的长期重兵对峙，使欧洲战场陷入僵局，双方都无力打破均势。而远东地区，已形成中、美、

苏军入侵阿富汗的决策者列日涅夫

日联合抗苏的局面，力量对比使苏处于劣势，仅能自保。在其他地区，虽然前苏联充分利用了战后全球范围由兴起的民族、民主解放运动，借机极大地扩展了自己的势力范围，占据了不少有利阵地。并以咄咄逼人的攻势，迫使美国防不胜防，处于被动。然而，在反复的较量中，苏也并未能取得战略上的重大突破，陷入了全局性的僵持状态。为此，前苏联于70年代中期，逐步把目光转向了中近东，积极准备南下，以求转换局势。

中近东地区居于欧洲和远东两大战区的接合部，邻近的中东产油区是西方赖以维持生存的命脉所在，也是其战略上的软腹部。多年来，这一地区战事频起、动乱不已，美国几乎丧失了控制能力，而苏经过二十余年的经营，已在该地区站稳了脚根，并且态势极为有利。阿富汗已基本在其掌握之中；东侧的盟友印度，可有效地制约亲西方的巴基斯坦，并掩护苏的战略翼侧；西面，是推翻了巴列维王朝的伊朗，具有强烈的反西方倾向，可作为借用力量钳制美国。只要苏军占领了阿富汗，巩固了这一前进阵地，举兵南下、饮马海湾便指日可待。这样，前苏联在战略上便可实现中央突破，割裂美国东西战线的联系，拿到战略主动权。向西，可拊北约侧背，从后方进攻欧洲；向东，可对中国北部完成合围；顺势南进，可切断海湾石油外运通道，扼住西方咽喉，并伺机进占中东，攫取丰富的石油资源，使美国不战自溃。所以，前苏联入侵阿富汗是其南下战略的先期重大步骤，是称霸全球的一着重棋。

1. 战争背景

苏发起阿富汗战争，是在总形势有利，但具体情况又迫使其必须采取行动的境况下进行的。为夺取阿富汗，前苏联进行了多年准备。从50年代开始，就打着反对“新殖民主义”的旗号，以帮助阿防止西方利用部族叛乱、颠覆其政权名义，运用经援和军援进行渗透。随后发展为政治干预，扶植亲苏政权。1973年，策划了推翻查希尔王朝的达乌德政变；1978年，又扶塔拉基上台，签订了具有同盟性质的《阿苏友好睦邻合作条约》，为尔后的入侵与军事占领创造了条件和借口。1979年3月，阿明被任命为总理，形势出现逆转。这时，阿富汗政局急剧动荡，统治集团内部纷争愈演愈烈，反政府武装日趋活跃，苏便密谋借塔拉基之手除掉阿明。不想事情败露，反被阿明抢先搞掉了塔拉基。阿明夺权后，自任革命委员会主席兼总理，一方面表示继续保持对苏好关系；另一方面大加防范。先是采取了一系列人事变动措施，撤换了政府内的亲苏分子；继之，公开谴责苏插手阿内部事务，逼苏更换驻阿大使，限制苏军事人员入境，监视苏使馆人员的活动。同时，向美表示要重修旧好，要求美恢复各种援助。阿明的所作所为和澎湃兴起的反抗运动，使苏预感到阿富汗有丢掉的危险，如不及时采取措施，将陷入极大的被动。于是断然决定实施武装占领。这时的美国，正忙于处理伊朗事件和总统选举，无暇他顾。巴基斯坦为应付印度威胁和国内事务，深感力不从心。西方早已丧失了在这一地区的阵地，鞭长莫及。况且苏进入阿富汗尚未直接危及中东"石油生命线"，不足以引起美国和西方作出强烈反应。这种背景，为苏突然行动提供了便利条件。

前苏联的战前准备

1. 隐蔽完成战场建设

前苏联利用援助作幌子，为顺利入侵进行了战场准备，并于临战前完成了对阿的军事控制和纵深接应部署。苏在阿境内，先后修建了3条能够通行机械化部队的柏油战略公路。一条由苏阿边境的土尔甘迪经赫拉特至坎大哈；一条由希尔汉港经萨兰隧道至喀布尔；一条

苏空军米格-23"鞭击者"歼击机

由库巴尔甘经马查里沙里夫到普利胡姆里。同时，还建成了巴格拉姆、兴丹空军基地和喀布尔国际机场。并在普利胡姆里修建了大型后勤补给基地。苏在阿军中原派有1000多名专家和顾问，1978年增到3000多名，直接控制了阿军要害部门，并渗透到了营级和部分连级战斗分队。入侵前的1979年11月中，又以协助阿冬训为名，向阿全境增派了1000多名"顾问"。12月8日至9日，苏向格拉姆空运了配备坦克和火炮的3营兵力，于18日至19日将其配置在萨兰山口，以控制2676米长的隧道。12月21日至22日，又向格拉姆机场空运了1个空降团，将机场置于控制之下。24日至27日，连续出动350架次的运输机，向喀布尔投放了1个多空降师。入侵发起的前半年，苏以扩大军援量为名，陆续向阿境内各战略要地运进大批武器装备，进行了充分的物资储备。

2. 精心组织兵力编成

根据对阿军作战的特点和大纵深立体突击的闪击战要求，苏军精确地计算了应使用的兵力、武器的种类和数量，有针对性地进行了作战编组。总的编成按照战区战略性战役来设计，大体是个简编的方面军。共动用26.6万军人，计摩

步师 10 个、坦克师 1 个、炮兵师 1 个、空降师 2 个和空中突击旅 1 个，以及一些战斗勤务支援部队。编有坦克 3600 辆、火炮 3000 门、飞机 600 架，约相当于 3 个合成集团军。主要兵力出自土耳其斯坦军区，外加中亚和高加索军区的部分部队，航空兵和空降兵主要从内地军区调入。实际参战的为方面军第一梯队的 2 个集团军，计有摩步师 7 个、空降师 2 个、前线航空兵师 1 个、运输航空兵团 3 个、直升机团 2 个、防空火箭团 3 个、雷达团 1 个和一些独立支队，共 12.5 万余人；坦克 2000 辆、火炮 2000 门、各型汽车 2500 台、飞机 100 余架、直升机 150 余架。其余部队留驻苏阿边境本土，作为战略预备队集结待命。阿政府军原有兵力近 11 万人，由于内讧和逃跑，至前苏联入侵时仅剩 5 万人左右。这样，苏军投入使用的兵力虽然只为阿军的两倍，但在兵器数量和火力，特别是机动、突击能力上却拥有压倒的优势，实际作战能力高于阿军十倍以上，因此，完全掌握了战场主动权。

3. 周密安排作战部署

侵阿苏军的战役布势，以能发挥强大的突击能力来安排，以能达成速战速决的目的而展开。具体编成为 1 个梯队和 1 个合成预备队。第一梯队由 2 个合成集团军组成，当前任务是前出到喀布尔、兴丹一线，夺取该线以北全部城镇，纵深达 320 到 470 公里。尔后任务是攻占坎大哈，控制边境重要通道，纵深近 1000 公里。空降师由方面军直接掌握，主要任务是先期夺占喀布尔、赫拉特和巴格拉姆空军基地等要地，配合第一梯队完成当前任务。诸军兵种合成预备队配备在边境地区，必要时进入阿境，增援或接替第一梯队，并应付来自巴基斯坦或伊朗方向可能的不测行动。方面军直属的运输旅、工兵旅、油管旅随第一梯队后跟进，确保工程需求和补给畅通。歼击航空兵师和 2 个直升机团进驻阿境基地，完成直接支援第一梯队行动的任务。运输航空兵团担负空中机动的输送和供给保障。另有 2 个歼击航空兵师在苏境内前进机场戒备待机。

一梯队两个集团军组成东西突击集群，间隔 500 公里，实施正面钳形突击，东突击群遂行主要突击任务，由第四十集团军组成。编有第二〇一、三六〇、十六摩步师和 1 个加强团，亦分为 2 个梯队。第一梯队左翼为二〇一师，由驻地杜尚别进驻边境地区的喷赤，占领进攻出发阵地；尔后由希尔汗港入阿境，主力沿公路经昆都士、巴格兰、萨兰隧道至喀

旷日持久的游击战争

布尔；部分兵力由昆都士经汉阿巴德到东北部的法扎巴德。右翼为三六〇摩步师，由驻地帖尔美兹出发，过阿姆河、经马查里阿里夫、胡尔姆、普利姆里、多利希到喀布尔；尔后以一部兵力南下，经加兹尼攻占坎大哈；以另一部分兵力经加德兹向霍斯特，封锁巴德吉山口与穆萨塔尔巴尔山口。原驻撒马尔罕的第十六摩步师为第二梯队，在三六〇师后跟进，尔后进驻马查里沙里夫、昆都士、汉阿巴德里等城镇，保护后方补给线的安全。入侵得手后，集团军指挥部进驻喀布尔，预备指挥所设在普利胡姆里。

西突击群遂行辅助突击任务，也分2个梯队、左右两翼。一梯队左翼摩步第三五七师，由驻地库什卡出发，经土尔甘迪、泽尔马斯山口、赫拉特到兴丹；尔后主力沿公路经迪拉腊姆至坎大哈；并派小股部队进占斯宾布耳达克，封锁至霍加克山口的通道；另一部自兴丹南下，攻占法腊。右翼驻马雷的第六十六摩步师，前出至库什卡，出境后经卡腊巴格由西北方向进入赫拉特；尔后以一部南下占领兴丹。二梯队为摩步五十四师，原驻土库曼西部基孜尔—阿尔瓦特，战前已进至马雷。战役发起后在一梯队后跟进，到达耶克达腊克特、卡拉巴格一线后留守西路补给线和赫拉特以北的泽尔马斯山口；一部进驻赫拉特。西突击群指挥所在拿下兴丹后进驻该城。

先期投放阿境内的第一〇五、一〇三、一〇四空降师主力，在已进入阿要地的2个步兵团协同下，配合主要突击方向的行动，协助方面军一梯队各师攻占赫拉特、兴丹、坎大哈一线。

入侵经过

1. 发起突击

1979年12月24日至27日，前苏联借为阿运送装备及随伴警卫人员之名，开始向阿境内大规模投送部队。几天内出动大型运输机350架次，从奇姆肯特、巴尔喀什、莫斯科等纵深地区将3个空降师运抵阿境内。旋即控制了喀布尔国际机场、巴格拉姆空军基地和萨兰山口，12月27日19时半，一〇五空降师在苏克格勃的配合下，首先夺占了喀布尔电报大楼，切断该市与外界联系。同时，迅速包围占领了阿明官邸、总统府、广播台

阿富汗游击队在试射缴获的苏制机枪

和阿政府各要害部门。除电报大楼与阿明住处发生短暂冲突外，整个行动十分顺利。经与阿总统卫队和首都部分驻军激战四小时，苏军击毙了阿明，逮捕了重要官员，解除了喀布尔阿军武装。次日凌晨，设在苏中亚某地的秘密电台，使用喀布尔的频率发布了阿人民民主党旗帜

派头目卡尔迈勒的声明，宣告新政府成立。

2. 进入纵深

28 日晨，苏地面部队蜂拥越过边境，沿东西两条战略公路向阿纵深地区开进。东突击群的二〇一摩步师入境后，经昆都士到达了巴格兰，解除了阿步兵第二十师的武装；尔后一部向东进占法扎巴德，主力经多希、萨兰山口进入喀布尔。第三六〇师由捷尔梅兹出发，进占了马查里阿里夫，解除了阿步兵第十八师武装，尔后也经萨兰山口进入喀布尔，与先期到达的二〇一摩步师会合。西突击群越境后，分别从北和西北方向对赫拉特实施突击，迅速攻占了该城。30 日，东突击群主力第三六〇摩步师和二〇一摩步师由喀布尔沿公路继续南下，在加兹尼解除了阿军 1 个师武装后，快速向坎大哈挺进。二〇一师一部占领了贾拉拉巴德；三六〇师行进间夺取了加德兹；第十六摩步师随三六〇师之后，到达马查里沙里夫、昆都士、巴格兰地域，即按计划留驻该地区。该师坦克团进占萨兰山口，完成了对隧道的全面控制。西突击群一梯队以一部攻占兴丹、法腊，主力第三五七师则快速向坎大哈进发；其后的第五十四摩步师进占赫格拉特以北地域后，迅速展开布防，并控制了该城。

3. 占领全境

在苏军地面部队推进过程中，其空降兵部队又由喀布尔、巴格拉姆机场起运，以机降形式先期占领了赫拉特、兴丹、坎大哈机场，策应地面部队行动。与此同时，苏军还出动 4 个前线航空兵团的数百架米—21、米—23、苏 17 战斗机和米—24 直升机，进行空中随伴支援。1980 年 1 月 2 日，西路苏军主三五七摩步师与东路三六〇摩步师 1 个团在坎大哈会师。次日，完成了对阿巴、阿伊边境和主要通道的封锁。苏军侵阿的战役行动，以在一周内实现了对阿富汗主要城镇和交通干线的占领而结束。在苏军强大突击面前，阿政府军完全丧失了有组织的抵抗能力，仅在马查里沙里夫、昆都士、巴格兰、法扎巴德、赫拉特和贾拉拉巴德进行了一些微弱抗击，很快就被苏先头部队击溃，对苏军的高速推进未起

苏军入侵阿富汗的战争很快演变成一场全面的反侵略的游击战争

到多大影响。阿富汗各派穆斯林反政府武装也进行了一些抵抗,但都未形成规模,没能起到必要的作用。这些组织自1978年开始,经过一年多的战火,已拥有了近4万多人的兵力。虽无力阻止苏军入侵,可是在以后的斗争中,却成为抗苏的主力军,并发展为波澜壮阔的抵抗运动。

自苏军入侵时的1979年冬至1982年春,是阿人民抗苏斗争最艰苦的时期,也是战争的第一个阶段。

战争的转折与结局

了极其有利于抵抗力量的转变。最后,终于导致第三个阶段1988年5月至1989年2月苏军的撤离。

1. 战场形势的变化

1982年6月至1988年4月,是阿富汗战争的第二个阶段。这一时期,无论是战场上的形势还是国际环境,都产生经过初期严峻的战争考验,阿抵抗力量逐步掌握了对敌斗争的规律,积累了丰富经验,军事力量规模也日益壮大。到80年代中期,总兵力已近20万人,与苏阿军对比也从1∶2提高到1∶1.5。武装斗争一体化进程加快,有组织化程度不断增强。1985年5月,由7个逊尼派穆斯林组织成的“阿富汗圣战者伊斯兰联盟”(简称七党联盟)在巴基斯坦宣告成立。同时,在东北部成立了“联合抵抗最高指挥部”,将北部、东部和中部6个重要省份武装斗争连成一片。此后,8个什叶派穆斯林组织也在伊朗组建了“伊斯兰革命联盟”(简称八党联盟),于西部4省建立了统一的“军事作战司令部”。抵抗力量的装备也不断改善,通过购买、外援、缴获等渠道,开始拥有防空导弹、反坦克导弹和一些重型火器。整体作战能力大大提高,作战行动从过去孤立、分散的小股袭击,向能够进行运动战、阵地战和攻坚战的方向转化。随着斗争的深化,抵抗力量已经控制了全国70%以上的人口,总面积80%的国土,迫使苏军将其控制范围缩在50%多个大中城镇及就近地区。而这时的前苏联,由于久战未果,劳民伤财,已暴露出巨大的危机。苏军伤亡总人数已逾5万

阿富汗萨兰山口

阿富汗山区的村庄

人，每年耗资近40亿美元；军队士气极度低落，国内不满情绪逐年上升。加之，在这一期间，美国和西方已恢复了元气，借苏深陷在阿战场之机，奉行“推回战略”，在全球战场实施了“反攻”，使前苏联落入了战略上的被动困境。出于内政外交的需要。自1985年戈尔巴乔夫上台后，前苏联即图谋从阿脱身，以便腾出身来进行国内改革，推进经济和科技发展，全面加强抗衡美国的综合国力。同时，在对外事务上，改善与中、巴、伊和一些伊斯兰国家及不结盟国家的关系，改变在国际上的孤立处境和不良形象，重新组织国际力量与美展开新的争夺。国内外形势的有利变化，使阿抵抗力量开始占据战场上的主动。

2. 有关国家的参与

阿富汗人民的抗苏斗争，得到了国际社会的广泛同情和支持。在苏军入侵后，巴基斯坦和伊朗两国率先发表声明，谴责苏的侵略行径，表示将不遗余力地支持阿富汗人民。巴基斯坦把白沙瓦等边境城镇和地区，划为阿逊尼派抵抗组织的营地和难民营。不仅接受了近400万阿富汗难民，而且提供了大批援助物资。每年支付的费用高达2亿多美元。伊朗也把边境许多地点为什叶派抵抗力量的基地，为之提供装备、给养和庇护场所。许多伊斯兰国家和不结盟国家则掀起了支持阿人民斗争的运动，尽可能从道义、舆论和物质上提供支持。从某种意义上来说，巴、伊两国，特别是巴基斯坦已成为阿抵抗力量的可靠后盾和对外交往、争取支持的窗口。绝大多数的伊斯兰国家，成为了阿的国际盟友。这样，阿富汗人民的抗苏民族解放斗争，在国内有各派抵抗力量进行的独立自主的游击战争，在国外有各派抵抗组织进行的宣传和争取外援的活动，并得到国际社会的大力支持，从而形成了内外互相配合的局面。

美国在苏侵阿初期，尚持观望态度。后意识到，苏长期占领阿富汗并推行前苏联化政策，已威胁到其安全利益，并有进一步危及中东、使其南部防线崩溃的危险。于是，很快便把阿富汗问题推上其大政方针的议事日程。自80年代初以后，美一方面着力协调西方和亲西的伊斯兰国家，组成反苏联盟，压苏在阿让步；另一方面逐步增加了对阿抵抗组织的援助。援阿物资从一般救济品发展到后来的军事装备，金额也从数万美元上升到数亿美元。尽管美国是从自身战略利益的考虑采取这些举措的，但在客观上却起到了增强阿人民斗争实力的作用。阿富汗战争的国际化，使阿人民的抵抗运动越过国界，成为世界反霸斗争的一个组成部分，并为最终促进战争的政治解决，驱逐侵阿苏军创造了外部条件。

3. 联合国的干预

从阿富汗战争爆发后的1980年至苏军开始撤离的1988年，历届联大与其他有关国际会议，都以压倒的多数通过了要求苏停止侵略,实行撤军的决议。1982年2月,联合国秘书长德奎利亚尔选派负责特别政治事务的副秘书长科多韦斯为他的私人代表,往来于巴基斯坦和喀布尔政权之间。进行促成阿富汗问题政治解决的调解工作。当年6月,在科氏斡旋下,巴、喀代表在日瓦举行了首次间接会议,并于尔后的六年进行了十一个轮回。1987年9月举行的第十轮会谈终于有了重大突破。双方就互不干涉内政、由苏美提供国际保证和遣返难民问题达成了原则协议。1988年1月20日,科多韦斯又飞往中近东,开始了第十一轮调解工作。他四访喀布尔,五进伊斯拉堡,同双方领导人讨论所涉及的各方面问题。并于2月6日在白沙瓦首次会见了阿七党联盟领导人。他明确表示:所有阿富汗人和组织都有资格参加政治解决的和平进程,由于他的活动,使各方的看法趋于一致。3月2日第十一轮会谈开始,双方就苏撤军及监督问题达成协议。但在会谈中,巴方强调前苏联撤军必须同组成广泛的阿富汗临时政府同时进行。但喀布尔代表认为这是阿"内政",拒绝讨论这个问题。美国提出美苏双方分别立即停止对阿的援助,也遭苏拒绝。最后经过磋商,各方同意在苏撤军之后由科氏在建立各派临时政府问题上进行调解,美苏可继续向阿作战双方提供军事援助。4月14日,德奎利亚尔在日内瓦万国宫主持了协议签字仪式。苏、美、巴、阿4国外长出席并签了字。协议共包括四个文件和一个谅解备忘录。主要内容是:第一,前苏联从1988年5日撤军,8月15日前撤出一半军队,其余部队九个月内撤完。第二,巴基斯坦和喀布尔政权互相尊重主权、政治独立、领土完整、国家统一以及民族特点和文化传统;互不使用武力或以武力相威胁,避免侵犯彼此边界和破坏对方政治、社会及经济秩序;互不干涉内政,防止在本国领土上为对方的颠覆、骚乱提供各种支持。第三,美苏提供国际保证,支持巴、阿的政治解决方案,保证不以任何形式干涉双方的内部事务,尊重它们的主权、独立、领土完整和不结盟政策,并敦促所有国家采取同样行动。第四,喀布尔政权采取一切必要措施,确保难民自愿返回家园,巴基斯坦为之提供便利和帮助;在协议生效同时,建立联合委员会负责协调和监督难民事宜。第

戈尔巴乔夫决意撤出阿富汗实属无奈之举

五，规定由联合国选派军事官员监督协议执行，协议于当年8月15日生效。

1988年5月至1989年2日，苏军除约1000名“顾问”仍留在阿境外，作战部队全部完成了撤离，苏侵阿战争以政治解决而告结束。这是联合国多年干预和调解的结果，同时也标志着阿人民反抗外来侵略斗争的胜利和超级大国军事干涉与占领政策的破产。可是，前苏联在政治军事上的失败并没有给阿富汗带来和平。由于阿富汗战争的政治解决未能从根本上促成阿民族和解与禁止美苏继续提供援助，因此苏军撤离后，取而代之的是在外部势力支持下，阿富汗各派组织为争夺国家政权而展开的内战，致使这场战火，至今未能停息。

两伊战争的背景

20世纪80年代初，在世界热点地区——中东，爆发了一场举世瞩目的战争，即伊拉克和伊朗之间的战争（简称两伊战争）。此次战争，从1980年9月爆发，至1988年9月战争双方握手言和，整整持续了8年之久。长期燃烧的战火，使两伊双方均蒙受了巨大的损失。两伊战争是第二次世界大战以来，又一场延续时间较长、规模较大的局部战争。而且，由于两伊战火蔓延，还殃及到海湾地区其他国家的经济利益和安全稳定，尤其是曾导致美国和前苏联在海湾地区的严重对立，致使海湾局势一度空前紧张，成为国际社会广泛关注的焦点。因此，追溯两伊战争的起因，纵观两伊战争的进程，分析两伊双方的得失，对于研究现代条件下局部战争的特点，是有意义的。

由来已久的领土争端

领土问题是导致两伊战争的主要原因。这一问题包括两个方面：一是阿拉伯河的边界划分问题；二是波斯湾入口处3个小岛的主权归属问题。

1. 阿拉伯河的边界划分问题

伊拉克同伊朗长期存在着边界争端，经常发生武装冲突。两伊陆地边界全长1100公里，基本上是根据1913年奥斯曼帝国（当时的伊拉克为该帝国的1个行省）同伊朗签订的“君士坦丁协议”确定的。长约100公里的阿拉伯河是两国南部的自然边界。这段边界原以该河伊朗一侧的浅水线为界，河流主权

伊拉克总统萨达姆

属伊拉克。根据1914年双方划界委员会会谈纪要和1937年签订的边界条约，双方同意霍拉姆沙赫尔和阿巴丹两段(共约11公里)以该河深水线为界。此后，伊朗一再要求以河流主航道中心线为边界线，并对阿拉伯河实行双方共管，伊拉克则坚决反对，为此双方进行了长期的斗争。1975年3月，在当时的阿尔及利亚总统布迈丁斡旋下，两国领导人就边界问题举行会谈并签署了《阿尔及尔协议》，决定在1913年边界议定书和1914年划界委员会会谈纪要的基础上划定两国疆界，当时处境困难的伊拉克，被迫同意按阿拉伯河主航道中心线划定两国河界。伊朗也答应归还扎因高斯等4个地区约300平方公里的原属伊拉克的领土，并承诺不再支持伊拉克国内少数民族库尔德族的反政府武装斗争。事后，伊朗迟迟未交割土地。伊拉克认为《阿尔及尔协议》是不公平的，多次要求重划边界，均遭伊朗拒绝。于是，伊拉克总统萨达姆·侯赛因下了“以战斗收复领土”的决心。1980年9月17日，伊拉克宣布废除1975年的《阿尔及尔协议》，对阿拉伯河拥有主权。

2. 波斯湾入口处3个小岛的主权归属问题

两伊领土纠纷的另一个问题是波斯湾入口处3个小岛的主权归属问题。1971年，巴列维国王统治下的伊朗，派遣军队，占领了波斯湾入口处的阿布穆沙、大通布和小通布3个小岛。这3个小岛本应属于阿拉伯联合酋长国，但当时阿联酋尚未成立。伊朗占领这些岛屿后，便加强岛上军事设施建设，使之成为可以控制波斯湾出入航道的军事基地。波斯湾国家所生产的石油每天总数约为2000万桶，占全世界每天消耗石油6000万桶的1/3，也是每天世界石油市场3000万桶的2/3。所以谁能控制波斯湾的出入航道，谁就扼住了海上石油通道的“咽喉”，也就把握住了海湾油库的“阀门”。伊朗占据了这3个小岛使海峡阿拉伯国家觉得如鲠在喉，遭到海湾阿拉伯国家特别是伊拉克的激烈反对。伊拉克认为这些岛屿不应该由伊朗占领，而应该归还阿拉伯国家。伊朗根本不理会伊拉克的立场，因此两国在这一问题上也积怨甚深。

难以调和的宗教矛盾

伊朗和伊拉克同是伊斯兰教国家，伊朗把伊斯兰教定为官方宗教，伊拉克定为国教，伊斯兰教在两国政治生活中起着重要的作用。伊斯兰教主要分为逊尼派和什叶派两大教派。伊朗和伊拉克两国的穆斯林(伊斯兰教徒)多数属于激进的什叶派。其中，伊朗什叶派人数占其穆斯林总数的92%，伊拉克什叶派人数占其穆斯林总数的60%。但两国什叶派穆斯林在本国政治生活中的地位是迥然不同的。1979年初，伊朗什叶派宗教领袖霍梅尼领导“伊斯兰革命”在伊朗取得了胜利，推翻了君主制，建立了以什叶派高级教士集团为核心的、政教合一的伊斯兰共和国，什叶派处于领导地位。而伊拉克宪法虽然规定伊斯兰教为国教，但复兴党政府推行的完全是世俗主义路线，在政治生活中努力使政教分离，削弱宗教势力，将宗教活动纳入政府控制的轨道。伊拉克的什叶派穆斯林虽然占国内人口的多数，但长期以来，国家权力却被逊尼派阿拉伯人控制，对此什叶派十分不满。而“伊斯兰革命”后的伊朗，在对国内推行“百分之百的伊斯兰化”的同时，还对外“输出伊斯兰革命”。伊拉克首当其冲，这是因为：在地理位置上，伊拉克紧邻伊朗，历史上双方一直存在很深的矛盾，伊拉克是什叶派的发源地，什叶派的宗教圣地大多在伊拉克境内，什叶派在伊朗得势后，一直想夺取伊拉克地区。伊拉克现在的复兴党世俗民族主义与伊朗的什叶派宗教神权主义在意识形态上根本对立，互不相容。伊朗对伊拉克的政教分离、以极少数的逊尼派统治大多数的什叶派极为不满。伊朗的什叶派与伊拉克的什叶派虽然分属不同的民族，但共同的信仰使他们之间有着千丝万缕的联系，霍梅尼当年受国王迫害流亡伊拉克期间，在纳贾夫居住了13年，他在这里讲课传教，著书立说，在伊拉克什叶派中很有威望。所以，伊朗革命胜利后，伊拉克自然就成了其“输出伊斯兰革命”的第一个国家。

伊朗伊斯兰革命在伊拉克什叶派中引起了强烈反响。早在1977年和1978年，什叶派聚居的卡尔尼拉和纳贾夫曾发生了较大规模的骚乱，并出现了以“号召党”为首的一些反政府什叶派政党。从1979年上半年起，什叶派集中的伊拉克南部不断发生政治骚乱，“号召党”的反政府活动空前活跃，并得到了伊朗的支持。在国内外宗教势力的夹击下，加上复兴党内部的权力斗争，伊拉克政局一度出现严重危机。

英国首相撒切尔夫同约旦国王侯赛因讨论海湾局势

1979年7月，萨达姆·侯赛因任伊拉克总统，伊拉克复兴党政府为了遏制伊朗的“输出伊斯兰革命”，对国内宗教反对势力采取了强硬措施，处死了以什叶派领袖巴克尔·萨德尔为首的数百名宗教界人士，逮捕了数千人，并宣布取缔“号召党”。伊拉克政府还大规模地驱赶侨居在伊拉克的伊朗人和有伊朗血统的伊拉克什叶派居民，先后有10余万人被从伊拉克驱赶到伊朗。为了解除伊朗和国内宗教反对势力的威胁，伊拉克决定先发制人，利用伊朗“伊斯兰革命”后的混乱时机抢先发动战争，速战速决，一举打垮伊朗新政权，以战争抵制其“伊斯兰革命的输出”和威慑国内的宗教反对势力，使其停止反政府活动。在此情况下，伊拉克迫不及待地率先开动了战争机器。

错综复杂的民族纠纷

伊朗历史上属于波斯民族，伊拉克则属于阿拉伯民族。很久以来，波斯人和阿拉伯人时常发生冲突，民族矛盾尖锐复杂。而且，伊拉克和伊朗两国国内都有一个少数民族——库尔德族。伊拉克有库尔德少数民族200万人，占其总人口的15%。这一民族一直要求自治，曾多次进行反政府的武装斗争，伊朗积极给予支持。伊朗本身也有库尔德少数民族200万人，伊拉克也唆使并支持其进行反对伊朗政府的斗争。此外，伊朗西部的胡齐斯坦省在奥斯曼帝国统治时期属伊拉克，1925年划归伊朗，该省的大多数居民（约占全省人口60%）为逊尼派阿拉伯人，在民族感情上亲伊拉克。反政府组织“阿瓦士解放阵线”早在伊朗国王统治时期，便进行反政府斗争谋求该省自治。因此，伊拉克在支持伊朗库尔德族反政府斗争的同时，还联合“阿瓦士解放阵线”共同反对伊朗新政权。

急剧膨胀的称雄海湾的欲望

伊朗和伊拉克都有争当海湾“盟主”的雄心。自从1977年11月埃及总统萨达特访问以色列，并于次年9月在美国与以色列签订“戴维营协议”后，中东形势剧变，阿拉伯世界内部各种力量重新分化、组合。一些阿拉伯国家纷纷与埃及断交，阿拉伯联盟也将埃及逐出该组织，使以往在阿拉伯世界具有极大影响的埃及地位骤然下降。接着，70年代一直充当“海湾宪兵”的伊朗国王巴列维于1978年倒台，海湾霸位悬空。机会难得，素有称雄海湾、觊觎阿拉伯世界领袖地位的伊拉克跃跃欲试。伊朗在“伊斯兰革命”成功后，最初并不急于充当海湾盟主。其一，伊朗是海湾地区的一个大国，盟主地位非伊朗莫属，无需去争；其二，伊朗“伊斯兰革命”刚刚成功，国内矛盾复杂，局势尚不稳定，无暇去争。因此，1979年3月6日，霍梅尼宣布“伊朗不当波斯湾宪兵”，放弃前国王在波斯湾建立海军基地的计划，并表示不再购买美国武器。这一声明受到波斯湾各国的欢迎。但当对什叶派教徒持较温和态度的伊拉克前总统巴克尔于1979年7月16日辞职，由激进的实权人物、

伊拉克总统萨达姆·侯赛因在指挥作战

二把手萨达姆·侯赛因接任后，伊朗态度就变了。伊朗深知萨达姆对海湾盟主地位觊觎已久，自然是不甘示弱，针锋相对，极力宣扬要以“伊斯兰革命”推翻萨达姆的统治。这一号召在海湾国家引起了极大恐慌，给萨达姆发动战争、推翻伊朗新政权、夺取海湾霸权提供了借口。萨达姆自恃伊拉克的军事优势，又有海湾国家的大力支持，便企图将立足未稳的伊朗新政权一举推翻，实现其称雄海湾的“壮志”。于是1980年9月22日，伊拉克率先向伊朗发动进攻，导致两伊战争全面爆发。

战前双方基本情况

长期以来，海湾地区既是世界最大的石油输出地，同时也是世界最大的军火输入区。1973年第四次中东战争，由于广泛使用了先进的导弹、坦克、飞机、电子设备等武器装备，突出地显示了战争的现代化特点。这使海湾国家深受刺激。而且，70年代初期，世界石油价格大涨，海湾国家石油收入猛增，在此情况下，海湾国家都不惜巨资采购武器装备。自1974年到1980年，海湾国家仅引进武器一项开支竟高达3500亿美元。对急于在海湾地区称雄的伊朗和伊拉克来说，自然是不甘落后，从1973～1980年8年中，两伊在兵力与武器装备方面取得了惊人的发展。仅1973～1977年短短的4年中，伊朗和伊拉克的武器采购费竟分别达到705亿美元和374亿美元。在国防开支方面，两伊也是逐年递增。

两伊在耗费巨资购买武器装备的同时，还组建了规模庞大的军队，伊拉克总兵力22万人，其中：陆军19万人；海军4000余人，各种舰艇43艘；空军2.8万人，各种飞机500余架。此外还有人民军10万人，后备役部队25万人。伊朗1979年以前，总兵力为41万人，伊朗“伊斯兰革命”胜利后，对前国王统治时期的军队进行了大规模的清洗。总兵力锐减至24万人。其中：陆军减少了一半，剩15万人；海军减少1/3，有2万多人，各种舰艇80余艘；空军减少1/3，有7万人。此外还有新组建的伊朗革命卫队9万人，预备役部队30万人。伊朗军队由于很多军官被清洗和革职，加之美国顾问及技术人员的撤走，以及武器装备零配件不足，其实力已大大下降。

两伊相比，伊朗总的经济军事实力占优势。但当时伊朗刚刚进行“伊斯兰革命”不久，内外交困，实力大减。与此相反，伊拉克国内政局相对稳定，经济发展较快，军队战备程度较高。在这种背景下，伊拉克认为伊朗此时不堪一击，甚至会不战自乱，因而决定扬长避短，以速战速决一举击垮伊朗。

双方临战准备

1. 伊拉克方面

为了对伊朗突然发动进攻，迅速达成战争目的，在临战前伊拉克采取了以下措施：

制造“和平”空气，麻痹伊朗　1980年9月17日，伊拉克总统萨达姆·侯赛因在国民议会宣布1975年两伊“阿尔及尔协议”无效时，声称“伊拉克不希望战争”。次日，萨达姆·侯赛因还强调说，伊拉克要同所有的邻国保持“睦邻关系”，并预言不会同伊朗发生大规模战争。伊拉克革命委员会副主席伊扎特·易卜拉欣·杜里1980年9月15日在罗马说，伊拉克在边境地区与伊朗之间进行的小规模冲突“将于本周末结束”，而事实上恰好是一周后军事行动突然升级。

突击开展外交攻势，争取同情和支持　1980年8月至9月，伊拉克领导人与海湾国家首脑来往频繁。9月17日至20日的4天中，伊拉克又派出革命指挥委员会成员、副总理和部长等高级官员并通过驻外使节，向13个阿拉伯国家和组织解释伊拉克的立场。萨达姆总统还亲自接见法国大使和巴勒斯坦解放组织代表。在伊拉克进攻伊朗的前一天，总统萨达姆派出副总理塔利克·阿齐兹作为特使，前往莫斯科，进行“紧急磋商”，目的是争取前苏联的援助。

隐蔽转换飞机，以防对方反击　伊

摆脱战争的不利局面

拉克境内多为平原或沙漠，隐蔽飞机难度较大，伊拉克在沙漠中建造一些飞机掩体，并设置假目标。此外，据透露，战争爆发前，伊拉克部分军用运输机事先转移到了亲伊拉克的约旦境内，另有部分军用飞机转移到了巴林。

利用边境冲突掩护地面部队向战区集结　战争爆发前3周内，两伊边境连续发生小规模武装冲突。1980年9月上、中旬，伊拉克发起了收复边界中部被伊朗军队控制的扎因高斯等4个地区的战斗，并以此为掩护，调动地面部队，完成大规模进攻部署。战争爆发时，伊拉克共集结了3个陆军师，坦克1000余辆，后参战兵力增至10多个师，兵力11万余人，坦克1500余辆，作战飞机约300架。另外还有数万预备役部队参战。

2. 伊朗方面

临战前，伊朗对伊拉克的进攻企图已有所察觉。据当时的伊朗总统巴尼萨德尔称，早在伊拉克发起进攻前1个多月，伊朗就获悉伊拉克进攻计划的概要，在开战前15天掌握了伊拉克进攻计划的文本。这种报道不一定完全属实，但伊朗方面有所觉察则是确定无疑的。因此，伊朗在临战前采取了一系列应急措施。

及时改变外交政策，谋求它国支援　由于伊朗奉行“既不要东方，也不要西方”的政策，它与美国、前苏联都有矛盾，关系也很冷淡。前苏联出兵阿富汗，伊朗曾予以严厉谴责，并在行动上支持

旷日持久的阵地战

阿富汗穆斯林抵抗组织。1979 年 11 月 14 日，霍梅尼在宣布废除 1951 年“伊美双边军事协定”的同时，也声明废除了 1921 年“伊苏友好条约”中的第五、六条(该两条规定，如伊朗遭受到别国侵略，从而威胁到前苏联安全时，前苏联可出兵伊朗)。1980 年，两伊战争迫在眉睫，伊朗不得不改变过去的外交政策。当叙利亚总统阿萨德到前苏联签订“苏叙友好合作条约”时，伊朗总统巴尼萨德尔便委托其就以下条件与苏斡旋，并取得了一定成果，即：停止援助伊拉克武器，向伊朗提供地地战术导弹；同意越南向伊朗出售印支战争中缴获的美制武器和零部件；恢复 1976 年“伊苏贸易协定”，用伊朗的石油换取前苏联的武器。

突击购置武器装备　伊朗临战前先后从国外购买急需的武器装备。为了使之具备有效、持久的作战能力，伊朗不惜一切代价购买零配件和设备。

加强空军戒备　空军战斗机秘密向国内纵深基地转场，并紧急抢修约 200 架 F—4 和 F—14 喷气式战斗机。

释放一批被捕的前国王统治时期的军官和飞行员　1979 年“伊斯兰革命”后，对前国王统治时期的伊朗军队进行了大规模清洗，许多军官和飞行员被逮捕。现在，大敌当前，伊朗将他们释放，希望他们能以国事为重，捐弃前嫌，抗击外敌入侵。

转移霍梅尼的住地，以确保其安全　霍梅尼是伊朗的宗教领袖，在伊朗这样一个宗教色彩极浓的国家，霍梅尼的安全对国家稳定起着决定性作用。

进行战争动员　战争爆发前 2 天，总统下令征召后备役官兵服现役，并在国内进行战争动员，一名总统助理当时宣称：这是一个大规模的戒备行动，不管是否有一方正式宣战，作为一场战争将不可避免。

两伊战争的历程

两伊战争大致经历六个阶段。

第一阶段(1980 年 9 月 22 日～1981 年 9 月)伊拉克大举进攻，伊朗仓促防御。战争在伊朗境内进行

1980 年 9 月 22 日拂晓，伊拉克总统萨达姆下达了对伊朗的军事目标发动“威慑性打击”的命令，接着伊拉克出动

大批作战飞机，袭击了伊朗首都德黑兰、大不里士、阿瓦士、克尔曼沙赫、提斯孚尔等共15个城市和7个空军基地，企图一举歼灭伊朗空军。23日凌晨3点，伊拉克以地面部队5个师又1个旅约5万余人的兵力，1200余辆坦克，越过边境，在北起席林堡、南至阿巴丹的480余公里的战线上，分北、中、南3路向伊朗境内大举推进：北路以3个装甲师重点攻打席林堡；中路以1个装甲师、1个机械化旅向梅赫兰和提斯孚尔等战略要地进攻；南路以1个机械化师重点围攻伊朗石油主要产地胡齐斯坦省的3个战略要地，省会阿瓦士、炼油中心阿巴丹和重要港口霍拉姆沙赫尔。伊拉克把主要力量集中在北部战线，企图夺取北部边界有争议的地区，控制交通要点，尔后转兵南下，占领阿巴丹，控制阿拉伯河口地区。经过1周激战，10月初，伊拉克军队占领了伊朗约2万平方公里的土地和边境全部哨所，控制了阿拉伯河东岸长600公里，宽20公里的狭长地带。深入伊朗境内10~30公里，南部战线最大入侵纵深达90公里。其中，北路攻占了席林堡、纳夫特沙赫地区；中路攻占了梅赫兰、提斯孚尔地区；南路则进逼至胡齐斯坦省的霍拉姆沙赫尔、阿巴丹和省会阿瓦士等重要城镇。最激烈的战斗发生在霍拉姆沙赫尔周围地区，伊拉克军队对其实施了3面围攻。

面对伊拉克咄咄逼人的强大攻势，伊朗军队仓促应战。9月22日，在伊拉克发动空袭不到2小时，伊朗的美制“鬼怪”式飞机就轰炸了伊拉克巴士拉地区的空军基地及大型石油化学工厂。23日，伊朗空军又对伊拉克实施“报复性回击”，袭击了伊拉克境内的16个目标，包括首都巴格达、北方产油城市摩苏尔、基尔库克和阿尔比勒。伊朗海军也炮击了伊拉克港口城市法奥的石油码头。与此同时，伊朗国内进行了紧急动员，全国戒备，地面部队迅速调整部署，向边境机动。伊朗在西部边境地区原有4个师，分别驻守萨南达季、克尔曼沙赫、霍拉马巴德、阿瓦士等地，战争开始后，又从德黑兰调2个步兵师到达梅赫兰、阿瓦士一线；从加兹温调1个师至克尔曼沙赫，还从伊苏边境的马什哈德调2个旅至纳夫特赛菲德作预备队，使前线兵力增至7个师又2个旅，此外还有大批的革命卫队。伊朗设防的重点在北线，以扼守主要通道，迟滞伊拉克军队的进攻。在南线，伊朗军队固守阿瓦士、阿巴丹、霍拉姆沙赫尔等城镇，力图持久作战。

伊战争中，伊朗军队从沼泽向伊拉克军队发动进攻

伊拉克军队在北线控制了一些交通要点后，开始向南转用兵力，主攻方向为霍拉姆沙赫尔和阿巴丹。为了达到速战

两伊战争中，伊朗边境城市逃难的难民

速决的目的，伊拉克变原来的全线出击为重点进攻，并进一步调整兵力部署，从北线调2个师至中线提斯孚尔方向，又调原提斯孚尔地区的1个师到南线阿瓦士、阿巴丹方向。同时，从内地摩苏尔、基尔库克各调1个步兵师补充北线席林堡和中线梅赫兰。至此，伊拉克投入的地面部队兵力达7个师又2个旅。其中，中、南两线为5个师另2个旅。为保持并发展战场上的有利态势，从1980年11月起，伊拉克以2个师的兵力在北线固守已占城垣阵地，集中5个师在中、南两线向东扩张，企图夺取阿巴丹，迅速占领胡齐斯坦省，切断伊朗经济命脉，尔后从实力地位出发，逼迫伊朗接受其和谈条件，签订城下之盟，进而体面地结束战争。

伊朗根据战争初期战场失利的教训，一方面成立有各派代表参加的“最高防务委员会”，通过各地的宗教组织，动员组织人民为伊斯兰革命而战，唤起国民保卫祖国的激情；另一方面用9万余人的兵力，采取制敌扩张、稳定战线、争取时间、伺机反击的战略方针和战术手段，逐步改善战场形势。

11月中下旬，在中部战线，伊拉克军队越过卡尔黑河攻占舒什特尔后，从北、中、南3面进逼提斯孚尔，遭到伊朗增援部队狙击；在南部战场，伊拉克出动2个师约2万余人和10余个坦克旅，对阿巴丹发起持续不断的攻击，由于伊朗军队和革命卫队、民众组织的顽强抵抗而未能奏效。1980年12月底，伊拉克在北线马里万地区开辟了新战场，使整个战线延长到610多公里。伊朗调整部署，加强了重要城镇的防御，并在沙伊普勒扎哈卜、苏桑吉尔德和阿巴丹同伊拉克展开激烈争夺。此后，北部战线冰冻雪封，南部战线进入雨季，双方交战激烈程度有所减弱。加之战争消耗巨大，双方兵员不足，补给困难，战线基本稳定在阿巴丹至阿瓦士、提斯孚尔、沙赫阿巴德一线。1981年1～4月，伊拉克在北、中部战线全面转入防御，南部继续以重兵围攻阿巴丹；伊朗则在阿瓦士地区、提斯孚尔、伊拉姆以东等处多次组织局部反击，并以猛烈的炮火袭击伊拉克石油城巴士拉和纵深要点，由于双方势均力敌，都未能取得大的进展。双方固守各自阵地，实施炮击，互有攻守，战场出现有进有退，时缓时紧，僵持不下的局面。伊拉克由于兵力分散，攻坚能力弱，以守求和，不能也无力发动有效的进攻，因而一步步陷入被动；伊朗则因稳定了战局，争取了时间，逐步改变了被动失利的态势。

第二阶段（1981 年 9 月～1982 年 7 月）伊朗实施战略反攻，伊拉克全线溃退，战争在两伊边界展开

伊朗阻滞了伊拉克的进攻势头后，逐渐夺取并掌握了战争主动权，为进一步发展胜利，伊朗不失时机地发动了带有决战性质的全面反击。

1981 年 9 月，伊朗加强了正规军与革命卫队以及志愿人员的联合作战，将主要力量集中在中部和南部战线，开始大举反攻。9 月底，伊朗在南部战场上集中了数十万兵力，发动了大规模的阿巴丹反击战，首先解除了伊拉克对阿巴丹的包围，并由南向北推进。10 月，伊朗又在南、北两线发动攻势，收复了一些失地，战场形势逐日向有利于伊朗的方向转化。1982 年 2 月，伊朗在中部地区发动了博斯坦战役，给伊拉克军队一定杀伤，改善了中部战场态势。3 月下旬，伊朗经过周密部署准备，发动了“胜利行动”攻势。在胡齐斯坦省集中了 3 个师的兵力和大批革命卫队，以及数千名具有宗教狂热的青少年参战。同时为迷惑对方，达成突然性，还在南部战线的阿瓦士和阿巴丹一带调集部队，实施佯动，主力则在中部战线从提斯孚尔和舒什特尔分两路发起大规模进攻，迅速突破了伊拉克中路防御。这次战役，伊朗获得了较大的胜利，全歼伊拉克 2 个旅，重创 2 个师，共毙伤伊拉克士兵 2.5 万名，俘虏 1.5 万名，击毁坦克 360 辆，击落飞机 20 余架，缴获了上百辆坦克和装甲车，收复了扎赫阿巴斯、艾因霍什、切纳奈等城镇共约 2000 平方公里的失地，切断了伊拉克南北两线部队的联系。伊拉克第四军团被迫从中部战线后撤了 30 至 60 公里，4 月下旬，伊朗又集中了近 3 个师的兵力和大批革命卫队约 10 万余人，在南部战线发起了以收复霍拉姆沙赫尔市为目标的“耶路撒冷圣城行动”攻势。以部队兵力在阿瓦士至苏桑吉尔德以南地区和切纳奈方向实施牵制性进攻，主力在达尔霍文一带越过卡隆河，迅速突破了伊拉克军队防御，攻占了对岸的重要据点哈米德市，向西前进至两国边界附近，然后，伊朗军队冒着摄氏 40 多度的高温挥师南进，于 5 月 22 日兵临霍拉姆沙赫尔城下。伊拉克方面也集中了 5 个主力师和大批“人民军”，力图阻止伊朗的强大攻势。经过 25 天激战，伊朗终于收复了南部重要港口城市霍拉姆沙赫

尔。伊拉克守城部队3万余人被歼，南线残部绝大部分撤回国内，伊朗收复了4000余平方公里的大片土地。南部战线伊朗夺取霍拉姆沙赫尔的重大胜利，使伊拉克在战场上的处境十分不利。6月10日，伊拉克提出全线停火建议，并单方面实施停火，宣布承认两国于1975年签订的"阿尔及尔协议"继续有效，并准备在伊拉克根本权利得到承认的基础上同伊朗谈判。6月20日，又宣布在10天内从伊朗境内撤回全部军队。6月29日，其军队基本撤出伊朗。

第三阶段（1982年7月13日～1984年3月）伊朗越境作战，伊拉克奋力反击，战争在伊拉克境内进行

伊拉克的停火呼吁和实际行动，使伊朗面临着战与和的战略抉择，经过一番权衡，伊朗最终作出了把战争推向伊拉克境内的决定。首先，伊朗提出了令伊拉克难以接受的极其苛刻的停战条件：1. 伊拉克军队必须全部撤出伊朗并承认是侵略者；2. 赔偿战争损失1500亿美元；3，萨达姆下台并作为"战争罪犯"受到惩罚。这实际上等于拒绝了伊拉克的停火建议。伊拉克欲战不能、欲和不得，被绑上了战车无法脱身。伊朗挟胜利之余威，为了争取时间，乘胜前进，不给伊拉克以喘息之机，决定把战线推向伊拉克境内。1982年7月13日晚，伊朗出动包括正规军第七十七师大部，装甲92师一部和革命卫队第七师以及动员部队共12万多人的兵力，向伊拉克发动了代号为"斋月行动"的大规模进攻。伊朗军队从巴士拉以东当面和东北50公里处越过两伊边界，突破伊拉克防线，直取伊拉克第二大城市巴士拉，深入到伊拉克境内20余公里。对于伊朗的进攻，伊拉克预有准备，利用本土作战的有利条件，采取后撤一步、收缩战线、正面狙击、两翼迂回的战术，动用10万兵力进行反击。伊拉克军队在巴士拉以东地区设下口袋包围圈，对进攻的伊朗军队进行围歼，挫败了伊朗军队的攻势，迫使其退至距边界约5公里的狭长地带固守。据美国情报部门估计，"斋月"之战，伊朗伤亡达3万余人，伊拉克伤亡6～8千人。此战当时被称之为"波斯湾现代史上最大规模的陆战"。

伊朗在"斋月行动"攻势受挫后，经过短暂的准备，于7月下旬又先后5次向伊拉克守军发起大规模进攻，但都未能取得进展，双方在巴士拉地区处于胶着状态。

自此以后，伊朗频繁采取攻势行动，其中规模较大的有：

1982年10月1日至11月底，在北线苏马尔以西向伊拉克第二军团防区发动了"穆斯林伊本——阿吉勒"攻势。

1982年11月1日至9日，在中线提斯孚尔以西地区发动了代号为"穆哈拉姆"的攻势，又称"一月行动"（穆哈拉姆

即伊斯兰教历1月)。

1983年2月6日至17日,在中线迈桑地区发动了代号为"曙光"的攻势。

1983年4月10日至15日,在北线法卡以北地区发动了代号为"曙光—1号"的攻势。

1983年7月22日至8月6日,在北线库尔德山区发动了代号为"曙光—2号"的攻势。

1983年7月29日至8月上旬,在中线德赫骄兰西北地区发动了代号为"曙光—3号"的攻势。

1983年10月19日至11月下旬,在北线马里万西北地区发动了代号为"曙光—4号"的攻势。

1984年2月11日、15日、21日5和22日,伊朗军队分别在北线的达尔班迪汗地区、中线的库特东部地区、南线的阿马拉地区和胡韦扎地区发动代号为"解放耶路撒冷"、"曙光—5号"、"曙光—6号"和"海巴尔"4次攻势。到3月底,攻势基本结束。

这一阶段,伊朗军队连续不断地发动地面攻势,占领了伊拉克南部沼泽地区石油资源丰富的马季农岛和边境沿线一些地区,但未能向腹地推进。伊拉克凭借其坚固多层的防御阵地和空中优势,不仅挫败了伊朗自1982年7月至1984年3月先后发动的10余次攻势,而且组织了强有力的反击,基本守住了防线,使伊朗军队付出了巨大的代价,战场形势也随之改观,逐步变得对伊拉克有利。

第四阶段(1984年4月~1986年1月)陆上烽烟未灭,海上惊涛骤起,战火由陆地向海上蔓延

伊拉克为了改变2年来一直被动挨打的局面,并迫使伊朗罢兵言和,自1984年4月起,采取了使战争升级的"以战迫和"的方针。变消极的专守防御(又称"静态防御")为积极的攻势防御(又称"动态防御")。在地面和海上连续向伊朗发起主动出击。

陆战场:伊拉克利用伊朗军队急于进攻,忽视防御的弱点,决定在稳固防御的基础上,实行积极主动的进攻,以其打乱伊朗的进攻部署。从1984年4月开始,伊拉克便在局部地区对伊朗军队发动一系列的小规模袭击,并取得了一定效果。战斗中,伊拉克多次使用了化学武器。1985年1月27日,伊拉克第三军团以2个师的兵力分3路对马季农岛南部的伊朗部队发动了"闪电式"进攻,同月31日,第二军团对中线曼达利地区的伊朗军队发动了"扫荡性进攻",据称1天之内向伊朗境内推进了2~3公里。此后,3月22日、5月16日、7月25日和9月8日,伊拉克军队又在南北战线发动了4次规模较大的攻势。

伊朗在自身发动大规模地面攻势有困难的情况下,为了继续贯彻以长期消

耗战拖垮伊拉克的战略方针，从1984年9月开始采取“蚕食战略”，即在前线不同地段发动中、小规模的有限制的进攻，如果发现对方抵抗过猛便撤下来，但是一旦发现有薄弱的地点，便大量投入增援部队，集中力量尽可能多地占领土地，企图通过此举迫使伊拉克将其注意力集中在地面战场，并使全线长期处于紧张状态，以达到积小胜为大胜，最终打败伊拉克的目的。

在这一战略思想的指导下，自1984年4月以来，伊朗除了在中部战线的梅马克地区（1984年4月17日），南部战线胡韦扎沼泽地（1985年3月11日），北部战线提卜地区（1985年7月10日）和哈吉乌姆及其以北地区（1985年9月9日）向伊拉克发动过4次规模较大的进攻外，其余进攻（约10多次）都是营以下规模的“打了就跑”式的小规模行动。由于这些攻势行动都没有明确的作战目的，只是一些试探性的“袭扰”，因此，其效果也微乎其微。这一阶段两伊陆战场实际上处于打打停停，时断时续的僵持状态。

海战场：由于两伊陆上战争陷入僵局，双方都无力一举击垮对方，战争表现出明显的消耗战的特点。伊朗凭借国大、人多、经济逐步好转等有利条件，同伊拉克拼消耗，力图在军事和经济上拖垮伊拉克。为了对付伊朗的消耗战略，伊拉克一方面把战争引向海湾水域，打击伊朗的石油设施，另一方面，伊拉克扩建了经土耳其至地中海的输油管道并计划修建通过沙特阿拉伯到红海的新输油管道，以取代被切断的从海湾出口石油的渠道，达到增加石油出口、改善国内经济以支持长期战争的目的。

1984年4、5月间，双方在打击对方军事目标的同时，把袭击的重点转向经济目标和民用目标，尤其是把对方赖以生存的经济命脉——石油设施及为对方运输石油的油轮作为主要袭击目标。由于伊拉克的幅员和人口数量远不及伊朗，战争的长期持续对伊拉克十分不利，加之地面战场上的连连失利，议和的呼吁又遭到伊朗拒绝。为了摆脱战和两难的困境，伊拉克率先发动了举世震惊的“袭船战”，发挥其“空中优势”，开始封锁伊朗的主要石油出口基地哈尔克岛并频繁袭击来往于该岛的油轮。伊拉克发动“袭船战”的主要目的是：1. 削弱伊朗的经济潜力。伊朗的经济能否维持，取决于海上的石油出口，位于海湾中的哈尔克岛是伊朗主要的石油出口基地。伊拉克设想，袭击哈尔克岛的石油设施及运油船队可打击伊朗的石油输出能力，从而使伊朗因石油出口大幅度减少而导致经济衰退，这样便可迫使伊朗不得不坐到谈判桌上与伊拉克进行谈判，和平解决争端。2. 把战火引向海湾，增强该地区的动荡不安，以引起世界关注，通过国际舆论来促使伊朗停战言和。

由于伊朗的空军力量相对较弱，伊拉克的石油大多通过陆上输油管道出口，而伊朗则主要靠海上油轮运输。因此，在“袭船战”中，伊朗损失较大，处于不利地位，为了报复伊拉克，伊朗一方面更加频繁地对伊拉克发动地面攻势，用地地导弹袭击伊拉克首都巴格达及其他重要目标。另一方面不断增加袭击手段，出动海军快艇并使用岸对舰导弹对伊拉克的石油设施及油船进行“以牙还牙”的袭击；扩大袭船范围，不仅袭击伊拉克的油轮，而且把支持伊拉克的其他国家船只也列入袭击对象，特别是把频频支援伊拉克的科威特油轮作为主要攻击目标。伊朗此举的意图是：1. 显示伊朗与伊拉克战斗到底、毫不妥协的决心；保持对伊拉克的军事压力，使之在海上的袭船行动有所收敛。2. 增加对海湾阿拉伯国家尤其是科威特的压力，迫使它们减少对伊拉克的支持。

“袭船战”是两伊战火蔓延的产物。自“袭船战”开始以来，在海湾地区遭到袭击的油轮和商船数量不断上升，1984年为49艘，1985年为53艘。“袭船战”的不断升级使海湾成为世界上最危险的水域，而且损害了除两伊之外的其他国家的利益，这样便使海湾局势更趋复杂。

第五阶段(1986年2月~1987年3月)地面战场高潮迭起，海上袭船愈演愈烈

两伊战争进行到1986年，又掀起了一个新的高潮。伊朗一反过去打消耗战的方针，力争速战速决。经过长期的精心准备，1986年2月初，伊朗出动9万余人的兵力，对伊拉克南部石油港口法奥地区发动了规模较大的代号为“曙光—8号”的攻势。伊朗发动此战役的企图是：1. 攻占法奥，在伊拉克领土上建立一个立足点，以便封锁伊拉克出海口，切断伊拉克与科威特等海湾国家之间的海、陆通道，孤立巴士拉，威胁巴士拉附近两大油田和连接伊拉克、沙特的两条输油管道；2. 把战线推进到靠近科威特边界，以此警告海湾阿拉伯国家，迫使它们放弃对伊拉克的政治和财政支持；3. 摧毁伊拉克设在法奥北部的3个导弹基地和雷达监听站，以减少其对本国哈尔克岛石油设施安全的威胁。

2月9日夜，伊朗正规部队、革命卫队和动员部队一部，共3万余人，兵分2路向伊拉克南部重镇巴士拉以东和以南地区发起进攻。一路从陆地向巴士拉东北地区插入伊拉克第三军团防区；另一路强渡阿拉伯河攻击伊拉克第七军团阵地。10日，伊朗按照原计划迅速地在多处突破了伊拉克军队的防线，攻占巴士拉以南阿拉伯河中的乌姆拉萨斯岛以及河西岸的一些阵地。同日夜，伊朗又以6个师约6万余人的兵力，从陆地和海上3面向伊拉克最南端的法奥半岛发起猛烈进攻，攻占法奥港口以及该地区的3个导弹发射场，并继续向北、向西推进。到13日，其先头部队向北、向西各推进了20余公里。

面对伊朗发动的新的攻势，伊拉克投入正规部队9个师，共10万余人，进行反击。11日，夺回乌姆拉萨斯岛和北部第三军团失去的阵地，后又击退了伊朗的多次进攻，稳住了阵脚，同时，伊拉克空军对伊朗阵地和后勤供应线进行了轰炸。2月14日，伊拉克军队分北、南、中3路向伊朗部队发起钳形反击。北路从乌姆拉萨斯岛以南的哈希卜沿阿拉伯河向南推进；南路从夫旺向乌姆卡斯尔（沿海湾）推进；中路从哈希卜向西推进，旨在包围法奥的伊朗军队。为配合法奥地区的反击，伊拉克空军对伊朗在海湾的海军船只和哈尔克岛石油出口中转站等目标进行袭击。由于法奥地区2月份阴雨天较多，地面多泥泞，伊拉克装甲部队行动受限制，无法发挥其优势，因此，伊拉克的反击也未能奏效。

“曙光—8号”攻势的胜利，增强了伊朗夺取战争最后胜利的信心，伊朗军队士气大振。为了保障法奥战场的胜利，2月24日，伊朗军队又在北线向伊拉克的苏莱马尼亚地区发动代号为“曙光—9号”攻势，深入伊拉克境内25公里。这一推进，不仅对伊拉克基尔库克油田构成威胁，也形成伊朗军队南北呼应的态势，牵制了伊拉克的力量。继“曙光—9号”攻势之后，伊朗又于5月底和9月上、中旬，分别在中部战线的梅赫兰和北部的哈杰姆兰等地区发动代号为“卡尔巴拉—1号”、“卡尔巴拉—2号”和“卡尔巴拉—3号”3次规模较大的攻势。伊拉克则坚持其“以攻为守”的战略，连续向伊朗发动进攻，并加紧空袭伊朗的经济目标，特别是石油输出中转站，使伊朗在经济上蒙受了重大的损失。

1987年，两伊战争进入第八个年头。在两伊战场的南部和中部，双方地面部队的厮杀达到了白热化的程度，与此同时，空中报复也交替升级。双方频繁使用飞机和导弹对敌方的重要城市和经济目标狂轰滥炸。仅从1987年1月9日至23日的两星期内，伊拉克空军就出动飞机4000多架次，对伊朗首都德黑兰、“圣城”库姆等10多个城市实施轰炸，伊朗也以飞机、重炮等予以还击。

早在1985年冬天，霍梅尼就公开宣布伊朗将发动一场旨在彻底击垮伊拉克的“最后决战”。1年多来，伊朗确实在为此加紧准备。1987年1月9日，伊朗出动11个师计12万余人的兵力，在两伊边境的沙勒谢赫一带发动了代号为“卡尔巴拉—5号”的攻势。在付出惨重的伤亡代价后，于13日突破伊拉克防线，向伊拉克第二大城市巴士拉推进。在中部战线，伊朗收复了被伊拉克占领的100多平方公里领土，并先后夺取了阿拉伯河中的4个岛屿。数天后又跨过贾西姆河，占领巴士拉以东9公里的杜艾吉地区，其先头部队进逼至巴士拉郊外一座大型石化企业500米处。伊朗发动这次攻势的目的，是要夺取巴士拉。这是继占领法奥半岛后伊朗采取的新的战略步骤。从军事角度看，攻占巴士拉将使它与法奥连成一体，从而确保伊朗能在伊拉克土地上长期站稳脚跟。位于巴士拉地区的乌姆卡斯尔是伊拉克惟一实际使用的海军基地和通往海湾的惟一出海口，如果将其攻占，则不仅能封锁伊拉克的惟一出海口，而且也为伊朗海军在海湾北部自由活动扫清了障碍；从经济角度看，攻占巴士拉地区不仅将使伊拉克失去重要的石油生产和出口中心，还将使位于巴士拉以南48公里处的伊拉克最大油田置于伊朗军队的炮口之下，从而沉重打击伊拉克的石油经济；从政治角度看，攻占巴士拉地区在政治上对伊朗更有着明显的利益。巴士拉地区是伊拉克什叶派穆斯林聚居之地，在这一地区扶持一个伊斯兰什叶派政权同萨达姆，侯赛因的逊尼派政权分庭抗礼，比在其他地区容易得多。而且，一旦夺取巴士拉地区，可以直接威逼伊拉克首都巴格达，震撼萨达姆·侯赛因的统治。同时又能切断伊拉克与科威特的公路联系，对于两伊战争中站在伊拉克一边的阿拉伯国家也将是一个警告。

伊拉克当然也深知能否守住巴士拉对自己生死攸关。为此，它早就在巴士拉东、南、北3个方向筑起一条以防空导弹、直升飞机和坦克为主体的立体防线，部署其最精锐的第二军团进行坚守防御。萨达姆·侯赛因总统也曾屡次亲临前线视察，鼓舞士气。由于两伊对巴士拉地区势在必争，双方都在此投入重兵，反复争夺，为之付出了惨重的代价。由于伊拉克军队的顽强抵抗，伊朗军队尽管尽了最大努力，但终因伤亡过大的后勤供应极为紧张等问题，致使所谓“最后攻势”——“卡尔巴拉—5号”仅仅维持了48天，在未能攻下巴士拉的情况下，于1987年1月26日宣布结束。

与地面战场遥相呼应的海上“袭船战”，也是一波未平，一波又起。1986年，两伊“袭船战”一再升级，呈现以下特点：1. 袭击次数频繁。1986年遭到袭击的船只数是1985年的2倍，达106艘。其中由伊朗进行的袭击增加了3倍多，从1985年的13艘增加到1986年的41艘；伊拉克的袭击增加了50%，从1985年的40艘增加到1986年65艘。2. 打击手段多样。“袭船战”开始之时，伊朗和伊拉克主要出动空军喷气式飞机和直升机发射导弹袭击船只。但由于伊朗在波斯湾沿岸的空军机场和直升机基地被伊拉克摧毁，所以转而主要依靠海军快艇和岸对舰导弹拦截和袭击过往船只，并在波斯湾布放了大量水雷。3、攻击范围扩大。当初，双方都把对方的石油设施及为对方运输石油的油轮作为主要袭击目标。这一阶段，攻击目标明显扩大，其他国家船只也接连遭到袭击。特别是1986年9月以来，“袭船战”更趋激烈。由于伊拉克的出海口早已被伊朗切断，它所需要的武器和货物主要是经由科威特港口运入。因此，伊朗在海上打击的主要目标是进出科威特港口的船只，从而使科威特受到很大威胁。1986年，有28艘进出科威特港口的船只遭到袭击。在这种形势下，科威特于1986年11月和12月，先后向联合国的5个常任理事美国、前苏联、中国、法国和英国提出租船和护航要求。伊朗对科威特进一步施加压力，仅1987年的头4个月，袭击出入科威特港口的船只就达16艘。由于两伊“袭船战”日趋激烈，并影响到非交战国的利益，使两伊战争陷入更为错综复杂的局面。

第六阶段（1987年4月~1988年9月）国际社会多方调解，两伊双方弭兵言和

两伊战争进行到1987年，战争的重心由地面转移到海上。自4月以来，伊朗发动了“卡尔巴拉—6、7、8、9、10”5次

1979年2月霍梅尼抵达德黑兰受到民众欢迎

攻势，伊拉克也加紧在海上的袭船行动。由于苏美相继同意为科威特油轮护航，并以此为由不断向海湾派遣军舰，从而使原来就很紧张的海湾局势增添了更大的危险。为避免战争进一步升级，尽早结束两伊战争，联合国安理会于7月20日一致通过了第五九八号决议。决议要求两伊双方立即停火，将全部军队撤至国际承认的各自边界线以内；交换、释放战俘，通过谈判解决两国之间的争端。决议还促请有关各方克制，不采取任何导致或可能导致冲突升级的行动。

598号决议通过后，受到国际社会的普遍欢迎。伊拉克于7月23日宣布接受这项决议。伊朗对这项决议的态度是既不拒绝也不接受，迟迟不作答复。鉴于此，伊拉克内阁于8月29日决定恢复打击为伊朗运油的油轮和伊朗的石油设施，迫使其接受598号决议。伊朗不甘示弱，旋即针锋相对地予以报复，不仅袭击为伊拉克及海湾盟国运油的油轮，甚至袭击在海湾国际航道上的别国商船，海湾局势空前紧张。1987年，共有178艘外国船只在海湾遭到袭击。两伊在海湾频繁袭击船只严重危及国际航运的安全，使这场战争的影响和后果远远超出了两伊的范围。

尽管国际社会广泛斡旋，但两伊对如何执行598号决议执己见。伊朗方面认为：只有确定伊拉克是侵略者并加以惩罚，伊朗才同意从伊拉克撤军。而伊拉克方面则认为：598号决议是“实现海

湾和平不可分割的整体”，执行决议应按照各项条款的顺序即停火、撤军、换俘来进行，“坚决拒绝对决议或决议条款的次序进行重新考虑的任何图谋”。由于两伊积怨已久，在停火问题上立场各异，分歧较大，谁也不愿主动作出让步，因而，两伊冲突一直未能得到缓解。

1988 年新年伊始，两伊便在陆上和空中又展开了新的军事较量。1 月 12 日、15 日和 25 日，伊朗军队在伊拉克库尔德族反政府武装配合下，连续在伊拉克北部发动“耶路撒冷—2 号”、“佐法尔—5 号”和“佐法尔—6 号”3 次攻势。2 月 7 日，伊朗又在中部曼达利地区发动了一次旅级规模的攻势，面对伊朗接连不断的地面进攻，伊拉克继续强化其“以炸逼和”的既定政策，在加强防御力量、顶住伊朗的有限规模地面攻势的同时，依仗“空中优势”，不断空袭伊朗的部队集结地域和纵深的政治、经济目标。

1988 年 2 月 27 日，伊拉克飞机袭击了伊朗首都德黑兰，引发了两伊之间一场空前规模的“袭城战”。在长达 8 年的两伊战争中，1985 年 3 月 6 日和 1987 年 1 月 2 日曾发生过 2 次“袭城战”，在这两次“袭城战”中，两伊双方主要是用重炮和飞机轰炸对方边境的一些城市目标。而 1988 年 2 月 27 日“袭城战”，双方都以现代化的导弹武器“唱主角”，且目标多集中于一些大、中城市。截止到 4 月 8 日，伊拉克共向伊朗德黑兰等城市发射了 60 枚“飞毛腿—B”型地地导弹，由于双方都使用先进的导弹武器作为袭击对方城市的主要工具，所以，此次“袭城战”的规模也大大超过了前 2 次，伊拉克除将伊朗德黑兰、库姆、伊斯法罕作为主要袭击目标外，还将袭击范围扩大到大不里士等城市。伊朗也把对伊拉克的袭击范围由巴格达扩大到乌姆卡斯尔等地，并由袭击经济目标转向袭击市区中心。同时，也继续对伊拉克的边境城镇进行炮击和空袭。由于用造价昂贵的导弹袭击城市耗资巨大，收获甚微，因而两伊导弹“袭城战”持续了不到两个月，双方就不宣而停了。

伊朗在“袭城战”中始终处于劣势，为了摆脱不利局面，伊朗不得不借助其地面攻势，以转移伊拉克的袭击目标。1988 年 3 月 13 日，伊朗革命卫队约 2 个师，在伊拉克库尔德族反政府武装配合下，在伊拉克苏莱马尼亚城东南约 60 公里的胡尔马勒地区发动“佐法尔—7 号”攻势，14 日，伊朗以另 1 个师向胡尔马勒以南约 20 公里的哈拉卜贾发动攻势。同时在苏莱马尼亚城以北的马沃特和东南的达尔班迪汗两个方向发动“耶路撒冷—3 号”攻势，进入伊拉克纵深 10 ~ 15 公里，然后，伊朗又以 2 个师的兵力发动“曙光—10 号”攻势，继续扩大战果。在地面进攻中，伊朗军队击毙击伤伊拉克士兵数千人，占领了包括哈拉卜贾在内的 3 座伊拉克边陲城镇，进入伊拉克领土纵深 20 余公里。

面对这一严峻形势，伊拉克总统萨

达姆连续召开了5次武装部队总部会议研究对策，国防部长阿德南上将4次亲临北部前线视察，并采取了以下措施：

清剿库尔德族反政府武装　伊拉克认为，伊朗此次进攻取得进展的一个重要原因，是得到了伊拉克库尔德族反政府武装的密切配合，因此，伊拉克在组织力量遏制伊朗军队继续推进的同时，于3月18日和4月1日先后对位于苏莱马尼亚省的库尔德族反政府武装总部和另一重要据点卡尔达格进行了大规模清剿，控制了反政府武装的主要活动区域。

增强兵力　北部战线失利后，伊拉克从中部和南部前线急调约2个师北上，并令共和国警卫部队约2个旅增援北部第一军团，从而使该军团由原来的6个师增至近9个师，形成了梯次纵深防御态势。

组织反击　3月下旬开始，伊拉克对伊朗突入部队进行了多次反击，第一天出动飞机数百架次对伊朗占领地区进行狂轰滥炸，并多次使用化学武器，伊拉克的反击给伊朗部队以重大杀伤，遏制了伊朗在北线的进攻势头。

伊拉克在北线有效地顶住伊朗的进攻后，又抓住有利时机在南部战线向伊朗军队发动了进攻。

1988年4月17日凌晨，伊拉克第七军团的6个师及共和国警卫部队3个师，在海空军的配合下，兵分两路，对南线法奥地区的伊朗守军发动了代号为“斋月”的攻势，经过两天激战，于18日下午全部收复被伊朗占领两年之久的法奥地区。

伊拉克收复法奥地区，拔掉了伊朗赖以进攻伊拉克南部地区的重要据点，是伊拉克在近8年的两伊战争中取得的最大的一次战役性胜利。外国评论家和军事专家评论，这是“两伊战争的转换点”，它“打开了结束两伊战争的大门”，“为两伊通向和平开辟了道路”。

历时8载的战争，使两伊双方遭受了惨重的损失。由于两伊国力和军力上都势均力敌，因此，双方谁也无法在军事上战胜对方，解决问题的最后出路必然是政治谈判。1988年，伊拉克在其盟国的支持下，国力有所加强，其军队也运用正确的战略战术，在数月之内接连收复数地，几乎夺回了伊朗前几年占领的全部伊拉克领土。而伊朗则在国际上形象孤立，国内经济衰败，政局不稳，人民厌战情绪加剧，军队损失惨重，同时又面临美国的军事压力，这使伊朗在战场上每况愈下，渐渐地陷入被动。严峻的现实再一次迫使伊朗领导人，必须在战争与和平问题上作出理智的选择。

1988年9月20日，也就是两伊战争整整进行了8年的日子，在国际社会的多方努力下，两伊双方终于弭兵言和，历时8年的两伊战争终于落下了帷幕。

英阿马岛战争

1982年3～6月，英国和阿根廷围绕马尔维纳斯等三个群岛主权的战争，是第二次世界大战以后南大西洋地区爆发的一场局部战争。虽然这场战争规模不大，持续时间不长，但它为现代条件下的局部战争、特别是海上作战提出了值得重视的新问题，创造了新经验，因而引起了全世界的关注。

马岛——南大西洋通往太平洋的“钥匙”

马尔维纳斯群岛，也称福克兰群岛。它位于靠近南美洲大陆的大西洋洋面上，形状像一个打开的扇贝。马尔维纳斯群岛的确切地理坐标是南纬 51°40′～52°00′，西经 57°40′～62°00′。它由 346 个大小岛屿组成，面积 12800 平方公里。主岛有两个，它们东西并列，中间被福克兰海峡隔开。东岛叫索莱达岛，又叫东福克兰岛；西岛叫大马尔维纳岛，也称西福克兰岛。其他小岛如众星捧月，围绕在两个主岛四周。马岛的这一地理状况，造成了这一带海湾众多，水道纵横的特点。马岛陆上多为山地和丘陵地，平原面积不大。东岛有两条横亘东西的山脉，海拔 705 米的厄斯本山是东岛最高点，山南是一片叫拉福尼亚的平原，山北侧是丘陵地。西岛山峰林立，地势崎岖，亚当山海拔 700 米，是西岛最高点。马岛属海洋性气候，平均气温较低，冬季十分寒冷。这里的海洋资源十分丰富，矿产主要有铝、银、铁、铅、煤和石油。马岛在军事上是一个战略要地。由于它距离麦哲伦海峡东部入海口仅 450 公里，是过往该海峡的船只必经之地，因此被称为南大西洋通往太平洋的“钥匙”。同时，它对于控制南极大陆至南美洲合恩角之间的德雷克海峡，保障大西洋通往太平洋南部航线的安全，也具有十分重要的意义。

与马尔维纳斯群岛在地理上相隔较远，但在地缘上却几乎融为一体的另有两个群岛，这就是南乔治亚群岛和南桑德韦奇群岛。围绕马岛主权的争端，通常也包括这两个群岛。南乔治亚群岛位于南纬 54°15′～54°55′，西经 36°45°～38°05′之间，距马岛 1300 多公里，是个火山岛。主岛南乔治亚岛长 168 公里，宽 32 公里，周围有一些小岛和岩礁，总面积 3765 平方公里。主岛中部山峦起伏，地势险峻，最高峰是佩吉特山，海拔 2934 米。雪山、冰川约占全岛面积的 2/3，气候严寒、多暴风雪。周围海上生物资源丰富。南桑德韦奇群岛是个未开发的火山岛，位于南纬 58°18′～59°30′，西经 26°00′～28°30′之间，距马岛 2000 多公里。该群岛主要由 11 个小岛组成，总面积 310 平方公里。岛上多山，覆有冰雪。

英国特遣部队各南大西洋进发

错综复杂的历史背景

据记载，1504 年有一支意大利探险队在顺阿根廷东部海岸航行时，因暴风袭击，被卷入南大西洋，于漂泊中偶然登上了马尔维纳斯群岛，1520 年，西班牙航海家戈梅斯到达该岛。1529 年，英国航海家约翰·戴维斯在该岛停泊，宣称自此该岛归属英王。1 个世纪以后，另一位英国航海家约翰·斯特朗乘“幸福”号船上岛，他以当时的英国海军司库福克兰子爵的名字，为该岛起了一个英国名字。1764 年，法国青年贵族路易·安东·德·布甘维尔率领一支由 140 人组成的探险队，分乘“雄鹰”号和“人面狮身”号两艘帆船来到岛上，建立了第一个定居地，并给该岛起了一个富有法国式浪漫色彩的名字——马尔维纳斯。在此以后，还有许多知名和不知名的探险队和航海家曾抵达该岛。这里的一个重要因素是，众多的探险队和航海家当时并不知道马尔维纳斯是一个群岛，他们所登临的只是群岛的某个部分，即使是同一部分，大多数情况下也都是从完全不同的方面登岛的。根据国际普遍认定的法则，先占对于拥有无主土地具有决定性意义，但是，有效先占最低限度必须具备两项条件，首先必须是有取得主权意愿的行为，其次，必须以适当的方式表现这种主权。用这一最低标准来衡量他们的行为，都不能认为他们中任何人是这块土地主权完全够格的拥有者。因此，争端的出现成了必然现象。

1764 年，西班牙政府首先对法国政府发难，宣称按照 1493 年《教皇划定的分界线》，马尔维纳斯无可争议地属于西班牙，要求已在岛上建立栖居地的以布甘维尔为首的法国人撤走。经过谈判，1766 年 10 月 3 日确定，由西班牙付给法国 24000 英镑，“收回”马岛主权。次年 4 月 1 日，西班牙向岛上委派了第一位总督，并将首府定名为索莱达港。在西法两国举行谈判的时候，英国人约

阿根廷总理加尔铁里

英军登陆舰“加拉哈德爵士”号上的幸存者乘救生艇登上陆地

翰·拜伦率船队到达马岛，也向法国人提出了归还主权的问题。由于西法两国已达成协议，矛盾遂转为西英之争，1768年，岛上两国官员多次互致信件，要求对方撤离，没有结果。1770年，西班牙派出一支由5艘护卫舰组成的舰队和1500名军人，在胡安·伊格纳西奥·德马达里亚指挥下，以武力赶走了英国人。1806年，在拿破仑战争期间，西班牙投降法国。趁此机会，英国派出由海军上将波费姆率领的舰队，攻陷了西班牙殖民政府在阿根廷的首府布宜诺斯艾利斯，驻马岛的西班牙总督闻迅逃离。英国认为，西班牙对马岛的管辖权就此结束。1810年，阿根廷布宜诺斯艾利斯地区人民举行起义，推翻西班牙殖民统治。1820年，阿根廷政府特使戴维·朱厄特海军上校以拉普拉塔联合省的名义，宣布正式从西班牙手中接管马岛。1829年，阿根廷又向岛上派出了第一位行政长官。但是，这一切遭到了英国的反对。1831年，阿根廷驻马岛行政长官为了制止外国渔船在马岛海域捕猎海豹，扣留了3艘美国渔船。为了报复阿根廷，美国政府派海军护卫舰"列克星敦"号炮轰了索莱达港。英国抓住了这一机会，以保护马岛不受外来武力侵犯为由，于1833年1月派出由约翰·詹姆斯·翁斯洛舰长率领的"史诗女神"号护卫舰，攻占索莱达港，赶走了阿根廷驻马岛总督。1843年6月23日，英国任命了第一位驻马岛总督，1945年7月18日，又将首府由索莱达港迁往斯坦利港。从此，围绕马岛主权长达数百年的纷争集中到了英阿两国之间。

英阿争端的激化

英国和阿根廷两国围绕马岛主权问题的争端持续了将近1个半世纪，它由争端发展到战争，有着深刻的原因。

主权争端在长达100多年的过程中得不到解决，两国积怨加深，是导致战争的历史原因。在英国实际控制马岛以后长达1个世纪的漫长过程中，阿根廷始终保持了对马岛的主权要求。20世纪中期，世界反殖民主义的高潮使阿根廷的这一要求变得更为坚定了。由于阿根廷的要求，1958年联合国开始审议这一问题。1964年，联合国非殖民化特别委员会邀请两国举行谈判，以求和平解决争端。1965年以后的多届联大都作出了类似的决定。在联合国的调解和世界舆论的压力下，两国在谈判中取得了一些进展。1971年，两国签署一项协定，将岛上的居民并入阿根廷；1972年，阿根廷与马岛实现通航；1978年，英国外

美国国务卿黑格同英国首相撒切尔夫人讨论马岛局势

交部代表尼古拉·里德利在受命对马岛问题进行考察后，提出可以考虑将马岛主权遗交阿根廷，但前提是阿根廷将马岛长期租借给英国。但是，英国议会否定了里德利的方案，双方重又回到最初的立场。阿根廷强调，是西班牙殖民体系的组成部分，根据反殖宣言确认的领土完整原则，马岛无疑应归还阿根廷。英国则坚持先占而获得的主权的有效性，同时强调尊重岛上居民的自决权。两国在这一点上各执己见，互不相让，为日后酿成战争埋下了祸根。

马岛海域蕴藏的丰富资源和第二次世界大战以后国际间对资源的激烈争夺，是引起战争的经济原因。马岛海域丰富的海洋资源是逐步被认识的，而且，随着二战后世界各国对资源需求的增加，它的战略地位显得愈益突出和重要了。1975 年，英国一个考察团提交的报告说，马岛周围的大陆架估计蕴藏有 2000 亿桶石油以及丰富的天然气资源，这个数字已经高于北海油田。1981 年，由法国和德国等 9 个国家联合举行的一次国际性海洋生物考察证实，在马岛以南的大片海域中，蕴藏有极其丰富的水产资源。此外，马岛地处南大西洋，靠近南极，是这一纬度的海洋上几乎惟一的陆地，也是任何想在这一地区进行开发和建立自己势力范围的国家必欲利用的“跳板”。由于这些原因，两国对马岛的归属问题愈益重视，而每当有关马岛经济资源新的报告出现时，谈判的气氛就急转之下。在这样的情况下，当一方用武力夺占马岛时，另一方自然不惜用武力来维护它。

阿根廷军政府希望通过解决马岛问题摆脱国内困境，是触发战争的政治原因。阿根廷是南美洲比较发达的第三世界国家。但是，阿根廷经济的外国资本份额巨大，几乎控制了国家的经济命脉。20 世纪 70 年代中期，资本主义世界经济陷入困境，阿根廷成了转嫁危机的对象，国内出现了经济萎缩，生产停滞，出口缩减，财政亏空的严重情况。1976 年 3 月 24 日，阿根廷武装部队发动军事政变，推翻了束手无策的文官政府，组成军人政权。军人政权企图以强制性措施控制局面，渡过难关，但收效甚微，并且造成了政变频繁发生，社会蕴藏更大动乱的危险局面。于 1981 年 12 月出任总统的莱奥波尔多·福尔图纳托·加尔铁里将军在对形势进行全面分析后认为，阿根廷陷入了困境：局势的改善需要人民的支持和忍耐，但人民的支持和忍耐又必须以局势的改善为前提。为了铸就整个社会的团结，唤起全体人民的热情，共同克服国内困难，军政府把目光投向了马尔维纳斯群岛。

战争第一阶段：双方开战决策和战略展开（1982 年 3 月 26 日～4 月 11 日）

1. 阿根廷夺取马尔维纳斯群岛

1981年底加尔铁里就任总统后不久，阿根廷军方即制定了旨在武力收复马岛的“罗萨里奥行动”计划。1982年3月19日，阿根廷斯科蒂斯公司一行60人，根据同英方的协议，在商人达维多夫率领下，乘阿根廷海军运输船“布恩苏塞索”号来到南乔治亚岛的利斯港，准备拆除一个旧的鲸鱼加工厂。上岛工人在岛上升起了阿根廷国旗。岛上的英国人发现这一情况后，用无线电向英国驻马岛总督雷克斯·享特作了报告，后者又向伦敦作了报告。3月22日，英国外交部就此事向阿根廷提出抗议照会。次日，阿根廷军人执政委员会举行会议，讨论马岛主权和应付事变问题，作出了将“罗萨里奥行动”计划付诸执行的决策，

撒切尔夫人

时间定于3月26日。

根据计划，阿根廷海军组成3支特混舰队。第一支为第40两栖特混编队，负责占领马岛首府斯坦利港。编成内有“圣特立尼达”号、“赫尔克里斯”号导弹驱逐舰，“德拉蒙德”号、“格兰维尔”号导弹护卫舰，“圣菲”号潜艇，“圣安东尼奥上士”号坦克登陆舰，“伊里萨尔海军上将”号破冰船，“洛斯·埃斯塔多斯岛”号补给船和海军陆战队第一、二营，第一野战炮营，海军航空兵直升机第一、二中队。第二支为第六十特混编队，负责收复南乔治亚岛。编成内有“格里科”号结弹护卫舰，“帕莱伊索湾”号南极供应船，以及海军陆战队2个排和陆军1个支援分队。第三支为第二十特混编队，负责担负这次作战行动的战役掩护任务。编成内包括“5月25日”号航空母舰等7艘军舰。

3月26日夜，第四十和第六十两支特混编队先后离开贝尔格拉诺海军基地，向任务区开进。与此同时，陆军第二十五步兵团在里瓦达维亚空军基地集结待命，准备乘空军飞机对斯坦利港机场实施机降。第四十特混编队出航后，佯装沿正常航线向南行驶，然后突然转向马岛北部海域。4月1日，舰队抵达斯坦利港外海。4月2日凌晨，攻击部队以两栖侦察队为先锋，实施登陆行动。由于岛上英国守军只有几十人，阿军仅遇到了十分有限的抵抗，很快便占领了岛上的英国兵营和机场，包围了总督府。继之，阿军机降部队

在被占机场着陆。在这种情况下,英国驻马岛总督被迫宣布投降。

在马岛登陆行动取得成功的次日,第六十特混舰队到达南乔治亚岛的格里特维肯港。经过短时间的交火,英军被迫缴械投降。

2. 英国作出强烈反应

阿根廷军队以突然性行动占领马岛,使英国政府感到十分震惊。马岛被占领的当天下午,英国政府在唐宁街10号首相府举行内阁会议,作出6项决定:1. 与阿根廷断绝外交关系;2. 对阿根廷实行经济制裁;3. 向联合国提起控告;4. 要求欧共体对阿根廷实行集体经济制裁和武器禁运;5. 任何一方出面调停,必须以阿根廷首先撤军为前提;6. 立即派出一支特混舰队,以武力收复失地。次日,英国议会通过了内阁的决定。

4月3日,英国成立了以撒切尔首相为主席的战时内阁,成员包括外交大臣皮姆、内政大臣怀特洛、国防大臣诺特、主计大臣帕金森。战时内阁决定,在国防总参谋长特伦斯·卢因海军元帅领导下,成立联合作战司令部,负责制订作战计划,协调三军行动,监督战场情况,组织各种保障。联合作战司令部由英国舰队总司令菲尔德豪斯海军上将任总指挥,陆军中将特兰特、空军中将柯蒂斯任副总指挥。在联合作战司令部下建立3个作战司令部,负责具体的作战指挥。这3个司令部是,第三一七特混舰队司令部、登陆部队司令部和第三二四潜艇特混部队司令部。其中潜艇特混部队司令部为原有建制,司令官赫伯特海军中将。另两个司令部为战时建制,特混舰队司令官为50岁的海军少将伍德沃德,登陆部队司令官为54岁的海军陆战队少将穆尔。这两人后因战争的胜利而成为新闻人物。

英护卫舰"羚羊"号在滚滚烟沉没

在确定战时指挥体制的基础上,战时内阁对军事行动采取了"委托式指挥"的原则。根据这一原则,战时内阁仅就军事行动的基本准则作出规定,其余由总部和部队指挥员临时处置,以赋予他们充分的指挥权和机断权。在这次战争中,英国战时内阁规定的基本准则是:尽量减少伤亡,包括敌方的伤亡;不把战斗行动扩大为两国间的全面战争,绝对不得轰炸阿根廷本土;何时展开登陆行动,听从内阁决定。

3. 英国组建特混舰队

英国实际的军事行动首先是组建一支特混舰队。英国国防部和海军的计划是,出动各型海军舰船61艘,约49万吨,其中作战舰艇44艘,24万余吨,勤务支援舰艇17艘,25万余吨。对照这个计划，英国海军的困难是十分明显的。原因是多方面的。首先，由于政府财政拮据，海军军费削减，装备计划缩小；其次，由于北约的防务分工，海军规模收缩，已成为一支负责大西洋东北部作战的区域性海军；最后，由于英国政府确定将加强英国战略核威慑力量作为重点，海军常规水面舰艇总数减少。针对这种情况，英国国防部和海军决定，立即启封部分现有舰只；紧急召回分布于各地的舰船；给部分军舰加装必要装备和设施，以适应战争需要；下令缩短部分在造军舰的完工期。

根据计划，正在各执行任务的军舰于4月3日到达指定集结地，等待人员、装备和物资上舰，做好出航前的各项技术准备工作。首批出征人员于4月4日晚6时前全部归队，8时登舰完毕。各军用物资仓库开始进行物资的紧急调拨和出库，并由征用的民用运输工具运往指定港口。接受战时订货的工厂开始加班生产武器和军用物资。

英国特混舰队是分3个梯队出航开赴战区的。第一梯队于4月5日分别由英本土各港口和直布罗陀出航，距4月2日内阁批准组建特混舰队仅3天时间。第一梯队共有海军舰船37艘，占特混舰队舰船总数的62%，其中航空母舰2艘、驱逐舰2艘、护卫舰6艘、两栖突击舰1艘、大型登陆舰6艘、舰队油船7艘、舰队补给舰3艘，其他舰艇10艘。配备“海鹞”式战斗机20架，反潜、攻击、侦察、运输等直升机58架。该梯队搭载的有海军陆战队第三旅第四十、四十二突击营，伞兵第二团第三营，陆军“特别空勤团”和海军“特别舟艇中队”一部及支援分队共约3000人及其建制装备。

4. 英国征用商船

从英国本土到马岛的补给线漫长，单靠海军本身的勤务支援舰船是无法满足需要的。因此，英国沿袭了第一次世界大战以来的一个传统的有效方法——征用商船。这是英国军事准备的一个重要方面。4月2日，国防会议刚刚结束，国防部国防物资运输参谋部和海军舰队支援署根据国防大臣诺特的指示，立即开始制定征用商船的计划。由于英国国防部在平时就制定了300艘商船的动员计划，海军同海运部各轮船公司又保持着经常性的联系，因此，计划的制定主要在于通过计算机遴选那些适于本次战争的船只及其船长。十分引人注目的是，像“伊丽莎白二世女王”号和“堪培拉”号这样的豪华邮轮也在征用之列。据统计，计划征用的各类商船达67艘，100余万吨。商船的类别及数量具体为：远洋客轮3艘、油船22艘、散装货船16艘、集装箱货船5艘、滚装车辆渡船7艘、远洋拖船3艘、水船1艘、潜水支援船3艘、补给和修理船1艘、系留船1艘。4月4日，根据战时内阁的要求，英国枢密院在温泽召开会议，作出了授权政府征用商船支援战争的决议。当天，英国女王以国家元首和武装部队统帅的名义签署了征用商船的命令。4月5日，英国国防部和海军发布了第一批征用命令。

在完成了战时军事指挥机构的设置和持混舰队的组建之后，英国于4月7日宣布，自4月12日格林尼治时间4时起对马岛周围200海里海域实行海上封锁。

5. 阿根廷向马岛增兵

针对英国的反应，阿根廷也进入了占岛后的战略展开阶段。阿根廷的企图是，以向岛上增兵的行动压制英国的强硬态度，迫使英国接受既成事实。为此，阿根廷在4月7日正式宣布把马岛列为阿根廷的第二十四省，在岛上建立了行政机构，任命前陆军作战参谋长马里奥·本哈明·梅嫩德斯少将为马岛最高军事长官兼岛上行政首脑。成立南大西洋战区司令部，任命海军作战参谋长胡安·何塞·隆巴多海军中将为司令。从4月2日到12日，通过里瓦达维亚海军准将城、里奥加列戈斯和乌斯怀亚等地从海上和空中向马岛紧急运送人员和物资。至4月12日，马岛守军已有1个机械化旅、2个步兵旅、1个海军陆战队营、1个防空营、3个炮兵营，总兵力达到1.3万人。阿军指挥官认为，马岛首府斯坦利港地处岛的最东侧，是英军进攻的重点，因此，在兵力部署上贯彻了东重西轻的原则。在斯坦利港及其周围的制高点和陆上要道共部署兵力约9000人以及防空雷达和导弹；在沿岸地带修筑了抗登陆工事；在港口航道布设了水雷，并在外海部署了侦察船。在马岛东岛的中部地区部署了约2000余人，重点防守作为斯坦利港西南门户的达尔文港和古斯格林两地。在马岛西鸟部署兵力约2000人。其他地方由于多为山地和沼泽地，阿军将之视为天然屏障而没有或很少布兵。

6. 国际社会的反应

马岛事件给国际社会造成了强烈震动。对于广大等三世界国家来说，关注的重点是，通过这一事件，探讨究竟如何解决殖民主义留下的历史争端，真正执行联合国多次通过的关于非殖民化的决议，而对于超级大国来说，最关心的则是其战略利益以及相互间战略态势的变化。4月3日，联合国安理会经过激烈辩论，以10票赞成，1票反对，4票弃权通过了502号决议，要求双方采取措施恢复和平。会后，各国先后发表声明，表明本国立场。这些立场大致可分为三类，即：支持阿根廷；支持英国；中立或主张用和平方式解决争端。其中持第一种立场的大多为亚洲、非洲和拉丁美洲的第三世界国家，持第二种立场的则多为西欧、北美和大洋洲国家。在表明政治立场的同时，部分国家还直接以军事和经济方式分别对阿根廷和英国提供了援助。

3月28日，英国外交大臣卡林顿曾致函美国国务卿黑格，要求美国出面，“使局势缓和下来”。4月5日，美国总统里根发表谈话，宣布委派国务卿黑格从中斡旋。4月8日至13日，黑格先后抵达伦敦和布宜诺斯艾利斯。但是，由于双方在先撤兵和先承认主权问题上相持不让，这一阶段的斡旋没有取得成功，于是，随着英国宣布的封锁日期的到来，战争进入了第二阶段。

战争第二阶段：封锁与反封锁（4月12日~5月20日）

4月12日格林尼治时间4时，英国于4月7日宣布的对以南纬51°41′，西经59°30′为圆心马岛周围200海里范围的海上封锁开始生效。英国总的企图是，通过对马岛的封锁，迫使阿根廷从岛上撤军，如不能奏效，则以此对阿造成压力，增强英国在外交谈判中的地位，同时为特混舰队的展开和必要时在马岛的登陆创造条件。针对英国的行动，阿根廷总的指导思想则是，通过战争动员和一系列备战措施，做好抗击英军的准备，以坚决的迎战姿态，迫使英国放弃军事行动，同时配合以外交手段，以期在谈判中解决马岛主权的归属问题。这一阶段从4月12日起至5月20日英军开始登陆行动的前夜止，其间根据形势的发展，以4月30日为界，又分为前后两个阶段，前段双方主要为继续调整部署，后段则开始了直接的军事冲突，展开了激烈的封锁与反封锁斗争，进行了一系列展示现代战争特点的海空战。

1. 阿军调整防御部署

面对英军的封锁，阿根廷开始了一项10万人的动员计划，许多新兵开始补入部队。另一方面，重新组建了“79”舰队，加强了岛上的防御。重新组建的“79”舰队所辖兵力情况是，由“5月25日”号航空母舰和英制42型导弹驱逐舰“圣特立尼达”号和“赫克里斯”号组成“79.1”特混大队，由美制驱逐舰“塞吉”号、“派准将”号、“斯托尼海军上将”号组成“79.2”特混大队，由“贝尔格拉诺将军”号巡洋舰及美制驱逐舰“伊波利托·布查德”号、“布埃纳·彼德拉”号组成“79.3”特混大队，另有法制导弹护卫舰等军舰组成“79.4”特混大队。不知为何原因，阿根廷海军在英军海上封锁生效后，停止了向岛上输送兵力和物资装备，同时，上述特混大队按部署仅限于在封锁范围以外活动，其中“79.1”特混大队部署在圣豪尔赫湾东北方至马岛西北海域，“79.2”特混大队部署在圣豪尔赫湾东南方，“79.3”特混大队部署在洛斯埃斯塔多斯岛附近，“79.4”特混大队作为机动兵力。由此而形成的阿军的防御态势是，马岛以岛上兵力形成自身防御体系，而“79”舰队则着重在封锁圈

击沉阿根廷“贝尔格拉诺将军”号巡洋舰的英军潜艇

以外伺机抗击英特混舰队，破坏或削弱海上封锁的作用。

2. 英军重占南乔治亚岛

英军特混舰队自4月5日陆续启程后，于月中旬抵达位于南纬7°56′，西经14°22′的阿森松岛，作短暂休整。4月19日，英特混舰队离开阿森松岛南下。特混舰队指挥部经过对形势的分析认为，必须首先夺取南乔治亚岛，以进一步向阿军显示英军的决心和存在，鼓舞士气，同时为下一步军事行动建立一个临时后方基地。伦敦的联合作战司令部批准了特混舰队的作战计划。

4月23日，英军从阿森松岛起飞1架C—130型运输机，向预定海域空投了14名海军："特别舟艇中队"的侦察人员。他们在预定海域登上接应的潜艇，而后由潜艇隐蔽送往南乔治亚岛。侦察人员登岛后在严寒中坚持了3昼夜，对阿军兵力部署进行了周密侦察。

英军派出夺取南乔治亚岛的是由"安特里姆"号、"华美"号、"普利茅斯"和"忍耐"号4艘军舰组成的分遣队及部分地面作战部队。收到侦察人员发回的情报后，分遣队原计划以一支300人的突击队以奇袭方式发起攻击，但一个偶然的插曲使分遣队指挥官改变了原计划而改以强攻方式攻岛。

担负侦察任务的"特别舟艇中队"侦察人员在埋伏侦察的第三天发现了阿根廷海军向岛上运送补给物资的"圣菲"号潜艇，随即向分遣队指挥部报告了这一情况。总指挥"安特里姆"号驱逐舰舰长布赖思·扬上校立刻派出2架"大山猫"式和两架"黄蜂"式直升机前去攻击。潜艇在毫无防备的情况下被一枚"海上大鸥"式空舰导弹击中，随后抢滩搁浅，被英军俘获。英军的行动暴露了登陆企图。特别舟艇中队指挥官约翰少校建议由他率领的突击队对南乔治亚岛实施强攻。这一建议得到了批准，舰炮在上岛侦察人员的引导下对岛上的阿军目标进行了轰击，突击队员分乘直升机和小艇从空中和海上向格里特维肯港发起攻击。由于阿军守岛部队仅60余人，经2小时激战之后，逐渐支撑不住，被迫投降。次日，英军又占领了岛上的另一主要港口利思港。

3. 英军轰炸马岛军事目标

英军重占南乔治亚岛以后，在军事上取得了较为有利的态势。一方面，因重占南岛而取得了临时性后方基地，另一方面，特混舰队大部分舰船已到达指定海域，并展开执行封锁任务。但是，阿根廷并没有因此而屈服。为此，英军开始执行这一阶段的第二步作战计划，于4月28日，将原定以马岛为圆心的200海里封锁圈由海上扩展到空中，实行立体封锁，进一步切断阿根廷本土与马岛的联系，空袭马岛的阿军机场设施、雷达站和导弹基地，寻歼封锁区内的阿军舰船，以对阿方施加更大的压力，为谈判和下一步必要时的登陆作战作好准备。

英国皇家空军轰炸机对马岛军事目标的空袭是从阿森松岛的韦特瓦克机场起飞的。4 月 30 日晚，101 飞行中队的 1 架“火神”式轰炸机在 2 批 3 架“维克多”式加油机的伴航下执行奔袭任务。编队起飞后，以 1 万米高度南下，一路保持无线电静默，相互间仅用信号灯进行联络。在距马岛 400 多公里处，轰炸机飞行员下降飞行高度，进入轰炸航路，同时打开机载电子干扰机进行电子对抗，摆脱阿军雷达的跟踪。随后，轰炸机飞临斯坦利港机场上空，向机场跑道投射了 21 枚千磅炸弹。英军的这次远程奔袭取得了成功。在此后的 1 个月里，皇家空军为配合海上作战和登陆作战，还进行了 6 次奔袭行动，但由于“火神”式轰炸机毕竟属于接近淘汰的老式飞机，设备和武器系统均不能适应现代条件下作战的需要，尤其不适应在敌方电子对抗条件下对精确目标作战的需要，因而轰炸效果不是很理想。

4. 英舰击沉阿“贝尔格拉诺将军”号巡洋舰

英军重占南乔治亚岛后，给阿根廷以很大震动，使其开始比较清醒地看到英军的企图，决定采取相应的回击行动，以“79”舰队的 4 个特混大队出击，搜索拦截英特混舰队军舰，特别是航空母舰。阿海军的作战指导思想是，以不进入英军重点设防警戒的封锁圈为前提，在英特混舰队的前进方向上，预先查明情况，选准目标，以飞机或导弹采用“打了就跑”的方式攻击之。英军通过对战场形势的分析，察觉了阿军的这一企图，同时认为，一旦使阿根廷海军无所顾忌地活动起来，双方展开大规模海战，就很有可能给远道而来的特混舰队造成较大损失，进而贻误以武力收复马岛的计划。因此英军联合作战司令部决定，一方面加强对进入封锁圈的阿舰的搜索，同时不惜违反不在 200 海里禁区以内攻击阿舰的限制，有选择地打击阿舰，威慑和制止阿海军的拦截活动。这一请求得到英国战时内阁的批准。

5 月 2 日下午，阿根廷海军“79. 3”特大队的“贝尔格拉诺将军”号巡洋舰执行完预定的搜索拦截任务，在埃克托尔·庞索海军上校指挥下，由 2 艘驱逐舰伴航，向埃斯塔多斯岛方向返航。“贝尔格拉诺将军”号是 1 艘 1939 年下水的老舰，由阿根廷于 1951 年购回。舰上设备大多陈旧老化，防空反潜能力较差。该舰在执行任务时，一直受到英国海军“征服者”号核潜艇的监视。在该舰编队即将脱离任务区时，“征服者”号的理查德·拉斯艇长向上级提出攻击请求，得到同意。旋即，潜艇向“贝尔格拉诺将军”号发射了两枚鱼雷，一枚命中左机舱，另一枚命中一号炮塔前舰身下方。一小时后，该舰沉没于马岛东南 225 海里南纬 55°24′，西经 60°32′处。1000 多名船员中大部分被救起,321 人殉难。

击中"贝尔格拉诺将军"号巡洋舰的是"虎鱼"式鱼雷。此种鱼雷系英国马可尼公司和普利塞公司共同研制生产的一种大型线导加主动声波自导鱼雷。鱼雷长 6.464 米,直径 533 毫米,全重 1550 公斤,最高航速可达 33 节,航程 3.2 万米。这种鱼雷射出潜艇后,能通过连在鱼雷上的极细的导线不断发出指令来修正轨迹,当导线放完和拉断后,鱼雷头部的主动和被动式声波自导装置开始工作,将鱼雷继续引向目标。此外,鱼雷上还装有触发式和感应式两套引信,因此,它的命中精度极高。

5. 阿海军航空兵击沉英"谢菲尔德"号驱逐舰

在英军击沉"贝尔格拉诺将军"号巡洋舰后,阿军迫于英国海军的实力,从战区撤回了其所有军舰。为了打破英军的封锁,阿军决定出动航空兵,重点打击英特混舰队中的航空母舰及主要作战舰艇。从 5 月初起,曾进行了多次战斗出动,其中成功的一次就是于 5 月 4 日一举击沉英"谢菲尔德"号驱逐舰。

英特混舰队的军舰于 4 月底大部分已到达指定位置,担任封锁任务。英军认为,对特混舰队构成的威胁主要来自阿军的潜艇和飞机,即来自海底和空中。因此,反潜和防空受到特混舰队高度重视。在导弹问世之后,现代防空,其中包括舰队防空成了战争中的一个新课题。在 1973 年的第四次中东战争中,以色列海军运用电子对抗,使埃及海军发射的数十枚"冥河"式导弹全部偏离目标,创造了现代条件下舰队防空的成功范例。从理论上讲,舰队防空必须具备 3 个条件,即 1. 舰队必须获得及时的空袭警报和预警时间;2. 在敌机或其他发射平台发射攻击弹头之前,有能力进行截击;3. 在敌方攻击弹头飞近军舰时,有能力将其摧毁或进行电子对抗。用这一要求来衡量,英军认为特混舰队的防空体系是不完善的。诚如英军自己所承认的,其最大的困难在于缺少空中预警。几年前,英国海军的"皇家方舟"号航空母舰曾装备"塘鹅"式舰载预警机,但这艘航空母舰已经退役,"塘鹅"式预警机也已经被淘汰。这次,英军出动了"猎迷"式预警机,但这是一种岸基飞机,航程较短,难以昼夜不停地为舰队防空服务。面对这种情况,英国特混舰队采取了二次大战中使用过的老办法,组成一个以航空母舰为核心,外面由 3 道防空警戒线组成的防空体系。在舰队的最外围,特别是在阿根廷航空兵威胁最大的方向上派出雷达哨舰,配以在空值班的"海鹞"式战斗机作为第一道,亦即远程防空警戒线。雷达哨舰通常由 42 型驱逐舰和"利安德"级或"罗思赛"级护卫舰担任。在这一层,舰载对空雷达可以发现 250 海里范围内的中高空飞机,发现目标后,可引导在空值班飞机前往拦截,在空值班飞机也可自行搜索、拦截空中目标。在舰队的中层，派出部分42型驱逐舰和“州郡”级驱逐舰组成第二道，亦即中程防空警戒线。在这一层，任务舰负责用装备的“海参”式和“海标枪”式中程防空导弹打击来袭飞机，并由航空母舰上3分钟待命的“海鹞”式战斗机升空配合作战。在舰队的内层，也就是航空母舰的周围，由若干艘护卫舰组成第三道，亦即近程防空线。在这一层，军舰用“海狼”和“海猫”式近程防空导弹，以及舰上高炮等武器抗击突破前两道防线的敌机或导弹。然而，即令采用这样的防空体系，漏洞仍然很多，尤其是在最外层，雷达哨舰上的雷达只能够探测到高空目标，而对低空目标则无能为力，在空飞机的活动亦受天气制约，在恶劣气象条件下，它们即使能够起飞，也难以找到母舰而安全降落。阿根廷海军航空兵所利用的正是英国特混舰队在防空方面的这些缺陷。

5月4日上午，阿根廷海军的“海王星”式侦察机发现，在马岛斯坦利港东方100海里处有军舰活动。10时45分，从距这一地点760公里的埃斯波罗少校基地起飞了3架“超级军旗”式战斗机。战斗机开始以高空高速飞向英舰，当接近英舰对空警戒雷达探测范围时，急剧下降飞行高度，进行超低空飞行，并在侦察机的引导下继续接近目标。11时30分，战斗机进入导弹发射区，接通了机翼下挂着的“飞鱼”AM39式反舰导弹的电源。“飞鱼”导弹是法国制造的一种超低空掠水面飞行导弹。它能从50～1000米高度上发射，射程50～70公里。导弹发射后，载机可立即返回。发射1.5秒后，弹体自由降落10米，助推器点火，飞行约20公里后，高度降至15米，作水平飞行。当距目标10公里时，高度再次下降，作掠水面飞行，直致命中目标。由于“飞鱼”导弹采用的是惯性制导和末端主动雷达制导，所以在发射前，机载设备必须将目标数据输送给导弹上的计算机，这样，不管海上风速如何，弹体惯性制导系统都能将导弹精确地从发射点制导到距目标一定距离的地方，然后由自动开机的主动雷达引导弹头对目标进行搜索。搜索区的大小主要取决于目标运动的速度，但这个搜索区足能保证导弹截获运动速度从零到时速40海里的水上目标，并有95%的截获概率，一旦跟踪上目标，导弹就能击中它。战斗机接通导弹电源后，急剧跃升，同时打开机载雷达。这时，雷达荧光屏上出现了一大一中两个目标，夹角40°，飞行员按分工分别将目标数据输入计算机，随即按动发射按钮。完成发射后，战斗机重新降至15～20米的高度，调转航向全速返航。

“谢菲尔德”号是英国比较先进的1艘驱逐舰。当它受到攻击时，舰长索尔特上校正在同伦敦通话，并因此而下令暂时关闭舰上雷达。自导弹发射几分钟后,临时设立的目标观察哨值班员用肉眼发现了导弹,然而为时已晚,导弹击中了军舰,在水线以上近2米处穿透10毫米厚的舰舷,穿过厨房和中央指挥舱,在动力损害管制控制室爆炸,炸穿甲板,引起了大火。火势顺着通风管道蔓延到机舱和船体中部,导致供是中断,消防系统失灵。舰上普遍使用的聚氯乙烯绝缘电缆和泡沫塑料地板垫在大火的灼烤下也燃烧起来,散发出剧毒的浓烟。5小时后,军舰开始大量进水。在抢救无望的情况下,舰长下令弃舰。值得提及的是,另一艘被“飞鱼”导弹攻击的“普利茅斯”号护卫舰,因舰员在发现来袭飞机后及时向空中发射了大量金属箔条,同时对导弹实施被动和主动电子干扰而奇迹般地躲过导弹,幸存下来。

6. 英军袭击贝卜尔岛

英阿双方封锁与反封锁斗争的激烈化,使和谈成功的可能性降低了。5月7日,英国特混舰队和登陆部队指挥部在伍德沃德和穆尔的主持下,在“无恐”号两栖突击舰上召开军事会议,制定了旨在实施马岛登陆作战的“萨顿”计划。计划要求英军的军事行动更加紧密地同登陆作战联系起来,具体包括:继续扫清外围,消除阿根廷海空军对两栖登陆的威胁;彻底切断阿根廷海上和空中补给线,使马岛阿根廷守军在人力和物资方面得不到新的增援,在精神上承受更大的压力;轰炸岛上机场、雷达站、加油站和其他军事设施,特别是几个沿岸港口的岸防工事;勘察登陆地区航道和海湾的水文、地质及障碍物,派出侦察分队上岛,侦察阿军的兵力部署、工事构筑、火力配系和障碍物设置等情况;派出足够的军舰,实施广泛佯动,迷惑敌方。同一天,英国宣布把禁区扩大到离阿根廷大陆12海里以外的地方。

按照计划要求,自5月9日起,英军飞机和军舰连续数日对马岛军事目标进行袭击。在这个过程中,英军发现在马岛西岛北端的海峡口有一个小岛,岛上有阿军的一个简易野战机场及部分强击机和侦察机,还开设有雷达站。这个小岛就是贝卜尔岛。英特混舰队指挥部认为,这个小岛对英军未来在马岛登陆构成了很大威胁,于是决定摧毁这个障碍。同时认为,对贝卜尔岛进行空袭很容易引起阿方对该岛的注意,进而暴露登陆点的选择方案,而且,采取空袭手段效果也不一定好,因此决定派出特种部队实施登陆突袭。

5月11日夜,“特别舟艇中队”的8名侦察人员首先乘直升机到达贝卜尔岛附近的坎塔依斯岛,然后乘橡皮舟秘密上岛,昼伏夜动,观察并查清了岛上的阿军飞机、人员和各种设施的配置情况,选定了机降区。5月14日凌晨,负责突袭行动的50名突击队员又乘直升机上岛,按照侦察人员所掌握的情况,进入指定位置。随后，突击队员用自动夜视激光测距仪测定岛上机场的位置，并将这些数据发给离岸两公里处的“格拉摩根”号驱逐舰。舰指挥所收到情报后，立即在计算机上编出114毫米舰炮的射击程序，以每2秒1发的速度向岛上机场进行轰击。突击队员则分成几个行动小组，分别奔向指定的其他目标，迅速摧毁了这些目标。

英军的这次行动事实上已经叩响了马岛的大门。但是，由于阿根廷军方认为，自4月7日英宣布对马岛实行封锁以来，英军的重点是摧毁马岛军事设施，寻歼阿海上和空中目标，故而判断英军的指导思想是打一场旷日持久的消耗战，以此削弱阿方的实力，压阿方在谈判中作出让步，因此，没有能够判断和掌握英军的真实企图，从而在军事上进一步陷入被动。

7. 国际调停

4月15日，美国国务卿黑格再次抵达阿根廷首都布宜诺斯艾利斯。美国政府派出特使出面调停，开始时曾受到了阿根廷和英国的欢迎。阿根廷认为，美国同阿根廷同为美洲国家，两国间长期保持着良好关系，美国的调停最低限度会是中立的。英国则认为，美国同英国是全球战略上的密切合作者，美国站在英国一方是毫无疑义的。事实证明，英国的自信是有根据的。美国非常担心马岛危机会给其全球战略利益带来影响，因此，希望这一事件尽快平息下去。对阿根廷，它采取的是以劝说为主，必要时不惜施加大压力的方针；对英国采取的则是以支持为基调的立场。黑格再度访阿，正是带着这样一种政策来的。在同阿根廷领导人的会谈中，他发现阿方的强硬态度同其所面临的局势以及所做的战争准备很不相称。因此，他着意分析了阿根廷所面临的局势，指出，英国最终收复马岛的决心是巨大的。之后，黑格提出了新建议：双方撤军，岛上建立由阿、英、美3方参加的行政机构；自1982年12月起开始就马岛归属问题举行谈判；在岛上举行公民投票，听取岛民对归属问题的意见；阿根廷同马岛保持商业关系。针对美国的建议，阿方作出了认真考虑。阿方意识到，局势的发展已经把双方推到了做出最后决断的边沿，如果说哪一方原先摆出的强硬态度是为了促使事态向着相反方向发展的话，那么现在这一态度就只能是一种对本来愿望的直接表示了。而且，阿军本身的准备并不充分，三军的协调至今仍是个老问题，岛上的防务也不能使人放心。有鉴于此，加尔铁里总统于4月19日主持军人执政委员会会议，拿出了一个新方案。这一方案除否定由美国参加马岛事务外，同意在1982年12月31日前通过协商解决冲突。阿方的这一方案受到黑格的欢迎，客观上也为和平带来了一线希望。但是，阿政府和军队中持强硬态度的人认为，英军的军事行动不足以对阿军构成威胁，同时，鉴于阿根廷人民的爱国情绪正处于巅峰状态，采取让步势必在国内造成混乱，因而应该撤回这一方案。4月19日下午4时，当黑格怀着满意的心情准备离开布宜诺斯艾利斯时，在飞机上收到了阿根廷外长科斯诺·门德斯的信，信上说，“谈判必须在1982年12月31日结束并谈出结果，这是绝对重要。绝对必要的条件。谈判的结果必须包括承认阿根廷对这个群岛的主权。”这事实上又否定了几小时前提出的建议，回到了原来的立场。4月25日英国重占南乔治亚岛以后，尽管美国又提出了新的调停建议，但是由于仍没有涉及承认阿根廷对马岛主权的问题，因而遭到了阿根廷的拒绝。而在军事上逐步取得主动的英国，这时却摆出了一副十分愿意谈判的姿态。4月30日，美国在一再敦促阿根廷接受它所不能接受的新建议未能奏效的情况下，宣布停止调停，支持英国，中止向阿出口一切军事物资，禁止向阿发放军事销售许可证，中止商品信用公司向阿提供保证。美国的态度使阿根廷感到大为吃惊和愤慨。由于美国撤出调停，双方停止谈判。

战争第三阶段：登陆与抗登陆（5月21日~6月14日）

英国在同阿根廷进行外交谈判和对马岛海域实施封锁的同时，始终没有放弃最终在马岛实施登陆的目的及其准备工作。特别是在美国撤出调停之后，基于对战争形势发展的判断，英国更加紧了登陆作战的准备。在5月7日特混舰队指挥部最后通过“萨顿”两栖登陆计划之后，作为特混舰队后续部队的第五步兵旅3000余人于5月12日搭乘“伊丽莎白二世女王”号客轮从南安普敦港启程，开往战区。在作好登陆准备的同时，英国利用外交、新闻和军事等手段，极力掩盖其登陆的真实企图，以保证最大限度地达成登陆行动的突然性。5月21日，特混舰队指挥部经过对战争形势以及天候、阿方动态等多方面情况的综合分析，下达了实施登陆的命令。

1. 英军选择登陆点

“萨顿”计划最终确定的登陆点是马岛东岛的圣卡洛斯港。英军考虑到：登陆作战的最终目标是位于东岛的马岛首府斯坦利港，因此如果登陆点选在西岛显然是不合适的。东岛的东部是斯坦利港，也是阿军主力所在地，是英军所要回避的；南面是一个自东北向西南延伸的曲折海岸，地形复杂，没有良好的上陆点，而且特混舰队的舰只大多处于马岛北部，向这一地带机动很容易暴露登陆企图；北面是一片开放式的海岸，极易受到阿根廷空军和海军航空兵的袭击。因此，选择东岛的西面（北端）在逻辑上虽然是冒险的但却是正确的。东岛西面（北端）地形的特点是，一个叉状的海湾从福克兰海峡向东插入陆地，这个海湾称为圣卡洛斯湾。此湾北部一个海叉称作圣卡洛斯内湾，通往圣卡洛斯港，湾的北侧是范宁港，从这里向东至圣卡洛斯港之间约10公里的地段是理想的登陆场，而范宁港北部一片叫范宁岬的小山则是良好的观察点和设置防空导弹的场所；此湾南部的一个海叉叫圣卡洛斯水道，优点是水深域宽，适于停泊大型舰船，便于登陆部队换乘。

2. 英军展开登陆行动

5月20日，英国两栖突击编队在福克兰海峡东北200海里的海面完成集结。编队中的军舰有大型两栖突击舰“无恐”号和“勇猛”号、登陆舰“杰拉恩特爵士”号、“加拉哈德爵士”号、“贝德维尔爵士”号、“佩塞瓦士爵士”号、“特里斯特拉姆爵士”号、“兰斯洛特爵士”号，滚装渡船“埃克尔”号，运兵船“堪培拉”号以及6艘护卫舰。登陆部队为先期出发的陆战队和伞兵全部兵力，包括陆战队第三突击旅的第四十、四十二、四十五突击营，伞兵第二、三营，第二十九炮兵突击营，以及坦克、防空和工兵分队共5000多人。此外还有“海王”式、“威塞克斯”式、“小羚羊”式和“支奴干”式直升机，各种建制武器装备、登陆器材和后勤物资。

下午4时，编队收到特混舰队副司令克拉普准将从“无恐”号两栖突击舰下达的登陆命令。此时，一直活动在马岛东面的两艘航空母舰开始向南机动，并不顾恶劣天气带来的危险，起飞多批“海鹞”式战斗机，对马岛南部的古斯格林和达尔文港等地区进行牵制性攻击。部分舰艇在斯坦利港以北的伯克利港进行了佯动。

当晚11时30分，先头舰只驶入了福克兰海峡北口，布置了警戒舰，用雷达和声纳搜索海面和水下可能出现的阿潜艇和军舰。5月21日凌晨2时，突击编队全部驶入福克兰海峡，登陆舰开始向叉型的圣卡洛斯湾开进。3时30分，特种部队在登陆部队副司令汤普逊准将的直接指挥下开始行动。“特别舟艇中队”的突击队员乘直升机上陆，向登陆点的阿军哨所发起攻击，占领了哨所，俘虏了阿军士兵，同时在选定的滩头侦察敌情，勘察地形，清除障碍。5时许，登陆舰驶入圣卡洛斯湾南北两个水叉。登陆部队每个营派出1个排充当警戒分队，首先乘摩托艇上岸，同“特别舟艇中队”的突击队员们汇合，在各自部队的上陆滩头布置警戒哨，控制附近的制高点，设立掩护火力点。6时30分，登陆部队主力开始上陆。登陆兵分批乘登陆舰上岸，直升机则往来于登陆舰和陆地之间，运送火炮、坦克、吉普车和防空武器。至上午10时左右，第一波2800名英军官兵和大部分装备上陆完毕。部队上陆后，士兵们立即开始构筑阵地，炮兵用105毫米野战炮、81毫米追击炮并协同“蝎”式坦克组成地面火网，防空分队则在山上架设起由全天候盲射雷达控制的“轻剑”式地对空导弹。

英军上陆之后，防空问题迅速突出出来。为此，特混舰队指挥部作出部署，组织了一个由四层对空火力组成的防空网。第一层，由从航空母舰上起飞前来执行战斗巡逻任务的“海鹞”式战斗机用“响尾蛇”式空空导弹截击阿方飞机；第二层，由配置在福克兰海峡北口的驱逐舰和护卫舰用“海标枪”和“海狼”式导弹拦截阿机；第三层，由配置在圣卡洛斯湾出口的护卫舰用火炮和导弹组成又一道拦截火力网；第四层，则由圣卡洛斯湾内的“无恐”号、“勇猛”号两栖突击舰上的火炮、“海猫”式导弹和岸上的“轻剑”式防空导弹、“吹管”式肩射防空导弹以及高射机枪组成最后1道火力网。

3. 阿军举行空中反击

英军的登陆达成了突然性，但阿根廷在发现英军大量军舰云集福克兰海峡的异常情况后，立即警觉起来。5月21日上午，马岛守岛部队派出侦察机前往英军登陆点侦察，在查明情况后，立即组织了大规模的空中反击。

5月21日当天，阿军共出动“幻影”式和A－4“天鹰”式飞机约30架70多架次，分几个波次向圣卡洛斯英军登陆场发动空中攻击。攻击中，英军的“热心”号护卫舰被击沉，另有4艘军舰被击伤。5月22日，不知何故阿军没有派出飞机连续攻击，使英军获得了极其宝贵的一天。5月23日下午2时许，阿机又恢复了大规模空袭。阿根廷飞行员表现了突出的勇敢精神。为了保证轰炸效果，不少飞行员将攻击高度降到最低限度。有时飞机甚至撞断了英舰的天线。5月23、25、26三天时间里，阿军平均每天出动飞机约120架次，又先后炸沉和击沉英军“羚羊”号护卫舰、“考文垂”号驱逐舰和“大西洋运送者”号大型运输船。在几天的空中反击中，阿军本身也付出了很大的代价。

值得提及的是，阿军对“大西洋运送者”号的攻击。5月24日晚，针对英军登陆后的形势，阿根廷总统加尔铁里亲自主持召开军事会议。第二天就是阿根廷国庆节，因此，会议着重研究了如何以更加有力的行动粉碎敌人的登陆计划，以新的胜利庆祝这一节日的问题。会议决定，为了使有限的空中力量发挥更大作用，应采取两套办法，一方面继续攻击英军的登陆滩头和舰只，另一方面主动寻击其航空母舰，以此对英特混舰队造成巨大的震慑，破坏其整个登陆计划。根据会议决定，阿根廷海军和空军破例进行了协同合作，将兵力分成两部，一部继续向登陆地区执行轰炸任务，另一部则随时听令出动，打击英航空母舰。

5月25日下午，阿海军航空兵司令部收到发自斯坦利港的情报，得知英航母编队正在马岛东北方向100海里海面活动，随即下令在里奥格朗德基地待命的2架“超级军旗”式战斗机前往攻击。双机经空中加油后，以超低空飞向目标。由于没有侦察机配合，飞行员几次打开雷达，跃升到有效高度探测目标，都未能查明哪个目标是航空母舰。16 时 30 分，双机进入导弹发射的有效范围，于是再次拉起飞机，从雷达荧光屏上选择了最大的一个目标，按动了导弹发射按钮。显示在机载雷达屏幕上的正是英国航母编队，但是，飞行员选择的那个最大的目标并不是航空母舰，而是集装箱运输船“大西洋运送者”号。该船排水量 1.8 万吨，全长 230 米，宽 30 米。由于它体积较大，而且距阿机来袭方向最近，因此，被阿根廷飞行员当成了航空母舰。“大西洋运送者”号在全然不知的情况下被导弹击中，船体顿时起火并进水，船员们在灭火无效的情况下被迫弃船。船上的3架“支奴干”式大型直升机、6 架“威塞克斯”式直升机，以及一大批急需的军用物资随船一起沉入了大海。

阿根廷航空兵的反击最大限度地贯彻了阿根廷军事当局的作战意图，给英军造成了严重损失。但是，由于实力的限制和英军的抗击，它并没能起到完全破坏英军登陆计划的作用。英军在猛烈的空袭下，继续扩大登陆成果。至 5 月 25 日晚，第一梯队 5000 多人，连同 3.2 万多吨作战物资和工程机械全部上陆完毕，登陆场面积由登陆第一天的 25 平方公里扩大到 150 平方公里。英军还在岛上建立了补给基地，通讯枢纽和简易机场，并把部分“海王”式直升机和“海鹞”式战斗机移到了岸上。从这时起，激烈的战斗也就从海上移到了陆地。

4. 英军向斯坦利港开进

当阿军的空中反击还在进行时，英军登陆部队副司令汤普森准将已开始着手部署登陆地区的环形防御。然击，英国战时内阁从伦敦发来命令，要求上陆部队立即向马岛首府斯坦利港开进。因为英国战时内阁估计到，由于英军的登陆，残酷的地面战斗即将展开，因此，联合国可能通过一项要求双方就地停火的决议。这样一来，英国地面部队将处于距斯坦利港数 10 公里之外的不利位置，即将到手的胜利果实也有丢失的可能。根据战时内阁的命令，登陆部队指挥部又不得不在立足未稳之时，改变原计划，作出向斯坦利港开进的部署。

阿军在斯坦利港外围共设有 3 道防线。第一道为肯特山、挑战者山、查林杰山一线，是前哨警戒线；第二道为浪顿山、两姐妹山、哈里特山一线，是主要阵地；第三道为无线岭、欲坠山、威廉山、工兵山一线，是最后防线。最后一道防线被阿军自称为“加尔铁里防线”。圣卡洛斯和斯坦利港处于马岛东岛的东南两端，中间横亘着一大片没有道路、荒无人烟、难以逾越的山地。向斯坦利港进军，惟有经过南北两侧的沿海小路。走北路，依次要通过道格拉斯和蒂尔两个居民点，走南路，则必经达尔文港和古斯格林两地。由于阿军早先估计英军可能在此登陆，加之这里有一个野战机场，因此，在此部署了 2 个营共 1600 人的兵力。根据地形和阿军防御态势，英军的决心是，南北两路分进合击，向斯坦利港外围发动钳形攻势，待后援的步兵第五旅上陆后，向斯坦利港发起总攻。具体部署是，北路由陆战队第四十五营担任先锋，伞兵第三营跟随其后，依次攻取道格拉斯和蒂尔两地，进抵肯特山一线；南路由伞兵第二营担任先锋，负责攻克达尔文港和古斯格林。陆战队第四十和四十二营担任预备队。工兵分队负责修筑道路，直升机部队则负责吊运重武器装备。

北路英军两个营按计划于 5 月 28 日攻下了道格拉斯和蒂尔两地，并于 5 月 31 日攻克肯特山一线阿军阵地。作为预备队的陆战队第四十二营一部也被空运至此一线。

南路的伞兵第二营在达尔文和古斯格林同阿根廷守军打了一场硬仗。该营于 5 月 27 日夜间离开登陆场后，经过短时战斗，于 28 日凌晨占领了预定的进攻出发地域。在白天对达尔文港的进攻中，英军遇到了登陆以后阿军最顽强的抵抗。既设阵地上的机枪、火炮和“普卡拉”式与“天鹰”式飞机的空中支援，阻挡了英军的进攻。英军得不到急需的火力支援，担负炮火支援的“箭”号护卫舰为躲避阿军飞机的空袭撤到了安全区，“海鹞”式飞机也因机场上空浓云密布而无法起飞。在交火中，英军伞兵第二营营长琼斯中校阵亡。下午，英军调整部署，派出 1 个连加强原先担负攻击任务的 2 个连。不久，天气放晴，“海鹞”式飞机立即执行了近距空中支援任务。这些措施使英军夺回战场主动权，攻克了达尔文港。29 日晨，伞兵 2 营得到了陆战队第四十二营 1 个连的加强，以 5 个连的兵力向古斯格林发起最后攻击。阿军被迫放下武器，宣布投降。在这场战斗中，英军付出了亡 17 人，伤 35 人的代价。阿军则有 250 人阵亡，1200 人被俘。至此，英军又打开了通往斯坦利港的南大门。

5. 英军发动总攻

当进至斯坦利港外围的英军开始巩固阵地，补充物资的时候，换乘以后进入战区的英军第五步兵旅于 5 月 30 日开始在圣卡洛斯上陆。同期抵达的英国地面部队指挥官穆尔少将也带指挥班子登上了马岛，他随即从汤普森旅长手中接过了指挥权，开始组织两个旅对斯坦利港实施决定性的攻击。

穆尔在组织最后的攻击时，首先遇到了 1 个刻不容缓的战术问题，即，是将 1 个旅派出担任主攻，另一个旅作预备队，还是令 2 个旅共同发起攻击。经征求部属意见，最终采取了第二方案，由第三突击旅从肯特山——查林杰山一线阵地沿北部轴线发起攻击，由第五步兵旅在布拉夫湾以外沿南部轴线发起进攻。

命令下达后，第五步兵旅旅长威尔逊准将开始组织本旅向距圣卡洛斯数十公里外的布拉夫湾的集结。这时，一个十分意外的问题发生了：马岛松软的地质使该旅2个机械化营的重装备和战斗车辆无法通行。为此他决定，1个廓尔喀步兵营继续向古斯格林开进，另2个营，即苏格兰第二近卫营和威尔士第一近卫营重新上船，经东岛南部沿海在布拉夫湾进行2次登陆。

6月5日，苏格兰第二近卫营登上"勇猛"号突击舰，次日登陆成功。而在6月7日登上"加拉哈德爵士"号和"特里斯特拉姆爵士"号登陆舰的威尔士第一近卫营却遇上了麻烦。两艘登陆舰于6月8日在布拉夫湾外海遭到了阿根廷航空兵的空袭，其中"加拉哈德爵士"号被炸沉，"特里斯特拉姆"号和另一艘担任护航任务的"普利茅斯"号护卫舰受重创，31名士兵和18名水手阵亡。在遭受了这次损失后，英军终于按计划于6月10日完成了总攻准备。

6月11日黄昏，英特混舰队的10艘护卫舰组成几个编队从不同方向对斯坦利港进行炮击，以进一步破坏阿军防御体系，吸引阿军注意力。地面部队随之向阿军的第二道防线发起攻击。至次日拂晓，伞兵第三营占领了浪顿山，陆战队第四十五营占领了两姐妹山，第四十二营占领了哈里特山。6月13日，英军向阿军第三道防线发起全面进攻。伞兵第二营攻占了最北面的无线岭，苏格兰第二近卫营同阿军战斗力较强的陆战队第五营激战数小时，夺取了无线岭以南的欲坠山，廓尔喀营占领了威廉山。6月14日晨，英军又占领了最南面的工兵山。

由于第三道防线的失陷，斯坦利港已完全暴露在英军面前。攻城和守城都已没有必要。在这种情况下，阿根廷守岛部队指挥部通过无线电向英军提出停火要求。6月14日下午，英军地面部队司令官穆尔少将同阿根廷守岛部队司令官梅嫩德斯少将举行会晤，双方同意自格林尼治时间当日19时起实行正式停火。

6月19日，英国特混舰队派出一支特混小队抵达南桑德韦奇群岛的图勒岛。2架满载武装人员的直升机在岛上降落，占领了岛上的科学站，迫使阿方全体人员投降。至此，一度被阿根廷占领的马尔维纳斯等3个群岛又重新落入英国手中，历时74天的英阿马岛战争宣告结束。

战争结束后，双方公布了战争损失情况。英国死亡255人，负伤777人，被俘91人，损失舰船6艘，其中25%毁于导弹，75%毁于航空炸弹和火箭；损失飞机34架，其中41.2%被击落，26.4%毁于飞行事故，32.4%随舰船沉入海底。阿根廷死亡746人，负伤1053人，被俘11845人；损失舰船9艘，其中66%毁于火箭、鱼雷和炸弹，33%被缴；损失飞机

132 架，其中 26.1% 毁于空空导弹和舰炮，73.9% 毁于地空导弹和高炮。然而，政治上的得失是无法统计的。1982 年 6 月 17 日，阿根廷总统莱奥波尔多·福尔图纳托·加尔铁里将军辞职，几天后因被指控对战争的失败负有全面责任而被捕。内政部长圣琼担任临时总统，空军司令拉米·多索任军人执政委员会主席。战争的胜利为英国保守党内阁争得了荣誉，并为保守党在不久后举行的大选中再次获胜奠定了基础。由于阿根廷在战后保留了对马尔维纳斯等 3 个群岛主权归属的原有立场，因此，这场战争并没有最终解决问题。英国为了保护胜利果实，加强了岛上的防务，而阿根廷则开始了争取收复领土的新的斗争历程。

美国入侵格林纳达

1983 年 10 月 25 日凌晨，美国出动"快速部署部队"，采用突然袭击手段，对加勒比海岛国格林纳达发动了一场海空联合入侵，这是自越南战争失败以来美国最大的一次军事行动，一时间，格林纳达这块过去几乎无人知晓的弹丸之地成为全世界瞩目的中心。对此，人们不禁要问，美国这么一个具有世界头号军事和经济实力的当代超级大国，为什么会对小小的格林纳达大动干戈呢？

格林纳达的战略地位和美国入侵的背景

格林纳达是位于中美洲加勒比海的一个小岛国，由主岛格林纳达岛和卡里亚库岛、小马提尼克岛等附属岛屿组成，陆地总面积为 344 平方公里。其中格林纳达岛南北长 34 公里，东西最宽处为 19 公里，面积约 310 平方公里，整个岛屿平面呈石榴状仰卧于加勒比海之中。格林纳达总人口约 11 万（1982 年统计），其中黑人占 80%，混血人种占 15%，其余为加勒比印第安人和白人。格林纳达通用英语，另外还有一种法语和当地土语相混合的独特方言。大多数居民信奉天主教和基督教。首都为位于格林纳达岛西南海滨的圣乔治，人口约 1.2 万，是一个天然良港。格林纳达岛多山，全岛地势由中部向四周逐渐低平。岛上气候宜人，年平均气温 24C，多雨，年降水量为 1900 毫米。格林纳达半数以上人口从事农业，主要农产品为肉豆蔻等香料作物，故有"香料岛"之称。工业极为落后，仅有十来家制作饮料、香烟和服装等的小工厂。旅游业较发达，为国民经济的支柱产业之一。

格林纳达最初由哥伦布于 1498 年 8 月 15 日在其第三次美洲之行中被发现，当时被命名为康塞浦森岛。随后，西班牙人开始在该岛建立殖民地，并从非洲运来大批黑奴。1608 年,英国试图在该岛移民,但未成功。1650 年,法国政府从法商手中购得此岛。1763 年,英国依据凡尔赛条约从法国手里割占了该岛,此后,一直统治该岛达 200 余年,直到 1974 年格林纳达宣布独立。

格林纳达地方虽小,但其战略地位十分重要。格林纳达位于加勒比海东部的小安的列斯群岛南端,西濒加勒比海,与巴拿马运河遥遥相对,东临大西洋,扼加勒比海出入大西洋的东部门户,历来为兵家必争之地。

格林纳达独立后,成为英联邦成员国,由统一工党执政。以埃利克·盖里为总理的统一工党政府奉行亲西方和亲美的政策,引起了在野党"新宝石运动"的不满。"新宝石运动"又称"争取福利、教育和解放的联合进军"运动,成立于 1972 年,由格林纳达亲前苏联和古巴的人士组成,主张"恢复一切民主和自由",举行"自由和公正的选举",实行"经济革命化",建立"人民参政的国家",走社会主义道路。该运动于 1979 年 3 月 13 日发动政变,推翻了盖里政府,成立了以莫里斯·毕晓普为总理的新政府。毕晓普政府成立后,在外交上奉行向前苏联和古巴"一边倒"的政策。大量接收前苏联和古巴的经济和军事援助,成立"人民革命军"和民兵队伍;由古巴派出工程部队在岛上修建新的"旅游机场",其主跑道长达 3000 米。美国认为"格林纳达已经成为前苏联和古巴的殖民地,用来作为输出恐怖行动和颠覆民主的基地"(里根总统语)。如果格林纳达被苏古完全控制,由格林纳达、古巴和尼加拉瓜三国的机场构成的"铁三角",将使作为美国传统"后院"的中美洲加勒比海地区处于苏、古作战飞机的威胁之下,美国海上运输线的畅通和本土的安全将受到严重威胁。格林纳达有成为"第二个古巴的危险"。由此,美国便不断向毕晓普政府施加压力,处心积虑地试图推翻格林纳达的亲苏古政权,将其纳入"民主"国家之列。随着格林纳达形势的发展,格实质上已逐渐成为美苏争霸和美古矛盾的一个斗争焦点。

迫于美国的压力,毕晓普政府开始采取措施缓和与美国和其他西方国家的紧张关系。1983 年 6 月 7 日,毕晓普还亲自访问美国,并与美国达成了一项"谅解"。但是,毕晓普的上述行动引起了政府内部以副总理科尔德和政府军司令奥斯汀为首的亲苏古"强硬派"的激烈反对,并且前苏联和古巴对此也耿耿于怀。10 月 13 日,强硬派突然发动政变,将毕晓普软禁起来。19 日,数千群众在首都圣乔治游行支持毕晓普,并将毕晓普解救出来,随之,这些人与政变者发生冲突,毕晓普又重新落到政变者手中,当天便被秘密处决。20 日,军方接管政权,并成立了以奥斯汀为首的"革命军事委员会",格政权落入亲苏古的强硬派手中。

政变“使里根政府有了它所需要的派遣海军陆战队的借口：由于格林纳达成立新政权，居住在该岛的上千名美国人遇到了危险。”加之惧于苏、古、格“输出革命”的东加勒比组织于21日开会，要求美国出兵格林纳达，22日，美国副总统布什便召开国家安全委员会计划小组会议，初步决定出兵。24日，美国总统里根再次召开国家安全委员会计划小组会议，正式决定出兵。当时的美国国防部长温伯格在其回忆录《为和平而战》中宣称，美国是为“……救出在那里（格林纳达）的美国人，使他们不至于被抓起来当做人质，避免再次出现1979年在伊朗所发生的那种事。”应加勒比各国的“紧急要求”而决定出兵的。上述情况表明，格林纳达10月政变给美国入侵提供了契机，成为美国入侵格林纳达战争的导火索。

美国的战略企图和作战计划

美国的战略企图为：以解救美国在格林纳达的侨民为借口，集中优势兵力，速战速决，推翻政变政权，扶植亲美新政府，同时慑服其他中美洲国家亲苏古的政治势力，以对抗前苏联和古巴在中美洲“渗透”和“扩张”。

为实现这一企图，美国参谋长联席会议制订了详细的作战方案。据温伯格在其回忆录中透露，最初制订的方案主要内容是：海军陆战队将在珍珠机场附近的贸易港口的东北部登陆，而突击队将空降到格林纳达西南部的萨林斯机场，这两支部队会合后，迅速向北，向西行进，去营救美国学生，然后，与特种部队一道救出总督，占领电台，释放关押在鲁帕特要塞和里奇蒙山的其他政治犯。方案制订好后，参谋长联席会议又根据总统、国防部长等人的指示，以及侦察得来的情报对方案作了进一步的补充、修改。至24日晚6时，里根总统签署命令，入侵格林纳达的方案被批准实施，行动代号为“暴怒”。

美军入侵行动的总指挥是坐镇于华盛顿的大西洋舰队司令威廉·麦克唐纳海军上将；第二舰队司令约瑟夫·麦特卡夫海军中将为战场指挥官。美军先后投入的主要作战兵力为：各型舰船15艘，主要包括航空母舰1艘（关岛号，排水量7.8万吨，载机85架）、导弹巡洋舰1艘、导弹驱逐舰1艘，驱逐舰2艘，以及包括1.83万吨的两栖攻击舰“关岛号在内的两栖舰船5艘；各型陆基与舰载飞机和直升飞机共230架；地面部队主要包括陆军第八十二空降师1个旅部率4个营（5000人）、特种部队第七十五团2个营（700人）、海军陆战队1个加强营（1900人）等。上述部队均来自美“快速部署部队”。另外，巴巴多斯、牙买加、圣文森特、圣卢西亚、多米尼加和安提瓜等六国还派出396人的分遣队配合美军行动，这支分遣队实质上是一支警察部队。

战争爆发前，“独立”号航空母舰编队和“关岛”号两栖攻击舰编队已于10月23日到达格林纳达周围海域，并在格岛周围建立了半径为50海里的海空封锁区，对格林纳达实施全面封锁。24日，美军又将部分陆军别动队员和武器装备运往距格岛只有250公里的巴巴多斯。同日，配合美军行动的加勒比国家的部队也集结于巴巴多斯。与此同时，美国本土的参战部队也进入临战状态。

格林纳达守军计有：格政府军2个步兵营、1个野炮连、1个高炮连，共约2000人，主要装备步兵轻武器，包括冲锋枪、机枪、火箭筒、120毫米迫击炮、23毫米双联高炮等，另外还有少量苏制BTR—60型装甲输送车，没有海空军，也没有坦克、大口径火炮等重武器；格方民兵约2000人；不过，格林纳达还有负责在格修建机场的一个约700人的古巴工兵营，据美方在战后发表的缴获的花名册透露，在格林纳达的该营内含2个步兵连、1个追击炮连和1个机枪连，由托尔托洛上校指挥。据美方实战体验，这部分古巴人的战斗力颇强。

格政府军部队主力部署于首都圣乔治周围以及格岛西南海岸地区，一部部署于珍珠机场，格方的2000民兵多分散部署。古巴工兵营则主要部署于萨林斯机场及其附近地区，以及从该机场到首都的公路线上。

1983年10月25日拂晓，随着格林纳达珍珠机场的第一声爆炸，美国入侵格林纳达战争正式爆发。战争历时共8天，大体上可分为2个阶段。

第一阶段（10月25日~28日）：南北对进，控制要点

25日晨4时30分，美军舰载航空兵对珍珠机场实施航空火力准备。5时，来自84—1陆战队两栖戒备大队的400名海军陆战队，从集结于珍珠机场以东水域的“关岛”号两栖攻击舰搭乘直升机，直接在珍珠机场跑道上垂直登陆，接着，后续部队约800人分别搭乘直升机和登陆艇登陆。美军在珍珠机场只受到少量敌军的轻微抵抗。经2小时战斗，美军便完全控制了珍珠机场。然后，美军继续向机场附近敌据点进攻，占领了格伦维尔。美军在这一方向上的战斗行动十分顺利，基本上是按原计划进行的。

但是，美军在格岛西南方向的行动却比预计的要困难得多。

在攻击珍珠机场的同时，美陆军特种部队第七十五团2个别动营约700人，分乘18架C—130型运输机，在AC—130E型武装运输机的掩护下，从低空掠过加勒比海，扑向格林纳达，准备在格岛西南端的萨林斯机场实施伞降。在飞机到达目标之前，机上别动队指挥

官获悉机场及其附近高地配有大量防空武器，于是决定跳伞高度由原计划的1200英尺（约366米）降至500英尺（约152米），以减少伞降时的损失，这将是二战后美军最低跳伞高度。伞降前，从“独立”号航空母舰起飞的A—6和A—7型舰载攻击机对机场守敌实施了航空火力准备，5时36分，伞兵乘坐的运输机到达萨林斯机场上空，并立刻开始伞降。地面火力非常强，以至第一连美军跳伞后，伞降活动不得不暂时中止。AC—130E飞机被召来压制敌防空火力，15分钟后，伞降活动才得以继续进行。在伞降过程中，机场守军对空火力基本上没有中断，美军部分伞兵伤亡，许多降落伞上弹洞累累。别动队员着陆后，立即投入地面交战，经过激战，美军于7时15分控制了机场。此时，机场周围格方抵抗力量还比较强，机场上美军不断遭到火力袭击。美军别动队队员冒着密集的狙击火力清除机场跑道，同时向机场周围的格方抵抗力量进攻，占领了位于机场附近的圣乔治医学院校园，以“保护”那里的大约500多名美国学生。下午2时，后续部队第八十二空降师2个营和多国警察部队共约1500人陆续到达，并立即投入战斗。美军在航空火力支援下，继续打击机场附近的抵抗力量，巩固了机场，占领了弗里昆特。随后，除留多国警察部队保卫机场以外，主力兵分两路：一路向北，沿滨海公路向首都圣乔治方向发展进攻；另一路东进，经特鲁布卢、圣乔治医学院，向卡尔维尼格兵营方向发展进攻。

在萨林斯机场激战的同时，美军“海豹”部队的一个11人小组顺利伞降于位于圣乔治的总督官邸，营救斯库恩总督。但当队员准备携总督一家撤离时，3辆古巴人操纵的BTR—60装甲车将总督一家连同美军“海豹”小组成员一起包围在总督官邸内。为解救被围的总督，同时为配合南路美军迅速攻占圣乔治，麦特卡夫将军调整了作战计划：珍珠机场方向美军不再从陆路向圣乔治进攻，而是改走海路。为此，除部分海军陆战队员留在珍珠机场方向担负警卫任务外，其余240名海军陆战队员返回“关岛号，并乘该舰从格岛北面迅速绕到格岛西海岸圣乔治以北约1公里处的大马尔弯附近海域。19时30分，陆战队员乘登陆艇登陆，随同登陆的还有坦克和装甲车共18辆。登陆后，经12小时的通宵战斗，歼灭了包围总督府之敌，救出了总督及“海豹”小组成员。

经过25日1天的激战，美军夺取了两个对战争具有决定意义的机场，在圣乔治以北开辟了新的战场，从而与萨林斯机场方向的美军形成了从南北两路对格首都实施夹击的有利态势。

鉴于格方抵抗比预料的要强得多，为达到速战速决的目的，美军又紧急从国内增调部队和作战物资，至26日，美军在格林纳达的地面部队总数已达6000余人，形成了3倍于格军的优势。西部美军继续以优势兵力南北对进，逐个攻击沿途格方据点，向首都圣乔治逼近，东路美军则向卡尔维尼格兵营攻击前进。26日，陆战队攻占格军司令部所在地弗雷德里克堡。27日，陆战队占领卢卡斯堡和军事要地里奇蒙山监狱；东路美军在卡尔维尼格兵营遇到激烈抵抗，经苦战，攻占了该兵营，缴获了大量武器和文件。28日，美军南北两路终于会师圣乔治，完成了对格首都的占领。至此，美军完成了对格岛要点的控制，整个入侵行动的主要战斗结束。格军溃散，零散武装人员退往北部和中部山区，继续抵抗。参战的古巴人一部分伤亡，大部分被俘。

第二阶段（10月20日～11月2日）：清剿残敌，巩固胜利

针对格方残余抵抗力量孤立分散，隐藏地形复杂等情况，美军化整为零，以连排为单位，空地配合，清剿残敌，搜捕政变主要领导人。

10月29日，美军在圣乔治郊区抓获政变主要领导人之一前副总理科尔德。30日，前"革命军事委员会"主席奥斯汀被俘。11月1日，"关岛"号两栖攻击舰编队奉命驶抵格岛以北32公里的卡里亚库岛，搜索残敌。登陆兵力共2个连（300人），其中1个连乘20架直升机在该岛首府哈维以北的野战机场垂直登陆，另一个连乘13辆登陆车在哈维以西的海湾登陆，登陆人员经7小时搜索，俘获15名格军，并发现一军火库，别无其他收获，于是便返舰离岛。

至11月2日，美军顺利完成了清剿任务。残敌基本被肃清，缴获了大量武器弹药和文件，美军完全控制了格林纳达，战争遂告结束。战争结果，美军仅18人阵亡，90人受伤，损失直升机10余架。格军亡40余人，被俘15人，其余逃散。古巴人亡69人，伤56人，被俘者达642人。

美方战略指导和战术运用的特点

美国入侵格林纳达战争是一场"一边倒"的战争。美军在战争过程中始终掌握着主动权，并最终以很小代价，在短时间内就完成了对格林纳达的占领，达成了战略目的；而格林纳达方面则处处被动、处处挨打，8天之内就落得个丧权辱国的局面。之所以如此，究其原因，除了双方武器装备数质量差距巨大；国力对比悬殊；格林纳达国土太小，无持久作战的回旋余地；格又是个岛国，远离前苏联和古巴，外援易被断绝等方面原因外，美方正确的战略指导和战术运用对美国这次军事行动的成功也起了极为重要作用。

从战略指导和战术运用上看，美方

主要有以下几个特点：

1. 预有准备，未雨绸缪

面对前苏联和古巴在中美洲的挑战，美国早就有必要时在这一地区进行武装干涉的准备。长期以来，美国利用侦察卫星、高空侦察机一直保持着对这一地区，尤其是其中亲前苏联、古巴的国家的严密监视。美国在80年代初建立的"快速部署部队"的一个重要作战方向就是这一地区，这支部队对这一地区的行动不但有预案，而且还通过训练和演习等手段不断完善作战方案。对格林纳达，美军早在1981年就在波多黎各的韦克斯斯岛举行过侵格模拟演习。从古巴工兵营进驻格林纳达修建机场的那刻起，美国就通过侦察卫星监视施工进度，同时派出地面特工人员前往该国收集地理、水文和军事部署等方面情报，为尔后可能的军事行动作准备。据外电报道，入侵前9周，美国陆军特种部队和海军陆战队部分人员还进行了为期9周的针对格林纳达作战的专门演习。10月20日，即毕晓普被暗杀的第二天，美国国防部长温伯格在美国总统尚未作出出兵决定之前，就同意了参谋长联席会议主席维西上将的建议，命令"独立号"航空母舰以及去黎巴嫩接防美军的海军陆战队补充舰队改航朝南行进，到格林纳达附近随机待命。所有上述行动，都为美军适时出兵并夺取胜利打下了良好的基础。

2. 抓住时机，果断出兵

美国入侵格林纳达是蓄谋已久的，但一直苦于没有恰当的时机下手。格林纳达的10月政变给美国提供了难逢的良机。因为格政变使全国处于一片混乱状态，军心不稳，人心涣散，新政权一时难以在全国建立威信，恢复秩序。此时入侵，易收事半功倍之效。另外，格林纳达的内乱还给美国提供了入侵的借口："救出那里的美国学生。"于是，美国在毕晓普被处决的第二天便命令军队处于战备状态，第四天就正式作出出兵决定，第六天出兵。否则，如果美国出兵太晚，一旦格林纳达国家局势稳定下来，前苏联和古巴与新政权的联系进一步加深，美国再出兵就困难了。

3. 突然袭击，速战速决

越南战争的失败给美国的主要教训之一就是采用战争手段必须力争做到速战速决。在这次侵格战争中，美国仅用4天就完成了主要战斗任务，8天之内结束了战争，全面控制了格林纳达。美方为了能达成速决，主要采取了以下两项措施：一是集中了绝对优势的兵力兵器；二是力争达成突然性。在集中兵力方面，美军先后投入的兵力对格方形成了9∶1之优势，美格双方舰船之比为15∶0，各型军用飞机之比为230∶0。为了达成战争的突然性，美方主要作了以下努力：1. 利用苏军击落南朝鲜客机事件、驻黎巴嫩美海军陆战队被炸事件，转移国际社会的注意力;2. 进行新闻封锁,禁止记者随入侵部队采访;3. 打着与加勒比海多国警察部队进行“联合演习”的幌子,隐蔽集结兵力;4. 利用拂晓,从多方向对格古兵力密集区突然发动进攻。另外,原计划调往黎巴嫩的舰艇编队在接到转航格林纳达的命令并执行以前的行动,客观上也起到了转移视线的作用。所有上述行动都为美军达成速决提供了有力保障。

4. 多种战法配合,充分发挥高技术装备威力

美军是一支装备高度现代化的军队。为充分发挥技术装备的优势,美军针对格林纳达是个岛国,四面环海,境内多山,格古军队部署比较分散等实际情况,在作战中,十分强调各军兵种的密切协同;在登陆作战时,以垂直登陆为主,广泛采用伞降和机降等手段,从多方向迅速登陆,歼灭守军主力,并向纵深发展;在控制要点作战和清剿作战中,广泛进行空中机动作战,避开不利地形,歼灭孤立分散之敌,加速了战争进程。

世界上下五千年

世界历史的通俗性普及读物

姜忠喆／主编

辽海出版社

叁

三次瓜分波兰

1764年4月，叶卡特琳娜二世和弗里德里希二世签订了“友好”同盟条约，其中明文规定要“维护”波兰的现存制度，必要时向波兰进驻俄普军队。同年，当波兰举行国会选举时，俄国立即派出5万重兵开抵俄波边境，施加压力。结果，叶卡特琳娜二世的情夫斯坦尼斯瓦夫·奥古斯特·波尼亚托夫斯基当选为波兰国王。波尼亚托夫斯基登上王位后，站在俄国一边，结成反土耳其的“波俄联盟”，并允许东正教徒出任公职。

第一次瓜分前的波兰，如同一个垂危的病人，没有多大力量抵抗外国的侵略。普鲁士国王弗里德里希二世担心，如果让俄国独吞波兰，便不能实现自己对波兰早就怀有的领土野心。因此，普鲁士首先提出与俄奥两国共同瓜分波兰的主张。

1768年，弗里德里希二世打算带着自己草拟的瓜分波兰的计划，首先前往奥地利与奥国皇太子约瑟夫进行密商。奥地利惧怕俄国的扩张威胁自己的安全和利益，有与普结盟共抗俄国的愿望。但是，这次密商由于奥皇玛丽亚，特莱西娅的反对而未能成行。玛·特莱西娅之所以反对普奥接近，因为弗里德里希二世是她的死敌。次年8月下旬，约瑟夫背着母亲前往西里西亚与弗里德里希二世会见。这次会见未达成协议，但使普奥两国关系有所改善。1770年9月上旬，约瑟夫和首相考尼兹前往当时属于普鲁士的摩拉维亚再次与弗里德里希二世会晤，双方达成了瓜分波兰的默契。

弗里德里希二世懂得，如果没有俄国的参加，瓜分波兰是不能成功的。1770年末，他派遣自己的弟弟亨利亲王前往彼得堡。在叶卡特琳娜二世的同意下，亨利亲王开始草拟瓜分波兰的条文。沙皇俄国早有独吞波兰的野心，只是由于它在俄土战争(1768—1774年)中陷入困境，暂时放弃这个打算，同意俄普奥三国瓜分波兰。在俄普代表彼得堡密商的同时，普鲁士抢占了波兰西部大波兰的一部分，并对格但斯克地区虎视眈眈；奥地利也突然侵入波兰南部克拉科夫附近的山区。

1771年6月，俄普就瓜分波兰进行正式谈判。翌年2月，俄普两国同意奥地利参加瓜分波兰，1772年5月，俄普奥三国在彼得堡举行谈判，并于8月5日签署了第一次瓜分波兰的条约。

根据条约规定，普鲁士占领除格但斯克(但泽)以外的波莫瑞地区、除托伦市以外的海鸟姆诺省、马耳博克省和瓦尔米亚省等波兰的波罗的海沿岸地区、一部分大波兰地区以及库雅维地区，共计面积3.6万平方公里，人口58万。俄国占领德维纳河、德鲁齐河和第聂伯河之间的大部分白俄罗斯地区，包括里夫兰省、波沃茨克省的北部、维捷布斯克省、姆什切斯拉夫省和明斯克省的东南部，以及拉脱维亚的一部分地区，面积共达9.2万平方公里，人口130万。奥地利占领维斯瓦河和桑河之间的地区（包括克拉科夫省、桑多米什省南部），加里西亚的大部分（包括利沃夫、波多利亚和沃伦的一部分），共计面积8.3万平方公里，人口265万。

普鲁士在划定边界时又从波兰夺取了华沙西北的戈普沃地区和库雅维的另一部分。奥地利除了条约规定外，也夺取了波兰的维也伯热和布格河之间的地区。

1772年9月18日，叶卡特琳娜二世以俄普奥三国瓜分者的名义发表宣言，声称瓜分是为了"恢复波兰的和平与秩序"。俄普奥三国在条约签订后的第二年，即1773年4月中旬，逼迫波兰国王波尼亚托夫斯基批准这个瓜分条约。

波兰实行的是议会制度，在国王批准条约之前必须先经国会讨论通过。在俄普奥的胁迫下，1773年5月在华沙召开了波兰国会。为了防范波兰人民的反抗，在国会召开之前，俄普奥三国分别派重兵开进波兰。国会开会那天，三国军队层层包围了国会大厦。俄国驻波兰大使率领普奥两国大使傲慢地进入会场，以霸主姿态监视国会进行。开会之前，俄国大使代表三国对会议进行威胁说，如果有人胆敢反对瓜分条约，那么三国政府将进行报复。会议宣布开始后，全场雅雀无声，没有一个议员上台发言。这时，由俄普奥三国收买的几名议员提议推举臭名昭著的波奸波宁斯基为议长。还没有等到有人附议，波宁斯基就自动走上了议长席。这时一位来自立陶宛的爱国议员雷腾愤怒地高喊："议长必须由大会选举产生，岂能一人提名就登上议长席！"会场里顿时哗然。"驱逐外国恶魔！""应忠于波兰民族！"的呼叫声此伏彼起。波宁斯基一看情况不妙，急忙退出会场，溜之大吉。这一天的国会没有作出任何决定就散会了。

第二天，国会继续开会。警戒更加森严，会场入口处站满了荷枪实弹的俄国士兵。非议员一律不准入内，拒绝所有公众旁听。俄普奥三国代表强令到会的议员们表态支持瓜分条约。不少议员退出会场，以示抗议。以雷腾为首的爱国志士喊出了“头可断，血可流，波兰领土不可丢”的庄严口号。在这种情况下，俄普奥三国把国会撇在一边，直接逼迫波兰国王批准了瓜分条约。波兰爱国志士听到这一不幸消息，无不悲愤欲绝。雷腾不忍目睹祖国的灭亡，拔刀自刎。

波兰第一次被瓜分，总共失去了约35%的领土和33%的人口。

祖国被瓜分的严酷现实唤起了仁人志士的爱国热情。为了收复失地，洗雪国耻，维护民族独立，1776年，一些爱国议员向国会提出了革除弊政、富国强兵的改革建议。波兰国王波尼亚托夫斯基在领土被瓜分、强敌压境、国事日非的严重形势下，不得不接受大多数议员的改革要求，议员们一致拥护并推选爱国志士安德烈·扎莫伊斯基负责起草改革方案。扎莫伊斯基查阅古今法政文献，参照西欧各国宪法，草拟了改革方案。其主要内容是：废除“自由选王制”，改行“世袭国王制”；废除“自由否决权”，改行“多数表决制”；废除“农奴制”，改行“自由农民制”；废除贵族特权制度，允许市民参加政权；发展工商业，奖励国际贸易，等等。就这个改革方案的内容来看，基本上适应了中小贵族和新兴资产阶级的需要，有利于加强中央集权、维护民族独立、削弱大贵族的特权。由于部分波兰大贵族的反对和俄普奥三国的暗中煽动，1780年，波兰国会否决了扎莫伊斯基的改革方案。

1787年，俄国与土耳其又发生战争；同时，普、英、荷、瑞等国准备对俄奥开战。俄普奥三国忙于战争，彼此之间又有矛盾，因而给了波兰一个喘息之机。在西欧，特别是法国启蒙运动的影响下，1788年9月，在华沙召开了旨在改革的波兰国会。1789年法国资产阶级革命的惊雷，震撼了波兰大地。以著名爱国思想家和社会活动家胡果·科翁泰、斯坦尼斯瓦夫，斯塔希茨为首的波兰中小贵族和新兴资产阶级联合起来，建立了“爱国主义党”他们提出要改善农民的地位，变农奴为自由民，使农民的权利得到法律的保护，实行货币地租制，取消劳役制；提高市民阶层和中小贵族的地位。显然，爱国主义党企图通过改革运动来削弱国内封建贵族的权力，争取民族独立和解放，从而为发展资本主义扫清道路。

在“四年国会”期间，广大爱国志士在国会内外，为维护祖国的独立和领土完整，反对俄普奥的侵略和奴役而斗争。法国革命的胜利，不仅鼓舞了波兰人民的斗争精神，也为波兰的改革提供了借鉴。在广大爱国志士的积极活动下，国会终于通过于1776年扎莫伊斯基的宪法改革方案，拒绝了沙皇俄国要波兰出兵土耳其为俄国助战的要求，并把波兰的国防军增加到10万人。波兰政府还照会各国驻华沙大使，要求俄国尽快从波兰撤军。对此，俄国大使蛮横地回答："决无意从波兰撤军！"

1790年3月，普鲁士与波兰订立所谓《波普同盟条约》。普鲁士当局"指责"俄国军队赖在波兰不撤走，却只字不提普军的撤离问题。同年年底，普鲁士以所谓补偿普鲁士的关税损失为借口，向波兰提出了割让托伦和格但斯克的要求。在广大爱国志士和人民的强大压力下，波兰政府拒绝了普鲁士的要求。波兰国会于1791年初通过一项《国土完整议案》，表示"今后波兰领土寸土不割"。

同年5月3日，波兰国会经过激烈的辩论，不顾俄普奥的武力威胁，通过了胡果·科翁泰等起草的著名的《五·三宪法》。《五·三宪法》的主要内容是：给各城市选举议员的权利；宣布农奴为自由农民；以天主教为国教，但其他各教派也有传教自由；废除"自由选王制"，实行"王位世袭制"；废除"自由否决权"，改行"多数表决制"，实行三权分立，即立法权归两院组成的国会，行政权归国王及其任命的内阁，司法权归法院；没有国会的同意，国王不得制定法律或与外国缔结条约，但有权指挥全国军队及任命文武大臣。《五·三宪法》的产生，是爱国主义党力图限制大贵族的特权以加强中央集权的一种尝试，它为以后波兰资本主义的发展创造了条件。

《五·三宪法》的通过得到波兰全国人民的热烈拥护，引起了俄普奥三国政府的强烈不满。1791年，叶卡特琳娜二世声称："波兰之政制行之百十年而无弊端，今反更张，实属谬举。"沙皇俄国一方面打击改良派，说他们与"法国的雅各宾党人无异"，"其目的无非是夺取政权"；另一方面则用重金收买反对新宪法的波兰大贵族。1792年4月27日，在沙皇政府的策划和庇护下，一小撮大贵族在波俄边境城市塔尔果维采拼凑了一个"塔尔果维采同盟"，发动反对波兰中央政权的叛乱。同年5月，这个同盟认贼作父，引狼入室，以维护国内"秩序"，"保障和平"为名，把俄国的10万大军"请来"，对波兰进行公开的武装干涉。曾与波兰订立同盟的普鲁士，不仅拒绝援助，也乘机出兵侵略波兰。

波兰军民奋起抵抗俄普侵略军。开始，他们取得了一些胜利。由于波兰尚未来得及根据《五·三宪法》的决定组织起强大的武装力量，加之俄普军队两边夹击，波兰的武装力量最后还是遭到了失败。

1792 年俄普把波兰人民的改革和反抗镇压下去以后，着手策划对波兰进行新的瓜分。当时奥地利已卷入反法战争，无暇东顾，未参加第二次对波兰的瓜分。

1793 年 1 月 23 日，即第一次瓜分波兰 20 年以后，俄普两国以防止所谓“雅各宾瘟疫”在波兰扩散为名，在彼得堡签订了第二次瓜分波兰的协定。根据这个新的协定，普鲁士攫取了格但斯克、托伦两市，以及琴斯托霍瓦——索哈切夫——佳乌多沃一线以西的大波兰地区的几个省，腊维奇省的一部分和玛佐夫舍的一部分，共计面积 58300 平方公里，人口 110 万。俄国抢占了德鲁亚——平斯克——兹布鲁齐一线以西的乌克兰、白俄罗斯地区（包括明斯克）和立陶宛的一部分，共计面积 25 万多平方公里，人口 300 万。

如同第一次瓜分时一样，在沙皇政府的策划下，1793 年 6 月 17 日在远离改革运动中心华沙的格罗德诺召开波兰国会，以“批准”瓜分条约。俄国大使希维尔斯亲临格罗德诺，一面用金钱收买国会议员，一面派兵包围会场，并威胁道：“在议员未投票承认条约之前，军队不放他们离开会场。”沙俄当局的威胁，激起了议员们的极大愤慨，拒绝投票。双方僵持了一个多月。9 月 23 日，俄国大使派兵冲进会场，逮捕了 4 名议员。这一暴行更激起了波兰国会议员的愤怒。他们质问俄国大使，凭什么理由非法冲进会场逮捕议员”这位大使蛮横地回答：“逮捕即逮捕，何须理由！”会场鸦雀无声，议员们静坐不语，以示抗议。最后俄国大使竟说，诸位沉默，我政府即认为你们已承认条约。亲俄派议长毕亚林斯基马上随声附和，说什么“沉默即表示同意”。宣布全体一致通过条约，国会散会。就这样，在敌人刺刀下的“哑巴会议”，在法律上承认了第二次瓜分波兰条约。这已是 9 月 24 日拂晓的事。

波兰第二次瓜分后，国家面临着灭亡的命运。在民族危亡之际，一部分进步的小贵族和新兴资产阶级分子开展活动，准备起义。爱国主义的鼓动在城乡劳动人民中得到了广泛而热烈的响应。起义的火焰首先在波兰古都一克拉科夫城点燃了。

领导克拉科夫起义的是波兰民族英雄塔代乌什·科希秋什科（1746—1817 年）。科希秋什科出生于一个乡村小贵族家庭。1776 年他参加了美国独立战争，并以其杰出的军事和组织才能立下赫赫战功，深受美国人民敬佩。1792年，他以将军的身份参加波兰军队的反俄战争，后流亡国外。1794年2月末，科希秋什科从巴黎秘密回到克拉科夫。3月24日，他率领4200多名波兰骑兵和步兵，在克拉科夫广场庄严宣布举行民族起义，进行“不胜则亡”的宣誓。科希秋什科号召波兰军民奋起驱逐外国占领者，严惩卖国贼，恢复1772年波兰被瓜分前的疆界，为祖国的独立和民族的解放而斗争。他强调指出，波兰社会各阶层“在祖国面前，不论其职业、出身如何，也不论是贵族、僧侣、市民、农民，还是犹太人，一律平等。人人都要为祖国效劳”。

科希秋什科率领起义军向华沙进击，沿途人民纷纷参加，起义队伍不断壮大，达4000多人。4月4日，起义军与优势的俄军在克拉科夫以北的腊茨瓦维采附近初次交锋。参加起义的农民志愿军——“镰刀军”奋勇作战，经过5个小时的激战，总计歼敌3000人，夺得大炮12门，击毙了俄军指挥官，取得了这次战役的胜利。首战告捷，威震敌胆，鼓舞了人民的斗志，打击了俄军的气焰。

起义军胜利的消息很快传遍全国，起义风暴席卷维斯瓦河两岸。同年4月17日，首都华沙的手工业者和城市平民在鞋匠扬·基林斯基以及梅耶尔的领导下，发动了声势浩大的起义。经过两天激战，打败了占优势的俄军，华沙宣告解放。

1794年夏，科希秋什科领导的起义开始衰落。其时，除俄军外，普军也从西里西亚向起义军进攻。6月6日，起义军一部在西部城市科齐内被俄普联军打败。6月13日，俄普军队采取一致行动，包围华沙。在腹背受敌、敌我力量悬殊的情况下，科希秋什科率领首都军民展开了英勇的保卫战。10月10日，在华沙省的玛契约维采附近的战役中，起义军陷入俄军的重围。浑身血污、多次负伤的科希秋什科率部突围，不幸坠马被俘。11月6日，俄军攻入华沙。8个多月的波兰人民起义失败了。

科希秋什科领导的爱国起义被镇压下去以后，波兰第三次被瓜分临近了。在瓜分前夕，普鲁士抢占了克拉科夫；奥地利抢占了桑多米什、卢布林省和海乌姆诺地区以及沃沦地区；沙皇俄国则把涅漫河和布格河流域的波兰领土划入自己的版图。1795年1月，俄国为拉拢奥地利作为自己反对土耳其的盟国，同时也由于奥地利是俄国的宿敌——资产阶级法国的敌人，俄奥背着普鲁士缔结密约，把克拉科夫划给奥地利。

1795 年 10 月 24 日，俄普奥三国经过谈判签订了第三次瓜分波兰的协定。根据协定，奥地利获得了直至维斯瓦河和布格河交点以南的领土：包括克拉科夫、卢布林在内的全部小波兰地区，乌克兰的西部和玛佐夫舍的一部分，共计 47500 平方公里，人口 50 万。俄国把上次瓜分前处于波兰疆界内的立陶宛、库尔兰、西白俄罗斯、乌克兰、沃伦西部即直到涅曼河和布格河一线为止的领土，共计 12 万平方公里并入了自己的版图，人口 120 万。普鲁士夺取了其余的西部领土：波莫瑞西部地区、格但斯克地区、瓦尔米亚、大波兰地区的剩余部分、玛佐夫舍的其余部分和华沙，共计 5.5 万平方公里，人口 100 万。

波兰被俄普奥三国瓜分完毕，它作为一个独立国家灭亡了。从此以后，波兰人民分别置于俄普奥三国侵略者的铁蹄之下，长达 100 多年，直至 1918 年赢得民族独立。在波兰灭亡之后，亡国之君波尼亚托夫斯基于 1795 年被押送到彼得堡，依靠俄普奥三国的年金，过着被软禁的生活。1796 年 11 月，叶卡特琳娜二世死去，波尼亚托夫斯基被遣送回波兰的格罗德诺。不久，他又回到彼得堡，1798 年 2 月 12 日，他在那里去世，终年六十六岁。

在 1772、1793 和 1795 年三次瓜分波兰中，沙皇俄国夺取波兰的土地共 46.2 万多平方公里，约占原波兰国土的 62%；普鲁士夺取 14 万多平方公里，约占 20%；奥地利夺取 13 万平方公里，约占 18%。就夺取的土地面积而言，沙俄最多。在瓜分波兰的过程中，沙皇俄国起了决定性作用，是瓜分波兰的罪魁。有的历史学家说“奥地利和普鲁士是瓜分波兰的倡议者和主要负责者”，这不符合历史事实。

美国独立战争

华盛顿与美国独立

公元 1774 年 8 月 1 日，弗吉尼亚殖民地的地方会议举行紧急会议，商讨动摇波斯顿人民的办法。在这次会议上，有一个身穿上校制服，一向沉默寡言的议员走上讲台，激昂慷慨地说道：“我要自己出钱招募一千名壮士，并亲自带领这支队伍去救援波斯顿！”说这话的，便是后来领导美国独立战争，接着又当选为美国第一任总统的乔治·华盛顿。

华盛顿原为弗吉尼亚的一个大种植园主。他在不到十岁的孩童时候，一次和一群孩子在后园里顽耍，把他父亲最

独立战争

心爱的一棵大树给砍倒了。他父亲发现后,气恨恨地追问那棵大树是谁砍的。在场的家里人,都吓得不敢说话,华盛顿不遮不掩地说是他砍的。对此,他父亲不但没责怪他,还夸他日后很有出息。

后来,华盛顿当过测量员,在西部新开辟的俄亥俄河流域做过土地投机生意。当时在北美洲,英国殖民者与法国殖民者经常发生边境冲突。就在这些边境冲突中,华盛顿初次崭露头角,当上了弗吉尼亚地方武装的指挥官。在“七年战争”(1756—1763 年)期间,华盛顿率领弗吉尼亚地方武装配合英国正规军,在北美大陆上与法军作战,把法军殖民者的势力赶出了北美大陆。他在这次战斗中,积累了一些军事经验,成为北美殖民地著名的人物之一。

尽管如此,像华盛顿这样有钱有势的大庄园主,也和英国殖民当局有矛盾。“七年战争”结束后,北美殖民地人民原以为可以向西扩散来获得土地,但英国政府却把阿巴拉契亚山脉以西的土地当做王室的私产,阻止北美殖民地人民向那边移动。公元 1774 年初,英国政府颁布《魁壮克法案》,把俄亥俄河以北的大片土地划归加拿大的魁壮克省管辖。这一项法案,使华盛顿丧失了几万英亩土

华盛顿像

地的所有权。所以,当北美殖民地人民反英斗争风起云涌之际,华盛顿站在大种植园主、大资产阶级的立场上,也参加了反英斗争的行列。

公元1774年9月,北美13个殖民地,为了商讨共同对付英国的办法,各自派遣代表到费城开会,这就是历史上所说的第一次“大陆会议”。华盛顿作为弗吉尼亚殖民地的代表之一,出席了这次会议。

华盛顿当选为美国第一任总统

这次会议之后,列克星敦战斗的消息,像闪电一样激发了北美殖民地人民的爱国热情。各地人民同仇敌忾,斗志昂扬。他们纷纷自备武器,自带口粮,组成民兵队伍,举着大旗,擂着战鼓,雄赳赳、气昂昂地来支持波斯顿人民。几天之内,汇集在波士顿城外的民兵队伍就有两万多人。公元1775年6月27日,有2000名民兵在波士顿港北面的班克山与英军进行了一场血战,他们显示了惊人的战斗力和革命的英雄气概,使英军为之丧胆,打破了关于民兵不能与正规军作战的神话。

这时,华盛顿正代表弗吉尼亚殖民地出席于1775年5月10日在费城开幕的第二届大陆会议。在革命人民的推动下,第二届大陆会议成了北美殖民地人民最高的革命政权机关。它下令募集志愿军,发行纸币,向国外购买军火,并把汇集在波士顿附近的各地民兵整编为“大陆军”。华盛顿被大会一致推选为大陆军总司令。

公元1775年7月3日,华盛顿骑马来到波士顿附近的剑桥,就任大陆军总司令。他把他的坐骑拴在一棵大榆树下,举起剑来接受军官们和兵士们的敬礼。当时大陆军根本没有统一的服装,武器也都参差不齐,用华盛顿自己的话来说:“营地上全是武装起来的老百姓,而不像是一支军队。”华盛顿徘徊观望,没有立即向英军发动进攻。只是当民兵游击队在南、北卡罗来纳打退了企图在南方登陆的英军之后，华盛顿才以大军包围波士顿，切断了英军陆上供应线，使之成了一个死港。在这种恐怖下，英将豪乌才被迫于1776年3月17日率军撤离波士顿。从此，英军在北美殖民最重要的一个据点便转到人民的手中了。

不过直到这时，大陆会议都仍旧是畏首畏尾，不敢与英国公开绝裂，不敢宣布独立。华盛顿还把他统率下的大陆军，叫做“英王的部队”，意思是说，他只反对英国殖民当局在北美的暴政，仍拥戴英王。只是人民群众热火朝天的革命斗争，才把美国独立战争推向高潮。

北美独立战争的序幕

公元1776年7月4日，在人民群众的压力下，第二届大陆会议通过了由托马斯·杰佛逊起草的《独立宣言》。《独立宣言》第一次用纲领的形式表达了资产阶级的政治要求，并向全世界宣告：北美13个“联合起来的殖民地从此成为而且理应成为自由独立的合众国。”接着，纽约城的人民打破英王乔治三世的铜像，用以制造子弹。

《独立宣言》的通过和发表，标志着美国的诞生。原先的英属北美13个殖民地，这时成了美利坚合众国最早的13个州，而7月4日这一天，后来就定为美国的国庆日。

当美国宣布独立之际，英将豪乌在英国海军配合下，卷土重来，用35000人的兵力攻打纽约城。华盛顿率军18000人进行抵御。经过几次激烈的战斗，美军损失惨重，最后不得不撤离纽约。当华盛顿于1776年12月8日渡过特拉华河向西撤退时，身边的部队只剩下5000人了。然而，美国人民要求独立的坚强

1789 年在纽约举行的华盛顿总统授权仪式

决心,使华盛顿和人民一起连续作战。公元 1776 年圣诞节(12 月 25 日)华盛顿在渔民的帮助下,回兵重渡浮着冰块的特拉华河,以迅雷不及掩耳之势向英军反攻,取得了特伦顿之战的胜利。接着,在 1777 年 1 月 3 日,他又用夜间突袭的战术,在普林斯顿地方,打败了军英。这两次胜利挽回了美军的颓势。

公元 1777 年 9 月,英军占领了当时美国的首都费城,气势汹汹,嚣张一时。华盛顿率兵在费城附近抵抗了几阵,连遭失败,不得不退往伏基谷以度寒冬。在伏基谷,华盛顿和他的军队处境极为困难。然而,就在这时,美国民兵在北部战场上赢得了大捷。1777 年 10 月,民兵把一支从加拿大南下的英军包围在纽约州北部的萨腊托加城。经过激战,迫使这支英军的残余部队 5600 余人缴械投降。萨腊托加大捷,大大提高了美国人民必胜的信心,并且扭转了整个战局。

在独立战争的后一阶段,战事的重心已移到英国的南方,1780 年 5 月,英

向约克镇进军

军倾巢出动，在美国南方发动强大攻势，企图以此来挽回败局。南方各地人民奋起自卫，他们自发地组织起民兵游击队，用机动灵活的游击战术来对付敌人。在1780年10月的王山战役中，南方的民兵游击队，歼灭了英军一支主力部队。这一胜利使英军在南方无法立足，最后被迫退往弗吉尼亚州的约克顿。

这时，战争形势已经起了根本性变化，英军由优势变为劣势，美军由劣势变为优势，决战的时刻终于到来了。

在英军退入约克顿后，华盛顿调动一切可以调动的兵力，加上法国派来支援的海陆军，一齐到约克顿来合围。英将康华里在经过一番挣扎之后，势穷力竭，于1781年10月10日率部众8000人投降。

约克顿战役之后，美国独立战争基本上胜利结束了。公元1783年9月3日，英国与美国签订《巴黎和约》，正式承认美国独立。

美国独立战争是美国人民为了摆脱英国的殖民压迫而进行的民族解放战争，实际上是一次资产阶级革命。华盛顿作为美国独立战争的领导人，在历史上起了一定的进步作用。

美国独立战争后，华盛顿代表大种植园主，大资产阶级的利益，主持制定了1787年的《美国宪法》。1789年4月，华盛顿当选为美国第一任总统。

华盛顿任过两任总统，卸任后回到他在弗吉尼亚州的那座地主庄园——维尔农山庄，乔治·华盛顿于1799年12月14日病逝。

杰斐逊和《独立宣言》

1776年7月4日，从大西洋沿岸到阿巴拉契亚山，从波士顿到萨凡纳，整个北美殖民地沉浸在一片欢庆之中。在费城，教堂钟声齐鸣，兵士列队，鸣枪致贺，全城沸腾。人们举行集会，把英国国王乔治三世的画像，焚烧在熊熊烈火之中，他们高兴地说："我们甚至连那个不配治理自由人民的国王的影子也给销毁

《独立宣言》起草者杰斐逊

了……”在其他一些小城镇，人们也是奔走相告，连呼万岁。这一天，北美殖民地的广大人民，正在以高度热情迎接着《独立宣言》的通过和宣读。《独立宣言》为什么会有如此巨大的魔力、牵动着北美的几百万颗心呢？历史的原委，都是跟杰斐逊这个伟大的名字联系在一起的。

激动的纽约市民冲向广场，捣毁乔治三世的塑像

杰斐逊出生于1743年，北美殖民地时期南部的革命中心弗吉尼亚的阿尔贝马郡沙得韦尔乡村。他的祖辈是英国威尔士人，后来移居到了北美。据说母亲祖先出身高贵，是苏格兰贵族。父亲是个中等种植园主，经营烟草种植，他早年也作过土地测量员，还是弗吉尼亚的第一任治安法官。

1760年，杰斐逊进入南部著名的高等学府，威廉——玛丽学院，在这里，他广泛地接触哲学、历史、自然科学和文艺作品，深受启蒙思想，特别是洛克的“天赋权利”论的影响。杰斐逊在校期间，一直是一个以勤奋好学、勇于探索、视野开阔而著称的人物。1762年毕业以后，他又专门学了五年法律，当了七年律师，使他更加熟悉了当时的法规和条例。

杰斐逊在政治上初露头角，是1769年。这一年，他当选为弗吉尼亚议会议员。在议会里，他坚决主张释放黑人奴隶，并且积极领导抵制英货的运动。

到七十年代，随着北美殖民地经济

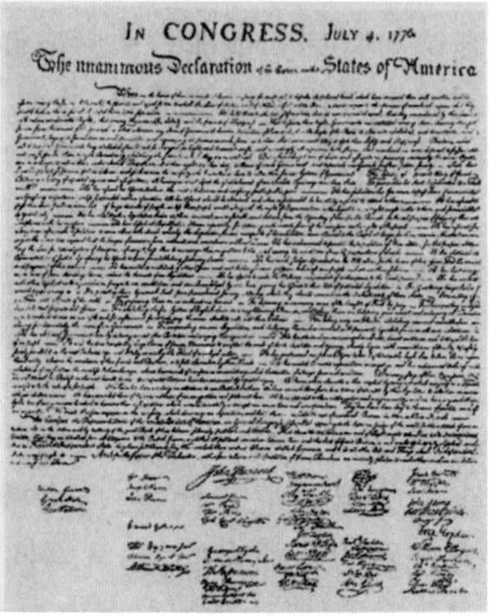

《独立宣言》文本

的发展，和英国对殖民地压迫政策的加强，两者之间的矛盾日趋激化。在这个革命风暴孕育的日子里，杰斐逊成为当时的左翼领袖和鼓吹美国资产阶级民主革命的号手。1774年，他发表了《英属美洲权利概述》一文，淋漓尽致地揭露了英国殖民者的高压政策，否定了他们的殖民权利，号召广大人民群众起来，制止英国的侵略活动。这篇文章引起极大地反响，一些同情殖民地抗英斗争的英国人士，把它大量翻印，装订成册，在伦敦广为传播。此外，它的词句和论述，还常常被当时的英国议员大量引用，作为他们的理论炸弹，用来抨击本国政府的高压政策，往往弄得英国政府处境尴尬。所以，伦敦当局一直把杰斐逊看成是个危险人物，把他列入了“黑名单”。

1775年4月，莱克星顿和康科德的广大人民，对英国殖民军，进行了武装反抗，打响了美国独立战争的第一枪。革命烈火锤炼了杰斐逊，使他更加成熟起来。这年5月，33岁的杰斐逊坐着敞篷四轮马车，带着两名黑人奴仆，经过长途跋涉，来到费城，代表弗吉尼亚出席第二届大陆会议。当时，他下榻的地方，是一幢新建的三层楼住宅，他占用了整个二楼的卧室和客厅，在这里起草了美国《独立宣言》。

当时，北美殖民地群情鼎沸，纷纷要求摆脱英国而独立。特别是弗吉尼亚，率先作出决定，断绝同英国的联系。为了适应这种形势的新发展，6月11日，大陆会议指定杰斐逊、富兰克林、约翰·亚当姆斯、谢尔曼和李文斯敦等五人，组成一个委员会，准备起草一个北美独立的宣言。经过商定，委员会把这项宣言的起草工作，委托给年富力强的杰斐逊。

杰斐逊长于写作，他以高度的政治热情，接受了这个起草工作。从6月11日到28日，他独自躲在下榻的二层楼上，写出了《独立宣言》初稿，并提交大会讨论。经过两天半的讨论和修改，1776年7月4日，最后通过。这时候，与会代表互致祝贺，全地一片欢腾。

《独立宣言》以磅礴的气势，流畅的笔调，概括了英法民主主义思想家提出的政治理论和革命原则，它庄严地向世界宣布："人人生而平等，他们都从他们的'造物主'那边赋予了某些不可转让的权利。为了保障这些权利，所以才在人们中间成立政府。而政府的正当权力，则系得自被统治者的同意。如果遇有任何一种形式的政府变成是损害这些目的的，那末，人民就有权利来改变它或废除它，以建立新的政府。这新的政府，必须是建立在这样的原则的基础之上，并且是按照这样的方式来组织它的权力机关，庶几就人民看来那是最能够促进他们的安全和幸福的。"宣言阐发了"天赋人权"和"权利在民"的学说；论述了人民有权废除旧政府，建立新国家，以保护人民权利的思想。从而，给北美独立提供了理论武器。

《独立宣言》控诉了英王的种种暴行，它指出："现今大不列颠国王的历史，就是一部怙恶不悛，倒行逆施的历史。"接着，它列举了 1763 年以来，英国政府的种种虐政，从而，综述了迫使美国人民争取独立的种种原因。

《独立宣言》最后以美利坚合众国人民的名义庄严宣告："这些联合殖民地从此成为、而且名正言顺地应当成为自由独立的合众国，它们解除对于英王的一切隶属关系，而它们与大不列颠王国之间的一切政治联系亦应从此完全废止。"《独立宣言》以豪迈的语言，宣告了美利坚合众国的成立。

《独立宣言》是宣告美国建成独立国家的正式文件。它在人类历史上第一次以政治纲领的形式，宣告了人民主权的原则；同时，它也是资产阶级上升时期人民要求民主主权的宣言书。《独立宣言》在历史上曾经起到过积极进步作用，它动员广大人民群众为争取民族独立、人民主权而斗争；成为当时美国人民反抗英国殖民奴役、进行革命的有力武器。所以，马克思在写给美国总统林肯的信里，把它称为"第一个人权宣言"；其历史作用由此可以窥见一斑。

然而，杰斐逊的这篇杰作，虽然热情洋溢，反映了资产阶级在上升时期的精神面貌，但它毕竟跳不出当时的历史旋涡，而带有着那个时代的烙印。它所宣扬的"自由、平等、追求幸福"等等，充其量不过是资产阶级和种植园奴隶主们独立享用的东西，对于政治上无权、经济上遭受剥削的劳苦人民来说，这只能是一句虚幻的空话；温饱尚且难保，又有什么自由、平等、幸福可言呢?

《独立宣言》初稿中，本来写进了一

段非常难能可贵的、谴责和痛斥英王乔治三世开创非洲黑奴贸易，煽动黑人与白人之间种族战争的文字，但在讨论修改过程中，被南方奴隶主和北方的大奴隶贩子，认为言词过激，特别是在南卡罗来纳和佐治亚代表的反对下，而最后被删掉了。

杰斐逊虽然是一位重要的启蒙思想家，美国民主传统的奠基人，但他却不具备军事才能。1779 年，他当选为战时州长。当时，英军控制海面，随时都有袭击弗吉尼亚领土、掠夺食物和武器的危险。弗吉尼亚不仅财政匮缺，就连兵员也要仰仗别人支援，作为州长的杰斐逊，困难重重。1780 年，英军向弗吉尼亚进攻，尽管这位州长恪尽职守，但由于他不懂军事，而使他束手无策。眼看着议会横遭破坏，而无能为力，以致招致各方面的指责、诋毁和埋怨。在他实在维系不下去时候，1781 年，辞去州长职务，回到弗吉尼亚，在这里进行了仔细考察，最后将调查手稿，缉录为《弗吉尼亚纪事》一书。《纪事》驳斥了欧洲优势论，充分表达了对自己家乡的热爱和民族自尊感。

美国独立以后，杰斐逊成为当时政治舞台上的活跃人物。1784 年 5 月，他协助富兰克林和约翰·亚当姆斯到法国，同法国签订商约。第二年，他出任美国驻法全权公使；当他驻节巴黎的时候，正是法国资产阶级革命的伟大时代，这时，他不仅冷静地观察各国的动向，而且以极大的兴趣和满腔热情关注着革命的进程。1789 年，联邦政府成立以后，他被任命为美国国务卿。1800 年当选为美国第三届总统。

杰斐逊的晚年是值得一提的。当他年逾六旬，回到家乡的时候，他把自己的晚年，全部献给了美国的教育事业。他制订了大、中、小三级教育制度，确立了美国国民教育的规范。他主张用教育手段，培养德才兼备的“自然贵族”，用以区别于“人为的贵族”。1818 年，他虽然已是七十几岁高龄的老人，但他仍然意气风发，为创建弗吉尼亚大学而贡献着自己最后几年的精力。他骑着马亲自到兰岭勘察校址，从整个校舍设计、施工，到招生开学、聘请学者，他都付出了巨大的劳动；弗吉尼亚大学终于在他辞世的前一年建成。

杰斐逊生活简朴，在他担任总统期间，白宫每天早晨开放，任来访者自由出入。他认为只有这样，才能不远离群众，保持民主作风。

1826 年 7 月 4 日，正当《独立宣言》发表五十周年的时候，杰斐逊逝世，享年八十三岁。杰斐逊一生的事业，完全可以用他自己生前写好的墓碑碑文来概括：

在这下面埋葬的是
托马斯·杰斐逊
著有
《独立宣言》
《弗吉尼亚宗教自由法规》
他还是
弗吉尼亚大学之父

“列克星敦的枪声”

在第一届大陆会议闭幕后，马萨诸塞人民立即行动起来。当托马斯·盖奇(ThomasGage)将军及其英军控制波士顿时，马萨诸塞议会改组为地方大会，并任命了以约翰·汉考克为首的安全委员会，在离波士顿32公里的康科德举行会议，制定抵抗计划，不失时机地储藏枪支弹药。1775年4月初，盖奇企图先发制人，派兵前往列克星敦，企图逮捕约翰·汉考克和塞缪尔·亚当斯，摧毁康科德的军械库。4月19日5时左右，英军遭到列克星敦的民兵阻拦，英军突然开火，民兵猝不及防，死伤十多人。英军在返回波士顿的路上，又不断遭到民兵的袭击。“列克星敦的枪声”和康科德的战斗揭开了独立战争的序幕。

1775年5月，即列克星敦和康科德战斗后一个月，第二届大陆会议在费城召开。在这次会议上，激进派人数增多。富兰克林和杰斐逊出席了会议。第二届大陆会议仍希望避免同英国最后决裂。7月5日，会议通过了致英王乔治三世的请愿书——“橄榄枝请愿书”，表示仍忠诚于英王，向他保证“我们无意结束我们之间长期地和幸福地存在的联合。”但同时，谴责了英国议会，要求英王同意殖民地摆脱英国议会不称职的管理。大陆会议一手执着橄榄枝，一手握着利剑。大陆会议发布了《关于拿起武器的原因的公告》，宣称“我们为我们的敌人所迫而拿起武器，我们要不顾一切危险，使用武器来维护我们的自由，一致决定宁可作为自由人而死，不作为奴隶而生。”会议采取了断然行动，成立了大陆军，任命乔治·华盛顿为总司令。W·乔治·华盛顿(1732—1799)生于弗

英属北美殖民地人民在邦可尔山打响了独立战争的第一枪

吉尼亚一个大种植园主家庭,1752 年继承家业,成为大农场主。曾在英国军队服役。华盛顿之被任命,不仅是由于他在弗吉尼亚议会和大陆会议上表现出的政治才能和在“对法国人和印第安人战争”中担任中校所具有的军事经验,也是为了争取南部殖民地支持以新英格兰为首的反抗运动。

随着战争的爆发,各殖民地的皇家总督大多逃跑或被驱逐,英国在殖民地的统治权力迅速瓦解。到 1774 年年底,大多数殖民地建立了地方议会。康涅狄格和罗得岛是自治殖民地,政府是民选的,因此未进行改组。佐治亚和纽约两殖民地因保守势力强大,未能建立地方议会。自 1776 年 3 月始,各殖民地陆续宣布独立:3 月 26 日,南卡罗米纳地方议会通过宪法,宣布独立,并通过选举建立了自己的政权。不久,新罕布什尔、新泽西宣布独立。弗吉尼亚宣布独立影响最大。5 月 15 日,弗吉尼亚地方议会通过独立决议,并通过两项决定,其一是责成出席第二届大陆会议的弗吉尼亚代表向大陆会议建议“宣布这些联合的殖民地为自由的和独立的邦,解除同大不列颠国王或议会的一切隶属或依附关系。”其二是起草弗吉尼亚的《权利宣言》。6 月 12 日,弗吉尼亚的《权利法案》公布,规定了公民的言论自由、出版自由、由陪审团参加审判等基本权利。6 月 29 日,又通过了《弗吉尼亚宪法》,建立了弗吉尼亚共和体。特拉华和康涅狄格于 6 月 14 日、新罕布什尔于 6 月 15 日、马里兰于 6 月 23 日相继宣布成立共和体。各殖民地相继宣布独立,推动了《独立宣言》的诞生。

《独立宣言》

随着战争的继续进行和英国的不妥协态度,越来越多的人支持宣布独立。有几个因素推动宣布独立:其一是英王决定镇压起义,派遣二万官兵到北美,并宣布大陆会议的所有成员均为叛国者,若被捕,当被绞死。这迫使出席大陆会议的保守派分子也必须采取新的立场;其二是 1976 年 1 月,卓越的民主主义者托马斯·佩恩的《常识》出版,佩恩摒弃了以往依靠法律辩论方法,以通俗激昂的文字阐述了殖民地独立的主张;他谴责英王乔治三世为“皇族野兽”,号召废除王权,建立共和制政府;他主张取消选民财产资格和建立一院制议会的代议机构,经常进行选举,以便经常在选民和被选者之间进行交流,建立共同的利益;他坚信在摆脱欧洲的控制以后,新建立的国家将会强大起来。佩恩的《常识》发行10万多册，广泛传播，在动员殖民地人民同英国实行彻底决裂方面起了巨大作用；其三是华盛顿坚持了对波士顿的包围，于3月迫使威廉·豪的英军由海路撤往哈利法克斯。攻克波士顿增强了殖民地人民争取独立的信心。但英军的撤退，只不过为了等待增援，以准备夏季发动新攻势；其四是大陆会议已派赛拉斯·迪恩向法国谋求援助。6个月后，富兰克林和阿瑟·李也去巴黎协助谈判。宣布独立将有助于取得法国的援助。

1776年7月4日，大陆会议通过了杰斐逊起草的《独立宣言》。《独立宣言》第一部分以简明庄重的文字总结了启蒙运动的政治哲学，特别是关于自然权利的理论："我们认为下面这些真理不言而喻，即：人类生而平等，造物者赋予他们若干不能出让的权利，其中如生命、自由和对幸福的追求。为了保障这些权利，人类才在他们之间建立政府，而政府之正当权利是经被统治者的同意而产生的。任何政府破坏这些目的，人民便有权力把它改变或废除，以建立一个新的政府。"在这里，杰斐逊对洛克的自然权利作了修改，没有提财产权，而是提"追求幸福"的权利。他企图以一个更为广泛但又避开社会内容的口号来说明了美国革命的正当性。宣言的第二部分列举了殖民地的怨情。杰斐逊只谴责英王乔治三世，未提及英国议会。这样做不仅是一种策略，以博得欧洲人民的同情，因为欧洲人可能同情反对暴君的起义，而不反对选举产生的议会。而且，不提及英国议会，等于否定了英国议会与殖民地的法律联系。宣言的第三部分是实质性部分，宣布13个殖民地独立，"我们这些联合一致的殖民地从此是，并依照公理，也应该是自由的和独立的国家。"取消对英国王室效忠的义务，全部断绝同英国的一切政治关系，以自由独立国家的地位，有权宣战、缔和、结盟、通商和采取独立国家有权采取的一切行动。

独立若要得到英国的承认，就必须将战争进行到赢得胜利为止。《独立宣言》不仅激发了美国人民的自豪感，而且进一步巩固了全民抗战的决心和自信。

杰斐逊起草的《独立宣言》初稿中曾谴责奴隶制是"海盗战争"的结果。但由于南卡罗来纳和佐治亚代表的反对，在最后的定稿中将这一段原文删去了。在美国人抱怨遭到英国的奴役的同时，却在北美保留了奴役别人的制度。

《独立宣言》在庄严宣布人的自然

权利的时候，杰斐逊却认为“城市劳动者是恶的体现者和推翻一个国家自由的工具。”宣言漠视印第安人、黑奴的权利。宣言谴责英王煽动奴隶暴动和印第安人袭击白人：“他在我们中间煽动国内的叛乱，尽力引诱无情的印第安野蛮人袭击我们边疆的居民。”宣言所宣布的“人生而平等”的原则也不包括妇女。宣言只是把生命、自由和追求幸福的权利限于白人男子。宣言同样漠视了当时社会上存在的财产上的不平等。所以，在《独立宣言》宣布的时候，富人可以出钱由他人代替入伍出征，而穷人必须入伍当兵。《独立宣言》所宣布的自然权利实质上是有产者的权利。

《独立宣言》鼓舞了大陆军队和民兵的战斗意志。7 月 9 日，华盛顿在纽约向部队宣读《独立宣言》时说：“这一重要文件将进一步推动每一位军官和士兵以忠贞和勇气来行动，领悟到现在在上帝的统辖下，他的国家的和平和安全只有赖于我们的武器的胜利。”

萨拉托加大捷

独立战争开始时，英国是一个头号的资本主义工业强国，有雄厚的经济基础及富源，并且拥有世界上最强大的海军及武器精良的陆军。此外，它还拥有广大的殖民地，有取之不尽用之不竭的人力物力。相反地，北美殖民地的工商业都比英国落后，在物力财力方面，与英国相比，都是望尘莫及的。北美人民就是在敌我力量相差悬殊的情况下与英国侵略军战斗的。

在华盛顿受命为总司令的时候，斗志昂扬的北美民兵队伍已经把波士顿围得铁桶似的。困守波士顿的英军终于不支，到 1776 年 3 月退出该城，同时遗弃了两百门以上的大炮、数千支枪和大量军事物资。

1775 年秋，美军在围攻波士顿的同时，开始了对加拿大的远征。这次远征的目的是为了防止英军利用魁北克为基地夺取哈得逊河流域；也是为了煽动加拿大的法国人起来举行反英起义。1775 年 9 月，美军分两支北上，一支在蒙哥马利率领下越过张伯伦湖，进入加拿大，11 月拿下了蒙特利尔。另一支由阿诺德率领，12 月底两军会师，联合进攻魁北克。蒙哥马利战死，阿诺德继续督军攻打。由于英国军舰开到，也由于军中流行疫病，在进攻魁北克的战役中美军遭到惨败，损失五千多人。到 1776 年 6 月，美军完全撤出加拿大。这次远征虽然失败了，但在此后两年内英方不得不驻屯重兵于加拿大，这就相应地削弱了英军在其他战场上的兵力。

1776年7月，英军占领了纽约附近的斯他登岛。华盛顿乃把军队从波士顿调到纽约附近，结果与英军发生战斗，美军大败，9月纽约落到英军手中。华盛顿的部队退到德拉瓦河的彼岸——宾夕法尼亚境内。12月25日，华盛顿部队突然转入攻势，又渡过德拉瓦河，出其不意地袭击了驻在特灵顿的英军，俘获敌人上千名。美军乘胜前进，又在1777年1月于普林斯顿一带大破英军，迫使英军退到伯灵顿。

1777年初，英国统帅部制定了一个战略计划：以纽约和加拿大为根据地，夺取哈得逊河流域，以便切断美国北部与中部南部之间的联系。按照这个计划，英国当局决定派出三支纵队最后在欧尔巴尼会师：第一支由柏高英将军率领从加拿大出发经过张伯伦湖；第二支在巴利·圣·列格尔中校率领下也从加拿大出发经过安大略湖和摩瓦克河；第三支由克林顿将军统率，从纽约城启程，溯哈得逊河北上。这个计划从战略上来看，有严重的缺点：第一，英国兵力分成三路，使得美方有可能集中兵力予以各个击破。第二，两支纵队从加拿大出发到目的地，路途遥远，必然要出现运输及供应上的困难，加之长途跋涉，势必造成士兵的疲惫不堪，这就使得美军有可能"以逸待劳"，从容不迫地歼灭敌人。而且，这个计划在执行过程中，彼此配合得很不好。在时间上，柏高英的队伍出发过早，没有等待另外两支纵队同时行动。而且，克林顿将军在离开纽约北上之前，曾要求英军最高统帅豪埃将军派增援部队，但是豪埃将军拒绝了这个要求。

1777年6月，柏高英的部队首先自加拿大出发，7月攻占了提康得洛加，然后继续前进。但是在队伍抵达距哈得逊河32公里的地方时，遭到附近美军的一系列袭击，以致行动受到牵制。结果英军费了三个星期的时日才攻下爱德华要塞。但这时英军在供应上又出了问题，于是柏高英便派出军队到附近大肆掠劫。当地农民在美军军官约翰·斯塔克的号召下，纷纷起来抵抗，弄得英军狼狈不堪。

圣·列格尔的队伍出发较晚，当进军到摩瓦克河附近时，在当地居民的狙击下，无法继续前进，因而这支纵队只好退回加拿大。

当柏高英队伍在爱德华要塞一带因供应不足而无计可施和圣·列格尔在摩瓦克河沿岸不断挨打的时候，克林顿才最后领兵出动。在他的队伍到达距欧尔巴尼96公里的地方之前，柏高英部队就退到萨拉托加了。当英军来到萨拉托加尚未来得及安营扎寨,新英格兰的农民就个个手持武器从四面八方赶到萨拉托加,把英军围得水泄不通。武装农民越聚越多,数量为英军之四倍。弹尽粮绝的英军已经无路可走,于是不得不于1777年10月17日俯首请降。投降的英军为数5000人,在答应以后不再拿起武器之后,被放回本国去了。

美军的萨拉托加大捷,意味着英军夺取哈得逊流域的计划破产,而英军如果不控制这个流域,它是无法征服美国的。同时,这次大捷也促成法国以美国盟友的资格参战。因而,这个大捷实在是独立战争中美军转败为胜的重大转折点。

最后的胜利

战争爆发伊始,美国革命领袖就认识到:要想赢得战争的胜利,就必须争取外国援助。他们深知法国、西班牙和荷兰等国过去在争夺海上霸权及殖民地的斗争中,都败于英国之手,都吃了很大的亏,所以时时刻刻想寻找机会恢复过去被英国夺去的殖民地及海上贸易地位。因此,他们决定利用这些国家与英国之间的矛盾,以促进革命战争的胜利。

早在1776年3月,大陆会议就派西拉斯·狄安去法国商谈援助事宜。同年9月,即宣布独立后,又派赫赫有名的学者富兰克林和杰出思想家杰斐逊为特使,去协助狄安。不过,杰斐逊未能成行,他的任务由当时正在伦敦的阿瑟·李代替。大陆会议训令他们抵法后竭力争取法国正式承认美国独立及与美国订立商约。

1776年12月,富兰克林到达巴黎。他的人格和外交词令具有很大的魅力。他表示美国人决心战胜英国,这在法国军官中引起了共鸣,因为法国军官都迫不及待地想报七年战争之仇。但是,富兰克林的努力成就不大,美军在战场上的初期失利,使得法国政府不相信美国的实力,不敢正式承认美国独立,也不敢与美国缔结商约。当时,法国执行两面的外交政策:一方面秘密以金钱及武器援助美国,另一方面在英国面前表示严守中立。但是法国对美国的援助还是很可观的。到1776年10月以前,狄安已经从法国交涉到2万人的服装、3万人的武器及大量弹药。法国还在其他方面支援美国,比如掩护美国的私掠船,在法国船坞里为美国制造军舰等等。

1777年萨拉托加大捷扭转了法国的态度。1778年2月6日法国终于与美国缔结法美同盟条约及通商友好条约,承认美国独立,承担了军事援助的义务,并且约定:一方不得到另一方的同意,不得与英国讲和。

1778年6月17日,法国战舰与英国战舰在欧洲沿海发生战斗,于是英法不宣而战。1779年,西班牙在法国的劝诱下参战,荷兰到1780年也参加了战争。

法国参战后,英国便在海上任意搜索中立国的船只,这就引起了普鲁士的抗议,于是普鲁士就怂恿俄国在1780年组成武装中立同盟,以抵制英国对于中立国船舶的侵犯。不久,丹麦、瑞典及奥地利也加入了这个武装中立同盟。

这样,到1780年美英战争扩大为国际性的战争。对于法、西、荷等国来说,这是争夺商业殖民霸权的战争,对于英国来说,这是反革命的战争,惟有对于美国来说,这是正义的解放战争。在这场战争中,英国完全陷于孤立。

法、西、荷参战后,战争便从北美扩大到西印度、东印度及欧洲去了。法国开始派军队到印度去,企图驱逐英国在印度的势力。西班牙开始攻打直布罗陀。法国又把大批军舰及军队派到北美大陆及西印度去。西班牙军队也在北美登陆。英国海军到处受到法、西、荷诸国海军的攻击,从而丧失了海上优势,这在很大程度上决定了战争的结局。

美国领袖们不但寻求外国官方援助,而且也向欧洲各国进步人士及广大人民呼吁。有时通过私人通信,有时派人去进行宣传,也时常由官方向欧洲各国人民发表呼吁书,如大陆会议就曾向爱尔兰人民发出过这样的呼吁书。结果,同情美国人民争取解放斗争的欧洲先进人士争先恐后地组织志愿军,奔赴北美,参加独立战争。在这些志士中间有法国的拉法耶特侯爵、洛艾利侯爵及未来的空想社会主义者圣西门。还有波兰的普拉斯基伯爵和克修斯古等人。当时,拉法耶特年方19岁,他自己出钱购买一艘船,满载了军事供应品,并且携带十几个军官,不顾政府的反对,远渡重洋来到北美。他参加了华盛顿的部队,担任少将职务,在战场上指挥作战,屡立战功。但是他拒绝领取薪金报酬,因而博得了美国人民的敬佩和感荷。洛艾利侯爵也是一位年轻的、富裕的贵族,他来北美之前,放弃了贵族头衔,并且慷慨变卖自己的财产,用得来的钱装备骑兵。普拉斯基是波兰的一位革命家,美国独立战争爆发时,他正侨居巴黎,在狄安和富兰克林的帮助下,前来北美参加革命军队。但是,他不幸在一次战役中壮烈牺牲。克修斯古是小贵族出身的波兰革命家,在萨拉托加战役中作出了很大的贡献。

还有一些欧洲的职业军官也在美军中服务。比如，普鲁士军官斯徒本男爵就曾帮助华盛顿训练军队，他还在1779年为美军草拟了"纪律章程"。

国际援助使战局愈来愈有利于美国。法国及西班牙之参战，迫使英国把大部分舰队从北美海岸调往地中海、非洲、印度及加勒比海去，这样一来不但削弱了英国对于北美海岸的封锁，而且也使英国在北美沿海一带往来调动军队更加困难了。

1777年以后，英军完全放弃了夺取哈得逊河流域的战略计划，决定把军事行动的重心移向美国南部。在1778年底以前，英军进入乔治亚，并且占领了萨凡纳。在巩固了自己的阵地后，它便北上侵入南卡罗来纳，包围了查理斯顿。1780年5月，英军终于占领了查理斯顿，接着继续北上，同年8月在坎姆登附近大破美军。

当英军在卡罗来纳等地不断挨打之际，另一支英军在康瓦利斯的指挥下，于1781年5月侵人弗吉尼亚。入侵的英军所向披靡，并且在沿海一带地方肆意蹂躏。1781年8月，当康瓦利斯的部队攻下约克镇，准备在这里巩固阵地的时候，华盛顿率军从北方赶到，在约克镇附近，和拉法耶特的部队会合，包围了英军。当时英军本想与英国舰队取得联系，但是被法国派来的两支强大的舰队切断了这个联系。陷入重围并且失去外援的7000英军，在康瓦利斯将军的带领下于1781年10月间，向美军投降。康瓦利斯部队的投降，意味着英军主力在整个北美大陆上的瓦解。

1783年9月3日，美、英两国在巴黎订立和约，英国承认美国独立，并且把阿巴拉契亚山脉以西、密西西比河以东的土地割让给美国。

独立战争初期的军事政治（1775年4月—1777年10月）

当大陆会议对进行武力反抗犹豫不决的时候，美国人民趁英国政府和殖民地当局尚未作好镇压起义的准备工作之前就行动起来了。新英格兰人民纷纷组织民团，并在某些地方贮藏军火武器。马萨诸塞总督托马斯，盖奇闻讯后，即于1775年4月18日派遣800名英军前往康科德和列克星敦搜索。这个消息为技工组织的情报队获悉，银匠保罗·雷维尔和工人威廉·德维斯骑马向当地爱国者报信。翌日黎明，英军路经列克星敦和抵达康科德时，都遭到民兵和农民伏击。英军在返回波士顿途中，万余民兵从四面八方对准英军射击，英军溃退。列克星敦和康科德的战斗，发出了“声闻全世界的枪声”，揭开了美国独立战争的序幕。

反英的枪声既打响，蕴藏在人民中间的反英力量迸发出来，战争的烈火到处燃烧。一支号称“绿山少年”的84人志愿部队由佛蒙特北上，向加拿大进军，夺得了香普冷湖附近提康德罗加英军炮台，控制哈得逊河北段。在志愿部队胜利的基础上，一支陆上远征队北上向加拿大境内出击，虽然最后失利，1776年初被迫撤退，但英军不得不以半数留驻在加拿大，因而加拿大的出击，在一定程度上起了削弱英军战斗力的作用。

列克星敦战斗后，英军退到波士顿城内。为了夺回波士顿，1200名大陆军和民兵在普雷斯科特上校率领下，于1775年6月16日夜偷袭驻在波士顿的查理士顿区内的英兵。美军占领了波士顿附近的般克山高地，在布里德山顶修筑了工事。次日，新英格兰民兵一日之内打退英军三次向布里德山顶冲锋。只是最后在英军炮火猛烈威胁下，美军才撤退，这就是著名的般克山战斗。美方伤亡400余人。英方虽保住了山头，但伤亡达1000余人，极大地消耗了有生力量。般克山战斗后，民兵包围了波士顿。

在人民反英武装斗争的推动下，1775年5月10日，第二届大陆会议召开。它在1781年联邦政府组成以前，一直执行着国家政权的职能。代表共66人，都是富有的上层人物，新当选的代表有本杰明·富兰克林和托马斯·杰斐逊。在独立问题上，保守派和进步派展开了激烈的斗争。为调和两派矛盾，7月6日大陆会议委托杰斐逊（进步派）和迪金逊（保守派）共同起草了一份《关于拿起武器的原因和必要性的公告》，措词激动人心。与此同时，在保守派的坚持下，大陆会议呈递给英王一份和平请愿书（7月8日）。8月遭英王拒绝，英王并宣布殖民地进行公开的叛乱。保守派的指望落空了。

由于前线军情紧急，1775年6月初，第二届大会议通过决议组织大陆军，任命乔治·华盛顿为大陆军总司令，接管包围波士顿的民兵，改组为大陆军。华盛顿是弗吉尼亚的大种植园主，1754—1758年曾参加对法战争，因而具有军事指挥才能。他在独立战争中作出了重大贡献。6月23日，华盛顿赴前线途中，即得知般克山战绩。7月3日就职后，奉命率新军对波士顿英军要取包围态势。1776年3月，夺取了波士顿南面的道尔切斯特高地，设置大炮以控制波士顿全城。3月17日，英军被迫撤离波士顿。

1776年1月，托马斯·潘恩代表殖民地人民要求独立的呼声，写出《常识》这一小册子，用通俗的语言，指控英王乔治三世对殖民地的种种暴行，揭露英国君主制的腐败。它还深入浅出地阐述天赋人权的哲理，鼓吹独立的迫切性和同英国作彻底分裂的必要性，号召人民起来建立民主共和国。这篇革命檄文，是进行独立战争的响亮号角。

1776年6月，英军在南卡罗来纳建立基地的计划未能得逞。在北部，英舰队司令豪率舰驶回哈利法克斯进行增援。由于美国人民组成游击队，此出彼没地到处打击和牵制英军，迫使驻美英军无力发动新攻势。在这大好革命形势下，7月4日第二届大陆会议通过《独立宣言》。独立宣言第一部分阐述和发展了天赋人权和社会契约说，宣称人人有生存权、自由权和追求幸福权，人民有变更或废除旧政府、建立新政府的权利，这是资产阶级的革命原则和理论的依据。第二部分历数英王27条罪状，痛斥英王对殖民地的暴政，说明殖民地人民被迫行使天赋权利进行反抗的理由，向全世界庄严宣告北美13个殖民地脱离英国独立。马克思认为它是世界上“第一个人权宣言”。独立宣言起草人是资产阶级民主派托马斯·杰斐逊。约翰·亚当斯和富兰克林参加了起草委员会。独立宣言的发表是对英国高压政策的总答复，这显示了美国各阶层人民要求独立自主的决心和信心。

由于英军实力强大，1776、1777年大陆军在军事上面临严峻的态势，但国际环境对美国是有利的。首先，法国是英国的劲敌，七年战争结束后，法国势力全部被逐出北美，两国关系更加恶化。其次，英国夺取了西班牙的佛罗里达和直布罗陀，英西关系也很紧张。英荷商业竞争从17世纪就很激烈。这些国际间对英的矛盾，都是对美潜在的有利因素。但法国仍垂涎北美广大市场，西班牙占有美国西部广大领土与墨西哥，也是虎视眈眈地观察着北美形势的变化。

从军事力量对比来说，当时敌对双方的力量十分悬殊。英国本土有750万人，经历了资产阶级革命，并开始向工业革命迈进，拥有一支训练有素的陆军和海上无敌的强大舰队，装备优良，海陆军配合，可以先发制人。它在亚洲、非洲、美洲都占有殖民地，是当时最强大的殖民帝国。英国在美侵略军约3万余人。而北美13州资本主义经济尚处于萌芽阶段，财政困难，没有正规军，也无舰队，兵力薄弱，武器落后，弹药缺乏，处于劣势。美大陆军在1776年长岛战役前为1.8万人，1776年底曾降到5000人。但英军劳师远征，不谙地理情况，利于速战速决，不能旷日持久。而美国人民在自己本土上作战，熟悉地形，利于开展广泛的游击战，不断袭击英军，消耗其有生力量。只要美军能坚持作战，就可以逐渐变劣势为优势，取得最后胜利。

在反英战争过程中，美国人民不仅要同强大的英军作战，还要同效忠派作斗争。效忠派是指那些在经济上、政治上、思想上与英王室有千丝万缕联系，丧失民族立场，在强敌压境时甘心充当奸细进行反革命活动的人。也有暗藏的效忠派，伪装爱国者，进行反革命阴谋活动。效忠派除在纽约、宾夕法尼亚和南卡罗来纳占多数外，在其他各州人数较少。从1775年马萨诸塞议会成立安全委员会以后，各州、各城镇都设立了安全委员会，没收“效忠派”的财产，限制他们的言论、出版权利。在13州宣布独立后，效忠派活动日益猖獗，自己组织武装，残杀本国人民或协同英军作战。由于资产阶级和奴隶主通过大陆会议掌握着领导权，未能放手发动群众起来制止效忠派的反革命活动，致使安全委员会没有充分发挥对效忠派实行专政的职能。对效忠派的镇压不力，妨碍了殖民地内部革命秩序的稳定，影响着美军作战的顺利进行。这对独立战争走向胜利来说，是一个消极因素。

1776年3、4月，英军自波士顿和纽约撤通，即赴加拿大境内哈利法克斯补充人员、给养，不久又发动强大的海陆军攻势，入侵纽约。1776年7月占领纽约的斯塔坦岛作为英军大本营。华盛顿驻在长岛的布鲁克林高地上。8月27日，英军在长岛登陆。9月15日占领纽约城，直到1782年为止。11月，美军又失去哈得逊流域的两个要塞。华盛顿的军队不得已向新泽西退却。当时英军利用效忠派进行骚扰，美军险象环生。华盛顿率领的大陆军只剩下5000人。华盛顿军向新泽西退却时，士气低落。文化战士潘恩随军前进，为了激励士气，写出了《美国危机》，以鼓舞士兵斗志。华盛顿军成功地躲过英军康华理主力军的攻击，12月，在渔民的帮助下，偷渡特拉华河，袭击特伦顿英国黑森雇佣军1000余人；次年1月3日，向普林斯顿进军，华盛顿先遣部队的默塞尔将军被杀。华盛顿重整旗鼓，以少数士兵钳制附近敌军，突袭击驻扎在普林斯顿的英军三个团5000人。突袭的胜利挽回了一些颓势。

1777年9月26日，弗城又陷落于英军之手。华盛顿被迫率领大陆军撤退到费城西北的福吉谷过冬。

英国政府被上述胜利冲昏了头脑，从渴望尽快结束战争的意图出发，采取了一个笨拙的冒进计划——三路大军进攻奥尔巴尼。第一路军由柏高英率领驻香普冷湖畔及哈得逊河畔的英军南下；第二路军由巴里·圣莱杰率领的杂牌军向安大略湖南下；第三路军由豪将军自纽约北上支援。但豪将军未配合行动，圣莱杰中途遭民兵击溃，退回加拿大，致使英国政府企图以钳形攻势切断新英格兰与其他各州的联系的计划落空。三路大军中只有柏高英率部孤军深入。他派驻佛蒙特的一支1000人的分遣队，在本宁顿被民兵英雄约翰·斯塔克率领的佛蒙特绿山少年义勇军全部歼灭。新英格兰民兵四起，柏高英军队陷入重重包围之中。1777年10月7日，他在萨拉托加率6000名英军向美国投降，萨拉托加大捷是美国独立战争的转折点，大大增加了北美13州人民抗英必胜的信念，也促进了国际形势向有利于美国的面转化。

美法同盟和美国独立战争的胜利

萨拉托加大捷，促成美法于1778年2月订立美法国盟条约，这是独立战争中的一件大事。早在独立宣言发表前，1775年底第二届大陆会议秘密通讯委员会，曾通过法国著名剧作家博马舍取得了法国政府的一些援助。大陆会议1776年3月曾派遣锡拉斯·狄安，9月又派遣特使本杰明·富兰克林出使法国，争取与法国签订同盟条约。富兰克林是美国著名的政治家、科学家和外交家，他卓有成效地利用当时英法之间的矛盾进行外交活动。法国舆论主张援助美国，但法国专制王朝顾虑援助美国人民反英战争，将刺激本国人民的革命运动，举棋不定，仅暗地里供给美国一些军火。萨拉托加大捷顿使美国战事全局改观，胜利在望，这时法国政府才下决心和美国缔结同盟条约。

根据美法同盟条约，法国参加反英战争，其舰队开往西印度群岛和美国海岸，支援美国人民作战。1779年法西缔结联盟，西班牙以法国同盟者身份在海上参加反英战争。荷兰于1780年也参加反英战争。北欧的丹麦、瑞典在俄国和普鲁士倡导下发起“武装中立”。欧洲一些国家陆续参加，抗拒英国拦截中立国船只的行为，进一步孤立了英国，并且大大分散了英国的兵力。同时，美国还从法、西、荷诸国取得了大量的经济援

华盛顿带领美军开进纽约城

助。自1777年到1783年，美国获得法国贷款635万美元，向西班牙借款17万美元，向荷兰贷款130万美元。美国革命的领导者善于利用国际矛盾，推行正确的外交政策，取得了大量的国际援助，也是美国对英作战终能取得胜利的原因之一。

由于美国人民进行的是反侵略的民族解放战争，是进步的正义战争，美国得到了欧洲进步人士的支持。他们共筹集了200万镑来支援美国人民的斗争。欧洲有7000余名志愿军参加了美国独立战争。法国的空想社会主义者圣西门，法国革命者拉法耶特，波兰志士科希秋什科和普拉斯基都同情美国革命，到美国参加了独立战争。普拉斯基于1779年10月9日光荣地牺牲在保卫查尔斯顿（在南卡罗来纳）的战斗中。当时来美参战的还有法国罗尚博伯爵和德国军官斯徒本等人。罗尚博曾率领5500名志士到美国参战，斯徒本为美国训练了大陆军，使之正规化。国际友人的援助，在美国独立战争中起了一定作用。

1778—1781年是美军由挫败转向胜利的岁月。1778年豪将军奉召回国，由柯宁顿继任，驻扎在弗列得费亚城。1778年6月，第一批法国军舰驶抵美国的特拉华河口，打破了英国的海上封锁，

英军在约克镇投降

形成对英军的威胁。英军担心法国舰队封锁特拉华河，切断英军退路，于是撤出费城，退守纽约。华盛顿军队乘机截击英军于马默思，未获胜利，驻扎在白平原，与英军形成对峙局势。1778 年 7 月，英舰击败法舰于新港（在罗德岛西南）；11 月法舰撤到西印度群岛。

这一年，英国海军大部分转移到地中海、加勒比海、非洲和印度沿岸对法、西舰队作战，英军用以封锁美国海岸和在北美作战的兵力锐减。美国私掠船频繁出动，击沉英舰。英军在北方战场已无力发动新攻势，即采取骚扰政策，洗劫马萨诸塞、罗德岛、康涅狄格沿岸城市，将主攻方向转向南方战场。1778 年 12 月 29 日，英军占领佐治亚重要沿海城市萨凡纳，蹂躏佐治亚大部地区，并建立了亲英政权。萨凡纳易帜时，美军 5 千人被杀，这是美军最严重的损失。这时美大陆军处于困难时期，只有游击队在南方战场英勇苦战，袭击英军。

1780 年 5 月，英军海陆联合远征，攻陷南卡罗来纳沿海重要城市查尔斯顿（占领到 1782 年 12 月 14 日为止）。英军总司令柯宁顿错误地认为南方战场胜利局势已定，令部下康华理防守查尔斯顿，自己率部队返回纽约。大陆会议先派霍雷肖·盖茨指挥南方大陆军。盖茨大败于坎登。大陆军副总司令纳撒内尔·格林将军接替盖茨。格林系铁匠出生，亲自指挥南方战线，他重新组织、调配南部军队。在他的正确领导下，游击队十分活跃，灵活机智地打击敌军。美军在南方从劣势变为优势。1780 年 8 月，托马斯·萨木特在南卡罗来纳北部石山及悬岩，以游击战术击溃英军与效忠派的联军，截获英军的供应，并切断了康华理的交通线。10 月 7 日，游击队在绰号“沼泽狐”马润的领导下，在王山（位于石山及悬岩的西北部）地区重创英侵略军和效忠派。1781 年1 月17 日，劳动人民出身的丹尼尔·摩根将军在王

华盛顿接受英军的投降

山附近考彭斯苦战英军，诱敌深入，取得辉煌胜利。摩根急行军，与格林将军汇合于北卡罗来纳西北部吉尔福特法院，同英军恶战，美军伤亡很重。但康华理远离英军补给线，未敢恋战，撤退到最近的港口威明顿（在南卡罗来纳境内）。经过吉尔福特战斗，北卡罗来纳境内英军全部撤出。

游击战的辉煌胜利，使美军转入优势，利于进行战略反攻。英军至此已失去锐气，士气不振。而康华理主观盲目，于1781年4月贸然北上，8月占领弗吉尼亚的约克敦，自以为得计，实际上已龟缩一地，陷于被动。果然，最后决战的时刻到来。格林将军回师南卡罗来纳，与南方各游击兵团配合，收复广大腹地，利用熟悉地理和群众拥护的有利条件，从南方对康华理军进行战略包围。华盛顿率领大陆军，与罗尚博和圣西门率领的法军组成美法联军挥师南下，直捣弗吉尼亚，包围约克敦。拉特耶特也参加包围约克敦的战役。法国海军司令格拉斯伯爵率领28艘法国战舰，由西印度群岛驶来接应，进入切萨皮克湾，切断康华理由海上逃跑的退路。战斗于10月17日开始，康华理突围失败，走投无路，于10

月19日投降,8000人放下武器。1782年,在美国本土上,只有西部还有战争。弗吉尼亚人克拉克早在1778年向西部进军,进入英军占领地俄亥俄地区,肃清了当地的英军,占领了文森斯。他在与英国作战中,肆意焚烧印第安人村庄,屠杀印第安人,使这次正义战争蒙上了灰尘。

1782年10月,美国、英国、法国、西班牙代表在巴黎谈判议和。由于法国和西班牙索酬太奢,美国单独与英国议和,签订巴黎和约草案。次年换文,英国正式承认美国的独立,划定美国国界,同意美国占有密西西比河以东的土地等。持续8年之久的独立战争到此胜利结束。

大陆会议是独立战争的领导机构。大陆会议于1777年11月15日通过了《邦联和永久联合条例》,简称《邦联条例》。1781年大陆会议根据《邦联条例》,组成了邦联政府。它集中行使的权力极为有限,实际是一个松散的州际联盟。1786年,马萨诸塞州发生了由独立战争退伍老兵丹尼尔·谢司领导的农民起义,起义虽然被镇压下去,但资产阶级和奴隶主对此心有余悸,决心强化中央政权。

1787年,以修改邦联条款为名,召开了费城制宪会议,自1787年5月25日到9月17日,秘密地进行讨论。资产阶级和奴隶主在蓄奴制问题上作了妥协,使奴隶制延续下来;大小州的矛盾也得到调和。会议制定了联邦宪法。根据新宪法,1789年美国建立了实行三权分立的联邦制共和国,正式接管了邦联政府。广大人民群众对宪法不附载保障人民权利的任何条款表示不满,掀起抗议运动。结果,宪法正文后面增加了10项修正案,在美国政治史上,以"人权法案"著称。补充了人权法案之后的美国宪法,在当时是一个进步的政治文献。从此美国进入了资本主义的发展阶段。

美英战争

美国在独立战争中打败英国赢得了独立,但仅仅过了30年左右的时间,两国又大动干戈,1812年爆发了"美英战争"(又叫"第二次独立战争"或"经济独立战争")。这场战争对美国的经济发展及美英两国的关系均具有特殊的意义。

这场战争具有深刻的历史背景,它是独立战争后美英两国关系发展的必然产物。

独立战争以后,英国一直耿耿于怀,不甘心失败,时刻想使美国重新沦为英国的殖民地。因此，从1783年以来，英国一直采取敌视美国的政策，8年不派驻美大使，并对美施加政治、经济和军事压力。在军事上，英国仍占据着同美国接壤的西北边境地区的7个据点，迟迟不按《巴黎和约》的规定撤出。1793年英国首相声称：英国打算永远占领西北地区。英国之所以保留几个据点，其目的是想控制皮毛贸易及西北地区的印第安人，并且染指路易斯安那。英国还在加拿大集中军队威胁美国的安全。战后美国政府曾多次要求英军撤军均遭拒绝。直到1796年两国签署了《杰伊条约》，英军才全部撤走。但是英国仍在挑拨策动印第安人不断地袭扰美国的西部边境。

在经济上，英国通过不平等的贸易关系使美国在经济上依赖英国，成了英国的“经济殖民地”。美国出口商品的3/4输往英国，主要是原料。英国商品则控制了美国市场。1790年美国共输入1500万元的货物，其中有1200万元是英国产品，1789年英国自称对美出口已达到独立战争前的规模，出口比1772年还高。

在欧洲，美国的中立国地位受到英法两国的藐视和破坏。两国任意搜查、扣留美国商船，征用美国水手，没收船上的货物，使美国蒙受了巨大损失。19世纪初以前，美国主要同法国的关系紧张，对英国则试图通过外交途径解决问题。华盛顿说过：“我的目标是防止一场战争。”后来英国造成的损失越来越严重。在整个拿破仑战争期间，英国共捕获美国船只1700余艘。1807年6月22日，英国军舰无端攻击美国“切萨皮克”号军舰，使美方伤亡21人，引起美国朝野的震惊，向英国提出了强烈的抗议，两国关系日趋紧张。但英国视美国的克制为软弱可欺，继续变本加厉地打击美国的航运业，强逼美方船只向英国纳税，强征美国水手在英船服务。“切萨皮克事件”以后的3年中，英国征用美国海员的事件达6057起。英国的海盗行径沉重打击了美国的经济。

战争的另一个重要原因，是美国资产阶级和奴隶主集团早就对富饶广袤的加拿大和西部地区垂涎三尺。他们想通过战争把英国人赶走，把这两个地区并入美国，同时顺手牵羊夺取佛罗里达。美国国会中的好战派“战鹰”集团为扩张领土而鼓噪。众议员哈尔柏声称：“造物主已经确定了我们的疆界：南边是墨西哥湾，北边是永世冰盖的地方，”宣战前，参议院还提出一项法案，要求授权总统占领佛罗里达、加拿大等地，但未获通过。1812年6月18日，国会批准麦迪逊的咨文，正式对英宣战，“第二次独立战争”爆发了。

战争爆发时，美英双方的力量对比仍然是悬殊的。美国第4位总统麦迪逊(1809—1813年)上台时，美国的军事力量远远不能满足国防的需要：1809年仅有正规军3000人。这时正值美英关系日趋紧张，麦迪逊便加紧进行军事准备。1810年他要求国会再征召2万名志愿兵，国会没有批准，后经他再三努力，国会才同意扩军。到1812年6月，美国已有陆军1.1744万人(内有5000人是当年招募的补充部队)。陆军指挥系统进行了改组。原来陆军后勤供应归国会掌管，由财政部的公共供应承办局负责与厂商签订合同订购，由陆军部的军事仓库管理局负责储存和分配。这种制度效率不高，花费也大。为此，1812年3月设立军需部取代了上述机构。陆军部中还设立了采购军粮局，受陆军部长领导。经过改组，后勤供应从文官领导转归军队直接控制之下。国会则成立了军械部，负责军事装备的研制和生产。扩建了工兵、炮兵等技术兵种，新设立了坑道工兵和地雷工兵，扩充了西点军校，并囤集了大批军火。海防建设这时也初具规模。经20多年建设，沿大西洋岸已修建要塞24个，计划配置750门大炮，但战前仅配置了不到一半。在海军方面，有了新型快速战舰6艘，还有十几艘较小的军舰和150艘快艇，以及318艘私掠船。

宣战后，美国国会授权把陆军增至13个团2.5万人，再征5万民兵服现役；还拨款建造4艘战列舰，6艘重型快速战舰。但是这些战舰还未等建成投入战斗，战争便结束了。

在战争中美国动员的部队为：1812年年底，正规军1.5万人，志愿兵近5万，总数6.5万人。1814年，正规军3.8万人(国会批准了6.2万人)。这是美国迄今为止动员的最大规模的军力。

这次战争同独立战争不同的是：“经过几十年的和平时期，美国经济实力已今非昔比：全国人口770万，土地面积扩大4倍，工业革命正拉开序幕。因此，能够动员更多的人力物力从事战争。

在英国方面，有人口1800万，工业革命正在深入展开，经济实力世界第一。陆军总兵力近10万人，海军有15万水兵，800艘军舰，其中有230艘超过了美国最大的军舰，英国军舰总数甚至比美国军舰的大炮总数还要多。但是，英国当时正同法国在欧洲打得难分难解，能够投入这场战争的兵力并不多。战争期间，加拿大人口才50万，驻加英军仅有7000人，民兵1万人。战争开始时海军在北美海域也仅有1艘战列舰和7舰快速战舰。战争期间，英军最高兵力1.65万人，另得到800名加拿大民兵和2500名印第安人支持。所以，以双方力量对比来看，英国兵力处于劣势，美国在人力方面占绝对优势，并拥有天时地利人和等有利因素。

英国的有利条件是：海军占有绝对优势。战争开始不久，英国便调来大批海军掌握了制海权，全面封锁了美国海岸。在海军提供的掩护和运输支援下，英军可以随心所欲地调动部队，选择美军防线上的薄弱环节进行袭击，取得了战略主动权。此外，英军的训练和装备均高出美军一筹，指挥人员富有经验，部队战斗力强。而美国民兵虽多，但是装备差，素质低。如纽约州7.6万民兵总共只有3.9万支枪；弗吉尼亚州6万民兵，共有枪1.4万支。美军指挥人员腐败无能，没有战斗经验。陆军少将迪尔博恩60多岁了，从未指挥过团以上的部队。陆军部长尤斯蒂斯是文官，毫无军事知识。因此在战争中，美军遭到许多不应有的挫折。

第二次美英战争从1812年6月起到1815年1月止，共打了二年半。战争从4个方向展开：美加边境、大西洋沿岸、墨西哥湾沿岸和海上。以美加边境为重点。战争过程可分为三个阶段：

美国进攻阶段（1812年6月—1813年）

在此阶段，北美的英军兵力空虚，仅在加拿大驻军4500人，形势十分有利。早在1812年年初，美国陆军部便拟定了战略计划。美国的战略目标只有一个：夺取加拿大，但具体作战计划却十分混乱。陆军部计划：攻占加拿大，要动员四、五万兵员。分3路进攻：东路沿传统的老路进攻加拿大首府蒙特利尔；中路从安大略湖两侧北进；西路从伊利湖以西的底特律向加拿大进攻。但开战后，边境各州不愿参战，消极对抗，使征兵数额一直未达到额定的4万人，计划被迫改变。麦迪逊总统决定沿传统路线进攻蒙特利尔，新英格兰各州怕把战火引到自己身边，坚决反对开战。西部地区则力主从大湖区进攻。最后，美放弃了三路同时进攻的计划，选择先向西部地区进攻的计划。这样，美国战略计划一开始就埋下隐患：它不是抓住“树干”——圣劳伦斯河——进攻蒙特利尔，把加拿大一分为二，最后截断“树根”——通向大西洋的海路，迫加拿大英军投降。而是舍本逐末，进攻“树枝”——圣劳伦斯河支流及五大湖区，从而酿成败局。而英军一开始毫无准备，采取被动防御战略，偶尔反击。

这一阶段的战略集中在美加边境的西北部。美军从西路发动攻势，企图入侵加拿大。英将布罗克指挥军队在民兵和印第安人支援下，于7、8两月击退了美军进攻，并攻占了美国西部几个重要的堡垒。8月15日，迪尔本堡美国守军35人在撤退途中遭印第安人伏击，被全歼。8月16日，密执安准州州长威廉、赫尔在防守底特律时，一枪未发，竟率领2500名守军向700名英军缴械投降。接着，英军转移到中路。10月12日晚，在尼亚加拉河以1000人击退了3000名美军的进攻。在这次战斗中，美正规军还未同敌人交火便四散溃逃，而纽约民兵则按兵不动。东路，美军11月份向蒙特利尔进发，但因民兵拒绝进入加拿大，美军只前进了20公里便班师回营。美军三路攻势均告失败，西北地区的印第安人开始纷纷参加英军对美军作战。美军在战略上处于劣势。

在海战方面，美海军全面出击，战舰和私掠船神出鬼没，遍及大西洋。美舰在同英舰的交锋中屡占上风，仅在战争的头几个月，美海军便击沉英舰3艘，俘获英舰船500艘以上，使海上霸王英国大为震惊。当英舰“战斗”号被击沉之后，英国《泰晤士报》称：“阴郁的气氛笼罩了全城，要对此作出评价都是一件痛苦的事”。由于海军的胜利抵消了陆地上的惨败，以致许多美国人都认为战争已经打赢了。

纵观这一阶段战事，美军陆败海胜。陆败原因是：陆军指挥人员无能。麦迪逊总统缺乏军事才能，陆军部长尤斯蒂斯指挥也不得力，如宣战的当天让赫尔赶到底特律却不告他战争已经开始，结果使他措手不及而失败。当迪尔博恩任西北战区司令时，却认为底特律不在他的辖区，对赫尔不管不问。尤斯蒂斯对此几周内不去纠正。更令人难以置信的是这位迪尔博恩年已六十岁还从未指挥过1个团以上的军队。此外，美军还缺乏训练，部队纪律涣散。民兵本位思想严重，只想守家卫土，不愿支援正规军作战。同时，1812年改建的后勤供应系统效率低下，部队时常得不到及时的供应，大大影响了战斗力。哈利逊率军在西北地区作战时，就主要靠老百姓制造子弹和衣服来支援战斗。结果，美军丧失了赢得胜利的大好时机。

英军转守为攻，夺取主动权（1813年—1814年）

进入1813年，英军抽调大批海军赶到北美，掌握了制海权，从而夺取了战略上的主动权。只是陆军还难以从欧洲抽出更多的兵力，无法扩大战果。

美国吸取了前一阶段的经验教训，迅速改组了指挥机构。由约翰·阿姆斯特朗取代了尤斯蒂斯任陆军部长。国会设立了总参谋部，协助陆军部长指挥部队。总参谋部下设：军械部、军需部、采购部、军法署、军医署、副官、监察长、测绘部队、军需部队、牧师、西点军校和九大军区。这一改组，大大提高了部队的指挥能力和作战效率。

这一阶段美国的作战计划是：收复底特律，加强五大湖区的水上力量，越过安大略湖进攻加拿大。作战范围扩大到东海岸和墨西哥湾沿岸，主战场是五大湖区。

在底特律方向，1813年初，美军在哈利逊指挥下，兵分3路进攻底特律。布罗克指挥英军，不等三路美军会师，便将其中二路击溃。美军有900人被俘，受到印第安人的屠杀。尔后战事便转到五大湖区。

五大湖区是通往加拿大的门户，五个大湖彼此贯通，以安大略湖最为重要。1813年4月美军在安大略湖海军的支援下，攻占了上加拿大首府约克（今多伦多），焚毁此城后撤出。为争夺对五大湖的控制，双方开展了造舰竞赛。9月10日，美军司令佩利率领由9艘舰艇组成的小舰队，同英舰队在伊利湖的普特因湾激战，迫使拥有6艘军舰的英国舰队扯起白旗，这是英国海军史上惟一的一次整个舰队投降的事件。美军控制了伊利湖，打开了通往安大略湖的门户，切断了英军的后勤供应线，迫使英军撤出底特律。美军哈利逊部3500人乘机追击，10月5日在泰晤士河畔的莫拉维安镇追上了英国与印第安人联军约1600人，将其击败。英军被歼500多人，被俘600余人，印第安人著名领袖特库姆塞被杀。美军残酷地将特库姆塞的尸体肢解，将皮剥下制成了剃刀皮带。这一仗是1813年在陆战中美军取得的惟一一次胜利。此役具有重大意义：它使英印联盟瓦解，加强了美国对西北地区的控制。10月，美军兵分两路，共1.3万人向蒙特利尔发起钳形攻势，但在离蒙特利尔70英里处被2000名英印联军击退。到了年底，英军举行反攻，把美军赶出乔治堡。在“比伏坦之战”中，印第安人歼灭了一支美军小部队。不久,英军又攻占了尼亚加拉,确立了对美加边境的控制。

在其他战场上,英军占尽上风。在东海岸,1813 年春天,英国海军对从缅因到弗吉尼亚的整个东海岸炮击、骚扰,烧毁了一些工厂和村庄。沿岸军民进行了顽强抵抗。如 6 月 22 日诺福克保卫战,美军以寡敌众,击退了敌军 2000 人的海陆攻击,使英军伤亡 81 人,美军毫无伤亡。在墨西哥湾沿岸地区,美军主要是在佛罗里达同受英国煽动的克里克印第安人激战。在米克斯堡之战中,克里克人击败美军,美军 400 多人被击毙,500 人被俘。

在海战方面,英国增派大量舰艇封锁了美国海岸,迫使美国舰船于港内,其中一部分舰只在以后的战争中再没敢露面。英国还加强了对商船的护航,有效地防止了美国私掠船的攻击。仅在 1813 年,英海军便捕获美国船只 200 艘,使新英格兰地区的美国船只几近绝迹。仅有个别美国军舰敢于突破英国封锁到外海作战,如"厄塞克斯"号战舰曾绕过南美洲合恩角进入太平洋,6 个月捕获了价值 2500 万元的大批英船。"大黄蜂"号也曾俘获英国"孔雀"号战舰,而美国的"切萨皮克"号战舰则为英军俘获。

这一阶段的战局同上一阶段正好相反。美国在陆战中占优,海战中处于劣势。陆战的改观是领导机构改组的结果,海战失利则是敌我力量发生逆转所致。总的来讲:英国掌握了战略主动权。

美军打破英军进攻(1814 年—1815 年 1 月)

美军鉴于上一阶段的战况,进一步实行军事改组,大胆启用年轻军官以取代老朽无能的将领。如提升立有军功的雅各布·布朗为少将,指挥尼亚加拉前线的部队;提升三十九岁的乔治·伊泽比为尚普兰湖前线的司令,还提升了斯科特、安德鲁·杰克逊等 6 名立有战功的指挥官为准将军衔。经过改组,高级指挥人员的年龄平均从六十岁降至三十六岁,进一步提高了指挥效率和活力。此外,美军还加紧对部队进行军事训练,以提高部队战斗力。其中以北部战区副司令斯科特的做法最有代表性。斯科特认为:战胜英国,惟一有效的补救方法就是军训。军区司令布朗授权他组建 1 个训练营,他便从 1814 年 3 月至 6 月培训了 3000 名官兵。他以斯图本为榜样,用教范严格进行训练。他还亲自给军官讲课,教授步枪、刺刀的战术应用,再由军官回去教士兵。他每天要求进行10小时的操练。为严明军纪,还处决了4个逃兵。经过短期紧张的军训,美军的战术能力有了很大提高。

美军登上英舰与英军展开肉搏战

这期间,英国脱身于欧洲战火。开始大举增兵北美和封锁美国的东海岸。英国掌握了战略优势,一方面在东部沿海地区选择美军防线的空隙,发起了一系列攻击;一方面计划从尼亚加拉、尚普兰湖和新奥尔良三个方向南北夹击,并进袭切萨皮克湾。美国一度处于困境:由于英国的海上封锁,出口大幅度下降,从1807年的1.083亿美元降到1814年的1000万美元,沿海的航运和渔业几乎全部中断。当时的报纸曾哀叹:“我们的海港被人封锁,我们的船只腐烂生锈,只有青草欣欣向荣,蔓生在公用码头。”美国海军龟缩于港口内,很少出海作战。英国的海上封锁一直持续到战争结束。

在陆战方面,双方展开了更为激烈的拉锯战。在大湖区,双方竞相建造更大的战舰,以夺取主动权。在尼亚加拉方向,7月3日,美军攻占重镇伊利堡。7月5日,双方在奇普瓦一线展开激战。4000名美军经斯科特训练后,战术素质有了很大的提高,第一次与2400名英军面对面交锋,展开白刃格斗,击退了英军。英军为美军战斗力的提高十分震惊,大叫:“啊,这是正规军!”此次交战美军伤亡335人,英军伤亡604人。7月25日,美军在隆迪斯兰与英军激战后撤出,2000名美军中伤亡了853人,英军也伤亡了878人。奇普瓦之战和隆迪斯兰之战显示美军的战斗力有了很大提高。1814年8月中旬,普雷沃斯特率英军准备沿传统的尚普兰湖——哈得逊河一线入侵美国。9月11日,麦克多诺指挥美14艘军舰与2倍于己的英国舰队英勇奋战,击退了英军的进攻,击毙英舰四队司令,并俘获英舰4艘,迫英军退回加拿大。“麦克多诺大捷”(又叫“普拉茨堡战役”)解除了英军从加拿大入侵纽约和佛蒙特的威胁,并对双方正在比利时的根特举行的会谈起了重大影响,迫使英国放弃了强硬立场。

在东海岸,8月19日罗斯率领4000英军在切萨皮克湾沿岸登陆,其中2000人直驱华盛顿。美军集中正规军和民兵共7000人阻击,但在300名英军面前却溃不成军。麦迪逊总统及政府成员仓惶逃往弗吉尼亚山区。8月24—25日英军占领华盛顿,为报复美军年前对约克镇和纽瓦克的破坏,放火焚毁了白宫、国会大厦以及除专利局以外的所有政府建筑物。由于华盛顿的失守,阿姆斯特朗引咎辞职,由门罗接任。9月12日至14日,英军从海陆两方面进攻巴尔的摩。美正规军和民兵奋力抗击,击毙了英军司令罗斯将军。在麦克亨利堡要塞,美军冒着枪林弹雨英勇战斗,律师弗朗西斯,斯科特·基在英军集中营中,看到堡垒上空迎风招展的星条旗,激动万分,谱写传世之曲《星条旗永不落》,这首歌后来成了美国国歌。在华盛顿地区的战斗中,英军伤亡294人,美军伤亡200余人。

在墨西哥湾沿线,杰克逊率2500人及印第安军从1813年11月至1814年4月向克里克人发动6次攻势。经过6次战斗,最后在亚拉巴马州的马蹄湾打败了克里克人,屠杀了557名克里克印第安人,迫使克里克人割地求和。杰克逊军损失不到50人。1814年8月,英军又唆使克里克人挑起战端。杰克逊又率军于11月7日攻陷了彭萨科拉,打败了克里克人,粉碎了英军的牵制企图,并使英国失去了克里克人这个强有力的同盟者,美国控制了亚拉巴马的绝大部分。1814年12月,英国50多艘战舰和7500名士兵企图攻占美国南方的战略重镇新奥尔良,进而夺取墨西哥湾沿岸地区,以便作为和谈中讨价还价的筹码,同时英国还企图使路易斯安那与美国分离。当时防守新奥尔良的美军只有6000人,其中3/4是民兵,海军仅有2艘小军舰及几只炮艇。美军城防司令杰克逊下令构筑坚固工事,精心严密地组织防御。1815年1月8日,帕克南爵士指挥5300名英军向新奥尔良发起进攻。早已森严壁垒的美军以坚决猛烈的炮火打退了英军。英军伤亡被俘达2000人左右,帕克南也在此役毙命,美军仅伤亡71人。这是这场战争中的最后一仗,美军取得了辉煌胜利。此战对战争结局并无多大影响,因为《根特和约》早在半个月之前就已签字了,由于通讯设备落后,这一消息姗姗来迟。但"新奥尔良大捷"仍作为美国赢得第二次美英之战的重要标志而载入史册。

美西战争

1898年2月15日,停泊在古巴哈瓦那海面的美国军舰"缅因号"突然爆炸沉没，死伤300余人，酿成震惊世界的惨案。由此引发了一场美国与西班牙争夺殖民地的战争，史称“美西战争”。战争本身仅只三个多月。然而，它作为世界上第一次帝国主义性质的战争，被列宁称之为“世界历史新时代的主要历史标志”之一，意义非同寻常。

美国以武力与西班牙争夺古巴和菲律宾的行为，是其对外经济侵略的扩张主义理论发展的结果。

美国在内战之后，经济迅速发展，到19世纪80、90年代已进入垄断阶段。1899年，占美国制造品总值2/3的产品是由托拉斯企业制造的。此时，国内市场已不能满足资本的膨胀和生产力的高速发展，垄断资本家开始向海外寻找投资场所和掠夺对象。

“缅因”号军舰长萨格斯比

古巴首当其冲成为美国侵略的目标。它是西班牙的殖民地，但地理上与美国近在咫尺，其丰富资源和优良港湾，对美国颇具诱惑力。1896年，美国在古巴制糖业的投资为3000万美元，使其产品全部供应美国。古巴烟草出口的60%也被美国控制。此外，采矿业、畜牧业和果品业同样是美国渗透的领域。美国在古巴的投资额相当于它在中南美洲各国（墨西哥除外）投资的总和。早在80年代，两国已有6条固定贸易路线，美国对古巴贸易额已占美国对外贸易吨位的1/4。此后与日俱增。1896年，美国从古巴进口货物的价值为1亿美元，向古巴的出口贸易为2600万美元。美国国务卿谢尔曼曾在1897年直率地说，美国对古巴的兴趣，大大超过对整个南美洲的兴趣。

随着垄断资本的形成，帝国主义的扩张理论应运而生，成为美国发动美西战争的依据。

扩张主义最有代表性的口号是：“美元到哪里，美国国旗就跟到哪里。”积极鼓吹者有费斯克、伯吉斯、洛奇、马汉等人。他们根据反动的种族优越论，

西班牙在埃卡纳投降

宣扬美国人的祖先盎格鲁撒克逊种族是“被上帝挑选来开化世界，创造文明的发达民族”，“优等民族”有责任强制“落后民族”服从他们，有义务在别国建立“秩序”，只有它才有能力，也才应该统治世界。他们宣称，美国国富民强，应该把它的联邦制度从地球的一极传播到另一极。其他国家则必须向这个年轻的帝国献祭，如同它们在耶稣诞辰去朝圣一样。为达此目的，他们力主建立强大的海军，取得制海权。这种理论集中体现在美国海战学院首任院长艾尔弗雷德·马汉（1840—1914 年）的 3 部著作中。他提出，“谁控制了海洋，谁就控制了世界贸易，而谁控制了世界贸易，谁就控制了地球的财富和地球本身。”他特别强调加勒比海的重要地位，说它是美国的“主要海疆大西洋和太平洋两大洋的战略枢纽”。

根据这些理论，美国扩张主义者设计出一套侵略计划。首先，将加勒比海变为“美国海”，接着在中美洲开凿一条沟通两大洋的运河，第三步，把势力扩大到太平洋地区，特别是菲律宾。第四步，以菲律宾为“踏板”，进入中国。

古巴是整套计划的第一步。美国统治者历来认为，这块地方必须属于美国，否则后患无穷。早在 19 世纪 20 年代，

被击毁的西班牙舰队巡洋舰

美国宣布“门罗宣言”之时，已经抛出了关于古巴的“熟果政策”。它提出，西班牙早晚走向衰落，一旦它无力控制西半球时，古巴这块弹丸之地定会因失去宗主国而无法生存，只有投入美国怀抱，这种结果就如树上的果子成熟后自然落地一样，无可怀疑。门罗总统时期的国务卿约翰·昆西·亚当斯在1823年直言不讳地说，“当人们展望未来50年内事态可能发展的进程时，……为确保联邦之完整，将古巴并入我联邦共和国势在必行”。这种反动理论也被叫做“政治上的万有引力定律”。不难看出美国对古巴的野心由来已久。

白宫的作战室

美国等待已久的“熟果”时机终于到来了。1895年2月，古巴岛上发生了反对西班牙统治的武装起义，起义军声势浩大，仅半年多就宣布成立古巴共和国，通过了宪法。西班牙殖民军队比起义军人数多近5倍，但失道寡助，节节败退。到1896年，其统治已摇摇欲坠。

被西班牙统治了300年的亚洲殖民地菲律宾，经过4年多准备，也于1896年8月掀起了武装斗争。在1年多时间里，起义军采用游击战术，使西班牙军队

第二天早晨拍到的"缅因"号军舰残骸

闻风丧胆。

美国始终密切关注西班牙大帝国的瓦解。1896年正值美国总统大选年，为争取选民，执政的民主党宣布对古巴局势保持中立。参加竞选总统的共和党也佯称希望古巴获得独立。可是，扩张主义分子跃跃欲试，敦促政府切莫坐失良机，不能让古巴从西班牙手中转到其他欧洲列强手中。参议员亨利·洛奇说，干涉古巴是美国"无法逃避的责任"。

1896年，执政的民主党政府开始采取强硬措施。4月初，美国国务卿理查德·奥尔尼照会西班牙驻美公使德洛梅，称美国在古巴目前局势中的利益仅次于西班牙，因此"进行干涉以终止这场斗争乃是美国政府刻不容缓的和绝对必要的任务"。提出，为了让古巴获得"地方自治"权，美国愿意进行"斡旋"，同时，说美国对古巴并无任何图谋。两个月后，西班牙政府复照拒绝了美国进行斡旋的建议，并毫不示弱地宣称，"古巴岛自它被发现之日起，一直为西班牙所专有"，该岛资源作为一个整体，"都应属于母国"。

总统大选结果，共和党候选人威廉·麦金莱获胜。1897年3月初，他入主白宫，成为美国第25任总统。麦金莱在就职演说中继续要弄"和平外交"的缓兵之计，称"不介入外国纠纷"，"不想进行征服他国的战争"。同时，含沙射影地说，美国"永远坚持在任何地方都能行使美国公民的合法权利"，为今后干涉古巴制造舆论。

垄断资本家积极配合政府，也呼吁对古巴进行干涉。1897年5月，各大城市的300个大银行家、大商人、大工业家、大船主和商业代理人联名上书国务卿，要求政府毫不迟疑地对古巴进行干涉，拯救他们在那里面临毁灭的经济。

9月，麦金莱政府通过新任驻西班牙公使进一步对西班牙施加压力，要求它在10月份必须做到：要么接受美国提出的进行斡旋的建议；要么在古巴实现和平。照会威胁西班牙说，美国在“提出它所拥有的权利并对这种权利采取行动前，只需要等待‘适当的时间’了”。

圣胡安山战斗中被俘的西班牙伤兵

西班牙殖民统治面对古巴人民强大的反抗斗争，已山穷水尽。1897年10月，原政府倒台。新政府采取措施以求缓和局势，撤回了驻古巴总督魏勒将军，改派布兰科将军；复照美国，答应建立一个新的执行机构，和岛上权力机构共同进行管理，于11月1日前让古巴实行自治。与此同时，这个老牌帝国主义国家，对于乳臭未干的美国并不甘示弱。复照称，在古巴的“军事行动一天也不间断”，而且以攻为守地说，“自从古巴叛乱开始以来就一直利用美国作为一个取之不竭的军火库”，要求美国政府必须“采取多种办法制止联邦领土成为策划支持古巴叛乱阴谋的中心”。不仅如此，西班牙政府还口气强硬地反击说，美国没有说明在古巴问题上将要采取什么手段，而只有“首先确切地说明所提供的援助的性质和将要采取行动的领域”，西美“双方才可能达成完满的协议”。

美国政府在玩弄“和平外交”的同时，早就开始进行军事准备。还在民主党掌权的1896年夏，国会已通过决议，批准建造3艘战列舰。1897年共和党执政后，主战派重要人物西奥多·罗斯福被任命为海军部副部长，备战工作更加紧锣密鼓。他呼吁国会增加海军拨款，立即着手建造6艘大型巡洋舰和6艘战列舰。1897年9月，罗斯福还当面向麦金莱总统提出了对西班牙作战必须“先发制人”的建议，并陈述了他设计的具体行动方案，主要内容包括：主力放在古巴；战前把全部舰队集中在基韦斯特港；宣战后48小时内主力舰队到达古巴海岸；派出一支远征军插入古巴；派4艘配备重型武器的巨型快速巡洋舰骚扰西班牙海岸；亚洲舰队则封锁乃至夺取菲律宾的马尼拉。他认为如果主动权落入西班牙手中，他们势必派出舰只到美国领海活动，在古巴水域布雷，而且会得到德国和英国的支持，使美国陷入被动局面。罗斯福的见解颇得麦金莱赏识。

西班牙迫于压力，于 1897 年 11 月 25 日宣布允许古巴自治。可是，起义者不接受在西班牙控制下的自治。此时，麦金莱政府认为，“果子成熟”的时机已经来临。12 月，麦金莱在国情咨文中指出，由于西班牙已无力控制古巴，“可能导致古巴岛转归某一大陆强国”，所以有必要重申美国在 1823—1860 年间多次宣布的政策，“不许其他国家干涉古巴和西班牙的关系，除非为了使它独立，或由我们通过购买获得它”。最后，强词夺理地宣布，美国政府“将继续警惕地维护美国公民的权利和财产”，“今后，如果武力干涉”，“将不是出于我方的过失”，而是“我们对自己、对文明和对人类的义务加之于我们的一种任务”。他要求拨发专款，为太平洋沿岸建造一艘战列舰；建造几艘鱼雷艇；在大西洋沿岸提供 3—4 个能够停泊最大舰只的船坞，在太平洋沿岸则至少提供一个这样的船坞，在墨西哥湾则设立一个浮动船坞应充分供应弹药和其他军需品；增加官兵数量。这篇咨文不仅是一份干涉古巴的宣言书，而且是向全国发布的动员令。美国已经正式进入了战备状态。

美西战争的进程可以分为序幕和开战两个阶段。第一阶段从 1898 年 1 月至 4 月 25 日美国正式宣战。第二阶段从宣战到 8 月份战争结束。

序幕

麦金莱发表国情咨文后，一场要求向西班牙开战的运动愈演愈烈。1898 年新年伊始，纽约的商人联名上书麦金莱，称古巴战争 3 年来，美国进出口贸易已损失 3 亿美元。强烈要求美国政府以商业蒙受的损失为“正当理由”，迅速采取有效措施，对古巴进行干涉。

1898 年 2 月份，发生了两件诱发战争的事件。第一件，是西驻美公使攻击麦金莱的信件被公开。第二件，美国 1 艘军舰在哈瓦那爆炸。

《纽约日报》2 月 9 日刊登了一份西驻美公使德洛梅去年 12 月写给马德里《先驱报》一位编辑的私人信件。信中谈及麦金莱的国情咨文时，说麦金莱是一个哗众取宠的人，一个自命不凡的政客。信中还有说他两面三刀的意思，一面与党内好战分子搞好关系，一面试图留一个后门。信件公布后，美国舆论哗然，纷纷谴责这是西班牙官员对美国国家元首的侮辱。在压力下，德洛梅宣布辞职，西政府正式向美赔礼道歉。但是，美国仍不罢休，继续对西班牙进行攻击。

一波未平，一波又起。在古巴起义军日益壮大的形势下，1897 年底，美国驻哈瓦那总领事菲茨休·李要求政府派军舰到古巴"保护"美国侨民。12 月 15 日，战列舰"缅因号"奉命开到美国最南端的基韦斯特港。1898 年 1 月 25 日，美国以"友好访问"为名，将"缅因号"驶入哈瓦那港。2 月 15 日晚 9 时 40 分左右，一声巨响划破夜空，"缅因号"突然发生爆炸，火光冲天，照亮了整个港湾。美国官兵死亡 266 人，受伤 100 余人。配有 24 门大炮的这艘乙级战列艘被炸得面目全非，下沉海底。

《纽约太阳报》在第二天发表的报导说，爆炸发生时，人们看见一大团东西直上云霄。但是，在那突然发生的令人目眩的闪光中，似乎无人能够辨认出这团东西是什么或它到底是从船外还是船内升起来的。报社记者采访了幸免于难的舰长萨格斯比。他说，当时他正在舰长室，头部被碰伤，只穿了一件衬衣便奔上甲板，命令首先抢救战舰，向船上的大量火棉灌水。但当他了解到破坏的程度和已造成的伤亡时，下令竭尽全力确保人员安全。然而大部分水兵因正在宿舍里无法逃出，而随船丧身海底。5 名水兵为抢救弹药跑进储藏室，无一生还。

2 月 16 日，美国笼罩在一片痛苦与惊恐之中，华盛顿停止了公务，全国举行了空前规模的哀悼活动。人们议论最多的是爆炸原因。尽管报纸提到，许多士兵是被西班牙军舰派出的小艇救起来的。人们还是怀疑此事为西班牙蓄谋制造。

3 月份又发生两件激发战争的事件：美方公布"缅因号"调查结果；一位从古巴回来的参议员发表了煽动性演说。

爆炸发生后，西班牙建议与美国联合调查事故原因，遭美拒绝，2 月 20 日，西班牙海军的调查结果排除了爆炸的外部原因。美国自然不能接受。美国在组织单方调查的同时，放出空气说，如果证明爆炸是外因所致，不管能否确认是不是西班牙所为，也要西赔偿 1000 万至 2000 万美元，一旦它敢于拒付，美国立即出兵哈瓦那。西班牙已在劫难逃。

3 月 28 日，麦金莱向国会递交关于调查结果的报告，认定舰上"任何部分都不存在引起任何内部爆炸的迹象"，"该舰系由一枚水雷爆炸而被毁，水雷引起该舰前部两处或多处弹药库的局部爆炸”,而且排除了个人作案的可能性。言外之意,肇事者只能是西班牙政府。

调查结果对于已经群情激愤的国内气氛犹如火上浇油。“让西班牙见鬼去吧”、“记住缅因号”、“讨还血债”的复仇怒吼在美国各地此起彼伏。

还在调查结果公布之前,已有人开始煽风点火。佛蒙特州参议员普洛克特在参议院发表演说,以不久前访问古巴的所见所闻,揭露西班牙在岛上实行集中营的罪行。据当时的《华尔街日报》说,这次演说使“华尔街许多人转变了思想”,倒向主战派。

西班牙为避免与美交战,作出和谈姿态。3 月底,西按美要求在古巴废止了集中营制度,正式建议将爆炸案提交国际仲裁。麦金莱置之不理。他授意国会通过法案,拨款 5000 万美元作为紧急国防费用,又拒绝了 4 月初欧洲 6 国的联合调停。4 月 19 日,美国参、众两院分别通过授权总统对古巴进行武装干涉的决议。22 日,麦金莱发出命令:封锁古巴港口;召募 12.5 万志愿兵入伍。同日,他还向各县县长下达布雷命令,在美国的大西洋和太平洋沿海共布放 1535 枚水雷。通讯兵在 10 大兵营间架设了 300 英里电线,开通了野战电报、海底电缆,还设立了一座海底电报站。这些现代化的通讯设备,在美国都是首次在战争中使用。

面对美国的挑战,西班牙使用的各种外交手段已无济于事,只得背水一战。4 月 24 日,西班牙对美国宣战。麦金莱旋即于 25 日向西班牙宣战。

两个战场——菲律宾和古巴

战争首先在菲律宾打响第一场重大战役是马尼拉湾海战。早在 1898 年 2 月 25 日,罗斯福以代理海军部长身份,向亚洲舰队司令乔治·杜威下达将舰队开往香港的命令,要求他一旦西班牙宣战,立即将西舰队牵制在亚洲,“然后对菲律宾发动进攻”。

美国正式宣战后,4 月 27 日,杜威舰队离开香港附近的大鹏湾,于 4 月 30 日下午驶抵马尼拉湾入口处。在确认附近的苏比克港尚未设防后,美舰队于 5 月 1 日拂晓 5 时许进入海湾,开至马尼拉港外。马尼拉市的 3 个炮台、甲米地的两个炮台和西舰队同时向美舰队开炮。美舰随即还击。杜威指挥的旗舰奥林匹亚号率 5 艘军舰排成与西舰队平行的队列,与其逆向行进。西炮火猛烈,但命中率很低。他们的鱼雷小艇没有奏效就被击毁。美国舰队的炮火集中猛攻西旗舰雷娜·克里斯蒂娜号。7 时许,它终于带着熊熊火焰下沉海底。时至中午，西班牙的所有舰只都被浓焰烈火所吞没，已无抵抗能力。海战过程中，马尼拉的3个炮台射击不止。杜威起初不予理睬，直到大局已定，他才威胁西班牙总督说，将炮轰马尼拉市。炮台被迫停止了炮击。

近7个小时的战斗，美军大获全胜，舰队无损，仅伤7人。西班牙全军覆没，损失10艘战舰和1艘运输舰，死伤300人左右。由此，西班牙丧失了在太平洋地区的海军力量。

5月3日，美军占领了甲米地兵工厂，并接受科雷吉多岛炮台投降，拆毁大炮。为进一步占领马尼拉城，美国派出1.56万人的陆军远征军，6月30日抵达马尼拉城外。

在古巴的战斗主要集中于圣地亚哥港，分为陆战和海战两部分　陆战以埃尔卡纳和圣胡安山两场战役最为重要。

西班牙向美宣战后，派塞维拉将军统率舰队，于4月29日离开西非佛得角群岛，横穿大西洋，5月19日悄悄驶入古巴东南部的圣地亚哥港。美国误以为西舰队在加勒比海的马提尼克岛一带，派海军中将桑普森率领舰队搜索未果，直到5月29日才发现西舰队的确切位置。

圣地亚哥港呈瓶状，出入口狭窄。西班牙用5艘军舰和两艘鱼雷艇在港内构筑了严密的防线。美国的13艘舰艇和鱼雷艇开到港外，将出口团团围住，由桑普森任舰队总司令。阵势对西军有利，因为布满水雷的入口处使美国人寸步难行，周围山上的炮台居高临下，而美国舰只的大炮由于射程太近失去作用。如果对峙下去，西军有广大陆地作后方，美军却在海上难于坚持。

美军决定先登陆，再进行海战。6月10日，海军陆战队600余人在亨廷顿中校指挥下，冒着枪林弹雨经一天一夜战斗，付出重大伤亡，终于在圣地亚哥港以东不远的关塔那摩湾强行登陆。接着，由35艘运输舰运载的1.6万名官兵，在谢夫特少将指挥下，由美国南部佛罗里达州的坦帕专程赶来增援。6月22日，他们在圣地亚哥湾和关塔那摩之间的代基里登陆。美国舰只排成绵延几英里的长队同时鸣笛，庆祝初战告捷。

美军登陆后，开始从东北部和东部向圣地亚哥进发，在其东北部的埃尔卡纳和圣胡安发生两场激战。进发中，最使美国人生畏的还不是西班牙军队的炮火，而是水土不服。山路崎岖，行走艰难，热带雨林气候闷热、潮湿、蚊蝇猖獗，加之士兵穿的还是冬季的厚呢军服，军中疾病流行，不少人不战而亡。西班牙军队长期驻守古巴，不但已适应气候，而且熟悉环境，把火力点安置得十分隐蔽。谢夫特决定速战速决。他派劳顿将军率师攻打埃尔卡纳，7月1日晨对其形成半圆形包围圈。西班牙火力很强。战斗进行了1天，双方均有伤亡。下午3时许，美军发出全线总攻令，士兵们吼叫着跃出战壕，向山上冲去，其中最为突出的是第24黑人团。美军占领制高点后，西军败下阵来。接着，埃尔卡纳城内没有发生激战，就被美军占领了。

美军乘胜前进，由肯特将军和惠勒将军率领直插圣胡安。西班牙军队在周围山上密布了防御工事。美军首先展开炮击，但使用的老式火药每发射一次要间隔1分钟，而且炮弹发射时引起的浓烟反而暴露了目标，使美军伤亡惨重。后来，美军改用大兵团包抄，向圣胡安山发起进攻。士兵们冒着西班牙碉堡发出的火舌，边攀登边射击。由西奥多·罗斯福指挥的“义勇骑兵团”勇敢善战，表现突出。他是辞去海军部副部长职位，专程参战的。1901年他成为美国第26任总统后，这段故事广为流传。战斗打到7月1日夜里，西班牙司令利纳雷斯负伤，70%的士兵战死。美国取得了胜利。这两场战役中，美军死亡230余人，1280余人负伤，许多人下落不明。

美军在两场陆战取胜后，形成了对圣地亚哥的包围。7月3日，开始了决定性的海战。上午9时许，被围困在圣地亚哥港内的西舰队试图逃走。旗舰玛丽亚·特雷莎号首先冲出港口，3艘巡洋舰和两艘鱼雷驱逐舰尾随其后，边行驶边向集中在该港入口以东的美舰开炮，港口两岸的西军炮台也同时开火。桑普森和施莱将军指挥的美国舰队立即以大炮还击，展开一场追击战。美国的大军舰配有口径13英寸、射程5英里的大炮，每发炮弹0.5吨重，发射一次要用500多磅火药。富有戏剧性的事件是，海军少校温赖特指挥的小战船格洛斯特号，把上级发给他的旗语命令“脱离危险区”误认为“接近敌舰”，迎着敌舰而上，在最近距离猛烈开炮。此举不只使西班牙人为之一惊，连大舰上的美国人也吓呆了。后来，这位少校因“违反军令”而荣立战功。不到3小时的战斗，西舰队全军覆没，死亡600余人，被俘官兵1300余名。美舰未受重创，只有个别人员伤亡。

捷报传到美国国内，7月4日独立日那天出现了建国以来前所未有的欢腾景象。

经过半个月谈判，圣地亚哥城的西

班牙守军2.2万人投降。7月17日，谢夫特军队占领了该城。

7月21日，迈尔斯将军率领美军3400余人，分乘9只运输船在军舰护航下离开关塔那摩，于7月25日在波多黎各登陆。后又有增援部队到达，共计1.69万美军。27日进攻该岛最大港口蓬塞成功。以后又在4处与敌人交锋，至8月12日，美军已基本占领该岛。

美西战争的最后战役在马尼拉结束5月初美军在马尼拉海战取胜后，杜威打着把菲律宾“从西班牙枷锁下解放出来”的旗号，以提供军火为诱饵，以菲律宾起义军频繁来往，鼓动他们与西开战。5月31日，起义军在各地发起总攻，占领了大片地区，并为最后夺取马尼拉市作了大量准备工作。6月12日，他们宣布菲律宾独立。美军在古巴站住脚后，即向亚洲调兵遣将。8月13日，由安德逊将军指挥的舰队和陆军向马尼拉市发动总攻。美军按照麦金莱总统的独占菲律宾的旨意，要求起义军不得进入马尼拉。不堪一击的西军很快投降，马尼拉市被攻陷。

全部战事到此结束。西班牙在菲律宾和古巴的军事力量全部被歼。据美国官方统计，美军阵亡297人，负伤1644人，军舰无损，大获全胜。

还在马尼拉战火未熄时，美国已起草了媾和议定书，强迫西班牙接受。8月12日，两国代表签字。10月1日至12日，美西两国在巴黎举行缔结和约谈判。美方在议定书基础上得寸进尺，坚持要全部占领菲律宾。12月10日，巴黎和约签订。它规定：西班牙放弃古巴，由美国占领；西班牙将菲律宾群岛、波多黎各、关岛让与美国；美国将付给西班牙2000万美元，作为割让菲律宾的代价。

美西战争期间，马尼拉海战告捷后，美国国会两院于7月7日通过了关于归并夏威夷群岛的联合决议，称美国接受夏威夷共和国关于其群岛和主权的“转让”。8月12日，美国正式占领该岛，从此将其划为美国领土。

里昂工人起义

1831年起义

“不能劳动而生，勿宁战斗而死！”是1831年法国里昂织工起义时的豪言壮语，写在起义旗帜上的战斗口号。法国里昂的织工们为什么起义、其情节怎样？现在让我们先从法国三十年代的社会状况谈起。

我们知道，拿破仑帝国垮台以后，法

人民起来推翻了波旁王朝

国经历了一个波旁王朝的复辟时期。1830年七月革命，把奥尔良公爵路易·菲利浦推上了王位，史称“七月王朝”。“七月王朝”是法国大资产阶级的银行家、大矿主、大地产主和铁路大王们的金融贵族的专政。路易·菲利浦作为这个集团的总头目，人送外号“钱袋子”。

“七月王朝”代表了法国金融贵族利益，一切听命于银行老板和交易所大王。它颁布的1830年宪法，不仅剥夺了广大工农群众的选举权，就连中小资产阶级，也被排斥在选民之外；它保留了旧的国家机器，继续镇压工人运动；对外侵略阿尔及利亚，并在它的统治期间，完成了对这个非洲国家的全面征服。实质上，“七月王朝”不过是一个剥削法国国民财富的股份公司。

但是，“七月王朝”时期，却也是法国工业革命向前迈进、资本主义生产迅速发展的历史时代。统计资料告诉我们，当时法国工商业的总投资，急速猛增，从1830年的300亿法郎，增加到

1848年的450亿法郎。工业生产中使用的蒸汽机,也在急剧增加,1830年是625台,到1847年,已经上升到4853台。随着工业生产的发展,原料消耗量也在大幅度增加,如:棉花需要量1831年为2800万公斤,1845年则增加到6400万公斤;工业用煤从1830年的170万吨,猛增到1847年的555万多吨。这时候,铁路运输业也跟着发展起来,1831年,法国共有铁路38公里,到1847年初,已经通车的铁路,就达1535公里,短短十几年,铁路长度增加近40倍!

法国资本主义生产的急剧增长,给人们的社会生活带来了巨大变化。首先,它空前加强了新兴工业资产阶级的实力,使这些人日益不满足自己在政治上的无权地位,要求扩大民主,以便在政治舞台上同金融贵族分庭抗礼,平分秋色,同时,也加深了工人、农民和小资产阶级的贫困化,其中工人尤其严重。资本家大量雇佣童工和女工,甚至强迫8岁的童工上夜班,而且极力压低工资,对工人进行残酷剥削。加以大批人员失业,工人生活更加困苦不堪。1831年,一位富有洞察力的工人奥居斯特·柯伦,在报纸上曾经大声疾呼:"我们摆脱了世袭贵族的束缚,却沦于金融贵族的压迫之下;我们赶走了有称号的暴君,却遭受着百万之富的暴君的统治。"这表明,工人们已经产生了阶级意识、那怕是初步的阶级意识、处于萌芽状态的东西。工人们忍无可忍,1831年和1834年,一场反对压迫和剥削的斗争风浪,先后在里昂、巴黎等地翻滚起来。

工人起义的风暴为什么首先在里昂掀起呢?这绝不是偶然的。说起里昂,人们自然会联想到它的古老和在生产上的地位。里昂是法国中南部的重要工业城市,丝织业中心,著名的丝绸之城。早在十六世纪,这里出产的丝织品,已经畅销欧洲,深受各国封建王公和贵族的喜爱和欢迎。到十九世纪,这里简直是两个世界。两重天地。市中心,大街整洁,店铺林立,行人络绎不绝,穿戴十分考究。工业区却完全相反,街道狭窄,遍地垃圾,房屋低矮破旧,工人面色苍白。在这里挣扎着的3万织工,每天劳动15到18小时,而工资所得却只能买到一磅面包,下班后还得要走到郊区住处,生活穷苦,简直无以复加。

1831年,里昂的织工们,为了反对资本家任意压低工资,派出代表,向资本家提出订立标准工资的要求。在6千名织工罢工和示威游行的压力下,资本家实行了缓兵之计,当夜同工人代表达成了标准工资协议。消息传出以后,整个工人区沉浸在一片欢乐之中。

资本家的退兵阴谋得逞之后，凶相毕露。他们首先哭哭啼啼地向内阁总理告状，请求政府给他们掌腰。于是，法国政府根据制造商们的要求，一面否决标准工资协议，一面准备动用武力，进行镇压。罗盖将军更口出狂言，公开叫嚷："如果工人敢于起来，那就叫他们的肚皮开花。"制造商们有了罗盖这把匕首之后，态度立即蛮横起来，马上撕毁协议，背弃诺言；三个星期过去以后，工人们的工资依然照旧！工人们愤怒到极点，他们立即行动起来了。

1831 年 11 月 21 日晨，里昂的织工们离开作坊，开始罢工，一支约有 2000 人的游行队伍，四人一排，手挽着手，踏着坚定的步伐，高唱着"前进，前进，冲向敌人的枪口，冲过枪林弹雨，奔赴胜利"的歌声行进。他们发表《里昂工人宣言书》，提出"里昂应当有我们自己选出的政权代表"。并号召政府军队站到工人一边，参加这场英雄的战斗。他们高举"不能劳动而生，勿宁战斗而死"的旗帜，手持长矛、腰刀、棍棒和步枪，从工人区出发，直奔市中心。这时候，里昂的每一个城门，都设有重兵把守。军队荷枪实弹，杀气腾腾。

当起义者来到城门口，突然遭到枪口的阻拦。一个军官粗声粗气地命令说："回去！你们都给我回到工人区去！"气氛顿时紧张起来。突然，一位年青人从起义队伍中跑出来，冲向城门，举着拳头高喊："弟兄们！冲啊！跟我一起冲过去！"

守卫的士兵立即开枪射击；他倒在血泊中……工人们愤怒已极，他们毫不迟疑，筑起街垒，同政府军展开拼杀。当枪声传到工人区以后，这里的人们行动起来了，他们闯进军械铺，抢夺枪支弹药和刀剑，一齐赶到城门口，加强了起义者的力量。起义的人群立即向政府军发动猛攻，突破城门防线，像潮水一样地涌向市中心，一场残酷的巷战在里昂街头展开了。起义者们掀起铺路石，刨倒街灯杆，推翻运货车辆，搬来木板，家具，筑成一座座街垒；拆下机器上的铅质零件，熔铸成小铅块，用来顶替子弹，打击敌人。他们就这样同政府军进行着艰苦、激烈的战斗！在巷战中，儿童和妇女表现得相当出色。孩子们运送弹药、送水送饭、侦察敌情，有的甚至直接拿起武器。妇女们烧水做饭，护理伤员，为革命贡献了力量。起义者们在广大群众的支持下，团结战斗，越战越勇，攻占了一条条街道，夺取了一处处街区，从四面八方，向市政厅推进。入夜以后，起义队伍不断扩大，政府军再也招架不住，纷纷向市政厅撤退、龟缩。

第二天，罗盖准备反扑，但他手下可以上阵的兵士已经不多，失败的报告，却一个接一个地向他传来。这天深夜，“牛皮将军”罗盖，实在招架不住了，便带领一批残兵败将，溜出里昂，逃之夭夭。11 月 23 日，起义军逮捕省长，完全占领了里昂城，工人们成了里昂的新主人。

巷战结束以后，武装起义司令部，立即派出哨兵和巡逻队，组织恢复社会秩序。他们建立了工人委员会，宣布废除苛捐杂税，实行标准工资；发布告市民书，宣布自己的政治主张；要求实行民主选举，把自己的代表选进政府机构。

起义者们尽管做了前人没有做过的事情，但可悲的是，他们还没有彻底摧毁资产阶级政权，他们没能把里昂的抗击力量，进一步组织起来，建立自己的统治。那些旧官吏还在发号施令，管理市政，甚至起义者还邀请警察局长参加他们的辩论，对敌人如此丧失警惕，这就不能不给起义的悲剧埋下祸根。

到 12 月初，资产阶级经过一段喘息之后，利用起义者的麻痹大意和过分疏忽，开始组织反攻了。他们从巴黎调来 6 万大军和 50 门大炮，包围里昂城。12 月 3 日，完全处于被动的起义军，遭到残暴的镇压和屠杀，起义失败了。

1831 年的里昂织工起义，没能改变工人们的处境。他们的生活条件毫无改善。但可喜的是，经过这次战斗洗礼，工人们的阶级意识有了进一步提高，他们开始认识到：“劳动者只有组织起来，兄弟般地团结在一起，才能改善他们的命运。”

1834 年 4 月，里昂工人再次揭竿而起，发动第二次起义。起义者们不仅要求提高工资，而且号召推翻富人统治，建立民主共和国。这就使起义带有了明显的政治性质。起义者们修筑街垒，高举红旗，同敌人进行了 6 天激战，最后失败。

里昂织工起义的战斗号角，唤醒了苦难的法国工人。从巴黎到马赛，许多城市都纷纷起来响应，罢工和起义，像一团烈火烧遍法国大地。里昂起义，已经不再是旧式的手工业者的斗争，而是在同一社会里有产阶级与无产阶级之间的一场冲突，是近代工人的武装起义。

里昂织工起义向我们表明，在法国，无产阶级已经成为一支独立的政治力量开始登上历史舞台，从这个时候起，无产阶级同资产阶级的斗争，在比较发达的欧洲国家，已经被推到社会斗争的前列。

总之,“不能劳动而生,勿宁战斗而死”这个口号,将作为里昂织工的光荣而载入法国史册!

1834 年起义

1831 年 11 月的起义失败了。里昂工人热切盼望的最低工价标准成为泡影,生活丝毫没有改善。但是,工人的血没有白流,战斗锻炼和教育了他们。他们提高了觉悟,增强了团结。自 1832 年起,互助社组织逐步扩大,吸引了更多的工人,领导体系也较过去完善。每小组(20 人以下)选出两名代表,若干组的代表组成中心组,各中心组的组长联席会议是全社的最高领导机关。1834 年初,中心组长联席会议改称执行委员会。在互助社的领导下,为保障就业,提高工资,经常向包买商进行多种形式的斗争。

在此期间,资产阶级和小资产阶级的共和派的活动也日趋活跃。各种团体日益增多,如“人权社”、“进步社”、“独立者社”、“自由人社”等等。其中影响最大的是“人权社”,“互助社”的许多成员同时也是“人权社”的成员。“进步社”的领导人拉格朗热十分同情工人,在工人中享有一定的威望。

七月王朝对工人和共和派的结社活动十分恼火,于 1834 年 2 月向议会提出新的法案,在刑法禁止 20 人以上结社的基础上进一步规定,20 人以下的结社活动也在被禁之列。这项法案虽然尚未通过,但各地均已获悉,人民普遍表示愤慨。里昂的互助社本来是以经济斗争为主要目标的工人团体,而共和派的各个团体则致力于政治斗争,所以往常彼此虽有影响,却并无紧密的联系。现在,反对禁止结社法的斗争把它们团结起来了。

1834 年初,里昂的包买商将每一欧那长毛绒的工价降低了 25 生丁。这个数字并不大,受到直接影响的工人也只有 1200 余人。但工人的觉悟已经提高,他们开始认识到工人的命运是彼此相连的,对包买商的斗争是全体工人的事。在互助社的号召下,里昂的全体丝织工人从 2 月 12 日起实行罢工。17 日,数百名工人在泰罗广场集合,准备向市政厅进发。当局派军队鸣枪示警,集会被冲散。包买商在当局支持下拒不让步。部分工人因罢工期间生活来源断绝而十分困难。互助社的执行委员会遂下令于 2 月 22 日复工,结束了这次为期 10 天的罢工。这次罢工虽未取得积极成果,但对包买商和当局无疑是一次严重的警告。

狡黠的反动当局在罢工高潮中借口

不插手劳资纠纷，表面上袖手旁观，实际上支持包买商的强硬态度。罢工结束后，反动当局凶相毕露，悍然逮捕了6名工人。工人们被当局的卑劣行径所激怒，一场新的斗争已在酝酿之中。正在此时，3月25日传来消息，扩大禁止结社范围的新法案已在议会通过。根据这项法案，工人不仅不能组织新的团体，原有的团体也将被迫解散。导火线就这样被点燃了。互助社与人权社等共和派团体共同组成一个总委员会，具体领导工人的斗争。当局定于4月5日开始审讯6名被捕工人，总委员会决定在那一天举行大规模的示威。不难看出，1831年，起义工人争取的主要是经济目标，而1834年，工人争取的不再只是经济目标，主要的已是政治目标。这说明，工人运动在向前发展。

4月5日，工人在法庭所在地圣约翰广场示威时，一名工人被枪杀。次日，8千余名工人举行抬尸游行，在全市引起巨大反响。法庭不得不宣布将审讯推迟到4月9日。4月8日夜间，总委员会举行会议，对情况作了分析，估计反动当局次日可能使用武力，遂决定以“结社、抵抗和勇敢”为口号，坚决给反动当局的暴力镇压以反击，但不主动挑起武装冲突。会议任命拉格朗热等人为总指挥。

形势日趋紧张，一场恶斗即将爆发。法院院长担心酿成流血事件，向当局提议移地审讯，以免触发冲突。当局未予采纳。1831年11月的工人起义把政府打了个措手不及，当局事后在里昂全力加强戒备，修筑了许多碉堡和据点，配置了许多火炮，警卫部队的数量也大大增加。当局凭借这些镇压手段，企图伺机进行暴力镇压，扑灭里昂的工人运动。所以，4月8日夜间当局在部署兵力时，并未采取任何避免发生冲突的预防性措施。恰恰相反，包括步兵、骑兵、炮兵和工兵在内的1万余人控制了全市所有战略要点。当局还派便衣警察混在工人当中进行煽动。很显然，反动当局蓄意要血洗里昂。

4月9日，大批工人拥向法庭，有的进入院内，有的留在广场上。审讯正在进行时，军队突然向工人开枪。工人立即奔向工人居住点和市中心，修筑街垒，进行抵抗。大多数工人没有武器，而且事先虽预计到发生冲突，却缺乏周详的准备，所以不能组织有效的反击。最初的混乱过去后，全市形成了6个起义中心，其中最重要的是市中心的哥德利埃教堂。拉格朗热在这里指挥。他冒着炮火，往返于各个街垒之间，赢得了工人们的信任和赞赏。各行各业的工人纷纷前来支援，有的在街垒中与反动军队作战，有的赶制弹药，用织机上的零件熔制子弹，有的抢救照看伤员，工人们举起写着“不共和毋宁死”的红旗，把斗争的矛头直指反动的七月王朝政府。当局命令军队“街上见人格杀勿论”。军队以火炮轰击起义工人的街垒，放火焚烧工人的住房，并闯入民宅虐杀无辜平民，连病人和妇孺老弱也不放过。战斗是在双方力量对比悬殊条件下进行的，到 10 日夜间，当局已明显占了上风，但起义工人们仍顽强抵抗。据路易·勃朗后来分析，这时如要结束战斗，对当局来说并不困难，但当局蓄意拖延，为的是在战火中杀害更多的起义工人。4 月 13 日，最后一批街垒被军队攻陷，最后一批起义工人在哥德利埃教堂前英勇献身，为工人的事业流尽最后一滴鲜血。1834 年里昂工人起义在火海血泊中失败了。

1848 年欧洲革命

从 18 世纪开始的欧洲工业革命，彻底改变了那些国家的经济发展形势，并且开始形成了资本家和无产阶级的对抗。1848 年欧洲革命，就是工业革命在欧洲胜利发展的情况下产生的。那时候，欧洲各地相继出现了农业歉收和资本主义经济危机，工人和农民的生活状况恶化，导致阶级矛盾激化，社会动荡加剧。此后，从意大利的巴勒莫到法国巴黎、再到德国柏林和匈牙利布达佩斯，都爆发了革命。

1848 年欧洲革命首先是从意大利西西里岛的巴勒莫开始的，并且马上蔓延到整个意大利地区。在此革命发生之前，意大利包括 8 个分裂的封建专制小王国，直接或者间接受到奥地利王国的控制。早在 1848 年以前，意大利有些革命分子就开始了推翻外族压迫、实现民族独立，并且消灭各城邦封建专制统治的努力。1809 年，革命青年成立了“烧炭党”，1831 年，马志尼成立了“青年意大利党”。

巴勒摩革命后，教皇领地、托丝卡纳等地都相继卷入了革命运动，撒丁国王和卡丝卡纳大公还被迫宣布实行宪法统治。但是 1848 年意大利革命最终被封建君主勾结法国和奥地利的军队而被镇压。此后，欧洲发生了著名的二月革命和德国革命，奥地利也获得了独立。

从 1830 年以后，代表资产阶级金融贵族利益的“七月王朝”统治着法国。由于当时法国社会贪污成风，赋税繁重，加上 1845 年和 1846 年连续的马铃薯病

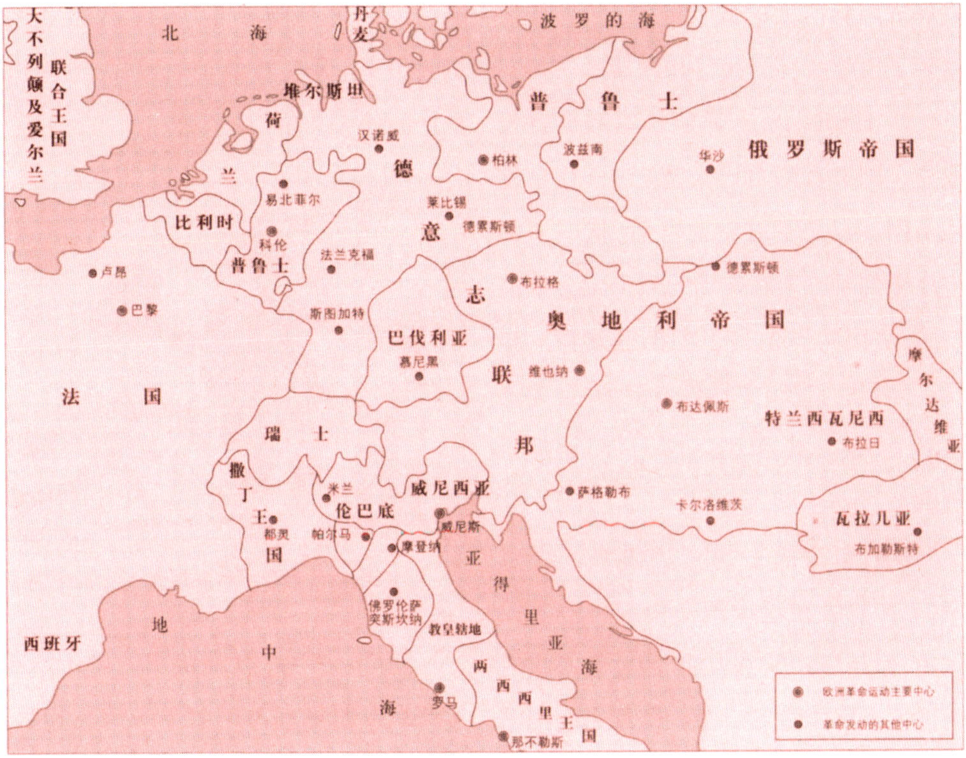

1848 年的欧洲革命

虫害导致农业歉收，因此工业资产阶级、小资产阶级以及广大工人、农民都非常不满王朝的反动统治，最终导致“二月革命”的爆发。

在广大民众的反抗声中，反动当局为了加强自己在政府中的地位和权力，发起了所谓的“宴会运动”，以宴会为名，组织群众性的政治集会，宣传改革选举制度。但是 1848 年 2 月 22 日的宴会，成为二月革命的导火索。

该日，国王路易・菲利普命令基佐政府拒绝民众提出的任何改革要求，并且禁止一切政治集会和游行活动。巴黎工人、学生和广大市民见此，马上开始举行游行示威，反对当局统治，并且遭到军警镇压。23 日，示威群众在举行罢工的同时和政府军队开展激烈的巷战，次日

848 年，在柏林示威游行的人们与警察发生冲突

发展成声势浩大的武装起义,并且很快占领了巴黎所有的兵营和武器库。

24日傍晚,资产阶级临时政府宣告成立。国王看到自己大势已去,仓皇逃往英国。起义军占领王宫后,把国王的宝座搬到了巴士底广场的烈士纪念碑前烧毁,法国的奥尔良王朝彻底崩溃。25日,临时政府宣布实行普选制,并且建立法兰西第二共和国。二月革命获得胜利。

二月革命是一场资产阶级民主革命,无产阶级在这次革命中起到了主要作用,但是资产阶级在此后组建的政府中占据了重要位置。在二月革命刚刚结束的时候,资产阶级考虑到工人手中还保留有武器,因此临时政府被迫答应了保障工人劳动权,设立收容失业工人的"国家正厂"。与此同时,临时政府组织并调动了大量军队,准备解除工人武装。

6月23日,巴黎工人再次举行起义,发表宣言,要求解散制宪会议,把议员交付法庭审判。但是起义遭到当局的残酷镇压,此后,1万多名起义军被屠杀,25000人被捕,其中大部分被流放到国外。巴黎工人的"六月起义"也以失败而告终。但是六月起义被马克思誉为"现代社会中两大对立阶级间的第一次伟大革命,这是为保存或者消灭资产阶级制度而进行的战斗"。应该说,它是世界历史上第一次真正触犯资产阶级旧秩序的伟大斗争。

德皇弗里德里希·威廉谋求军方的支持,妄图将扑面而来的民主浪潮拒之门外

除法国外,还有两个地方的工人革命发展比较迅速。第一个是德国柏林,第二个是匈牙利。

革命前的德国是一个四分五裂的国家,它包括38个大小不等的邦国和4个自由市,各邦自由为政,独霸一方。19世纪初,德国一些地区开始出现资产阶级萌芽,并且得到了迅速发展。由于受到封建制度的压迫,资产阶级要求成立一个由资产阶级领导的统一德国,以便发展资本主义。

1848年德国革命是从与法国相邻的南德各邦开始的。受法国革命的影响,德国巴伐利亚等邦在3月份先后开始革命。3月初,柏林各个阶层向国王提出"政治自由、实行大赦、全体公民在法律面前人人平等、实行人民代议制”的要求。4日，慕尼黑的工人、手工业者和大学生占领了军械库，夺取武器。革命迅速发展到整个德国，普鲁士首都柏林成为革命的中心。

6日，柏林的工人、大学生也举行示威，到13日，游行队伍和军警发生冲突并演变为武装起义。经过一天一夜的战斗，起义军队把国王威廉四世的队伍打得落花流水，政府军队不得不撤出柏林。此后，国王被迫同意召开国民会议以制定宪法，改组政府。柏林的三月革命取得了胜利。

29日，威廉四世任命资产阶级自由派康普豪森和汉泽曼组织新政府，并于5月22日召开国民议会。新政府害怕工人斗争会继续发展，调回了原来的军队，并不支持农民的反封建斗争。此时，威廉四世在背地里秘密积蓄力量，在10月初重新指定内阁，并于次月下令解散了国民议会。

5月18日，全德国会在法兰克福开幕。绝大多数议员拥护君主立宪制的资产阶级自由派和贵族的代表。但是他们在统一德国的问题上产生了分歧：“大德意志派”认为，应该建立一个包括奥地利并由它领导的统一德国；“小德意志派”主张应该将奥地利排除在德国之外，由普鲁士领导德国统一。

奥地利皇帝费迪南一世

经过一年多的讨论，议会终于通过了《德意志帝国宪法》。宪法确定德意志将是一个资产阶级君主立宪国家，普鲁士国王是帝国的皇帝，保留各邦君主的统治地位，中央设立一个议会，帝国中央统一掌握各种对外政策、关税立法等权力。显然，这部宪法向封建势力做了很大妥协。

但是各邦君主拒绝同意这部宪法的通过，并且准备以武力推翻法兰克福议会。当法兰克福议会将准备的皇冠送给推选的普鲁士国王时，国王却嘲笑并拒绝带上这皇冠，并且说：“这不是皇冠，而是奴隶所戴的铁项圈，戴上它之后，国王就会变为革命的奴隶。”因此，全德掀起了保护帝国宪法的运动。

1849年5月4日，民众首先占领了萨克森首府德累斯顿，成立了临时政府。马上，莱茵区也爆发了大规模起义，成立临时政府。但是到了7月，全德的护宪运动先后遭到镇压。至此，1848年的德国革命以最终失败而告终。

巴黎二月革命和柏林三月革命的消息很快传到了奥地利。在奥地利的维也纳，资产阶级和广大人民也拿起武器，准备结束封建制度的统治。

19世纪前半期的奥地利，是大地主、金融资本家和官僚统治的帝国。封建王朝哈布斯堡在匈才利所实行的政策完全践踏了匈牙利的主权，使匈牙利在政治、经济、军事和文化上完全依从于奥地利。

3月12日，匈牙利首都布达佩斯的大学生们以最后通牒的方式要求恢复教学自由，并取消报刊检查制度。次日，学生、工人和市民举行了大规模的反政府游行示威。15日，在匈牙利民族博物馆前面，匈牙利民族主义革命者、著名诗人裴多菲冒雨向集中在广场上的1万多名起义者高声朗读了他创作的《民族之歌》。由此揭开了1848年匈牙利民族民主革命的序幕。

在通过了资产阶级改革的政治纲领《十二条》后，武装起义部队控制了整个首都。当政府调集军队实行镇压时，起义者迅速筑起街垒，进行武装反击。在起义军的威胁下，国王费迪南一世被迫罢免了原首相，宣布改组内阁，同意召开国民议会，制定宪法，并且在军事、财政上独立自主，废除农奴制。匈牙利三月革命初步取得了成功。

在国王被迫同意起义者的最先要求时，调集军队准备镇压起义。9月11日，奥地利皇帝派遣的军队向匈牙利大举进犯。此后不久，奥地利首都维也纳为反对奥军武装侵入匈牙利而举行了支持匈牙利革命的武装起义。但是奥军马上采取果断措施镇压了此次起义。

12月中旬，奥军又出动10多万军队从四面八方向匈牙利发起进攻。匈牙利军队在重兵打击之下，暂时失利，并被迫退到布达佩斯，多瑙河西边地区相继沦陷。1849年1月，布达佩斯也陷落。

但是很快，匈牙利军队就开始了大规模的反攻，并且连续攻破了奥地利军队的防线。14日，匈牙利议会通过了国家独立宣言，宣布推翻哈布斯堡王朝统治，并且选举科苏特为国家元首。此外，匈牙利军队在其领导人的领导下，大举进攻奥地利军队的阵地，并且消灭了奥军主力。5月下旬，匈牙利军队攻下了布达佩斯。但是由于原先没有彻底消灭奥地利的军队，给了他们重整军队的好时机。

已经无力镇压匈牙利革命的奥皇急忙向沙皇请求援助。1848 年巴黎二月革命的消息传到俄国后，沙皇尼古拉一世为了阻止革命烈火的蔓延，立即在国内实行紧急军事动员，在西部边境陈兵达到 40 万。同年 5 月 27 日，沙皇调动 14 万俄军分两路进攻匈牙利。在此后的两个月中，匈牙利军队在科马罗姆同俄国军队展开了大会战，但是遭到惨败，在吉格尔什瓦尔的战役中，匈牙利军队彻底被打败，裴多菲也在此战役中牺牲。

此后，俄军占领了匈牙利的东部和东北部地区后，开始向首都布达佩斯推进。匈牙利军队总指挥戈尔盖在维拉格什向俄军缴械投降，出卖了匈牙利的革命事业，致使革命被俄军彻底镇压。

在匈牙利遭到俄国残酷镇压的同时，俄国还对罗马尼亚诸公国的革命进行了镇压。1848 年 6 月，俄国为了维护自己在摩尔多瓦的利益，出兵占领了雅西，使得刚刚兴起的摩尔多瓦三月革命遭到了彻底失败。同年 9 月，俄军侵入瓦拉几亚，镇压了瓦拉几亚革命；次年 6 月，俄军和奥地利军队侵入特兰西瓦尼亚，镇压了当地的革命。

1848 年欧洲革命遍及了除俄国外的欧洲大陆大部分国家。虽然这次革命最终被镇压，但是它进一步打击了欧洲的残余封建势力，促使一些国家的民族独立。革命失败后，许多革命志士逃往美国，给美国的社会改革和政治生活增加了强劲活力。1848 年革命的经验，使马克思、恩格斯进一步完善了《共产党宣言》中提出的无产阶级革命和无产阶级专政的思想。马克思在总结其经验时，第一次提出了无产阶级专政这个概念，为以后俄国、中国等社会主义革命的开展提供了重要思想保证。

应该说，这次革命加快了整个欧洲的资产阶级革命进程，到 19 世纪末，资产阶级的政治和经济秩序最终在欧洲确立，使欧洲进入了资本主义全面发展的时期。

法国二月革命

1848 年法国二月革命是由七月王朝的反动统治严重阻碍了法国资本主义的进一步发展，导致了法国政治、经济的全面危机，并由此引起社会各阶级的强烈不满与反抗的结果，而两个普遍性的重大经济事件：马铃薯病虫害和农业歉收，工商业总危机的发生，加速了革命的爆发。

二月革命是一次由资产阶级领导的，广大人民群众，特别是工人群众参加的资产阶级民主革命。它的任务是推翻金融贵族的统治，建立资产阶级共和国，为资本主义的进一步发展扫清道路。在这次革命中，由于广大人民群众的英勇战斗，特别是无产阶级的积极参加，并在革命中创造了街垒战的武装斗争新形式，从而推翻了七月王朝的统治，取得了革命的胜利，建立了资产阶级共和国。

2月23日早晨，街垒战斗开始了。政府派国民自卫军镇压起义者。国民自卫军是由民兵队，一般亦称“公民——民兵”发展而来。后来它成为一支名副其实的有产者自卫军。路易－菲力浦统治时期，它是七月王朝的自卫军。但是在二月革命中，一部分国民自卫军同情革命，主张改革。所以当政府派国民自卫军镇压起义人民时，他们的情绪十分低落。在巴黎郊区，大部分国民自卫军没有按照命令到达守卫据点，而那些到达据点的也不愿同起义者作战。国民自卫军中有一个军团竟向议会递交要求基佐辞职的请愿书。

国民自卫军同情起义人民的消息传到王宫以后，路易－菲力浦十分惊慌。他决定牺牲基佐，免除他的一切职务，以缓和当时的紧张局势。基佐垮台后，路易－菲力浦授权莫尔组阁，希望自由派中这个享有声望的人物能够帮助他平息资产阶级的不满情绪。基佐垮台和莫尔组阁的消息传出后，资产阶级反对派欢欣鼓舞，张灯结彩，以示庆祝。许多资产阶级的代表人物四出活动，劝说人民停止战斗。一位国民自卫军的军官向圣马丁郊区的居民说：“一切都取得了良好的结果！”但是，巴黎无产阶级和人民群众再也不愿意听这些老爷们的说教了。起义者响亮地回答说：“无论莫尔或者基佐，这对我们来说都是一样。”起义人民仍手持武器，守卫街垒。

2月23日晚，在卡普莰林荫大道上发生的流血事件对战斗进程有着很大的影响。当部分国民自卫军与起义人民共同向基佐住宅推进时，受到步兵营的阻拦，他们把守着通向基佐住宅的所有入口和街道。示威游行者便派代表与营长谈判。但在谈判时，士兵向群众开了枪，当场6人被打死，几十人受伤。这一挑衅性的事件立即传遍全城。手持火炬的人群护送着装载尸体的大车，沿着巴黎工人住宅区缓缓地前进。队伍中发出了响彻云霄的呼喊声：“拿起武器！他们杀死了我们的兄弟！”于是成千上万的工人、手工业者、大学生和其他劳动人民满怀仇恨，向七月王朝发动了进攻。由布朗基及共和派左翼秘密协会所领导的4000多工人，都积极地参加了这次战斗。工人住宅区的妇女和儿童不停地制造子弹，男人们修筑新的街垒。一夜间他们就筑起了1500多个街垒。起义者勇猛地攻下了科学院和工业部的哨所，并将其焚烧。土伊勒里宫附近的兵营也被焚烧了。

当起义形势急剧发展时，国王路易-菲力浦任命1834年4月血腥屠杀特兰斯诺南街居民而著称的"英雄"比若[①]元帅指挥军队。同时决定对资产阶级反对派作出一些让步，以稳定资产阶级和国民自卫军的情绪。他任命曾两次任内阁首相(1836，1839—1840年)的梯也尔与王朝反对派的领袖奥迪隆·巴罗共同组织新内阁。2月24日凌晨2时，国王将梯也尔召进宫内，向他解释了急于组成新内阁的原因，国王说道："我需要你们的声望。"

资产阶级君主派的领袖们完全同意参与这一反人民的阴谋，并且扮演了国王所希望他们扮演的可耻角色。梯也尔和巴罗到市区宣布了国王作出的新的让步，试图说服起义者停止战斗。但比若却乘机迅速地制定了战斗计划，他命令塞巴斯吉昂和贝多将军指挥的5支军队从四面八方向城市的中心据点同时发动进攻，拆除道路上的街垒，消灭其守卫者。比若要求士兵"不要吝惜火药和铅弹。"并且宣称："我终于有机会射击这些恶棍了。"

从2月24日开始，起义人民对政府的各个主要据点：市政厅、兵营、广场和哨所等，发动了猛烈的进攻。

这时，巴黎的城郊已被起义者占领了。一些郊区的居民占领了哨所，阻拦从外省调来支援政府的军队。在巴黎城内，政府的据点越来越少了。从2月24日早晨起，市政厅附近兵营周围的大部分地区已被起义者占领。政府军队开始撤出巴士底狱广场和文森城堡。上午11时，起义者又占领了格列夫广场。塞巴斯吉昂将军的纵队非常困难地打开了通向市政厅的道路，而贝多将军的纵队则被圣杰尼大街上的街垒所堵截，受到起义者的沉重打击。各军队之间的联系被切断，军队的士气越来越低落，比若的作战计划变成了泡影。

当梯也尔—巴罗新内阁组成的消息传出后，《改革报》的编辑部声明说："公民们，路易-菲力浦像查理十世一样地杀害我们，我们也让他像查理十世那样地被推翻吧！"

在这种情况下，比若的司令部开始

动摇了。一些资本家,如大商人法维尔·杰利亚巴尔劝说比若放弃自己的计划,不要再使形势继续恶化。比若看见大势已去,便同意了他的建议,命令贝多将军停止战斗并退却。

在军队已失去作用,七月王朝覆灭在即的时刻,梯也尔慌慌忙忙地跑进王宫,企图说服国王路易-菲力浦再作出一些让步。路易-菲力浦只好根据梯也尔的建议,任命以自由主义而著称的拉莫里埃尔将军指挥国民自卫军。当拉莫里埃尔和巴罗又试图说服起义人民停止战斗时,街垒战士表示坚决反动。革命群众以高昂的"打倒梯也尔!打倒巴罗!打倒路易-菲力浦!"的口号声回答了国王的再次让步。被群众的怒吼声吓破了胆的拉莫里埃尔和巴罗躲进了深宅大院。

革命形势的发展,时时威胁着宫廷的安全。梯也尔又偷偷地溜进王宫,建议国王将军队、政府和议会从巴黎撤到外省,然后,利用外省的军队包围并炮击巴黎。路易-菲力浦拒绝了这一建议。因为路易-菲力浦还指望能鼓起军队的士气,以扭转危险的形势。为此,国王决定在卡卢谢尔广场阅兵。但在检阅队伍时,路易-菲力浦听到在喊"国王万岁"的欢呼声中还夹杂着"改革万岁"的口号声,特别是当他检阅国民自卫军的队伍时,"改革万岁"的口号声更大了。这时,路易-菲力浦吓得面色如土,不知所措,情不自禁地小声说:"我已经同意改革,已经同意了!"阅兵式刚结束,惊魂未定的国王便迫不及待地回到了王宫。

起义人民同军队的联欢加速了战斗的进程:市政厅被占领,官吏被清洗,并且开始了对王宫——土伊勒里宫的进攻。国民自卫军中的资产阶级分子和巴黎郊区市政机关官员竭力劝阻起义人民进攻土伊勒里宫。但是,秘密的共和社会主义团体"四季社"的领导人巴尔贝斯对起义人民的行动给予了有力的支持。他们在林荫大道上散发传单,告诫起义人民,不要忘记过去革命的经验教训。传单写道:"公民们!你们又一次以自己的英雄行为战胜了专制制度。但是,你们在1789年7月14日、1792年8月10日、1830年7月29日都战胜过它,可是,你们每一次的胜利成果都被窃取了……让这些例子作为你们的教训吧!……迅速地采取果断的决定。立即进攻土伊勒里宫,夺取它……要特别小心,不要相信那些骗子,不要相信那些胆小如鼠、平庸无能的人……拿起武器,进攻土伊勒里宫!"

进攻土伊勒里宫的战斗开始后,路

易－菲力浦已完全丧失了自己的意志。资产阶级记者埃米尔·日拉尔德向路易—菲力浦建议，拯救王朝的惟一办法是他自己宣布退位，立其年幼的孙子巴黎伯爵为国王，其母亲奥尔良公爵夫人为摄政王。事情决定后，国王及其家族当天便乘坐马车，在骑兵连的保护下，逃出巴黎，不久流亡到英国。

起义人民占领了土伊勒里宫后，他们把路易—菲力浦的半身铜像抛到窗外，撕毁比若的像片，并把国王的宝座搬到巴士底广场上的烈士纪念柱前焚烧了。国王宝座的被焚烧象征着君主制度的被埋葬。接着，起义人民高呼“共和国万岁”的口号到达议会所在地波旁宫。起义人民立即冲进会议厅。起义者登上讲台，高呼“打倒议会”“共和国万岁！”的口号，他们庄严宣布：“既不要国王，也不要摄政王。共和国万岁！”然后驱散了立法会议，粉碎了资产阶级保留君主制的阴谋。起义人民取得了二月革命的胜利。

正当巴黎无产阶级和革命群众在焚烧王座、驱散立法会议的时候，资产阶级趁机窃取了革命果实。2 月 24 日晚临时政府在市政厅大厦宣布成立。临时政府由杜邦·德·累尔、拉马丁、阿拉戈、马利、克莱米约、加尔涅·帕热、马拉斯特、赖德律－洛兰、弗洛孔、路易·勃朗和阿尔贝 11 人组成，其中 2 人为王朝反对派，5 人为资产阶级共和派，2 人为小资产阶级民主派，工人代表 2 人，即路易－勃朗和阿尔贝，马克思指出：在二月街垒战中产生出来的临时政府，按其构成成分必然是分享胜利果实的各个不同党派的反映。它只能是各个不同阶级间的妥协，这些阶级曾共同努力推翻了七月王朝，但他们的利益是互相敌对的。临时政府中绝大多数是资产阶级的代表。重要的职位都被资产阶级所窃取。

1848 年 6 月巴黎工人起义

经过两个多月的较量，资产阶级已经占了优势。此后，资产阶级对工人的进攻越来越公开了。

5 月 15 日事件后，国家工场成为攻击的主要目标。执行委员会成立后接替马利任公共工程部长的特雷拉说：“现在的问题只是要劳动回复原有的状态。”5 月 17 日，君主派的《国民议会报》写道：“危险不断地在威胁我们，当国家用钱赡养 10 万人只是为了教会他们叛乱时，又怎能不但心混乱呢？谁不知道国家工场是无政府主义和掠夺的支柱？”

4 月底，临时政府曾拟定一个法律

草案，由国家强行向私人企业赎买铁路。5月17日，财政部长迪克勒尔克向制宪议会提出，由国家赎买铁路，让无工可做的人去铁路劳动以解决国家工场问题。制宪议会中不少人从维护金融寡头和企业主的利益出发，反对铁路国有，反对保存国家工场，铁路国有化问题便和国家工场问题交织在一起了。

5月20日起，制宪议会开始讨论国家工场问题。23日，特雷拉向托马下达了执行委员会的决定：(1)号召18—25岁的未婚男工志愿参军，凡拒绝者立即从国家工场工人名单中除名；(2)巴黎工人立即重新登记，凡不能证明自己5月24日之前已在巴黎居住6个月者，将被除名，不能领取工资和补助金；(3)把工人名单提交给企业主，企业主有权选择他所需要的工人，工人如拒绝接受雇佣，将立即从国家工场的总名单中除名；(4)未被除名者或暂时留在国家工场中者，按计件工资计算；(5)尽早组织工人生产小队开往外省从事巨大的国家工程。国家工场主任托马同情工人，反对这种做法。5月26日晚，执行委员会将他解职。

在执行委员会和制宪议会之间存在着一定的矛盾。制宪议会视执行委员会成员为二月革命的人物，对之怀有一定疑虑。执行委员会则想暂时利用一下二月革命时的同盟者巴黎工人以对抗制宪议会。特雷拉原想立即取消国家工场，现改变主意，采用逐渐取消的办法。制宪议会则对执行委员会施加压力，责令它尽早解散国家工场以挽救铁路方面的私人财产。

5月25日，君主派分子法卢在制宪议会下设的劳动委员会上发言说："假使工人要反抗，难道我们没有国民自卫军，没有正派工人，没有企业家？"5月29日，法卢代表该委员会向制宪议会报告，提出以计件工资代替计日工资，把外地来巴黎的工人遣回原地。法卢对国家工场的评价是："从工业的观点看，国家工场不是别的，而是一种持续性的罢工，是每天花费17万法郎，亦即每年花费4500万法郎组织的罢工；从政治观点看，它是具有威胁性骚动的积极策源地；从财政观点看，它是一种经常性的、勿庸置疑的浪费；从道德观点看，它是对工人的光荣纯洁的品格的腐蚀。"法卢并建议对工业提供一笔款项。5月30日，制宪议会根据法卢报告通过法令，改组国家工场，以计件工资代替计日工资，在塞纳省居住不满3个月的工人遣送外省，向私人和省市企业拨款以恢复生产。

6月3日，该法令公布，巴黎工人深

为不满。制宪议会为防止工人示威，于6月7日通过反对街头示威游行的法令，规定只要人群中有一人携带武器，便视为武装游行，参加者受严惩，监禁两周至10年不等。对夜间集会的参加者，惩处更严。政府加紧军事防范，卡芬雅克命令充实别动队人员，频频从外省调军队来巴黎。6月13日，卡芬雅克命令里尔"立即将杜埃和阿腊斯的全部干粮储备运往巴黎"。

6月15日，议会委任了一个专门委员会，研究解散国家工场问题。委员会全部由保王党人和温和共和派组成，主席是古德肖，报告人为法卢。古德肖在议会发言说："应该在巴黎和外省立即消灭国家工场。"

6月18日，工人在巴黎张贴传单，对古德肖的发言作出回答。传单说，工人热切盼望有益的、与他们的职业相适应的劳动。"11万工人每日等待着从国家工场领取一点微薄的工资来维持自己和全家的生活，您想立即消灭国家工场，您这是想干什么？难道您想让工人忍饥挨饿和绝望？……您的使命是建设社会大厦，组织、教育、改善国家工场的道德，而不是去消灭它。"

6月21日，议会决定，凡18—25岁的单身男子立即从军，其余工人开往索伦做工。索伦是一个沼泽地带，常有霍乱流行。22日，报上颁布了此项决定，当天便有一列运载工人的火车开往索伦。巴黎工人闻讯后，十分愤怒。他们表示："宁可战死巴黎，也不远离家人到索伦死于霍乱。"

6月22日上午9时，约有1200—1500名国家工场和一些行业的工人，打着旗子，前往卢森堡宫抗议关于国家工场的法令。执行委员会成员马利接见了以佩若尔中尉为首的国家工场的5名工人代表。他威胁说："假使工人们不去外省，我们要用暴力强迫他们去，你们听见没有？要有暴力！"马利的蛮横态度激怒了工人。22日，巴黎街头工人的游行队伍络绎不绝。"打倒拉马丁！打倒马利！打倒制宪议会！"的呼声四起。晚间6时，有4000—5000工人在先贤祠广场集合。他们渡过塞纳河，来到圣安东郊区，沿途队伍不断扩大。一路上工人们高呼："劳动和面包！"晚10时，他们返回先贤祠广场。佩若尔号召示威者拿起武器，工人们宣誓永不退却，决定翌日晨再次集合。

6月23日晨，集合在先贤祠广场上的3000名工人随身携带了一些步枪和破旧手枪，但无起义的打算。他们由先贤祠向圣安东郊区走去。当队伍行至圣德尼时，一位领头人高喊："拿起武器，筑起街垒！"工人们纷纷响应。10时半，第一个街垒在邦努弗尔林荫大道建成，第二、第三个街垒接踵而起。街垒上竖着国家工场的三色旗、红旗、也有少数黑旗，有的旗子上写着"面包或死亡！"中午11时，由南往北，以圣雅克街、圣德尼街、圣德尼郊区街稍偏西一线为界，整个巴黎一分为二。东部劳动人民居住地区，处于起义者掌握之中。塞纳河南岸的先贤祠广场，塞纳河北岸的市政厅广场和巴士底狱广场是起义的3个中心点。在圣雅克街、圣德尼街、圣德尼郊区街、圣马尔坦街、圣马尔坦郊区街、唐普尔街、唐普尔郊区街、圣安东郊区街、梅尼尔蒙唐街等处都筑起了街垒。关于街垒总数说法不一，有的统计为414个，有的认为有600多个。街垒高大而坚固，圣安东郊区街的一个街垒有5层楼高。在先贤祠广场有4个街垒，守卫者达8000—1万人。

参加起义的总人数为4万至4.5万人，主要是国家工场的工人。一些激进的知识分子、铁路工人、部分私人企业中的工人、失业工人也参加了起义。国家工场中的工人是按半军事编制组织的，他们仍按这种编制参加起义，由下士和中尉带领，因而较有组织性。这是这次起义出色的地方。起义前工人中没有一个统一的政治组织，起义带有很大的自发性，各地区的街垒领导人各自领导该地区，相互之间并无联系，因而在起义中未能形成一个领导中心。

5月15日事件后，布朗基等在工人中享有威信、具有丰富斗争经验的领袖身陷囹圄，对起义来说，是一个不小的损失。但在斗争烈火之中，又涌现出不少杰出的领袖人物。例如：机械师、"工人——平等派协会"的成员拉卡里，《组织劳动》报的编辑、圣安东郊区的最大的俱乐部之一"圣安东区人"的主席拉科隆热，金属雕刻匠勒热尼塞尔，光学仪器技工德弗尔等等。

30年代共和运动中秘密协会的杰出活动家、"人权社"行动委员会主席盖尔索济制定了一个军事行动计划，将起义力量分成4个纵队，每个纵队以工人居住区为根据地，向市政厅分进合击，另组织小型游击队在纵队的侧翼和纵队之间独立行动，支持纵队和保持纵队之间的联系。恩格斯十分赞赏这个计划，赞美盖尔索济"以第一个街垒战指挥者而名垂史册"。同时，恩格斯也指出，这个计划的不足之处在于作战初期完全没有注意到巴黎西郊，没有尽快突入巴黎中心区。由于起义缺少统一的领导中心，此计划当然无法实行。

起义者没有公布过统一的共同要求。6月24日，在第8区和圣安东郊区各颁布过一份告示，其他地区的起义者也提出过要求，内容大体相同：要求成立民主社会共和国，颁布劳动权法令，在国家支持下实行自由劳动协作，由人民自己制定宪法，逮捕执行委员会成员，把制宪议会议员和部长送交法庭，军队撤离巴黎，释放万森狱中的革命者等等。这些要求主要属民主主义范畴，社会主义性质不十分明显，但其意义不容低估。他们提出的建立民主社会共和国的要求虽然比较含糊，未触及国家的阶级实质，但这种要求的政治性质极为突出，工人们已开始意识到要利用国家政权来谋取自身利益，比以前历次工人起义高出一筹，在争取工人政治解放的道路上向前迈进了一大步。

6月23日起义开始后，执行委员会进行镇压，军事部长卡芬雅克将军指挥全部武装力量。他的战略计划是待起义充分发动后，一举歼灭之。他对待起义不是像警察采取治安行动那样，而是在部署一次战役。卡芬雅克将军把兵力分成3路。第一路由拉莫里西埃将军指挥，进攻圣德尼，阻止巴黎东北部的起义者向市政厅进发。第二路由伯多将军指挥，任务是加强市政厅的防卫。第三路由达梅斯姆将军指挥，清除塞纳河左岸的起义者，包围巴黎东南部向市政厅进发的起义群众。

23日中午，激战开始，工人们奋不顾身，向敌人频频攻击，市政厅广场和先贤祠广场的战斗尤烈。执行委员会成员阿拉戈带领龙骑兵连、两队步兵、两门炮和一队国民自卫军来到先贤祠广场，命令工人们放下武器。起义者反驳他说："您本人在1832年就和我们一起在街垒战斗过"，"您无权责备我们，您从未挨过饿，您不知道什么叫贫困"。

在圣德尼，一名起义的领头人举着旗子指挥战斗。他受伤后，身旁一位衣着雅致的姑娘高举旗帜，屹立在街垒上。当她中弹倒下后，另一名妇女一手抱着战友的身躯，一手拣起石块向敌人掷去。这位妇女也牺牲了。那个时代的人们认为：首都的整个工人阶级不是用双手，而是用整个心参加战斗。

街垒战士们前仆后继与敌人浴血奋战。拉莫里西埃、伯多、达梅斯姆分别指挥的3路军队，都很吃紧，纷纷向卡芬雅克要求增援。伯多受伤，由迪维维埃将军代替。拉莫里西埃向卡芬雅克报告，他指挥的别动队已损失1/3，大概难以坚持到晚上。卡芬雅克亲自率兵增援，到巴黎东北部圣莫尔指挥反击起义者。他组织了几次进攻，投入自己的全部7营兵力，但毫无用处。卡芬雅克原是来增援拉莫里西埃的，现在却又反过来向拉莫里西埃求援。

从23日中午起直至24日凌晨，优势在起义者一边。

议会中部分议员认为执行委员会软弱无力，主张由一个铁腕人物取而代之，卡芬雅克是他们看中的对象。他们派3名代表去试探卡芬雅克。卡芬雅克表示，如果推翻执行委员会，他就接受政权。24日上午8时，议会开会。温和共和派议员帕斯卡尔·迪普拉特向议会建议宣布戒严，把全部政权交给卡芬雅克。议会通过了宣布戒严的提案。茹尔·法弗尔提出对“执行委员会立即停止行使职权”的议案进行表决。大多数议员犹豫不决。10时半，执行委员会全体成员宣布集体辞职。议会授予卡芬雅克独裁权。

卡芬雅克获得独裁全权后，颁布了3份文告：致工人书、致国民自卫军书和致军队书。在致工人书中，卡芬雅克要求工人放下武器，相信政府。在致国民自卫军书中，卡芬雅克要求国民自卫军不顾一切地去残酷镇压起义，还说什么“没有痛苦和牺牲，什么也不会建立和巩固起来。”卡芬雅克打电报给下塞纳省军分区和第二、第三师的指挥官，命令他们立即带领他们所指挥的全部步兵开赴巴黎。他又派总部军官到外省调兵，让阿尔卑斯军向巴黎开拔。24日晨，卡芬雅克掌握的军队总数超过10万人。24日晚，军队又增了一半；25日，卡芬雅克再得到二、三万援军而起义者总数最多为4.5万人左右，不及卡芬雅克军队的1/4。

24日黎明，战斗开始后，起义者占领了第8区政府。卡芬雅克对起义者发动强攻。到24日晚，卡芬雅克在圣雅克和先贤祠摧毁了起义者的抵抗，铲除了塞纳河南岸的街垒。25日晚间，城内各区的街垒都已经被攻破。起义者只掌握圣安东郊区、唐普尔郊区的一部分以及其他一些小的地区。

圣安东郊区是最坚固的阵地，在通往这个郊区的许多要冲处都构筑了很巧妙的工事，街垒彼此形成三角形，可以互相掩护。卡芬雅克看到这些街垒难以攻下，提出谈判。起义者提出：解散制宪议会，军队撤出巴黎，释放关闭在万森监狱的革命者，人民自己制定宪法，等等。在谈判过程中，这些要求又改变为保存国家工场，颁布劳动权法令。当要求遭拒绝后，谈判中断。卡芬雅克命佩罗将军从唐普尔近郊，拉莫里西埃从巴士底狱广场同时向圣安东郊区的街垒开火。卡芬雅克又调来5门重炮。密集的炮火摧毁了街垒。26日上午11时，一部分起义者投降，另一部分起义者撤离圣安东郊区。

26日下午2时，卡芬雅克以急电通知各省，政府军已经攻下了起义者反抗的最后据点圣安东郊区。实际上，巴黎东郊的斗争仍在继续，起义者的最后阵地梅尼尔蒙唐、贝尔维尔、拉维莱在下午，部分地区在晚上才被军队占领。

28日，卡芬雅克把全权交还给制宪议会。制宪议会又无限期地把政权授予卡芬雅克。制宪议会通过决议，感谢卡芬雅克将军为祖国立下功勋。

资产阶级和无产阶级之间这次交锋，虽然只有短短的4天，只局限于巴黎东部半个城市，但是资产阶级动用了约20万兵力、10多名将军。尽管他们都是沙场老将，但由于起义工人英勇作战，拼死抵抗，致使布尔贡、达芒、勒诺、迪维维埃、内格里埃、布勒阿6名将军战死，伯多、弗朗苏瓦、科尔特、拉丰唐、富谢、库尔蒂吉6名将军受伤，7月3日，卡芬雅克在议会宣布，官方死伤703人。政府军向起义者射出210万发子弹，3000颗炮弹。起义者在战斗中牺牲的人数至今无确切的数字，有的著作认为死数千人，有的认为战死500多人。有一个比例数能说明一定问题：在圣路易医院中，军队和起义者死伤比例为：军队是1∶15，起义者是1∶6。

卡芬雅克是资产阶级共和主义者，曾反对过复辟王朝，但当工人起来向资产阶级争取自身的权利时，他竟与自己的旧敌联合，镇压工人起义，其残酷程度超过了七月王朝对里昂工人起义的镇压。由此可见，在对待工人方面，共和派和保王派并无本质区别。

镇压起义之后，卡芬雅克又采取残酷的迫害措施。到7月4日止，巴黎查获没收枪支10万支，后来又搜寻到不少长枪、大刀、手枪等，巴黎工人被解除了武装。政府逮捕2.5万人。1500人未经审判被枪决，1.1万人被判监禁或流放。他们大多数是工人或手工业者，其中泥水匠572人，打短工者553人，细木工505人，皮靴匠418人，钳工301人，机械工人248人，旋工185人。

巴黎工人的斗争不是孤立无援的，第戎举行了示威游行，高呼："不能劳动生活，毋宁战斗而死！"亚眠工人宣称，巴黎的斗争是主人和工人之间的战争。他们表示要去巴黎帮助工人反对主人。其他一些城市的工人也公开行动，声援巴黎工人。铁路工人想方设法阻止运载军队的列车开往巴黎。法国历史学家多特里认为，全法国都有阶级战争，而在巴黎，这个战争是用枪炮进行的。

英国阿富汗战争

第一次战争

阿富汗位于中亚的西南部，是一个面积仅有65万平方公里的山地内陆国家。山地和高原占全国面积的4/5。阿富汗是一个多民族国家，阿富汗人占全国人口的一半以上，另有塔吉克人、乌兹别克人、土库曼人、哈萨克人等20多个少数民族。伊斯兰教是其国教。普什图语和达利语为官方语言。

阿富汗因其特殊的战略位置而历来为兵家必争之地。它处于地中海和里海通往印度洋的枢纽地区，是西亚通向印度的门户，为中亚交通要冲。马其顿皇帝、亚历山大大帝和波斯土纳第尔·汗对印度进行军事远征时，都以阿富汗为跳板。自19世纪初开始，英国殖民者为了建立从北非到印度的势力范围带，把侵略矛头指向阿富汗。而野心勃勃的沙皇俄国为南下印度洋；夺取暖洋出海口，也对阿富汗垂涎三尺。南下的沙俄与北进的英国在阿富汗不断发生碰撞，阿富汗由此成为英、俄争夺的主要目标之一。

18世纪40年代，阿富汗杜兰尼部落酋长阿赫马德乘波斯帝国衰败之机，建立了独立的阿富汗国，阿富汗形成了统一的国家。但阿赫马德死后不久，阿富汗陷入了旷日持久的内战之中。直到19世纪30年代，多斯特·穆罕默德先后打败各地封建主，以喀布尔为基地统一全国，阿富汗才结束封建割据的局面。就在这个时候，控制了大半个印度的英国殖民者加快了其侵略步伐。

1. 殖民军入侵与阿富汗人民奋起抗战

早在19世纪20年代，英国就不断向阿富汗派遣军事情报人员从事间谍活动。英国间谍阿尔杜尔·昆诺里、亚历山大·白恩士先后潜入阿富汗收集情报，观察阿富汗的政治形势，试图把阿富汗拉入英国的军事同盟。1835年，英印政府正式任命白恩士为驻阿使节。与此同时，沙俄特使维特凯维奇在喀布尔积极活动，骗取了多斯特·穆罕默德的信任，使其倒向沙俄一方。在这种情况下，白恩士被迫离开喀布尔。

沙俄虽然在争取阿富汗的外交斗争中取得了胜利，但当时它与阿富汗之间还隔着广大地区，直接出兵阿富汗的可能性极小。英国巧妙地打着“俄国威胁”的幌子，决心出兵阿富汗，推翻亲俄的多斯特·穆罕默德政府，扶植傀儡政权。为此，英国殖民者利用20多年前流亡印度的阿富汗前国王舒加·沙，加紧招募和集结军队，准备入侵阿富汗。

入侵阿富汗的英军由1个孟加拉师、1个孟买师以及舒加·沙和华德上校招募的若干雇佣兵组成。孟加拉师在印度河上游的费罗兹普尔集结，计划沿印度河而上，在苏库尔附近渡河。1838年12月，英军司令约翰·基因爵士率领孟买师在印度河口登陆。次年2月得到一支后备队的增援后攻占加尔各答。舒加·沙的雇佣兵包括6个步兵营、2个非正规的骑兵团和1支马驮炮兵队，共6000人，随同英军主力开进。1839年4月，英军经长途行军，先后抵达基达，然后从霍贾克山口突入阿富汗境内。与此同时，华德上校在白沙瓦招募一支军队，企图从开伯尔山口侵入阿富汗，配合英军主力的进攻。

从双方力量对比看，英国占有绝对优势。英国是当时的头号殖民强国，号称“日不落”帝国。侵阿英军共3万余人，训练有素，装备先进，而且可以以大半个印度为依托。而阿富汗政府军仅有1.5万人，装备落后，纪律松弛，指挥混乱，不堪一击。

英军侵入阿富汗，如入无人之境。4月25日，舒加·沙率部进入阿富汗南方重镇坎大哈。7月英军攻占中部大城加兹尼，8月初兵临喀布尔城下。与此同时，华德上校指挥的另一路英军强行穿越开伯尔山口，向阿克·马什吉德要塞发起进攻。由于阿军主力已撤退，英军很快攻占该要塞。

多斯特·穆罕默德被迫向俄国求援，但俄国使节维特凯维奇表示，路途遥远，俄国难能相助。多斯特·穆罕默德手拿古兰经，呼吁驻扎在乌尔冈达的部队进行抵抗。他要求弟兄们记住他们都是穆斯林，要么与侵略者一战，要么就死亡。但整个部队斗志全无，一哄而散。多斯特·穆罕默德的营地也被他的家仆强占了。他被逼无奈，只好携妻挈子，先跑到巴尔赫，后又逃到布哈拉乌兹别克人的宫廷避难。

舒加·沙被英国殖民者扶上王位，在喀布尔建立了傀儡政权。英军对阿富汗实行了军事占领：第十三轻步兵团、第三十五步兵团和第六轻野炮队，共5000人驻防喀布尔，由陆军少将威罗贝·卡通爵士指挥；第四十八步兵团、第四旅和第二骑兵团驻扎在贾拉拉巴德；加兹尼则由第十六步兵团、一个骑兵大队和舒加·沙的一些雇佣兵驻防;第四十二、第四十三步兵团、一个炮兵连、二个骑兵大队和舒加·沙的若干雇佣兵,共5000人扼守坎大哈,由陆军少将诺特指挥。英国公使麦克诺顿成为阿富汗的太上皇。殖民者向各地派出官员,强征重税,大肆掠夺。英国人终于以武力排挤了沙俄的势力,在阿富汗第一次建立了殖民统治。

阿富汗人民素有酷爱自由和反抗外敌压迫的光荣传统。他们对英国殖民者及其扶植的傀儡恨之入骨。侵略者一踏上阿富汗的领土,尤其是对阿富汗实行军事占领后,抗击殖民者侵略的游击战就在全国各地展开了。马卢夫地区的查尔查依部族首先揭竿而起,开始了反英游击战。至1840年4月,起义军发展到2000多人。他们利用有利的地形条件,神出鬼没,切断了英军从坎大哈到喀布尔的交通线,灵活机动地打击敌人,使其陷入顾此失彼的境地。麦克诺顿被迫以每年3000英镑的补助金收买部族领袖,才暂时保证了交通线的畅通。

此外,其他部族的游击队也十分活跃。俾路支游击队打败了英国克列尔中尉指挥的殖民军,收复了卡拉特城,并处决了英国政治专员洛夫台。另外一支游击队收复了交通枢纽维特。

逃到布哈拉的多斯特·穆罕默德积极从事反英活动,组织武装力量,试图东山再起。1840年9月初,他离开布哈拉,在库尔姆地区的乌兹别克人中召集了一支6000人的军队,并向巴米安开进。附近起义军不断加入,加之舒加·沙的军队纷纷倒戈,抗英力量逐步壮大。多斯特·穆罕默德的部队先后在巴吉贾和赛干打败殖民军,歼灭大量印度骑兵。此后,转战于库希斯坦地区,直接威胁喀布尔。11月,又在帕尔汪达腊击败英将谢尔指挥的1个旅,使殖民者大为震动。但是,多斯特·穆罕默德对战胜殖民者缺乏信心,想以几次胜利为资本来换取殖民者的让步,结果在殖民者的诱惑下投降,随后被押往印度,软禁在加尔各答。

1841年上半年,阿富汗抗英斗争的规模更加扩大,在东部和东南部地区尤为激烈。卡拉特附近的抗英游击队重创瓦依迈尔少校指挥的侵略军。杜兰尼部族的游击队在多斯特,穆罕默德之子阿喀杜尔·汗领导下主动出击,给英军以沉重打击后又撤回山区,积极准备进攻坎大哈。英军在起义军民打击下士气低落,惶惶不可终日。驻坎大哈的一位英国军官在一封信中写道:“全国的反抗事件与日俱增。海别尔人、吉尔吉依人和杜兰尼人都拿起武器,向我们的军事据点进攻,我们的士兵就在自己的眼皮下被他们杀死。我们真该撤军了。”

同年10月,东部吉尔查依部族爆发了全面的抗英起义。起义军攻占了东部重镇贾拉拉巴德,切断了英军从白沙瓦到喀布尔的交通线。英军将领赛奉命率1个旅的兵力打通交通线,一路不断受到起义军的袭扰,损失了大量兵力兵器,最后才于11月13日占领贾拉拉巴德。在库希斯坦,游击队攻占了恰里卡尔哨所,英国政治专员朴鼎查身负重伤,侥幸逃脱。在中部,游击队袭击了加兹尼附近的谢卡巴德哨所,全歼哨所内的殖民军。

2. 喀布尔人民起义,殖民军全军覆没

英军占领喀布尔后,俨然以主人自居,在阿富汗首都为所欲为。不少殖民军军官和士兵把妻室接到喀布尔,过着花天酒地、穷奢极欲的生活。喀布尔人民对这帮侵略者早就深恶痛绝,一场大规模的起义已经酝酿成熟。

1841年9月,20多个部落领袖在喀布尔附近集会,讨论具体的行动计划。会上通过了阿米杜拉·汗·罗加里提出的行动方案。具体内容是:首先向市内麦克诺顿的助手白恩士的官邸进攻,夺占喀布尔,随后出城消灭麦克诺顿及英国殖民军。此次会议表明抗英斗争开始从分散的游击战走向联合的反攻。

11月2日凌晨,怒不可遏的喀布尔市民,手执各种各样的原始武器,向事先约定的目标白恩士官邸冲击。起义军势不可挡,迅即攻占官邸,当场击毙白恩士。舒加·沙闻讯后,急调1个团的雇佣兵前往解围。但这个团刚一出动,就被起义军包围起来,团长康释尔被打死,兵力损失大半。只是在英军的掩护下,才得以突围。当晚,起义军占领喀布尔全城。

11月3日起,起义军开始向城外英军据点进攻。首先攻占了军火库和英军行政中心,喀布尔周围的游击队,纷纷同喀布尔起义军联合行动。英国殖民军总司令埃尔菲尔顿将军(1840年秋任职)惊呼:“阿富汗全国居民都拿起武器来反对我们了。”至9月,起义军攻占了喀布尔城至巴拉·喜萨尔要塞之间的所有英军据点,英军大本营巴拉·喜萨尔要塞也陷入起义军的包围之中。

正当喀布尔起义取得胜利之际,阿克巴·汗率领一支抗英武装力量冲破英军的封锁,从北部开来。他的到来受到喀布尔起义者的热烈欢迎,并被一致推举为抗英武装力量领袖。

阿克巴·汗是多斯特·穆罕默德的

儿子。他从一开始就坚决主张抗战，并指挥部队多次抗击英军入侵。他足智多谋，英勇善战，眼光远大，被阿富汗史学家誉为“阿富汗的幸福与光荣之星。”多斯特·穆罕默德投降后，他断然率部退入山区，坚持战斗。

麦克诺顿企图用金钱和高官来收买这位年轻的抗英领袖。阿克巴·汗决定将计就计，拟定了智擒麦克诺顿的行动方案。1841 年 12 月 23 日，麦克诺顿带少数随从来到起义军营地，商谈起义军“投降”的条件。会上，阿克巴·汗当众揭穿了麦克诺顿的阴谋。麦克诺顿企图反抗，结果被当场击毙。代替其职务的朴鼎查见收买计划破产，被迫在起义者提出的五条要求上签字，同意从喀布尔撤军。

1842 年 1 月 6 日，占领喀布尔达两年零四个月的英国侵略军在阿富汗人民的打击下，被迫向 130 英里外的贾拉拉巴德撤退。这支军队及其随行人员共 1.65 万人，其中战斗人员 4500 人(包括 690 名欧洲兵，2840 名印度雇佣兵和 970 名骑兵)，随营人员和家属共 1.2 万人。他们士气低落，军心涣散，毫无斗志。口粮、运输工具和刍秣又极为缺乏。他们在英军总司令埃尔菲尔顿指挥下缓慢地撤退。

从喀布尔到贾拉拉巴德，山峦起伏，山峰陡峭，巍峨的群山和险峻的关隘令人望而生畏。时值严冬，天气奇寒，白雪皑皑，寒风刺骨。恶劣的气候和复杂的地形使急于逃命的侵略者如惊弓之鸟。但对阿富汗军民来说，却提供了设伏歼敌的良机。侵略军撤至胡尔德·喀布尔山口时，已经在严寒中风餐露宿两天两夜的游击队中很多人的手脚冻伤。在这里，侵略军遭到游击队的伏击，死亡 3000 余人。接着在扎格达拉克山口再造伏击，伤亡惨重。最后又在甘达马克和伏切巴德要塞遭到毁灭性打击。在庞大的英国占领军中，只有身受重伤的布莱顿军医一个人死里逃生，逃回贾拉拉巴德，报告英军全军覆没的消息。

此后，其他各地殖民军也受到抗英武装力量的围攻，处处陷入被动。抗英武装包围了贾拉拉巴德和坎大哈。他们还收复了加兹尼，消灭了帕麦团长指挥的英国占领军。在喀布尔，傀儡政权迅即垮台，舒加·沙被杀，阿克巴·汗实际上已掌握了阿富汗的全国政权。

3. 阿富汗终获独立

英国殖民者不甘心自己的失败，增调援军，先解贾拉拉巴德和坎大哈之围，尔后从东、南两个方向大举进攻喀布尔。1842 年 8 月，以凶残闻名的英国将领波洛克指挥英军从贾拉拉巴德出发，向喀布尔推进。阿克巴·汗指挥阿富汗军队进行了英勇的抵抗。9月，在德辛山谷同侵略军展开血战，终因力量相差悬殊，主动撤出战斗。

1842年9月15日，英军重占喀布尔。英国将军诺特率领的另一支侵略军从坎大哈出发，在果爱因地区受到阿富汗军队的包围和袭击，损失惨重。英军卷土重来后，进行了疯狂的报复。

殖民军把舒加·沙的儿子法什·贾思扶上王位，并在喀布尔城内大肆抢掠，枪杀数千名阿富汗爱国者。但阿富汗人民并没有屈服，相反抗英斗争更加广泛和高涨。在南部，乌尔岗德山区的游击队活动十分频繁。阿克巴·汗的部队集结于库希斯坦地区，随时准备出击。从喀布尔到贾拉拉巴德的广大山区，吉尔吉依部落的游击队也极为活跃。

波洛克、诺特等英国将领对麦克诺顿等人的下场记忆犹新，他们在解救了英国人质之后，慌忙于10月12日撤回印度。英军还吸取上次撤军的教训，部队行动迅速。尽管如此，其后卫部队还是遭到了游击队的沉重打击。傀儡法什·贾思及其家属也跟随英军逃跑了。

最后，英印政府被迫答应阿富汗人民的要求，释放了软禁中的多斯特·穆罕默德。

历时三年半的阿富汗抗英战争使英国殖民者损失3万余人，耗资1.5亿英镑，其结果以阿富汗人民的胜利而告终。在阿富汗人民抗英斗争的有力打击下，英国殖民者在此后数十年内没有再向阿富汗发动武装侵略。

第二次战争

第一次英阿战争结束后，阿富汗边境相对平静了30多年。英国殖民军转而把矛头指向印度最后一个独立国家旁遮普国。1846年出兵侵占克什米尔，1849年最终打败剽悍的锡克人，吞并旁遮普国。1859年英国扩张到阿富汗南部接壤地区，1876年占领阿富汗东南边陲重镇昆塔。这样，阿富汗从东部到西南部的整个地区都同英印帝国直接接壤。英国殖民者对阿富汗形成一个新月形的包围圈。

在阿富汗北面，沙俄加快了在中亚

阿富汗人将大炮拉到高地以便于炮轰英国军营

的侵略步伐。19 世纪 60—70 年代,它先后侵占了塔什干、布哈拉、撒马尔罕和浩罕汗国,一直将其边境推进到阿富汗边界,对阿富汗构成新的威胁。

英、俄对阿富汗的争夺更加激烈。这反映了世界资本主义从自由资本主义向垄断资本主义过渡的新特点。双方首先在外交上展开了争取阿富汗国王希尔·阿里·汗的活动。1869 年 3 月,英国同阿富汗签订了《翁巴拉条约》。英国殖民者企图以金钱和武器援助换取希尔·阿里·汗的信任。但不久,希尔·阿里·汗认识到英国殖民者不过是企图以此控制阿富汗,而并不是真心实意地支持他,尤其是看到英国占领昆塔后,对阿富汗构成了直接威胁,于是决心断绝与英国的结盟关系。

1878 年,希尔·阿里·汗转而接受了沙俄使团团长斯托莱伊托夫提出的包括出兵援助阿富汗在内的十条条约草案。与此同时,他拒绝了英国派来的以尼维尔·张伯伦为代表的英国使团。英国政府不能容忍阿富汗与俄国结盟,下决心以使团遭拒为借口,出兵阿富汗。

1. 殖民军三路入侵,喀布尔人民再次起义

1878 年 11 月,英国殖民军(3.5 万人)兵分三路侵入阿富汗,挑起战端。英军计划以南(克维塔地区)、中(塔尔地区)和北(开伯尔山口)三路大军经库腊姆河谷和哈伊巴尔大道进军,一举攻占坎大哈和喀布尔,推翻亲俄政权,扶植傀儡政府。希尔·阿里·汗一心指望俄国援助,采取了不抵抗政策。他有意将 5 万人的军队分散在全国各地,企图让英军深入国境,迫使沙俄出兵援助,实践它帮助阿富汗的承诺。由于实行这一指导思想,使得一些战略要地的防守力量十分薄弱。例如,在开伯尔山口的阿克·马什吉德要塞只有 5 个营的兵力,而入侵英军的兵力则超过其 5 倍,而另一重要关口巴兰山口,则处于无人防守状态。

唐纳德斯图华特爵士率领的南路英军从印度河向坎大哈方向推进,一路没有遇到抵抗,于 1879 年 1 月 8 日轻取坎大哈。弗雷德里克·罗伯兹爵士指挥的中路英军在庇瓦尔受到占据有利地形的阿军的阻击。1878 年 12 月 2 日,英军采用迂回战术,以一部从山间小路迂回到阿军侧后,威胁其退路,迫使阿军撤退。然后,英军沿喀布尔大道向要塞城市阿里·基尔进发。萨姆·布朗尼指挥的北路军(1.6 万人)向开伯尔山口推进,但在阿克·马什吉德要塞受到阿军炮火的猛烈轰击而受阻,但当夜阿军奉命撤退,

阿富汗古城堡

英军因而未受到抵抗顺利地推进到贾拉拉巴德，不过，其运输队受到了阿富汗各部族人民的袭击。

阿富汗因执行不抵抗政策而招致大片国土沦陷。虽然有些部队拒绝执行不抵抗的命令，与英国侵略军进行了英勇的战斗，但这些部队处于孤立无援的境地，难以阻止优势英军的推进。希尔·阿里·汗被迫逃往毗邻俄国的北部小镇巴尔赫，请求俄国出兵支援。但沙俄的战略重点在欧洲，不愿在阿富汗与英国摊牌，因而拒绝出兵。希尔·阿里·汗被搞得众叛亲离，又被沙俄出卖，最后忧愤成疾，在孤独和痛苦中死去。

希尔·阿里·汗出逃后，他的儿子亚库布·汗执掌大权。此时英军已推进至甘达马克。亚库布·汗不是领导人民起来进行抗英斗争，而是宁愿向侵略者投降。

1879 年 5 月 26 日，他与英国代表路易·卡瓦纳格里签订了丧权辱国的《甘达马克条约》。条约规定，阿富汗不得同其他国家直接交往，并把库腊姆、比辛和西北等地区交由英国管理；英国保留对开伯尔山口和米契尼山口的控制权，支付阿富汗国王及其继承人的补助金，并以金钱、武器和军队援助阿富汗。英国在喀布尔将派驻一个由卫队保护的使团，以监督条约的执行。

7 月 24 日，卡瓦纳格里以英国使节的身份率领一支卫队进入喀布尔。他就像当年的麦克诺顿一样，驻在喀布尔的巴拉·普萨尔宫，俨然阿富汗的太上皇，控制着阿富汗的内政和外交。以卡瓦纳格里为首的殖民者任意克扣军饷，扣发公职人员的薪金，横行霸道，激起喀布尔人民的义愤。一些爱国僧侣不断在军队和群众中进行反英宣传，武装反英斗争的条件逐渐成熟。

9月3日，几个月都没有领到薪饷的喀布尔卫戍部队的士兵们，愤怒地向巴拉·普萨尔宫冲去。沿途不断有市民加入。他们包围了殖民者的官邸，要求立即发给军饷。但卡瓦纳格里拒绝了士兵们的要求，而且带头向士兵代表开枪。

广大士兵和群众的忍耐已达到极限，他们立即用石头、砖块回击侵略者，最后放火烧毁了官邸。卡瓦纳格里及其随从全部葬身火海。

这次起义缺乏组织和领导，是群众自发的行动。起义者胜利后，就自动解散了，没有能够建立抗英政权。但是，喀布尔的人民起义点燃了全国的抗英烈火，一场全国范围的抗英战争迅即爆发了。

2. 两军激战喀布尔

《甘达马克条约》签订后，英军主力撤回印度。喀布尔起义点燃的抗英烈火，在全国各地熊熊燃烧。许多部族组织了抗英游击队。当时只有坎大哈一个城市处于英军控制之下。罗伯兹率领的7500名援军正在驰援途中。整个形势对阿富汗抗英斗争十分有利。但亚库布·汗甘愿当奴才，于1879年9月底逃到了英国军营，喀布尔的王公显贵竞相效尤，纷纷投入殖民者的怀抱，从而削弱了抗英力量，助长了侵略者的嚣张气焰。

但是，英勇的喀布尔人民立即组织抗英军，奋起抵抗侵略者。在喀布尔郊区恰拉西布村和切赫苏顿村的战斗中，喀布尔人民，包括不少农村妇女，都拿起铁锨、斧头、马刀、长剑等原始武器与侵略者激战，迫使侵略者每前进一步都付出惨重代价。经激战，抗英军主力主动后撤，英军进占喀布尔城北的要塞施尔浦尔。

1879年10月12日，罗伯兹率领英军占领喀布尔。殖民者对喀布尔市民课以巨额罚款，逮捕和屠杀爱国者，并因亚库布·汗镇压起义者不力而废除其王位。

喀布尔爱国者为了回击英国殖民者的迫害，烧毁了当地英军的两个军火库，严惩了卖国贼。由喀布尔战斗中撤退的抗英军主力，最初向加兹尼撤退，在撤退途中突然转向返回，向驻扎在舒图卡尔丹保护喀布尔与印度之间交通线的英军发起突袭，给其以重创，并切断了英军交通线。直至10月底，英军才重新打通这条交通线。

阿富汗中部的抗英武装以加兹尼为基地，联合周围地区的抗英游击队，形成对喀布尔的包围态势。他们转战于喀布尔周围地区，到处灵活机动地打击敌人，使其疲于应付。

罗伯兹决定主动进攻，派部将马希和马克费尔斯各率领一支部队进攻加兹尼。12 月 1 日，前阿富汗炮兵军官穆罕默德·詹指挥的抗英军向马希部发起两次攻击，一举攻占了英军炮兵阵地，并包围了马希的部队。马克费尔斯企图为马希解围，率部从侧后攻击抗英军，结果一无所获。抗英军乘胜发展攻势，包围了马克费尔斯的部队，切断了其与喀布尔的联系。两支英军陷入重围，最后被全歼。罗伯兹鉴于形势不利，被迫放弃喀布尔和巴拉·普萨尔宫，将部队集结于施尔浦尔要塞。

此次战斗，加兹尼抗英军在周围游击队的配合和支援下，歼灭英军千余人，并将罗伯兹指挥的 5000 英军包围在施尔浦尔要塞中。抗英军积极备战，准备强攻要塞，歼灭该敌。但英国殖民者用金钱收买了抗英军领导人帕恰·汗和穆罕默德·沙·汗·索哈布，严重削弱了抗英力量。

12 月 23 日拂晓，抗英军战士在举行了隆重的宗教仪式后，以密集队形向施尔浦尔要塞发起总攻。但两个叛变的抗英军领导人故意将部队暴露于英军火力射击之下，使抗英军遭受重大损失。罗伯兹指挥英军乘势反扑，英援军从抗英军侧后发起攻击。抗英军腹背受敌，被迫撤出喀布尔。

1880 年 4 月，斯图华特率领英军（7000—8000 人）从坎大哈向加兹尼推进，沿途不断遭到游击队的袭扰。英军进至阿赫美德·基耳时，突然遭到主要由吉尔吉依人和杜兰尼人组成的游击队（共 1.5 万人）的袭击。游击队凭借有利地形，向英军左翼和后方发起猛烈攻击。他们手持原始武器，冒着敌人大炮和步枪的密集火力，勇猛冲杀，一度使英军陷入绝境。只是由于英援军及时赶赴战场，以重炮轰击游击队阵地，才使斯图华特的部队得以幸存。罗伯兹派兵前来迎接斯图华特，使该部英军于 5 月 2 日顺利抵达喀布尔。

3. 英军被迫撤出阿富汗

当抗英军主力正在喀布尔和加兹尼地域同英军展开激烈的争夺战之际，抗英游击队在库希斯坦、落哈尔河流域、扎依木特卡以及其他地区展开了积极活动。英国占领军实际上仅占据了从白沙瓦到喀布尔公路的一条狭长地带，处境十分被动。英军司令罗伯兹决定采取

“以阿治阿”的手段，拉拢喀布尔的阿卜杜尔·拉赫曼·汗（多斯特·穆罕默德的孙子、阿弗扎尔·汗的儿子），来对付赫拉特的阿尤布·汗（亚库布·汗的兄弟），以此达到控制阿富汗的目的。

在英国殖民者分化瓦解和挑拨离间下，到1880年6—7月，阿富汗实际上分裂为3大部分：阿卜杜尔·拉赫曼·汗统治下的喀布尔、阿尤布·汗控制的赫拉特和英国殖民者掌握的坎大哈。阿卜杜尔·拉赫曼·汗为了夺取王位和领取180万卢比的年俸，同意由英国控制阿富汗的外交，占领坎大哈及在喀布尔驻军。7月22日，英国正式承认阿卜杜尔·拉赫曼·汗为阿富汗埃米尔。

阿尤布·汗在赫拉特组织起一支强大的武装力量，积极备战，决心进攻坎大哈。他的部队进至喀布尔附近，得到当地抗英游击队的支持。7月27日，阿尤布·汗统率的抗英军主力在迈万德与英将布尔洛斯指挥的殖民军相遇，打响了著名的迈万德会战。

从参战双方的兵力兵器来看，阿方占有绝对优势，阿尤布·汗的正规部队有9个团，共4000人；骑兵约为3000人，有4个野战炮队和1个马驮炮队，共30门火炮，其中有6门系阿姆斯特朗来复线滑膛炮，射程和火力均优于英军。抗英军还得到附近游击队的支援，总兵力达到2.5万人。他们士气高昂，决心与英军血战到底。英军只有1个旅的兵力，共2000人，火炮12门，其中6门是由仅受过初步训练的炮手操作的6磅滑膛炮，而且弹药供应不足。

抗英军选择有利地形布置了一个半圆形阵地。前沿阵地是离主阵地约600码距离的一道深达15—20英尺的干渠，由步兵防守；主阵地由精锐的正规部队扼守，两翼配置了骑兵和炮兵。

双方首先以炮战开始。英军步兵和骑兵在炮火支援下发起冲击。抗英军的火炮立即反击，集中轰击英军两翼的炮兵和骑兵，压制了敌方火力。抗英军步兵在干渠的掩护下不断向英军步兵射击，击退了英军的进攻，骑兵乘机出击，攻击英军两翼，迫其后撤。

抗英军利用炮火优势，把火炮推进至距英军阵地500码内，实施近距离射击，给英军以重大杀伤。隐蔽在干渠里的步兵乘势冲杀出来，配合正规军和两翼骑兵对英军实施三面包围。英军因失去炮火支援，溃不成军。布尔洛斯下令骑兵实施反冲击，但部队已乱成一团，争相逃命。溃散的英军分成两支分别向吉格和马赫穆德阿巴德撤退。逃到吉格的英军第六十六团仅剩下百余人，在一个筑有围墙的果园里负隅顽强，最后仅11人冲出果园，随后又被抗英军包围，11人全部战死，逃到马赫穆穗阿巴德的英军经布尔洛斯的整顿，得到英国援军的增援，免遭全歼。

此役，阿富汗抗英军歼灭英军大半，沉重打击了殖民者的嚣张气焰，鼓舞了全国各地的抗英斗争。

阿尤布·汗率抗英军主力乘胜向坎大哈进军。8月5日，其前锋部队抵达坎大哈城下，主力在该城西南旧城占领了阵地。守城英军共3000人，企图依托坚固的厚泥城墙和有棱堡掩护的城门固守，以待增援。8月15日，英军主动出击，出城向底黑，科贾村发起进攻，结果损失惨重，布鲁克准将被击毙。但抗英军没有乘胜实施强攻，坐失了攻占坎大哈的良机。

由于阿卜杜尔·拉赫曼·汗同英军达成妥协，支持英军进攻抗英军，使英军得以腾出手来向坎大哈增援。8月8日，罗伯兹率领一支强大部队从喀布尔南下向坎大哈进发。8月24日，抗英军获悉英国援军即将到来，遂撤至巴巴·瓦里·科塔尔部署阵地，准备迎击罗伯兹指挥的英援军。

8月31日，罗伯兹指挥优势的英军（英国人3800人、印度人1.2万人、火炮36门）向抗英军发起强大进攻。英军以一部佯攻抗英军右翼和中央，牵制抗英军主力，然后以主力向抗英军的左翼皮尔·帕马尔村发起猛攻，取得重大进展。抗英军终因力量相差悬殊，伤亡千余人，被迫撤退。尽管如此，抗英军还是凭借英勇气概和顽强精神进行了坚决抵抗，同4倍于己的敌人血战数小时，歼敌近300人。

英军虽然打败了阿尤布·汗统率的抗英军主力，但迫于阿富汗人民前仆后继、英勇不屈的反抗斗争，最终还是于1881年4月全部撤出阿富汗。阿富汗人民的英勇抗战粉碎了英国殖民者控制或分裂阿富汗的企图。尽管阿卜杜尔·拉赫曼·汗承认由英国控制其外交，但他在内政上基本上保持了独立性。

第三次战争

第二次英阿战争结束后，阿富汗赢得了一段比较安定的时期。国家统一，经济复苏，国内贸易迅速增长，农业生产专业化的扩大和城市手工业的发展，使阿富汗国内市场初步形成，民族商业资本主义开始萌芽。1905年，进步的知识分子、商人和官吏组织了青年阿富汗党，其代表人物是哈比卜拉专科学校的教师阿卜杜尔，甘尼博士和著名的翻译家马赫穆德·贝格·塔尔齐。他们主张对外争取独立,对内实行改革,并在全国广泛开展宣传运动,对上层统治者产生了一定的影响。

第一次世界大战后,国际国内形势对阿富汗摆脱英国外交控制,争取彻底独立十分有利。印度形成了民族解放运动的高潮,同阿富汗毗邻的西北部斗争尤为激烈,有力地牵制了英军的力量。北方的沙俄被推翻,建立了无产阶级专政的苏俄,这方面的威胁已不复存在。1919年2月,亲英的国王哈比卜拉被刺杀,他的儿子,改革派代表人物之一的阿马努拉控制了政权。他任用青年阿富汗党人组阁,实施了一系列进步的改革,赢得了全国人民的支持。

阿马努拉对外政策的主要目标是摆脱英国控制,他在加冕公告中郑重宣布,"从现在起,阿富汗是一个自由独立的国家,它不承认任何外国的特权。"为此,他采取了联合苏俄对抗英国的政策。英国殖民者拒不放弃它在阿富汗享有的特权,并在边境地区集结军队,准备发动新的侵略战争。

1919年4月,印度西北边省的普什图族人民爆发了反英起义,促使阿富汗决心出兵抗战。同年5月3日,英军袭击阿富汗开伯尔山口的边防军,终于挑起战端。

1. 殖民军大兵压境与阿富汗三路迎击

战前,英军除在边境地带的奇特拉尔、麦拉干德和托齐河谷派驻非正规部队外,其主力部队(正规军)部署在从白沙瓦到基达的狭长地带,主要集中在四个地区。从北到南,分别为白沙瓦－拉瓦尔品第、科哈特－库腊姆、伐济里斯坦和基达－奏布地区。

英军在白沙瓦—拉瓦尔品第地区部署有26个步兵营,6个骑兵团,116挺机枪,80门火炮,9辆装甲车,另有大量的工兵、民兵等辅助部队。该地区英军的任务是经开伯尔山口进攻贾拉拉巴德,切断阿富汗军队与普什图部族起义人民的联系,伺机向喀布尔进攻。

在科哈特－库腊姆地区,英军有4个步兵营,1个骑兵团驻守,另有若干民兵和工兵支援,配有马驮炮6门,装甲车3辆。在伐济里斯坦地区,英军部署有7个步兵营,2个骑兵团,12门火炮,9辆装甲车,并有大量民兵部队支援。这两地构成英军防线的中央地区,力量比较薄弱,基本上持守势。

英军在基达－奏布地区部署有12个步兵营,4个半骑兵团,24门火炮,34挺机枪,另有工兵部队支援。该地英军的任务是在战争打响后，立即强攻阿富汗边境的斯平－巴尔达克要塞，并向防守薄弱的坎大哈进军。

总之，战争爆发时，印度河以西、以北的英印军队总兵力多达34万人。部队训练有素，装备先进，除了装备大量的机枪、装甲车外，还有少量作战飞机。虽然英军作战飞机不多，但其实战和心理打击力却很大。

阿富汗为抗击英军，决定以主力部队兵分三路迎击。第一路（14个步兵营，1个工兵营，1个半骑兵团，火炮44门，旧炮4门）部署在宁格拉哈尔地区，由总司令赛里·穆罕默德指挥，开赴达卡，抵抗来自白沙瓦方面的英军。第二路（16个步兵营，2个工兵营，4个骑兵团，火炮60门，旧炮6门）部署在和斯特的加兹尼地域，由纳第尔·汗指挥，进攻力量薄弱的英军中央地区。第三路（13个步兵营，3个骑兵团，火炮60门，旧炮62门）驻防坎大哈，由阿布杜勒·库达斯指挥，迎击来自基达方向的英军。

阿富汗的总预备队（11个步兵营，5个半骑兵团，火炮40门，旧炮6门）留守喀布尔，随时准备支援主力部队的抗战，此外，在东北部的库纳尔地区部署少量兵力（6个步兵营，火炮8门，旧炮12门），用以对付驻防奇特拉尔的英军（1个步兵营，若干侦察兵和工兵，马驮炮2门）。

阿富汗军队的总兵力计有步兵3.8万人，骑兵8000人和炮兵4000人。他们训练很差，装备落后，刀、剑是主要武器，为数不多的枪炮都极为陈旧，而且弹药供应不足。喀布尔附近仅有的一家兵工厂，提供的装备和弹药少得可怜。尽管如此，但阿富汗军民为正义事业而战，作战勇敢，士气高昂，而且得到印、阿边境地区少数民族起义军的大力支援，所以攻势迅猛，战况激烈。

2. 从开伯尔交锋到塔尔城决胜

双方首先在开伯尔山口接战。4月底，阿富汗正规军开抵达卡。5月6日，以3个步兵营在2门火炮的支援下攻占了巴格要塞和朗迪·科塔尔要塞北面的制高点。另一支约350人的步兵分队扼守朗迪·科塔尔以北大约5英里的两座山。与此同时，周围的辛瓦里人和谟赫曼德人已行动起来，与阿富汗正规军会合。

当时，朗迪·科塔尔要塞的驻军仅有2个印度步兵营和500名“开伯尔来福枪兵”，形势对阿军十分有利。但阿军司令赛里·穆罕默德没有下令强攻要塞，坐失良机。5月7日，英国援军乘卡车赶到，次日第一步兵旅赶到要塞，拯救了朗迪·科塔尔要塞。5月9日，英军准将克罗克尔下令进攻阿什·基耳山脊，夺取了水源和一个阵地。

英军大批援军赶到后，于5月11日向巴格要塞实施强攻，并以空军对阿军扫射，攻占该要塞。第二天，皇家空军猛烈轰炸达卡的阿军营地，地面部队乘势发起进攻。阿军经顽强抵抗后，主动撤出达卡。5月16日，阿军实施反击，迫使从达卡出发的英军退回原出发地。

5月17日拂晓，克罗克尔率部向库尔德哈伊巴尔关隘发起进攻，但遭到阿军顽强抵抗，被迫暂停攻击。1小时后，由英国将军安德鲁·史克思爵士率领的大批援兵赶赴战场，突然从阿军右翼发起进攻，迫使阿军撤退。此战，阿军虽损失了5门火炮，但给英军以重大杀伤，主力强队损失甚微。

随后，英军集中轰炸了贾拉拉巴德。虽然飞机质量低劣，但还是炸毁了大多军事设施，而且在阿富汗军民中引起了恐惶和混乱。阿军军官带头逃跑，使部队陷入群龙无首的状态。5月24日，英军又轰炸了喀布尔，尤其是轰炸了埃米尔的王宫和喀布尔工厂，在喀布尔市民中引起混乱。但当英军正准备向贾拉拉巴德推进时，得悉中央地区局势严峻，被迫分兵增援。

在英军防线的中央地区，阿富汗第二路大军进展神速。5月19日，纳第尔·汗率部抵达和斯特的中心城市马敦，处于极其有利的地位。他在这里既可以向塔尔或托齐河谷进攻，又可以切断英军从科哈特到帕拉钦纳尔的交通线，使敌军不明其进攻方向。5月23日，据守斯平瓦姆之敌闻风而逃，阿军轻易占领该要塞。

与此同时，英军因担心马苏德人和伐济尔人的进攻，决定撤出托齐河谷和瓦纳要塞。部队在罗希少校指挥下，以急行军撤回奏布河，但在途中不断遭到边境部族人民的袭击，逃队者日益增多。英军中的卡卡尔人、曼多，基尔人和谢伦尼人都开了小差。罗希率部撤至散德曼要塞时，人员损失大半，该要塞旋即又被蜂拥而至的边境部族人民包围。后来，英国大批援军赶到后，才解散德曼之围，并对边境部族人民进行了报复性打击。

纳第尔·汗选择一条只能靠大家和骡子驮着大炮通过的山间小路行军，于5月26日突然出现在塔尔城下，给英军以极大的震动。阿军主力（3000人，火炮7门）在周围部族武装的支援下迅速包围要塞，并打开了通往印度河谷的道路，直接威胁设在科哈特的英军大本营。

阿军以猛烈的炮火轰击塔尔城，5月

28 日摧毁了要塞的汽油库、粮库、弹药库和无线电台。但由于阿军步兵和炮兵协调不够，未能一举攻占要塞。英军出动两架飞机猛轰阿军炮兵阵地，使要塞守军获得喘息之机。6 月 1 日，由杜叶准将指挥的援军抵达塔尔，立即向阿军实施强大反攻，夺取了要塞南面的阿军阵地。次日，英军正准备向要塞西北面的阿军主阵地进攻时，纳第尔 · 汗已经巧妙地指挥部队撤退，从而保存了实力。

此战，纳第尔 · 汗主动出击，出其不意地打击敌人，虽然没有攻占塔尔城，但却打乱了英军的进攻计划，迫使英军分兵增援，阻止了英军向贾拉拉巴德的推进。

在南方战线，阿军采取守势。5 月 29 日，英军中将华卜谢尔以优势兵力包围了斯平 - 巴尔达克要塞，并以猛烈的炮火炸毁要塞外墙。阿军守城部队进行了英勇的抵抗，并与英军展开白刃战。最后，守军几乎全部阵亡或被俘，要塞陷落，但他们给英军以重大杀伤，迫使其停止推进。

3. 阿富汗抗英战争的最后胜利

阿富汗军民的英勇抗战给侵略者以沉重打击，但也暴露了自身的弱点。阿军兵力分散，缺乏统一有力的指挥。部队战备不足，武器装备落后，士兵纪律松弛，步炮协同不力。各部族抗英武装自行其是，与正规军缺乏配合。阿马努拉认识到战争继续下去与己不利，因而主动提议媾和。

英印政府也乐于接受和谈建议。阿富汗军民的英勇抵抗，边境部族人民如火如荼的起义，印度风起云涌的民族独立运动以及苏俄对阿富汗的声援等等，都使英印政府无力继续扩大战争。而且，英国国内反战运动不断高涨，驻印英军普遍厌战，士气低落，也促使英国接受和谈。

1919 年 6 月 3 日起，双方停止军事行动，随后在谈判桌上展开了激烈的外交斗争。双方先后在拉瓦尔品第、穆苏里和喀布尔举行 3 次谈判。1919 年 8 月 8 日，两国草签和约。和约规定，自签字之日起，双方恢复和平；阿富汗同印度边界维持现状。1921 年 11 月 22 日，双方正式签订和约。英国承认阿富汗完全独立，两国建立正常的外交关系和贸易关系。至此，阿富汗抗英战争终于取得最后的胜利。

马克思主义诞生

在 20 世纪快要结束的时候，英国《泰晤士报》举行了一个测验，目的是看看到底在几千年的人类历史中，哪些人影响了世界历史的发展。测验的结果，作为无产阶级革命导师的马克思以绝对多数排在首位。

马克思的早期活动

卡尔·马克思，1815 年 5 月 5 日出生于德国一个风景如画的小城特利尔城。他的父亲是犹太人，一个非常有名的律师，这对于马克思丰富的思维、严密的逻辑和雄辩的演说才能影响很大。在马克思的家里，有较为富裕的条件和充满文化气氛的环境。他的母亲是荷兰人，贤淑善良，善于持家，对马克思父亲的工作帮助很大。

1835 年夏天，马克思即将中学毕业，他的一篇作文引起了老师的注意，这篇文章的题目是“青年在选择职业时的考虑”。文中有几段这样写道：“如果人只是为了自己而劳动，他也许能成为有名的学者、绝顶聪明的人、出色的诗人，但他决不能成为真正的完人和伟人。”“如果我们选择了最能为人类福利而劳动的职业，我们就不会为它的重负所压倒，因为这是为全人类所作的牺牲，那时，我们感到的将不是一点点自私而可怜的欢乐，我们的幸福将属于千万人，我们的事业并不会显赫一时，但将永远存在。”文章中深刻的思想内容为教师们所惊叹，给他们留下了深刻的印象。

马克思一生都在坚持不断地学习和实践

卡尔·马克思像

1836 年，马克思转入柏林大学学习。马克思在柏林大学学习过程中，加入了“青年黑格尔派”，积极参与他们的活动，这使他更多地吸收了该派的民主思想成分，加强了对世界的认识，增强了改造世界的信心，为他以后的思想发展、理论建树奠定了基础。

1841 年，马克思大学毕业之际，认真完成了一篇哲学论文，他试图以哲学来改造世界，论文系统完整地反映了马克思此时的哲学观点、理论建树和思想内涵。在论文中，他引用了希腊神话中普罗米修斯为了人类而宁愿牺牲自己的话语，表现了自己决心为改造人类世界而进行坚持不懈的斗争。大学毕业后，马克思被聘用为《莱茵报》主编。他借助《莱茵报》来宣传革命思想，所以这份报纸成了马克思毕业后进行革命工作的第一步。

1843年深秋，马克思离开了德国，来到了法国巴黎。为了更好地宣传自己的理论，马克思不断地加强与工人的联系，以便了解工人阶级的愿望，把自己的理论思想与工人阶级的实际思想结合起来。因此，他不断到工人家去了解工人生活、思想、要求，还经常参加工人组织的秘密会议。

由于认真地、长时间地参与工人的活动，马克思越来越清晰地看到，要使工人阶级翻身解放，成为社会的主人，就必须消灭私有制，全面提高全人类的思想觉悟和文化水平，进而建立一种更完善、更理想、人人平等、没有剥削、没有压迫的新型社会——共产主义社会。只有在这个社会里，才能够实现人类大同。

同时他又认识到，要实现共产主义社会，光靠抽象的理论是不行的，还必须付诸实际的行动。这个行动，就是打碎旧的国家机器，推翻资产阶级专政。要做到这一点，还必须依靠广大的工人、农民等无产者联合起来，共同奋斗。

第一国际的《成立宣言》和《临时章程》

圣马丁堂大会后，中央委员会面临的迫切任务是尽快确定新组织的名称、性质、形式，制定其纲领原则。

1864年10月5日，中央委员会在伦敦苏荷区格里克街18号举行第一次会议。奥哲尔和克里默当选为中央委员会的主席与书记。会议选举9人组成一个专门起草纲领原则的小委员会。成员有：韦斯顿、惠特洛克、马克思、吕贝、沃尔弗、霍尔托普、皮琴、奥哲尔和克里默。韦斯顿表示准备把他起草的“原则宣言”的初稿提交小委员会讨论。沃尔弗向小委员会极力推荐马志尼起草的意大利工人团体章程。

马克思出席了这次会议，但在推选小委员会之前离开了会场，因而不知道自己入选。后又因病或没有及时接到通知，未能参加小委员会10月8日和15日的两次会议及中央委员会10月11日的会议。

马克思纪念章

10 月 8 日，小委员会开会，首先讨论了韦斯顿起草的内容混乱、文字冗长的“原则宣言”，决定：“请韦斯顿先生精简和修改他的草案，而后由小委员会将它提交中央委员会作为协会的纲领。”接着讨论由沃尔弗译成英文的意大利工人团体章程。意大利资产阶级民主革命家马志尼及其追随者从六十年代开始在工人中进行宣传，他们在促进意大利工人运动摆脱资产阶级温和派的影响，积极参加民族统一运动方面起过进步作用。但是马志尼主义者宣扬通过劳资合作，通过建立合作社，使工人受教育的途径达到劳动群众的社会解放。这种改良主义倾向阻得了意大利工人运动的健康发展。沃尔弗是马志尼的秘书。章程引言部分把工人运动的目的归结为争取工人在道德、智力和经济三个方面的进步；把实现这些目的的途径归结为“通过合法的手段告诉自己的政府关于自己的生存条件、希望和要求”。章程条例部分“是本着中央集权的密谋即赋予中央机关以独断权力的精神起草的”。这个章程受到会议的“高度赞赏”，小委员会决定把它“推荐给中央委员会采用”。

中央委员会于 10 月 11 日召开会议，讨论了新组织的名称问题。威勒尔和利诺提出把工人国际组织与受资产阶级控制的国际性工人慈善文化团体——“世界劳动阶级福利同盟”合并。惠特洛克和埃卡留斯反对这一主张，建议把新组织定名为“国际工人协会”（以下简称国际）。这个建议以 16 ∶ 14 票被通过。这一名称鲜明地表达了第一国际的性质和特点，表明它成立伊始就与资产阶级民主派划清了界限。这次会议还讨论了韦斯顿的“原则宣言”和沃尔弗提出的章程，决定将它们“还给小委员会再行修改”。

10 月 8 日的小委员会会议和 10 月 11 日中央委员会会议表明，在刚刚成立的国际工人组织中，资产阶级思想和改良主义的影响很严重。10 月 12 日，埃卡留斯写信向马克思汇报了这些情况，恳切要求马克思参与制定纲领文件。他写道：“你无疑应该在欧洲工人组织新

英国工人在大生产化工厂里劳动

生婴儿身上打上内容丰富、言简意赅的印记。”他告诉马克思，10 月 11 日会议后，“克里默在一次私人谈话中说，不能再让韦斯顿参与此事，拟制文件的工作应该交给一个不超过 3 人的小组，他们能够使用和酌情处理已有的材料。”他还转述了克里默、奥哲尔等人的意见：“此项工作最合适的人选无疑是马克思博士。”

10 月 11 日会后，沃尔弗前往那不勒斯参加意大利工人协会代表大会，韦斯顿实际已经不再参加这项工作。克里默说的 3 人小组也没有建立。“修订”工作一时落到吕贝身上。他抛开了韦斯顿的草案，参考了成立大会上的 3 个文件，以沃尔弗提出的章程草案为基础，起草了“原则宣言”和章程。经小委员会 10 月 15 日会议讨论后，提交中央委员会会议讨论。

10 月 18 日，马克思出席了中央委员会会议。当吕贝宣读他修改的草案后，马克思意识到它根本不合时宜。他后来在致恩格斯的信中追述道：“当我听到好心的勒·吕贝宣读妄想当做原则宣言的一个空话连篇、写得很坏而且极不成熟的引言时，我的确吃了一惊，引言到处都带有马志尼的色彩，而且披着法国社会主义的轮廓不清的破烂外衣。”但出于团结的愿望和策略的考虑，他对其只是“温和地加以反对。”经过长时间的讨论，会议通过决议：“大体采纳这个纲领”，“委托小委员会对引言和章程定稿。”

10 月 20 日，小委员会在马克思家里开会。除马克思外，出席会议的还有克里默、吕贝和方塔纳(暂替沃尔弗的意大利代表)。关于这次会议的情况，马克思后来写道：“我手头一直没有这两个文件(沃尔弗和勒·吕贝的)，所以无法预先做准备……为了赢得时间，我提议我们在‘修订’引言之前，先‘讨论’一下章程。结果照这样做了。四十条章程的第一条通过时已经到了夜里一点钟。克里默说(这正是我所要争取的)：‘我们向原订于 10 月 25 日开会的委员会提不出什么东西。我们必须把会议延期到 11 月 1 日举行。而小委员会可以在 10 月 27 日开会，并且争取获得肯定的结果。’这个建议被采纳了，‘文件’就‘留下来’给我看。”

由此，马克思取得了制定国际纲领性文件的主动权。他认为：“成立国际是为了用真正的工人阶级的战斗组织来代替那些社会主义的或半社会主义的宗派。”但考虑到由于各国历史条件的差别和各国工人运动发展水平的参差不齐，为了向广大工人群众敞开大门，马克思采取了“实质上坚决，形式上温和”的策略，把科学社会主义原则用当时工人运动所能接受的形式表述出来，制定一个各流派都能承认的广泛的纲领。他成功地做到了这一点，在一周内彻底修改了章程，在重新起草的《协会临时章程》的引言中，精炼地表达了国际工人协会的基本纲领性原则，并把章程的条目从 40 条缩减为 10 条。他还起草了一个新的文件——《国际工人协会成立宣言》。

《成立宣言》指出，在 1848 到 1864 年间，资本主义工业的发展和贸易的增长都是“史无前例的”，然而，工人群众的贫困并没有减轻，资本主义社会的阶级对抗日益加剧。它评述了自 1848 年以来，欧洲工人阶级所取得的两大成就：第一，英国工人阶级争得了 10 小时工作日法案的通过，对工人阶级来说，“不仅是一个重大的实际的成功，而且是一个原则的胜利”。用立法手段限制工时，表明“资产阶级政治经济学第一次在工人阶级政治经济学面前公开投降了”。第二，工人合作社运动普遍展开。当时建立生产合作社和消费合作社的思想在英、法、德等国工人中相当普遍。马克思强调，合作社运动的主要意义在于，“工人们不是在口头上，而是用事实证明：大规模的生产，并且是按照现代科学要求进行的生产，在没有利用雇佣工人阶级劳动的雇主阶级参加的条件下是能够进行的”；从这个意义上讲，合作运动是“劳动的政治经济学对财产的政治经济学”的“一个更大的胜利”。同时马克思认为，不应该过高估计合作劳动的意义。1848 年以来的经验证明，“要解放劳动群众，合作劳动必须在全国范围内发展”，所以“夺取政权已成为工人阶级的伟大使命”。

《成立宣言》还指出：“工人们已经具备了作为成功因素之一的人数；但是只有当群众组织起来并为知识所指导时，人数才能起决定胜负的作用。”这里包含了无产阶级要完成夺取政权的使命，必须组织自己的政党的思想。《成立宣言》还强调了无产阶级国际主义的伟大意义，并以“全世界无产者，联合起来！”的号召作为结语。

《临时章程》指出，“工人阶级的解放应该由工人阶级自己去争取”，而这个任务只有在消灭现存社会的经济基础，即实现工人阶级在经济上的解放才能完成，因此，“工人阶级的经济解放是一切政治运动都应该作为手段服从于它的伟大目标”。《临时章程》强调工人解放的国际性质和实现无产阶级国际主义原则的重要性，它指出：“劳动的解放既不是一个地方的问题，也不是一个民族的问题，而是涉及存在有现代社会的一切国家的社会问题，它的解决有赖于最先进各国在实践上和理论上的合作”。《临时章程》宣布，“本协会设立的目的，是要成为追求共同目标即追求工人阶级的保护、发展和彻底解放的各国工人团体进行联络和合作的中心。”

《临时章程》初步规定了包含有民主集中制思想的组织原则：全协会的代表大会每年举行一次，它有决定国际的章程、指导国际的活动、选举中央委员会的权力。中央委员会设有主席、总书记、财务书记、各国通讯书记，会址设在伦敦；其任务是负责调查研究各国工人运动的状况，筹备代表大会并向大会报告工作；它有权加聘新委员，在必要时有权提前召开代表大会。国际的地方组织是各国的工人团体，它们加入国际后仍可以保持原有的组织；任何独立的工人团体不受限制，可以与中央委员会发生直接联系。

《成立宣言》和《临时章程》于 1864

年10月27日为小委员会通过，11月1日被中央委员会批准，11月5日发表在工联的机关报《蜂房报》上，11月底被印成小册子出版。在1866年日内瓦大会上，以《临时章程》为基础，正式制定了《国际工人协会共同章程》，并通过一个组织条例作为其补充文件。

第一国际纲领的问世，是马克思主义的一次重大胜利，表明国际已拥有一条正确的政治路线和组织路线，“从此以后马克思就稳固地取得了对国际的领导”。

随后，中央委员会积极进行宣传国际工人协会的思想和组织各国支部的工作。《成立宣言》和《临时章程》被译成法、德、意等国文字，散发到各国工人中去。仅1865年在德意志各邦中就散发了5万份。各国工人组织的报刊也刊登了宣言和章程。

反对资本主义斗争

中央委员会通过派遣各种代表团访问英国的工人团体、参加各国工人代表大会等形式争取会员。1865年3月，由克里默、埃卡留斯组成的代表团参加了拥有5000名会员的英国全国鞋匠工会的代表会议，该会当场表示加入第一国际。国际的第一批支部也很快建立了起来。1864年10月，日内瓦支部成立，随后又成立了汝拉山区支部；12月，巴黎支部成立，1865年发展到500人；1865年3月里昂支部成立。不久，法国的鲁昂、南特、埃耳伯夫、卡昂等地也建立支部。1865年9月，德国佐林根支部成立，1866年1月柏林支部成立。同年马格德堡、科伦、亚琛、科布伦次、特里尔等地也建立了支部。1865年2月，拥有4000名工人的英国泥水工人联合协会第一个正式加入国际。砌砖工人联合会、鞋匠联合会也先后集体参加国际。到1865年底，英国已有1.9万名国际会员了。

国际通过各国支部和会员积极领导各国工人展开反对资本主义的斗争。60年代中期，国际总委员会积极参加了英国工人群众和资产阶级激进阶层进行的选举法民主改革运动，在组织改革同盟（其常设执行委员会的12名委员中有5名国际总委员会委员），争取广大工人群众的支持，促进工联与改革同盟的合作，反对资产阶级改良主义者的妥协政策等方面都起了重要作用，坚决捍卫了工人阶级普选权的要求，最终迫使托利党政府作出让步。1867年英国工人开展了争取工联完全合法化的运动，以反抗政府对工联的迫害。国际总委员会公开支持工联合法化的要求，并抵制了工联领袖的改良主义倾向。1869 年 3 月，政府不得不公开承认工联有合法存在的权利。国际的法国会员积极参加了本国的工人合作运动。巴黎支部负责人瓦尔兰等人在开办消费合作社和合作工场等方面进行了大量的组织工作。

国际特别重视各国工人的罢工斗争。从 1865 年起，它通过发表宣言、呼吁书、檄文、组织募捐和阻挠雇主进口廉价劳力等措施，卓有成效地支持了 1865 年 3 月莱比锡印刷工人的罢工、1866 年春伦敦和爱丁堡缝纫工人的罢工、伦敦制筛工人的罢工、1867 年 2—3 月巴黎铜器工人、成衣工人和比利时马尔希矿工的罢工、1868 年 3 月日内瓦建筑工人的罢工等许多次罢工。由于国际的援助，大多数罢工都取得了胜利，著名的巴黎铜器工人罢工最终迫使 120 家企业主屈服，工人的工资提高了 25%。

在国际的带动下，欧洲掀起了反对资本主义剥削的声势浩大的罢工浪潮，极大地打击了各国资产阶级的反动气焰。它促进了各国工人之间的联系和团结，使广大工人群众通过阶级斗争的实践，冲破了反对无产阶级革命和罢工运动的蒲鲁东主义、拉萨尔主义的羁绊。1866 年 4 月，伦敦缝纫工人罢工胜利后，保护缝纫工人协会集体加入了国际。对政治运动淡漠的英国工联在选举改革运动和罢工运动后，于 1866 年 7 月的设菲尔德代表会议上公开号召工人参加国际。1866 年 9 月，英国工联已有 2.5 万名工人加入国际。

到 1866 年 9 月的日内瓦代表大会召开时，第一国际已拥有独立的纲领、章程和完整的组织机构以及自己的机关报，具有一定的组织规模，基本上完成了自身的创建过程。

《共产党宣言》的出版——马克思主义的诞生

随着工业革命的深入，资本主义迅速发展，资本主义制度的各种弊端也日益暴露。一方面，自 1825 年英国爆发第一次资本主义经济危机以后，差不多每隔 10 年左右，资本主义国家就发生一次经济危机，使经济遭到严重破坏。这是生产社会化和生产资料私人占有之间的矛盾造成的结果，资本主义制度无法克服这一矛盾。另一方面，广大工人对恶劣的劳动条件和生活状况越来越不满，为了改善自身的处境，同资本家展开了各种形式的斗争，工人运动逐渐兴起，并日趋成熟。

恩格斯像

19 世纪 30—40 年代，欧洲爆发了三次大规模的工人运动。1831 年和 1834 年的法国里昂工人起义、1836 年开始的英国宪章运动和 1844 年的德意志西里西亚织工起义。这三次工人运动虽然最后都失败了，但是，它们表明，无产阶级已经觉醒，并作为一支独立的力量登上了政治舞台。工人运动的实践使越来越多的人感到无产阶级革命迫切需要科学理论的指导，同时也为科学理论的创立提供了必要的条件。

在长期的革命实践和理论研究中，马克思、恩格斯一方面深入工人群众，揭露并分析资本主义制度；另一方面广泛汲取人类优秀文化成果，特别是对当时出现的德意志古典哲学、英国古典政治经济学和英法的空想社会主义学说加以批判继承，创立了马克思主义理论。

德意志古典哲学的主要代表是黑格尔和费尔巴哈。黑格尔的主要贡献是辩证法，他认为，世界处于不断运动、变化和发展之中，矛盾是发展的内在根源。但是，在黑格尔看来，辩证运动的主体不是客观存在的物质，而是“绝对精神”，从而陷入了唯心主义。费尔巴哈发展了唯物主义，但他的唯物主义很机械，而且仅仅局限于解释自然现象，在说明社会历史问题时，他又成为唯心论者。马克思、恩格斯批判地吸收了黑格尔的辩证法思想和费尔巴哈唯物主义思想的合理部分，建立了辩证唯物主义和历史唯物

马克思像

主义。

英国古典政治经济学的代表人物有亚当,斯密和大卫·李嘉图等,他们的主要贡献是奠定了劳动价值论的基础。马克思、恩格斯在继承其劳动创造财富思想的基础上,批判了他们关于资本家和工人共同创造财富的观点,提出了剩余价值学说,确立了马克思主义的政治经济学。同时,马克思和恩格斯还借鉴了圣西门、傅立叶、欧文等空想社会主义者对资本主义社会的批判和对社会发展方面的一些天才设想,创立了科学社会主义。

1847年11月底至12月初,共产主义者同盟在伦敦召开第二次代表大会。马克思和恩格斯都出席了会议。这次大会的主要任务,是通过新的《章程》和制订纲领。大会共开了10天。早在两个月前,同盟中央委员会曾用一种问答的形式写成了纲领草案:《共产主义信条的象征》,同盟把它分发给全体成员讨论。因为这份纲领还具有不少空想成分,如把共产主义看成是思想家的发现。为此,恩格斯又草拟了一份纲领,也是用问答体,名为《共产主义原理》。新章程的讨论比较顺利,但在讨论纲领时,第二次代表大会产生了激烈的争论。于是,马克思和恩格斯耐心地做了宣传和解释工作。渐渐地使代表们的意见趋向一致。最后,大会同意了马克思和恩格斯的观点,并且决定委托马克思和恩格斯起草一个宣言,作为共产主义同盟的行动纲领。同时,也作为同盟的重要文件,向全世界公开发表。

他们吸收了《共产主义原理》中的基本观点,在大会结束以后,马克思和恩格斯积极投入新宣言的写作。不久,《共产党宣言》顺利完成,并于1848年2月在伦敦正式出版发行。《共产党宣言》是科学社会主义的第一个纲领性文件,它系统地阐述了共产主义理论,成为全世界无产阶级斗争的总纲领。它着重阐明了资产阶级的灭亡和无产阶级的胜利都是不可避免的这一客观规律,明确规定了无产阶级革命的任务和目的,提出了无产阶级革命的策略思想。

《共产党宣言》的结尾,马克思、恩格斯豪迈地宣称:让统治阶级在共产主义革命面前发抖吧!无产者在这个革命中失去的只是锁链,他们获得的将是整个世界!最后,以"全世界无产者,联合起来!"作为《宣言》庄严的结语。

《共产党宣言》的发表,是世界历史上划时代的大事,它标志着马克思主义的诞生,标志着人类思想史上一次伟大的革命。无产阶级革命者从此可以用崭新的世界观来观察世界和改造世界。

无产阶级的圣经——《资本论》

1848年欧洲大革命失败以后，马克思和恩格斯到了巴黎，他们认真地总结了革命失败的经验教训，认识到，要建立无产阶级政权，必须打碎旧的国家机器，建立无产阶级领导的工农联盟。这对于指导今后的工人运动具有重要意义。

由于受到驱逐，马克思只好前往英国。这年的12月，马克思领到了一张英国博物馆的阅览证，从此，阅览室成了他的半个家。马克思在这里写成了揭露资本主义罪恶的皇皇巨著《资本论》。他每天所摘录的大量资料，都是在为写作《资本论》做准备的。其实，早在1843年，马克思就开始研究政治经济学了，只不过到这时，他把主要精力集中运用到了这部书上。据有人统计，在世界一流的伦敦博物馆所藏图书中，马克思阅读过的书籍有1500多种，他所摘的内容和整理的笔记有100余本！

1867年，《资本论》第一卷出版了。马克思怀着无比兴奋的心情紧紧地捧住了这部刚刚出版的著作。《资本论》的出版，是国际共产主义运动史上的一件重要大事，它迎来了无产阶级的新的斗争历程。

在这部书中，马克思通过大量事实，详细而深刻地分析了资本主义的发展历史，揭穿了资本主义迅速发展的“秘密”，暴露了资本主义残酷剥削工人阶级的丑恶本质，也指出了工人阶级之所以极其贫困的原因。

书中一个重要的理论，就是“剩余价值”学说，马克思指出，干活付钱，这是错误的认识，就是说工人干活，资本家付给他钱，看来这并没有什么不对，但是实际上，这不是“等价交换”，工人为资本家劳动所创造的财富远远大于自己所得的报酬，如一个工人一天劳动所得为8元钱，而他在一天之内为资本家所创造的利润远远不止8元，可能是16元，也可能是24元，还可能更高。这怎么能是“等价交换”呢？那么这多余的部分，即这个工人工资之外的8元、16元或更高的数额，就是“剩余价值”，被资本家无偿地剥削走了。马克思把这个“账”算清以后，资本家剥削工人的本质、手段、诀窍就给暴露出来了，这使广大工人阶级更认清了资本家的剥削方法，从而为自己争取更高的待遇准备了充足条件。

马克思在《资本论》中断然指出，资本主义必然灭亡和无产阶级的必然胜利都是不可改变的，是历史发展的必然趋势，这就为无产阶级的革命斗争提供了理论武器，增强了无产阶级革命斗争的决心和信心。

马克思无疑是世界历史上最伟大的革命理论家和思想家，正如达尔文发现生物界的发展规律一样，马克思发现了人类历史的发展规律，而且不止于此，马克思还发现了现代资本主义生产方式，以及由它所产生的资产阶级社会的特殊运动规律。可以说，马克思、恩格斯完成了社会主义学说的第一次飞跃。马克思创立的科学社会主义学说，成为全世界无产阶级革命的圣经，马克思去世以后，一场无与伦比的无产阶级革命运动就揭开了序幕。

马克思恩格斯与科学社会主义

科学社会主义，从广义上理解，就是作为完整的无产阶级世界观的马克思主义。从狭义上理解，是指马克思主义哲学、政治经济学并列的马克思主义的三个组成部分之一。本文涉及的是前者。

科学社会主义诞生于19世纪40年代。正像任何一种社会思想或理论的产生必须具备一定的社会条件一样，科学社会主义是资本主义的物质生产、阶级斗争和科学文化发展到一定水平的产物。它的创始人是无产阶级的革命导师马克思和恩格斯。

卡尔·马克思1818年诞生在普鲁士莱茵省特里尔城，父亲是个自由主义的开明律师。两年以后，弗里德利希·恩格斯在莱茵省巴门市（即现今伍佩尔塔尔市）诞生，父亲是个保守的工厂主，莱茵区是当时德国经济最发达、政治生活最活跃的地区。1835年，马克思中学毕业后，进入波恩中学，一年后转入柏林大学，在柏林期间，他加入了激进的青年黑格尔派行列。1838年，恩格斯中学还未毕业，就被父亲送到不来梅一家商号去当办事员，1841到柏林服兵役时也成为青年黑格尔派分子。他们从黑格尔哲学辩证思维的宝库中吸取营养，以德国古典哲学发展的高峰为起点，为自己的前进开辟道路。这时，在哲学上他们基本上是唯心主义者，在政治上是革命民主主义者。

马克思大学毕业后，立即投入了反对封建专制和争取民主的政治斗争。1842年10月—1843年春，担任自由主义反对派创办的《莱茵报》的主编，这使他有机会接触到下层人民的贫苦生活，切身体验到普鲁士国家制度和法律的虚伪性。他在报上发表了许多论文，例如，《关于林木盗窃法的辩论》、《摩塞尔记者的辩护》等，维护劳动人民的利益，无情地揭露普鲁士封建专制制度的反动本质。尽管这时马克思还没有摆脱唯心主义的影响,但他通过研究政治、经济和社会问题,已经开始认识到靠纯理论的批判不能消除资本主义社会的弊端,他对黑格尔关于法律、历史以及国家与市民社会之间关系的唯心主义观点产生了怀疑,而对费尔巴哈的唯物主义及其对黑格尔哲学的批判表示赞同。

正当马克思以《莱茵报》为阵地向普鲁士专制制度展开斗争的时候,1842年10月,恩格斯服役期满,来到当时资本主义大工业和工人运动最发达的英国,并立即投身到工人斗争的洪流中去,他“抛弃了社交活动和宴会,抛弃了资产阶级的葡萄牙红葡萄酒和香槟酒,把自己的空闲时间几乎都用来和普通的工人交往,并同宪章运动领导人和其他工人组织建立了联系。

随着马克思、恩格斯转向实际生活,他们同青年黑格尔派之间的分歧越来越大。青年黑格尔派反对哲学同社会实际相结合,马克思、恩格斯却主张哲学应当从纯思辨的天国里走向广阔的社会舞台。正是经过实际生活的检验,他们认识了黑格尔唯心主义社会观和国家观的缺陷。他们同青年黑格尔派分道扬镳已经不可避免了。

1843年3月,马克思退出《莱茵报》编辑部,从社会舞台重新回到书房。当时马克思正处在从唯心主义转向唯物主义,从革命民主主义转向共产主义的过程中,黑格尔哲学不能回答社会现实提出的问题,费尔巴哈“过多地强调自然而过少的强调政治”,他的唯物主义与现实也是完全脱离的。为了探求“此岸世界的真理”,马克思在深入钻研哲学的同时,大量阅读经济学、历史学和空想社会主义者的著作。他集中精力批判黑格尔关于国家和法的唯心主义理论,写了《黑格尔法哲学批判》,得出了不是国家决定市民社会,而是市民社会决定国家的唯物主义结论。同年10月,马克思为筹办《德法年鉴》迁居到政治生活沸腾的巴黎。在那里,他一面积极参加工人运动,与法国工人运动领袖和正义者同盟领导人建立联系,结识流亡在法国的各国革命者,一面继续为创立科学的理论而辛勤探索。

1844年2月,《德法年鉴》刊登了马克思的《论犹太人问题》和《〈黑格尔法哲学批判〉导言》两篇文章。文章指出,“政治解放本身还不是人类解放”;实现人类解放的“头脑”是哲学,“它的心脏是无产阶级”,“哲学把无产阶级当做自己的物质武器,同样地,无产阶级也把哲学当做自己的精神武器”。“批判的武器当然不能代替武器的批判，物质力量只能用物质力量来摧毁；但是理论一经掌握群众，也会变成物质力量。”这些精辟的论断不仅把科学理论对人类解放的极端重要性阐述得一清二楚，而且提出了无产阶级伟大历史使命和无产阶级必须与科学理论相结合的思想，标志着马克思转向唯物主义和共产主义。

为了创立科学理论，马克思从1843年底至1844年3月集中全力研究英、法等国历史，特别是法国大革命的历史。法国复辟时期历史学家基佐、梯叶里、米涅、梯也尔等人著作中关于阶级斗争的观点，以及阶级关系与财产关系相联系的观点给他很大启发。通过对不同国家历史发展的对比，有助于马克思从历史发展的一般规律中探寻国家和社会的本质，以及二者之间的关系。但是，这还不能揭示决定历史发展的最终根源。经济学的丰富知识使马克思意识到，“对市民社会的解剖应该到政治经济学中去寻求”。于是从1844年4月起，他又集中力量钻研政治经济学著作。

英国古典经济学家从财富的分配角度对阶级的产生进行了分析，提出劳动是财富的源泉的观点。马克思认为，“这样一来，在政治经济学中，历史斗争和历史发展过程的根源被抓住了，并且被揭示出来了。”但是古典经济学家不了解生产劳动过程所体现的人与人之间的社会关系。马克思吸取了古典政治经济学的积极成果，深入研究生产劳动背后的人与人的关系。他的研究成果集中反映在《1844年经济学哲学手稿》中。他不仅通过对资本主义社会财富分配的三种主要形式——工资、利润、地租——的研究，揭示了工人、资本家、土地所有者对立的经济根源，更重要的是，他通过分析资本主义的生产、分配、交换、消费各个环节，得出了如下结论：“私有财产的运动——生产和消费——是以往全部生产的运动的感性表现，也就是说，是人的实现或现实。宗教、家庭、国家、法、道德、科学、艺术等等，都不过是生产的一些特殊的方式，并且受生产的普遍规律的支配。”马克思认识到私有制是生产运动一定阶段的产物，物质生产是整个社会的基础。当马克思获得了这个唯物主义历史观的基本观点之后，继续深入地开辟理论发展的道路。他纯熟地应用辩证法研究生产运动的过程，得出了“对于世俗基础本身首先应当从它的矛盾中去理解”的结论。经过艰苦的劳动，马克思吸取了整个欧洲哲学、经济学和历史学的最高成果，终于迈出了通向唯物主义历史观的决定性一步，他宣布："按照我们的观点，一切历史冲突都根源于生产力和交往形式之间的矛盾。"

如果说马克思是从对黑格尔哲学的批判入手转向唯物主义和共产主义，那么恩格斯则是从研究英国社会状况和对资产阶级政治经济学的批判完成这一转变的。恩格斯来到英国的曼彻斯特后，在深入工人运动的同时，钻研了英国古典政治经济学家和英、法空想社会主义者的著作，为宪章运动的机关报《北极星报》和马克思主编的《莱茵报》撰稿。"在数不胜数的准社会主义思潮和派别当中，恩格斯终于给自己打开了一条通向无产阶级社会主义的道路"。1844 年 3 月，他在《德法年鉴》上发表的《政治经济学批判大纲》中，从社会主义观点出发，批判了资产阶级政治经济学的基本范畴，剖析了资本主义经济制度的矛盾，论证了消灭私有制的必要性。在《英国状况：评托马斯，卡莱尔的"过去和现在"》一文中，恩格斯批判了英国唯心主义历史学家卡莱尔鼓吹的"英雄崇拜"、"天才崇拜"的唯心主义历史观。这些著作表明，恩格斯已经转向了唯物主义和共产主义。

1844 年 8 月，马克思和恩格斯在巴黎会见，他们倾心交谈了各自的政治理论观点，取得了完全一致的见解，从此开始了他们创立科学的世界观的伟大合作。同年，合著了《神圣家族》。这部著作批判了黑格尔唯心主义，第一次提出"历史活动是群众的事业"这个唯物主义历史观的重要原理，论证了无产阶级解放人类的历史使命。

1845 年，恩格斯发表了《英国工人阶级状况》。这部著作根据大量调查材料，论证无产阶级所处的经济地位将不可遏制地推动它为推翻资本主义而斗争，并提出了工人运动必须同社会主义相结合的原理。

随着马克思、恩格斯唯物主义历史观的逐渐形成，清算费尔巴哈的人本主义影响就成为唯物主义历史观进一步完善的必然要求，费尔巴哈把人作为他的哲学的核心，脱离实践，脱离社会，把人的自然属性看做是人的本质，用这种观点解释社会现象只能得出唯心主义的结论，不能正确认识社会生活的本质。1845 年春，马克思写了《关于费尔巴哈的提纲》，着重阐明了实践在社会生活和人的认识中的作用，指出全部社会生活在本质上是实践的，实践是检验人的思维的真理性的标准。恩格斯说，这个提纲是"包含着新世界观的天才萌芽的第一个文件"。

1846年，马克思和恩格斯合著了《德意志意识形态》。这部著作第一次系统地阐述了唯物主义历史观的基本原理。“这种历史观就在于：从直接生活的物质生产出发来考察现实的生产过程，并把与该生产方式相联系的、它所产生的交往形式，即各个不同阶段上的市民社会，理解为整个历史的基础；然后必须在国家生活的范围内描述市民社会的活动，同时从市民社会出发来阐明各种不同的理论产物和意识形式，如宗教、哲学、道德等等，并在这个基础上追溯它们产生的过程。”至此，决定人类历史发展最终根源的千古之谜终于被揭破了。

唯物主义历史观的发现并未使马克思、恩格斯的理论探索就此止步。他们又从历史发展的一般再深入到历史发展的个别，具体剖析资本主义的经济制度，探索资本主义剥削的秘密，产生了剩余价值学说的萌芽。

在1844年，当马克思钻研古典政治经济学时，对古典学派的劳动价值论还没有深刻理解，而是用流行于哲学界的“异化”理论来分析工人和资本家之间的矛盾。他指出，在资本主义社会中，劳动产品作为一种物化劳动脱离了劳动者，成了劳动者的异己的敌对力量。劳动者生产得越多，他本人所能消费的越少；他创造的价值越多，他自己的价值就越被贬低。这种异化不仅反映在生产结果与劳动者的关系上，而且还反映在生产活动中，其明显表现就是，劳动像是一种自我牺牲，自我折磨，如果没有强制，“人们就会像逃避鼠疫那样逃避劳动”。劳动者同劳动产品的异化，正是他同生产活动相异化的结果。而占据劳动者的成果，支配他们劳动的正是资本家。这就清楚地表明，劳动及劳动产品的异化，实质上是无产阶级与资产阶级对立的产物，其根源在于资本主义私有制。马克思运用异化理论分析资本主义的社会生产，成为通向科学的剩余价值学说的起点。

如前所述，马克思、恩格斯对政治经济学的研究促进了唯物主义历史观的形成；而40年代中期，他们在唯物主义历史观方面取得的成就又为他们在政治经济学领域的革命奠定了世界观和方法论的基础。1847年马克思写的《哲学的贫困》和《雇佣劳动与资本》，已不再用“异化”理论来分析资本主义经济关系，而是把古典经济学家的劳动价值论作为剖析资本主义经济制度的理论出发点。他指出，工人以自己的劳动换取生活资料，资本家则用属于他所有的生产资料换取工人的劳动。这种劳动不仅补偿了工人所消耗的部分，而且还使积累起来的劳动具有比以前更大的价值。在这里，马克思虽然还没有明确提出“剩余价值”的概念，但他已十分明确，在工人劳动所创造的价值同他由于劳动而从资本家手中取得的价值之间存在一个差额，这个差额成为资本家财富的来源。

同时，马克思运用唯物主义历史观揭示出资本主义经济的内在的基本联系，指出资本主义生产关系是人类社会一定历史阶段的产物。资本、利润等经济范畴不过是资本主义生产关系的抽象。古典经济学家所说的“积累起来的劳动”，只是在资本主义生产关系下才成为资本，工人的劳动也只是在资本主义制度下才成为商品，整个资本主义社会就是建立在“劳动商品”的基础之上的。由此可见，尽管这时马克思的经济思想还不像他的哲学思想那样得到完整而系统的阐述，还没有明确区分“劳动”和“劳动力”这两个对于确立剩余价值学说具有关键意义的基本概念，还没有最终形成他的剩余价值理论，但某些具有决定意义的观点已经提了出来，马克思主义政治经济学的科学基础已被奠定。

无产阶级的伟大导师

19 世纪 50 年代，大英博物馆阅览室 D 行第二号书桌上，每天都堆放着很多书。一次，图书管理员好奇地对那座位上的中年读者问道：

“博士先生一次可以研究好五十种科学吗？我们的教授通常只能攻读一种专业！”

对于这意外的问题，博士先生风趣地说：“亲爱的朋友，所以也有很多教授戴着遮眼罩呀。人们如果要认识世界和改造世界，就不能只在一块草原上赏花啊！”

管理员听了很佩服，这位博士先生就是当年流亡伦敦的革命领袖卡尔·马克思。

1818 年 5 月 5 日，马克思出生于普鲁士莱茵省的特利尔城，父亲是著名的犹太律师，学识渊博，略带自由主义色彩。马克思从小接受父亲的启蒙教育，这样的家庭条件，被学校认为是“得天独厚”，并希望他获得应有的美好前程。马克思在中学毕业时写的一篇题为《青年在选择职业时的考虑》一文中写道：“如果我们选择了最能为人类服务的职业，我们就不会被任何沉重负担所压倒，因为这是为全人类作出的牺牲；那时我们得到的将不是一点点可怜的自私的欢乐。我们的幸福将属于亿万人，我们的事业虽然并不显赫一时，但将永远存在。

《伟大的无产阶级领袖们》宣传画

当我们离开人世之后，高尚的人们将在我们的骨灰上洒下热泪。”

这篇气度非凡的作文，被校长赞为“相当好。此文以思想丰富和结构严谨而引人注目。”

1835 年秋天，马克思遵从父命，考入波恩大学法律系。在校期间，教授们对他的评语大都是“勤勉”和“用心”，但在 1836 年 8 月签发的学业证书上，校方在“附注”中写道：“据告发，该生曾将查禁的武器携至科伦。”事实真相如何，至今仍不清楚。马克思的父亲早在一个月以前就曾向校方写了一份申请书，表示同意儿子转到柏林大学读书。

柏林大学是黑格尔哲学的研究中心，马克思入学不久便参加了青年黑格尔派的活动，成了他们组织的“博士俱乐部”的后起之秀。一年以后，他在家信中写道：“没有哲学就不能前进。”父亲当时重病在身，半年以后就与世长辞了。渐渐地，法学已经被列为他研究哲学的辅助学科。1841 年春，马克思完成了他的博士论文——《德谟克利特的自然哲学与伊壁鸠鲁的自然哲学的差别》，表现出他“反对一切天上和地下的神灵”的倾向，开始摆脱黑格尔主义的影响。论文本身获得的评语是“不但思想丰富，很有洞察力，而且兼备渊博的知识。”1841 年 4 月，马克思取得了哲学博士的学位。

大学毕业后，马克思便回乡看望已经订婚五年的未婚妻燕妮。他把自己的

《博士论文》献给“敬爱的父亲般的朋友”威斯特华伦男爵，也就是他未来的岳父大人。

1842年10月，马克思被聘为《莱茵报》主编。他以战斗的精神，无懈可击的逻辑，撰文抨击普鲁士封建专制制度。一度因鼓励市民拿起武器反抗政府的税收而被捕，由于他据理反驳，终于无罪获释。

1843年3月，《莱茵报》被查封。半年以后，马克思偕同新婚的妻子迁居巴黎。1844年初，与卢格（1802—1880年）合办《德法年鉴》，发表了《〈黑格尔法哲学批判〉导言》等文章，第一次指出了无产阶级的历史使命，表明他的世界观已经从唯心主义转向唯物主义，从革命民主主义转向共产主义。不久，马克思便被法国政府驱逐到比利时的布鲁塞尔；1848年被比利时政府驱逐回国；1849年6月又被普鲁士反动当局驱逐到巴黎；同年8月又被驱逐到伦敦。近四十年间，燕妮陪伴马克思过着颠簸流离的生活。“紧密相连，互相支持”，他们的小女儿爱琳娜写道：“我毫不夸大地说，如果没有燕妮·冯·威斯特华伦，卡尔·马克思永远不会成为当代的马克思。”

由于贫困的折磨，马克思夫妇在昏暗的异国他乡，悲痛地埋下了四个孩子。当妻子积劳成疾，马克思为了照顾家务不得不暂时停笔，因而影响《资本论》的写作进度时，他曾说过“最大的愚蠢莫过于结婚”。但是，在他们家中，烦恼总是暂时的，每当他和燕妮的目光彼此相遇时，往往忍不住会立即大笑起来。在爱琳娜的记忆中，她的双亲“总是快乐的一对。”

燕妮五十岁时，马克思回乡看望母亲，他在给妻子的信中写道：“每天我都去瞻仰威斯特华伦家的旧居（在罗马人大街），它比所有的罗马古迹都更吸引我，因为它使我回忆起最幸福的青年时代，它曾收藏过我最珍爱的瑰宝。此外，每天总有人向我问起从前‘特利尔最美丽的姑娘’和‘舞会上的皇后’。当丈夫的知道他的妻子在全城人的心目中仍然是个‘迷人的公主’时，真有说不出的惬意。”燕妮病逝时，马克思伤心地说：“如果不承认我的思想大部分沉浸在对我的妻子——她同我生命中最美好的一切是分不开的——的怀念之中，那是骗人的。”

马克思认为“在这个尘世上，友谊是私人生活中惟一具有重要意义的东西。”在被利己主义的冰水浸透的资本主义社会里，马克思特别珍视他和恩格斯在并肩战斗中结下的深厚友谊。在流亡伦敦的岁月里，他们几乎每天都有信件往来。有一次，恩格斯隔了几天没写信来，马克思便在信中风趣地说：“亲爱的恩格斯：你是在哭泣还是在欢笑？你睡着了还是醒着？”马克思一生都非常感激恩格斯的无私援助，不到万不得已，决不把自己的困难告诉恩格斯。有一次天气非常寒冷，由于缺煤，大白天一家人不得不呆在床上，燕妮噙着泪水央求说：“还是写封信给恩格斯吧！”马克思在给恩格斯的信中说：“我与其写这封信给你，还不如砍掉自己的大拇指。半辈子依靠别人，每当想起这一点，简直使人感到绝望。这时惟一能使我挺起身来的，就是我意识到我们俩人从事着一项合伙的事业……。”

在伦敦街头，孩子们称呼他“马克思老伯”，为了逗引孩子们，马克思休息时常爱在水盆里玩海战游戏，直到把纸船舰队全部烧毁为止。马克思还和孩子们玩过一种叫“自白”的问答游戏。在问到他的特点是什么时，马克思的答案是“目标始终如一”。马克思终生信守“为人类工作”的道德准则而鄙薄私利，特别是确立了共产主义世界观以后，更是历尽艰辛，把自己的一切献给革命，最后病逝在工作台前，年仅六十五岁。

共产主义者同盟的诞生

共产主义者同盟是世界上第一个无产阶级政党。它是马克思和恩格斯根据无产阶级的革命需要，在对“正义者同盟”进行革命改造的基础上建立的，是科学社会主义与工人运动相结合的产物。

在共产国际的成立大会上，列宁、斯大林与大会代表在一起

19世纪30至40年代，英、法等西欧国家，在完成资产阶级革命之后，实现了或正在实现着工业革命。工业革命的直接结果，不仅促进了资本主义经济的迅猛发展，而且引起了社会关系方面的深刻变化，形成了现代资产阶级和现代无产阶级。无产阶级从产生的时候起，就开始进行反对资产阶级的斗争。随着斗争的逐步深入，无产阶级认识水平的提高，终于爆发了著名的西欧早期三大工人运动：1831和1834年法国里昂工人两次起义，三、四十年代英国宪章运动和

1844年德国西里西亚织工武装暴动。当时,先进的工人虽然建立了一些组织,但由于缺乏革命理论的指导,不可能领导无产阶级去夺取胜利。因此,建立一个以革命理论为指导的无产阶级政党,领导无产阶级进行革命斗争,就成了国际工人运动的迫切需要。

伟大的无产阶级革命导师马克思和恩格斯,适应时代斗争的需要,在创立科学社会主义理论的时候,努力使自己的理论同工人运动结合起来,为创建这样的党进行了大量的工作。马克思、恩格斯1845和1846年在布鲁塞尔曾先后建立共产主义小组和共产主义通讯委员会。与此同时,在改造正义者同盟的基础上,于1847年正式成立了共产主义者同盟。

正义者同盟的前身是"德国流亡者同盟"。19世纪30年代初,德国的经济还很落后,但也开始从手工工场向机器大工业过渡,从而造成了手工业的瓦解和手工工匠的过剩。严重的封建割据状态和容克地主的残暴统治,使得为争取民主自由而斗争的革命者,受到残酷的迫害。这样,约有50万名失业的手工业者和革命者迁居或流亡到法国、英国、瑞士和美国。

侨居在法国巴黎的德国流亡者,由于受到当时流行的革命民主主义和各种社会主义思想的影响,产生了建立革命组织的要求。1833年,他们组织了"德国人民同盟",成员百人左右,宗旨是在流亡者中间宣传谋求德国统一的思想。1834年,以此为基础建立起流亡者同盟,成员数百人,斗争目标是推翻德意志各国的君主制度,建立统一的德意志共和国。同盟内部是以对上级盟员绝对服从为原则组织起来的,基层组织的盟员只知道自己的直接领导人,所有盟员不能享受同样的权利。因此,大多数盟员很不满意这种等级森严的制度和密谋的组织结构。1836年,同盟内部发生分裂,一部分革命分子组成了新的革命团体——正义者同盟。

正义者同盟较之以前的组织民主多了。它由5至10人组成基层支部,几个支部联合为区部,整个同盟由人民委员会领导。但它仍然深受神秘主义和密谋活动的严重影响,具有半宣传、半密谋的性质。它的宗旨是要求财产公有制,口号是"人人皆兄弟",组织上同布朗基领导的"四季社"有密切联系。1839年,同盟参加了四季社发动的5月12日巴黎起义。起义失败后,同盟遭到破坏,其领导人卡尔·沙佩尔、亨利希·鲍威尔被驱逐。他们到达伦敦又把同盟恢复起来，并在巴黎、瑞士和德国建立支部。这样，同盟的活动中心就由巴黎移到伦敦。

同盟的领导人从巴黎起义的失败教训中，对密谋性策略感到失望，并在群众性的英国宪章运动的影响下，开始抛弃手工业者的狭隘性，广泛吸收各国革命者参加同盟。由德国人的组织逐渐变成有法、英、波兰和瑞士等国工人参加的国际性组织，这是比当时其他任何工人组织都优越的地方。但是，同盟的指导思想还是相当混乱的，各种非科学的社会主义流派对它的影响已十分严重，有的甚至还占统治地位。因此，要把正义者同盟改造成为真正的无产阶级政党，不仅有一个组织建设问题，更重要的是要进行思想建设。

马克思、恩格斯与同盟的领导人早有接触，但在很长时间内，没有加入他们的组织。1843 年，恩格斯在伦敦初次会晤同盟领导人，沙佩尔曾邀请恩格斯入盟。1845 年 7 至 8 月，马克思和恩格斯在英国考察期间，在伦敦又一次会晤了同盟领导人，并出席了同盟的有关集会。马克思、恩格斯认为，在同盟接受科学社会主义理论之前，还不能参加这个组织。否则，不仅不能改变他们的指导思想，还要承受同盟组织上的约束。马克思、恩格斯与同盟的领导人保持良好的关系，目的在于尽可能地影响其思想的转变。

为了肃清各种非科学社会主义流派对工人运动的影响，马克思和恩格斯除了亲自向包括同盟的领导人在内的革命者进行理论教育，讲授关于雇佣劳动及波兰等问题外，还通过布鲁塞尔的共产主义小组和共产主义通讯委员会，同各国社会主义团体和个人建立联系。马克思和恩格斯本想借助共产主义通讯委员会，把真正的革命者团结起来，使它成为联合各地分散的共产主义者的纽带，以便在此基础上建立统一的共产主义政党。但是，当时各地共产主义组织，在事实上还没有建立起来，布鲁塞尔共产主义通讯委员会最终未能导致成立一个世界范围的共产主义政党。然而，马克思和恩格斯通过这个组织，开展对于当时影响最大的三个社会主义流派，即魏特林的空想共产主义，克利盖、格律恩的“真正的社会主义”以及蒲鲁东主义的批判，取得了重大的胜利。这对提高同盟成员的思想认识，彻底改造同盟，促进科学社会主义同工人运动的结合，起了决定性的作用。

威廉，魏特林是德国人，出身贫苦，职业裁缝。1837 年，他在法国加入正义者同盟。魏特林在他的《和谐与自由的保证》等著作中，无情地揭露了资本主义制度，主张一切人一律平等，建立“共有共享的社会制度”，对启发工人觉悟起过进步作用。但他忽视无产阶级的力量和建立无产阶级政党的必要性，企图依靠小手工业者和流氓无产者的暴动以及小型实验来建立新社会。马克思本想帮助他成为一名真正的共产主义者，但魏特林拒不接受批评和帮助，坚持自己的错误观点。马克思不得不在 1846 年同他决裂。魏特林就此脱离了工人运动，他对同盟的思想影响也逐步消失。

海·克利盖原来是威斯特伐利亚的大学生，后当记者，1845 年秋在纽约创办《人民论坛报》，宣传“真正的社会主义”的观点。他抹杀阶级矛盾和阶级斗争，鼓吹不分阶级的爱，反对政治斗争和暴力革命，企图依靠各个阶层，特别是依靠上层统治者的资助，在不触动资本主义制度的情况下来消除贫困，保存小生产者的地位。1846 年 5 月，共产主义通讯委员会召开了特别会议，讨论并通过了马克思和恩格斯起草的《反克利盖的通告》，痛京了克利盖的论点，揭露了它的性质，指出了它的危害，使克利盖在同盟和工人运动中的影响很快就消失了。

“真正的社会主义”另一代表、德国小资产阶级政治家卡尔·格律恩钻入正义者同盟巴黎支部。格律恩反对暴力革命，鼓吹“为人类谋幸福”的博爱思想，宣扬蒲鲁东主义的经济改良。为了肃清格律恩在法国的影响，1846 年 8 月，恩格斯亲自去巴黎参加同盟的活动，与格律恩的信徒展开了激烈的辩论。在辩论中，恩格斯不仅揭露了“真正的社会主义”的实质，指出其危害，而且阐明了科学共产主义的基本原则，即维护无产阶级的利益、消灭私有制、通过暴力革命来建立新社会。最后，参加会的 15 人中有 13 人同意恩格斯的观点。

比埃尔·约瑟夫·蒲鲁东是法国人，出身于农民兼手工业者家庭，曾当过雇工和印刷工人。1840 年发表了《什么是财产》一书，用小资产阶级的观点抨击了资本主义私有制，提出了“财产就是盗窃”的观点。1846 年，他又发表《贫困的哲学》一书，系统地阐述了他的改良主义的理论。蒲鲁东宣扬唯心论先验论和英雄史观；维护小私有制，主张建立以个人所有为基础的互助制社会；反对任何国家和权威，鼓吹无政府主义；反对无产阶级革命，宣扬阶级调和，把建立“交换银行”看做是无产阶级解放的根本途径。这些思想给国际工人运动造成了极大的危害。为了彻底清算蒲鲁东主义，1847 年，马克思撰写了《哲学的贫困》一书，全面批判了蒲鲁东主义，进一步阐述了马克思主义三个组成部分的基本内容。这对提高同盟领导人和先进工人的认识起了积极作用。

通过马克思和恩格斯的宣传和斗争，同盟中越来越多的成员和领导者开始接受马克思和恩格斯的理论。这样，同盟经过多年的摸索，终于找到了马克思主义真理，而马克思和恩格斯则经过耐心而大量的工作，促进了无产阶级革命理论和工人运动的结合。

1847 年 1 月 20 日，同盟的伦敦总部委派约瑟夫·莫尔先到布鲁塞尔会见马克思，然后去巴黎会见恩格斯，并邀请他们参加正义者同盟，表示确信马克思和恩格斯的观点正确，接受马克思和恩格斯关于改组同盟的意见。在这种情况下，马克思、恩格斯接受邀请参加同盟。接着，同盟中央发出了“应该实行全面改组”的通告，宣布即将召开同盟的改组大会。马克思和恩格斯为此做了大量的准备工作。

1847 年 6 月 2 日至 8 日（或 9 日），正义者同盟在伦敦秘密召开了第一次代表大会。马克思因经济困难未能出席，恩格斯作为巴黎支部的代表参加大会。大会由沙佩尔任主席，威·沃尔弗任秘书。根据马克思和恩格斯的提议，大会决定把正义者同盟改名为共产主义者同盟。因此，这次大会实际上也是共产主义者同盟的第一次代表大会。

大会的中心议题是讨论通过由恩格斯和沃尔弗起草的新章程草案。这个章程改变了同盟的名称和口号，用“共产主义者同盟”的新名称代替了“正义者同盟”的旧名称，用“全世界无产者，联合起来！”的新口号代替了“人人皆兄弟”的旧口号。这一改变，不仅在概念上更加合乎科学要求，而且还表明了改组后的同盟已作为新的共产主义政党出现了。章程规定的同盟目的是：通过传播财产公有的理论并尽快地求其实现，使为人类得到解放。章程还规定同盟的各级组织应由选举产生和有一定的任期，并可随时撤换。这体现了民主集中制的组织原则，堵塞了任何要求独裁的密谋狂的道路。

大会还讨论了由恩格斯草拟的《共产主义信条草案》，作为有待进一步讨论和修改的文件。最后，大会选出了以沙佩尔为主席的中央委员会，选定伦敦作为中央委员会所在地，决定创办中央机关刊物《共产主义杂志》，委任沃尔弗为主编。大会还作出了开除魏特林分子出盟的决定。上述情况表明，经过马克思和恩格斯的艰苦努力，同盟已由原来带密谋性的工人组织，开始改组成为以科学社会主义为指导的、按民主集中制原则组织起来的无产阶级革命政党。

为了使刚刚建立的共产主义者同盟得到巩固，马克思恩格斯主张积极发展同盟组织。8月5日，根据马克思提议，共产主义者同盟在布鲁塞尔成立了第一批支部和区部。马克思当选为支部主席和区部委员会委员。在马克思领导下，布鲁塞尔支部和区部，在开展工人运动和民主主义运动，建立德意志工人协会和国际布鲁塞尔民主协会等方面，取得了显著的成就，在广大盟员和先进工人中赢得崇高的威望。

当时在同盟的不少支部中，特别是在瑞士和德国，宗派主义分子还很活跃，他们反对同盟中央的纲领。所以，同盟中央把巩固和发展第一次代表大会所取得的成果的工作，寄希望于布鲁塞尔区部。10月18日，同盟中央为了开好第二次代表大会，专函给布鲁塞尔区部，迫切希望他们派遣代表，尤其是希望马克思能够参加，认为这是战胜各种错误思潮，从思想上和组织上彻底完成改组同盟的重要保证。

1847年11月29日至12月8日，共产主义者同盟第二次代表大会如期召开。马克思和恩格斯准时出席。沙佩尔选为大会主席，恩格斯任大会秘书。

大会的主要任务是通过新章程和制定新纲领。大会经过热烈的讨论，批准了同盟的章程。这个章程对草案中的有关条文作了重大修改。主要是把同盟的目的修改为推翻资产阶级政权，建立无产阶级统治，消灭旧的以阶级对抗为基础的资产阶级社会和建立没有阶级、没有私有制的新社会。讨论纲领时，代表们经过长时间激烈的争论，进一步接受了马克思和恩格斯的观点，并委托他们起草一个宣言，即“起草一个准备公布的周详的理论和实践的党纲”。这就表明，共产主义者同盟的创建工作最终完成，从此共产主义者同盟作为第一个无产阶级革命政党登上历史舞台，率领无产阶级和人民群众为推翻旧世界而英勇奋斗。

美国废奴运动

美国的商品奴隶制经济几乎和英属北美殖民地同步形成。早在美国独立初期，富有远见的美国政治家就曾主张废除奴隶制，但由于南部种植园奴隶主的激烈反对，未能实现。随着世界市场对棉花需求的猛增，奴隶主大肆扩张奴隶制，与广大人民群众及北部工业资本主义的发展产生严重冲突。围绕奴隶制的

美国废奴运动领袖约翰·布朗像

扩张与反扩张、限制与反限制、维护与消灭的斗争，构成19世纪上半叶美国历史的主要内容。

从19世纪30年代起，废奴运动在北方兴起，渐渐形成声势浩大的群众运动。奴隶主不甘心退出历史舞台，负隅顽抗，使南北斗争白热化。1859年10月，弗吉尼亚州西部发生了一次反奴隶制起义，这就是美国历史上著名的约翰·布朗起义。布朗是当时美国白人废奴派英雄，他在美国历史上第一次组织了黑人与白人的联合战斗，试图以武装斗争方式解决黑人奴隶制问题，为后来美国内战的顺利进行作出了榜样。

19世纪初，随着美国向外扩张，边界不断向西推进，奴隶主的胃口越来越大，力图把新扩张来的土地都变成自己的地盘。这就同北部广大的工人、农民和从欧洲来的新移民发生了尖锐的矛盾。后者渴望着开发西部的自由土地以争取自身的生存。北部新兴的工业资产阶级也愿意将西部土地廉价售予或分给小农，以便形成更广阔的国内市场，有利于资本主义的发展。围绕着西部土地成为自由土地还是奴隶主领地的问题，南北方之间产生了严重的冲突。

奴隶主贪得无厌的扩张企图。引起北方人民的愤慨。国际上反对奴隶制的呼声也越来越高。早在1793年，法国宣布废除其领土上的奴隶制。1790—1803年，海地革命胜利后，奴隶完全得到解放。1833年，英国宣布要解放英属西印度群岛上的黑人奴隶。所有这一切，都给美国废奴运动以很大的推动。尤其是美国南方奴隶不断进行反抗斗争，加深了北方人民对奴隶制的憎恨。1822年7月，黑人丹马克·维西在南卡罗来纳州查尔斯顿组织1万名奴隶起义。1831年8月，弗吉尼亚州又发生黑人纳特·特纳组织的奴隶起义。这些起义虽然都被镇压了，却深深震动了北方人民的心。那些有幸逃到北方来的黑奴，带来了奴隶要求解放的迫切愿望，他们的现身说法，使北方人了解到黑奴的苦难，大大激发了北方人民起来反对奴隶制。从19世纪30年代起，北方社会上废奴运动逐渐高涨起来。

1832年1月，要求“立即解放奴隶”的“新英格兰反奴隶制协会”成立。1833年12月，成立了全国性的废奴组织“美国反奴隶制协会”（又称“废奴社”），标志着美国历史上轰轰烈烈的反奴隶制群众运动的开始。此后，北部各州相继成立了它的分会和其他反奴隶制组织。到1837年，纽约州已有270个反奴隶制协会，马萨诸塞州有145个，俄亥俄州有213个，整个北方共有废奴组织约2000个。到1840年，北方参加反奴隶制协会的人数约有15万到25万人。

以加里森为首的美国反奴隶制协会的纲领，比过去曾有过的废奴派的主张大大前进了一步。以前有人主张逐步、有偿地解放奴隶，反奴隶制协会则主张立即解放奴隶，不给奴隶主以“赔偿”。协会还反对“遣送奴隶回非洲”的主张，认为这是“骗人的、残酷的和不现实的”。由于反奴隶制协会坚持“立即解放，不补偿、不遣送”的方针，得到了广大北方人民的拥护，也得到了广大黑人的拥护。

各地废奴组织运用各种有效的宣传工具，开展大规模的废奴宣传活动。各种废奴报刊如雨后春笋般出现，不下百余种。其中著名的有威廉·劳埃德·加里森创办的《解放者》周刊、美国把奴隶制协会的机关报《全国废奴旗帜报》、《释奴者》以及著名黑人领袖弗雷德里克·道格拉斯主办的《北斗星》等。还有无数宣传小册子，其中有许多是逃到北方的黑奴用他们亲身经历写出来的“黑人故事”，影响极大。

在揭露奴隶制的残忍和罪恶方面，哈里特·比彻·斯托夫人（1811—1896年）的小说《黑奴吁天录》（又名《汤姆叔叔的小屋》）是当时轰动英美的醒世之作。它以生动活泼的笔触，淋漓尽致地展现了黑奴地狱般的生活，有强烈的感染力。在它的感召下，英国有50万妇女在声讨美国奴隶制宣言上签名。林肯在内战中曾对斯托夫人说，是这本小说促使了美国内战的爆发。可见其影响之大。

在废奴宣传中，来自蓄奴州的逃奴表现很突出。其中有著名的黑人领袖道格拉斯。他于1817年诞生在马里兰州一个种植园里，自幼饱尝了当奴隶的一切苦难，对奴隶制怀有深仇大恨。1838年逃到北方后，投入了废奴运动。他是一位卓越的演说家，曾一针见血地指出黑奴的解放是当时美国社会的重大问题。他还以通俗的语言将白人优越论驳得体无完肤。此外，著名的黑人宣传员还有亨利·海兰·加尼特、西奥多·赖特、威廉·琼斯等人，他们大多用自己的亲身遭遇揭露奴隶制的黑暗，控诉它的罪恶。逃奴们的血泪控诉增强了废奴派的宣传效果。

废奴派还采取实际行动协助奴隶逃亡。由于奴隶主完全掌握了南部的军政大权，有一整套严密防范黑奴起义的统治手段。他们在各地组织了武装“民兵”，从17世纪起，就建立了“巡逻制”，每个县分为几个巡逻区，每区有3名白人巡逻员值班巡逻，定期轮换。其任务是缉捕逃奴，搜索黑人武器，侦察和镇压黑人聚会。每个种植园还雇有武装家丁，养有猎犬。奴隶主和监工随身佩带武器，准备随时用来对付奴隶。所以有人称整个南方是座“军营”。在这种情况下，黑奴要密谋起义是十分困难的。侥幸组织起来的，规模不可能很大，而且迅即被镇压。个别逃亡倒是有可能成功。

早在18世纪就有人协助奴隶逃亡。到19世纪，有组织地帮助黑奴逃亡形成声势浩大的群众运动。这就是美国历史上的“地下铁道”运动。它有两条主要的干线，一条在中西部，从南方亚拉巴马、肯塔基等州通过俄亥俄到加拿大；另一条则沿着东海岸从南方到北方。有人估计，北方废奴派参加这个崇高事业的人有3.2万人以上。协助奴隶逃亡是一件艰苦和危险的工作，有些人为此而坐牢，甚至牺牲生命。被人称为地下铁道主席的利维·科芬，自1826—1860年帮助3.3万名黑奴获得了自由。著名的黑奴女英雄哈丽特·塔布曼曾只身潜入南方19次，救出黑奴300名。据密西西比州州长魁特曼估计，从1810到1850年，黑奴逃亡总人数达到10万名左右，南方奴隶主损失财产在3000万美元以上。因此，种植园奴隶主恨透了北方的废奴派及其运动，尤其仇恨地下铁道运动，不惜一切手段，包括用“血与火”来对付他们。

废奴运动的内部分歧

19世纪30年代，美国参加废奴运动的虽然有工人、农民、黑人和妇女，但是它的大多数知名领袖人物都是资产阶级和小资产阶级知识分子、中小资本家，因而指导废奴运动的是形形色色的资产阶级思想。

美国反奴隶制协会的主要领导人威廉·劳埃德·加里森的理论和主张对

30年代的废奴运动有广泛的影响。他虽然主张立即废除奴隶制,而且态度是坚决的,但是他信奉的是非暴力主义,反对奴隶通过暴力获得自由。他主张通过道德说教的办法劝说奴隶主放弃奴隶。他的主张反映在由他发起的该协会的纲领中,它号召人们以道德感化达到废奴的目的。它还宣告说:“本协会决不暗中怂恿被压迫者以暴力来恢复他们的权力。”因而被称为“道德说教派”。

南方种植园奴隶主并不接受道德说教,他们使用了一切可能使用的方法来对付北方废奴派及其运动。

首先,他们运用把持的政权力量,在制定有利于奴隶制扩展的法案的同时,竭力制定压制废奴运动的法案。美国建国后一直是资产阶级和奴隶主分享政权。可是从1829年杰克逊任总统起,奴隶主的政党民主党牢固地掌握着国家政权。在此后的32年中,民主党占据总统职位24年,控制最高法院26年,左右众议院22年。在这期间,奴隶主在扩展奴隶制地盘的斗争中咄咄逼人,迫使国会通过有利于他们的法案,1820年密苏里加入联邦时,南北方曾达成妥协:以北纬36度30分为界,新领地要加入联邦,此线以北为自由州,以南为蓄奴州。当1854年堪萨斯和内布拉斯加申请加入联邦时,按密苏里妥协案规定的地理界线,它们都应是自由州,但奴隶主操纵国会通过“堪萨斯—内布拉斯加法案”,打着“居民主权原则”的旗号力图把它们变成蓄奴州。奴隶主组织了大批暴徒进入堪萨斯,破坏当地选举,对自由移民滥施暴力,强占土地,由此引起激烈的冲突,这就是历时四年的“堪萨斯内战”。

1857年,奴隶主操纵的最高法院借德雷德·斯科特案企图使奴隶制在全美国合法化。

奴隶主还专门制定了对付废奴运动的法案。1836年,为了压制废奴派对国会的请愿活动,奴隶主操纵国会通过决议一概“不宣读、不讨论”这些请愿书,将其“永远搁置不议”。群众称之为“钳口法”。

为了对付日益活跃的地下铁道运动和规模越来越大的奴隶逃亡。1850年制定了《逃亡奴隶法》。规定奴隶不论逃到北方何处,北方各州司法机关都必须协助缉捕,并且可以得到“奖赏”;北方人民如有拯救和窝藏逃奴者,要罚款1000美元、被监禁半年,另外还要赔偿奴隶身价1千美元。这样,不仅逃奴可以随时被缉捕,连长期生活在北方的自由黑人也要遭殃。联邦政府不顾北方人民的反对,顽固执行该法。一时间,阴森恐怖气氛笼罩着北方，引起北方社会的极度不安。马萨诸塞州各地曾发生数起群众自发“抢救”逃亡奴隶的事件。

奴隶主还使用残酷的暴力手段压制废奴运动。他们不惜重金收买北方的地痞流氓，甚至派出暴徒对北方废奴派大打出手，肆意迫害。加里林、菲利普斯、道格拉斯等废奴领袖经常遭到暴徒袭击，不是被暴徒剥光了衣服，就是被打得遍体鳞伤。道格拉斯有一次几乎被暴徒打死。斯蒂芬·福斯特曾24次遭袭击，两次被暴徒从二楼仍下来，几乎丧了性命。

1834—1838年间，暴徒迫害废奴派的活动更加疯狂。他们经常袭击纽约市、费城、波士顿等地的废奴大会，焚烧了费城宾夕法尼亚大厅，劫掠了波士顿的马尔巴娄教堂。他们肆意捣毁废奴报社、袭击废奴派的家。他们还公然悬赏捉拿废奴派领袖，派出暗杀凶手。1837年，暴徒一再袭击伊利诺斯州废奴主义者、废奴报刊发行人伊莱贾·诺夫乔伊，捣毁他的报社和印刷机，最后，竟残酷地将他杀害了。

奴隶主的暴行使北方废奴派中的许多人猛醒，开始对单纯的道德说教产生怀疑。在美国反奴隶制协会中，以阿瑟·塔潘和伯尼·塔潘兄弟为代表的一派人转而主张采取一切手段，包括政治行动来达到释奴的目的。他们主张组织废奴政党，参加竞选，希望选出一个废奴派的总统来，运用联邦政府的权力来解决奴隶制问题。人们称之为“政治行动派”。

加里森坚决反对政治行动，终于在1840年5月使废奴运动发生分裂。以塔潘兄弟为首的一派退出美国反奴隶制协会，另组成“美国及外国反奴隶制协会”。同年，他们创立了废奴派政党——自由党，迅即投入竞选活动。由于加入的人不多，力量单薄，在以后的选举中无大建树，也就逐渐消失了。

1848年又出现了自由土地党。它的基本群众是北部的工人、农民和西部争取自由土地的小农，比自由党具有更为广泛的群众基础。它的目标是反对奴隶制扩展到西部；要求实行“宅地法”，把西部土地无偿分给移民。它的口号是：“自由土地，自由言论，自由劳动和自由的人。”

1854年7月，种植园奴隶主与北部资产阶级的矛盾达到不可调和的地步，北部工业资产阶级终于组织了共和党。共和党接过自由土地党的口号，希望联合北部的工人、农民、黑人和西部小农，他们的政治目标则仅仅是反对奴隶主势力的继续扩展。

就在北部一些人考虑采用政治行动来对付奴隶主日益猖狂的进攻时，废奴派内部还有一些人已经转向考虑使用武力的问题了。1837年，在奴隶主疯狂迫害废奴派时，“马萨诸塞反奴隶制协会”的年会上，就有人提出“以暴抗暴”的问题。黑人约翰逊曾指出，甚至一个昆虫当它被人践踏时，也会想咬人一口的。1839年，纽约废奴派贝兹·哈孟德曾向格里特·史密斯表示，他相信废奴派使用暴力是正义行为，他还建议在加拿大和墨西哥办训练黑人青年的军事学校。格里姆克主张废奴派到南方去，用武力帮助奴隶获得自由。在德雷德·斯科特案发生后不久，在废奴派中不仅使用暴力的思想开始传播，甚至还有人（莱桑德·斯普纳）拟定了具体的行动计划并打印出来到处散发。

彻底的废奴主义者：约翰·布朗

1859年发生的约翰，布朗起义，是美国人民群众试图用武装斗争消灭黑人奴隶制的一次英勇尝试。

约翰·布朗起义究竟是为什么发生的呢？

原来，美国在独立战争后新建立起来的国家是一个大资产阶级和大种植园奴隶主联合专政的国家。独立后，美国并存着两种对立的社会制度：北方各州是工商业资本主义的雇佣劳动制，南方各州是大种植园的黑人奴隶制。南方的大种植园奴隶主在政治上占有优势。1861年以前，美国的十五个总统中，就有十一个是南方种植园奴隶主捧上台的。

19世纪以后，在南方各州的种植园中，开始大量种植棉花。到1860年，这些种植园生产的棉花相当于当时世界总产量的四分之三，占美国出口总额的百分之七十五，欧洲棉织业几乎都靠美国供应棉花。在南方的奴隶主们看来，有了棉花就有了一切。因此他们肆无忌惮地扩充奴隶制。到南北战争前夕，美国黑人奴隶已从建国初期的60万人增加到400万人。

奴隶们过着牛马不如的生活，他们在监工的皮鞭下，每天劳动十八、九小时。残酷的压榨和非人的待遇，使得一个奴隶通常在种植园里劳动八至十年就被折磨而死。北方各州虽然已废除了奴隶制度，但种族歧视也十分严重，南方的种植园奴隶主可以任意在北方自由州搜捕逃亡奴隶。

黑奴们怀着深仇大恨，开展了反奴役的斗争。他们怠工、逃离、焚毁种植园，杀死监工和奴隶主，以至用武装起义打击万恶的奴隶制度。在美国黑人奴隶起义中，最著名的有1822年南卡罗来纳州查尔斯顿黑人丹马克·维赛领导的近万人的奴隶大起义，和1831年弗吉尼亚州南安普顿黑人奴隶奈蒂·特那领导的奴隶起义。

在奴隶起义的推动下，北方各州也掀起了轰轰烈烈的废奴运动。广大工人、农民、黑人和城市小资产阶级纷纷投入这一运动。他们到处演讲，印行报刊和书籍，对反动的奴隶制进行揭露和抨击。1852年出版的斯托夫人所著《汤姆叔叔的小屋》（旧译《黑奴吁天录》），对美国南部黑人奴隶的悲惨生活和种植园奴隶主的残酷和虚伪作了淋漓尽致的描述。这本书出版后销售一空，接连再版，印数达几百万册。后来，又把它改编成剧上演，轰动一时。

废奴主义者还通过“地下铁路”组织这一斗争形式来反对黑人奴隶制度。废奴主义者象乘坐“火车”一样，把黑人奴隶从南方的蓄奴州分段地护送到北方的自由州或转送到加拿大。为了逃避缉捕者，逃亡的奴隶往往化妆而行。他们经常是昼伏夜行，并尽可能涉水泅渡以避开警犬的追踪。“地下铁路”在协助奴隶逃亡上发挥了很大作用。从19世纪30年代到60年代，通过这种组织逃出南方种植园主的魔掌而获得自由的黑人奴隶达4万人之多。

19世纪中期以后，随着美国资本主义的发展，北方的雇佣劳动制和南方的种植园奴隶制的矛盾异常尖锐，废除奴隶制，发展资本主义已成为一股不可抗拒的历史潮流。1859年震撼美国的约翰·布朗起义正是在这个背景下爆发的。

约翰·布朗1800年生于美国康涅狄格州托林顿镇一个贫苦白人的农民家庭。他的父亲是一个坚决的废奴主义者，他家就是“地下铁路”的一个转运站。因此，他从小就受到废奴主义的教育。由于家庭贫苦没有机会上学，所以他的童年是在美国北部的山林中度过的。长大后，他当过皮革匠、土地测量员和邮务员，他还当过牧羊人和农民。他耳闻目睹黑人奴隶的悲惨遭遇，激起他对黑人奴隶制度的无比憎恨，决心为反对奴隶制度而战。他细心研究黑人运动的历史，积极参加“地下铁路”的工作，了解黑人分布情况，绘制奴隶逃亡的路线图。1849年，他远涉重洋到欧洲进行考察，参观了所有的筑垒工事，准备将来使用到美国的一场山地战争中去。回国后，1850年在斯普林菲尔德建立了一个黑人武装组织——基列人同盟，为走向黑人武装斗争作了组织上的准备。

1854年，在南方种植园奴隶主的操纵下，国会通过了反动的《堪萨斯—内布拉斯加法案》，规定让堪萨斯和内布拉斯加两地区的居民自行决定他们自己所居住的地区应为蓄奴州还是自由州。这个法案实际上使北纬三十六度半以北的广大地区都可以变为蓄奴州。法案通过后，南方种植园奴隶主组织了大批武装匪徒，用武力在堪萨斯和内布拉斯加推行黑人奴隶制。广大人民群众强烈反对这个反动法案，大批工人、农民和其他劳动人民携带武器进入堪萨斯，决心把这个州变为自由州。堪萨斯已变成两种制度斗争的焦点。

在这场斗争中，约翰·布朗虽已年过半百，仍然像年青人一样投入战斗。1854年，约翰·布朗同他的四个儿子和一个女婿，先后来到堪萨斯，并立即组织力量，投入到反对奴隶制的斗争中去。

1856年5月24日夜晚，约翰·布朗带着他的儿子、女婿和另外两个人向蓄奴派发动袭击，当场抓捕和处决了5个践踏自由州移民的歹徒。接着，约翰·布朗同他的战友在保卫堪萨斯边境城市奥萨瓦汤米的战役中，又重创了敌人。从此，“奥萨瓦汤米的老布朗”便名扬全国。

1858—1859年，约翰·布朗又重新来到弗吉尼亚州，并选定弗吉尼亚西部的哈泼斯渡口作为他举行起义的地点。这里位于马里兰州同弗吉尼亚州的交界处，又是波托马克河和申南多亚河的汇合处，地势十分险要，是通往黑人大路的主要门户。那里并设有一个联邦政府的军火库，一旦夺取到手便可把奴隶们武装起来。约翰·布朗的计划是：夺取哈泼斯渡口的军火库，然后进入山区开展游击战争，在各蓄奴州开展更广泛的奴隶起义，最后在全国范围内推翻种植园奴隶主的统治。

1859年10月16日晚八时，约翰·布朗向他周围的人下令说：“弟兄们！拿起武器，我们马上向哈泼斯渡口进军”。这是一个又黑又冷的深秋夜晚。约翰·布朗虽然年老多病，当晚却精神抖擞，他长须飘拂，一马当先，率领队伍向既定目标前进。

起义者的枪声打响了。他们以迅雷不及掩耳之势占领了波多马克大桥、军火库，很快地控制了整个城镇。起义者逮捕了反动驻军头目和附近的奴隶主，并开始解放奴隶。反动当局闻讯后，立即派兵镇压。第二天中午时分，奴隶主的代表罗伯特·李上校（即南北战争期间南方统帅李将军）率领一支由百名海军陆战队组成的反动武装来镇压。尽管约翰·布朗的队伍只有22个人，力量比较薄弱，但是，他们为了黑人奴隶解放的事业，不畏强暴，英勇抗击。经过两天一夜的激烈战斗，最后因为众寡悬殊，约翰·布朗的队伍大部分，其中包括他的4个儿子，在战斗中英勇牺牲，约翰·布朗本人同其他6个战友因受伤被俘。后被关进查理士敦监狱。

当约翰·布朗受了伤、流着血、还躺在地上的时候，一场严酷的审讯就开始了。弗吉尼亚的州长怀斯厉声责问约翰·布朗："谁派你来这儿的？"

"谁也没有派我。是我自己的主见和上帝的旨意驱使我到这儿来的。"

"你的目的何在？"

"我是来解放黑人奴隶的。我认为干涉你们，解放被你们专横暴戾虐待的人们是完全正义的行为。"

"你相信《圣经》吗？"

"当然相信。"

"难道你不知道你是一个煽动者、一个叛国犯吗？"

"我争取解放黑人奴隶。"

"你是疯子、狂热分子。"

"我认为你们南方人才是疯子、狂热分子。认为这样一种制度能维持下去难道是神志清醒吗？凡是神所要毁灭的人，神先使他们发疯，你们已经疯了。"

最后，弗吉尼亚法庭以"杀人、叛国、煽动黑人奴隶叛乱"等罪名，叛处约翰·布朗死刑。

12月2日，约翰·布朗在临赴绞刑架之前，挥笔写下了最后的遗言："我，约翰·布朗，现在坚信只有用鲜血才能清洗这个有罪的国土的罪恶。过去我自以为不需要流很多血就可以做到这一点，现在我认为这种想法是不现实的。"

约翰·布朗为了黑人的解放事业献出了他的宝贵生命，在他英勇就义的时刻，北方各州统统下半旗，高大建筑物上饰以黑色装置，教堂鸣钟致哀。

约翰·布朗起义虽然被镇压下去了，然而他毕生为之奋斗的黑人奴隶解放的事业是不朽的。从此，约翰·布朗的名字成为反对黑人奴隶制斗争的光辉旗帜。

布朗在美国反奴隶制运动史上具有不可磨灭的功绩。这首先在于布朗是美国废奴运动中最先认识奴隶制是阻碍美国历史发展的赘瘤，他称它为"万恶的渊薮"，必须以革命的手段斩除。他曾对人说："推翻这个制度（奴隶制）是我们首要的任务。如果美国人民不拿出勇气来赶快把它消灭，在这个合众国里就根本谈不到人类的自由和共和国的解放。”早在1847年,他就对弗·道格拉斯说,靠劝说奴隶主回心转意是绝对不行的,除非让他们感到大棍子快打到头上。

布朗起义是在美国社会中两种制度的矛盾几达白热化的阶段进行的。为了维护和扩展奴隶制,奴隶主已施尽了一切手段,包括用反革命的暴力残害废奴派,废奴运动不但未能压制下去,反而越来越兴旺了。1859年,奴隶主已感到自己坐在火山上而在悄悄地积蓄军火物资,准备孤注一掷,作垂死挣扎。南北方之间一场凶猛的搏斗快要开始了。北方终将被迫以武力来解决这场冲突,这是不可抗拒的历史潮流。布朗起义只比内战早一年半,成了内战的前奏曲。布朗不愧为美国黑人解放运动史上走在历史潮流前面的人。

布朗起义是白人和黑人联合斗争,并肩战斗的光辉榜样。表明布朗彻底摆脱了白人优越论的种族偏见,在当时的美国真可谓凤毛麟角。

布朗起义以武装黑人,发动黑奴参加反对奴隶制、争取自身解放的伟大斗争,为日后内战的顺利进行作出了表率。他的坚韧不拔,不怕牺牲,宁死不屈的伟大精神,在内战中成为激发北方人民和士兵的巨大动力。著名的《约翰·布朗之歌》是北方最激励人心的军歌:

“约翰·布朗的躯体在坟墓中腐烂了,

他的精神在引导我们前进……”

北方军队就是高唱着这首歌直捣奴隶制的心脏里士满的。

美国—墨西哥战争

1846年—1848年美国对墨西哥的战争是世界近代史上一次臭名昭著的掠夺性战争。通过这次战争,美国夺取了墨西哥一半以上的领土。前美国共产党领袖威廉·福斯特称其为“美国和整个西半球历史上最蛮横的非正义战争”。

战争的直接起因是美国吞并得克萨斯。得克萨斯原是墨西哥的一个省份,面积20万平方公里,超过美国东北部9个自由州的面积总和。这里土地肥沃,矿藏丰富。南部奴隶主贪婪的目光一直注视着这片土地。19世纪20年代初,第一批美国移民约300人到得克萨斯定居,并带来了黑奴。20年代末,美国总统亚当斯·杰克逊提出“购买”得克萨斯地区,遭拒绝。美国加紧向这里移民。到1836年,美国移民达到3万人,其中约有5000黑奴。移民人数大大超过墨西哥居民。

在杰克逊的怂恿下，1835 年 6 月，南部奴隶主积极策划美国移民举行武装暴乱。不到半年时间，叛乱者几乎控制了得克萨斯全境。1836 年 3 月 2 日，在美国的一手策划下，得克萨斯宣布“独立”，建立了傀儡国家“孤星共和国”。杰克逊的好友、田纳西籍的将军萨姆·豪斯顿“当选”为首任“总统”。3 月 9 日，遵照杰克逊的密令，美国军队越过边界，进入得克萨斯。

墨西哥政府拒绝承认得克萨斯“独立”。当时的总统圣塔安那率领 6000 兵力去平息美国移民的叛乱。1836 年 4 月 21 日，墨西哥军队在哈辛托河口与美军遭遇，被歼，圣塔安那本人被俘。他与叛乱者签订了投降协定，承认所谓的孤星共和国，并以布拉沃河（美国称格兰德河）为国界。

但是，墨西哥国会在 1836 年 5 月 20 日和 7 月 29 日通过决议，宣布圣塔安那被俘期间缔结的一切协议均无效，并召回了墨西哥驻美大使，指出，“美国政府的行动威胁到墨西哥共和国的主权和独立”。美国政府不顾墨西哥政府的反对，于 1837 年 3 月 3 日正式承认得克萨斯“共和国”成立。

在建立了这个傀儡“国家”以后，美国南部的奴隶主为了扩大自己在参议院的席位，主张迅速合并得克萨斯，将这大片土地分成几个蓄奴州加入联邦。北部的资本家为了遏制南部的势力，反对合并。1844 年美国总统选举时，民主党候选人詹姆斯·波尔克以合并得克萨斯为竞选政纲，并获得了胜利。波尔克执政以后，将注意力主要放在对外扩张方面，把掠夺墨西哥的领土作为整个对外扩张政策的一个重要组成部分。1845 年初，美国参众两院通过联合决议，合并得克萨斯。1845 年 7 月，美国正式吞并了得克萨斯，宣布它为联邦第 28 州。

美国统治集团的扩张主义政策激起了墨西哥人民的强烈反抗。在人民群众的压力下，墨西哥政府多次对美国提出抗议。1845 年 3 月，墨西哥与美国断绝了外交关系，声称美国合并得克萨斯将被视为对墨西哥宣战。两国的关系到了剑拔弩张的地步。

然而，美国南部奴隶主并不以合并得克萨斯为满足。其目标是要占据墨西哥北部的全部领土，包括加利福尼亚、新墨西哥、奇瓦瓦等州。他们蓄意挑起一场战争，以达到其扩张主义的目的。代表南部奴隶主利益的波尔克政府一面调兵遣将，准备战争；一面派路易斯安那州的国会议员约翰·斯莱德耳为特使前往墨西哥谈判，企图迫使墨西哥承认美国合并得克萨斯，并将加利福尼亚和新墨西哥州卖给美国。当这一企图未能得逞时，波尔克政府决意出兵，以武力征服墨西哥。

1845年夏天，由泰洛将军指挥的美国正规部队进驻得克萨斯，在两国的实际边界线努埃西斯河附近不断挑起军事冲突，制造战争借口。1845年10月，美国正规军的一半包括5个步兵团、4个炮兵团和1个龙骑兵团，将近4000兵力集结在努埃西斯河口的科珀斯克里斯提，随时准备进入墨西哥国境。同时，康内尔海军准将和斯劳特海军准将指挥的美国舰队封锁了墨西哥湾和太平洋东西海岸。

1846年3月8日，美国军队不宜而战，从科珀斯克里斯提越过努埃西斯河，并迅速占领大片土地。4月底，墨西哥一支小分队渡过布拉沃河袭击了美军。边境冲突日益扩大。

5月8日，在布拉沃河北岸的巴洛阿尔托地区，由阿里斯塔指挥的墨西哥部队和泰洛的军队第一次正式交战。美军利用其炮兵优势使墨军失利。次日在雷萨卡地区再次激战。在这次战役中墨西哥损失522人，美国伤亡177人。墨军被迫退到布拉沃河以南。

这时，波尔克总统认为宣战的时机已经成熟，1846年5月11日，他在致国会的咨文中，颠倒黑白地说什么，“墨西哥越过了美国的边界，侵犯了我们的领土，并且在美国的土地上流洒着美国人的鲜血。”美国国会众议院以174票赞成，14票反对，参议院以42票赞成，2票反对，3票弃权通过法案，宣布：“由于墨西哥共和国的行动，该政府与美国政府之间进入战争状态。”决定拨款1000万美元作为军费，征召5万志愿兵。5月13日，美国正式对墨西哥宣战。

当时，墨西哥国内政局依旧动荡不定。圣塔安那的独裁统治引起了广大人民的强烈不满。1844年秋天，首都爆发起义，圣塔安那被推翻，并驱逐出国，流亡古巴，联邦派中温和派的代表何塞·华金·埃雷拉于1845年当选总统。

埃雷拉政府面对美国的侵略采取妥协退让的政策。保守派代表帕雷德斯利用人民对政府的不满，于1846年1月夺取了政权。他把主要精力放在巩固自己的统治上面，对战争根本未作必要的安排。直到7月7日，美国宣战后将近两个月，墨西哥国会才正式宣战。国会决议的第一条说明了战争的防御性质：“美国已经开始并正在对墨西哥共和国进行侵略，侵入并攻占了我国的几个省份，政府将对这种侵略进行反击，行使保卫国家的天职。”

战争开始时，美国拥有的正规军人数不多，1845 年底共有步兵 7883 人。美国政府主要依靠征召志愿兵来扩充兵力，整个美墨战争期间，美国招募的志愿兵有 67905 人，总兵力超过 10 万人。

墨西哥军队的人数，在战争开始时约为 2.3 万多人，以后又陆续补充了一些新兵。墨西哥士兵的装备很差，使用的大多是 17 世纪的旧式火炮和步枪，瞄准率很差；许多士兵单靠大刀、长矛、甚至套索与敌人拼搏。许多人光着脚行军。但是他们为了保卫祖国，驱逐侵略者，作战十分勇敢。

宣战以后，美国侵略军在几条战线同时发动攻势，以便达到两个目的：第一，占领墨西哥北部省份，包括上加利福尼亚、新墨西哥、奇瓦瓦；第二，迫使墨西哥承认这些占领。为了达到第一个目的，三支部队在加利福尼亚、新墨西哥和奇瓦瓦同时发动进攻。为了达到第二个目的，美国从布拉沃河地区出发，经萨尔提略向首都墨西哥城进逼。同时，海军准备在韦腊克鲁斯港登陆，从东南面直抵墨西哥城。

占领墨西哥北部省份的战斗由 1846 年 7 月一直延续到 1848 年 3 月。1846 年 6 月，美国在加利福尼亚的移民仿照侵占得克萨斯的伎俩，发动武装暴动，建立了所谓“独立”的加利福尼亚共和国。几乎是同时，由海军准将斯劳特和斯托克顿指挥的美国舰队在太平洋沿岸马萨特兰登陆，于 1846 年 7 月 9 日占领了旧金山，8 月初进入圣彼得罗，8 月 13 日在加利福尼亚首府洛杉矶登陆。8 月 17 日，斯托克顿宣布加利福尼亚加入美国联邦。

这时，在新墨西哥，由基尔尼将军率领的占领军也发动攻势。1846 年 7 月，基尔尼的部队在密苏里河岸的利文伏特要塞组成了拥有 3000 士兵和 16 门大炮的西路军向新墨西哥州进发。当时墨西哥在该州约有 2000 兵力，但是州长阿尔米霍不积极组织抵抗，仓皇逃遁。8 月 18 日，新墨西哥首府圣菲失陷，占领者随即宣布新墨西哥归美国所有。1846 年 9 月 25 日，基尔尼率领大军向加利福尼亚进军，准备打开一条从陆路通向太平洋的通道。

为了向奇瓦瓦地区进军，占领通往瓜马斯港的通道，波尔克政府在得克萨斯将 4000 名志愿兵组成了中路军，由伍尔将军率领，准备占领奇瓦瓦，后因情况变化，折向东面，占领了科阿韦拉州的首府蒙古洛瓦。12 月，为与泰洛部队在萨尔提略汇合，放弃了征服奇瓦瓦的计划。

由泰洛率领的美国主力部队集中在东北部战场，准备从得克萨斯出发经过蒙特雷、萨尔提略向首都进军，以便迫使墨西哥接受美国提出的一切条件。泰洛在巴济阿尔托战役之后，于5月18日渡过布拉沃河，占领了重要城市马塔莫罗斯;6月初，向北部重镇蒙特雷进军。蒙特雷是新莱昂州的首府，有居民1.5万人，是通往首都的战略要地。守卫蒙特雷的安普迪亚将军有7千步兵，但装备极差。当时泰洛部队已拥有6670人的兵力，19门大炮。战斗于9月20日打响。墨西哥士兵进行了顽强的抵抗，23—24日进入巷战，几乎每一条街道，每一幢楼房都进行了激烈的争夺。经过3天激战，虽然市中心区仍在墨西哥军队手中，但是安普迪亚的部队已经弹尽粮绝，陷入重围，不得不投降。泰洛部队也伤亡惨重，仅仅9月21日一天就死伤400多人，包括1名将军，33名军官，他同意墨西哥军队带走一切武器装备，有组织地撤退，并休战8个星期。11月16日，美军未遇任何抵抗，占领了战略要地萨尔提略。

经过8个月的战事，墨西哥1/3的领土被美国侵略军占领。占领军所到之处进行了野蛮的抢劫和屠杀。

墨西哥游击战的兴起

墨西哥军队的战败和大片领土的丧失使人民对保守派政府极端不满。帕雷德斯政府在国家生死存亡的关头，不去组织力量抵抗美国的侵略，而是准备在墨西哥建立帝制，认为墨西哥惟一的生路是让西班牙亲王路易斯·费尔南多当皇帝，以便得到欧洲列强的支持。

保守派政府的倒行逆施引起了各阶层人民的反对。在激进派领袖法里亚斯的领导下，瓜达拉哈拉、韦腊克鲁斯、普韦布拉等城市发生了武装起义，起义者高呼“共和国万岁”，“消灭侵略者”的口号。法里亚斯等为了尽快推翻保守派政府，与圣塔安那的支持者结成联盟，决定将流亡在古巴的圣塔安那召回，由他来指挥军队。他凭着在历次战争中的经历，仍被许多人看做是墨西哥将军中惟一能领兵打仗的人。

圣塔安那立即声明支持激进派上台执政，表示回国后自己仅仅负责国防。当时墨西哥的港口已被美国海军封锁，无法通过。圣塔安那私下与波尔克总统做了一桩肮脏的交易，许诺只要美国让他通过封锁线回国，将来美国可以用3000万美元的代价获得所希望得到的土地。1846年8月，这个臭名昭著的“考迪罗”又回到了墨西哥，重新登上政治舞台。

1846 年 8 月 4 日，墨西哥城爆发了声势浩大的起义，帕雷德斯政府被推翻。全国人民寄希望于激进派，国内出现了爱国主义的热潮。同年 12 月，国会选举圣塔安那为共和国总统，法里亚斯为副总统，政权主要掌握在法里亚斯等激进派手中。

法里亚斯政府积极采取措施，加强国防力量，组织国民卫队，吸收爱国青年参加保卫祖国的战斗。为了筹措资金，继续进行战争，1847 年 1 月，法里亚斯政府决定征用教会价值 1500 万比索的贵重物品充当军费。反动僧侣和保守派不顾国难当头，企图发动内战推翻法里亚斯政权。国内的政治斗争进一步激化。

圣塔安那出任总司令之后，表面上在组织抗战，实际上在为美国效劳。1846 年 10 月，他下令放弃墨西哥湾重要港口——坦皮科。9 月，圣塔安那来到圣路易斯波托西，建立大本营，招募新兵，准备抗击泰洛的部队，但是几个月过去了，没有采取任何军事行动。直到 1847 年 1 月，圣塔安那才率领墨西哥 21500 人的部队从圣路易斯波托西开拔北上，迎击驻扎在萨尔提略的泰洛部队。

2 月 22 日—23 日，在离萨尔提略不远的布埃纳维斯塔山口发生了激战。这是北部战场上最后一次，也是最残酷的一次战役。泰洛投入的兵力有 6000 人，圣塔安那自称有 18133 人，实际上参战人数要少得多，因为长途行军中非战斗减员 1000 多人。泰洛部队凭借有利的地形和密集的炮火打退了墨军一次又一次进攻。但是，墨西哥军队依靠士兵的勇猛和人多势众顶住了敌人的压力，并使泰洛部队遭到重大损失。23 日，泰洛部队的左翼几乎完全被击溃。通往美军后方的道路已打开。

泰洛处境十分危险，准备向华盛顿告急。这时，圣塔安那因得悉首都发生了事变，随即命令自己的军队撤退，返回圣路易斯波托西，并无条件释放 400 名俘虏。泰洛部队立即转入反攻，墨西哥部队在一片混乱中向南撤退。由于饥饿、寒冷和疾病，倒在沙漠里的墨西哥士兵不计其数。整个战役中，墨军伤亡 1500 人，美军伤亡 723 人。

圣塔安那到达道都后，站在教权派叛乱者一边，推翻了法里亚斯政权，将其驱逐出国，自己独揽了军政大权。

内乱外患使墨西哥到了民族危亡的紧急关头。人民群众不愿当亡国奴，自动拿起武器，开展了广泛的游击战。敌占区游击战争的展开牵制了敌人的兵力，使其不能迅速前进。

1846 年 9 月,1000 多名武装起来的印第安农民在加利福尼亚的重要据点萨吉尔起义。9 月 23 日,洛杉矶的居民在弗洛雷斯上尉的领导下,袭击了美国驻防军,迫使敌人投降。到 1846 年 11 月底,整个加利福尼亚几乎都被墨西哥爱国者占领。据统计,加利福尼亚游击队的人数达到 6000—8000 人。直到 1847 年 1 月 12 日,基尔尼部队经过激战才又重新占领洛杉矶。

在新墨西哥,印第安农民在托马斯·奥尔蒂斯、迭戈·阿尔丘莱塔等爱国者的领导下,举行了武装起义。1 月 20 日,起义的主力部队袭击了首府圣菲。游击队人数达 1500 人。在蒙特雷、马塔莫罗斯等东北部地区,游击队切断了敌人的交通,袭击了敌人的辎重。

从太平洋沿岸到墨西哥湾,到处都燃烧着墨西哥爱国者抗美救国的烽火。敌后游击队的战斗打乱了敌人的部署,牵制了敌人大量兵力,使美国侵略军在北部战场不得不从进攻转入防御。

韦腊克鲁斯港登陆和墨西哥首都失陷

美墨经过将近一年的激战,美国侵略军占领了墨西哥北部大片领土,但是战争的第二个目的——迫使墨西哥承认这种占领——未能达到。战争变得旷日持久。

南部奴隶主发动的这场战争在美国国内已越来越不得人心。许多辉格党人,废奴主义者公开谴责这次战争,废奴主义的领袖弗雷德里克·道格拉斯将其称为“一场残酷的屠杀”,“是我们的蓄奴总统干的好事”。

波尔克害怕战争拖延会动摇自己的政治地位,所以也希望尽快结束战争。游击战争的扩大使美军越来越感到兵力不足,战线太长。从北部进攻墨西哥城要通过大片沙漠地带,存在许多困难。波尔克政府决定放弃原定计划,改变主攻方向,从海上登陆,直抵墨西哥城,迫使墨西哥投降。

1847 年春,波尔克总统任命斯科特将军为总司令,准备从韦腊克鲁斯港登陆。斯科特部队拥有 162 艘军舰和登陆艇,装备有 40—50 门大炮,10 万发炮弹,由三个师组成的兵力总人数达 1.3 万多人。

从韦腊克鲁斯港登陆到墨西哥城陷落历时半年多,进行了五次大的战役:

1.3 月 22 日—29 日韦腊克鲁斯保卫战。3 月 9 日,斯科特的部队在韦腊克鲁斯港附近登陆,在围城半个月之后发起攻击。由于反动的教权派在首都叛乱，法里亚斯政府被推翻，韦腊克鲁斯港处于孤立无援的状态，仅靠以莫拉雷斯将军为首的有限的城防力量进行抵抗。3 月 22 日起，72 艘美国军舰进行了历时 4 昼夜的野蛮炮轰，倾泻的炮弹足有数千发。由码头工人、建筑工人和渔民组成的 4 千多城防军进行了英勇抵抗，终因孤军奋战，寡不敌众而失败。3 月 29 日，韦腊克鲁斯港被攻陷。

2.4 月 17—18 日塞罗戈尔多战役。美国占领军攻占韦腊克鲁斯以后，迳直向西取道当年西班牙殖民者的路线向墨西哥城进军。圣塔安那率领 1 万 2 千名新兵组成的队伍在离韦腊克鲁斯港 160 英里的塞罗戈尔多峡谷迎击敌人。这是通往墨西哥城的战略要地。圣塔安那的主要阵地设在塞罗戈尔多山岗上，周围是难以通行的密林，打算借助天险，阻击敌人。

斯科特部队从小道绕过了密林地带，从后方袭击墨军。圣塔安那惊慌失措，临阵脱逃，墨军遭受重大损失。两天之内，墨军伤亡约 1000—1200 人，3000 人被俘。美军伤亡 431 人。塞罗戈尔多要塞的失守意味着通往首都的道路已被打开。5 月 15 日，美军未经战斗进入第三大城市普韦布拉。

3.8 月 19—20 日丘鲁布斯科战役。斯科特部队经过了休整和增补，于 8 月初重新向墨西哥城进逼。8 月 19 日，在离首都 4 英里的丘鲁布斯科河岸展开血战。墨西哥爱国者进行了顽强的抵抗。由爱尔兰人、波兰人、英国人和正义的美国人组成的“圣巴特里西奥营”的国际战士与墨西哥人并肩战斗，给了敌人以沉重打击。斯科特部队一天之内损失兵力 1056 人，其中有 76 名军官。

4.9 月 8 日莫利诺德雷伊战役。美国侵略军听说墨西哥人在莫利诺德雷伊铸造大炮，对这一据点发动了强攻。守卫这一据点的是来自附近负责各州防卫的国民卫队，总兵力达 4000 人。美军投入的兵力为 3447 人。战斗进行得十分激烈，一天之内美军伤亡 787 人。由于圣塔安那不派后备军增援，由民兵组成的骑兵部队也未投入战斗，墨军再次遭到失败。

5.9 月 13 日查普尔特佩克战役。这是通往墨西哥城的最后一个据点。9 月 13 日，斯科特借助猛烈的炮火，发动了强大的攻势，将 4 个师，7000 多兵力全部投入了强攻。

驻守在查普尔特佩克山岗周围的墨西哥军队共有 5000 人，但投入战斗的只有步兵和军事学校学员组成的 832 名驻防军,由独立战争中的老将军尼科拉斯·布拉沃指挥。墨西哥士兵浴血奋战,几乎全部殉国。有6名年幼(最小的只有十三岁)的军事学校的学员与敌人进行了顽强的搏斗,“少年六英雄”的事迹至今仍为人们所传颂。斯科特占领军一天之内死伤862人。

查普尔特佩克的失守打开了通向墨西哥城的西大门。当时,斯科特的部队伤亡惨重,减员将近1/3,加上增援部队仅有6000人。圣塔安那手中尚有5000名士兵,4000名骑兵,可是他对首都未作任何设防。9月14日,圣塔安那率领部队撤离了墨西哥城。

古巴三十年解放战争

1868—1898年,古巴人民进行了一场持续三十年的反抗西班牙殖民统治、争取民族独立的战争。其全过程可分为三个阶段:1868—1878年,第一次独立战争,史称“十年战争”;1878—1895年,大规模武装斗争的间歇,革命力量的重组和集结;1895—1898年,第二次独立战争。

16世纪初,古巴岛沦为西班牙的殖民地。该岛是安的列斯群岛中最大的一个岛屿,地处大西洋、加勒比海通向墨西哥湾的咽喉要道,战略意义十分重要。它成了西班牙向美洲大陆扩张的基地,西班牙殖民帝国海上交通的枢纽和贸易往来的中转站。由于这些原因,它也成了法、荷、英等其他欧洲列强蓄意谋取的对象。因此,整个16、17乃至18世纪期间,古巴在西班牙殖民帝国里是个军事前哨,是个与其他欧洲列强争霸的前沿阵地,军事价值远远大于经济价值,其经济发展一直未受到宗主国的重视。到18世纪末,古巴经济才进入迅猛发展的时期。1790年海地革命爆发,黑奴起义节节胜利,包括种植园主和黑奴在内的3万余人从海地移居古巴。他们带来了资本、劳力和技术。这又促进了古巴经济的繁荣。咖啡和甘蔗种植业大发展。1774年只有2家咖啡种植园,1827年达到了2067家。1792年,出口咖啡7101阿罗巴(1阿罗巴等于25磅),1833年为256.6359万阿罗巴。甘蔗种植园的面积逐年递增:18世纪末每年增加688公顷,19世纪初每年增加1416公顷,40年代每年增加5261公顷;1862年,总共达100万公顷。蔗糖出口量:1790年为1.5423万吨,1868年增至72.025万吨。甘蔗园、制糖厂的发展,带动了铁路、公路和港口的修筑,以及制糖技术的革新,蒸汽技术得到普遍应用,机械化程度大大提高。与此同时，养牛业和烟草种植业也得到了发展，牧场从1827年的70万公顷增至1862年的330万公顷；1780年出口烟草340万磅，1850年达800万磅。

为满足种植业发展的需要，古巴引进大批劳动力。1790—1815年，有约14.2万黑奴进入古巴。1861年，古巴已有37万余黑奴，占总人口的26.5%。从1847年开始，古巴又从中国引进"契约劳工"，从墨西哥引进印第安人劳工。到70年代，已有12.5万中国劳工在古巴的甘蔗种植园、制糖厂、铁路修筑工地和家庭中干活。同时，古巴还从欧洲招募了大批移民。1774年古巴只有17万人，其中白人9600人，自由黑人和混血种人约3.2万人，黑奴4.4万人；到1849年，人口增至94.5万，其中白人占了约45.7万，自由黑人16.4万，黑奴约32.4万，另有数百名华工。劳动力的增加和种植业的发展促进了古巴对外贸易的发展，加强了与国际市场、特别是同美国市场的直接联系。1826—1830年，古巴同美国的贸易总值达372万比索，1856—1860年增加到了1837万比索；而同宗主国西班牙的贸易总值却降到了第2位：1826—1830年为280万比索，1856—1860年亦仅为531万比索，古巴的经济已进入美国市场的运行轨道。

1790年海地革命的爆发不仅影响了古巴社会与经济的发展，也影响了古巴政治的发展。19世纪初，古巴人民在海地革命和拉美其他地区独立斗争的影响下，开展了推翻西班牙殖民统治、争取独立的斗争。1809年，共济会会员、律师霍金·英方特和拉蒙·德·拉·卢斯在首府哈瓦那密谋独立，并草拟了宪法。他们遭到殖民当局的镇压，卢斯被捕，英方特逃往委内瑞拉。1811年初，自由黑人何塞·安东尼奥·阿庞特以哈瓦那为中心，在全岛组织武装起义。他宣布解放奴隶，废除奴隶制，结束奴隶主的反动统治。白人、自由黑人同黑奴一道参加了战斗。他们烧毁甘蔗种植园，捣毁制糖厂，处死作恶多端的工头。1812年初，起义惨遭殖民当局镇压，阿庞特被捕罹难。1821年，革命组织"玻利瓦尔的追随者们"成立，提出"不独立毋宁死"的战斗口号，主张解放黑奴，成立共和国，计划1823年8月起义；但秘密泄漏，领导成员被捕。1825—1843年，马坦萨斯省黑奴几度起义，反抗殖民统治，要求获得解放，废除奴隶制；但起义均告失败。殖民当局指控马坦萨斯黑人起义是个长时期的阴谋，进行了大搜捕，数月内逮捕了4000余人。这对独立运动是个沉重打击。

古巴人民的独立运动、特别是黑奴的起义,不但遭到了殖民当局的残酷镇压,也引起了克里奥约地主、资产阶级(即古巴当地出生的新兴地主、资产阶级)的极度恐慌。但是,这些人大多同时又是奴隶主,他们随着自身经济实力的不断增强和同国际市场联系的日益紧密,与宗主国西班牙殖民统治的矛盾渐趋加剧。同时,他们又慑于海地黑奴起义在古巴重演,遂对独立运动采取了消极乃至反对的立场。为了维护自身的利益。他们走上了改良的道路。1862 年,《世纪报》在哈瓦那问世,传播改良主张,要求殖民当局减免苛捐杂税,争取贸易更大的自由,并要求派代表参加西班牙议会。1865 年,"改良党"成立。它提出古巴人与半岛人(即西班牙人)权利平等,要求限制殖民都督的权力,主张更大的政治自由和贸易自由,主张逐步废除奴隶制。西班牙政府为摆脱自身的政治、经济困境,提出与古巴代表对话,商讨改良事宜。古巴组成了由 16 人组成的"陈情委员会"。1866 年底至 1867 年初,"陈情委员会"在马德里开会,向西班牙政府提出一系列变革要求,诸如古巴派代表参加西班牙议会、担任行政职务机会均等、不得随意逮捕和搜查、不得非法没收财产、改革税收和关税制度、逐步解放黑奴,等等。然而,西班牙政府充耳不闻,并下令解散"陈情委员会",继而任命反动军官弗朗西斯科·莱松迪为古巴都督。莱松迪到古巴后,立即下令《世纪报》停刊,解散"改良党",禁止公共集会。与此同时,西班牙政府下令在古巴征收 6% 的财产税,增收进口税。殖民当局的倒行逆施使克里奥约地主、资产阶级认识到,宗主国西班牙是不会允许任何重大变革的,自由的命运要由自己掌握。他们中的激进派开始了争取脱离西班牙而独立的斗争。

十年苦斗

1867 年 8 月 14 日,70 余名主张独立的克里奥约地主、资产阶级分子在古巴东方省巴亚莫市秘密集会,成立"三人委员会",由弗朗西斯科·维森特·阿基莱拉任主席,弗朗西斯科·马塞奥·奥索里奥和佩德罗·菲盖雷多为委员;并委托"三人委员会"负责组织武装起义的准备工作。"三人委员会"立即行动,决定分头前往圣地亚哥、卡马圭、奥尔金、拉斯维加斯和哈瓦那等中心城市联络同志,共商独立解放大计,并决定 1868 年 12 月 24 日起事。然而,他们的活动引起了殖民当局的注意,起义计划有遭破坏之虞。以巴亚莫律师卡洛斯·马努埃尔·德·塞斯佩德斯为首的一批爱国者决定提前行动。1868年10月10日清晨，塞斯佩德斯会同37名同志在东方省亚拉小镇附近的“德马哈瓜”甘蔗种植园起事，以“古巴岛革命委员会”的名义发表《宣言》，号召全岛人民拿起武器，推翻西班牙殖民统治。

塞斯佩德斯立即解放了自家种植园的黑奴，让他们参加起义队伍。10日当天，起义队伍就集结了200人。“古巴岛革命委员会”计划首先攻打并占领市镇。11日黎明时分，起义队伍向亚拉镇进发，途中与一小股殖民军遭遇，被打散。数小时后，他们在附近一庄园重新集合。12日，起义队伍扩充到了300余人。战争火种点燃，立呈燎原之势。从13日开始，战斗在东方省的巴亚莫、曼萨尼略、圣地亚哥、图纳斯、奥尔金和库巴等地区打响，起义队伍攻占了数十座大小市镇。黑奴、自由黑人、华人劳工和白人劳工纷纷参战，起义队伍很快从数百人增加到了数千人。18日，塞斯佩德斯指挥300余人攻打重镇巴亚莫城；20日敌指挥官率120余名守军投降。巴亚莫的攻克，大大鼓舞了起义军的斗志。“古巴岛革命委员会”宣布组成临时政府，推选塞斯佩德斯为临时政府主席、起义军总司令，并指定巴亚莫市为自由古巴首都。

殖民都督莱松迪获悉东方省起义后，立即任命其副手瓦尔马塞达伯爵为前线总指挥，派他到东方省组织、指挥殖民军镇压起义军。瓦尔马塞达计划先收复东方省港口重镇曼萨尼略，再攻打起义军总部巴亚莫市，然后镇压其他地区。

瓦尔马塞达原定11月初开始行动，然而10月底，卡马圭省的爱国者响应塞斯佩德斯的号召，一举攻占了瓜伊马罗镇。11月4—11日，起义军在萨尔瓦多·西斯内罗斯·贝当古和伊格纳西奥·阿格拉蒙特的指挥下又接连攻克港口重镇努埃维塔斯和巴加镇。同时，拉斯维加斯、哈瓦那和比纳尔德尔里奥的爱国者也在积极准备起事。解放战争有从东向西扩展之势。瓦尔马塞达立即改变计划，决定首先镇压卡马圭的起义军，以孤立东方省，遏制战争火势向西蔓延。11月下旬，殖民军夺取努埃维塔斯及其他市镇，起义军撤至农村地区。同时，殖民当局在西部诸省大肆搜捕爱国者，数千人被流放岛外。1869年1月初，瓦尔马塞达率领千余人马进入东方省，15日占领巴亚莫市。在敌军的强大攻势面前，起义军被迫放弃中心市镇，转移到农村地区作战。

瓦尔马塞达转战至东方省后，卡马圭省的起义军重新活跃起来。未几，除努埃维塔斯等几处港口城市和中心市镇外，起义军即控制了全省。1869 年 2 月，拉斯维加斯省的爱国者在卡马圭省起义军的影响和支持下，亦拿起武器，攻打殖民军，收复了邻近卡马圭省的东部地区。

为了彻底消灭起义军，殖民当局宣布进行"绝灭战"。瓦尔马塞达下令：1. 15 岁以上的人，凡无正当理由离家在外者，一律处死；2. 所有房舍均需悬挂白旗，以示其主人愿意和平。凡无白旗的房舍一律烧毁；3. 凡未生活在自己家里或父母家里的妇女一律集中到市镇。他企图以此割断起义军与人民群众的联系。与此同时，他下令建议军事据点，遍挖战壕，控制交通线，切断起义军的联络，企图将起义军分割开来，逐一消灭。为了防范起义军向西部运动，他下令在卡马圭省设置了一道封锁线，该封锁线南起胡卡罗，北至莫隆，全长 40 余公里。

1869 年 4 月，为完善起义军的政治、军事建设，制定新的战斗计划，临时政府在瓜伊马罗镇召开制宪会议。来自各省的代表通过了古巴第一部宪法，宣布成立共和国，选举塞斯佩德斯为总统。塞斯佩德斯任命马努埃尔·盖萨达为起义军总司令。针对敌人的作战计划和部署，共和国军政当局制定了新的战略：1. 分散战斗，扩大活动范围，迫使敌人分散兵力；2. 开展游击战，在运动中打击敌人；3. 尽力将战争向西扩展。

东方省起义军根据新的战略方针，分散活动，游击小组各自为战，骚扰、打击敌人。奥尔金地区的游击队最活跃。那儿的军事指挥官是马克西莫·戈麦斯将军。他是多米尼加人，极富作战经验，指挥 1800 人的队伍，分散与敌军周旋。在他的影响下，东方省的起义军尽量避免同殖民军发生正面冲突，打了就跑，让敌人追不着，打不到，最大限度地分散了敌人的兵力。殖民军控制着各个据点，起义军在广大农村和山区活动。东方省战事进入胶着状态。

1869 年底，卡马圭省战事进入一个新阶段。是年 6 月，殖民都督换马，安东尼奥·卡巴列埃罗·德·罗达斯接任。他策划将战斗重点移至卡马圭省，任命普埃略将军为前线总指挥。12 月 25 日，普埃略率领步兵 1200 人、骑兵 100 人、工兵 1 个连，携带 4 门山炮，向共和国政府所在地瓜伊马罗进发。1870 年 1 月 1 日，在米纳德胡安罗德里格斯与起义军遭遇。阿格拉蒙特指挥 500 人，凭借有利地形，与敌军交战，歼敌 400 余人。普埃略被迫率队撤至努埃维塔斯。殖民总督遂指令戈叶内切将军从拉斯维加斯的桑克蒂斯皮里图斯出发增援普埃略。1 月 13 日，戈叶内切率领两个旅的兵力在普林西佩港登陆，与普埃略配合，分兵两路，向起义军活动的中心地区东南部进击；2 月中旬，又转向西南和东北地区追剿起义军。殖民军这次不是打赢了就走，而是拿下一个地方就占领一个地方，建立据点，控制战略要地，形成了一个据点网。面对这种情况，起义军转入丛林、山区，分散活动。

1870 年 12 月，瓦尔马塞达接任殖民都督。这时，殖民军已达 10.5 万人。瓦尔马塞达上台后，一方面加紧镇压行动，一方面收买起义军将领。对他收买活动的回答是起义军的反攻。他离开东方省后，戈麦斯指挥部队围攻奥尔金市；其他地区的起义军亦趁势攻打敌军据点，严重打乱了殖民当局的战略部署。1871 年 1 月中、下旬，阿格拉蒙特亦指挥起义军在卡马圭和拉斯维加斯两省各地骚扰、打击敌人。瓦尔马塞达决定先平息拉斯维加斯的战事。2 月间，他两度亲自出马，到拉斯维加斯指挥战斗。起义军在东方省和卡马圭省的支援下，开展游击活动，到处反击敌军。他于是决定转赴卡马圭省指挥作战，企图割断拉斯维加斯的起义军与东方省的联系。然而，在卡马圭省起义军的游击战面前，他同样束手无策。他的无能引起了西班牙政府的不满。1872 年 5 月 30 日，他向西班牙政府提出辞呈。7 月 11 日，弗朗西斯科·塞巴略斯将军接任古巴都督。

在 3 年多的战斗中，起义军中成长起了一批作战骁勇、指挥有方、深受士兵爱戴的军事将领，戈麦斯、卡利克斯托·加西亚、安东尼奥·马塞奥、阿格拉蒙特是其中杰出的代表。瓦尔马塞达辞职后，卡·加西亚在东方省组织、指挥起义军攻打市镇，争夺据点，消灭敌人有生力量。阿格拉蒙特则在卡马圭省指挥起义军向西运动，力图攻入拉斯维加斯省。1873 年 5 月 11 日，他指挥 500 名战士在希马瓜尤与敌军 700 人作战，不幸中弹身亡。戈麦斯受命继任卡马圭省起义军总司令，赴前线指挥作战。

一个时期来，共和国议会对塞斯佩德斯的专权甚为不满，1873 年 10 月 28 日解除了他的职务，选举西斯内罗斯为总统。翌年 2 月 27 日，塞斯佩德斯在圣洛仑索与敌军作战时牺牲。

新总统上任后，根据作战需要，将共和国划分为 3 大战区：东方省战区，卡·加西亚任战区司令；考托特别战区，维森特·加西亚任战区司令；西部战区（包括卡马圭省和拉斯维加斯省)，戈麦斯任战区司令。东方省战区又分为2个分区：关塔那摩—巴拉科阿分区，马塞奥任司令；考托—奥尔金分区，马努埃尔·卡尔瓦尔任司令。考托特别战区也分为两个分区：希瓜尼—巴亚莫分区，弗朗西斯科·哈维尔·德·塞斯佩德斯任司令；曼萨尼略—图纳斯分区，维·加西亚兼任司令。解放战争进入了一个新阶段。各战区继续主动出击，消灭敌人。1873年11月7日，维·加西亚指挥起义军在拉桑哈战役中击溃1500敌军，缴获20万发子弹。12月2日，戈麦斯指挥起义军在帕洛塞科战役中全歼了1个纵队的殖民军，击毙包括敌军司令在内的300人，俘虏70人，缴获208支步枪、1.2万发子弹，57匹战马。起义军只伤17人、亡3人。12月初，卡·加西亚指挥起义军在曼萨尼略和巴亚莫地区攻打敌军据点和中心市镇，然而，由于缺少重型武器，伤亡惨重，战绩不佳。1874年8月底，他同卫队40余人在巴亚莫附近的圣安东尼奥德巴哈与敌军遭遇，受伤被俘。共和国总统任命维·加西亚为东方省战区总司令，指挥起义军继续战斗。

在此期间，戈麦斯在卡马圭省指挥作战的同时，不断与共和国政府策划“西征”战略。他从东方省和卡马圭省的起义军中抽调包括马塞奥在内的一批精兵强将，组成了500人的西征军。1875年1月初，他挥师西进，冲破敌军封锁线，突入拉斯维加斯省，与当地起义军会合，指挥1400余将士向敌人进攻，连获胜利。他一边作战，一边等待增援部队，以期大力向西推进。然而，4月初东方省起义军骚乱，要求西斯内罗斯总统辞职。28日，议会解除西斯内罗斯的职务，由议长胡安·鲍蒂斯塔·斯波托诺任临时总统。而东方省总司令卡·加西亚刚愎自用，也引起了军内的普遍不满。共和国一时陷入了政治和军事危机。1876年3月29日，议会选举托马斯·埃斯特拉达·帕尔马为总统。他立即通知在起义军中深孚众望的戈麦斯返回控制局势。戈麦斯12月初回到政府所在地洛斯伊斯莱尼奥斯，受命任作战部部长。他着手整顿军事秩序，下令卡·加西亚离开东方省西征。

1876年11月初，西班牙指派阿塞尼奥·马丁内斯·坎波斯将军到古巴指挥战斗，并陆续增派了5.7万远征军。坎波斯制定了新的作战计划：扼制住起义军的西征势头，力保西部；然后从西向东打，先扫荡活动在马坦萨斯和拉斯维加斯省的起义军，步步为营，仔细搜索，不放过一个山洞、一个墙角。解放战争进入退却阶段。

卡马圭省的起义军指责帕尔马无能，要求撤换总统。东方省起义军将领各自为战，缺乏统一指挥。1877 年 4 月初，坎波斯调集数万人马，兵分 4 路，趁起义军内乱之机，向卡马圭省进犯。他亲自率领一路人马由海路到普林西佩港登陆，切断卡马圭省和东方省的联系。另 3 路由拉斯维加斯向东推进。坎波斯下令采用“密集扫荡”战术，部队分成小股，按划定的小区活动，相互配合，务求全歼起义军。殖民军初步控制了卡马圭省的局势后，坎波斯即率领援军进入东方省作战。

东方省的起义军在马塞奥的指挥下，针锋相对，开展游击战，抑制住了敌军扫荡的疯狂势头。然而，卡马圭省的起义军损失惨重，共和国政府和议会被敌人追赶，东奔西突。10 月 31 日帕尔马总统被俘，形势进一步恶化。12 月中旬，议会决定与殖民当局和谈。坎波斯闻讯后，于 21 日赶至卡马圭省的圣克鲁斯德尔苏尔与共和国议会代表会晤，宣布在卡马圭省停火。1878 年 2 月 8 日议会解散，成立“中央委员会”。10 日，“中央委员会”派代表到桑洪与坎波斯会谈，签订《桑洪条约》。条约的主要内容是：起义军放下武器；殖民当局改革行政制度，大赦政治犯，给予参加起义军的黑奴和华工以自由，允许自由离境。

大多数起义军将领同意放下武器，停止战斗。但以马塞奥为首的一批东方省将领拒绝接受和约。3 月 15 日，他与坎波斯在巴拉瓜镇会晤，宣布不承认《桑洪条约》，继续战斗，古巴不独立，决不放下武器。此后，坎波斯调集重兵围歼起义军；5 月 3 日马塞奥被迫离开古巴。“十年战争”至此结束。

革命力量的重新积聚

“十年战争”停息后，古巴人民的解放斗争并未休止。战斗的中心移到了古巴境外，根据地在美国。《桑洪条约》签订后，一批坚决不妥协的起义军将士流亡异域，大批不满殖民统治的资产阶级、小资产阶级和劳动群众亦移居海外。有数万人分布在美国、牙买加、多米尼加、墨西哥、中美洲和欧洲等地。他们都抱有一个共同的崇高理想：争取古巴独立。他们坚持同一种斗争手段：武装斗争。“流亡者革命俱乐部”、“爱国委员会”在美国、欧洲和拉丁美洲一些国家纷纷成立，这些组织四处集资、联络同志，准备为祖国解放大业服务。

一些“十年战争”中战功卓著、意志坚定、德高望重的将领成了侨民组织的核心和领导。1879年初，流亡到美国的卡·加西亚在纽约组织“古巴革命委员会”，指导筹集资金，购买武器弹药，号召岛内爱国者拿起武器，继续战斗。马塞奥从牙买加赶到纽约，与卡·加西亚一道进行准备工作。8月下旬，一批留在岛内的“十年战争”宿将和老战士响应卡·加西亚和马塞奥的号召，在东方省和拉斯维加斯省的一些地方重新拿起武器，投入反抗西班牙殖民统治的斗争。以何塞·马蒂为代表的哈瓦那爱国志士成立了“秘密革命委员会”，募集资金，支援起义军的战斗。9月17日，马蒂等人被捕，被放逐到西班牙。1880年1月，马蒂离开西班牙到美国纽约，立即参加“古巴革命委员会”的工作，与卡·加西亚共同筹备打回老家，支援岛上的武装斗争。4月17日，卡·加西亚亲自率领27名解放斗士，携带大量武器弹药，从美国偷渡回国，于5月7日登陆。然而，由于外援未能及时赶到，国内起义军在殖民军的清剿下伤亡惨重，战斗力已大为削弱，许多人放下了武器。卡·加西亚被迫向殖民当局投降。历时近一年的武装起义失败。这次起义史称“小战争”。

卡·加西亚离开美国期间，马蒂担任“古巴革命委员会”代理主席。“小战争”失败后，马蒂及时总结了失败的原因，认为最主要是缺乏准备和内部不团结。他指出：准备不足，战斗难以持久，难以获得最后胜利。他十分强调：光有愿望不行，必须要有计划，要有组织，不能搞“唐·吉诃德式的军事冒险”。据此，他立即着手在纽约古巴侨民中积极活动，宣传自己的思想，广泛团结同志。1882年7月，他派人前往多米尼加、哥斯达黎加等地，与戈麦斯、马塞奥等人联系，商讨联合行动计划。1884年，他在纽约成立“古巴救济协会”，动员侨胞支持古巴岛内反西班牙殖民统治的斗争；同时，着手统一分散活动的爱国小团体，并开始重视黑人同胞的工作。1980年，他在纽约协助侨居美国的古巴黑人成立爱国组织“同盟会”，并亲自给他们上课，宣讲爱国主义，号召他们投身祖国解放运动。90年代初，马蒂穿梭于美国的纽约、坦帕、卡约韦索和费城，往返于多米尼加、海地、牙买加、哥斯达黎加、巴拿马、墨西哥等国，广泛进行革命宣传鼓动工作，募集资金，指导古巴侨民建立统一组织。1891年11月下旬，他在坦帕的一次讲演中指出，发动古巴解放战争的“时刻到了”，但是，必须要有一个团结一致的、坚强的革命组织；还必须正确对待黑人同胞。他号召同胞们“跨上战马,为国而战,捐躯在棕榈树下。”他的讲演极大地鼓舞了同胞们的爱国热情,纷纷表示愿同他一道为古巴解放而战。1892年4月10日,马蒂在纽约主持召开古巴侨民各爱国团体代表大会,正式成立统一的组织“古巴革命党”。党纲第一条载明:“古巴革命党的建立,是为了团结所有怀着善良愿望的人们的力量,以赢得古巴岛的完全独立,并促进和帮助波多黎各争取独立。”大会一致推选马蒂为“党代表”,负责协调、指导工作。为了宣传党的主张,团结一切爱国力量,马蒂创办了党报《祖国》。

“古巴革命党”的成立使解放战争有了统一的政治领导和组织保证。古巴解放战争进入了一个新阶段。马蒂指导全党着手组织军事力量,购买武器弹药。他亲自到多米尼加会晤戈麦斯,以“古巴革命党”的名义请他出任解放军总司令;并与活动在哥斯达黎加的马塞奥联系,让他立即组织力量,准备行动。同时,马蒂又派人到牙买加、洪都拉斯、墨西哥等地,在古巴侨民中宣传党的主张,招募人员、筹集资金。此外,他吸取“小战争”失败的历史教训,特派专人潜回古巴,与岛内各爱国团体联络,发展党组织,贯彻党的主张,发动群众,组织力量,以期战争爆发时里应外合,确保胜利。

1894年底,古巴岛内外各爱国力量的组织、协调工作大体就绪,马蒂征集到两艘游艇和一艘轮船,准备满载武器弹药和人员从美国的佛罗里达渡海回国发动起义。但由于叛徒向美国当局告发了这一军事行动,美国海军于1895年1月12日扣留了船只,没收了武器弹药。这时,国内武装起义条件已经成熟。为了不让敌人有准备的时间,必须抓紧时机立即行动。马蒂代表“古巴革命党”于1月28日向国内党组织下达全岛总起义的命令,时间定于2月下旬的某1天。命令下达后,全党总动员,岛内爱国志士热烈响应,整装待发。1月31日,马蒂及其数名同伴前往多米尼加,与戈麦斯会合;同时通知马塞奥做好准备,届时直接率领爱国志士回国参战。

决战的胜利和美国的介入

国内各地党组织会商后,决定2月24日起事。这天是星期日,又适逢狂欢节,是行动的大好时机。2月26日,马蒂和戈麦斯接到国内来电:“东部、西部,起义开始。”西部哈瓦那省和马坦萨斯省以及拉斯维加斯和卡马圭省的起义很快被殖民军镇压了下去。但东方省的起义却发展迅速,省府圣地亚哥和重要市镇巴亚莫、关塔那摩、希瓜尼、考托等地的起义军在包括黑人、华人在内的广大工农群众的大力支援下，击退了殖民军的征剿，控制住了局势。

3月25日，为了争取一切可以争取的力量，最大限度地孤立敌人，马蒂和戈麦斯在多米尼加的蒙特克里斯蒂镇发表《蒙特克里斯蒂宣言》，声明这次战争是1868年爆发的独立革命战争的继续；宣布决不伤害和平的西班牙人，尊重不与革命为敌的古巴人的财产权；号召全体古巴人不分种族、肤色，紧密团结，战斗到底。当天，马塞奥率领22名爱国志士从哥斯达黎加出发，途经牙买加、巴哈马群岛，4月1日在东方省北部巴拉科阿镇附近登陆，与起义军汇合。为了直接指挥战斗，就在马塞奥等人登陆的当天，马蒂和戈麦斯从多米尼加出发，渡海回国，11日在东方省南部的普拉伊塔斯登陆，与起义军会合。马蒂、戈麦斯和马塞奥的到来，极大地鼓舞了起义将士的斗志，同时也引起了殖民当局的极度恐慌。西班牙政府任命“十年战争”末期任殖民军总司令的坎波斯为古巴都督。他率领万余人马于4月16日到达古巴，增援殖民军。这时在古巴的殖民军已达20万。坎波斯调兵遣将，布防控制西部诸省和拉斯维加斯省及卡马圭省；而后亲自率领5万重兵由海路到东方省的关塔那摩登陆，抢占了圣地亚哥、奥尔金、图纳斯等中心市镇。

5月5日，马蒂、戈麦斯、马塞奥及其他起义军将领在圣路易斯附近的梅霍拉纳糖厂聚会，商讨破敌计策。会议决定成立临时政府，选举马蒂为管理行政和外交事务的最高负责人、戈麦斯为解放军总司令、马塞奥为东方省解放军司令。会议通过了西征计划，以打破敌人对东方省的封锁。

会后，马塞奥在东方省发动群众，扩充队伍。成千上万的农民（大多是黑人和混血种人，还有一些华人）投军或参加支前服务，老人、小孩、妇女都行动了起来。他们照顾伤病员和马匹，送信、传递消息。在广大农民的支援下，解放军在霍比托、佩拉莱萨、萨奥德尔印迪奥等地连战皆捷，逼使敌军龟缩在中心市镇，不敢妄动。这一时期解放战争遭受的一大损失是马蒂的牺牲。5月19日，解放军总部在双河口与敌军遭遇，马蒂冲锋陷阵，不幸中弹身亡。

马蒂牺牲后，戈麦斯前往卡马圭省，发动、组织农民群众，开展游击战，指挥偷袭敌人据点、袭击敌人的运输线。解放军很快在卡马圭省打开了局面。7月间，拉斯维加斯省的爱国武装在塞拉芬·桑切斯等人的领导下也打响了，并得到了工人和农民群众的广泛支持。

为了推动解放战争的深入发展。9月中旬临时政府在卡马圭省的希马瓜镇召开制宪会议。会议宣告古巴独立，成立共和国，并通过了为期一年的古巴共和国临时宪法。根据宪法，组成古巴共和国政府。西斯内罗斯当选为总统，戈麦斯和马塞奥受命出任解放军正、副总司令。

戈麦斯和马塞奥立即同政府协商，决定实施“西征”战略，将解放战争推向全国。戈麦斯和马塞奥分头行动。戈麦斯前往拉斯维加斯指挥战斗，牵制敌人，配合马塞奥行动。马塞奥回东方省选调精兵强将1500人，10月22日率部进入卡马圭省，突破敌军封锁线，进入拉斯维加斯省，与戈麦斯会合，组成了一支3600人的队伍。解放军弹药奇缺，人均才有2颗子弹；而敌军在拉斯维加斯省结集了3万装备精良的部队。戈麦斯和马塞奥一方面指挥部队进行运动战，灵活机动地打击敌人；另一方面进行“经济战”，组织力量破坏制糖厂、烧毁甘蔗园。12月中旬，解放军在马尔蒂恩波与1000敌军交战，靠砍刀与对手拼杀15分钟，杀死敌人200余人，自己伤亡44人。马塞奥乘胜挥师西进，所向披靡，于1896年1月10日进入殖民统治的中心地带哈瓦那省，22日进抵古巴岛最西端的曼图亚镇。至此，马塞奥率领不足4000人的解放军，历时3个月，征程2360余公里，胜利完成了“西征”任务，达到了动员群众、打击敌人的预期目的。解放战争的烈火蔓延到了全岛各地，解放军从30个团扩充到了86个团，控制了广大农村地区。殖民军龟缩到了少数中心市镇。

西班牙政府为挽救战争颓势，召回主和派坎波斯，任命主战派瓦莱西亚诺·魏勒为殖民都督兼殖民军总司令。他于2月10日赶到古巴。他将带来的5万远征军布防在首府周围，接着在各大中心市镇搜捕爱国政党领袖，将其驱逐出境，同时镇压一切反对殖民统治、要求自治或独立的活动。他在稳定了中心城市后，于10月8日颁布《集中令》，迫使所有乡村居民8日内离开家园，集中居住到驻有殖民军的中心市镇，否则一律处死。其目的在于制造恐怖气氛，割断解放军与农民的联系。然而，这一反动措施更激起了广大农民的反抗，大批人参加了解放军。1896年底，解放军人数增加到了5万人。魏勒下令清乡，滥杀无辜。

戈麦斯和马塞奥下令反清剿，指导部队改变战略战术，分散活动，开展游击战，打夜战，打伏击，奇袭敌据点，能打则打，打不过则走。1896年12月7日傍晚，马塞奥率领一支人马在哈瓦那省圣彼德罗镇附近与敌人遭遇，中弹身亡。戈麦斯向全军将士发出号召："以誓死保卫祖国的爱国主义行动为马塞奥报仇！"1897年上半年，戈麦斯在拉斯维加斯省指挥游击战，机动灵活，使5万敌军陷于被动挨打的境地。在东方省战斗的解放军则解放了除省会圣地亚哥和少数大城市外的大片国土。卡马圭省广大农村亦在解放军的控制之下。

魏勒的反动政策非但没有遏制住解放军的反击势头，在军事上没有取得成功，反而在政治上遭到了古巴岛内外舆论的指责。他在"集中令"下达后，数十万农民被集中在据点里。他们生活无着，疾病流行，死亡人数日益增多。1897年8月，西班牙政府在舆论的压力下撤换殖民都督，委派主和派布兰科接替魏勒。新都督向古巴解放军伸出橄榄枝，谋求和谈，政治解决问题。11月，西班牙政府宣布古巴"自治"，在岛上实行西班牙宪法，主权归西班牙。解放军拒绝实行"自治"，戈麦斯下令继续战斗，推翻西班牙殖民统治，建立独立自主的新古巴。1898年1月，古巴解放军已收复2/3以上的国土，控制了广大乡村地区和中、小市镇，殖民军龟缩进了省会城市和几个沿海重镇。从不预言战争发展前景的戈麦斯充满自信地宣告："战争要不了一年就可结束了。"

就在古巴人民胜利在即的时刻，1月12日美国借口保护其侨民的生命、财产安全，派遣包括"缅因号"战舰在内的4艘军舰驶近古巴。2月15日，停泊在哈瓦那港的"缅因号"发生爆炸沉没，美军死亡266人。4月28日，美国政府以此为借口向西班牙宣战。一场轰轰烈烈的古巴解放战争变成了美国征服殖民地的战争。

南北战争

事件概况

早在英属北美殖民地形成的时候，美国的商品奴隶制经济就开始形成了。当时，大量的黑人奴隶从非洲被运送到北美大陆。在1661年的时候，弗吉尼亚州制定了一部奴隶法典，确定黑人为终生奴隶。其后，全美各地相继出现了这样的法典，黑人奴隶制在美国正式确立。但是随着经济的发展，奴隶制种植园经济显然阻碍了资本主义的发展。在美国独立战争之前，一些殖民地政治家就曾主张废除奴隶制，但是遭到南方种植园奴隶主的强烈反对。

在美国独立后，美国南方和北方沿着两条不同的道路发展。在北方，资本主义经济发展迅速，从19世纪20年代起到50年代，北部和中部各州相继完成了工业革命。到1860年的时候，整个美国北方的工业生产总值已经跃居世界第四位。但是在南方，奴隶制种植园经济还在延续，当时整个南方的黑人奴隶达到了400万人。

由于英国等国相继完成了工业革命，这些国家棉纺织业的发展，促使了棉花需求量的增加。因此，南方奴隶主极需要扩大和更换土地，以种植棉花。旧有领地被占领以后，南方种植园主大批越过密西西比河，侵入得克萨斯等地。这就同北部广大的工人、农民和欧洲来的新移民发生了尖锐的矛盾。总之，北方要求在西部地区发展资本主义，限制甚至禁止奴隶制度的扩大；南方却要求在西部甚至全国推广奴隶制度。

因此，南方奴隶主的做法引起了北方群众和南方奴隶的愤慨。1793年法国废除其领地上的奴隶制和1833年英国宣布解放英属西印度群岛的奴隶的做法，给美国废奴运动以很大的推动。到19世纪30年代，美国废奴运动逐渐高涨起来。

1832年，北方成立了“新英格兰反奴隶制协会”，次年全国性的废奴组织“美国反奴隶制协会”成立。而在南方，则出现了大量逃奴事件和奴隶起义运动。著名的地下铁道主席利维·科芬和黑奴女英雄哈立特·塔布曼等人，就帮助几万名南方的奴隶逃到了北方。此外，以约翰·布朗为首的反奴隶制起义，给南方奴隶制以沉重打击，并激发了北方对解放南方奴隶制的情绪。

约翰·布朗早在1850年就建立了一个黑人武装组织——基列人同盟。四年以后，在南方奴隶主的操纵下，国会通过了反动的《堪萨斯——内布拉斯加法案》，规定让堪萨斯和内布拉斯加两地区的居民自行决定他们自己居住的地区应为蓄奴州还是自由州。南方奴隶主为了在这两个州建立奴隶制，组织了大批武装匪徒，企图用武力控制选举。而北方的废奴主义者则决心把这里变为自由州，但是遭到了南方武装的打击。布朗带领自己的人马，处死了杀害废奴主义者的凶手。最后，经过废奴派的斗争，堪萨斯终于成为自由州。

1859年，布朗来到弗吉尼亚州，决定在这里举行武装起义。经过一番策划，起义军决定首先进攻第一个目标——弗占尼亚西部的哈泼斯渡口。但是由于力量相差悬殊，这次起义最终是失败了，并且大部分起义者被杀害，布朗自己也受伤被捕。最后，布朗被弗吉尼亚的州长以“杀人叛国，煽动黑奴叛乱罪”而判处死刑。

黑奴交易

1860 年，美国第十六届总统选举开始。共和党人此时提出“不再让给奴隶制度一寸新的领地，在国外的掠夺政策必须终止”，这些口号得到了北方民众的拥护和支持。总统选举结果出来后，共和党人总统候选人、曾竭力要求废除奴隶制度的律师亚伯拉罕·林肯得以当选。此事成为南北战争爆发的导火索。

林肯于 1809 年 2 月 12 日出生在一个农民家庭。由于家境贫寒，林肯没有获得上学的机会，但是他最终凭借勤奋好学的精神而自学成才。林肯无论干什么都始终没忘记学习，他抓紧一切空闲时间刻苦自学，攻读历史、文学、哲学、法学等著作，获得了丰富的知识。这些从书本上获得的知识，使得林肯对政治产生了很大的兴趣并积极从事政治活动。在他 25 岁时，林肯当选为伊利诺斯州议员，开始了他的政治生涯。此后，他又当上了律师。

在他青年时当水手时，林肯曾多次运货到南方，亲眼目睹了奴隶主的野蛮残暴和黑奴遭到的残酷折磨。他当了议员之后，经常发表演讲，抨击蓄奴制，在群众中很有影响。1854 年美国共和党成立，两年后林肯在第一次全国代表大会上被提名为副总统候选人。他在竞选演说小说：“我们为争取自由和废除奴隶制度而斗争，直到我国的宪法保证言论自由，直到整个辽阔的国土在阳光和雨露下劳动的只是自由的工人。”

1860 年，林肯当选为美国总统。

林肯的当选，南方种植园主觉得“废除奴隶制是迟早的事情”，感到自己的利益受到了严重威胁，他们不愿意看到一个主张废除奴隶制的人当总统。

林肯当选的消息一经传开，南方奴隶主们立即酝酿脱离美国联邦。当年 12 月，南卡罗来纳州首先宣布脱离联邦而独立，接着密西西比、佛罗里达等蓄奴州也相继脱离联邦。此后，又有七个州宣布退出联邦。1861年2月，南方建立了一个新“国家”——“美利坚诸州联盟”，定都里士满，并且着手组织军队，拟定宪法。4月12日，南方联盟的军队炮击并于14日占领了联邦军的萨姆特要塞。

4月15日，林肯下令在北方征召志愿军以镇压叛乱。于是，一场历时四年之久的美国内战正式爆发。

由于南方军队准备充分而北军仓促应战，加上北方军队刚开始过于轻敌，导致南方军队势如破竹。在第一次马那萨斯会战中，北打军队大败。此后，南军于24日进入弗吉尼亚，7月21日，北军被击溃而逃回华盛顿。此后，南方军队很快占领了海军基地诺福克，5月6日占领铁路枢纽马纳萨斯，进逼华盛顿。此时，北方军队才意识到南方军队的“厉害”，抛弃了原先的轻敌思想，并且紧急动员50万志愿军。

1862年1月，林肯发布第一号总作战命令，规定2月22日为“联邦陆海军部队出击叛军的总行动日”，下令50万大军发起总攻击。北军在西线节节胜利，几乎打通了南北大动脉密西西比河。海军也攻克了南方最大港口新奥尔良。但在东战场，北军又连遭惨败。

华盛顿军区司令兼陆军总司令麦克米伦是个幻想家，缺乏判断力，所以他自高自大又谨小慎微，迟迟不肯发兵进军南方，结果坐失良机，白白浪费了几个月的时间。在林肯免去了他陆军总司令的时候，他才愿意行动起来。但是此时，他不愿进攻原定的目标，而是发动了“半岛战役”，目标是攻占南方联盟的首都里士满。但是当麦克米伦率领军队抵达里士满时，南部军队早已经做了准备，并且派兵威胁哈普斯渡口，导致麦克米伦不得不撤兵保卫华盛顿。

在联邦军队在东部战场频频失利的情况下，密西西比河流域的西部战场却连奏凯歌。1861年，格兰特将军率领的北军将南军驱逐出了密苏里。1862年，格兰特指挥军队在炮艇的配合下，先后攻克了田纳西河上的亨利堡和坎伯兰河上的唐纳尔森堡。4月初，南部军队发动了夏洛战役，但是北军在顽强的抵抗下打败了南军。5月，联军攻克科林斯和孟菲斯，解放了肯塔基和田纳西。

北军在东北战场的惨败引起了北方群众的强烈不满，并且要求政府采取有力的措施扭转战局。此时，林肯也意识到，要想取得战争的胜利，必须首先下决心解决黑人和奴隶制这一问题。

1862年5月2日，林肯毅然颁布了《宅地法》，规定从1863年1月1日起，任何没有参加叛乱的美国公民，只要交15美分的等级费，就有权利从西部国有土地中获得160英亩的土地，在耕种五年后，就获得土地的所有权。9月22日，林肯发表了《解放黑奴宣言》，宣布从1863年1月1日起，叛乱诸州内的黑奴不必向他们的主人交付赎金就可以获得永远的自由，解放后的黑奴要忠实地为合理的工资而劳动，并且允许黑人参加北方军队。这一《宣言》，使美国400万黑人奴隶获得了解放。

同时，林肯还实行了一系列革命政策，如武装黑人；实行征兵制；改组军事指挥机构，撤换了同情奴隶主、作战消极的麦克米伦，任命格兰特为总司令，向富人征累进所得税，镇压“铜头蛇”反革命分子等等。应该说，这些措施的发布，是美国南北战争的一个重要转折点。南方50万黑奴从种植园主那里逃跑，并从根本上瓦解了南部军队的战斗力。此外，这些措施极大地调动了北方人民的积极性，有近百万人踊跃参军，其中有23万黑人士兵。

1863年6月，南方军队总指挥罗伯特·李再次北进，与驻守在葛底斯堡的北方军队相遇，并且展开决战。7月1日，南方军队向北方联军防守的高地发起猛攻，并突破北军防线，导致北军死伤惨重。由于罗伯特·李在原先与北军的作战中屡屡得意，这时看到北军暂时失利，马上得意起来，令部队停下来休息，等待后续部队上来，从而给北军以喘息之机。

3日，南军孤注一掷，发起总攻。但是北军炮兵以猛烈火力吞噬了向前冲锋的南军士兵。这时北军全线反攻，终将南军全歼。在这一战役中，南军两个旅长和十五个团长全都阵亡，死伤2.8万人。这次大战是内战中最激烈的一次，应该说，这一仗扭转了东线战局，从此北方完全掌握了主动权。

同时，格兰特在西线包围了南军防守密西西比河的要塞维克斯堡。维克斯堡是控制密西西比河和西部铁路网的战略要地，南军在此严密设防，号称“南方的直布罗陀”。北军在此之前的几次进攻都失利了。5月22日，格兰特率领北军发动总攻，并在此后的四十七天里进行了连续的炮击，迫使南军7月4日举白旗投降。在这一战之后，北方控制了密西西比河，将南方领土一分为二。

从1864年开始，北方发动全面反攻。北军向南方发起三路攻势。在东部战场，格兰特采用消耗战略，经荒野战役、冷港会战，虽然每次罗伯特·李的部队都能取胜，但北军的援军不断到达，终于使南方军团主力消耗殆尽。6月15日,北军进攻彼得斯堡,双方相持不下,拖住了南军主力达九个月。

在西部战场,另一北方将领谢尔曼长途奔袭敌后方,他指挥10万大军插入南方腹地。5月谢尔曼在西线发起进攻,并于9月攻占了南方最大的工业城市亚特兰大。

第三路攻势是谢里登领导的军队。7月,南方军队再次奔袭华盛顿,期望能够挽回即将失败的趋势,但是被北军谢里登部击退。此后,谢里登发起了名为“向海洋进军”的战役,一个多月大军长驱300多英里。谢里登在进军途中实施焦土战略破坏了一切南方可资利用的资源:烧毁种植园、城镇和村庄,摧毁工厂企业,连铁轨都拆下来弄弯。12月21日,谢尔曼攻占萨凡纳,将南方邦联东部分割成南北两半。1865年1月,谢尔曼北上相继攻克了哥伦比亚和查尔斯顿,并在此和格兰特的军队会师,完成了对南部同盟的战略包围。

4月3日,北方军队攻占了彼得斯堡,并在此地接受了罗伯特·李率残部的投降。不久,其他南部同盟军的将领也先后放下了武器。历时四年之久的美国南北战争以北方军队的胜利而结束。

南北战争摧毁了奴隶制,为美国资本主义经济的发展扫清了道路。从此,美国完全确定了资本主义制度的统治地位。由于扫除了奴隶制度的障碍,美国经济以前所未有的速度发展起来,以至于在接下来的三十年内,美国工业总产值从1860年的世界第四位跃居到世界第一位,成为世界上经济力量最为强大的国家。恩格斯曾预见了南北战争对美国经济发展的影响,他说:“美国的政治和社会发展的最大障碍——奴隶制一经粉碎,这一国就会繁荣起来,在最短的时间内它就会在世界历史上占据完全不同的地位。”

林肯的废除奴隶制运动

1860年,林肯当选为美国总统。林肯的当选,使得美国南方实行奴隶制的诸州非常惶恐,因为众所周知,林肯是一个废奴主义者。当林肯走向白宫的时候,南北双方的矛盾已经非常激化,大有拔刀相向之势。林肯的前任对他说:“现在我可以轻松地度假了,你现在坐在火山口上面了。”这时,后来成为世界超级大国的美国,却面对着分裂的局面,美国将来的命运随时都会改变,就在这个时候,林肯成为美国这艘巨轮的舵手。美国是走向分裂,还是走向统一;是走向工业化,还是走向奴隶制;是走向民主,还是走向压迫;完全不同的两条道路,摆在了美国和林肯的面前。这一切将决定着美国的命运,如果美国从此走向一条光明的道路,在不远的将来,美国将和俄国一个用犁、一个用剑来取代长期以来英国和欧洲主宰世界的局面,进而影响到世界的面貌。

1. 林肯其人

1809 年2 月12 日,林肯出生在肯塔基州哈丁县一个农民家庭。当时,正处在西进运动时期,他们家不断向西搬迁,1830 年,迁到伊利诺斯州的梅肯县。小时候,林肯家里很穷,他没机会上学,每天跟着父亲在西部荒原上开垦劳动。他自己说:“我一生中进学校的时间,加在一起总共不到一年。”

长大后,林肯离开家乡独自一人外出谋生。他什么活都干,打过短工,当过水手、店员、乡村邮递员、土地测量员,还干过伐木、劈木头的大力气活。不管干什么,他都非常认真负责,诚恳待人。据说,他当乡村店员时,有一次,一个顾客多付了几分钱,他为了退还这几分钱竟追赶了十几里路。

平时,无论劳动多么紧张,林肯都要挤出时间读些书。1832 年,他参加伊利诺伊州议员的竞选,尽管演说很成功,但还是落选了。1834 年,25 岁的林肯当选为伊利诺伊州议员,开始了他的政治生涯。1836 年,他自学取得律师执照;次年,与人合作办律师事务所,成了一名青年律师,并获得了正直和廉洁的好名声。林肯一度加入辉格党,1847 年,作为辉格党的代表,他进入国会。林肯青年时期就痛恨奴隶制度,因为他当水手时,多次运货到南方,亲眼目睹了奴隶主的野蛮残暴和黑奴遭到的残酷折磨。因此在国会期间,他曾提出了一个在哥伦比亚特区逐渐地、有补偿地解放奴隶的方案,但没有成功。1850 年,美国的奴隶主势力大增,林肯很少参加政治活动,拒绝当国会议员,继续当律师。1854 年,南部奴隶主派人进入新并入美国的堪萨斯,用武力强制推行奴隶制,引起了堪萨斯内战,南北的矛盾进一步激化。这一年,共和党成立,因为该党主张废除奴隶制,林肯就参加了,两年后他在第一次全国代表大会上被提名为副总统候选人。他在竞选演说中说:“我们为争取自由和废除奴隶制度而斗争,直到我国的宪法保证言论自由,直到整个辽阔的国土在阳光和雨露下劳动的只是自由的工人。”但这次竞选没有成功。

1858 年6 月16 日,林肯在同道格拉斯竞选总统时发表了题为《家庭纠纷》的著名演说,他把南北两种制度并存的局面比喻为"一幢裂开了的房子"。他说:"一幢裂开了的房子是站不住的,我相信这个政府不能永远保持半奴隶、半自由的状态。"林肯的演说语言生动、深入浅出,表达了北方资产阶级的要求,也反映了全国人民群众的愿望,因而为他赢得了很大的声誉。这次竞选最后虽然没有成功,但却扩大了林肯的影响。1860 年,林肯成为共和党的总统候选人,11 月,选举揭晓,他获得 200 万张选票当选为美国第 16 任总统,但在南部十个州,他没有得到一张选票。

林肯像

林肯的当选,对南方种植园主的利益构成严重威胁,他们当然不愿意一个主张废除奴隶制的人当总统。为了重新夺回他们长期控制的国家领导权,他们在林肯就职之前就发动了叛乱。1860 年 12 月,南方的南卡罗来纳州首先宣布脱离联邦而独立,接着密西西比、佛罗里达等蓄奴州也相继脱离联邦。1861 年 2 月,他们宣布成立一个"美利坚邦联",推举大种植园主杰弗逊·戴维斯为总统,还制定了"宪法",宣布黑人奴隶制是南方联盟的立国基础:"黑人不能和白人平等,黑人奴隶劳动是自然的、正常的状态。"

2.《解放黑奴宣言》

1861 年 4 月 12 日,南方军队炮击并于 14 日占领了联邦军的萨姆特要塞,挑起了内战(又称"南北战争")。林肯不得不宣布对南方作战。林肯本人并不主张用过激的方式废除奴隶制,他认为可以用和平的方式,先限制奴隶制,然后逐步加以废除,而关键是维护联邦的统一。在这种思想的支配下,北方政府根本没有进行战争的准备,只是仓促应战,而南方则是蓄谋已久,有优良的装备和训练有素的军队,所以,尽管北方在多方面都占有优势,还是被南方打得节节败退,连首都华盛顿也险些被叛军攻破。

北方在战场上的失利引起了广大人民的强烈不满，许多城市爆发了示威游行，要求政府采取措施扭转战局。这时林肯才意识到，要想打赢这场战争，就必须调动农民的积极性，废除农奴制、解放黑奴。

1862 年 5 月，林肯签署了《宅地法》，规定每个美国公民只要交纳 10 美元登记费，便能在西部得到 160 英亩土地，连续耕种五年之后就成为这块土地的合法主人。这一措施从根本上消除了南方奴隶主夺取西部土地的可能性，同时也满足了广大农民的迫切要求，大大激发了农民奋勇参战的积极性。

1862 年 9 月 24 日，林肯召开内阁会议，公布预告性《解放宣言》。宣布：如果在 1863 年 1 月 1 日以前南方叛乱者不放下武器，叛乱诸州的奴隶将从那一天起获得自由并受保障。1863 年元旦，林肯以总统身份，依据宪法所授予的合众国陆海军总司令的职权颁布了《解放宣言》。正式宣布：仍在反叛联邦的各州及若干区域内，“所有被据为奴隶的人们立即获得自由，并且以后将永保自由，合众国政府和陆海军当局并将承认和维护他们的自由”；“获得自由的人们，除必要的自卫外，应避免使用任何暴力”，并在可能的情况下“忠诚地工作”；合乎条件的人“将被容纳于联邦的武装部队”，为联邦服务。但《解放宣言》不适用于没有参加叛乱的蓄奴州，对这些州的奴隶解放仍按 1862 年 4 月国会决议，采取自愿的、逐步的、有偿的方式实行。而且《解放宣言》是作为军事措施颁布的，没有以宪法的形式固定下来。1865 和 1868 年，国会分别通过了宪法第 13、14 条修正案，才正式废除奴隶制。《解放宣言》是联邦成立以来美国历史上最重要的文件之一，宣言得到国内外进步人士和广大劳动群众的坚决支持和拥护。根据宣言，有 400 万黑奴获得自由。被解放的黑奴成为联邦军队得力的同盟军，此举使大批黑人奴隶参加了联邦军队，战争后期达到 18 万人，扭转了南北战争的战局，并保证了联邦政府夺得最后胜利。

开赴前线的南方军向李将军敬礼

这两个法令的颁布是南北战争的转折点，战场上的形势变得对北方越来越有利了。

3. 北方军转败为胜

1863年7月1日到3日，南北双方在华盛顿以北的葛底斯堡展开了内战以来规模最大的一次战斗。双方激战了三天三夜，北军重创南军主力罗伯特·李军团，南军两个旅长和十五个团长全都阵亡，死伤2.8万人。北军伤亡也达2.3万人。李率军后撤。这次大战是内战中最激烈的一次，战场上有棵树竟身中250弹。这一仗扭转了东线战局，从此北方完全掌握了主动权。

1864年，北军向南方发起三路攻势。在东战场，格兰特采用消耗战略，经荒野战役、冷港会战，使李军团主力消耗殆尽，损失3.2万人，再无力进攻。在西线，谢尔曼指挥10万大军插入南方腹地，长途奔袭敌后方，于9月攻占南方最大工业城市亚特兰大。从11月15日起，又挑选6.2万精兵，发起“向海洋进军”，一个多月内大军长驱300多英里，

葛底斯堡战役的详细情景

所到之处，实行“三光”政策，烧毁种植园、城镇和村庄，摧毁工厂企业，连铁轨都拆下来弄弯。南方到处火光冲天，一片废墟。12月21日大军攻占了萨凡纳，完成了摧毁南方后方的任务。与此同时，北方海军也对南方实行“窒息式封锁”，完全切断了南方的对外联系。

彼得斯堡战役

1865年，南方已山穷水尽，濒临崩溃的边缘。北军从陆海两个方向发起最后攻势，北军攻克重镇彼得斯堡和南方首都里士满，李军还剩不到3万残兵败将，4月9日被迫向格兰特投降。不久，南方残军17万人全部放下武器。北方取得彻底胜利。

此时，林肯在美国人民中的声望已愈来愈高，1864年，林肯再度当选为总统。但不幸的是，1865年4月14日晚，他在华盛顿福特剧院观剧时突然遭到枪击，次日清晨与世长辞，享年56岁。

内战以后，美国开始走向一个彻底现代化、彻底工业化的时代。南北战争

联邦将军格兰特取得了联邦军迫切需要的胜利

实际上就是北方工业文明对南方奴隶制大庄园经济的胜利,北方的获胜,使得美国废除了南方的奴隶制,确定了发展资本主义工业的国家目标。同时奴隶制的废除,使工业企业获得了足够的廉价劳动力、丰富的工业原料,加上美国天然的优良条件,使美国在短短的半个世纪以后,在资本主义经济体系中稳坐第一把交椅。经济上的雄厚基础,是美国走向世界超级大国的重要保障。

林肯遇刺身亡

经过南北战争,美国走向了一个更加民主的社会,影响了世界其他的国家和民族。林肯废除奴隶制,是美国历史上的一件重大事件,它解放了占美国人口很大比重的黑人,激发了黑人的尊严,成为以后黑人人权运动的先驱,以后的黑人运动,都将林肯作为解放者来纪念。林肯在葛底斯堡的演讲,阐述了民主政府的标准,被后人无数次地引用:民治、民享、民有。

战争进程

1861—1865 年,美国发生内战。交战双方分别代表南部奴隶主和北部资产阶级的利益,因而历史上又称为“南北战争”。

1860 年 12 月 20 日,南卡罗来纳州的奴隶主召开代表大会，宣布“南卡罗来纳与其他各州之间现存的以‘美利坚合众国’为名的联邦从此解散”。1861年2月4日，南卡罗来纳、密西西北、亚拉巴马、佛罗里达、佐治亚、路易斯安那、得克萨斯等7个已脱离联邦的州，派代表在亚拉巴马州的蒙哥马利城开会，于2月8日成立了“美利坚联众国”，即通常所说的“南部同盟”，选举戴维斯和斯蒂文斯为正副总统，并着手组织军队，拟订宪法。统一的美国已经分裂。

面对南卡罗来纳等州的分离活动，即将卸任的总统布坎南采取了听之任之的态度，既没有在道义上予以谴责，也没有用行动进行阻止，表现怯懦，甚至纵容，致使大量金钱和军事物资流入南部，大批军事人员脱离联邦军队去为南部同盟服务。林肯政府为了用和平的方式使已脱离的各州回到联邦中来，不惜做出尊重各州的奴隶制和执行《逃亡奴隶法》的保证，也没能使南部同盟改弦易辙。它给林肯的答复是：战争。

1859年，美国华盛顿国会大厦

1861年4月12日，联邦军驻守的萨姆特堡垒，遭到南部同盟军炮火的猛烈攻击。该堡垒位于南卡罗来纳州查尔斯顿城外海湾内的一个小岛之上，驻军司令安德森少校在林肯就职的第二天曾发出要求运送给养的紧急报告。林肯政府第一次内阁会议便讨论了萨姆特堡垒的形势，并派出海军部副部长福克斯去实地调查。根据福克斯的汇报，林肯决定以粮食增援该堡垒。在此期间，南部同盟曾派代表对安德森进行劝降。安德森表示：一旦粮食告罄而未收到联邦政府的命令，他即率部投降。为了迫使萨姆特堡垒投降，南部同盟决定炮击萨姆特堡垒，挑起战争。

4月14日，萨姆特堡垒陷落。第二天，林肯发布征召令，征召7.5万名志愿军入伍，服役期限3个月。5月3日，林肯再次下令征召4.2万名服役期限为三年的志愿军。北部工人、农民和欧洲移民积极报名应征，到7月1日，应征人数达到31万，远远超过了政府所要求的11.7万人。

内战爆发不久，弗吉尼亚、阿肯色、田纳西和北卡罗来纳等四个蓄奴州也相继脱离联邦，加入了南部同盟，而另外四个蓄奴州特拉华、马里兰、肯塔基和密苏里则仍然留在联邦之内。

整个欧洲非常关注美国发生的战争。无产阶级“本能地感觉到他们阶级的命运是同星条旗连在一起的”，而统治阶级很自然地站到了南部同盟一边。尤其是英国的统治阶级，早就希望卷土重来，把共和国再次变为它的殖民地。1861年5月13日，英国政府发表了保持“严格的和不偏不倚的中立”的声明，但其偏袒南部同盟的倾向是尽人皆知的。1861年11月8日，美国军舰拦截了英国邮船“特伦特号”，逮捕了乘坐该船的南部同盟代表梅森和斯利德尔，使英国和美国政府之间的冲突公开化。由于美国政府处置得当，释放了被捕的南部同盟代表，英国第一次打算承认南部同盟，武装干涉美国内战的企图才未得逞。

经过3个多月的准备，7月21日，双方在华盛顿以南布尔伦河畔的马纳萨斯进行第一次会战。联邦军3万人，在麦克道尔将军指挥下，向博雷加德将军指挥的2.2万名南部同盟军发动攻击。联邦军正与凭险据守的南部同盟军厮杀之际，约翰斯顿率领9000南部同盟军前来增援，而负责率领1.5万名联邦军牵制约翰斯顿的将领帕特逊未予截击，致使南部同盟军实力陡增。在双方展开混战的紧要关头，麦克道尔下令撤退，南部同盟军趁势反攻，联邦军的退却变成溃逃。这次会战，联邦军死伤1584人，失踪1312人；南部同盟军损失共计1982人。

布尔伦河会战的失败，使北部人民清醒起来，抛弃了最初的轻敌思想，开始认真准备进行一场残酷的持久战争。

7月21日，林肯任命麦克累伦为华盛顿军区司令，负责指挥波托马克军团。11月，麦克累伦升任联邦陆军总司令，兼华盛顿军区司令。妄自尊大、目空一切的麦克累伦制订了一个名为“大蛇”的作战计划，企图用海陆联合封锁的方法迫使南部同盟投降。然而，当时的南部同盟在地理上连成一片，构成一个内部巩固的整体，联邦陆军虽然在数量上占优势，却还无力构成严密的封锁网。北部的军事物资在内战开始后仍不停地运往南部，便是联邦陆军兵力不足的见证。海军方面情况更差。内战初，联邦海军只有舰艇42艘，水兵7600名；到1861年年底，舰艇才增至204艘，而从华盛顿至墨西哥的马塔莫罗斯港（与美国交界处）的大西洋海岸线，长度为3550英里。以如此微小的舰队去封锁如此漫长的海岸线，谈何容易！

此外，麦克累伦自己是个民主党人，他同情奴隶主，怀有个人野心。在战争过程中，他总是借口兵力不足，拒绝向南部同盟军发起攻击，因而受到舆论的谴责。1862年1月27日，林肯发布第一号总作战命令，规定2月22日为“联邦陆海军部队出击叛军的总行动日”；四天以后，林肯向波托马克军团下达特别命令，命令该军团务于2月22日攻占马纳萨斯。其他战场纷纷行动，惟有麦克累伦按兵不动。3月11日，林肯免去麦克累伦的联邦陆军总司令职务，麦克累伦才表示愿意动作起来。然而，并不是去攻占马纳萨斯，而是要进攻南部同盟的首都里士满。4月，麦克累伦开始了他那“雄心勃勃”的计划，发动了“半岛战役”。

半岛战役，按照麦克累伦的设想，是由他亲自统兵11万，借助海军的支援，在约克半岛登陆，再在海军配合下，水陆并进，从背后进攻里士满。同时，由麦克道尔统兵4万南下弗雷德里克斯堡，与麦克累伦呼应，造成对里士满夹击之势。但麦克累伦所辖部队携带过多的辎重，又采取步步为营的战术，仅攻占设防很差的约克顿，就费去一个多月的时间，然后才以每天5—7公里的速度向里士满缓缓推进。联邦海军被南部同盟的铁角撞甲舰“弗吉尼亚号”阻挡在詹姆士河口之外，不能溯河而上与陆军配合。5月14日，当麦克累伦率军抵达里士满外围时，南部同盟军早已筑起道道防线，并派出杰克逊去攻击谢南多亚河谷的上方。哈普斯渡口的安全受到威胁，麦克道尔被迫撤兵去保卫华盛顿。麦克累伦的计划已被打乱。

接替约翰斯顿担任南部同盟军司令的是罗伯特·李将军。他抓住麦克累伦孤军深入的机会，于6月26日发动了“七日战役”。27日，5.7万名南部同盟军轮番向处于防守状态的3.4万名联邦军发动进攻，并于第二天黄昏冲破了联邦军的防线。7月1日，联邦军经过殊死战斗，造成南部同盟军1/10的重大伤亡，罗伯特·李才被迫撤回里士满。然而，麦克累伦没有乘胜追击，反而下令联邦军撤至詹姆士河畔的哈里森斯兰丁，处于联邦海军保护之下，从而失去一次取胜的良好机会。七日战役中，联邦军投入兵力91169人，损失15849人；南部同盟军投入兵力为95481人,损失20614人。

半岛战役后,麦克累伦被解除了对波托马克军团的指挥权。

8月29日至9月1日,南部同盟军发动了第二次布尔伦河会战。杰克逊与罗伯特·李配合默契,使由弗吉尼亚军团司令波普统帅的联邦军处于腹背受敌的地步。林肯紧急起用麦克累伦,让他指挥华盛顿城防及保卫首都的部队并要他“集中现有一切兵力打通与波普的联系”。但麦克累伦置林肯命令于不顾,坐视波普的联邦军在敌人的攻击下遭受重大损失。

9月5日,南部同盟军在华盛顿以北渡过波托马克河,进入马里兰州境内。这时,联邦政府处境非常险恶:首都华盛顿被包围;西部战场上,南部同盟军在威胁辛辛那提,并与联邦军争夺路易斯维尔。如果南部同盟军获胜,不仅肯塔基州会处于它控制之下,俄亥俄州也将受到侵犯,而一旦南部同盟军进入俄亥俄,其国便可能赞同法国承认南部独立的主张。在此情况下,林肯再次授权麦克累伦指挥波托马克军团,命他率军迅速迎击敌军。

南部同盟军此次北上,目标是夺取宾夕法尼亚境内哈里斯堡附近的一座铁路桥。这座桥位于萨斯奎哈那河上,是连接西部铁路的枢纽,控制了它,既可随时对华盛顿、费城、巴尔的摩等重要城市发动攻击,它可沿铁路西进,切断联邦政府同西部的联系。这一计划如果得逞,不仅会导致英法等国对南部同盟的承认,而且很可能会使联邦政府垮台。因此,无论对联邦政府还是南部同盟来说,这次行动都至关重要。

事情的发展往往出乎人们的意料,一向小心谨慎的罗伯特·李,根据以往的经验,认为麦克累伦不会很快赶来,因上派杰克逊率领一部分军队去夺取哈普斯渡口,分散了兵力。9月13日,麦克累伦截获南部同盟军一份重要情报,第二天联邦军便抢占了有利地形。9月16日,杰克逊抢渡波托马克河,与罗伯特·李会师。17日,两军展开激战。9万名联邦军把南部同盟军的4.5万人围困在波托马克河与安提塔姆河之间的狭小阵地上。南部同盟军的多次反攻均被击退。双方在各损失1.2万人后,罗伯特·李于第二天借助夜幕掩护,率军撤过了波托马克河。这便是南北战争中有名的安提塔姆会战,因交战地点位于沙普斯堡附近,故又称沙普斯堡战役。

安提塔姆会战的胜利,粉碎了南部同盟的战略进攻,再次成功地防止了英法等国对南部同盟的承认。联邦政府的地位得到巩固，北部人民受到鼓舞，林肯借此机会发布了预告性的《解放黑人奴隶的宣言》。从此，南北战争进入相持阶段。

当联邦军还在东部战场频频失利之际，密西西比河流域的西部战场却连奏凯歌。1861年4月，格兰特上校率领的联邦军把南部同盟军逐出密苏里。1862年2月，晋升为准将的格兰特，由联邦内河炮艇配合，先后攻占了田纳西河上的亨利要塞和坎伯兰河上的唐纳尔逊，逼近纳什维尔，迫使南部同盟军退守孟菲斯—查塔努加铁路线。4月6—7日，南部同盟军发动夏伊洛会战。最初联邦军处境非常不利，但由于格兰特的坚定沉着和士兵的奋勇作战，联邦军反败为胜，迫使南部同盟军退守科林斯。这次会战联邦军投入兵力为6.3万人，损失1.3万人；南部同盟的相应数字分别为4万人和1.1万人。因为损失惨重，舆论大哗，格兰特一度被剥夺了指挥权。5月30日，联邦军占领科林斯，6月5日和6日，又占领皮洛要塞和孟菲斯。

联邦海军虽然薄弱，但很活跃。它除收复了沿海一些要塞，对南部的主要港口进行封锁外，还与巴特勒将军率领的陆军配合，于1862年4月26日攻克了南部最大的商业港口新奥尔良。随后又溯密西西比河而上，闯过防卫森严的维克斯堡，与联邦炮艇队会合，从而使“众水之父”密西西比河，除维克斯堡和哈得逊港以外，尽处于联邦军队控制之下。

1862年10月6日，林肯命令麦克累伦渡过波托马克河并与敌人交战，或者把敌人赶回南部。麦克累伦拒绝执行命令，并大吵大闹。1862年11月7日，林肯再次将麦克累伦免职，由伯恩赛德接掌了波托马克军团的指挥权。12月13日，伯恩赛德在弗雷德里克斯堡与罗伯特·李率领的南部同盟军进行会战，联邦军损失12700人，高出敌人1倍以上。伯恩赛德引咎辞职，军团司令一职落入胡克手中。

胡克以作战勇猛闻名。他把军队加以整顿后，于5月1日率军渡过拉帕汉诺克河，在钱瑟勒斯维尔向南部同盟军发动进攻。联邦军有13万人，并占据着有利地势，然而罗伯特·李采取灵活战术，派杰克逊去包抄联邦军的右翼，自己则率其余部队集中攻击联邦军的薄弱环节。这样，在总体上处于劣势的南部同盟军，由于相对地集中优势兵力，把只知墨守成规不懂随机应变的胡克弄得手足无措，只得在5月5日撤回拉帕汉诺克河以北,从而使钱瑟勒斯维尔会战以南部同盟获胜告终。

钱瑟勒斯维尔会战失败,造成北部人心浮动,英法等国承认南部同盟的可能性又一次出现。罗伯特·李抓住这一大好时机,于6月3日开始向谢南多亚河谷进犯。6月29日,罗伯特·李所统率的南部同盟军全部进入宾夕法尼亚,更使北部人心惶惶,北部暗藏的敌人也乘机大肆活动。6月30日,一部分南部同盟军闯入葛底斯堡,与驻守在那里的联邦军遭遇。

葛底斯堡的南面,两座小山夹着一片开阔地。东面的小山叫公墓岭,有联邦军构筑的阵地;西面的叫学堂岭,由南部同盟军据守。7月2日,南部同盟军发起攻击,联邦军右翼阵地几为所陷。翌日清晨,南部同盟军转攻左翼,无功而返,引起内部意见分歧,联邦军乘机加固了阵地。下午,一阵激烈炮战之后,南部同盟军1.5万人发起冲锋,结果在联邦军猛烈炮火和白刃格斗的打击下,损失惨重。第三天,联邦军进行反击。7月4日,罗伯特·李把军队撤至沙普斯堡附近,准备渡过波托马克河,因河水暴涨,退路被截断。自6月28日接替胡克任波托马克军团司令的米德,没有听从林肯不要召开军事会议的劝告,结果丧失了全歼罗伯特·李所部的良机,使南部同盟军安全渡河南遁。这次会战中,联邦军损失2.3万人,南部同盟军损失3.6万人。

在葛底斯堡会战取得胜利的同时,西部战场也传来维克斯堡投降的消息。维克斯堡矗立在密西西比河东岸,居高临下,扼守着密西西比河航道,易守难攻,战略地位十分重要。格兰特率部7.3万人,先用猛攻,继以围困的办法,使据守该堡的南部同盟军弹尽粮绝,守将彭伯顿被迫率众2.9万人投降。7月9日,哈得逊港的南部同盟军也放下武器。至此,密西西比河完全置于联邦军控制之下,南部同盟被分割成互不连接的两个部分。

联邦军在葛底斯堡和维克斯堡的胜利,是南北战争的转折点。从此南部同盟军被迫转入战略防御,英法等国政治上承认南部同盟的可能性不复存在。

1863年11月,格兰特会同谢尔曼、胡克和托马斯,发动了查塔努加战役,收复了这座曾由联邦军在9月间丢失的城市,打开了通往亚拉巴马和佐治亚的门户。

1864年3月9日,格兰特被任命为联邦陆军总司令,其西部战场最高指挥员的遗缺由谢尔曼填补。谢尔曼积极贯彻格兰特制定的切断敌人交通线，断绝其内部联系；以优势兵力不断压迫敌人，使其不能得到喘息和休整，从而在运动中加以削弱和消灭；破坏一切可以资敌的设施的方针，率领10万大军与南部同盟军的约翰斯顿周旋。约翰斯顿采用坚壁清野和边打边走的策略，企图把谢尔曼饿死和拖垮；谢尔曼则轻装前进，跟踪追击，紧紧缠住约翰斯顿不放。自5月7日至7月17日，经过两个多月兜来转去，终于翻过阿巴拉契亚山脉，来到亚特兰大城下。这时联邦军孤军深入，交通运输线成了薄弱环节，但接替约翰斯顿指挥南部同盟军的胡德却没有抓住联邦军的弱点加以攻击，反而同联邦军展开对垒战，打硬仗，结果被迫于9月2日放弃亚特兰大城。

亚特兰大位于南部同盟腹地，是佐治亚州首府。交通中心和粮食供应基地。南部同盟最大的兵工厂便设在这里。它的被占领，不仅在政治、经济和军事方面使南部同盟遭到沉重打击，而且在心理方面也造成了强烈的影响。从此，南部同盟笼罩上失败的阴霾，林肯政府在北部人民中的声望进一步提高。

经过一番整顿，谢尔曼开始了以萨凡纳为目标的“向海洋进军”。为了对付胡德的袭扰，他分兵6万，由托马斯指挥，去保卫联邦军漫长的交通线。11月15日，谢尔曼亲率6.2万名大军，兵分4路，不带给养，开始了对南部同盟腹地的扫荡。经过32天跋涉，来到萨凡纳城下时，身后留下的是一条长300英里、宽60英里的焦土地带。12月21日，在联邦海军配合下，谢尔曼攻占了萨凡纳，使密西西比河以东的南部同盟占领区被分成南北两半，心脏地区与下腹部的联系被切断。

1865年2月1日，谢尔曼挥师北上，3月21日在戈尔兹伯里与格兰特会师，完成了对南部同盟的战略包围。

还在谢尔曼向亚特兰大进军之际，格兰特指挥10万2千名联邦军，与罗伯特·李进行角逐。1864年5月上旬，双方在拉皮丹河以南，弗雷德里克斯堡以西的“荒野”地区会战，8—12日又在斯波特西尔法尼亚，6月1日至3日在冷港进行会战。这几次会战中，联邦军的炮兵不能发挥优势，而南部同盟军的骑兵在这荆棘丛生、遍地泥沼的地区却运动灵活，因而联邦军伤亡远远超过敌方，达五、六万人。格兰特因此受到舆论指责，但他全然不顾，仍紧紧咬住罗伯特·李不放。6月15日—18日，联邦军强攻彼得斯堡不克，又损失8千人。此后，格兰特才改变战术，利用优势兵力把彼得斯堡围困起来。格兰特在这段时间虽无建树,但以不断地进攻吸引了南部同盟的注意力,从而牵制了敌人,起到了支援谢尔曼的作用。

罗伯特·李为了摆脱被围困的处境,1864年7月初,派部将厄尔利孤军北上,占领位于华盛顿西北的温切斯特,并于7月11日到达距华盛顿5英里的地方。格兰特抽调两个师的兵力紧急回防首都,击退厄尔利的进袭,旋即在温切斯特和渔父山两次战斗中获胜,把南部同盟军逐出谢南多亚河谷,华盛顿才转危为安。罗伯特·李在彼得斯堡被围困9个月,兵力下降至5万4千人,而格兰特却有11.4万人。罗伯特·李曾尝试突围。他攻击联邦军左翼,遭受重大伤亡,而自己的右翼被联邦军的谢里登击败,中段防线也为格兰特突破。4月3日,联邦军进驻里士满。罗伯特·李企图南逃,因为谢里登先行一步占据铁路,被迫折而向西,打算同约翰斯顿会合,结果道路又为谢里登所截断,复陷入7万多名联邦军的包围之中。在走投无路的情况下,4月9日在阿波马托克斯,罗伯特·李树起白旗,率所剩3万余人向格兰特投降。不久,其他南部同盟军将领也先后放下武器,历时四年之久的南北战争宣告结束。

这次战争,就其规模和残酷程度而言,均为美国历史上前所未有。据统计,联邦政府先后征集220万人入伍,有360222人死亡,635397人受伤;南部同盟征集人数为80万,死亡人数为25.8万,受伤为38.3万人。战争结束之际,宣布投降放下武器的为174223人,战争耗费了大量资财,双方总数加起来估计在200亿美元以上,为1789—1865年联邦政府全部开支的5倍。

经过四年苦战,北部终于在林肯为首的联邦政府领导下,打败了南部同盟,结束了资产阶级和奴隶主联合掌权的局面。资产阶级单独控制了美国政权。

资产阶级之所以能够获胜,是与美国广大人民,尤其是工人、农民和黑人的支持分不开的。美国人民要求在美国彻底废除奴隶制度,他们也希望能廉价或无偿得到西部的国有土地。战争初期,以林肯为首的联邦政府一方面号召人民拿起武器反对南部奴隶主,另一方面回避奴隶制的存废问题,只谈保卫联邦,维护宪法,甚至忠实执行《逃亡奴隶法》,对人民群众的迫切要求则置之不理,因而引起人民不满,造成军事上连连失利。

南北战争期间,曾经几度出现外国武装干涉的危险。这些干涉最后没有成为现实,除了美国政府的策略正确,军事上取得了关键性的胜利等原因之外,一个不可忽视的重要因素便是欧洲无产阶级的同情和声援。欧洲无产阶级坚定地站在以联邦政府为代表的北部一边,为反对南部奴隶主,不惜忍受失业痛苦和饥饿的煎熬。为了反对本国政府干涉美国内战和承认南部同盟的阴谋,英国兰开夏等地的纺织工人多次举行抗议集会和示威游行。设菲尔德的工人甚至声称,如果英国政府干涉美国事务,便要进行革命。法国工人则以在选举中投票支持政府反对派的方式,来迫使政府做出让步。

南北战争以奴隶制度的消灭告终,从此,美国完全确立了资本主义制度的统治地位。南北战争所完成的是独立战争未能完成的使命,从这个意义上讲,南北战争是美国历史上的"第二次革命"。由于扫除了奴隶制度的障碍,美国资本主义经济以前所未有的速度发展起来,以致在三十多年的时间里,美国工业生产总值便由 1860 年的世界第四位一跃而为世界之冠,成为世界上经济力量最强大的国家。

意大利的统一

概况

意大利西临第勒尼安海,东临亚得里亚海,南临爱奥尼亚海,北面则有著名的阿尔卑斯山脉,意大利也因此和欧洲大陆其他国家隔离开。在历史上,意大利是古代罗马帝国的本土,文艺复兴的发源地。但是自从罗马帝国灭亡,这个曾经一度盛极一时的国家处于四分五裂的状态。

14 世纪开始的文艺复兴,曾经振奋了整个意大利的民族精神,很多思想家、革命家曾经费尽心思重新统一意大利但是自 16 世纪起开始,西班牙等国家先后入侵意大利,使得意大利的统一问题一拖再拖。1521 年到 1713 年间,西班牙侵入意大利而占领了其大部分领土,并且将意大利分为 4 个由西班牙统治的国家:那不勒斯王国、西西里王国、撒丁王国和米兰公国。

1796 年拿破仑带领法国军队侵入意大利,占领意大利达二十多年之久。在拿破仑帝国垮台后,维也纳会议将意大利分为八个封建小王国,并且由奥地利、西班牙、法国等分别占领,只有撒丁王国是独立的。

法国大革命和拿破仑入侵,也给意大利带来了资产阶级革命的思想,促进了意大利民众的觉醒。随着意大利资本主义经济的发展,意大利要求民族独立和国家统一的呼声越来越强烈。封建势

意大利统一战争中的蒙特贝洛之战

力对国家的分裂，对资本主义在意大利的发展起到了很大的阻碍作用。各个小王国的法律、货币和度量都互不相同，而且关卡林立，税收繁重。

1848年，意大利和欧洲其他国家一样，也发生了由资产阶级领导的民族独立革命，1月，西西里岛首先爆发革命，揭开了意大利革命的序幕；3月，米兰人民也开始革命，并且解放了米兰，威尼斯宣布起义，并建立了威尼斯共和国。为了控制革命在其他小王国的兴起，其他王国的统治者们都先后准许进行民族独立和民主改革。

加里波第像

但是在4月底，在罗马教皇的建议下，意大利各个王国从前线撤回了反奥军队，随即反过来镇压国内民众起义。到5月的时候，西西里起义被镇压，7月奥军占领了米兰并转而围攻威尼斯城。8月，撒丁王国国王被迫将伦巴底、威尼西亚等地割让给了奥地利。1848年意大利革命最终在国内外势力的共同镇压下失败了，意大利重新回到了四分五裂的封建统治下。

在意大利民族统一运动中，存在两个持有不同意见的派别，他们各自提出了两种不同的主张和道路，他们一是以中小资产阶级为代表的资产阶级民主派，主张“自下而上”的民族革命战争，驱逐外国在意大利的势力，最终建立一个统一的资产阶级民主共和国；二是以大资产阶级和资产阶级化的贵族联盟为基础的资产阶级贵族自由派，主张“自上而下”的统一道路，以撒丁王朝作为统一意大利的力量，把意大利统一在萨伏伊王朝为主的统治之下。

民主派的代表人物是朱泽佩·马志尼，他是意大利统一过程中的主要人物之一，也是一个意志坚强的思想家、政治家。马志尼出生在热那亚一个医生家庭，后来进入热那亚大学攻读法学，毕业后成为律师。早在19世纪20年代末，马志尼就在热那亚创办报纸，撰写各种政论文章。1830年，马志尼因为叛徒出卖而被捕入狱，并随之被驱逐出境。次年4月，马志尼在法国联络了一批爱国侨民，建立了著名的“青年意大利党”，同时创办了同名刊物。青年意大利党将推翻异族统治，建立统一的民主共和国作为其政治纲领。

继马志尼之后，民主派的另一位主要人物——加里波第，成功地实现了意大利的统一。加里波第，1807年出生于尼斯一个水手家庭，早年当过海员。1833年，加里波第加入青年意大利党，开始从事民族解放斗争。次年，他参加热那亚共和国起义失败后，被迫逃亡南美长达十四年，并在那里参加了巴西南部共和主义者的起义和维护乌拉圭独立的战争。1848年革命爆发后，他回到意大利参加革命，1849年，他为建立与保卫罗马共和国，进行了英勇战斗。失败后，他再度流亡，在纽约住了几年，先是在一家蜡烛厂当工人，后来当一艘商船

“千人红衫军”远征西西里岛

船长。

加里波第对后来意大利的最终统一起到了很大的作用，通过一系列军事实践活动，多次打败兵力上占优势的敌军，取得辉煌战绩。同时，加里波第善于发扬军队的政治优势，深入敌后开展游击战，为意大利统一做出了巨大的贡献，被后人称为“现代游击战之父”。

自由派以卡米洛·加富尔为代表认物。加富尔出生在都灵一个贵族家庭，青年时代曾为撒丁国王效力而参加了撒丁军队。结束军旅生涯后，加富尔游历法国、英国等国家，对资产阶级思想有了一定了解，并且非常崇拜英国的君主立宪制。他曾在自己的领地上应用新式农具和耕种方法，并且开设化肥厂，主张自由贸易和发展近代工业。后来，加富尔创办了《复兴报》，公开宣扬英国宪法利政治制度，呼吁意大利各小王国进行改革，“自上而下”实现意大利的统一和资

产阶级革命。他竭力主张由萨伏伊王朝来统一意大利。从1852年开始到其逝世，加富尔一直是撒丁王国的首相。

在意大利真正统一之前，这两个派别一直就如何实现意大利统一而进行各种争论和错综复杂的斗争。

1852年，加富尔出任撒丁王国的首相，并推行一套意在富国强兵的改革，例如大力发展工业、实现自由贸易政策、大力加强国防建设、增加军费开支等。1857年，欧洲经济危机开始波及意大利，发生了严重饥荒，意大利民众对奥地利的统治非常不满，经常与之发生冲突。

加富尔深知，仅以撒丁王国的单薄力量，是不可能将奥地利驱逐出意大利的。因此，他采取了联合法国共同打击奥地利的策略。1858年7月，加富尔利用法奥的矛盾，在法国一个避暑圣地秘密会见拿破仑三世，共同组成反奥军事同盟，并约定：法国出兵协助撒丁王国驱逐奥地利在伦巴得和威尼斯的军队；作为报酬，撒丁王朝允诺把萨伏伊和尼斯割让给法国。

1859年4月，意法联盟对奥地利的战争爆发。5月底，双方进行首次交战，联军获胜。加里波第于1854年春天回到意大利，并受加富尔的邀请而加盟联军。战争爆发后，加里波第率志愿军深入敌后，连战连胜，解放大片地区，广大群众揭竿而起，纷纷加入志愿军，加里波第力量不断壮大。6月，奥军在联军的攻击下损失惨重，不得不撤出伦巴得而退守威尼斯。

1860年4月，西西里首府巴勒莫爆发起义，遭到西西里王国军队的镇压。加里波第招募了1400多名志愿军，5月，乘两艘船离开了热那亚海岸，远征西西里。这些志愿军身穿红衫，又称红衫军。红衫军在西西里登陆后，得到人民的支持，攻城掠地，只用了二十天就占领了巴勒莫；不久，又攻占了西西里王国首府那不勒斯，使整个意大利南部顺利并入撒丁王国，为意大利的统一事业建立了不朽的功勋。

意法对奥战争的胜利，有力推动了意大利人民的革命运动，中部各个小邦的人民持续进行起义，推翻封建政权，建立了资产阶级政权。1860年，这些已经建立资产阶级政权的小邦在加富尔的游说下进行了全民投票，正式宣布和撒丁王国合并。战至1861年3月，意大利王国宣布成立，定都佛罗伦萨。撒丁王国国王成为意大利王国的国王，加富尔为首相。加里波第在将政权交给撒丁国王后，并且解散了红衫军。

但是撒丁王朝的合并活动受到了法

国的阻挠。拿破仑三世之所以同意出兵奥地利,并不真的是为了意大利的统一,而是为了争霸。一心想控制意大利的拿破仑三世在见到意大利王国成立后,急忙和奥地利国王签订了停战协议。协议规定:奥地利放弃伦巴得,由法国转交给撒丁王国,但是奥地利继续保持对威尼斯的控制权。

法奥协议签订后,加富尔迫于拿破仑三世的压力而不得不将意大利领土萨伏伊和尼斯割让给了法国。加里波第闻讯后大怒,强烈谴责"这种拿民族来做交易的事情,朝野上下无不感到深恶痛绝"。一气之下,加里波第辞掉了撒丁王国议员和将军的职务。

意大利王国成立后,全国领土基本上得到了统一。但是意大利统一事业还没有最后完成,根据法奥停战协议,威尼斯还在奥地利的统治之下,而罗马教皇还依靠驻守在罗马的法国军队而维持自己的统治。意大利王国成立后,企图通过战争,从奥地利手中夺取威尼斯。1866年,普鲁士和奥地利为争夺德意志统一的领导权而发生矛盾。利用这一机会,意大利王国和普鲁士结成反奥军事同盟。

该年6月,普奥战争爆发后,意大利也向奥地利宣战。加里波第接受了自由派的邀请而参与了此战争,并取得了多次胜利。6月24日,意军在库斯托扎大会战中遭到重创,被迫撤至明乔河。同时,奥军主力撤回本土,意军免遭打击。加里波第协助政府军作战,深入敌后,连战皆捷。在萨多瓦决战中,奥地利军队被普鲁士军队打败。根据1866年制定的维也纳和约,威尼斯回归意大利。

威尼斯回归意大利后,只剩下罗马还被教皇占领着。为了彻底完成意大利统一,加里波第曾经三次远征罗马。

1862年7月,加里波第前往巴勒莫,很快组织了3000名志愿军,并于8月渡过西西里海峡,北进罗马。占据罗马的法军十分恐慌,在派兵加强罗马防务的同时,给意大利王国的国王压力,要求意大利政府军阻截志愿军。为了避免自相残杀,加里波第命令自己的部队不要对前来镇压的政府军开枪。但是政府军却朝志愿军开枪射击,加里波第也在此战役中受伤被捕。

1864年,加里波第为了远征罗马而前往英国筹集经费,但是被英国驱逐出境。在意奥战争爆发后,加里波第再次组织志愿军远征罗马,但是再次遭到政府逮捕。此后,加里波第被关押在卡普里岛,并受到6艘军舰的看守。但是加里波第还是在战友们的帮助下逃出了小岛，并马上率领志愿军前往罗马。

但是意大利国王和拿破仑三世沆瀣一气，共同派兵镇压加里波第的远征行动。加里波第在一次战役中，再次被意大利政府军逮捕。1870 年普法战争爆发后，驻守在罗马的法国军队受命撤回法国参战。加里波第乘机再次组织志愿军进军罗马，并于 1870 年 9 月解放了罗马。该年年底，意大利王国首都从佛罗伦萨迁往罗马，意大利最终实现了全国统一。

罗马城非一日可造，意大利的统一也非一蹴而就。意大利的独立统一战争是在马志尼、加富尔和加里波第的共同领导下获得的。独立战争的最终胜利，使意大利摆脱了长期受外族压迫和分裂割据的局面，为资本主义发展扫除了障碍，大大推动了历史的进步。正是有了这次统一的基础，才使得后来意大利成为欧洲战争策源地之一。

1848—1849 年意大利革命

1814—1815 年的维也纳会议后，欧洲封建复辟势力恢复了各国被推翻的封建秩序，残酷镇压各国的革命和民族独立运动，阶级、民族矛盾进一步加剧。1845—1846 年，欧洲发生农业灾荒；1847 年，又爆发了经济危机，给人民带来沉重的灾难，城乡居民生活恶化，群众革命情绪高涨。1848 年，欧洲大陆上掀起了一场大规模的资产阶级民主革命。意大利革命是欧洲革命的重要组成部分。意大利革命的任务是要推翻奥地利的民族压迫和本国的封建统治，实现意大利的独立与统一。意大利人民广泛地投入了革命，资产阶级民主派和自由派为争夺革命领导权展开了激烈斗争。1848—1849 年革命推动了意大利统一运动的发展，成为意大利统一史上的一个重要阶段。

还在 1847 年，意大利已呈现一幅悲惨景象：农村瘟疫流行，饿殍遍野；城市企业倒闭，工人失业，粮价飞涨。反动统治者不顾人民的死活，苛捐杂税有增无减。陷于困境的城乡居民，奋起反抗，不断举行暴动。资产阶级自由派利用这个形势，胁迫各邦君主进行一些改革，自由派自己则参与其事；同时，自由派又欺骗群众，竭力避免发生革命。各邦君主为维护其统治，准备接受自由派的主张。刚上台不久的教皇庇护九世首先把自己打扮成为“改革者”，利用自由派的头面人物进行所谓政治改革：赦免政治犯，设立罗马参政会，实行出版自由，允许资产阶级修筑铁路，组织国民自卫军，等等。撒丁王国、托斯坎纳公国的统治者也作出了“改革”的姿态，成立有自由派代表参加的内阁。但是，愤怒的人民群众不理睬这些所谓改革，而是发动了革命。

1848 年 1 月，西西里岛巴勒摩城人民首先发动了起义。他们赶走两西西里王国的军队，建立自己的政权，揭开了意大利和欧洲革命的序幕。巴勒摩人民起义的胜利，极大地鼓舞了意大利人民。继法国二月革命后，奥地利首都维也纳也在 3 月 13 日发生了革命，这对意大利革命的发展起了很大的推动作用。3 月 18—22 日，手无寸铁的米兰人民经过五天激战，击败了 15000 名装备优良的奥地利军队，解放了米兰城。恩格斯称赞米兰是“在 1848 年革命中完成了最光荣的革命的英雄城市”。3 月 22 日，威尼斯人民也取得了起义胜利，并宣布建立威尼斯共和国。奥地利直接统治下的米兰、威尼斯人民起义的胜利，推动了意大利反对奥地利的斗争。“奥地利人滚出意大利”的怒吼声，响彻意大利。都灵人民包围了王宫，要求撒丁国王查理·阿尔伯特立即向奥地利宣战。查理·阿尔伯特在人民群众的压力下，被迫于 3 月 23 日对奥宣战；3 月 26 日，又亲率撒丁军队进入伦巴底，教皇庇护九世、托斯坎纳大公、两西西里王国国王害怕压制人民的反奥运动会危及自己的统治，也都先后派出军队到伦巴底对奥作战。

当撒丁王国军队进入伦巴底时，奥地利军队正向北部边境溃退，但是，查理·阿尔伯特没有抓紧战机追击奥军，而是用各种手段先后将伦巴底——威尼斯、帕尔马、莫德纳并入撒丁王国。1848 年 6 月，加里波第和马志尼相继回到国内。加里波第为了参加对奥战争，卖掉了身上仅有的一件衬衣，带领 63 名战士从遥远的南美赶到撒丁王国军队的大本营。然而，迎接这位爱国志士的却是无情的冷落！查理·阿尔伯特和陆军部长不但拒绝了加里波第组织志愿军的要求，而且还严密防范加里波第及其部下的行动。马志尼也同样受到了排挤，无法在撒丁王国立足。这表明，查理·阿尔伯特发动反奥战争是为了把反奥的旗帜抓在自己手中，乘机扩大撒丁王国的版图，以防止资产阶级民主派夺取战争的领导权，查理·阿尔伯特害怕民主派在赶走奥地利后，将革命引向深入，危及他的统治。

资产阶级自由派利用三月革命形势，掌握各地政权以后，就破坏革命。伦巴底临时政府不仅没有改善人民的生活，反而集中力量镇压起义农民。自由派控制的那不勒斯国民自卫军，还开枪射击罢工的印刷工人。要求工作和面包的罗马失业者也遭到了枪杀。自由派的上述行动，助长了封建统治者的反动气焰。1848 年4 月29 日，对奥作战还不到一个月，罗马教皇就呼吁停止反奥战争，并从前线召回了教皇国的军队。5 月 15 日，两西西里王国国王斐迪南二世在那不勒斯发动反革命政变，血洗起义的群众。

6 月，奥地利军队经过休整并得到增援后转入反攻，重新占领了威尼斯地区。接着在7 月库斯托查战役中击溃了撒丁王国军队。8 月，查理·阿尔伯特同奥军将领拉德茨基签订了停战协定，米兰城及整个伦巴底地区又落入奥军之手。加里波第冲破重重障碍才组织起来的志愿军也陷入奥军包围之中。

反奥战争失败，三月革命成果的丧失，标志着意大利革命第一阶段(1848 年1 月—8 月)结束。

这时，资产阶级自由派已脱离革命阵营，有的公然投入封建统治者的怀抱，资产阶级民主派因此才得以掌握革命领导权。意大利革命的第二阶段(1848 年8 月—1849 年8 月)也从此时开始。

还在查理·阿尔伯特与拉德茨基签订停战协定时，资产阶级民主派的领袖马志尼就号召发动人民革命战争。马志尼说:“国王的战争结束了，民族的或人民的战争开始了。”加里波第也斥责查理·阿尔伯特是民族的叛徒，并宣布不承认停战协定，要把反奥战争继续下去。加里波第指出，只有进行游击战，才能使整个民族投入战争，使没有革命正规军的意大利取得胜利。加里波第率领志愿军转移到阿尔卑斯山与奥军周旋，给奥军以有力打击。但是，由于志愿军力量薄弱，未能挡住奥军占领北部地区。加里波第只得率志愿军向南撤退，并在撤退中扩大队伍，积蓄力量，以寻找新的战机。马志尼和另外一些民主派成员，也与加里波第的部队汇合到一起。

在民主派的号召下，人民群众掀起新的革命高潮。威尼斯城虽已陷入奥军重围，但威尼斯人民仍在坚持斗争，共和国的旗帜依然飘扬在城头，奥军久攻不克。托斯坎纳的群众也发动起义，推翻了利奥波德二世大公的统治，并成立了共和国。1849 年初，罗马人民举行起义，推翻了教皇政权，宣布建立罗马共和国。罗马起义成功并建立了共和国，在意大利有重大的意义。马志尼和加里波第也率军赶往罗马，支援罗马人民的斗争。

1849 年3 月，罗马制宪议会选出以马志尼为首的共和国三执政，并指令政府实施民主改革:没收教会财产，取消僧侣特权；废除宗教裁判所，设立世俗法庭；免除农民的磨粉税，减轻小手工业者和小商人的赋税负担。共和国政府改善了罗马人民的生活，人民则把罗马共和国看做是争取独立和统一的革命圣地，是他们解放和自由的希望所在。

但是，形势却对罗马共和国越来越不利。这时，欧洲革命已处于低潮，巴黎工人六月起义被镇压，奥地利境内的革命也遭到失败，法国和奥地利统治者又可以集中力量来镇压意大利革命了。

3 月 20 日，撒丁王国与奥地利停战协定期限已满，查理·阿尔伯特鉴于意大利的革命形势威胁着他的统治，不敢贸然放弃对奥地利的战争。他与欧洲列强磋商之后，决定继续对奥作战。他认为，如果能侥幸击败奥军，他本人及撒丁王国的威望将会大大提高，这样就能遏止革命，保住萨伏伊王朝的统治；如果撒丁王国战败了，有欧洲列强的斡旋，萨伏伊王朝也不至于垮台，还能把奥军引来镇压革命。就这样，查理·阿尔伯特心怀鬼胎与奥地利开战。他既不认真准备，又不让群众武装起来参战。3 月 23 日一战，撒丁王国军队溃不成军。为了避免人民群众追究战败的责任，查理·阿尔伯特将王位传给其子维克多·埃曼努依尔二世之后，便逃出意大利。新上台的国王赶忙与奥地利签订割地赔款的和约，才保住了王位。反奥战争就这样结束了。

奥地利与撒丁王国签订和约以后，奥军长驱直入，很快就镇压了托斯坎纳的革命。接着，又加紧围攻威尼斯共和国，同时，向罗马共和国逼近。

教皇庇护九世在其政权被推翻后，即逃到那不勒斯的加埃塔，并向欧洲天主教国家求救。紧接着，法国、奥地利、西班牙以及两西西里王国的代表聚集这个沿海小城，商议制订干涉罗马共和国的计划。这时，奥军正向罗马推进。由乌迪诺将军指挥的十四艘法国军舰载着一万名法军也从契维塔韦基亚港直达罗马城下。敌军大兵压境，罗马城被敌军团团围住。罗马共和国在危急中！

罗马共和国政府虽然推行了一些改革，但是没有解决农民的土地问题，没有把革命扩展到农村。这是资产阶级民主派的阶级局限所决定的。因此罗马必定陷入孤军作战，并预示着罗马共和国必然要失败。

加里波第曾经几次提议：不要困守孤城，应当把军队开到罗马城外，进行积极主动的防卫战。同时，发动人民群众，打击敌军。加里波第还提出：为了应付紧急局面，共和国必须实行革命专政，并加强军队的作战力量。但是,这些正确的主张,都被马志尼否决了。不仅如此,马志尼还认为加里波第刚愎自用,排挤加里波第,使加里波第未能掌握共和国军的指挥权。然而,这位伟大的民族英雄却以大局为重,服从命令,多次率本部士兵浴血奋战,立下了不朽的战功。4月29日夜到30日晚,发生一场恶战。加里波第指挥人数不多的志愿军主动出击,打得乌迪诺指挥的一万法军大败而逃,击毙、俘获了法军1300余人。接着,加里波第又率领2500名士兵,迎击斐迪南二世亲自指挥的两西西里王国的两万大军。加里波第在人民群众的支持下,只用了十几天时间,就把两西西里王国军队赶回那不勒斯。

乌迪诺指挥的法军,经过一个月的休整并得到增援之后,又以四万之众于6月2日包围了罗马。法军用重炮猛烈轰击罗马城。6月3日,罗马城外的制高点在两军之间几次易手,战斗十分激烈。加里波第和他的战士冒着弹雨冲杀,最后用长枪和马刀与敌人展开肉搏战,付出了重大牺牲,才挡住法军的攻势。直到这个时候,加里波第才被任命为共和国军总司令。他再次建议三执政:批准突围出城,把战场转移到广阔地区;劝说三执政"唤醒外省和全意大利",以便挽回败局。可是马志尼等人仍然没有采纳加里波第的建议。加里波第在物资匮乏、居民忍饥挨饿、部队伤亡惨重的情况下,仍然克制着内心的痛苦,身先士卒、出生入死地战斗,又一次顶住了6月23日法军发动的总攻击。一周之后,共和国军队已疲惫不堪,几乎失去继续作战的能力。7月1日,罗马制宪议会开会商讨大计,并派特使从城外召回加里波第,听取他的意见。当加里波第走进议会大厅时,只见他浑身是血,衣服已被烧破,他的剑由于砍杀敌人过多已弯曲,只有半截能插进剑鞘,全体议员起立向加里波第欢呼。加里波第在会上批评了共和国领导人的错误,指出"大错已经铸成",局面难以挽回,只有率军离开罗马,到外地坚持斗争。议会同意加里波第的意见,发布了结束罗马保卫战的命令。

7月2日,加里波第在梵蒂冈广场向部队发表演讲。他说:"他打算带你们开辟一个新的战场。愿意跟我走的,所到之处,必将受到人民的热烈欢迎,这是可以断定的。我对你们没有别的要求,只要求你们有真挚的爱国之心。我不能给你们薪饷、也不能给你们休假。至于吃的东西,找得到就吃、找不到就要挨饿。能够忍受这种艰难困苦的,才是我的战友和兄弟。如果做不到这一点，就请留下不要跟我走。”许多战士当即表示响应加里波第的号召，跟他去开辟新的战场——支援威尼斯人民的斗争。当晚，加里波第率部队突围出城，踏上去威尼斯的征途。马志尼等共和国领导人跟着加里波第撤出了罗马。

7 月 3 日，法军进入罗马。

加里波第突围出城后，甩掉法军的追击，冲破奥军的堵截，击败托斯坎纳反动军队的围攻，一个月内穿过意大利中部地区，抵达圣马力诺境内。他出色的军事才能，连敌人也深表钦佩。由于长途跋涉，不断作战，许多战士已精疲力尽。加里波第遣送一部分战士回乡后，率领留下来的 200 名老战士，继续向亚得里亚海岸进发。当地渔民冒着生命危险，为加里波第部队提供了 13 艘渔船。在渡海时，有九艘渔被奥地利舰队击沉，其余的四艘渔船靠岸以后，战士们只得分散隐蔽起来，因而又有一些战士被奥军抓住、枪杀。这时，加里波第身边只剩几个人了。行军途中，加里波第的妻子、他生死与共的战友阿尼塔不幸病故。为了摆脱奥军的追踪，加里波第未能埋葬好妻子，就从东到西横穿意大利半岛，回到撒丁王国境内。不料，撒丁王国政府把他逮捕、监禁了起来。在群众强烈抗议下，撒丁政府才被迫释放了他，但又宣布把他驱逐出意大利。

8 月 22 日，威尼斯共和国陷入奥军之手，标志着意大利 1848—1849 年革命的结束。

意大利革命失败了。奥地利在意大利北部和中部横行无忌，各地封建势力又重新抬头。加里波第难于在国内立足，就离开了意大利，以等待机会回国战斗。

1848—1849 年的意大利革命，由于撒丁国王查理・阿尔伯特的叛卖、资产阶级自由派的破坏和奥地利与法国的武装镇压而失败了。但是，这次革命还是取得了一些积极成果：人民群众在革命中经受了锻炼和考验，看到了自己的力量，增强了信心，为未来的民族革命打下了基础。在革命高涨时期，国内外反动势力受到了沉重打击，为资本主义的发展扫除了障碍。随着资本主义的发展，民族独立、国家统一问题必将再次提到历史日程上来，这就为民族解放运动重新高涨准备了前提。意大利的独立、统一已为时不远了。

1859—1860 年的意大利战争与革命

1848—1849 年意大利革命失败后，奥地利不但恢复了伦巴底——威尼斯地区的统治，而且在中部各邦驻有军队，加强了对北部和中部地区的控制。西班牙波旁王室重新统治了两西西里王国。法军占领罗马后，也赖着不走。封建统治者采用残暴手段，对人民进行报复，数万革命者被投入监狱，或被流放、服苦役，或被判处死刑。革命团体被取缔，进步报刊被查封。除撒丁王国外，其他各邦国革命时期颁布的宪法都被废除，议会也被解散。

资产阶级民主派在革命中流血牺牲，这时又备受打击、摧残，因而力量大为削弱。流亡伦敦的马志尼没有很好总结革命失败的原因，却陷入幻想和盲动之中。他不顾民主派的困难处境，也不考虑意大利和欧洲的形势，仍然相信只要靠少数人的突然发动革命就可以成功，50 年代初，马志尼先后建立的“意大利民族委员会”、“行动党”等密谋组织，接连在国内发动暴动，并想暗杀各邦统治者。这些举动，除了白白消耗革命力量外，一无所获。民主派经受一连串的失败后，分化、瓦解了。有些人已投入自由派的营垒，例如革命时期曾任威尼斯共和国总统、民主派的著名活动家曼宁成了君主立宪制的鼓吹者，并站在加富尔的一边；具有空想社会主义色彩、激进的民主派拉法里纳也成了自由派的骨干，并得到加富尔的信任与重用。有些人虽然还效忠于马志尼，但已放弃共和制的主张，例如西西里岛民主派的领袖克里斯皮，决定与萨伏伊王朝合作。这样，资产阶级民主派的影响越来越小，自由派的力量则不断地壮大，威望也越来越高。

北方资产阶级为了弥补 1848—1849 年革命期间遭受的损失，积极发展资本主义工商业。他们建工厂，办农场，修筑了铁路，扩大了贸易。意大利的资本主义在 50 年代有了较大发展。资本主义的发展，尤其是铁路的修筑，消除了各地的闭塞状态，形成了国内的统一市场，同时，也为国家统一创造了条件。意大利史学家在评述资本主义发展的意义时，特别谈到了铁路是缝好意大利靴子的“丝线”。从资本主义的发展中首先得到好处的是自由派。因为他们有优越的社会地位，有较多的资金，又控制着经济命脉。他们的经济实力大大地增强了。随着经济实力的增强，他们的政治地位也大大提高了。这在撒丁王国表现得最明显。

撒丁王国的自由派，早在革命期间就与封建统治者结成紧密的同盟。革命失败以后，撒丁王国仍然执行照顾自由派利益的 1848 年 3 月的宪法。不仅如此，自由派的代表人物还掌握了政府权力。加富尔于1848年当选为议员，1850年当了农商大臣，1852年又当了财政大臣，同年，出任王国首相。加富尔掌握政权之后，对撒丁王国的经济、财政、军事和行政进行了一系列改革，发展资本主义，扩充军备。推行富国强兵政策。加富尔的改革取得了较大成果，增强了撒丁王国的国力，也提高了自由派的威望。撒丁王国成了意大利地主资产阶级向往的“理想王国”。民主派在北方活动的场所被自由派挤掉了。这就为资产阶级自由派以撒丁王国为中心统一意大利奠定了基础。

加富尔为首的自由派有了巩固的基地以后，就抛弃过去建立联邦制国家的设想，进而主张完全统一意大利。但是，撒丁王国是一个不大的邦国，靠它自身力量，是难以实现目标的。为了避免革命，也为了防止马志尼为首的民主派争夺领导权，加富尔就利用欧洲列强的矛盾，依靠法国来与奥地利抗衡。拿破仑三世早在法军占领罗马后，就有取代奥地利控制意大利的野心，所以，他们一拍即合。1858年夏，加富尔与拿破仑三世秘密签订反奥军事同盟条约，约定：法国协助撒丁王国将奥地利逐出伦巴底——威尼斯地区，并将这一地区并入撒丁王国；撒丁王国则将萨伏伊和尼斯割让法国作为报偿。这个盟约暴露了拿破仑三世的扩张野心，也说明加富尔的统一道路必然会损害意大利的民族利益。

欧洲自1857年开始又爆发了一次经济危机。危机也袭击了意大利，各邦国都遭受沉重的打击。群众的生活恶化了。1858年，意大利又出现了类似1847年的革命形势。为了避免革命、把人民群众纳入撒丁王国领导的对奥战争的轨道，同时，也为了解决王国军队的补充问题，加富尔于1859年2月把加里波第请到都灵，要加里波第招募志愿军参加反奥战争。但是，加富尔隐瞒了自己与拿破仑三世的秘密交易。加里波第考虑到民主派的分化、瓦解，为了国家的统一，同意与萨伏伊王朝合作。所以，加里波第答应了加富尔的请求。加里波第说：“我已经惯于使自己的一切政治信念都服从于意大利统一的目的，不论这个统一将要怎样实现”。这以后，他一直坚持这样的立场。加里波第在都灵发出了组织志愿军的号召，很快就组成一支3000人的队伍。壮大了撒丁王国军队的力量。但是撒丁王国陆军部对加里波第总是疑云难消，经常给以牵制和刁难。加里波第虽然得到了“将军”的头衔，却无权指挥他的全部队伍。他的部队有

"阿尔卑斯山猎兵"的番号,却领不到枪支弹药、大炮、马匹和给养。然而,加里波第为了对奥战争的胜利,仍率领他的士兵英勇地投入了战争,并建立了功勋。

1859年4月,奥地利首先发动了战争。拿破仑三世亲率法军进入皮蒙特与撒丁军队汇合,迎击奥军。战争虽然开始了,但大规模的战斗却迟迟未见展开。双方集结兵力,互相试探,谁也不肯轻易把主力部队投入战斗。前线的撒丁王国正规军按兵不动,只派加里波第率少数部队进入敌后作战。恩格斯曾一针见血地揭露了撒丁王国政府和拿破仑三世的险恶用心,"是想借此把他(指加里波第。引者注)和他的志愿军消灭掉,因为看来他们是这次王朝战争中过于革命的因素。"但是,撒丁王国政府的阴谋没有得逞。当加里波第率志愿军进入伦巴底以后,群众以大规模的反奥行动支援了加里波第。人民群众揭竿而起,参加志愿军,投入反奥战争。在群众的支持下,加里波第的志愿军每战必胜,解放了一座又一座的城市。加里波第取得了辉煌战果,使撒丁王国政府和拿破仑三世十分难堪,至此他们才开始认真作战。6月,撒丁王国与法国的联军取得两次大的胜利,并占领了伦巴底首府米兰。

对奥战争的胜利,促进了意大利各地革命运动的高涨。4月至6月,托斯坎纳、莫德纳、帕尔马、教皇国相继爆发人民起义。起义者推翻了封建政权,建立了自由派掌权的新政府。两西西里王国也出现了革命形势。这些情况是拿破仑三世所没有料到的,也打破了他取代奥地利控制意大利的梦想。于是拿破仑三世背信弃义,抛开撒丁王国单独与奥地利媾和,停止战争,并于7月11日签订了和约。根据这个和约,奥地利继续占有威尼斯,但须将伦巴底交由法国"转让"给撒丁王国;法国则保证恢复托斯坎纳、莫德纳、帕尔马、教皇国的反动政权。

拿破仑三世的背叛,激起了意大利人民的愤怒。马志尼、加里波第来到托斯坎纳首府佛罗伦萨,支援群众的斗争。他们号召人民群众拒绝承认这个出卖意大利民族利益的和约,继续坚持反奥战争。意大利中部各邦国的人民,积极响应马志尼和加里波第的号召,纷纷加入志愿军,反对复辟旧政权,准备掀起反奥战争的新高潮。但是,已掌握政权的自由派害怕人民革命,竭尽全力阻挠马志尼和加里波第组织志愿军、进行反奥战争,同时与撒丁王国政府秘密勾结,把中部各邦国并入撒丁王国。撒丁王国就这样利用对奥战争,兼并了伦巴底和中部地区，扩大了地盘。为了换取法国承认中部各邦国的合并，1860 年 3 月，加富尔又与法国签订条约，将萨伏伊和尼斯割让给法国。

加里波第对加富尔的行径非常愤慨，他辞去撒丁王国议员和将军的职位，以示抗议。加里波第在一封公开信中声明："为我自己、为我的同胞，我保留在民族权利不再是空话的那天，收复我们在那里出生的故土的权利。"加里波第等待着新的战斗。

意大利北部、中部地区的革命运动虽遭受了挫折，但南部地区革命形势却在高涨。4 月下旬，农民起义已遍及整个西西里岛。马志尼等民主派领袖为支援西西里岛的革命运动，在热那亚成立了"西西里委员会"，并准备组织远征军与起义者汇合，计划占领西西里岛后进军那不勒斯，以推翻两西西里王国。加里波第应召也赶到了热那亚，负责组织远征军的工作。他从自愿参加远征军的人员中挑选出 1200 名战士组成了著名的"千人军"，其中许多人是参加过"阿尔卑斯山猎兵"的老战士。为了解决武器装备，"西西里委员会"以加里波第的名义发起了"捐献百万支枪"的运动。很快他们就搞到了 5000 支枪。加里波第的战友毕克西奥还设法找到两艘轮船，解决了渡海的问题。1860 年 5 月 5 日夜间，加里波第率"千人军"乘船离开热那亚，开始了历史上有名的"千人军"远征。

早在出发前，加里波第就派出 60 多人潜入罗马，四处扬言加里波第将率军进攻教皇国，用这种办法来转移敌人的注意力。运载"千人军"的两艘轮船也没有直接开往西西里岛，而先驶往非洲海岸，以迷惑两西西里王国的海军。后来，加里波第的两艘轮船突然改变方向，快速驶往西西里岛。这时，敌舰已被甩在后面。等敌舰追近时，"千人军"已安然登陆，并于 5 月 11 日一举攻占了海港城市马尔萨拉。

加里波第进入马尔萨拉后，立即散发了《告西西里人民书》，向人民群众发出动人心弦的号召：

"西西里的居民们！我为你们带来了历经伦巴底各次战役的一些勇士。我们早已听到西西里英勇的召唤——现在就来到你们这里。我们惟一的希望是解放祖国。只要我们万众一心地团结起来，困难是会克服的。拿起武器吧！不拿起武器的人，不是胆小鬼，就是叛徒！缺少武器不应成为任何人的借口；在勇士的手里任何武器都是利器……拿起武器来！让西西里再一次向世界表明：它的勇敢的人民将怎样从暴君的统治下解放出来。”

西西里岛人民热烈响应加里波第的号召，用长缨枪、马刀、短剑、木棒等武装起来，成群结队加入加里波第的队伍。

5月底，加里波第使用调虎离山计，引诱敌军出城，然后迅速攻占了巴勒摩。受骗的敌军以2万兵力围城。加里波第率部队拼死作战，扫清城内残敌，击溃了围城敌军，取得了具有历史意义的解放巴勒摩的胜利。攻占巴勒摩后，西西里岛上的敌军士气低落。加里波第乘胜追击，于7月初解放了全岛，并建立了新政权。这时，来自意大利北方的志愿军源源不断地进入西西里岛，加里波第的部队增加到2.3万余人。于是，加里波第准备进军那不勒斯。

当加里波第进军西西里岛时，以加富尔为首的自由派采取了既不支持也不反对的态度。自由派认为，如果加里波第进军失败，民主派的声望会更加下降；如果进军成功，可以利用加里波第愿意与撒丁王国政府合作的态度，把西西里岛并入撒丁王国。这时，加里波第已解放了全岛。加富尔赶忙派拉法里纳等人来到岛上，名义上是帮助加里波第建立政府，实际上是来夺权；同时，阴谋破坏加里波第进军那不勒斯的计划。加富尔担心加里波第的进军会引起意大利革命的高涨，如果革命蔓延到北方，势必危及萨伏伊王朝的统治。事实上，加里波第并不反对西西里岛与撒丁王国合并，只是不愿意合并得过早。因为合并以后，加里波第要受撒丁王国政府的牵制，妨碍他解放南方进而完成统一的计划。因此，加里波第赶走了拉法里纳，挫败了加富尔兼并西西里、破坏北进的阴谋。加里波第抓紧时间，整编、训练军队，很快作好了进军那不勒斯的准备工作。这时，那不勒斯地区的农民也掀起了夺取土地的运动；一些城市爆发了手工业者和工人的起义。进军那不勒斯的时机成熟了。

8月初，加里波第开始进军那不勒斯。他先派出一支较大的部队来到西西里岛北部海岸米拉措和法罗岬之间的地方，让敌人误以为他们将从这里启航在卡拉布里亚西岸帕耳米一带登陆。然后，加里波第又派米索里少校带一支约300人的小部队，渡过墨西拿海峡，进入卡拉布里亚山区。米索里登陆后，按照加里波第的指示，发动当地人民举行起义。加里波第迷惑了两西西里王国的海军，搞得他们晕头转向。8月19日拂晓，加里波第率领大部队在卡拉布里亚南端登陆。第二天，加里波第发动攻打勒佐的战斗。勒佐是两西西里王国在卡拉布里亚的军事重镇，有四万名正规军驻守。由于勒佐的守军久闻加里波第的英名，早已丧失了斗志。加里波第部队攻占了前沿阵地后，城内守军就开城投降。勒佐一战，奠定了加里波第胜利的结局。两西西里王国军队士气瓦解，士兵们一看到加里波第的部队，不是逃跑，就是缴械投降。加里波第从勒佐进军那不勒斯的途中，几乎是兵不血刃，一路高奏凯歌。各地居民也在加里波第部队到达前发动起义、夺取了城市，然后夹道欢迎他们进城。

加里波第部队迫近那不勒斯，两西西里王国统治集团惊慌失措。弗郎西斯二世一天之内就打了三个电报请求教皇为他祝福，但是，上帝却帮不了他的忙。国王见大势已去，留下两万军队守卫那不勒斯，自己仓皇出逃。9 月 7 日，加里波第带着几名随从人员，乘坐敞篷马车进入万众欢腾的那不勒斯城。弗郎西斯二世的两万守军放下武器，加入了欢迎加里波第的行列。

那不勒斯居民为庆祝胜利，举行了一周的庆祝活动，张灯结彩，燃放焰火，集会游行。

加里波第在那不勒斯建立了新政权。他成了西西里和那不勒斯的执政者。这时，马志尼等人建议加里波第宣布在南方成立共和国，并进行民主改革。但是，加里波第拒绝了上述建议。加里波第认为，意大利人应当首先建造一座归自己所有的房子，把不速之客赶出去，而后才能考虑如何安排房子里面的秩序。他对马志尼等人说，只要与奥地利和罗马教皇的斗争还在进行，民主派就应当“使自己的共和主义的良心沉默”，至于统治的形式，待统一以后再说。

逃到加埃塔的弗郎西斯二世并不甘心失败，他在沃尔土诺河一带纠集五万军队，准备与加里波第进行最后一战。10 月 1 日，加里波第率部队投入战争，沃尔土诺河战斗开始了。这次战斗，加里波第是与两倍于己的敌军交锋。加里波第付出了重大代价，才击败了敌军。敌军龟缩阵地死守。这时，撒丁国王维克多·埃曼努依尔二世率两万大军前来，协助加里波第粉碎了弗郎西斯二世的反扑。两西西里王国被推翻了，整个南方解放了！加里波第在人民群众的支持下，仅仅用了五个月时间就解放了半个意大利，把 1859—1860 年的革命推向了高峰，写下意大利统一史上最光辉的篇章！

撒丁国王率两万大军进入南方，其真实目的是要阻挡加里波第在解放那不勒斯后继续北进。加里波第的部队经过沃尔土诺河战斗，已元气大伤。这时，加富尔为首的自由派又乘机煽动南方的地主、资产阶级掀起“归附撒丁”的运动。加里波第经过认真考虑，感到继续北进已不可能；如果北进，很可能会引起内战，因为撒丁王国已作好了内战准备。为顾全大局，避免内战，加里波第决定放弃北进，并交出政权和自己的军队。

1860 年 11 月 6 日，维克多·埃曼努依尔二世率撒丁军队进入那不勒斯。撒丁王国政府解散了加里波第的军队，通过“公民投票”，把南方并入撒丁王国。11 月 8 日，加里波第带着从朋友手中借来的旅费和一袋蔬菜和种子，回到卡普列岛住地。加里波第以统一大局为重，不贪恋权位的高尚情操确实令人敬佩。

1859—1860 年的战争与革命，是意大利统一运动的高潮。由于资产阶级自由派势力的强大，最终资产阶级与封建势力妥协，在萨伏伊王朝的旗帜下基本上实现了意大利的统一。

意大利的统一

50 年代以后，意大利的统一运动又逐步趋向高涨。这时，“自上而下”和“自下而上”两条统一道路的斗争仍在继续。在 1848 年意大利革命中，以马志尼和加里波第为代表的民主派曾企图实现“自下而上”的统一。由于意大利资产阶级民主派的软弱，这条道路没有走通。50 年代初，马志尼在伦敦建立“意大利民族委员会”、“行动党”等组织，发动了几次起义（1852 年在曼图亚、1853 年在米兰和都灵），但都失败了。马志尼派转而采取个人恐怖手段。于 1854 年刺死帕尔马大公，1856 年刺伤那不勒斯国王斐迪南二世。这些行动更加暴露了马志尼派的软弱、他们策略的错误和脱离群众。马志尼派许多人对民主革命

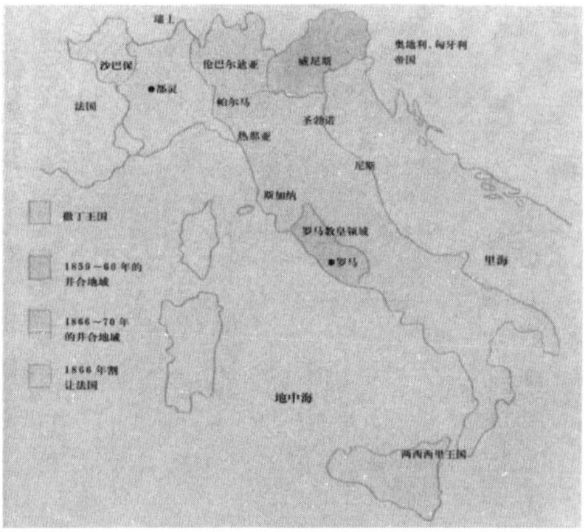

意大利的全面统一

的前途失去信心，他们纷纷背弃了共和主义的理想，投入自由派的怀抱。马志尼本人也在 1853 年 8 月前往佛罗伦萨，拜倒在自由派的膝下，声称为了联合一切争取意大利统一的力量，准备取消共和口号。共和派放弃了统一运动的领导

权，以加富尔为代表的资产阶级自由派则充当了这个运动的主角。

1848年革命失败后，意大利各个小邦都恢复了封建君主制度，只有撒丁王国继续保留革命时期所颁布的宪法，实行君主立宪制度。这个宪法限制国王权力，建立议会制（包括贵族院与众议院），宣布人人在法律面前平等，赋予人民言论、出版、集会的自由，保护私有财产，议会监督税收等等。通过这种君主立宪体制，萨伏依王朝与资产阶级自由派结成了同盟。国王维克多·伊曼纽尔企图依靠自由派的支持来扩张王朝的领土。自由派则指望这个王朝维护他们的利益。于是，撒丁王国在意大利各邦中了政治开明的声誉。

自由派以撒丁王国为基地，利用1848年革命失败后民主派的消沉，准备把意大利各个小邦合并于撒丁王国，自上而下地把意大利统一起来。1852年，加富尔出任撒丁王国首相，开始推行一系列富国强兵的改革。这些改革措施有：一，大力发展工业，如兴修铁路，鼓励私人兴办企业，扩建热那亚港，建立商船队等等。二，实行自由贸易政策，先后与英国、法国、比利时、瑞士等国签订通商条约，并降低关税率。从1851至1858年，撒丁王国的对外贸易额增加了一倍之多，其中机器、矿石、生铁和煤的进口量增加特别快。三，大力加强国防建设，建造堡垒，改编旧军，逐年增加军队，改善军事装备。四，限制教会和寺院的权力，将教会部分财产收归国有，剥夺教会的各种特权。这些改革推行以后，增强了撒丁王国的国力，提高了王国在意大利人民中间的威望，从而为建立统一的意大利王国打下了基础。

1856年间，加富尔建立"民族协会"，它大力鼓吹"在皮埃蒙特君主制的保护下来实现意大利的独立和统一"。民主派许多人对这个口号表示支持。这期间，从意大利各地聚集到撒丁王国的爱国者达3万人之多。加里波第也参加了民族协会，积极发动人民捐款购买10万支枪，支持撒丁王国扩大军队。加里波第的行动，博得了自由派的好感，被授予撒丁王国的军衔和军职，开始为国王效劳。在1860年率领红衫军向西西里进军时，加里波第已明确地提出了"意大利万岁"和"伊曼纽尔万岁"的口号，在一定程度上反映了他的忠君意识。

加富尔深知，以撒丁王国单薄的力量，不可能驱逐外国侵略势力，实现意大利的统一。因此，他在外交上采取与法国结盟以打击奥地利的方针。他认定同法国结盟是可行的。因为，法国与奥地利存在矛盾，有嫌隙可以利用；拿破仑三世的祖先是科西嘉人，科西嘉原属意大利，就连拿破仑三世本人也曾参加过烧炭党，自然有亲意情绪。

加富尔在外交上靠拢法国的第一个步骤是在1854年参加克里木战争，站在英、法一边对俄国作战。在这次战争中，撒丁王国派出军队1.7万人，为打败俄国尽了一份力量。战后举行巴黎和会，加富尔代表撒丁王国出席，跻身强国之列。他在会上痛陈奥地利对意大利的专横统治，博得欧洲舆论的同情。此后，撒丁王国与法国在外交上日益亲近。

1858年6月21日，加富尔利用法奥矛盾，在法国避暑胜地普隆比埃与拿破仑三世会晤，双方达成联合对奥作战的秘密协定。拿破仑三世答应参加对奥作战，帮助撒丁王国收复奥地利占领的领土，建立北意大利王国，加富尔则答应把萨伏依和尼斯割让给法国作为酬谢。为了巩固与法国的结盟，加富尔还撮合两个王朝进行联姻。伊曼纽尔把女儿玛丽·克洛蒂尔德嫁给比她大二十岁的法国王子热罗姆·波拿巴。法、撒结盟以后，1859年1月1日拿破仑三世接见外交使团时，突然对奥地利的大使说："我很惋惜，我们同贵国政府的关系已经不像从前那么友好了。"这是法国对奥地利战争的信号。

1859年4月29日，奥军渡过蒂奇河首先开始军事行动。战争开始后，加里波第应加富尔之请，立即组织红衫军参加抗奥战争。这支军队在伦巴底一带连战皆捷，给奥军以沉重打击。革命战争的胜利促进了意大利中部各小邦人民的斗争。托斯卡纳、莫登纳、帕尔马和罗曼那的人民起来推翻封建政权，成立资产阶级政权。这时加富尔抓住了有利时机，用几个月时间突击地访问了中部这几个小邦，游说他们合并于撒丁王国。加富尔的活动受到各小邦资产阶级自由派的支持。1860年3月，这些小邦在自由派控制下举行全民投票，正式宣布与撒丁王国合并。

撒丁王国合并各邦的活动受到法国拿破仑三世的阻挠。拿破仑三世之所以联合撒丁王国对奥作战，其真正目的是为了争霸，而并非同情意大利的统一事业。因此，当意大利人民革命运动胜利发展，意大利出现了实现统一的前景时，一心想控制意大利的拿破仑三世感到震惊，连忙于1859年7月8日至11日同奥地利皇帝在维拉弗郎科会晤，签订停战协定。根据这个协定，奥地利答应将伦巴底交由法国转让给撒丁王国，而法国则赞同奥地利继续占领威尼斯。同时拿破仑三世还保证重建帕尔马、莫登纳的托斯卡纳等邦的封建政权。

法奥协定签订后，加富尔屈从拿破仑三世的政治压力，于1860年3月与法国政府缔结密约，将意大利的领土萨伏依和尼斯割让给法国，以换取拿破仑三世承认伦巴底归还意大利，以及中部各小邦合并于撒丁王国。加里波第闻讯后怒不可遏。他在议会强烈谴责"这种拿民族来作交易的事情，朝野上下无不感到深恶痛绝"。他一气之下，辞去了撒丁王国议员和将军的职务，以示抗议。

当时，意大利的革命运动方兴未艾，高潮迭起。北方的运动虽因自由派的妥协而受到抑制，但是南方的运动又起来了。加里波第和民主派的革命志士继续为争取意大利的统一而斗争。1860年初，加里波第在都灵建立了一个爱国军人团体"国民军协会"，并发表了《致意大利人民书》，号召建立人民武装，开展革命运动。他说："意大利武装起来之日，就是它获得解放之时。"

4月，民主派在西西里组织起义。加里波第闻讯，立即组织"千人团"向西西里挺进。当加里波第的部队在西西里登陆时，当地人民箪食壶浆，热烈欢迎。在当地起义军的配合下，千人团所向披靡，6月解放整个西西里岛。9月轻取那不勒斯。至此，意大利南部除罗马外，已全部获得解放，加里波第受到了广大人民的拥戴，担任了那不勒斯的执政官。他随即实行一系列民主改革，释放政治犯，废除苛捐杂税，向贫民分配廉价食品，将波旁王室的土地分给无地贫民，给受伤和残废军人发放抚恤金，成立孤儿院和各种慈善团体。这些措施对于改善人民的生活起了重大作用。随后，加里波第又着手准备进军罗马，解放在教皇统治下的意大利人民。

自由派这时又施展手段来夺取民主派艰苦斗争所得到的胜利果实。加富尔早就派出他的亲信帕拉维西诺打入加里波第的队伍，担任了那不勒斯副执政官。帕拉维西诺利用职权，扶植自由派势力，为那不勒斯合并于撒丁王国作组织上和舆论上的准备。在加里波第决定进军罗马的时候，撒丁国王维克多·伊曼纽尔二世又调动两万大军来到那不勒斯进行拦阻。他公然发表文告，号召人民向君主制度妥协，宣布"革命时代已经结束"。帕拉维西诺在那不勒斯把保皇党人和自由派的势力联合起来，组织了一次大规模示威游行，要求把那不勒并入撒丁王国。在自由派的压力下，加里波第被迫同意举行自由派所控制的所谓民意投票。根据1860年10月21日投票的结果,伊曼纽尔二世从民主派手里夺取了政权。

1861年3月19日,意大利王国宣告成立。撒丁国王伊曼纽尔二世成了意大利国王,加富尔当了首相。意大利除了威尼斯和罗马两个地区之外,已基本上实现了统一。

1866年6月16日,普奥战争爆发。6月20日,意大利乘机向奥地利宣战。加里波第组织志愿军参战。在这次战争中,意大利政府军的将领无能透顶,连遭败绩,而加里波第的志愿军则捷报频传。奥地利战败求和。10月3日签订意奥条约,威尼斯回归意大利。

为了彻底完成统一祖国的大业,加里波第先后3次组织志愿军远征罗马。1862年7月,加里波第前往巴勒莫,号召人民武装起来进军罗马。他提出"不解放罗马毋宁死"的战斗口号,很快便组织了3000名志愿军,于8月间渡过西西里海峡在卡拉布里亚登陆,北进罗马。拿破仑三世十分恐慌,连忙派兵加强罗马防务,同时要求伊曼纽尔二世阻截志愿军。伊曼纽尔称这次远征是一场叛乱,派出王室军队在阿斯普罗山区袭击志愿军。加里波第一心避免自相残杀,下令志愿军不要还击。一向纪律严明的志愿军遵令未发一弹,但政府军却开枪射击,打中加里波第足踝,他不支倒地,被政府军逮捕,这次进攻失败了。

1864年春,加里波第为了远征罗马而前往英国募捐经费,被英国政府驱逐出境。1866年意奥战争后,加里波第在次年再次组织志愿军远征罗马,但都灵和巴黎的暗探到处跟踪他,监视他。9月24日再次将他逮捕。由于人民群众的抗议,伊曼纽尔下令把加里波第解回卡普里岛,并派了6艘军舰包围这个小岛以防止他出逃。10月间,加里波第在战友帮助下逃出小岛前往佛罗伦萨,并率志愿军进军罗马。伊曼纽尔与拿破仑三世沆瀣一气,法、意军队共同夹击志愿军,加里波第在指挥志愿军撤退时被本国政府军逮捕,再度被囚禁于卡普里岛。伊曼纽尔二世由于害怕加里波第解放罗马会激起人民的革命情绪,引起动乱而损害自由派地主资产阶级的利益,更害怕自己会因此丧失威望而丢掉王冠。因此,他极力阻挠和破坏加里波第的进军,企图通过同法国谈判占领罗马,但始终未获成功。

1870年普、法战争爆发,罗马的法国驻军奉调回国参战。加里波第趁机再次组织志愿军向罗马进军。于9月20日解放了这个故都。1870年年底,意大利王国的首都从佛罗伦萨迁往罗马,意大利的全国统一终于大功告成。

加里波第的贡献

朱泽培·加里波第(1807—1882年)是一位资产阶级革命家,杰出的军事家,意大利的民族英雄。他把他的一生都献给意大利的民族独立和统一事业,作出了巨大的、值得纪念的贡献。

加里波第1807年7月4日生于尼茨。尼茨是在1815年脱离法国并入北意大利的撒丁王国的。

意大利从1815年起分为八个封建小邦。国家的分裂同外族压迫交织在一起,奥地利统治着伦巴底——威尼西亚,控制着意大利中部各邦;教皇领地罗马地区驻扎着法国军队;南部的两西西里王国(西西里和那不勒斯)则被西班牙波旁王朝所控制;只有撒丁王国保持着独立。国家的分裂和外族的统治严重地阻碍了意大利资本主义的发展,因此,意大利的革命任务是实现国家的统一和民族解放。这样一场革命具有反封建的资产阶级革命和民族独立运动的性质。

在这场民族统一运动中,主要存在两大派别,一派是资产阶级——贵族自由派,主张通过资产阶级同贵族地主妥协的道路,"自上而下"建立统一的意大利王国。这一派的政治代表是撒丁王国的首相卡米洛·本佐·卡富尔伯爵(1810—1861年)。撒丁王国是惟一未受外国控制而资本主义最为发达的邦。另一派是资产阶级民主派,力求通过推翻各邦封建王朝,驱逐外国势力,"自下而上"建立统一的资产阶级共和国。这一派的领导者是朱泽培·马志尼(1805—1872年)和加里波第。

青年时代的加里波第,当过商船的水手和撒丁王国的海军,曾参加马志尼组织的"青年意大利党"。1834年该党起义失败后,加里波第逃亡南美,参加巴西南部共和主义者的起义和维护乌拉圭独立的战争。1848年回意大利参加革命,领导保卫罗马共和国的战斗,罗马共和国是1849年在罗马教皇领地上建立的资产阶级共和国。1848—1849年的意大利革命最终被外国统治者所镇压。

50年代后期,意大利的民族运动再度高涨,北部诸邦反奥斗争激烈。加里波第率领一支志愿队,在1859年6月4日的马金塔会战和24日的索尔非利诺战役中,大败奥军,战功卓著。这次胜利推动了全意大利人民的革命运动。中部各邦推翻了封建专制政权,建立了临时政府。卡富尔则使这些邦并入撒丁王国。撒丁的统治阶级利用人民革命斗争,完成意大利的局部统一。

加里波第对卡富尔的行为(包括卡

富尔把尼斯和萨伏依两地割让给法国，以换取拿破仑三世支持一事）极为忿慨。他和马志尼力图独立行动，使民主派成为统一运动的真正领导者。

1860年春，南部西西里首府巴勒摩爆发起义，接着，波澜壮阔的农民起义席卷南意。王国政府派出大批军队进行镇压。消息传到北意大利，人民立即向加里波第呼吁，要他率远征军去南意支援人民起义。加里波第组成了“千人团”（又称“红衫军”），5月5日从热那亚城启程，渡海前往西西里。“千人团”是一支志愿军队伍，主要由工人、手工业者和渔民组成，也有一些知识分子。5月11日，加里波第在西西里小港口马尔萨拉登陆，当地群众箪食壶浆，热烈欢迎。加里波第队伍的解放斗争同广泛的人民运动融汇在一起了。5月15日，加里波第志愿队在卡拉塔非米同王国政府军相遇，志愿队战士冒着猛烈炮火，强攻梯形山顶的政府军防御工事。他们克服巨大困难，攀上悬崖峭壁，击溃两倍于自己的政府军。加里波第的志愿队很快发展到五、六千人。5月27日，在农民军的配合下，加里波第部队发动夜袭，一举攻克巴勒摩。到7月初，整个西西里解放了。加里波第接受西西里“专政者”的称号。

全意大利的眼睛都注视着加里波第“千人团”的远征。卡富尔也只能坐视加里波第创造惊人的功绩。西西里解放后，卡富尔力图使西西里归并于撒丁王国，加里波第没有同意。8月初，加里波第决定渡过海峡，解放那不勒斯。8月18日，加里波第率领的1.6万名志愿队渡过海峡。手持猎枪、鱼叉、长矛和斧头的农民队伍从四面八方赶来迎接加里波第的队伍。许多王国政府的团队在同志愿队接触时，就高呼“加里波第！”转到人民革命方面来。9月7日，加里波第志愿队在胜利进军中进入两西西里王国首都那不勒斯，波旁王朝被推翻，南部意大利解放基本完成。加里波第被推为那不勒斯临时政府的“专政者”。

南部意大利是经由人民革命的途径取得胜利和解放的。加里波第与起义群众保持密切的联系，是他的部队取得胜利的原因。加里波第本可依靠广大人民力量，建立民主共和国，“自下而上”地统一意大利。马志尼也向加里波第提出这样的建议。在这个关键时刻，政治上的不成熟性和不彻底性在加里波第身上暴露出来。卡富尔派出4万撒第丁军，假道教皇辖地，匆匆赶到那不勒斯，卡富尔向加里波第提出让南意人民实行“人民表决”，根据“民意”决定南意的归属。加里波第没有发动人民起来反对撒丁王国的君主政体，在所谓“民意”的考虑下居然同意“人民表决”1860 年 10 月 21 日，在撒丁政府的一手摆布下，投票“结果”把南意并入撒丁王国，加里波第放弃“专政者”的大权，把政权交给撒丁国王。加里波第事实上被解甲归田，放逐到卡普雷拉岛他的岩石重叠的家乡去。1861 年 3 月，宣布成立在撒丁王国领导下的意大利王国。没有统一的意大利领土还留下威尼西亚（奥占）和罗马教皇辖地（法国控制）。法国皇帝拿破仑三世威胁说，谁向罗马走去，路上将碰到法兰西！

1862 年，加里波第又突然出现在巴勒摩，率领 2000 名志愿队奔赴罗马。但是这支队伍在向罗马的进军途中却遭到意大利王国政府军的截击。国王艾曼努尔不敢同法国冲突，又不愿让民主派势力壮大。在双方的互射中，加里波第负伤，向罗马的进军失败了。1867 年，加里波第志愿队再次进攻罗马，在曼塔纳附近的战役中，被教皇军和法国联军所击败。1870 年，加里波第志愿队和意大利王国政府军，趁普法战争之际，进军教皇领地，9 月 20 日占领罗马，意大利的统一最后完成。1871 年 1 月，意大利王国首都迁到罗马。

意大利最后虽然统一于撒丁王国，但可以看到，意大利的统一是人民长期艰苦斗争的结果，在历史上是一个进步的事件。加里波第为意大利的统一立下了汗马功劳，在重要的关头起了判定性的作用。这位具有古代雄风的勇士，受到意大利人民的崇敬和怀念。

加里波第支持第一国际和巴黎公社的事业，曾热烈祝贺巴黎公社的成立。他被缺席当选为巴黎国民自卫军中央委员会委员。加里波第 1882 年 6 月 2 日死于卡普雷拉岛。马克思和恩格斯肯定并赞扬了加里波第在意大利统一中所起的进步作用。

德意志帝国的诞生

概况

1848 年，德国也曾发生了旨在统一德国的革命行动，但是那次革命最终还是失败了。1848 革命失败后，整个德意志依然在政治上和经济上处于分裂状态，封建制度仍然统治着德意志各个城邦，有些城邦甚至更加封建、反动。例如，奥地利于 1851 年正式废除了 1848 年的帝国宪法，恢复封建君主的专制统治；普鲁士于 1850 年颁布“钦定宪法”，加强君主统治。

进入19世纪50、60年代后，德国的资本主义经济有了很大程度的发展。从1850年到1870年，德国的工业总产值增长了1倍，重工业部门的生产产量每10年翻1倍；1846年，整个德国的机器制造厂只有131家，到了1861年年底的时候，这个数字已经变成300多家；钢铁产量从1850年到1860年增长了两倍多；轻工业的发展也很迅速，1849年有纺织机器5018台，这个数字到1861年就变成15258台了。到19世纪60年代，整个德国的工业发展已经超过了法国，居世界第三位。

德国资本主义的发展，和各城邦分裂割据的格局产生了尖锐的矛盾。各城邦的分裂，造成德国政治政策、经济政策的不相同，货币、度量等都不同；各个城邦之间婚姻和居住制度的约束，使得工人和资本家不能自由流通，资本家因此不能自由支配工人；分裂的德国，使得德国资产阶级在国际市场上的竞争能力受到限制。因此，建立统一的德意志帝国，成为资本主义进一步发展的前提。

但是在采用何种方式来达到统一的目的的时候，资产阶级内部却产生了不同的声音。普鲁士和德意志北部各城邦的资产阶级主张把奥地利排除在统一德国的外面，由普鲁士领导德国统一，鼓吹

威廉一世加冕为德意志帝国的皇帝

“小德意志方案”；而奥地利和西南一些资产阶级则认为把德意志联邦改组成以奥地利为首的瑞士式联邦共和国，在奥地利的霸权下，建立一个“中欧大国”，这就是“大德意志方案”。

奥地利当时是德意志联邦议会的主席，因此在德国具有比较大的政治影响。但是它的经济发展比较落后，导致其境内的矛盾比较多。因此，奥地利本身并不希望能有一个统一的德国，然而希望赢得各个城邦的支持来维护目前城邦分裂的状态。

普鲁士是德意志各个城邦中领土面积最大，资本主义经济最发达的地区，拥有莱茵、西里西亚、柏林等德国先进的工业区。经济的发展，使得普鲁士和奥地利相比有比较优厚的物质优势，也使它

具有更为强烈的统一要求。1834年，在普鲁士带领几个城邦建立了德意志关税同盟，以发展资本主义经济。到19世纪60年代，在小德意志地区已经形成了一个“一体化”的经济区。

普鲁士和奥地利都认为应该由自己来领导统一德意志，因此双方自1850年开始展开了争夺德意志霸权的斗争，1850年春，奥地利主动向普鲁士发起军事进攻。5月，奥地利在法兰克福召开会议，决定恢复全德议会，并由奥、普轮流担任主席。但是，普鲁士对此决议予以断然拒绝。

60年代后，普鲁士为了和奥地利争夺领导权，准备大力扩军备战，进行积极的军事改革。1860年，普鲁士威廉一世政府向议会提交军队改革方案，要求扩大军费支出。但是以资产阶级为代表的议员们害怕更加强大的军队，将有可能进一步加强普鲁士王朝的专制统治，不利于资产阶级分享政权，因此否决了国王的要求。威廉一世一怒之下解散了议会。次年，普鲁士议会重新改选，但是资产阶级建立的“自由党”在选举中获得多数票，再次否决了国王的军事改革方案。

威廉一世无法在议会中贯彻自己的意志，又不能违反议会的意志而强行进行军事改革。恼怒之极的威廉一世此时甚至拟定要退位，放弃王位。这时，陆军大臣请威廉一世起用普鲁士驻法大使奥托·冯·俾斯麦。1862年9月，威廉一世任命俾斯麦为宰相兼外交大臣。

奥托·冯·俾斯麦，1815年出生于普鲁士雪恩豪森一家大容克贵族家庭，他的童年是在他父亲的庄园里度过的。贵族的家庭，养成了他强暴蛮横、凶悍粗野的性格，据说在大学期间，曾与同学做过27次决斗。1835年，俾斯麦从柏林大学毕业，然后回到老家管理自己的两处世袭领地。作为贵族，俾斯麦再次以粗野的个性、对待农民的残忍、追求目标的毅力和不择手段以及现实主义的态度而闻名当地。

在19世纪40年代，俾斯麦政治上属于顽固的保守派，热烈拥护普鲁士王权和贵族的特权。1848年革命时，俾斯麦在自己领地上组织军队，准备前往柏林武力镇压革命。面对法兰克福全德国民议会中资产阶级代表们的清谈阔论，俾斯麦非常反感，并且主张用武力把它驱散。此后，1851—1858年期间，俾斯麦被任命为驻德意志联邦代表会的普鲁士邦代表；1859年，任驻俄公使；1861年，改任驻法公使。

19世纪50年代后，俾斯麦的政治

立场发生了变化。在他的任职期间，俾斯麦受到资产阶级思想的影响，逐渐成为资产阶级化的容克。俾斯麦认为，德国的统一是无法阻止的，而且应该由普鲁士领导这场统一运动，只有这样才能挽救普鲁士君主政体和容克利益。同时，俾斯麦清楚地认识到，法国和俄国等欧洲列强都会阻止德国的统一，在德国内部，普鲁士的霸权也会遇到奥地利的坚决反抗。因此，俾斯麦认为要统一德国，必须用武力和战争作为后盾。

在俾斯麦被任命为宰相后，他于9月在普鲁士议会上发表了他的首次演说。他大声宣称："德国所注意的不是普鲁士的自由主义，而是权力……普鲁士必须积聚自己的力量以待有利时机，这样的时机我们已经错过了好几次……当代的重大问题不是通过演说与多数人的决议所能解决的——这正是1848年和1849年的错误——而是要用铁和血。"由此，他获得了"铁血宰相"的称呼，其采取的政策也被认为是"铁血政策"。

上任伊始，俾斯麦就开始了和议会之间长达四年的"宪法纠纷"。俾斯麦认为，议会里的那些资产阶级议员只会吵吵嚷嚷，他们懦弱无能，根本没有实力和政府对抗。因此，他干脆一脚踢开议会，根本不害怕议会指控政府"违背宪法"，照旧进行军事改革，扩大军队，并解散了众议院，并且下令关闭自由派的报纸。

1864年，俾斯麦挑起对丹麦的战争，迈出了统一德国的第一步，战争的导火索是什列思维希——霍尔斯坦问题。什列思维希、霍尔斯坦是位于波罗的海和北海之间的两个公国，是德意志联邦的成员，同时也是丹麦国王的个人领地，但并没有和丹麦合并，成为德国和丹麦事实上的边界。什列思维希的大多数居民是丹麦人，而霍尔斯坦则多以德意志人居多。1863年3月，丹麦国王颁布了一部适用于全国各州的宪法，把什列思维希纳入了丹麦。同年11月，丹麦政府向德意志联邦议会提交了这份宪法，此举意味着丹麦对什列思维希事实上的兼并。不久，丹麦新任国王正式签署了"十一月宪章"，目的在于直接兼并这两个公国。

德国国内对丹麦国王的举动感到异常愤怒，纷纷声援两公国的独立行动。俾斯麦抓住这一机会，在取得俄国和法国不干涉德国事务的保证下，和奥地利结成反丹麦联盟，并在"为德意志民族利益"的口号下开始对丹麦宣战。1864年2月，普奥联军在普鲁士陆军元帅的指挥下,进军什列思维希,并于18日发起总攻击。战争进行的非常顺利。到10月30日,普奥联军和丹麦在维也纳正式签订"维也纳和约"。和约规定:什列思维希——霍尔斯坦以及另外一个小公国劳恩堡脱离丹麦,交给普鲁士和奥地利共同管理。德国和丹麦的战争结束。

此后,普奥双方开始瓜分战利品。后来达成的协议是:什列思维希归普鲁士管辖,霍尔斯坦归奥地利管辖,普鲁士向奥地利支付250万塔勒得到了小公国劳恩堡。但是这个和约造成的政治、行政管理的混乱状态,成为后来俾斯麦挑起普奥战争埋下了伏笔。

在完成对丹麦的战争后,俾斯麦将枪炮对准了奥地利,准备发动对奥地利的战争。1866年6月1日,奥地利驻法兰克福代表宣布,两公国的前途应该由联邦议会决定。俾斯麦据此攻击奥地利单方面讨论这一地区未来归属问题而破坏了普奥原来签订的协议,派兵进入霍尔斯坦。10日,普鲁士公布了《联邦改革纲要》,要求把奥地利开除出德意志联邦;奥地利则呼吁其他各邦行动起来反对普鲁士。

14日,联邦议会以多数票数通过了反对普鲁士的方案。俾斯麦见此后发表声明:联邦议会无权以这种方式对待它的成员,联邦宪法已遭到破坏,并要求解散联邦议会。17日,奥地利发布宣战书,普鲁士也马上对奥地利宣战。普奥战争爆发。

战争开始后,普军很快攻入汉诺威、黑森加塞尔以及萨克森,迫使他们投降。7月3日,普鲁士军队和奥地利、萨克森联军集结于萨多瓦村附近展开决战。应该说,欧洲历史上从来没有见过如此阵容庞大的战役:奥萨联军的数量达到了24万,普军则有29万。俾斯麦下决心在此战役中击溃奥军主力,据说当时他随身带了毒药,准备一旦失败就服毒自杀。

结果,奥地利军队大败。普军乘胜追击,于7月14日逼近奥地利首府维也纳。奥地利皇帝此时急忙要求拿破仑三世进行调停。考虑到如果战争继续进行下去,将导致法国的强行干涉,甚至可能导致奥地利国内产生革命,俾斯麦说服了普鲁士国王,和奥地利国王签订了《布拉格和约》。《布拉格和约》规定,奥地利宣布退出德意志联邦,并将法兰克福等4个邦国和1个自由市让归普鲁士,双方不干涉巴伐利亚等南方诸邦的独立自治。

普奥战争的胜利,普鲁士基本上统

一了德意志。1867年,德国成立了以普鲁士为中心的北德意志联邦,包括了21个邦和3个自由市。同时,国内对俾斯麦另眼看待,资产阶级热烈拥护俾斯麦的政策,并且追认军事开支预算,长达四年的“宪法纠纷”也宣告结束。但是由于拿破仑三世的阻挠,南方四邦还保持着独立地位,并没有加入北德意志联邦。

为了实现德国的最后统一,俾斯麦不得不准备和法国作战,这是他实现德国统一的第三步。1866年后,普奥战争结束后,法国和普鲁士都加紧军事备战。1870年7月,普法战争爆发。在战争爆发后,拿破仑三世曾吹嘘说:“这只是一次到柏林的军事散步。”但是由于法国对德国事务的不断干涉而激起德国民族运动的高涨,同时欧洲列强因同法国有矛盾而宣告“中立”,装备精良的普军很快就攻入了法国境内。经过色当决战,法军宣布投降,拿破仑三世也成了普军的俘虏。

法国战败后,南方各邦相继于1870年年底宣布加入北德意志联邦。12月9日,经过联邦国会同意,北德意志联邦改名为德意志帝国。1871年1月18日,俾斯麦在法国的凡尔赛宫正式宣告统一的德意志帝国成立。威廉一世为德意志帝国皇帝,俾斯麦就任帝国宰相。同年4月,德意志帝国议会批准了德意志帝国的宪法。

俾斯麦领导的德国统一,使德国历史向前跨越了一大步。它结束了德国各邦在政治上长期分裂的局面,给资本主义经济的发展提供了良好的前提。由于统一后的德国还保留了君主专制制度和大量封建残余,导致军国主义在德国迅速发展起来,并最终走上了发动第一次世界大战和第二次世界大战的道路。列宁指出:“俾斯麦按照自己的方式,依照容克的方式完成了历史上进步的事业。”

俾斯麦的铁血政策

拿破仑帝国覆灭后,英、俄、奥、普等欧洲国家在维也纳召开国际会议,决定建立一个“德意志邦联”,由德意志的34个邦国和4个自由市组成。邦联各国在政治上、外交上都有独立性。因此,它不是一个统一的国家。1848年革命失败,德国统一的任务没有完成,继续保持分裂的局面。随着工业革命的深化和资本主义经济的发展,各地之间的联系日益密切;但是,由于缺乏统一的国内市场,资本主义经济受到很大的阻碍;资产阶级越来越感到,要加强在国际市场上的竞争,必须有强大的国家作后盾。于是,德意志的统一变得日益紧迫。

1. 普鲁士和奥地利

在德意志的众多邦国中，奥地利历来居于领导地位。1848 年 5 月，德意志联邦的各邦代表，在美因河畔的法兰克福召开预备会议。最后，虽然选出了奥地利的约翰大公担任临时的帝国首脑，但他并没有任何实权，各邦的王公根本不听他的调遣，所以这个首脑形同虚设。德意志仍然无法统一。相反，彼此间的矛盾日益发展，两个大邦国即奥地利和普鲁士争夺统治权的斗争，变得更加尖锐和公开。于是，王朝战争成为德国统一的惟一之路。

当时，有可能完成德意志统一大业的只有奥地利和普鲁士。奥地利在德意志各邦中占有首席地位，是一个多民族的国家，除了日耳曼人以外，还包括很多其他民族，因此奥地利的统一是希望把普鲁士与别的小国都包括在内。而普鲁士则不同，它是一个纯粹由日耳曼人组成的国家，所以他们计划要统一的国家中，排除了奥地利。就这样，双方展开了斗争。

俾斯麦与新皇威廉二世相晤于弗里德里希斯卢

19 世纪 50 年代，普鲁士的重工业生产已占全德意志的一半以上，它的鲁尔、萨尔和西里西亚等地是德意志最发达的工业地区。同时普鲁士有当时欧洲最强大的陆军。1834 年，以普鲁士为主，共有 18 个主要邦国参加的德意志关税同盟成立。它实行统一的对外关税，免除内部各邦之间的关税。这就为统一创造了条件。

1850 年春，奥地利主动发起攻势。5 月，奥地利在法兰克福召集全德代表会议，会议决定恢复全德议会，并由奥、普轮流担任主席。但普鲁士予以断然拒绝。结果，双方不欢而散。

19 世纪 50 年代末，普鲁士开始反攻。它首先与许多德意志小国发展了经济联系，并利用 1859 年法、意与奥地利打仗的机会，企图迫使全德议会交出领导权。

2. 铁血宰相

1861 年 1 月，普王威廉一世登上宝座。他为了实现兼并全德的目的，立即扩充军备，计划建立一支拥有 37 万常备军和 13 万后备部队的军队，并在全国储备16万人的国民预备兵。这在当时的欧洲,可以说是无与伦比的。同时,他任命具有新思想的人物罗恩为军政部长,毛奇为总参谋长,着手进行军事改革。1862年,威廉一世又任命俾斯麦为首相兼外交大臣。这一任命,标志着普鲁士快步走上用王朝战争统一德国之路。

"铁血宰相"俾斯麦

俾斯麦一生叱咤风云,充满传奇色彩。但是读中学时,就连他的母亲都对他充满失望,以至于只期待他能够"比我这样的女人有更高的思想境界"。在哥廷根大学,俾斯麦曾与同学作过27次决斗,21岁刚到亚琛任职,就为追求一位英国小姐开了三个月小差。尽管他声称自己的抱负是指挥别人而不是被人指挥,可并没有什么迹象让人相信他会前程远大,平步青云。

然而正是这位昔日人们眼里的疯子和野人,在他享尽天年时,却被前去吊唁的威廉二世赞美成上帝为实现德国统一和伟大而创造的工具。

1848年,德国爆发革命,俾斯麦在自己的领地上组织起军队,准备武力镇压革命。1851年—1859年,他担任普鲁士邦驻德意志联邦代表大会的代表,1859年又出任驻俄大使,1861年改任驻法大使,1862年他出任普鲁士宰相兼外交大臣。由以上介绍可以看出,俾斯麦是一个主张使用武力的顽固分子,而且很了解俄、法统治者的内心想法,这就使他当上宰相后深知该如何使用武力去对付敌人。

俾斯麦当上宰相的第一周,就在邦议会上发表了他的首次演说,他非常激动地说道:"当代的重大政治问题不是通过演说和多数派决议所能决定的,而必须用铁和血来解决。德国所指望的不是普鲁士的自由主义,而是它的武力!"这就是"铁血宰相"的由来。俾斯麦深知,议会里的资产阶级议员只会吵吵嚷嚷,他们懦弱无能,根本没有实力对抗政府,所以,为了更有效地实行"铁血政策",他干脆一脚踢开议会,在议会指控政府"违背宪法"的情况下,他不但不害怕,反而公开扬言:"冲突在所难免,在

对普鲁士统一德国的讽刺漫画："德国的未来"

冲突中最有力量的方面，一定获胜！"一副挑战者的姿态。同时，他还知道，一旦自己的"铁血政策"得到最后胜利，取得了全德的统一，那么，这些叽叽喳喳的资产阶级议员就会立刻拜倒在他的面前。

俾斯麦竭力推行"铁血政策"。对此，俾斯麦花了巨大精力。首先，积极开展外交活动，争取同盟者或中立者支持战争。其次，积极进行财力准备，以筹备足够的军费。再次，大力加强军事工作，积极改善武器装备，改组军队并加强训练，始终不懈地进行战争准备。俾斯麦大声疾呼："让我们把德国扶上马！它一定会策马奔腾。"

3. 统一德国

俾斯麦"铁血政策"的第一步，就是向丹麦进攻。1863 年末，丹麦合并了属于德意志邦联的施勒斯维格小公国。次年初，俾斯麦联合奥地利对丹麦作战。俾斯麦之所以要联奥抗丹，原因是既解除了后顾之忧，又能共同对外。奥地利马上同意了普鲁士的要求，普奥联合向丹麦发出最后通牒，随即开始战争。丹麦以 4 万士兵对 6 万敌人，结果战败。普鲁士得到了施勒斯维格。奥地利也得到了另一小公国何尔斯泰因。"铁血政策"的第二步，就是挑起对奥地利的战争。打败丹麦后，俾斯麦调转枪口，对准了奥地利。但打败奥地利并不像打败丹麦那样容易。于是俾斯麦先联合意大利，意大利因威尼斯地区一直受奥地利欺凌，所以马上答应了普鲁士的请求，双方结成反奥联盟。然后，俾斯麦三次亲往法国，假意许诺拿破仑三世，打败奥地利后，让法国得到一份领土报酬。这样，稳住了法国。

普鲁士经过全面战争准备，到 1866 年上半年，可以说是万事俱备，只欠东风，即寻找战争借口。6 月 14 日，德意志联邦议会以 9 比 6 的票数通过了反对普鲁士的方案。俾斯麦立即授权普鲁士公使声明：联邦议会无权以这种方式对待它的成员，并坚决要求解散联邦议会。同时，向萨克森国王、汉诺威国王提出最后通牒，要求他们接受普鲁士提出的《联邦改革纲要》，并且允许普军自由通过他们的国土。这当然都遭到上述国王的拒绝。于是，任何外交谈判都已无济于事。6月17日，奥地利首先发表宣战书；18日，普鲁士接着对奥宣战。20日，意大利按照意普盟约对奥宣战。普奥战争终于在俾斯麦的策划之中揭开了序幕。

这场战争的爆发，对于双方来说都不意外，而且阵线早已分明。站在普鲁士方面的，有意大利王国以及北德的一些中小邦国；站在奥地利方面的，有萨克森、汉诺威、巴伐利亚等一些德意志邦国。1866年7月3日，28万奥军与25万普军在萨多瓦村附近展开决战，俾斯麦下决心一举击溃奥军，并自带毒药，准备一旦失败就服毒自杀！

结果，普军大获全胜。十天后，俾斯麦逼近奥地利都城维也纳。在有人提议

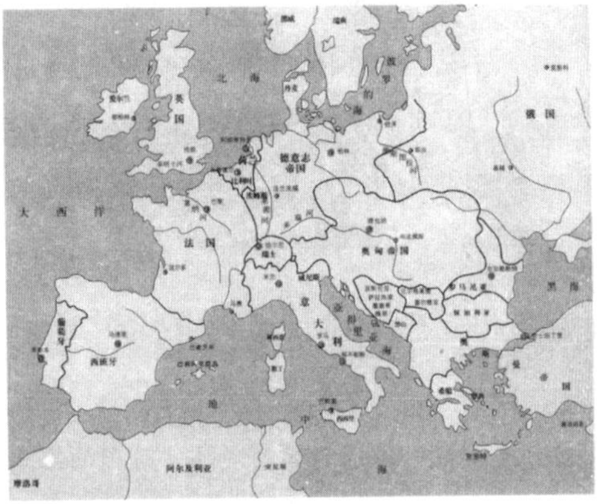

柏林会议会后的欧洲

一举占领奥地利全境时，狡猾的俾斯麦没有听从，他估计到法国会出面干预，另外，他觉得可能还会利用到奥地利。

果然，拿破仑三世出面进行了调停。7月20日，普奥双方代表在尼科尔斯堡进行谈判，8月23日，双方正式签订《布拉格和约》，战争至此结束。和约规定：德意志邦联议会解散，奥地利完全退出旧的德意志联邦，并将四个邦国和一个自由市让归普鲁士。

这样，普鲁士就统一了德国整个北部和中部地区，建立起了一个北德意志

威廉一世

联邦。这时只有德意志南部紧邻法国的四个小邦国仍旧保持着独立。俾斯麦想兼并这四个小国，但他知道，法国也有同样想法，而法国是这样的强大，不打败他，德国的统一将不可能实现。同时，俾斯麦对法国境内矿藏富裕的阿尔萨斯和洛林也早已垂涎三尺。所以，俾斯麦“铁血政策”的第三步，就是进行普法战争，打败法国。

经过充分准备，俾斯麦于1870年发动普法战争，当年大获全胜。普鲁士军队开进巴黎附近的凡尔赛，并在凡尔赛宫宣布以普鲁士为首的德意志帝国成立。普鲁士国王威廉一世为德意志帝国皇帝，俾斯麦为首相。德意志的统一完全实现。

德意志帝国的建立

北德意志联邦的建立为全德国的统一奠定了基础。但是，由于拿破仑三世的阻挠，南德四邦依然置身于联邦之外。为了实现德国的统一，俾斯麦的最后一步，必然要与法国决一雌雄。

法国战败后，1870年底，南德各邦声明加入北德意志联邦。11月15日起，德意志各邦的联盟定名为德意志联邦。12月9日，根据联邦国会的决定，改名为德意志帝国。1871年1月18日，在凡尔赛镜宫宣告德意志帝国正式建立。普王威廉一世成了德意志帝国的皇帝。俾斯麦任帝国宰相。1871年4月16日，帝国国会通过帝国宪法，5月4日，正式公布。根据宪法，德意志帝国由22个自由的君主国、3个自由市和1个帝国直辖市（阿尔萨斯—洛林）组成。德意志帝国的建立，标志德意志的统一最后完成。

1878年，柏林会议现场

19世纪60年代，德国统一的条件日益成熟，俾斯麦凭借自己手中的武装和暴力，大胆而狡猾地利用国际纠纷，走上了王朝战争的道路，开始对德国进行“自上而下”的统一了。

俾斯麦统一德国，是通过三次对外战争来完成的，是真正建立在“铁和血”的基础上的。1864年初，他首先挑起对丹麦的战争。战争的借口是，在丹麦与易北河之间，有丹麦国王领有的两个公国，一个是施勒斯维希，一个是霍尔斯坦。霍尔斯坦居民，基本上是日耳曼人，

1815年曾经加入德意志联邦。施勒斯维希南部是日耳曼人，北部是丹麦人。丹麦民族主义者企图吞并两公国，于是引起德国民族主义者的抗议。俾斯麦借助这个事端，开始发动了对丹麦的战争。他为了解决自己的后顾之忧，也把奥地利拉进了战争旋涡，结果，普、奥联军迅速打败丹麦主力。10月，交战双方签订了《维也纳和约》，丹麦被迫放弃两公国，由普鲁士占领施勒斯维希，霍尔斯坦为奥地利所攫取。俾斯麦在统一德国的道路上，迈出了胜利的第一步。

俾斯麦统一德国的第二步，是发动对奥地利的战争。这次普、奥之战，也叫"七星期战争"，是普、奥两国为争夺德意志领导权而进行的一场武装冲突。对丹麦战争结束以后，普奥两国之间的矛盾迅速激化。俾斯麦认为，"如果奥国不在战场上遭受失败，它不会允许普鲁士成为统一德意志的主宰"。为了准备对奥战争，俾斯麦首先拉拢意大利，与之签订同盟条约，而后又用甜言蜜语和诡诈伎俩稳住俄国租法国，取得他们不干涉德意志内部事务的保证。当他完成了这一切准备之后，开始对奥一再挑衅，要求奥国吐出霍尔斯坦，交给普鲁士管辖。1866年6月，普鲁士悍然出兵霍尔斯坦，普奥战争爆发。7月，在现在捷克斯洛伐克境内的萨多瓦村附近，两军决战，奥军惨败，普军逼近维也纳，奥方被迫请求法国调解。8月，双方签订《布拉格和约》，规定奥地利退出德意志联邦，承认普鲁士在莱茵河以北建立北德联邦，霍尔斯坦等地划归普鲁士管辖。奥地利从德意志联邦中终于被排挤出来了。俾斯麦在统一的道路上又前进了一步。

俾斯麦统一德国的第三步，是普法战争，北德联邦建立以后，南德的巴伐利亚、符腾堡、巴登和黑森四邦，还留在联邦之外，法国皇帝拿破仑三世把自己打扮成南德诸邦的保护人。他这样做，倒不是因为要主持什么正义，而是出自对法国利益的考虑。他想通过胜利的战争，来转移国内人们的视线，以保住自己摇摇欲坠的皇位。在俾斯麦的挑动下，1870年9月，法国向普鲁士宣战，普法战争爆发了。拿破仑三世狂妄地吹牛皮说：这场战争不过是一次"到柏林的军事散步"！9月2日，色当一仗，拿破仑三世被俘，德军直捣巴黎。反法战争的胜利，扫除了统一南德的障碍，德国统一事业的完成指日可待了。1871年1月18日，在法国凡尔赛宫成立了德意志帝国，宣告了德国的统一。

德意志的统一，是历史上的一个进步。它结束了德国长期分裂的局面，推动了资本主义经济的发展。俾斯麦统一德国的历史活动，虽然顺应了历史要求，应予肯定，但是他在这些活动中，充其量也只是一个不自觉地历史遗嘱的执行人。

巴黎公社

位于法国巴黎市东区的拉雪兹神甫公墓地区，耸立着一堵墙。墙上的花岗石浮雕再现了巴黎公社战士浴血奋战的悲壮情景：1871 年 5 月 27 日，公社战士在墓地上同凡尔赛匪徒进行殊死搏斗之后，最后在这堵墙垣下，迎着敌人的子弹，一个个刚毅不屈，视死如归，全部壮烈牺牲。这座墙就是震惊世界的公社社员墙。这是一座用公社烈士的血肉砌成的人类历史上第一个无产阶级政权——巴黎公社的纪念碑。从 1880 年起，每年 5 月最后一周，革命人民在此处集会纪念巴黎公社。

巴黎公社是怎样建立起来的呢？普法战争爆发后，法国所面临的民族矛盾和阶级矛盾更加尖锐。普鲁士军队长驱直入，侵占了法国三分之一以上的领土，野蛮屠杀法国人民，并从 9 月 19 日起，以二十万之众包围了巴黎。法国工人阶级坚决担当起抗击德国侵略，挽救民族危亡的任务。早在 9 月 4 日革命中，巴黎工人阶级在二十个区选出了区警备委员会，并由每个区选出四名代表组成二十区中央委员会。这是工人群众自己组织起来的政治组织，以监督政府抗战。当普鲁士军队逼近并包围巴黎时，巴黎人民纷纷起来，要求普遍武装人民，打退外来侵略者，保卫法兰西。在不到一个月的时间里，工人们组成了一百九十四个营的国民自卫军，共三十万人。1871 年 2 月中旬，工人武装又选出了自己的领导机关——国民自卫军中央委员会。

国民自卫军中央委员会的成立是一项具有决定意义的组织措施，因为“无产阶级专政的首要条件就是无产阶级的军队”。（马克思：《纪念国际成立七周年》，《马克思恩格斯全集》第 17 卷，第 468 页）2 月 24 日，通过了国民自卫军联合组织的章程，明确宣布国民自卫军今后应代替所有的常备军。3 月 15 日，国民自卫军中央委员会正式成立，瓦尔兰、阿西等第一国际的委员也当选为中央委员会委员。国民自卫军中央委员会实际上成为巴黎革命的政治领导者，“正是它在 3 月 18 日掀起了本世纪最伟大的革命。”（马克思《法兰西内战》，《马克思恩格斯选集》第 2 卷，第 408 页）巴黎工人在中央委员会的领导下，将可能落入敌人手中的大炮运集到工人住宅区，这些大炮是工人自己出钱铸造，为政府军队所弃散。蒙马特尔高地是他们的主要停炮场，那里停放着一百七十一门大炮。

与巴黎工人阶级英勇抗敌形成鲜明对照，“国防政府”却加紧了它的投降叛国活动。法国资产阶级害怕日益觉悟的工人阶级甚至害怕普鲁士强盗，因此，“国防政府在民族义务和资产阶级利益二者发生矛盾的时候，没有片刻的犹豫便把自己变成了卖国政府。”（马克思：《法兰西内战》，《马克思恩格斯选集》第2卷，第354页）政府首脑特罗胥口头上叫嚷“永不投降！”外交部长法夫尔也发誓“决不会让出一寸领土！”他们背地里却同俾斯麦密商投降条件。普遍武装起来的巴黎无产阶级同资产阶级反动政府之间的对立日益尖锐地暴露出来。巴黎公社革命前，在不到半年的时间里，巴黎人民就举行过两次武装起义。第一次是10月31日的起义。10月27日，被包围在麦茨要塞的法国巴赞元帅带领十七万大军不战而降。消息传来，群情激愤。10月31日，巴黎爆发推翻“国防”政府的起义。工人们占领了市政厅，逮捕部分政府成员，并曾试图建立公社。但起义遭到反动政府的镇压。1871年1月22日巴黎工人再次举行起义，“国防”政府竟开枪屠杀国民自卫军和革命群众几十人。这两次起义虽然都失败了，但它是无产阶级革命武装与资产阶级反革命武装间的公开对抗，是无产阶级变对外战争为国内革命战争的初次尝试。

1871年1月28日，“国防”政府向德军公开投降，签订停战协定。正规军被解除了武装，但国民自卫军牢牢地保持着自己的枪械和大炮。接着，资产阶级的反动政客、工人阶级和社会主义的死敌梯也尔，被捧上了政府首脑的职位。这是一个背信弃义、卖身变节的老手，私人生活和社会生涯同样卑鄙龌龊。马克思说：“他的社会活动编年史就是一部法国灾难史。”（马克思：《法兰西内战》，《马克思恩格斯选集》第2卷，第357页）梯也尔上台后加快了卖国投降的步伐，很快同德国订立了屈辱的和约草案（割让阿尔萨斯全省、洛林省一部分，赔款五十亿法郎），以便腾出手来对付他所面临的革命风暴。

武装的巴黎工人是梯也尔政府实现其卖国投降和反革命阴谋的惟一严重障碍。因此，梯也尔上台后的第一件事，就是千方百计阴谋解除工人武装。可是，梯也尔清楚知道，单凭他手下不到3万人的反动军警，要去解除30万人的工人武装并非容易，因而他们采取了偷袭的手段，而且把从工人手中夺取大炮作为其实现反革命阴谋的第一步。

1871年3月18日凌晨三时，梯也尔的反动军队鬼鬼祟祟地向巴黎工人居住区出动。巴黎卫戍司令维努亚亲自率领一大队市警和几个常备军团，向国民自卫军的战略要地蒙马特尔高地进发。将近五时，这队人马到达蒙马特尔，杀害了守卫在那里的几名国民自卫军战士。当他们正从高地上往下拖曳大炮时，被警觉的蒙马特尔妇女发现了，她们敲起警钟，工人和居民立即涌向街头。拖曳大炮的敌军受到国民自卫军的阻截。妇女包围了梯也尔的士兵，勒住了马缰，小孩抓住大炮的车轮，不让敌人将大炮拖走。他们一起谴责反动军官，向士兵愤怒质问："是不是想把大炮送到柏林去？是不是要向你们的弟兄、我们的丈夫、孩子开枪？"士兵们被问得无话可说，抬不起头来，最后终于将枪口朝下，拒绝射击。反动军官勒康特一连四次下令士兵开枪，觉悟过来的士兵非但不执行命令，而且把他逮捕起来。最后，勒康特和另一名血债累累的反动军官托马被自己的士兵所枪决。敌军瓦解了，大炮被放回原来的位置，梯也尔的阴谋破产了。

既然梯也尔用夜袭蒙马特尔发动了内战，巴黎工人阶级便决定以武装起义来回击。一场无产阶级和资产阶级之间的生死搏斗开始了。上午十一点钟，根据国民自卫军中央委员会的命令，瓦尔兰率领部队开入蒙马特尔。在许多区，国民自卫军的营队迅速占领了区公所、兵营和政府机关，并着手建筑街垒。

人民武装很快向市中心推进。下午二时半，国民自卫军中央委员会举行临时会议，决定领导已开始的巷战，并立即下令占领陆军部、市政厅和其他政府大厦。反动军队被打得人仰马翻，溃不成军。那些资产阶级官老爷眼看自己快要完蛋了，争先恐后地逃往法国的旧王宫——凡尔赛（距巴黎二十三公里）。卫戍司令维努亚和他的参谋部丢下三个步兵团、六个炮兵连以及大批枪弹、辎重，狼狈逃跑。外交部长法夫尔在"我们被大家抛弃了，谁也不支持我们！"的哀叹声中逃之夭夭。梯也尔如同丧家之犬，连自己家里都没来得及告诉，就从市政厅侧面的楼梯溜出去，跳上一辆马车，向凡尔赛急驰而去。一路上他不时地把头伸出车窗外，生怕国民自卫军追来抓他，用他那沙哑的嗓子喊道："快点跑！快点！快点！"昔日作威作福的达官权贵、巨亨富商，个个丧魂落魄，夹着尾巴溜出巴黎城。

晚上八点钟，国民自卫军占领了市

政厅，一面鲜艳的红旗从市政厅的屋顶上冉冉升起。顿时，起义工人和人民群众的欢呼声响彻云天，震撼整个巴黎城。巴黎工人的武装起义胜利了。实际上成为临时革命政府的国民自卫军中央委员会，在起义的当天发出宣言，庄严宣告："巴黎的无产者，目睹统治阶级的失职和叛变行为，已经了解到，由他们自己亲手掌握公共事务的领导以挽救时局的时刻已经到来……他们已经了解到：夺取政府权力以掌握自己的命运是他们必须立即履行的职责和绝对的权利。"并宣布即将通过选举成立公社，在选出公社后，把政权移交给它。

3 月 26 日，举行了巴黎公社的选举。巴黎劳动人民第一次行使自己的神圣权利，选举产生一个真正代表人民利益的无产阶级政权。男女公民象庆祝节日一样涌向自己的选区，踊跃参加投票。公社是由巴黎各区普选产生的城市代表组成的。共选出八十六名公社委员。资产阶级选区选出的二十一名资产阶级分子不久即退出。缺席当选的老革命家布朗基，在 3 月 18 日革命前就在外省被梯也尔反动政府逮捕，关在凡尔赛狱中。公社委员最初只有六十四人。其中有工人二十七人，如装订工瓦尔兰，翻砂工杜瓦尔，首饰工弗兰克尔都是公社著名的领导人，此外，有职员八人，新闻记者、医生等自由职业者二十九人。革命诗人、后来的《国际歌》歌词的作者欧仁·鲍狄埃也是公社委员。从政治派别看，在全部公社委员中，以布朗基派人数最多，其次是蒲鲁东派，还有一些小资产阶级民主派。布朗基派和小资产阶级民主派合起来被称为是"多数派"，蒲鲁东派被称为是"少数派"。公社委员会是由工人和被公认为可以代表工人的人组成的。马克思指出："公社的真正秘密就在于：它实质上是工人阶级的政府。"（马克思：《法兰西内战》，《马克思恩格斯选集》第 2 卷，第 378 页）

3 月 28 日，隆重举行了巴黎公社的成立大会。市政厅大楼前面搭起了一个很大的主席台，几十万巴黎人民从四面八方聚集到广场上，欢呼这次革命的伟大胜利。国民自卫军荷枪实弹，刀光闪闪，在雄壮的乐曲声中高举红旗列队进入会场。男子把帽子扔向天空，妇女挥舞头巾，巴黎人民从来没有这样兴奋过。下午四时，当主席台上宣布当选的公社委员名单，宣告公社正式成立时，"公社万岁！"的呼声响彻云霄，礼炮齐鸣，欢声雷动。人类历史上第一个无产阶级的政权就这样诞生了！

概况

1870年，普鲁士和法同正式宣战，普法战争爆发。双方发动战争的原因是：俾斯麦从1860年开始已经统一了大部分德意志领土，但是只有罗马还处于法国驻军的保卫之下，因此它企图通过战争来建立一个由普鲁士领导的统一德意志帝同，最终称霸欧洲；而法国则不希望看到一个统一强大的欧洲大国，因此当时的拿破仑三世希望通过战争阻止德意志的统一，扩大法国在欧洲大陆的势力范围。另外，由于拿破仑三世上台后国内阶级矛盾激化，为了摆脱困境，他企图发动对普鲁士的战争，以转移人民的视线，缓解国内的矛盾。

巴黎公社墙成为历史永远的叹息

普法战争的导火线，是西班牙王位继承问题。1868年，西班牙革命推翻了女王的统治，王位虚悬，西班牙议会决定让普鲁士国王威廉一世的堂兄利奥波德继承王位。俾斯麦对此建议非常赞同，只要控制了西班牙，就可以置法国于背腹受敌的境地。拿破仑三世对俾斯麦和西班牙的做法感到极为惊恐，并邀请普鲁士国王进行谈判。普王基本上都拒绝了拿破仑三世提出的几个要求，并将谈判的结果以平和的语气传给了俾斯麦。

俾斯麦决定要和法国交战，但是又不能主动发起战争。因此，他对普王传来的文件进行了修改，使其含有侮辱法国之意，然后在报纸上发表。法国见报纸后，觉得法国受到了侮辱，就于1870年7月19日向普鲁士宣战。普法战争正式爆发。

普法战争爆发后，马克思为国际总委员会起草的《关于普法战争的第一篇宣言》指出：拿破仑三世企图通过战争来延长他的统治，这场战争对法国而言是侵略性的，对普鲁士而言则是防御性的。同时，马克思号召法国工人起来反对这场侵略战争，并且预言俾斯麦将把防御性转变为掠夺性战争。因此，《宣言》号召法国和德国无产阶级加强团结，根绝一切战争。

战争开始后，法军屡次败北，主力被分割为两部分：一部分法军被围困在麦次要塞；拿破仑三世指挥的另一部分部队逃到色当要塞。9月1日，20万普军包围了色当，并且发动色当战役，法军惨败。次日，拿破仑三世率领86000名法国官兵投降,自己也成了普军的俘虏。

色当战役的结果激怒了法国人民。9月4日,巴黎工人、市民和国民自卫军包围了政府大厦,宣布推翻帝制,恢复共和,成立了法兰西第三共和国。当天,前立法院议员中的几个保皇分子和共和派组成临时政府,并且自称为“国防政府”。但是实际上,“国防政府”,正准备向普鲁士投降。

激愤的巴黎公社社员把拿破仑·波拿巴的塑像推翻在地

普法战争色当惨败后,法军全面崩溃。由于“国防政府”的不抵抗政策,普军长驱直入,不久便侵占了法国1/3以上的领土,不久就包围了法国首都巴黎。对于普鲁士的入侵,法国人民纷纷拿起武器,并于9月底成立了194个新营国民自卫军,其中主要是工人、手工业者和城市贫民,成为当时捍卫巴黎的主要力量。“国防政府”虽然口头上叫嚷坚决抵抗,并且高喊“永不投降”、发誓“决不让出一寸土地”,但是政府首脑却从背后暗通俾斯麦,商量投降条件。

10月27日,法国10万军队向普军投降。巴黎无产阶级坚决反对法军的投降行为,并于10月31日和次年1月22日发动了两次起义,但最终都被临时政府镇压。为了借助普鲁士军队来镇压国内起义,“国防政府”同普鲁士政府签订了丧权辱国的临时停战协议,条件是:法国解除正规军武装,交付2亿法郎赔款,并限期召开国民议会,批准普鲁士提出的“和约草案”。

次年2月21日,法国国民会议在波尔多召开,宣布组成以梯也尔为首的政府。梯也尔上台后,为了镇压巴黎的群众运动,加快了和普鲁士谈判的速度,26日同普鲁士签订了和约,规定:法国赔款50亿法郎,割让法国阿尔萨斯全省和大部分洛林地区给普鲁士。这个条约的签订,使法国人民感到受到了莫大的侮辱。因此,巴黎无产阶级推翻资产阶级政权,实现无产阶级革命的任务,被提上了日程。

1871年2月中旬,工人武装选出了“国民自卫军中央委员会”来领导法国的工人运动。梯也尔上台后,首先必须解除国民自卫军拥有的武装。3月17日夜,梯也尔举行秘密军事会议,计划先夺取国民自卫军的大炮弹药,然后逮捕中央委员会首脑。会议结束后,政府军队就开始了占领国民自卫军的停炮场、

巴黎公社在麦罗特港设置的军事障碍，遭凡尔赛反动军破坏

工人居住区和交通要道的行动。

1871 年 3 月 18 日凌晨，梯也尔派了 3 万多军队去偷袭国民自卫军的主要战略要地蒙马特尔高地，那里停放着自卫军的大部分大炮。当反动军打死国民自卫军的巡逻队，要拖走大炮时，被一群妇女发现，并且拦住政府军，严厉谴责反动军官和士兵："你们投降卖国，交出你们自己的武器弹药还不够，还要偷我们大炮送给德国鬼子，你们还有良心没有？还知道不知道什么是耻辱？你们是不是还要向自己的弟兄、孩子们开枪？"

士兵们被问得无言以对，虽然军官多次下令枪毙这些妇女，但是士兵们拒绝执行命令，并且还逮住了带队的军官，然后加入了国民自卫队。

蒙马特尔事件使巴黎工人惊醒了过来，他们明白只能通过武力来推翻反动政府。上午 10 点左右，国民自卫军的八九名中央委员集合到一所小学里，发出命令，指挥起义。然后，国民自卫队官兵迅速占领了区公所、兵营及政府机关，向市政厅进发，并开始修筑工事。到下午的时候，自卫队占领了陆军部、市政厅和其他政府机构。经过奋力作战，国民自卫军占领了警察局、政府军参谋部、巴黎圣母院等。梯也尔的军队根本抵挡不住国民自卫军的进攻。下午 3 点左右，梯也尔匆忙带着一队骑兵逃往凡尔赛。

在占领了市政厅之后，国民自卫军中央委员会当即向世界宣告："巴黎的无产者，目睹统治阶级的失职和叛变行为，已经了解到了由他们亲手掌握公共事务的领导以挽救时局的时刻已经到来。他们了解到,夺取政府权力以掌握自己的命运是他们必须立即履行的职责和绝对的权利。”

3月26日,巴黎举行公社选举。巴黎人民第一次真正享受到了民主权利。28日,20多万巴黎民众聚集在巴黎市政厅前的广场上,欢呼巴黎公社正式成立。成千上万的人们欢呼着,庆祝自己的伟大胜利。

巴黎公社成立之后,公社从无产阶级和劳动人民的根本利益出发,实施了大量政治、军事、经济和文教方面的革命措施。包括:

废除资产阶级议会制度,建立了公社委员会,下面设置相当于政府各部的9个委员会——军事、政治、粮食、司法、财政、对外关系、社会服务、教育以及劳动与交换委员会等。此外,还设置了执行委员会,以监督各委员会所颁布的法令的实施。

废除资产阶级官僚制度,实行民主集中制,采取民主选举制度。公社的选举体现了真正的民主原则:选举不受任何限制,是名副其实的普选制;选举程序简便;实行无记名投票,不许任何人干预选举。不但公社的最高权力机关是通过民主选举选出的,而且公社所属单位——工厂企业的负责人、国民军各级领导人、司法部门的工做人员也都是通过选举产生的。

取消原来的官员高薪制,规定最高薪金限额,并提高低工资。在拿破仑三世时,高级官员的薪金收入与一般职员、工人的收入相比,相差非常大。拿破仑三世本人每年领取2500万法郎的皇帝赡养费。一个外交部长的年薪为13万法郎。梯也尔的年薪高达300万法郎。但是,一个铁路粗工年工资只有540法郎,普通工人和低级职员的年工资也只有800法郎到1400法郎。公社成立后,公布了最高薪金额的法令:各市政机关职员所得的最高薪金每年为600法郎。

在社会经济方面,公社没收逃亡资本家的工厂,并转交工人合作社;把逃亡资本家的住宅分给无住房的工人;颁布“禁止任何机构收取罚金或者任意克扣工人工资”的法令;取消面包工人夜班制;禁止当铺拍卖过期的典当物品,凡在20法郎以下的物品,一律无条件地退还原主;成立救济贫民的专门机构,设立劳动就业登记处。

在文化教育方面,公社也采取了一些革命性的措施:实行“学校和教会分离,并且开办世俗学校”,把教士和修女一律驱出学校;实行全民教育、职业教育和免费教育,兴办职业学校,实行男女教师同工同酬；成立俱乐部，开放图书馆。

这些措施，都体现了无产阶级政权的基本特征，也是巴黎公社的伟大创举。虽然这些措施在战争年代没有全面实行，但是还是在短时间内改变了巴黎的面貌，“第二帝国那个荒淫无度的巴黎已经消失的无影无踪了”。

巴黎公社成立后，资产阶级惊慌失措，他们纷纷逃离巴黎，奔向不远的凡尔赛。同时，这个世界上第一个无产阶级政权也遭到了其他国家的反对，沙皇亚历山大、俾斯麦、美国大使等，自公社诞生第一天起，就打算将它扼杀在摇篮里。

由于缺乏兵力，梯也尔派亲信到德国阵地面见了俾斯麦，要求放回被德军俘虏的十几万法军，这个要求得到了俾斯麦的同意。而且，俾斯麦还允许反动军经过德军防线，从北面进攻巴黎。

梯也尔纠集了大量军队后，巴黎公社就陷入了敌人的包围之中，东面和北面普军15万大军压境，西面和南面则有梯也尔军队伺机反扑，形势对公社极为不利。但是公社却对此局势估计不足，疏于防范。4月2日清晨，凡尔赛军开始炮轰巴黎，从巴黎西面发动进攻。公社2000名战士和5倍于自己的敌军激战数小时后，放弃了讷伊桥等阵地。

起义军对巴黎外围的防御力量非常薄弱，由于战线过长，兵力分散，所有伤亡都难以得到有效的兵源补充，因此公社方面损失惨重。即使这样，由于起义军战士的顽强抵抗，梯也尔军队因不知虚实也不敢贸然入城。直到5月21日中午时分，敌军才在一个奸细的指点下潜入防范不严的圣克鲁门攻进城内。从此，巴黎开始了可歌可泣的浴血战斗。

为了保卫公社，巴黎工人和广大群众拿起武器，并且筑起了几百个街垒。在塞纳河左岸，公社战士与敌军进行白刃战，直到被敌包围，才撤过塞纳河。在市中心，妇女、儿童与公社战士并肩作战，抗击敌人的轮番进攻。但由于众寡不敌，5月22日，梯也尔军队的12个师约10万人进占了巴黎大部分市区，全城1/4地区落入敌人手中。23日，凡尔赛一部分军队通过德军驻地，由北部和东北部侵入巴黎市内，蒙马特尔高地的公社军将领不幸壮烈牺牲。24日，公社领导机关的所在地市政府失守，战斗转移到东部工人住宅区。

27日，敌军开始围攻最后两个工人区，在拉雪兹神甫墓地200名公社战士与5000名凡尔赛士兵展开肉搏，战至傍晚，大部分公社战士壮烈牺牲或者被俘。不久，敌军又从远处押来一批批公社战士，准备在这里把他们全部屠杀。随着

“公社万岁”的呼喊，敌人的枪响了，战士们一排排倒了下去。战士全部被枪杀在墓地的一堵墙前。这堵墙后来被称为“公社社员墙”。

从5月21日到28日，巴黎公社的社员战士和巴黎工人们，为了捍卫公社的胜利果实，与敌人进行了一周的激战，这就是世界历史上有名的“五月流血周”。

梯也尔重新占领巴黎后，对工人和革命者进行了极为残酷的大屠杀：凡是右肩上有枪带痕迹的杀，凡是穿着国民自卫军制服标志的杀，国民自卫军的伤员和医生杀，有嫌疑的妇女和儿童杀，在教堂避难的人、俘虏杀。凡尔赛军先后在巴黎杀死了3万人，逮捕了5万人，巴黎居民减少了10万。

巴黎公社是无产阶级推翻资产阶级统治、建立无产阶级专政的第一次尝试，国际共产主义运动因巴黎公社而揭开了新篇章。此后，无产阶级在巴黎公社的感召下，举行了一次又一次的起义，开创了世界历史的新纪元。公社的选举、监督、罢免和民主集中制度，是无产阶级政权的最初特征，为后来社会主义制度的建立提供了参考。马克思说：“工人阶级反对资本家阶级及其国家的斗争，由于巴黎人的斗争而进入一个新阶段。不管这件事情的直接结果怎样，具有世界历史意义的新起点毕竟是已经取得了。”

第一次建立无产阶级政权的尝试

巴黎公社是1871年法国无产阶级建立的工人革命政府，也是世界历史上第一个无产阶级专政的政权。巴黎公社起义是1871年3月18日至5月28日，巴黎工人阶级在广大民众的支持下，为推翻资产阶级的统治，建立无产阶级国家政权而进行的一次武装斗争。它以无产阶级推翻资本主义制度的具有世界意义的第一次演习，载入了史册。

1. 法国战败和巴黎起义

导致巴黎公社起义的直接原因是法国在普法战争中的惨败。1870年9月2日，被围困在色当的法王路易·波拿巴下令投降，帝国也就随着皇帝的投降而崩溃。9月4日，巴黎爆发革命，宣布成立第三共和国。由资产阶级共和派和奥尔良派分子组成的新政府，自称为“国防政府”。普鲁士并不满足于色当的胜利，继续大举进攻法国。9月19日，普军包围巴黎。为了保卫巴黎，巴黎工人阶级建立了194个营的国民自卫军，人数达30万人，由工人自己选举产生的国民自卫军中央委员会领导。这是一支与“国防政府”对立的政治力量。国防政府的首脑梯也尔就是1848年镇压巴黎六月起义的同谋，而当年起义的幸存者大多又参加了巴黎的工人武装。

这时，普军继续向法国内地推进，但"国防政府"不顾国家民族利益，与敌人屈辱求和，妄图把巴黎交给敌人，利用敌人之手镇压人民革命。于是普军得以长驱直入，包围巴黎，占领了法国三分之一以上的国土。10月27日，17万法军向普鲁士投降。

1871年1月28日，"国防政府"同普鲁士签订了割地赔款的停战和约。2月17日，奥尔良党人首领梯也尔上台。由于与普鲁士达成妥协消除了后顾之忧，法国资产阶级便集中全力来对付国内无产阶级特别是巴黎的工人武装，以图巩固自己的统治地位。1871年3月18日凌晨，资产阶级政府派军队偷袭蒙马特尔高地，企图一举夺取困民自卫军集中在那里的大炮，逮捕中央委员会成员。

当时，巴黎的国民自卫军有417门大炮，分别集中在蒙马特尔高地和梭蒙高地等地。3月18日凌晨5时，政府军一个团占领了蒙马特尔停炮场。枪声惊醒了附近居民，大炮被抢的消息迅速传开。该区的国民自卫军战士立即集合起来，包括许多妇女、儿童和老人在内的人民群众也随同一起拥上蒙马特尔高地。政府军士兵发生哗变，与人民群众联合行动，逮捕了反动军官、警察和宪兵。偷袭梭蒙高地的政府军也未能迅速把大炮拖走，很快就被赶到的国民自卫军击溃。

巴黎各地特别是工人区爆发的武装起义迅速展开。国民自卫军和人民群众自动拿起武器，建筑街垒，布置岗哨，派出巡逻队，集中分散的大炮。中央委员会采取紧急措施领导武装起义，占领了部分地区、中午以后，国民自卫军开始越出本区，向巴黎市中心挺进，起义由防御转入进攻。22时许，国民自卫军进入市政厅，升起红旗。至此，中央委员会掌握了巴黎全城，武装起义推翻了梯也尔政权，取得了伟大成功。梯也尔反动政府匆忙逃往巴黎城郊的旧王宫——凡尔赛宫。

2. 建立第一个无产阶级政权

3月26日，巴黎公社进行了普选，一大批工人、社会主义者和国际主义者参加了巴黎公社领导机构，一个崭新的无产阶级国家政权诞生了。

巴黎公社一开始就认识到，工人阶级一旦取得政权，就不能继续运用旧的国家机器来进行管理。他们一方面铲除全部旧的、一直被用来反对工人阶级的压迫机器；另一方面为了防范社会公仆变为社会主人,采取了两个可靠的办法。第一,公社把行政、司法和教育方面的一切职位交给由普选选出的人担任,而且规定选举者可以毫无例外地随时撤换被选举者。第二,公社对所有公务员,不论职位高低,都只付给跟其他工人同样的工资。

巴黎公社成立大会

巴黎公社虽然存在的时间很短,但确实做到了“人民作了主,公仆都姓公”。公社委员会对人民负责,受人民监督;它制定法律,又负责执行法律;它既是代表人民利益的权力机关,又是效率极高的工作机关。在公社委员会内部实行民主集中制,一切重大决策和法令都由集体讨论决定,在充分展开讨论和争论的基础上,按照少数服从多数的原则形成决议。公社委员和各区工做人员以身作则,废寝忘食地为人民服务。他们在最困难、最复杂的情况下,公开地、朴实地、光明正大地进行工作,不自以为是,不埋头在文牍主义的办公室里,不以承认错误为耻而勇于改正。

巴黎公社成立后的两个月里施行了许多具有深远影响的重大措施:宣布公社委员会是取代旧政府的惟一政权,新建10个委员会以取代过去政府的各部;取消征兵制和常备军,宣布以工人为主体的国民自卫军是惟一的武装力量;实行民主选举与群众监督相结合的民主制度;废除高薪,实行兼职不兼薪的制度。公社还颁布了一系列保护劳工的法令。这些措施为无产阶级政权建设提供了宝贵经验,丰富和发展了科学社会主义理论。

3. 巴黎公社的失败

这时,逃往凡尔赛的梯也尔政府并没有足够的实力来对付巴黎公社。但公社却没有乘胜追击,直捣反革命巢穴。为了夺回巴黎,梯也尔不惜与民族仇敌勾结,与普鲁士签订了《法兰克福和约》。普鲁士答应放回十万名法国战俘,并同意凡尔赛军可通过普军阵地去进攻巴黎。梯也尔将军队整编为2个军,加上普军后来释放的战俘,约11万人,与东面和北面的普军对巴黎形成了包围。

公社方面仅有1.6万作战部队和4.5万预备部队。虽然拥有1200门大炮,但由于组织不善,能够配置使用的只有200门,且缺少熟练炮手。但为了保卫革命成果,公社战士与敌人浴血奋战。4月7日,凡尔赛军队依仗优势炮火攻占了讷伊桥和附近据点。巴黎城防司令东布罗夫斯基率领西线5000名装备很差的部队,同9倍于己的敌人激战。17日,250名公社战士在贝康城堡抗击5000名敌军进攻达6个小时。21日,在讷伊方向坚守的公社战士日夜作战,与敌人展开肉搏,击退了强渡塞纳河之敌。在南线,凡尔赛军为夺取伊西和旺夫炮台,不惜用数百门重炮轰击炮台,公社战士为守卫炮台顽强战斗。

到4月底,公社守住了巴黎西线和南线,给凡尔赛军以大量消耗。5月初,公社调整了巴黎防御部署,东布罗夫斯基指挥第一军在西线抗击敌6个步兵师和1个骑兵队的猛攻,公社战士充分利用5辆装甲车和塞纳河上的10艘炮艇与敌厮杀,不仅以少量兵力顶住了敌军主力的进攻,而且支援了南线作战。5月3日夜,防守木兰—萨克多面堡的第五十五营军官叛变,敌军突然占领了南线这个主要据点,数百名公社战士阵亡或被俘。接着凡尔赛军发起全线总攻,8日伊西炮台失守。公社虽在此时加强了军事指挥,但大局已难挽回。13日旺夫炮台被攻克。在西线,8000名连续作战、疲惫不堪的公社战士与8万名装备精良的敌人作战,有时还主动出击。但从5月17日起,凡尔赛军集中重炮开始猛轰巴黎,并集中了13万人准备进攻巴黎。

5月21日下午,凡尔赛军从圣·克卢门进入巴黎,一场震撼世界的流血大巷战开始了。为保卫公社政权,巴黎无产阶级和广大人民群众奋起抗敌,他们在街道和广场筑起街垒,不论男女老少,人人拿起武器同敌人进行殊死的战斗。22日拂晓,敌军12个师约10万人进占了巴黎大部分市区。25日,公社战士同敌人展开了激烈战斗。在塞纳河左岸,公社战士与敌人进行白刃战,直到被敌包围,才撤过塞纳河。27日,敌军开始围攻最后两个工人区,在拉雪兹神甫墓地200名公社战士与5000名凡尔赛士兵展开肉搏,战至傍晚,大部分公社战士壮烈牺牲,被俘战士全部被枪杀在墓地的一堵墙前。这堵墙就是永为世界无产阶级纪念的"公社社员墙"。28日16时,公社战士坚守的最后一个街垒被攻克。

梯也尔政府对公社社员进行了血腥镇压,大屠杀整整持续了一个多月,二万人未经审讯就被枪杀,加上在战斗中牺牲的，总计死难了三万多人，逮捕、监禁、流放、驱逐的人达十万以上。巴黎公社虽然只存在了两个多月的时间，但它是无产阶级推翻资产阶级统治、建立无产阶级专政的一次伟大尝试。

巴黎公社起义是一个划时代的伟大革命，是无产阶级推翻资产阶级统治，建立无产阶级国家政权的第一次总演习，为无产阶级国际共产主义运动提供了丰富而宝贵的经验。公社战士高昂的革命斗志永远激励着世界无产阶级起来进行斗争。它的经验教训更是世界无产阶级革命的宝贵财富。

鲍狄埃和他的《国际歌》

"起来，饥寒交迫的奴隶
起来，全世界受苦的人
满腔的热血已经沸腾，
要为真理而斗争！
……"

每当我们听到这气势磅礴，庄严雄伟的《国际歌》时，很自然地会联想起这首歌词的作者——法国著名的无产阶级诗人和战士欧仁·鲍狄埃。

1816 年 10 月 4 日，欧仁·鲍狄埃生于法国首都巴黎。鲍狄埃出身于贫穷的工人家庭。他的父亲是包装工人，母亲是劳动妇女。鲍狄埃的整个一生是在贫穷中度过的，他从十三岁起就跟父亲到包装厂劳动，后来当绘图工，靠绘制印花布图样维持生活。

鲍狄埃生活在无产者的环境中，他熟悉、了解和同情这些深受阶级压迫和剥削的无产者，立志献身于无产阶级的解放事业。他以顽强的毅力自学，抓紧一切工余时间，阅读他所喜欢的书籍。法国大诗人贝朗瑞（1780—1857 年）和著名的空想社会主义者傅立叶（1772—1837 年）的作品，是他在青少年时代最喜爱的读物。

鲍狄埃的诞生地巴黎，是一个不断受到革命暴风雨洗礼的历史名城。在这里，鲍狄埃经历了或亲自参加了声势浩大的革命运动：1830 年的"七月革命"，1848 年的"六月起义"，1871 年的"巴黎公社革命"。鲍狄埃是在革命环境中成长的，阶级斗争的暴风骤雨深刻地影响了这个渴望追求真理的年轻无产者，使他在政治上日益成熟，终于把他锻炼成为坚定的无产阶级的先锋战士。

1815 年 6 月，拿破仑·波拿巴的法兰西第一帝国垮台了，波旁王朝在法国复辟。在长达十五年的复辟时期，以波旁王朝为核心的封建贵族势力，不仅残酷压迫剥削劳动人民，而且竭力剥夺资产阶级的政治权力，终于导致 1830 年

"七月革命"的爆发。在这场革命中,法国大资产阶级利用劳动人民的力量,推翻了波旁的封建复辟王朝。

当七月革命爆发时,鲍狄埃虽然只有十四岁,但已经是一个勇敢的反封建小战士,他高喊"打倒波旁,自由万岁!"的口号,再三要求参加起义队伍,因为岁数小才被阻止。鲍狄埃于是转而用笔杆参加战斗,他写了一首题为《自由万岁!》的诗歌,去鼓舞人民的斗志。他的处女作受到人们的欢迎和赞扬。第二年,他的一本诗集《年轻的诗神》出版了。鲍狄埃的诗歌创作从写政治诗开始,同人民的革命斗争紧密结合始终成为他的诗歌的主要特色。

七月革命后,法国大资产阶级篡夺了革命的胜利果实,建立了七月王朝。法国大资产阶级统治地位的确立,以及七月王朝时期法国工业革命所取得的显著成就,使法国资本主义生产力空前提高,同时也使资产阶级和无产阶级之间的矛盾激化,上升成为法国社会的主要矛盾。残酷的剥削,悲惨的生活,迫使无产阶级走上反抗的道路。从三十年代起,法国各地工人起义和罢工斗争,此伏彼起。1831 年和 1834 年的两次里昂工人起义,标志着法国工人阶级已经以战斗的姿态登上历史舞台。

在这个时期,法国的工人运动深受傅立叶的空想社会主义和巴贝夫的平均共产主义的强烈影响。鲍狄埃也受到这些思潮的极大影响。特别是巴贝夫关于用革命手段实现平均的共产主义社会的思想,象磁铁一般吸引了鲍狄埃。1840 年,鲍狄埃发表了《是人各一份的时候了》,这首诗实际上是用诗歌的形式表述了巴贝夫的平均共产主义思想。它是鲍狄埃从一个共和主义者转变成为社会主义者的转折点。从此,鲍狄埃"就用自己的战斗歌曲对法国生活中所发生的一切巨大事件作出反应,唤醒落后的人们的觉悟,号召工人团结一致,鞭笞法国的资产阶级和资产阶级政府。"(列宁:《欧仁·鲍狄埃》,《列宁选集》第 2 卷,第 435 页)

1848 年 6 月,巴黎爆发了震撼欧洲的六月起义。六月起义是无产阶级反对资产阶级的第一次大搏斗。鲍狄埃满怀革命激情,奋不顾身地参加这场战斗,险些牺牲在敌人的枪弹之下。由于敌我力量悬殊,这次起义被资产阶级残酷镇压了。在六月起义失败后的第五天,鲍狄埃写了《一八四八年六月》,愤怒地控诉资产阶级对无产阶级的惨无人道的血腥镇压。但是,这时鲍狄埃毕竟还不是一个马克思主义者,因此他的这首诗悲愤多于抗争，缺乏鼓舞力量，更未能向刚刚遭到沉重打击的工人群众指出革命的前景。

1871 年 3 月 18 日，巴黎无产阶级发动了伟大的革命，成立了巴黎公社，第一次掌握了政权。在巴黎公社时期，鲍狄埃被选为公社委员。在三千六百零一张选票中，有三千三百五十二张票是选他的。鲍狄埃以充沛的革命热情，带病忘我地工作。作为公社委员，鲍狄埃担任了多种社会工作：参与公社的决策；具体负责第二区的领导工作；防备敌人的阴谋破坏；争取社会各阶层对公社革命的支持和同情；领导工人协会联合会和艺术家协会联合会等等。总之，他对第一个无产阶级政权作出了卓越的贡献。

公社在凡尔赛反动军队的镇压下，只存在了七十二天。公社失败后，白色恐怖笼罩了整个巴黎，巴黎变成了凡尔赛军队屠杀革命者的大屠场。从杀人场流出的鲜血，流进塞纳河，把大片河水染红了。鲍狄埃被迫转入地下，逃避敌人的搜捕。这时，残酷的阶级斗争已经把鲍狄埃锻炼成为成熟老练和刚毅坚强革命战士。新生的无产阶级革命政权的暂时失败，敌人野兽般的反攻倒算，许多战友相继倒在血泊里，使他怒火中烧，热血沸腾。鲍狄埃满怀深沉的阶级仇恨，写了一首诗，表达了无产阶级永不屈服，一定要最后消灭世界上一切剥削阶级的气壮山河的誓言。

“一切归劳动者所有，
哪能容得寄生虫！
最可恨那些毒蛇猛兽，
吃尽了我们的血肉。
一旦把它们消灭干净，
鲜红的太阳照遍全球！

这是最后的斗争，
团结起来，到明天，
英特纳雄耐尔
就一定要实现。”

1888 年 6 月 16—18 日，法国工人作曲家狄盖特（1848—1932 年）怀着满腔的无产阶级激情，为欧仁·鲍狄埃的《国际歌》谱写了歌曲。《国际歌》曲谱完成后，迅即在法国工人群众中唱开了，并且付印出版。《国际歌》像长了翅膀，从法国越过千山万水，唱遍了全世界，成为全世界无产者争取解放的嘹亮战歌。它使一切剥削阶级闻风丧胆，并预感到自己末日的到来。

《国际歌》是伟大的巴黎公社的产儿，是巴黎公社历史经验的艺术总结，是巴黎公社思想的传播者。

《国际歌》标志着鲍狄埃具备了科学社会主义的世界观，标志着他的艺术创作达到了前所未有的新高度。

1871 年 6 月以后，鲍狄埃先后流亡英国和美国，直到 1880 年法国资产阶级政府被迫宣布大赦公社流亡者，鲍狄埃才重返巴黎。在流亡期间，以及重返祖国以后，鲍狄埃虽然体弱多病，仍继续用笔进行战斗，写了大量诗歌。在鲍狄埃晚期的诗歌创作中，“巴黎公社万岁！”成为他的诗歌的主题。他永不衰歇地、始终充满激情地歌颂巴黎公社，宣传公社思想，鼓舞无产阶级为实现公社的理想而奋斗。著名的长诗《美国工人致法国工人》(1876 年)，以及《巴黎公社》、《巴黎公社走过这条路》、《巴黎公社社员纪念碑》、《它还没有死》、《起义者》、《纪念一八七一年三月十八日》等等，都倾注了鲍狄埃对巴黎公社事业的无限热爱、希望和信心。

1887 年 11 月 6 日，鲍狄埃在巴黎逝世，享年七十一岁。巴黎劳动人民为自己的歌手举行了隆重的葬礼，把他的骨灰送到拉雪兹神甫墓地，与壮烈牺牲的公社战士的遗体埋葬在一起。在葬礼进行过程中，警察企图夺取红旗，与人民群众发生了一场冲突。人民群众在高呼“鲍狄埃万岁”的口号声中，最后送别了这位不朽的无产阶级革命诗人。

列宁高度评价工人诗人欧仁·鲍狄埃的战斗的一生：“他是一位最伟大的用歌作为工具的宣传家”，“他在自己的身后留下了一个非人工所能建造的真正的纪念碑。”

世界现代史

萨拉热窝事件

1914 年6 月28 日，是个阳光灿烂的夏日的星期天。这天早上 9 点刚过，奥匈帝国王储弗兰茨·斐迪南大公和他的妻子索菲女公爵就到了萨拉热窝市，准备参加一个军事演习。傍晚时分，一个年轻人在参观人群中慢慢向前面靠近，突然，他一个箭步冲上前去，不等旁边的警察和军官缓过神来，年轻人就对准斐迪南夫妇扣动了扳机。两声枪响后，一颗子弹射进斐迪南的脖子，第二颗洞穿索菲的腹部，两个人当场死亡。这两响震惊世界的枪声，成为第一次世界大战的导火索。不久，第一次世界大战全面爆发。

枪击手普林西普被捕的情景

19 世纪末到 20 世纪初，欧洲各个资本主义强国、美国以及亚洲的日本相继进入了帝国主义时代。但是，由于历史的原因，这些国家之间经济和政治发展的程度是不平衡的。这时候，英国、法国等老牌资本主义国家发展速度相对较慢，而美国、德国和日本的经济则迅速赶上并超过了英法等国。

1870 年的时候，英国的工业产量还占了世界总产量的 1/3，工业产品出口量占 2/5；到 80 年代的时候，美国的钢铁产量就超过了英国，不久美国在生铁制造等行业也超过了英国；10 年后，德国的钢铁产量超过了英国，位居世界第三；到 1913 年的时候，英国煤炭产量占世界比例从1900年的29.7%下降到了21.8%。因此，英国在19世纪末的时候，已经结束了其独霸世界的时代；相反，美国经济则迅速赶超，到1913年，美国钢铁产量超过了英国和德国的总和。

此外，德国的经济也迅速发展。在1900年后的14年中，德国生铁产量增加了1倍多；到1914年，德国开采和消费的铁矿石、生铁产量和钢产量，已经超过英国达70%；德国和奥匈帝国机器制造行业的产量已经超过了英国、法国、俄国总和的50%；德国西门子和一些工业巨头的电机厂已经闻名世界。

以经济背景为基础，这些资本主义国家加紧了对世界殖民地的瓜分。到20世纪初，世界已经基本被美国、英国、法国、德国、俄国和日本所瓜分。虽然中国、波斯和土耳其等国家虽然还保留中立的姿态，但是实际上也已经成为半殖民地或者帝国主义的势力范围。

虽然英国的工业生产水平居世界第三，但由于它从15世纪开始就有"日不落帝国"的称号，其殖民地遍布整个地

费迪南德大公和妻子访问萨拉热窝

球，在大战发生之前，英国殖民地面积达到了3350万平方公里，殖民地人口达到39350万人。而经济居世界第一的美国，其所占的殖民地面积才30万平方公里，殖民地人口为970万；世界第二大经济国德国的殖民地为290万平方公里，人口也只有1230万。总而言之，英国、法国和俄国的殖民地范围极为广大，而美国、德国和日本这3个"后起之秀"却只有可怜的一小块殖民地。因此，帝国主义之间重新划分殖民地领土，成为历史发展的必然，各国之间的斗争也日趋激烈。

第一次世界大战的导火线

普法战争之后，法国战败，德国取得了欧洲霸主的地位。但是法国不甘心《法兰克福和约》带来的屈辱，决议要夺回阿尔萨斯和洛林地区。因此，法、德之间的矛盾成为当时欧洲的主要矛盾。

德国为了改善和法国的关系，决意改善同俄国的关系。虽然奥匈帝国和俄

国在争夺巴尔干地区方面存在矛盾,但是在德国的压制下,不得不妥协。1873年,德国、俄国和奥匈帝国缔结协定,成立"三皇同盟"。但是这个同盟不久因为"东方危机"而产生了分化。

1875年,土耳其统治下的黑塞哥维纳和波斯尼亚等国发动起义,争取民族独立。不久,俄国打着"援助斯拉夫同胞"的旗号,插手巴尔干事务。由于塞尔维亚军队很快就被土耳其军队击败,俄国出兵干涉。1877年,俄国对土耳其宣战,并很快进逼土耳其首都君士坦丁堡。

英国、奥匈帝国此时害怕俄国独占巴尔干地区,因此立即向俄国提出警告,俄军被迫停止军事行动。1878年3月,俄国和土耳其签订了和约,规定:保加利亚等国家独立,土耳其割让喀斯、巴统以及阿达罕给俄国。

俄国在巴尔干地区势力的加强,引起了英国、德国和奥匈帝国的强烈不满。

波斯尼亚萨拉热窝市

同年6月,俄国、英国等国在德国柏林召开会议。该会议结果使俄国原先已经取得的利益大为减少,而英国、德国等国则从该会议中得到了好处。俄国对此非常恼怒,俄国和德国、奥匈帝国之间的关系迅速恶化,"三皇同盟"不再续订。

一幅描绘弗郎兹·费迪南大公在萨拉热窝被两间的情景的作品

德国和奥匈帝国为了对抗俄国在巴尔干地区的力量,在1879年缔结了秘密军事同盟。条约规定:在缔约任何一方受到俄国进攻时,另一方就要以自己的全部武装力量予以援助;如果一方受到除俄国之外的国家的攻击,另一方保持中立;但是如果攻击的国家受到俄国的援助，则未被攻击的一方应该全力援助另一方。

1881年，意大利和法国在争夺突尼斯的战争中失利，两国关系恶化。意大利感到自己力量弱小，需要依靠外援支持战争。因此在1882年5月，德国、奥匈帝国和意大利3国在维也纳签订了“三国同盟条约”，规定：意大利如果被法国攻击，德、奥需要全力支援；德国如果遭受法国攻击，意大利同样予以帮助；奥匈帝国则全力阻止俄国援助法国。

三国同盟建立之后，俄国和法国感到受到了很大的威胁，双方开始合作。1891年，法国除了向俄国提供财政支持之外，还和俄国缔结协定，规定当法国受到德国或者意大利攻击、俄国遭到德国或者奥匈帝国攻击时，另外一方应该全力支援。

在三国同盟和法俄集团对立的同时，双方都争取英国加入自己一方，但是英国由于和法、俄、德国都有矛盾，仍然奉行“光荣孤立”的政策。但是到了20世纪初，德国经济的追赶，使大英帝国在欧洲的地位受到挑战，因此全力对付德国。随后，英国和它的宿敌法国接近，试图调整双方的关系。在这种情况下，英国和法国签订合作协约。

英法关系的改善，促进了英、俄关系的改善，加上日俄战争后，俄国在远东对英国造成的威胁大为减少，英国和俄国在共同反德的斗争中日益接近起来。1907年，英、俄也签订了合作协议。英、俄协议的签订，标志着英、俄、法的“三国协约”最终形成。

“三国同盟”和“三国协约”这两大军事集团的形成，给世界和平造成了很大阴影。此后，两大集团进行疯狂的军备竞赛。从1883年到1908年的25年中，各国的军事开支增加了81.3%，从1913年到1918年又增加了49.6%，到大战之前，军费开支总额已经增加了两倍以上。

同时，随着欧洲技术革命的开始，一些突破性成果被应用于军事。例如，重机枪成为杀伤力很强的武器，大炮的射程也提高了3倍以上，潜水艇开始大量装备在各国海军，飞机也开始被引入战争。

战争爆发前，两大军事集团都加紧扩充军备。从双方总的经济军事力量来看，协约国占有一定的优势：英、法、俄三国包含殖民地人口在内的总人口达到了7.045亿，陆军兵力总额达到了977.7万人，三国总共有飞机700来架，海军编制内有各种水面舰艇762艘和潜艇74艘；而德国和奥匈帝国包含殖民地在内的总人口只有1.3亿，陆军总兵力为634万人，德国仅有232架军用飞机，德国和奥匈帝国有水面舰艇403艘和潜艇35艘。

1908年，奥匈帝国用武力吞并了波斯尼亚。奥匈帝国的皇储斐迪南大公是个贪得无厌的极端军国主义分子，他对塞尔维亚垂涎已久，梦想着有一天也把它列入自己的版图。

1914年6月28日早上，一列豪华的专车驶进萨拉热窝车站。一会儿，从车厢走出的斐迪南大公傲慢地环视了一下四周的人群，洋洋得意地偕妻子钻进了一队敞篷汽车内。随后，这一队敞篷车队缓缓地驶离火车站，向萨拉热窝市政厅驶去。奥匈帝国皇储斐迪南夫妇前往波斯尼亚检阅以塞尔维亚为假想敌人的军事演习。此举激起了塞尔维亚人民的极大愤恨。以加夫里洛·普林齐普为首的一个爱国军人团体，组成一个7人暗杀小组，准备暗杀斐迪南夫妇。

下车后，斐迪南夫妇乘坐敞篷汽车进入萨拉热窝城内。这时，埋伏在路旁的一个暗杀小组成员向车队投掷了一枚炸弹，但是此炸弹只炸坏了跟随在斐迪南夫妇座车后面的一辆汽车，导致一个军官受伤。投弹者旋即跳入河中，但是还是被捕。

这声爆炸，把斐迪南大公着实吓了一大跳，他虽未受伤，可脸上那最初的得意神情一扫而光，索菲夫人更是面色蜡黄，惊恐不已。受惊的车队继续驶到了市政厅，浑身发抖、不知所措的萨拉热窝市市长正站在那里迎接。在听完市长的欢迎词后，大公决定改变原定去博物馆的行程，先去医院探望受伤者。

车队司机并没有预先得到已经改变行程的通知，因此当车队到达拉丁桥时，司机被命令停下来，准备向左转开往医院。就在这时，19岁的塞尔维亚青年普林齐普，在距离大公两米的地方向静止坐在车上的斐迪南大公射击，导致斐迪南大公夫妇死亡。

对于对塞尔维亚觊觎已久的奥匈帝国而言，萨拉热窝事件是个难得的机会。奥匈帝国决定利用这一事件，挑起摧毁塞尔维亚的战争，但是又害怕遭到俄国的军事干涉。因此，就在斐迪南夫妇遇刺后的第二天，奥匈帝国以备忘录的形式向德国征询意见。威廉二世得知此消息后，叫道："这是个千载难逢的机会"，并认为自己已做好战争的准备。

7月5日，威廉二世亲自接见了奥匈大使，表示德国希望奥匈帝国对塞尔维亚采取军事行动，德国将全力支持奥匈作战。此时，俄国和法国公开宣布支持塞尔维亚。

英国则做出一付置若罔闻的样子，玩弄狡猾的外交手腕：英国外交大臣一边对德国驻英国大使说“将尽一切可能防止在大国之间发生战争”，一边又和俄国大使说“德国认为俄国是自己的主要敌人”，因此极力怂恿俄国对德国作战。应该说，英国的态度，给战争准备不足的俄国壮了胆，同时又给德国造成了错觉，使德国认为自己不愿意卷入战争。

1914 年 7 月 23 日下午 6 时左右，奥匈帝国趁法国总统和总理坐船去俄国进行国事访问时，向塞尔维亚政府提出最后通牒，并要求在 48 小时内答复，排除了进行谈判的任何可能性。通牒要求取缔一切反奥组织，清除军队和政府中的反奥官员，奥匈帝国派人审判刺杀案件等。应该说，这是对塞尔维亚主权的严重干涉。尽管如此，塞尔维亚政府还是委曲求全，除了通牒中有关奥方派人审判刺杀案件外，其余条文都接受了。

最后通牒引起了俄国、法国、英国的惊慌。当天，俄国就召开大臣会议以商讨对策，法国进而宣称支持俄国。而英国则建议俄国、法国、德国、意大利开会，以解决奥、塞争端。但是，由于奥匈帝国发动战争的决心已定，以塞尔维亚没有全部接受通牒条件为由，于 7 月 28 日宣布对塞尔维亚作战，开始炮击贝尔格莱德。

奥、塞战争爆发后，俄、法等国家纷纷宣布国内总动员。就在俄国宣布总动员的第二天，德国宣布对俄作战。同日，德国向法国提出最后通牒，要求法国在 18 个小时给予答复：对于德、俄战争，法国是否保持中立。法国拒绝了德国的最后通牒。8 月 3 日，德国对法宣战。

德国为了取道比利时而进攻法国，便捏造说法国飞机越界轰炸德国铁路，需要借道比利时。由于比利时保持中立原则而拒绝了德国的要求，德国在 8 月 4 日越过边界袭击比利时，进而攻击法国。英国以德国破坏比利时的中立为借口，于 4 日晚上 11 点对德国宣战。6 日，奥匈帝国对俄国宣战。至此，第一次世界大战全面爆发。

萨拉热窝事件，是一个必然的偶然事件，即反抗是必然的，反抗的具体形式和内容则是偶然的，成为第一次世界大战爆发的导火索，而帝国主义之间发展不平衡则是爆发第一次世界大战的根本原因。当时伦敦的《日监报》评论说：“对欧洲来说，这件暗杀事件犹如一声惊雷。”此后，奥匈帝国和德国就以此为借口向“协约国”宣战，第一次世界大战爆发。

第一次世界大战

概况

萨拉热窝事件之后，第一次世界大战迅速爆发，这是一次以欧洲为主战场的战争。

早在战争爆发之前，德国等“同盟国”和法国等“协约国”就做好了战争准备，因此各国都分别制定了作战计划。

1905 年，德国军事总参谋长施利芬伯爵就给德国制定了速决战计划。为避免东西两线同时作战，德国政府采用了施利芬计划，准备在 6—8 周内迅速征服法国。然后挥师东进，在较短的时间内打败俄国。为了避开法国在法德边境的防御阵地，施利芬认为可以通过瑞士或者比利时进攻法国，考虑到瑞士地形比较复杂，难以进攻，而比利时则地势平坦，易于进攻和大兵团作战。因此德国最后的作战计划是：德军小部分左翼部队部署在德法边境以牵制和吸引法军主力，同时德军右翼部队以强大的主攻集团突然通过比利时，从背后打击法军主力。

第一次世界大战形势图

英军打算把战争中陆上作战的重任交给法国和俄国，自己只派遣为数不多的远征军配合法军行动。它的作战中心在海上，希望在北海对德国海军基地和港口实行封锁，用于保障英国及协约国交通线的安全，然后破坏德国的海上交通线，伺机与敌军舰队进行争夺制海权的总决战。

法国采用著名的“第 17 号计划”：法国总参谋部认为德国不敢贸然破坏比利时中立而带来的政治风险，因此法军的作战重点在法德边境，在战争开始时把 68 个师的大部分兵力部署在了这里，而忽视了左翼的防御。法国海军的主要任务是保障地中海的海上交通，并封锁奥匈帝国海军于亚得里亚海。

俄军将战场分为西北战线和西南战线：西北战线的目的在于粉碎德军主力，然后占领东普鲁士，然后控制维斯瓦河地带；西南战线的目的在于粉碎奥匈帝国的军队，计划占领喀尔巴阡山隘口，防止奥匈军队撤退。

1914 年 8 月初，德国和奥匈军队按照原先的作战计划，以重大兵力首先发起进攻。在欧洲大陆首先点燃的战火，迅速蔓延到中近东、远东和非洲一些国家，但是欧洲仍然是战争的中心。从整个战局来看，形成了3个主要战线：西线从比利时、德法边境到北海，德军和英国、法国和比利时军队在此激战；东线从波罗的海到罗马尼亚，德奥军队和俄军对抗；南线就是巴尔干战场，奥匈军队和塞尔维亚军队、俄国军队对抗。

8月2日，德军突然占领了卢森堡，并突袭比利时。由于比利时仓促应战，德军迅速向比利时首都布鲁塞尔挺进。21日，德军在夏尔勒瓦尔击败了匆忙调来的英法军队，并且越过法、比边境，直逼巴黎。9月初，德军和英法联军在巴黎近郊的马恩河展开首次大会战。

9月5日，德军总参谋长小毛奇率领75个师约68万人和79个师约84万人会战于马恩河。在此战役中，德军犯了一个错误，致使英军和法军对德军形成左右威胁，迫使贸然南进的德军撤退，瓦解了德军的速决战略。这一战是1914年的关键性战役，战斗刚一结束，小毛奇就向德国皇帝威廉二世报告说："陛下，我们已经输掉了战争。"在这一战役中，英法联军和德军分别损失了22.7万人和25.6万人。

此时，日本在远东地区趁火打劫，于1914年8月23日宣布对德宣战，出兵占领了德国在中国山东的租借地和太平洋的殖民地岛屿，出现了远东战场。土耳其根据早先和德国签订的《德土同盟条约》，土军炮轰俄国城市，次日向俄军宣战，在近东开辟了新战场。这使得战局更加趋于复杂。

东线战场上，俄军经过努力进入了东普鲁士。但是不久，德军就集中大量兵力进行反攻。1915年1月开始，俄军对德奥联军发动了两次大规模的冬季攻势，但均遭惨败。德国抓住战机，集中优势兵力于5月初对俄军发动了著名的戈尔采战役。俄军在德军的连续进攻下，失去了大片土地，并被迫退守至涅曼河和鲍勃尔河一带。德军乘胜深入俄境，企图迫使俄国退出战争。

俄军一败涂地，伤亡和被俘人数达到175万左右。但是即使如此，俄军最终还是顶住了德军的迅速进攻，使德军希望迫使俄军投降、解除东线之忧的目的没能达到。不仅如此，德国对东线战争规模的扩大，使自己陷入了两线同时作战的不利境地。

随着战争的进行，交战双方都加紧对中立国的争夺。意大利由于和奥匈边界的争端和利益冲突，于1914年8月3

日宣布保持中立，希望借此能够迫使同盟国令人满意的报偿作为改变其中立态度的条件。但是奥匈帝国并没有向意大利让步。这时，协约国则答应了意大利的要求：协约国同意在战后将奥地利境内意大利人居住的地区和斯拉夫人居住的地区割让给意大利。

1915 年 5 月 23 日，意大利向奥匈帝国宣战。意大利向战场投入了 39 个师的兵力，拖住了奥匈帝国 50 个左右的师，减轻了其他战线的作战压力。这是战争爆发后的第二年，以英法为首的协约国最值得庆贺的事情，而对德、奥来说，却是当头一棒。

1915 年，德国虽然取得了东线和俄国作战的暂时胜利，但是却未能消灭俄军主力。东线形成僵持的局面。德、奥军事会议认为，英国是德国的主要敌人，法国只是英国大陆政策的工具，此时法国的军事能力已经到了极限，如果在西线发动大规模的战役来粉碎法军的有生力量，将迫使法国退出战争。

因此，德军在 1916 年将主力转向西线，准备集中力量打击法国。德军新任总参谋长法尔根汉把这次行动称为“处决地”，并且公开叫嚣“要让法国把血流尽”！不久，德国参谋部选定了法国东北部的凡尔登作为决战地点。

凡尔登距离巴黎仅 220 公里，是前线最大的交通枢纽，地处马斯河水路交通要道，另外还有 16 条铁路和公路网经过此地。应该说，凡尔登要塞异常坚固，它筑垒地域正面宽达 112 公里，并且由四道防御阵地组成，第四道防御阵地由凡尔登要塞的永备工事和两个堡垒地带构成。当时法国的驻军有 4 个师 10 万多人。德军为了在军队的数量和力量上压倒对方，把俄国、巴尔干半岛前线以及克虏伯兵工厂的大炮全部集中到进攻现场周围，进攻的兵力达到 10 个师 27 万人，是法国守军的 3 倍。

1916 年 2 月 21 日早晨，德军第 5 集团军开始向凡尔登的正面发起猛烈进攻。在第一场战斗中，德军就使用了毒瓦斯和喷火器，并且出动了大量飞机进行阵地轰炸。经过 12 个小时的激战，德军攻破了法军的第一道防线，并且向第二道防线发起进攻。

法军在凡尔登失利的消息很快就传到了法军总司令部。法军总司令命令参谋总长立即赶到凡尔登，要不惜一切代价死守阵地，同时集结兵力，准备增援。

法军的形势仍然非常严峻。这时战场上的一个小插曲，让法军稍微有了一些喘息的机会。当时一个法军炮兵射出的一发炮弹偏离了预定的方向，竟然击中了德军掩蔽在森林中的一个秘密弹药库，引爆了弹药库中的几十万发炮弹。德军的炮弹一下子变成了一堆废铁。利用德军补给炮弹的时间，法军发起了一些小进攻，夺回了一小部分失去的阵地。

法军靠着凡尔登易守难攻的地势拼死守护，使得德军一直难以攻下凡尔登要塞。同时，19 万法国援军和 2 万多吨军火物资运到凡尔登要塞。法国援军的到来，给法军的形势改变起到了根本的作用。德军的无数次进攻，都被法军击退。到 4 月份，德军仍未突破法军防线。

6 月 7 日，德军 20 个师向凡尔登发起再次进攻。德军向法军发射了十几万发毒气炮弹，但是法军仍然拼死抵抗，双方死伤惨重。到 7 月份，由于双方来回拉锯，德军仅向前行进了 5 公里。

此时，俄国在东线开始反击德军，英国也在索姆河发起了对德国的打击，德军不得不抽调凡尔登的兵力去对付英、俄的进攻。因此，凡尔登战役的控制权，逐步转入法军的手中。10 月 24 日，法军在大炮和飞机的掩护下，向德军发起反攻，收复了原来丢失的阵地。历时 10 个多月的凡尔登战役结束。

凡尔登战役是第一次世界大战的转折点，其规模和残酷性都是空前的。在这场战役中，法军先后投入了 70 个师中的 66 个师，德军也投入了 44 个师。在整个战役中，德军伤亡 60 万人，法军伤亡 35. 8 万人，因此凡尔登战役也被称为“凡尔登绞肉机”。

毛泽东曾经这样评价凡尔登战役：“当时的战斗是带有决战性的。德军猛攻不克，整个德、奥、土、保阵线再也找不到出路，从此日益困难，众叛亲离，土崩瓦解，走到了最后的崩溃。”

在凡尔登战役期间，为了减轻凡尔登所受的压力，英法联军于 1916 年 6 月下旬对索姆河上德军坚固防线发动猛烈进攻，史称“索姆河战役”。在这次战役中，联军除了使用了大炮、飞机等武器之外，还首次使用了英军的秘密武器——坦克。这场战役的激烈程度和凡尔登战役相比有过之而无不及，英法联军和德军投入兵力分别达到了 75 个师和 95 个师，损失兵力分别达到 62 万和 65 万。

经过凡尔登战役和索姆河战役之后，东线和西线战场的交战双方都进入了僵持的局面。

1916 年除了上述两个比较大的战役之外，在海上战场，英德海军主力在日德兰半岛以西，进行了整个大战期间最大的一次海战。

英国海军当时有“海上霸王”之称，其实力居世界第一位，德军海军的实力居世界第二位。在战争之初,英军就按照原来的作战计划封锁了北海,不让德军出海作战。

德军大洋舰队司令下决心打破英国的封锁,并引诱英国海军进入包围圈,然后给予打击。不料,德军的电报让英军截获,英军海军总司令决定将计就计,让一支较弱的舰队迎战德舰,主力舰队跟在其后面,等到前面舰队接触敌舰后,佯装败退,诱敌深入,然后一举歼灭德国舰队。

5 月 31 日下午,英德海军在日德兰半岛附近相遇,战斗打响。在整个日德兰战斗中,英方被击沉 14 艘战舰,死伤 6000 多人,德方损失 11 艘战舰,伤亡 2500 多人。虽然英军在此战斗中失利,但是德军也并没有打破英军的封锁,实际上英军在海上的实力还超过德军。

从 1914 年到 1917 年,交战各国的国内经济因为战争而几乎破坏殆尽。德国规定国内 17 岁到 60 岁的男子都要应征入伍,法国动员了国内一半以上的青壮年;1916 年,德国人民只能依靠萝卜过日子,彼得格勒也只留下只够 10 天食用的面粉和 3 天食用的油脂,人民陷入难以为生的境地。

1917 年 4 月,在战争中一直保持中立,利用战争大发横财的美国借口德国宣布恢复"无限制潜艇战"和德国密电墨西哥企图结成德墨反美联盟,向德国宣战,在一定程度上成为英法在财政和军需方面的支柱。随着战火的蔓延,葡萄牙、巴西、印度、加拿大、新西兰等国家也都加入了战争。

1917 年 10 月,俄国人民在列宁为首的布尔什维克党的领导下发动了武装起义,建立了世界上第一个无产阶级专政的国家。十月革命胜利之后,俄国在 12 月开始和德国和谈,并于 1918 年 3 月份签订了和约,双方宣布停战。

此后,德国将兵力集中于西线,从 1918 年 3 月份开始,先后向巴黎、瓦兹河右岸等发起强大攻势。但是此时德国的进攻根本起不了什么作用,协约国很快打退了德国的进攻。协约国的军事力量也在战争中得到了很大的加强,光在法国,就有 3000 辆坦克和 3000 多架飞机。

从 3 月到 8 月,德军在西线遭到了重大损失,兵力损失了近 80 万。9 月 29 日,保加利亚签署停战协议。10 月,德军退守比法边境。此时,德军兵力已经锐减,而且士兵士气极其低落。10 月 30 日,土耳其投降。

1918 年,奥匈帝国国内经济更加困难,前线士兵有时候三四天才吃上一顿面包。因此，前线士兵开始大量逃离，有的甚至暴动，使得德国和奥匈帝国的兵力更加减少。国内则出现了多次革命高潮，宣布脱离奥匈统治。例如，捷克宣布独立，加里西亚宣布和波兰合并，克罗地亚也宣布脱离奥匈统治。奥匈帝国分崩离析，被迫于 11 月 3 日签订了停战协议。

随着保加利亚、土耳其和奥匈帝国的投降，德国只能孤军作战。11 月 4 日，德国爆发了十一月革命，基尔、慕尼黑、柏林等地纷纷建立了苏维埃政权。11 月 11 日，德国在无奈之下和协约国签订了停战协议，延续了 4 年的第一次世界大战结束。

第一次世界大战共有 33 个国家参战，涉及人口 15 亿。战争期间，协约国和同盟国总计动员军队 7500 万人，伤亡和失踪士兵达到 3800 万，其中死亡 900 万人。战争期间，法国 20 到 30 岁的年轻人损失了 58%。各国平民伤亡达到 1500 万以上。交战双方直接投入经费约为 1863 亿美元。直到 1925 年，主要交战国的人口和生产才达到 1914 年交战之前的水平。

第一次世界大战是人类历史上第一次全世界范围内的战争。战争动摇了帝国主义的统治，摧毁了最为强大的 4 个帝国。俄国十月革命，产生了人类第一个社会主义国家，在此后的历史中成为世界对抗的主要国家。此外，德国、奥地利爆发了资产阶级民主革命。在战争的废墟上，出现了捷克、南斯拉夫、波兰、罗马尼亚、匈牙利、奥地利等独立国家，以崭新的面貌出现在国际政治舞台上。此外，中国也因此产生了“五四革命”，朝鲜爆发了独立战争。

作战计划和力量对比

两个帝国主义集团早已蓄意用武力来重新分割世界，因此双方在战争爆发以前就制定了自己的作战计划。早在 1905 年，德奥集团的军事战略计划就由当时德军参谋总长施利芬基本上拟订好了，因而这个计划被称为“施利芬计划”。施利芬以他的两个前任老毛奇和瓦德西(曾任镇压中国义和团运动的八国联军侵略军总司令)先后拟订的计划为基础，经长期精心修改，制定了自己的计划。

施利芬计划假设战争爆发以后，德军在西线将要面对英、法两国军队，在东线将要面对俄军。根据德国参谋总部的估计，由于俄国经济落后，政治腐败，军事机构臃肿不灵，动员工作必然十分缓慢(实际上后来俄军的动员比德国统帅部的估计要快得多)，因此战争初期，德国可以大部分兵力来对付法国，并采用闪击战的方法，用四至六个星期的时间迫使法国投降，然后把主力转移到东线，再用三至四个月时间击败俄国，结束战争。

根据施利芬计划，战争初期，德军在西线配置的兵力将为七十八个师，在东线将为九个师。西线的德军又将分成两翼：左翼八个师，固守德、法之间二百七十五公里长的设防坚固的国界，其任务是抗击法军右翼的进攻；右翼七十个师，构成强大的突击包抄部队，担负包围歼灭法军主力的任务，并割断英国与欧洲大陆的联系。

可是，当1914年战争爆发时，具体执行这个计划的德军统帅小毛奇(老毛奇的侄子)因受到两方面的压力，就改变了军队力量的配备。由于俄军出乎德军参谋总部的意料，动员迅速、并攻入东普鲁士，普鲁士的容克地主阶级叫喊要保护他们的地产，防止俄国的进攻；洛林、威斯特法里亚和萨尔的工业垄断资产阶级则要求保护他们的矿山和工厂，防止法军的侵犯。毛奇向双方都作了让步，一方面加强了东线德军的力量，一方面又减少了西线右翼的突击部队、加强了左翼。因此，右翼只有五十三个步兵师和七个骑兵师，比施利芬计划规定的七十个师减少了十一个师，左翼则增加了七个师，共十五个师。按照施利芬计划，德军右翼和左翼力量的对比，应是九比一；而毛奇已把它改为四比一了。

法军先后制定了十六个作战计划，1914年又制定了一个新的计划，叫做“第十七号计划”。这个计划的主要战略思想是把军队主力集中在洛林一带，用全力进攻德军的莱茵河防线。但是“第十七号计划”是建立在两个错误估计的基础上的，第一，错误地认为德军将集结在设防巩固的德、法边境上；第二，认为战争开始时，德国能用于西线的兵力总共不过六十八个师(事实上，德国用于西线的部队比这个数字要多)，法国参谋总部曾预料到德国可能会侵犯比利时和卢森堡，但在法、比国界上，法国竟未建立防御工事，而且没有布置兵力。战争开始后，德国恰恰就是从比利时攻入法国的。

俄军的作战计划则把广阔的东部战线分为两个作战区：西北战区，任务是击破德国军队，占领东普鲁士，进攻柏林；西南战区，任务是击败奥匈军队，占领喀尔巴阡山隘口，切断奥匈军队的退路。

两个帝国主义集团为了准备打仗，都进行了长期周密的备战工作。德国很早就有计划、有目的地修建了一个完整的战略铁路网，战时可以把军队迅速集中到前线，或从西线调到东线，或从东线调到西线。因此，从军事准备方面来说，德国比协约国要充分，而且军队的技术装备也比较好，并拥有较多的受过专门训练的军官。但是，协约国在人力、粮食和军工原料等资源方面则比德奥集团要多。就狭义的军事力量来说，德国的陆军比较强；海军方面，英国舰队同法国舰队加在一起，则占有绝对优势。战争开始不久，1914 年 8 月 28 日，在北海赫耳果兰附近的海战中，德国海军遭受失败，从此德国的舰队就被封锁在自己的海军基地里；同时，德国和奥匈帝国的海岸也都被封锁了。德奥集团与外界隔绝了。这样，德奥集团所能支配的只有本国的经济资源，以及战争开始不久所占领的比利时、卢森堡、法国北部地区和稍后占领的俄属波兰的工业和经济资源。英、法由于掌握了制海权，它们不仅能支配本国的以及两国的殖民地和自治领的经济资源，还能利用美国、拉丁美洲、日本的工业、农业和其他军事资源。

德军战略计划的破产

大战爆发后，在欧洲战场上形成了三条战线：比利时、法国北部和德、法边境构成了西线，那里主要是英、法、比三国军队对德军作战；从波罗的海南岸直到罗马尼亚构成了东线，那里是俄国军队对德、奥军队作战；沿多瑙河和萨瓦河构成了巴尔干战线，那里是奥匈军队对塞尔维亚军队作战。此外，在亚洲的南高加索，有俄、土军队交战；在两河流域和巴勒斯坦，有英、土军队交战。但第一次世界大战主要是在欧洲进行的。

坦克首次在战争中使用

欧洲之所以成为这次大战的主要战场，因为欧洲是资本主义最发达、集中的地区，各帝国主义列强在欧洲也都有自己的经济利益。欧洲又是罪恶的殖民主义的策源地。经过二百多年的资本主义的发展和殖民扩张，全世界的陆地和海洋差不多都成了欧洲几个大国的殖民地和势力范围，欧洲就成了强国敌手的集中地。此外，两大军事集团的头目也都在欧洲。后起的德国要重新瓜分世界，首先就要打败拥有殖民地最多的英国，其次是法、俄等老牌殖民强国。由于欧洲对帝国主义列强有着生命攸关的利害关系，所以，帝国主义列强都把夺取欧洲霸权作为自己的首要目标。在它们看来，谁击败了欧洲的敌手，夺取了欧洲的霸权，那么，战败国的殖民地和势力范围自然地就转到了战胜国手中了。于是，欧洲就成了帝国主义两大军事集团火并的主要战场。

1914 年 8 月 4 日，德军右翼首先发动突然袭击，侵入中立的比利时。德军统帅部原来以为攻占比利时是轻而易举的事，只要一个星期就可以通过比利时攻入法国。不料遇到比军的坚决抵抗，德军在列日要塞被阻三天，到 8 月 20 日才占领布鲁塞尔。在此期间，英国远征

德军在马恩河又一次遭受重大失败

军迅速赶到了法国，22 日进入了阵地。德军在占领布鲁塞尔后，分五路向法国北部挺进。22—24 日，德军在沙勒罗瓦和蒙斯战役中击败英、法军队，法军全线溃退，德军继续向巴黎推进。9 月 3 日，德军前锋距法国首都仅十五公里，巴黎人心惶惶，法国政府迁往波尔多。德国军国主义者气焰嚣张，以为施利芬计划即将实现，胜利已成定局。

法军虽然遭到重大挫折，但主力并没有削弱。法军主力部队仍按原计划那样，集中在法、德边境。法军统帅霞飞发现了德军从比利时方向进攻、法军左翼有被包围的危险等情况以后，就立即重新调配兵力，从右翼抽调兵力加强左翼——法、比前线。德军虽一再迂回，企图包围法军左翼，但由于法军比较机动、顽强，德军未能成功。于是德军改变了军队运动的方向，最初折向南方，以后又折向东南。这样，巴黎从西北面受围的威胁消除了，反而成了德军右翼的一个威胁。德军统帅部看到德军没有达到包围法军的战略目的，而自己的右翼又处于不利地位，便放弃了把法军主力赶往东南的企图，命令中路和左翼德军全线转入进攻，来包抄法军的右翼。这样，毛奇就把解决整个战役的重点，从右翼移到了左翼，这和施利芬原来的想法是完

德野战炮兵部队

全不同的。

9月5日到10日，法、德两国军队在马恩河进行大战，双方投入兵力共达一百五十二万人，战斗十分激烈，法军伤亡十四万余人，德军伤亡近二十万人。10日，德军被迫撤退，据守艾讷河，两军形成对峙的局面。

由于毛奇指挥不力，9月16日，法尔根汉代替了毛奇任德军统帅。9月下半月，德、法两军的战斗又重新开始，在以后两个半月当中，双方都企图从侧翼包抄对方，但都未达到目的。到12月，整个西线形成胶着状态，战争变成了持久的阵地战。这对德国来说，施利芬计划已彻底破产。就整个战局而言，马恩河之战和施利芬计划的破产，预示着德国军事冒险主义最后将失败。因为战争变成了持久的阵地战和消耗战，在这样的战争中，哪一方面有更多的潜在的人力、物力资源，哪一方面胜利的可能性就多一些。在这方面，协约国远比德奥集团占优势，时间的因素对协约国有利。

正在建造的德国级战舰

在东线方面，俄军为了配合协约国军作战，牵制德军，于8月中旬派莱宁堪普和萨松诺夫两个集团军向东普鲁士发动进攻。东普鲁士的德军约有30万人，而俄军的数量几乎两倍于德军。最初，俄国的两个集团军都取得了一些胜利，但由于指挥官的无能和参谋工作的缺陷，两个集团军没有密切地配合，中间留有一百一十公里的空隙。俄军和德军都使用无线电进行联络，德军从截获的俄军电报中，得知俄军的调动情况，迅速进行反击。8月末，在马祖里湖地区，萨松诺夫集团军首先被兴登堡和鲁登道夫指挥的德军包围、击溃（西欧军事史称之为坦能堡战役），近3万士兵被打死和淹死于湖泊中,9 万人被俘,萨松诺夫自杀。德军转过头来又包围了莱宁堪普集团军,这个集团军损失也达 14.5 万人。俄军被迫退守涅曼河,德军侵入俄国领土。

在东线的西南战场上,俄军击败了奥匈军队;德军从西线抽调部队支援奥匈,亦被俄军击退。俄军包围普热密斯耳要塞,进抵喀尔巴阡山麓。从 9 月下旬到 12 月中旬,双方军队曾多次发动进攻,但彼此进展不大。到 12 月底,在东线也呈现出近似阵地战的状态。

在巴尔干战线上,装备很差但士气昂扬的塞尔维亚军队英勇抗击奥匈军队。从 8 月到 12 月,奥匈军队曾三次侵入塞尔维亚,两度占领贝尔格莱德,但均被塞尔维亚军队击退。到 12 月,奥匈军队已被全部逐出塞尔维亚。

除上述欧洲大陆上的三条战线外,战争也在西亚、非洲和远东地区进行。土耳其于 1914 年 11 月 14 日正式向协约国宣战后,英国乘机于 11 月 18 日宣布埃及脱离土耳其,成为自己的"保护国"。以后几年内,英国又攻入美索不达米亚,占领巴格达,进军巴勒斯坦、叙利亚等地。在非洲,英军乘机攻占了德国的非洲殖民地:多哥、喀麦隆、德属西南非和德属东南非等地。在远东,日本帝国主义在英军的协助下,占领中国山东,于 11 月攻占了青岛。在这个期间,日军还相继占领了太平洋上的马绍尔、马里亚纳和加罗林等德属诸群岛。

同盟国在东线和南线的进攻

经过 1914 年几个月的激战,交战双方的人力、物力损耗都很大,西部战线形成胶着状态。当时,许多人认为,要突破西线已不可能。于是在协约国方面有人主张:派英、法军队到巴尔干半岛去开辟新战场,与自己的盟国俄国联系起来,持这种见解的被叫做"东线派";反对这种主张,仍坚持在西线进攻以求突破的,被叫做"西线派"。另外,当时英国海军大臣丘吉尔则主张派海军去进攻达达尼尔海峡和加利波利半岛,威逼君士坦丁堡,以阻止土耳其夺取苏伊士运河和进攻埃及。

德国因西线作战不利,也改变了战略,把战争重心移向东线。德军计划在

准备乘火车开往前线的俄部队

东线进行两个连续的战役,以达到下列

战略目标：第一，突破俄军防线，迫使俄国单独媾和；第二，控制巴尔干半岛，打开直接通往土耳其的道路，割断俄国与其盟国的联系，把俄国孤立起来，第三，把小亚细亚变成进攻埃及和印度的跳板及作战基地，控制地中海的海上交通线。

俄国的军事计划则准备命令其西北战线部队占领东普鲁士和维斯瓦河下游；西南战线部队从喀尔巴阡山攻入奥匈帝国，突入西里西亚，打开通向柏林、维也纳和布达佩斯的道路。

1915 年 1 月至 3 月，在东线发生了几次大规模的战斗。俄军占领了喀尔巴阡山隘口，驻守普热密斯尔要塞的 12 万奥匈军队向俄军投降，但俄军再次进攻东普鲁士时却被德军击败。

5 月，德奥集中了 18 个师和 2000 门大炮的强大兵力，由德国将军麦根逊指挥，在俄军西南战线长达 30 公里的地方发动进攻，突破俄军战线。俄军被迫全

1914 年英国大舰队装备上先进的电子产品

宛、波罗的海沿岸的部分地区，俄军伤亡达 85 万人，被俘达 90 万人。沙皇尼古拉二世撤了尼古拉耶维奇大公最高统帅的职务，自任最高统帅。德、奥军队不敢贸然深入俄国境内，故德军迫使俄国投降和单独媾和的战略目标没有达到。到 9 月底，东线又趋沉寂，以后进入了阵地战。

同年 4 月间，英、法还派遣一支 8 万人的远征军在达达尼尔海峡的最南端登陆，占领了加利玻利半岛的南端，但在德国将领指挥下的土耳其军队阻止了英法军队的前进。8 月，英国又派了 10 万军队登陆，在占领了 17 公里宽、4 公里深的狭长地带后，进路又为土耳其军队所阻。1915 年底，英军不得不放弃占领达达尼尔海峡的计划，将部队撤走。

意大利于 1915 年 5 月底参加协约国方面作战。它原是同盟国的成员之一，但在战争爆发后宣布中立。意大利统治阶级狡猾地向交战双方讨价还价，看谁能满足它的领土要求，就参加到哪一方作战。经过谈判，协约国答应了意大利的领土要求。1915 年 4 月 26 日，英、法、俄、意四国在伦敦签订了秘密协定。根据这个协定，战后，意大利可以得到蒂罗尔南部、特伦的诺、的里雅斯特、伊斯特里亚、达尔马提亚和小亚细亚的

部分领土。5 月 23 日，意大利向奥匈宣战。

意大利参战，对整个战局并没有发生重大影响。从 6 月 6 日到 12 月 23 日，意大利出动了 39 个师，在依崇佐河畔举行了四次进攻，损失了几十万人，但未取得什么成就。

1915 年，交战国双方都在继续进行争取保加利亚的斗争。保加利亚统治阶级也乘机向双方讨价还价，它要求得到马其顿和多布鲁查；同盟国同意了它的领土要求。保加利亚看到同盟国在东线的胜利，以为德、奥必胜，于是在 1915 年 9 月 3 日，同德、奥、土签订了军事协定，决定参加同盟国方面与协约国作战。

结成同盟的三国君主画像

保加利亚参战后，9 月底，同盟国在奥、塞边境集中了 35 万德、奥军队，在保、塞边境集中了 30 万保加利亚军队，准备给塞尔维亚以致命的打击。塞尔维亚只有 25 万军队在抵抗德、奥、保三国军队。10 月 5 日，德、奥军队在麦根逊将军的指挥下，从北面进攻，占领了贝尔格莱德，把塞军压向南方。12 日，保军从东面进攻，切断塞军退往希腊的道路。塞军被迫从阿尔巴尼亚和门的内哥罗之间的山间小道退往亚得里亚海；有十万名士兵和平民，因饥饿、寒冷和敌军飞机的轰炸死在道路上，另外 10 万人克服了重重困难才到达了海岸，以后又转移到希腊的科孚岛，继续组织抗战。在第一次世界大战中，只有塞尔维亚的斗争具有民族解放的性质，是正义的；但是，塞尔维亚却被同盟国军队占领，一直到大战结束。

在西线，交战双方为配合东线战场，也展开了多次恶战。1915 年初，英、法联军按照法军总司令霞飞的计划，进行了若干次进攻，企图突破德军阵线，迫使德军退到马斯河对岸来结束战争；结果，损失了几 10 万士兵的生命，却一无进展。在 4 月间的伊普尔战役中，德军第一次使用了毒气，英、法军队骤不及防，遭到巨大损失。在这之后，英、法也使用了化学武器。这一年，德国齐伯林飞艇开始轰炸英国，这是历史上远距离对敌人大后方的第一次轰炸。战争初期，双方已把飞机用在军事上，但主要是用于侦察和指挥炮兵射击，以后才较大规模地用在战争中。

西线血战

鉴于1915年的作战经验，协约国决定来年春季同时在东、西、南线发动攻势，使敌人难以应付；同盟国则决定采取战略进攻，打败协约国的联合攻势，并在西线给法国以致命性的打击。德国参谋总部认为，开战以来，塞尔维亚已被击溃，俄国已处于瘫痪状态，意大利作用有限，法国力量也濒临枯竭，只有英国仍握有实力，并对胜利充满信心；德国要取得战争的胜利，必须击败英国。由于德国海军力量的限制，不可能直接进攻英国本土，只有从打击大陆上的英国同盟者着手，首先要摧毁法国，打掉法尔根汉所谓的“英国手中的最好剑支”。

德舰队司令施佩将军

德国统帅部决定选择凡尔登为进攻对象。因为凡尔登是协约国西线的凸出部分，如象一支矛头指向德军阵地，对深入法国和比利时的德军是很大的威胁。同时，凡尔登又是法国的著名要塞、法军阵线的枢纽、通往巴黎大道的一个强固据点。法尔根汉估计，为了保卫凡尔登，“法军指挥部将被迫把它所有的全部力

戴着防毒面具进行观察的法军

量投入”。因此，他的结论是：这一次进攻，从军事方面来说，将成为“碾碎法军的磨盘”；从心理方面来说，凡尔登如果失陷，将给法国军队的士气以沉重打击。这二者加起来，会促成法国全面崩溃，从而使英国失去有力的同盟者。

德国为了进攻凡尔登，从各个战场

调了17个师27万人的兵力和一千四百多门大炮。法国在凡尔登只有十万名守军和六百多门大炮。1916年2月21日，战斗开始。德军以空前强大的火力向凡尔登附近的狭窄的三角地带猛烈攻击，整整一天，密集的炮弹和燃烧弹不停地轰击，还施放了毒气。据当时的记载说："历史上从来没有见过这样强烈的炮火，法军第一道防线全被浓烟烈火笼罩，交通壕完全被摧毁，附近森林被炸光，山头完全改变了面貌。"德军炮击以后，21日黄昏和22日，步兵主力就向法军冲击，两军展开肉搏战。法军进行殊死抵抗，伤亡惨重，但第一道防线还是失守了。25日，德军占领了控制凡尔登要塞和整个地区的都蒙高地。法军阵地被切成数段，与后方的交通线也全被断绝。凡尔登和整个法国战线的防御体系均处于千钧一发之际。

日德兰海战中，随着德海军首先开火，英国舰队迅速投入战斗

在这个紧急关头，法国政府命令贝当负责保卫凡尔登的任务。贝当认识到，要保卫凡尔登，首先必须打通凡尔登与后方的交通线。他立即组织道路抢修队，修复了原有的公路，又增辟了新的公路，并调集3900百辆汽车，在一个星期内，赶运来19万生力军和2.5万吨军火；平均每天有6000辆汽车到达凡尔登，即每十四秒钟通过一辆。法军提出的口号是"他们（德军）不得通过"，而德军则决心要攻占凡尔登。双方反复冲杀，形成了伤亡惨重的拉锯战。6月中，德军已进逼到距凡尔登只有6公里的地方，法军不惜伤亡，拼死抵抗，战斗一直持续到年底。法国全国军队70个师当中有66个师先后参加过这次战斗；德国则投入了46个师。由于法军的坚持抵抗，以及其他战线的配合，减轻了法军的压力，德军始终未能攻占凡尔登。这场大规模的流血厮杀，双方伤亡总数达百万余人。凡尔登战役是第一次世界大战中带决战性的战役，也是第一次世界大战的转折点，它标志着德国的军事进攻

国王威廉一世与参谋长冯毛奇在观看军事演习

能力已从顶峰走向下坡路。

当凡尔登战役正进行的时候，为了牵制德军，减轻凡尔登的压力，协约国于7月1日在索姆河畔发动大规模攻势，由英军担任主攻。这是一场巨大的消耗战，双方伤亡达120万人。这次战役中，英国研制的新式武器——坦克首次投入战斗。

凡尔登和索姆河两个战役一直持续到1916年底，双方伤亡已近200万人。德国迅速取胜的企望成了泡影，形势的发展日益有利于协约国。

大战以来，英国依靠它的海军优势，对德国实行严密的海上封锁，使德国海军一直不能出海。德军物资日益匮乏，决心冲破封锁，从英国手中夺取制海权。

1915年，英国海军“大力神”舰

当凡尔登战役还在激烈进行的时候，德军指挥部命令海军出击，于5月31日至6月1日，英、德海军在北欧日德兰半岛的斯卡格拉克海峡展开了一场恶战，这就是日德兰海战。英国出动了151艘军舰，德国出动了101艘，激战结束，英舰损失14艘，德舰损失11十一艘。英国的损失虽大于德国，但英国海军实力雄厚，仍然牢牢地掌握着制海权。德国海军未能打破被动局面，只得退回海军基地，从此再也不敢贸然出海了。

在南部战线上，奥匈军队于5月15日开始向意大利军队进攻。意军不堪一击，损失惨重；奥匈军突入威尼斯平原，从后方威胁着依崇佐河意军的防线。意大利向俄国紧急求助，俄国统帅部命令布鲁西诺夫指挥俄军从6月4日起在西南战线展开全面进攻。俄军突破奥匈战线，占领布柯维纳和加里西亚的一部分，并重新占领了喀尔巴阡山山隘，俘虏了奥匈军40余万人。俄军的胜利，减轻了德军对凡尔登和奥匈军对意军的压力。

德军统帅法尔根汉因战争失利被撤职，兴登堡担任了德军总参谋长，鲁登道夫为副总参谋长。

俄军在西南战线的胜利，吸引了罗马尼亚参加协约国方面作战。8月17日，英、汉、俄、意和罗马尼亚签订秘密条约，承认罗马尼亚战后合并特兰西瓦尼亚和巴纳特。8 月 28 日，罗马尼亚正式对同盟国宣战。9 月，保加利亚军队和德军分别攻入罗马尼亚；12 月，德军占领了布加勒斯特，罗马尼亚被击溃。德奥集团占领罗马尼亚后，夺取了它们所急需的粮食和石油。罗马尼亚的溃败，使协约国东部战线又延长了 500 公里。

1914 年的战况

第一次世界大战主要在欧洲大陆进行，欧洲战场有四条战线。西线：英、法、比军队与德军对抗；东线：俄国军队与奥匈、德国军队作战；巴尔干战线：主要是塞尔维亚、门的内哥罗以及后来的罗马尼亚、希腊的军队与奥匈、保加利亚的军队作战；意大利战线：意大利军队在英、法军队支持下对抗奥匈军队。此外还有近东战线（主要是英国军队与土耳其军队作战）和高加索战线（俄国对土耳其）。其中西线和东线是主要战线，西线具有决定性作用。

英分舰队司令大卫·贝蒂

德军按所谓“施里芬计划”首先在西线发起进攻。“施里芬计划”是德国陆军元帅施里芬（1833—1913）在其担任总参谋长期间所制定的德国东西两线作战的战争计划。其要点是：德国在不可避免的两线作战中，集中优势兵力在西线，只用少数兵力监视和牵制俄国军队。西线分左右两翼，左翼少数兵力仅仅守住德国洛林一带防线，强大的右翼越过比利时和卢森堡，冲入法国北部，然后南下绕过巴黎西方和南方，压逼法军主力到巴黎以东一带加以歼灭，对法军取得决定性胜利后全力转入东线打败俄国。“施里芬计划”是个速决战计划，计划六个星期内取得西线胜利，三—四个月的时间结束整个战争。“施里芬计划”低估了俄军和法军的动员与作战能力，也未估计到比利时军队的顽强抵抗和英国远征军能很快参战，因而注定要失败。后任总参谋长小毛奇对这个计划作了修改,在一定程度上加强了西线左翼和东线对付俄国的兵力,这样便削弱了西线,特别是西线右翼的兵力。

8月3日夜德军侵入比利时,但立即遭到比利时军民的顽强抵抗,5日受阻于列日炮台,以4万士兵的生命为代价夺取了这座城市,直到8月20日才前进到法比边界。从8月20日起,近百万德军分5路挺进法国北部,21日至24日,双方在沙罗瓦会战,法军失败而退。英国远征军在法国登陆以后于8月23日在蒙斯和德军交锋,也被德军击败。此后德军迅速推进。8月25日占领那慕尔,27日占领隆维,9月1日占领苏瓦松,2日占领拉昂,3日欲兰斯,前锋距巴黎仅15英里。法国政府匆忙迁往波尔多,巴黎危在旦夕。

1918年英军在圣昆丁突破兴登堡防线

德右纵队第五集团军继续向东南追击法第五集团军,结果远远超过了第二集团军。9月3日晚,德第一集团军到达马恩河左岸的提埃里堡。这时,小毛奇让第一集团军作第二集团军的第2梯队,并保卫德军右翼。但第一集团军没有执行这个命令,指挥军队渡过马恩河,继续向南追击,只留下1个军在马恩河北岸,防备巴黎法军的威胁。这时,法军调动和重新部署的情报频频传来,小毛奇认定法军在准备大反攻。他意识到德军第一、二集团军力量单薄,受到巴黎地区法军的严重威胁。9月4日,小毛奇决定,由一、二集团军挡住巴黎方面的法军,第三、四、五集团军对付法国其他各军。9月5日,克鲁克虽接到小毛奇的命令,但他仍不执行,继续孤军南下,给法军反攻造成了有利态势。

法军面临有利战机,但统帅霞飞开始有些犹豫,后在部下催促下决定反攻,发出第6号命令。部署是:法第六集团军北出巴黎兵营,沿马恩河向东进发,于6日跨过乌尔克河,攻击德军侧翼;英、法军其他部队同时在各自战线展开反攻。法第六集团军按计划向乌尔克河进发,5日同德第一集团军留在马恩河北的部队在乌尔克河西岸遭遇。开始,双方指挥部对这个战斗都没有重视。但是仗越打越大。到8日,克鲁克不得不将整个集团军带回马恩河北,投入战斗。加里尼也从巴黎驰援法第六集团军。法第五集团军按计划从6日开始反击,掉过头来同一直追赶它的德第一集团军厮杀,其右翼同德第二集团军的部队交火。克鲁克的德第一集团军8日被迫撤回到马恩河北,使德第一、二集团军中间出现了一个约50公里宽的大空隙。这样,德军第二集团军的右翼失去保护,面临被法第五集团军包抄的危险。

英军于9月6日开始反击,前进方向正好对着德第一、二集团军之间的空隙。虽然英军司令弗朗奇胆怯,进军缓慢,但到8日也前出到接近马恩河的地方,使德第一集团军的背后受到威胁。福煦指挥的第九集团军又将德第二集团军的左翼和德第三集团军截开,从而使德第一、二集团军处于孤立无援的危险

法军增援凡尔登前线

境地。从9月5日到9月9日,马恩河一带长达200公里的战线上,硝烟弥漫,战火纷飞。

9月7日,小毛奇得知战场上的不利情况,立即于第二天派情报头目里夏德·亨茨巡视右纵队,授权他可以命令各军协同撤退;消除彼此间的空隙。9日,亨茨命令第二集团军撤退到马恩河,第1集团军停止进攻,实行后撤。小毛奇又于10日亲自命令右纵队的第一、二、三集团军撤退,其他各军停止进攻。第二天,小毛奇再次命令德军撤至努瓦茶——凡尔登一线。马恩河地区的战斗,由于德第一、二集团军的撤退告一段落。

在马恩河主要战场以东直到凡尔登附近,德第四、五集团军同法第三、四集团军对峙的地区也于10日停战。在东部法德边界,德军一直在进攻,法军的第一、二集团军处于守势。10日,德军在这里的进攻也停止下来,并将第七集团军调到埃纳河加强右纵队,把第六集团军撤回边界。马恩河战后,德军撤至埃纳河,在距河北岸3公里的高地上据守一个坚固阵地。

英法联军由于连续艰苦的行军和战斗,疲惫不堪,加上指挥谨小慎微,没有紧追撤退的德军,丧失不少战机。9月

战前的凡尔登镇，图中可见梅斯河和大教堂

13日，联军渡过埃纳河，并在第二天发起强大攻势，但收效甚微，被迫于18日停止进攻，这就是第一次埃纳河战役。德军由于战前受到较好的防御战术训练，使用机枪、手榴弹，借助野战工事保住了阵地。联军调兵从努瓦茶以北对德军侧翼迂回包围，而德军反过来也向北奔袭包抄联军的侧翼。于是两军互相包抄的紧张战斗，把战线逐步推向北方，直到海岸，结果谁也没有得逞。海岸对英军极为重要，英军从埃纳河战线转移到靠海的伊普尔附近。

德军总参谋长法尔根汉（小毛奇因马恩河战败被撤职）乘联军没有站稳的时机，于10月12日向伊普尔发动强大攻势，其目的是突破联军防线，占领法国北海岸，切断英国同其远征军和法国联系的通道。联军方面兵力单薄，形势紧张。此时，霞飞派福煦指挥协调了法、英、比军队的作战，顶住了德军的进攻，守住了联军的阵线。经过一个月的激烈战斗，到11月11日，战斗因气候恶劣停止。这次战斗史称第一次伊普尔战役。

此后，双方之间形成了一条稳定的战线：从凡尔登向两边延伸，西至努瓦茶，然后转向北进到海岸；从凡尔登向南绕过圣米耶尔突出部，大致沿当时的法德边界到瑞士边境。这条战线在以后几年间没有大的移动，战斗进入僵局，双方相持不下，各自挖掘堑壕，于是阵地战开始了。

1914年在德奥与俄国之间的从波罗的海沿岸到罗马尼亚边境的东线战场有两次大的战役，即俄、德之间的东普鲁士战役和俄、奥之间的加里西亚战役。

东普鲁士战场即俄国的西北战线，德国在此部署了约30万人的兵力，以防止俄国的进攻；俄国兵力约等于德国的两倍。为了配合西线作战，俄国在未完成动员的情况下，于8月中旬便向东普鲁士的德军发起了进攻。17日越过边界，20日在冈比宁战役中获胜，德军被迫撤退，伤亡达1/3。俄第二集团军于23日越过边界，蜂拥而来。德军新任东线总司令兴登堡及参谋长鲁登道夫采取集中优势兵力，各个击破的战术，于26日至28日包围了俄第二集团军，俄军统帅于29日夜自杀，部队全部被歼。接

索姆河战役中一次突袭中，英军正准备越过顶点

着，9月11日，德军又攻下俄军第一集团军司令部所在地。13日，俄军退出东普鲁士，虽然避免了被围歼，但损失了11万人，德军乘胜渡过尼门河，进入俄属波兰领土。东普鲁士战役以俄国失败而告结束。东普鲁士战役中，俄军总计损失兵力25万人左右。处于兵力数量绝对优势的俄军兵败东普鲁士，主要是指挥失误所致。德国有人将第八集团军在东普鲁士的战斗说成是“战争史上无与伦比”的胜利。

俄军在东普鲁士失败的时候，在西南的加里西亚战场却取得了胜利。俄军集中了四个集团军的兵力，在300多公里的战线上向奥匈军队发动进攻，奥军抵挡不住，接连败退。到9月底，俄军占领全部东加里西亚及布科维纳，到达喀尔巴阡山麓。以后进行的华沙—伊凡哥罗德之战、罗兹之战，俄军连连取胜。到12月中旬，双方都停止了进攻。于是东线同西线一样，也呈现了近于阵地战的

索姆河战役中，英军第十七军团穿越沼泽地跋涉前进

遭到毒气袭击的联军

南线是塞尔维亚对奥匈的战场，这是第一次世界大战初期惟一的正义战争。8 月 13 日，奥匈军队越过德里纳河，开始侵入塞尔维亚。塞尔维亚人口不多，经过战争动员，兵员达 40 万人，但只有 10 万支步枪，其他战备物资也极为缺乏，但塞尔维亚人民士气高涨，抗战英勇。仅经过四天的战斗，奥匈军队便被逐回德里纳河对岸。虽然以后奥匈军队又发动两次进攻，甚至在 11 月 17 日占领贝尔格莱德，但不过一个月，塞军便收复了贝尔格莱德。奥军在巴尔干战场损失了 28 万多人，塞军损失 1 万余人。塞军这场胜利的战役是重病在身、年近古稀的普特尼克在卧室病榻之上指挥的。

奥匈帝国前次进攻塞尔维亚失败之后，收拾残部，调整部署，又集结了 5 个军，于 9 月 7 日发动了新的进攻。

奥匈军统帅部用 2 个军的兵力在木特洛维察方向上佯攻，而以主力从兹沃尔尼克、留博维亚一线向伐利沃方向突击，以从西南迂回塞军。奥匈军开始时取得进展，但很快受到塞军阻遏。塞军坚守阵地，寸步不退，2 个月中未让奥匈军前进一步。

奥匈军久攻不下，便一方面继续向塞军防线正面施加压力，一方面左翼迂回，开始形成夹击之势。此时塞军消耗殆尽，几乎弹尽粮绝，已无法再坚持下去，加上面临两面夹击的险境，只好撤退。奥匈军全力追击。塞军一路后退，11 月 7 日放弃贝尔格莱德，随即撤向东部斯梅德雷沃、拉左罗瓦茨一线，最后往南沿鲁德尼克高原西面斜坡撤至波热利。

奥匈军紧追不舍，但补给线遭到破坏，粮食和弹药告罄，无法再追下去，于 12 月 2 日停止了追击。

此时塞尔维亚军已获得俄、法两国武器、弹药和粮食援助，恢复了战斗力，见奥匈军停止进攻，立即转退为进。12 月 3 日，塞军转入反攻。已被拖垮的奥匈军在塞军的猛烈冲击下，开始溃败。塞军全线推进，12 月 15 日收复贝尔格莱德，到 19 日，已肃清境内残敌，俘敌

英国远征军开往马恩河阵地

46000人，缴获火炮126门，机枪70挺，军马2000匹，以及许多军用储备品。但是塞尔维亚军队也已疲惫不堪，在萨瓦河和德里纳河一带停止了进军。塞尔维亚军再次粉碎奥匈军的进犯，将敌人驱逐出境。

奥匈军在两次进攻塞尔维亚的战役中共损失7600名军官和274000名士兵。而更大的损失是奥匈军被塞尔维亚军摧垮了自信心。德国陆军总参谋长鲁登道夫在其回忆录中说，在塞尔维亚，“奥匈军队被打垮了”，它已“不是有充分价值的战斗工具”了。

两次失败使奥匈军统帅部暂时放弃了对塞尔维亚的进攻，只留下了两个军驻守塞尔维亚边境一带，其余兵力陆续调往俄国战线。

塞尔维亚军为胜利付出了沉重代价，在两次战役中共损失132000人，所余兵力已不超过10万人。

从此直到1915年10月近一年的时间里，巴尔干基本上保持着静寂的状态。

除欧洲三条战线外，战争也扩展到了世界其他地区。10月29日，德、土舰队炮轰俄国黑海港口，袭击俄国船只。31日，俄军自高加索侵入土耳其国境，土耳其第九军被围投降，第十军全部被歼。随后，俄国进兵占领伊朗的阿塞拜疆。虽然伊朗政府已发表了中立的声明，但交战国集团对这个声明没有理睬，

法元帅霞飞

依然在伊朗采取军事行动。英国也派兵到波斯湾，向美索不达米亚推进。12月，英国宣布埃及脱离土耳其统治，把它变成自己的保护国。

8月23日，日本对德国宣战后，不派一兵一卒到欧洲作战，却在远东地区趁火打劫。9月初，占领了德国在太平洋上的殖民地，包括马绍尔群岛、加罗林群岛和马利亚那群岛。同时侵入中国领土山东半岛，占领德国租借地青岛。

1914年海上作战的规模不大。12月8日，英国海军在福克兰群岛水域击溃了德国的巡洋舰队。在北海，8月28日，英国海军袭击赫尔戈兰港，取得成功，战斗中英国只有一艘巡洋舰受伤，而德国有三艘巡洋舰和一艘驱逐舰被击沉。俄国舰队在黑海也取得了对德国海军的胜利。

1915年的战况

1915年1月底通过的德奥年度战局计划规定，在西线，从新港到瑞士边境长700公里的陆地上进行积极防御；在东线，德奥军队合同作战，旨在击溃俄军的猛烈进攻，迫使俄国投降，然后把军队调往西线，歼灭英法军队。所以从1915年初起，德军就从西线抽调大量部队增援东线。在1—3月的战役中，双方互有

德皇与德陆军参谋长小毛奇于战前视察

胜负。俄军在马祖尔湖被德军击败，从东普鲁士撤了出来，但俄军也击溃了装备较差的奥匈军队，巩固了在加里西亚的地位，占领了喀尔巴阡山上的几条通道，威胁到匈牙利。

德国力图要实现其战略意图，继续在东线增兵。到4月末，德军已在维斯瓦河上游和喀尔巴阡山之间集中了雄厚的兵力，包括16个步兵师、2个骑兵师、1410门野战炮和1000门重炮。

5月2日，德军以优势兵力，用强大炮火开路，在西加里西亚的果尔利策镇西发起楔形攻击。俄第三集团军正面防御

沙皇俄国哥萨克骑兵

当日即被突破。德军坚持在同一方向突击，拚命扩大突破口。俄大本营给伊凡诺夫将军派去大量增援部队，企图阻止住德、奥军。但是增援部队零散投入战斗，杯水车薪，很快被优势德奥军各个歼灭。

俄军不断撤退，5 月 14 日撤至桑河和德涅斯特河一线。德奥军重兵压来，同俄军展开激战。17 日，德军攻占雅罗斯瓦夫，大举渡河东进。23 日，意大利对奥匈宣战，奥匈被迫分兵拒敌，德奥联军进攻势头暂时削弱。6 月 15 日，德奥联军恢复进攻，22 日攻下莱姆堡（利沃夫）。持续五十二天的果尔利策战役遂告结束。

总计东线五个月的战争结果，俄国放弃了布科维纳、加里西亚、波兰、立陶宛以及拉脱维亚的一部分。从此，东线又转为阵地战。德奥军所防守的战线，北起里加湾，南到布科维纳。俄军的节节败退，使战线大幅度东移。但是德军没有获得决定性的胜利，它没有摧毁俄军，也没能使德军统帅部抽调其东线的全部兵力转移到西线去。

在西线，英法军队多次发动进攻。由于这些战斗都是在极其狭窄的战线上进行的，目标很小，所以收效甚微。2 月 16 日至 3 月 17 日，英法军发动了香槟战役，但未能突破德军防御阵地。

德军为了反击英法军的进攻，并掩护军队向东线调动，于 4 月 22 日发动了伊普尔战役。在战役中，德军公然违反海牙国际公约，首次使用毒气，但没有收到太大效果。

德军选择伊普尔以北联军阵地英国第三集团军和法国第二十军的接合部作

为化学毒气攻击点。这里是战线弯曲部，地势平坦，正好是下风口。

在发动进攻的前几天，德军特种化学分队利用黑夜悄悄地在6公里宽的正面安放了150组共6000个毒气罐。

4月22日下午5时，德军施放5分钟的毒气。2米高的黄绿色雾团趁着风势，滚滚扑向法、英军的阵地。德第二十六军的突击部队戴着防毒纱罩，以密集队形尾随前进。

守军突然发现滚滚黄烟扑面而来，不知何物，正在诧异，毒气已钻进他们的眼睛、鼻子和喉咙，像烈火在烧灼。有的人还未喊出声已窒息而死，一些人疼得狂叫。士兵们一哄而散争相逃命。一个目击者谈到当时情景时说："当第一阵浓烟笼罩整个地面，人们喘不过气，拚命挣扎时，最初的感觉是惊异，随之而来的便是恐惧，最后军中一片慌乱。还能行动的人拔腿便跑，试图跑在扑来的毒气前面，但多数人是徒劳的。"

德军在5分钟内施放了18万公斤氯气。英法军1.5万人中毒，其中5000人丧生。伊普雷以北一个宽10公里、纵深7公里的地带立时成为无人防守区。英第五集团军和法第二十军之间出现一个宽3.5公里的缺口。

但是德军突击队未敢乘虚而入。前面毒气尚未飘散，后面没有后续部队。法、英军匆忙用汽车调运来4个步兵师和一些炮兵部队，将缺口堵住。德军没能将这一战术胜利发展为战役胜利。为了减轻东线俄军的压力，9月，英法联军在阿土瓦和香槟再次发动进攻。这一次英军也使用了毒气，但几次进攻，前进的步幅不大，被迫停止了攻势。从11月开始，西部战线逐渐沉寂下来，再一次转入阵地对峙。在1915年的战役中，双方虽然都损失惨重，但阵地没有太大的变化。

意大利虽是同盟国的成员，但在战争爆发后却宣布中立，实际上是与交战国双方进行讨价还价。最后还是协约国满足了意大利的欲望，于1915年4月26日在伦敦签订了英、法、俄、意协定，按照这个秘密协定，意大利将得到蒂罗尔南部，特伦的诺、的里雅斯特、伊斯特里亚、达尔马提亚及小亚细亚的部分领土。协约还规定了意大利应于一个月内参战。5月4日，意大利宣布废除同奥匈帝国的同盟条约，5月23日向奥匈帝国宣战。这样一来，欧洲就形成了第四条战线，即意大利对奥匈的战线。意大利动员了39个步兵师对奥匈作战，从6月29日到12月10日，在依崇佐河畔发起四次进攻，损失了近30万人，但只取得局部胜利，把战线最多推进了20公里，因此，没有达到协约国要意大利吸引德奥军队的预期要求。年底，意奥战线也转入阵地战。

战争初期，保加利亚宣布“严守中立”，其实是在坐山观虎斗。到1915年下半年，保加利亚政府认为同盟国必胜无疑，遂于9月3日和德、奥、土签订了四国同盟条约，6日又和德、奥签订了军事协定。保加利亚撕去了中立的假面具参战，对塞尔维亚来说是一个致命的打击。塞尔维亚只有20万军队，而在奥塞边界和波斯尼亚却集中了35万德奥军队，在保加利亚和塞尔维亚边界有30万保加利亚军队。虽然在战役开始后，有12.8万英法援军在萨洛尼卡登陆，但他们只以此地为桥头堡，准备将来的战斗，不能直接援助塞尔维亚，力量如此悬殊，胜败可以预料。10月5日，德奥大军开始进攻，9日占领贝尔格莱德，同时奥军从波。保加利亚于斯尼亚进攻10月14日正式宣战，于11月5日占领尼什，截断塞军退往萨洛尼卡的道路。塞尔维亚军队虽英勇血战，但很快就被完全击溃，其残余的12万人退守希腊的科孚岛。塞尔维亚被打败以后，德国和土耳其之间的交通畅通无阻，同盟国之间的联系更加密切。

1915年两大联盟的海军行动并未发生战略性的变化，双方在海上都没有展开决战。规模最大的海战是英、德两国巡洋舰队在北海的一次战斗，英国获胜；另一次是协约国舰队在达达尼尔海峡的战斗，协约国失败。英国海军继续对德国进行海上封锁，德国企图借助潜艇打破封锁，虽未成功，但对协约国的海上交通线构成了很大威胁。

1916年的战况

1916年是大战关键性的一年，交战双方最大限度地调动了本国的人力物力投入战争。这一年，德国又把战争重点放到了西线，所以在西线发生几次大战。俄国为配合西线，也在东线发动了攻势。

这一年西线第一次重大战役是凡尔登大战。

凡尔登战役是第一次世界大战中规模最大、时间最长的一次决定性战役，是德国从战略进攻向战略防御的转折点。

德国1915年在俄国战线上取得重大胜利。但是由于俄国幅员广大，交通不便，又时逢寒冬，德军担心重蹈拿破仑覆辙，未敢驱军深入，而将战略重点重新转到西线。

德军统帅部早就认定英国是主要敌人，但因隔着大海，鞭长莫及，暂时对它奈何不得。而法国是英国大陆政策的工具，又是西线主力，如将其击垮，即可使英国孤掌难鸣。法国经一年半的战争，军事力量的使用已达极限，正可给它以致命一击，震溃全军。

德军统帅部基于以上认识，决定在西线选择一决战战场，全力打击法军，毕其功于一役。德军总参谋长法尔根汉将军选择了凡尔登作为消灭法军的决战战场。

凡尔登是具有重要战略地位的著名要塞。它地处马斯河水路交通要道，又有16条铁路和公路通过，是法军前线最大的交通枢纽，也是巴黎的西北入口。法尔根汉断定，无论从实际战略价值出发，还是从稳定军心的心理价值出发，法军无论如何也不能丢掉凡尔登，必定倾全力保卫。这样德军就可以凭借强大力量将法军消灭于此。从战场态势上看，德军处于极为有利的地位，法军在凡尔登的设防阵地突出到德军阵地之间，德军可以从东、西、北三面进攻。一旦开战，凡尔登法军的交通线只有城南一条地方铁路可用。法尔根汉决心使凡尔登成为“碾碎法军的磨盘”。

法军在凡尔登要塞筑垒地域构筑了全新防御体系，有4个防御阵地。第一阵地通过森林地，距要塞筑垒外防御地带6至7公里，第二阵地距第一阵地2至3公里，第三阵地距第二阵地也是2至3公里，第四阵地是两条炮台带和中间永备筑垒带。

凡尔登要塞的外径为45公里，整个筑垒地域的防御正面达112公里。筑垒地域被马斯河分成两个地段——右岸东段和左岸西段。所有4个阵地都适当地安排在满是深沟与高地的极为起伏不平的森林地。要塞防御体系是永备筑城工事与野战筑垒相结合，纵深梯次配置，防御重心转向野战部队。凡尔登的防御体系是相当牢固的。

凡尔登筑垒地域由法国3个军防守。右岸是第二军和第三十军，有330门火炮；左岸是第七军，有294门火炮。东段每一公里防御正面的密度平均达1.5个营和15门火炮，西段达2个营和21门火炮。在凡尔登以南，筑垒地域指挥官埃尔将军的总预备队是3个步兵师。此外，法军还可调用最高统帅部的预备队3个军。

德军进攻凡尔登的主要部队是德国皇太子威廉指挥的第五集团军，有18个师。集团军指挥部遵照德军总参谋长法尔根汉的计划，将在孔桑武阿到奥恩地段实施突破。第一梯队突击群作如下展开：预备队第七军（2个师）占8公里正面，第十八军（2个师）占2公里正面，第三军（2个师）占4公里正面。突击群的第一任务是:攻占前两道野战阵地,向第四阵地的杜奥蒙炮台和沃炮台进攻。辅助突击由第十五军(2个师)在6公里宽的正面上实施。预备队第六军和第五军实施牵制行动。

德军从1915年12月底开始对战役进行细致而秘密的准备。部队和炮兵的集中和展开,构筑出发地域的工程作业,准备供给基地、通信枢纽和积聚弹药等等,都隐蔽进行。德军最高统帅部打算用强大炮火摧毁凡尔登工事,所以对炮兵的展开特别经心。德军在马朗库至埃坦的正面上共展开10204门火炮和202门迫击炮。其中绝大部分在主要突击方向上展开。每一公里的突破正面上平均有62门火饱和15门迫击炮。第十八军地带内每公里突破正面上的炮火密度达140门。德军在主要突击方向上对法军所占优势为:有生力量多3个师,火炮多4倍以上。

德军进攻凡尔登的战役代号为“处决地”,预定于2月12日开始。由于天气不好而一再推迟。这使得法军察觉了德军的意图。法国和俄国情报部门都分析出德军将对凡尔登发动进攻。但是直到德军进攻的当天,法军总司令霞飞将军还认为德军的主攻方向不会是凡尔登。

2月21日8时12分,德军的大炮奏响了进攻凡尔登战役的序幕。炮火准备一直持续了9个小时。为了隐蔽主攻方向,炮火准备是在阿沃库尔至埃坦40公里宽的正面上全线进行的。法军筑垒地域的整个防御纵深遭到1500多门火炮和迫击炮的严重杀伤。工事被摧毁,森林被烧光,山头被削平,整个法军防线笼罩在浓烟烈火之中。有记载说:“历史上从来未见过如此猛烈的炮火。”同时,德国的飞机也对铁路车站进行了狂轰滥炸。

德军炮火准备过后,凡尔登第一阵地全部地段和第二阵地个别地段的防御配系遭到破坏,部队指挥系统陷于瘫痪。16时45分,德军步兵发起进攻。当日所剩时间不多,德军仅占领了第一阵地的第一线堑壕。次日德突击集团发起强大进攻,但进展依然缓慢,全天共推进1.5至2公里。2月23日,德第十八军攻下第一阵地。2月24日,德军经炮火准备,开始夺取第二阵地。法军死守,伤亡惨重。野战部队同炮兵和炮台筑垒联系中断,预备队消耗殆尽。2月25日,德军行进间攻占杜奥蒙炮台。法中央集团军群司令被迫将第二军各师从韦夫尔各地撤到马斯高地。德第五集团军的预备队第五军、第十五军和施特兰茨集群投入进攻，于2月27日占领韦夫尔谷地。

法军统帅部自德军发动进攻时起，便决心守住凡尔登。2月24日，法军总司令霞飞将军派总参谋长前往凡尔登，下达了死命令，“必须不惜任何代价将敌人拦阻”在马斯河右岸。霞飞将军任命第二集团军司令贝当将军为凡尔登地区司令，并立即调兵增援。法预备队第二十军、贝当将军的第二集团军军部、第一军、第十三军、第二十一军，相继于2月26日之前赶到凡尔登。

贝当将军的指挥部极其出色地组织了运输线，为法军守卫凡尔登做出决定性贡献。由于经奥伯维耶通往凡尔登的铁路处于德军大炮射程之内，而通过圣米耶尔的道路早就被德军切断，所以全部军队都是用汽车从巴勒杜克—凡尔登公路上运到的。法军调集了3900辆汽车，靠着这条长65公里的省级公路，从2月27日起在一周内赶运了19万援军和2.5万吨军火和军用物资。公路的通过能力达到每昼夜6000辆汽车，即每15秒通过1辆汽车。法军将这条公路称为“圣路”。

由于运送援兵及时，到3月2日，凡尔登法军兵力增加了1倍，而德军兵力仅增加了十分之一。

德军自进攻之日起，连续五天作战，已疲惫不堪，成为强弩之末。这五天当中，德军只推进了5至8公里。到2月28日，德军的进攻高潮平息下来。

从3月5日起，德军再次发动大规模的进攻，突击正面转移到马斯河左岸。这是德军指挥部的失算，因为在这一带防守的正是法国最精锐的生力军第七军。德军指挥部集中主要力量，试图夺取至关重要的莫尔特—奥姆高地和304高地，切断凡尔登的补给线，消除法军炮兵对德各突击军翼侧的威胁。攻守双方强攻坚守，炮击反炮击，突击反突击，占领反占领，血战了三个月。最后德军总算在5月7日和5月30日分别攻下304高地和莫尔特—奥姆高地。

贝当于5月初被调去指挥中央集团军群，尼韦尔将军接替他指挥凡尔登战役。他向士兵提出：“不能让他们通过。”这句话成为法军响亮的战斗口号。

德军指挥部急于在英、法军发动索姆战役之前拿下凡尔登。德皇诏令第五集团军务于6月15日前占领凡尔登。德军发起更为猛烈的进攻。洛霍夫将军的东面集群用6个师在79个重炮连和几个空军支队的支援下，在4公里宽的正面实施攻击，向法军阵地发射窒息性毒气和催泪性毒气炮弹达11万发。但洛霍夫将军始终未能攻破法军阵地。无论是6月中旬,还是7月初,德军都未能执行德皇圣旨摧毁法军防御。

7月1日,英、法军在索姆河发起进攻。德军统帅部不得不从凡尔登抽出兵力。德军在凡尔登城下的攻势开始减弱。战役主动权转移到法军手中。8月,法军夺回杜奥蒙、弗勒里筑垒和304高地等失守据点,修复了防线。德军再也无力组织强大进攻。

8月28日,罗马尼亚参加协约国一方作战,整个形势对德军更为不利。

德皇看出,凡尔登不仅像法尔根汉所说的那样在"碾碎法军",也是在"绞杀"德军。8月28日,他撤了法尔根汉的职,任命兴登堡将军为德军总参谋长。鲁登道夫将军被任命为陆军军需官,实际上是兴登堡的第一副手。德皇中途换马,也无法挽回德军在凡尔登的失败。

9月2日,兴登堡将军命令第5集团军停止进攻。10月24日,法国芒让将军以4个师17万人、700多门火炮和150架飞机在马斯河右岸实施第一次大规模反击。法军在毒气弹、燃烧弹、重炮和超重炮火力支持下,猛烈突击,于11月2日占领了杜奥蒙炮台和沃炮台。12月13日,芒让在马斯河右岸再次实施大规模突击,攻下沃、贝宗沃、卢韦蒙、瓦舍罗维等失地。12月18日,法军进抵先前的第三阵地,恢复战役前态势,遂停止攻击。历时十个月的凡尔登血战至此结束。德军目标无一实现,既未攻下凡尔登和打垮法军,也未阻止协约国军队在索姆河转入进攻。

在凡尔登战役中,法军全部70个师有66个师先后参战;德军投入了46个师。双方损失共达100万人,德军损失50个师,法军损失69个师。在这场消耗战中,双方各师兵员损失率达70%或70%以上。双方还消耗了大量物资。仅从2月25日至6月15日,法军就消耗了1550万发炮弹。

凡尔登是新兵器和新战术的试验场。德国使用了喷火器、毒剂和大威力火炮等新兵器,采用了强击队,支援冲击的移动拦阻射击法即徐进弹幕射击法。法国使用了新型轻机枪和400毫米超重炮,采取了炮火反准备、野战筑城工事与永备筑城工事相结合的筑垒地域配系和防御战斗的新集群战术。

凡尔登之战显示出,火炮、追击炮兵器,工程兵、航空兵、汽车运输等在进攻和防御中起着越来越大的作用。

德军进攻凡尔登失败的原因很多,主要原因之一是总体兵力兵器处于劣势。德军指挥部也犯了严重的战役性错误。实施突破的地段过于狭窄，防卫者能及时调用预备队封住缺口并实施反击，不使战术突破发展为战役突破。此外，旷日持久的消耗战对兵源本已有限的德军十分不利。

凡尔登战役是第一次世界大战决定性的一战，是德军从战略进攻向战略防御的转折点。鲁登道夫说："我们第一次被迫在所有战线进行防御。"

为了减轻凡尔登的压力，牵制德军，英法军队按照预定计划于7月1日在索姆河畔发动了大规模攻势。这次进攻以英军为主，它活动在索姆河北，进攻的目标是巴波姆；法军配合于索姆河以南，以培隆为目的地。7月1日英法士兵开始向德军阵地发起进攻。进攻前，英法大炮于6月24日开始向德军防线进行"弹幕"射击，7天内共倾泻炮弹达150万发。

7月1日晨7时半，英法士兵们跳出战壕向德军阵地猛冲。但他们前进很慢，因为每个士兵都背负着重达66磅的军用物资。英军部队面对德军猛烈火舌，成千成万地倒下去。到傍晚时分，德军防线前方横七竖八地布满了6万多死伤的英军士兵。法军部队的情况好些。德军防守十分顽强，每一个山头、每一村庄都死守不放。到7月14日为止，法军在17.7公里的战线上，前进最多处不过9.6公里；英军在16公里长的战线上，进展最多处才4.8公里。此后双方基本固守对峙。直到9月2日夜，炮火重又猛烈起来。第二天，英法步兵再度猛攻，但收效不大。这样的攻守起伏到月底，其后因雨雾连绵，道路泥泞，前进困难，英法军队都未能到达预定的目的地。

战役中，英军曾经初试他们的秘密武器——坦克。试前为了保密，他们把它叫作"罐子"（英语中"罐子"的发音即为"坦克"）。试制成的49辆坦克中，有18辆于9月15日在战场上初露头角，其中一辆攻占了一个小村庄；另一辆夺取了一条堑壕，躲在堑壕里吓慌了的300多名德军被英军俘获。到1918年，坦克开始真正纵横称雄于疆场。

索姆河战役最后成为局部性的相互袭击。到1916年底，交战双方都成为强弩之末，难以为继了。战役中，英法从德军手中只夺回180平方公里土地，有助于缓解凡尔登之围；英军死、伤、被俘42万人，法军损失20余人，德军则损失60万人。英法军队虽未达到预定的夺回失地的目标，但牵制了德军对凡尔登的进攻，这就使整个战局向着有利于协约国方面转化。

在意奥战线上，奥匈军队的进攻获

得进展。5月15日,奥匈军队从特兰提诺以强大的炮火开始进攻,一举摧毁了意大利的防御措施,迫使意军在长达60公里的战线上退却,意军大败。

意大利的溃退产生了俄国的“布鲁西诺夫的进攻”。为援救意大利,俄国放弃了自己原来的计划,由布鲁西诺夫将军指挥,集中60万人和1930门大炮在长达400公里的战线上向奥军发动进攻。6月4日拂晓,开始了剧烈的炮战。6月5日,俄军突破奥军阵地,6月7日占领卢茨克,以后继续向前推进,直到占领了加里西亚的大部分和布科维纳,重新出现在喀尔巴阡山上的隘口前。

东线战役的胜利对整个战局产生了重大影响。首先它阻止了奥匈军队的进攻,使意大利军队免于进一步溃败;其次,改善了西线战场上的态势,使德军停止了对凡尔登的进攻,给英法军在索姆河发动攻势创造了机会;最后,它促使罗马尼亚决定参加协约国方面作战。

罗马尼亚政府虽然在大战开始时宣布中立,但是它仍然敞开门户,欢迎交战双方跟它商讨价钱。到1916年,东线俄军既告胜利,西线德军屡遭失败,罗马尼亚认为时机成熟,遂于8月17日同英、法、俄、意签订条约,28日向奥匈帝国正式宣战。罗马尼亚的武器装备和军需供应都很差,对作战并没有充分准备,因而屡战屡败,同盟国军队反而分两路入侵:一路越过喀尔巴阡山隘口进入罗马尼亚北部;一路过多瑙河进入罗马尼亚南部。两路入侵的军队于12月6日在布加勒斯特会师,罗马尼亚的主要粮食产地以及石油和其他原料产地,都落到同盟国的平里。在俄国军队的帮助之下,罗马尼亚战线才于12月底在多瑙河下游—布来拉—福克沙内—奥克纳—多尔纳瓦特拉一线稳定下来。俄军的战线为此延长了500公里。

战争开始的头两年,由于英国的海上封锁,德国的舰队始终龟缩在自己的港口内。德国指挥部为了突破封锁,改善自己的处境,决定进行海上进攻。1916年5月31日至6月1日展开了大战期间最大的一次海战——日德兰海战。

1916年5月30日夜,英诱敌舰队在贝蒂将军指挥下驰离苏格兰港口罗塞斯。第一、二战列巡洋舰队先行、第五战列舰队距其5海里悄悄尾随。当夜,英海军上将约翰·杰利科勋爵率主力舰队从苏格兰北方奥克尼群岛斯卡帕弗洛海军基地出发,开往东南方伏击点。德诱敌舰队司令希佩尔将军也从杰得河口基地出发,开往日德兰半岛西海岸。舍尔海军上将的大洋舰队同时开往设伏海域。贝蒂舰队刚出港，德巡逻潜艇立刻发现并用电台上报。该电文又被英主力舰队截获破译。结果双方都以为敌人上当，怀着紧张而兴奋的心情开赴战场。

5月31日下午2时15分，英舰“盖德利尔”号发现敌舰。同时，德军也认出英舰，双方节节逼近。这时6艘英战列舰插向德侦察舰队后部，企图截断其退路。他们不知德大洋舰队尾随着侦察舰队，刚才的行动已使英舰陷于德军南北夹击的境地。然而，德军循着刻板的诱敌方案行动，结果失去战机。

下午3时40分，英第一、二舰队编成作战队形，驶往东南上风方向，准备攻击。15时48分，双方进入大炮射程，距离1.6万码，巨炮雷鸣般地响开了，无数炮弹越过开阔的水面落在军舰周围。英、德舰艇实力为6∶5，虽基本相等，但德舰按既定方针往东南方向边打边走，不想久战。为防备德潜艇，英第5舰队走“Z”形规避航线，迟迟未赶到战场。

德重型水面舰艇采用了新式全舰统一方位射击指挥系统，所有炮齐射时弹着点分布小、精度高。15时51分，德舰“吕措夫”号打了几次齐射，就将英“雄狮”号（司令贝蒂旗舰，超无畏级战列舰、排水量26270吨、航速27节、有8门343毫米大炮）副炮塔炸粉碎。“雄狮”的X、Y两炮塔相继被打哑（英舰前方两主炮塔命名为A、B，中部为P、Q，后部为X、Y）。16时，德舰“卢琴福”号的一发穿甲弹钻透“雄狮”Q炮塔爆炸，炮塔内的发射药被引燃，如果火延着“福尔科奈”号射出2枚鱼雷，击沉德战列舰“波近仑”号和“埃尔宾”号。受伤的德战列舰“吕措夫”号被德海军自沉。6月1日凌晨3时，德舰队突破了英舰队封锁线，向杰得河口和威廉港飞奔。杰利科率舰队衔尾穷追。

为防御英军海上袭击，德海军早就在赫尔戈兰湾一带布下无数颗水雷，只有舍尔等德海军高级将领才知道雷区间有一条很窄的秘密水路。舍尔找到神秘水道入口，令全体舰队通过雷区。英舰咆哮着接近雷区，但一艘也不敢贸然闯进死神的迷宫，杰利科无奈下令返航。整个海战，德军击沉英3艘第一流战列巡洋舰、3艘巡洋舰、8艘驱逐舰，自己损失2艘战列巡洋舰、4艘巡洋舰、4艘驱逐舰。英国损失虽大于德国，但仍掌握制海权，德军想要突破英军海上封锁的希望破产。此后，德国舰队一直被封锁在港内，再没有较大的海战发生。

在1916年的几次大战役中，同盟国各国都遭到严重挫败，总的军事形势变得对它们越来越不利，东西两条战线都基本固定下来，旷日持久的战争是德国最害怕的。协约国虽然没能击败同盟国，但它的军事力量日益增强，开始占优势地位，战略主动权已经转移到协约国手中。

这一年的战事中最突出的是潜艇战。1 月，德国海军总司令部作出一个推算，5—7 个月的潜艇战可以造成英国的海运中断，经济崩溃，从而迫使它投降。因此，德国宣布从 2 月 1 日起，在英吉利海峡、北海（荷兰、挪威沿海除外）、爱尔兰以西近海以及整个地中海实施无限制潜艇战。

早在 1915 年 2 月，德国就开始采用无限制潜艇战。当时宣布环绕不列颠群岛的水域为战区，在这里遇到的敌方商船应予消灭；还声称中立国船只因为常被冒充而且识别难免有误，所以也有可能受攻击。潜艇在进攻前是不发警告的，也不负责人员安全。此后，在袭击协约国船只的同时，也多次击沉中立国商船，甚至客轮。5 月 7 日击沉从美国返回的英国邮船鲁西塔尼亚号，造成 1198 人死亡，其中包括 100 多名美国人。美国政府提出强烈抗议。8—9 月，又发生两起类似事件后，德国被迫对潜艇行动作出限制。实际上德国放弃无限制潜艇战的主要原因，是对英法没有造成致命的后果。当时德国潜艇数量不多，1915 年整年中，德国海军使得世界商船损失总计 130 多万吨。但是，仅英国商船总量就达 2000 万吨。

而到 1917 年，德国已拥有 142 艘潜艇，德方估计，如果这时实施无限制潜艇战，那么，第一，6 个月将使英国求和；第二，这 6 个月内美国还不会成为严重的军事因素；第三，即使美国参战，潜艇将使美军不能到达欧洲。结果没有一条推测是正确的，尽管确实造成了严重的损失。2—4 月，击沉各国船只数直线上升，共计 319 万吨，英国占 119 万吨。2—8 月，德国潜艇掌握制海权。

1917 年的战争进程与美国参战

收到德国的有关照会后，2 月 3 日，美国宣布与德国断交。以一些美国船只受到攻击为理由，4 月 6 日，美国对德宣战。这以前，美国一直宣布中立。因为美国与欧洲远隔重洋，在当时的技术条件下，不存在身不由己被卷进大战的危险。因而美国各阶层孤立主义与和平主义情绪占优势。当局也想暂时保持中立，一方面避免过早地对胜负未卜的欧洲战局下注，一方面避免居民中不同民族的后裔对立冲突。况且同两边都做买卖,也大获其利。

1917年转而宣战,也有深刻原因。几年来,由于英国利用对全球电报网的控制来进行的得当的宣传以及德国人自毁形象的举动,比如击沉客轮,美国的公众情绪已经渐渐倾斜。更重要的是,协约国从1915年中期以后,对美债务有增无已,累计23亿美元。这时的贸易对象也以协约国为主。假如协约国战败,借款将很难收回,外贸也将受严重影响。同时,中立地位将降低,甚至失去对战后国际事务的发言权。因此,1917年的美国作出参战的决策。

美国的参战对战局产生相当大的影响。

首先是它影响了许多其他“中立”国家,在美国宣布参战后,中国、巴西、暹罗、利比里亚、印度、澳大利亚、加拿大、南非、古巴、巴拿马、汉志、危地马拉、尼加拉瓜、海地、洪都拉斯、哥斯达黎加等国也纷纷宣战,先后加入到协约国集团一方,这样就扩大了协约国阵营,使其达到27个国家,形成了对同盟国的绝对优势。

其次是在军事上对协约国集团直接援助。在1917年6月,美国派出几十艘军舰协助英国海军,进一步控制了德国海军的活动。至大战结束前,共派出85艘驱逐舰参加反潜作战,并选出了400艘猎潜艇,美国海军参战是使德国无限制潜艇战失败的重要原因。参战时美国只有30万陆军,但在1917年5月实行了义务兵役制,迅速把军队人数增加到300万,并源源不断地把军队派往欧洲前线,共达200万人。

最后,在财政和军需供应方面,更是给协约国带来了好处,大量军用物资源源不断运往欧洲战场。美国不仅完全中止了对德、奥的军火供应,而且大幅度提高对协约国的贷款。美国全部战时支出,包括给协约国集团的贷款,共达三百五十多亿美元。从物资上为协约国的最终胜利准备了条件。

协约国方面在上半年就着手组织对船队的护航。8月份,大西洋全部采用护航体系。10月也在地中海实施。同时采取其他反潜措施。这以后船只吨位损失开始减少,200万美军也正分批渡过大西洋。春夏两季曾经很有威胁的潜艇攻击到年底明显缓和下来。

协约国1917年的计划是东线、西线和意大利战线一起发动“决定性的进攻”。而西线德军在2—4月有计划地后撤到大为缩短而又相当坚固的齐格菲防线,史称兴登堡防线。4—5月,英法军发起自称是“结束战争的突破”。损失

20万人以后，未达目的。7月的第三次伊普尔战役以暴雨泥泞、德国首次使用的芥子气烈性毒气和飞机扫射地面士兵给欧战史留下残酷的一页。英军伤亡20多万人后略有推进。贝当则在8月和10月指挥法军组织了两次准备充分的有限攻势，损失不大而有成效。法军的自信开始复苏。意大利军10月在卡波莱多大败于德奥联军。英法军赶赴增援，战线得以稳定。

战争的结束

战争给交战各国带来了空前的灾难和破坏。仅在1915年至1917年的三年中，德军伤亡和失踪的数目就达300万以上，法军损失270万，英军损失170万。战争所造成的破坏更难以估计。前线的战士和后方的居民在心理上受到了极大的震动，战争开始时的那种盲目热情和短期战争的幻觉消失了，人们开始普遍怀疑战争的神圣性，从1916年起各交战国出现了不同形式和不同程度的政治危机。

一战纪念碑　法国

到1917年各交战国都已精疲力竭，经济极端困难，工人罢工，农民夺地，民族起义连续不断，特别在中欧集团各国和落后专制的俄国形势更为严峻。1917年俄国爆发了“二月革命”和“十月革命”，十月革命的第二天，1917年11月8日俄国即向所有交战国提出休战建议，并宣布俄国退出战争。列宁提出的变帝国主义战争为国内战争的口号和俄国革命在各国产生了强烈反响，各国普遍爆发了大规模的工人罢工，德国已处于革命前夕，奥匈帝国即将土崩瓦解。

面对严峻的经济和政治形势，各国统治者决心加速结束战争。

1918年初德军统帅部认为俄国退出战争形势于自己有利，决定在美军到达欧洲大陆之前在西线发起进攻，取得决定性胜利。为此集中了190多个师的兵力，从3月到7月连续发起四次攻势，到7月中，共损失了约70万人，德军的

一战结束后，战场留下的尸骨

进攻力量枯竭了。

从7月中旬起西线方面的优势都在协约国方面。美国参战大大增加了协约国方面的力量，自1917年6月起美军陆续开到法国，到12月底已达18万，1918年3月已超过30万，从4月底开始每月到达30万，8月底已达到100万。协约国方面还进一步协调了军事行动，1917年11月7日建立最高军事委员会，1918年3月20日任命法国元帅福煦(1851—1929)为最高统帅。从此协约国军队在福煦统一协调和指挥下向德军发起连续进攻。

7月18日至8月4日协约国军发起第一次大规模反攻，向前推进40公里，占领了苏瓦松，进攻到马恩河一线。8月8日至13日再次在亚眠一带发起进攻，第一天联军使用了450辆坦克，席卷德军前沿各师，德军大批投降，后来鲁登道夫称8月8日是“德军最黑暗的日子”。德军战斗力和士气急剧下降。至13日联军进攻时，已在75公里宽的正面推进了10—18公里，消除了德军对亚眠一带的威胁。随后联军不停地进攻，至9月底已突破德军最牢固的防线，总计德军被俘已达25万，德军败局已定。

世界停止战争这一天，乔治五世说：“噩梦结束了”

正在西线德军节节败退之际，东线同盟各国已纷纷投降。保加利亚于9月29日投降，次日签订停战条款，退出战争。土耳其于10月30日投降。奥匈帝国已土崩瓦解，各非德意志民族纷纷起义，宣布独立。奥地利于11月3日被迫签订停战协定，无条件投降。

协约国军队继续向前推进，至11月11日签订停战协定时，德军已被赶出比利时西部，法国只有极少数领土仍在德国人手里，协约国军队准备立即向洛林发起进攻。

军事失利加速了德意志帝国的政治危机和崩溃，10月3日组成了以马克

德国停战代表团成员

斯·巴登亲王为首的新内阁，从10月3日起德国政府多次提出停战谈判。10月8日凌晨，以中央党领袖埃尔兹贝格为首的德国全权代表到达协约国总司令部所在地贡比涅森林。协约国总司令福煦将军极为苛刻地对德国提出了停战条件，要求：德军在15天内自所有占领的土地上撤退；德国交出5000门大炮，30000挺机关枪、全部海军和空军、5000台火车头，150000辆车厢，5000辆汽车；对德国继续封锁；莱茵河左岸的工厂、铁路完整地交给协约国；在全德实施军事管制，等等。1918年11月11日晨5时，停战协定签字。协定规定，6小时后停止陆上和空中的军事行动。当天11时，101响礼炮轰然发出一声声巨响，历时4年多的第一次世界大战于此结束了。德国最终以战败国的身份退出了第一次世界大战。

签署一战《停战条约》的车厢

第一次世界大战经历了4年多的时间，给世界带来巨大的损失，给人民带来深重的灾难。在这场空前规模的大厮杀中，交战各国动员了7000万兵力，其中死亡约1000万人，受伤2000多万人。直接战争费用超过2000亿美元，间接费用1500亿美元。在各战区还造成难以估算的破坏。

大战改变了世界的政治格局，动摇了帝国主义的统治。俄罗斯帝国、奥匈帝国、德意志帝国、奥斯曼帝国在大战后期和大战结束后相继崩溃。大战的根源是帝国主义的争夺，可是大战不仅没有解决帝国主义之间的矛盾，反而促进矛盾更加错综复杂。战后各大国实力对比发生变化。欧洲列强中战败国元气大损，战胜国也伤痕累累。美国、日本却迅速崛起。这些对以后的世界产生了深刻的影响。大战还导致了人民革命和民族解放运动的高涨。1917年俄国无产阶级取得十月社会主义革命的胜利，建起历史上第一个社会主义国家。一年后，德奥爆发资产阶级革命。1919年匈牙利工人阶级一度建立苏维埃共和国。波兰、捷克斯洛伐克、南斯拉夫和匈牙利随着战争的结束而赢得独立，走上民族新生的道路。战后，亚洲、非洲、拉丁美洲各国人民掀起反帝反封建斗争的新高潮，充满信心地迎接民族解放的曙光。

列宁主义的诞生

弗·依·列宁（1870—1924）原姓乌里扬诺夫，生于辛比尔斯克。父亲是国民教育视察员，大哥因参与谋刺亚历山大三世而被处死。1887年列宁进喀山大学法律系，因为参加学生运动而被捕和流放。1888年参加喀山的马克思主义小组。次年迁居萨马拉。1891年以校外生资格参加彼得堡大学法律系国家考试，获得优等毕业证书，注册为律师助手。此后，在萨马拉组织当地的第一个马克思主义小组。他一面宣传马克思主义，一面深入社会进行调查。1893年到达彼得堡。1895年，列宁把彼得堡的20多个马克思主义小组统一成为“彼得堡工人阶级解放斗争协会”。这是新型无产阶级政党的萌芽。列宁原来设想在各地成立类似组织，进而联合成为全国性的社会民主党。但是，12月列宁被捕，后被流放到西伯利亚。1899年列宁在西伯利亚写了《俄国资本主义的发展》，论述了俄国资本主义的发展以及革命的不可避免，完成了粉碎民粹主义的任务。

1898年，各地“斗争协会”召开了俄国社会民主工党第一次代表大会。但他们没有制定党纲党章，没有统一的组织，而且不久就被严重破坏。实际上并没有把党建立起来，不过，宣布党的成立这件事，本身就有一定意义。

20世纪初，俄国已形成帝国主义，

彼得格勒处在革命的前夕

无产阶级革命也进入了新的阶段。1900年，列宁移居国外，在德国莱比锡创办俄国社会民主工党的第一张机关报“火星报”。报头题词引用十二月党人的名言：“星星之火将燃成熊熊烈焰”。以这家报纸为核心，各地的“斗争协会”和小组联合起来，形成火星派。1902年列宁的重要著作《怎么办?》出版，批判了修正主义与它在俄国的变种经济派，提出了建党的重要性、基本原则和计划。

1903年7—8月，俄国社会民主工党第二次代表大会先在布鲁塞尔，后迁到伦敦秘密召开。大会最主要的议程是制定党纲党章和选举中央机构。在讨论《火星报》提出的党纲草案时，马尔丁诺夫为代表的经济派反对列入无产阶级专政的内容。但由于列宁为首的火星派的坚持，党纲草案获得通过。这是马克思、恩格斯逝世后国际共运史上第一个，也是第二国际各党中惟一一个明确以争取无产阶级专政为基本任务的党纲，是新型无产阶级政党的重要特点。

在讨论党章草案第一条时，革命阵营内部又出现了分歧。列宁提出：“凡是承认党纲，在物质上帮助党并且参加党的一个组织的，都可以成为党员。”马

“阿芙乐尔”号巡洋舰

尔托夫却提出不一定要参加党的组织，只要在党的一个组织的领导下为党工作的人都可成为党员。马尔托夫的条文将使党成为成分复杂、来去自由、纪律松懈的社团或俱乐部。经过长时间辩论以后，由于多数代表的支持，大会通过了马尔托夫的这条党员资格条文。但是列宁提出的除此之外的党章条文也都获通过。

由于一些经济派和民族主义的崩得分子退出大会，在选举中央领导机构的时候，支持列宁的一派占了多数。从此，俄国社会民主工党分裂为拥护列宁的布尔什维克（意思是多数派）与反对列宁的孟什维克（意思是少数派）两派。由于这次大会，布尔什维克党形成了。它是主张社会主义革命和无产阶级专政的新型的无产阶级革命政党。布尔什维克党的建立是列宁主义诞生的标志。列宁主义诞生了，而它一诞生就立刻领导了俄国的第一次民主革命。

俄国1905年革命

1905年在俄国爆发了一场空前规模的资产阶级民主革命。这场革命是由俄国内部阶级矛盾尖锐所引起的。

20世纪初，俄国是一个军事封建的帝国主义国家。反动的沙皇统治严重地阻碍了生产的发展和社会的进步，给人民带来了无穷的灾难。1900—1903年经济危机使国内的矛盾空前尖锐起来。工人、农民以及国内各少数民族的反抗斗争此伏彼起，连绵不断。沙皇政府为了转移人民的斗争视线，阻止革命的发展，乞灵于一场胜利的对外战争。但是，结果适得其反。1904年开始的日俄战争破坏了国家的经济，加深了人民的苦难，暴露了专制制度的腐朽，从而加速了革命的到来。

这次革命风暴的开始是1905年的彼得堡流血事件。1905年的彼得堡流血事件。1905年初，彼得堡最大的普梯洛夫工厂的工人举行罢工，抗议厂方无理开除工人。罢工得到其他工厂工人的支持，很快发展成为全城总罢工。沙皇政府企图在罢工举起之时就把革命火种扑灭掉。它指使加邦牧师诱骗工人列队前往冬宫，向沙皇尼古拉二世吴递请愿书，以便乘机把工人淹没在血泊之中。布尔什维克看穿敌人的阴谋，反复向工人说明：向沙皇请愿是不会获得自由的，自由必须靠自己拿起武器来争取。但是，很大一部分工人认为困苦是下面的官吏造成的，他们仍相信“慈父沙皇”会帮助他们。1月22日（俄历1月9日）星期日，彼得堡工人携带全家，组成了一支约有十四万人的和平队伍。他们举着圣旛、圣像和沙皇的肖像，拿着陈述工人疾苦要求沙皇赐与恩惠的请愿书，向冬宫前进。结果遭到沙皇军队野蛮枪杀，1000多人被打死，几千人受伤。1月9日此被称为“流血的星期日”。

彼得堡街头的鲜血擦亮了千百万工人的眼睛。他们愤怒地撕毁了沙皇的肖像，说“沙皇痛打了我们，我们也只好把他痛打一顿！”当天晚上，彼得堡的工人就筑起了街垒，同沙皇军警展开了英勇的搏斗。各地工人也掀起了空前规模的抗议罢工浪潮。仅一月份，罢工人数就达到44万，超过了过去十年的罢工总人数。农民和少数民族也掀起了斗争。“打倒专制制度！”的口号响彻全国各地。群众性的革命开始了。

革命的迅猛发展把社会上的各阶级各政党都发动起来了。他们从本阶级的利益出发，制定各自的微策略方针和行动路线。沙皇政府深感单用暴力不足以维持摇摇欲坠的统治，因此，它除了残酷镇压之外，还极力破坏人民内部的团结，挑唆俄国各族人民互相残杀，另一方面答应召开咨询性质的国家杜马（代表会议），妄图用反革命的两手扑灭革命。自由资产阶级在沙皇专制和民主力量之间动摇。它们一方面拿革命来恐吓沙皇，要求它实现一些改良，自己也可以从中享一些权力；另一方面，它们更害怕革命，极力与沙皇妥协，共同扼杀革命。俄国资产阶级的这种反革命本性决定它根本无法领导这场革命。

无产阶级是这次革命的领导力量。但是，无产阶级的政党这时分为两派。以列宁为首的布尔什维克主张：无产阶级应积极领导当前的资产阶级民主革命，用武装起义推翻沙皇统治，实现工农民主专政，然后不失时机地把它转变为社会主义革命。而另一派孟什维克却主张：革命应当由资产阶级领导，反对武装起义，主张用和平方式改良沙皇制度。孟什维克的行径分裂了工人队伍，给革命带来了极大的危害。为了彻底批判孟什维克的错误，列宁在7月写了《社会民主党在民主革命的两个策略》一书。这部光辉著作对党的路线作了全面精辟的论证，它进一步武装了党和无产阶级。

在1905年五一劳动节，全国几乎有二百个城市爆发了工人罢工。5月末，俄国最大的纺织工业中心伊万诺沃——沃兹涅先斯克的7万名工人举行大罢工。在斗争中，工人们发挥了首创精神，选出自己的代表，建立了俄国最早的工人代表苏维埃。6月在波兰的重要工业中心洛兹，工人同沙皇军队进行了三天的巷战。6月中，沙皇的最后支柱——军队也发生动摇，黑海舰队《波将金》铁甲舰爆发起义。在革命蓬勃开展的情况下，沙皇政府慌忙与日本签订了和约，以便腾出手来镇压革命。8月19日，又正式发布诏书，召集咨询性质的国家杜马。布尔什维克领导人民抵制了这届杜马。

1905年秋，革命发展到了一个新阶段。首先是莫斯科工人大罢工。10月初，全国主要铁路线的职工宣布总罢工，随即扩展到各大城市，形成了全俄政治总罢工。参加这次总罢工的工人有100多万。此外，低级官员、学生、民主知识分子也参加了运动。总罢工使工厂停工、学校停课、商店停业、邮电不通、社会生活陷于停顿，政府机构也大多陷于瘫痪。在总罢工过程中，各地纷纷建立起苏维埃，它不仅领导罢工斗争，而且自行颁布命令，推行各种革命措施。

十月总罢工吓得沙皇魂不附体。他躲到彼得堡郊外，准备一旦情况紧急，就从海路逃亡国外，同时，被迫作出一些重大让步。10月30日(俄历10月17日)，尼古拉二世签署宣言，答应召集立法杜马和给人民以言论、出版、集会的自由。资产阶级、孟什维克和社会革命党人欢天喜地接受了这个宣言，说“革命已经完成”，“开始了民主宪制”。布尔什维克驳斥了这种谎言，指出10月17日宣言只是斗争的第一个胜利，沙皇统治并没有崩溃，必须进一步开展革命，用武装起义推翻它。

11月，列宁从瑞士回国，直接领导起义的准备工作。12月20日，莫斯科工人举行总罢工，参加的人数达到15万。声势浩大的罢工到了23日发展成为武装起义。工人修筑起近千座街垒，同沙皇军队展开了英勇的搏斗。在勃列斯尼亚区战斗进行得特别激烈。400多名战斗员顽强地保卫着自己的阵地，使沙皇军队不能前进一步。最后，沙皇调来炮队，向这个区发射了600多发炮弹，才占领了这个地区。由于敌我力量过分悬殊，最后莫斯科苏维埃决定从1月1日起，停止武装斗争，以保存革命力量。继莫斯科起义之后，格鲁吉亚、乌克兰、波罗的海沿岸的拉脱维亚、西伯利亚的赤塔和克拉斯诺雅尔斯克先后爆发了起义。由于起义的时间参差不齐，缺乏共同的领导中心和统一的计划，缺乏共同的领导中心和统一的计划，缺乏武装斗争的经验，以及孟什维克的妥协投降，起义都被镇压下去了。

十二月武装起义是1905年革命的顶点。起义失败后，革命从高潮进入退却时期。劳动人民是一边战斗一边退却的。从罢工人数看，1905年有280多万，1906年有110多万，1907年有还有70多万。农民运动在1906年上半年继续开展，席卷俄国（欧洲部分）一半左右县份。军队骚动也不断发生。在这种情况下，沙皇不得不继续玩弄反革命两面手法。一面加强对革命迫害，一面主持召开国家杜马。布尔什维克看到革命已转入低潮，就参加了1907年1月召开的第二届国家杜马。布尔什维克利用杜马讲坛揭露了沙皇各项政策的反动本质，引起反动派的恐惧。于是，沙皇政府捏造罪名，把社会民主工党杜马党团的全体成员流放在西伯利亚，并在1907年6月16日（俄历6月3日）解散了国家杜马。这在历史上称为“六三政变”，它标志着俄国第一次人民革命的结束。

俄国1905年革命失败的主要原因，首先是无产阶级和农民没有结成巩固的联盟，农民虽然奋起斗争地主，但是，很大一部分农民不幻想沙皇和国家杜马会分给他们土地。农民的这种心理也影响到军队，因此农民和士兵的发动较晚，没能同工人的斗争紧密配合。其次是无产阶级的行动不够协调一致。孟什维克的机会主义路线造成一部分工人的思想混乱，分裂了无产阶级队伍。第三是国内外资产阶级对沙皇政府的支持。

革命虽然失败了，但它具有重大意义。它沉重地打击了沙皇专制制度，锻炼和教育了劳动大众和布尔什维克党，为十月革命的胜利作了良好的准备。列宁指出：“没有1905年的‘总演习’，就不可能有1917年十月革命的胜利”。（列宁：《共产主义运动中的“左派”幼稚病》，《列宁选集》第4卷，第184页）

俄国革命是帝国主义时代第一次人民革命，它不仅推动了欧洲工人运动的发展，而且促进了整个亚洲的革命运动。俄国1905年革命揭开了帝国主义时代革命风暴的序幕。

俄国1917年二月革命

1917年二月革命推翻了统治俄国达三百零四年之久的罗曼诺夫王朝，彻底埋葬了沙皇俄国的专制制度，同时为

尼古拉二世和他的儿子

俄国向社会主义过渡创造了条件。

在革命过程中，彼得格勒工人和士兵建立了革命政权——工兵代表苏维埃。2月27日，布尔什维克党中央发表《告全体俄国公民书》，号召推翻沙皇专制制度，没收地主土地，实行八小时工作制，建立民主共和国，并立即退出战争。当晚，起义士兵由26日的600人增加到66700人，有力地加快了革命的进程。晚9时彼得格勒苏维埃第一次会议在塔夫利达宫开幕。会议由国家杜马孟什维克党团代表齐赫泽主持。会上选出孟什维克的齐赫泽、斯柯别列夫，社会革命党人克伦在为主席团成员，布尔什维克的施略普尼柯夫、扎鲁茨基等11人为执行委员会委员。28日，苏维埃发布公告，宣布彼得格勒苏维埃由各工厂、起义部队、各民主的和社会主义的政党推选的代表所组成。苏维埃的主要任务是“组织人民力量，为在俄国彻底巩固政治自由和实行由人民管理而斗争。苏维埃将指派区委员建立彼得格勒各区人民政权。”

同日，各连队的士兵代表在布尔什维克的支持下，来到塔夫利达宫参加会议。工人代表苏维埃扩大为工兵代表苏维埃。3月1日，工兵代表苏维埃向彼得格勒卫戍部队发布著名的第1号命令：要求在部队中通过选举建立士兵委员会和水兵委员会，并由该委员会领导各部队的政治活动；各部队的所有武器弹药交由士兵委员会或水兵委员会管理，废除旧军衔等一切旧部队中的制度。这样，军队开始掌握在苏维埃手中。

彼得格勒苏维埃成立后，在短短的几天之内，还采取了一系列措施推动革命的发展。例如成立军事委员会和粮食委员会；建立工人民警队，即工人赤卫队的前身，负责维持首都的革命秩序；指派10名区委员建立区苏维埃政权；监督国家银行和造币厂，控制金融支配权；查封反动报纸，出版苏维埃机关报——《彼得格勒工人代表苏维埃消息报》等。苏维埃实际上开始使政权机关的职能。

彼得格勒苏维埃政权建立后，对全俄产生了深刻而广泛的影响。据统计，到1917年3月，在394个城镇中成立了242个工人代表苏维埃，116个士兵代表苏维埃；在90个城市中建立了统一的工兵代表苏维埃。

当时俄国除了苏维埃政权外，还有另一个政权，即资产阶级临时政府。

2月28日，彼得格勒武装起义以迅雷不及掩耳之势取得胜利，完全出于资产阶级的意外。这迫使资产阶级放弃同专制制度勾结的打算，开始窃取革命的胜利果实。革命胜利的前夜，2月27日，资产阶级在杜马解散后成立了国家杜马临时委员会，由原国家杜马主席保皇派首领罗将柯任主席。28日，国家杜马临时委员会发表告俄国人民书，声称将由它来恢复国家政权，建立新的社会秩序，即由它来建立新的政府。

二月革命胜利后，苏维埃掌握了实际力量，特别是军事力量。如果得不到彼得格勒苏维埃的批准，国家杜马临时委员会就没有能力组织新政府。3月1日晚，彼得格勒苏维埃执委会的孟什维克和社会革命党人组成代表团，背着布尔什维克，开始同国家杜马临时委员会举行谈判。他们在谈判中执行机会主义路线，认为政权归资产阶级，这是资产阶级民主革命的必然结果。他们否认苏维埃能成为新的革命权力机关，认为只有资产阶级才有能力领导沙皇制度留下来的国家机构。

3月2日，彼得格勒苏维埃举行全体会议讨论建立新政权问题。布尔什维克代表建议成立工人阶级和革命军队的临时革命政府，不允许资产阶级参加，但是，在孟什维克和社会革命党人的操纵下，布尔什维克的建议被否决，通过了支持临时政府的决议，二月革命的胜利成果拱手交给资产阶级。

同日，资产阶级临时政府成立。大地主、全俄地方自治局联合会主席李沃夫任政府主席兼内政部长，立宪民主党首领米留可夫任外交部长。十月党首领古契柯夫任陆海军部长。莫斯科纺织厂主科诺瓦洛夫任工商部长。糖业大王捷列申柯任财政部长。克伦斯基以社会革命党人的身份出任司法部长。

这样，既有工兵代表苏维埃政权，又有资产阶级临政府政权，形成了两个政权并存的局面。出现这一历史上罕见的现象的重要原因，是“由于无产阶级的觉悟不高和组织不够。李沃夫后来曾这样分析俄国当时的政治形势：“临时政府有权无力，而工兵代表苏维埃却有力无权”。

二月革命胜利后，布尔什维克党组织恢复了公开活动。3月5日，党中央机关报《真理报》复刊。3月6日，列宁用法文拍往斯德哥尔摩的一封电报中指出："我们的策略是：完全不信任新政府，不给新政府任何支持，特别要怀疑克伦斯基，把无产阶级武装起来（这是惟一的保证）……"这是列宁对临时政府成立的第一个反映。自3月7日起，侨居国外的列宁以给《真理报》写信的方式，揭露临时政府的反动实质，分析俄国革命的动力、特点和前途。列宁确指出：二月革命只是变帝国主义战争为国内战争的第一阶段，目前正处在从革命的第一阶段过渡到第二阶段。4月3日，列宁从瑞士回到彼得格勒，在车站受到工人和陆海军士兵的热烈欢迎。列宁在装甲车上发表演讲，高呼"社会主义革命万岁！"

4月4日晨，列宁出席了在塔夫利达宫举行的布尔什维克党代表会议，作了关于战争与和平的报告。后来在布尔什维克与孟什维克的联席会议上又重述了一次。4月7日，《真理报》发表报告的提纲，题为《论无产阶级在这次革命中的任务》，即具有重大历史意义的《四月提纲》。

《四月提纲》分析了俄国当时的形势，回答了革命面临的迫切问题，提出了从资产阶级民主革命向社会主义革命转变的路线。

提纲明确指出：目前俄国的特点是从革命的第一阶段过渡到革命的第二阶段，第二阶段应当使政权转到无产阶级和贫苦农民阶层手中。《四月提纲》还确定了党的策略方针，即不给临时政府任何支持，并彻底揭穿其种种诺言的欺骗性，争取全部政权归工人代表苏维埃。列宁强调，必须对群众进行耐心的、经常的、坚持不懈的说服教育工作，使他们摆脱小资产阶级政党的影响，不为临时政府所欺骗。《四月提纲》为俄国革命的发展指明了方向。彼得格勒、莫斯科和许多地方的党组织相继召开代表会议，通过了拥护《四月提纲》的决议。1917年4月24日至29日，举行了布尔什维克党的第七次全国代表会议（四月代表会议）。出席会议的代表共有151名（123名有表决权，18人有发言权），代表78个党组织的8万名党员。列宁当选大会主席，并在会上作报告，阐述了他在《四月提纲》中提出的、由资产阶级民主革命转变为社会主义革命的路线和策略，批判了加米涅夫、李可夫等人关于俄国的资产阶级民主革命尚未完成，实现社会主义革命的条件尚未成熟等错误观点。在这次大会上，列宁、季诺维也夫、加米涅夫、米柳亭、诺根、斯维尔德洛夫，斯米尔加、斯大林、费多罗夫当选为中央委员。会议通过了列宁起草的关于战争问题，对临时政府的态度问题、土地问题等决议，确定了党的社会主义革命的路线和措施。

在列宁的《四月提纲》的基础上，布尔什维克党实现了思想上和政治上的统一，为社会主义革命作好了思想上的准备。

十月革命

革命概况

十月革命以前，俄国已有强大的革命力量。1913 年，仅工厂、矿山和官办企业的工人就有 310 万人。各种类型的无产者人数约有 2000 万。无产阶级处于社会最底层，是最革命的阶级，是俄国革命的领导力量。占全国人口大多数的农民群众是无产阶级可靠的同盟军。俄国有坚强的无产阶级革命政党——布尔什维克党，这个党以马克思列宁主义为指导，不断地同机会主义、改良主义和社会沙文主义作斗争，积累了丰富的革命经验，特别是两次资产阶级民主革命的经验。列宁在第一次世界大战期间论证的由于资本主义经济政治发展不平衡的规律，社会主义有可能在少数国家甚至单独一国首先获得胜利的理论，鼓舞了俄国无产阶级向资本主义展开进攻。

俄国是帝国主义锁链中最薄弱的环节，是世界上第一个存在着用革命的方式解决帝国主义各种矛盾的现实社会力量的国家。二月革命胜利后，俄国形成既有工兵代表苏维埃，又有资产阶级临时政府的两个政权并存局面。无产阶级和资产阶级的矛盾成为俄国社会的主要矛盾。从民主革命向社会主义革命转变已经是俄国革命发展的必然趋势。

革命胜利后的临时政府不顾人民的死活，按照英法帝国主义的愿望，在前线发动进攻，结果军事冒险遭到惨败。消息传来，群情激愤。7 月 16—17 日，在彼得堡爆发工人和士兵大规模示威游行。临时政府悍然出动军队屠杀示威群众，逮捕和杀害布尔什维克，并下令通缉革命领袖列宁。布尔什维克党被迫重新转入秘密状态。从此，革命和平发展的希望彻底破灭。两个政权并存的局面结束，全部政权转到反革命的临时政府手中。被孟什维克和社会革命党人控制的苏维埃成了临时政府的附属物。布尔什维克党暂时收回“全部政权归苏维埃！”

的口号，但没有退出苏维埃。

面对资产阶级的猖狂进攻，布尔什维克党及时地号召和组织武装起义，推翻临时政府，夺取社会主义革命的胜利。1917年8月8—16日，布尔什维克党召开了第六次全国代表大会。大会确定了武装起义的方针，号召工人、农民和士兵站在布尔什维克党的旗帜下，准备同资产阶级进行决战。

9月中旬，列宁给布尔什维克党中央委员会写了《布尔什维克必须夺取政权》、《马克思主义和起义》的信，指出武装起义的时机已经完全成熟。10月20日，列宁从芬兰秘密回到彼得堡，直接领导武装起义。10月23日，在布尔什维克党中央委员会会议上通过发动武装起义的历史性决议。党中央号召全党一切组织讨论和解决有关起义的实际问题。为了对起义进行政治领导，中央全会决定成立中央政治局，由列宁等7人组成。

在准备武装起义的紧要关头，加米涅夫、季诺维也夫反对武装起义的方针。10月31日，加米涅夫在非党的《新生活报》上发表声明，指责布尔什维克党举行武装起义是冒险的举动，泄露了正在准备起义的机密。临时政府闻讯立即调动军队，采取破坏起义的措施。11月6日晨，临时政府下令封闭布尔什维克党中央机关报《工人之路报》。这时革命的基本战斗队伍已经动员起来，首都各区的革命军队和赤卫队不断汇集到布尔什维克党总部和军事革命委员会所在地——斯莫尔尼宫。6日晚上，列宁给党中央写紧急信，主张立即发动起义。他连夜来到斯莫尔尼宫，亲自领导起义。

7日，工人赤卫队和革命军队占领了电话局、邮政局、国家银行、火车站、主要政府机关和军事据点。晚9时，“阿芙乐尔”号巡洋舰发出进攻临时政府所在地冬宫的第一炮。次日凌晨2时，起义队伍攻下冬宫，逮捕了正在开会的临时政府部长们。

11月7日，全俄工兵代表苏维埃第二次代表大会在斯莫尔尼宫开幕。大会通过《告工人、士兵、农民书》，宣布临时政府已被推翻，全部政权转归苏维埃手中。8日，大会通过具有重大历史意义的《和平法令》和《土地法令》，动员广大群众起来制止帝国主义战争，支持苏维埃政权。会上成立第一届苏维埃政府——人民委员会。列宁当选为人民委员会主席。

彼得堡武装起义的胜利有力地推动了革命在全国的展开。11月7日—11月16日，经过同反革命势力的激烈搏斗，苏维埃政权在莫斯科确立。1917年

11月至1918年2—3月，首先从城市，然后到乡村，苏维埃政权在全国各地建立起来，社会主义革命在俄罗斯、少数民族地区和前线都获得胜利。这就是列宁所说的苏维埃政权的“凯歌行进”。十月革命取得了成功。

列宁的重要性在于他领导布尔什维克在俄国夺取了政权，建立了世界上第一个共产主义政权。他是第一个把马克思理论转化为实践的人。这第一个共产主义政权的建立是近代史的一个转折点。从1917年到1989年，共产主义力量在全世界继续发展，地球上几乎1/3人口生活在共产主义的旗帜下。

十月革命打破了资本主义一统天下的局面，向全世界宣告一种新的社会制度由理想变为现实。从此，世界历史进入了一个由资本主义向社会主义过渡的新时期。

十月革命的胜利对全世界人民产生了伟大和深刻的影响。十月革命后，各国无产阶级、被压迫人民、被压迫民族争取解放的斗争蓬勃高涨。德国、奥地利、匈牙利爆发了革命。中国、朝鲜、印度、波斯、土耳其、埃及等殖民地、半殖民地人民掀起了民族解放运动的新浪潮。

革命进程

1917年，对于俄国人民来说，是惊心动魄的一年，也是欢欣鼓舞的一年。在不到一年的时间内，先后发生了资产阶级革命和无产阶级革命，诞生了一个崭新的国家，震撼了世界。在推翻沙皇统治后，俄国布尔什维克党在列宁的领导下，发动“十月革命”，推翻了资产阶级政权，建立了世界上第一个社会主义国家。

弗拉基米尔·伊里奇·列宁，1870年4月22日出生于俄国辛比尔斯克的一个贵族家庭，父亲从事于国民教育事业。列宁的哥哥亚历山大在青年时期就和俄国一些正直的知识分子一起，组织了“民意党”。1887年5月8日，列宁的哥哥因为刺杀沙皇未遂而被杀。

就在这一年秋天，列宁全家迁往喀山，他也进入喀山大学学习法律。在这里，列宁阅读了马克思的《资本论》，并且加入了马克思主义小组，成为马克思主义的忠实拥护者。同时，他向同学们介绍马克思主义，鼓动大家同沙皇政府做坚决斗争。

1889年，列宁搬到萨马拉。在这里，列宁刻苦学习，自学完了大学四年的课程。两年后，列宁以校外生的资格，参加了彼得堡大学法律系的国家考试，结果被授予最优等的毕业文凭，获得注册助理律师资格。

1893年8月底，二十三岁的列宁来到了俄国的政治中心彼得堡。到这里后，列宁和当地的马克思主义小组取得了联系。在他的倡导下，彼得堡的20个独立的共产主义小组联合成立了"工人阶级解放斗争协会"的秘密织织。

这一年，列宁被沙皇当局逮捕入狱。在狱中，列宁完成了《俄国资本主义发展》一书的大部分书稿。一年零两个月后，列宁再次被流放到西伯利亚东部一个荒僻的村庄。在三年的流放生活中，列宁完成了《俄国资本主义的发展》整个著作的写作，另外还写了几十篇文章。此外，列宁还在此期间认真思考革命问题，勾勒了一个较为成熟的革命计划。

在列宁还在狱中的时候，分散在彼得堡、莫斯科等地的"工人阶级解放斗争协会"于1898年在明斯克召开会议，成立了"俄国社会民主工党"。1903年，俄国社会民主工党在比利时王国的首都布鲁塞尔召开第二次会议。大会将"无产阶级专政"写入了党纲。经投票选举出的党中央机关，以列宁为代表的马克思主义者获得了多数票，被称为"布尔什维克"。1912年，俄国社会民主党正式宣告成立。

从19世纪末到20世纪初，沙皇俄国的统治逐渐出现危机。1905年—1907年，俄国爆发了第一次资产阶级民主革命。虽然遭到镇压，但是对俄国产生了深远的影响。为了转移国内的视线和扩大对外掠夺，沙皇尼古拉二世派兵参加了第一次世界大战。

但是在第一次世界大战爆发后，俄国节节败退，损失惨重。从1914年到1917年，俄国有1400万人去服兵役，其中几百万人战死沙场。战争同时给国内经济带来了灾难：物价飞涨，物资奇缺，人民甚至难以过生活。到1917年1月底，彼得格勒只剩下仅够吃十天的面粉和三天的油脂。

因此，国内反对沙皇政府的斗争此起彼伏。从1916年到1917年，俄国更换了4个首相、6个内务大臣、4个军事大臣和3个外交大臣。为了对付国内的不稳定因素，尼古拉二世决定和德国单方面谈判，退出战争。但是这个决议受到英法等国的拒绝，同时也使得国内资产阶级大为不满，他们希望通过战争以获得更大利益。

1917年初，俄国发生了更大的经济危机，大量工人失业，无产阶级的生活条件更加恶化。1月，彼得格勒15万工人在布尔什维克的领导下上街游行。2月23日，工人们再次游行，高呼"打倒战争"、"打倒专制"的口号。25日，游行队伍扩大到了30万人。

尼古拉二世此时慌了阵脚，决定采取暴力驱赶游行队伍。25日晚，沙皇派人逮捕了布尔什维克彼得格勒委员会的五个领导人。26日，军警打死40多名游行工人。于是，布尔什维克决定武装起义，推翻沙皇统治。当晚，布尔什维克组织了600人的起义队伍，但到了27日夜时，起义队伍已经扩大到了7万人。

27日，党中央发表了《告全体俄国公民书》，号召全国人民起来推翻沙皇统治，建立民主共和国。28日，起义军占领了海军部和沙皇的巢穴冬宫，逮捕了沙皇政府的大部分高级官员。此时，尼古拉二世急忙从前线调回军队以镇压起义。但是沙皇士兵在革命者的劝说下发生了兵变，宣布和起义军站在同一战线。就在同日，彼得格勒士兵苏维埃和工人苏维埃联合成立了彼得格勒工兵代表苏维埃。

同时，资产阶级也出来掠夺革命果实，于27日成立了国家杜马临时委员会，并于3月2日成立了临时政府。就这样，俄国暂时出现了两个政权并存的局面。彼得格勒起义的胜利，结束了俄国长达300年的罗曼诺夫王朝的统治。毛泽东在评价工人在“二月革命”中的作用时说：“俄国皇帝是世界上最凶恶的一个统治者；当无产阶级和农民的革命起来的时候，那个皇帝还有没有呢？没有了。”

4月16日，列宁从瑞士回到彼得格勒。次日，他发表了后来被称为《四月提纲》的著名讲话，提出了“全部政权归苏维埃”的口号。列宁认为，这次革命的最终目标应将“资产阶级革命”变为“无产阶级革命”，在俄国实现“无产阶级专政”。

5月初，临时政府向协约国发出照会，声称俄国将保证遵守沙皇政府和外国签订的一切条约，决定把第一次世界大战进行到底。这一消息传开后，引起了彼得格勒苏维埃政权的反对。5月4日，彼得格勒十万工人和士兵走上街头进行游行示威，抗议临时政府继续参加战争。临时政府不得不解除发出上述照会的临时政府外交部长。

1917年7月1日，彼得格勒40万工人、士兵再次上街游行，要求“全部政权归苏维埃”。就在同一天，临时政府下令西南前线的30多万俄军在利沃夫向德、奥联军发动大规模军事反攻，但是遭到对方军队的惨重打击，10天内损失了6万人。

这一消息更加激起工人们的愤慨。7月17日，列宁赶到了彼得格勒。考虑到当时武装革命的条件还不成熟，布尔什维克中央决定游行以和平请愿为主。但是临时政府和苏维埃中的社会革命党人决定要镇压工人们的和平游行。当日，临时政府派出大量军警向和平示威群众开枪射击，当场打死400多人。接着，临时政府到处搜捕布尔什维克党领导人，强行解除工人武装，同时派人搜捕列宁。

布尔什维克党此时不得不转入地下，列宁也被暂时护送到彼得格勒附近的拉兹里夫湖畔的一个草棚里。8月8日，布尔什维克根据列宁的指示，在彼得格勒秘密召开了第六次代表大会。斯大林根据列宁的指示，主持了这次会议。在这次会议上，通过了武装夺取政权的方针，并号召全党为准备武装起义而斗争。

同年9月，列宁又被迫流亡到了芬兰。在芬兰期间，列宁又完成了著名的《国家与革命》这部著作。

8月25日—28日，临时政府首脑克伦斯基在莫斯科召开了“国务会议”。在会议上，俄军最高司令科尔尼洛夫积极煽动武装叛乱，妄图建立军事独裁政权。9月7日，他借口镇压布尔什维克，打着“保卫首都”的旗号，命令俄军某部从前线开回彼得格勒，企图武装叛乱。克伦斯基此时不得不求助于布尔什维克，请求武装首都工人以平息叛乱。在布尔什维克和武装工人的支持下，叛乱被平息。

这场斗争胜利之后，布尔什维克在俄国的力量大为上升，而临时政府则处于孤立的地位，况且，工人再次获得了武装。鉴于此，列宁认为武装起义的条件已经成熟，并从芬兰向布尔什维克党中央发回了《布尔什维克必须夺取政权》和《马克思主义和起义》两封加急邮件，信中反复说明俄国革命的时机已经到来，布尔什维克党必须时刻准备武装起义。

1917年10月20日，列宁秘密从芬兰回到彼得格勒。25日，彼得格勒成立了苏维埃革命军事委员会，作为领导武装起义的公开机关。29日，布尔什维克党中央召开了扩大会议，会议选举斯大林、斯维尔德洛夫等5人组成领导起义的党总部，负责起义的领导工作。

就在这时候，一直反对起义的季诺维也夫和加米涅夫在公开报纸《新生活报》上发表了《尤·加米涅夫谈起义》，公开诬蔑起义是“冒险绝望的行动”，反对武装起义。

临时政府获此消息后，马上采取了措施：从前线调回军队以镇压起义；下令逮捕列宁；中断彼得格勒苏维埃的电话联系等。11月6日，临时政府的士兵突然闯入布尔什维克党的机关报《工人之路报》以及《士兵报》的印刷所，企图查封报纸，但是由于革命士兵及时赶到，保证了报纸的按时出版。

面对临时政府的反革命措施，布尔什维克党决定提前起义。11月6日（俄历10月25日）夜，列宁头戴假发，化装成工人到达起义的总指挥部——斯莫尔尼宫。起义军的主力是两万名武装工人和彼得格勒的20万守军，以及驻守在波罗的海的数万名舰队官兵。

在列宁的指示下，起义军迅速占领了彼得格勒的火车站、桥梁、电话局和银行等战略要地，整个首都都处于起义者的控制之下。11月7日早上，革命军事委员会发布了列宁起草的《告俄国公民书》，宣布临时政府已经被推翻，苏维埃已经顺利接管了政权。

到了7日傍晚，整个彼得格勒只有冬宫还被临时政府所控制。下午6时，几万名起义军以及10来艘军舰包围了冬宫，同时向里面的临时政府官员发出最后通牒，要求他们立即缴械投降。

晚上9时，停泊在涅瓦河上的“阿芙乐尔”号巡洋舰向冬宫发起总攻。随后，工人赤卫队、革命士兵像潮水般涌入了冬宫。进入冬宫的起义军官兵和躲在里面的临时政府士兵发生了激烈的白刃战，终于在半夜的时候最终占领了冬宫。彼得格勒的武装起义获得了成功。

晚上10时40分，全俄工农兵苏维埃第二次代表大会在斯莫尔尼宫召开。大会通过了《告工人、士兵和农民书》，宣告全俄各地政权都归苏维埃政权。接着，列宁做了有关和平和土地的报告，通过了两部法令——《和平法令》和《土地法令》。大会决定成立完全由布尔什维克组成的第一届苏维埃政府——人民委员会，列宁被选为人民委员会主席。人民委员会的设立，标志着世界上第一个无产阶级专政的社会主义国家诞生了。

彼得格勒武装起义的胜利消息传到莫斯科后，莫斯科的布尔什维克党在中央的指示下立即发动武装起义，经过六天的激战，于11月25日攻克了克里姆林宫。此后，俄国其他地方也相继发生了革命起义。从1917年11月，到1918年3月，整个俄国基本实现了社会主义革命的胜利。

十月革命刚刚结束，苏俄就提出缔结一个不割地不赔款的和约，但是遭到英、法等国家的反对。苏俄只好单方面和德国进行谈判。但是在谈判中，德、奥代表提出割让俄国15万平方公里土地的苛刻要求。列宁考虑到苏维埃政权刚刚建立,需要安定的政治环境,因此主张接受德奥的条件。

但是国内的社会革命党人不希望看到苏维埃俄国强大起来,因此他们积极反对签订和约,并且挑起德军进攻。列宁见此,马上起草了《社会主义祖国在危急中》的公告,号召全国人民积极参加红军,保卫祖国。这个号召得到了响应。1918年2月23日,红军粉碎了德军的进攻,保卫了新生的苏维埃政权的稳定。

德奥和苏俄决定再次谈判,但是这次德国的要求更加苛刻:增加了对波罗的海沿岸和高加索等地区的领土要求,同时要求增加赔款数额。面对此情况,列宁还是建议接受德国的要求,立即缔结和约。3月3日,双方在布列斯特正式签署和约,苏俄此后退出了第一次世界大战。

十月革命是人类历史上第一次成功的无产阶级革命,建立了世界上第一个社会主义国家。它开辟了无产阶级革命和无产阶级专政的新时代。此后,马克思主义思想在世界各国广泛传播,东欧各国、中国等都受此影响而建立了社会主义国家。著名学者托洛茨基在《被背叛了的革命》中指出:"十月革命第一次显示出社会主义的生命力,由十月革命建立起来的国家计划经济在相当短的一段时期内,成功地将一个经济落后的国家变成了世界上第二大经济强国。"

巴黎和会

概况

历时四年三个月,牵连到30多个国家、15亿人口的第一次世界大战在1918年年底终于有了分晓。由于美国在1917年加入协约国参战以及1918年德国在西线的全面溃败,1918年10月奥匈帝国土崩瓦解,接着11月德国投降,在法国贡比涅森林协约国联军总司令福熙元帅的行军列车上,双方签署了停战协定。第一次世界大战正式宣布结束。

早在第一次世界大战快要结束的时候,法国、美国、英国、日本等等帝国主义就谋求自己对战败国的利益。

美国在战争中发了横财,从战前的债务国变成了战后的债权国。战前,美国欠欧洲近60亿美元的债务,而大战结束时,美国不但还清了债款,还借出了100亿美元给协约国;而且战后美国集中了世界黄金储备量的40%。因此,为了进一步扩大自己在世界政治舞台中的作用,美国首先必须抑制英国和法国的实力，在欧洲保持一个具有一定实力的德国。美国总统威尔逊早在1918年春，就在国会中宣布了保障人权的十四点原则，就是：

一、各国外交公开，禁止秘密国际协定。

二、平时与战时均尊重海洋自由。

三、撤除各国经济壁垒。

四、裁减各国军备。

五、公平解决殖民地之分配。

六、归还俄国被占之领土。

七、归还比利时被占之领土。

八、撤退法国境内盟军，解决阿尔萨斯(Alsace)及洛林(Lorraine)问题，并归返法国。

九、依民族自决原则，重划意大利边界。

巴黎和会

十、依民族自决原则，重划奥匈领域。

十一、依民族自决原则，重划巴尔干各国边界，恢复罗马尼亚、塞尔维亚及门的内哥等国的领土。

十二、土耳其自治，开放达旦尼尔海峡。

十三、恢复波兰之独立。

十四、议定宪章，组织国际联盟，保障各国政治独立领土完整，不论国家之大小，一律享受同等权利。

威尔逊的十四点原则被各国公认是重建战后世界和平的原则。不过由于战后各方利益博弈的缘故，这其中只有四点是最后在巴黎和会上保留下来的：

一、要求恢复比利时。

二、要求将阿尔萨斯、洛林两省还给法国。

三、奥匈帝国内各民族的自治。

四、成立国际联盟。

其他各点都被忽视或被改得面目全非。

法国鉴于在普法战争中的耻辱和战争中受到的惨重损失，极力要求削弱德国的力量，以确立自己在欧洲的霸权地位。法国的具体目标是：收复在普法战争中割让给德国的阿尔萨斯和洛林地区；大量裁减德国军备；把法德边界推到莱茵河;向德国索取巨额赔款。

英国的意图则和法国不同,它不希望在欧洲大陆上看到一个"霸王",因而采取传统的"大陆均势"政策,不愿意看到德国过分被削弱,以便于和法国、俄国对抗。但是英国又要剥夺德国的殖民地和绝大部分军舰和商船。

日本的主要目标,是想提升自己在远东地区的控制能力。具体来说,它想占领德国在中国的势力范围——山东半岛,掠夺德国在太平洋上的殖民地。

意大利的目标则是亚得里亚海,把过去属于奥匈帝国的一部分领土归为已有,并进占巴尔干地区。

从上面这些意图来看,各国在瓜分势力范围和利益方面是存在冲突的。

1919年1月18日,战胜国在巴黎附近的凡尔赛宫召开和会。参加和会的有27个战胜国的代表,5个新成立的国家和"社会团体"的代表。参加和会的人数共1000人,其中全权代表70人,后改为"四人会议",即美国总统威尔逊、英国首相劳合·乔治、法国总理克列孟梭和意大利首相奥兰多。最后又变为"三人会议",他们是巴黎和会的三巨头。苏维埃俄国未被邀请,德国、奥匈帝国等同盟国国家也被拒之门外。

参加和会的各国代表的权利是不平等的,参加会议的国家被分为四类:第一类是"享有整体利益"的国家,它们是美、英、法、意、日这五个超级帝国,它们可以参加一切会议;第二类是"享有局部利益"的国家,包括比利时、中国、巴西、塞尔维亚、希腊等国和英国的一些自治领,它们可以参加讨论与各自相关问题的会议;第三类是与德、奥断绝外交关系的国家,包括厄瓜多尔、秘鲁、玻利维亚和乌拉圭,它们只能在讨论涉及本国的问题时才允许出席;第四类是中立国,它们可以在五大国的邀请下,就直接问题发言。

根据上面的四类国家,和会规定各参加国的代表名额是不等的:第一类国家可以派5名代表,比利时、巴西和塞尔维亚可以派3名代表,其余国家则只能派1—2名代表。

另外,和会分三类不同的会议:一是与会国所有代表参加的"全体会议";二是审议各种专门问题的"特别委员会";三是决定一切重大问题的"最高会议"。全体会议选举法国总统为大会主席,美国国务卿、英国首相、意大利首相和日本前首相为副主席。表面上,一切决议都由全体会议通过,实际上这种会议仅是走走过场而已,一切决定均在"最后会议"上做出。法国总统当时甚至说:"只有五大强国先行决定了一切重大问题，然后才走进会场。”

“最高会议”最初是由五国首脑和外长参加的“十人会议”，但是后来“十人会议”转变为由英、法、美、意四国首脑组成的“四人会议”和由此四国外长及一名日本代表组成的“五人会议”。在“四人会议”中，由于意大利在大战中作用不大，加上意大利国内经济、军事实力又薄，故被英法冷落一边。据说有一次意大利首相奥兰多愤然离去，没有一个代表起身挽留；过些日子，当他不得不回来的时候，也没有人理睬。因此，主宰巴黎和会的实际上只是英国、法国和美国。

由于各国抱着不同的目的来参加和会，因此会议一开始就陷入争吵。美国坚持首先讨论国联问题，并认为国联是与和约不可分割的，对所有国家都具有是参加对德作战的国家，均是国联创始国，美、英、法、意、日为常任理事国；确定了殖民地委任统治制；国联的主要机构是会员全体代表大会和行政院。虽然美国坚持设立国联，但是到头来却并没有捞到什么好处：德奥的殖民地由国联交给英、法、比、日和英国自治领，成立后的国联由于英法等国自治领的票数总和多于美国而受到英法的控制。因此，美国约束力，但是遭到英法的反对。“十人会议”对此问题进行了长达4天的争论，最后达成妥协：该问题和其他问题平行讨论，同时成立一个委员会起草《国联盟约》，美国总统威尔逊担任委员会主席。

对战败国殖民地的处置问题，是和会的一个重要议题。美国认为对德国以及奥匈帝国领土的处理，应在国联范围内解决，建立“委任统治制”，即由国联委托“先进民族”代管。但是由于英法在战争过程中就已经瓜分并占领了德奥土等国的殖民地，所以坚决反对委任统治制。最后在美国的一再坚持下，英法只好接受了“委任统治制”。

4月份，英法同意了由美国主导起草的《国联盟约》，并在28日的“全体会议”上全体通过。《国联盟约》规定：凡

国内对《国联同盟》一片反对之声，1919年11月19日，美国参议院以大多数票数拒绝批准和约。

在对德国疆界和赔款问题上，各个国家展开了最激烈的斗争。在和会上，法国按照计划，要求归还阿尔萨斯和洛林，并在莱茵河流域创建一个依附于法国的莱茵共和国，同时建立一个包括波兹南和但泽在内的大波兰，以牵制俄国

巴黎和会上各国代表在和约上签字

和德国。但是英国和美国从各自的利益出发，坚决反对法国的计划。最后，这些国家达成了协议：将莱茵河左岸同德国分离开来，由协约国军占领，莱茵河右岸50公里地带进行非军事化；阿尔萨斯和洛林地区归还法国，波兰得到但泽走廊。

关于赔款，劳合·乔治坚决主张"赔偿只能由参加过战争的一代人负担"，德国赔款数额应该和支付能力相适应；英国参加和会的著名经济学家凯恩斯提出，德国的赔偿数额不应该超过500亿金马克。同时，英国认为对赔款的分配比例应该是：法国50%，英国30%，其他国家20%。

法国原先拟定的赔款数额为4800亿金马克，法国享有赔款的58%，英国则为25%，其他国家为17%。因此法国代表在看到英国的文件时非常生气："英国首相对德国真是慈悲为怀，那就索性慷慨到底，把殖民地和海岸也都让给德国算了。"美国见英国和法国在赔款问题上争吵不休，建议双方妥协，法国享有赔款的56%，英国为28%，剩下的给其他各国，并且美国不要赔款。

美国和英国见法国还是不肯让步，就以退出会议相要挟。和会处于破裂边缘。经过反复争吵和幕前幕后的活动，4月中旬克雷孟梭致函威尔逊，表示同意美国将门罗主义原则列入国联盟约的主张，作为交换条件，美国必须对法国的领土要求做出让步。威尔逊答应重新考虑其立场。英国支持美国对法国让步，但要求美国放弃海上军备竞争。美国对英国的要求做出承诺。最后,各方总算在德国疆界问题上达成妥协。

日本代表借口山东在日本对德宣战后事实上已为日本所占领,要求将德国在山东的"权利"全部转交日本。中国代表则正式提出归还山东,要求取消"二十一条",收回德国在山东的一切权益。中国代表顾维钧与日本代表展开激烈辩论。英法支持日本的要求。美国担心日本在华势力过于庞大而影响美国在华的利益,于是建议将德国在山东的权益交给即将成立的国联,然后交还中国。但是日本态度强硬,并以拒签和约相威胁。最后,和会决定满足日本要求。消息传到中国,群情激愤,引发了中国的"五四运动",中国代表最终拒绝在和约上签字。

4 月 25 日,德国代表团被召到巴黎,领取和约的最初文本。但是德国非常清楚,协约国之间存在着很大的矛盾,它希望能借此对和约进行讨价还价。5 月 29 日,德国提出反议案:德国保留一支 10 万人的军队;要求加入国联;放弃阿尔萨斯和洛林地区;同意将殖民地交给国联,但是德国享有委任统治权;答应赔款 1000 亿金马克等。

6 月 16 日,协约国对德国的反议案进行了一点改动,然后交给了德国。法国总统对德国代表说:"今天这一条约文本,要么全部接受,要么完全拒绝。"23 日,德国国会通过了五条件签署和约的决议。28 日,德国和协约国签订了《凡尔赛条约》。令人惊奇的是,签订和约的凡尔赛宫镜厅,也就是 48 年前威廉一世宣布德意志帝国成立的地方。

《凡尔赛和约》一共包括 15 个部分 440 条。第一部分是《国际联盟盟约》,其余是处置德国的条款。处置德国的条款十分苛刻,内容主要涉及疆界、赔偿、殖民地和限制军备 4 个方面。按照和约,对疆界重新划分,德国要丧失掉原有领土的 1/8 和人口的 1/10;德国将全部殖民地按委任统治原则交给协约国。在军备方面,解散德军总参谋部,废除普遍义务兵役制,德国陆军总数不得超过 10 万人,不得拥有空军、海军航空兵以及坦克、潜艇等限制性军备。

关于德国的赔偿,在 1921 年 5 月 1 日之前,德国应该交付 200 亿金马克;国联成立特别赔偿委员会,在 1924 年 5 月 1 日前确立应在 30 年内付清的总额。此外,德国还应该交付全部 1600 吨级以上的商船,一半 1000 吨以上的商船,1/4 的渔船和 1/5 的内河船只;在 5 年之内,为协约国提供 20 万吨商船;德国在 10

年之内向法国、意大利和比利时分别提供14000万吨、7700万吨和800万吨煤，另外还应该提供牲口、机器等物资。

《凡尔赛和约》签订之后，协约国又分别和土耳其等其他几个战败国签订了协议。同样，在签订这些和约时，几个战胜国之间就各自的利益问题展开了激烈的争斗。

巴黎和会是对第一次世界大战战败国的利益瓜分。《凡尔赛和约》和其他几个条款是帝国主义重新瓜分世界的真实记录，构成了第一次世界大战后在欧洲、西亚和非洲建立起来的“新秩序”。《凡尔赛和约》仅仅是几个大国根据自己的实力达成的暂时妥协，他们之间固有的矛盾是没有也不可能消除的。巴黎和会加深了战胜国和战败国的矛盾，此后希特勒利用复仇主义情绪和打倒《凡尔赛和约》的口号，把德国引向了法西斯主义，最终发动了第二次世界大战。法国元帅福煦事后说：“这不是和平，这是20年休战。”此外，和会还加深了帝国主义和社会主义国家之间的矛盾，并最终使之互相对抗。

战后主要战胜国的计划

第一次世界大战结束了。战争给人类留下了一笔纷乱的“遗产”。从政治方面看，四个帝国解体了，它们是德国、俄国、奥匈和奥斯曼土耳其。国际政治权力中心已不再单纯地集中于中西欧，而已经开始向北美转移；同时，新诞生的苏维埃俄国亦对旧秩序提出了强烈的挑战。民族主义意识蔓延，民族独立运动进入了一个活跃的新阶段。在经济方面，旧的国际经济关系亦发生了深刻的变化。欧洲经济脆弱，而美国却由战前的负债国变为债权国。其他列强对它的负债数约达20亿英镑。美国还控制了世界黄金储备的40%。在各种政治经济因素的交织下，战后世界矛盾重重，其中不仅有战胜国与战败国之间的矛盾，如美、英、法等国与德国的矛盾；也有战胜国之间的矛盾，如英法矛盾和美日矛盾。此外，西方资本主义列强与苏维埃俄国的矛盾，宗主国与殖民地国家的矛盾都不可调和。在列强的实力形成新对比的形势下，美、英、法、意、日这五个主要战胜国又各自有着不同的掠夺要求和争霸计划。

第一次世界大战给美国留下了丰厚的遗产。它不仅因参战较晚、战场远离本土而损失轻微，并且利用战争机会使自己一跃而成为世界第一经济强国。从1914年至1918年，在世界对外贸易总额减少40%的情况下，美国的外贸出口却增长了两倍，进口增加80%，出超额累计116亿美元。美国的工农业生产在战时也得到了大幅度的增长。美国的国民财富从1912年的1870亿美元增加到1920年的5000亿美元，几乎超过了整个欧洲。美国战时资本输出高达132亿美元，借给协约国战债约100亿美元。美国从战前的债务国一跃而成为世界头号债权国，全世界有20个国家欠美国的债务。世界经济的重心已向北美转移，美国纽约已取代英国伦敦成为世界金融中心，世界黄金储备的40%，约45亿美元掌握在美国手中。美国的军事力量在战时也急剧膨胀起来。军队由战前的30万人发展到了战争结束时的450万，海军力量也大大加强了。美国已聚集了问鼎世界霸权的能量，欧洲独霸的世界权力结构已成为过眼烟云。与经济实力的增长同时膨胀起来的是美国攫取战后世界领导权的政治野心。正如威尔逊总统在战后所说："金融领导地位将属于我们，工业首要地位将属于我们，贸易优势将属于我们，世界上其他国家期待我们给予领导和指引。"

1918年1月8日，威尔逊在国会讲演中针对苏俄的各项和平建议，提出了被称为"世界和平的纲领"的"十四点原则"。这个文件以及同年10月威尔逊的顾问豪斯上校委托李普曼和科布草拟的对"十四点"的注释，集中体现了美国对战后国际秩序的设想。它的主要内容是：第一，战后的世界应当是一个"开放的"世界。包括：公开的和平条约必须公开缔结；保持公海航行的绝对自由；消除一切经济壁垒；各国军备必须裁减；调整殖民地，对当地进行开发应该根据门户开放原则。第二，抵制并消除苏俄的布尔什维主义影响。办法是由世界各国协助解决俄国问题，通过承认并援助俄国境内各少数民族建立的临时政府，使之自由发展来肢解俄国。第三，要求在给欧洲及近东各民族以自决权的基础上恢复和建立民族国家，或建立受到列强保护、实行门户开放原则的保护国。第四，成立一个具有特定盟约的普遍性的国际联盟，使大小国家都能相互保证政治独立和领土完整，这是达到永久和平的全部外交结构的基础。

可以看出，这个文件涉及到有关列强瓜分世界的原则、战争与和平、建立国际组织等一系列重大的国际政治问题。美国企图以其经济优势，以商业、航海自由和国际性"门户开放"为旗号，在全世界扩张自己的势力；在"民族自决"、"裁减军备"的幌子下抵消苏俄和平法令的影响，换取世界舆论的支持，削弱英、法等竞争对手；进而通过国际联盟使美国取得对各种重大国际问题和国际纠纷的干预权与仲裁权，控制战后国际局势。因此这个文件是美国企图冲出美洲、对长期以来欧洲列强主宰世界的国际格局发出的公开挑战和冲击，是美国争夺世界霸权的总纲领。

纲领的实现

为了实现这个纲领，美国力图在西半球巩固并发展对拉丁美洲的控制；在欧洲保持德国在政治军事上的较强大地位，使它成为抗衡英法的力量和反对苏俄的阵地；在经济上反对过分削弱德国，以避免产生使美国经济受到巨大损失的连锁反应；它还希望在东南欧建立一个由它控制的巴尔干联盟。在东半球，美国打算拆散英日同盟，要求列强承认“门户开放”原则，并夺取德国在太平洋上的一些岛屿，以削弱在亚太地区的争霸对手。但是美国的勃勃野心必然会遭到竭力保持并扩大既得利益的英、法、日等国的顽强抵抗。由于在争霸斗争中最具关键作用的军事实力方面美国尚不能与英法相抗衡，而威尔逊在国会中又未能得到多数人的支持，因此面对具有丰富外交斗争经验的英法政治家们，美国必将受到很大挫折。

英国作为当年协约国中最有实力的国家，在大战中受到了削弱。为了最后的胜利，它在资源动员方面已山穷水尽。在战争期间，整个英帝国死亡官兵94.7万人，伤200多万人，军费开支达124.54亿英镑，相当于国家收入的44%，商船损毁不下900万吨。为了平衡国际收支，英国失去了海外投资的1/4，并向美国举债，1919年英国欠美国的债务已达8.42亿英镑，开始失去国际金融垄断地位。在海外，美国和日本趁大战之机不仅在拉丁美洲和远东排挤英国的势力，甚至把英国的自治领也视为它们扩张的对象。与此同时，各自治领和殖民地的离心倾向也迅速增长。这一切都减弱了英国在战前世界上拥有的力量和影响。

但是战后的英国仍然拥有相当实力。在经济上它的国际金融地位尚未显露出永久衰落的迹象。在国际市场上它仍然保持着较牢固的传统财政金融联系，继续支配着殖民帝国的巨大资源，并保持着对欧洲盟国的债权国地位（不包括俄国，英国各欧洲盟国在战后共欠英国17.4亿英镑）。在军事上，随着德国这个主要海上竞争对手的战败，英国仍然是世界上最大的海军强国。大战使它的殖民帝国进一步扩大，它不仅夺得了大部分德国殖民地，而且占领着对英国经济和战略具有极重要地位的原奥斯曼帝国的巴勒斯坦、美索不达米亚和阿拉伯地区。因此与它的欧洲其他盟国相比，英国更拥有左右欧洲事务，争夺世界霸权的资格。

战后英国的计划是：维护殖民帝国的最大利益，尽量扩大其殖民帝国，巩固其在战争中抢到手的德国殖民地的统治权；恢复其海上霸权和世界金融中心的地位，消灭具有威胁性的德国海军，要求战败国支付战争赔款以恢复被战争破坏的经济。为达此目的，在欧洲，英国继续玩弄"大陆均衡"政策。法国在战后已经成为英国在欧洲的主要竞争对手，所以英国不愿意法国过分强大，为使德国成为制止法国势力过于膨胀的国家，它不想过分地削弱德国，以便自己在法德抗衡中渔利。英国还想利用美法矛盾达到英国主宰欧洲事务的目的，既联合法国一起对付美国称霸世界的野心，又拉拢美国一起对付法国独霸欧洲大陆的企图。在远东及太平洋地区，英国希望维持英日同盟来限制美国在太平洋地区的扩张，并换取日本在欧洲事务上对英国的支持；同时谋求与美国合作，共同反对日本独霸中国的野心，以保护英国在这一地区的既得利益。

法国也是战胜国，也获得一定数量的殖民地，但为胜利所付出的代价是惨重的。据官方统计，法国在大战期间经济上的损失达 2000 亿法郎，有 1 万家企业遭到破坏和损失，有 90 万所住房变成瓦砾或无法使用，1919 年农产品总产量只有战前的 1/3，工农业发达的东北地区，几乎成为一片废墟。四年战争失去了 140 人，伤残者更是不计其数。法国由战前的债权国沦为债务国；战前给俄、奥、土等国的债款，因这些国家瓦解而化为乌有。法国为胜利付出了惨重的代价。

但是同盟国的失败使法国在欧洲大陆占有军事战备优势。它不仅拥有世界上最强大的陆军，而且占领着便于控制中欧的莱茵兰地区和一些易于向东欧、巴尔干和近东扩张的重要基地。因此法国成为战后争夺欧洲霸权的另一个国家。

法国的战略总计划是：建立在欧洲的霸权，最大限度地削弱德国，这既可以保证自身的安全，又可以消除可能与之竞争的宿敌和对手，以确保自己在欧洲大陆上的绝对优势。因此，法国主要的打算是彻底地摧毁德国，收回在普法战争中被德国夺去的阿尔萨斯和洛林，占领萨尔；肢解德国，把法德边界推到莱茵河，在莱茵河左岸建立一个在法国保护下的莱茵共和国，在德国南部建立独立的巴伐利亚国家，在德国东部割出一部分土地分给波兰、捷克斯洛伐克和罗马尼亚；从经济上摧毁德国，要求德国赔偿巨额的战争赔款，索取高达2000亿金法郎的战争赔款；彻底裁减德国军备，防止德国东山再起；尽量夺取德国在非洲的殖民地和土耳其在中近东的一些属地。此外，法国力图把德国以东的国家组成一个以它为盟主的同盟体系，以代替它从前的盟国俄国。这样，法国就可以通过控制东欧和中欧，插足巴尔干，巩固非洲和西亚的阵地，以建立它的欧洲霸权。法国要彻底严厉惩罚德国、称霸欧洲的计划，与英美的全球战略存在着尖锐的矛盾，它遭到英美的反对，而法国本身经济上的困境也削弱了它在外交斗争中的地位。因此，法国的计划不可能得到全部实现。

意大利是协约国集团中既贫又弱、却又野心极大的奇特角色。其战争之初，原本宣布中立，后来利欲熏心，怀揣英、法、俄与其订立的伦敦密约（密约规定，意大利在积极对奥作战的条件下，战后可以得到大量领土）站到了协约国的队列中去。但令协约国失望的是，意大利徒有其表，在战场上损失惨重，却毫无建树，屡战屡败。意大利在战争中死亡65万人，支出军费120亿美元，其他损失30亿美元，还欠下美、英债务44亿美元。虽然实力虚弱，没有战绩只有败绩，但意大利人不但要求英法履行伦敦密约，索取南斯拉夫和土耳其的大块领土，还要获得有争议的阜姆港，从而使自己在亚得里亚海和东地中海处于支配地位。意大利的争霸野心必定要与美英法的计划发生矛盾与冲突，并且不可能全部获得满足。

日本是一战中无损失只获利的惟一帝国主义强国。日本在战争中的作为可以说是无赖加强盗。日本靠发战争横财养肥了自己，是仅次于美国的第二个暴发户。日本积极为协约国战争机器提供大宗军火，从事战争投机，取得了丰厚利润。同时乘西方殖民者埋头于战争外贸萎缩之机，日本在亚太地区巧取豪夺，占领足以撑饱肚子的市场份额。在中国，日本有力地排挤了英国，其对华贸易额所占比重由1913年的18.9%跃升至1918年的38.6%，即使在英国的殖民地印度、马来半岛和自治领澳大利亚，也遍地日货。1914—1919年，日本工业生产总值增长了近四倍，出口增长了三倍以上，外贸盈余和海运收入累计达32亿日元以上，日本还由战前的长期入超国一跃成为大量出超国，由昔日的债务国变成了债权国。

战争中日本高举着对德参战的幌子，趁机夺了德国在远东的权利和殖民地。1917 年 8 月 23 日，日本对德宣战，日军在中国山东省龙口港登陆，占领了胶州湾和青岛市，夺取了德国在山东的权利；一支日本海军力量向南洋进军，占领了包括原德国在太平洋上的加罗林群岛、马绍尔群岛和马里亚纳群岛。日本还乘机在亚洲地区为非作歹，称王称霸，强迫中国的袁世凯政府接受屈辱的“二十一条”。战后日本的战略目标是：力图使它在战时侵吞的利益合法化，并妄图独占中国，称霸亚太地区。日本的野心与美国的打算发生了尖锐的冲突，也威胁到在远东有较大利益的英国，更为中国所不容。为了对付主要劲敌美国，日本希望利用英日同盟，以在欧洲问题上支持英国换取后者对它在亚太地区的支持。

主要战胜国各自不同的争霸目标和战略意图，必然导致在缔结和约前的一番激烈争斗。

巴黎和会和列强之间的矛盾

1919 年 1 月 18 日，和会在巴黎的凡尔赛宫正式开幕。在此之前，美、英、法、意、日五大战胜国已经举行了非正式会谈，为控制会议做了安排。实际出席和会的共 32 个国家，美国总统威尔逊、英国首相劳劳合 · 乔治、法国总理克里孟梭、意大利首相奥兰多、日本前首相、元老西园寺公望都亲率代表团出席和会，盛况可谓空前。但他们却把苏俄和战败国德国、奥匈帝国、土耳其和保加利亚排斥于和会之外。

与会国的代表权很不平等。美、英、法、意、日五国各有 5 名全权代表，可以出席一切会议，其他国家只有 1 至 3 名全权代表，只能出席与他们有关的会议。和会的组织机构更是强权政治的产物。其决策机构为最高委员会，最初由五大国的政府首脑和外长组成，因此也叫“十人会议”，后来又缩小为由美、英、法、意四国首脑组成的“四人会议”，而实际起操纵作用的是由威尔逊、劳合 · 乔治和克里孟梭组成的“三巨头”会议，他们有权决定和会的一切重大问题。五大国外长则另组“五人会议”以协助决策，解决次要问题。和会还设有若干专门委员会，它们虽由有关国家的代表组成，讨论和审议某些专门问题，但同样要受到大国的支配。至于由所有代表参加的全体会议，其作用不过是举手通过最高委员会已做出的决定。正如和会主席克里孟梭所说，“只有五大强国先行决定了一切重大问题，然后举行会议”。在长达五个多月的会期中，全体会议只开过七次，实际成为和会的一种点缀。

巴黎和会——列强的分赃计划

1919年1月18日，为建立第一次世界大战结束后的世界新秩序，在巴黎凡尔塞宫召开了历时达半年之久的和平会议。这是一次帝国主义战胜国重新瓜分世界的分赃会议。会议产生了国际联盟，并对德国、奥地利、保加利亚、匈牙利和土耳其5个战败国分别缔结了《凡尔赛和约》、《圣日耳曼和约》、《纳伊和约》、《特里亚农和约》及《色佛尔和约》。根据这些和约所确立的战后国际关系的新体系和新秩序，就被称为凡尔赛体系。这个体系是几个战胜的协约国列强妥协分赃的产物，它对战败国实行了骇人听闻的制裁和掠夺，给一些殖民地、半殖民地国家套上了新的枷锁，还把矛头指向苏维埃俄国和各国革命运动。巴黎和会在世界现代史上是一个重要事件，也是污秽的一页。

1918年11月11日早晨，协约国联军总司令福煦与德国交九臣埃尔茨伯格为团长的求和代表团，在贡比涅森林的雷通车站福煦元帅乘坐的列车上，签订了停战协定。这场历时四年零三个月、

北京政府驻美公使顾维钧在巴黎和会上拒绝对签字

给人类带来空前浩劫的帝国主义战争宣告结束。

贡比涅停战协定为期36天，其间德国曾5次请求缔结和约，都遭到拒绝。停战协定不得不一再延长，表面上的原因是协约国要等待美国总统威尔逊的到来。实际上，却是因为协约国集团内部就缔结对德和约的条件，在预备性谈判中一直不能取得一致意见。美、英、法、日等帝国主义战胜国各怀鬼胎，勾心斗角，都想在有利于自己的条件下多分一些赃物，最大限度地实现各自的掠夺野心并抑制对手。

法国虽然在战争中损失惨重，但已跃居第一号陆军强国。签于普法战争的

巴黎和会三巨头：劳合·乔治、克里孟梭与威尔逊（左起）

耻辱和大战中成为进攻目标的教训，法国害怕德国东山再起，尽量想方设法削弱和肢解德国，以便确立法国在欧洲大陆的霸权。它的具体目标是：收复失地（即普法战争中割给德国的阿尔萨斯和洛林），把边界推到莱茵河，索取巨额赔款，大量裁减德国军备，夺取德国在非洲的殖民地；它对土耳其在中近东的领土甚至小亚细亚的一部分也怀有领土野心，并且力图插足和控制中欧和东南欧。法国这项分赃计划的执行者，就是具有丰富外交和政治斗争经验、外号“倒阁能手”和“老虎”的总理克利孟梭。

英国带着分赃计划出席和会的是，“第一流的资产阶级生意人和滑头政客”劳合·乔治。根据传统的“大陆均势”政策，英国不愿德国被肢解或过分孱弱，以利于同法国抗衡和制约苏俄。但英国又要大大削弱德国的竞争能力，剥夺其全部殖民地和绝大部分军舰及商船，以利于巩固自己的世界霸权地位。它想利用日本与美国抗衡，也支持意大利和巴尔干国家拆法国的台。

美国在大战中发了横财，从债务国变为债权国，集中了世界黄金储备的40%。经济实力陡然增长，使美国在资本主义世界中的地位大大增强，并一跃称雄于世界舞台。为进一步扩大美国在国际事务中的影响，实现称霸世界的野心，美国首先要抑制英法，办法是：“一、保持一个拥有一定实力的德国，使它成为在欧洲抗衡英法的力量；二、大力鼓吹并迫使英法承认贸易、航行自由等原则，以便利用自己雄厚的经济实力，打进英法的地盘，逐步排挤英法的原有势力。其次要削弱日本在远东的势力，扩大美国在中国的势力，办法是：一、争取它所主张的“门户开放”原则获得国际承认；二、以协约国的集体名义接管德国在华权益，以排除日本独占的企图，使美国自己取得染指的机会。再次是建立国际联盟，把国际联盟纳入和约内容，以便利用自己支配下的国联来控制世界，并通过国联的处置，分得殖民地。美国对外政策的基石、并在和会上兜售的纲领，就是美国总统威尔逊早在1918年1月8日演说中提出的“十四点”原则。美国上述的各项考虑大都是这“十四点”原则的体现。威尔逊为了实现自己的计划，不惜远涉重洋，率领一个庞大的代表团来到巴黎，这是美国建国以后总统第一次参加大型国际会议，也是出席和会的惟一的国家元首。

意大利的打算是独霸亚得里亚海，把过去属于奥匈帝国的一部分领土和战时英法意俄瓜分土耳其密约中所允诺给意大利的领土，并入自己的版图，还要进占巴尔干，首先是阜姆港。它在和会上虽然也跻身于强国之列，毕竟实力不够，力难从心。意大利派遣了以总是奥兰多为首的代表团参加巴黎和会。

日本的主要目标在远东，即：使强占达1000多名，其中全权代表只有70人。

和会从一开始就体现出强权政治的原则：

第一，参加和会的各国代表的权利是不平等的，出席会议的国家分为四类：第一类是“享有整体利益”的国家。即会议的组织者和操纵者美、英、法、日、意5个国家，可以参加一切会议；第二类是“享有局部利益”的交战国，包括比利

中国山东半岛的权益合法化，进一步扩大对中国的侵略；获得德国在太平洋上的殖民地加罗林、马绍尔、马利亚纳群岛。日本代表团是由西园寺公望侯爵、牧野男爵、新田子爵等组成的。帝国主义列强上述掠夺野心是互相冲突，矛盾重重的。

经过激烈的讨价还价和紧张的筹备，1919年1月18日，规模空前的巴黎和会终于在法国外交部大厅正式开幕。参加会议的有：英、美、法、日、意、比利时、玻利维亚、巴西、古巴、厄瓜多尔、尼加拉瓜、巴拿马、海地、秘鲁、危地马拉、洪都拉斯、乌拉圭、波兰、葡萄牙、罗马尼亚、捷克斯洛伐克、塞尔维亚—克罗地亚—斯洛文尼亚王国（今南斯拉夫）、希腊、中国、暹罗（今泰国）、汉志、利比里亚、以及英国的自治领澳大利亚、新西兰、加拿大和南非；此外还有印度。代表时、中国、巴西、希腊、印度、英国几个自治领、危地马拉、海地、汉志、洪都拉斯、古巴、利比里亚、巴拿马、尼加拉瓜、波兰、葡萄牙、罗马尼亚、塞尔维亚—克罗地亚—斯洛文尼亚、暹罗、捷克斯洛伐克，这些国家可以出席与他们有关问题的会议；第三类是与德奥等断绝外交关系的国家，其中包括厄瓜多尔、秘鲁、玻利维亚、乌拉圭，其代表只能在讨论涉及

巴黎和会场景

本国问题时才允许出席；第四类是中立国和即将成立的国家，它们可以在5个大国中的某一国的邀请下，就直接有关的问题发言。会议把苏维埃俄国排除在外，德奥等战败国也不允许出席。

其次，代表名额也是不平等的：第一类国家可以派5名代表；比利时、巴西、塞尔维亚可以派3名，其余国家只能派2名或1名。

第三，和会把会议分为三种：最高会议、专门委员会会议和全体会议，以便列强操纵。为了保证会议按几个帝国主义大国的意愿进行，和会成立了由5国首脑和外长组成的"十人会议"，即最高会议，它操纵了和会进程和重大问题的决定权。"十人会议"成员是：美国的威尔逊和兰辛、法国的克利孟梭和毕松、英国的劳合·乔治和贝尔福、意大利的奥兰多和索尼诺，以及日本的牧野男爵和新田子爵。克利孟梭赤裸裸地说："只有五大强国先行决定了一切重大问题，然后才走进会场。"这充分暴露列强主宰国际事务的本质。全体会议选举克利孟梭为大会主席。兰辛、劳合·乔治、奥兰多和西园寺公望为副主席。

在和会进行过程中，他们仍然感到"十人会议"对于解决分赃问题很不方便，又成立了由美、英、法、意首脑组成的"四巨头会议"和五国外长组成的"五人会议"。即使在"四巨头会议"中，奥兰多充其量不过是一个配角而已。威尔逊、克利孟梭、劳合·乔治才是和会真正的主角，他们操纵了和会的一切大权。至于全体会议，在长达半年的会期里只开过7次，而且都不过是走过场。

和会一开始，主要战胜国便陷入激烈的争吵之中，有时甚至达到互以退会相威胁的程度。正像英国外交大臣贝尔福预言的那样，“和会将变成一个相当动荡不安的场所”。帝国主义列强都想为自己捞取最大的利益，这使巴黎和会一开始就陷入激烈的争吵之中。

在讨论会议程序时，威尔逊坚持首先讨论建立国际联盟问题，他认为国际联盟同和约应是一个统一体，处置战败国以及重新分配它们的殖民地应该由国际联盟最后作出决定。很显然，如果先建立国际联盟而美国又能控制它的话，美国就可以通过它获取一些殖民地，还能通过它去支配国际事务。美国还可以通过国联取消其他国家的联盟，主要是英日同盟。威尔逊说过“国际联盟本身就是一个同盟，它不需要其他任何联盟”。所以威尔逊一再坚持先讨论建立国际联盟问题，称之为“达到永久和平的全部外交结构的基础”。

克里孟梭和劳合·乔治坚决反对首先讨论国际联盟问题。法国积极主张首先讨论边界、殖民地和赔款问题；英国则主张讨论从德国手中夺来的殖民地以及土耳其领地的归属问题。英法都主张把国际联盟与对德和约分开。这个问题在“十人会议”上争论了四天，最后达成协议，将国际联盟交由一个由威尔逊担任主席的专门委员会去讨论。和会决定首先讨论德国殖民地与土耳其领土的归属问题。

对德和约问题是和会讨论的中心问题，主要包括德国的边界问题、赔款问题、军备问题和殖民地问题。在讨论每一个问题时，各大国都从自身利益出发进行了激烈的争夺。

关于德国西部边界，引起激烈争论的是莱茵区问题和萨尔问题。法国认为“大自然在侵略线上只安置了一个障壁，即莱茵河”。它坚持以莱茵河为德国西部天然边界，以确保法国的安全。莱茵河左岸和荷兰、比利时、法国边界以东的中间地带应建立一个自治的中立国家，实则是法国卵翼下的附庸。法国的这个计划，1917年初曾得到沙皇俄国的秘密谅解，然而现在沙俄早已不存在了，英、美两国又表示断然反对，克里孟梭同威尔逊几乎闹翻了脸，最后法国不得不接受英、美的妥协方案。和约确定莱茵河右岸50公里以内为非武装区，禁止德国驻军和建立军事设施。莱茵河左岸法国原拟建立附庸国的中间地带，自北而南分别由协约国军队占领五年、十年和十五年。此外，英、美还分别同法国签订了安全保障条约，保障法国东部边界不受德国的侵犯。但是后来由于美国参议院拒绝批准凡尔赛和约，美国和英国的保障条约也就随之告吹了。

萨尔问题是因为法国要求合并德国领土萨尔而引起的。萨尔同阿尔萨斯、洛林两州相连，洛林富有铁矿，萨尔盛产煤炭，法国企图把萨尔和洛林联合起来，建立一个完整的工业区，用以支持法国的欧洲霸权。法国合并萨尔的方案最后也被英、美挫败了。凡尔赛和约规定萨尔区由法国占领了十五年，十五年后举行公民投票决定隶属。萨尔煤矿在占领期间归法国所有。

波兰问题直接涉及德国的东部疆界、法国的欧洲霸权和协约国的反苏计划。法国希望建立一个“大波兰”作为自己的盟友，用以牵制德国和树立自己的欧洲霸权，同时还可以作为反对苏、俄的工具。英、美是反对法国谋求欧洲霸权的任何企图的，但是在反对苏俄问题上他们找到了共同点，因而原则接受了法国的设想。和约规定波兰领土包括：波兹南全部，西普鲁士大部，波美拉尼亚、上西里西亚、东普鲁士的一部，此外还有奥匈帝国的加里西亚以及特申的一部。国际联盟管辖的自由市但泽，允为波兰的出海口。

赔款问题包括三个方面，即赔款范围、赔款总额和赔款分配，这是巴黎和会又一个争论得最为激烈的问题。赔款范围是以美国方案为基础取得协议的，和约没有要求德国赔偿协约国直接的军费开支，只规定它赔偿非战斗损失和军人抚恤费。关于赔款总额和分配比例，由于各方意见严重对立会上未能达成协议，规定另行组织赔款委员会研究解决。在赔款问题上，尽量减轻德国赔款负担是美国的基本立场，因为它认为使德国负担过重，影响其经济恢复，会削弱德国支付赔款的能力，归根结底将影响美国收回对协约国的战债。英、法两国则持另一种立场。英国虽不愿德国过于削弱，但它坚持赔款不能太少，否则将影响它偿还战债的能力。法国的要求就更高了，仅受战争破坏的法国东北各省的复兴费便要求 30 亿英镑，这连英国也是不同意的。和约只是规定，赔款委员会应于 1921 年 5 月 1 日前确定德国赔款总额，在此之前德国须先行支付赔款 200 亿金马克，不久增为 500 亿金马克。后来赔款委员会最后确定的赔款总额为

1320亿金马克。

在如何处置德国武装力量的问题上，又引起了美英法三国的争论。美国出于牵制英法和对付苏俄的考虑，主张几乎全部保留德国的军事力量。英法对此坚决反对，英国所考虑的是要彻底摧毁德国的海上力量，而不过分削弱德国的陆军，使它能同法国互相制约，以保持“大陆均衡”。法国则要彻底摧毁德国的军事力量，还要求限制德国的军火生产，使这个宿敌没有东山再起的机会。最后各方都作出让步，才解决了这个问题。

重新瓜分世界主要是瓜分战败国的殖民地，巴黎和会以“国际联盟委任统治”的形式把德国殖民地分光。协约国帝国主义经过一番激烈争吵后确定，德属东非的坦噶喀为英国所有，卢旺达和布隆迪划归比利时，西非的多哥和喀麦隆两地大部割给法国，另一部归属英国。德属西南非交由英国自治领南非联邦统治。太平洋上的德国殖民地，和约规定赤道以北的马利亚纳群岛、加罗林群岛、马绍尔群岛全部为日本所有，赤道以南则统归英国自治领管辖：新几内亚为澳大利亚占有，萨摩亚群岛由新西兰统治。在瓜分殖民地问题上，和约接受了美国提出的“委任统治制度”，但实际上它的霸权政策完全失败了。

中国山东问题是日本阻挠中国收复山东主权，要求所谓继承德国殖民权益的问题。19世纪末帝国主义争相瓜分中国的时候，德国于1897年强占山东胶州湾，夺取了建筑胶济路和开采沿路矿藏的权利。第一次世界大战中中国属于战胜国，理应收复山东的主权。然而日本竟借口1914年它在山东抢占德国殖民势力的军事行动有“不小牺牲”，无理要求把德国在山东的全部权益转让日本。美国反对日本扩张其在华势力，主张德国在华权益全部让与协约国，由协约国议决处置办法，英国提议胶州湾实行“委任统治”。日本则趁意大利总理奥兰多为阜姆问题负气离开会议的时机，以不满足它的要求就拒绝签署和约相威胁，同时公布了1917年它同英国、法国和意大利就山东问题达成的秘密谅解。实际上英、法都是支持日本的，英国尤其关心日本支持它取得太平洋上赤道以南的德国殖民地。最后，美国也同日本妥协了，因为日本在和会讨论的许多问题上支持了美国，现在又同意撤销美国所反对的在国联盟约中列入种族平等的要求。巴黎和会完全接受了日本的要求，实际上是以中国主权当成帝国主义交易的筹码。协约国帝国主义的行径，激起中国人民轰轰烈烈的“五四”爱国运动。中国关于收复国家主权的要求遭巴黎和会拒绝后，当时的中国代表一退再退，要求对德和约不对山东总题作最后决定，中国在和约的山东条款下作保留收复主权的声明，在和约条文后作保留收复主权的声明，但是连这些要求也统统遭到协约国帝国主义的反对，中国代表在人民群众的强大压力下最后在和约外作保留收复主权的声明，拒绝在对德和约上签字。

虽然帝国主义列强在上述问题上争吵不休，但在反对苏维埃俄国方面却态度一致。由于“从一开始，俄国革命的巨大阴影就隐隐地笼罩着和会”，因此尽管会议中没有苏俄代表，“俄国问题”也未见诸于和会议程，但“列宁是一个占据了无形一席的无形成员”，成为影响和会的强有力因素，以致列强在整个和会过程中多次讨论如何扼杀或遏制俄国革命的影响问题。和会决定对苏俄实行经济封锁、保留德国东线部队、建立由波兰、波罗的海三国和芬兰组成的所谓“防疫地带”，还批准了反苏俄武装干涉计划。这一切使巴黎和会实际成为帝国主义武装干涉苏俄的大本营。但是列强遭到了失败。

《凡尔赛条约》和凡尔赛体系的确立

主要战胜国在经过几个月的讨价还价之后，在需要共同对付日益高涨的革命形势下终于达成了协议，最后拟定了对德和约。

巴黎和会完全是战胜国的会议，德国代表、外交部长勃洛克道夫只是在和约草案拟成后才被召到巴黎，并被告知不得作口头申诉，必须在限期内无条件接受。这是一项苛刻的条约，勃洛克道夫和政府总理谢德曼由于不敢接受这项条约而辞职了。由于兴登堡等军事首脑强调军队已不能作战，否则必然彻底崩溃。只得派出新任外长米勒和司法部长贝尔代表德国，于 1919 年 6 月 28 日在凡尔赛宫的镜厅在和约上签字。这就是凡尔赛和约。

《凡尔赛条约》共 15 部分，包括 440 个条款和一项议定书，第一部分为国际联盟盟约。条约的主要内容是：

第一，德国及其各盟国应承担战争罪责。

第二，重划德国疆界。西部：莫列斯纳、欧本和马尔梅迪划归比利时。阿尔萨斯—洛林重归法国；萨尔煤矿由法国开采，其行政权由国际联盟代管十五年，期满后通过公民投票决定其归属（1935

年公民投票以压倒多数决定归属德国);莱茵河西岸的德国领土由协约国占领十五年,东岸50公里内德国不得设防。南部:德国承认奥地利独立,德奥永远不得合并。德国承认捷克斯洛伐克在协约国规定的疆界内完全独立,并将西里西亚南部的古尔琴地区划归该国。东部:德国承认波兰独立。波兰从德国得到西普鲁士和波兹南的绝大部分,东普鲁士的索尔道县和中西里西亚的若干小块领土,以及穿过西普鲁士的以波兰居民为主的波莫热,即所谓"波兰走廊"的狭窄出海口(该"走廊"把东普鲁士和德国其余部分完全隔开了),但泽市(一个主要是德国人居住的城市)被宣布为国际联盟保护下的自由市,其港口由波兰海关管理,波兰有权处理该市对外关系和保护其侨居公民,并保证波兰人自由进入该市。德国放弃默麦尔地区,该地区暂由协约国占领,1923年合并于立陶宛。北部:在德国与丹麦之间的石勒苏益格地区实行公民投票以决定其归属(1920年2—3月的投票结果,该地区北部重归丹麦,南部仍属德国)。凡尔赛条约对德国疆界的这种划定,使德国在欧陆丧失了13.5%的领土和10%的人口。

第三,瓜分德国殖民地。条约规定

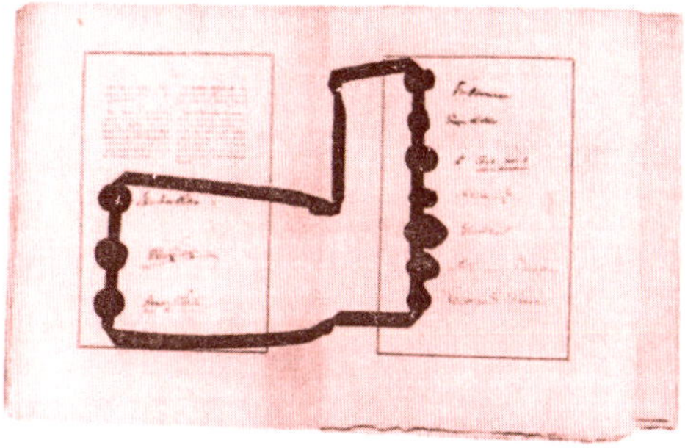

《凡尔赛和约》条文图影

剥夺德国全部海外殖民地,由主要战胜国以"委任统治"形式予以瓜分。根据国际联盟盟约第22条的委任统治文件,太平洋的德属新几内亚和赤道以南除德属萨摩亚和那卢以外的群岛归属澳大利亚;赤道以北原德属马绍尔群岛、加罗林群岛和马利亚纳群岛为日本所得;那卢岛名义上委托于英国,实由澳大利亚统治;萨摩亚分给新西兰。德属西南非洲交给南非联邦;多哥和喀麦隆由英、法共同瓜分;德属东非(坦噶尼喀)归属英国;乌干达—布隆迪地区划归比利时。

此外,和会还不顾中国的反对与抗议,把德国在山东的一切非法权益和胶州湾租借地全部移交给日本,这激起了中国人民的极大义愤并引发了伟大的"五四运动"。在全国人民的反帝爱国高潮推动下,中国代表拒绝在条约上签字。

第四,限制德国军备。规定陆军不得超过10万人,仅用于维持国内秩序和边境巡逻,其中军官不得超过4000人;解散总参谋部并不得重行成立;禁止生产和输入坦克、装甲车等重型武器;废除普遍义务兵役制;德国应拆除莱茵河以东50公里内的工事,但南部和东部边界要塞工程应照现状予以保存,德军从所占领的各国撤回,但秘密附件规定在东线的德国占领军听候协约国特别部署再行调动。海军限定为战斗舰和轻巡洋舰各6艘,驱逐舰和鱼雷艇各12艘,不得拥有主力舰和潜艇;海军兵员不得超过1.5万人,其中军官不得超过1500人;在德国港口以外的德国军舰一律交协约国销毁。德国不得拥有陆海军航空兵力。协约国设立专门委员会监督上述军事条款的实行。

第五,赔款与经济条款。和会未能对赔款总额达成一致协议,仅规定由赔偿委员会于1921年5月1日前确定总额;在此之前德国应偿付与200亿金马克价值相等之物,并承担占领军的一切费用。经济条款规定德国关税不得高于他国,战胜国对德国输出入货物不受限制;德境内几条主要河流为国际河流,基尔运河对外国军舰与商船开放。

从上述内容可以看出,英、法、日等国追求的主要目标都已达到。但对美国来说,尽管"十四点"中的某些具体内容在条约中得到了体现,但它攫取世界霸权的计划却遭到了失败。因此美国参议院拒绝批准凡尔赛条约。1921年8月25日美国与德国单独签订了和约。

《凡尔赛条约》签订后,协约国与其他各战败国相继签订了一系列和约。

1919年9月11日,协约国与奥地利签订了《圣日耳曼条约》。条约确认奥匈帝国解体,匈牙利与奥地利分立;承认捷克斯洛伐克和南斯拉夫(1929年以前称塞尔维亚—克罗的亚—斯洛文尼亚王国)独立,并接受协约国规定的奥地利与上述国家和与保加利亚、希腊、波兰、罗马尼亚的疆界;禁止德奥合并;割让南蒂罗尔、特兰提诺、的里雅斯特、伊斯的里亚和达尔马提亚海外的一些岛屿给意大利;前波希米亚王国(包括300万讲德语的人居住的苏台德区)、摩拉维亚和奥属西里西亚(包括以波兰人为主的切欣地区)划归新成立的捷克斯洛伐克;波斯尼亚—黑塞哥维那和达尔马提亚沿岸等地划归南斯拉夫,布科维纳和切尔诺夫策割让给罗马尼亚;加里西亚暂由协约国管理,后合并于波兰;宣布阜姆为自由港。此外条约还规定废除强迫普及征兵制,陆军不得超过3万人;除保留3艘巡逻舰外,其余舰只全部交给协约国;禁止拥有潜艇和空军。赔款总额由赔偿委员会研究决定;财政由协约国加以监督。

1919年11月27日在巴黎郊区的纳依，协约国同保加利亚签订了纳依条约。这项和约规定，保加利亚把西色雷斯割给希腊，马其顿的一部分划归南斯拉夫，此外还规定保加利亚赔款22.5亿金马克。匈牙利苏维埃共和国失败后，1920年6月4日协约国同德国在欧洲的最后一个盟国匈牙利的霍尔蒂政权签订了和约，这就是在凡尔赛的特里亚农宫签订的特里亚农条约。对匈和约规定特兰斯瓦尼亚归并罗马尼亚，匈牙利赔款22亿金法郎。同年8月10日，协约国在巴黎附近的色佛尔同土耳其素丹签订了色佛尔条约。这项对土和约把埃及和整个阿拉伯半岛划归英国统治叙利亚、黎巴嫩、巴勒斯坦和伊拉克等地被英、法瓜分，土耳其在欧洲的领土除君士坦丁堡及其近郊外，全部割让希腊。条约只准土耳其给素丹设700名卫队，保留35000名宪兵，还规定协约国有权对其财政进行监督。色佛尔条约使土耳其失去80%领地，并沦于殖民地的地位。

协约国同德国及其盟国签订的一系列和约，重新瓜分了世界，形成了新的帝国主义秩序，史称凡尔赛体系。

国际联盟的建立

国际联盟是帝国主义政治的产物。第一次世界大战期间，美国的一些资产阶级和平团体主张建立调处国际纠纷的机构，以防止世界大战这样的浩劫。美国总统威尔逊接过了这个主张，并纳入了他的“十四点原则”，力主建立国际联盟以确保所有国家的政治自由和领土完整，实则试图利用这样一个国际组织，作为建立美国世界霸权的支柱，因而为策划和建立国际联盟竭尽了最大的努力。

巴黎和会开幕后，威尔逊曾坚持要首先讨论建立国际联盟问题，并主张把国联盟约列为对敌和约的必要组成部分，以示盟约的神圣和确立国联的地位。在英、法操纵下，巴黎和会决定设立国联盟约起草委员会，威尔逊任主席，这一来便把他要首先讨论建立国联的要求轻而易举地推开了。事实上英、法并非反对建立国联，它们只是反对威尔逊的野心。国联盟约起草委员会收到许多国家和团体提出的盟约草案和陈述书，并就对战败国殖民地和属地实行委任统治问题，门罗主义列入盟约问题，反对在移民问题上的种族歧视问题等展开激烈的争论。国联盟约草案先后经过26次修改之后，才在1919年4月28日的巴黎和会上通过；并把它列为对德、奥、匈、保各国和约的第一部分内容。1920年1月10日，国际联盟正式成立。

在创建国际联盟的过程中，美国总

统威尔逊起了很大的作用，甚至有人用“国联是威尔逊的产儿”来形容他为国联的建立所做的工作。但由于在巴黎和会上美国没有取得多少实际利益，它所制定的战后长远战略计划和近期目标都未能实现，引起美国统治集团内部的争吵。美国参议院认为盟约中所规定的会员国保证“尊重并维护所有国联会员国的领土完整及现有的政治独立，以防御外来侵犯”的条款有损于美国的利益，它意味着美国要为他国承担许多义务，而威尔逊则认为这是盟约的核心，拒绝在这一条款上妥协。故而在威尔逊的政敌共和党操纵下的参议院拒绝批准威尔逊已签了字的凡尔赛条约，也拒绝加入国际联盟。

国联在成立时有 44 个会员国，以后发展到 63 个，德国和苏联分别在 1926 年和 1934 年被接纳成为会员国。

国联的主要机构是全体会员国组成的代表大会、行政院和常设秘书处。日内瓦被选定为国联总部所在地。国联大会至少每年举行一次，必要时可召开特别会议，每个会员国都派代表参加，代表至多不得超过三人，但只有一票表决权。每个国家都可以在大会上发表意见，进行辩论；其职权为“处理属于联盟行动范围以内，或关于世界和平之任何事件”。然而，主要的决定是由国联行政院作出的。行政院由美、英、法、意、日五个常任理事国（美国没有参加国联，实际上只有四个；德国加入后成为常任理事国）和经大会选出的四个（后来增加到九个）非常任理事国组成，每年至少召开会议四次。它逐渐变成了大会的一种执行委员会，负责为已为大会原则上接受的政策拟定具体细节并监督其执行情况。按照国际会议的惯例，以上两个机构的决议一般都必须全体一致通过。常任秘书处被认为是国联体制中最富有创新的部分。它由埃里克·德拉蒙德爵士任秘书长。它负责安排会议、接受报告和控诉、登记条约、准备大会和行政院文件、管理出版物和新闻发布工作。

除了这三个主要机构外，国联还设立了国际常设法院、国际劳工组织，常设委任统治委员会等六个常设机构和专门委员会以及许多辅助机构，负责许多具体的繁杂的工作，如发放贷款、禁止鸦片贸易和照顾各国难民等，都在它的工作范围之内。

国联盟约宣称其宗旨在于“促进国际合作，保证国际和平与安全”，并提出了会员国的主要义务与职责。

盟约中提出了各会员国有保持各国领土完整、行政独立的义务和防御外来侵略、保持各国之间和平的责任。为达此目的还作了裁减军备和对发动战争进行制裁等方面的规定。盟约还规定与国联盟约不符的各国之间的条约均应废除，进行“公开邦交”等。

然而，在这些所谓和平条款中有些观点并不统一而是互相矛盾的。例如盟约规定了处理争端的方法，即法庭解决、提请仲裁，或由行政院调查。如果发生争端的某一方敢于诉诸战争进行侵略时，那就对该国进行经济制裁和采取集体军事行动。有关经济措施规定得非常详细，而军事措施则含糊不清。如果冲突的双方都不按上述三种调解方法，或者行政院解决争端的报告不能被全体一致通过，那末会员国就可以诉诸战争而不会受到制裁，这就是说，盟约并没有排除战争的可能性，也没有宣布战争为非法行为。盟约所规定的会员国“必须将本国军备减到最少限度，以足以保卫国家的安全及共同实行国际义务为限”的裁军条款，只是一纸空文。因为它没有规定各国军队的具体数额或裁军比例，所以，对各国政府没有任何约束力。各国往往以“保卫国家安全”和“实行国际义务”为理由拒绝裁军。

盟约规定了委任统治制度。它是南非总理史末资将军提出，得到威尔逊的赞同，在盟约第二十二条中建立起来的。委任统治地被分为甲、乙、丙三类。甲类包括前属奥斯曼帝国的阿拉伯领土，“其发展已达可以暂被承认为独立国之程度”，但“仍须有受任统治国予以行政之指导及帮助，至其能自立之时为止”。乙类是在中非的前德国殖民地，“依其发展之程度，受任统治国必须负地方行政之责”，但应保证其他国家“在交换上、商业上之机会均等”，这实际上是承认了美国的“门户开放”政策。这两类地区何时才能独立，未作明确规定。丙类是德国过去在西南非的殖民地及太平洋上的岛屿属地，应“受制于受任统治国之法律，作为其领土之一部分”，根据受任国的法律进行管理。以上三类委任统治地区面积达 125 万平方公里，人口 1900 万，每年贸易额达 1.6 亿美元。委任统治制度是战后列强慑于民族解放斗争的声势，对殖民体系的一种改造。它反映了时代的进步，但没有改变殖民统治的实质。

国际联盟盟约列入巴黎和会制定的各项和约之中，表明了它已成为凡尔赛体系中不可分割的组成部分，国际联盟作为第一个政治性国际组织，反映了 20 世纪的世界已经发展成为一个互相关联的整体。根据 1946 年 4 月 18 日大会的决定，国际联盟正式宣告解散。

华盛顿会议

《四国条约》和《五国海军协定》

1921年11月12日，华盛顿会议正式开幕，美国国务卿休斯被推选为大会主席。会议主要议题有二：一为限制军备问题，二为处理有关远东和太平洋问题。前者由美、英、日、法、意五大海军国组成的“裁减军备委员会”商讨，后者则由与会九国组成的“远东问题总委员会”合议。大会期间共有7次公开的全体会议，听取正式报告，批准各项决议。大会虽标榜废除秘密外交。实际上所有重大问题都先由英、美、日、法四国代表团团长会议决定，其中又主要受美国代表休斯、英国代表贝尔福和日本代表加藤操纵。会议共批准与通过了7项条约与13项议决案，其中直接关系到中国的在10项以上。在所有条约中最重要的是1921年12月13日美、英、法、日鉴订的《四国条约》、1922年2月6日美、英、日、法、意五国鉴订的《五国海军协定》，以及同日由九国订立的《九国公约》。

要达成限制军备的协议并调整列强在远东和太平洋的关系，首先必须解决英日同盟问题。拆散英日同盟，美国最为起劲。还在会议之前，美国就曾对英国打招呼说，英日同盟的缔结是以抗衡俄、德两国为目标的，既然来自两国的威胁已不复存在，美国认为没有理由继续保持同盟。20年代初，英国正遇到爱尔兰民族独立运动兴起的麻烦，休斯借机对英施加压力，声称美国对爱尔兰独立是否予以承认，当视英、日关系而定。实际上是威逼英国放弃英日同盟。

对此，英国首相劳合·乔治在下院的一次演说中表示，“日本是英国的旧盟友，双方在20年的同盟中，甚有所益，当今美国与英国极为协和，我认为首先应该与美国增进友好的合作，其次也要维持对日本的亲善与合作”。英国决定以两全之策，即用英、美、日3国协定来取代英日同盟。1921年11月11日，英国代表团刚抵达华盛顿，贝尔福便就这个问题与休斯秘密会晤。12月1日，英、美、日三方再次密谈。贝尔福首先提出以英、美、日三国同盟来取代英日同盟的方案。由于这个方案不仅限于太平洋区域，还包括对华问题在内，并要求缔约国承担一定的军事义务，因而遭到美国反对。

美国表示不能承担军事义务，对华问题应另结国际公约来解决，还提议邀请法国参加，缔结四国条约。休斯后来谈到此举的目的时说：“法国的加入，将使盟约有四票而不是三票，因此没人能说英、日可联合起来反对我们。”

经过一系列的谈判协商，12 月 13 日，美、英、日、法签订了《四国条约》，1922 年 2 月 6 日又签补充条约。其主要内容为：缔约各国相互尊重彼此在太平洋区域内岛屿属地和岛屿领地的权利；如发生争端，则召开四国会议解决。一旦受到外部威胁，则四国协商采取行动。经商定，一俟缔约各国批准，英日同盟应予终止。条约有效期为 10 年。

对美国来说，拆散英日同盟的外交目标已达到，为了防止有承担军事义务之虞，1923 年美国参议院在批准条约时仍保留声明：美国“不投入武装力量、不结盟、不承担参加任何防御的义务。”

英国也把条约的缔结看做是外交上的成功，认为条约有利于维护英国在太平洋区域的利益，既不失与日本修好，又改善了同美国的关系，一举而数得。

英日同盟的终结，对日本无疑是一大冲击，日本代表私下讽刺英国人说：“无论如何，你们给同盟举行了盛大的葬礼。”但在另一方面，日本也以英、美承认日本在太平洋区域的地位而自慰。外相内田康哉说：“四国条约是华盛顿会议的一大成功，日本的国际地位有加无已。”《四国条约》的签订反映了帝国主义列强之间企图缓和矛盾，巩固现有秩序，以协同对付正在蓬勃兴起的远东与太平洋地区民族解放运动的需要。但帝国主义之间的妥协和联合是暂时的，它们之间的矛盾并未基本解决。

作为华盛顿会议主要议题之一的限制海军军备问题，始终是列强争吵不休的中心。在 1921 年 11 月 12 日第一次会议上，美国代表休斯提出一个方案，引起与会各国的震动，被称为休斯的“外交炸弹”。其要点为：“(1)各国放弃一切现有的和正在制订中的主力舰造舰方案；(2)各国废置一定数量的旧舰，以便进一步裁军；(3)有关各国的现有海军实力将一般地予以照顾；(4)以主力舰的吨位作为计算海军力量的尺度，同时容许按比例配备辅助舰只。”按照休斯的方案，五强拥有主力舰吨位的比例应是：英美各 50 万吨，日本 30 万吨，法意各 17.5 万吨；同时规定最大主力舰吨位不得超过 3 万 5 千吨。美国的目的首先是争夺“裁军”旗号，捞取政治资本；其次是先发制人，率先提出有利于确立美国优势地位的方案，迫使英、日按受其在军舰吨位比例上的领先地位。

英国虽在会前即曾通过海军大臣李氏，表示愿意放弃自 1887 年以来所奉行的“双强标准”，接受海军力量对等的原则，并愿与美国就此达成协议，但美国的突袭，仍为英国所始料不及。英国代表波蒂听到休斯要求英国停止建造 4 艘新式大型军舰时，竟为之晕厥。现实的经济实力对比，使英国意识到无力继续与美国进行军备竞赛，只得退而接受力量对等原则。为了在欧洲保持优势，英国把眼睛盯在法国的陆军与潜艇上，提出对潜艇加以限制与裁减陆军的要求，以削弱法国在潜艇方面与英国相差无几的实力和赖以称霸欧洲大陆的陆军，遭到法国代表白里安的强烈反对。双方唇枪舌剑，针锋相对，几乎使会议陷入僵局。由于意、日的反对，英国才未如愿，潜艇与陆军问题不了了之。

法国最关心的是意大利与它在军舰吨位上的对等，认为法国与二等强国意大利平起平坐，意味着法国在地中海优势的削弱，所以它也对休斯方案提出异议，要求法、意之比应该“类似于美、日之比。”然而在整个会议期间，法国常遭英、美的排挤，孤掌难鸣，再则大战创伤未愈，最后只好接受休斯的方案。

日本明知经济状况不允许其进行更大规模的军备竞赛，但它仍拼命反对美国的方案，坚持提出10∶10∶7的比例。英美当然不愿让步。美国宣称，如果日本执意孤行，美国将以牙还牙，日本造1艘军舰，美国就造4艘。双方争持不下，于是日本提出以美英在太平洋海域中的某些岛屿不设海军基地与新的要塞为条件，换取对美国5∶5∶3方案的赞同。日本政府指令加藤对美国阐明日本的立场，即日本认为“关于设防工事问题，是整个海军军备协定中一个不可分割的部分，日本决心为此争论到底。”加藤还声言，军舰比例少于10∶7，将引起日本公众舆论的反对。

经过激烈的争吵，日、美达成妥协，1922年2月6日《五国海军协定》签字，规定各国主力舰总吨位限额，英、美各为52.5万吨，日本31.5万吨，法、意各为17.5万吨，即维持5∶5∶3∶1.75∶1.75之比例；同时还规定了一个为期十年的停止建造主力舰：“海军休息期”。此外，还就太平洋地区设防工事问题，作出若干规定：除夏威夷和新加坡之外，英、美不得在太平洋西部地区建设与加强海军基地，连关岛和菲律宾的防御工事均不得加强。日本亦不得在千岛群岛、小笠原群岛等岛屿加强防御工事，但不包括日本本土。

所以从总体上看，日本虽在主力舰比例上逊于英美，但会前日本在小笠原群岛的设防工事已经竣工，五国协定对之并无影响，而对英美的限制却大得多。日本在太平洋海军基地的建设上显然占了便宜，实际上“更有利于日本海军对中国海岸的控制”。日本军方认为：维持太平洋防务现状的现定，使日本“赖以挽回颓势不少”，“得以弥补‘八八舰队’计划的财政破绽，太平洋上的势力得以保持平衡，为不幸中之大幸。”日本通过《五国协定》所占有的优势，在1941年太平洋战争爆发之后，得到了充分的体现。

《五国协定》是现代史上第一个裁军协议。它暂时缓和了帝国主义在某些方面的军备竞赛和冲突，但作用极为有限。随着科技的迅速进步，新式军备不断涌现，新的军事竞赛很快又在其他领域内开展起来，使这一条约随之失去了实际意义。

《九国公约》和“门户开放”

华盛顿会议上一个更加重要的问题，是商讨解决远东和太平洋问题，而中国问题无疑是这一议题的核心。中国希望能在华盛顿会议上得到英、美的支持，从日本手中收回山东主权，并且能解决列强在华的一系列权益问题。然而，帝国主义列强却完全漠视了中国的愿望。

1921年11月15日深夜，也就是远东和太平洋问题总委会第一次会议的前夜，中国代表团突然接到美国国务院的通知：中国代表团可在次日的会议上提交报告。在美国的授意下，中国代表匆匆起草了关于解决中国问题的十大原则，大旨为：尊重中国领土与主权完整，赞成“门户开放”、“机会均等”；各国缔结有关中国及远东条约时须通知中国；废除过去中国给予各国在华的一切特权；撤消各国对华各种政治上、司法上、行政上的限制；现有的对华条约应有期限规定；凡涉及让与权的解释应有利于让与国；中国如不参战，应尊重中国的中立；订立解决远东与太平洋和平问题的条约；设一专门会议定期讨论远东与太平洋问题。

中国北洋政府提出的这十大原则，是十分空洞的，而且并未提出实施的具体要求，其中第二条“中国既极赞同所称开放门户主义，即与约各国一律享有工商业机会均等主义，故自愿承认该项主义，并实行于中华民国各地方，无有例外。”特别迎合美国的心意。美国代表鲁特又把十大原则中稍有涉及具体的各条舍去，着重保留了维护现状与门户开放方面的内容，修正为四条，称之为“鲁特四原则”。其内容为：“(1)尊重中国的主权与独立以及领土与行政的完整；(2)给中国一个完全无阻碍的机会，使之能发展并维持一个强有力而巩固的政府；(3)运用各国的影响，以求切实建立和维持在全中国领土上的各国工商业机会均等的原则；(4)不得利用中国的现状，以求获得特别权利，而致削弱其他国家的权利，并不得奖助有害他国安全的行动。其实质就是在尊重中国独立与领土完整的幌子下，维护机会均等和门户开放的主张。

鲁特的四原则在11月21日的会议上提出之后，日本代表曾问，“行政完整”的意义是什么？鲁特回答说，并不影响合法的特别利益。这就更进一步表明，所谓中国主权独立和领土行政完整，是受不平等条约的约束的。对此，日本代表表示满意。此后，美国代表休斯又向大会提出“关于中国门户开放案”，重申“门户开放，机会均等”的原则。但当中国提出归还德国在山东的权利、关税自主、收回治外法权、收回外国租借地、撤退外国驻军等具体要求时，帝国主义列强或拒绝，或推诿拖延，或仅在十分次要的小问题上作点微不足道的让步。因此，中国的要求基本上未能实现。

1922年2月6日签订了《九国关于中国事件应适用各原则及政策之条约》（简称《九国公约》）、共9条。鲁特四原则被列为第一条，构成了这一公约的核心。其他各条的主要内容是，保证第一条原则不受侵害，并规定为保证“门户开放”“机会均等”之实施，各缔约国不得“在中国任何指定区域，获取有关商务或经济发展之一般优越权利”和“任何专利或优越权”。还就中国铁路运输的运费待遇，尊重中国战时保持中立及条约具体实施的技术性问题，达成协议。

《九国公约》标榜：“尊重中国主权、独立和领土完整”，实际上无视中国在会议期间提出的上述具体要求。其主要之点在于确立了美国主张的“门户开放”、“利益均等”原则，为美国排挤英、日，加强对华扩张准备了有利条件，这是美国取得的重要成就。因此休斯心满意足地声称：“由于有了这个公约，‘门户开放’才在中国终于变成事实。”美国外交史家普拉特也承认，《九国公约》是“首次将美国对华关系的传统政策，以条约的形式固定下来。”

会议期间的一个引人注目的插曲，是中、日关于山东问题的谈判。中国原先希望大会能直接解决山东问题，但日本坚决反对。而1914年英国与日本共同出兵，从德国手中夺取山东时，曾许诺将山东作为日本参加对德作战的酬报，所以仍然支持日本。美国虽表面上支持中国对山东的要求，但为了使日本承认“门户开放”政策和在海军军备问题上让步，又决定同意日本关于通过中、日谈判解决山东问题的要求。在英美的斡旋下，中日举行了关于山东问题的谈判，英美并派观察员列席。

中、日会谈从1921年12月1日开始，到1922年2月4日结束，断断续续地进行了两个月。在谈判中，双方争执最激烈的是胶济铁路问题。日本态度蛮横，坚持霸占一切有关铁路的权益。而中国代表则要求收回胶济铁路，并愿向日本给予补偿。日本拒绝了这一要求，使会谈陷入僵局。但由于中国人民要求归还山东权益的呼声日益高涨，中国代表顾维钧等人据理力争，同时美国也对日本施加压力，最后日本不得不在山东问题上被迫后退。

1922 年 2 月 4 日，中、日双方签订了《解决山东悬案条约及其附约》。条约规定：山东归还中国，但中国必须开放若干商埠口岸；胶济铁路路权归属中国，但中国要偿还日本 5300 万马克（合 3200 万银元）的铁路产值；在未偿清之前，车务长与会计长的职务仍由日本人担任。中国收回山东主权与胶济铁路路权，是对《凡尔赛和约》关于山东问题规定的修正，也是中国在华盛顿会议期间所取得的一个外交成果，但实际上日本仍对山东保持了重大的控制权。

华盛顿会议调整了帝国主义列强在远东和太平洋地区的关系。它所建立的华盛顿体系补充了凡尔赛体系在东方的空缺，凡尔赛—华盛顿体系从而成为一次大战后维系国际关系新格局的基石。

美国在华盛顿会议上取得了重要的成就，它既迫使英国承认了两国在海军军备上处于平等地位，又迫使日本接受了在中国问题上的“门户开放”、“机会均等”原则，从而使自己在华盛顿体系中处于优越地位。帝国主义之间的矛盾与斗争，从此进入了新的阶段。

华盛顿会议使日本独霸中国的狂妄野心受到压制，“又使中国回复到几个帝国主义国家共同支配的局面。”中国的半殖民地地位依然如故，中国革命面临着艰巨的任务。

华盛顿会议暂时地和在一定程度上缓和了帝国主义列强之间的关系，但缓和中又酝酿着新的冲突。建立在这样一个基础上的华盛顿体系，当然不会是巩固的，它必然逃不脱崩溃的命运。

列强在远东太平洋区域的矛盾

巴黎和会之后，由于美国参议院拒绝批准凡尔赛条约，也拒绝加入国际联盟，因此，战胜国企图通过对战败国缔结和约的方式建立战后全球新秩序的努力并未获得完全的成功。列强在远东和太平洋地区的矛盾不但没有解决，反而益显尖锐。

第一次世界大战后，帝国主义在亚太地区的争霸形势与战前相比有了新的变化。战前主要是英、法、俄、德、日、美六国相互角逐，争斗的中心是宰割衰弱的中国。战后，德国败北，沙俄消亡，法国则忙于医治战争创伤和处理欧洲事务，于是在亚太地区的国际政治斗争舞台上便形成了英、美、日三国继续争夺中国和太平洋海上霸权的新局面。这种新的争霸格局有三条主线：第一，日本在该地区实力的明显增强以及它独占中国势头的迅速发展，引起了英、美两国的极度不安。因此尽管它们之间存在着种种矛盾，但都力图遏制日本的扩张野心。第二，为争夺亚太地区的霸权，英、美、日三国展开了激烈的海军军备竞赛，使远东形势格外紧张。第三，中华民族的觉醒以及巴黎和会期间中国人民对帝国主义任意宰割中国所表现出来的强硬态度，使列强极为惊恐。如何保持中国的贫弱状况，如何保护列强的在华既得权益，是它们必须处理的另一个问题，而且除非它们相互妥协，这个问题就得不到解决。

战后，英、美、日三国之间的相互关系发生了某些与战前不同的重要变化。

英日关系逐渐从盟友走向了某种程度的对抗。第一次世界大战前，英国虽然在华拥有最大权益，但它的优势地位已受到其他列强的挑战。英国感到无法单靠自己的力量保卫其远东帝国和在华权益，遂放弃“光辉孤立”的外交政策，于1902年与日本结成英日同盟，并在1905年和1911年两度续订，企图依靠日本替自己照看远东财产。然而日本却利用这一同盟，在战前和大战期间极大地扩展了自己的在华利益。到大战结束时，日本对华出口已居各国之首，而英国则落后于美国屈居第三；在对华投资方面，双方已不相上下。这一切对英国造成了严重威胁。巴黎和会上日本对大战中获得的权益寸步不让，更加强了它在远东的经济及战略地位的优势。现在，当英国在欧洲的对手德国一败涂地之时，它昔日的盟友日本却准备把它赶出远东，英国再次面临如何保住远东帝国和在华权益问题。因此，无论英国对即将于1921年7月到期的英日同盟是否续订如何考虑，最重要的是它必须在远东寻找新的盟友。

对日本来说，由于持续了近二十年的英日同盟给日本带来了巨大好处，它自然希望维持该同盟，使其继续作为日本对外扩张的国际支柱。但是战后的形势表明，英日同盟是否续订，不仅取决于英国，更要看美国的态度如何，而美日关系的恶化最终将使日本的打算落空。

大战结束后，围绕对华关系，美国的“门户开放”原则与日本独霸中国政策之间的对立日益尖锐。巴黎和会期间日本在中国山东问题上取得的胜利是美国国会未能批准凡尔赛条约的重要原因之一，因为它与日本在大战中获得的其他战利品一起，彻底破坏了远东及太平洋地区的战前均势。另外美国打算组织美、英、法、日四国银行团，利用美元的力量摧毁日本独占中国政策的努力也由于日本的实际抵制而受挫。于是美日两国相互视对方为自己争夺亚太地区霸权的主要障碍，都把对方看做是自己的假想敌国。

日本军部在1907年上奏天皇的《帝国国防方针》中，便把美国列为仅次于俄国的第二号假想敌国。大战结束后，美国实际取代了俄国的位置。美国则早在1904年就开始考虑制定针对日本的作战计划；1913年军方正式提出了以日本为敌人的“橙色作战计划”；1919年巴黎和会之后，美国更对该计划给以最多的注意，并进一步考虑加强在夏威夷、关岛和菲律宾的设防。此外，为了消除在未来的对日战争中英、日联合对抗美国的潜在危险，美国力图拆散英日同盟，而美英两国在遏制日本方面的日趋一致最终使美国达到了目的。

在战后争夺远东及太平洋地区霸权的斗争中，美英两国既是对手，又是反对日本扩张的伙伴。尽管战后美国凭借经济实力，在全球范围内激烈地与英国争夺市场、原料和投资场所，并向英国自治领和南美洲渗透自己的势力，但美国深知，在亚太地区，在与其主要的敌人日本的争斗中需要英国的支持。英国作为最早侵华的国家，把中国最富庶的长江流域和华南地区变成了自己的势力范围。一战前它凭借政治经济优势，消极对待美国的“门户开放”。但战后英国既无力阻止日本对中国的经济进攻和对英国势力范围的“侵犯”，也无法抵挡美国对中国的经济渗透，加上它在财政上对美国的部分依赖，便调整了远东外交战略，逐渐转向支持“门户开放”政策，希望借助美国遏制日本，以保住自己的既得利益。这不仅表现在1919年英国积极支持美国关于组织新的国际银行团的建议方面，更表现在英国被迫在战后的海军军备竞赛方面寻求与美国妥协。

海军军备竞赛

海军历来是帝国主义对外侵略扩张和争夺世界霸权的主要工具，海军实力的强弱直接影响到争霸的结局。第一次世界大战结束后，海军军备竞赛随着德国海军的败亡和美国的崛起，已从英德两国在北海和大西洋地区的争夺转移到以英、美、日为主在太平洋地区的竞争。

英国在战后仍然保有最强的海军实力，能够在太平洋地区同美日进行较量。美国和日本都相互把对方看做是自己争夺远东及太平洋地区霸权的主要障碍。日本军部早在1907年上奏天皇的《帝国国防方针》中，便把美国列为仅次于俄国的第二号假想敌国，在1923年修改方针时，则将头号假想敌国改为美国。而美国也很早就考虑制定针对日本的作战计划,1913 年美国军方正式提出了以日本为敌人的“橙色作战计划”。在战略地位上,日本处于比美国更优越的地位。日本在台湾、琉球设有海军基地,在库页岛、千岛群岛、马里亚纳群岛、加罗林群岛、马绍尔群岛设有据点。在辽阔的太平洋海域日本可以自如地调度自己的舰队。对美国来讲就非常困难。虽然美国于 1920 年已把它的舰队主力从大西洋调到太平洋,但直到 1921 年,美国国会才通过拨款筹建菲律宾和关岛的基地。一旦发生战争,美国在西太平洋没有作战基地的情况下,要取得对日的海上优势是根本不可能的。因此,美国要疯狂地扩建海军。

在全球范围内,美国开始向英国的传统地位挑战。威尔逊曾提出要建立一支最终能“与世界上任何国家所维持的最强大的(海上力量)势均力敌”的海军,而英国决心要保持它的海军优势地位。英国首相劳合·乔治对美国豪斯上校说:“英国宁愿耗尽它最后一个金币,也要保持对美国或其他任何国家的海军优势。”英国海军大臣温斯顿·丘吉尔更加坚决地表示,“世界上无论什么东西,无论什么见解,无论什么论据和劝说,不管它们如何动听,都不应该使我们放弃我国赖以生存的海上霸权”。

1918 年 12 月,威尔逊向国会提出拨款六亿美元以扩充海军的计划。英日两国对此极为不安。1919 年 4 月,在巴黎和会之外展开了一场英美两国的谈判,被称为“巴黎的海战”。英国坚持要求美国放弃新的海军计划,并承认英国拥有强大的海军是属于“特殊需要”,并以巴黎和谈的某些条款相要挟。威尔逊被迫答应了英国的要求。然而,仅过了几个月,到 1919 年 7 月,美国国会便批准了扩充海军的计划。要求在三年内建造军舰 137 艘,其中包括 10 艘主力舰,6 艘巡洋舰和 50 艘驱逐舰。美国为了建造新舰到 1921 年底已经用去了 1.87 亿美元,要完全实现其扩建计划,估计还要再耗掉 3 亿多美元。按照这个计划,美国到 1924 年将拥有 38 艘主力舰,大大超过当时英国 32 艘的数字,将成为超过英国的世界第一海军强国。

英国长期以来实行“两强标准”(即英国海军实力必须等于其他两个海军最强国实力的总和)。它不甘示弱,于 1921 年通过决议,除已建造的 10 艘主力舰外,再增加 4 艘 4 万吨级的巨型战舰,此外还建造 10 艘巡洋舰和 30 多艘潜水艇。扩充海军军备的计划使英国的财政极为紧张,1919—1920 年其海军开支比 1913—1914 年增加了三倍。

日本更是野心勃勃,在 1917 年通过

了建造“八四舰队”的计划，到1920年7月，建造“八八舰队”的计划（即每八年更新一次，各拥有八艘主力舰的两支舰队）又获通过。依照此计划，到1928年，日本可增加八艘主力舰、八艘新式巡洋舰。为完成该计划，日本的海军拨款1921年度高达近5亿日元，比战前几乎增加五倍，约占其全部国家预算的1/3。

到1921年，英、美、日的海军力量对比以美国为基数10的话，其比例为13.5∶10∶4.9；其中主力舰（包括巡洋舰）的比例为13.9∶10∶6.8；如果把已经开工建造的那一部分计算在内，主力舰的比例则变为10.6∶10∶8.7。英国已经不占多少优势，特别是英国舰艇的老化程度高于美国。

帝国主义的军备竞赛是在极端矛盾中进行的，一方面力图通过大规模的造舰计划来实现争霸的野心；另一方面造舰的庞大支出又造成不胜负担的财政压力，军费的无限制的增加又会引起人民群众的不满情绪。因此，帝国主义在军备竞赛的同时，又提出举行限制军备的谈判，企图以此来限制对方，达成妥协，缓和军费支出造成的财政困乏。正是在这样的形势下，加上美国力图通过外交途径来遏制日本势力的扩张，增强和巩固自己在远东和太平洋上的地位，美国遂于1921年7月发起召开华盛顿会议，讨论限制海军军备和协调帝国主义列强在远东和太平洋地区的矛盾。

华盛顿会议的召开

早在1920年12月，美国参议员威廉·E·博拉就提出了召开各国限制海军军备的国际会议的建议。1921年5月和6月，美国参、众两院以压倒多数通过了博拉的上述议案，要求政府开始与英、日举行促进裁军的谈判。英国也在1921年4月正式通知美国政府，它准备放弃传统的“两强标准”，并希望与美国讨论两国的舰队均势问题。这个政策得到了当年英帝国会议的批准。同年7月5日，英国外交大臣寇松首先向美国提出建议，希望美国总统首倡以解决远东与太平洋问题和裁军问题为目的的国际会议，美国欣然同意。7月10日，美国国务卿休斯发表公开声明，向英、日、中、法、意五国建议在华盛顿召开会议。8月11日，美国正式向在远东有利害关系的八个国家英、日、中、法、意、比、荷、葡发出邀请，准备于当年11月在华盛顿召开会议，但把苏俄排除在会议之外。

1921年11月12日，美、比、英、法、意、荷、葡、中、日九国代表参加的华盛顿会议开幕。会议的正式议程有两项：一、海军军备的限制；二、远东和太平洋问题。为此会议组成了两个委员会：由美、英、法、意、日五国组成的“缩减军备委员会”和由与会九国组成的“太平洋远东问题委员会”，分别进行讨论。会议的主持者竭力标榜该会议的公开性，不搞秘密外交，甚至把代表们的讲话和发言登载在报刊上，并出版会议的速记报告书，但所有重大政治问题实际上都是在幕后谈判时由美国务卿休斯、英国枢密院大臣贝尔福和日本海相加藤友三郎决定的。会议历时近三个月，于1922年2月6日闭幕。会议期间共缔结条约8项(其中一项未生效，一项为会议期间由中日两国订立的)，议决案13项。其主要内容是：关于废除英日同盟的四国条约；关于限制海军军备的五国条约和关于中国“门户开放”原则的九国公约与中日解决山东问题的条约。

《四国条约》

英日同盟问题虽未被列入会议议程，但事情非常明显，如果不解决这个问题，其他问题就很难达成协议，因此它成为会议讨论的重要问题之一。美国代表团把废除英日同盟视为自己的首要任务，英、美、日三国为此展开了秘密讨论。

早在会议开幕之前，美国就一再向英国施加压力。一方面向英国催还战债，使英国的金融市场出现不稳定的局面而必须在经济上依赖美国；另一方面则以爱尔兰问题相要挟，声称如果英日继续结盟，美国将支持爱尔兰独立，迫使英国就范。英国本国和一些英联邦成员也认为该同盟没有存在的必要了，它们感到日本依靠这个联盟得到的好处太多了，战后应把同美国保持良好关系作为帝国的政策基础。日本当然希望英日同盟能够维持下去，在条约即将到期的前一个月，日本曾派出皇储裕仁赴英活动，争取续约。但是同盟是否能延续已不完全取决于日本和英国，更要看美国的态度如何了。

英国在财政上有求于美国，但又不愿意得罪日本，因此英国试图以英、日、美三国同盟取代英日同盟。1921年12月1日在三国代表的秘密会议上，英国外交大臣贝尔福正式抛出这一方案。这个方案不但涉及太平洋诸岛，而且涉及中国；不但规定要使用外交力量，而且规定要使用军事力量。他们计划的三国同盟实际上是英日同盟的扩大，遭到美国的坚决反对。美国认为，这是变相保留英日同盟，它既不符合美国的传统政策，又有悖于本次大会的方针。它主张，缔约国不应有使用军队的义务；该条约的范围应限于太平洋区域，对华问题另订《九国公约》。此外，美国坚持邀请法国参加这一协定。因为美国觉得英法两国在争夺近东及德国问题上矛盾重重，特别是法国对美国负债累累，把法国拉进这个协定，可以增强美国同英日角逐的力量。这样就形成了“四国同盟”。在英国原方案和美国主张的基础上，由日本代表币原提出了一个修正案，该修正案经休斯、贝尔福、加藤三巨头会议通过后，由休斯通知法国，请其加入。

1921年12月13日，在美国国务院，美、英、法、日四国代表正式签订了《关于太平洋区域岛屿属地和领地的条约》，简称“四国协定”。条约主要内容共有四项：

1. 缔约国“互相尊重它们在太平洋区域内岛屿属地和岛屿领地的权利”。

2. “如上述权利遭受任何国家侵略行为威胁时”，缔约国应“进行协商，以便达成协议，联合或单独地采取最有效的措施”。

3. 条约有效期为十年。

4. 该条约生效时，英日同盟即告终止。

“四国协定”签字时，美国针对日本又对条约作出两项特别保留：条约不妨碍美国与日本交涉雅浦岛问题；各国国内问题亦不受条约的限制。此项旨在防止日本启用条约做武器攻击其一直不满的美限制日本向美移民的政策。

“四国协定”签订后，由于在条约适用的范围是否包括日本本土的问题发生了争论。四大国在1922年2月6日又签订了《关于太平洋区域岛屿属地和领地的补充条约》，明确规定：“四国协定”的范围不包括日本本土四岛，仅适用于日本的南库页岛、台湾、澎湖列岛和日本的委任统治地。

“四国协定”的签订是美国外交的一项重大胜利。美国以实力为后盾，辅之以坚定的外交立场、积极灵活的外交行动，彻底埋葬了英日同盟，从而一举改变了与己不利的战略态势，为与日争雄、称霸远东创造了有利条件。

英国对签订“四国协定”也甚感满意。劳合·乔治称之为英国外交的一大成功。因为英国既没有抛弃老盟友，又交结了新朋友。一个游刃于美英之间的新局面的开启，对英国来讲，无疑是有益无害。为了表彰贝尔福的功绩，英国皇室特为他授予爵位。

与英美不同，日本怀着悲喜参半的复杂心情接受了新条约。通过新协定，日本长期以来通过侵略扩张夺占的太平洋岛屿，得到了西方诸强的承认。但日本谋求延续英日同盟的外交毕竟失败，对此，日本代表对英国人幽怨地说：“无论如何，你们给英日同盟安排了一个盛大的葬礼。”

“四国协定”的签订，调整了帝国主义美、英、日、法四强在远东和太平洋地区的关系，也暂时缓和了美、英、日在该地区的矛盾和冲突。

《五国海军条约》

限制海军军备问题是华盛顿会议的主要议题之一，在这个问题上各国矛盾尖锐。会议一开始，美国便提出了一个限制主力舰吨位的方案，主要内容是：今后十年内停止建造主力舰（包括目前正在建造的），十年后也只能建造用以替换退役舰的主力舰；销毁某些旧舰；参照与会国现有海军力量确定各主要国家的主力舰吨位限额，美、英各50万吨，日本30万吨，即5∶5∶3的比例。美国的意图十分明显：消除英国在主力舰方面对美国的优势并确保自己对日本的优势。

英国不难接受上述比例。由于战后英国已把自己的海军力量的理想标准定为“一强标准”，因此自然能较顺利地接受与美国的5∶5的比例，而对与日本的5∶3的标准也没有太大异议，它认为这个差额足以对付日本并满足国内水域的需要。

但是这一比率遭到日本的激烈反对。长期以来日本便把其主力舰吨位要达到美国的70%作为追求的目标，在日本代表团赴会前，日本政府又向他们下达了“对美绝对需要保持七比十的比例”的训令。因此日本最初坚决反对5∶3的比例，要求会议注意它的“特殊需要”，坚持获得10∶7的标准。然而美国在英国的支持下不肯让步，并扬言如果日本坚持己见，那么日本每造1艘军舰，美国将造4艘与之抗衡。日本自知财力不足，又需要与英美保持协调关系，只好妥协，但以英美放弃在西太平洋建设和加强海军基地为条件，后者表示同意。法、意两国在发了一通牢骚之后，也最终接受了对它们主力舰吨位的规定。

但是在辅助舰方面，除航空母舰外均未达成协议。英国借口帝国防务而拒绝限制巡洋舰和其他水面舰只的数目；法国则借口自己的主力舰少，坚决反对削弱和限制潜水艇，并得到日、意的支持。在裁减陆军方面，会议也因为法、日、比、意等国的坚决反对而无结果。

1922年2月6日，费时近三个月而制定的五国海军条约终于最后签字。条约全称为《美英法意日五国关于限制海军军备条约》。条约共有3章24条。主要内容有：

1. 关于五国主力舰与航空母舰吨位的限制性规定。主力舰吨位，美英为52.5万吨，日本31.5万吨，法意各为17.5万吨，五国比例依次为5∶5∶3∶1.75∶1.75。航空母舰，美英各为13.5万吨，日本8.1万吨，法意各为6万吨。

2. 关于各类军舰最大排水量吨位

和舰上炮口直径的规定。主力舰排水量不得超过3.5万吨，大炮口径不得超过16英寸。航空母舰排水量不得超过2.7万吨，炮口口径不得超过8英寸。

3. 五国十年内停造主力舰。

4. 关于美、英、日在太平洋上领地和属地内军事基地的防务维持现状范围的规定。美国除本国近海岸、阿拉斯加、巴拿马运河区各岛（阿留申群岛不包括在内）和夏威夷群岛外，在太平洋中现在或将来所有的岛屿和属地的要塞及海军基地，须维持现状；英国除加拿大附近岛屿、澳大利亚和新西兰外，在东经110度以东（包括香港）的岛屿和属地的要塞和海军基地，亦维持原状；日本则在千岛群岛、小笠原群岛、奄美大岛、台湾和澎湖列岛维持其所设要塞和海军基地的现状。

五国海军条约的签订是美国在华盛顿会议上的又一大外交胜利。它既迫使英国彻底放弃了“双强政策”，又在一定程度上限制了日本。美国的海军优势由此开始确立，并最终取代英国成为新的海洋霸主。

日本虽没有实现其取得10∶10∶7的主力舰比例的外交目标，但它却成功地取得了美英在太平洋广大范围的领属地内不得增加和扩建军事基地的保证，从而使日本能够在接受美英主张的主力舰5∶5∶3比例的同时，继续保持其在西太平洋地区的海军优势。签约时，日本在小笠原群岛已构筑完成了能对美国海军形成威胁的军事基地工程，而美国却受条约限制不得在阿留申群岛、菲律宾、关岛等接近日本的区域增扩基地。实际上最后的条约对日本来说更实惠，既节省了财力，又无伤海军优势地位。

法国对五国海军条约却甚为不满。在法国人看来，“这个条约的签订是英国参加谈判的代表贝尔福取得的一个以损害法国的利益为基础的真正成功”，法国的主力舰吨位竟然降到了意大利的水平。

五国海军条约的签订实质上是五强迫于形势压力而根据各国海军现有实力状况而实行的一次暂时妥协。但它却非军备竞赛的终结。潜水艇、驱逐舰、巡洋舰等舰种并未受到限制，诸强尽可在这一些缺口领域内继续角逐。

中国问题和《九国公约》

华盛顿会议的另一个主要议题是“远东及太平洋问题”，其核心是中国问题。因为列强要争夺远东及太平洋地区的霸权必然要争夺中国。中国代表团在华盛顿会议上重申了在巴黎和会上所提出的要求。

中国的外交目标是，力争主动，修改

《凡尔赛和约》中山东问题的条款，同时争取修改或取缔历史上与帝国主义诸强订立的不平等条约和严重损毁中国主权的外国在华特权。

中国向华盛顿派出了达一百多人的大规模的代表团。主要代表是中国驻美公使施肇基、驻英公使顾维钧，前司法总长王宠惠。

1921年11月16日，远东及太平洋委员会举行第一次会议。会议由美国务卿休斯主持。

会前，中国代表团已接到休斯授意，要求先提出原则问题进行讨论。中国代表完全照此行事。会上，中国首席代表施肇基首先发言，提出了“十大原则”，作为会议讨论中国问题的基础。

“十大原则”主要内容如下：

1. 各国尊重中国“领土之完整及政治行政之独立”；

2. 中国完全赞同“门户开放”和“机会均等”之原则；

3. 没有中国参加，各国不得缔结直接有关中国或太平洋与远东和平之条约或协约；

4. 以往中国政府给予外国的一切特别权利，应予废除；

5. 中国在司法、政治、经济与行政上所受之限制，应予取消；

6. 中国与各国已经签订的成约中没有限期者，都须给以确定的期限；

7. 凡关于给予特别权利或特别权益的文据，应依照通行的解释原则，从严核实解释；

8. 将来发生战争时，中国如不加入，其中立权利应受到完全尊重；

9. 应订立和平解决条文，以便解决太平洋及远东地区有争议之国际问题；

10. 应订立条款，以便随时召集会议，讨论关于太平洋与远东地区国际问题，并作为缔约国决定共同政策之基础。

中国的提案得到美国政府的支持。美国代表卢特把十项原则归纳为四条，作为有关中国问题的决议草案。一、尊重中国之主权与独立，即中国领土与行政之完整；二、给予中国机会，以发展并维持一个有力而巩固的政府；三、各国在中国商务实业机会均等；四、不得利用中国的现状，谋取特别权利，以致削减其他国家的权利，也不得赞助有损他国安全的行为。日本代表加藤对“行政的完整”的含意进行询问，卢特说这不影响合法的特殊权益，日本代表对此表示满意。可见，所谓尊重中国主权独立和领土完整，只是维持中国作为半殖民地的“完整”，以利于实行“门户开放”和“机会均等”的政策。但四条原则当然是对企图独占中国的日本的一个打击，但既然保持了日本原有掠夺的利益，日本也表示可以接受。经过会议讨论通过，成为解决中国问题的指导原则。

根据“卢特四原则”，中国代表提出了收回山东的要求；在国内人民强烈要求下，中国代表又向远东总委员会提出，“二十一条”严重影响中国的生存、独立和完整，应当予以废除。日本代表认为这是中日两国之间的问题，不能在大会上讨论，而只能在中日两国进行双边谈判时解决。中国政府最反对的就是直接与日本单独谈判。这使英美两国陷入左右为难的境地，为应付国内外舆论，它们必须公开支持中国的正当要求，可是又不想得罪日本，从而影响正在进行的其他谈判。最后在美国的斡旋下，采取折衷的办法，中日在会外进行谈判，英美以观察员身份列席参加。

谈判从1921年12月1日正式开始。在谈判中，双方争执最激烈的是胶济铁路问题。日本要求接替以前德国的一切权益，不但包括铁路，而且包括铁路区域内的矿藏，以及整个山东省的经济权益。而中国代表则坚持收回利权，赎回胶济铁路。中国代表据理力争，同时美国施加了压力，最终使日本作出让步，提出铁路由中日公司合办，后来虽同意将铁路售于中国，但又拒绝中国用现款支付，想借此继续控制铁路，中国代表坚决不肯同意，最后在美国总统哈定直接干预下，中国政府才被迫接受了日本的方案。

关于“二十一条”的谈判进行得很不充分。在会谈没有任何结果的情况下曾一度休会，直到整个大会即将结束前几天的2月2日才恢复对这一问题的讨论。谈判中，日本代表币原声称，“二十一条”是经过两国政府正式批准的，完全合乎国际惯例，并威胁说，如果废除这一条约，将使亚洲、欧洲乃至全世界的国际关系出现不稳定局面，而带来不良后果。在中国代表的坚决要求和各方压力下，日本才被迫放弃了部分次要条款，如：将获得在“南满”及东部内蒙古建造铁路借款的优先权，以及这两个地区的各种税款作抵押的借款的优先权让与四国银行团；放弃向“南满”派遣顾问和教官的优先权等。中国代表不满意日本的让步，还想继续讨论，但英美却认为日本的让步已经达到了最大限度，中国应该满足了，因此没有必要作进一步的讨论，会议匆匆收场。

1922年2月4日，中日签订了《解决山东问题悬案条约》及其附约。

《中日解决山东悬案条约》共有28条内容。条约规定，日本将胶州租借地归还中国，具体涉及撤退日军，移交公产、矿山、盐场、海关等多项内容。条约第14条至第21条规定了胶济铁路的解决办法，具体为：按德国过去对该铁路做的估价,中国付给日本5340.06141万金马克赎回铁路。赎金以中国国库券形式交付日本,期限15年,5年后中国应通知日本,将国库券全部或一部分偿清;中国在赎回铁路之前,须选任日本二人一为车务长,一为会计长,其属中国局长管辖,有相当理由时可以撤换。

从条约内容来看,日本通过附加条件,在山东仍然保留了相当的经济势力,但日本不得不在条约中宣布把山东归还中国,把它在《凡尔赛和约》中吞下的赃物又吐了出来。因此,华盛顿会议期间对山东问题的解决,无疑是中国旧时代外交少有的一次胜利。出席会议的中国代表以弱胜强,辛苦困难自不待言,中日谈判历时两个多月,仅大的会议就达36次之多,经过艰难的外交斗争,中国代表为中国在很大程度上争回了主权。

美国在山东问题解决过程中也起了一定作用,从美日争夺远东霸权的角度看,这也是美国对日本取得的一大外交胜利。

1922年2月6日,美、英、法、意、日、荷、比、葡、中九国签订了《九国关于中国事件应适用各原则及政策之条约》,简称为《九国公约》。

《九国公约》共有九项条款,主要内容是公约前四项所列的卢特"四点原则",此外还有在中国全境铁路维持"机会均等、门户开放"原则、缔约各国尊重中国遇有战争决定不参战时之中立权利等内容。

《九国公约》的核心是肯定了美国提出的在中国实行"机会均等、门户开放"的原则。这一条约的签订使日本独占中国的政策受到沉重打击,却标志着美国外交的又一重大胜利。条约签字后,休斯掩不住得意之色,说:"多亏这个条约,对华"'门户开放'终于实现了。"

毛泽东曾敏锐地分析和评论说:"第一次世界大战曾经在一个时期内给了日本帝国主义以独霸中国的机会……1922年美国召集的九国华盛顿会议,又使中国回复到了几个帝国主义国家共同支配的局面。"

世界上下五千年

世界历史的通俗性普及读物

姜忠喆／主编

辽海出版社

贰

欧洲大学的创设

大学创立概况

大学从中世纪诞生到现在已经历了近八百年的历史。在发展过程中，大学的功能也不断变化，从最早的培养少量牧师传授经典知识的教师行会，发展到后来成为集教学、科研和为社会服务为一体的综合体，成为了社会前进的"发动机"。

公元476年，强大的西罗马帝国灭亡之后，希腊、罗马灿烂的古典文化迅速衰落，古代的各种教育机构也荡然无存。中世纪，西欧的经济、政治有了一定的发展，这迫使教会不得不改变愚民政策，兴办了一些修道院、教区学校，培养教士和僧侣。但此时学生所学的一切都为了传教所需，教师都由神职人员担任，讲课用拉丁语，学生只知道有《圣经》、神学，不知有文学、艺术和科学，因此有人把中世纪称为"黑暗的时代"。

到了11世纪，欧洲的教育界发生了很大的变化。首先，当时已有阿拉伯数字和中东的宗教、医学等知识的传入。再者，中世纪瘟疫盛行，死人无数，人们急于找寻解救的方法。再加上欧洲人的

大学的神学教育

生产活动和贸易来往的频繁，需要新的知识去提高技术和管理。于是有了大学的诞生。

大学（university）在中世纪是一个非常含糊的名词，它指的是人们的一种联合体状态或协会。实际上中世纪的大学都是为了追求这种联合状态的优越性而组成的社会团体，因此它们更像是一些行业公会。事实上，在11世纪时，"大学"和"行业公会"的确是可以相互替换地用于工艺会社的。"studiumgenerale"这个词指的是由从事高等学术活动的学

者和学生组成的“大学”或“行业公会”。这样的机构吸引了许多从世界各国来向精通某些领域知识的教师学习的学生。“大学”一词也就狭义地专指进行高等教育的机构了。

最初的大学不是由教育主管部门批准建立的，而是自发形成的。中世纪的世俗大学是市民阶级的产物，它们在城市与行会组织获得发展的条件下形成。当时大学的开放性是今天所无法比拟的，因为它没有校园，没有校舍，没有图书馆，没有固定的上课地点。学生们一般在租赁的教室里上课，流动性很大。

1088 年，在意大利工商业发达的城市出现了第一所世俗大学——博洛尼亚大学。它是最先开办了几个学院的综合大学。博洛尼亚大学起源于学习罗马民法和教会法的学生组织，在法律、文学和医学三个专科学校合并的基础上形成。到 13 世纪初时，博洛尼亚大学里的学生已达 5000 余名。它以法学研究著称，吸引了来自西欧各地的知名学者。学校是由学生们自己构成的一个委员会管理的。他们雇佣教师，支付薪水，解雇玩忽职守或教学效果不好的老师。是意大利、西班牙和法国南部所有大学的基本模式。

与博洛尼亚大学不同，巴黎大学是以教师为主的行会团体，在巴黎圣母院教堂学校的基础上发展起来。1179 年，巴黎大学的教师团体取得录用教学人员的权力。1194 年又获得特权，可以组织独立于地方司法的学校法庭，负责审理有关师生的案件。巴黎大学以文艺学和经院哲学最为著名，后来发展成为欧洲最重要的神学研究中心，在神学和宗教事务上发挥了权威性作用。它被置于教会法管理之下，师生们都享有教士等级的特权，诸如不纳税、不受国家法律约束等等。巴黎大学是英格兰、苏格兰和其他北欧大学的样板。

1167 年，许多英国的教师和学生由巴黎回到牛津，设立了牛津大学，按照巴黎大学的组织方式讲学。

后来欧洲又成立了许多大学，每一个大学尽管都有它自己独特的起源和历史，但是却可以分成三种主要的类型。一种是由教会建立的，以巴黎、牛津和剑桥大学为代表。这些学校中的学生和教师形成一个由校长指导的、封闭性的集合体。第二种类型是市立学校，例如博洛尼亚和帕多瓦大学。这些学校由一个学生选举出来的教区长管理，学生对教师以及学校的课程有很大的控制权。第三种类型是国立大学，它们是由世俗的统治者在教皇的认可下建立的。由西西里的腓特烈二世建立的那不勒斯大学和卡斯提耳的腓特烈三世创立的萨拉曼卡大学，就属于这种类型。

13 世纪时，欧洲一共有五所重要的大学，即巴黎、奥尔良、博洛尼亚、牛津和剑桥大学。在法国南部还有另外两所。意大利自夸有十一所，而西班牙仅仅有两所。德国直到 14 世纪才有大学出现。到中世纪末期，在欧洲已建立的 20 多所大学中，有 2/3 是在法国和意大利。

中世纪大学的学习生活非常紧张，由于大学强调权威的价值以及书籍的无一例外的昂贵（写在珍贵的羊皮纸上装订而成），因此学生要死记硬背的东西非常多。

当时大学的专业主要有文艺、法律、医学和神学四科目，学生花三四年时间学习文法、修辞、逻辑，通过考试后可以取得学士学位。由于学生通常具有教士身份，他们按照规定应当独身，所以英文里“学士”（Scholar）一词就有单身汉的意思。学士再花几年时间读完算术、几何、天文和音乐，就能获得硕士学位。若要摘取博士的桂冠，还要接受更多的专门训练。巴黎大学神学博士科目需要十

格劳秀斯在法学方面的突出成就为他赢得了“近代国际法奠基人”的盛誉

四年才能修完。只有取得硕士、博士资格，才能谋取在大学教书的职位。

一般来说，基督教会的权威们虽然在初生的大学中占统治地位，但某些主要学科的确切起源并不很清楚。在 11、12 世纪，随着老的修道院学校的威信日益下降，教区总教堂的学校和半世俗的市立学校开始取代它们。某些这样的学校在 12 世纪发展得相当大，经过默默无闻的几个世纪以后，逐渐成为高等学术活动的中心。例如，查理曼曾建立了和大主教教堂相联合的学校。在这里，给年轻的神父们上神学课、音乐课及被教会认为是作为一个教士所必须学习的科目。在中世纪的大学里，当学生数量也增加了的时候，某些不安分和家庭有势力的学生也成为影响学校的一种不可忽

视的动荡因素。为了保护教师们的利益,全体教师组织了“大学教师协会”。

中世纪大学吸引学生的地方很多。所有学生都以拉丁语作为学习使用的语言。他们组成了“乡友”(团体)。大学具有很大的权力,并且从市政府和基督教会那里获得了很高程度的自治权。在大学里,没有标准年龄或年级的分配。学生们以粗暴、拥有武器以及酗酒而闻名,并且常常闹事。在未设奖学金或学生贷款的大学中,他们就常常以乞讨、偷窃为生。因此他们与当地城市居民的关系非常紧张,并常常发生冲突,甚至还会进行激战。剑桥大学就是在牛津大学与市民的一次武装冲突中,逃散的一部分师生跑到剑桥逐步形成的(1209年)。

尽管名声不好,大学的基础仍然主要是年轻人追求知识或至少是在毕业后追求财富和权利的欲望。当时的学生大部分是成年人、商人、神父等。

中世纪的大学虽然是权力很大的机构,但永久性的学校建筑却非常稀少。上课经常是在教授的房子里或租来的房屋中进行。学生们常常是相互独立地与教授订立雇佣和支付教师报酬的协定。学生学习六年以后,可以参加一次考试。如果通过了这次考试,就有资格当教师。许多报酬丰厚能赚大钱的职业为大学毕业生敞开着大门。大学生可以接受神职,成为牧师或担任其他的教会职务。他们的学术研究能力可能会受到一个有钱的庇护者的赏识,他也许会去从事医学或法律研究,或者做个誊写员。但是,甚至在13世纪,就已经有学生拒绝这些传统的道路。他们追求一种漫游、闲逛的学者生活,周游遍布欧洲的各个大学和各地的小酒馆。

在所有的大学中,教学内容都局限在宗教教义的范围内,并且还受到教义的调整。学术上的偏离会被当作异端而受到惩罚。特别是在13世纪的宗教混乱中,世俗的权力屈服于基督教的势力,在大学中成立了托钵行乞修道士的修会,以反对异端。几乎在这一转变发生的同时,亚里士多德著作也以它原始的纯粹希腊的形式出现,从而能为学者们所利用。

中世纪大学的产生,是世界历史上的一件大事。这是从黑暗愚昧的中世纪走出的重要一步。大学诞生以后,成为社会的思想和技术中心,为社会走向科学和民主做出了重要的贡献。直到现在,大学仍然发挥着社会思想库和科技发展中心的作用。

欧洲大学的兴起

中世纪的西欧文化教育相当落后，完全被教会把持。教会为了加强封建统治，避免任何反抗意识的产生，有意使群众处于长期愚昧之中。他们利用宗教在人们精神上造成一种强大的压力，禁止一切与宗教神学相违背的精神文化滋生。教士们刮去古代羊皮纸手稿上的学术著作，改为抄写文字不通的宗教神话；教会开列大批禁书目录，封锁禁锢文化传播：更有甚者，391 年，阿非罗主教竟下令烧毁了藏书几十万册的亚历山大图书馆。这是一座古典文化宝库，它收藏了古代希腊、罗马学者多少年积累下来的智慧和心血的结晶，却被一把大火化为灰烬。教格里哥利利一世曾公然宣称："不学无术是信仰虔诚之母。"结果，在中世纪初期，不仅普通百姓全都是文盲，王公贵族也都粗鲁无知。社会上只有少数高级教士由于阅读圣经和宣传教义的需要而掌握拉丁文。当时，西欧各国的政府文告、外交书信也都是用拉丁文书写。

教会是中世纪初期惟一设有学校的地方，学生主要是教会人士。教会学校的培养目标仅仅是训练为教会服务的工具，为封建统治阶级培养人才。在教会学校里学习"七艺"，即：文法、修辞、逻辑、几何、数学、天文和音乐。从形式上看，似乎这些课程也是文理全科，实际上，这七门学科只是为了一个目的——宣传宗教教义，为宗教神学服务；七门学科也只有惟一的一本教科书——《圣经》。因此，七艺中的文法是为了明白圣经的语法；修辞是训练传经布道的辩才；逻辑是为了在与"异端"诡辩中进行形式推理和论证神学命题；数学是为了论证圣经中的有关数字；几何是为了说明地球不是圆的，而是浮在水上的扁平的一片以及有助于教堂的建筑；天文是要说明地球是宇宙的中心和为了推算宗教节日、占星卜兆；音乐则是为了演唱赞美诗……等等。总之，文化各科无不是为宗教服务，充满了宗教神学的性质。无怪当时的教会要说："科学是宗教的仆人。"这样的文化教育，使我们不难想象中世纪初期的欧洲，人们是生活在怎样的黑暗之中。他们除了圣经不知还有其他书籍，更不知还有文学、艺术、科学，粗鲁愚昧，虔诚地信仰上帝。

但是，随着历史的发展，中世纪的欧洲社会发生了重要变化。10 世纪左右，阿拉伯人征服西班牙，把许多古代东方文明的精华带到西欧。阿拉伯人在西班牙兴办学校，讲授《古兰经》，学习文学、数学、医学和天文学等自然科学，并建立了图书馆。西班牙成为当时欧洲的文化中心，它的学校曾吸引了大批欧洲青年。另一方面，大规模的十字军东侵在客观上给欧洲文化带来影响。十字军骑士们接触到东方文化，也掠回许多技艺高超的手工艺人和博学多识的拜占廷学者。东方的文明和东方的豪华奢侈以其神奇的魅力展现在西欧人面前，使他们感受到基督教世界之外的生活。于是，非基督教文化的渗透和掌握文化的非基督教人士的出现，使中世纪早期教会垄断文化的局面打开缺口。特别是11世纪以来，西欧社会经济发展，陆续产生一些以工商业为主的城市，随之出现了一个新的、工商业者组成的市民阶层。他们力图从封建领主的压迫下解放出来，在政治经济方面独立自主。他们需要新的文化生活，迫切要求自己掌握文化，提高文化水平，再也不能容忍教会对文化教育的垄断。

因此，为适应市民生活的需要，并为他们培养掌握文化知识的人材，最早在意大利城市，接着在西欧其他城市相继出现一批不受教会控制的城市学校。这些城市学校大都教授罗马法，因为罗马法重视主权和产权，符合当时政治经济的需要。城市学校可以说是中世纪大学的先驱。

大学（由拉丁文的“联合”一词引申而来），是中世纪西欧开始建立的高等学校。11世纪末，在意大利波伦亚法律学校基础上形成的波伦亚大学是中世纪西欧的第一所大学。12世纪，法国巴黎大学，英国牛津大学相继出现。13世纪时，西欧各大城市纷纷创立大学。意大利的萨勒诺大学、巴勒摩大学、西班牙的拉曼加大学，德国的海德堡大学，法国的奥尔良大学，英国的剑桥大学等，都是在这一世纪创立的。到15世纪，欧洲已有40多所大学。

巴黎大学是西欧中世纪大学的典型。它形成于12世纪前半期。1200年，经法兰西国王腓力二世颁发诏书批准而正式诞生。巴黎大学集中了来自欧洲各地的求学者。据说有个时期，巴黎大学的学生达五万人之多。这主要是由于巴黎大学和中世纪西欧其他大学一样，一律使用拉丁语教学，所以它能接纳欧洲各国通晓拉丁语的学生。

巴黎大学不仅由学生和教师联合组

成，而且为它服务的人，如书贩、信差、药商、抄写人、甚至旅店老板等，都算是大学的成员。教师和学生们有各自的组织。教师，按照他们自己的才能，也就是能教某种学科的能力，分别结合成不同的团体，它相当于现代大学中的“系”（是从拉丁语“才能”一词转化而来），而从中选出的“首席”或“执事”，就是后来所称的系主任。各系的教师必须是已经获得学士、硕士或博士学位的人担任。来自各地的学生按乡土组成同乡会，称为学馆。巴黎大学最初有诺曼底、英格兰、高卢和皮卡尔迪四个学馆。每个学馆都有自己的宿舍、食堂、小教堂以及舍监和导师。这种学馆后来发展成为学院，它的名称一直沿用到现代。

当时，巴黎大学设有四个学科：文艺、医学、法律和神学。文艺学科是初级科，学习“七艺”，它的内容与教会学校的“七艺”大不相同。语法，包括拉丁语和文学；辩证法，即逻辑学；修辞，包括散文、诗的习作和法律知识；几何，包括地理和自然历史；天文学，包括物理学和化学；还有算术和音乐。这个学科人数最多，修完后可以得到学士学位。其他三个学科是高级科，只有初级科毕业的学生才能升入，修完后可以获得硕士学位。不过在中世纪，要想获得学位是一件很复杂的事。在上大学的人中，往往只有1/3的人获得学士学位，而获得硕士学位的仅占1/16。其余离开大学的人根本没有获得任何学位，只满足于他们在初级科学到的知识。中世纪大学各科的学习年限较长，文艺科一般要学五至七年。其他三科，每一科也要学习五至七年。学习年限之长，往往也限制学生不能修完各门学科。

中世纪大学的学习方法主要是听讲、记笔记和参加辩论会。教材多是古代传下来的一些名著。每天清晨，学生们到教堂做完弥撒，就去教堂上课。教师一边诵读教材，一边加以解释，不允许学生怀疑，也极少实验。即使是医学教学也不进行活体解剖，更绝对禁止做人体解剖，教师只能从阿拉伯的医书上引用某些解剖学知识。辩论是大学学习最重要的部分，也是中世纪大学生习以为常的活动。所有获得学位的学生都必须经过公开答辩，来证明自己获得这个学位的权利。巴黎大学组织辩论会，主要是本校师生参加，有时也邀请其他大学的教师来辩论。辩论时，辩论者提出某些命题，听取反对意见，并驳斥这些意见。当时，很多参加辩论者达到了较高的水平。例如:有一次,一个英国牛津大学出身的硕士来巴黎大学参加辩论会。他听取了二百多条反对意见,竟能全部当场记住,并且立即依次加以反驳。辩论会常常是在热烈的气氛中进行,当辩论达到高潮时,激动的双方面红耳赤,甚至会扭打起来。

巴黎大学创立初期,校内行政管理具有较浓厚的民主气氛。学生和教师之间都是相当民主的,享有同等权利,并共同选举大学校长。学校由校长领导,不受任何上级管辖。这种大学自治的特点,恰恰表现了它是城市市民反抗封建教会斗争的产物。

但是,教会极端仇视这种不受其管辖的世俗大学。它不能容忍文化知识在人们中间传播,启迪人们的心灵。因此千方百计运用宗教权力将教会势力渗入大学,并残酷迫害那些主张不依赖神学而独立研究学术及哲学的教师。一些敢于提出与教会不同的观点,并坚持自己观点的学生和教师,被教会法庭处以火刑,甚至活活打死。到 13 世纪中期,巴黎大学已完全为教会所操纵,其他大学也难逃此运。许多具有自由思想的教师不是被驱逐出去,就是惨遭迫害。学校的教师多由教士担任,他们讲授的课程多是从圣经中引来,并不是真正的知识。从此,在大学里占主导地位的是轻视经验、崇奉教会权威,压制自由思想的经院哲学。只有医学、法学等实用学科未被排斥。

尽管如此,西欧中世纪大学的出现依然是世界教育史上一个具有划时代意义的重大历史事件。它虽未能彻底摆脱宗教势力的约束,但世俗大学毕竟不同于教会学校,学生来源广泛了,教师也不是清一色的神职人员。它的出现意味着对宗教独占文化教育内容的一种突破。

中世纪大学组织的形成

中世纪大学的组织是在城市与行会组织发展的条件下形成的,欧洲“大学”一词原来的意义是由人们组织起来的团体,后来又发展为专指由从事学习、教学和研究的人组织起来的团体。此后在大学形成的过程中,又有了较为明确的含义,指并非专由一个地区或一个阶层团体得到学生,而是由各个地方来的学生组成的学校。它从事包括有神学、法学和医学这些学科的高等教育,而且每种学科是由多位教师讲授,大学的组织与教学的形成经历了一个长期过程并有着各种类型。

意大利的波洛尼亚大学起源于学习罗马民法和教会法的学生组织。波洛尼亚所在的伦巴德地区，处于西欧和东方贸易往来的通道，罗马教皇与神圣罗马皇帝进行长期斗争的中间地带，工商业发达，出现了大批的自治城市，为学术研究的兴起提供了有利条件，欧洲各地的学生纷纷到此求学。但是中世纪城市和行会的法律、规章是维护本地人利益的，对于这些外来的学生极为不利，学生们在房租和学费上受到敲诈，甚至要他们替同乡人归还欠下的债务。于是这些学生们便逐步组织起来形成团体，制定了自己的规章从事学习和聘请教师。学生团体考核聘请教师的学术质量，规定聘金和讲授课时数量，还有一些更详细的规定，如教师上课不得迟到早退，必须按照课本逐节进行讲解和论证，如果一门课不能吸引来五个以上的学生，这门课的讲授资格便被取消。学生团体与城市当局协商房租标准，不得允许有人向房主出高租来驱逐学生。而由学生团体认可在学识和讲授方面合格的教师，才有资格向学生进行考试，并授予从事法律等专业的合格证书，随着学生团体的壮大和规章的完备，波洛尼亚大学便成为西欧第一所有着完备制度的大学。

学生团体之所以能取得这样的成就，是由于中世纪城市行会林立，法规纷杂，在团结起来的学生面前不得不让步，而学生多是富家子弟和有教会支持资助的教士，也是城市的经济来源，教师则多为“游学之士”，也要从学生团体得到可靠收入。德国的神圣罗马皇帝和罗马教皇在意大利北部城市激烈争夺，各城市均有“皇帝党”与“教皇党”之分，都要争取具有法律和其他学识的人才。1158年，皇帝腓特烈一世(巴巴罗萨)授予波洛尼亚大学特许状，批准了大学自治的法律地位，1189年教皇克莱门特三世的通谕，更进一步明确了保障学生租房居住，商定租金的权利。大学从这些敕令与通谕中获得的重要法律权利还有：大学生可以自由通行，城市与各地方当局不得阻碍；大学生与外人发生诉讼，均由大学审理；大学师生免交赋税，免服兵役。

随着由西欧各地来的学生人数的增多，学生团体为便于组织和管理，又分为“同乡会”，首先是分为阿尔卑斯山内和山外两个同乡会，后来山内同乡会又分为伦巴德、托斯卡纳和罗马三个同乡会，山外同乡会又分为高卢、皮卡迪利、勃艮第、普瓦图、图尔内与缅因、诺曼底、加泰隆尼亚、匈牙利、波兰、德意志、西班牙、普罗旺斯、英格兰、加斯科尼十四个同乡会。同乡会的原则是互相保护、帮助、共同娱乐。要求纯洁，友爱，照顾病人，提供贫困者的需求，防止争吵斗殴，埋葬死者，互助学业的研修，援救被迫害者等，每个学会有专门的负责人，并收一些会费。最初学生团体没有集中的领导机构，只是在有重大问题时派代表共同会商，后来各团体共同选举产生了校长，并授予校长以司法权力。学生对同乡会和校长的关系是采用缔结章程、宣誓遵守服从的形式结成的，这种组织形式主要是保证学生的学习、生活和不受外人侵犯，教师是处于这种组织之外的，但是学生团体除了聘任与判定合格的教师之外，也不士涉教师的教学，考试与学术活动。

波洛尼亚大学在成长过程中也经历了多次斗争，包括与城市当局、封建贵族、教会和师生内部的斗争，有司法斗争，武装自卫，学生罢课，教师罢教，大学集体迁移等种种形式，由于大学学术水平卓越，并善于利用矛盾取得支持，斗争往往取胜，以致这些斗争形式均被承认为大学的合法权利。波洛尼亚大学到13世纪初学生已达5000余名，除了民法与教会法外，于1316年增设医学，1360年增设神学。波洛尼亚大学这种由学生主持管理校务的体制，成为意大利、法国南部、西班牙、葡萄牙等地大学的榜样。大学的法律教育的影响遍及西欧，但较为轻视神学与经院哲学，形成了较为自由的学术气氛，也为孕育意大利的人文主义思想提供了条件。

西欧中世纪大学的另一个典型是法国的巴黎大学。巴黎在查理曼帝国时代就设有教会和宫廷学校，此后巴黎的几个著名教堂和修道院学校，尤其是巴黎圣母院的主教学校一直持续发展。12世纪古典文化的复兴，经院哲学的形成和唯名论与唯实论的激烈斗争，在巴黎的教会学校是最为集中的研习和讨论场所。过去的宗教教育已远远不适应需要，许多人要求接受文艺学科、哲学、神学和教会法的教育。而在教会势力强大的法国，进行这类教学必须得到教会颁发的许可证。最初这种许可证由教会学校的校长颁发，由于教会学校校长对许多学科毫无知识并经常以出售许可证谋利，严重损害学者的声誉和权利，各教会学校的教师便组织起来抗议与抵制。1179年，在拉特兰宗教会议上的斗争，使教皇亚历山大三世颁布通谕，严禁教会学校校长出售许可证，并必须担保教学人员的质量。教皇特别斥责了巴黎圣母院主教学校的校长。此后，取得教学资格就主要取决于教师团体的“授职”了。由于巴黎的教师与学校拥有很高的声誉和地位，西欧各地求学的学生纷纷来到巴黎学习，以得到教师团体的授职。教师团体由于拥有众多的学生，势力强大起来，经常与巴黎的市民发生冲突。巴黎的教师团体便向教皇亚历山大三世请愿，取得了由教师审判有关学生的法律案件的特权，实际上是由一个教师专门组成的法庭审理。后来这些特权又由教皇西斯廷三世于1194年加以确认，将巴黎大学所有师生置于教会法管理之下，使他们在与俗人的争端中享有教士特权，并实际由大学处理。法国国王腓力二世（奥古斯都）于1200年正式承认了巴黎大学的特权。在这些斗争中，教师团体把过去的习惯和规章写成了具有法律效力的文件，并使教师团体成为处理各类法律事务的法人团体，指派固定官员，使用专门印章，并最后排除了主教学校校长对大学的权力。虽然教师和学生均具有教士身份，但由于他们来自各地，不愿受巴黎当地教会组织的管辖，终于在1231年得到罗马教皇的支持，又取得了独立于当地教会的自治权。巴黎大学的教师团体之所以能够连续取得这些成就，主要是当时罗马教廷的权力达到最高峰，罗马教皇企图利用巴黎大学对法国的教会和俗权进行控制，而巴黎大学又汇集了西欧各地有权势、有学识的教士，权倾西欧的教皇英诺森三世，就曾是巴黎大学和波洛尼亚大学的学生。

在大学成长过程中起重要作用的是人数最多的文艺学科教师团体。他们也组成了法兰西、皮卡迪利、诺曼底和英格兰四个同乡会（实际包括了西欧其他地区来的人）。但教师更上一层的组织是分学科的教授会，分为文学、神学、教会法学（罗马民法在巴黎被禁止讲授）和医学四个教授会。每个教授会有权颁发本学科的教学许可证书，决定本学科的教学规则和学生纪律。每个教授会选举一个会长。大学的重大事务由几个教授会共同会商。到13世纪末，文学教授会的会长由于拥有较多人力、财力，实际上成为巴黎大学的校长。巴黎大学这种由教师团体主持校务的体制，成为英格兰、苏格兰和北欧各大学的榜样。巴黎大学最盛时曾达5万多人，号称与教皇和皇帝并为欧洲三足鼎立的势力，尤其以文艺学科和经院哲学最为著名。巴黎大学在神学和宗教事务上的权威和影响,在14世纪教廷分裂时期甚至凌驾于教皇之上,形成了大学中强大的宗教保守势力,一直延续到欧洲近代时期。

中世纪大学中还有一个具有特别影响的典型,即英国的牛津大学。牛津在中世纪初期就有一些学者在此教学,在1167年左右,由于英王亨利二世与法国国王的争执,许多英国的教师和学生陆续由巴黎大学回到牛津,按照巴黎大学的组织方式讲学,逐步形成了牛津大学。但是牛津既非工商业中心,也不是政治和教会中心,教师、学生的研习和生活必须以独特的方式加以保证,于是便形成了学院制度。学院制度在西欧其他大学也存在,起源于为付不起房租的穷学生提供宿舍,逐步形成学生共同学习和生活的组织。但是在牛津,学院成为大学体制的主要形式,大学是因一个个学院的建立而发展起来。学院是由英国各地的贵族、教会以至国王捐助的资金、土地和房屋而建立起来的,最早形成的是大学学院(1249年)、贝利奥尔学院(1260年)和莫顿学院(1263年)。每个学院订有由国王和教会当局批准的章程。章程包括尊重捐献者的意愿,服从某个教俗上层的领导,教师团的组成,院长的产生和权力,经费的运用,学生的学习规章和纪律等,学院对于招收师生、经费应用和进行教学方面均拥有自主权。学院拥有学生和教师宿舍、教堂、食堂、教室、图书馆和庭院,各具风格。大学的重大事务由各学院院长会商,并轮流分工负责。大学的校长是由国王和教会任命的,主要是负责大学独立的司法权,学院制度的建立在当时具有重大意义,它为许多贫穷的学生和教师提供了学习、生活的保障,使各种教授、学习、管理制度能够系统化和贯彻实施,并为大学提供了可靠的经费来源,使大学不仅在司法上,并且在经济上也加强了独立性。

牛津大学虽然在一个小城市形成,也经历了与城市当局和市民的长期斗争,甚至发生多次武装冲突。在1209年一次武装冲突中,逃散的一部分师生跑到剑桥,逐步形成了剑桥大学。此后牛津学生又几次被市民打得逃散。但是牛津大学得到国王和教会的支持,国王在1244、1248、1275年一再颁发的特许状中保护牛津大学的权利,最终在1355年大学战胜城市当局,成为牛津的掌权者。大学的得胜也是由于大学建立了许多学院,全英国各地的学生均来此就学,人力财力增强并博得了全国的支持。虽然学院林立，制度各异，牛津大学的教师还是形成了严密的组织来管理大学。来自英国南方和北方的教师分别选出两个学监，学监后来取得了指派各学科的教师代表选举校长的权利。全体教师又逐步形成教师会议，教师会议提出和修改学校规章，讨论决定重大财政收支，总管授予学位事项。教师会议多次与教会和修道院团体对大学教学的干涉进行斗争，并取得胜利。

牛津大学在西欧中世纪也起到重大的作用。牛津校长格罗塞特和学者罗吉尔，培根对抗教会压力，最先开展对自然科学的实验研究。邓斯·司各特和威廉·奥卡姆发展了唯名论，对抗罗马教会的正统神学，成为中世纪学术界对罗马教会基本信仰和理论最严重的挑战。约翰·威克里夫提倡国家教会，反对罗马教皇和教士，成为宗教改革运动的先驱。

在波洛尼亚、巴黎、牛津等大学榜样的带动下，到十五世纪末，整个西欧建立了近80所大学。意大利有20所，法国有18所，英国有2所，苏格兰有3所，西班牙有13所，葡萄牙有1所，德意志神圣罗马帝国境内（包括尼德兰、捷克和瑞士）有16所，匈牙利有3所，波兰、丹麦和瑞典各有1所。大学是在中世纪封建制度下，在城市、行会、教会团体各种组织的影响下形成的，但在形成过程中，大学却又与这些组织和制度进行了激烈的斗争，取得了存在、发展、自主的种种权利。尽管大学组织并不能摆脱封建制度和神权统治总的束缚和要求为其服务的目的，但是追求知识、追求真理、追求得到改造社会和自然界的能力这种人类进步的总倾向，是限制不了的。正因为西欧中世纪大学这种组织为此提供了较为良好的条件，才会成为近代高等教育制度的先导。

十字军东征历程

11世纪的西欧，城市兴起，商品货币关系逐渐发展，封建贵族对城市商品和东方奢侈品的需要日增，从领地上剥削所得已不能满足他们日益扩大的胃口。当时西欧实行长子继承制，封建领地由长子继承，其余诸子成为无地骑士，常靠服军役和劫掠商旅为生。因此，封建主，特别是小封建主，渴望向外夺地掠财，那神话般富庶的东地中海各国就成为他们梦寐以求的宝地，这是导致西欧封建主阶级主动十字军东侵的根本原因。

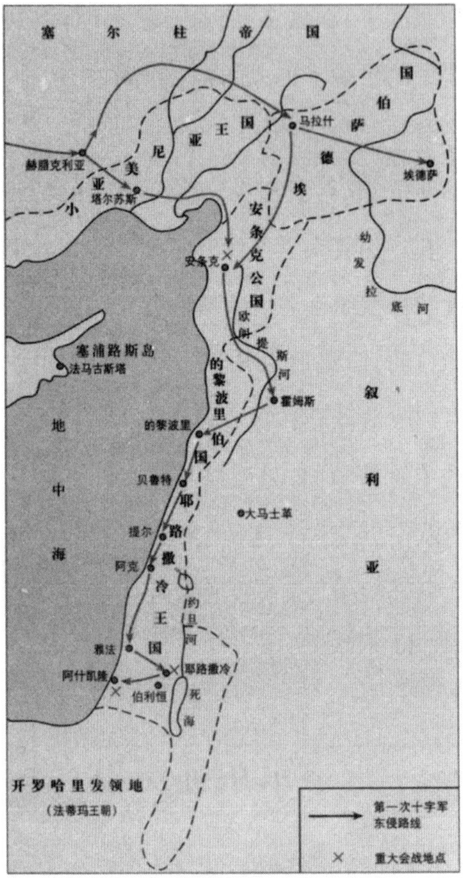

东征图

在十字军远征中起着特别重要作用的是西欧天主教会。它不但是西欧封建社会的精神支柱和最大的封建领主；而且，在封建割据的西欧，它又是巨大的国际中心。教皇企图通过发动东征一箭三雕：争夺封建霸权，进一步凌驾于西欧各国君主之上；重建统一的基督教世界：扩张到伊斯兰教势力范围中去。

西欧城市商人，特别是威尼斯、热那亚和比萨的商人，企图从阿拉伯和拜占廷手中夺取地中海东部地区的贸易港口和市场，独占该地区的贸易，也积极参与十字军。

11 世纪西欧的农民，大都沦为农奴和依附农民，封建主胃口的扩大，使他们受到更加苛重的剥削与压迫。另外还受到持续灾荒的困扰，11 世纪的法国就有二十六个荒年，第一次十字军远征前，1089—1095 年，西欧又连年歉收。濒临死亡的农民被骗往东方，梦想寻找摆脱饥饿和封建枷锁的出路。

这时，地中海东部地区的客观形势有利于西欧封建主实现其侵略计划。塞尔柱突厥人兴起后，于 1055 年占领巴格达并解除阿拔斯哈里发的政治权力；又于 1071 年在曼齐克特大败拜占廷军队，俘获皇帝罗曼拉斯四世，实际上摧毁了拜占廷在小亚细亚的权力。接着，突厥人又夺取埃及法蒂玛王朝的领地叙利亚和巴勒斯坦，并占领大部分小亚细亚。突厥人在小亚细亚建立罗姆素丹国，定都尼西亚（后迁爱科尼阿姆），他们的前哨与君士坦丁堡隔岸对峙，一苇可航，严重地威胁着拜占廷帝国。80 年代末，突厥人的另一个部落、北方的佩彻涅格人与拜占廷国内异端者的反抗运动联合在一起，于1086、1088年在多瑙河附近先后大败拜占廷军队，并进而骚扰色雷斯。1091年，佩彻涅格大军直逼君士坦丁堡城下，塞尔柱突厥人准备与他们联合行动。尽管佩彻涅格人后来吃了败仗，但拜占廷岌岌可危的处境迫使皇帝阿历克塞一世（1081—1118年）不得不派遣使臣向教皇和德国皇帝求援。至于塞尔柱突厥人的强盛，为时并不久，1092年开始分裂为摩苏尔、大马士革、阿勒颇、安条克和的黎波里等几个总督区，它们之间互相敌视，干戈扰攘，无力阻止西方侵略者的进攻。

第一次十字军远征

耶路撒冷是历史上有名的宗教圣地，世界上较有影响的犹太教、基督教、伊斯兰教都把它奉为各自宗教的圣地。犹太教徒宣称，所罗门王曾在耶路撒冷建造圣殿，它是犹太人朝拜的中心；伊斯兰教徒认为自从他们定居耶路撒冷后，不仅建造了清真寺，据说穆罕默德还是在此地升天；基督教信徒则深信为他们受尽苦难的耶稣就是在此地被钉死在十字架上的。为争夺这块圣地，或者更明确地说是为了争夺这块遍地是“奶和蜜”的肥沃土地，古代的巴比伦人、罗马人都曾在这里留下征服者的脚印，耶路撒冷几度化为废墟。11世纪，欧洲的大封建主和罗马教廷又在“拯救”圣地的名义下，号召基督教徒去夺回“主”的墓地——被伊斯兰教徒控制的耶路撒冷，发起了对东方的侵略战争。这就是历史上有名的历时两个世纪之久的“十字军”东征。“十字军”，因其每个战士都以衣服上所缝的十字为标记而得名。表面上十字军进攻东方是一场宗教战争，即基督教徒反对伊斯兰教徒，“十字架反对弯月”，实际上它是一场以掠夺为目的的侵略战争。

通往东方的路对欧洲人来说并不生疏。按照基督教的传说，巴勒斯坦是耶稣基督生活过的地方，也是他被钉死在十字架上的地方，基督的坟墓就埋在耶路撒冷。所以基督教徒把巴勒斯坦视为“圣地”，每年都有大批的善男信女，跋山涉水，到巴勒斯坦去朝圣，虽然早在七世纪，巴勒斯坦就已被阿拉伯人征服，但伊斯兰教徒对基督教徒异常宽容。从拜占廷和西欧来的朝圣者可自由进入“圣地”巴勒斯坦。朝圣者往往结群同行，充塞道路，络绎不绝。西欧的朝圣者来到东方几乎眼花缭乱。他们看到熙熙攘

第一次十字军远征

攘，有数万人口的大城市，规模超过了欧洲的城市，而当时西欧最大的城市也不过几千人。他们看见了东方城市中壮丽的庙宇和富丽堂皇的宫殿，看见了拜占廷和阿拉伯富有者生活的奢侈豪华。相比之下，用粗糙坚硬的石块砌成的西欧中世纪城堡，黑暗、阴冷，室内陈设寥寥无几，即使是贵族之家也很简陋。这一切，使西欧人产生关于东方国家神话般富有的概念，激起他们强烈的占有的欲望，似乎只要远征东方就会带来无尽的财富。

实际上，西欧正面临着一场严重的社会危机。自从封建制度在西欧确立以来，始终实行嫡长子继承制，即封建领地只传给领主的嫡长子，其余各子均不得分享。结果造成社会上出现一大批既无领地，又无财产，每日无所事事，空有贵族头衔的骑士阶层。他们既想保持符合贵族身份的生活，却又身无分文。于是放纵游荡，拦路抢劫，债台高筑，或者是参与领主之间的混战，成为社会一害。而且进入11世纪以来，西欧连遭荒年，饥饿、瘟疫流行。早已沦为农奴的西欧广大农民处于贫困和绝望之中，反抗情绪日增。为了缓和西欧社会内部的尖锐矛盾，封建统治者和教会企图祸水东引，鼓动人们把目光注向富庶的东方。农民希望在东方获得土地和自由；骑士想在东方发财致富；占有领地的大小封建主们则垂涎东方肥美的土地，妄图在那里建立受他们支配的国家；商人们，特别是意大利威尼斯、热那亚、比萨等城的商人也热衷于东征。他们希望夺取东方的港口和市场，在地中海东岸建立商站，排挤贸易上的劲敌拜占廷和阿拉伯，独占贸易特权。因而积极赞助十字军。罗马教皇的野心最大。他想利用东征提高自己的威望，树立自己在一切基督教世界的统治，不仅企图控制已脱离罗马教廷的以拜占廷为中心的东正教，甚至梦想使穆斯林改宗，归属罗马教廷。而且，教皇借口为东征募捐，乘机捞取巨额金钱。

由于在政权分散的西欧，罗马教廷是封建势力的中心，因而教会成为十字军东

油画《耶路撒冷陷落》

征的积极倡导者和组织者，它在十字军运动中把西欧诸国各阶级的分散力量组织起来，汇成一股远侵东方的浊流。

那么东方的情形如何呢？11世纪的东方依然是富庶的，然而强有势力的帝国已不存在。在来自西亚的塞尔柱突厥人的猛烈进攻下，一度声威赫赫的阿拉伯帝国解体了，拜占廷帝国也极为衰落。塞尔柱突厥人几乎控制了整个小亚细亚，建立起一个庞大的塞尔柱突厥帝国。但是这个帝国实际是由各自独立的若干小公国组成的，虚有其表。而且这些小公国之间亦经常内讧，干戈不息，自顾不暇。这就为西欧人的东侵提供了可乘之机。11世纪末，由于突厥人的混战，有一些基督教会和修道院被破坏，有些富人逃到拜占廷帝国的欧洲部分，西欧的朝圣者也只能从海路去耶路撒冷。借此机会，罗马教廷宣传编造了许多关于伊斯兰教徒的"残暴行为"，渲染他们"侮辱"西方朝圣者的奇怪消息，为发动侵略战争制造借口。恰在此时，迫于突厥人的进攻，拜占廷帝国的皇帝亚历克塞一世求救于罗马教皇，甚至向教皇乌尔班二世表示，愿将东正教重新合并在罗马教皇统治之下。这样，教皇发动十字军的东侵就更加师出有名。在宗教旗帜的掩饰下，基督教徒反对伊斯兰教徒

第一次东十字军东征的四位首领

的圣战，好像箭在弦上，一触即发。

1095 年 11 月，罗马教皇乌尔班二世在法国中部克勒芒召开宗教会议。这次会议规模很大，有来自西欧几个重要国家，各阶层的数千人参加。会议结束时，乌尔班二世发表了慷慨激昂的演说。他向封建主、骑士、教士和农民发出号召：停止封建混战，到东方去和“异教徒”作斗争，夺回“主”的坟墓，拯救圣地耶路撒冷。教皇在演说中露骨地讲到。“在我们西方，土地的出产不多，你们只能勉强糊口；可是在东方，连穷人也可以过上丰衣足食的生活。东方国家的土地上，遍地是蜜和乳；那里的耶路撒冷，是地球的中心，比世界上任何地方都肥沃得多，简直是第二天堂。在这里悲惨贫困的人，到那里就会欢乐富有！”教皇的富有煽动性的演说，挑起人们对宗教的狂热，使一场侵略战争蒙上宗教的虔诚。激动的人们不断呼喊着“这是上帝所愿！”演说刚结束，许多人立即答应出征。狂热的人们，争先恐后向教皇的随从人员领取一块红布做的十字，缝在自己的衣服上，作为参加远征的标志。教会对参加十字军的人许愿，保证他们在远征期间可以不还欠债，由教会保护他们的家庭和财产，教会还欺骗人们，说有罪的人参加圣战可以得到上帝的赦免；农奴参加远征，可以得到人身自由。

渴望摆脱封建压迫的农民，在受到教会的煽动后，迅速集结起来。他们急如星火，廉价变卖仅有的财产，又高价购买路上所需物品，不及等待骑士队伍，提前数月出发。1096 年 2 月，法国北部和中部以及德国的农民，在法国阿眠的僧侣隐修士彼得和德国骑士穷汉华尔特的领导下，分为数队，沿朝圣者常走的路向东进发。这些穷困的农民几乎手无寸铁，拖儿带女，没有整齐的装备，没有足够的给养，靠沿途抢劫以应急需。他们根本不知道怎样作战，才到小亚细亚就被塞尔柱突厥人所歼灭。农民除被教俗封建主引上灾难和死亡的道路而外，没有得到丝毫利益。

1096年秋，法国、意大利和德国西部的封建主和骑士开始第一次东侵。他们组织严密、装备精良，分别从洛林、诺曼底、法国南部和意大利南部到君士坦丁堡会合。各路骑士共有三、四万人，到1097年春才集结完毕。1097年春，十字军渡过博斯普鲁斯海峡，踏上艰苦的征途。他们时而越过陡峭的山脉，时而穿过广阔的沙漠。欧洲骑士身着重装铠甲，又兼酷暑、缺少给养，使他们生活极端困难。而且，突厥人对十字军的入侵采取焦土政策，沿途留给十字军的只是一片瓦砾，并时常袭击十字军，骑士们不得不忍受着饥渴，许多人和马在灼热的阳光下倒毙。虽然在进军途中，十字军占领了小亚细亚的一些城市，特别是大肆抢劫了突厥人的重要城市安条克。但是，十字军也遭到严重挫折，队伍减员，有的阵亡，有的回乡，战斗力不断削弱。直到1099年7月，十字军才到达它东侵的目的地——耶路撒冷。当时城内只有一千守军，全城军民坚守城池。十字军骑士把耶路撒冷团团围住，用攻城机、木梯等武器猛烈攻击，终于占领了这座圣城。城垣上升起了一面面绣着十字的旗帜。

十字军骑士以解放者的姿态进入城内。他们开始“拯救”圣地，“拯救”这里的居民：每一个街巷都在血肉相搏，全城的金银财宝被抢劫一空，小孩的头颅被摔碎，隐匿在清真寺中的人也不能幸免，全城有7万多人被屠杀。在令人目眩的财富面前，骑士们暴露出野蛮本性，所谓骑士风度早已抛到九霄云外。他们尽其所能在城内抢劫，甚至达成这样一种默契：谁首先进入一个住宅，谁就可以获得和占有那个住宅及其中一切东西，不受别人侵犯。接着，他们又采取了骇人听闻的残忍手段：剖开死人的肚皮和肠子，从中取出死者生前吞下的金币。因为这样做太麻烦了，他们又把尸体堆积起来烧为灰烬，以便容易地找到黄金……。这，就是所谓的“拯救”圣地，耶路撒冷在这些“虔诚”的教徒拯救之下毁灭了。

由罗马教皇煽动起来的，对东方赤裸裸的侵略，前后共有八次，延续的时间达二百年之久。侵占耶路撒冷是其中的第一次，所以历史上又称它为“第一次十字军东侵”。

第二、三次十字军远征

1144年，突厥摩苏尔总督伊马德·丁·赞吉攻占埃德萨。罗马教廷趁机煽动组织第二次十字军远征。

1147 年夏,法、德两国各已组成 7 万人左右的大军,参加者多为骑士。农民在经受第一次十字军远征的惨痛教训后,仅数千人参加。第二次十字军由德皇康拉德三世(1138——1152 年)和法王路易七世(1137——1180 年)各率己部,分头进军。康拉德率领的德国十字军先出动。他们越匈牙利,经色雷斯进入君士坦丁堡,渡过海峡后,10 月底,与爱科尼阿姆素丹战于多里利昂附近,大败而退,德国十字军大部分铩羽而归。康拉德和一些残兵败卒则留待路易七世队伍的到来。

当第二次十字军刚发动时,一向觊觎拜占廷帝国的西西里国王罗泽二世一方面与埃及穆斯林国家联盟,一方面率军占领拜占廷的科孚岛,蹂躏科林斯和底比斯,并攻掠爱奥尼亚群岛。拜占廷为对付西西里,遂与刚刚打败康拉德的爱科尼阿姆素丹讲和。不久之后,当法王路易七世的队伍到达小亚细亚时,这位素丹又予以重创,法军死亡过半。

1148 年,康拉德和路易的残部与耶路撒冷王国的军队会合。他们一道围攻大马士革,但未能得手。大马士革总督使用挑拨、行贿等手段,致使十字军溃散。康拉德和路易先后狼狈返国,第二次十字军全归失败。

但东方穆斯林世界却不断加强并日趋统一。1171 年,埃及军事长官萨拉丁·优素福·伊本·阿尤布发动政变,推翻法蒂玛王朝,建立阿尤布王朝(1171—1250 年),萨拉丁自立为素丹,他迅即征服大马士革和阿勒颇,把埃及、美索不达米亚和北叙利亚都统一在他的指挥之下。1187 年 7 月,萨拉丁在提比里亚湖附近的赫汀发动对十字军的进攻。耶路撒冷国王发倾国之兵,集结了大约 1200 名骑士、2000 名本地轻骑兵应战,结果几被全歼,国王也被俘。接着,萨拉丁又攻占阿克、贝鲁特,西顿、雅法、凯撒利亚和阿斯卡伦等沿海城市,一举切断耶路撒冷与欧洲的交通。9 月 20 日,萨拉丁围攻耶路撒冷城,10 月 2 日耶路撒冷乞降。

萨拉丁占领耶路撒冷的消息,使西欧大为震动,教皇乌尔班三世惊惧而死。于是西欧又组织主要由德、英、法三国大封建主和骑士参加的第三次十字军(1189—1192 年)。由德皇红胡子腓特烈一世(1152—1190 年)、英王狮心理查(1189——1199 年)和法王腓力二世(1180——1223 年)亲自率领。德皇怀着吞并拜占廷的野心,和拜占廷的近敌爱科尼阿姆素丹结盟，又与刚脱离拜占廷的保加利亚和塞尔维亚谈判联合反对拜占廷。拜占廷则与萨拉丁联盟，共同对付十字军。第三次十字军一开始就不顺利。1190 年 3 月，德皇率领的 3 万德国十字军进入小亚细亚。6 月，由于德皇在小亚细亚的一条小河落水淹死，德国十字军即折返国内。英、法两国十字军分头出发的时间略晚于德国，中途在西西里岛又耽搁半年多，直至 1191 年春末才到达叙利亚，旋即参加东方十字军正在进行的阿克城围攻战。十字军之包围阿克城，早在 1189 年 8 月便已开始，英、法十字军的到来，增强了围攻的力量。阿克城坚守近两年，1191 年 7 月，十字军在付出极大代价后才得以占领。攻占阿克城以后，由于英、法两王之间矛盾重重，法王腓力旋即率军回国。英王理查留在东方，虽继续攻占雅法和阿斯卡伦，但进攻耶路撒冷的企图并未实现。1192 年 9 月，理查与萨拉丁签订和约；十字军保有从泰尔到雅法的沿海地带，耶路撒冷仍归埃及，但三年内基督教徒可自由进入耶路撒冷。第三次十字军远征并没有收到多大成果。

第四次十字军远征

教皇英诺森三世（1198—1216 年）即位不久就号召组织第四次十字军远征（1202—1204 年），目的是阿尤布王朝统治中心的埃及。第四次十字军的参加者主要是法、德、意的贵族，实际起支配作用的却是意大利城市威尼斯。1201 年，当十字军使者向威尼斯总督恩里科·丹多罗商谈载运十字军前往东方的条件时，他就决定变十字军的军事征伐为商业活动。当时，威尼斯与埃及商业关系密切，威尼斯向埃及大量输出木材、铁和武器，每年可获利百万，还输入奴隶，因此丹多罗极想将十字军进攻的矛头从埃及转向威尼斯的商业劲敌拜占廷。

丹多罗提出按照每个人两马克，每匹马 4 马克计算，共需运费 8.5 万马克为条件，答应提供船只载运十字军。1202 年，当十字军集中在威尼斯时人数较预定的为少，未能交足原定的款额。威尼斯就迫使十字军进攻威尼斯的商业对手、同奉基督教的扎拉城，以其掳获来补欠款。1202 年 11 月，扎拉城陷，遭到极其残酷的劫掠。

13 世纪初的拜占廷已经十分衰弱，为对付时常来犯的突厥人和意大利南部诺曼人等，军费开支浩大，因十字军诸国与东方直接发生商业联系以及威尼斯等意大利城市共和国在拜占廷拥有极大特权等原因,国库收入锐减,经济力量受到极大破坏。政局又十分动荡,时常发生宫廷政变。丹多罗与十字军首领孟菲拉侯爵卜尼法斯就以1195年政变中的废帝伊萨克二世之子的求援为借口。转送十字军攻打君士坦丁堡,而拜占廷的衰败不堪使得十字军极易得手。

十字军在城中纵火三昼夜,全部坊肆以及收藏古典书籍极为丰富的君士坦丁堡图书馆都付之一炬。他们还奸淫、掳掠、屠杀当地民众。据当时人记述:“他们把奉祀上帝的处女用以满足贪色的青年的淫欲。他们不但掠夺皇室财富,毁坏贵族和平民的财物,而且还一定要残暴地打劫教会,甚至打劫教堂的用具,把祭坛上银制饰品打得粉碎,打劫圣所,并掠走十字架和圣者的遗物。”他们把掠夺来的不可胜数的金银、宝石、绸缎、皮货以及其他珍宝运回西方,其中包括极其名贵的艺术品。

随着君士坦丁堡的陷落,拜占廷帝国大部分领土都被侵占。十字军在巴尔干建立起拉丁帝国(1204—1261年,为区别希腊帝国——拜占廷而命名),下有帖撒利亚王国、雅典公国和亚该亚公国等三个附庸国。希腊正教会被置于罗马教皇统治之下。

在这次远征中获利最大的是威尼斯。它得到拜占廷3/8的领土,包括君士坦丁堡的一部分,亚得里亚堡和马尔马拉海沿岸大量据点,还占领爱琴海上的许多岛屿和伯罗奔尼撒西南部。不久之后,又得到克里特岛。

第四次十字军建立起来的拉丁帝国,在当地人民不断反抗下,终于在1261年灭亡,拜占廷复国。

继第四次十字军东征之后,还进行了几次东征,没有一次取得成功。在当时的西欧社会,“十字军”之名十分流行,各地儿童平日都以组织十字军东征为游戏,而且当时西欧民间出现一种荒谬的说法,认为有罪的人不能夺回圣地,只有纯洁的儿童,才能感动上帝,出现奇迹。1212年,在多旺姆少年斯蒂芬和科伦少年尼古拉的宣传下,法国和德国分别集中起数万儿童。法国儿童从马赛分乘七艘船出发,两艘在地中海沉没,其余五艘开往埃及,船上儿童全被船主贩卖为奴。德国儿童由科伦出发,沿莱茵河南下,越过阿尔卑斯山,沿途死亡殆尽,残留者溃散。

教皇英诺森三世利用数万儿童的死亡,在1215年拉特兰宗教会议上煽动组织第五次十字军(1217—1221年)。

1217 年，匈牙利王安德鲁二世、德国和奥地利的公爵们以及荷兰伯爵率军东征。1218 年，安德鲁抵达阿克时，已经感到这次东征是徒劳无功之举，遂率军折返欧洲。其余十字军向埃及进军，于1219 年夺取尼罗河口的达米埃塔，但在1221 年向曼苏拉进军时，却遭到挫败。同年 8 月，双方签订休战八年和约，十字军撤离达米埃塔。

教廷把第五次十字军失败的原因归于德皇腓特烈二世（1212—1250 年）之未履约参加，处以“绝罚”。腓特烈二世为向东方扩张，组织第六次十字军（1228—1229 年）。教皇格列高里九世宣布禁止这次十字军，并出兵占领腓特烈在意大利南部的领地。1229 年，已经到达东方的腓特烈巧妙地利用埃及素丹和大马士革总督之间的矛盾，与埃及素丹谈判，缔结条约，保证支持素丹，反对他的敌人；素丹愿将耶路撒冷和拿撒勒、雅法、西顿、伯利恒等城市交予德皇统治。嗣后腓特烈回师欧洲，驱走他领地上的教皇军。但巴勒斯坦的十字军在腓特烈离去后，却勾结大马士革的总督，对抗埃及素丹。1244 年，埃及素丹出兵，重占耶路撒冷。

埃及重占耶路撒冷后不久，法王路易九世（1226—1270 年），为在地中海上扩张势力，组织第七次十字军（1248—1254 年），远征埃及。参加者主要是法国骑士。1249 年，十字军在埃及措手不及的情况下，突然登陆达米埃塔，并向南围攻曼苏拉。但在埃及军队英勇抗击下，终于大败，被俘者万人，包括路易本人在内。路易被迫同意归还达米埃塔并交付巨额赎金后，才被释放。

第七次十字军结束后不久，蒙古旭烈兀率军西侵，于 1258 年占领巴格达，摧毁阿拔斯王朝，接着又攻陷阿勒颇和大马士革。埃及部队在大马士革以南的地方大败蒙古军，随后攻陷十字军控制下的凯撒里亚、雅法和安条克等地。

1270 年，法王路易九世雇佣骑士，组织第八次十字军侵入突尼斯，但不久就因瘟疫流行，路易染疫身亡而退兵。

此后，尽管教皇还企图组织新的十字军，但都无结果。十字军在东方的残余占领地如泰尔、西顿、海法和贝鲁特等地则相继为埃及所攻克。1291 年，十字军在东方最后一个据点——阿克，经埃及军队 43 天围攻，也丢失了。十字军以全部失败而告终。

第四次十字军以后，十字军运动由高潮转向低潮直至终止的根本原因，除了东方人民不断起来反抗、打击十字军之外，还有以下几点：一、13世纪的欧洲由于生产力的增长和王权的加强，中小贵族或从农民那里剥削到更多财富，或投身国王部下作雇佣军人，或自行经营农牧场，不一定要冒险远征东方。二、一部分德国骑士正在波罗的海沿岸侵略西斯拉夫人，一部分法国骑士正指向法国南部的阿尔比派异端，他们就近都有了新的掠夺对象。三、西欧城市逐渐与伊斯兰教国家建立起商业关系，不愿因战争影响商业。四、第四次十字军赤裸裸地扔掉了宗教外衣，彻底暴露了十字军侵略的本质，教廷难于再作大规模的宣传鼓动。

第五次十字军东征

第四次十字军东征，建立了拉丁帝国，而置圣地耶路撒冷于不顾，十字军在东方的根据地日益陷于累卵之危。尽管教会一再呼吁发动新十字军，但响应者寥寥，为了掀起新的宗教狂热，教会导演了一场恶作剧。说只有“纯洁无瑕”的儿童，才能获得神佑，凭藉奇迹从穆斯林手中解放“圣陵”。1212年，几万儿童十字军被送上东征之途。然而可怜的孩子们大都在途中死于非命，剩下的人被黑心的商人卖作奴隶。后来匈牙利国王安德鲁二世以及奥地利公爵利奥波尔德六世和德国南部一些大封建主，为了自身的利益表示愿应召出征。1217年夏，十字军从达尔马提亚港埠斯巴拉托出发。

但是，这时叙利亚的基督教徒已不再欢迎十字军。因为他们和穆斯林和平相处，平等交易，战争会破坏他们的商业利益。因此，十字军到达东方后受到冷遇，在阿克毫无意义地过了一年。安德鲁二世知道徒劳无功，率军回国。留下来的十字军准备进攻埃及的商业要塞城市达密伊塔。该城位于尼罗河三角洲的一条支流上，有三道城墙和坚固的城防设施。十字军围攻数月，毫无进展，一些十字军感到失望，纷纷回国。后来由于城内发生饥荒，埃及苏丹主动撤出达密伊塔，十字军进城大肆抢劫一番。1221年6月，十字军进攻曼苏拉，时值尼罗河水暴涨，十字军营地为洪水所淹。穆斯林趁机发起反攻，并断其后路，十字军进退维谷。穆斯林军从四面八方进攻，十字军招架不暇，濒于溃灭。最后被迫接受和议，退出达密伊塔，狼狈逃回欧洲。

第五次十字军的组建困难及其失败，说明十字军运动业已时过境迁，教廷的号召和远征东方已得不到众多人的响应。特别是叙利亚的基督教徒不支持十字军战争，这是导致十字军必败的重要原因。

第六次十字军东征

教皇格列高里九世将第五次十字军失败归罪于德皇腓烈二世（红胡子腓特烈一世之孙），因为他在即位时曾向教皇宣誓参加十字军东征，但即位后却不履行誓言。愤怒的格列高里九世将腓特烈二世逐出教门，并宣布他是基督教的狡猾的敌人。1128 年夏，腓特烈二世为夺取耶路撒冷王位继承权（1225 年他与耶路撒冷公主邱兰特结婚），主动率军东征，是为第六次十字军东征的开端，但是教皇不承认腓特烈为十字军人，说他是海盗，是想“窃取耶路撒冷的野心家”。腓特烈不理睬教皇的谴责，到阿克后就与埃及苏丹进行谈判。当时埃及苏丹与大马士革总督为争夺叙利亚和巴勒斯坦的统治权进行紧张的斗争，无力对付腓特烈二世的进攻。1229 年 2 月，双方缔结为期十年的条约，规定苏丹将耶路撒冷（奥马清真寺所在地区除外）及巴勒斯坦的伯利恒、拿沙勒、提尔、西顿等城市让与腓特烈二世，腓特烈则保证支持苏丹对其敌人（包括驻叙利亚的十字军）的斗争及穆斯林在上述城市的信仰自由。这样，腓特烈二世通过外交手段，一兵不损，顺利地取得了十字军想得而又得不到的好处。

但是教皇不予承认，一方面宣布腓特烈的行径是背叛行为，对圣城耶路撒冷实行离门制裁，即禁止耶路撒冷的基督教徒举行礼拜。另方面，教皇把军队开进南意大利腓特烈的领地。腓特烈闻讯立刻回师与教皇军作战，结果教皇军被击败，双方签订和约，教皇解除对腓特烈二世的宗教制裁，旋又批准了腓特烈与埃及苏丹签订的条约。

第六次十字军东征，就战略战术而言，是整个十字军战争最成功的一次，做到了不战而屈人之兵。

第七次十字军东征

腓特烈二世在耶路撒冷的统治没有维持多久。1244 年，原来居住在里海附近的花剌子模人（突厥人的一支）在蒙古西征的压力下开始西迁，后来击败法兰克人十字军，侵入叙利亚。埃及苏丹乘势攻占耶路撒冷，圣城又回到穆斯林手中。翌年，罗马教廷在里昂召开宗教会议，依教皇英诺森四世的要求，通过了第七次十字军东征的决议。法王路易九

第六次十字军的首领弗里德里希二世

世为巩固法国在地中海的地位，愿意东征。1248 年，路易九世率十字军自法国出发，到塞浦路斯岛集中。路易和第五次十字军一样，把埃及作为首攻目标。1249 年 6 月，十字军由热那亚船队送至尼罗河的达密伊塔。由于敌方缺乏准备，十字军很快地占领这个城市。时值尼罗河泛滥期，不能继续进军，直等到深秋才开始向曼苏拉进攻。路易九世被暂时的胜利冲昏头脑，他以为敌人弱不堪击，不等主力到达，前头部队就开始攻城。结果陷入敌军埋伏，几百骑士阵亡，路易九世之弟亚多亚伯爵也在此役中丧生。路易九世率主力部队急忙渡河驰援，在敌前背水地方扎下营寨。埃及人利用有利地形从四面包围敌军，首先在尼罗河上击沉十字军停泊在曼苏拉的船只，切断敌军与其基地达密伊塔的交通，断绝粮食和军需的供应，然后伺机发起总攻。陷于困境的十字军，由于得不到粮食供给，士气沮丧，全军命运危在旦夕。路易九世被迫下令撤军，埃及军队乘胜追击，敌人溃不成军，纷纷投降，路易九世及其两个兄弟也作了俘虏，这是 1250 年 2 月的事，后来路易九世用 40 万金盎司赎身，并以十字军退出达密伊塔为条件而获释。路易九世退到阿克后，还想重整旗鼓继续战争。他派人回国招集军队，但无人响应。得不到增援的路易，不得不于 1254 年率领残兵败将回国。

第八次十字军东征

13 世纪后半叶，叙利亚、巴勒斯坦的十字军殖民势力，日趋消亡。一方面，它得不到外面的支援单凭自己无力支持，而统治者及十字军将领互相敌视，彼此攻伐，耗尽力量。另方面，埃及马穆路克王朝日益强大。苏丹培巴尔步武萨拉丁，决心消灭十字军，收复失地。1256 年夺取凯撒里亚和阿克 1268 年占领雅法和安条克，十字军在东方的殖民地几乎被消灭殆尽。法王路易九世不堪忍受当年失败的耻辱，在巴黎召开贵族会议，

发动这场战争的教皇英诺森三世

决定主动请命再次东征。1270年，他把政事委托于重臣，亲率3个王子、6000骑士和3万步兵，自南法埃格摩特港扬帆东征。值得注意的是，这次东征事前既没有制定作战计划，也没有确定进军目的地。直到抵达撒丁岛后，才决定进军北非突尼斯，然后由突尼斯进攻埃及。路易所以作出这样的决定，是因为他在撒丁岛听说突尼斯总督阿里·莫斯坦西尔曾表示愿意改宗基督教，路易打算把十字军开进突尼斯对这位总督施加压力，促进他改宗基督教的立场，然后和他结盟共同进攻埃及。这样，既可以扩大十字军的力量，又可以通过突尼斯迂回进攻埃及，以避免重踏先年直接进攻埃及而遭致失败的覆辙。此外，突尼斯的富有对路易也有很大的诱惑力量。

但是，当路易在北非登陆后发现，突尼斯总督并不欢迎十字军，并以重兵在首都严阵以待，路易九世愤怒不已，命令军队围城。突尼斯总督与埃及方面取得联系，苏丹培巴尔驰军支援，十字军腹背受攻，损失惨重。同时，十字军为酷暑和时疫所困，路易之爱子及其本人先后死于瘟疫，十字军几乎溃灭。后来安茹伯爵查理、那瓦尔伯爵提率军来援，但为时已晚。1270年10月，查理与敌方媾和后，率军回国。

英法百年战争

概况

从1337—1453年，英国和法国之间断断续续进行了长达一百多年的战争，历史上称为“百年战争”。一百多年时间，这场战争从最初争夺王位继承开始，逐渐演变成了一场侵略和反侵略性质的战争。

英国和法国两国王室之间，长期存在领土纠纷问题。自1066年法国诺曼底公爵征服英国，成为英国国王以来，两国之间的纠纷就从来没有停止过。诺曼

英国国王亨利五世

底公爵成为英国国王以后，在法国仍然拥有大片领地。他的子孙后代通过联姻和继承关系，到12世纪中期金雀花王朝时，英正在法国拥有的领土甚至六倍于法国正室本身拥有的土地。

英王在法国的领地，一直是两国争执、斗争的中心。其后通过一系列战争，法国夺回了英王在法国的大部分土地，但是英国王室从来不甘心罢休，力图夺回失去的领地，而法王则竭力夺取仍残留在英王手中的南方领土，双方矛盾尖锐化。

1328年，法国卡佩王朝的查理四世逝世，死后没有留下可以继承王位的后代，英王爱德华三世作为查理四世的外甥，是法国王位的继承人候选人选之一。但是，法国害怕英国势力在法国继续增大，最终推选查理四世的堂弟、支裔华洛瓦家族的腓力继承王位，即腓力六世（1328—1350年）。王位继承问题激化了英法之间的矛盾。爱德华三世心生不甘，腓力六世也宣布要收回英国在法境内的全部领土，战争遂起。

这场战争除王位继承原因外，还为了争夺法国境内富庶的佛兰德尔和阿基坦地区。佛兰德尔形式上是处于法国国王的统治之下，但实际上却是独立的。佛兰德尔以毛纺业著名，与英国有着密切的经济联系，它的羊毛原料主要来自英国。

法国国王查理五世

1328 年，佛兰德尔爆发了城市上层和农民的起义，法国派军队进入佛兰德尔，建立起法国的直接统治，并于 1336 年逮捕了在那里经商的英国商人。英王爱德华三世采取报复措施，下令禁止羊毛向该地出口。佛兰德尔地区为了保持原料来源，转而支持英国的反法政策，承认爱德华三世为法国国王和佛兰德尔的最高领主，并希望英国出兵法国。佛兰德尔使英法两国矛盾进一步加深。这也是导致战争发生的一个基本原因。

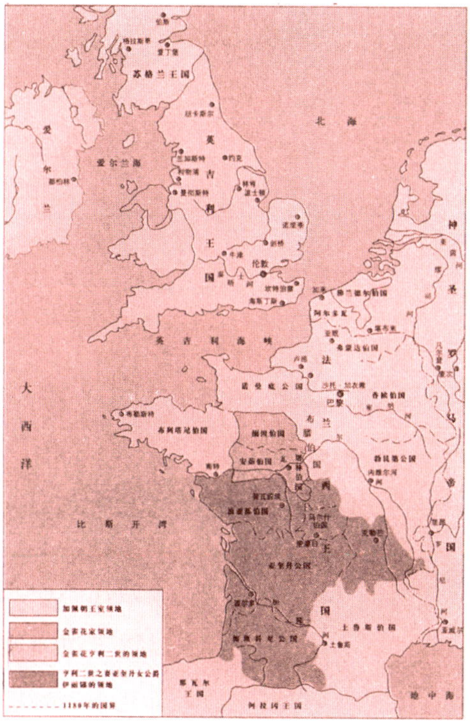

12 世纪后半期的法兰西和英吉利

英国和法国之间的这场战争时断时续，几经休战，进行了一百多年，大体可以分四个阶段：

战争的第一阶段（1337—1360 年），法国屡战屡败，英国频占上风。1337 年，英法正式宣战。1340 年，在斯吕斯海战中，英国以其强大的海军重创法国海军，控制了英吉利海峡，夺得制海权。从此，英军通过英吉利海峡自由进出大陆，将战争带到了法国本土。

在 1346 年 8 月的克勒西会战中，英王爱德华率领的英军又打败了法王腓力领导的、人数两倍于英军的法军，取得了陆上的优势，并经十一个月的围攻，于 1347 年占领了英吉利海峡对岸的法国海岸要塞加来港。此后，加来长期成为英军渡海攻打法国的据点。

占领加来港后，战争暂停，因为当时爆发了横扫欧洲的黑死病。

将近十年的休战之后，法军在普瓦提埃战役中再次被击败。1356 年，爱德华三世的大儿子“黑太子”（因其披甲颜色得名）统率英军，攻打法军。法军由当时的法王约翰（1350—1364 年）统率，人数约为英军的四倍。但是结果，法军仍然大败，连法王约翰和他的幼子都被俘虏，英王乘机向法国索取了大量赎金。1360 年，法国被迫在布勒丁尼签订和约，和约条款极为苛刻，法国承认英国占有从卢瓦尔河至比利牛斯以南的领土和加来等地。

在几次的英法交战中，英军在人数上并不占优势，但是总能取胜，主要是由于它有一支灵活善战、身子敏捷的弓箭手队伍。他们能在1分钟内射出10—12支箭，能在170码的距离内射穿一个身披甲胄的骑兵的大腿。而且，英军组织性很强，各种配合良好。而法军尽管也是作战勇猛，但是缺乏纪律，兵败如山倒。

战争给英法两国的经济、社会都带来很大的灾害。法国作为这场战争的战场，人民所受的苦难更是深重。战争的失败，亲人的阵亡，庞大的军费开支，经济的衰败，再加上当时黑死病肆虐，使人口锐减，法国人民忍无可忍，终于爆发了马赛领导的巴黎市民起义(1357—1358年)和卡尔领导的扎克起义(1358年)。

战争的第二阶段(1369—1396年)，法国取得阶段性胜利。法王约翰死后，太子查理监国八年后登位为王，即查理五世。为了收复失地，法王查理五世(1364—1380年)励精图治，实行改革，改编了军队，整顿了税制。英国的雇佣军优于法国的封建骑士民团，这促使法国第一次建立了常备雇佣军，取代部分

神圣罗马帝国皇帝查理五世

骑兵。

法军吸取了上一阶段战争的失败经验，改变战术，大量使用火炮。这些对西欧国家军队的建设都有重要影响作用，在西欧军事史上具有历史意义。查理五世还修筑城乡防御工事，并建立了野战炮兵和新的舰队。他起用英勇善战的骑士杜·克斯克林为军队总司令，赋予他很大的权力。查理五世通过改革扭转了战局，一度收复了几乎所有的失地。

1368年，法军配合加斯科涅反英暴动，收复大片失地。1372年，法舰队在拉罗谢尔打败英国舰队，重新控制四北沿海海域。到70年代末已逐步迫使英军退到沿海一带，除加来等几个沿海据点外，英国在法国的领地都被收复。英国遂与法国签订停战协定。

1380年，查理五世逝世，其继承人

查理六世患间歇性精神病，不能治理国家，封建主乘机争权夺利，形成以奥尔良公爵和勃艮第公爵为首的两大集团。法国的形势为英国继续入侵创造了条件，但是此时的英国，为了保住在法国的几个沿海港埠和波尔多与巴荣讷间的部分地区，并鉴于国内形势恶化，爆发了大规模的农民起义和封建主内讧，无力再战，两国于1396年缔结停战协定。

战争的第三阶段（1415—1424年），法国进入最困难最艰苦的阶段。英王亨利五世即位后，政局稍加稳定。而法国因奥尔良公爵和勃艮第公爵之间的内战，矛盾加剧，农民和市民举行新的起义也使国力遭到削弱，英国乘机重启战端。

法国的勃艮第公爵企图在法德之间建立一个独立王国，因此以承认英王有权继承法国王位来换取英国的支持。1415年，英王亨利五世趁机率军入侵法国阿金库尔。英王入侵时，法国封建主正在内战，勃艮第公爵站到了英军一边，其他封建主匆忙集结兵力迎战。英军大败法军，并在与其结成同盟的勃艮第公爵的援助下占领法国北部，并继续向南推进。

1420年5月21日法国被迫在特鲁瓦签订丧权辱国的和约。按照和约条款规定，法国沦为英法联合王国的一部分，承认英王亨利五世为法国摄政王，并有权在法王查理六世死后继承法国王位。但是，查理六世和亨利五世于1422年都先后猝然死去。英国把英王亨利五世年仅十个月的儿子立为法国和英国的国王，亨利五世的兄弟贝特福公爵为法国摄政，成为法国北部半壁江山的实际统治者。

由于争夺王位斗争（1422—1423年）加剧，法国遭到侵略者的洗劫和瓜分，处境十分困难。农村荒芜，城市残破，捐、税和赔款沉重地压在英占区的居民的身上。此时，战争的性质已经产生变化：对法国来说，争夺王位的战争已转变为民族解放战争，而英国方面则是进行侵略性的非正义战争。英国的侵略行为激起了法国人民的爱国之心，纷纷主动加入战争，针对英国的战争从军队的战争，转变为全民的战争，英法百年战争由此进入第四个阶段，也是最关键的一个阶段。

战争的第四阶段（1424—1453年），形势渐渐有利于法国，法军取得最后的胜利。随着人民群众的参战，游击战更加广泛地展开。1429年，英军围困法国重镇奥尔良。奥尔良是通往法国南部的门户，一旦失守，法国就面临全部沦陷的危险。就在法国岌岌可危的关头，传奇式的法国女英雄贞德脱颖而出。

贞德出生在法国北部香槟与洛林交界处的杜列米村一个农民家庭，艰苦的生活使她逐渐成为一个性格坚强、不怕困难、敢于斗争的少女。她童年时代目睹了英国侵略者的种种暴行，对英军深恶痛绝，一直希望自己能加入反击敌军的队伍，亲手血刃英军。

1428 年，年仅十九岁的贞德三次来到南方求见王太子查理，陈述她的救国大计，请缨解救奥尔良。1429 年 4 月，束手无策的王太子终于同意了贞德的请求，将信将疑地给了她一支 3000 士兵的军队，并授予她“战争总指挥”的头衔。

贞德的英勇鼓舞了奥尔良城内外的将士们，就连农民也纷纷拿起武器，聚集在贞德的周围。贞德身披甲胄，腰悬宝剑，率兵 3000，向奥尔良进发。奥尔良当时已被英军包围达半年之久，官民几乎已经丧失信心。贞德先从英军围城的薄弱环节发动猛烈进攻，英军难以抵挡，四散逃窜。

贞德身先士卒，冲入敌阵，身负箭伤仍然浴血奋战，广大士兵也个个奋勇当先。在她的领导下，法军杀进敌军包围圈。困在城中的守军深受鼓舞，也乘机杀出，里应外合，使敌军受到两面夹攻。5 月 8 日，被英军包围二百零九天的奥尔良终于解了围。奥尔良解放的钟声敲响了！

奥尔良战役的胜利，扭转了法国在整个战争中的危难局面，从此战争朝着有利于法国的方向发展。法军转败为胜，士气高涨，在贞德率领下继续挥师北上，迅速攻克了圣罗普要塞、奥古斯丁要塞、托里斯要塞。敌人听到贞德的名字就吓得发抖，法国人民则亲切地称她为“奥尔良姑娘”。

1429 年，贞德亲自拥戴王太子查理加冕，查理成为法国国王，即查理七世（1422—1461 年在位）。这次加冕的意义在于，否定了英国所立的国王和摄政，重新确立了法王对法国的统治权。

但是，宫廷贵族和查理七世的将军们却不满意这位“平凡的农民丫头”影响的扩大，他们慑于贞德的威望，既嫉妒又害怕，便蓄意谋害贞德。1430 年在康边城附近的战斗中，贞德率军与强敌作战，被逼撤退回城时，这些封建主闭门不纳，把她关在城外，使贞德陷入英军的同盟者勃艮第之手，最后勃艮第党人以 4 万法郎将她卖给了英国当局。

宗教法庭以“女巫”罪判处贞德死刑。1431 年 5 月,备受酷刑的贞德在卢昂城下被活活烧死,她的骨灰被抛进塞纳河中。牺牲时,这位法国民族女英雄还不满二十岁。

贞德为了民族解放不惜牺牲自己的生命,唤醒了人民的民族意识,激起了法国人民极大义愤和高度爱国热情,振奋了民族精神。在人民运动的压力下,法国当局对军队进行了整顿。1436 年,也就是贞德死后第五年,查理七世进驻巴黎。1437 年法军攻取巴黎,1441 年收复香槟,1450 年夺回曼恩和诺曼底,1453 年又收复基恩。英国在法国的领地,除加来港外,先后都被收回。1453 年 10 月 19 日,英军在波尔多投降,法国大胜,这场延续了一百多年的战争至此结束。

百年战争的胜利,不仅使法国摆脱了侵略者的统治,而且还使法国人民团结起来,民族感情迅速增强了,国王受到了臣民的忠心支持。百年战争以后,法国经济逐渐复兴,王权得到加强,消除了封建割据状态,法国成为一个中央集权的封建国家,封建君主政体演变成了封建君主专制政体。

战后的英国,在经历了一段内部的政治纷争后,也建立起中央集权的君主专制国家。

英法百年战争的爆发

1328 年卡佩王朝告终,瓦洛亚王朝登上历史舞台,第一任国王为腓力六世(1328—1350 年),在他统治时期,英法爆发了旷日持久的百年战争。英法两国争夺领地的斗争由来已久。近因是法王想收复英国在法国的最后一块领地亚奎丹,而英王爱德华三世则借口自己是腓力四世的外孙,要求继承法国王位。以法国王位继承纠纷为导火线,终于引发了英法“百年战争”。

然而,除王位继承纠纷外,百年战争的爆发还有其他更深刻的原因。首先是领土纠纷,英国的两个统治王朝〔诺曼底王朝(1066—1154 年)和安茹王朝(1154—1399 年)〕都是来自法国的封建主,因而在法国大陆拥有大批领地。腓力二世统治时期剥夺了英王在法国的大部分领地,但英王仍占领着法国西南部的不少土地。只要领地没有被完全剥夺,英国王室就仍抱有在法国大陆扩张势力的野心。法英冲突的另一个问题是佛兰德尔问题。佛兰德尔地区城市发达,各城市的毛织业当时名列欧洲之首。毛织业的主要原料羊毛,大部分来自英国,城市与英国的经济联系十分密切。但是,在政治上,佛兰德尔伯爵是法国国王的附庸。14 世纪上半叶,佛兰德尔伯爵极力从经济上搜刮城市,政治上压制城市自由,双方矛盾非常尖锐,伯爵求助于法国国王镇压城市反抗,城市市民则在政治上倾向于英王。

所有这些矛盾交织在一起,导致了英法之间旷日持久的战争,这场战争前后持续一百多年(1337—1453 年),史称百年战争。

1337 年,英王、法王相互向对方宣战。同年英国向佛兰德尔进军,英王爱德华三世派舰队占领加桑德堡垒,百年战争正式爆发。1340 年英国海军打败法国海军,控制了英吉利海峡,1346 年在克勒西战役中主要由英国自由农民组成的弓箭手,在少量炮火的配合下,打败了素称“法兰西之骄傲的花朵”的法国骑士。在军事史上,这次战役标志着骑士制度开始走向没落。1347 年英军占领法国海滨重镇加莱。1356 年,普瓦提埃战役爆发,由英王长子“黑太子”(因其披甲黑颜色而得名)统率的 8000 英国军队,打败了 4 万余法国骑士,法王约翰二世(1356—1364)及其幼子和大批法国贵族被俘。1360 年两国签订《布列提尼和约》,法国承认英王以国王而非法王附庸的身份占有法国的大片领土,英王则放弃对法国王位的要求,并规定法国须交 300 万克朗以赎回法国国王及被俘贵族。

巴黎市民起义

1356 年法国在普瓦提埃战役失败之后,十八岁的王太子查理监国摄政,他为了筹集战费和国王赎金,乃召开三级会议,在 800 名代表中,半数是市民代表,他们要求国王的行动需受特别监督,应惩治失职官吏,并拘捕以财政大臣罗伯特为首的 22 名高级官吏,强迫他们交出侵吞的公款。王太子查理十分害怕,下令解散会议,市民更加不满,整个巴黎开始骚动。查理被迫于 1357 年 2 月再度召开三级会议。在巴黎呢绒商会会长艾田·马赛的操纵下通过一系列改革决议,称为“三月大敕令”,其中最主要的是三级会议设立 36 人的执委会(每个等级 13 人),负责监督政府,国王必须服从三级会议的决定,每年召开三次例会,审定国家大事。如果国王执行大会决议,市民则同意筹款装备 3 万军队,抗击英军。此外,还有对租税收支,进行监督及救济贫民等。王太子被迫签署了三月大敕令。但不久反悔，拒绝执行三月敕令。1358年2月，在巴黎商会会长艾田·马赛领导下巴黎市民举行武装起义，22日，3000多名起义者冲进王宫，当着王太子的面杀死了为太子宠信的3名贵族，太子查理由于马赛的保护才免于一死。3月，查理逃出巴黎，巴黎掌握在以马赛为首的起义市民手中。

1348年，黑死病相继在法国各地泛滥，大约有1/3的人口死于瘟疫，个别地区死亡人数竟达半数。瘟疫之外，战乱也给农民带来灾难，战费和贵族赎金榨尽了农民的血汗。但使农民更难忍受的是英国侵略军和法国骑士、雇佣军的烧杀劫掠。例如，一个叫做格利费特的贵族率军四处抢掠，使塞纳河与卢瓦尔河之间地区成为荒芜不毛之地。农民走投无路，只好揭竿起义。1358年5月，北部博韦地区农民起义，推举吉约姆·卡尔为首领。史称"扎克雷（意为"乡下佬"）起义"，起义队伍达5000多人。其他地方农民也纷起响应，毁城堡、杀贵族，以"消灭一切贵族，一个不留"作为起义口号，但他们认为国王是人民的保护者，旗帜上仍绘有王徽百合花。为了利用农民起义，艾田·马赛一度支持起义，并两次派出共800人的军队援助农民军。封建贵族们推举法王约翰的女婿、西班牙的那瓦尔国王"恶人"查理率军队进入博韦地区镇压起义。"恶人"查理以谈判为名，诱捕并杀害了义军首领卡尔，起义军失去指挥，内部混乱，最后为封建贵族武装残酷镇压。

扎克雷起义是中世纪法国历史上规模最大的一次农民起义，起义打击了封建贵族势力。农民起义失败后，封建贵族集中全力围攻巴黎。1358年7月31日巴黎街头发生巷战，艾田·马赛被杀死。8月2日太子查理率军进占巴黎，市民政权被推翻，大批市民被镇压，巴黎市民起义也最终失败。

贞德抗英和百年战争的结束

1360年，法国被迫向英军求和，把加莱港、西南部的基恩和加斯科尼割给英国。监国太子查理即位后，称查理五世（1364—1380年）。他进行一些改革。实行征收关税、盐税、户口税的经常税制度；建立庞大的雇佣军，加强了炮兵建设，修建了防御工事体系。这些改革使法国军事力量大大加强。1369年，战争再起，法军转败为胜，收回大部分失地。到1380年，英军仅占有沿海几个据点了。

但是，到15世纪初，英王亨利五世（1413—1422年）利用法国封建领主内讧，重新发动进攻。1415年，大破法军于阿金库尔，占领巴黎和法国北部大部地区。1422年，英王亨利五世和法王六世先后死去，英方宣布不满周岁的亨利六世（1422—1461年）兼领法国国王。法国太子查理（后称查理七世）受到南方贵族的支持，与北方对抗。1428年，英军南攻奥尔良，该地是通往南方的门户，如果失守，法国南方就有全部沦陷的危险。当时军情紧迫，以查理七世（1422—1461年）为首的统治集团，惊慌失措，束手无策。法国人民则奋起抵抗，满怀爱国热情的农村姑娘贞德（约1410—1431年）出生于香槟与洛林交界之处的杜列米村一个农民家庭。在她童年时代，法国的半壁山河，业已沦于英军铁蹄之下，沦陷区内外法国人民的抗英斗争激起贞德高昂的爱国热忱，她认为从法国土地上赶走英国侵略者是她责无旁贷的使命。她的爱国宣传在人民中间产生了很大的影响。查理七世在危险处境中不得不向人民爱国力量寻求援助。1429年4月22日，不满二十岁的贞德受命参加解救奥尔良城的军事指挥。5月初，保卫奥尔良战役开始，贞德奋勇当先，全军士气大振，一举击溃英军的围攻，保卫了南部国土，人民无不称颂贞德，称她为“奥尔良姑娘”。随后贞德建议向兰斯进军，主张查理七世在兰斯大教堂举行加冕礼。这个建议也是当时进行大规模游击战争，决心把英国人逐出国境的法国人民群众的要求。自从奥尔良保卫战获胜后，贞德及其拥护者声势浩大，查理不能不同意向兰斯进军，沿途

圣女贞德

法国军民攻下许多被英人占领的城市，查理如愿以偿地在兰斯大教堂举行了加冕礼。这时贞德的声誉已达到高峰，人民赞扬她的信件从四面八方寄来，国王赐给她贵族称号和优厚恩赏。但是贞德仍和过去一样保持纯朴的农村姑娘作风。她拒绝接受任何荣誉和恩赏，只要求豁免她深受战祸的故乡人民的赋税。贞德建议进攻巴黎，但法国贵族害怕贞德影响的扩大，会引起人民运动的高涨，开始对她进行暗害活动。1430 年春，贞德在康边附近一次战斗中担任后卫，当她即将撤入城内时，城门竟然被关闭，后退无路，被敌人俘虏。在被英军囚禁一年中，贞德受尽迫害，坚贞不屈。1431 年 5 月，贞德以魔女罪名被教会法庭处以火刑，牺牲于卢昂广场。查理七世忘恩负义，不顾贞德的奇功伟绩，按兵不动，坐视不救。

贞德虽死，但她的爱国精神已在法国人民中间开花结果，在法国人民力量的打击下，英军接二连三地遭到失败。1436 年，法军收复巴黎。1453 年，百年战争以法国的最后胜利告终。英国侵占的土地除加莱一城外，全被法国收复。

拜占廷文明源起

公元 330 年，君士坦丁大帝迁都新罗马——君士坦丁堡，由此开始了东罗马帝国的历史时期。后来，由于近代学者为了研究的需要开始使用“拜占廷”一词，以区别古希腊和近代希腊的历史文献。由此，东罗马帝国也被称为“拜占廷帝国”。在这本书中，我们采用现在的通说，即公元 330 年作为拜占廷国家历史的开端。

“拜占廷”名称的由来

“拜占廷”这一名称最初是指位于博斯普鲁斯海峡的古城拜占廷。这个城市始建于古希腊商业殖民时代，4 世纪时君士坦丁大帝（324 ~ 337 年在位）在古城旧址上扩建罗马帝国的东都，重振帝国雄风。此后，拜占廷城飞速发展，成为地中海地区第一大都市，而拜占廷这个名字也因此传遍世界。

然而，在中古欧洲并不存在什么“拜占廷帝国”，也没有任何民族自称为“拜占廷人”。当时，原罗马帝国东部被称为“东罗马帝国”，其君主自称为“罗马皇帝”，当地的居民则自称“罗马人”，连他们的首都也冠以“新罗马”。那么，我们使用的“拜占廷帝国”、“拜占廷国家”和“拜占廷人”等名称究竟从何而来呢？要回答这个问题并非难事，这些称谓实际上是近代学者在研究工作中开始采用的。1526年，德国学者赫罗尼姆斯·沃尔夫在最初奠定《波恩大全》编辑基础工作中，第一次使用“拜占廷”一词，以示这部丛书的内容有别于其他古希腊和近代希腊的历史文献。1680年，法国学者西维奥尔·杜康沿用这一名称作为其《拜占廷史》一书的题目，用来讲述这个以古城拜占廷为首都的东地中海国家的历史。久而久之，学者们就将涉及这个古国的事物冠以“拜占廷”二字，东罗马帝国也自然的被称为“拜占廷帝国”。

拜占廷国家历史的开端

拜占廷国家历史式于君士坦丁一世正式启用古城拜占廷为东都“新罗马”，这一年是公元330年，后来该城改称为君士坦丁堡，意为“君士坦丁之城”。拜占廷历史起始年代长期以来一直是史学界争论不休的问题，学者们对这一年代的判断各持己见，意见多达近10种。本书采用通说330年作为拜占廷国家史的开端。

从真正意义上来说，拜占廷国家在330年时已经具有比较完善的政治实体。这时正是罗马帝国历史发展的转折点，发生了“公元3世纪危机”，这场危机使罗马帝国陷于全面的社会动荡和政治混乱。在动荡的局势中，相对稳定的东罗马帝国即拜占廷帝国逐步发展，其作为帝国统治中心的政治地位逐步超过了帝国西部。自皇帝戴克里先（245或246～约316年在位）及其后的多位皇帝将行宫设在帝国东部。直至330年，君士坦丁一世正式启用扩建后的拜占廷城

帝国的创立者—君士坦丁大帝

为“新罗马”，标志着具有独立政治中心的政治实体的形成。而此时的罗马和亚平宁半岛作为帝国政治中心的地位已经名存实亡。新国家带来了新气象，迁都后的君士坦丁一世，在新国家进行了一系列改革。新国家还建立了有别于旧罗马帝制不同的血亲世袭制王朝，君士坦丁一世将皇帝的位子传给其子君士坦丁二世(337～340年在位)，并后传四位血亲皇帝，从而开始了拜占廷帝国王朝的历史。同时，新帝国建立了由皇帝任免、对皇帝效忠并领取薪俸的中央和地方官僚机构，在拜占廷社会中，庞大的官僚阶层由此形成，这个阶层与罗马帝国时期作为公民代表的官员存在着本质区别。有了官僚机构，当然少不了军队和法律，这些国家机构的建立直接服务于皇帝的统治。而皇帝成为军队最高统帅，同时还是立法者和最高法官。

拜占廷国家政治制度的剧变有其深刻的经济背景。自“公元3世纪危机”以后，西罗马帝国陷入经济萧条、人口锐减、城市破败、商业凋敝的危机之中，衰亡之势不可逆转。与之相反，东罗马帝国则有多种经济形式并存，对危机具有较大的灵活性和适应能力。早期拜占廷农村存在的公社制、隶农制、自由小农制，家村组织形式的多样性使农业经济一直比较发达的东地中海沿海地区避开了类似西罗马帝国那样严重的农业危机，因而，也为早期拜占廷国家提供了相对稳定的经济发展条件。早期拜占廷国家相对稳定的政治局势，也使占有商业贸易地理优势的拜占廷帝国，能够继承古代世界开创的东西方贸易传统，发展起活跃的国际商业活动，以至君士坦丁堡成为“沟通东西方的金桥”(马克思语)。显然，330年时，以君士坦丁堡为中心的东地中海经济区已经形成，它不再是西罗马帝国经济的附属部分，而是一个具有独立经济系统的区域。不仅如此，其繁荣和发达的程度还远远超过罗马帝国的西部。

经济基础和政治上层建筑的变化必然造成拜占廷帝国在宗教和社会意识形态方面也发生了深刻的变化，这主要表现为基督教的迅速发展。基督教产生于1世纪的古罗马，并广泛流传于东地中海沿岸地区，至3～4世纪时，它已经从被压迫被剥削的下层人民的宗教逐步演化成为占统治地位的宗教，其早期的性质、社会基础、教义、教会组织和教规礼仪也随之发生了巨大且深刻的变化，日益成为罗马帝国政府的统治工具。4世纪上半叶君士坦丁一世颁布的《米兰敕令》，和他亲自主持召开的尼西亚会议，实际上是变相的宣布基督教获得了国教的地位。基督教的发展与传播，为普遍存在的对现实生活绝望的社会心理和颓废思想提供了精神寄托，使意识形态的混乱局面得到调整，而刚刚建立的拜占廷帝国也慢慢趋于稳定。由于东罗马帝国政治相对稳定、经济相对繁荣，以希腊人和希腊化的其他民族为主体的拜占廷人，就开始有选择性地吸收古代希腊罗马文化、古代东方文化和基督教文化，积极发展具有独立文化特征的拜占廷文化。可以说，东地中海地区一直是古典文化的中心，也是拜占廷文化发展的温床。

拜占廷历史分期

自330年君士坦丁一世迁都“新罗马”，开始东罗马帝国时代到1453年君士坦丁堡被奥斯曼土耳其军队攻陷，拜占廷历史经历了1100余年。在此期间，拜占廷历史发展大体可以划分为三个历史阶段，即330～610年的早期拜占廷史，610～1056年的中期拜占廷史和1056～1453年的晚期拜占廷史。

早期拜占廷国家经历了由古代社会向中古社会的成功转型。为了能够在普遍的混乱和动荡中找到维持稳定的统治形式，拜占廷帝国皇帝进行多种尝试，其中以君士坦丁一世和查士丁尼一世（527～565年在位）的改革为突出的代表。查士丁尼一世以其毕生精力企图重振罗马帝国昔日的辉煌，力图恢复古代罗马帝国广大的旧疆界，其努力注定要失败，因为在旧社会的框架和制度中寻求建立新秩序的时代已经一去不复还了。565年查士丁尼一世逝世后，拜占廷帝国陷入内忧外患的危机，政变不断，外敌入侵，农田荒芜，城市缩小，人口减少，特别是斯拉夫人、阿瓦尔人、波斯人、阿拉伯人、伦巴第人等周边民族的四面围攻进一步加剧了形势的恶化。

610年，希拉克略一世（610～641年在位）登上拜占廷帝国皇位的宝座，标志拜占廷中期历史的开始。在此期间，为加速帝国社会组织的军事化，拜占廷进行了以军区制度为中心的改革。这一制度适合当时形势发展的需要，有力地缓解了危机形势，为稳定局势、加强国力提供了有力的保障。在帝国国力不断增强的基础上，拜占廷军队以巴尔干半岛和小亚细亚为基地，不断对外扩张。到马其顿王朝统治时期，拜占廷帝国势力达到鼎盛，而瓦西里二世（976～1025年在位）发动的一系列成功的对外战争成为拜占廷国家强盛的标志。但事物是瞬息万变的，曾经一度挽救拜占廷帝国危亡形势的军区制，在发展过程中暴露了一系列自身无法克服的矛盾，军区制下发展起来的大土地贵族日益强大，在经济和政治上都足以与帝国中央集权相对抗，而军区制赖以存在的小农经济基础的瓦解，成为拜占廷帝国衰落的开端。马其顿王朝统治的结束标志拜占廷帝国中期历史的终结，同时也是拜占廷衰亡史的开始。

晚期拜占廷历史是帝国急剧衰落、直至灭亡的历史。11世纪末，曾鼎盛一时的军区制彻底瓦解，帝国经济实力急剧下降，国库空虚，以农兵为主体的小农经济的瓦解使拜占廷不仅陷入经济危机，而且兵源枯竭。以大地产为后盾的贵族、特别是军事贵族参与朝政、角逐皇位，他们相互残杀，引狼入室，致使君士坦丁堡于1204年失陷于十字军骑士之手。此后，拜占廷国土分裂，中央集权瓦解，领土不断缩小，最终极盛一时的拜占廷到了沦为东地中海的小国的地步，而且还要在奥斯曼土耳其、塞尔维亚和保加利亚等强国之间周旋、苟延残喘。1453年奥斯曼土耳其帝国攻陷君士坦丁堡，末代皇帝君士坦丁十一世（1449～1453年在位）阵亡，拜占廷帝国最终灭亡。

拜占廷帝国疆界

拜占廷帝国疆域一直处于不断的变化的状态。早期拜占廷帝国疆域基本与原罗马帝国的领土无异，到君士坦丁一世去世时（337年），其领土包括多瑙河以南的巴尔干半岛、黑海及其沿岸地区、幼发拉底河以西的小亚细亚、叙利亚、巴勒斯坦、尼罗河第二瀑布以北的埃及、北非的马格里布地区、西班牙、高卢和意大利。5世纪初，拜占廷帝国的疆域并未发生改变，划分为119个省。

查士丁尼一世继承皇帝权力时，原西罗马帝国的疆土几乎全被日耳曼各小王国所占领，拜占廷帝国的领土仅包括巴尔干半岛、黑海南岸、小亚细亚、叙利亚、巴勒斯坦和埃及。查士丁尼一世致力于恢复罗马帝国昔日的光荣，多次对西地中海世界发动远征，收回了帝国西部部分领土，重新控制意大利、北非马格里布沿地中海地区、西班牙南部和直布罗陀海峡。到查士丁尼一世去世时（565年），除高卢和西班牙北部地区外，拜占廷帝国基本重新占据了罗马帝国的旧领土，地中海再次成为帝国的内海。

可好景不长，被查士丁尼一世收复的昔日罗马的领土一直在遭受外来的侵犯。6 世纪末，斯拉夫人和阿瓦尔人大举侵入巴尔干半岛，波斯军队则进犯帝国亚洲领土，兵抵地中海东部沿海，伦巴第人的进攻也使拜占廷军队龟缩于拉文纳总督区。至 7 世纪中期，阿拉伯人更以凶猛的进攻夺取拜占廷帝国在亚洲和非洲的领土，从而导致帝国疆域发生巨大变化。8 世纪时，拜占廷帝国疆域仅包括以阿纳多利亚高原和幼发拉底河上游为东部界标的小亚细亚地区，和以马其顿北部为边界的巴尔干半岛，以及爱琴海及其海岛。此后，这一边界基本保持不变，上述领土构成拜占廷帝国版图。

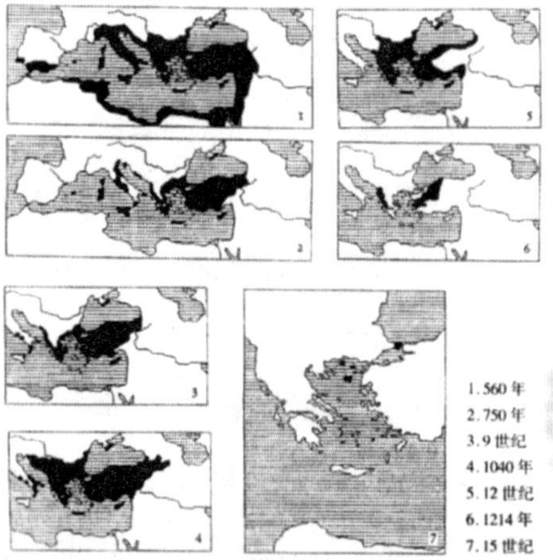

拜占廷帝国疆域变化地图

直至 9 世纪，随着拜占廷帝国国力增强和实施对外扩张的政策，其疆域有所扩大。巴尔干半岛包括阿尔巴尼亚和伊庇鲁斯、直到多瑙河南岸地区又重归拜占廷帝国所有，意大利南部和西西里岛也再次为拜占廷人所控制，帝国的海上势力远达塞浦路斯岛和克里特岛。10 ~11 世纪帝国再次发动对外战争又取得了成功，其疆域又有所扩大，东部边界推进到两河流域中上游和美索不达米亚地区，南部直到叙利亚地区的恺撒利亚城。在此期间，帝国西部疆界基本没发生变化。

第四次十字军沉重打击了拜占廷帝国，他们攻占拜占廷帝国首都君士坦丁堡开启了拜占廷人丢城失地的历史。在博斯普鲁斯海峡东岸的尼西亚城流亡 57 年的拜占廷政府只控制小亚细亚的中部地区。1261 年拜占廷帕列奥列格王朝重新入主君士坦丁堡后，其疆域仅剩京城附近地区，黑海南岸的特拉比仲德王国、伯罗奔尼撒半岛南部的莫利亚地区和伊庇鲁斯山区虽然承认拜占廷中央政府的宗主权，但实行独立统治。拜占廷帝国的版图最终“确立”，直到帝国最后灭亡。

拜占廷民族

可以毫不夸张地说，拜占廷是一个民族众多的洲际国家。早期拜占廷帝国的居民基本上是由原罗马帝国东部地区各民族构成的。他们包括东地中海沿海地区各民族，即巴尔干半岛南部的希腊人，希腊化的埃及人、叙利亚人、约旦人、亚美尼亚人，以及小亚细亚地区的古老民族，如伊苏里亚人和卡帕多西亚人等，还包括西地中海的西班牙人和意大利人等。虽然帝国的民族构成复杂，但是，希腊人和希腊化的各个民族是拜占廷帝国的主要民族，希腊人在政治和文化生活中居主要地位。这一时期，帝国的官方语言是拉丁语，民间语言则主要包括希腊语、叙利亚语、亚美尼亚语、科普特语等。到6世纪末拉丁语几乎已经完全让位于希腊语，希腊语成为帝国的通用语言。

6~7世纪，由于帝国的疆域范围的变化，早期拜占廷民族构成发生巨大变化。

首先，拜占廷帝国非洲的全部领土和亚洲的部分领土丧失于阿拉伯人，在这些领土上居住的民族随之成为阿拉伯哈里发国家的臣民，例如埃及人和约旦人就是从这一时期开始伊斯兰化的。此外，西班牙人也逐步摆脱了拜占廷帝国的控制。

其次，斯拉夫人大举迁徙进入巴尔干半岛，并作为帝国的臣民定居在拜占廷帝国腹地，在与希腊民族融合的过程中逐渐成为拜占廷帝国的主要民族之一。这样，中期拜占廷帝国的主要居民包括希腊人、小亚细亚地区各民族和斯拉夫人，他们使用的官方语言是希腊语和拉丁语。这里要特别指出的是，作为帝国臣民的斯拉夫人与巴尔干半岛北部地区独立的斯拉夫人有很大区别。前者与希腊人融合，成为现代希腊人的祖先之一，后者则独立发展成为现代斯拉夫人的祖先；前者使用希腊语为母语，而后者以斯拉夫语为母语。这种状况在晚期拜占廷帝国没有发生重大变化，12世纪以后，拜占廷帝国的主要民族成分基本上与中期拜占廷的民族成分一样，只是拉丁语不再为拜占廷人所使用，只有少数官员和高级知识分子偶尔使用拉丁语。

在拜占廷帝国，还存在着一些源于不同模式的民族，他们无论定居何处都不改变自己的生活方式和宗教信仰，其中以犹太民族为典型。另一些民族，如阿拉伯人和亚美尼亚人通婚融合的情况经常发生,从而产生了一些新的思想和习俗。自11世纪后,吉普赛人的数量也在不断增加。但总的来说,在6世纪中期以后,真正对帝国的历史和文化等方面产生重大影响的还是希腊人及希腊化民众形成的民族群体。

千年帝国

以君士坦丁堡为首都的拜占廷帝国在历史的记忆中存续了一千多年之久,在这段对于人类历史长河来说并不算长的时间里,拜占廷人所经历的是血雨腥风的动荡不安的历史,在不断地征服与被征服中,拜占廷帝国以其独特的魅力向世人展现了她令人炫目的风采。而我们在回味那段历史的同时,那颗起伏不断的心也在随着她的成败跳动。

从罗马到拜占廷

公元330年5月11日,君士坦丁大帝用6年时间建立的新首都——君士坦丁堡(今伊斯坦布尔)顺利落成,它耸立在博斯普鲁斯海峡旁边,位于欧亚两大洲交界处的古代拜占廷地域内。这是罗马帝国彻底改变政策的最后阶段,君士坦丁大帝力图在东方寻找生路。当时最繁荣的省是叙利亚、巴勒斯坦和埃及。诞生于巴勒斯坦的基督教就在这里发展起来,并使帝国获得了新生。312年君士坦丁给予基督教徒信教的自由,325年他又强迫这些教徒在信仰上协调一致。他的目标不仅在宗教方面,而最终目的是首先必须保卫疆界,尤其是保卫受到哥特人和波斯人威胁的多瑙河和幼发拉底河的疆界。由此帝国采取了灵活的自卫政策,终于牵制住和同化了哥特人,或者把哥特人遣送到西方去,远离帝国心脏。一部分元老院设立在博斯普鲁斯海峡边上的罗马帝国,于476年终束了辉煌的历史历程。

一方面是东方的经济繁荣养育了君士坦丁堡,另一方面帝国政治中的东移,使东方原具有的优势有了更大的发展,其经济文化的繁荣也很快为世人所瞩目。君士坦丁堡很快就代替了旧都,成为亚欧大陆上最为繁荣昌盛的一颗璀粲的明珠。这座城市从一开始就信奉基督教,尽管361~363年尤利安(Julien)试图建立异教,但君士坦丁堡从381年起就庇护主教会议,451年它的主教上升到教会权力的第二位。君士坦丁堡像从前的罗马一样,成为头等重要的城市,称为"Polis"（城邦）。直到15世纪，当土耳其人让当地农民指路时，这些农民指着城墙和塔楼说"到城里去"，一千年以来都是这样，那座城就是君士坦丁堡。因此，这个被我们称之为"拜占廷"的帝国，是罗马帝国的延续，但它也从里到外不同于罗马帝国，这是一个希腊人和基督徒的东罗马帝国。

世界性、多样性的帝国

6世纪初，帝国达到政局平衡和成熟期，以致查士丁尼为了把地中海重新变成拜占廷帝国的内海，不惜以高昂的代价同波斯人修好。帝国的两位将军贝利泽尔和纳尔瑟斯相继重新征服北非、意大利和西班牙南部。即使没有获得完全成功——因为高卢和五分之四的西班牙未被征服——查士丁尼还是用这种方式阐明了拜占廷政治思想的一个基本特点——世界性。

查士丁尼历久不衰的作品——编纂法典——也证明了这种世界性。早在5世纪初，罗马帝国皇帝提奥多西二世就已经让人收集所有的现行法律。但提奥多西法典很快就过时了，因为他把罗马法最重要的部分——判例扔在一边；而且提奥多西二世及其后继者在这部法典公布后，继续制定法律。从529年起，查士丁尼交给特里波尼安一个任务，就是编纂一部新法典，但同时在《学说汇纂》中收集判例，给大学生们提供一部教科书《法学阶梯》。534年，全部工作完成了，其成果就是举世瞩目的法典《民法大全》，但它马上就暴露出不足，其分门别类过于简单，避免不了重复和矛盾。但更主要的缺点还在于这些律例如汇编是用拉丁文写成的，拉丁文是行政管理用语即"官话"，但老百姓讲希腊语。语言上的障碍，使得新领布的法律老百姓连字都看不懂，更别提好好地去遵守了，这样的法律就失去了存在的意义。查士丁尼认识到了这一点，所以规定，今后的

查士丁尼一世像（547年镶嵌画）

法律，一律要用希腊文写成。

查士丁尼本身还体现了这个帝国的多样性，以及它的伟大和矛盾。他生于伊利里库姆，自己讲拉丁语，却统治着一个讲希腊语而且在东部地区讲叙利亚语或科普特语的帝国。他在东方受到威胁，便重新征服西方，并且近乎愚蠢地忽略了保卫巴尔干。他独断专行，差一点于532年向尼卡（Nika）起义投降，只是由于他的妻子提奥多拉说“皇袍是美丽的尸布”，遂奋然而起，才成功镇压了起义。他作为正统贵族的代言人，以异教不知悔改为由，关闭了雅典学院，并重建了圣索菲亚大教堂——直到君士坦丁堡陷落，它一直是基督教最大的教堂——但他娶了一个主张耶稣单性说的要狗熊的女人。也许正是他自身所体现出来的戏剧性的冲突和矛盾，注定了他所创造的罗马大帝国的神话有如昙花一现的命运。

帝国灾难

在查士丁尼生前，最早的斯拉夫人已经穿越了多瑙河；从565年起，伦巴第人涌向意大利，只给帝国留下最南边的部分和拉韦纳与罗马之间一块不安全的地区。接着，610年左右波斯人占据了叙利亚、巴勒斯坦和埃及，将真正的十字架遗物掳掠而去。从629～630年起，赫拉克利乌斯重建了幼发拉底河的边界，并在耶路撒冷重建十字架。就在626年，围攻君士坦丁堡的阿瓦尔人差一点在城中会师。这个起源于土耳其和塔塔尔人的民族，将斯拉夫人组成人数众多的团队移师西方；不过斯拉夫人留在巴尔干，并一直延伸到伯罗奔尼撒的尖端。

事隔不久，623年，阿拉伯人再次向拜占廷发起了进攻。阿拉伯人所到之处以披靡之势前进，于636年在约旦附近摧毁了赫拉克利乌斯的军队，然后占领了叙利亚、巴勒斯坦和埃及。而后的50

查士丁尼颁布法典

年，北非也成为他们的囊中之物。670年左右，他们建立了一支咄咄逼人的舰队，虽然拜占廷人掌握着制海权，他们严守一项军事秘密——用石油为基本原料制造的“希腊火”。总之，717年3月25日，小亚细亚主要部队的首脑（或统帅）伊索里亚人利奥夺取了王位，局势万分危急，阿拉伯人乘机从陆路和海路围攻君士坦丁堡，因为至少在托罗斯边境还有隙可乘。至于巴尔干，帝国的势力范围只剩下它的爱琴海海岸上狭窄的一块地方。

俗话说：瘦死的骆驼比马大。由于上个世纪开始的政治重组，及步步为营保家卫国的战士的品质，帝国终于顶住了压力阻止了阿拉伯人的入侵。从8世纪末起，帝国加速收复被斯拉夫人占领的特拉斯、沙尔西迪克、希腊中部和伯罗奔尼撒等领土。9世纪中叶开始，阿拉伯人再不能越过托罗斯山。相反，拜占廷重新在北方向亚美尼亚的边境发动征战。

帝国复苏

随着马其顿王朝（867～1057年）统治时期的到来，标志着拜占廷军队最顶盛时期的到来。重新征服构成罗马帝国的领土，对想成为世界性帝国的马其顿王朝来说是至关重要的。拜占廷军队一有机会，便越过托罗斯山，夺取梅利泰纳、安提俄克、埃德斯和耶路撒冷等4座历史名城，是这一政策的象征。梅利泰纳城位于幼发拉底河上游的右岸，从752年至931年它最终被合并到罗马帝国，其间不断地被夺取和再夺取。拜占廷人把主教所在地称为安提俄克，即“上帝之城”，对于信奉基督教的拜占廷帝国不能失去对这个城市的的控制，969年10月29日尼塞福鲁斯·弗卡斯皇帝终于夺回了它。相反，975年约翰·特基米斯凯斯的军队不得不在离圣城耶路撒冷150公里处止步。最后，1032年，帝国收复了位于幼发拉底河河湾及以圣像闻名的埃德斯。收复以上四座名城后，拜占廷帝国并未从此停下争战的脚步，而是推进得更远，朝高加索进军，亚美尼亚逐步被蚕食，随着1045年安尼（Ani）被攻占，亚美尼亚并入了罗马帝国的版图。

罗马帝国自从961年尼塞福鲁斯·弗卡斯皇帝重新征服了克里特岛以后，主宰了东地中海，同样也在西地中海取得霸权。在南意大利，它逐渐重新控制伦巴第公国，轻而易举地遏制了日耳曼帝国的企图，值得一提的是帝国又重新占领了具有重要战略地位的巴尔干全境。

"保加利亚屠夫"巴西尔二世

与保加利亚人的斗争持续了两个多世纪。813 年，保加利亚大公克鲁姆的军队摧毁了尼塞福鲁斯·弗卡斯皇帝的军队，后者在首都的城墙下坚守不住而战死。鲍里斯改信基督教，希腊的神职人员移居保加利亚，只不过这样的和平只是短暂的。10 世纪末，西美昂的一个继承者萨穆伊尔重新拿起了攻打拜占廷的武器——当时拜占廷的强大达到鼎盛期。巴西尔二世进行了 16 年的浴血斗争，巩固了在东方的地位，进而消灭保加

瓦西里二世像(11 世纪古书插图)

利亚帝国，将它合并，并收复了多瑙河的边界。1014 年 7 月，在克利迪昂的隐蔽地带，保加利亚军队被彻底击溃了，1.5 万人成了俘虏。巴西尔二世把这些俘虏的双眼弄瞎，每 100 人中有一个只弄瞎一只眼，以便把他其他 99 个全瞎的不幸的同伴带回给萨穆伊尔。萨穆伊尔接受不了这一惨败的打击，于 1014 年 10 月 6 日去世。保加利亚帝国不久就被巴西尔二世吞并。胜者为王，败者为寇，战败者的命运注定是不幸的，正如萨穆伊尔，而巴西尔二世做为胜者在他逝世时，留下一个金库，拥有数以万计的金币。这种货币单位称为"诺米斯玛"，自君士坦丁统治时期以来一直很稳定，作为货币标准，通用于波罗的海至红海地带。11 世纪中叶，马其顿统治时期的帝国成为世界第一强国。

十字军东征的转折点

可是，以往成功的因素已经耗尽。拜占廷商人开始让位于意大利人、威尼斯人和亚美尼亚人。农民的小土地所有制是收税和征兵的基础，两个世纪以来不断在衰落。从 1012 年开始，获得经济高涨的西方先头部队，同诺曼人一起，定居在拜占廷的意大利地区。1071 年，拜

1204 年十字军攻占君士坦丁堡，进一步加强他们的地位。在 14 世纪和 15 世纪，他们建造了大吨位战船，与划桨快船相配合。

占廷在意大利的最后一个要津巴里(Bari)落入诺曼人之手。从 1095 年起，掀起一场涌向耶路撒冷的大规模运动，西方派出多余的十字军。初看起来，为了对付从 11 世纪上半叶开始来自土耳其的危险，增援并不是多余的。土耳其人在 1055 年夺取了巴格达，在小亚细亚一再发动突袭，对濒临解体的帝国政权垂涎欲滴。1071 年 8 月 19 日，在亚美尼亚的曼齐凯尔特边界进行了一场决定性的战役：一部分拜占廷贵族叛变，帝国军队被歼，土耳其人夺取了小亚细亚。阿列克塞·科穆宁(1081～1118 年)为了重整旗鼓，夺回地盘，需要士兵。十字军似乎为他提供了兵员，但十字军很快就考虑到自身利益，因此在 1098 年夺取了安提俄克以后，竟然拒绝把被称为“上帝之城”的安捷俄克交还给皇帝。另一方面，十字军被用作对付土耳其人的盾牌，使皇帝能够重新征服小亚细亚的大部分地区。

罗马帝国的最后幸存者

科穆宁的帝国(1081～1185 年)闪耀出无可比拟的光辉。十字军的部队中无论是君王还是普通骑士，都被金银财富满溢、生气勃勃的城市弄得眼花缭乱。一时间，西方人共同涌向这个黄金城。先是威尼斯在 1082 年出钱获得帝国舰队的帮助，对抗诺曼人，在给了贡品以后，威尼斯商人得到了大大少于付出的利益，如被免除了商业税，还得到超过拜占廷人多得多的优惠。其他意大利人纷纷效仿威尼斯人，例如比萨人。但帝国已是元气大伤，再也恢复不了往日的强盛。相反，1176 年拜占廷军队再次被土耳其人打败，一个世纪重建的努力毁于一旦。

于是帝国再也不能威吓同盟者了。拉丁语居民在君士坦丁堡与日俱增，引起了拜占廷人排外的反应。

1171 年，威尼斯人就这样被逐出城外。他们逃脱了 1182 年 5 月西方商人遭遇的屠杀，不久又趁着科穆宁垮台后帝国政权的不稳定，毫不犹豫地利用了

十字军攻古君士坦丁堡

第4次十字军东征的大规模行动。1204年4月13日，十字军冲进这座人口最多的基督教城市，凶残地进行大肆掠夺和屠杀。十字军和威尼斯人瓜分帝国的势力范围，而拜占廷的合法政权则龟缩到了尼西亚一带。

罗马的继承者当然不会甘心就这样寿终正寝，1261年8月15日，米哈伊尔八世重建了帝国，但这只是回光返照。从世纪初中断的来自土耳其的压力，这时又恢复了。土耳其人在80年内夺取了整个小亚细亚，一直扩张到爱琴海边。他们在新王朝即奥斯曼王朝的激励下，于1348年越过达达尼尔海峡。正当苟延残喘的帝国残余陷入到内战时，奥斯曼土耳其人在不到50年的时间内，以迅雷不及掩耳之势夺取了巴尔干。相反帝国却逐渐萎缩到特拉凯和莫雷，仅在特雷布松还有一小块延伸部分，而这只不过是一个延缓死亡的小公国，这时的帝国已经是名不符实了。但是，罗马帝国的最后几位幸存者却坚持要实现大一统，骄傲地拒绝西部靠不住的援助条件。正是这样，帝国像它的最后一位皇帝那样，站着战斗而死，直到终结也没有人改变自己的信念。

奥斯曼土耳其人的扩张

土耳其人最初居住在里海和阿尔泰山脉之间广阔的土耳其斯坦平原地带，即我们古代所称的突厥人。

公元6世纪时，土耳其人逐步强盛，曾于568年遣使至拜占廷帝国宫廷，协商联合打击波斯军队的计划，拜占廷也因此派使节蔡马赫斯回访。

7世纪时，土耳其人被分为东西两

个部分，由于受到中国唐朝军队的追击，开始向西迁徙，我们所称的阿瓦尔人、保加利亚人和卡扎尔人原本都属于土耳其人的部落。

10世纪时，土耳其人的一支塞尔柱突厥人发展迅速，建立了塞尔柱突厥人国家，并将势力扩大到伊朗和俄罗斯草原，其西部边界延伸至小亚细亚地区，开始与拜占廷帝国军队发生接触。由于土耳其人惯于游牧生活，精于骑射，因此，常常大批受雇于拜占廷军队。

至12世纪，塞尔柱突厥人国家发生内战，由此分裂成西亚地区的许多小国，其中最强大的丹尼斯曼迪德斯王朝（1085～1178年）占据和主宰拜占廷卡帕多西亚地区和伊利斯河谷数十年，迫使拜占廷帝国承认他们对“被征服的罗马人土地”的占有。

13世纪以后，在拜占廷人始终自称为罗马人的土地上形成了强大的罗姆苏丹国，而奥斯曼土耳其人就是从这里发展起来的。

罗姆苏丹国曾一度是拜占廷东部边境的巨大威胁，但是，战乱时代局势总是那么的瞬息万变，蒙古人的西侵改变了小亚细亚地区的局势。蒙古军队继公元1258年攻占巴格达并灭亡阿拔斯王朝后，又横扫叙利亚和美索不达米亚广大地区，即使是比较强大的罗姆苏丹国也不得不在善战的蒙古人的铁骑下被迫屈服。原罗姆苏丹国的部落纷纷宣布独立，出现了许多埃米尔国，其中龟兹部落的首领奥斯曼也乘机于13世纪末宣布独立，自称苏丹，建立了奥斯曼土耳其国家，开始了奥斯曼王朝数百年的统治。

为了实施向欧洲扩张的计划，奥斯曼土耳其人采取了三个步骤。

首先，乌尔罕苏丹不断派遣士兵越过海峡进入拜占廷，有时他们在色雷斯地区和君士坦丁堡城郊抢劫财物，有时则应拜占廷皇帝的邀请，帮助拜占廷军队作战。总之，他要以各种借口呆在欧洲，扩大影响并等待时机完成征服计划。当时，约翰六世也极需要土耳其人的骁勇善战的才干，为了满足土耳其人，他花光了国库的积蓄，甚至将莫斯科大公捐赠的用来修复圣索菲亚教堂的金钱也支付给了土耳其人。

其次，乌尔罕苏丹利用拜占廷的困境，以帮助拜占廷为名进兵欧洲。他曾于公元1348年、公元1350年、公元1352年和公元1356年四次大规模增兵，其中最大的一次（1352年）人数在两万左右，从而使色雷斯南部地区牢牢地控制在自己手中。每次派兵,乌尔罕苏丹都是一举两得,一则他要求与拜占廷皇帝订立协议,迫使后者提供金钱和承认对色雷斯部分城市的占领,二则又为他的军事扩张披上了合法化的外衣。

最后,乌尔罕致力于建立进军欧洲的军事基地。过去,奥斯曼土耳其人大多是经过达达尼尔海峡进入色雷斯南部地区,因此,位于海峡欧洲一侧的加里伯利城就被确定为具有战略意义的军事基地。乌尔罕曾多次进攻此城,都因城池坚固而未果。因此,乌尔罕要顺利达到目的,就必须攻下加里伯利城。

公元1354年,乌尔罕的机会终于来了,色雷斯南部地区发生强烈地震,当地居民纷纷逃离,奥斯曼土耳其军队乘着大好时机占领整个地区,在地震废墟上重新修建城墙和堡垒,并在加里伯利城驻扎大批军队,囤积大量给养。从此,这里就成为奥斯曼土耳其帝国进军欧洲最重要的战略中心和军事基地。

在奥斯曼土耳其人发展的前半个世纪里,其主要的征服活动集中在陆上,而后便开始发展海上势力。巴耶札德具有超过其父辈的野心和欲望,当然他也具有相当的远见卓识。他清楚地认识到,要建立帝国必须灭亡拜占廷,而要攻占君士坦丁堡必须建立强大的海军。因此,他下令网罗人才,建造舰船,训练水师,组建大规模舰队。以此为基础,他命令海军首先分区清剿在爱琴海横行了半个世纪的土耳其海盗,收编或征服了萨鲁汗、奥穆尔和希德尔·贝伊等一大批土耳其海盗武装,将许多海上的和沿海的海盗老巢变为奥斯曼土耳其帝国的海军基地和据点,从而控制了爱琴海地区。但是,精明的巴耶札德注意不使海军主力分散,而是集中于具有战略意义的博斯普鲁斯海峡地区。在这里,他沿着海岸建立多处海军要塞,并将势力发展到黑海南部水域。

可以说巴耶札德为了自己远大的目标,他处处小心,步步为营,为最后的决战做好一切充分的准备。巴耶札德在被征服土地上建立奥斯曼土耳其帝国的统治机构,强迫被征服地区君主提供军队随同作战,大胆启用外族军事将领,积极准备进攻君士坦丁堡。有了强大的军事力量作后盾,巴耶札德为了在政治上造成既成事实,他以最高宗主的名义召集巴尔干半岛各国君主会议,强令其臣属国的君主,即拜占廷帝国皇帝、米斯特拉专制君主、法兰克的阿塞亚侯爵和塞尔维亚君主到会。在会上,他还作为仲裁人判决拜占廷人和法兰克人之间的争端。

公元1386年，巴耶札德在多淄河南岸的尼科堡战役中击溃由匈牙利国王希格蒙德（1387～1437年）统率的由威尼斯、热纳亚、匈牙利、伯艮第公国、法、英、德、波兰等国组成的十字军，最终确立了奥斯曼土耳其帝国不可动摇的国际地位，也为最后攻占君士坦丁堡作好了准备。

正当巴耶札德踌躇满志、雄心勃勃准备完成奥斯曼土耳其帝国的伟大事业之际，一件意料不到的事件中断了他的计划，这就是铁木尔（1370～1405年）率领的蒙古军队击败了巴耶札德的奥斯曼土耳其军队，给鼎盛时期的巴耶札德当头一棒。

铁木尔出身于蒙古贵族家庭，曾在察合台汗国任高官，公元1369年，发动政变，自立为汗。公元1380年，他开始从事对外扩张，首先占领呼罗珊，而后灭亡伊儿汗国，吞并伊朗和阿富汗。公元1390年，征服金帐汗国。公元1398年，他征服印度后，挥师西进，进入两河流域，次年攻陷大马士革，旋即入侵叙利亚和小亚细亚地区，与奥斯曼土耳其帝国军队发生冲突。公元1401年，铁木尔计划进攻奥斯曼土耳其帝国，为此，与拜占廷皇帝约翰七世（1425～1448年）和热纳亚人订立协议，结成同盟共同攻打巴耶札德。

公元1402年7月2日日，两军在安卡拉战役中苦战一天，巴耶札德战败，与其子一起被俘。骄横成性、不可一世的巴耶札德不肯认输，对铁木尔骂不绝口，遭致杀身之祸。树倒猢狲散，消息传来，被土耳其军队征服的各个国家纷纷起义，脱离巴耶札德的统治，奥斯曼土耳其帝国迅即瓦解，拜占廷因此得到解救。

但是，这个事件只能救拜占廷一时而不能救其永远，拜占廷的灭亡也成历史必然，它只是推迟了拜占廷的灭亡日期。50年后，拜占廷的末日终于来到了。

穆罕默德围攻君士坦丁堡

安卡拉战役之后，奥斯曼土耳其人陷入长期内战，巴耶札德的后人为争夺苏丹权力进行殊死地厮杀。拜占廷皇帝乘机与占据奥斯曼土耳其帝国欧洲领土的苏丹苏里曼在公元1403年订立协议，将色雷斯、马其顿、爱琴沿海、黑海南部诸港口和沿海峡地区重新收回，公元1404年又迫使苏里曼称臣纳贡。此后，他以轮流支持奥斯曼土耳其国内强大一方的办法为拜占廷争得了一些权利，并和巴耶札德6个儿子中仅存的穆罕默德（1413～1421年在位）保持了持久的友好关系。值得注意的是，曼努尔二世不是通过推行清理政治时弊、大力发展经济、加强军队建设、扶植商业贸易、整顿金融财政等一系列国内措施恢复拜占廷国家的实力，而是以支持奥斯曼土耳其帝国内部斗争的方式着重恢复拜占廷原有的领土。因为，他在国内推行的任何一点改革都无一例外的遭到大官僚和大贵族的反对，他试行的任何新政措施都因中央和地方保守势力的反对破坏而中止。这充分说明拜占廷社会内部矛盾已经发展到无法调和的程度，国家的衰落已经无法挽回，即使历史给它提供了重新奋起自救的机遇，它也只能眼看着机会从身边溜掉，“守株待兔”般地等待最后的末日。

公元1421年，穆拉德二世（1421～1451年在位）继承了苏丹权力，他决心全面恢复强大的奥斯曼土耳其帝国，重新夺回过去20年丧失的土地，并要重新征服宣布独立的各国君主，其最终目的将是彻底征服拜占廷，夺取君士坦丁堡。他首先起用了一批最优秀的政治家和军事将领，为他出谋划策，东征西讨，而后，利用基督教各国之间的矛盾和斗争，巧施外交手段，逐步恢复奥斯曼土耳其帝国的元气。

公元1422年6月，穆拉德二世发动了对君士坦丁堡的进攻，他选择了三十多年前约翰五世迫于巴耶札德苏丹压力而未能加固的那段城防薄弱点强行攻城，动用了各种攻城机械，竭尽全力，连续作战两个月有余，但是，没能前进一步。君士坦丁堡毕竟是千年古城，历代君主对它的修筑使之极为坚固，如果没有内应，仅以强攻占领它绝非易事。穆拉德二世是个善于总结过失经验的人，他从攻城失败中认识到，要彻底征服拜占廷时机尚未成熟，还需要作大量的准备。于是，他像巴耶札德苏丹那样，将君士坦丁堡放在一旁，集中精力在巴尔干半岛和小亚细亚地区征服反叛的臣属国和埃米尔国家，清除铁木尔征服后留下的汗国属地。公元1451年，攻打拜占廷的准备工作基本就绪，但穆拉德二世因病去世，他的儿子穆罕默德二世子承父业，力图征服拜占廷。

穆罕默德二世（1451～1481年在位）即位时虽然年仅19岁，但是，由于多年来跟着父亲征战南北，已经是具有多年统治经验的政治家和军事家。早在他12岁以前，就按照奥斯曼土耳其帝国传统担任小亚细亚西部地区的省级地方官，12岁以后做过将近两年的奥斯曼土耳其帝国苏丹。他受过良好的宫廷教育，知识渊博，智慧超群，精通波斯、希腊、拉丁和阿拉伯等多种语言。早年从政的经历使他对政治和外交驾驭自如，而他对军事与战争更有深刻的研究和独到的见解。穆罕默德即位后的首要任务就是征服拜占廷、夺取君士坦丁堡，完成巴耶札德、穆萨、穆拉德二世等历代奥斯曼土耳其帝国苏丹未竟之业。

外交上，穆罕默德首先孤立拜占廷，与所有有可能援助君士坦丁堡的势力进行谈判。1451年，与威尼斯订立协议，以不介入威尼斯和热那亚战争为代价换取了威尼斯人的中立；同时，又与匈牙利国王订立和平条约，以不在多瑙河上建立新要塞的承诺换取了匈牙利人的中立。

在军事上，他在其父亲的基础上又进行了三项准备：

第一，组建了莫利亚军团和阿尔巴尼亚军团，前者用于在希腊方向上作战略牵制，后者用于阻止马其顿西部援军。

第二，组织大规模军火生产，特别是用于攻城作战的军事机械。他专门高薪聘请匈牙利火炮制作工匠乌尔班指导生产了当时世界上最大的巨型火炮，其口径达99厘米，可发射1200磅（相当于544公斤）重的石弹，是攻城最强有力的武器。

第三，在博斯普鲁斯海峡最窄处建立鲁米利·希萨尔城堡和炮台，配置强大的火炮，它与海峡对面的阿纳多利·希萨尔城堡隔水相望，能有效地封锁并控制海峡。

面对穆罕默德二世有条不紊的备战，守城的拜占廷皇帝君士坦丁十一世（1449～1453年）没有坐以待毙，他也在作最后的外交努力。他一方面向几乎所有的欧洲国家和教廷派出使节，哀求基督教兄弟们看在上帝的份上立即出兵，解救君士坦丁堡；另一方面与莫利亚地区的希腊专制君主、他的兄弟联系，希望他们停止内战，增援危急中的首都。但是，雪中送炭难这一生活法则在国家政治之间也发挥得淋漓尽致。所有的欧洲国家君主除了表示同情和开具出兵援助的空头支票以外，没有及时作出任何具有实际意义的行动，既使个别君主派出的小股部队对抵抗即将到来的攻击也只是杯水车薪，无济于事。莫利亚的皇室成员内争正酣,彼此誓同水火,对君士坦丁十一世的呼吁根本不予理睬。至于特拉比仲德的希腊人,连类似西欧君主的同情表示都没有,也许他们正幸灾乐祸地等待帕列奥列格王朝的灭亡,因为这个王朝一直是他们争夺拜占廷最高权力的障碍。这样,君士坦丁十一世处于既无内助又无外援的可悲境地。他可以用来抵抗土其人的防御力量只有不足五千人,另外还有两三千外国自愿军,其中热那亚贵族乔万尼·贵斯亭尼安尼率领的700人战斗队最有战斗力。在海上,皇帝仅有26艘船,一字排开,防守在黄金角湾入口处的铁链之后。这种情形正如一位当时的作家所写的那样:“这个民族衰弱之极,似乎一阵微风也能将它刮倒,它就要被敌人吞没了。”

在双方的势力特殊的局势下,战争如弦上的箭,不得不发。

顽强惨烈的君士坦丁堡保卫战

尽管奥斯曼帝国拥有兵力与武器、海上与陆上的绝对军事优势,但君士坦丁堡的顽强抵抗却远远超出穆罕默德二世的预料。行将衰亡的拜占廷帝国在其向敌人拼死的、精彩的最后一击中,充分迸发出千年辉煌文明的力量。然而,业已腐朽的古国毕竟大势已去。

公元1453年4月6日是穆斯林的安息日,穆罕默德二世的继承人穆罕默德解开了大咆,一场酝酿已久的战斗开始打响了。

攻城战正式开始,奥斯曼王朝的50多门炮一起开火,一时间爆炸声震耳欲聋,爆炸的气浪遮住人的眼睛。围困在城中的人们,修女和贵族,烧饭丫头和教士,街头顽童和朝臣,大家一起修补断垣残壁的每一个新缺口。他们从4月底一直战斗到5月的第三个周,为自己的信仰而战,为自己的世界而战,为自己的生活方式而战。饥饿、疲惫、疾病,他们知道无论再做什么也拯救不了他们自己了。

君士坦丁没有理睬朝臣们的恳求,他们动员他逃离首都。逃跑仍然是可能的,如果能逃到一个安全地带,比如说伯罗奔尼撒的某个地方,有一天他还有可能从土耳其人手中收复陷落的帝国。但是君士坦丁不存任何幻想,拒绝离开。首都的命运,帝国的命运,就是他自己的命运。当穆罕默德的信使向他提出投降条件,以保住城市和人民的生命安全时,皇帝君士坦丁摇了摇头,把信使打发走了。拜占廷皇帝最后的搏杀十分悲壮,值得我们稍作详细叙述：

在5月28日凌晨时分，空气中似乎传来一种预感。土耳其军队在陆地城墙外的营帐内休息，他们在积聚力量做最后的攻击。双方的每一个人都清楚总攻会在黎明到来前趁着天黑展开。城内管理者们在分发武器，教士们拿着圣像围着城墙来回转圈。声势浩大的游行队伍挤满大街，他们高唱；“上帝保佑我们。”皇帝最后一次对他的人民讲话，他说：“敌人靠枪炮、骑兵、步兵的支持，数量上占绝对优势。我们依靠的是上帝和救世主，还有我们的双手和上帝赋予我们的力量。”

君士坦丁来到位于布莱舍耐的宫殿，在那里，陆地城墙与黄金角湾相接。君士坦丁对大伙为他付出的努力表示感谢。君臣之礼彻底崩裂了，大家都不避讳这一事实。君士坦丁说，国难当头，心绪烦乱，若有任何冒犯和不礼貌，还请大家原谅。然后他向大家一一告别，走向城墙，与他的人民共同面对土耳其人的进攻。

果不其然，5月29日，土耳其军队又组织了一次新的攻城战，但这一次与前几次不同，他们在大队士兵之前由一位士兵带领着一批扛着许多蜜蜂箱的养蜂人。

土耳其部队很快到达了君士坦丁堡城下，这些养蜂人立即把蜂箱扔上城头。霎时间，成千上万只蜜蜂从摔开的蜂箱中铺天盖地飞出来，遇人便蜇，把守城的军民蜇得睁不开眼，一个个哇哇直叫，乱成一团，顷刻间便失去了守城的能力。土耳其军队一鼓作气发起猛攻，两个小时后就完全占领了君士坦丁堡。就这样，在城被围困50天之后，曾打退科斯洛埃斯和多位哈里发的进攻的君士坦丁堡，终于不可挽回地被穆罕默德的武力征服了。至此，有着一千多年历史的拜占廷帝国寿终正寝了。

失落的文明

每当一座大城市陷落和遭到洗劫的时候，历史学家注定只能重复一些人云亦云的大灾难的情景。同样的情绪必然产生同样的结果，而当这类情绪不加控制地任其发展时，那文明人与野蛮人之间便没有什么差别了。在一片含糊的偏执和憎恨的喊叫声中，那些土耳其人并没有受到对基督教徒滥加杀害的指责，但根据他们的古老的格言，战败者都不能保全性命；而战胜者的合法报酬则来之于他们的男女俘虏的劳役、卖出的价款和赎金。君士坦丁堡的财富全被苏丹赏给了他的获胜的军队，一个小时的抢劫比几年的辛苦劳动所得多得多。

在公元 1453 年 5 月 29 日这一天中，只用了几个小时，这座城市的财富就被用车子运走，赃物被瓜分，抓获的俘虏被任意凌辱。4 千拜占廷人被杀，5 万人被俘。这座城市终于沉寂了下来。

君士坦丁没有亲眼目睹他的帝国最后的灭亡，他在保卫城墙时身亡，躺在尸体堆里。尽管苏丹命令搜遍全城，一定要找到君士坦丁的尸体，但搜索最终没有结果。皇帝的最后安息地一直没人知道。但是他的死证实了一个古老的拜占廷预言，那就是帝国的开国皇帝是君士坦丁，帝国灭亡时在位的也是一位叫君士坦丁的皇帝。

6 月 18 日凯旋的苏丹返回阿德里安堡，对那些基督教皇帝派来的卑贱的、无用的使臣面含微笑，似乎他们从东部帝国的陷落中，已看到了自己即将灭亡的命运。

新罗马——君士坦丁堡

君士坦丁大帝迁都君士坦丁堡成为拜占廷帝国的开端，拜占廷人对它也是喜爱有加，赋予它许多夸张的名称——美丽之城，光明之城，万城之冠。我们不禁要问，新都君士坦丁堡有什么魔力使君士坦丁大帝将以前的千秋大业"付之西去"？而建成的新都又是以何颜面与大家见面？新都的发展对整个拜占廷帝国的发展带来了什么？它对拜占廷文明又做出了什么贡献？以下的篇章将为我们一一解答。

与众不同的城市

君士坦丁堡经历过迅速而异乎寻常的成功，尤其是当拜占廷帝国失去像安条克、亚历山大等东部大城之后，它就成为帝国惟一的奇观。事实上，帝国的其他城市如泰萨洛尼克、以弗所、特雷布宗虽然常有市集，拥有三四万人口，经济上也占有重要性，但与君士坦丁堡相比就显得微不足道了。

君士坦丁堡能有如此成功还应归功于他的始创者——君士坦丁，因为他很合适地选择了古拜占廷位置。这座城市处于分隔马尔马拉海和黑海的博斯普鲁斯海峡西岸入口处，因此，它处于东方与地中海和欧亚两洲之间海陆交通的汇合点。优越的地理条件，使它很快成为来自世界各地的商人的汇聚地。

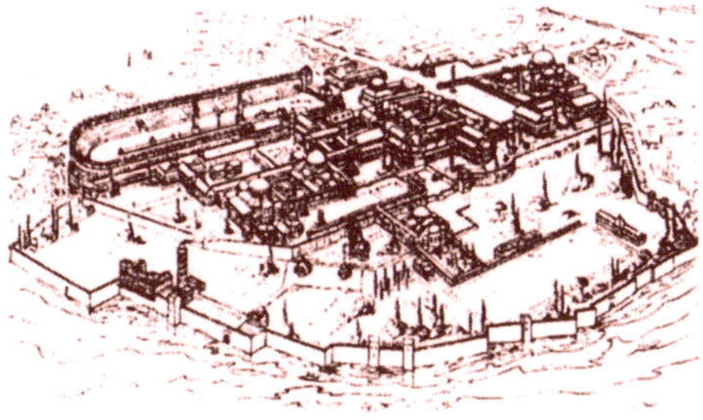

君士坦丁堡复原图

土耳其伊斯坦布尔现存的拜占廷古城墙

为了强调新建立的君士坦丁堡是罗马帝国的新都城，君士坦丁皇帝将它称为“新罗马”。事实上，君士坦丁堡几乎就是古罗马城的翻版，它的城区格局和全部的建筑物几乎完全按照罗马的模式。君士坦丁堡模仿古罗马城，将其城区划分成七个地区，称之为“七丘”，在此基础上又划分出14个区；君士坦西丁堡也同古罗马城一样将第二区命名为“卡匹托丘”，也将政治中心设于此；古罗马城的皇宫与竞技场相邻，君士坦丁堡也做了相同的规划；甚至连城市的管理体系和巡夜、消防组织的人数都与罗马城相同。君士坦丁皇帝为了安抚他的臣僚们，还修建与罗马城相差无几的元老住宅，豪华依然。迁都后的拜占廷长期保留了他们在古罗马城使用的拉丁语官方地位，尽管在新都城中真正懂得拉丁文的人并不多。

希腊塞萨洛尼基发现的拜占廷古城墙

随着帝国统治中心的东移，最后转移到了新罗马——君士坦丁堡城，它逐渐取代古罗马城，成为拜占廷帝国新的政治、经济、文化中心，同时由于其优越的地理条件，不久，君士坦丁堡就成为亚欧大陆上最为繁荣昌盛的都市。

难以攻略的围墙

君士坦丁建造了第一道占地面积为750公顷的海陆围墙。从5世纪初起，由于人口迅速增长，有限的围墙显出了不足，于是又向西扩展，因此，提奥多西二世将防御面积扩大到两倍而且还加固了海岸。至于陆地围墙，他设计了双层结构。在土耳其人用上火炮之前，围墙可以说是坚不可摧，惟一的危险就是叛变或地震。人们的担心并不是多余的，甚至就在提奥多西二世生前的447年11月7日和448年1月6日的地震就坍塌了城墙和394座塔中的57座；但是，由于“上帝之鞭”阿提拉的威胁而变得紧急的修复工作却只花了60天就完工了，而且，再也没有比之更严重的地震威胁过它们。靠马尔马拉海的城墙有8公里长，靠“黄金角”海湾的有7公里长，靠陆地的一边有6.5公里长。

但是，尽管海岸城墙有12米到15米高，仍显得很矮小。因为，城墙后清晰可见大片公共建筑群、宫殿、赛车竞技场，尤其还有教堂的穹顶，其中最高的是圣索菲亚大教堂的穹顶。这4个建筑物面向一个大广场——奥古斯都大广场，它是君士坦丁堡的市中心。在东边，元老院上有穹顶，前有柱廊，全由白色大理石铺成，尽管它在7世纪初就失去了政治上的作用，但还是保持着那种象征性意义。元老院后面是大皇宫，面向奥古斯都广场是一幢紧闭着黄铜大门的建筑物“沙尔塞”。6世纪，建筑物之上的君士坦丁像被换成了基督。在726年取下圣像的时候，利奥三世发起圣像破坏运动，激起了强烈的骚乱。

赛马

在奥古斯都广场南部，由君士坦丁创建的、与首都同时诞生的赛车竞技场，从一开始就在君士坦丁堡人民的生活中扮演着重要的角色。它模仿罗马圆形大竞技场而建，木制看台直到10世纪才换成大理石的，能容纳3万到5万观众。君士坦丁堡人依旧从罗马继承了对赛马运动的激情，首都民众无论贫富都有观看马车比赛的传统，即使停发公粮时，赛马运动仍然能吸引大批的观众。驾车者的雕像被刻在纪念章上或浮雕玉石上在民间流传。直到12世纪，凡是节日庆

在赛马场观看比赛

圣索非亚大教堂剖面图

典、皇家诞辰或庆祝胜利，君士坦丁堡都少不了这项赛事。5 月 11 日的比赛是最重要的。4 辆四马二轮战车必须跑完 7 圈，竞赛在上、下午各举行 4 次。

赛马活动要提前多日准备，而且有严格的程序规则。首先要得到皇帝的批准，再由执政官和市长确定比赛日期，而后张榜公布，在蓝、红、绿、白各赛车协会组织观众和拉拉队的同时，参赛者也开始报名。比赛用马统一在大皇宫喂养，以防被对手动了手脚。比赛当日，数万观众纷纷进入竞技场，而后皇帝及贵族们进入赛场包厢，人们要向皇帝致敬，赛事组织者和市长要向皇帝汇报准备情况。一切就绪，皇帝在祈祷三次后，将一方白色手帕扔下，比赛开始了。全场一片沸腾，所有的马车都为两轮 4 马，在宽 60 米、长 480 米的环形跑道上奔驰，决一雌雄。每场比赛的获胜者，将得到胜利桂冠和参加复赛的资格。妇女一般禁止观看比赛，个别贵族女青年只能到附近教堂的顶楼上观看比赛。每场比赛还配有各种形式的文艺节目，观看比赛无需买票，因此许多下层民众也能享受这种娱乐，这为赛马的流行奠定了基础。

赛马这一项日常娱乐活动与政治存在着千丝万缕的关系。赛车竞技场与大皇宫之间相通。皇帝坐在看台中间的包厢里，周围是元老和高官显贵。蓝党坐在右边，绿党坐在左边，没在区里注册的观众坐在剩下的阶梯上。皇帝进场时首先向两党之一致意，在他登基时通常就已经选好了蓝党，以后也往往是这样。这种偏爱表示并非没有导致政治上的后果，甚至宗教上的后果，因为蓝党一般因袭传统，信奉东正教；而绿党爱闹事，通常更具敌对性，拥护耶稣单性说。赛车竞技场在政治生活中也发挥着作用。通常人们就在那里颂扬新君主，在那里皇帝与人民对话并参与他自己感兴趣的一切活动。例如在 766 年发生的圣像危机中，修士修女们被迫脱下教服，并且两个一行，一男一女，手牵手走完跑道。

在最早的几个世纪里，赛车竞技场还是两个敌对党派激烈冲突的舞台。一般来说，当他们的联盟给皇权带来危机时，他们的相互敌对也就让皇权从中获

皇帝塞蒂姆一赛维尔时期的赛车竞技场

益。其中532年爆发的尼卡起义就是很典型的倒退：在蓝党和绿党联合的威胁之下，查士丁尼全凭着皇后提奥多拉的冷静和他的将军贝利泽尔的决断才保全了王位。贝利泽尔终于把两党逼到赛车竞技场，将他们关在里面进行大屠杀。

圣索菲亚大教堂

奥古斯都广场的北面与赛车竞技场相对的是高大庄严的大教堂，它就是由特拉勒斯的安特米乌斯和米耶的伊西多尔在532年到537年主持修建而成的圣索菲亚大教堂。基督教采用罗马长方刑堂结构修建教堂，世俗建筑物用来团结民众，而教会在教堂则用来汇聚信徒。但教会想在教堂增建穹顶，它代表在教徒头顶上的天国。君士坦丁堡的圣索菲亚大教堂被认为是最完美、最庄严的有穹顶的长方形大教堂。

大教堂在长方形平面上修建了高达60米的半球状屋顶，用1米的厚度顶住粗柱、墙垛、拱扶垛、拱顶等，保持平衡。当信徒离开奥古斯都广场进入圣索菲亚大教堂，穿过柱廊来到中庭时，众多的建筑物简直让人目不暇接，当跨过门廊进入殿堂时，总会不由自主地朝装饰着耶稣圣像的穹顶望去，只要朝光束照耀下的天顶看上一眼，就会沉浸在被神圣威

君士坦丁堡索菲亚教堂外景(6世纪遗址,现为土耳其伊斯坦尔博物馆)。

严的气派压服和灵魂升华的情感中。出于对这种象征的敏感,君士坦丁堡人每个周六和周日都自觉来到教堂,接受神灵的洗礼。

从奥古斯都广场到金门是君士坦丁堡的通道之一,延伸着一条有纪念性意义的街道——梅泽大道。两边都是柱廊,柱廊尽头开设有商店。这条街道分别由圆形和长方形的广场交替组成——君士坦丁广场、提奥兹多广场、公牛广场、阿卡狄乌斯广场等等。其他东西走向的重要街道都是以同样的方式出现。

与之相反,次要街道却很狭窄,曲曲弯弯,根据罗马分区的传统,从北到南的街道倾斜,有时甚至是一段阶梯。相对通行方便的交通主要干道,这儿的交通状况也一直是让君士坦丁堡人感到头痛的一大问题。

大厦、民房和商店交相混杂

君士坦丁堡的贵族拥有雄伟壮观的大厦,这些大厦大都与外界隔绝,面向内部园子或面向两旁有柱廊、由走廊连接而成的庭院。楼层延伸到街道上并设有露台,窗户通常采用凸肚窗。在大厦内,大厅可以豪华隆重地迎接数量众多的客人,住宿房间大小十分适宜。与民房不同的是,大厦配有多种舒适设备,包括舒适的沐浴设施。

与之不同的是民房矮小、阴暗,不舒服,经常坐落在手工作坊占据了底层的房屋楼上。对于人口众多的君士坦丁堡来说,尽管有可通到色雷斯的引水渠网供水的大型蓄水池,水的供应仍存在着

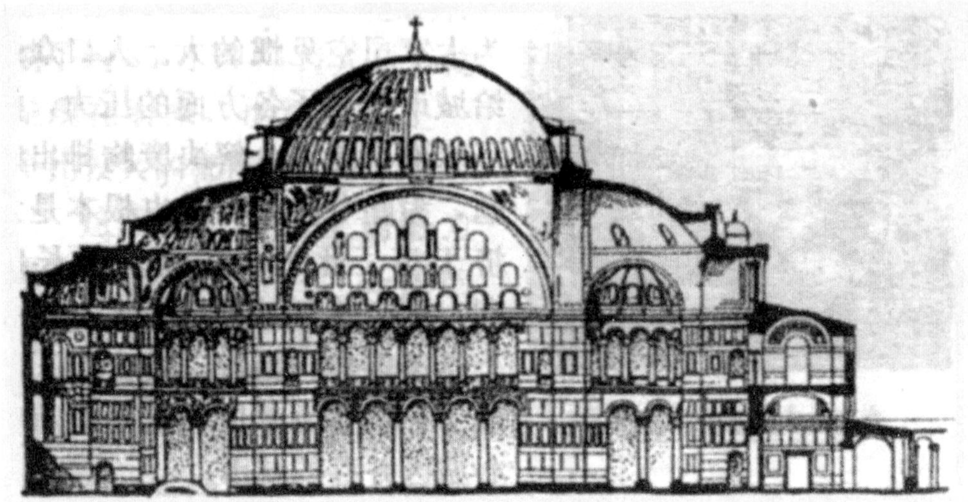

圣索菲亚教堂剖面图

一些问题，所以在城市的大街小巷，经常可以看到运水者的踪迹，运水者就成为大家司空见惯的人。人口众多给城市带来了各方面的压力，如下水道不能完全解决废物排出问题，为此专修的街道也根本是无济于事。此外，在人口增长时期，围绕着都城大量民宅在空地上迅速落成。因此，君士坦丁堡成了一座贫困郊区和富裕城市中心城区并存的城市。

空气流通的城市

当你置身于君士坦丁堡，你会发现那里大广场众多，地面工程还远未修好。在居民密集区的旁边或行人众多的街道上可以发现很多园子甚至小田地。教堂和修道院像宫殿一样经常带有园子，它们遍布城市。城市居民主要集中在临海区、梅泽大道附近及东部地区。在鼎盛时期的6世纪及12世纪，城市里的1450公顷土地上容纳了约35万到40万人口，就是现在看来，也算得上是一个比较大的都市了。

这座城市的真正诱惑力来自各区的

君士坦丁堡一角

君士坦丁堡的贵族生活

多样性。各区的名字有时令人想起占主导地位并决定其声音、颜色、气味的主要行业。在圣索菲亚大教堂附近向西就是嘈杂的锅匠区沙尔科普拉特，再远些在梅泽大道上，是金银匠区，再就是塞吕莱尔苏香区，面包商遍布全城，但主要集中在梅泽大道上。

在君士坦丁广场和提奥兹多广场之间的商业区，经常用某个拥有大厦的大人物名字命名。贵族的住宅与平民的房屋毗邻，反差极大，贫富差别十分明显。富人意识到自己属于另一个特殊群体，这个群体对帝国其余的人几乎毫不隐藏他们的蔑视。

繁华、混杂的城市。

拜占廷的文学艺术与教育

拜占廷人继承了古希腊、罗马人崇尚文学、热爱艺术、重视教育的优良传统，并在前人取得的成就上再创辉煌，给世人展现了一段独具特色却又崇尚古风、既先进又古老的文化发展进程。我们在尽情享受拜占廷人带来的文化饕餮的同时，也应从各方面想想是什么趋动着拜占廷在文化等各方面的繁荣。

拜占廷文学

拜占廷人不仅继承了古希腊人重视教育的传统，还继承了古希腊人热爱文史哲研究的传统，重视文史哲创作活动。我们将拜占廷人文史哲创作统归于“文学”是因为当时的文史哲各学科之间并不像今天这样区分明确，史学家可能同时就是文学家和哲学家，而哲学家不仅撰写哲学和神学书籍，也创作文史作品，因此，文学在这里是指通过文字进行创作的学术活动。拜占廷人在文学创作和历史写作方面并没有继承到古希腊人那样的灵感和气魄，但是，拜占廷人有庞大的作者群体，在长期的连贯的创作中逐

书籍是贵族的专用品

渐形成拜占廷独特的风格。

拜占廷文学的发展在各个时期有不同的侧重点。在早期，语言的不统一是个十分重要的问题。拜占廷作家的创作大多使用希腊语，当时，在拜占廷各地流行着三种形式的希腊语。从4世纪建国初期，用于写作的希腊语就与居民日常使用的口语有明显区别，前者称为“书面语”，是知识界和有教养阶层的语言；而后者称为“民间语”，它并不遵循严格的语法和词法，是一种用词混乱、语法简单的语言。直到12世纪前后，拜占廷社会才逐步流行标准的希腊语，更加接近古希腊语，即严格按照语法规则为元音和双元音标注复杂的重音，这是一切受教育必须认真学习的语言。拜占廷希腊语是古希腊语和现代希腊语之间的桥梁，它也为现代希腊语的语法简化和单重音体系改革奠定了基础。

沿着历史的脉络，我们可以看到拜占廷文学发展大体经历了四个阶段。4~7世纪初是拜占廷文学发展的第一个阶段，主要是由古代文学向拜占廷文学的转变阶段。

这个阶段的拜占廷文学的主要特征表现为古代文学逐渐衰落，新的文学形式和标准逐渐形成，奠定了拜占廷文学的基础。基督教思想观念、宗教抽象的审美标准取代了古代文学的相关内容，甚至写作形式也发生变化。在这一翻天覆地的转变过程中，基督教作家极力反对和排斥古代作家的“异教”思想理论，尽管如此,他们也不可能完全摆脱古代文学对他们的影响,因为他们也接受了同世俗作家一样的基督教育。这种古代世俗文学对拜占廷基督教作家的影响在最初拜占廷支持所有文化知识的政策下表现更为明显,尤其是那些努力发展教俗友好关系的基督教领袖们的立场更提供了有利条件,他们并没有刻意排斥世俗文化,而是逐渐将教会文学和世俗古代文学结合。

其中将教会文学和世俗古代文学结合的最成功的最突出的代表是尤西比乌斯(260~340年),他在撰写教会历史和君士坦丁大帝传记中,充分展示了其深厚的古典文学基础和基督教文风,创造了新的写作风格。他的代表作是《教会史》、《编年史》和《君士坦丁大帝传》。

尤西比乌斯出生在巴勒斯坦北部的凯撒利亚城,师从当地著名基督教理论家、学者潘菲罗斯,后因躲避宗教迫害而流亡各地。但在他来到后西罗马帝国却受到了礼遇和款待。公元313年,罗马帝国当局颁布宗教宽容法律后,尤西比乌斯当选凯撒利亚城主教。机缘巧合的尤西比乌斯成了君士坦丁的好友,并得到了君士坦丁一世的重用,成为御用史官。他积极参与皇帝主持下的重大教会事务决策。在他的一生中,著述颇丰,传世作品也很多。他仿效晚期罗马帝国作家阿非利加努斯的作品,完成了十卷本《编年史》一书。这本书提供了有关古代近东和北非地区统治王朝的详细谱牒,以及其所在时代世俗和教会的大事年表。他所关注的重点主要是基督教的发展,尤其是他在此书中提出的观点对后世影响很深。

尤西比乌斯的另一部力作是为了庆祝君士坦丁一世登基30年而成的《君士坦丁大帝传》,该书主要描述了君士坦丁一世在公元306年7月称帝以后其30年左右的统治,它比较详细地记载了这位皇帝在罗马帝国晚期的政治动乱、军阀割据的形势中完成统一帝国大业的过程。在这部书中,作者对皇帝充满了崇敬,也有着太多的赞誉之词,但还是不可避免地影响了他对历史事实的客观评价。我们可以确信的是,他留下的记载都是可靠真实的,不仅为当时的其他作品所证实,也被后代作家传抄,史料价值极高。同时,这本书也成为研究君士坦丁一世和拜占廷帝国开国史的最重要资料。在这部传记中,记载较多的内容是关于君士坦丁的宗教事务。因此,在4世纪末时被教会作家翻译为拉丁语,并将原书续写到阿莱克修斯时代的395年。

在《教会史》中，尤西比乌斯充分地展示了他的理念，继续着他的劝人向善的说教。他坚持认为：人类得到耶稣基督的拯救是历史的重要内容，跟从上帝的选们历史的主角，其中忠实于上帝意旨的皇帝是神在人世的代表。受到以上信仰的左右，尤西比乌斯在写作中特别重视政治和思想历史的记述。在书中，他用大量文字，对君士坦丁一世赞不绝口，而对君士坦丁一世的种种劣迹和暴行却只字不提，他还将其他皇帝颁布的宗教宽容法律移作君士坦丁一世所为，为他脸上贴金。因此，尤西比乌斯所作的这些记载都影响了《教会史》的准确性。

除尤西比乌斯外，5世纪的左西莫斯和6世纪的普罗柯比(490～562年)也在各自的作品中表现出新旧两种文学创作的结合。他们在历史编纂中保持古景下难以发展。8世纪开始的毁坏圣像运动对于拜占廷文学来说简直是雪上加霜，在一定程度上阻止拜占廷文学的发展。马克西姆(580～662年)和大马士革人约翰(675～749年)代表这一时期拜占廷文学创作的最高水平。马克西姆希腊历史家的文风，同时开创教会史和传记文学的形式。

此外，埃及亚历山大主教阿塔纳修斯(295～373年)则在神学论文、颂诗和其他宗教写作中大放异彩，为以后基督教作家的创作提供了基本样式和蓝本。基督教传记文学则是在埃及修道隐居运动中兴起的。基督教赞美诗歌的发展在罗曼努斯(？～555年)创作的上千首诗歌中达到顶点，他在创作中大量运用古代诗歌的韵律知识和格式，开创了基督教赞美诗写作的新纪元。

7世纪中期至9世纪中期是拜占廷文学发展几乎处于中断的状态。和第一阶段相比，这个时期既没有名贯青史的作家，也缺少不朽的作品。这一现象的出现与当时拜占廷的政治局势有直接关系。当时的拜占廷帝国面临阿拉伯人、斯拉夫人入侵，帝国丧失其在亚、非、欧的大片领土，战争需要武器而忽视文学，拜占廷文学在此背

在反对当局宗教理论的斗争中写出大量基督教文学作品，而约翰则在云游东地中海各地时运用丰富的古典哲学知识全面阐述基督教哲学理论。

9世纪至1204年是拜占廷文学史发展的第三阶段，以弗条斯(827～891

现存意大利圣维塔利安教堂的6世纪拜占廷镶嵌——塞奥多拉及其侍女。

年)为代表的拜占廷知识界以极大的热情发动文学复兴运动。弗条斯出生在权贵之家,自幼饱读古书,青年时代即为朝廷重臣,多次出使阿拉伯帝国,48岁时以非神职人员身份被皇帝任命为君士坦丁堡大教长。他一生著作颇多,特别致力于古典文学教育活动。在他担任君士坦丁堡大学教授期间,积极从事古希腊文史作品的教学。为了便于学生学习,他编纂了古代文献常用词汇《词典》。在他写给国内外各方人士的信件里,以鲜明的态度反映出他传播古代知识的热情,以及在融合教俗知识上所作的努力。弗条斯作为普通信徒出身的基督教领袖,他的作品推动了已经衰落数百年的拜占廷文学的重新掘起。

马其顿王朝统治时期的拜占廷帝国国势强盛,安定的社会生活为文学的发展提供良好的条件。学者型皇帝君士坦丁七世在位期间,拜占廷文学的发展进入到一个黄金时期。在此期间,文史作品和作家不断涌现。涉塞留斯是当时拜占廷文学发展的代表人物。他出身于中等家庭,但是学识渊博、智慧超群,他撰写的历史、哲学、神学、诗歌和法律草案都代表当时文学写作的最高水平。当时学术界对新柏拉图哲学的再研究为在亚里士多德学说束缚下的思想界带来了新鲜的空气，揭开了怀疑亚里士多德理论的长期思想运动，这种深远的影响甚至在意大利文艺复兴运动中也有所反映。

公元1204年以后是拜占廷文学发展的最后阶段，文学在民族复兴的强烈欲望中显示出其最后的活力。那时的作家、学者无一例外通过文学创作表达重振国威的急切心情。其中，尼西亚学者布雷米狄斯的政论散文《皇帝的形象》反映出知识界普遍存在的通过理想皇帝重整河山再创辉煌的愿望。但是，拜占廷帝国已经无可挽回地衰落了，光靠文学不可能找回失落的世界，于是，拜占廷文学家们将其再现古代文化的满腔热情和对古代光荣的无限留恋转移到意大利，这种变化直接促进了那里复兴古代文化艺术思潮的兴起。

在浩瀚的拜占廷文学海洋中，诗歌和散文创作非常发达是拜占廷文学最突出的特点。那时拜占廷的散文作品可以分为神学、断代史和编年史、自传和圣徒传、书信和悼词、小说及讽刺小品，诗歌则可以分为赞美诗、叙事诗、浪漫诗及各种讽刺诗、打油诗等等。

拜占廷帝国不仅有丰富的官修或私人史书，还有大量的传记文学，它们成为断代史、编年史、教会史的重要补充。传记文学包括皇帝传记、圣徒传记和自传等多种类型。4世纪的尤西比乌斯撰写的《君士坦丁大帝传》和阿纳斯塔修斯撰写的《安东尼传》激发众多教士的写作热情，开创拜占廷传记文学的写作方式，一时间出现了许多风格各异的人物传记，其中不乏精品。到了6～7世纪，希利尔(525～559年)的《东方圣徒传》和利奥条斯所作的《亚历山大主教传》将传记写作提升到了另一高度。他们对于巴勒斯坦和埃及地区基督教教徒的记载注重人物的内心活动，从记述对象扶贫助困的事迹中着重挖掘他们仁慈善良的品格，读来生动感人，催人泪下，受到普遍的好评。安娜的《阿莱克修斯一世传》和约翰六世的《自传》是皇帝传记的代表作。

拜占廷文学中的小说兴起较晚，其成果只有一两部，据现代学者考证，仅有的这一两部作品还不是拜占廷作家的原创作品，它们是从叙利亚语翻译成希腊语的印度故事。讽刺散文和杂记是不可忽视的拜占廷文学形式，其寓严肃主题于诙谐幽默的叙述风格来自古希腊文学。拜占廷讽刺散文有三部代表作品，即10世纪的《祖国之友》、12～13世纪的《马扎利斯》和《庄主》，对时政和社会腐败表示不满是它们所要表达的主题，但是，在讨论重大社会问题时，无一例外地采用轻松的笔调，对当时的文学创作产生一定影响，以致同时代的某些医学、哲学作品也模仿他们的风格。杂记文学的代表作品是6世纪拜占廷商人哥斯马斯的《基督教国家风土记》，其中记述各东方民族的风土人情、地理物产，因此具有很高的资料价值。

从4世纪开始拜占廷诗歌创作就进入了长盛不衰的发展过程。当时，“卡帕多西亚三杰”之一的尼撒的格列高利在众多诗人中成就最为突出，他的作品富有哲理，思想性强，很受人们推崇。5世纪的代表性诗人是皇后尤多西亚，她的赞美诗以其纯朴幼稚的风格给拜占廷诗坛带来清新之风，更由于她的特殊地位，在她的影响下，写诗作赋竟成了一时的风尚。罗曼努斯是6世纪韵律诗歌的代表人物，他以重音体系结合语句的抑扬顿挫，写出上千首对话式的诗歌，读起来朗朗上口，在民间非常流行。罗曼努斯的诗歌非常“实用”，因为他的诗歌可以应答对唱，并附有副歌，因此常常用在教堂的仪式活动中。克里特主教安德鲁(660～740年)也创造出将多种韵律诗歌串连在一起的抒情诗体裁，为各个层次的诗人开辟创作的新领域。9世纪才高貌美的修女卡西亚(800～867年)是一位极具传奇色彩的人物，她曾经因拒绝皇帝塞奥弗鲁斯的求婚而闻名，后献身于与世隔绝的修道生活，专心诗歌创作，创造出一种充满虔诚情感的诗歌形式，在拜占廷诗歌发展中占有一席之地。晚期拜占廷帝国出色的诗人中应提到约翰·茂罗普斯(1000～1081年)和塞奥多利·麦多西迪斯(1270～1332年)，他们的诗歌表现出浓厚的学术韵味，与当时复兴古代文化运动的形势非常适应。

诗歌的发展直接促进了拜占廷音乐的进步。从应答对唱的诗歌形式中发展出两重唱的音乐形式，而韵律诗歌对12音阶和15音阶的形成起了促进作用，重音、和声、对位等音乐形式迅速形成。拜占廷教会流行的无伴奏合唱至今保持不变，对欧洲近代音乐的发展起了奠基作用。

拜占廷艺术

拜占廷艺术是拜占廷委的精华部分，包括镶嵌画、壁画、纺织艺术、金属加工艺术、建筑、音乐和舞蹈等几个主要分支。在被现代学者誉为“欧洲的明珠”和“中古时代的巴黎”的君士坦丁堡集中了各种艺术的杰作，可以毫不夸张地说君士坦丁堡是用拜占廷艺术装饰美化起来的。

镶嵌画是最具拜占廷特点的艺术形式，由于这种绘画采用天然彩色石料，所以其绚丽多彩的色泽可以永久保持，使我们得以在许多拜占廷遗迹中欣赏到这种给人留下深刻印象的艺术品。大多数人都以为镶嵌画是拜占廷人发明的，因为在现存的大量镶嵌画中，拜占廷的作品最丰富，工艺水平最高，但这一艺术形式真正发源地是古典时代的希腊。镶嵌画早在古希腊时代就已经出现，镶嵌画装饰的地板在许多古希腊遗址中都可以见到。罗马帝国时代，镶嵌画被广泛应用在公众聚会的广场和集市的地面上。拜占廷艺术家继承古代艺术传统，不仅继续在水平的地面上装饰镶嵌画，而且在垂直的墙壁上使用镶嵌画。镶嵌画的基本材料是被切割成大小基本相等的各种形状的天然彩色小石块，表面约 1 平方厘米，有时彩色玻璃碎块也可以代替罕见的石料。艺术家首先在平整的石膏画底上勾画出描绘对象的轮廓和画面线条，然后根据色彩的需要将五颜六色的石块和玻璃块粘贴上去，最后，使用金片填充背景空白处。镶嵌画经最后抛光完成，在灯光的照耀下，光彩夺目，即使在昏暗的烛光中也不时闪出奇光异彩。意大利拉文纳城圣维塔利教堂保存着世界上最完好的拜占廷镶嵌画，教堂中心大厅两侧墙壁装饰的大幅镶嵌画是皇帝查士丁尼一世和皇后塞奥多拉与朝臣宫女的肖像，至今在灯光的照耀下，仍是五颜六色，大放异彩。

拜占廷绘画主要以壁画和插图来表现，这种艺术形式虽然不像镶嵌画那样富于拜占廷特色，但是，由于绘画使用的材料比镶嵌画价廉，绘画技术的要求相对简单，因此，使用也更加广泛。拜占廷艺术品中保留最多的是圣像画，在世界其他地区的基督教教堂中可以发现拜占廷各个时代的壁画，大到数十平方米，小到几平方厘米不等。除了装饰教堂墙壁

晚期罗马帝国时代的镶嵌地板“酒神狂饮”（现存美国普林斯顿的 3 世纪古物）。

拜占廷镶嵌地板“动植物花草”图（现存法、美两国5～6世纪古物）。

的壁画外，还有大量画在画板上的各类版画和书中的插图。绘画的主题和素材大多涉及宗教故事，“圣像”是拜占廷绘画的重要形式，圣像画的内容主要描绘圣母和圣子的神圣，反映圣经故事和圣徒事迹。绘画的方法比较简单，通过线条和色彩表现主题，强调传神而不重视象形，注重寓意而不要求真实。拜占廷绘画对意大利艺术影响很深，特别对早期文艺复兴时代的艺术具有直接的影响，在世界美术史上占有重要地位。文献插图作为拜占廷绘画艺术的另一个组成部分，以涉及内容广泛、直现生活的历史画面等因素而始终以稳定的速度发展。插图绘画的内容和形式与文字内容相一致，而创作的目的也只是对文字形式形象补充说明。这门艺术对用具和材料的要求不高，笔、刀、尺、颜料等，就可以满足创作的需要，任何人都可以在任何地方进行创作。同壁画一样，拜占廷的插画也主要以宗教为题材，直到现在我们还可以看到大量描述基督教圣经故事和圣徒事迹有关的插画，当然也不乏反映拜占廷人生活场景的作品。

拜占廷人注重微观艺术，表现为艺术纺织和金银宝石加工技术的高水平。流散于世界各大博物馆的拜占廷工艺品包括精美的金银杯盘、镶嵌珠宝的大教

拜占廷镶嵌地板（现存法、美两国的5～6世纪古物）。

“耶稣·基督像”（现存希腊阿索斯圣山修道院1260年壁画）

长教冠、编金线织银缕的巨型挂毯、精细的象牙和紫檀木雕刻、典雅的大理石花雕柱头等,鬼斧神工,巧夺天工,至今光辉依旧,以其绚丽多彩、丰韵多姿使人们感受到拜占廷艺术的魅力,也给后人留下一笔宝贵的遗产。

君士坦丁堡以金银细工闻名,如酒杯、圣物盒,珠宝首饰等。

拜占廷建筑艺术影响极大,在欧、亚地区广泛分布着拜占廷式建筑,其中现存伊斯坦布尔的圣索菲亚教堂是拜占廷建筑的杰作。这座教堂堪称中古世界的一大奇观,也是其他民族刻意模仿的榜样。在巴尔干半岛、意大利、俄罗斯、中欧,甚至在英、法等西欧国家均保留多座拜占廷式教堂。拜占廷建筑特点一方面体现在设计布局和建筑材料的使用上,另一方面体现在对建筑物的内外装修上。拜占廷建筑的精巧特点与古典建筑的质朴宏大成鲜明的对比,构成独具特色的拜占廷建筑风格。

拜占廷的丝织纺织水平在当时世界也是独树一帜的,既使在丝织业随着拜占廷帝国衰落而逐步萎缩期间,其技术和工艺水平仍然远在其他地中海和欧洲国家之上。拜占廷丝织业的发展为其丝织艺术的发展提供了广阔的空间,形成了拜占廷艺术的重要组成部分。与其他艺术形式相比,拜占廷丝织品一般依据

众神之母库柏勒(现在意大利佛罗伦萨的4世纪末拜占廷银盘)。

现存意大利帕瓦的9~10世纪拜占廷工艺品——银质镀金墨盒。

医药神阿斯克勒庇俄斯及其女人(现存英国利浦扬的4世纪末拜占廷象牙板)。

其用途确定图案的内容,以动植物和几何图形为主,很少出现基督和圣徒的图像。拜占廷的织棉技术也比较发达,主要用丝、毛、麻混合的方法,而其中以金银丝与丝线混纺最有特色。

古希腊罗马的时代,崇尚自然和谐的人们对音乐和舞蹈格外热爱,在音乐和舞蹈的实践中创造了许多新的形式,这一切对拜占廷人的影响极大。据记载,拜占廷人在重大仪式、庆典活动、崇敬礼仪、民间节目、婚礼、宴会等场合都会以音乐来营造气氛。但拜占廷的音乐和舞蹈受基督教禁欲主义的影响,宗教音乐获得了长远发展。虽然戏剧和舞蹈遭到教会的否定,但在民间却广泛流传,几乎成为其生活不可缺少的内容。遗憾的是,有关于戏剧和舞蹈的记载非常少,所以我们无法领略多才多艺的拜占廷人的舞姿,只能天马行空,充分发挥想象力再现当时的情景了。

拜占廷的教育

想在拜占廷社会高层占有一席之地,首要条件就是要有一定的经济基础,而后还要有处理行政和军事事务的能力,而能否进入行政机构工作主要取决于个人能力的大小。君士坦丁堡对贵族家庭的孩子有一套教育系统,在这里,文化不仅是一种乐趣,也不仅是区分社会地区的标志,而是一种需要。如此一来,提高文化素养就会被拜占廷人提高到一定地位,而受教育作为获取知识不可缺

拜占廷式建筑的几种主要穹顶结构图

现存伦敦维多利亚博物馆的8世纪丝织物——赫拉克勒斯(或参孙)徒手猎狮。

少的环节,人们对它的重视程度就可想而知了。

拜占廷人的教育主要来自于古典希腊罗马和基督教的传统,强调对经典文本的准确记忆,及根据基督教思想原则对古代文明遗产的深刻理解。这种两个似乎对立的文化因素的结合是7世纪以前拜占廷教育的特点,它导致相应的拜占廷教育方法和内容的产生。7世纪以后,由于教会的发展,拜占廷教育一度被教会垄断,世俗教育大都由私人教师和父母在家庭中进行。直到毁坏圣像运动以后,世俗教育才重新获得了同步发展的机会。

拜占廷人继承古代希腊罗马文化,也继承了古希腊人重视教育的传统。拜占廷文化的高度发展与其完善的教育制度有直接联系。在拜占廷帝国,接受良好的教育成了每个人的愿望,而缺乏教养则被公认为是一种不幸和缺点。几乎每个家庭的父母都认为不对子女进行适当的教育是愚蠢的行为,甚至被视为犯罪,只要家庭条件许可,每个孩子都会被送去读书。社会舆论对没有经过教育的人进行辛辣的嘲讽,就连有些行伍出身未受到良好教育的皇帝和高级官吏也会因为缺乏教养而遭到奚落。

拜占廷帝国社会各阶层均有受教育的机会,但受教育的程度也会因为社会地位及财富的不同而存在差异。由于时代的局限,当时拜占廷的学生能接受什么样的教育首先取决于老师的能力与偏好。王公贵族的子弟几乎都有师从名家的经历,4至5世纪最著名的拜占廷学者阿森尼乌斯(354~445年)受皇帝塞奥多西一世之聘教授两位皇子,9世纪的大学者和君士坦丁堡大教长弗条斯(810~893年)曾任皇帝巴西尔一世子女的宫廷教习,11世纪拜占廷学界顶尖人物颇塞留斯(1018~1081年)是皇帝米哈伊尔七世的教师。社会中下层人家的子弟虽然不能像上层社会子弟那样在家中受教育,但也有在学校学习的机会。

在拜占廷小学教育相当普及,儿童从6~8岁开始先进入当地的初级学校学习语言。语言课首先包括希腊语音学习,以掌握古代语言的发音和拼写方法

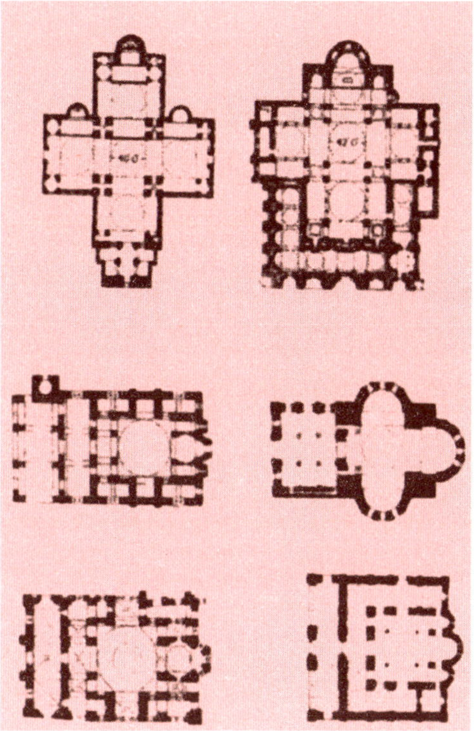

拜占廷式教堂建筑流行的式样平面图

为主。10～12 岁时，孩子们就开始了中学阶段的学习，学生们开始学习语法，语法课的目的是使学生的希腊语知识进一步规范化，使之能够使用标准的希腊语进行演讲，能准确地用希腊语读书和写作，特别是学会用古希腊语思维，以便日后正确解读古代文献。语言课包括阅读、写作、分析词法和句法，以及翻译和注释古典文学的技巧。早期拜占廷教育和学术界尚古之风极盛，普遍存在抵制民间语言、恢复古代语言的倾向，因此，语言课的教材主要是古典作家的经典作品，如《荷马史诗》等。此外，语言教材还包括基督教经典作品和圣徒传记。语言课除了读书，还包括演讲术、初级语言逻辑、修辞和韵律学，但这种语言课一般要在 14 岁左右才开始进行。修辞和逻辑课被认为是非常重要的课程，安排在语言课之后，使用的教材是亚里士多德和其他古代作家的作品，《圣经・新约》也是必不可少的教材。逻辑学教育常常与哲学教育同时进行，都属于中级教育的内容。

中级教育之后，一部分学生进入修道院寻求“神圣的灵感”，而另一部分则进入大学继续深造。在初级语言、逻辑和哲学教育的基础之上，学生们要在大学里接受高级修辞学和哲学以及算术、几何、音乐、天文的学习，其中后四项被拜占廷人称为“四艺”。高级修辞课主要通过阅读古代作品采完成，学生们要求背诵古希腊文史作品，并按照古代写作规范和文风写论文或进行演讲练习。读书是学习的主要方式，例如在哲学课程中，学生必须阅读亚里士多德和柏拉图以及新柏拉图哲学家的全部著作，还要求他们背诵希腊文本福音书。基础教育的目的是培养完善的人格，造就举止优雅、能说会写的人，而高等教育的目的是培养探索真理和传播真理的人。在大

学里，学习必须是全面的，无所不包的。这种教育应囊括知识所有分支的思想体现在教育的全过程中，基础教育更重视

“演奏苏不拉琴”(现存基辅国家图书馆的11世纪拜占廷古籍插图)。

全面的教育，我们今天使用的“百科全书”一词即来源于拜占廷人基础教育的概念。法律、物理和医药学虽然属于职业教育的内容，但是学生们在大学中可以自由学习。

在拜占廷，立志读书做官的人必须经过系统的教育。他们首先要接受基础教育，而后在贝利图斯等地的法律学校通过拉丁语言和法律课程，毕业后最优秀的学生将继续在君士坦丁堡大学学习，这些学习经历是平民百姓仕途升迁必不可少的条件。而希望在法律界发展的学生必须经过良好的基础教育和贝利图斯法律学校的专门教育，他可以不像其他学生那样从事体育锻炼，也不必取得戏剧课程的成绩。但神学课是所有学生的必修课，而专门的神学研究不在学校里而是在教会和修道院里进行，对神学问题感兴趣的学生可以在修道院里进一步深造。

拜占廷基础教育和大学教育的内容相互交叉，只是深浅程度不同而已。有些学者既是大学教授，也是普通学校教师，例如，4世纪的学者巴西尔在雅典大学教授语法、政治学和历史，同时在当地的职业学校担任算学和医学教师，他同时还担任某些贵族的家庭教师。

拜占廷的学校普遍采取古希腊人以提问讨论为主、讲授为辅的教学方法。学生一般围坐在教师周围，或席地而坐，或坐于板凳上，使用的教材放在膝盖上。教师主要是就教材的内容提出问题，请学生回答或集体讨论，阅读和背诵是基础教育的主要方式，而讨论是高等教育的主要学习方式。

学校兼具教育和学术研究的功能，教学相长，最著名的教育中心同时也是最具实力的学术中心。在拜占廷帝国各地有许多集教育和学术研究为一体的中心。据考古和文献资料提供的证明，除了君士坦丁堡外，雅典是古希腊哲学和语言文学的教育中心，埃及亚历山大是“所有科学和各类教育”的中心，贝利图

斯是拉丁语和法学教育的中心，萨洛尼卡是古代文学和基督教神学的教育中心，加沙和安条克是古代东方文学和神学的教育中心，以弗所和尼西亚是基督教神学教育中心。查士丁尼法典记载当时拜占廷帝国"三大法学中心"，它们是君士坦丁堡、罗马和贝利图斯，规定所有政府官员和法官律师必须取得有关的学历才能任职。

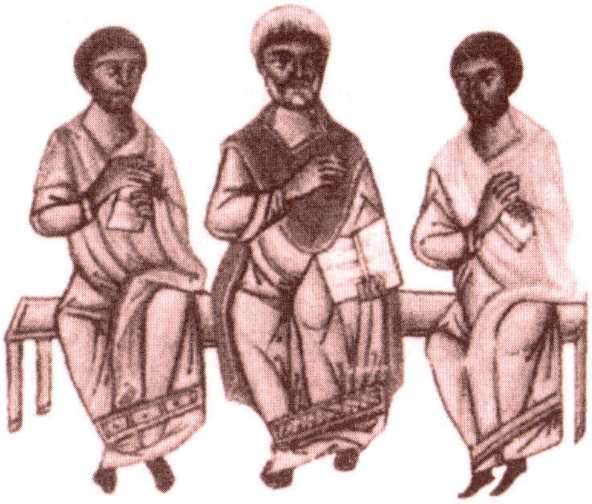

拜占廷典型的教育情景

在拜占廷，学校分为国立、私立和教会三大类，它们在拜占廷的教育事业中占据着重要地位，缺一不可。教会学校由教会和修道院主办，办学的主要目的是培养教会神职人员的后备力量。拜占廷修道院学校办学方式和西欧修道院完全不同，是专门为立志终生为僧的人开办的，因此，其教学内容非常单一，只学习语言、圣经和圣徒传记。国立大学和普通学校是拜占廷教育的主要基地，对所有人开放，其教授由国家任命并发放薪俸。国立大学的课程在7世纪以前不受任何限制，非基督教的知识也可以教授，学校的拉丁语教授多来自罗马和北非，医学和自然科学教授多来自亚历山大，哲学教授来自雅典。查士丁尼一世时期，为了加强教育控制，对全国学校进行整顿，采取了取消除君士坦丁堡、罗马和贝利图斯以外的法律学校，关闭雅典学院，停发许多国立学校教师薪俸等措施，基础教育的责任就落在了私塾和普通学校的身上。7世纪以后的许多著名学者都是在私塾中完成基础教育，然后进入修道院接受高等教育。很多学者学成之后，还自办私人学校。

拜占廷学校上课和教师指导的场面（13世纪古书插图）。

拜占廷教育事业发展几经波折，出现过高潮和低潮，其中查士丁尼罢黜百家、独尊基督教的政策对拜占廷教育的破坏最为严重。查士丁尼以后的历代皇帝大多支持教育，例如，君士坦丁九世鉴于司法水平低下，在1045年建立新的法律学校，并要求所有律师在正式开业前必须进入该校接受培训，并通过考试，否则就没资格行业。他还任命大法官约翰为该校首席法学教授，任命著名学者颇塞留斯为该校哲学教授，通过加强师资力量的投入，以提高学生的水平。科穆宁王朝创立者阿莱克修斯一世除了大力支持国立大学和普通学校外，还创造性地开办孤儿学校，帮助无人照料的孤儿接受教育。许多皇帝通过经常提出一些测试性的问题，亲自监督国立大学和学校的工作，检查教学质量，任免教授和教师，给教学效果好的教师增加薪俸。在拜占廷皇帝的亲自过问和参与下，学术活动非常活跃，学校教育发展迅速。

拜占廷政府高度重视图书馆的建设，因为这是学术研究的主要组成部分。建国初期，政府即拨专款用于收集和整理古代图书，在各大中城市建立国家图书馆，古希腊时代的许多作品即是在这一时期得到系统整理。查士丁尼时代推行的思想专制政策曾一度摧毁了很多图书馆，其中亚历山大和雅典图书馆的藏书破坏最为严重。但民间的藏书并未受到打击，仍然十分丰富，著名的贫民诗人普鲁德罗穆斯（1100～1170年）就是广泛借阅民间图书，自学掌握古代语法和修辞，并通过研究亚里士多德和柏拉图的大部分著作，成为知识渊博的诗人。由于国家政策的大力支持，教会图书馆发展尤其迅速，几乎所有教堂和修道院均设立图书馆，这些图书馆后来成为培养大学者的重要场所，直至今日它们仍是取之不尽的古代图书的宝藏。拉丁帝国统治时期是拜占廷教育和学术发展停滞的时期，文化上相对落后的西欧骑士在争夺封建领地的战争中，自觉或不自觉对拜占廷学校和图书馆造成了破坏，他们焚烧古书以取暖，其情形类似于4～5世纪时日耳曼人在罗马焚烧刻写罗马法条文的木板取暖。在民族复兴的政治运动中，拜占廷知识界掀起复兴希腊文化的热潮。分散在各地的拜占廷文人学者纷纷集中到反对拉丁人统治的政治中心尼西亚帝国，并在拉斯卡利斯王朝的支持下，开展了抢救古代图书文物的各种活动，或游访巴尔干半岛与小亚细亚地区，收集和抄写古代手抄本，或整理和注释古代名著，或建立私塾传授古典知识，组织学术讨论，以各式各样的方式拯救图书。这些活动为帕列奥列格王朝统治时期的“文化复兴”奠定了基础。著名的学者布雷米狄斯（1197～1269

年)是尼西亚帝国时期拜占廷文化的领头羊,他培养出包括皇帝塞奥多利在内的许多知识渊博的学者,在文化界受到广泛的尊敬。

可以说,帕列奥列格时代的拜占廷文化教育活动是民族复兴自救运动的一部分。当时的拜占廷国家已经衰落,国内政治动荡,外敌欺辱,正一步步走向灭亡的深渊。拜占廷知识界为挽救民族危亡,在尼西亚帝国文化教育事业的基础上,开展文化复兴运动,使拜占廷文化教育发展进入又一个辉煌时期,出现了前所未有的学者群体。他们积极参与政治宗教事务,同时研究古希腊文史哲作品,从事教育,从而成为民族重兴自救运动的一份子。他们对古典哲学和文学的广博知识令其意大利留学生极为惊讶,这些学者及其弟子中的许多人后来又成为意大利文艺复兴运动的直接推动者。直到拜占廷帝国即将灭亡之际,在君士坦丁堡和萨洛尼卡仍然活跃着许多民间读书团体和学术沙龙,它们经常组织讨论最著名的古希腊文史哲作品。在为数不多的学校里,仍然保持较高水平的教育活动,欧洲各地的学生仍继续到这里求学。

拜占廷的自然科学

正如拜占廷的文学一样,拜占廷人在自然科学方面也取得了令世人刮目相看的骄人成就,他们有先进的医疗技术、医疗设备和医疗机构,他们有几乎与现代社会同步的历法,他们有精密的天文仪器,等等。以上种种辉煌的成就,不仅对当时的整个世界产生了巨大的影响,时至今日,人们还在从中受益。

拜占廷医学

拜占廷医学是在古典希腊医学基础上发展起来的,是一门在民众中普及的科学,医学知识并不仅仅为专业医生所掌握,而是被所有拜占廷知识分子和大多数普通民众所了解。

拜占廷人认为血液、粘液、黄胆汁和黑胆汁是人类体质病理分类的基础,所有疾病均出自干、湿、热、冷四气失调,而健康则有赖于这四种体液的适当比例和四气状态的平衡。这与古希腊医生希波克拉底和盖伦的理论如出一辙。拜占廷医学著作,如皇帝朱利安的私人医生欧利巴修斯(325～395/6 年)的《诊断学》,保罗(?　～642 年后)的《妇学》、《毒物

12世纪西西里教堂镶嵌画——基督治愈跛子和盲人。

学》和《处方》,11世纪西蒙的《食谱》和《保健手册》等也都是以希波克拉底和盖伦的理论为指导。

拜占廷人注重养生和预防,广为流传的“饮食历书”将一年四季分成干、湿、热、冷四个阶段,并详细地罗列宜食和忌食的食物名单。他们认为:疾病是人体各种因素和状态失调的结果,因此治病的关键在于调理,治病的最好办法是休息、保温和发汗,养生应重于治病。在拜占廷人们非常推崇一些民间土方,例如,用胡椒调理肝脾,用青草去除口臭,一年春夏秋季三次放血,使用按摩和推拿治疗扭伤,用烧灼方法止住大出血,用艾蒿清洁空气,等等。我国古代史书中还记载拜占廷外科医生“善医眼及痢,或未病先见,或开脑出虫”。

拜占廷国家非常重视医院的组织建设,不仅在军队中设立军事医护团,而且大的慈善机构和修道院也附设医院或高级医生团。

在拜占廷,医疗保健是教会的责任,修士会经营的医院遍布全国。其中最著名的是位于君士坦丁堡的潘托克拉特修道院医院。到12世纪已拥有50个床位,分属各病房,供外科、内科和妇科使用。医院有10名男医生和1名女医生,以及男女助手和草药师,1名医学教授为新医生授课,还有厨房工作人员,主要为病人准备素食。

按当时的标准,这些医院的医术已相当先进了。因为拜占廷不仅继承了希腊罗马丰富的传统医学遗产,也继承了阿拉伯的医学专长。拜占廷的医生能开出治消化不良、心脏病和胸痛的药,他们通过尸检和解剖改进手术技艺。医生们有专业分工,有眼科医生、妇科医生和牙科医生等。

在一幅壁画中画着这样一幅图画,描绘医生圣潘托里蒙生活中的场景,他手握十字架和药箱,这两样东西象征他

"门珍医生"(现存巴黎国家图书馆的1339年拜占廷古籍插图)。

用奇方治愈病人的能力。

还有的壁画中画着一些器具,这是用来测量给病人放血量的,这是拜占廷常见的医疗程序。上面的两个机械师记录血流入下边盆中的高度。这种计量器是由阿拉伯人发明的,他们被尊为医学权威,他们的医学方法全欧洲都在研究。

在一幅画中画着两位医生用绳子吊着病人沿着梯子阶梯上下拉动,希望这种牵引和按摩能治好他的脊椎错位。

在10世纪拜占廷医学课本上的插图配有说明,解释怎样包扎头部。

拜占廷的天文历法

天文

在拜占廷最具盛名的天文学家是4世纪下半期拜占廷数学、天文学家塞奥(? ~380年),他是当时地中海世界最著名的大学者,曾注释了托勒密的《天文学大全》,并对这部古典天文学的集大成著作的后半部进行补充。他还在仔细研究托氏理论的基础上,准确计算出364年两度发生的日食和月食。

为了计算天体运动,塞奥整理注释公元前4世纪古希腊数学家欧几里得的《几何原本》等著作,使这些极富价值的作品得以保存,它后来成为伊斯兰学者转译为阿拉伯文的古典几何学珍贵文本的主要依据。塞奥能受到学术界普遍的尊崇,还在于他培养了一大批学者,其中包括他的女儿海帕提娅,她被认为是拜占廷历史上最出名的女学者。

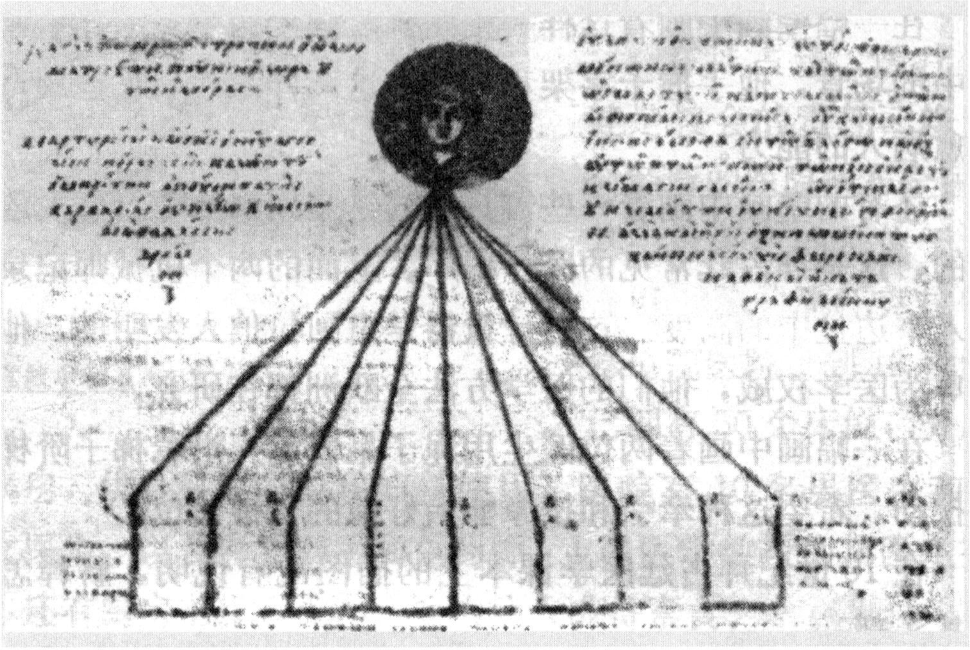

“九大行星”图（现存罗马国家图书馆的9世纪拜占廷古籍插图）。

在天文学领域，拜占廷人仍视2世纪的亚历山大天文学家托勒密的理论为最高权威，其“地心说”仍然在拜占廷学术界流行。他们十分重视古代希腊罗马的天文知识，注重学习古典天文学理论。

自4世纪以后，拜占廷人翻译注释了许多古代天文学作品，其中影响最大的是晚期罗马帝国数学家和天文学家帕珀斯（？ ~320年）的《天文学大全注释》，该书依据托勒密（130~175年）天文学理论分析天体运行，准确地预测了发生在320年10月18日的日环食。如同在古希腊也出现过“日心说”一样，拜占廷学者也对托氏理论提出挑战，但托勒密的理论并未被推翻。对于日环食现象，拜占廷天文学家进行了正确的说明，他们还基本正确地解释了闪电雷鸣与暴风雨的关系，但是，对异常天象和自然灾害还没能有科学的解释，而常常将这些现象解释为来自上天的警告和对人类罪孽的惩罚。

拜占廷天文学的发展是从对包括托勒密在内的古代天文学家著作进行翻译注释开始的。令人费解的是，拜占廷人在翻译古代天文学作品时特别关注方法而不重视理论，特别注意研究星图和观测工具，而缺乏对天象生成道理的探讨。托勒密的地心说宇宙体系论和以所谓均轮及本轮圆周运动解释天体运动的理论，对拜占廷人来说既显得深奥难懂，难以理解，又没有实用价值，因此并未引起拜占廷的重视，反而遭到他们的轻视。而托勒密所绘制的星图却受到拜占廷人格外的青睐，拜占廷天文学家塞奥在翻译托氏著作时专门为该星图撰写大、小《注释》两部书。许多拜占廷天文学家也非常喜欢绘制星图，以至于今天拜占廷学家们仍然为拜占廷时代保留的大量星图感到惊异。除了星图外，太阳运行图、星辰目录等也非常受欢迎，它们的作者既有古代希腊罗马时代的人物，也有古代波斯或两河流域的居民。

拜占廷形形色色的天体运行图和星图之所以非常受欢迎，是因为它们是计算复活节等宗教节日的准确日期以及确定日常生活的计时标准，从而完善拜占廷历法体系。拜占廷人根据太阳运行图和月亮周期表，制定了太阴历和太阳历结合的532年大历法周期，他们还根据日晷记录分割白昼，根据星表记录分割夜晚，将每昼夜划分为12个时辰，太阳升起时为第一时辰，依此类推。为了计算更小的时间单位，拜占廷人使用日晷和滴漏设置，将每个时辰划分为5份，又将每份划分为4秒，再分每秒为12瞬间。通常，他们按罗马人的传统，将每昼夜1/3的时间作为夜晚，其他2/3作为白天。

由于拜占廷人重视观测，所以拜占廷帝国时代天文观测工具发展迅速，诸如子午环、回归线仪、浑天仪、地座仪、星位仪等古代天文书籍中记载的工具全都被智慧的拜占廷人复制。其中的星盘是用来测量天体高度的仪器，公元前3世纪即被古希腊人发明，拜占廷人进一步完善了这种工具，现存的拜占廷星盘是由带有精细刻度的圆盘和可以旋转的观测管两部分组成，观测管与圆盘中心相联，类似于近代出现的六分仪。这些天文观测工具帮助拜占廷人绘制出许多星

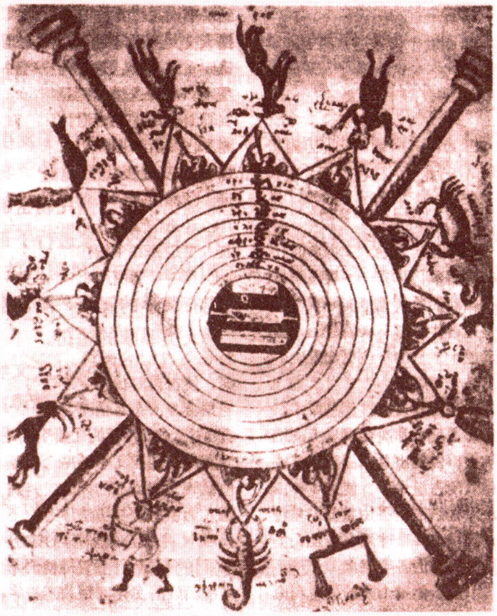

“黄道十二宫”图（现存巴黎国家图书馆的15世纪初拜占廷古籍插图）。

图，并比较准确地计算出数百年间的多种基督教节日。

在拜占廷占星术受到格外的重视，早在古希腊罗马时代，人们就通过观测星体之间的位置预测未来或解释过去。拜占廷人继承了这一传统，并进一步完善了星占学体系。他们通过大量实际观测，补充古代遗留下来的星图，使黄道十二宫的星位更加准确，更易于理解。

拜占廷人在古代星命术、择时占星术和决疑占星术的基础上，发展出总体占星术，也称政治占星术，使这 4 种占星术在细节上更加完善，并将它们统一成一个体系，涉及人类社会生活的方方面面。

当人们对个人的前途和命运感到不解时，可以通过其出生年月日时和某行星所在黄道十二宫的位置作出预测，即所谓星命术；当人们在进行诸如作战、手术等重要行动之前感到疑惑而犹豫不决时，可以根据天文观测确定最佳时间，即确定黄道吉日，这称为择时占星术；决疑占星术则指根据求签算卦者的提问，对比天文观测和占星天宫图作出解答；而那些涉及社稷民生和国家大计，预测人类未来的占星术在拜占廷帝国受到特别的重视，其占星过程和手段则更为复杂。

拜占廷历法也根据占星术的结论确定了许多忌日和吉日。而基督教教会天文学家也从圣经中为占星术找到了理论根据，使古典时代产生的这一古老预言方法在笃信基督教的拜占廷社会获得广泛的社会基础。

拜占廷天文学还融合了其他民族天文历法的因素。拜占廷人为了完善其历法体系，不仅吸收古典希腊罗马的“异教”知识，而且也不再坚持他们与其他民族的文化区别，忽视宗教争议，大胆利用萨珊波斯和阿拉伯伊斯兰天文历法。

历法

拜占廷帝国是中世纪欧洲文明程度最高的国家，其历法是在古代希腊罗马天文历法基础上，结合基督教神学思想，形成具有重要特点的独立历法体系。

拜占廷人将每年分为 4 季，将每季分为 3 个月，一般将每月分为 4 周，将每周分为 7 日，将每天分为 12 时辰。每周以周日为头一天，称周一为“第二日”，以此类推。

由于拜占廷历法是在古代希腊罗马历法基础上发展而来的，所以从基督教角度看，这样的历法被认定为异教历法。

拜占廷人十分重视历史记述，由此留下了大量珍贵的历史资料。但是，这些历史资料的绝对年代却难以判断，因为早期拜占廷作家并不采用全通用的纪

在新旧罗马象征围绕下的执政官玛努斯身穿华服。

年法，在不同时代不同地区的拜占廷史料中纪年方法也不同，以上现象的出现是因为整个帝国内部缺乏为大家共同认可和使用的统一的纪年法。如 4 世纪的埃及土地契约中使用“第二个税收年的第某年”表明年代，查士丁尼的《法学总论》序言落款年代则记为“查士丁尼皇帝第三执政官期间”，等等。这种情况在拜占廷持续了相当长的时间，直到 9 ~10 世纪才出现类似于我国古代史书中通用的干支纪年和皇帝年号纪年法。

拜占廷帝国早期的历法主要是以罗马历法为依据，罗马历法形成于罗马共和国时期，据考证，它与罗马城初创者罗穆洛斯（公元前 8 世纪）结合古希腊人的历法制定而成的罗马古历法并不相同，它是以月亮运动为天文依据的太阳历，每年比实际回归年少 10 余天，这样一来至公元前 1 世纪时，罗马古历法已经变得十分混乱，无法规范罗马人的社会生活。形势所迫，恺撒（前 102 ~ 前 44 年）遂邀请亚历山大城天文学家索西耶内斯主持历法修订，以太阳运动为依据制定太阳历，并取消罗马古历。新历法以凯撒姓氏命名为儒略历，分一年 365 天为 12 个月，并采取闰年增时措施，以克服计时的微小误差。

早期拜占廷人以儒略历为计时依据，实行“税收年纪年法”。所谓“税收年”是指国家向民众征收捐税的时间，最初是由罗马帝国皇帝戴克里先（284 ~ 305 年在位）确定的，他为了保持国家税收数量的相对稳定，立法规定每 5 年调整一次税收量，以收获季节的 9 月为岁首。后来,拜占廷帝国第一位皇帝君士坦丁大帝又将5年一度的调整期改为15年。

在拜占廷帝国早期,无论在正式的官方文件还是人们的日常生活中,“税收年”都被用来纪年。由于每个税收年周期为15年,因此在计算某个税收年的具体年份相当于绝对年代时,应采用“税收年周×154+税收年4+312”的公式,反之在计算某一绝对年份相对应的税收年时,应使用“(绝对年份—312+3)÷15”的公式,能够除尽的为税收年周的首年,不能除尽的,其余数即为具体税收年份。

与税收年纪年法同时被使用的还有“执政官”、“皇帝年号”、“名祖”等多种纪年方法。前两种方法大多为真实的历史人物担任皇帝或执政官的年份,而后者大多为拜占廷帝国古代作家为记述方便,虚构出来的先祖或神的名字,用以标志年份。按照早期罗马共和国时代的传统,每年罗马人应选举执政官,任期一年。到晚期罗马帝国和拜占廷帝国时期,执政官已经失去原有的管理职能,已无实权,但仍保留其荣誉头衔意义,并由民众选举变为皇帝任命。由于其每年变更的特点使它具有标志年代的功能,许多拜占廷帝国早期历史作家便以某位执政官注明其描写事件的年份。

皇帝的年号在拜占廷历法纪年体系中的作用和执政官纪年大体相似。在采用这类纪年法计算绝对年代时,应注意参照有关的史料确定文献中提到的执政官被任命或皇帝在位的准确年份。皇帝年号纪年法比执政官纪年法更可靠,因为在注重政治事件记载的拜占廷帝国史料中,可资借鉴的旁证更多,用起来就更为可靠。历史的沿续也说明了这一点,执政官纪年法仅使用到7世纪初,而戴克里先纪年法持续使用到13世纪。

这一时期,拜占廷帝国某些地区、特别是在重要的文化中心和地方政治中心还存在一些地方性纪年法,除了埃及地区流行的税收年纪年法外,在西亚的叙利亚地区还流行“安条克纪年法”。安条克纪年法于公元前49年10月1日算起,可能是为纪念恺撒视察该城市而设立,于公元前47年正式被采用。直到公元5世纪中期,安条克纪年的岁首才改为9月1日,为的是与中央政府颁布的历法保持一致,该纪年法至7世纪中期阿拉伯军队占领叙利亚以后逐渐停止使用。除了上述主要地方性历法外,还存在以大区长官或朝廷重臣命名的纪年,它们大多通行于某官员任职或出生地区，没有普遍性，但是，我们在涉及这类史料提及的年代时，还应给予充分的重视。

拜占廷纪年法

早期拜占廷历法由于受古希腊罗马天文历法的巨大影响，带有明显的世俗色彩，被基督教称为“异教历法”。然而，随着基督教思想在拜占廷帝国的传播，拜占廷历法逐渐表现出愈来愈明显的宗教性，笃信基督的拜占廷人极力准确地掌握“上帝的时间表”。

拜占廷帝国时期，基督教神学思想与古典天文历法相结合，形成了以基督教思想为核心、以古典历法为手段的新型历法。基督教在拜占廷帝国时代，其正统神学和教义逐步形成，在拜占廷皇帝的直接参与主持下，完善了其思想体系，成为在拜占廷社会占统治地位的意识形态。人们开始用基督教神学理论解释天文历法问题，反过来又用古典天文历法知识为基督教服务，尤其注意利用历法计算宗教节日。

“复活节纪年法”源自教会天文学家编制每年一度的复活节表。复活节确定在3月2日至4月25之间，按照拜占廷教会传统，每年春分节当天或节后一周遇有满月，则其后的第一个礼拜日为纪念耶稣基督死后复活的节日，如果满月恰好出现在周日，则复活节顺延一周。

为了推算出复活节的准确日期，拜占廷人做了很大努力，他们恢复古代天文学，加强天象观测，绘制星图。他们注意整理翻译注释古希腊罗马天文学著作，制作用于观测天体的星盘，并计算赤道和黄道的夹角，确定月亮运行的轨道等等。显然拜占廷人在发展拜占廷星占学的同时，为基督教历法发展提供了天文学依据。

笃信基督的拜占廷人以基督教基本教义解释计时含义，他们认为所谓“时间”是指发生某些事件的时段，他们的计时体系是以昼夜和四季等自然变化的现象为主要依据，同时以对天体运动的观测为参考。拜占廷人在如何解释计时单位时，特别强调基督教思想。他们虽然按照自然和天文变化确定了天、月、季节和年等时间单位，但是他们却以上帝创世和基督降生来解释其纪年方法的由来。他们还特别注意以圣经中关于上帝创世的故事为依据，完善了每7日为安息日的礼拜计时方法，并沿用至今。在9世纪以前拜占廷帝国流行的所有纪年方法中，以基督教历法发展最快，逐渐取代了古典历法的正统地位。这一时期，出现了“亚历山大纪年法”，“创世纪年法”、“基督降生纪年法”等等，最终形成了“拜占廷纪年法”。

拜占廷帝国多种纪年法混用的情况使9世纪以前的历史作家在使用古代文献时遇到极大的困难，他们常常为准确判断某个历史事件的年代而翻阅大量资料，即便如此，错误仍然会出现，就连当时最博学的作家塞奥发尼（Theophanis，752～818年）在使用7～8世纪的文献时也因纪年法混杂而出现了确定年代的错误。因此制定统一的历法纪年体系是中期拜占廷帝国知识界的迫在眉捷的事情，所以“拜占廷纪年法”应运而生，并成为此后占主导地位的历法。

“拜占廷纪年法”是严格按照《旧约·创世纪》的内容计算出来的，确定上帝于公元前5508年3月21日创造世界，因此这一天为拜占廷纪年的开端。

“拜占廷纪年法”还以复活节周期为主要依据，以校正可能出现的误差。拜占廷天文学家根据观测，确定以月亮运行为依据的太阳年周期为19年235个月，其中设置7个闰月，分布在第三、六、八、十一、十四、十七和十九年；又确定以太阳运行为依据的太阳年周期为28年，而后将太阴、太阳两周期相乘，得出532年的复活节大周期。事实上，设置这一大周期的目的在于通过改变其岁首月龄的办法以达到调整拜占廷历法在数百年间使用中出现的误差。“拜占廷纪年法”从9世纪以后成为拜占廷帝国通用的历法，直到15世纪中期拜占廷帝国灭亡以后，还被东正教教会采用。

拜占廷人为了更准确地计时，还注意吸收其他历法的优点，调整拜占廷历法的不足。他们一改以往的传统，在历法问题上并不在乎借鉴对象属于何种宗教，也不太关心使用对象来自哪个民族，只要它有可取之处就会改头换面加以利用，以丰富和完善计时体系。

拜占廷历法在中古地中海和欧洲文化发展进程中曾长期发挥重要作用，它对周边各民族，特别是对东欧斯拉夫各民族和东正教世界产生了不可忽视的影响。

世界近代史

文艺复兴

为什么欧洲能够在近代以来的世界竞争中占居优势地位，很多学者把它归功于欧洲曾经经历过一场历史上最伟大的“文艺复兴”革命。这场“文艺复兴”风潮席卷欧洲大陆后，为世人留下伟大的文学、绘画、雕塑艺术作品，及悠扬丰盛的乐章，滋润人们的性灵。最终使欧洲走到了世界的前面。

概况

这场14—17世纪上半期文化运动的得名，是因为16世纪50年代的人文主义者认为这次运动是继希腊、罗马之后欧洲文化史上的第二个高峰，史学家们认为它是古代文化的复兴，所以称它为“文艺复兴”。

关于文艺复兴的起源，史学界基本倾向于“文艺复兴多重起源说”，也就是说，文艺复兴是在政治、经济和文化等多方面因素交互作用下产生的。

从经济因素考虑，14—16世纪，西欧各国封建社会内部先后产生了资本主义关系，新的资本主义要求为自己的发展扫清道路，正在形成的资产阶级为了取得政治上的合法地位，首先向教会神学统治和封建意识形态发起了冲击，文艺复兴是在资本主义关系和人文主义倡导下产生的。文艺复兴最早滥觞于意大利的佛罗伦萨，佛罗伦萨工场手工业发达，商业贸易规模大，为了发展资本主义经济，新文化的发展必然要冲破教会的桎梏和摆脱经院哲学的世界观，于是新兴资产阶级就从文化的各个方面向封建制度和教会展开了斗争。

从政治因素考虑，意大利之所以成

意大利圣罗伦佐教堂

为文艺复兴的摇篮，和某些城市政权的支持是分不开的。意大利美第奇家族当政时期是佛罗伦萨的黄金时代，其中罗伦佐·美第奇不但是“文学家的保护人”，他本身也是一位杰出的学者，对建筑、音乐、诗歌都十分爱好，他统治期间，佛罗伦萨的文化达到最高峰。有些统治者出于统治的需要，重用人文主义者，到15世纪中叶，人文主义者已大量充斥于各地的政府机构中，对推动文艺复兴运动无疑起了积极作用。

从文化因素考虑，若干世纪以来，这里一直是古罗马文化的中心；由于地理位置和历史条件，使意大利在对古希腊文化吸收方面在西欧各国独占鳌头，从古代继承下来的文明还继续居于领导地位；它们有丰富的古典藏书和完备的图书馆系统，独步全欧的经济发展产生了一系列文化效应——文化的世俗化和非闭锁型倾向、注重文化教育投资的城市观念、物质归向于文化型的市民消费特征等，都成为意大利文艺复兴起源的原因。

文艺复兴时期主要的社会思潮为人文主义。

所谓人文主义，从原意讲，是从拉丁文“Humanue”深化而来的，又译成“人道主义”。文艺复兴时代的人文主义起源于14世纪意大利人文主义者彼特拉克。人文主义的思想核心是“人乃万物之本”，主张以人作为衡量一切事物的尺度。人文主义者重视人的价值，提倡个性与人权，主张个性自由，反对大主教的神权；主张享乐主义，反对禁欲主义；提倡科学和文化，反对迷信。中世纪基督教神学否定人性，否定现实，认为人生来就有罪。人文主义者认为主宰世界的不是上帝，而是人。天堂不在来世，而在现世。现在，人文主义已泛化成——种强调人的作用、地位的世界观或意识形态。

人文主义自14世纪在欧洲文艺复兴时期兴起以后，一直是西方思想史发展的一条主线，比如马克斯·韦伯，就是19世纪末20世纪初德国人文主义社会学的代表人物之一。韦伯承认西方资本主义一直依赖于技术因素，同时，韦伯也认为某种社会精神气质（ethos）对于资本主义精神的发展，尤其是对于它的起源是至关重要的。而这种社会精神气质，无疑是文艺复兴的产物。

吹响文艺复兴号角的是伟大的诗人但丁，他的作品《神曲》闪耀着人文主义思想的曙光，把矛头指向了封建教会，对教会的黑暗、腐败进行了无情的揭露和批判。他斥责教皇、主教和僧侣“用基督的名义做买卖”，“使世界陷入悲惨的境地”，他咒骂罗马教廷是“垃圾堆”。在地狱里，他专门给当时活着的教皇卜尼法斯八世留下了一个空位，预言这个恶人注定是要下地狱的。《神曲》也表达了但丁对人类智慧和理想的追求。《神曲》中的地狱是现实世界的实际情况，天堂是人类的理想和希望，炼狱则是人类从现实到理想须经过的苦难历程。但丁希望人们认识罪恶，悔过自新，去认识最高真理，达到最理想的境界，这在当时是非常难得的思想，显示了新的文化思潮的萌芽。

按时间顺序和发展过程，人们习惯将文艺复兴分为四个阶段：

14世纪初是一个“原始文艺复兴”阶段，又称开端期。这一时期，在思想领域方面受到圣方济各会激进主义的影响，冲破了当时封建、保守、压抑的神权思想的制约，歌颂自然的美和人的价值。这一时期突出的代表人物是佛罗伦萨的彼特拉克、薄伽丘和画家乔托。其中彼特拉克、薄伽丘以及但丁被誉为文艺复兴的“前三杰”，乔托则被称颂为“欧洲绘画之父”。

14世纪末至15世纪上半期为文艺复兴的早期阶段。这个时期，人文主义和文学、艺术有了进一步的发展，为后来文艺复兴的鼎盛发展打下了基础。此间，意大利产生了许多第一流的画家、雕刻家和建筑家。如著名画家马萨乔、雕刻家多纳太罗和建筑家布鲁内莱斯基等。

15世纪末至16世纪上半期为文艺复兴的盛期，又称成熟期、高峰期。这一时期历经三十七年，主要代表人物是文艺复兴的“后三杰”——达·芬奇、米开朗琪罗和拉斐尔。他们的艺术达到了前所未有的高度。蒙娜丽莎已经微笑了五

佛罗伦萨统治者在欣赏米郎基罗的雕刻作品

百多年,但是在21世纪的今天,还是有人专程到巴黎卢浮宫去一睹佳人的笑容。米开朗基罗《创世纪》的触指画面是经典之作,现在连广告商都要借来打广告。拉斐尔的《雅典学派》将古代哲人画得栩栩如生,至今还为人津津乐道。这些艺术大师也具有非常的人格魅力,一直到现在还为人们所称道。据说达·芬奇是个“怪人”,有人看到他在刑场给吊死的囚犯作素描,或深夜在烛光摇曳中解剖尸体。更有人看见他跟踪一个长得极其丑陋的人,他说,奇丑的人跟极美的人一样不平凡。他不仅是个画家,也是数学家、发明家及人体学家。坊间都传说他是个反基督分子,说他不信神,还要把他烧死。拉斐尔并不相信这一说法。而另一位艺术大师米开朗基罗曾对别人夸耀:“拉斐尔对艺术的所有知识,都是从我这里学来的。”米开朗基罗跟达·芬奇一样,是个多元艺术家,文艺复兴时期的艺术家大都有这样的特质。他对人体的研究非常细腻,还获得修道院特准,到医院解剖尸体及作画。拉斐尔也曾不屑地说:“米开朗基罗就像个行刑者,孤独而忧郁。”

16世纪下半期至17世纪上半期为文艺复兴晚期。1527年,罗马遭受洗劫成了文艺复兴宣告结束的标志。文艺复兴晚期的杰出代表有威尼斯画派的四大名家:乔尔乔内、提香、委罗奈斯和丁托

伽利略像

列托；三位著名的科学家和思想家：布鲁诺、伽利略和康帕内拉。

文艺复兴时期美术界的发展阶段大致上与上述四个时期雷同。但因艺术创作的时期、地点和条件的变化，在绘画方面形成了不同的艺术流派，当时艺术家们称其为三大画派：第一、二两个时期为佛罗伦萨画派；第三个时期为罗马画派；第四个时期为威尼斯画派。但是跟中古时代不同，文艺复兴的画家更关注人类存在的意义。所谓的人文主义是文艺复兴的精神核心，绘画内容不再纯粹为宗教服务，而是描摹更接近现实的事物。

文艺复兴时期的文学、艺术从内容到形式都有变化，具有以下几个特点：

具有斗争性。当时的小说家、诗人、画家、建筑家、音乐家都以人文主义为思想武器，矛头指向封建主义的精神支柱——教会和宗教神学，向统治中世纪的神权政治进行了英勇的挑战。其次，树立了注重现实和实际的务实精神。文艺复兴肯定现实世界和现实生活，肯定人的伟大，相信人类的发展。他们以人为本，突出人的作用，认为人有改变现实世界的能力，认为血肉之躯并不是什么污浊罪恶的东西，人应享受人间的幸福与爱情。意大利伟大的人文主义作家薄伽丘在他的代表作短篇小说集《十日谈》一书中，提倡男女平等，提倡把人的聪明、才智和思想感情从神的禁锢和封建枷锁中解放出来，强烈地反对禁欲主义，热情地歌颂现实生活。他的这部巨著反映了当时的社会现实，描写了人的世俗生活。深刻地刻画了活灵活现的“人”，不再着笔于那些梦幻般的虚无飘渺的“神”。著名的英国哲学家培根提出了“知识就是力量”的不朽名言。当时意大利有着浓厚的学习风气，佛罗伦萨新成立了美术学校、雕刻园、画院以及

教会审判伽利略时的情景

研究古典文化的中心等。随着新文化迅速向西欧各国传播，欧洲人把意大利视为“欧洲的学校”，纷纷派遣留学生前往学习，从中汲取新文化的养分。

具有科学性，在这一时期，波兰天文学家哥白尼提出了“太阳中心说”，用科学真理给几千年来上帝创造世界的神学以毁灭性打击。航海家哥伦布和麦哲伦等在地理上的伟大发现，为地圆说提供了无可辩驳的证据。意大利科学家、思想家布鲁诺（1548—1600年），在天主教反动时期坚持科学真理，写了《论原因、本原和统一》、《论无限性、宇宙和世界》等专著，抨击宗教黑暗统治，最后为此牺牲于火刑柱上。像这样的成果文艺复兴中可以说是举不胜举，为人类的进步做出了重要的贡献。

文艺复兴是欧洲从中世纪封建社会向近代资本主义社会转变时期的反封建、反教会神权的一场伟大的思想解放运动，代表欧洲近代资本主义文明的最初发展阶段，是“人类从来没有经历过的最伟大的、进步的变革”，其光彩夺目的成果影响深远。文艺复兴意义不仅在于天才辈出，灿若群星，出现大量美不胜收的各类著作，更因为它是一次思想大解放，从根本上改变了人的价值观念，改变了人们对生活的态度，它促使欧洲人从以神为中心过渡到以人为中心，唤醒了人们积极进取的精神、创造精神以及科学实验的精神，从而在精神方面为资本主义胜利开辟了道路。

14 世纪:初始期意大利文艺复兴

自 14 世纪开始,佛罗伦萨的新文化出现了蓬勃发展的景象,当时人们认为这是封建社会中前所未见的,似乎是光辉灿烂的古典文化的“再生”和复兴,因此也就把这种文化发展总称为“文艺复兴”。这种观点,早在当时人对但丁和乔托的文艺活动的评价中已有表露,后来由于人文主义极力提倡学习古典文化,就更为深入人心,这也就是日后史学上通称这时代为文艺复兴的由来。当时人这种看法既表现了对自己新时代的赞赏,也表现了对古典文化的肯定和对中世纪封建文化的批判。他们认识到希腊罗马古典文化中的进步成分,例如哲学中的人本主义思想、文艺中的现实主义传统、以及科学技术的研究等等,和封建社会黑暗时代的教会文化确实判然有别、对比鲜明、前者是值得仿效的典范,后者则是应予抛弃的糟粕;另一方面,当时人尊古典为良师益友,恢复和学习古典文化的努力,绝不是单纯的复古,而是意味着反对封建旧文化和创造新文化,即创造符合新兴资产阶级和人民大众要求的新文化。因此,这个名为学习古典的复兴运动,实际上却是一个春意盎然的新文化运动。

在学习古典和创造新文化的过程中,人文主义思想起着重大作用。人文主义来源于人文学,它最初是一种市民阶级要求掌握文化的世俗教育活动。在中世纪时,教会垄断文化教育,神学占据统治地位,大学课程不仅少得可怜,而且主要为神学服务。市民阶级兴起后,城市的大学和一般学校开始重视那些和神学关系较少而能为市民经济政治服务的学科,其中主要是修辞学,通过它市民们不仅可以掌握商业通信、契约文件以及政治辩论等实际生活所需的手段,还可以接触古典文化的著作。因为修辞学的教材完全取自希腊罗马古籍。这样,以修辞学为渠道,在 14 世纪的先进城市中逐渐形成了人文学这一新学科和新思想。最初的这些从修辞学走向人文学的人都是市民活动家——商人、律师、俗人教师、学者等等。到 14 世纪后半期,人文学趋于成熟,逐渐成为文艺复兴新文化的主流,它本身也从教育活动进而发展为内容丰富的思想体系,代表着新一代人们的世界观。在 14 世纪的著名文

意大利佛罗伦萨城是文艺复兴的摇篮

化人物中，但丁和乔托可以说是属于前半期的阶段，而彼德拉克和薄伽丘则可以说属于后半期，亦即人文主义趋于成熟期的阶段。

但丁(1265—1321年)是佛罗伦萨的政治活动家和诗人，他在1302年后因派系斗争失败遭到终身流放，遂以诗歌创作为自己的主要事业，《神曲》则是其不朽名作。恩格斯称赞但丁说："封建的中世纪的终结和现代资本主义纪元的开端，是以一位大人物为标志的，这位人物就是意大利人但丁，他是中世纪的最后一位诗人，同时又是新时代的最初一位诗人。"这是对但丁的历史地位的确切评价。但丁的《神曲》也可说是中世纪最后、新时代最初的一部伟大诗篇，故事情节本身是宗教性的：诗人漫游了地狱、净界和天堂，见到了各类灵魂、诸天圣众直至上帝，其中自不乏中世纪神学观念，但是代表着文艺复兴新思想的萌芽却是诗篇中的精华。他借神游三界的情节广泛反映社会现实生活，爱憎分明、观察入微，抨击教会的贪婪腐化和封建统治的黑暗愚昧；同时，他要求人们关心现实生活，强调人的"自由意志"，歌颂有远大抱负和坚定顽强的英雄豪杰，公开提倡以古典为师，并且努力使文化普及于市民群众，坚持文学创作应该使用口语和群众语言，使《神曲》成为奠定意大利民族语言的重要基石。这些都鲜明地表现了他的人文主义思想倾向。和但丁同时代的乔托(约1266—1337年)则是在美术方面具有同样开创之功的伟大人物。乔托也是佛罗伦萨人,并且和但丁友谊甚笃。乔托的壁画像但丁的诗一样,虽然题材仍是宗教性的,却开始努力表现真实生动的人物形象和充满矛盾的现实世界,传达出当时初露曙光的人文主义思想,并且在表现技法上取得巨大革新,被日后的文艺复兴艺术大师奉为新美术的鼻祖。可以说,以但丁和乔托为开始,文艺复兴的伟大时代揭幕了。

彼德拉克(1304—1374年)在人文学的研究和宣传上更见成效,被称为"人文主义之父"。他的抒情诗坦率表露了作者的内心生活,无论是爱情的热烈和生活的渴望,写来都逼真而细腻,在当代和后世都极受欢迎。但彼德拉克对当代和后世最有影响的作品,却不仅仅是这些抒情诗,最重要的还有他用典雅的拉丁文写的文章、书简等等,其中更为鲜明地表现了他的人文主义思想:对古典文化的崇敬与学习、对中世纪旧文化和经院哲学的厌恶与嫌弃、对人性的肯定和个性自由的追求等等。在他的带动下,意大利文化界学习古典成风,掀起了搜求古籍和仿效古典文风的热潮,而且,这种仿效并不停留在形式上或文体上,而是着重吸取古典文化的精神实质,是利用古典文化来反对和批判中世纪的宗教神学与禁欲主义。正因为这样,彼德拉克在古典文化中愈来愈多地找到了合乎新时代的人文主义要求的东西,而古典学同时也就是人文学,两者合而为一。与此相伴的是,他开始从时代的角度批判中世纪旧制度,他看到的中世纪是一个愚昧、黑暗、野蛮和退化的中世纪。用"黑暗时代"来称呼中世纪,彼德拉克可说是其第一个源头。彼德拉克的好友薄伽丘(1313—1375年)则是第一个近代

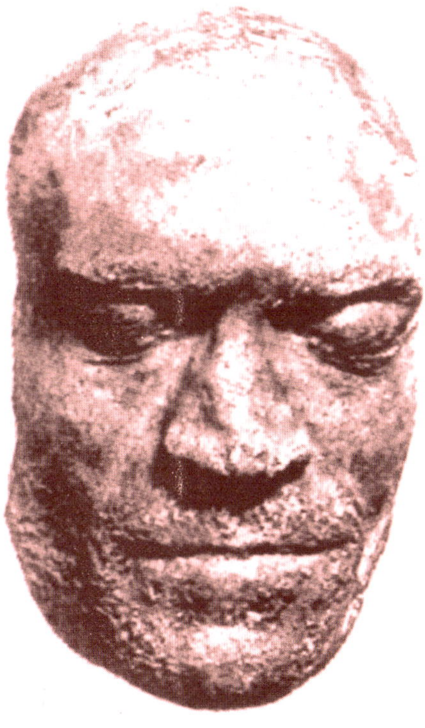

罗洛佐·美第奇

小说家和热情的人文主义战士。他的名作《十日谈》包括100篇短篇小说或故事，以诙谐生动的语言讽刺教会和贵族，赞扬市民群众，被誉为欧洲现实主义小说的滥觞。但他同时也是和彼德拉克并肩齐力推进人文主义学术运动的主将，他不仅仅写了许多仿效古典的诗文，还学彼德拉克的榜样到处搜求古籍抄本，取得显著成效，其中最有代表性的一次就是他到蒙特卡西略修道院的寻访，他终于在门倒墙斜的古老藏书室中找到了许多久已遗佚的重要古籍，把它们从毁灭的边缘上抢救过来。他不仅精通拉丁文，还在彼德拉克的鼓励下，求师教他学会了希腊文，成为从十世纪以来第一个懂希腊文的西欧学者。他还担任了佛罗伦萨大学的但丁讲座，注释了《神曲》，写了但丁的传记，并把但丁的文学活动称为“复兴”。所有这些，都足以说明为什么他自己认为平生主要贡献不在他的《十日谈》，而在于人文主义的学术研究。

经彼德拉克和薄伽丘的提倡，人文主义和文艺复兴文化在佛罗伦萨蓬勃发展起来，尤其重要的是，人文主义学者开始进入政治界，为共和国政治服务，在这方面开辟道路的是萨琉塔蒂（1330—1406年）。他从1375年起终身担任佛罗伦萨政府的文书长，他用拉丁文写的檄文、信函和外交文件为佛罗伦萨政府解决了不少问题，佛罗伦萨的敌人——米兰统治者甚至赞叹说，萨琉塔蒂的一纸文书所起的影响，可和1000兵马的武力相当。人文主义和佛罗伦萨的市民政治的结合，为人文主义的进一步高涨准备了良好条件，因此到十五世纪，就迎来了人文主义和文艺复兴的新高潮。

15世纪：早期意大利文艺复兴

15世纪初年，佛罗伦萨不断面临外敌的威胁，市民阶级为了对外反抗强邻，对内巩固专政，更重视利用人文主义作为动员群众和激励人心的手段。他们把维护共和国的要求说成是保卫独立、自由和新文化繁荣的斗争。每当外敌大军压境之时，人文主义的口号就能发挥巨大作用。而人文主义的高潮也在保卫自由独立的斗争中掀了起来。15世纪初期的两位佛罗伦萨人文主义的代表：列奥纳多·布鲁尼（1369—1444年）和波绰·布拉丘里尼（1380—1459年）都像他们的老师萨琉塔蒂那样长期担任佛罗伦萨文书长，他们都写有《佛罗伦萨人民史》之类的著作，极力赞扬佛罗伦萨的共和政治和新文化的繁荣。他们还以空前未有的热情学习和恢复古典文化。布鲁尼除了精通拉丁文外，更千方百计力求精通希腊文。然而，这方面的困难很大。薄伽丘虽然走了第一步，但由于师资和教材的缺乏，他没能传下衣钵。在14世纪末，萨琉塔蒂才在几位热心新文化的佛罗伦萨商人资助下，从拜占廷请来一位造诣很深的希腊学者赫雷索洛那，开了四年的希腊文讲座，布鲁尼就是其中最热心的学生之一。他描述这次学习说："当时我正在专攻法律，要不要放弃它而去学希腊文呢？在我心里引起了剧烈的斗争……我想，意大利已有七百年没人精通这种文字了，但我们却异口同声地肯定一切学问都是从它而来。难道可以放弃这样一个神圣的机会么？我终于决定全力投入赫雷索洛那的讲座，我学习得那样用心，以至白天所学所读，晚间睡梦中也一直萦回于脑际。"布鲁尼勤学的结果，确实为他，也为整个新时代打开了知识的宝库，他后来翻译和编纂了不少希腊古典名著，特别是他们那种废寝忘食以古典为师的热烈态度，转变了一代学风，使15世纪真正变成了"人文主义的世纪"。

和热烈学习古典并驾齐驱的，是搜求古本古籍的努力。在这方面，波绰·布拉丘里尼是个著名的代表。他曾遍访意大利、瑞士和德国的古老修道院，希望能从中搜寻和抢救出一些佚亡古籍。例如，在瑞士圣加仑修道院的一个荒废多年，据说只用来拘禁死囚的塔楼里，他发现了好几种佚亡的抄本，其中包括古罗马诗人昆体良的《修辞学全书》，这是所有人文学者梦寐以求的珍宝，于是他用一个多月的时间，把这部书抄录下来，并急速送到佛罗伦萨。在佛罗伦萨，他受到了最热烈的欢迎，布鲁尼写信给他说："整个文坛都将为你已发现的宝藏欢欣鼓舞，你真不愧是那些被你发现的古籍的再生父母，就像英雄卡米卢斯是罗马的再造者一样。"从这个具体例子中，我们不难想见当时人学习古典的热烈情

《农民家庭》勒南

况。然而，正如我们前面已指出，当时人学习古典并不是单纯的模仿，而是借古典来反对封建旧文化，创造新文化。因此古诗文对他们说来决不是什么古董，而是真正的生活教科书，随着人文学的研究，也就推动了哲学、史学、政治学以及自然科学的研究，形成了新的人文主义教育制度，尤其对现实主义新艺术的发展起了重大影响。人文主义在反对宗教禁欲主义方面也进一步提出了肯定人性和人的全面发展的思想，这就是日后资产阶级人道主义思想的一个重要来源。这种全面发展的人的思想，就是要达到恩格斯所说的那种"在思维能力、热情和性格方面，在多才多艺和学识渊博方面的巨人"。在 15 世纪，确实有不少学者和艺术家力求实践这个思想，把自己培养为学识渊博、技艺全面、精力充沛的人物；而对于人的创造能力的信念，更激发了许多歌颂人的尊严的时代最强音，把人文主义提倡"人道"以反对"神道"，提倡"人权"以反对"君权"，提倡"个性解放"以反对"宗教桎梏"及其一切残余的进步观点发挥得淋漓尽致。例如，洛伦佐·瓦拉(1407—1457 年)通过考证教廷的《君士坦丁敕令》确系伪造，动摇了教廷对西欧拥有统治权的理论根据，并在《论享乐》一文中提出了反对教会禁欲主义的人生观理论。15 世纪后半期的人文主义者米朗多拉在《论人的尊严》的演说里，借上帝的口表述人的伟大时说："我把你放在世界的中间，为的是使你能够很方便地注视和看到那里的一切。我把你造成了一个既不是天上的也不是地上的，既不是与草木同腐的也不是永远不朽的生物，为的是使你能够自由地发展你自己和战胜你自己。你可以堕落成为野兽，也可以再生如神明……只有你能够靠着你自己的自由意志来生长和发展。你身上带有一个宇宙生命的萌芽。"尽管他们还不反对上帝并且仍然信奉宗教，15 世纪人文主义对人性的强调却给日后的资产阶级留下了一份贵重的遗产，在资产阶级上升的时代，这是他们手中的一个反封建的有力的武器。

15 世纪早期文艺复兴的另一重大发展是艺术上的成就。新艺术从乔托的创作中就开始起步了，但是 14 世纪后半期它经历了暂时的停滞，因为他的后继者们拘泥于仿效老师，背离了现实主义方向，成就不大。到 15 世纪初期，随着人文主义的高涨，在古典艺术的启示下，新艺术大师再度高举面向自然的大旗，才促成了新艺术的高潮。因此，在艺术方面，以古典为楷模同样发挥了非常积极的作用，正如恩格斯所说：罗马废墟中发掘出来的古代雕像，在惊讶的西方面前展示了一个新世界——希腊的古代；在它的光辉的形象面前，中世纪的幽灵消逝了，意大利出现了前所未见的艺术繁荣。15 世纪佛罗伦萨的两位著名艺术大师——建筑家布鲁列尼斯奇（1377—1446 年）和多纳太罗（1386—1466 年），就是通过到罗马废墟学习而形成自己的新风格的。他俩青年时代联袂而至罗马，在古城废墟中直接对残柱断墙和雕像碎片学习观摩，那种热衷的程度甚至被人误认为是在搜求埋于地下的宝物。通过这种直接的观摩学习，他们就能创作出许多既有优美的古典形式又有新时代特点的建筑和雕刻，终于使整个文艺复兴艺术的发展走上了全新的道路。布鲁列尼斯奇的建筑杰作是佛罗伦萨大教堂的圆顶，这个在高度和宽度上具有空前规模的大圆顶，曾被人认为即使用一百年时间也难以完成，而布氏仅用十多年（1420—1436 年）就建成了它，不仅设计新颖美观，而且显示了他对工程技术的精湛知识，使这个建筑变成了新时代第二个宏伟的纪念碑，直到今天仍矗立于佛罗伦萨城中，成为全城的标志和象征。布鲁列尼斯奇还利用他的科学知识从事透视法的研究，为绘画的现实主义表现奠定了科学理论的基础。他的好友多纳太罗则从古典雕刻中得到了现实主义的真髓，不仅倾慕于古典雕像的和谐与优美，还直接观察、研究甚至解剖人体。他的作品在充满古典精神的同时，又异常逼真生动，被当时人誉为“使顽石具有生命”。多纳太罗的杰作如《圣乔治像》、《大卫像》、《佣兵队长格太梅拉达骑马像》等等，都以其现实主义的形象体现人文主义的思想，达到了表现形式与思想内容的高度结合。在他们两人帮助和启示下，年青的画家马萨卓（1401—1428 年）在壁画领域进行了巨大的革新，把透视画法与人体解剖知识运用于绘画，进一步发展了乔托的现实主义传统。这位只活了二十多岁的画家的作品气魄浑厚，人物形象具有强烈的立体感和重量感，而背景空间则合乎视觉法则，具有前所未见的真实的深远效果。因此，他的为数不多的作品日后一直是所有文艺复兴大师学习的榜样。在马萨卓之后，意大利文艺复兴绘画的繁荣期来到了，在 15 世纪这一百年间，佛罗伦萨一地就产生了许多即使在世界美术史上也足够称为第一流的画家，达到了恩格斯所说的那种“前所未见的艺术繁荣”。

在15世纪，文艺复兴在意大利得到了广泛传播，威尼斯、米兰、罗马等城逐渐成为新文化和新艺术的重要中心，与此同时，文艺复兴也传向西欧各国，促成了北方文艺复兴的萌发。

16世纪：盛期意大利文艺复兴

16世纪的意大利呈现出远比前两个阶段复杂而矛盾的情况：一方面是文艺复兴文化进入盛期；另一方面却是经济政治的发展面临复杂的局面：意大利的工商业衰落，政治日益混乱，外国势力占据统治地位，城市共和国逐渐转变为封建君主国。这种经济政治的逆流终于决定了盛期文艺复兴的命运：它是短暂的（实际上只包括16世纪头二十年）；经过一百余年的反复，从17世纪起，意大利的经济文化进入一个长期的衰落过程，而意大利也丧失了它在欧洲历史上的领先地位。

盛期文艺复兴的三位伟大代表都是艺术家。艺术在这时候走在新文化的最前列并非偶然，因为只有艺术才最充分地体现了人文主义思想，同时又吸收、结合了科学技术的积极成就。意大利盛期文艺复兴的第一位巨人就是身兼艺术家和科学家的列奥纳多·达·芬奇（1452—1519年），恩格斯称赞他说：“列奥纳多·达·芬奇不仅是大画家，而且也是大数学家、力学家和工程师，他在物理学的各种不同部门中都有重要的发现。”他确实是这样一位博学多能，百艺精通的全面发展的人的完美典型。他的艺术创作在体现人文主义思想和掌握现实主义技法上有了极大的提高，塑造了一系列无与伦比的艺术典型。例如，他的壁画《最后的晚餐》，描写耶稣被捕前与门徒最后聚餐的情景，深刻而又精确地画出各种人物的典型性格和动作，被誉为世界艺术宝库中的不朽杰作，古今千百幅同类题材的作品和它相比都黯然失色；他的《蒙娜丽莎》画像则表明对人的观察分析与艺术概括都达到了极高的境界。画中妇女的微笑含意无穷，超过一切言语形容。同时，列奥纳多·达·芬奇精深的艺术创作又是和他广博的科学研究密切结合的。他对许多学科都有浓厚兴趣和重大发现，在解剖学、生理学、地质学、植物学、物理学、应用技术和机械设计方面建树尤多。他对人体观察之精密，解剖之周详，远远超过同时代任何医学家。他不仅在历史上第一次正确、全面地描述了人体骨骼和摹画了全部肌肉结构，而且在神经和血管系统方面有不少新发现。他研究过各种岩石构造、地形演变和古生物遗迹，最早提出地质学和地史学的概念。他在物理学、光学、静水力学上的各种发现也是非常惊人的。特别在机械设计方面，他的探索极有创见。他曾设计先进的纺车、高效率的起重机、各种车床、冲床和钻床，而且预想到飞机、潜艇、自行车等等，被誉为许多现代发明的先驱。列奥纳多·达·芬奇的现实主义艺术实践和精博的科学研究还使他进一步形成了初步的唯物主义观点，他在笔记中写道："我们一切知识来源于我们的感觉"，"依我看，那些不从经验（一切无可怀疑的结论的母亲）中产生，又未曾被经验检查的知识，就全是虚假而极端谬误的"，"一切真科学都是通过我们感官经验的结果"。他这种先进的哲学思想不仅使他和中世纪传统断然决裂，而且也使他能够摆脱当时新文化阵营中出现的保守和唯心主义的逆流。

和列奥纳多·达·芬奇并列的另外两位盛期文艺复兴的代表：米开朗琪罗（1475—1564 年）和拉斐尔（1483—1520 年），也都在艺术创作上取得了极高的成就。米开朗琪罗在建筑、雕刻、绘画方面都留下了不朽的杰作。他创造的人物形象雄伟有力，精确生动，体现了浪漫主义和现实主义的结合。他在罗马梵蒂冈西斯廷礼拜堂屋顶上画的壁画，面积达 500 多平方米，是世界上最宏伟的艺术巨作，其中充满了热情洋溢、力量无穷的英雄形象，虽然壁画的题材仍属于基督教的神造世界和人类的故事，作品本身却反映了新时代的气魄和信心。米开朗琪罗的许多雕像精美无比，在技艺上已超过了希腊古典雕刻的杰作，他还设计了罗马圣彼得大教堂的圆顶和一些著名建筑，在发展文艺复兴的建筑艺术上很有贡献。作为后起之秀，学习和充分吸收了列奥纳多·达·芬奇和米开朗琪罗的优秀成果的拉斐尔，则通过自己的画幅把人文主义的理想发挥到极致，在秀美、和谐、典雅的艺术风格上放出异彩。他画的圣母像最为著名，圣母马利亚的形象在他笔下已没有丝毫神秘的宗教禁欲主义的气味，成为生活中的温柔美丽的女性典型。拉斐尔也在梵蒂冈教皇宫中留下了一系列极为优美的壁画作品，无论构图、形象的描绘都达到了第一流水平。他的生命虽然短促，却是佳作如林，影响极大，被后世尊为“画圣”。他们三人在16世纪的意大利艺坛上取得的成就，以后一直是欧洲文化和西方文化宝库中最灿烂的明珠。

马基雅维利(1469—1527年)是盛期文艺复兴最有影响的政治学家和史学家。他曾长期担任佛罗伦萨共和政府的重要职务，有丰富的政治和外交工作经验，在共和政府被推翻后，他转而从事政治学和历史学研究，写有《君主论》、《罗马史论》、《佛罗伦萨史》等书。马基雅维利主要是从意大利的历史和实际中寻找政治问题的解答，他竭力不把政治的概念和任何道德的、伦理的或宗教的概念牵扯在一起，使政治学成为一门独立的学科，因而他被资产阶级学者称为“政治学之父”。他认为人类的政治发展自有其规律，虽然他所谓的规律是从人性论出发，但在摆脱中世纪的神权政治观点上已前进了一大步，并总结了列奥纳多·布鲁尼等人文主义者有关城市共和政治兴替演化的论点。联系到意大利当时强敌压境、城市衰落的现状，他认为惟一的出路在于建立统一的中央集权君主国，他的《君主论》一书主要就是讨论这个问题。然而，可悲的是，在意大利当时既不存在支持统一的强大的资产阶级，也不存在能担当集权君主的政治势力，因此他的讨论不得不围绕着君主统治的手段、计谋、气度等问题上，构成了他的政治学说的一些特点。马基雅维利强调为建立这种君主国应该采用一切手段，并且指出政治统治的实质是不顾一切保持实力。从此出发，他发表了一系列大胆的言论，强调统治者既要坚忍狠毒，又要假仁假义；既要勇猛善战，又要能说会道。残暴能使人敬畏，他就不必顾虑被人指为残暴而退缩；慈悲能受人爱戴，他即使没有也要假装做出来。在《君主论》第18章，当讨论到君主应如何遵守信义的问题时，他就写下了那些日后被称为“马基雅维利主义”的名言：“每个人都同意，一个君主能有信于人民，诚笃不欺，那是最好不过的了。可是经验却告诉我们：那些成其大事的君主很少恪守信用，反而总是善用机巧，使那些守信的人大上其当。由此可见，双方相争决定胜负有两种途径：一取决于法律，一取决于强力，前者是人类独有，后者为兽类同具。然而当法律无济于事的时候，就须求助于强力。因此，君主应兼用人兽之术。古人对此有一形象的教喻，他们用阿奚里和其他古代君主受教于半人半马仙基隆门下的故事,说明君主之师既兼有人兽之性,君主之术也应该是兼有两者之长,缺一不可。所谓君主之效法野兽,主要是指狮子与狐狸,因为狮子虽勇却不能识陷阱,狐狸虽猾却不能抗恶狼,因此要兼有狮狐之长,如狐之善识陷阱,如狮之威敌恶狼,才可立于不败之地。如果只学狮子,那就要吃亏。由此可见,一个聪明的君主眼见遵守前约于己不利之时,就不能,也不应该讲什么信用,或者,当那些使他守信的理由已不存在之时,他就不妨失信。假若人皆圣贤,我这种观点当然不能成立,可是人性本恶,他们不会守信于你,你又何必跟他们讲什么信用,何况一个君主总会找到合法的理由为自己的失信辩解的。关于这些,当代有无数事例可以说明,多少条约协议都由于君主的失信而归于失败;而那些学狐狸学得最到家的君主就能得到最大的成功。——然而,有必要指出,善学狐狸还得善于伪装,为狐却不露尾,使人不知其为狐,乃为上策。”在这里,马基雅维利的政治学说实际上变成了对资产阶级政治欺骗手法的揭露,同时也鲜明地反映了整个文艺复兴文化的资产阶级个人主义的特色。与马基雅维利同时期的圭契阿迪尼(1483—1540 年)的史学著作,阿里提诺论文艺复兴风格的《廷臣论》,阿里斯奥托的文学诗作《狂怒的奥兰多》,是文艺复兴盛期著名的代表作。

16 世纪初期,佛罗伦萨共和派曾两次起义,驱逐了从 15 世纪中期便大权独揽的银行家美第奇家族,但是,得到罗马教皇和西班牙武力支持的美第奇统治者最后终于复辟,并在 1532 年受封为公爵,把佛罗伦萨所在的托斯卡纳地区变成了公爵国,意大利盛期文艺复兴也从此宣告结束。当时除米开朗琪罗还健在外,我们上面所说的几位代表皆已去世,在意大利只有威尼斯一地还有一个文艺复兴艺术流派——威尼斯画派继续繁荣到 16 世纪末。可是,在意大利以外,德国、英国、法国和西班牙的文艺复兴运动正方兴未艾,取得了巨大进展。16 世纪欧洲的两个具有伟大历史意义的事件“哥白尼日心说”引起的科学革命和马丁·路德领导的宗教改革,也是在文艺复兴影响下发生,并从广义上说包括在文艺复兴的洪流中的。

达·伽马开辟新航线

葡萄牙崛起

15 世纪初期,葡萄牙人首先绕过非

洲西海岸，开始奴隶贸易活动。由于奴隶贸易的利润极为丰厚，因此英国、荷兰等国也纷纷加入。贪得无厌的贩奴者为了获取更多的暴利，沿着非洲西海岸往南继续寻找奴隶的来源。1446年，他们的足迹到达了佛得角，并在几内亚湾找到了大量黄金。此后，更多的探险家和贩奴者到达这里，期望获得更多的财富。

由于《马可·波罗游记》对印度和中国的描述，使欧洲人认为东方遍地是黄金和香料。由于原有的东西方贸易商路被阿拉伯人控制着，为了满足自己对黄金的贪欲，欧洲的封建主、商人、航海家开始冒着生命危险远航大西洋去开辟到东方的新航路。但是包括哥伦布在内的航海家都没有从大西洋到达印度和中国。所以，很多人期望通过其他路线来实现这个目标。

达·伽马是开辟了西欧到印度的新航路

随着这些探险队沿西海岸南下，人们开始逐渐明白整个非洲西海岸的地形。因此，很多探险家就想，能否通过非洲南边而到达印度。葡萄牙人自从航海家从亨利王子(公元1394—1460年)时代起就一直在寻找这样的一条航线。

1486年，巴都罗苗·狄亚士率领3艘轻便帆船出航，途中遭到风暴袭击而被吹往南方。在黄金海岸住了几个月后，狄亚士到达了非洲最南端。在这里，狄亚士的探险队遭到了汹涌的海浪袭击，几乎全队覆没。狄亚士率领少数生存者逃生到了非洲南端岬角处。为了让人们记住这里的巨大风浪，狄亚士将这里命名为“风暴角”。不过狄亚士回到葡萄牙后，葡萄牙国王对这个名字非常不满，建议将之改名为“好望角”，意为“过了这里前往东方就大有希望了”。

国王十分清楚，那条长期寻找的通往印度群岛的路线眼看就要成功了。但是由于其他各种原因，葡萄牙国王一直没有派出另外的航海队。1492年，哥伦布从大西洋出发寻找印度，最终发现了美洲大陆。当时人们都认为哥伦布已经找到印度了，所以整个欧洲为之振奋。

显然，西班牙在航海方面已经超越了葡萄牙。为了赶上西班牙，葡萄牙国王决定派遣到印度群岛的探险队。1497年，这支探险队真正起航，国王挑选瓦斯科·达·伽马为探险队队长。

1460年，瓦斯科·达·伽马出生在葡萄牙锡尼什的一个小贵族家庭。他的父亲曾是一名出色的航海家，并受命于葡萄牙国王开辟一条通往印度的航道，但最终因失败而病逝。他的哥哥也是一名从事航海生涯的船长，在他后来的探险过程中，哥哥几次陪同。

1497年7月8日，达·伽马率领由4艘船只组成的探险队，从里斯本南部

欧洲人努力去寻找更多的殖民地

的海港出发，开始了前往印度的航行。这支探险队共计170多名船员，其中包括会讲阿拉伯语的翻译。

探险队由到过非洲南端好望角的航海家狄亚士领航，最初向佛得角群岛航进。8月3日，船队离开佛得角群岛，3个月后到达圣赫勒那岛海域。在对船只进行检修和物质补给后，达·伽马没有沿着狄亚士航行过的航道行进而是向大西洋远航，航线几乎是直线向南。在向南行进了很长一段路线后，在朝东转去。达·伽马的探险队终于抵达好望角。

达·伽马的探险队也在好望角受到了巨大海浪的袭击，很多海员要求返回里斯本，但是遭到达·伽马的拒绝。在遭受3天3夜狂浪骤雨的袭击之后，船队终于绕过好望角，随后又沿非洲东海岸而上。

12月16日，达·伽马的探险队进入了当时欧洲船队从来没有进入过的海域，然后于圣诞节到达南纬31°附近一条高耸的海岸线前。考虑到那天是圣诞节，达·伽马将该地命名为“纳塔尔”，意为葡萄牙语的“圣诞节”。今南非共和国的纳塔尔省的名字就从此而来。

在向北航行的路上，探险队还在几个穆斯林控制的城市停留过。1498年4

月，探险队来到现今肯尼亚的马林迪。在这里，达·伽马受到马林迪酋长和当地居民的热情对待，并为他提供了一位有经验的阿拉伯领航员，即著名的阿拉伯航海家艾哈迈德·伊本·马吉德。在马吉德的领航下，达·伽马一行从4月24日从马林迪启航，乘着印度洋的季风，安全横越印度洋。

5月20日，大约在离开葡萄牙10个月之后，达·伽马到达当时印度南方最重要的贸易中心卡利卡特。当时的卡利卡特是欧洲人和阿拉伯人进行商品交易的最大商业中心。达·伽马他们一上岸，立刻就被这里的繁荣富庶与异国风光给惊呆了。

达·伽马他们用国内带来的物品与印度人交换当地的土产、宝石、香料等，价格是欧洲本地的1/10。根据当时的商业惯例，商人每经过一个国家的关口，都需要缴纳大量的关税，这是造成欧洲商品价格居高不下的主要原因。由于卡利卡特是一个直接交易的港口，所以没有关税。

长期垄断卡利卡特贸易的阿拉伯商人，把达·伽马一行视作自己的竞争对手，并逼迫他们在8月底离开此地。同年8月29日，达·伽马带着香料、肉桂和五六个印度人率领船队返航，途中经过马林迪，并在此建立了一座纪念碑，这座纪念碑至今还矗立着。

返航比出航更为艰难。由于没有领航员，穿越阿拉伯海就用了大约3个月的时间。在此期间，许多船员都死于坏血病，加上由于暴风雨袭击导致船队被冲散，达·伽马一行损失惨重。最终有两艘船安全返航：第一艘于1499年7月10日到达葡萄牙里斯本，达·伽马自己的船也于两个月后到达。到达时，船队只剩下了55名船员，还不到起程时船员的1/5。

不过葡萄牙国王还是认为达·伽马这两年的航行是一次巨大的成功。达·伽马不仅带回来了名贵货物，还带回不少航海资料，包括印度海岸、孟加拉湾、锡兰岛以及马六甲海峡的情况。所以，当达·伽马回到葡萄牙时，葡萄牙举国欢腾，国王也极为高兴，下令授予达·伽马贵族称号，并赐给他许多的钱财和土地。

6个月后，葡萄牙国王派遣了一支以佩德罗·阿尔瓦雷斯·卡布拉尔为首的追踪探险队去印度。卡布拉尔如期到达印度，并载着一大批香料返回葡萄牙。但是这支船队在卡利卡特中转时，有些船员遭到阿拉伯人的杀害。因此，国王命令达·伽马率领一支由20条航船组成的舰队去卡利卡特执行讨伐使命。

1502年2月，达·伽马开始了他对印度洋的第二次航行。由于这次航行的目的是为了建立葡萄牙对他所发现的这条航线的霸权地位，因此达·伽马在探险中的行为极其残忍。

船队一离开印度海岸，就捕获了一条过路的阿拉伯商船，把商船上面的货物卸下来后，达·伽马下令在海上把那条船带人一起烧掉，包括其中的妇女和孩子。据当时的船员说："在持续了长时间的战斗之后，队长以残暴的手段烧毁了那只船，烧死了船上所有的人。"当船队经过吉尔瓦时，达·伽马又背信弃义，把国王扣押在自己的船上，要求其臣服葡萄牙。

达·伽马的船队，一路上耀武扬威，向沿途居民进行挑衅、威胁，并宣布对某些地方的宗主权，同时抢劫路过的商船、屠杀船员与渔民。到达印度后，达·伽马的船队攻占了那里的城市科泽科德和权钦，使它们成为葡萄牙在印度进行殖民统治的最早根据地。

到达卡利卡特后，达·伽马凭借自己船队先进的武器，蛮横地要求当地官员把所有的阿拉伯穆斯林都驱逐出这个城市。当他看到卡利卡特的领导人对自己的要求犹豫不决时，达·伽马就命令自己的船队向卡利卡特市区发射炮弹，导致38名印度人伤亡。虽然印度人对达·伽马的行为极其愤怒，但却无可奈何，只得答应了达·伽马的要求。不久，达·伽马又在附近的海面上击溃了阿拉伯国家的一支商船队。在从印度回来的途中，达·伽马又在东非建立了一些殖民地。

1503年9月，达·伽马带着从印度带回来的黄金、宝石和香料等珍品回到了葡萄牙。这次航海给达·伽马带来了丰厚的利润，使之成为葡萄牙最富有的贵族。

1519年，葡萄牙国王因为达·伽马在第二次远航中的巨大成就，而封其为伯爵，并给予大量财富和领地。1524年9月，达·伽马又被任命为葡萄牙在印度的总督，并马上以此身份第三次赴印度。然而，由于年老体衰，达·伽马在到达果阿之后染上了重病。12月24日，达·伽马病逝，后来被重新安葬在葡萄牙里斯本附近。

达·伽马既是一名优秀的航海家，也是葡萄牙早期殖民者之一。作为航海家，他所开辟的新航线，对东西方经济的发展起到了很大的促进作用，在此以后仅4个世纪里，来往于欧洲和亚洲的船只都只能沿着他开辟的航线前进。这条航道开辟以后，世界贸易的范围和商品流通的条件都因此而扩大。此后，欧洲的贸易商业中心从地中海沿岸转移到了大西洋沿岸。

这条航线开辟之后，原先阿拉伯人控制的陆上贸易之路遭受了严重挫折，从此变得荒凉冷落。阿拉伯商人不久就被葡萄牙人彻底击败并取而代之，阿拉伯国家的经济也因此受到巨大影响。

作为殖民者，他的航线开辟了欧洲进行殖民掠夺扩张的新时代，自己也是葡萄牙对印度的最早殖民统治者。

从大西洋到印度这条新航线的开辟，对葡萄牙产生了巨大影响。在达·伽马发现此航线后的几十年间，葡萄牙一直控制着这条通往东方的贸易航线，因此而获得了巨大收益。葡萄牙不久便甩掉贫穷落后的帽子而成为欧洲最富有的国家之一。

不仅如此，葡萄牙成为印度最早的殖民主义者，在印度周围建立起一个强大的殖民帝国。葡萄牙人在印度、印度尼西亚、马达加斯加、非洲及其他地区都设立了殖民地。这个当时只有150万人口的小国，竟然囊括了东大西洋、整个印度洋和西太平洋的贸易和殖民权力。这些殖民地中有几个直到20世纪上半叶还被葡萄牙人所控制。

从长远的观点来看，达·伽马航线的开辟影响最大的是印度和东南亚，而不是葡萄牙、其他欧洲国家或中东国家。在达·伽马发现这条航线之前，印度和东南亚国家还处于闭关自守的状态，但是达·伽马的航海使印度通过海路与欧洲文明世界相接触。此后，葡萄牙人和其他欧洲人对印度的影响逐步上升。

19世纪下半叶，整个印度次大陆都成为印度的自治领。虽然说殖民统治给印度带来了痛苦，但是这段时期在印度历史上是整个印度统一在一个君主之下的惟一时期。殖民统治给印度带来了工业革命后的生产技术，使之产生了民族资本主义经济。

哥伦布发现新大陆

黄金的诱惑

黄金，在我们的语言中是名贵的象征，人们常以其誉称一些美好和荣耀的东西。但是，由于黄金本身特有的价值，又使不少利欲熏心的人拜倒在它的脚下。在他们眼中，黄金仿佛就是圣洁和权威的化身，占有黄金，就会掌握整个世界的命运。在黄金占有欲的驱使诱惑下，15世纪到16世纪初，欧洲人扬帆出海，远涉重洋，闯荡到传说中的地方去寻访神话中的黄金国，从而演出了一幕地理大发现的历史剧。

15世纪以后，西欧的商品经济不断发展，资本主义生产关系的萌芽促进了交换的进行。作为一般交换手段的货币，它的需要量急剧增长。那时候，西欧的货币制度正由银本位制逐渐过渡到金本位制（即把黄金作为一般等价物的货币制度）。黄金变成了欧洲各国和欧亚各国间国际贸易惟一的支付手段。欧洲社会的这种变化，刺激了上层阶级对财富的贪求。新兴的商人冒险家疯狂地追

满足黄金欲望，开辟东方新航路

求黄金，以谋扩大他们的资本；日渐没落的封建贵族穷奢极欲，愈感入不敷出，也拼命地追求黄金；日益强大起来的封建王权为了巩固和维持其统治秩序，豢养了庞大的军队和官僚体制，也要求有更多的黄金。由于渴望财富西欧上层社会形成了一种拜金狂。哥伦布曾露骨地说过：“黄金是一个令人惊叹的东西！谁有了它，谁就能支配他所需要的一切。有了黄金，甚至能使灵魂升入天堂！”

尽管黄金成为封建主和有产阶级疯狂追逐的宠物，但是，欧洲的金银储藏量却很小，富金矿更是少见。由于受当时生产技术水平的限制，可供开采的贵金属矿日渐稀少。从1300年到1450年，欧洲旧金矿的产量不断减少，对于新矿的开采也进行得十分缓慢。而商业的发展，使西欧各国迫切需要金钱和铸造货币的贵金属，不仅广泛的商品交换需要大量的黄金，它还逐渐取代土地成为社会财富的象征。因此，西欧社会上自国王、宫廷贵族，下至中小贵族、僧侣，人人追求奢侈豪华，个个渴望发财致富。上上下下好像都被黄金勾走了魂儿一样。

自从十字军东侵以后，欧洲和东方的商业贸易关系迅速发展起来。欧洲从东方输入商品数量13世纪末比12世纪

初增加了十倍多。东方的香料（胡椒、肉桂、丁香、肉豆蔻等）、珠宝、化妆品、丝绸等物资，日渐成为西欧中上等阶层的生活必需品。为此，他们每年都要付出大笔黄金，造成西欧贸易逆差。

不仅如此，在东西方贸易往来过程中，一些欧洲商人长期不能直接得到东方商品。他们只能从地中海沿岸的市场购买，中间必须经过阿拉伯、印度、南洋和中国商人多次转手。当时，东西方商路主要有三条：一条是从中亚由陆路沿里海、黑海到小亚；一条是先由海路至波斯湾，然后经两河流域到地中海东岸的叙利亚一带；第三条是先由海路至红海，然后再由陆路到埃及的亚历山大港。在这几条商路中，红海以东是由阿拉伯商人掌握；地中海一带则为意大利的威尼斯和热那亚所垄断。15 世纪中叶，奥斯曼土耳其帝国兴起，占领了巴尔干半岛、小亚细亚和克里米亚地区，控制了东西方之间的传统商路，对在商路上往来的欧洲商人横征暴敛，使运抵欧洲的商品比原先的价格提高八至十倍。为了换取东方异国货物，欧洲上层社会不惜出重金购买，结果造成大量黄金外流，引起贵金属恐慌。为此，英国政府从 15 世纪末到 16 世纪初，先后十几次制定和重申禁止金银外流的法令，均未见效。这时，“黄金问题”变成了要求迅速解决的经济问题。

然而，欧洲大陆本身难以解决黄金短缺的问题。惟一的出路就是面对海外，冲出欧洲寻找财富。在东西方文化交往过程中，欧洲人久闻亚洲的富庶和繁荣，羡慕那里的物质文明。这时在欧洲广泛流传一部书，名为《马可·波罗游记》，其中对亚洲许多国家的财富作了夸张的描述，使欧洲的封建主和其他贪得无厌之辈受到极大的诱惑。

《马可·波罗游记》是由著名的意大利旅行家马可·波罗口述，经比萨文人鲁思梯谦记录整理而成的一部关于亚洲的游记。书中叙述了中亚、西亚和东南亚等地区许多国家的情况，重点是中国。马可·波罗夸大了亚洲的富庶，在他的叙述中，仿佛中国、印度、东南亚等国遍地都是黄金。例如：他在描写日本时说，这里的黄金之多，数也数不清。由于黄金太多，都不知道如何使用它了。于是，宫廷的屋顶全部是用“精金”建造的，室内的地板竟铺满了金砖以代替石板。他在讲述南海诸岛国时说，这些国家出产“或为黄金宝石，或为一切种类香料，多至不可思议。”书中在写到出产宝石的斯里兰卡时，荒唐地宣称斯里兰卡国王拥有一块与手掌一般大，同人的胳膊一样长的巨型宝石，是为稀世之宝。《马可·波罗游记》记载的中国、印度等国“遍地黄金、香料盈野”的说法，激发起西欧社会中国王、封建贵族、僧侣以及商人们日益炽烈的掠夺东方黄金的欲望。在黄金的诱惑下，他们不惜冒着生命危险，探寻到东方去的航路。

哥伦布与自己的船员在一起

在这次探寻新航路的活动中，热情最高的是西班牙、葡萄牙等大西洋沿岸国家。它们远离地中海，不得不从意大利商人手中购买东方商品，这使它们付出了很高的代价，丧失了大量黄金。为了破坏意大利商人对东方商品的垄断，跻身到一本万利的东西方贸易中来；为了到遥远的东方探宝寻金，它们更加积极地关心开辟一条直接通往印度和中国的新航路。正如恩格斯所说：“葡萄牙人在非洲海岸、印度和整个远东寻找的是黄金；黄金一词是驱使西班牙人横渡大西洋到美洲去的咒语；黄金是白人刚踏上一个新发现的海岸时所要的第一件东西。”

哥伦布航海壮举

随着科学技术的发展，到了 14、15 世纪，中世纪欧洲流行的“天圆地方”、笔直远航有掉下深渊危险的传说，遇到了挑战，越来越多的人开始相信地圆学说。西欧绘制地图的技术已很先进，出现了标明海岸线及港口位置的航海图。中国发明的罗盘针，经阿拉伯人西传后，14 世纪已被欧洲普遍使用。罗盘针使海船装上了“眼睛”，使远航有了依据而不迷失方向。15 世纪时造船术也有很大进步。过去的帆船使用旧式三角帆，只适宜于在地中海周围航行，这时出现了新式的多桅、多帆的大型海船，具有船舱宽、速度快、安全性能好等特点。一个探索通往东方新航道的大航海时代开始了。由此产生了一批伟大的航海家，这其中就有发现美洲大陆的哥伦布。由于他的发现，使得世界的面积扩大了几乎一半，对后世产生了无法估量的影响。

伟大的航海家

哥伦布出生于意大利热那亚一个纺织工人家庭。他从青年时代就刻苦学习天文、地理,受德埃利地理著作《世界图志》和意大利地理学者托斯卡内利影响,深信“地圆说”。

哥伦布还读过《马可·波罗游记》,对东方的富庶非常向往,总想找一条从西方通向印度、中国和日本的新航线。为此他于1474—1475年到热那亚的船队工作。哥伦布拟定了从欧洲西行至东方的航海计划,从此开始了他的航海生涯。但是他所在的商船队遭到法国和葡萄牙组成的联合舰队的袭击,哥伦布抓住一块木板飘到葡萄牙,从此定居葡萄牙。

1484年,哥伦布向葡萄牙国王若昂二世提出他的航海计划,寻求财政支持,未获成功。1485年他移居西班牙,向伊莎贝拉一世女王求助。1492年4月,他的计划终为西班牙女王所接受,同他签订了航海协议,授予他“海上大将”称号,任命他为所发现的岛屿和陆地的总督,准其从这些地方的产品和投资所得中抽取一定收入,并答应给予必要的财政和物质支持。

1492年8月3日,哥伦布开始了第一次航行(1492—1493年),此次他携带着西班牙王室致中国皇帝的国书,率领“圣玛丽亚”号、“平塔”号和“尼尼亚”号3艘船,船员90人,从西班牙西南海岸的帕洛斯港启航,经加那利群岛西行,历尽艰险,终于在10月12日发现巴哈马群岛中的瓜纳阿尼岛(即今华特林岛。当时哥伦布把这个岛定名为圣萨瓦尔多,即基督教“救世主”之意)。接着发现古巴的东北海岸。继续东航,又发现海地岛,并称之为“埃斯帕尼奥拉”,意为“小西班牙”。他在海地岛寻找黄金,筑纳维达德堡,派人驻守,旋即返航。1493年3月15日返抵帕洛斯。

第一次航行取得了意想不到的成果。当哥伦布经过240天远航探险回到西班牙的时候,不仅轰动西班牙,也震撼了整个欧洲。这是人类历史上首次完成横渡大西洋的壮举,甚至还发现了新天地与新人种,被称为“自开天辟地以来,除了造物主的降生与死亡的最伟大的事件”。对于大西洋彼岸还有不为人所知的陆地,这对欧洲人来说,整个世界的概念,顷刻之间起了惊天动地的变化。因为在这之前,人们都以为西班牙西岸是世界的尽头。

1492 年,哥伦布终于实现了出海航行的计划

第一次航行以后不久,哥伦布开始了自己的第二次航行(1493—1496 年)。1493 年 9 月 25 日,他在西班牙国王资助下,怀着在新发现地区殖民和寻找黄金的目的,率领约 1200 人分乘 17 艘船只,满载牲畜、农具、种子和粮食,从加的斯出发,第二次前往美洲。11 月 3 日发现多米尼加岛,接着又发现瓜德罗普岛和波多黎各等岛,然后驶抵海地岛。因纳维达德堡已为当地印第安人夷平,于是另筑伊莎贝拉堡,建立西班牙在美洲的第一块殖民地。印第安人被课以黄金重税,或被驱使到金矿从事奴隶劳动,还有的被捕捉运回欧洲贩卖。1496 年,哥伦布返回西班牙,其弟 B · 哥伦布留在海地岛,另建圣多明各城作为西班牙新的殖民据点。

1498 年 5 月 30 日,哥伦布率领由 6 艘船只和 200 人组成的船队,开始第三次航行。哥伦布将船队分两组从圣卢卡尔启锚,3 只船直驶海地岛,另 3 只船由哥伦布率领,经佛得角群岛向西航行,于 8 月 1 日发现特立尼达岛。8 月 5 日在委内瑞拉帕里亚半岛登陆,第一次踏上南美大陆。8 月 31 日返回圣多明各。此时海地岛西班牙人互相倾轧,争权夺利,虽然哥伦布实行委托监护制进行安抚,仍不能稳定局势。1500 年 10 月,哥伦布连同他的两个弟弟被强行押回西班牙。哥伦布后虽获释,却失去统辖其所发现土地的权力。

1502 年 4 月 3 日,哥伦布率领 4 艘船只和约 150 人从加的斯出发,开始了他第四次也是最后一次航行,企图在古巴和帕里亚半岛之间的海面上尽快找到通往"印度"的航道。1502 年 6 月 15 日,发现马提尼克岛,然后沿海地岛南海岸西行,过牙买加向中美洲进发,再沿洪都拉斯南驶,越尼加拉瓜和哥斯达黎加,最后抵巴拿马的达连湾。因无西行航道,只得于 1503 年 6 月折回牙买加岛,经圣多明各返回西班牙。

1504年11月7日哥伦布完成了他的最后一次航海回到西班牙，结束了他充满惊险的海上生涯。这时他刚50多岁，但是长期的航海生活极大地损害了他的健康，而且哥伦布的发现并未给西班牙国王带来丰厚的收益，他所发现的土地并不如他所宣称的那样富庶，和人们所了解的亚洲毫无共同之处，所以受到国王的冷遇。1506年5月20日，哥伦布在贫病交加中死于巴利亚多利德。他死后留下的航海日记和信件，成为研究美洲航行的重要史料。

沟　通

哥伦布在航海中，不但发现了新大陆，而且也将很多新大陆的物产带回了欧洲。

比较重要的，一个是烟草，一个是梅毒。

1492年10月12日，哥伦布的船队到达圣萨尔瓦多岛屿时，其中两船员"看到无数人，男男女女手里拿着火把和草叶在吸"。哥伦布的航海人员被那些"吞云吐雾"的印第安人惊呆了。只见他们一手持着点燃的木棒，一手拿着一根长管，嘴巴和鼻孔里喷出一缕缕浓雾般的青烟。经过一番调查，终于揭开了其中的奥秘。原来，那是用一种草的叶子(即烟草)卷在玉米叶子里制成的。这就是烟草的发现。哥伦布成了目前世界公认的烟草传播者。现在，烟草行业成为世界工业的重要组成部分，不但影响着人类的经济，而且几十亿人都在抽烟，也大大改变了人类的生活习惯。

如果对哥伦布把烟草传到欧洲有非议的话，另一个梅毒就更是污点了。哥伦布既有很好的名声——航海发现了新大陆，也有不太好的名声——把花柳病(梅毒)带回到欧洲。哥伦布的船员在新大陆寂寞的生活导致他们接近一些印第安妇女，而他们并不知道，在新大陆，有一种极其严重的疾病——梅毒，这种病就在现在也是非常危险的，关键是传播很快，不好控制。哥伦布的船队回到欧洲，也把梅毒带到了欧洲。梅毒迅速在欧洲蔓延，很多人因此丧命。后来由于交往的缘故，欧洲人又把梅毒带到了中国。现在，全世界范围内都能看到梅毒的影子。

但是不管怎么样，新大陆的发现还是将哥伦布推到了世界伟人的地位。虽然哥伦布发现了美洲新大陆，但他一直把它当作印度，直到去世也未曾明白这一点。哥伦布尽管没有达到亚洲大陆，但是他发现了西半球的美洲大陆，发现了加勒比海中几乎所有重要的岛屿，开辟了横渡大西洋的新航线，并带回了在这个大陆的另一面存在一个“南海”的消息，所有这些重要的地理发现，都大大开拓了人们的视野，打破了长期禁锢人们头脑的传统地理概念。哥伦布的航行揭开了地理大发现的序幕。欧洲新兴的资产阶级纷纷步哥伦布的后尘，踏上新发现的美洲大陆。另一位伟大的航海家麦哲伦，继续哥伦布未完的事业，进行了人类历史上的第一次环球航行。

到达美洲

“啊！看见陆地了。”一位水手突然激动地大叫起来。大家兴奋地拥到船前的甲板上。哥伦布马上双膝跪下，感谢上帝。他吩咐全体船员高唱“光荣属于至尊的上帝”，并且让船队朝海岛驶去。但船队行驶了几个小时也没有看到这个海岛，而且根本就不存在什么海岛。他们目睹的所谓海岛只不过是地平线上一缕和陆地相似的云彩。

水手们再也忍耐不住了，埋怨、不满情绪一下子都迸发了出来。他们围住哥伦布又嚷又喊，有的甚至嚎啕大哭，“海军上将先生，我们在海上一个多月了，陆地在哪里啊！”“你究竟要把我们带到哪里去？我们还有老婆孩子，不想死在海上，让我们回家吧！”水手们都愤怒地嚷。他们认为：每过一分钟，离开西班牙就增加一段距离，死的威胁就增长一分。必须强迫哥伦布返航，要不就把他扔到海里去。

这时，哥伦布虽然忧心忡忡，但他没有动摇西航的坚定信念。他平静地向大伙儿讲西航的种种好处，并向大家保证说：“光埋怨、喊叫没有用，请大家相信我，如果三天之内找不到陆地，我就允许返航。”水手们被哥伦布的自信和冷静震慑住了，他们终于平静了。

大西洋风平浪静，碧波万顷。哥伦布站在甲板上，远眺天水相连的景色，心潮翻腾起伏，他暗下决心：向印度前进，决不返航。

是的，不能返航，返航就意味着失败。西航印度是哥伦布多年的夙愿，为能争取西班牙国王的资助，他费了多少心思啊！

赫里斯托弗尔·哥伦布，1451 年出生在地中海沿岸热那亚一个纺织工的家庭。他从小就对航海产生了浓厚的兴趣。成年后，又是一名很有经验的水手，到过英国、几内亚和冰岛等地。一个偶然机会,使他读到了《东方见闻录》(又名《马可·波罗游记》),从此他认为东方是"香料盈野","黄金遍地"的天堂。因此,他渴望到东方去寻找黄金和财富。

为实现横渡大西洋远航亚洲的计划,哥伦布先后向葡萄牙、西班牙、英、法等国请求资助,结果都遭到了拒绝。1487年葡萄牙人迪亚士的船队沿着非洲西海岸向南航行,到达非洲最南端的好望角。这就意味着葡萄牙成功地开辟了从欧洲到印度的新航路,并对新航路进行垄断。西班牙国王为获得更多的殖民地,因而同意资助哥伦布,以实现他西航印度的计划。

经过了半年的准备,1492年8月30日拂晓,海军上将哥伦布率领船队从西班牙南端的巴罗斯港扬帆出发了。这是一支由90人分乘三只小船的船队,其中的尼尼亚号和平塔号较小,圣玛丽亚号最大,它长约20公尺,宽约六公尺,排水量130吨。哥伦布就是站在这条船的甲板上指挥航行的。

10月11日虽然没有发现陆地,却看到海水里漂浮着树枝、绿树叶和花朵。哥伦布兴奋地指给大家看:"陆地已经离我们不远了,谁第一个发现陆地,我就赏给他一件丝绸上衣。"每个人都迫切地希望找到陆地。晚十点,哥伦布看到地平线上似乎有摇曳不定的火光,过了几分钟,光又完全消失了。船员们认为这只是注意力过度紧张而引起的错觉、幻觉。

船破浪前进,上下颠簸,水沫四溅。在阳光照耀下,船头激起的浪花泛着银白色的光。10月12日清晨两点钟,一名叫特里亚纳的水手,站在高高的桅杆上首先发现了陆地。他放声大叫"陆地!陆地!"这时,船上的人对天放炮,把消息告诉另外两条船。水手们欣喜若狂,欢呼雀跃,兴奋得不能入睡,站在船头上等待着黎明的到来。

天亮后,船队靠上一座小岛。岛上长着许多阔叶植物,海岸边布满了闪闪发光的珊瑚。哥伦布带领水手举着一面白底上缀有绿十字架的远征队旗,庄严地踏上航行了七十天第一次遇到的陆地。上岸以后,大家流着欢喜的眼泪,跪在地上,抚摸着土地。哥伦布慢慢地站起身,将这个岛宣布为"救世主岛"。救世主在西班牙语中,念作"圣萨尔瓦多",从此人们就称这个岛为"圣萨尔瓦多"岛,就是现在加勒比海上的巴哈马群岛中的华特林岛。

岛上的居民看到穿着奇异服装的人

出现在岸上，立刻从四百八方拥来。他们半裸露着身体，脸上、身上画着各种色彩的花纹；男子头戴羽冠，妇女鼻子上穿挂着金片。欢呼歌唱，表示欢迎客人的到来。

第二天，哥伦布下令船队绕岛一周，考察了圣萨尔瓦多的自然风光和风土人情。他们在这里没有找到香料和黄金，便雇佣了当地的六名居民做向导，在10月14日下午离开圣萨尔瓦多，向西南继续航行。不多几天，船队到达了古巴岛和海地岛。哥伦布以极大的兴趣探索着这些岛屿的一切。这里有莽莽丛林、村落和农田，有用很大的棕榈树造的房屋，房屋里陈列着精制的家具，妇女们在室内纺纱织布。他们在这里看到了欧洲人从未见过的玉米、马铃薯、烟草等。哥伦布将这些果实和种子带回里斯本，后来传播到全世界。不过，除本地人所佩带的装饰品以外，这儿并没有发现任何黄金的踪迹。

哥伦布苦心孤诣去寻找盛产黄金的国度，他曾在日记中写道："黄金是一个可以令人惊叹的东西，谁有了它，谁就能随心所欲地支配一切。有了黄金，就是要把灵魂送到天堂也是可以做到的。"但命运却做出相反的决定。可怜的哥伦布没有找到黄金和香料，三条船继续沿着港湾众多的古巴海岸向西航行，突然，"圣玛丽亚"号猛的一震，"不好！"一个水手突然惊叫起来，过度疲劳的水手都惊醒了，只见水不断地注入船舱。原来，由于水手们的疏忽，"圣玛丽亚"号触礁了。哥伦布只得决定返航，他将三十九名水手留在岛上。为他们修建了营房，并把他们居住的营房命名为纳维达德，意思是圣诞城。1493年初，哥伦布和剩余的水手驾着两条小帆船向西班牙返航。

两条小帆船在大西洋中缓缓东行。在一月份的前四周都是风平浪静，但到一月的最后一天，海上突然飓风骤起，恶浪汹涌，小船一会儿被抛到半空，一会儿又跌落到深谷。哥伦布目不转睛地注视着迎头冲来的每一个巨浪，沉着指挥。

"哗啦"一声，桅杆被飓风折断了，狂风把风帆撕成碎片，船身很快地倾斜下去，帆船就要被卷进海底！哥伦布感到绝望了。他迅速走进自己的船舱，船身拼命地摇晃，舱里的物品也在随着船身的摇摆而不断滚动。哥伦布机智地把自己捆在一张固定的椅子上，在膝盖上绑上一块木板，急速把自己发现的"东方"土地（他自认为已到达了东方）和有三十九名水手留在海地岛上等情况记在羊皮纸上。写好后,用上蜡的布包扎好,塞进一只椰子壳里,用沥青密封起来,抛进大海。他想能在他死亡之后把这次航海的材料保存下来,希望海浪把它送到西班牙。做完了这一切,他安然地闭上眼睛,任凭风浪摆布。

可是“尼尼亚”号经受住了这场飓风的袭击,海浪把哥伦布送到了葡萄牙的海岸。葡萄牙国王热烈地接待了哥伦布。

1493 年 3 月 15 日,哥伦布的船队回到了西班牙。巴罗斯港人声鼎沸,鼓乐齐鸣,人们簇拥在街道两旁,欢迎哥伦布的归来。

哥伦布的前面走着几个印第安人,他们头上插着羽毛,身上佩带着鱼骨和黄金做成的装饰品。接着是几个水手抬着奇异的植物和鸟的羽毛,手里还提着装鹦鹉的笼子。哥伦布走在队伍的最后,在鼓乐声中向群众招手致意。国王和王后在王宫里设宴庆祝他们的胜利。

哥伦布在人类历史上首次完成了横渡大西洋的航行,为以后全部发现美洲大陆奠定了基础,也为麦哲伦环球航行提供了必不可少的资料,他的功绩是伟大的。

影 响

哥伦布处在 15 世纪末 16 世纪初欧洲商业资本主义发展和封建制度瓦解的转变时期,他对美洲的发现顺应了欧洲资产阶级掠夺新财富、发展资本主义的迫切要求。美洲的发现和殖民,促进了世界市场的形成,大量金银流入欧洲,扩大了资本主义的原始积累,推动了欧洲资本主义的发展,加速了欧洲封建制度的崩溃。同时,哥伦布发现美洲以后,在拉丁美洲建立起殖民奴役制度,给印第安人带来了深重的灾难。但从另一方面来讲,同样也加速了美洲的开发和资本主义化的进程。总之,哥伦布的远航是大航海时代的开端。新航路的开辟,改变了世界历史的进程。它使海外贸易的路线由地中海转移到大西洋沿岸。从那以后,西方终于走出了中世纪的黑暗,开始以不可阻挡之势崛起于世界,并在之后的几个世纪中,成为海上霸主。一种全新的工业文明成为世界经济发展的主流。

17 世纪前期荷兰经济的发展和对外殖民掠夺

尼德兰革命后成立的联省共和国以荷兰省经济最为发达,它提供全国财政开支的 57%。荷兰省还是全国政治中心，国家的最高权力机关设在这里。故联省共和国又称荷兰共和国。

17 世纪前期，荷兰资本主义经济获得迅速发展，呢绒业、麻织业、丝织业及陶瓷业等均在国际上享有盛名。迄 17 世纪初，英国的呢绒还要靠荷兰最后加工和染色，荷兰从事该项职业的工人达数千人。荷兰的造船业尤为发达，居当时世界的首位。当时荷兰商船的吨数占欧洲总吨数的 3/4。荷兰为西班牙造大型船，向英国供应平底船、渔船和运煤船。

荷兰资本主义发展的特点是商业超过工业，对外贸易超过本国贸易。17 世纪初，重要港埠阿姆斯特丹，已胜过安特卫普，有居民 10 万。它不仅是荷兰的经济中心，也是国际贸易和金融中心。港内每天停泊的船只达两千艘以上，转销东方、北欧和中欧的各种商品。荷兰的商船航遍世界各地，商船多达一万多艘，替许多国家转运商品，甚至英国殖民地的商品也由荷兰船只运输，所以荷兰有“海上马车夫”之称。1609 年，荷兰创办了欧洲第一个资本主义类型的银行——阿姆斯特丹银行，其势力伸展到荷兰境外，经营大规模的存款和信贷业务。

17 世纪前期，荷兰已拥有庞大的殖民地。对殖民地的血腥掠夺是资本主义原始积累的重要手段。早在 16 世纪末年，荷兰就已开始了海外殖民侵略。它逐渐排挤了西班牙、葡萄牙和英国在东方的势力，把贸易权夺到自己手里。1597 年，荷兰商业远征队首次到达印度，此后继续东进到爪哇和摩鹿加群岛。1602 年成立的荷属东印度公司，享有印度洋和太平洋贸易的独占权。它先后排挤了西班牙和葡萄牙。英属东印度公司和它相比，资本额要少十几倍。它以巴达维亚为大本营，先后占领爪哇、摩鹿加、锡兰为殖民地。在印度、马来亚、澳大利亚建殖民据点，还侵占了重要的战略据点毛里求斯等地。这个公司特别注意榨取盛产香料的摩鹿加群岛，采用直接掠夺、强迫贡纳或不等价交换等各种卑鄙手段搜刮当地财富，利润达几百倍。为了保持欧洲市场上香料的高昂价格，有时焚毁大批宝贵的产品。荷兰殖民者野蛮地屠杀当地居民，或掠卖为奴，把强占的土地开辟为种植园，使用奴隶劳动。马克思在论述荷兰的殖民政策时曾尖锐指出：“荷兰——它是 17 世纪标准的资本主义国家——经营殖民地的历史，‘展示出一幅背信弃义、贿赂、残杀和卑鄙行为的绝妙图画’。”“他们走到哪里，那里就变得一片荒芜，人烟稀少。”

荷兰在西方也建立了殖民地。1621年，创办西印度公司，从西班牙手里夺取了西印度的一些岛屿。1622年，占领了北美洲东岸的土地，建立新阿姆斯特丹城(1674年被英夺取改名为新约克，即今美国纽约)。1648年，荷兰殖民者从非洲南端排挤了葡萄牙人，将该地区变为荷属“海角殖民地”。17世纪中叶，荷兰几乎控制了德国的对外贸易。在对俄国的进出口贸易中，荷兰排挤了英国而居首位，是波罗的海贸易的主人，该地区70%的贸易为荷兰人所控制。

荷兰商船当时也曾出现在我国东南沿海。1624年，荷兰殖民者开始侵入我国领土台湾，先在安平建立据点，然后逐步扩大占领范围。荷兰殖民者的侵略行径，受到岛上的汉族和高山族人民的强烈抵抗，多次起兵痛击侵略者。1661—1662年，我国东南沿海人民在民族英雄郑成功的领导下，把荷兰侵略者全部驱逐出去，收复了台湾。

17世纪的荷兰共和国是一个联邦国家，它有两个首都，政治首都海牙和经济首都阿姆斯特丹，都设在荷兰省。荷兰的政治制度具有半共和、半专制的性质。国家的最高权力机关是三级会议，常设机构是国务会议。国务会议共由12名委员组成，按各省纳税数量的多寡决定所出委员的人数，因荷兰和西兰两省纳税最多，故出五名委员，实际左右着国务会议。三级会议由各省的资产阶级、教士和贵族的代表组成，有立法、决定赋税、宣战、媾和、处理重要国务之权。各省不论代表人数的多寡，都只有一票表决权；对重要问题的决议，必须一致通过才有效。国务会议的首脑是执政，由奥兰治家族世袭。三级会议中各省代表的意见分歧时，由执政协调，如协调仍不能取得一致，执政可行使最高职权进行仲裁，作出决定。

资产阶级在荷兰的三级会议中起着主导作用，因此它具有共和性质。但荷兰的执政与贵族的联系远较同资产阶级密切，他在贵族与资产阶级发生利害冲突时，通常是反映贵族集团的利益和要求，因而荷兰的政治制度又有贵族专制的性质。

荷兰各省在处理本省内部事务时享有广泛的自治权。各省经济发展状况不一，其三级会议的社会成分和作用也不尽相同，如荷兰省的三级会议，贵族势力微弱，大资产阶级占绝对优势；东部的格利德恩和奥维依谢尔，则是贵族占多数。

17世纪的荷兰，随着资本主义经济的发展和海外殖民掠夺的加剧，国内的阶级矛盾也尖锐起来。掌握国家政权的大资产阶级和贵族，他们的对内政策是公开反民主的。人民群众在政治上无权，国家和军队的巨额开支的主要负担，都通过间接税压在他们身上。资本家把从殖民地掠夺来的财富，在本国转化为资本，加强了对工人的剥削。荷兰工人的工作日长达12—16小时，工资低微。手工工场里大量雇用女工和童工。许多工人家庭，挣扎在饥饿线上。马克思在说明17世纪中叶荷兰的情况时讲道："荷兰的人民群众在1648年就已经比欧洲所有其他国家的人民群众更加劳动过度，更加贫困，更加遭受残酷的压迫。"

革命胜利后的荷兰，农村仍保留一定程度的封建残余，特别是落后的东部农业省份，封建土地所有制仍旧存在，一部分贵族还享有特权，剥削农民群众。

因此，17世纪荷兰的阶级矛盾仍十分尖锐。农民不时掀起暴动，雇佣工人和小手工业者组成工会，为要求提高工资，改善劳动条件，多次采取独立行动，向资本家展开斗争。

英国霸主地位的确立

英西战争

15—16世纪，西班牙是当时世界上最为强大的国家之一，在西半球，西班牙更是不可一世。在最强盛的时期，西班牙拥有一支有100多艘战舰，1000余门大炮，数以万计士兵的强大海上舰队，因此西班牙在当时有"海上霸主"之称。

它凭借这支庞大的舰队，垄断了许多地区的贸易，甚至干预欧洲乃至国际事务。到16世纪中叶时，西班牙拥有1000多万人口，其殖民势力范围遍及欧、美、非、亚四大洲。到16世纪末，世界贵重金属开采中的83%为西班牙所得。

随着英国、法国等国的崛起，西班牙的霸主地位受到了挑战，对西班牙最具挑战性的就是英国。15世纪后，英国资本主义经济通过圈地运动、血腥立法、海外掠夺而获得了很大发展，对外贸易和殖民掠夺日益扩大。但在殖民扩张的道路上，英国却遭到了劲敌西班牙的严重阻遏。

最初，英国尝试寻找，一条从西欧到

西班牙舰队

达远东的西北路线或由西欧到达美洲的东北路线，均因受西班牙海军的阻遏而失败。英国认识到，要实现海外扩张的目的，必须首先击败西班牙，摧毁它的强大舰队，

起初，由于西班牙拥有庞大的舰队，英国不敢正面交锋．于是雇佣海盗来打击西班牙力量。英国以高官厚禄招募大批富有实战经验的海盗为皇家海军所用，这期间英国招募和支持的大量海盗在大洋上大肆劫掠西班牙商船甚至军舰。这些海盗在海上扰乱西班牙航线、掠夺西班牙船只、乘机进行走私贸易。

英国政府支持的海盗活动给西班牙带来了巨大损失。对于西班牙来说，英国的扩张必然同西班牙发生矛盾。对于当时的这个“海上霸主”而言，是不允许其他国家来分享殖民地的利益的。英国的海上抢劫以及对美洲等殖民地的掠夺，严重威胁着西班牙对殖民地的垄断地位，引起西班牙国王腓力二世的仇视。

到16世纪70—80年代，英国和西班牙之间的矛盾愈演愈烈。当时，英国出于自身利益而援助遭受西班牙统治的荷兰人起义，向起义者提供港口以反击西班牙军队的镇压。不久，英国又支持法国的胡格诺教徒反对法国天主教会，而法国天主教会又受到西班牙的支持。

为了报复英国对西班牙的挑衅，西班牙试图煽动英国的天主教徒和分裂势力去颠覆伊丽莎白女王的统治，组织暗杀英国女王伊丽莎白，扶植前苏格兰女

伊丽莎白一世的肖像

王玛利亚上台。但阴谋很快被伊丽莎白女王识破，1587 年 2 月，玛利亚被处死。此举惊动了天主教廷，教皇立即颁布诏书，号召天主教徒征讨英格兰，对英国进行圣战。西班牙国王腓力二世趁机响应。

英国当时显然还没有做好同西班牙舰队作战的准备，士兵缺乏训练，军饷和战争物资等都供应不足。1587 年 4 月，伊丽莎白女王支持和供养的海盗德雷克带领自己的海盗舰队沿西班牙海岸一路扫荡，击沉和俘获了 36 艘西班牙补给船。接着，海盗德雷克又进入西班牙本土港口，袭击停在港内的船舶。在他返航时，德雷克还顺手抢劫了腓力二世的私人运宝船。

德雷克的袭击行动，给西班牙造成了大量损失，致使西班牙进攻英国的作战计划被迫推迟了一年。而英国则利用这些时间组建了一支海军舰队。到 1588 年，这支英国海军舰队包括皇家海军、海盗等各种船只 140 艘，士兵 9000 余人，由霍华德上将任舰队司令员，海盗德雷克和霍金斯也参与海军的指挥。

即使如此，英国皇家海军的实力还是不能和西班牙舰队同日而语。不过，英国这支舰队也有它的优点：船体小而狭长，船只航行速度快；除甲板上安装了大炮以外，舷窗上也装了大炮，因此船只的活力较强；由于英国属于岛国，而大西洋比地中海更加险恶多雾，因此靠抢劫起家的英国水兵比那些习惯于在风平浪静的地中海作战的西班牙水兵更具有战斗力。

西班牙舰队自遭到德雷克的袭击之后，不得不招兵买马、采购战争物资、准备武器弹药。眼看着大功即将告成，海军统帅克卢斯突然病逝。国王命令梅迪纳·西多尼亚公爵顶替克卢斯的位置。由于西多尼亚公爵没有海战经验，于是上书国王要求辞职，被国王驳回。

1588 年 5 月，西班牙国王腓力二世强令梅迪纳·西多尼亚公爵率领那支“最幸运的无敌舰队”从里斯本出发，计划与集结在尼德兰（相当于今比利时、荷兰、卢森堡及法国东北部地区）港口的陆军运兵船会合。然后，舰队掩护陆军横渡多佛尔海峡，登陆英国本土，对英国本土实施进攻。

这支庞大的“无敌舰队”拥有 130 余艘舰船，2000 多门火炮，水兵 8000 余人，步兵 1.9 万人，同时还有 2000 多名奴隶用以摇桨。不过该舰队出师不利，出发不久就遭风暴袭击，被迫进入拉科鲁尼亚港避风，等待补给。由于指挥不善，近一半的舰船被惊涛骇浪冲散或触礁沉没，以致6天以后，还有33艘战船杳无音讯。

7月中旬，西班牙无敌舰队在获得补给后，从拉科鲁尼亚港再度起航，两天后到达利泽德角附近海区，进入英吉利海峡。此时，英国舰队竟在西班牙军队毫未觉察的情况下尾随而来。英舰队派出小舰群快速挺进，不断袭扰和迟滞西班牙舰船，使西班牙舰队还没有正式交战就遭到了较大损失。

7月22日，双方舰队交火。霍华德指挥的英国海军舰队采用灵活的战术，放过“无敌舰队”的前卫后，充分发挥自己活力猛烈的优势，重炮轰击其后卫舰船。“无敌舰队”由于指挥不利，阵脚大乱。23日，由于“无敌舰队”处在东北风上风头，以优势兵力重创英国最大军舰“凯旋号”。

7月25日，双方再次交火。经过数小时激战，双方的弹药基本上都消耗光了。由于战场就在“家门口”，英国海军很快就得到了弹药补给。而“无敌舰队”则要困难的多，梅迪纳于是决定改变原来计划，东航到加莱以补充弹药。在航行途中，英国军队对这支没有弹药的舰队实施打击，在怀特岛附近击伤西班牙的旗舰。“无敌舰队”一直在遭受袭扰的状况下继续北进。

26日黄昏，“无敌舰队”到达加莱附近海域，随后英国海军舰队也赶到。霍华德将军明白西班牙舰队此时弹药空虚，无力打击就在面前的英军，于是放心地让他们停泊在海港中等待时机。

27日夜，海面上正刮着强劲的西风。英国舰队抓住这次极好的天气，将6艘船身涂满柏油、舱内装满易燃物和炸药的旧商船点燃，在西风的作用下冲进“无敌舰队”的停靠地，引起“无敌舰队”基地的极大混乱。

由于有些船只被大火点燃，梅迪纳命令舰队砍断锚索，等火船飘过后再回到投锚地。不想那些军舰为了逃命而互相撞击，甚至互相发生交火。而且大部分舰船为了躲火船而丧失了两个主锚，海面上的西风把它们吹向东北方向。

梅迪纳命令“无敌舰队”朝敦克尔克方向撤退。28日黎明，英军霍华德将军看见“无敌舰队”队形混乱、兵无斗志地驶向敦克尔克，下令自己的舰队继续咬住“无敌舰队”的船只猛打。刚开始时，“无敌舰队”还组织了几次反击，但是很快由于弹药不足导致火力难以持久。

在决战中，西班牙舰队墨守过时的横阵战术，坚持接舷战，但舰体笨重，机动性差，难以靠近英舰，且舰炮射程近，不能毁伤英舰。而霍华德指挥舰船灵活出击，加上舰炮射程远，使英军始终处于主动地位。虽然“无敌舰队”舰船上载有大量步兵，但是由于无法靠近船舷而发挥不了作用。

这次战役给“无敌舰队”以致命性的打击。双方从 28 日早上一直打到下午，直到英军将炮弹全部打完。从 22 日到 28 日这一个星期里，虽然“无敌舰队”发射了 10 万发炮弹，但是没有击沉一艘英军舰船，自己却死亡 1400 余人，是英军伤亡的 14 倍。

由于舰队损失惨重，梅迪纳被迫决定返航。英舰队当时的弹药也消耗殆尽，而且风向突变，故未予追击，即使如此，英军也是满载而归。

由于风向的转变，使得“无敌舰队”无法返回英吉利海峡，加上德雷克的威胁，只好绕过苏格兰和爱尔兰折返西班牙。但是这段航线给“无敌舰队”带来的打击，实在不比加莱海战的要小。

在苏格兰北部，“无敌舰队”遭到了大风暴的袭击，很多已经破损不堪的舰船在那次风暴中沉没。另外，由于大西洋航道比地中海要复杂得多，习惯于地中海航道的“无敌舰队”，在遭遇大风暴之后又进入了礁石密布的爱尔兰西海岸，很多船只触礁或者因此搁浅。此后，由于船上缺乏粮食和饮用水，加上伤员伤口溃疡和坏血病等疾病的发生，“无敌舰队”的船员和士兵损失严重。

1588 年 10 月，梅迪纳终于带领残兵败将回到了西班牙，原先庞大的“无敌舰队”仅剩 43 艘舰船，死亡船员达到 8000 余人，近乎全军覆没。损失了大半舰船的“无敌舰队”，事实上已经不复存在。它一半是被英国舰队打败，另一半是被狂风骇浪摧垮的。

之后，英国海军在海盗的配合下，继续扫荡西班牙海上力量。虽然西班牙为弥补国库空虚而更加疯狂地掠夺殖民地，但财富大部分在海上被劫掠。1702 年，西班牙满载价值 2000 多亿英镑财宝的“黄金舰队”遭到英荷联合舰队拦截。虽然西班牙军队在关键时刻焚毁了大部分船只，但是还是被联合舰队俘获不少船只，被抢去数百亿英镑的财宝。

当“无敌舰队”覆灭之后，西班牙自此丧失了制海权，使之迅速从世界强国的顶峰上跌落下来。相反，加莱海战之后，英国获得了海上霸主的地位，代替西班牙而成为新一个“日不落帝国”。英国海军从一支不起眼的力量，迅速发展成为世界上首屈一指的强大海军。17世纪，英国皇家海军击败了荷兰舰队，18世纪又击败了法国海军。截至1938年，英国海军舰船总吨位达214万吨，数量近700艘。

与此同时，英国国家实力也随着海军的强大而不断强大。在强大海军力量的保护下，英国疯狂地占领殖民地。这个仅有几百万人口的孤岛小国，从此成为世界头号殖民帝国。一度英国海外殖民地面积占全球总面积的1/4，比英国本土几乎大100倍，殖民地人口达4亿多。英国国内经济空前强盛，伦敦成为当时世界国际贸易和金融信贷的中心。此外，英国的人口也随之大幅度增长，这奠定了以后战争胜利的基础。仅就伦敦而言，1500年时伦敦才5万人口，到1600年的时候，伦敦人口已经超过25万了。

这次海战以后，西班牙一蹶不振，它的海上霸权从此成为历史，历时一个世纪建立起来的帝国大厦开始坍塌。而英国则一跃成为海上强国，夺得了大西洋上的部分制海权，并从此开始走上了全面争夺海上霸权的道路。因此，英西战争，是英国强盛的开始，西班牙日渐衰落，英国获得了海上霸主地位，为英国成为17、18世纪的世界强国奠定了基础。

纵观世界战争史，海战对许多国家的前途和命运曾产生过决定性的影响。如：萨拉米斯海战之于波斯和希腊；阿克兴海战之于罗马和埃及。1588年，海上霸主西班牙派遣自己的“无敌舰队”入侵英国，最后失败，再一次证明了海战对历史发展的影响力。西班牙衰落，而英国一跃成为世界上最强大的国家。

两个海军强国的较量

16世纪，世界上的“超级大国”不是美国，也不是后来殖民地遍布全球、号称“日不落”的大英帝国，而是欧洲的西班牙。自从哥伦布远涉重洋发现美洲新大陆后，西班牙殖民主义者纷纷涌到那里掠夺金银财宝，致使西班牙很快成为欧洲最富有的海上帝国。

据统计，公元1545—1560年间，西班牙海军从海外运回的黄金即达5500公斤，白银达24.6万公斤。到16世纪末，世界贵重金属开采中的83%为西班牙所得。为了保障其海上交通线和其在海外的利益，西班牙建立了一支拥有

100 多艘战舰、3000 余门大炮、数以万计士兵的强大海上舰队，最盛时舰队有千余艘舰船。这支舰队横行于地中海和大西洋，骄傲地自称为“无敌舰队”。

那时，英国的资本主义处于萌芽状态。轻工业的发展，迫使它急于寻找海外商业市场；舰船制造和航海技术的革新，更加膨胀了英国夺取殖民地的勃勃野心。

对于西班牙来说，自然不允许其他国家分占他来自殖民地的利益。英国的海上抢劫以及对美洲的掠夺严重地威胁着西班牙对殖民地的垄断地位，引起西班牙国王腓力二世的仇视。起先腓力二世不想诉诸武力，他勾结英国天主教势力，企图把信奉天主教的苏格兰女王玛丽扶上英国王位。为此，他在英国开始进行颠覆活动。

玛丽早在 1568 年就因苏格兰政变而逃到英国，被伊丽莎白所囚禁。当英国的天主教徒在西班牙的怂恿下谋刺伊丽莎白而另立玛丽时，伊丽莎白乘机处死了玛丽。腓力二世谋杀不成，就决心用武力征服英国。

当时，英国的海上实力并不强大，难以与西班牙海上舰队相匹敌，只能靠海盗头子德雷克、豪金斯和雷利等人组织的海盗集团在海上袭击、拦劫西班牙运载金银的船只，进行海盗活动。而腓力二世却拥有一支庞大的舰队——“无敌舰队”。

战争初期

1588 年 5 月末，西班牙公爵梅迪纳统率的西班牙“无敌舰队”从里斯本扬帆出航。这时“无敌舰队”共有舰船 134 艘，船员和水手 8000 多人，摇桨奴隶 2000 多人，船上满载 2.1 万名步兵。显然，梅迪纳是要利用西班牙步兵的优势，运用传统战法，冲撞敌舰，在强行登舰后进行肉搏，然后夺取英国船只。

英国舰队与西班牙无敌舰队海上交战图

不幸的是，“无敌舰队”出发不久，就在大西洋上遭遇风暴。狂风恶浪使帆船失去控制，水手们被晃得晕头转向，准备登陆的“旱鸭子”更晕得像站不住的醉汉。这样，舰队只好返港避风。待到

7月，舰队又踏着大西洋的滔滔海浪，一路浩浩荡荡地驶进英吉利海峡。

英国方面也做好了迎击准备，由霍华德勋爵任统帅，德雷克任副帅。英军共有197艘战舰，载有作战人员9000多人，全是船员和水手，没有步兵。英国的战舰性能虽不如西班牙，但由豪金斯做了改进，船体小、速度快、机动性强，而且火炮数量多、射程远。这种战舰既可以躲开西班牙射程不远的重型炮弹的轰击，又可以在远距离对敌舰开炮，以火炮优势制胜。

7月22日清晨，战争爆发，英军纵队列阵，迎着强劲的西南风，抢到横队列阵的"无敌舰队"上风位置，放过"无敌舰队"的前卫后，充分发挥自己两舷的火力，重炮猛轰其后卫舰船。"无敌舰队"阵脚大乱，节节败退。23日拂晓，海上风向逆转，"无敌舰队"处在东北风上风头，于是他们以多围少，重创英国最大军舰"凯旋"号。这样，在第一回合双方打了个平手。

25日，双方再度交手，激战几小时后，双方尽管损失不大，但弹药基本上消耗光了。梅迪纳决定改变计划，向加莱前进。霍华德也率领舰队转向多维尔。此刻，双方面临的主要问题是弹药补给问题，霍华德还可以从附近的港口获取一些补给，而"无敌舰队"则要困难得多，在未到达加莱之前，一点接济都没有。

26日黄昏，"无敌舰队"到达加莱附近海域，在加莱与格里斯尼兹港之间驻锚，英国舰队也随后赶来。鉴于"无敌舰队"弹药空虚，英国舰队放心大胆地在敌人长炮射程之内停泊，甚至一些英国舰只驶到敌轻武器射程的边缘线上，穿来穿去，随心所欲，梅迪纳对此惟有望洋兴叹。

28日凌晨，霍华德在旗舰"皇家方舟"号的主舱召集作战会议。因为攻击的时间紧迫，决定在舰队中挑选8艘200吨以下的小船，改装成大船，作为突击使用。清晨，"无敌舰队"的哨兵发现几艘轻装船只向他们靠拢，突然，小船上发出熊熊火光，接着，"无敌舰队"的大小船只一片混乱，一些船已经被大火点燃。梅迪纳慌忙命令各舰砍断锚索，想等火船过去后，重新占领这个投锚地。但在混乱中，许多船只只顾夺路逃走，结果互相碰撞，甚至自己打了起来，全舰队已经开始溃散。火船过后，梅迪纳命令所属各分舰队向加莱集中，但只有少数船只执行了命令，大多数船只由于刚才砍去两只锚，只靠剩下的一只锚已经系留不住，遂沿岸向东北方向漂流而去。

此时发生的情况，霍华德看得清清楚楚，“无敌舰队”正以杂乱无章的队形驶向敦刻尔克方向，这样它就没有可能再回到加莱了。霍华德立即命令舰队全速追击，在高速航行中，英国舰队与“无敌舰队”的距离逐渐缩短。考虑到自己的弹药也不是十分充足，霍华德命令舰队尽量靠近敌人，在保证弹无虚发、全部命中的短距离才开始实施炮击。此时，“无敌舰队”已没有弹药储备了，英国舰队抓住这个弱点，把握风向，进退灵活，无所顾忌，时而左舷，时而右舷，连续不断地向敌舰发射大小炮弹。“无敌舰队”只有后退之力而无招架之功。

上午9时，双方舰队在格南费里尼斯角接火。英国舰队步步紧逼，“无敌舰队”各舰距离越拉越大，秩序更加混乱。英国舰队各舰配合默契，各式火炮此起彼伏，打得有章有法。海战一直持续到下午6时，突然风向转变，霍华德及时命令舰队摆脱战斗，“无敌舰队”趁此机会，退出英吉利海峡。

整整一个星期的交战中，“无敌舰队”耗费了10万多发大型炮弹，而英国舰队无一遭到重创，只是阵亡了一名舰长和20余名水手。与此相比，仅仅格南费里尼斯一战，“无敌舰队”即死伤1400余人。

7月29日黄昏，梅迪纳召集作战会议，权衡利弊后，决定如果风向有利，应再度设法控制英吉利海峡，否则，别无出路，只能绕道北海，返回西班牙。结果，天公不作美，风向始终未变，“无敌舰队”只得采取第二方案，返回西班牙。

“无敌舰队”的覆灭

8月，英西两军在加莱东北海上进行了二次会战。西班牙的战舰高耸在水面上，外形壮观，但运转不灵，虽然人数和吨位占优势，却成为英国战舰集中炮火轰击的明显目标。英国战舰行动轻快，在远距离开炮，炮火又猛又狠，打得“无敌舰队”许多舰只纷纷中弹起火。西班牙开炮向英舰射击，却不能命中英舰，英国舰只尽可能避免进入西班牙火炮射程之内，在远处灵活闪避，活动自如。这种远距离炮战使西班牙舰队的步兵和重炮不能充分发挥作用。激烈的炮战持续了一整天，直到双方弹药用尽，轰击才告终止。“无敌舰队”被打得七零八落，两个分舰队的旗舰中弹、撞伤，一个分舰队司令被俘。

西班牙全线退却，在退却途中，英国舰队紧追不舍。8 月 8 日，在格拉夫林子午线上，英国舰队又紧逼“无敌舰队”的 50 多艘军舰，以优势兵力发起攻击。这时，“无敌舰队”其余 70 余艘军舰正在 6 海里外，未能及时介入战斗。英国军舰轻便灵活，机动性能好，其火炮射程也远远大于敌人，因此，英舰始终保持着有利于自己的距离作战。而西班牙火炮射程近，只能力图靠近英舰队，以便进行接舷战。英舰凭借强大火力压制对方，不让其靠近一步。战斗持续到下午 6 时才以西班牙舰队受到重创而结束。这一战，“无敌舰队”被击沉 16 艘军舰，而英国军舰虽有一些损伤，但无一被击沉。

“无敌舰队”集中起残余船只，从北面绕过不列颠群岛向西班牙驶去。英国舰队虽取得胜利，但一些舰只受创，加之弹药消耗过大，霍华德命令停止追击。剩下的西班牙舰只乘着风势向北逃窜，准备绕过苏格兰、爱尔兰回国。受损的舰队抵达苏格兰西北岸的拉斯角时，遇到猛烈的大西洋风暴掀起的巨浪。战舰漏水、损坏，船员饥饿、生病，他们孤立无援地在海上随风漂泊。许多战舰撞上了岩石；另一些战舰进水下沉，消失在浪涛之中。风暴狂吹了一个月。还有一些战舰在爱尔兰海岸外失踪，数千人淹死。许多好容易登上爱尔兰海岸的幸存者也被杀死或饿死。到 1588 年 10 月，“无敌舰队”仅剩 43 艘残破船只返回西班牙，近乎全军覆没。而英舰没有损失，阵亡海员水手只有百人左右。

“无敌舰队”覆灭以后，西班牙逐渐衰落下去，而英国则取得了海上霸主地位，使本来一个仅有数百万人口的孤岛小国一跃成为世界上头号殖民帝国，并在以后好几个世纪中保持着世界“第一强国”和“海上霸主”的地位。16 世纪末，英国几次派舰队去侵掠西印度群岛。接着，英国开始组织向北美的殖民活动。16 世纪后半期，英国国势空前强盛，生产力不断增长，经济走向繁荣，伦敦成为国际贸易和信贷的中心。1500 年，伦敦大约有 5 万人口，过了一个世纪，它的人口增加到原来的 5 倍左右，而且还在继续增长。

英荷战争

1652—1678 年英荷战争又叫“荷兰战争”，是英国和荷兰为争夺殖民地和海上霸权而展开的战争，共进行了 3 次：1652—1654 年；1664—1667 年，1672—

英国和荷兰在海上激战

1678 年。经过这几场战争，最终确立了英国的海上霸权地位。

17 世纪，是西欧各封建国家走向衰落、资产阶级革命正在兴起的历史转折时期。荷兰在 16 世纪后半期至 17 世纪前半期，经过 80 年战争，打败了西班牙，实现了民族独立，完成了资产阶级革命。

荷兰是个小国，面积 2.9 万平方公里，自然资源贫乏。但是荷兰人民富于聪明才智，利用千百部风车排干海水，拦海造坝，使万倾海洋变成沃野，建立了发达的农业和畜牧业。荷兰人还利用面向大西洋的几百公里海岸线和国内纵横交错的水网河道和沿海的良港，大力发展海外殖民和贸易事业。荷兰人自古善于航海，他们建立了世界上首屈一指的商船队，17 世纪上半叶共拥有商船 1.6 万艘，是法国、英国、西班牙和葡萄牙四国商船的总和，占全世界商船总吨位的 3/4。荷兰人垄断了世界的贸易，荷兰商人的足迹遍及五大洲各个角落。荷兰人被人们称为“海上马车夫”。

荷兰人还大力开展海外殖民事业，夺取了广阔的海外殖民地：从葡萄牙人手中夺取了南非的好望角、锡兰（今斯里兰卡）、印度的马拉巴海岸和科罗曼德海岸以及马六甲;还占有印度尼西亚、北美的新尼德兰、南美的圭亚那,还曾于1622—1662年侵占了我国的领土台湾。

荷兰的海上霸权严重威胁了英国的利益。17世纪,英国资本主义正迅速发展、原始积累不断加强,也在对外殖民扩张。但是17世纪中期以前,英国资产阶级正忙于进行革命,无暇与荷兰竞争。荷兰乘机在世界各地排挤英国。荷兰的东印度公司1619年打败了英国的东印度公司,迫使英国转向印度。6000艘荷兰船在波罗的海张帆遨游,封闭了英国同北欧各国的贸易,使英国的木材、大麻和油脂等重要物资奇缺。波罗的海的全部贸易以及对印度和美洲的贸易均由荷兰人垄断,甚至在英国西印度群岛的殖民地上,荷兰商人也压倒了英国商人,仅与巴巴多斯做买卖的荷兰商船就是英国的2倍。英国捕鱼业也受到荷兰的沉重打击。荷兰人不仅在英国领海上捕鱼,而且还把打的鱼拿到英国市场上销售。到17世纪上半叶,荷兰的海外投资已比英国多15倍,船只多10倍。

1649年英国处死查理一世后,取得了资产阶级革命的胜利。英国资产阶级迫切要向海外扩张,开辟海外殖民地和市场。这时,荷兰对海上贸易的垄断权

英荷两国舰队在一场战役中的交战场面

是英国海外扩张最大的障碍和直接威胁,英国已无法容忍荷兰的海上霸权了。克伦威尔当政时制定的战略就是控制海洋。英国政治家活尔特·雷利爵士曾经说过这样一句名言:“谁控制了海洋,即控制了贸易;谁控制了世界贸易,即控制了世界财富。因而控制了世界。”为实现这一战略,从1649—1651年英国加紧海军建设。克伦威尔对海军格外关注,他抓了两年事:一是成立了专门的“海军委员会”负责建造专门为海战设计的新型战舰。革除了以往打仗是征召武装商船和海盗的习惯做法,而让武装商船和海盗船作为预备役用。二是加强对海军的训练和管理,一改以往靠商船水手打海战的做法,专门从陆军中选出精壮士兵担任职业海军军人,并由经验丰富的职业军官指挥海军。著名海军将领罗

伯特·布莱克担任海军统帅后，加强训练和战备，使英国海军保持良好的战备状态。这期间，英国海军从 1649 年的 39 艘战舰增至 1651 年的 80 艘，增长了 2 倍多，其中大部分是二层甲板、拥有 60 至 80 门炮的巨型战舰，排水量达 1000 吨。最大的是“海上主权”号，排水量 1500 吨，有四层甲板 104 门重炮，水兵 800 人，最大的炮弹重 60 磅，一次齐射的炮弹重一吨。

英国在海军建设告一段落，战争准备完成后，便向荷兰开刀了。1651 年 10 月 9 日，英国议会颁布了著名的《航海条例》，主要内容为：亚洲、非洲或美洲的商品，必须使用英国船只才准许运入英国及其殖民地；欧洲商品输入英国及其殖民地，必须使用英国船只或原商品出产国的船只运送；不准英国商人进口中介商品；保护英国渔业。该条例各条款正是针对专搞“中介贸易”和海运的荷兰商人。

对于《航海条例》，荷兰断然拒绝。英荷双方都意识到战争不可避免了，便剑拔弩张，扩军备战。英国海军在原有基础上，又紧急动员了 125 艘商船。荷兰海军原仅有 60 艘战舰，1652 年也紧急征用商船后，达到 226 艘。但是荷兰战舰比英国要小得多，最大的才 54 门炮，大多数只有 20—30 门炮，均比英国小 1 倍。英国海军无论是数量还是质量，均比荷兰占有较大的优势。双方到了 1652 年，均已做好准备，严阵以待，大战一触即发。

自信的荷兰人

第一次英荷战争

1652 年 5 月 29 日，布莱克率领英国舰队在多佛尔海峡巡逻，与荷兰舰队相遇。荷兰舰队由海军名将特罗普指挥，有 42 艘军舰。英国舰队只有 20 艘军舰。但是布莱克坚持要荷兰人必须下降军旗向英国国旗致敬。荷兰人拒绝了这种无理要求，英舰便开炮轰击，击沉荷舰 2 艘，于是第 1 次英荷战争便爆发了。

第 1 次英荷战争主要集中在多佛尔海峡战区（包括北海）和地中海两大战区，其中又以多佛尔海峡为主。

英舰队司令布莱克针对荷兰对外的咽喉多佛尔海峡制定了战略：控制多佛尔海峡和北海，切断荷兰与外界的一切联系，迫荷兰人投降。为此，他采取了集中强大舰队、拦截通过海峡的一切荷兰船只的战术。他还派出舰队到苏格兰北部袭击荷兰东印度公司的运银船，到北海捕获和击沉荷兰的捕鱼船，甚至深入到波罗的海，破坏荷兰与东欧之间的海上贸易。这种战略战术对荷兰经济上是致命的打击。

荷兰由海军上将德·赖特指挥。他在和法国海盗船及西班牙海军的长期战斗中积累了丰富的海战经验。荷兰制定的战略就是以强大的舰队为商船护航，强行通过海峡，确保外界的联系。但是荷兰在军舰的战略部署上不当，把过多的力量投入到次要战区地中海，从而使在海峡争夺中处于数量上的少势。

战争分两大战区展开。在多佛尔海峡和北海战区，双方共展开 9 次激烈的海战。参战的各有一、二百艘军舰和 2、3 万士兵在海上厮杀，这一战区的战斗可分两个阶段：

相持阶段（1652 年 5 月—1653 年 2 月）

英荷双方互有胜负，主要海战有：

1. 普利茅斯海战（1652 年 8 月 26 日）

赖特指挥荷兰舰队护航商船通过英吉利海峡。中午，阿伊斯秋率领 40 艘军舰和 5 艘纵火船的英国舰队进行拦截。在普利茅斯港外赖特投入了 30 艘军舰和 6 艘纵火船与英军作战，双方力量相近，赖特奋勇作战，终于将英舰队击败，使荷兰商船队成功地通过了海峡。此仗，双方互有伤亡，但荷兰海军通过海战，感到与英军在航海技术、炮术、海战战术方面与英军不相上下，从而增强了信心。

2. 肯梯斯诺克海战（1652 年 10 月 8 日）

英国舰队在布莱在指挥下，在北海给荷兰捕鱼船以沉重打击，使之损失惨重，有 900 多渔民被俘。荷兰舰队司令德·维特从普利茅斯之战中，认为英军战斗力不如荷兰，便没有从地中海战区抽调援兵，不顾兵力和火力都弱于英国的现实，向布莱克发起攻击。10 月 8 日，双方在泰晤士河口外的肯梯斯诺克相遇。双方舰只英 68 艘荷 64 艘。英舰数多，火炮多，占了上风。双方混战了 2 天 2 夜，由于布莱克进攻的勇敢顽强，荷兰舰队招架不住，被击沉 3 艘，还有许多舰只毁坏。英国舰队大获全胜，

3. 达格尼斯海战（1652 年 12 月 10 日）

英国在取得了肯梯斯诺克海战的胜利后，开始骄傲轻敌，以为荷兰海军不堪一击，于是把英国舰队分了好几部分，还抽出 20 艘去地中海，这样英国在海峡战区只有 42 艘军舰，从数量上处于劣势。荷兰方面特罗普又重掌帅印，他带领荷兰舰队担任来往于荷兰与外界的商船队的护航任务。12 月 10 日特罗普出动 78 艘战舰为 300 艘庞大的商船队护航。布莱克在英格兰东南的达格斯坦海角终日海战。荷英双方军舰为 70:42。特罗普和副手赖特作战英勇，指挥果断，数量也占优势。荷兰人击沉了 3 艘英国战舰，俘获 2 艘。英舰队大败，残舰龟缩在英国南方的港口，不敢出战。

4. 波特兰海战（又叫“三日海战”，1653 年 2 月 28 日至 3 月 2 日）

失败使英国人脑子清醒了，认识到荷兰人非等闲之辈，必须认真对付。于是英国又把海军力量集中起来，又建造了许多新舰，随时准备报上次惨败的一箭之仇。

1653 年 2 月 28 日，特罗普又率 80 艘战舰护送 180 艘商船返回荷兰，在波特兰以西海面与英国舰队相遇。英军有 70 艘战舰。一场残酷的海战爆发。荷兰舰队投入攻击，以掩护商船队前进。双方在海上激战了整整 3 天，特罗普费了九牛二虎之力才突破英军封锁，大部分商船安全回国。但是荷兰损失巨大：11 艘战舰被击沉或被俘获，30 艘商船也被击毁或缴获，阵亡近 2000 人。英国只损失 1 艘船，伤亡 1000 人，布莱克本人也负了伤，由蒙克继任。

第 2 阶段：英国取得战略优势（1653 年 2 月—1654 年 4 月）

三日海战后，英国海军重新获得了对海峡和北海水域的控制。蒙克海军上将很有远见，他坚持集中兵力，以优势舰队封锁海峡，切断荷兰对外联系的战术。为此，克伦威尔动员了全国工业生产力量集中赶制战舰，雄厚的工业实力生产

的高水平的战舰一艘接一艘地下水，加入英国舰队。而荷兰由于工业基础薄弱，损失的战舰很难得到补充，逐渐处于劣势。

1653 年 4 月，英国海军还颁布了两个在海军历史上具有历史意义的文件。一个是《航行中舰队良好队形教范》，规定了在航行中保持良好队形、指挥统一、完整的联络方法等重要内容。二是《战斗中舰队良好队形教范》，第一次作出了组成纵队战斗队形的规定。这两个教范有力地保证了英国海军指挥一致，作战中相互协同，大大地提高了战斗力。而荷兰海军仍采用旧的战术，不可避免地走向失败。这阶段双方主要有两次大海战：

1. 加巴德沙洲海战（1653 年 6 月 12 日—13 日）

6 月 12 日，特罗普指挥荷兰舰队从本土基地出发，试图打破英国海军的封锁。荷兰舰队有 104 艘军舰，英国舰队由蒙克和迪恩指挥，拥有 115 艘战舰，双方力量相当。开始，双方混战，相持不下。天黑时，布莱克率 18 艘军舰赶来增援，英军在数量上占了优势，荷舰队于 13 日开始撤退到佛兰德浅滩，英国军舰大多吃水深，无法进入浅滩，遂停止了追击。战斗中，荷兰被击沉 9 艘，被俘 11 艘，损失兵员 1400 人。英国虽只损失 1 艘军舰和 400 人，但舰队司令迪恩海军上将阵亡。

2. 斯赫维宁根战役（1653 年 8 月 8 日—10 日）

英国舰队夺取了海峡和北海制海权后，对荷兰海岸严密封锁，荷兰经济陷于瘫痪。为了打破英军封锁，特罗普和德维特决定孤注一掷出击，进行“敢死”的冲击。荷英双方舰数之比为 106∶100，大体相当。8 月 10 日战斗正式开始，这是一场决战。在激战中，荷兰杰出的统帅特罗普中弹身亡。荷兰舰队失去卓越的指挥官后，斗志剧减，被蒙克打得一败涂地，仓皇撤退。荷军损失了 15 艘战舰，伤亡 4000 人，而英军只沉了 2 艘军舰，伤亡 1000 人。

斯赫维宁根战役后，荷兰舰队元气大伤，再也无力出击了。英国对荷兰实行绞杀式封锁。海峡和北海战区再无大战。

在地中海战区，从战略上对战争结局影响不大，荷兰集中了强大的舰队，保持了对英国的优势。范·盖伦指挥的荷兰舰队有 14 艘战舰组成，每舰有 26—30 门炮，还有增援的 22 艘武装商船。英国舰队有 15 艘舰，每舰 30—54 门炮。但英舰队部署不当，分为两部分驻在地中海东部的里窝那厄尔巴岛。

荷舰队司令范·盖伦巧妙地集中舰队兵力插入英两支分舰队之间，切断了他们的联系，造成局部优势，分而歼之。1652 年 8 月 28 日，厄尔巴岛的英分舰队冲出去和优势的荷舰队交战，被荷兰舰队打得落花流水。荷军继而又封锁里窝那 6 个月。1653 年 3 月 13 日，范·盖伦把英舰队诱出里窝那予以全歼，英舰队除跑了 1 艘外，全被击沉或俘获。荷海军虽然大获全胜，但是其卓越统帅范·盖伦在激战中阵亡。此战后，英残余舰只撤出地中海，荷兰海军控制了地中海。

尽管荷兰海军在地中海控制了制海权，但对于战局无补。英海军的窒息式的绞杀封锁完全切断了荷兰与外界的联系，以海运和海外贸易为主的经济完全瘫痪。工厂关门，商店停业，商船腐烂，有 1500 艘商船为英国俘虏。繁华城市阿姆斯特丹街上杂草丛生，乞丐遍地，有 1500 所房子无人居住。荷兰无力再战，被迫向英国求和。根据 1654 年 4 月两国签订的《威斯敏斯特条约》，荷兰被迫支付的 27 万英镑赔款同意在英国水域向英船只敬礼，英国可以与远东通商。荷兰还割让了圣赫勒拿岛。

第 1 次英荷战争以英国胜利而告终。英国胜利的原因：一是荷兰战略部署失当，在次要战区集中优势兵力，而在生死攸关的海峡和北海战区兵力处于劣势。二是英国有雄厚的工业实力，能迅速弥补战争的损失。三是英国海军的装备、数量、火力和战术水平优于荷兰。

第二次英荷战争

荷兰战败后，英荷矛盾并没有解决。荷兰对于《航海条例》如芒在背，一直在寻找时机，报仇雪耻，打败英国，废除《航海条例》。赖特海军上将这时担任荷兰海军的头面人物。他励精图治，改组海军，重建海军舰队，招雇和训练水兵。他还认识到：单凭给商船护航是打不败英国的。只有改变这种被动战略，抛开商船，只用战舰作战，以海军主力与英国舰队决战，夺取制海权，才能取得战争的胜利。为实现这一战略，荷兰加紧建造大型战舰，到 1664 年，已拥有 103 艘大型战舰，上有大炮共 4869 门，官兵 2.1631 万人。

而英国，自取得第 1 次英荷战争的胜利后，便不把荷兰放在眼里。克伦威尔建立了军事独裁，对内镇压本国劳动人民，对外侵略爱尔兰并与西班牙进行战争，造成200万镑的债务，搞得国内人民怨声载道，危机四伏。1658年克伦威尔死后不久，蒙克便投向保皇党，让查理二世于1660年复辟。查理二世复辟后，为了对外扩张，仍加紧建设海军。但这时英国海军今非昔比，由于政界和军界的腐败，使海军陷于债务，1660年欠债100万镑。而全年海军拨款仅及海军预算的2/3，造成舰只失修破旧，士兵常常领不到薪水，士气低落，战斗力不降。

荷兰卧薪尝胆、忍辱负重10年，一直在寻机报仇，这时机会终于来了。早在1660年，查理二世十分狂妄，又颁布了新的《航海条例》，而且条件更为苛刻。但当时荷兰还未准备好，未有行动。1663年，英国得寸进尺，开始进攻荷兰在非洲西岸的殖民地并于1664年攻占。同年，英国还攻占了荷兰在北美的属地新阿姆斯特丹，并命名为纽约。荷兰忍无可忍，开始采取了行动。1664年8月，赖特率8艘战舰扬帆驶向西非，很快便收复了西非被英国占领的据点。1665年2月22日，荷兰正式向英国宣战，第2次英荷战争爆发了。

第二次英荷战争主要是以双方海军主力决战的形式来夺取制海权，海战的规模更大了，由于火炮的改进和射程及杀伤力的提高，使海战中的损失大大提高。战场主要在英吉利海峡和北海地区，战争进程可分3个阶段。

第1阶段：英国占据优势（1665年6月—年底）

荷英两国宣战后，由于是冬季，气候条件不利于海战，直到春天之后才正式交战。

1665年6月13日，两国舰队在英格兰东海岸外的洛斯托夫特展开海战。英国舰队由国王的兄弟约克公爵任总司令，共有109艘战舰，其中50门至90门炮的战列舰35艘，其他战舰53艘，武装商船21艘，纵火船21艘及小型船只7艘，共有4200门大炮和2.2万人。荷兰舰队因赖特远征非洲未及返回，由沃森纳尔和奥布丹指挥，拥有103艘战舰，11艘纵火船和7艘通讯船。共有4900门炮2.1万人，但荷兰人的舰和炮仍比英国的要小。荷兰舰队本处于顺风的有力位置，但奥布丹等未及时主动攻击，不知何故。等风变向后，荷兰舰艇顶风攻击，双方开始还能相互列阵齐射，但不久队形乱了，转入混战。从上午3时一直打到下午3时，有些荷兰舰支持不住转舵逃跑，给英国人留下了缺口。英舰队立即插入。在激战中，荷兰旗舰“伊恩德纳赫特”号被击中弹药库爆炸，两位舰队司令沃森纳尔和奥布丹阵亡，409名人员中仅有5人获救。旗舰沉没后，荷兰又一艘巨舰“奥兰奇”号陷于敌舰重围被俘获，后被焚毁。荷兰舰队乱了阵营，纷纷溃逃。荷兰人在英舰炮击、火攻和登船攻击下，损失惨重，至少损失了17艘战舰、3名海军上将及官兵4000多人。英国仅损失军舰2艘和800名官兵。英国获胜是因为炮的射程远，英海军战术水平高。二是由于荷兰人指挥失误及旗舰过早损失之故。

洛斯托夫特海战后，荷兰舰队一时伤了元气，德维特下令马上重建舰队。

查理二世的画像

这时，英国舰队向北欧进发，企图俘获停在挪威卑尔根港内的70艘荷兰商船，但被荷兰人击退。8月，赖特终于回到国内。他立刻稳住了荷军阵脚，担任荷兰海军统帅。他率荷兰舰队驶往挪威，把在卑尔根的船队安全带回国内，只有10艘因风掉队被英国人俘获。在下半年的大部分时间里，赖特靠出色的指挥艺术，巡逻于英吉利海峡和泰晤士河口以外，有效地保护了荷兰的海上贸易。但是英国的战略优势地位仍然存在，荷兰只是处于保护交通线的被动态势。

第2阶段：战争的扩大与相互拉锯阶段（1665年年底—1666年9月）

1665年秋天起，一场大祸降临英国。伦敦及英国各地流行大瘟疫，这是由老鼠引起的鼠疫（又叫“黑死病”）大流行。夏天，鼠疫开始发作，9月后流行，死亡人数剧增。伦敦人口的1/4、约10万人死于鼠疫。这使英国国内一片混乱。1661年1月，荷兰又先后与法国、丹麦结为反英同盟。法丹两国向荷兰提供了各种援助。虽然法国并不想积极参战，但是也迫使英国舰队分出20艘军舰对付法国人，使英国舰队的力量受到削弱。因此，英国的战略优势逐渐丧失。

经过冬季休战后，春夏之交双方又恢复了战斗。在短短的几个月，双方连续展开了五次大小海战，激烈程度以往罕见，双方互有胜负。

1. 四日海战（1666 年 6 月 11—14 日）

6 月 11 日晨，赖特率荷兰舰队出海。这支舰队是冬季花了 1100 万盾组建的，共有 84 艘战舰，4600 门大炮和 2.2 万官兵。英舰队在蒙克（现在是阿尔比马尔公爵）和鲁珀特亲王联合指挥下前来迎战。英舰队共 78 舰 4500 门炮和 2.1 万人。战前，英军收到错误情报，说法国舰队来了，便由鲁珀特亲王率 20 舰去截击"法国人"。仅给蒙克留下 2/3 的力量，作为支援鲁珀特的预备队。但不想迎头蒙克撞上了荷兰主力舰队。双方立刻展开激战。荷舰利用数量优势渐渐包围了蒙克的舰队。荷军抢占了上风，加上多年的训练使炮手射术大长，所以射则十分准确，给处于逆风的英舰沉重打击。英"绥夫蒂秀尔"号被俘，舰队司令贝克利阵亡。英舰"亨利"号受了重伤，但仍战斗，荷兰先遣舰队司令埃弗森被炮弹击中身亡。头天战至黄昏，双方各损失几艘舰，平分秋色。第 2 天，英舰队又发起攻击，荷兰后卫舰队想抢先英方占领上风，引起荷方阵形大乱。但英方因舰只数量上占劣势，无法抓住战机打击荷方。双方又一次平手。6 月 13 日，英方仅有 30 艘军舰还能战斗，蒙克被迫西撤。英先头舰队旗舰"皇家亲王"号被荷舰包围搁浅，舰队司令阿伊斯秋举白旗投降，该舰被荷兰人焚毁。正当英舰队危急之际，鲁珀特亲王的舰队因未找到法国人又返了回来，与蒙克舰队残部会合。6 月 14 日清晨，双方展开决战。赖特的两员大将奋勇当先，其中一人是特罗普之子小特罗普，英舰队中先头舰队走得太快，与主力舰队间留下空隙，被荷舰切入，英舰队后卫又为小特罗普迂回，赖特率主力猛攻入英舰队中央。英舰队陷于混乱，但为避免灭亡，拼死抵抗。海面上一时硝烟滚滚，弹如雨下，杀声震耳，双方打得天昏地暗。荷兰为全歼英军，先后投入了 3 万人和 6000 门炮。这时天降大雾，天也黑了。英军为避免全军覆灭，被迫撤出战斗。而荷兰人也耗尽了弹药，筋疲力尽，只好也返航了。这一仗，是英荷战争中最大的一场海战。英国有 17 艘战舰（包括 3 艘旗舰）被击沉，官兵阵亡 8000 人，被俘 3000 人，其中有 2 名将军和 12 名舰长阵亡。这是英皇家海军历史上少有的几次败仗之一。荷兰海军仅损失 6 艘战舰，伤亡 2500 人，其中有 3 名将军。

2. 古德温海战（1666 年 7 月 1—4 日）

但四日海战并不是决定性的，赖特虽然把泰晤士河口封锁了一段时间，但是英国舰队很快便修复完毕，又出现在海洋上。7 月 1 日，蒙克率 60 艘军舰与小特罗普等指挥的荷兰舰队（约 100 艘军舰，其中 71 艘是战列舰）遭遇，双方激战了两天，3 日荷兰援兵赶到，蒙克遂撤出战斗。但 4 日，鲁珀特亲王又率一支分舰队来援，蒙克又发起攻击，但被击退。此仗是一场中等规模的海战，英军 10 艘军舰被击沉，其余大部分军舰丧失了战斗力，死伤 1700 人，被俘 2000 人。荷兰的损失较轻。

3. 圣·詹姆斯日之战（1666 年 8 月 4 日—5 日）（北福兰角之战）

赖特准备率荷兰舰队想在光天化日之下溯泰晤士河而上攻打英国首都伦敦。蒙克和鲁珀特奋起卫国，国王严令督军，英舰队出海与荷兰舰队决战。荷兰方面有 89 艘战舰，英国约有 90 艘。这次英国较好地发挥了其炮火优势，因为在前几次混战中英准确的射击和射程远的特长难于发挥，而这次是列阵作战，英又占上风，所以战斗与 4 日之战正好反了个儿。战斗刚开始不久，荷兰先头舰队中的 7 名将军便死了 3 名，先头舰队四散溃逃。特罗普这时指挥荷后卫追赶一些逃跑的英国船，赖特的中央舰队面对优势的英军，只好采用机动战术，边打边撤。8 月 5 日清晨，特罗普杳无踪影，赖特只好用 8 艘军舰掩护沿着荷兰海岸浅滩赶上来的掉队船只。特罗普一直有被切断退路的危险，但他借助浅水海域的掩护，终于安全返回荷兰。这一仗，英军获胜，只损失了 1 艘战舰和 2 至 3 艘火攻船，伤亡不到 300 人，但有 5 位舰长阵亡。荷兰人则损失了 20 艘战舰，伤亡 7000 人，其中有 4 位将军阵亡，英海军又一次掌握了制海权。

4.“霍尔姆斯篝火”（1666 年 8 月 8 日）

英国霍尔姆斯受命率一支小型分舰队袭击荷兰的弗利兰岛，但意外发现了隐藏的大量荷兰商船。英国舰队经短暂的战斗烧毁了两艘出来迎战的小型荷兰军舰。然后放火焚烧了挤在一起的 150 多艘荷兰商船，这就是有名的“霍尔姆斯篝火”。荷兰这一下午受到的损失超过了英国舰队在整个战争期间给荷兰造成损失的总和。英军然后又劫掠了弗利兰岛上的居民，然后离去。

这一阶段战事，双方互有胜负，展开了拉锯战，损失巨大，英国仍占上风。

第3阶段：荷兰获胜（1666年9月—1667年7月）

荷兰虽在圣·詹姆斯之战失利，但舰队主力依在，元气未挫。赖特通过这场在英国本土附近作战的实践，总结出了宝贵的经验：必须在夜间进行偷袭。以往两国海战均在白天，夜晚基本不打。于是赖特派出间谍，摸清了泰晤士河的潮汐、水位、航线等情况以及伦敦地区的军事和经济情报，并对水兵进行了夜战训练，准备寻找有利时机闯入英国心脏地区。

1666年9月10日，又一场灾难降临伦敦。一场罕见的大火在伦敦燃起，大火整整烧了4天4夜，伦敦繁华的商业中心、无数楼房、教堂、宫殿、工场等被大火烧成灰烬。伦敦城被毁2/3，损失超过800—1000万镑，超过两次与荷兰战争的费用。火灾给英国经济以沉重打击。英国无力再战，从1667年1月开始，与荷兰就恢复和平举行谈判。

荷兰并不急于和谈，而是想再给英国狠狠一击，以实力迫英国签订城下之盟，并对霍尔姆斯的纵火予以报复。荷兰元首德维特是个足智多谋、精明强干的人物。当荷英两国在布雷达会谈时，他已制定了秘密计划，令赖特率舰队全体出动，在特塞尔岛外紧急集合待命。德维特亲自向赖特面授机宜，并派他的兄弟随舰队行动，监督这一计划不惜任何代价地完成。该计划就是冒险溯泰晤士河而上，再沿梅得威河直驶查塔姆，那儿是英国战舰的船坞，然后将英战舰击沉或焚毁。该计划风险太大，不要说沿途有英国的各种防御设施，而且泰晤士河口和梅德威河多沙洲和浅滩，必须涨潮且顺风才行，稍一疏忽，错过潮位，风向不顺，则军舰就会搁浅。尽管计划冒险，但俗话说“艺高人胆大”，前已说过，赖特早已做过周密的侦察和准备工作，并对士兵进行了夜战训练，早已胸有成竹。于是海战史上的奇迹出现了。

1667年6月19日，赖特率荷兰舰队24艘战列舰、35艘各类舰只，乘黑夜涨潮时冲入泰晤士河，荷兰舰队此举出英国人意料之外，引起极大恐慌。荷兰军舰一路行驶，一面炮击，沿途英国船只不是被击中起火，便是相撞沉没。岸边建筑物也燃起熊熊大火。荷兰舰队横行直撞，寻找和击毁所发现的英国舰船，一些最好的军舰被俘获准备带回荷兰。荷兰舰队还炮轰伦敦，使伦敦浓烟弥漫，火光冲天。英国人从上到下，惊慌失措，纷纷逃难，无法组织有效的防御。22日，荷兰舰队一直驶入查塔姆船厂，打哑了岸上炮台，登陆部队及纵火船人员拆除或毁掉了河上障碍，船厂中的9艘巨型战舰均被俘获或焚毁。其中蒙克的旗舰“皇家查理”号被荷兰人带回国内。荷兰舰队横行了3天后，全部安全返回。然后，赖特便封锁了泰晤士河口，长达几个月。

赖特直闯英国腹地，是战争史上的奇迹，也是以海军立国的英国的奇耻大辱。英国遭此大败，加上大瘟疫和伦敦大火这两大灾难，已焦头烂额，无力再战。1667年两国签订了《布雷达和约》，英国对《航海条例》作了有利于荷兰的修改，在海上贸易权方面作了让步，把南美的苏里南归还给荷兰，荷兰则放弃了在北美的殖民地。

荷兰在第2次英荷战争中获胜，其原因主要是建造了大批堪与英舰匹敌的巨型战舰，战略战术得当，能集中优势兵力，与英国争夺制海权。还得力于杰出海军统帅赖特的杰出指挥艺术，尤其是奇袭伦敦的壮举。英国国内政局腐败，士兵士气低落，指挥低下，也是其败因之一。

第三次英荷战争

这场战争实际上也是荷法战争的一个组成部分，战争使许多国家卷入其间。战争起因是，法国国王路易十四早就图谋瓜分荷兰领土，把现今比利时的荷兰领土作为法国的“天然边界”，以巩固法国欧洲大陆的霸权地位。而英国不甘心上次战争的失败，想卷土重来。于是英法两国不谋而合地勾结起来。1670年6月路易十四与查理二世经过秘密谈判，达成交易，于1670年6月签订了《多佛密约》。该约规定：查理二世有“义务”在英恢复天主教，并与法国共同对荷作战。法国则有“义务”出兵镇压英国可能发生的“骚乱”。于是1672年法国对荷兰宣战，英国也退出了原与荷兰、瑞典组成的三国同盟，援助法国对荷作战。为此，法王给了英王40万镑奖励。英法和瑞典三国先后向荷兰发起进攻，于是第3次英荷战争爆发了。

第3次英荷战争实际上并不仅仅是英荷两国间的战争，而是一场扩大了的国际战争，参战的还有欧洲一些主要国家，如法国、丹麦、瑞典，西班牙等。战争大体为两个阶段。

第1阶段（1672—1674年）以海战

为主,陆战为辅

1672 年 5 月,英法两国先后对荷兰宣战。法军从陆地、英军从海上两方面向荷兰发起了进攻。法军在孔代和蒂雷纳指挥下,从陆地向荷兰进攻。荷兰陆军仅仅是象征性的,根本不是久经沙场的、欧洲第一流的法国陆军的对手,接二连三地丢城失地,荷兰的格尔德兰、奥弗赖塞尔和乌得勒支等省相继陷落,连久孚众望的威廉将军也抵挡不住路易十四骑兵的凶猛冲击。法军节节进逼,突破了埃塞尔河防线,直逼首都阿姆斯特丹。荷兰到了最后关头,军民百姓全都撤到船上,准备随时撤离。为了阻止法军的进攻,荷军统帅部迫不得已采取了最后一招,下令打开堤坝。汹涌的海水立刻涌入荷兰人开垦的良田沃野,须德海和莱茵河之间立刻成了一片汪洋大海。法军先头部队赶紧后撤,才免受灭顶之灾。荷兰在付出巨大损失后,阻止了法军陆上进攻。

这时,海上战斗又成为战争的主要内容了。赖特已有 65 岁高龄,这次又担任荷兰舰队总司令。他分析了双方实力对比,认为英国海军是最主要的威胁,法国海军无足轻重,于是他只是分出一支小舰队来牵制法国舰队,集中主力对付英军。他把主力部署在靠近荷兰海岸的浅海中,可以随时利用浅滩掩护。如有时机便向英国舰队发动攻击。这种战术十分奏效。双方在这阶段共展开了 5 次海战:

1. 海峡之战(1672 年 3 月)

在宣战之前,英国舰队进攻一支荷兰护航船队。英方有 12 艘战列舰及 6 艘小型战舰,荷兰只有 5 艘战舰护送 72 艘商船(其中有 24 艘是武装商船)。荷兰舰队司令哈恩依靠出色的指挥与优势英军周旋,终于击退了英舰队的攻击,使大多数商船安全抵达目的地,只被击沉 1 艘、被俘 3 艘商船。

2. 索尔湾(索斯伍德湾)海战(1672 年 6 月 7 日)

英法联合舰队主力泊于英国东南部的索尔湾,共有 150 艘各类舰只,其中有英国 45 艘战舰,法国 26 艘战舰,其余是后勤补给船等,共有 5100 门炮和 3.3 万人。赖特指挥荷兰舰队约 130 艘(其中大型战舰 61 艘)、共 4500 门炮和 2.1 万人,于 6 月 7 日偷袭索尔湾的英法舰队。荷兰舰队先在港外布置了封锁线,乘涨潮放纵火船,造成敌人的混乱。接着赖特挥军逼近港湾,炮击逃窜的英法舰艇。英舰队司令约克公爵是著名的战术家,指挥沉着冷静，很快克服了混乱局面，编成队形出港作战。双方展开近距离炮战，由于法舰队只躲在远处用远射程炮轰击，不想参加近战以蒙受重大损失，所以荷兰舰队集中主力攻打英国舰队。战斗十分激烈，英后卫舰队司令桑德威治和荷兰后卫指挥范根特中将均在战斗一开始就被打死。战斗从中午一直打到天黑才告结束。英国损失了4舰2500人，荷兰损失了2舰2000人。此战战果虽然不大，但荷兰人在战略上粉碎了英国计划中的对荷兰的入侵，也挫败了普鲁士从陆地入侵荷兰的企图，拯救荷兰于危亡之中，这次先发制人的进攻具有重大战略意义。

在1672年的下余时间里，赖特再次把舰队撤至海岸边的浅水地带，随时从浅滩中出击打击敌人。7月，英法联合舰队载一支强大的登陆部队到达特塞尔岛外，企图进行登陆，但由于赖特的舰队在侧翼牵制，英法军队未敢实行登陆入侵的计划。8月，荷兰仍处于敌人的海陆包围之中，威廉三世在危急时刻担任了荷兰国家首脑。荷兰开始展开外交活动，于1673年春天，争取到奥地利和西班牙站在荷兰一边，加入了战争。而普鲁士则和法国签订了和约，战争规模开始扩大。

3. 第1次斯库内维尔海战(1673年6月7日)

英法联军集结了强大舰队载陆军，又企图登陆入侵荷兰。赖特率海军出来迎战，双方军力为：荷兰89艘军舰，其中战列舰52艘；英法联军有127艘各类舰只，其中战列舰81艘(内法国27艘)。英法数量占优。双方激战至天黑，各损失了一些小型舰只。

4. 第2次斯库内维尔海战(1673年6月14日)

过了1周之后，风向突变，荷兰占了上风。赖特立刻当机立断，向英法联合舰队主动攻击，迫使英法舰队仓皇撤退，从而使英法的登陆计划一次受挫。

5. 特塞尔海战(1673年8月21日)

8月，英法联军又一次企图入侵荷兰。2万陆军集结在英国，第1梯队1万人登船，在鲁珀特亲王指挥的联合舰队指挥下，驶向荷兰。鲁珀特计划在荷兰的战略要地特塞尔岛登陆，建立前进基地，然后一举攻克荷兰本土。联合舰队准备充分，兵精弹足，鲁珀特的副手拉帕尔与赖特多次交过手。他仔细研究了赖特的战术，制定了相应对策。

8月21日，英法舰队接近特塞尔

岛，赖特又率荷兰舰队出击。英法有90艘战舰，荷方有75艘战舰。尽管英法方兵力占优，但荷兰水兵想到背后就是祖国，已无退路，于是同仇敌忾，奋勇向前，誓死拼杀。双方战斗空前激烈。赖特和英将拉帕尔3次更换旗舰，仍勇敢战斗。荷军首先突破了法国人的防线，法军一片混乱，丢下英军首先逃跑。鲁珀特指挥舰队中坚力量避开赖特的主力，双方后卫舰队展开激战，英后卫舰队司令斯普拉格被击毙。天黑时，英国舰队开始返航，原定的登陆计划也取消了。战斗中双方舰船都没有被击沉的，主要是炮弹是实心的，爆破弹还未问世。但许多舰只受到严重损害。联军损失2000余人，荷兰伤亡1000人。但是荷兰消除了海上威胁，取得了制海权，大批东印度护航船安全返回。

特塞尔海战导致英法的裂痕。英军对法军临阵逃脱不满，加上议会削减军费，英无力再封锁和入侵荷兰了，于是便单独与荷兰媾和。1674年2月，英荷签订了《威斯敏斯特和约》，双方恢复了战前状态，英国退出了战争。

第2阶段(1674—1678年)

英国退出战争后，并没有使战争平息，反而扩大了。荷兰通过外交，联合了西班牙、丹麦、勃兰登堡等国在陆上对付法国。而法国仅获得瑞典一个盟国的支持。战争以海战和陆战相结合，海战主要在大西洋的北海、波罗的海及地中海进行。陆战遍及欧洲各地。

在陆战方面：1674年8月，孔代亲王指挥法军于瑟内夫与荷军交战。法军4.5万人，荷方是荷兰与西班牙联军约5万人，由奥兰治的威廉指挥。双方激战17小时，不分胜负。法国名将蒂雷纳在辛茨海姆和蒂尔凯姆两次会战中，打败了日耳曼人及荷兰、西班牙组成的联军。接着，法国陆军又在阿尔萨斯—洛林地区获胜。1675年6月28日，勃兰登堡军队在费尔贝林之战中打败了瑞典军队，这是荷兰方面在陆战中第一次获胜，迫使瑞典退出战争。1676年，法军又在西西里击溃了西班牙军，控制了西西里岛。陆战法国占了上风，攻占了荷兰的大部分领土。

在海上，双方处于僵持状态。在波罗的海和地中海两个战区，荷兰与丹麦控制了波罗的海制海权，地中海是主要战场，大的海战主要有以下几次：

1. 阿里卡迪海战(1676年1月8日)

1675年12月，赖特带领15艘战列

舰和快速帆船驶入地中海，援助保卫西西里岛的西班牙人。1月8日，荷兰舰队和法国舰队在阿里卡迪交战。荷方舰只19艘（内1艘西班牙舰）1200人，法地中海舰队由杜贵尼海军上将指挥，有战列舰20艘，火炮1500门。荷兰舰队处在下风的不利位置，但赖特成功地保持了密集队形，用猛烈的舷炮挫败了优势法舰的进攻。荷兰击沉了3艘法国纵火船，但自己有1艘战列舰重伤沉没。

2. 奥古斯塔海战（1676年4月22日）

荷兰与西班牙联合舰队为保卫西西里，与法国地中海舰队又一次展开决战。荷西舰队由西班牙的切尔达海军上将任司令，拥有17艘战列舰（西班牙占4艘），9艘快速帆船（5艘为西班牙的），共1330门炮。法国舰队仍由杜贵尼斯指挥，拥有战列舰29艘，2200门大炮和10700人。战斗中荷兰舰队为优势法舰包围，经过激战才突出重围。但赖特不幸身负重伤，几天后死去，这对荷兰是个沉重打击，

3. 巴勒莫海战（1676年6月2日）

法国舰队在维渥尼伯爵指挥下，共约60艘军舰向西西里岛首府巴勒莫港内停泊的荷西联合舰队（27艘军舰）发起攻击。在法国9艘战列舰猛烈炮火的掩护下，6艘法国纵火船冲入联合舰队队列，使之造成巨大损失。经过激战，荷西联合舰队几乎全军覆灭，死伤2000人，6位海军上将阵亡，其中有荷兰司令哈恩和西班牙司令切尔达。法国舰队几乎没有什么损失。法国取得了对地中海的控制权。

巴勒莫海战基本上决定了战争的结局，在欧洲水域几乎没有什么大的海战了，荷兰控制了北海制海权，法国在地中海称雄。仅仅在1677年3月3日，荷法两国海军在西印度群岛的多巴哥岛附近展开了一次海战，荷兰舰队打败了法国舰队，法10艘战舰损失了5艘，荷兰的6艘战舰沉了一半。但法国最后依靠增援部队攻占了多巴哥岛。

海战的胜利加上陆地上的优势，使法国取得了战争的胜利，荷兰已无力再战了。由于国内财政困难以及害怕英国再度参战来瓜分胜利果实，法国便与交战各方谈判，于1679年2月5日签订了《奈梅亨和约》，法国侵占了德国和荷兰的许多领土，包括：阿尔萨斯、洛林、弗莱堡、布莱沙赫、法兰齐、柯门特等地。法国获得的土地超过了三十年战争。

作用。

这种政治上的分裂，到16世纪进一步加深，这是宗教战争所促成的。在宗教改革的过程中，帝国境内有许多天主教教会的土地被没收了，封建诸侯乘机抢到大块教会土地，并且使新成立的路德派教会服从自己的支配。这便增大了他们的力量，从而更加强了他们的独立性。

但是，皇帝是不甘心自己所处的无权地位的，他渴望加强帝国中央的权力，而诸侯却力求维持自己的独立自主的地位。于是便发生了皇帝与德意志诸侯之间的斗争，这个斗争演变为三十年战争。

1618年捷克反对哈布斯堡王朝的起义，是三十年战争的导火线。神圣罗马帝国皇帝为在捷克（波希米亚）恢复天主教，指定斐迪南二世为捷克国王。斐迪南二世下令禁止新教活动，拆毁其教堂。1618年5月23日，布拉格民众冲入王宫，把几个官吏从王宫窗口掷了出去，史称“掷出窗外事件”。这一事件引发了三十年战争。

三十年战争从1618年至1648年，历时30年，共分为四个阶段：①捷克－普法尔茨时期（1618—1624）：“掷出窗外事件”发生后，捷克摆脱了哈布斯堡

德意志三十年战争

德意志帝国的政治分裂

近代开端后一直到19世纪中叶为止，政治上的分裂与经济上的落后是德意志的两大历史特点。

从11世纪以后，神圣罗马帝国的疆域逐渐缩小，到1500年只限于德意志领土了。而且15世纪以后，当英、法诸国逐步形成中央集权的统一国家的时候，神圣罗马帝国仍处于分崩离析的状态。所谓神圣罗马皇帝不过是徒有其名的国家元首，帝国境内的封建诸侯各自为政，他们的领地实际上等于独立的王国。以皇帝为代表的中央政府毫无实权，不能干预诸侯领地的内政。皇帝是由选举产生的终身职，他是由几个特定的选帝侯选出来的。最初一共有八个选帝侯，从1692年起，又出现了第九个——汉诺威选帝侯。但是自从1273年以来，哈布斯堡王朝的代表一成不变地被选为皇帝，这是因为这个王朝在帝国境内领有奥地利这样强大的领地，当时德意志时常遭到土耳其的侵略威胁，奥地利的强大及其地理位置起了抵制土耳其侵略的前哨

战争中惨遭蹂躏的村庄不计其数

王朝的统治。1619 年捷克议会选举普法尔茨选帝侯弗里德里希为国王。1620 年,神圣罗马帝国皇帝斐迪南二世(1619—1637 在位)依靠德意志天主教同盟军,入侵捷克。为援助蒂利伯爵 J·采尔克莱斯率领的天主教同盟军,西班牙出兵普法尔茨。1620 年底,捷克和普法尔茨联军在白山为天主教同盟军所败,弗里德里希逃亡荷兰,捷克重归奥地利统治。同期,休战 12 年的西班牙和荷兰于 1621 年战事再起。

②丹麦阶段(1625—1629):神圣罗马帝国皇帝的胜利,引起外国参战。丹麦得到英国和法国的资助,于 1625 年在北德意志新教诸侯支持下攻入帝国境内。捷克贵族 A. E. W. von 瓦伦斯坦率雇佣军协同蒂利伯爵打败丹麦军队。丹麦王国同皇帝于 1629 年 5 月签订《吕贝克和约》,保证不再干涉德意志事务。皇帝的势力伸展到波罗的海。

③瑞典阶段(1630—1635):神圣罗马帝国皇帝和天主教同盟势力北进,促使瑞典加速军事行动,与法国结成同盟。瑞典国王古斯塔夫二世·阿道夫率军于 1630 年 7 月进入波美拉尼亚,同勃兰登堡和萨克森选帝侯联合,在德意志西部和南部接连取胜。1632 年,蒂利伯爵在累赫河战败身亡。吕岑会战中,瓦伦斯坦战败,后被暗杀。古斯塔夫二世·阿道夫也在会战中阵亡。1634 年皇帝联合西班牙打败瑞典军队,返回波罗的海沿岸。萨克森和勃兰登堡于 1635 年 5 月同皇帝缔结《布拉格和约》。

④法兰西一瑞典阶段(1635—1648):瑞典军队战败,促使法国直接出兵,与瑞典联合对哈布斯堡王朝作战。1635 年 5 月,法国又联合荷兰进入莱茵地区,瑞典军队在莱比锡附近的布赖滕费尔德取胜,并继续南进。法国军队大败西班牙军。瑞典的胜利,又引起丹麦的不满,1643—1645 年丹麦同瑞典开战,结果,战败求和。此后法、瑞两国军队进入德意志南部。长期战争使双方都有极大的消耗,帝国方面的困难更为突出。皇帝斐迪南三世(1637—1657 在位)被迫求和,得到法国和瑞典的赞同。战争结束。

1648 年 10 月 24 日,参战各方代表齐集明斯特市政厅签署《奥斯纳布吕克条约》和《明斯特和约》。奥斯纳布吕克和明斯特两个城市都在威斯特伐利亚境内,故两个和约统称《威斯特伐利亚和约》。《威斯特伐利亚和约》规定:法国得到3个主教区(梅林、图尔、凡尔登)和整个阿尔萨斯(斯特拉斯堡除外)。瑞典取得西波美拉尼亚及东波美拉尼亚的一部分、维斯马城和不来梅、维尔登两个主教区,从而得到波罗的海和北海诸港口。正式承认荷兰、瑞士独立;帝国境内勃兰登堡、萨克森、巴伐利亚等邦诸侯领地恢复到战前状况,诸侯在领地内享有内政、外交上的自主权。

这场战争使德意志损失了1/3的人口,300多座城市,2000多个村庄毁于一旦。封建主利用战争造成的破坏,大肆霸占土地,许多自由农变成了农奴,13世纪已被废止的农奴制得以复活。在易北河东岸地区,自由农就“像白色的乌鸦一样罕见”。

三十年战争和《威斯特伐利亚和约》削弱了哈布斯堡王朝的统治,加深了德意志境内的分裂割据局面。当时的德意志地区,出现了大大小小360多个独立邦国,以及4万个世俗领地和4万个教会领地。一年有多少天,德意志就有多少个邦国。例如,威斯特伐利亚面积仅1200平方英里,却存在着52个邦国。领地如此狭小,使邦君不敢轻易进行军事演习,害怕稍不留神炮弹掉入领邦而引出祸端。

政治上的分裂割据也导致了关税壁垒。易北河上,从皮尔纳到莱比锡要通过32道税卡。从柏林到瑞士,要经过10个邦国,办10次手续,换10次货币,交10次关税。度量衡和货币十分复杂,仅货币就有6000种。皇帝的最后一点权威已荡然无存,帝国各种构形同虚设,德意志民族的神圣罗马帝国已名存实亡。

恩格斯指出:三十年战争所造成的严重后果,“使德国有200年不见于政治积极的欧洲国家之列”。直到18世纪末19世纪初,在外力的作用下,德意志才重又步入欧洲资本主义发展的轨道。这个外力就是法国大革命和拿破仑战争。

三十年战争(1618—1648年)

三十年战争是哈布斯堡王朝同盟和反哈布斯堡王朝同盟两个庞大的强国集团为争夺欧洲霸权而进行的第一次全欧国际性战争。由于战争打了30年,故称三十年战争,又叫“宗教圣战”。它具有德国内战，国际混战和人民起义的三重特点，其主要战场为德国。在战争初期，德国内部新旧教派之争占有明显的地位，但不久就演变成欧洲各国争权夺利的混战。西欧、北欧一些主要国家都卷入了这场战争。战争结局不仅决定了德意志帝国的历史命运，而且对西欧各国，尤其是德法两国关系产生了深远影响。

16、17 世纪之交，欧洲社会的重大变化，各国的政治经济冲突，封建王朝及诸侯的领土之争以及宗教派别的矛盾，构成了三十年战争的复杂背景。经过宗教改革运动以后，欧洲形成了天主教、路德教和卡尔文教三大教派的三足鼎立。同时，英、法、西班牙及北欧的丹麦、瑞典等国的民族主义和国家意识开始成熟，并形成了统一的国家，封建专制制度也进一步加强，走上了对外扩张、争夺海外殖民地和商业优势以及地区霸权的道路。这期间，欧洲共存在两大争霸热点，一是北欧的瑞典和丹麦争夺波罗的海地区的霸权；二是以法国荷兰为首的联盟与以奥地利和西班牙的哈布斯堡王朝争夺欧洲的霸权。欧洲的各种矛盾和冲突都集中围绕德国展开。

战争背景

德国地处欧洲中部，具有重要的政治、经济和军事上的战略地位，也是称霸欧洲的关键。但此时的德国在政治上正处于四分五裂、分崩离析的状况。这个号称“神圣罗马帝国”的大帝国已今非昔比，穷途末路。奥地利哈布斯堡王朝皇帝长期担任帝国的皇帝，名义上为最高统治者，实际上已成了摆设，毫无实权。这个大帝国已分成了几百个大小不等的“国家”，其中包括选帝侯国、大公国、公国、伯爵领地、自由市、主教辖区、骑士领地等等，大的如勃兰登堡选侯国，面积 1 万平方英里，人口 40 万，小的面积不足 1 平方英里，人口才几十人。各类诸侯均是本“国”太上皇，拥有很大的权力，根本不听皇帝号令。他们各霸一方，割据称雄，有的还随意与外国结盟反对本国皇帝。16 世纪的宗教改革和农民战争使地方贵族的权力进一步扩大，皇权进一步削弱。此外，各路诸侯之间也在为争夺领土、扩大地盘而明争暗斗。这样，德国在政治上形成了诸侯与皇帝和诸侯与诸侯之间的两大对立矛盾。

经济上，德国自 16 世纪末期也日渐衰落。由于新航路的开辟，世界商路的转移，南德城市和意大利的商业往来日减，原来商贾络绎不绝的阿尔卑斯山大道和客栈已人迹罕至。莱茵河一带的城市无法与英国和荷兰竞争,汉萨同盟在国际市场上也受到英荷的排挤。手工业也处于萧条状况,由于商人把工业原料输往国外并从国外输入工业品,从而影响了手工业必要的原料和市场。同时,农民战争失败后封建制度在各地的恢复也阻碍了工业的发展。此外,农村普遍恢复了农奴制,对农民的剥削和压迫进一步加重。农奴制的"再版"不仅阻碍了城市资本主义的发展,而且还摧毁了农村中资本主义生产的萌芽。随之而来的是国内市场萎缩,工商业萧条,城市衰落,各地间的经济联系日渐减少。

宗教上,德国自宗教改革运动之后,境内分成了势均力敌的两大教派势力:天主教和新教。天主教的势力范围主要在德国的南部、东南部和莱茵河中下游。新教由路德教和卡尔文教两派组成:路德教派的中心在北部的萨克森、黑森和勃兰登堡;卡尔文教派主要传播于莱茵河上游一带。德国各诸侯经常打着宗教旗号来争夺地盘和教产。各地的教会也分别隶属于当地的诸侯,充当诸侯的工具。皇帝是天主教诸侯的首领,他以反对"异端"为借口,以限制新教诸侯为号召,争取信天主教诸侯的支持,力图使德国成为中央集权的天主教国家。罗马教皇因为反对宗教改革,所以也站在皇帝一边。1607年,天主教的巴伐利亚公爵依靠德皇的支持,用武力进攻信奉新教的帝国小自由城市多瑙弗特,并将其并入公爵领地之内。这个事件是个战争信号,促使德国各路诸侯分化成两大阵营。1608年,以巴拉丁选侯腓特烈为首组成了"新教同盟"(又叫"福音同盟")。1609年又成立了以巴伐利亚公爵为首的"天主教同盟",与之对抗。德国各大小诸侯按照各自利益分别加入了各个阵营。

德国政治和宗教上的分裂给欧洲各国以可乘之机。当时,欧洲的主要国际矛盾是法国与奥地利哈布斯堡王朝之间争夺欧洲的霸权。为夺取欧洲霸权,法国反对德国的统一和强大,力图保持德国的分裂状态,所以一再怂恿和支持德国的新教诸侯反对皇帝。英国和荷兰既想阻止德国同北欧扩大贸易关系,又力图削弱西班牙的势力;丹麦和瑞典都想借机夺取波罗的海和北海沿岸的德国领土和港口。因此法国、英国、荷兰、丹麦、瑞典等国以及特兰西瓦尼亚和意大利一些邦都站在新教阵营一边。而俄国则企图收复被波兰占领的土地,土耳其的奥斯曼帝国则想扩大在巴尔干的势力范围，他们也从背后支持反哈布斯堡阵营。而站在天主教阵营一边的则有：罗马教皇、西班牙和波兰贵族共和国。需要指出的是，这两大阵营内部也存在不同的矛盾，如新教阵营中路德派与卡尔文派的矛盾，萨克森选侯国为此没有参加同盟；而德皇和巴伐利亚公爵之间为争夺联盟领导权也在明争暗斗。但这些矛盾同天主教和新教两大教派之间的矛盾相比，那就小巫见大巫了。

这样，到了 17 世纪初，欧洲和德国内部的两大阵营纷纷扩军备战，严阵以待，一场大规模国际战争一触即发。1918 年 5 月爆发的捷克人民反对哈布斯堡王朝的起义，终于成了这场国际大战的导火线。

一般史书把这次战争的过程分为 4 个阶段，其间先后进行了近 20 次大的会战。

战争第一阶段——捷克阶段（1618—1624 年）

胡斯战争之后，捷克一度获得独立。1526 年，捷克又被重新并入神圣罗马帝国的版图，帝国皇帝兼捷克国王。当时捷克保有很大的自治权，国会和改革后的教会继续存在，捷克语仍为国语。但是后来哈布斯堡统治者违背诺言，把捷克当作附庸国看待，限制捷克的自治，并派遣奥地利官吏进行干预。奥地利人还凌驾于捷克人之上，专横跋扈，作威作福。奥地利的民族压迫政策激起捷克人民的愤怒和反抗。17 世纪初，皇帝鲁道夫二世在捷克推行天主教反动政策，迫害新教徒。1609 年捷克议会领导人民起来反抗，声明如果皇帝不保证捷克人的政治和宗教权利，就不承认他为捷克国王。捷克首都布拉格的新教徒还组建了军队，以图恩伯爵为统帅。鲁道夫二世怕事情闹大，便被迫作出让步，签署了有名的《大诏书》，承认捷克人的宗教自由权，准许捷克人选出 30 名“执政官”来保护自己的权利并监督《大诏书》的实施。

但是皇帝并没有真正实行《大诏书》，反而派遣耶稣会传教士深入捷克内地，企图恢复天主教。1617 年，新登基的皇帝马蒂亚斯指定自己的堂兄斐迪南为捷克王位的继承人。斐迪南是个狂热的天主教徒。他上台后，在捷克对新教徒进行迫害，拆毁新教教堂，把作礼拜的新教徒投入监狱，禁止新教徒集会。捷克议会对他的倒行逆施提出抗议，拒绝承认他为国王。马蒂亚斯仍一意孤行,继续迫害新教徒。于是1618年5月23日,捷克人民举行了武装起义。起义者冲入王宫,按照捷克惩罚叛徒的古老习惯,将国王的3名亲信走卒从7丈多高的窗户里扔出去,摔到宫外的壕沟里。“掷出窗外事件”是捷克民族起义的信号,也是三十年战争的开端。

布拉格人民很快占领了全城,夺取了政府的权力,组成以图恩为首的临时政府,再度摆脱哈布斯堡王朝的统治,宣布独立。1619年,捷克议会推举新教联盟首领、普法尔茨选侯腓特烈为国王,宣布对皇帝开战。图恩率领起义军很快突入奥地利境内,6月兵临维也纳城下。这时刚刚接任皇位的斐迪南手下没有多少军队,当他闻讯捷军兵临维也纳城下时,正同16个贵族在宫中开会商讨对策。他吓得浑身发抖。一名贵族急得抓住斐迪南的肩章惊呼:“斐迪南,你派代表去签字嘛!”可惜,由于起义的领导者捷克贵族不敢发动人民群众,幻想通过谈判让皇帝作出让步。于是他们下领停止攻城,派出代表进宫同皇帝谈判,结果坐失良机,使皇帝赢得了喘息时间。

斐迪南缓过气来,向天主教联盟求救,并宣布剥夺普法尔茨选侯的爵位,授予天主教联盟的主力巴伐利亚选侯马克西米利安以公爵爵位。马克西米利安立即派出自己的精锐部队2.5万人“救驾”,由名将蒂利统帅。西班牙也派兵参战。天主教同盟还向皇帝提供了大量金钱援助。

而新教阵营方面却因各自的私利,行动迟缓,举棋不定,迟迟不出兵支援捷克。许多诸侯认为捷克的事与自己的利益无关,甚至有的还向皇帝提出:如果皇帝能保证他们的财产和宗教信仰,他们就不参战。由于嫉妒普法尔茨选侯当上捷克国王,强大的新教诸侯还站在皇帝一边与新教阵营为敌。法国和英国也袖手旁观。只有特兰西瓦尼亚同捷克和普法尔茨站在一边参战。

由于新教阵营的分裂,所以双方力量对比十分不利于捷克和普法尔茨。从1620年开始,战局开始逆转。斯皮诺拉指挥2.4万西班牙军很快突入普法尔茨境内,而蒂利军队也打败捷军,迫使捷军撤回捷克境内。战争从奥地利转到捷克境内,战争主要在捷克和普法尔茨两地展开。

在捷克战场,蒂利于1620年7月率军攻入捷境。11月8日,在布拉格附近的白山,双方展开决战。天主教阵营方面有蒂利统帅的2.8万军队。这支军队是当时德国诸侯中惟一的一支常备军队，训练有素，装备精良。新教军队有2.2万人，由曼斯费尔德指挥。其中有1.2万名步兵组成8个长矛兵方阵，另外有火枪手和1万匈牙利骑兵助战。虽然新教军占有位于白山和沼泽之间良好的防御阵地，但士兵缺乏训练，纪律松弛，步兵遭敌长矛兵的首次猛烈冲击便四散溃逃。天主教军只用不到2个小时便取得了会战的胜利。在布拉格，只知寻欢作乐的国王腓特烈正准备一个丰盛的宴会，闻讯天主教军前来攻打，吓得扔下王冠，带着妻子和亲信，仓惶逃出布拉格，后又逃往荷兰。捷克起义者受到了血腥镇压，捷克又丧失了独立，沦为奥地利的一个行省，天主教被定为国教，德语被定为国语，从此捷克处于哈布斯堡王朝统治之下长达几百年之久。

捷克失败后，战争转到普法尔茨。1620年年底、斯皮诺拉指挥2.4万西班牙军队攻入普法尔茨。新教军队在曼斯费尔德指挥下与之对抗。西军很快攻占了莱茵河西岸的普法尔茨地区。德国的天主教军在镇压了捷克起义之后，也调过头来攻入上普法尔茨地区。新教军面临两面夹攻之下。但曼斯费尔德是位杰出的将领，号称“基督世界的阿提拉”。他指挥军队灵活机动地与敌军优势兵力周旋。1622年双方3次大战。1622年4月16日，普法尔茨军在曼斯费尔德指挥下，与蒂利的天主教军在维斯洛赫展开会战，普法尔茨军击溃了天主教军，使敌损兵3000人，并丢失了全部火炮。此战获胜使曼斯费尔德得以与巴登侯爵军队会师。5月6日，巴登侯爵指挥1.4万普法尔茨军同蒂利和科尔多瓦指挥的天主教军于温普芬展开战斗。蒂利首先向未设防的新教军营地发动攻击，新教骑兵反击，击退了天主教军的攻击并缴获了蒂利军的所有火炮。但由于新教步兵未及时支援，蒂利又将军队集中起来打退了骑兵的攻击夺回了火炮，然后击溃了巴登的步兵。新教军队伤亡2000余人，丢失了全部火炮和辎重。6月22日，普法尔茨军2万人在克里斯丁指挥下，与蒂利统帅的3.3万帝国军队在赫希斯特展开决战。克里斯丁因未能与曼斯费尔德军会合，便开始撤退，急于去守卫美因河上一座大桥。正当普法尔茨军进行部署时，蒂利发起攻击。普法尔茨军在桥头村庄英勇抗击达5小时之久，最后撤走，伤亡和被俘共1.2万人，帝国军队的损失较少。普法尔茨军退入阿尔萨斯。

1623年8月9日，新教军1.6万人与蒂利的帝国军队在施塔降德进行决战。新教军大败，四散逃窜，克里斯丁逃往荷兰。9月帝国军队攻占了普法尔茨首府海得尔堡，控制了普法尔茨全境，1623年，帝国军队又乘胜攻占了新教诸侯控制下的威斯特伐利亚和下萨克森地区。

战争第1阶段以天主教联盟胜利而告终。天主教军获胜的原因，是因为军队训练有素，作战技能优于捷克和普法尔茨军队。此外，捷克军主要为平民武装，普捷两国的贵族不敢发动广大人民群众，关键时刻妥协动摇，致使战争初期的大好形势很快丧失。新教同盟的分裂、法英两国的观望，也是捷克和普法尔茨失败的重要原因。

战争第二阶段——丹麦阶段 (1623—1629年)

帝国皇帝和天主教联盟的胜利大大加强了皇帝的权力，使国际形势发生转折。哈布斯堡王朝势力增强和西班牙军队对普法尔茨的占领，直接威胁到法国和荷兰的安全，引起了德国新教诸侯的恐慌和英法荷等国的不安。法国不能容忍查理五世帝国的复活；荷兰则于1621年与西班牙重新处于战争状态。英王詹姆士一世只关心自己的女婿、普法尔茨选帝侯腓特烈的命运；丹麦和瑞典垂涎德国北部领土，也不愿意哈布斯堡对全德实行有效的统治，尤其是丹麦，受到皇帝的威胁最大。

丹麦是北欧一个小国，历来以农牧业经济为主。16世纪中叶，丹麦国王通过宗教改革，推广路德教，使天主教会的大片地产落入国王和贵族手中，并且巩固了农奴制经济。17世纪初，英荷等国资本主义经济的发展大大推动了丹麦农牧业的增长和外贸的扩大。丹麦经济的发展促进了上层集团扩张野心的膨胀。他们把从波罗的海通往大西洋的丹麦海峡看做自己的“聚宝盆”，不容他人染指。此外，他们还企图控制北海和波罗的海，使自己成为北欧的霸主。同时丹麦国王还竭力想巩固和扩大在北德的领地。于是丹麦国王的扩张企图便与皇帝的侵略势力发生了尖锐冲突。法国、英国、荷兰等国支持丹麦国王克里斯蒂安四世并提供大量资金和武器。在英法等国的鼓动下，丹麦积极备战。国王迅速募集了6万人的军队，并且和北部的新教诸侯以及曼斯费尔德的新教军队联合在一起。同时，特兰西瓦尼亚的新教诸侯卡博尔也率军和新教军统一行动。于是，新教阵营的军队在克里斯蒂安指挥下，向皇帝及其军队发起进攻。战争遂进入第2阶段——丹麦阶段。

丹麦和新教联军进攻初期，进展顺利，很快攻入德国西北部，曼斯费尔德的军队由西进攻捷克，卡博尔的部队从东面向奥地利和巴伐利亚进攻。丹麦及新教军队多是临时拼凑的雇佣军队，组织松散，缺乏训练，战斗力不高，但是训练有素、久经征战的皇帝军队却挡不住对方攻击，连连败退，陷于被动。其原因是，经过对捷克和普法尔茨的战争之后，皇帝方面耗资巨大，财政遇到了困难。同时，在哈布斯堡统治下的匈牙利和捷克人民对民族压迫不满而经常起义，牵制了皇帝的大批兵力。此外，天主教阵营内部特别是皇帝和巴伐利亚选侯之间的矛盾日益尖锐；再加上法国当政的著名政治家黎塞留的离间政策，更进一步加深了天主教阵营内部的矛盾，诸侯故意不出兵作战。

丹麦军队的胜利引起哈布斯堡宫廷一片恐慌，皇帝手下无兵，在万般无奈之际，重新起用了A·瓦伦斯坦的雇佣军与丹军作战。瓦伦斯坦是杰出的军事家和政治家，是捷克贵族，但因长期在皇帝军中服役，已经德国化了，连他自己也自认为是德国人。他于1604年加入皇帝军队为哈布斯堡王朝效劳。捷克起义时，因忠于皇帝而失去全部领地。1620年白山之战后担任捷克北部军队司令，1621年成为帝国军事委员会成员，1622年任布拉格卫戍司令。1625年晋封为公爵。在皇帝军队败退之际，他向皇帝建议：建立一支不受巴伐利亚牵制的独立的军队。他声称已经招募到一支3万人的军队，军队的薪水和供应可向驻地人民征收，不要皇帝一分钱，只要皇帝授给他一个正式官衔，他就能率领这支军队上前线作战。皇帝十分高兴，便正式委任他为帝国军队总司令。

瓦伦斯坦曾对自己的雇佣军进行过严格训练，再加上他本人是个军事家，具有出色的统帅能力和组织才能，所以他的军队具有较强的战斗力，此外，他采用“以战养战”政策，靠掠夺驻地居民的粮食和财富来维持军队的供应。每攻克一地，他的军队都像蝗虫一样将居民抢劫一空，人称他的军队为“瓦伦斯坦蝗群”，1626年4月，瓦伦斯坦军队出动，首先攻击曼斯费尔德的军队。4月25日双方在易北河畔的德绍要塞展开会战，曼斯费尔德正在攻打德绍要塞，瓦伦斯坦军1万人借助树林作掩护，接近新教军队，从侧翼发起突然袭击。新教军猝不及防，全线败退，1万多人被打死，被俘者占3/4。接着瓦伦斯坦挥军直进，迅速攻克了勃兰登堡、梅克伦堡、什勒斯维希等地，并很快控制了整个萨克森地区。他的军队一边前进，一边洗劫当地人民，一边补充扩大军队。8月份全军已达8万人。8月27日，双方展开了鲁特会战。当时克里斯蒂安指挥的丹麦军队和新教联军正在撤退途中，蒂利军在鲁特城堡附近的开阔地追上联军。这时联军已构筑了坚固的工事，蒂利军发起攻击。丹麦步兵顽强抗击，但德国新教军队骑兵拒绝参战，结果丹军大败，阵亡4000人，被俘2000人，被缴获大炮22门和军旗60面。丹麦国王逃往荷尔施坦。蒂利军攻占了巴仑堡和布伦斯维克地区，瓦伦斯坦则挥军攻入丹麦境内。另一支新教军在曼斯费尔德率领下退入特兰西瓦尼亚境内。

1627年起，战争在丹麦和波罗的海沿岸地区展开，瓦伦斯坦军在丹麦境内横冲直撞，丹军节节败退。7月5日起，瓦伦斯坦军进攻波罗的海沿岸重要港口斯特拉尔松要塞，由于守军顽强抵抗，围攻11周后，瓦伦斯坦军损失惨重，被迫撤退。但不久在沃尔加斯特战役中瓦伦斯坦再次击败丹麦军队。

正当瓦伦斯坦和蒂利的天主教军连连奏凯之际，法国首相黎塞留和瑞典国王古斯塔夫二世从战略上考虑，开始介入战争，直接援助新教军队，以挽救新教同盟。瑞军援助丹军在斯特拉尔松保卫战中获胜。瑞典还向北德新教诸侯和丹麦提供军事财政的援助。法国则在意大利北部直接出兵同哈布斯堡军作战，法国、西班牙和奥地利军队打得难分难解。而瓦伦斯坦也在波美拉尼亚组建海军，进行训练，准备向瑞典开战。到1628年年底，丹麦在丧失北德的重要港口维斯马和罗斯托克以后，已完全失去在德国的立足之地。这时，丹麦已筋疲力尽，无力再战，被迫于1629年5月12日，与皇帝签订了《吕贝克和约》，丹麦表示接受恢复原状和不干涉德国内政的条件。瓦伦斯坦则从丹麦撤军。皇帝通过和约进一步控制了德国北部。由于瓦伦斯坦为皇帝立下了战功，皇帝授予他“大洋和波罗的海将军”称号和大片封地。

在战争第2阶段，战争范围进一步扩大到北欧波罗的海沿岸和意大利北部，参战国逐渐增多，交战规模进一步扩大。天主教同盟依靠军事天才瓦伦斯坦，又一次打败了新教同盟的军队。

战争第三阶段——瑞典阶段（1630—1635年）

丹麦战败后，德国皇帝的权势进一步扩大到了德国北部。1629年，德皇又颁布“教产复原敕令”，规定新教贵族应把1552年后所夺取的天主教会的全部财产和土地都归还给天主教会。这更增加了德国新教诸侯的恐慌和反抗。但是这时瓦伦斯坦提出了一项建立一支强大的德国波罗的海舰队和统一的德意志帝国的计划，招致了德国新旧教诸侯和支持他们的欧洲各国的普遍仇视。德皇帝每天都收到一百多封弹劾瓦伦斯坦的奏折。德皇迫于无奈，免去了瓦伦斯坦的职务，解散了他的军队。正当德国天主教阵营发生内乱之际，号称“北欧雄狮”的瑞典军队却从德国北方打了进来。于是三十年战争进入了第3阶段。

瑞典是北欧一个封建王国，16世纪时，还是一个落后的农业国，全国约85万人口，其中5%是城市人口，其余均是农民。1611年，年轻有为的古斯塔夫。阿道尔夫二世继承了王位。他是欧洲卓越的政治家和军事家，博学多才，目光远大。他上台后，为改变瑞典的落后面貌，从政治、经济、文化、军事等各个方面实行了全方位改革，通过改革，加强了中央集权，消除了贵族分裂势力，使以采矿业为龙头的工业和贸易迅速发展起来。经济繁荣，成为北欧的大国。古斯塔夫进行的军事改革具有革命的意义。他在欧洲首先废除了雇用兵制，实行了征兵制，组建了以农民为主的3.6万人的正规军。他对这支军队严格训练，实行严格的纪律，大大提高了战斗力。同时他建立了军火工业，大量生产枪炮和弹药，并对滑膛枪进行了技术上的改进，使之火力更强，更轻便灵活。他还组建了一支强大的炮兵部队，以先进的轻型野战炮为主要火炮。他创建了线式战术，即全军排成“楔形阵形”；骑兵为纵深三列，长矛步兵排成三至六列横队，左右两翼为火枪手，全军成横列线式队形。这种队形一改传统的笨重方阵，可以在作战中更灵活快速地机动、布阵和进攻。这是军事史上的一个里程碑，它标志着从古代和中世纪的战术向近代战术的转化。古斯塔夫还重视骑兵的建设，用骑兵作为突击力量。他还建立了高效率的后勤补给系统，建立了一系列兵站和仓库，保障军队的供应。改革后的瑞典军队成了欧洲第一流的军队。

古斯塔夫努力提高瑞典的国际地位，制定了争霸波罗的海的战略计划：第1步，孤立瑞典最危险的敌人波兰，先打败俄国；第2步，打败波兰；第3步，控制波罗的海沿岸所有的土地，把波罗的海变成瑞典的内湖。为实现这一野心勃勃的战略目标，瑞典于1614年和1615年先后同荷兰和德国的新教诸侯建立了联盟。接着1617年瑞典打败了俄国，切断了俄国通往波罗的海的出海口。接着又打败了波兰，根据1629年的“阿尔特马克条约”，瑞典占领了波罗的海沿岸全部港口和大片土地，波罗的海成了瑞典的“内湖”。

古斯塔夫完成了称霸波罗的海的目标后，又参与争霸欧洲大陆的角逐。三十年战争提供了有利时机。古斯塔夫二世分析了形势，认为德皇和天主教联盟的胜利是对瑞典的威胁。因为德皇控制了北德后，正开始建立波罗的海舰队，威胁到瑞典对波罗的海的控制。而一旦德皇和天主教联盟控制了波罗的海，将威胁到瑞典经济的生命线——输出矿产的海上商路的安全。此外，天主教的波兰也会向瑞典讨还失地。于是古斯塔夫根据瑞典历来的作战原则：“只可在敌国领土上逐鹿打仗，不要在自己本土上兴兵打仗。”他制定了作战计划：主动出击德国，以保卫本土。他指出：“假如我们在瑞典境内等待敌人，则可能丧失了一切而一败涂地。如能侥幸在日耳曼境内一战成功，那就只有利而无害了。所以我们必须到国外作战，瑞典境内绝不许有敌军出现。”这时法国也想利用瑞典人打败天主教军，让瑞典当作法国称霸欧洲的工具，因此便提供大量金钱援助，鼓动瑞典出兵德国。

1630年7月6日，古斯塔夫二世统率1.3万军队在德国东北部奥德河口登陆，揭开了“瑞典阶段”的序幕。不久，瑞典又派来2.6万人的援军，使古斯塔夫二世的总兵力达到近4万人。北德意志的新教诸侯都站在瑞典一方。瑞典军队沿奥德河流域向易北河流域挺进。瑞军得到了法、荷、俄等国的援助，包括粮食和军用物资，还同萨克森结为同盟。瑞军势如破竹，很快攻占了德国北部和中部许多地区。

德皇闻讯后令蒂利率军阻击。1631年3月，蒂利首先攻击瑞军攻占的马格德堡。蒂利军有2.2万人，而守城的瑞军仅数千人，由法尔肯贝格指挥。5月，古斯塔夫急率军驰援。但蒂利已先行攻占了该城，法尔肯贝格阵亡。蒂利大开杀戒，屠杀了该城数千名手无寸铁的新教居民。7 月 22 日，古斯塔夫军 1.6 万人与蒂利军 2.3 万人在韦尔本展开会战。瑞典炮兵大显威风，以猛烈炮火击溃了进攻的蒂利军，瑞骑兵乘胜追击，蒂利军损失惨重。几天后蒂利又发动攻击，再遭惨败。损失 6000 人。9 月 17 日，双方主力集中于莱比锡附近的布赖滕费尔德，展开决战。蒂利军 3.5 万人，火炮 26 门。瑞典军 2.4 万人再加助战的 1.8 万萨克森军，共 4.2 万人，拥有火炮 100 门，无论是兵力还是火力均占上风。瑞典军队排成了新型的线式阵形，而蒂利军则按传统战法排成一个个密集的方阵。双方先用炮兵互射，瑞典军炮兵火力占压倒优势，给敌造成巨大损失。蒂利军在炮轰后发起攻击，但骑兵 7 次冲锋都被瑞军滑膛枪齐射的火力击退。但瑞典军右翼萨克森军还未与蒂利军方阵接仗，便向后溃退，蒂利军又迂回到瑞军薄弱的左翼发起攻击。古斯塔夫沉着冷静地调动兵力，使队形向右翼倒卷过来，迎头截击敌军。瑞军炮兵和滑膛枪的密集火力把以长矛为主的敌军方阵打得一排排倒下。蒂利军伤亡达 8000 人，尸横遍野，蒂利也负了重伤，率残兵逃回莱比锡。瑞军俘敌 5000，缴获了敌军全部大炮和辎重。而瑞萨联军共伤亡 2700 人，其中瑞军仅伤亡 700 人。布赖滕费尔德战役是古斯塔夫二世军事艺术的杰作。以机动如火力为基础的新战术第一次战胜了以数量加长矛为基础的旧战术。这在军事史上具有划时代意义，显示了改革后的瑞典军队对旧式欧洲军队所具有的优势。

布赖滕费尔德大捷震动了欧洲，新教联盟欢喜若狂，把古斯塔夫二世推选为新教阵营的盟主。而德皇斐迪南二世则惊恐万状，跑到意大利向教皇乞援。在胜利面前，古斯塔夫二世有些飘飘然，他制定了一个冒险的军事计划：乘胜深入德国南部地区，进攻天主教同盟的基地巴伐利亚，然后沿多瑙河进攻哈布斯堡王朝的老巢奥地利，逼帝国皇帝投降。于是瑞军继续向德国南部挺进，1631 年底和 1632 年初攻占了美因茨。1632 年 4 月，古斯塔夫二世的瑞典军及德国新教军队 2.6 万人与蒂利军 2 万人在莱希河展开激战。瑞军准备强渡莱希河，用炮火掩护工兵架桥。在炮战中蒂利重伤身亡，天主教军仓皇撤退。瑞典及新教联军顺利渡过莱希河，继续南进，直下奥格斯堡、慕尼黑和纽伦堡等重镇，占领了整个莱茵区，并把西班牙军赶回荷兰。瑞军在南下过程中沉重打击了天主教阵营的封建反动势力，但也具有侵略性。瑞军一路烧杀掳掠，给德国人民带来深重灾难。

瑞典军队的胜利迫使皇帝斐迪南二世重新启用瓦伦斯坦担任帝国军队总司令，以扭转战局。这时法国担心瑞典的胜利会导致新教徒控制德国，威胁到法国在德国南部的利益，便千方百计阻止瑞典军队的行动，并策动德国的新教诸侯不再支持瑞典，同时，瑞军的暴行也激起了德国农民的起义。这样，古斯塔夫二世面临四面受敌的不利境地，加上战线过长，军队过于分散，指挥困难。从1632年下半年开始，瑞军逐渐丧失了战略主动权。

1632年瓦伦斯坦复出后，采取了强征和募兵相结合的办法重建了一支雇佣军，并起用以前的旧部军官担任指挥，连帝国残军在内，共有4万人。他针对瑞典军队供应线过长的弱点，以最快的速度飞军插向瑞军侧后方，攻入萨克森，切断了瑞军供应线。这是十分高明的一着，它打乱了古斯塔夫进攻奥地利的原定计划，迫使他掉转方向，解救萨克森。这时瓦伦斯坦军主力驻守莱比锡附近的交通枢纽吕岑。古斯塔夫决定乘瓦伦斯坦兵力分散之机，与他决战，以打通莱比锡大道。为达成战役突然性，他于11月14日夜率军星夜急进，于15日凌晨抵达吕岑。16日早晨，大雾迷漫，双方军队列阵相对，瓦伦斯坦军1.8万人，火炮60门，列成4个步兵方阵，两翼是骑兵。瑞军1.85万人，炮66门，列成线式队形。双方兵力旗鼓相当，同时发起攻击，在浓雾中展开短兵相接的混战。由于大雾迷漫，加上瓦伦斯坦也运用了古斯塔夫以前用过的新战术调动兵力，所以古斯塔夫的新战术未发挥更大的威力。激战中，古斯塔夫二世头部中了流弹，坠马倒地身亡，一代军事天骄像流星一样过早陨落，年仅38岁。古斯塔夫二世阵亡后，贝恩哈德大公接替指挥，瑞军在为国王报仇的口号下奋勇向前。帝国军队因是新招募的雇佣军，训练很差，挡不住久经征战的瑞军猛攻，伤亡惨重，指挥官帕彭海姆伯爵也被击毙。瓦伦斯坦见势不妙，丢下全部火炮乘夜撤离战场。是役、帝国军队损失6000人，瑞军伤亡3000人，吕岑之役瑞军虽然获胜，但统帅阵亡大大挫伤了军队士气，新教诸侯乘机摆脱了瑞典人的控制，独立行事。瑞典国内贵族和王室之间的争权夺利斗争也随之加剧，进一步削弱了瑞典的力量。

吕岑战役后，由于瓦伦斯坦兵权在握，不把皇帝放在眼里，这使皇帝和诸侯把他视为眼中钉，他们联合起来，伺机要除掉他。1634年，瓦伦斯坦因企图与瑞典和谈，恢复国内和平，并使外国军队撤出德国领土。皇帝认为他有通敌嫌疑，于2月派人刺杀了瓦伦斯坦。瓦伦斯坦的去世也使天主教阵营失去一位天才统帅。这是天主教阵营最后失败的一个重要因素。

德皇杀了瓦伦斯坦后，由皇太子斐迪南掌握军权，并联合西班牙军队共同与瑞典军队作战。1634年9月6日，在纳德林根西班牙和天主教军4万人与瑞典和新教联军3万余人展开了一场决战。瑞典和新教联军大败，1万人阵亡，6000人被俘，丢失火炮80门。天主教军乘胜追击瑞典残军到波罗的海岸边。纳德林根战役具有决定性意义，瑞军主力损失殆尽，无力再战。新教联盟解体，而天主教同盟也精疲力尽。1635年5月，萨克森和勃兰登堡与皇帝议和，签订了“布拉格和约”，其他德国新教诸侯也纷纷和皇帝议和。根据和约，皇帝要控制大多数诸侯的军队，所有的诸侯联盟一律解散。皇帝在军事和政治上再次取得了胜利。

在战争第3阶段，天主教同盟取得了胜利。战争规模进一步扩大，瑞典成为战争的主角。交战双方主要通过主力会战来决定胜负。古斯塔夫二世指挥的布赖滕费尔德战役和吕岑会战在战史上堪称典范。古斯塔夫的阵亡导致战局逆转，结果皇帝和天主教阵营第3次占了上风。战局演变导致了法国的参战，并形成全欧洲战争。

战争第四阶段——全欧混战阶段（1635—1648年）

天主教同盟的再次胜利促成法国的参战。法国本是天主教国家，同德皇、西班牙和德国天主教诸侯在宗教上是一致的，并无宗教矛盾。但法国的国策是对外扩张，争夺欧洲霸权。在三十年战争前3个阶段，法国一直假手他国和新教联盟的力量来打击哈布斯堡王朝，待两败俱伤后，法国好从中取利。在“丹麦阶段”，法国虽曾参战，但仅在意大利北部打了一场小仗，并未大规模卷入。现在法国担心瑞典在德国建立听命于瑞典的新教同盟政府，还担心哈布斯堡王朝的实力再度恢复和壮大，不利于法国在欧洲建立霸权。于是法国趁德国交战双方疲惫不堪、元气大伤之际，决定出兵收拾残局，给哈布斯堡王朝以最后一击，实现称霸欧洲的伟业。

17世纪上半期，由于奥地利哈布斯堡王朝已虚弱，无力与法国抗衡，只有西班牙是法国争霸的最大障碍。西班牙也是哈布斯堡王朝统治下的天主教封建专制的国家。西班牙在教皇支持下，实行"世界基督教帝国"计划，妄图把欧洲所有国家都置于西班牙统治之下。在国内，西班牙建立了欧洲最反动的封建专制，残酷迫害异教徒，臭名昭著的宗教裁判所遍及全国各地，无数导教徒被处以火刑。西班牙还到处向外扩张侵略，除在拉丁美洲建立庞大的殖民帝国外，还在欧洲统治着尼德兰（今荷兰、比利时和卢森堡）意大利一些邦和葡萄牙。为了争霸欧洲，西班牙与英国打过仗，并介入过法国国内纠纷。但西班牙进入17世纪后，力量已大大削弱，"无敌舰队"的毁灭，尼德兰的革命，使它焦头烂额。但西班牙仍具有盯相当实力，法国仍视它为主要敌人。

为了实现霸业，法国宰相、著名政治家和外交家黎塞留制定的战略是：双管齐下，一方面打击西班牙，夺取它在尼德兰和意大利南部的属地，并使西班牙无力援助德皇和天主教贵族；另一方面，进军德国境内，建立法国的势力范围。为此，黎塞留在外交上使法国和瑞典、荷兰、威尼斯和匈牙利等国结成反哈布斯堡的同盟，另一方面又和德国的新教诸侯结成反对皇帝和天主教联盟的同盟。1635年5月，法军按照黎塞留制定的兵分数路，多点进攻，破袭敌方交通线的作战计划，在德国、尼德兰、意大利和西班牙同时展开反哈布斯堡王朝的军事行动。在法军行动的同时，滞留在德国北部的瑞典军队已恢复了元气，趁机再次侵入德国的中部和南部。战火开始在欧洲大陆各地燃起。由于十几年的战争已使交战双方的人力、物力受到极大消耗，双方军队无力再进行像前几阶段那样的大规模会战，尽量避免决战，使战争变成了旷日持久的消耗战。战争范围扩大到欧洲各地，各主要欧洲国家均卷入战争，而且无固定的战线，到处是混战。战争进程可分两大阶段：1635—1643年以法国同西班牙交战为主；1643年—1648年，战场以德国为主。

在法国与西班牙的战争中，1635—1640年西班牙占了上风。1635年，西班牙首相奥利瓦雷斯制订了三路入侵法国的作战计划，并提出了“宁愿牺牲一切，否则卡斯提尔（指西班牙）将成为世界霸主”的口号。1636—1637年，西班牙军及其盟军巴伐利亚军队先后从北面和南面攻入法国，一度逼近了首都巴黎。但由于战线过长，军力分散，再加上国力空虚，财力和军力补充不足，西军的优势逐渐丧失。法军于1637年把西班牙军逐出法国南部，但在1638年，法军在尼德兰和意大利连连受挫。后法军采取集中兵力、各个击破的战术，相继取得一些胜利。在意大利战场上，法军在南部通过与萨伏依、曼图亚等小国军队协同作战，重创了西班牙军队，同时在意大利北部切断了西班牙从米兰、热那亚到尼德兰的重要通道。

这时法国及盟友荷兰在海上取得了辉煌胜利。1638年8月，法国舰队在圣塞巴斯蒂安附近击沉了西班牙一支分舰队28艘军舰的大部分。1639年10月21日，荷兰海军又与西班牙在唐斯展开了一场从战争以来规模最大的海战。当时，特罗普指挥下的荷兰舰队有100艘军舰。在这次海战中，西班牙舰队70艘军舰被击沉44艘，被俘14艘，死伤7000人，被俘1800人，荷海军仅损失500人和1艘军舰。从此西班牙海军便一蹶不振。海战的胜利大大改善了法荷在陆战的态势。法荷军队密切协同，于1640年在尼德兰南部战场上攻占了阿图瓦等重要城市和地区。1643年5月，法军同西班牙军在法国与尼德兰交界的罗克鲁瓦展开决战。法军2.2万人由孔代指挥，西班牙军2.8万，由梅洛统率。战斗十分激烈。开始法军左翼被击溃，中军也受到动摇。但西班牙军缺少骑兵，未能扩大战果。法军重整旗鼓，采用了瑞典军队改革后的新阵式，以线式队形集中主力从一翼实施突破，打乱了西班牙军的方阵，西军全线溃退，法军大获全胜。西军阵亡8000人，被俘6000人，而法军仅损失2000多人。西班牙的精锐部队几乎丧失殆尽。从此，西班牙失去了反击能力，法军确立了对西战争的胜局。

在德意志战场，瑞典军队又恢复了锐气，于1642年11月2日同皇帝军队展开了第2次布赖滕费尔德会战。瑞军在撤退途中在布赖滕费尔德为皇帝军队截住去路。托尔斯滕森元帅指挥瑞军奋起迎击，击溃了帝国军队，奥地利军损失了1万人。瑞军再度向德国南部挺进。瑞军节节胜利，引起丹麦国王的嫉妒和恐惧。丹麦便乘瑞军深入南德之际，向瑞典宣战。瑞军托尔斯滕森放弃向维也纳的进军，回师北上，反击丹麦军队。瑞典军队从陆海两方面进攻丹麦，迅速攻占了什勒斯维希—荷尔什坦因地区和日德兰半岛的许多地方。丹麦海军表现不凡，1644 年 1 月击败了荷兰瑞典联合舰队，封锁了在基尔湾的瑞典舰队。但不久，瑞荷舰队在洛兰岛海战中摧毁了丹麦的 17 艘战舰，丹麦海军的主力被消灭了。经过 3 年战争，丹麦海军主力被歼，国土大片被占，丹麦被迫战败求和。

瑞典军在同丹麦鏖战时，在其他方向也进展顺利。法国为了制止瑞典实力的增强，急忙调兵东进，自莱茵河南下挺进德国腹地。但 1643 年 11 月，法军在托伊特林根被帝国军队打得溃不成军，司令德朗佐将军等被捕，火炮辎重全被天主教军队缴获。1644 年 8 月，法军与天主教军在弗赖堡交兵。法军 2 万人，由军事家孔代和蒂雷纳指挥。对手则是梅尔奇率领的巴伐利亚军队 1.5 万人。法军击败了巴伐利亚军并缴获了其全部火炮和辎重。法军乘胜前进，与瑞典军会师。

1645 年，法瑞两军双双凯旋。2—3 日间，瑞典军在捷克的扬考一战给帝国军队以致命一击，然后攻入奥地利，占领了斯泰因等地。法军则于 8 月进行了第 2 纳德林根战役。孔代指挥 1.5 万法军同冯梅尔西元帅的 1.2 万帝国军队交战。法军大获全胜，毙俘敌军 6000 人，缴获敌所有的火炮，冯梅尔西元帅也被打死。法军损失 4000 人。

1646 年，瑞典军重新攻入巴伐利亚，法军也进入士瓦本和巴伐利亚。不久，两军联合攻入奥地利。1648 年 5 月，法瑞联军在楚斯马斯豪森大胜巴伐利亚和帝国的军队。这次决定性胜利后，瑞典军攻占了布拉格，奠定了战争的结局。法军从美因茨攻入巴伐利亚，双方对维也纳形成了钳形攻势。

皇帝和天主教同盟经多年战争，加上失去了西班牙的援助，已无力再战，被迫求和。其时瑞典军也十分疲劳，军中传染病流行，战斗力大大削弱。法国对英国革命深感不安，和瑞典也时有摩擦，已无心再战。于是法瑞双方也同意停战。这样，持续了三十年之久的大战终于尘埃落定，偃旗息鼓了。

日本大化革新

公元 645 年(大化元年)，在日本发生了革新运动，因革新始于大化年间，故称大化革新。大化革新是日本从奴隶社会过渡到封建社会的变革运动，它废除了奴隶制，建立了以中央集权制和国家土地所有制为特点的封建制度。大化革新的划时代伟大意义，堪与十九世纪发生的明治维新相比拟。

奴隶制岌岌可危

奴隶制的大和国产生于三世纪后叶，以大和（今奈良县）为中心的近畿地区，四世纪末统一了日本。统一国土之后，大和国同中国南朝刘宋和朝鲜半岛的百济密切交往，积极摄取大陆先进文化和生产技术，发展了生产力，促进了日本经济文化的发展。

生产力的迅速发展与旧有的奴隶制生产关系部民制发生尖锐矛盾，阶级矛盾和统治阶级内部矛盾加剧，经济衰落。六世纪末至七世纪初，奴隶主贵族更加残酷地榨取部民的膏脂。不堪忍受奴隶主贵族残酷压榨的部民起来反抗。最初的反抗形式是逃亡。后来，部民进山入薮，经常袭击奴隶主贵族。626年（推古三十四年），“强盗窃盗并大起之，不可止”。部民的反抗斗争日益高涨。这种部民的斗争打击了奴隶主贵族，动摇了奴隶制的根基，为新的生产关系开辟了道路。

统治阶级内部的相互倾轧也越来越激烈。奴隶主贵族大肆兼并土地，为了争夺土地“争战不已”。皇室以各种名义霸占地方贵族的土地，扩大自己的直辖领地屯仓，因此，地方贵族同皇室的矛盾也很尖锐。当时朝廷内部上下相克的事件不断发生。氏姓制度也出现混乱状态，如“父子易姓，兄弟异宗”等等。

部分奴隶主贵族看到部民制已无利可图，于是采取租佃制的剥削方式。他们把兼并的土地出租给邻近百姓（平民）和逃来的部民，收取地租。当时从平民中成长起来的富裕的大家庭也将靠家庭成员无力耕种的多余土地出租给无地少地的平民和逃亡部民，征收地租。这种租佃制是封建生产关系的萌芽。封建生产关系的产生和发展，加速了奴隶制的崩溃。

革新与守旧势力早期的矛盾

部民制开始衰落的六世纪中叶，朝廷出现了改变现行统治制度，以挽救社会危机的改革者苏我稻目（？—570年）。稻目任宣化（535—539年）、钦明（539—571年）两朝的大臣。苏我氏与大陆移民有着密切的关系，所以便于吸收中国、朝鲜的先进思想和文化，成为开明的政治家。稻目于555年(钦明十六年)在吉备五郡设了白猪屯仓,但此后十多年间逃亡的部民甚多,为了制止这种现象,569年(钦明三十年)派胆津去白猪屯仓,编制部民户籍。编制部民户籍是一项重要改革措施。由于建立了户籍,原来以部为单位生产的部民,变成以户为单位生产和向国家交纳年贡的小生产者。

苏我稻目的政治主张遭到守旧势力的代表人物大连物部尾舆的坚决反对。他们之间的矛盾,在崇佛和排佛问题上表面化了。钦明王皇时期,百济圣明王献给日本朝廷佛像、经论。当时稻目主张崇佛,而尾舆和主管神事的中臣镰子反对。稻目主张崇佛的政治目的在于通过信仰佛教来代替氏神的崇拜,以统一全国的思想,削弱氏姓贵族的势力,提高皇权,挽救社会危机;尾舆则主张不能改变氏神的崇拜,以维护腐朽没落的部民制和氏姓制。天皇允许稻目试拜,后来,国内流行瘟疫,尾舆和镰子上奏天皇把这场灾祸归罪于崇佛,要求掷弃佛像。他们经天皇同意,把佛像投进难波的堀江,又纵火烧掉了伽蓝,由是与稻目的矛盾加剧。

587年(用明五年),用明天皇死后,苏我稻目之子大臣苏我马子和物部尾舆之子大连物部守屋围绕皇位继承问题展开激烈斗争。当年,马子消灭了守屋,掌握朝廷的实权。他拥立泊濑部皇子为天皇。这就是崇峻天皇,崇峻天皇因不满马子在朝廷专权,于592年(崇峻五年)被马子指使的东汉直驹暗杀。

圣德太子的初步改革

崇峻天皇死后,推古天皇即位,翌年,即593年(推古元年)天皇立用明天皇遗子厩户皇子(574—622年)为皇太子,又委以摄政重任,厩户皇子后来被世人称圣德太子。太子曾分别向高丽僧惠慈和五经博士觉哿学习佛典和中国典籍。他广泛吸收中国的先进思想和文化,成为著名的政治思想家和改革家。他试图以加强皇权,削弱氏姓贵族势力的办法,整饬社会秩序,挽救社会危机,为此采取一系列改革措施。

603年(推古十一年),制定冠位十二阶。冠位是按才能和功绩,由天皇授予贵族个人的荣爵,不得世袭。它和可以世袭的姓是完全不同的。实行冠位制,在一定程度上提高了皇权,为选拔人材创造了有利条件,推进了贵族的官僚化和官僚体制的形式。

次年，即 604 年（推古十二年），颁布 17 条宪法。17 条宪法是贵族的行为规范，并不是国家的根本法典。其条文，大都出自中国诸子百家的典籍和佛教思想，而尤以儒家经典居多。《宪法》规定“承诏必谨，君则天之，臣则地之”，“国非二君，民无两主，率土兆民，以王为主”，以提高天皇的地位。《宪法》还提到“以和为贵，无忤为宗”，“群卿百寮，以礼为本”要求贵族息争守礼。为了发展生产，消弭人民的反抗情绪，《宪法》还规定了“国司、国造勿敛百姓”，“农桑之节，不可使民”等条款。

圣德太子又采取兴隆佛教的政策。594 年（推古二年），通过天皇下诏兴隆佛、法、僧“三宝”。太子带头建寺、讲经、注经。结果全国出现了竞造佛舍，弘扬佛法的局面。太子兴隆佛教旨在用佛教来统一全国的信仰，以加强皇权。

太子遣使通好于中国隋朝，恢复了中断一个多世纪的中日邦交，积极移植中国的先进思想和文化。600 年（推古八年）至 614 年（推古二十二年）的十五年间，派出四次遣隋使和八名留学生和学问僧。随遣隋使到中国留学的高向玄理、僧旻等人，后来学成归国后，在大化革新中发挥极为重要的作用。

圣德太子的改革，在一定程度上打破了氏姓制的束缚，削弱了大氏姓贵族的势力，提高了天皇的地位，培养和选拔了人材，这为后来的大化革新打下了基础。但圣德太子的改革，局限在上层建筑领域，而在这个领域里的改革也很不彻底。冠位制是在没有废除氏姓制的情况下实行的，实施范围仅在畿内及其周边地区。17 条宪法作为训诫，只能起到教化作用，没有多大约束力。所以抑制大氏姓贵族的势力，提高皇权是有限的。由于太子的改革没有触动日趋衰落的经济基础部民制，要挽救社会危机是根本不可能的。

大化革新的出现

622 年（推古天皇三十年），圣德太子病逝，改革事业随之停止下来。苏我马子对太子的改革，采取消极抵制的态度，因为提高皇权，削弱氏姓贵族的势力，不利于苏我氏在朝廷专权。因此，太子死后，马子自然不会继续推进改革事业。626 年（推古天皇三十四年）马子死后，其子苏我虾夷继任大臣，独揽朝廷大权。628 年（推古天皇三十六年）推古天皇病死，虾夷排斥圣德太子之子山背大兄王，第二年拥立田村皇子即位（舒明天皇)。在皇极朝(642—645 年)时期,虾夷之子苏我入鹿登上政治舞台,专擅朝政。他痛恨圣德太子的名望,反对他的改革事业。入鹿为了根除改革事业的后继者及拥立古人大兄的障碍,消灭了山背大兄王。古人大兄是舒明天皇和马子的女儿法提郎媛所生的皇子,与苏我氏有密切的关系。山背大兄王事件说明,统治阶级内部新旧势力的斗争日益激化。苏我虾夷和苏我入鹿父子与其祖辈苏我稻目不同,他们不断扩大田庄增加部民,加强以东汉氏为主力的私兵,打击改革势力,已成为极力维护部民制的奴隶主贵族的总代表和社会变革的最大绊脚石。

社会危机越来越严重的七世纪三、四十年代,圣德太子派到中国的留学生陆续回国。623 年(推古天皇三十一年)归国学问僧惠日等上奏天皇:“留于唐国学者,皆学以成业,应唤。”天皇可能采纳了这个意见,召唤在唐学习的学生。僧旻于 623 年(舒明天皇四年),惠隐、惠云于 639 的(舒明天皇十一年),南渊请安和高向玄理于 640 年(舒明天皇十二年),回到日本。他们去中国留学二、三十年,学到了丰富的中国思想文化和隋唐两朝的统治经验,回国后积极进行传播,在部分贵族中发生强烈影响。在部民斗争的冲击和中国封建政治经济制度的影响下,出现了以中臣镰足(614—669 年)和中大兄皇子(626—671 年)为代表的革新人物。中臣镰足是大夫中臣御食子的长子,自幼好学,博览群书,尤其反复诵读中国兵书兼政书《六韬》。他曾受教于僧旻和南渊请安,丰富了知识,开阔了眼界。镰足在中国先进思想和社会制度的影响下,立志打倒苏我氏,实行变革。舒明朝(629—641 年)之初,他称病推辞中臣氏在朝廷的世袭职务祭官,来到摄津三岛的别墅,与住在难波的轻皇子结交。但后来见轻皇子器量不足便返回飞鸟,接近舒明天皇之子中大兄皇子。两人志同道合,成为知交,在就学于南渊请安的往返路上,商讨消灭苏我入鹿。夺取政权,以唐制为蓝本,进行变革。644 年(皇极天皇三年)春,从苏我氏中分化争取了与入鹿素有矛盾,又有声望的大夫苏我石川麻吕。尔后,又吸收了以守卫宫门为世袭职务的佐伯连子麻吕、葛城稚犬养连纲田等人,组成了革新派。645 年(皇极天皇四年)6 月 12 日,革新派利用皇极天皇在宫中接见“三韩”使者的机会,杀死了苏我入鹿。随后,革新派以法兴寺为根据地准备迎接虾夷的反攻，同时派人说服苏我氏一派归顺。当时，皇族和朝廷的重臣大都站在中大兄一边。守卫虾夷、入鹿宅门的东汉氏也解除了武装，四处逃散。虾夷见大势已去，于6月13日焚宅自尽。消灭虾夷、入鹿父子之后，革新派立即组成了新的政权。6月14日，轻皇子即位为孝德天皇，中大兄为皇太子，阿倍内麻吕为左大臣，苏我石川麻吕为右大臣，中臣镰足为内臣，留学中国的僧旻、高向玄理为国博士。国博士是高级政治顾问。革新政权于同月19日，仿效中国建年号为大化，有步骤地开始实行改革。当年8月，分别往东国和倭（大和）六县（高市、葛木、十市、志贵、山边、曾布）派遣国司和使者，命造户籍，校田亩。9月，遣使诸国，没收武器，登记人口，为下一步改革做了准备。12月，首都由飞鸟迁至难波。646年（大化二年）正月元日，发布《改新之诏》。《改新之诏》是革新的纲领，这一纲领在实施过程中不断充实提高，至701年（大宝元年）以《大宝律令》的法律形式被肯定下来。从645年诛灭苏我入鹿到701年《大宝律令》的制定，大化革新经历了大约半个世纪。革新的主要内容如下：

在经济上，废除了部民制，建立了封建国家土地所有制。政府把全国的土地和人民收归国有，变成“公地公民”，在此基础上实行了班田收授法与租庸调制。班田收授法是，政府每隔六年班给六岁以上的男女口分田，其数目为男子二段，女子为男子的2/3，“官户”、公奴婢与良民相同，“家人”、私奴婢的男女分别为良男良女的1/3，受田人对口分田只有使用权，没有所有权，他们死后，土地归还国家。除了口分田外，政府按户分给少量的园田宅地，这些土地经允许可以买卖，只是绝户时归公。山川薮泽为公用。分得口分田的农民负担租、庸、调和杂徭、兵役。

租，是实物地租，每段租稻2束2把，约当收获量的3%。庸，是劳役，凡正丁每年到都城服劳役10天，但原则上，交纳庸布2丈6尺来代替，次丁减半。调，是按丁别交纳的地方特产。杂徭，是地方国司役使农民从事水利、土木工程等事业的劳役，规定正丁为16天，次丁为30天，少丁为15天。兵役，是正丁的1/3轮流充当士兵，在一定时期受各地军团的训练，其中有的作为“卫士”到首都服役一年，有的作为“防人”到大宰府服役三年，武器粮食自备。

在政治上，建立了中央集权制，规定

了身份制度。中央设二官、八省、一台、五卫府。二官即神抵官和太政官，前者掌管神事，后者处理行政事务。太政官下设中务、式部、治部、民部、兵部、刑部、大藏、宫内八省。一台即弹正台，掌管肃正风俗，监督官吏的机构。五卫府即门卫府，左、右卫士府，左、右兵卫府，是守卫宫廷的军事机关。地方设国、郡、里三级行政单位，分别由国司、郡司、里长治理。在政治军事上的要地首都、摄津、九州分别置左、右京职、摄津职、大宰府。

在身份制度方面，国民分为“良民”和“贱民”，良民包括皇族、贵族和公民。皇族和贵族享有种种特权，如，按位接受位田、位封、位禄，按官职受职田、职封，按功受功田。又有三位以上者之子孙，五位以上者之子，到规定的年龄，受一定位阶和官职，这叫荫位制。有位者一律免庸调。他们在法律上，还有减刑的特权。公民包括革新前的平民和革新后被解放了的部民，他们占人口的绝大多数。公民在法律上被规定为良民，具有一定的人身自由。贱民包括“陵户”、官户、家人、公奴婢、私奴婢，约占人口的10%，大都集中在畿内。他们不得同“良民”通婚，两者之间非法所生之子从贱。

革新后，国家把土地一举集中到自己手里，班给农民以口分田，以租庸调的形式，征收地租和课以徭役，而班田农民则紧缚在田地上，依附于国家。这正是封建国家土地所有制所具有的特点。在封建国家土地所有制下，国家既作为土地所有者，同时又作为主权者同直接生产者相对立。在这里，国家就是最高的地主。在这里，主权就是在全国范围内集中的土地所有权，

由于实行了封建国家土地所有制和新的身份等级制度，阶级关系发生了根本的变化。革新后，氏族贵族变成领取俸禄的封建官僚贵族。位田、职田、位封、职封是国家发给贵族的俸禄。受田的贵族对土地没有所有权，病死或离职时还给国家。位封、职封是食封制的形式，封主占有封户交纳租的一半和庸、调的全部，但不完全占有封户的人身。封户是分得口分田的公民，并非奴隶。封建官僚贵族的剥削对象是公民，剥削方式是占有公民的租赋。公民在法律上有人格，拥有占有权的口分田和可以买卖的园田宅地，有固定的租费和徭役，对山林沼池也有使用权。部民已经改变了过去没有生产资料和人身自由的身份地位。只是品部和“杂户”虽系良民，但因在生产中所处的地位没有改变，其地位

还较低贱。

大化革新并没有彻底废除奴隶制，贱民作为奴隶保留下来，但他们在社会生产中已退居次要地位，主要从事非生产性杂务。因此，奴隶制生产关系不起主导作用。

日本经过大化革新，废除了部民制，建立了封建国家土地所有制和中央集权制，由奴隶社会过渡到封建社会。

改革与反改革的斗争

在长期的大化革新过程中，革新势力和守旧势力之间进行了尖锐复杂的斗争。

645 年 9 月，革新政权建立不久，古大人兄皇子谋反。苏我入鹿被杀后，他以“勤修佛路，奉祐天皇”为名，避居吉野，勾结守旧势力策划叛乱，但因同伙自首，事遂暴露。中大兄立即派兵吉野，讨灭了古人大兄皇子。

649 年（大化五年）3 月，发生了右大臣苏我石川麻吕之变。苏我日向诬告其异母兄石川麻吕要损害皇太子，中大兄迫使石川麻吕自尽。石川麻吕是与入鹿有矛盾，被拉到革新队伍里来的，但思想仍旧保守，跟不上革新形势的发展。大化四年，废止古冠时他和左大臣坚持戴古冠，以抵制新的官僚体制。中大兄趁日向告发的机会，除掉了深入改革的障碍。

石川麻吕之变发生的第二年，穴户国司草壁丑经向朝廷献白雉。朝廷认为白雉的出现是吉祥之兆，于是举行盛大庆祝仪式大赦天下，改元白雉。这充分反映了革新派大功告成，万事大吉的思想情绪。

653 年（白雉四年），中大兄为了便于控制守旧势力，奏请孝德天皇还都飞鸟，天皇不同意。中大兄不顾天皇的反对，率领皇族和群臣，回到飞鸟。孝德天皇陷于孤立，第二年病死在难波。

孝德天皇死后，中大兄之母前皇极天皇重祚，称齐明天皇。齐明年间（655—661 年）大兴土木，修建宫殿，加重了人民的徭役负担，引起人民的强烈不满。

孝德天皇之子有间皇子，借人民群众的不满情绪，阴谋叛乱。658 年（齐明天皇四年）11 月，天皇和皇太子去纪伊的温泉疗养期间，留守官守旧势力的代表人物苏我赤兄举出齐明天皇的失政，鼓励有间皇子谋反。有间皇子欣然同意，但后来，苏我赤兄见皇子一伙准备不足，事难成功，于是摇身一变，一面派人包围有间皇子的宅邸，一面派驿使报告天皇。有间皇子被中大兄绞死在藤白坂（今和歌山县海南市）。

中大兄为了转移人民的不满情绪和守旧势力的视线，大举证讨北方少数民族并出兵朝鲜。658 年（齐明天皇四年）和 660 年（齐明天皇六年），朝廷派阿倍比罗夫征伐虾夷的肃慎。660 年，百济受唐和新罗联合军的进攻，濒于灭亡。日本朝廷应百济遣使鬼室福信的求援，派兵朝鲜。663 年（天智天皇二年），日军在白村江战役中惨败于唐和新罗军队。战败后，为了防备唐和新罗军的进攻，在筑紫、对马、长门、大和、赞岐等要地修建城池。这次侵朝战争的失败，加重了国内阶级矛盾。人民对沉重的战争负担不满，守旧势力借此机会向革新政权施加压力。中大兄为了缓和统治阶级内部矛盾，采取对守旧势力妥协、退让的政策。664 年（天智天皇三年），肯定诸氏之氏上，赐予一定的民部、家部，部分恢复了部民制。这无疑是倒退之举。

667 年（天智天皇六年）3 月，迁都近江的大津。翌年，中大兄即位，称天智天皇。当年，命中臣镰足制定《近江令》。令共 22 卷，但全部失传，不知其内容。670 年（天智天皇九年），政府为了防止人民逃避徭役而逃亡，编制了户籍，因庚午年制定，史称“庚午年籍”。

侵朝战争和修建宫殿、都城、城池等土木工程，不仅给人民带来灾难，也增加了地方中小贵族的负担。664 年部分恢复部民制，有利于大贵族，但对于地方中小贵族，并没有带来多大好处，所以地方中小贵族对近江朝廷不满。

这时，皇室内部天智天皇同其弟大海人皇子（？—686 年）之间的矛盾相当尖锐。大海人皇子是很有才能和胆略的革新政治家和军事家，在天智天皇即位时被立为皇太子，是法定的皇位继承者。671 年（天智天皇十年），天皇任命他的宠儿大友皇子为太政大臣，剥夺了大海人的皇位继承权，还恢复了左右大臣制，任命对革新事业不满的苏我赤兄为左大臣，中臣金为右大臣，苏我果安、臣势人、纪大人等三人为御史大夫。他为了维护年轻的大友皇子的地位，吸收守旧的大贵族组织了政权。大海人不仅受到排挤，就连生命也没有保障。他为了摆脱这种危险境地，以出家为名，离开近江来到吉野。当年 12 月，天智天皇病死，政权落到守旧的大贵族手中。

近江朝廷一面积极备战，一面严密监视大海人。大海人在吉野收到这些情报，决定举兵。672年（弘文天皇元年）6月，他离开吉野，来到美浓，以此为根据地动员东国的军队。当时，东国的国司、郡司纷纷加入大海人的队伍。大海人抢先占领了不破、铃鹿两关，切断近江朝廷与东国的联系。7月，大海人皇子的数万大军进攻近江、大和，打败了近江朝廷的军队，大友皇子自缢而死。这次内战因发生在壬申年，故称“壬申之乱”。

大海人皇子之所以仅仅用一个月的时间打败近江朝廷，其主要原因是得到东国新兴封建官僚贵族国司、郡司的积极响应，而近江朝廷则相反，失去地方中小贵族的支持，朝廷四处派遣调兵的使者，但均没有成功。

壬申之乱是以大海人皇子和大友皇子之间皇位之争为契机而发生的，但实质是革新势力和守旧势力之间的一场决战。

673年（天武天皇二年）2月，大海人在飞鸟净御原宫即位。称天武天皇。他采取政治经济措施，继续推进了革新事业。

一、废除曾一度恢复了的部民制。675年（天武天皇四年）下诏，废除664年天智天皇规定的氏上私有部民的制度，并取消了赐予皇族、贵族的山林原野。这是坚持革新事业的重大措施。

二、实行皇亲政治，增强天皇的权力。天武天皇在位14年间没有任命一个大臣，完全依靠皇族进行统治，严防守旧的大贵族钻进朝廷，篡夺政权。为了提高皇族的地位，684年（天武天皇十三年），制定“八色之姓”，重新排列氏姓位次，对五世以内的皇族授姓“真人”，列在八姓之首。

681年（天武天皇十年），着手修改《近江令》，编纂《飞鸟净御原令》。令分22卷，是否有律，尚难断定。《飞鸟净御原令》也全部失传。同年，天皇命川岛皇子、刑部亲王撰写国史，以提高皇威。

大海人在壬申之乱中打败守旧的近江朝廷，夺取政权，坚持革新的方向，确保了封建制的继续发展。

日本自大化革新以后建立的国家政权，是以天皇为中心的皇室贵族政权；而镰仓幕府开始的幕府政权是军事封建主的政权。尽管两者都属封建统治，但不仅性质上有区别，而且这两种不同性质的政权曾长期并存，与幕府政权存在的同时，天皇政权以院政的形式存在。这是由于日本历史发展过程中，武士的社会影响以及与皇室贵族之间的矛盾离合、势力消长所致。

21世纪的日本，封建贵族内部斗争激烈。在中央政权中，分为皇室和外戚两大集团。由于他们都缺乏军事实力，就不得不拉拢地方武士；而这时的武士势力又以本州东部的源氏集团和以本州西部的平氏集团为最强。他们也都卷入了当时斗争的漩涡。在斗争中，天皇与外戚两败俱伤；中央政权落入平氏集团之手。平清盛的官邸设在京都的六波罗，故称他的政权为六波罗政权，这是从皇室贵族政治向武家政治过渡的政权。

平清盛掌握了中央政权，由于上层统治者的蜕化，引起下层武士的不满，这就给源氏集团提供了夺取政权的良机。在源、平两氏斗争中，源赖朝于1180年

源赖朝

（治承四年）的椎模石桥山之战中失败，逃入镰仓。镰仓是物产丰富的鱼米之乡，地势险要的战略要地，也是源氏经营多年，与当地武士有密切联系的地区，因此，源赖朝以此作为据点，与平氏作斗争，并致力于建立起自己的政权。1180年10月，源赖朝经富士川会战，打败平清盛大军，被尊为“镰仓殿”。平源相争又经1184年（寿永三年）摄津的一谷和1185年（文治元年）赞岐屋岛的会战，最后在长门的坛浦战争中全歼平氏军队，平氏政权覆灭。源赖朝在这些源平会战中，只是指派其弟源义经、源范赖出征，自己驻守镰仓，从事政权建设。1183年（寿永二年）源赖朝向院政上奏，提出三条意见：（一）平氏强夺神社佛寺的田地应如数归还原来寺社；（二）院宫诸家领如被平家掳掠的也应归还本主；（三）对归降回来的平家武士谅解其罪，不可处斩。这个上奏得到上皇的支持，于同年10月14日颁布了《寿永宣旨》，承认源赖朝在东海、东山两道的统治范围，承认他的统治权，使源赖朝在关东确立的行政权合法化；在以后讨伐平氏过程中，向西发展，实现全国统治就有了可能。1192年源赖朝任征夷大将军，标志着他所建立的地方政权成为对全国范围的统

治。自此开始,镰仓幕府政权与天皇政权并存。一般称天皇政权为公家;幕府政权为武家。公武长期并存。

为什么会形成这样两种不同政权的长期并存呢?究其原因大致有三:第一,皇室在经济上、政治上都还有相当大的势力,经济上皇室领地长期保存,政治上皇族成员、中央贵族、佛教寺院结为一体,实力雄厚,而从中央到地方的一套行政机构仍在起作用。这就使得新兴的幕府不但不能取代皇室,而且表面上还得依靠皇室这个权威来扩张自己的势力。第二,幕府的势力内部矛盾也很多。它和皇室有矛盾的一面,也有相互利用的一面,这就形成在发展过程中幕府与皇室有时冲突,有时妥协的局面。1185 年(文治元年)11 月 28 日,源赖朝采纳大江广元的建议,即派北条时政去京都,向院厅要求设置守护、地头;第二天就得到院厅批准。此后,源赖朝又提出要朝廷驱逐反镰仓派的公卿贵族,用亲镰仓派者任朝廷的"议奏",以图控制朝廷政务。这也得到院政同意,但在实施中并不顺利,如地头制就遭到贵族、寺社庄园领主的抵制。源赖朝迫于形势也妥协让步,同意对地头制加以限制,1186 年(文治二年)6 月,停止在权门势家庄园内设置地头;后又进一步退让,同年 11 月规定除现在叛谋者的庄园外,一律停止设置地头职。这个限制使源赖朝控制的地区缩小到仅以镰仓为中心的东部地区。第三,武士将领为防止部下谋叛,经常向部下灌输效忠皇室的观念,利用皇室的传统权威来控制部下。源赖朝曾在背后斥骂后白河法皇是"日本最大的大天狗",但表面上却对皇室表示虔诚,要"简以忠贞奉公,继家业守朝家","天下落居之后,万事当仰君王裁定"。这样他就更不能推翻天皇,而只能借助天皇号令天下了。

由于上述原因,形成了公武两种政权的同时并存。尽管幕府实质上已是国家最高的权力机关,但在形式上天皇政府仍然存在,而且幕府的最高首领将军还得由天皇任命。幕府与天皇政权同时并存的局面几乎贯穿于幕府政治的始终,形成了日本所别具一格的独特政局。

1180—1185 年以源赖朝和平清盛为首的日本两大武士集团的争霸战争。结果源氏集团胜利并创立镰仓幕府武家政权。

1156 年(保元元年)因皇位继承问题,崇德上皇举兵反对后白河天皇,发生保元之乱。站在崇德上皇方面的有摄关家藤原赖长及地方有力武士源为义、平忠正等；支持后白河天皇的有关白藤原忠通及地方武士源义朝、平清盛等。战争结果，崇德上皇失败，其本人被流放，藤原赖长战死，源为义与平忠正被杀。源氏系清和天皇后裔，平氏系桓武天皇后裔，在地方上有很大势力。保元之乱，他们开始介入中央权力的斗争。1158年（保元三年）后白河天皇退位，成立后白河院。掌握院政实权的藤原通宪（信西）压制二条天皇亲政，因而形成院政系和天皇系的矛盾与对立。另方面，后白河院对于保元之乱胜利的功臣平清盛和源义朝行赏不公，引起后者的强烈不满，成为反院政派的主要武士首领。同时受信西排挤的摄关家有力人物藤原信赖也与源义朝接近，并计划联手打倒信西。

1159年（平治元年）12月，平清盛率众参诣宗教圣地熊野三山，源义朝乘机发动政变，幽禁后白河天皇，信西被迫自杀，源义朝和藤原信赖夺取了统治权。但不久被归来的平清盛打败，信赖和义朝被杀，义朝13岁的儿子赖朝被流放伊豆。平治之乱源氏一族没落，平氏则扶摇直上。平清盛晋升参议正三位，开创武士列席公卿之高位的先河。不久（1167年），又晋升为太政大臣，成为和摄关家一样的公卿贵族而参与朝政。1179年（治承三年），平清盛发动宫廷政变，幽禁后白河天皇，解除关白藤原基房以下近40名公卿的官职，并以安德天皇外祖父的资格独揽朝廷大权。平氏一门独占朝廷要职，公卿16人，殿上人30余人，事实上确立了平氏独裁政权。

但是，由于平氏一族垄断了高官要职并实行独裁，从而引起了皇室和公卿贵族的强烈不满，甚至作为平氏政权基础的地方武士团也发生分裂，逐渐形成反平氏势力。1180年（治承四年），后白河天皇的第2皇子以仁王下令旨，号召各地源氏起兵讨伐平氏。被流放在伊豆的源赖朝积极响应，源平之战由此爆发。

持续五年的源平战争，前后进行5次大战，双方相对地经历了由弱到强和由盛转衰的变化过程。

石桥山之战（1180年）

源赖朝是平治之乱败死的源义朝的第3子，因得平清盛义母池禅尼之助幸免于死，在伊豆度过了20余年的流放生活。其间与该地豪族北条时政的女儿北条政子结婚，并与源氏家人东国武士保持联系，逐渐恢复势力。1180年4月应以仁王令旨，在岳父北条时政帮助下，召集东国武士，决定起兵讨伐平氏。对于源赖朝的动向，平清盛早有警戒，并令相模地区的有力武士大庭景亲等作了会战的准备。源赖朝因兵力较少，暂时不想与平氏对阵，计划先夺取伊豆，然后与相模的大豪族三浦氏汇合，恢复祖辈以来的故地相模地区的经略，并以此为根据地进一步扩大势力。8 月 17 日，源赖朝乘伊豆守将山木兼隆祭祀三岛神社之机，夜袭山木的城馆，一举成功。但在往相模进军途中，为大庭景观等所率的平氏军队所阻，8 月 23 日，两军在石桥山展开会战。当时源赖朝只有以土肥富平、工藤茂光等为首的 300 骑左右。与此相反，平氏军队则几倍于源氏，并且伊东佑亲率 300 骑绕至源氏背后，与大庭景亲所部形成夹击之势。大庭景亲乘三浦氏军队尚未与源氏汇合之前，举全军之力向源氏发起进攻。由于众寡相差悬殊，源氏不敌，败走箱根山。据说源赖朝等在箱根山中潜藏时，大庭景亲的属下梶原景时虽然发现了源氏等人的隐所，但没有举报。源氏等人侥幸地逃过了平氏军队的搜捕。之后，源氏一行从真鹤岬乘船逃往安房。原来计划和源赖朝联合进攻相模的三浦义澄，途中听说源氏在石桥之战败北，便回师退归本城。但不久(26 日)，富山重忠等率数千平氏军队突袭三浦衣笠城。经过激战，三浦氏败走，由海路逃往安房，并在海上与源赖朝等相遇。

在安房，源赖朝筹谋再起。他先后赴下总、上总、武藏等地，得到那里武士团的支持，兵力疾速增长，几乎接管了关东所有武士团。10 月 6 日，源赖朝入故地镰仓，以此为根据地重建源氏势力。

富士川之战(1180 年)

石桥山之战以后，平清盛为追讨源赖朝，召集东海、东山两道的武士团，以其嫡孙维盛为大将军，忠度、知度为副将军，作为追讨使。9 月 29 日，追讨军自京都出发。源赖朝在镰仓得知平氏追讨军到达骏河的消息，决定率军迎击敌人。10 月 16 日率 20 万大军自镰仓出发，18 日通过足柄，在这里击败准备与平氏追讨军汇合的大庭景亲的军队，然后进入黄濑川。在这之前，甲斐国源氏听说赖朝起兵，亦开始采取讨伐平氏行动，武田信义、一条忠赖、安田义定等攻入信浓。源赖朝为扩大反平氏势力并掌握反平氏的主导权，派遣北条时政为使者联合武田信义等共同对敌，得到积极响应。10

月14日，武田信义等击败骏河守将橘远茂及尾张的长田忠致等，在黄濑川与源赖朝会师，并决定10月24日向平氏军队发动进攻。

另方面，平氏追讨军则出师不利。首先，平氏的有力人物大庭景亲和橘远茂的军队早在途中就已败北，接着伊东佑亲又被源氏所俘。到10月20日，平氏军队减员已达2000余骑。与此相反，源赖朝不但连连得胜，并且和甲斐源氏联合起来，势力急剧增长。这种情势变化，对平氏军队产生了巨大影响，平氏士兵思想恐惧，惶惶不安。10月20日夜半，武田信义向平氏军队背后移动时，富士沼的水鸟受惊急飞，听到大群水鸟急飞声音的平氏军队，以为源氏大军来袭，顿时阵营大乱，仓皇退却，统帅平维盛也吓得一溜烟似地逃回京都。这样，著名的富士川会战，由于“水鸟惊平家军”，源赖朝不战而胜。但是，源赖朝为了巩固关东根据地，未敢对败走的平维盛进行穷追猛打。富士川之战胜利后，源赖朝把安田义定和武田仪义分别置于远江和骏河，作为守护，自己率军入关东征讨尚未归服的佐竹秀义。平定了佐竹氏以后，又把骏河和远江委托于甲斐源氏，以此换取他的支持，以便共同对付平氏。与此同时，原来寄身于奥州藤原秀衡的源赖朝的胞弟源义经也到达黄濑川，兄弟汇合，加强了力量。

一谷之战(1184年)

富士川之战，平氏败北，产生了严重后果，此后，全国各地反平氏势力蜂起。1180年11月，美浓国源氏、近江围源氏和摄津国源氏，纷纷起兵讨伐平氏。受其影响，京都附近近江国大贵族以山本义经和柏木义兼为中心也采取行动，公开树起反平氏旗帜，加入者还有园城寺和延历寺的僧众。他们切断琵琶湖的交通，夺取外地运往京都的物资，对京都构成严重威胁。尽管平氏以强大征讨军击破了他们，但是义经和义兼却东去投附了源赖朝，反而加强了对手的力量。另方面，当地反平氏势力复以延历寺僧众为中心，在平氏军队后方展开游击战争。与此同时，奈良的兴福寺也骚动起来，以致平氏不得不组织力量打击他们。然而，打击寺院僧侣却使平氏声望扫地，招来更大的怨恨。在全国反平氏浪潮的打击下，1181年2月，平清盛患病而死。这对平氏来说，无疑又是一个沉重的打击。平清盛死后，平氏由盛而衰。

当初，响应以仁王令旨，源义仲也于

关东起兵，并于1183年5月在加贺国与越中国交界处的俱利伽罗以“火牛”计（在400—500头的牛角上绑上火炬，点燃后冲向敌军）大破平氏军队，进而迫使平氏放弃京都，败走西海。于是源义仲控制京都，成为与平清盛、源赖朝三分天下的有力武士。但是，源义仲的专横很快激起公卿和民众的反感。后白河天皇密与镰仓源、赖朝等谋，欲铲除源义仲。义仲从北陆道入京，他在关东扩展势力必与源赖朝发生冲突，威胁赖朝的权益。所以源赖朝受命后，即派源赖范、源义经率军向京都进击，1184年1月，于宇治川击败源义仲，进军京都。源义仲于近江粟津战死。由是源赖朝势力空前强大，无论在军事上，还是政治上，都占有压倒平氏的优势。

败走西海的平氏图谋再起，利用源赖朝和源义仲的冲突乘机起兵。1184年1月，在摄津国福原附近设立前进基地。该地为从北向西的广阔台地并与断崖相连，其东为生田丛林，其西为一谷，南为濑户内海。平氏军队约万人，生田丛林附近由大将军平知盛和副将军平重衡镇守，一谷附近以平忠度为大将军镇守，高岗宅地方面以平通盛为大将军，平教经为副将军守备鹎越要道。此外，从三木至三草山方面，有平资盛、平有盛、平师盛等兄弟防守。

源赖朝方面，源范赖和源义经在宇治川取胜后，由京都出发，迎战平氏军队。源军大约也有万人左右，范赖所率主力从西国街道向生田丛林方面挺进：义经所部则从丹波路向一谷背后迂回。1184年2月5日，源义经夜袭三草山，击破平资盛等军队，6日进军播磨国的三木。至此，义经分军为两部：义经自己率军通过鹎越山道向福原进发，安田义定和土肥实平率部分军队绕过明石从一谷西方进攻。6日夜，源义经所部到达一谷背后。翌日晨，著名的一谷会战开始。

7日晨，源军发起总攻。战斗首先从生田丛林方面打响。源军从腹背两方面猛烈攻击，但由于平氏营地设防坚固，难于攻略。于是，源义经率70骑精锐驰向绝壁附近的断崖，突袭一谷的敌军大本营。本来平氏阵地险要，未曾设想敌军可能来袭。因此，一旦遭袭，全军顿时大乱。混战到中午，平家军溃败，残部从海路逃散。此战，平氏受到非常打击，丧失了东上的力量，只控制濑户内海，以求自保。

屋岛之战（1185年2月）

一谷之战以后，源氏没有乘胜进攻

平氏的根据地屋岛，原因是源氏的海军力量薄弱。为了进行海战准备，源赖朝费了半年多时间。与此同时，平氏也积极扩大兵力，并在屋岛之外的彦岛（长门国）设置海军基地，从而完全掌握了濑户内海的制海权。

8月7日，源赖朝命源范赖自镰仓赴京都，从朝廷取得追讨平氏的官符。9月1日，范赖率军自山阳道西下。但由于兵船不足以及粮道被平氏所断，迟迟没能到达目的地，直至翌年（1185年）1月，丰后国豪族臼杵惟隆和绪方惟荣等献兵船82艘，周防国宇佐那木远隆重献兵粮米，源军才得以于2月1日在丰后国登陆。源赖朝对于源范赖空费时间而未取得积极战果表示不满，于是起用一谷之战的名将源义经。2月16日，源军举行军事会议，军事长官梶原景时主张逆橹（即在船首和船尾两头安橹）作战，以便使船既能前进也能后退。源义经表示反对，认为战争不能首先考虑退却，这样会动摇军心，不能打胜仗，因而力主在船首安橹，只管前进。于是发生了有名的“逆橹之争”。由于两者意见对立，源义经只率5艘战船、约150骑，于摄津国部津扬帆出海，2月18日朝在阿波国胜浦滨（桂浦滨）登陆，并立刻向屋岛发起进攻。然而梶原景时所率主力行动缓慢，直至22日，屋岛之战接近尾声时才到达阵地。

源义经在胜浦滨登陆后，即令地方武士为向导，侦察敌情，并立即对屋岛进行突袭。19日突入屋岛平氏阵地，并放火焚烧敌军营地和建筑物，大火燎原。一直设想敌军只会从海上进攻的平氏军队，对从背后突如其来的攻击，惊慌失措，不知敌军多寡，纷纷舍弃陆上阵地逃往海上。不久，海上的平氏军队又遭到陆上源氏军队的矢击，损失惨重。平氏原计划在19日夜袭源氏军队，但因内部矛盾，夜袭计划未成。21日，平氏军队突然向志度湾方向进攻，目的是想攻击源军背后夺回屋岛。这时，本来兵力很少的源义经陷于腹背作战，情况严重。但由于源义经沉着应战，坚持进行反击，迫使敌将阿波左卫门尉教能投降。同时又有伊予国豪族河野四郎通信率兵船30艘参加源军方面作战，战局顿时为之一变，源义经不仅扭转了不利局面，并且再一次以少胜多，挫败了敌军夺回屋岛的计划。翌日（22日）梶原景时所率源军主力140艘舰队亦到达阵地，于是源军掌握了濑户内海大部分的制海权。平氏被迫放弃屋岛，败走长门国，船盘濑户内海西隅的坛浦，势力削弱，败亡已成定局。

坛浦之战（1185年3月）

以屋岛为据点计划夺回京都的平氏，继一谷之战之后，两度遭受源军奇袭，一败再败，最后退至长门国的坛浦，勉强控制濑户内海西隅的制海权。但是，源范赖率领的源氏军队早已自山阳道西下，一路经略，从者甚多，特别是在九州，尽收反平氏的地方武士，在平氏背后建立了有力根据地。另方面，源义经乘胜追击，进军周防，一路也得到不少地方武士的响应，势力剧增。迫于源氏军队的急剧追攻，以平宗盛和平知盛为首的平氏集团，决定举全力迎战源氏军队，以一决胜负。

1185年3月24日，平氏集结水军800余艘于下关海上，开始了决定源、平之命运的最后一次海战——坛浦海战。下关当连结周防滩和玄界滩的水路上，内海和外海的潮位相差悬殊，水流急险。胜败在很大程度上取决于对潮流的巧妙利用。平氏军队首先占据有利潮流方向，向源军猛烈进攻。源义经处于下流的不利地位，初战采取守势，但亦不能抵抗敌军利用潮流的猛烈冲击，被迫逐渐后退，陷于败北的危险困境。正在这时，源义经想出挽回劣势的奇策，即用弓矢射击敌军撑船的水手，此策果然成功，失掉撑船人的兵船顺流票走，源军乘势开始反击。到了午后，潮流发生变化，由上午的东流转向西流。于是源平两军处境的优劣也随着发生逆转。源义经利用潮流将平氏军队逼入坛浦的隘路。同时陆上源军也向敌军发起矢战。平氏军队海陆两面遭受挟击，又失去了利用潮流的优势，败北已成定局。九州、四国的水军眼看平氏处境不利，纷纷倒向源氏。平氏一门面临灭顶之灾。安德天皇和平氏家族的经盛盛、资盛、有盛、行盛等人投海自杀，平家总帅宗被俘，平氏一门彻底败亡。

日本战国末期统一全国的著名武将丰臣秀吉死后，德川家康为夺取丰臣氏政权，于1600年在美浓国关原（今岐阜县不破郡）进行的一场战争，史称关原之战。结果，丰臣氏一派失败，权力转入德川氏手中。1603年，德川家康被任为征夷大将军，以江户（今东京）为中心，开创了德川（江户）幕府。此战在日本早期军事史上占有重要地位。

德川家康的崛起

丰臣秀吉晚年，为巩固统一政权，设

立了以石田三成为首的五奉行和以德川家康为首的五大老，作为中央最高决策机关。1598 年 8 月 18 日，丰臣秀吉逝世，其子丰臣秀赖幼少继位，五奉行和五大老受命辅佐秀赖。但德川家康暗藏野心，伺机夺取丰臣氏权力。

德川家康系三河国冈崎城主松平广忠长子，幼名竹千代，初名元信、远康，后改家康。6 岁起，先后在尾张国织田信秀，骏河国今川义元处充当人质达 12 年，备尝辛酸。1560 年，今川义元在桶狭间之战中战死，家康恢复自由，回到家乡冈崎。1561 年与织田信长结盟，势力渐强，开始分割今川氏领地，拥有三河、远江等地。1566 年，改姓德川氏。后又陆续占领骏河、甲斐等地。1582 年，本能寺事变织田信长死后，德川家康联合信长之子信雄与秀吉对峙。后来信雄和秀吉妥协，家康与秀吉和解，并协助秀吉进行统一战争，屡建战功。1590 年灭北条氏，领有关东八州，同时移住江户，成为最有实力的大名。1595 年被任命为五大老首席，参与国家最高决策。德川家康早有夺取丰臣氏政权之心，他阳奉阴违，暗中制造诸侯之间的矛盾，拉拢加藤正清等人，挑动石田三成，形成以德川家康为首的武将派(东军)和以石田三成为首的文吏派(西军)的对立。

1598 年 8 月丰臣秀吉死后，德川家康夺权意图愈加明显，石田三成加强提防，两派矛盾激化。文吏派为抑制家康，与五大老之一的前田利家、毛利辉元等联合，1599 年，前田利家病死，政局为之一变。武将派在利家病死之夜立即向石田三成发动进攻。石田三成则与反德川氏的会津大名上杉景胜联合，景胜加强城廓防御，积极备战。德川家康以石田与景胜联合谋反为由，举兵讨伐，爆发关原之战。

战争简要经过

站在石田三成方面的有毛利辉元、宇喜多秀家、小早川秀秋、岛津义弘等国大名，总兵力约 8 万，是为西军，以毛利辉为总指挥。1600 年 7 月 19 日，西军攻进德川家康控制下的伏见城，首先打响反德川氏的战争。以德川家康为首的东军，主要有加藤正清、福岛正成、前田利长等大名，总兵力约 7 万，家康自任统帅，福岛正成为先锋，于 7 月 24 日由江户进军下野的小山。在小山得知西军攻占伏见城的德川家康，急归江户，并命先锋福岛正成进攻岐阜城，8 月 11 日克之。福岛正成原来和丰臣氏关系密切。

他为了消除德川家康的不信任感，竭力表示积极和忠诚，主动请命担任讨伐军先锋，并首先夺取了丰臣氏的居城伏见城，因而得到了家康的信任和重用。9月1日，德川家康率主力自江户出发，14日到达赤坂（大垣）。石田三成决定迎击自东国西下的东军。9月15日，两军于关原对阵。

9月15日拂晓，西军首先到达关原，控制了北国街道。东军以挑配山为大本营，其他各部亦因地安营布阵。从布阵本身看，西军占据有利地位。它以主力正面迎击东军，同时把吉川广家、安国寺惠琼、毛利秀元等所部置于敌后，形成腹背夹攻之势。但是，西军将帅人心不一，一些人“身在曹营心在汉”。吉川广家秘密与德川家康议和；小早川秀秋与德川家康私通，一脚踏两只船；岛津义弘勉强参战。因此，德川家康对西军的内情了如指掌。就阵地来说，东军虽然处于西军的中间，表面上似乎处于不利地位，但由于西军存在上述问题，东军则可以借助小早川秀秋、吉川广家等人的内应施行“中间开花”战术，从腹部一举击溃敌军。

上午8时顷，两军进入战斗。由于日前阴雨，早晨浓雾弥漫，能见度很低。两军在浓雾中摸索混战，直至中午不分胜负。德川家康对于小早川秀秋迟迟不采取内应行动十分不满，于是命令部队向秀秋阵地进行攻击，秀秋见势不妙，立即倒戈，投入东军一方。战局由此为之一变。小早川秀秋本来是丰臣秀吉夫人高台院之兄木下家定的儿子，后为小早川养子。他对德川家康与石田三成之争持骑墙态度，伺机加入有利的一方。在他的影响下，胁坂、小川、赤座等军亦倒向德川家康。于是东军士气大振。另方面，在东军主力背后的毛利、安国寺、长束等西军，由于靠近东军阵地的吉川广家的阻挠，无法积极运动。因此，尽管石田三成等竭力奋战，亦无法挽救西军的劣势，败局已定。然而，原来战意不强的岛津义弘和丰久的部队却坚持战斗到底，他们勇敢地突破敌军，拔掉敌军阵地，与敌进行殊死战斗。担任后卫的丰久和数十名战士阵亡。但是，由于众寡相差悬殊，岛津义弘终于失败，仅率数十骑卫士退回九州。午后2时半顷，战斗终结，东军大胜，西军死亡四五千人。

西军失败后，石田三成只身逃亡伊吹山中，但不久被东军捕获。西军将领小西行长和安国寺惠琼也先后被捕。10月1日，石田三成、小西行长、安国寺惠琼3 人被处死刑，斩于京都六条河原。参加西军的宇喜多秀家被流放于八丈岛；毛利辉元被减封，领地只限周防、原门二国，上杉景胜地也被减封，并从会津移住翻米泽。丰臣氏幼主秀赖则被降为仅领有摄津、河内、和泉三国共60 石领地的普通诸侯。与此相反，东军诸将领则加官晋爵。关原之战，奠定了德川氏的霸权基础。

珍妮纺织机

英国资产阶级革命

1649 年1 月30 日的伦敦，清冷而阴暗。天刚蒙蒙亮，人们便迎着凛冽的寒风三五成群地向白厅宴会堂外面的广场涌去，把一个偌大的广场，挤得水泄不通。下午一点半钟，面对广场的宴会堂中间那扇窗子打开了，全场顿时肃静下来。在众目睽睽下，一个全身黑色装扮，面色惨白的瘦长中年人被带上宴会堂外面的绞刑台上。原来，他就是新近被国会宣布为“暴君、叛徒、杀人犯和英国全体善良人民的共同敌人”的英国国王查理一世，他已用专制方法统治了英国二十四年。这一天是他当众被处决的日子。当执刑完毕后，群众振臂欢呼，互相拥抱，纷纷把帽子抛向天空以示庆贺。5

蒸汽机车喷着烟雾，顺利地从隧道深处开出来的情景

月，英国宣布成立共和国，在人民群众革命浪潮的推动下，英国封建专制制度被推翻了，君主制被取消了。英国资产阶级革命进入高潮。

大家知道，英国资产阶级革命开始于1640年，前后共经历近五十年，直到1688年才告结束。

革命前的英国是个农业国，人口只有四五百万，其中农民占五分之四以上。以国王为首的封建贵族和国教教会是英国最大的剥削者和反动势力。广大农民耕种的土地绝大部分属于他们，农民除向他们交纳大量封建地租外，还被一系列沉重的封建义务压得喘不过气来。无地的贫苦农民生活得更加悲惨。

15世纪后半期，资本主义开始在欧洲发展起来。“为资本主义生产方式奠定基础的变革的序幕，是在15世纪最后三十多年和16世纪最初几十年演出的”。（马克思：《资本论》，《马克思恩格斯全集》第23卷，第786页）英国资本主义发展的特点是它首先深入农村。英国的毛纺织业特别发达，羊毛及毛织品畅销国外，从而使养羊事业成为有利可图的事。从15、16世纪以来，一部分地主贵族开始采用资本主义方式经营牧场。这部分贵族称为新贵族，以别于旧的封建贵族。他们一方面把自己分散的土地集中起来改为牧场；一方面大量圈占荒地、丛林、沼泽等公共土地，筑起篱笆，围以沟壑，饲养羊群。同时，他们还借助封建法庭势力，把农民从他们世代居住的土地上驱赶出去，把从农民手里掠夺来的土地改为牧场。被剥夺土地的农民无家可归，到处流浪，封建政权采用各种残酷刑罚，迫使他们遵守雇佣劳动制度所必需的纪律。这些措施为资本主义发展提供了大批廉价劳动力。这就是历史上所谓“圈地运动”。圈地是原始积累的一种典型方式。它实质上是使生产者和生产资料相脱离，把农民的土地转化为资本，把农民转化为资本家的雇佣奴隶。

从16世纪以来，英国资本主义工商业也有一定程度的发展，除广泛发展的毛纺织业已成为英国的民族工业外，采煤、冶铁以及锡、铜等冶炼方面也进入资本主义手工工场阶段，有的工场规模很大，拥有几千名工人。出现了诸如肥皂、火药、玻璃、造纸等新兴的工业部门。对外贸易和海外殖民的发展也很迅速。

斯图亚特王朝复辟

16世纪末伦敦

封建王朝的专制统治引起了广大农民群众、资产阶级和新贵族的不满。农民们在忍无可忍的情况下，多次举行起义，他们的起义和斗争成为英国资产阶级革命的强大动力。封建政权不仅对农民实行残酷的统治，而且限制资本主义的发展。例如，国王为了保证封建国家的税收和兵源，禁止任意圈占土地，违者严惩。他还把肥皂、纸张、玻璃、毛织品等几百种商品划归为自己的专利，实行专卖。此外，国王还规定年收入在四十镑以上的土地所有者都要接受骑士称号，缴纳一定数目的骑士捐。国王的这些措施大大地损害了资产阶级和资产阶级化了的地主——新贵族的利益，他们结成同盟反对封建君主制。这是英国资产阶级革命一个很重要的特点。

英国封建王朝的反动专制统治到斯图亚特王朝时期达到顶点。

1603年，英国都铎王朝女王伊丽莎白死后无嗣，由她的堂弟苏格兰国王詹姆士·斯图亚特继承王位，在英国称詹姆士一世（1603—1625年），开始了斯图亚特王朝统治时期。詹姆士一世和他的儿子查理一世（1625—1649年），高唱王权神授的反动理论，宣称他们的权利来自上帝，反对他们就是反对上帝，要受到严厉的惩治。他们无视议会的权力，巧立名目，任意摊派捐税。在宗教信仰方面，对于那些敢于批评英国国教、宣传清教的教徒们实行残酷的迫害。他们的反动统治，使英国经济陷于停滞，物价飞涨，广大人民群众挣扎在死亡线上。人民再也不能按照老样子继续生活下去了，纷纷起来进行斗争。资产阶级和新贵族也拒绝纳税。英国处于革命的前夜。1637至1639年苏格兰的反英起义遂成为英国资产阶级革命的导火线。

1639年，苏格兰人攻入英国北部。为了筹措军饷，1640年4月查理一世被迫重新召开从1629年起就被他解散的议会。但这届议会只存在三个星期，又被查理一世解散。然而在国内人民革命形势高涨和苏格兰人一再发动进攻的情况下，查理一世不得不再度召开议会。这次议会存在的时间很长，从1640年11月直至1653年4月，在英国历史上被称

1839 年汽锤的发明使重工业革命化

为“长期议会”。长期议会的召开，结束了十一年来查理一世的独裁统治，标志着英国资产阶级革命的开端。从此，资产阶级和新贵族在人民群众推动下，以议会为阵地展开了对查理一世和他的党羽——王党分子的斗争。

议会成立之初，查理一世迫于国内革命形势，对资产阶级和新贵族作了一系列让步，如宣布处死他的宠臣，国王不经议会同意不能任意解散议会和征税等。1640 年底，议会又通过了《大谴责书》，列举查理一世及其政府最近十年来所有擅权渎职的罪行，和长期议会召开以来的成绩，并提出保证工商业自由发展，限制主教权力，建立对议会负责的政府等一系列符合资产阶级、新贵族利益的要求。

《大谴责书》是革命初期英国资产阶级的纲领性文件。查理一世拒绝接受，并于 1642 年初亲自带领四百名武装卫队冲入议会，企图逮捕正在开会的皮姆、汉普敦等五名反对派首领。查理扬言“要揪着那些反对派的耳朵，把他们拎出会场”，企图制造一起“血溅下院”的惨剧。然而皮姆等早已听到风声，在民兵保护下躲入资产阶级控制的伦敦城区。国王进入下院后，伦敦城内立即响起警报，民兵们集合起来，决心用武力保护议会。伦敦市民和附近的农民也都武装起来，严阵以待。国王亲自逮捕议员领袖的计划落空了。当国王走出会厅时，群众一起拥向国王，向他的轿车投掷革命传单，广大人民群众的行动粉碎了国王的阴谋，逮捕令被迫撤消。1 月 10 日，当皮姆等五人胜利回到议会时，查理一世垂头丧气，不声不响地离开了伦敦，出走到北部的约克城。他企图在落后的北部和中部地区的封建贵族中寻找支持，英国处于内战的前夜。

1642 年 8 月 22 日，查理一世在诺丁昂城升起了国王的军旗，正式向议会宣战。内战开始后，英国分裂为拥护议会和拥护国王的两大阵营。大致说来，工商业比较发达的东南部站在议会方面，而落后的西部和北部地区拥护国王。从

伊丽莎白一世

阶级成分上看，城市资产阶级、新贵族、自耕农和租地农业家等支持议会，广大农民群众、手工业者、学徒工也都同情并大力支持议会。站在国王阵营一方的，主要是封建贵族、英国国教会，以及部分地区的落后农民。站在议会方面的资产阶级和新贵族都属清教徒，他们衣着朴素，头剪短发（当时只有贵族才有留长发的特权），因而被称为“圆颅党”。而拥护国王的人多数属于衣着华贵、腰挎长剑、长发披肩的贵族，因此获得了“骑士党”的浑名。

从实力上说，优势在议会方面。因为主要工商业城市都在他们的控制之下，有较强的经济实力，财源丰实，还拥有许多重要港口。舰队和大量受过训练的民兵。而查理一世的据点则是落后的西部和北部地区，财政上只能依靠贵族的临时捐助，由于战争开始时革命领导权掌握在大资产阶级和新贵族的保守派手中。即掌握在长老派手中，他们害怕革命深入发展会触犯到他们的利益，不愿同国王彻底决裂，只求国王能作些让步，达成一些妥协就满足了。因此，尽管议会阵营处于优势地位，但打起仗来却屡遭失败。议会军的失败，引起了广大人民群众的不满。

1645 年，军队的领导权转入代表中等资产阶级和中等新贵族利益的独立派手中。独立派同封建专制制度有较深刻的矛盾，他们不同意长老派的妥协让步政策，要求对国王进行较坚决的战争，“打垮了国王再进行谈判”是他们的信条。独立派的首领是奥列弗·克仑威尔（1599—1658 年）。内战开始后，他对议会军腐败、缺乏战斗力的情况十分不满。他建立了一支勇敢善战、纪律严明的军队。克仑威尔依靠这支军队，先后取得了马斯吞荒原之役（1644 年 7 月）和纳斯比大战（1645 年 6 月）的决定性胜利，扭转了战局。查理一世见势不妙，化装成仆人，北上逃往苏格兰，企图在那里养精蓄锐，卷土重来，然而苏格兰人把他拘捕起来，以四十万英镑的高价卖给了议会。议会把他囚禁在荷思比城堡中。第一次内战结束。1647 年底，查理一世逃跑，到威特岛被郡长扣留。1648 年 2 月起，王党又乘机在许多地方发动武装叛乱，挑起第二次内战。大敌当前，军从内部的独立派和平等派又联合起来，共同镇压王党叛乱。1648 年 8 月，克仑威尔击溃了王党军队，9 月，占领了苏格兰首都爱丁堡，第二次内战以议会阵营的胜利而结束。

内战结束后，长期议会的领导权转入独立派手中。他们在人民群众的压力下成立了一个高等法庭，对查理一世进行审判。法庭最后把查理一世判处死刑。处死查理一世，英国宣布为共和国，是英国资产阶级革命达到高潮的标志。

17 世纪英国资产阶级革命是近代历史上划时代的革命运动。这次革命是发生在资本主义手工工场时期的革命运动，属于早期的资产阶级革命。在这次革命中资产阶级不是同人民群众结成联盟，而是同新贵族结成联盟共同领导革命，因而使革命具有保守性和不彻底性。它没有彻底消灭封建势力，农民对地主的封建依附关系依然存在，贵族在国家政权中仍占有重要职位。革命结束后，农民迫切要求获得土地的要求不仅没有得到解决，议会反而通过了一系列有关圈地的法令，变本加厉地剥夺农民的土地。到 18 世纪末，英国的自耕农已基本消失。尽管如此，英国资产阶级革命是历史上资本主义对封建制度的第一次重大胜利，它是人类从封建主义社会进入资本主义社会的里程碑，它为资本主义在英国发展扫清了道路。

英国资产阶级革命不但对本国，而且对所有欧洲国家反对封建制度的革命运动，都有着巨大的影响。马克思高度评价了这次革命，称它是“欧洲范围的革命”，它“宣告了欧洲新社会的政治制度”，这次革命意味着“资产阶级所有制对封建所有制的胜利”。（马克思：《资产阶级和反革命》（1848），《马克思恩格斯选集》第 1 卷，第 321 页）

英国第一次内战

1603 年开始的斯图亚特王朝的反动统治，加剧了英国封建制度的危机，促进了革命的爆发。

国王詹姆斯一世崇拜16世纪以来在欧洲形成的专制主义理论，羡慕法国和西班牙的专制制度。他入主英国后，提倡“王权神授说”，宣扬国王是上帝派来统治人民的，国王的地位是神圣不可侵犯的，“国王是法律的创立者，而非法律创造国王”。他在登位后的第一届议会上宣称：“议论上帝是渎神，议论君主是叛逆”。他表示不能忍受议会的权力，曾三次召开议会，又三次解散议会。他迫害清教徒，颁布命令禁止非国教的教派组织的存在及活动，为了维护宫廷的庞大开支，他千方百计地大肆搜刮，出售商业公司的专卖权，实行宫廷采买优先制，公开卖官鬻爵，规定男爵的价格为1千镑，子爵为1万镑，伯爵为2万镑。詹姆斯一世还对信奉天主教的西班牙采取联合政策。这些倒行逆施，既给广大劳动人民带来很大的灾难，也严重地损害资产阶级的利益，加深了资产阶级、新贵族和人民群众同以国王为首的封建势力的矛盾。

议会中的资产阶级和新贵族的代表逐渐形成对政府各项反动政策进行斗争的反对派。1628年，他们向国王提出《权利请愿书》，重申只有议会才有批准征税的权利，未经议会同意不得任意征税，对任何人没有法律的依据和法院的判决不得任意逮捕。查理一世为了得到议会的拨款，被迫接受了这份请愿书。但是国王在吨税和磅税问题上同议会发生了争议。查理一世提出终身征收这两种税收的要求，遭到议会的拒绝。国王就在1629年解散了议会，开始了长达十一年的无议会统治时期。

在这期间，查理一世及其宠臣斯特拉福伯爵和劳德大主教变本加厉地推行高压政策和搜刮政策。他们逮捕清教徒并对其严刑拷打，使之大批逃亡海外。同时恢复了诺曼时代所采用过的“船税”。还扩大了专卖权的范围，连纽扣、别针都被包罗进来，这就使没有专卖权的企业纷纷倒闭，工人失业，商品价格上涨，工商业受到严重的摧残。一部分中小资产阶级被迫携带资本移居国外。资产阶级、新贵族和封建专制王权的矛盾空前地尖锐化。

詹姆士二世逃往法国

在战战斗中，克伦威尔领导着“断模范军”奋勇杀敌

苏格兰起义是英国革命的导火线。詹姆斯一世继承英国王位后，苏格兰并未并入英国，仍保持着自己的独立的政治体系。苏格兰封建贵族的势力很大，而国王的力量薄弱，专制主义尚未形成。苏格兰经过宗教改革，长老会派教会占统治地位。长期以来，詹姆斯一世和查理一世就企图在苏格兰建立封建专制制度。1637 年，劳德大主教命令苏格兰长老会派教会在举行宗教仪式时使用英国国教会祈祷书，引起了苏格兰人的起义。1639 年，苏格兰起义军攻入英国境内。

查理一世为了筹集经费，不得不再次召开议会。这届议会于 1640 年 11 月 3 日召开，一直存在到 1653 年 4 月，史称“长期议会”。它成了资产阶级和新贵族对封建王权进行斗争的活动中心，以及革命的领导机关。长期议会的召开揭开了英国资产阶级革命的序幕。

长期议会开幕以后，反对派议员猛烈抨击国王的政策，提出了对国王宠臣斯特拉福伯爵的审判案。这是资产阶级、新贵族对国王的公开挑战。议会先后逮捕了斯特拉福和苏德大主教。反对派领袖约翰·皮姆代表下议院在上议院里控告斯特拉福时说：“使斯特拉福逍遥法外，就意味着议会的解散”。

查理一世极力为斯特拉福辩护，并图谋用武力解散议会。消息传出后，伦敦数万名市民、帮工、学徒、小手工业者手持刀、剑、棍棒聚集到王宫前，要求马上处死这个“臭名昭彰的罪犯”。1641 年 5 月 10 日，国王不得不签署了斯特拉福的死刑判决书。5 月 12 日，斯特拉福被推上断头台。过了四年，劳德大主教也被处死。

长期议会通过了一些限制国王权力的法案。《三年法案》规定，每三年至少召开一会议会，国王未经议会同意不得解散议会。议会还撤销了最为人民痛恨的专制政体的重要机构“星室法庭”和“高等宗教法庭”。同时，废除了专卖制度，禁止征收吨税、磅税、船税及其他苛捐杂税。

1641 年 11 月 22 日，议会通过《大抗议书》，全文共 204 条，除对查理一世的暴政胪列详尽以暴诸于天下外，还要求国王保证工商业自由，“录用那些议会所能信任的枢密大臣”。这实际上是要建立责任内阁制，显然是君主立宪制的雏形。《大抗议书》提交议会讨论时，会场沸腾，群情激昂。议员们皆拔出佩刀，势将决裂。最后以159票对148票的微弱多数通过。这说明随着斗争的深入，议会里发生了剧烈的政治分化。《大抗议书》起了号召人民起来反对王权的积极作用。

查理一世拒绝批准《大抗议书》。1642年1月3日，国王签署诏令，宣布反对派领袖约翰·皮姆、约翰，汉普顿、阿瑟·海兹利洛、丹吉尔·霍里斯和威廉·斯特罗德为“叛逆”。第二天，查理一世亲自带领300名武装人员去下议院逮捕他们。这五名反对派领袖事先得知消息，避入伦敦市区。

1月5日，国王又到伦敦商业区去搜捕反对派领袖。这时，伦敦市民和附近各郡农民共计10万人，手持武器，涌上街头，赶赴反对派领袖隐匿的地方，声援议会，使国王未能得逞。皮姆等五名议员在群众的护送下回到了下议院，查理一世感到自己在伦敦的处境十分孤立，于1月10日离开首都，北上到约克城，在那里纠集保王势力，拼凑反革命武装。1642年8月22日，查理一世在诺丁汉升起子军旗，宣布“讨伐”议会，挑起了第一次内战。

内战开始后，英国分为两个敌对阵营。站在国王一边的，是封建贵族、国教会上层僧侣，还有一部分同国王有联系的大资产阶级和官僚。他们大多是国教教徒和天主教徒。拥护议会的，主要是资产阶级、新贵族、城市平民、手工业者和自耕农。他们大多是清教徒。

从交战双方的力量对比看，优势在议会方面。议会所控制的东南部地区，经济发达、人口稠密，物产丰富，财源充足。全国的税收总额至少有4/5来自这里。议会据有许多重要港口、工商业大城市和船队，可以利用其海上的优势地位截断国王与外界的联系。议会军人数较多，并得到人民群众的支持。而国王盘踞的西部和北部地区，经济比较落后，财源很不可靠。在军队的数量上，王党军远不如议会军。它代表的是腐朽没落的封建势力，不得人心。当时，有个大臣警告查理一世说：“陛下，在一个美丽的夜晚，赤手空拳就可以捉住您！”

内战开始的头两年，议会军一再失利，王党军几乎完全掌握了进攻的主动权。1642年10月，王党军试图攻取伦敦。10月23日，与议会军在沃里克郡的埃吉山发生第一次战斗。王党军投入7000多人的兵力，议会军参战人数有7500人，战斗异常激烈。10月29日，王党军占领牛津。11月12日，攻占距伦敦只有7英里的布伦特福，首都告急。在伦敦4000名民兵和附近的农民武装的英勇抗击下，才粉碎了国王攻取伦敦的计划。1643年夏，王党军占领了约克郡的几个工业城市．南下进逼林肯郡。

在西部和西南部，议会军连吃败仗。7月26日，王党军攻占英国第二大港口布里斯托尔。同年秋，王党军再次围攻伦敦。9月20日，在纽伯里发生激战。这一次又是由于伦敦民兵的英勇出击，使首都转危为安。到1643年底，王党军控制了英格兰北部五个郡、西部各郡和威尔士，以及中部的牛津郡、柏克郡，几乎占领了3/5的国土。

内战初期，议会军之所以失利，主要是由于掌握议会领导权的长老会派的动摇妥协，不愿与国王彻底决裂。他们把战争只看做是迫使国王让步、谋求妥协的一种手段。议会军总司令埃塞克斯伯爵曾说，问题只在于国王承认“宪法”，而不是消灭君主制度。他们作战不坚决，加上议会军缺乏统一指挥，贻误战机，造成了军事不利局面。

在这关键时刻，议会军中涌现出了杰出的将领克伦威尔。他出身于亨丁顿郡的新贵族家族，1628年进入议会，1641年参与起草《大抗议书》。内战刚爆发，他组织了一支骑兵队，加入议会军，并参加了埃吉山战役。1642年底，由于克伦威尔的努力，诺福克、萨福克、剑桥、埃塞克斯和赫里福德等东部五郡，组成“东部联盟”，共同对付王党军。之后，林肯郡和亨丁顿郡也加入了这个联盟。克伦威尔是东部联盟的组织者。他四处奔走，筹集军费，招募志愿兵。到1643年6月，东部联盟的军队已达1.2万人。在克伦威尔的提议下，由曼彻斯特担任总司令。这支军队成为议会军的主要支柱。克伦威尔的军队又是东部联盟军的骨干力量。它主要是由自耕农和手工业者组成。克伦威尔注意任用有军事才能的平民如锅炉工约翰·福克斯、马车夫托马斯，普莱德、皮鞋匠纽森，约翰等为中下级军官。这支军队纪律严明，英勇善战，深受群众的欢迎。当议会军在其他战场丢城失地时，克伦威尔所在的东部联盟军却始终保持完整。1643年5至10月间，克伦威尔在林肯郡的格兰萨姆、盖恩斯巴勒和温斯比接连打了三次胜仗。1644年1月，他被议会擢长

中世纪基督教堂彩色玻璃窗上的宗教画

为中将。

进入1644年，战争进程开始出现了对议会军有利的形势，议会军虽然在西部和中部作战还异常吃力，但在北部和东部各郡已占一定优势。这一年夏初，东部联盟军收复了林肯郡的大部分土地。在这之前，利文伯爵率领的苏格兰盟军已进入英格兰，解放了约克郡大部地区，并同斐迪南德，费尔法克斯的议会军会师。5月，东部联盟军总司令曼彻斯特亦率军来会合。6月，议会军开始围攻约克城。

这时，国王命令鲁珀特亲王率王党军从兰开夏火速北上，和在北部作战的纽卡什尔公爵的军队会合。议会军被迫停止围攻约克城的军事行动，向西撤退，在约克城西北约10公里的马斯顿草原与王党军相遇，发生了内战以来第一次大规模的战役。议会军投入兵力达2.7万人，其中有骑兵7000人，列阵在托克威思迤长的小丘上，居高临下，取攻势。王党军集结了1.8万人，其骑兵人数与议会军相等，布阵在草原以南。

1644年7月2日凌晨，双方开始猛烈炮击。入夜，克伦威尔指挥的骑兵队首先发起进攻。未几，鲁珀特进行反击，两军肉搏。克伦威尔大破王党军右翼阵地。但议会军在进攻王党军左翼阵地中遇到顽强抵抗。托马斯，费尔法克斯的骑兵为戈林王党军所挫。克伦威尔托付戴维，莱斯利的苏格兰军追击鲁珀特残部，自己率军直扑戈林的后方，同托马斯·费尔法克斯会合，一举击溃戈林的骑兵。之后，克伦威尔掉过头来援助中路议会军，把王党军打得七零八落。鲁珀特败退约克城。

在马斯顿草原战役中，议会军毙敌4000人，俘敌1500人，缴获了大批武器。这个战役是议会军由失利走向胜利的转折点。7月16日，议会军攻克约克城。接着又收复了王党军所控制的北部地区。克伦威尔在战斗中果敢大胆，善于运用机动灵活的战术，表现了卓越的军事才能。他的军队屡建战功，获得了“铁骑军”的称号。

战争的进程表明，议会必须迅速改变犹豫动摇的态度，采取坚决的措施，才能与王党军进行胜利的斗争。1644 年 12 月 9 日，克伦威尔在下院发表演说，提出了实行根本的军事改革，提高军队战斗力的主张。在以克伦威尔为首的独立派的坚持下，议会于 1645 年 2 月通过了《新模范军法案》。主要内容是：建立一支编制为 2.2 万人的军队，其中约 1/3 为骑兵，其余为步兵，确定从国家预算中拨发军费每月为 4 万千镑。还规定军队实行统一指挥，统一纪律条令，军服划一；实行强迫募兵原则，以保证军队的补充来源。《新模范军法案》的实行，是英国军事史上的一个重大变革。从此，英国建立起了一支以东部联盟军队为基础的、统一指挥的有纪律的正规军。它在加强议会军力量方面起了很大的作用。

1645 年 4 月初，议会通过《自抑法》，规定议会议员不得担任军队将领职务，担任军事职务的议员必须在 40 天内辞去军职。根据这个法案，解除了长老会派埃塞克斯、曼彻斯特等人的军队职务。议会任命托马斯·费尔法克斯为新模范军总司令。只有克伦威尔例外，他身为议员，仍被任命为副总司令。经过改组，议会军的领导权完全掌握在独立派手里。从此，形成了长老会派控制议会，独立派掌握军队的局面。

6 月 14 日晨，议会军和王党军在北安普敦郡内斯比附近相遇。议会军有 1.4 万人，其中骑兵 5600 人，而王党军只有 7500 人，其中骑兵 4000 人。鲁珀特亲王首先突入议会军艾尔顿部的防线。克伦威尔采取侧面攻击的战术，先击溃王党军左翼兰代尔和阿斯特利的部队，然后再打其中央。经过三个小时持续的战斗，王党军几乎全部被歼灭。这次战役，议会军摧毁了王党军的主力，为夺取内战的最后胜利打下了基础。

内斯比战役后，内战并没有马上停止。王党军在西部和西南部地区还有相当的力量。从 1645 年 7 月起，议会军继续追击王党军。9 月 14 日，收复了布里斯托尔。到 1646 年上半年，敌人盘踞的 50 个要塞相继向议会军投降。1646 年 6 月 24 日，议会军攻克王党军的大本营牛津。查理一世乔装成仆人逃到苏格兰，落入了议会军的同盟者苏格兰军队手中。1647 年 2 月 1 日，苏格兰以索取 40 万镑的代价把国王交给英国议会。查理一世被囚禁在内斯比附近的赫姆比城堡中。3 月 16 日，议会军攻占敌人在威尔士的最后一个要塞——哈莱克城堡。第一次内战以议会获胜而结束。

英国第二次内战和共和国的成立

第一次内战打败了王党之后，革命阵营内部各阶级、各政治集团之间的矛盾上升到主要地位。

长老会派是内战的既得利益者。在政治上，他们控制了实际上已成为国家最高权力机关的议会，并把它作为维护自己利益的工具。在经济上，他们在拍卖王党和教会的土地中捞到很大的好处，大批土地落入大资产阶级和上层新贵族之手。

但是，整个社会的经济和政治状况却没有得到多少改变。战争时期国库财政支出巨大，掌握议会实权的长老会派增加税收，摊派到广大群众和中小资产阶级的头上。这使得本来就处在粮食歉收和物价高涨夹击下的下层民众更难以生存，而中小资产者所缴付的税额也并不低于国王统治时期。在革命的中心问题土地问题上，捞到好处的仅是大资产阶级和新贵族上层。对于大多数新贵族来说，"骑上领有制"虽经法令废除，但他们并没有在革命中谋得地产的实际扩展。至于农民所担负的封建义务，则基本上没有受到触动。第一次内战后，长老会派议会把中小资产阶级和广大群众排斥在应有的政治权利之外，对思想言论严加控制，引起社会各阶级的普遍不满和抗议。独享革命果实的长老会派竭力终止革命，与国王握手言和。

内战刚刚结束，长老会派领袖沃里克·曼彻斯特和霍兰就同囚禁中的查理一世进行恢复王位的谈判，迫不及待地同国王达成妥协。他们准备同国王妥协的条件是：在 20 年内剥夺国王的军权。20 年后，国王只有在议会的同意下才能支配军队；国王必须收回一切反对议会的声明；议会有权把开会地点迁到有利于自己的地方去，等等。他们只是企图剥夺和限制国王的军事大权和让国王承认议会的既得权利，对国王的行政大权根本没有触及。长老会派还感到军队的继续存在，将是实现其阴谋的严重障碍。所以，他们在内战胜利后不是摒弃国王，而是排除战胜了国王的军队。由于当时长老会派控制着议会，独立派掌握着军队，两派之间的政治斗争就表现为议会与军队的冲突。

1647 年 2 月 19 日，议会通过了长老会派提出的解散军队的议案。它规定除保留一支6000人的军队外，其余的骑兵和步兵全部解散，被解散的士兵只可以参加远征爱尔兰的军队。消息传到军队后，遭到士兵和一部分下级军官的强烈反对。政府拒绝补发所欠薪饷更激起士兵的严重不满。克伦威尔在描述当时士兵的情绪时写道："人们从来没有像现在这样的激愤"。

领导士兵同议会进行斗争的是反映小资产阶级利益的激进派别——平等派。平等派领袖约翰·李尔本出身于小贵族家庭，是一个小资产阶级民主主义者。平等派思想在第一次内战期间已开始流传。它从人民主权学说出发，认为政权就其产生和本质而言是来源于人民的，政府的主要任务是保障人民的利益。它要求取消一切封建特权，实行信仰自由和商业自由，取消王权和上议院，实行普选制，建立资产阶级民主共和国。这些主张不同程度地反映了城乡小资产阶级和下层人民的利益。

在平等派思想的影响下，军队中的士兵为保卫自身的利益而自动组织起来。1647年4月，各团选出了"士兵鼓动员"，组成"士兵鼓动员委员会"。它成为团结和领导士兵的核心。平等派领袖塞克斯比为鼓动员拟定了工作细则，规定了鼓动员的宗旨，就是要同所有"士兵和王国各郡怀有善意的人们"保持联系，按为人民谋福利的方针办事，对那些"隐蔽的、公开的以及进行暗害活动的敌人"保持警惕，监视国王及保王党人的阴谋活动，并为政治改革而奋斗，以达到"确立公民自由"的目的。士兵鼓动员委员会的建立，表明军队中以平等派士兵为核心的政治力量开始形成。

克伦威尔对士兵的革命行动虽然忧心忡忡，但由于他对长老会派独揽行政大权不满，深恐长老会派与王党勾结威胁到独立派的利益，所以，他不愿意失去自身力量的支柱——军队，便改变了原来与长老会派分享政权的妥协态度，转而依靠士兵，企图利用军队的力量去同长老会派进行斗争。

1647年5月底，克伦威尔表示愿与大多数高级军官站到士兵方面来，并答应士兵的要求，拒绝执行议会遣散军队的命令，与长老会派决裂。军队为防止长老会派与国王勾结，于6月2日派骑兵到赫姆比城堡，将查理一世押到军队的大本营纽马克特，把国王控制在自己手里，以割断长老会派同国王的联系。与此同时，克伦威尔为控制军队中平等派士兵，保持独立派对军队的领导权，成立了以高级军官为主体的全军会议，吸收士兵鼓动员参加，作为代表全军讨论重大问题的机构。

6月5日，在肯特福德—希思召开的全军会议上，通过了《庄严协约》和《军队声明》，以全军名义拒绝执行议会解散军队的命令，提出补发军队欠饷、实行政治改革等要求。这是独立派和平等派结成暂时同盟的标志。在平等派的推动下和伦敦人民的广泛支持下，1647年8月6日，军队开进伦敦，许多长老会派议员仓惶逃走。议会的实权暂时落到独立派手里。

议会控制权易手之后，军队内部早已存在的独立派高级军官和平等派士兵之间的矛盾表面化了。两派各自按照本阶级的利益提出了政治主张，斗争集中在未来国家制度和选举权问题上。

1647年8月1日，独立派发表了《军队建议纲目》，要求解散现存议会，重新进行选举。提出新议会应两年召集一次，各郡议员名额的分配应依其对王国纳税额的多寡而定。实行以财产为基础的比例代表制，既可以为独立派夺取议会的多数铺平道路，又可以把劳动群众排除在议会之外。这个纲目还提出保留上议院和君主制，在国王及两院之外设立国务会议，在得到议会同意下，它有宣战和外交权力。这样，王权受到了限制，部分行政权力转归对议会负责的国务会议。独立派的政治纲领就是要求建立君主立宪制度。从8月底开始，克伦威尔以《军队建议纲目》为基础与国王谈判。查理一世对其中限制王权的规定很不满意，因而拒绝接受。

《军队建议纲目》对人民利益的忽视引起了群众的不满。克伦威尔和国王的妥协活动也遭到平等派的猛烈抨击。在平等派的影响下，鼓动员着手拟定自己的政治纲领——《人民公约》，提出未来的议会“应根据人口数量按比例地分配名额”，由人民选出的代表所组成的下议院是国家的最高权力机关，它享有立法权、决定战争和媾和权，以及制定对外政策和任免官吏的权力。《人民公约》贯穿着主权在民的思想，实质是要建立一个没有国王、没有上议院的资产阶级民主共和国。这是对独立派的政治主张的直接回击。

客观现实使克伦威尔意识到平等派已成为军队中一个不容忽视的政治力量。他决定把两派的文件提交全军会议讨论。在1647年10月28日召开的帕特尼会议上，双方针锋相对，争论非常激烈。平等派公开反对王权统治，要求取消君主制。雷恩斯博罗就直截了当地说："我反对国王，也反对任何危害人民的政权"。独立派则主张继续保存受议会制约的王权。克伦威尔、艾尔顿认为君主制在英国是不可动摇的，取消君主制将是政治体制改革中"过大的飞跃"，其后果是"混乱"和"杂乱无章"，给国家将带来"一片无尽的废墟"。

在平等派的影响下，伦敦街头和士兵中间出现了传单，要求撤掉团队中的独立派军官。11 月，9 个团队的士兵举行武装示威，帽子上贴着《人民公约》和"给人民自由，给士兵权利"的标语，克伦威尔眼看无法平服士兵们的革命情绪，便断然采取行动。11 月 11 日，克伦威尔驱逐了与会的士兵鼓动员，强令解散全军会议，它的职能由军官所组成的军事委员会代替。

革命阵营内部的分裂，给国王以可乘之机。1647 年 11 月 11 日夜晚，查理一世从纽马克特逃出，到了南方的怀特岛。他一面同长老会派谈判；一面又秘密地同苏格兰代表劳德戴尔勾结，缔结了密约。条约规定，国王批准圣约，三年之内在英国成立长老派教会，镇压异教徒独立派；苏格兰封建集团则答应提供武装力量，打击议会军，帮助国王复辟。查理一世加紧煽动各地王党叛乱，准备新的战争。

1648 年 2 月，保王党人在西南部发动叛乱，挑起了第二次内战。大敌当前，独立派谋求与平等派合作。4 月 29 日，在温泽召开的军官会议上，克伦威尔答应战胜王党后实行《人民公约》，将查理一世交付法庭审判。独立派和平等派重新联合，保证了第二次内战的胜利。

内战在西部、东南部和北部三个地区展开。1648 年 5 月 3 日，克伦威尔率领一支近 7 千人的精锐部队，从伦敦向南威尔士进发。5 月 24 日，在彭布鲁克同王党军发生激战。双方僵持了一个多月。7 月 9 日，议会军用重炮强攻，迫使保王派司令波耶尔投降。与此同时，议会军向肯特郡进军，6 月 2 日，占领梅德斯顿城。接着又攻陷罗彻斯特、多佛尔等城市，拔除了王党军在东南部的最后据点。

威胁主要来自北部的苏格兰人。慑于英国革命对苏格兰的影响，苏格兰长老会派右翼支持英国反革命势力。1648 年 3 月 2 日，爱丁堡设立了"危险委员会"，拟定军事行动计划，并建立一支 9 万人的军队，策划武装干涉。4 月 26

日，苏格兰议会向英国议会发出带有最后通牒性质的咨文，要求取缔独立派和其他民主教派；所有英国人必须接受长老会派圣约；允许国王返回伦敦，与议会进行谈判；一切被驱逐出议会的议员应返回下院；除保留为保障国家所必需的警备队外，军队必须解散。7 月 8 日，苏格兰军队侵入英国，穿过兰开夏向南推进。北部处在紧急状态中。

议会军在击溃西部和东南部王党军之后，马上挥师北进，迎击苏格兰军。8 月初，克伦威尔占领诺丁汉，攻下唐卡斯特，随后回师向西，突然出现在苏格兰军的侧翼。8 月 16 日，克伦威尔和王党军、苏格兰军在普雷斯顿相遇。在这个战役中，议会军歼灭了苏格兰军主力，俘敌 1 万人，并活捉了敌将兰代尔和汉密尔顿。9 月 21 日，克伦威尔向爱丁堡挺进。苏格兰新政府官员出城迎接，并设宴为克伦威尔洗尘。苏格兰政府宣布废除旧政府与查理一世签订的一切条约，解散苏格兰军队。10 月 7 日，克伦威尔离开爱丁堡返回英国。

当议会军离开伦敦去进攻王党军的时候，长老会派又在议会里占了优势。在内战过程中，长老会派与国王进行恢复王位的谈判。1648 年 11 月，议会通过决议，规定除在某些城市保留一部分军队作为警卫部队外，其余军队一律遣散，长老会派的倒行逆施引起了军队和人民群众的愤慨。议会军在消灭了王党叛乱返回伦敦途中，11 月 30 日发表宣言，宣布下议院大多数议员是叛徒，为了人民的利益，必须把他们清洗掉，

12 月 2 日，军队开进伦敦。12 月 6 日晨，艾尔顿命令普莱德上校率领军队包围了威斯特敏斯特宫。普莱德把住议会大门，手持下议院议员名单，逐个驱逐长老会派议员。结果，有 47 名议员被捕，96 名议员被开除，有的议员自动退出了议会。这就是英国历史上有名的“普莱德清洗”。从此，议会由长老会派转移到独立派手中。

1648 年 12 月 23 日，议会宣布查理一世为反对议会、发动内战的罪魁，是爱尔兰人和苏格兰人对付英格兰的同盟者，应交付法庭审判。在人民群众和士兵的推动下，独立派宣布下议院为国家最高权力机关，由议会和军队共同组成特别高等法庭审判国王。在审判过程中，每天都有大批群众聚集在法庭附近，高呼“审判”和“处死”等口号，1649 年 1 月 27 日，法庭宣判查理一世为“暴君、叛徒、杀人犯和我国善良人民的敌人”，处

以死刑，1 月 30 日，查理一世被押上断头台。2 月，下议院通过决议，宣布解散上议院，规定一院制议会为国家最高立法机关，把行政权交给以克伦威尔为首的军队所控制的国务会议。1649 年 5 月 19 日，英国正式宣布废除君主制，成立共和国。

英国内战是英国资产阶级革命过程中，资产阶级、新贵族和封建专制王权之间为争夺政权而进行的一场阶级大搏斗。通过两次内战，资产阶级、新贵族打败了王党军，建立了共和国，从而为英国资产阶级革命的胜利发展铺平了道路。

"光荣革命"与君主立宪

1688 年 10 月，荷兰全国各大城市、各主要地区，所有的港口、码头、主要街道以及通衢小巷，只要是引人注目的地方，都贴满了揭露英国国王詹姆士二世的反动统治、以及奥兰治亲王的宣言等花花绿绿的宣传品；世界上第一次大规模的宣传攻势，正在这里全面展开。这究竟是怎么一回事呢？

1660 年，斯图亚特王朝开始在英国复辟，查理二世回到英国以后，反攻倒算，倒行逆施，就连死去的克伦威尔都不能放过，同样重新施加绞刑；好端端的一个英国，霎时间变得乌云翻滚，白色恐怖笼罩大地。查理二世复辟二十多年，弄得英国简直面目全非。

1685 年，查理二世病死，王位由他的弟弟詹姆士二世继承。他前后在位三年，不仅没有废除原来的反动措施，反而变本加厉地推行查理二世的内外政策，兄弟相比，可谓后来者居上，有过之而无不及。詹姆士二世是个"君权至上"论者，虔诚的天主教徒，狂热的亲法派，完全继承了查理二世的反动衣钵。他即位以后，依然从法国王室秘密领取津贴；降低法国商品的关税率，听命于路易十四，按照法国的意旨办事。1687 年，他发布"信教自由宣言"，废除反天主教的法律，企图在英国恢复天主教的统治；在宫廷里公开举行天主教的礼拜仪式，成批释放被囚禁的天主教徒，公开委派天主教徒充任军官、大学校长，把他们送上统治阶级的宝座；在牛津成立出版社，大量印发天主教的宣传品，制造反动舆论。

詹姆士二世的反动统治，严重地损害和侵犯了大资产阶级和新贵族的利益，同时也遭到广大人民群众的反对。这是为什么呢？因为在英国新贵族中，有很多人曾经廉价购买过大批寺院土

英国议会大厦

地，如果天主教一旦恢复，他们手中的土地，就将有重新被夺回和重新丧失的危险。就是在国教内部，像上层主教和教士这些人，也是忧心忡忡，惟恐天主教重新恢复，如果恢复天主教，他们的领地、什一税和世袭福利将全部丧失。詹姆士二世的反动统治，对广大人民来说，更是一种灾难和罪恶，所以，人民群众的反对情绪，正在与日俱增。

1688 年，一个反抗詹姆士二世反动统治的运动正在兴起，一场革命风暴逐渐酝酿成熟。这年 4 月，詹姆士二世下令，在所有教堂中宣读“信教自由宣言”，但是，人们已经不那么顺从了。譬如，广大群众拒绝参加天主教仪式的礼拜；在威斯敏斯特修道院作礼拜时，人们只要一听到美化和吹捧国王的宣传，就纷纷退场离去。弄得教士们十分尴尬。詹姆士二世面对这种日益高涨的反抗情绪，图穷匕首见，开始动用暴力了。他首先逮捕一批不服从命令的主教，交付法庭审判，但陪审员完全违背国王意志，宣告他们无罪。情况表明，詹姆士二世不仅已经众叛亲离，就连他的国家机器也都运转失灵了。

当英国王权遭到严重挑战的时候，资产阶级和新贵族，日益感到复辟的斯图亚特王朝，已经不能维护自己的阶级利益，决定结束詹姆士二世的统治，准备再次“换马”了。那么，人选呢？最后被他们选中的是荷兰执政奥兰治亲王；他们认为这是自己最理想的代表。

奥兰治亲王威廉本来是英国王室的姻亲，他的夫人玛丽，是詹姆士二世的长女。威廉所以被英国资产阶级选中，有两方面原因：一是詹姆士二世无子，长女玛丽是王位的当然继承人；就习惯和法理来说，威廉入主英国，仿佛是无可非议的，不应该引起任何争议和冲突。二是威廉的政治态度完全适应资产阶级的需要。他不仅是新教国家首领，同天主教势不两立，而且他一直把法国视若仇敌。如果他能登上英国王位，资产阶级的两块心病，马上就可根除；既可以使英国摆脱法国势力的影响，又可以保证英国不再成为天主教国家。说来也巧，1688 年 6 月，詹姆士二世喜得王子，从而，使玛丽的王位继承权发生了新的变化。于是,围绕王位继承问题,统治阶级上层的矛盾日趋激化。1688 年夏,英国资产阶级、新贵族派出代表,同威廉举行谈判,要求他对英国实行武装干涉;一场宫廷政变在秘密策划中。6 月 30 日,在谈判双方已经私下拍板成交、达成协议的情况下,为了给威廉来到英国披上合法外衣,英国议会两党领袖和一位主教,向威廉发出公开邀请,敦促他立即来英国,以保护人们的自由。威廉接到邀请以后,当即表示同意;并于 10 月 10 日发表宣言,对英国人民的苦难,假惺惺地深表"同情";并且声称,他去英国的目的,主要是为了保护"新教、自由、财产及自由的议会";一邀一就,一唱一和,一出滑稽的双簧,表演得惟妙惟肖,配合得十分默契。

为了保证出师有名,马到成功,威廉在出发之前,作了一系列准备工作。在舆论方面,他不顾任何情谊,向他的岳父发起了一个历史空前的宣传攻势,他把自己的"宣言"和揭露詹姆士二世罪行的宣传品,到处张贴,据考证,这种宣传攻势,在历史上还是第一次。

当一切准备全部就绪之后,1688 年 10 月 19 日,威廉率领军舰 600 艘,士兵 1.5 万人,开始向英国进发了。11 月 5 日,在英国西南部的托尔基海港登陆。8 月,到达埃克西特城;随后开始向伦敦挺进。面对威廉的武装进攻,在英国统治阶级上层,有两种根本不同的反映。詹姆士二世听说威廉大兵压境,十分惊慌,他立即要求法国出兵干涉。当时,法国正忙于争夺欧洲大陆霸权,根本无暇西顾,也抽不出一兵一卒,只好眼瞪瞪地看着领有自己津贴的英国代理人走向绝望、陷于灭亡。而英国西南、中部和北部各城乡的资产阶级、新贵族,却多半都投到了威廉方面。伦敦的资产阶级更迫切地期待着威廉的到来;他们千里迢迢来到威廉军队的驻地,表示自己的热忱,倾诉自己的一片衷心。至于那些王族、大臣,甚至还有王军总司令部的成员,以及詹姆士二世的次女和女婿,也都一起背叛国王,投向威廉方面。詹姆士二世完全被遗弃了。所以,前线没有发生什么战斗,威廉就顺利地取得了胜利。

当詹姆士二世眼看大势已去,再也无法招架的时候,决定逃往法国,以便在那里得到庇护。他首先打发王后和他那刚满半岁的王子离开英国,随后他也在 12 月 10 日夜间,仓惶化装出逃,但被士兵中途截回伦敦。士兵们的这种认真态度，看来并不符合威廉的意图。因为詹姆士二世的出逃，恰好使英国国王虚位以待，给威廉提供了上台的大好时机。1688 年 12 月 28 日，威廉下令放走詹姆士二世，使他第二次流亡法国。同一天，威廉进驻白厅，一场由资产阶级策划的宫廷政变，最后宣告完成。这场政变，我们叫它“1688 年政变”。这次政变是一次没有经过流血、没有人民群众参加、而更替政权的历史事变，所以资产阶级史学家称它为“光荣革命”；其实，它并没有什么光荣，不过是女婿使用政变手段，取代了岳父的政权罢了！

1689 年 1 月，英国国会宣布詹姆士二世“自行退位”；把政权交给威廉和他的妻子玛丽。2 月 13 日，威廉被宣布为英王，玛丽为英国女王、国后，实行双王统治；行政大权由威廉掌握，称威廉三世。

随着资产阶级“换马”任务的完成，英国的政治形式也出现了某些波动。中世纪以来的世袭君主制，议员世袭的贵族院等等，虽然被完整地保留下来，但是，资产阶级为了使这种政治形式更能保障自己的利益，适合自己的需要，而把无限的君主权力，限制在有限的宪法范围之内。为此，1689 年，英国国会颁布《权利法案》。法案限制了王权，保障了资产阶级和新贵族的权力；它规定没有经过议会同意，国王不得废止法律，不得征税，不得在平时招募和维持常备军；它也规定臣民有权向国王请愿；议员在议会中的言论，在会外不受任何机关的弹劾和质问；国王必须经常召开议会会议等等。1701 年，国会进一步通过《王位继承法》，规定国王个人无权决定王位继承问题，对王位继承作出了一系列限制。它规定威廉死后如果无嗣，王位应由忠于新教的、詹姆士二世的幼女安娜继承；如果将来安娜也是无嗣的话，那么，王位将属于汉诺威选侯。《权利法案》和《王位继承法》，确立了英国君主立宪制的基本原则，排除了天主教徒继承英国王位的可能性，它规定了国会的权利和国王的权限，保留了国王的形式，用立法手段限制了国王的权力，这种政治形式，历史上叫做“君主立宪”制。君主立宪制的统治，使大资产阶级和新贵族，牢固地控制了政权，巩固了资产阶级革命的成果。

但滑稽的是，君主立宪制的故乡，虽然是在英国，它理应是世界上最早产生宪法的国家，然而，时至今日，英国还是把一堆习惯法、判例和法令，杂烩一起，权且充当宪法，它根本没有一部成文的东西。

法国启蒙运动与资产阶级革命

“18世纪在世界历史上是一个不寻常的世纪，是启蒙的世纪、理性的世纪，是一个离它的前一个世纪——17世纪——古典主义世纪相隔甚远的世纪，而与15、16世纪——文艺复兴的世纪靠得更近的世纪。”启蒙运动高举的理性大旗在18世纪是时代的旗帜。资产阶级反对封建主义的王权、神权和特权的思想斗争经历了很长的时期。文艺复兴是近代西方第一次思想大解放运动，启蒙运动则是第二次，而且是在更高的理性学说基础上进行的。如果说文艺复兴是将人性从神权、禁欲里解放出来的话，启蒙运动乃是将人类从宗教教条、盲目信仰中解放出来，充分发挥人类的聪明才智，用理性之光照亮未来的自由王国。在文艺复兴的旗帜上写着的是人文主义，在启蒙运动的旗帜上写着的是人道主义。显而易见，作为一场深刻的思想运动，启蒙运动既是对文艺复兴的继承和延续，更是它的深入和发展。康德在描述启蒙所面临的历史现实时指出：“到处是不要思想的呼叫。军官说，‘不要思想，执行吧！’征税者说，‘不要思想，付钱吧！’教士说，‘不要思想，信仰吧！”18世纪最后一位启蒙哲学家孔多塞在谈及启蒙思想家的神圣使命时呼吁：“一刻也不停地宣称：理性的独立、著述的自由，是人的权利，是人的解放”，他号召他们“发出战斗的吼声：理性、宽容、人道”。

启蒙运动的代表人物有伏尔泰、孟德斯鸠、卢梭、狄德罗、霍尔巴赫、爱尔维修和平民思想家梅利叶、摩莱里及马布处等人。他们犹如灿烂的群星，照耀在法国天空上，给法国人民带来了光明和希望。

伏尔泰（1694—1778年）是18世纪上半叶法国资产阶级启蒙运动的领袖和导师。他出生在巴黎一个富裕的资产阶级家庭。青年时期因讽刺摄政王奥尔良公爵被逐出巴黎；1717年又因写诗讽刺宫廷贵族而被捕，关押于巴士底狱。在狱中他创作了第一部悲剧《欧第伯》，剧中抨击宗教、批判朝政。1725年，又因和小贵族德·洛昂发生冲突而被捕入狱，释放后被逐出法国，流亡英国。他在

伏尔泰雕像

英国住了三年,考察了英国的政治制度、社会风俗,研究了牛顿、洛克等人的哲学、科学思想,写出了他的第一部哲学和政治专著《哲学通信》(又名《英国通信》)。此书于1743年出版后,因宣传唯物主义反对封建专制主义而被判决焚毁。伏尔泰本人也被通缉,被迫逃亡到偏僻的小城西雷,在夏德莱侯爵夫人的城堡中住了15年。在此期间他写了哲学专著《形而上学论》、《牛顿哲学原理》以及大量戏剧、诗歌、小说。1750年,他接受了普鲁士国王的邀请前往德国,在那里住了五年,著有历史著作《路易十四朝记事》。当伏尔泰发觉腓特烈二世只是利用他的声誉来粉饰普鲁士的专制统治时,毅然逃离柏林,在法国和瑞士的边境凡尔那购买了费因城堡,度过了生命中最后的20几年。这一时期他著有《哲学辞典》、历史著作《彼得大帝统治下的俄罗斯》、《议会史》、哲理诗《里斯本的灾难》、哲理小说《老实人》、《天真汉》、《耶诺与高兰》、《白与黑》等著作。1778年,伏尔泰重返巴黎,受到人民的热烈欢迎。这时达到他一生事业和荣誉的顶点,最终确立了他在18世纪法国启蒙运动中的崇高地位。如同维克多·雨果所说的:“伏尔泰的名字所代表的不是一个人,而是整整一个时代。”同年5月13日,84岁高龄的伏尔泰与世长辞。

伏尔泰是启蒙文学的主将,享有“哲学家国王”的美誉。他的全集包括哲学著作、历史著作、史诗、抒情诗、讽刺诗、哲理诗、哲理小说、50多部悲剧和喜剧以及1万余封信札,是一位留下了丰富文化遗产的伟大作家。他第一个将莎士比亚戏剧介绍到法国,又成功地将元曲《赵氏孤儿》改编为《中国孤儿》,为世界各民族文化交流事业做出了卓越贡献。

伏尔泰的哲学观点基本上是唯物主

孟德斯鸠塑像

义的。在《哲学通信》中，他把洛克的唯物主义经验论介绍到法国，并批判了各种唯心主义观点。这本著作成为当时资产阶级反对封建专制的强大思想武器。

伏尔泰承认外在世界的客观性。认为物体的本质在于广袤和不可入性；即使一个人又聋又瞎，只要他有触觉，就不会怀疑那些使他感到坚硬的东西的存在。

伏尔泰的唯物主义观点是以自然神论的形式表现的，恩格斯指出："公开的唯物主义或自然神论，成为法国一切有教养的青年的信务。"伏尔泰认为："运动并不是凭自身而存在的；因此必须求助于一个最初的推动者。……整个自然界，从最遥远的星辰直到一根草芒，都应当服从一个最初的推动者。"他承认在客观世界之外有一个上帝，因为"万物都是宇宙中的艺术，而艺术证明创造主的存在。"但是，伏尔泰承认的上帝与教会宣传的赏善罚恶的人格神并不一样。他认为上帝通过一次创造活动创造了现实世界之后，就不再干预人间的事物了。宇宙是一架巨大的机器，上帝只是使"世界机器"运动而又不干涉它的活动的"伟大数学家"。至于教会宣传的上帝的属性和本质，伏尔泰宣称："我是生成不能理解它们的。""有一个神这一命题并不能给我们一个关于神是什么的观念。”由此可见，伏尔泰的“上帝”并不是天主教所崇拜的偶像，而是其机械唯物主义的逻辑所导致的必然结果，他以自然神的形式肯定了自然界及其规律的客观性，这在当时是摆脱宗教束缚的一种简便易行的方法。

在认识论方面，伏尔泰推崇洛克的《人类理智论》，他自述：“我跑了许多很不幸的弯路，疲惫困顿，……我又回到洛克这里来了，就像一个浪子回到他父亲那里一样。”他赞同洛克的经验论原则：“一切观念都通过感官而来。”他批判了笛卡儿的天赋观念论，认为“人心里根本没有天赋观念”。他反对不可知论，对理性怀有信心。他说，“我们不应当因为人类不能认识一切，就阻止人类去寻求于自己有用的东西。”“你的眼睛虽然比不上林赛的尖锐，但切不可因此不擦掉你的眼屎。”

作为一个资产阶级启蒙思想家，伏尔泰对封建制度的精神支柱——天主教会作了淋漓尽致的批判，这是他一生中的最光辉业绩。他首先批驳了主张人们生来就有神的观念的说法，指出小孩并没有神的观念，非洲一些民族也没有神的观念，基督教是建立在“最下流的无赖编造出来的最卑鄙的谎话”的基础之上的。一切社会罪恶都来源于教会所散布的蒙昧主义，基督教的历史是一部残酷的血腥史。据他统计，人类因基督教而损失了1700万生灵，他痛斥教皇、主教是“两足禽兽”、“文明的恶棍”；僧侣们是寄生虫，是“社会败类”；特别是宗教裁判所更犯下了令人发指的罪行，比栏路抢劫的强盗还可恶。伏尔泰在许多书信中总是写上一句“消灭败类”，以表示消灭宗教的决心，他宣扬理性、科学、信仰自由和宗教宽容思想。在长诗《亨利亚特》中歌颂了主张信教自由，结束了长期宗教战争的法国国王；在《奥尔良的处女》中赞扬了被宗教裁判所判处火刑的法国民族女英雄贞德。他积极

辉煌的凡尔赛

参与现实斗争，动员社会力量为遭受天主教迫害致死的新教徒卡拉等人平反昭雪。

伏尔泰社会政治思想的出发点是“自然法权论”。他认为“法律是自然的女儿”，“每一个精神健全的人心里都有自然法的概念”，它的基本原则是：“这种法律既不在于使别人痛苦，也不在于以别人的痛苦使自己快乐。”这里，虽然宣扬了所谓永恒不变的人性，但是，实际上是以追求资产阶级的自由、平等，宣传君主立宪为基本内容的。他赞成开明君主制度，把依靠君主实行自上而下的改革，作为达到消灭封建等级制度，实行自由、平等的理性王国的手段。在他心目中，经过资产阶级革命后所建立的英国政治制度就是他所向往的理想。他说：“英国是世界上抵抗君主达到节制君主权力的惟一国家，他们由于不断的努力，终于建立了这样开明的政府：在这个政府里，君主有无限的权力去做好事，倘若想做坏事，那就双手被缚了；在这个政府里，老爷们高贵而不骄横，且无家臣；在这个政府里，人民心安理得地参与国事。”可是，他向封建君主兜售的“自上而下”实行改革的主张在事实面前屡次遭到破产。70年代以后，由于法国封建专制国家和“第三等级”的矛盾日益尖锐，他逐渐倾向于共和制度，表现出对革命的期望。他说“我所看到的一切，都在传播着革命的种子。”“时机一到，革命立刻就要爆发的。”

孟德斯鸠（1689—1755年），出身于法国吉伦特省特尔多市附近的柏烈德庄园的一个贵族世家。在10岁时入奥拉托里的教会学校，在那里学习5年。1706年，他回到波尔多学习法律，从此到1714年专门研究法律，准备继承本族世袭的波尔多议长的职位。1716年，他的伯父——孟德斯鸠男爵去世。按照伯父的遗嘱，他承袭了“孟德斯鸠男爵”的封号继任波尔多议长，长达10年。在这期间，他深刻地了解到法国社会的腐败和封建社会的流弊，同时也阅读了大量书籍，研究过解剖学、植物学和物理学，写过《论海水的涨潮与落潮》、《论物体的透明性》、《论相对运动》等论文；也研究过法律、历史、文学、哲学等人文科学。1726年孟德斯鸠以高价卖掉世袭的议长职位和男爵封号，迁居巴黎，全力从事研究和著述。1728年被推选为法国科学院院士，开始长途旅行，曾到过奥地利、匈牙利、意大利、法国、瑞士、荷兰等国进行学术考察。1729年开始他在英国住了两年,研究英国的哲学和政治,被选为英国皇家学会会员和柏林皇家科学院院士。1731 年,他回到波尔多老家的庄园,专心写作。1755 年,66 岁高龄的孟德斯鸠再次出游,不幸在旅途中患病,于 2 月份在巴黎逝世。

孟德斯鸠的第一部重要著作是《波斯人信札》,1721 年以化名"彼尔 · 马多"发表于荷兰的阿姆斯特丹。《波斯人信札》是他用书信体撰写的一部作品,开创了哲理小说的先河。《信札》由 160 封信组成。作者通过两位旅居巴黎的波斯青年向本国亲友描绘自己所见所闻的形式,对当时法国的政治、时事、法律、宗教等问题进行评述,攻击路易十四是位暴君,揭露教皇是"精神魔术师"。作品还批判了上流社会的腐朽生活,嘲笑资产阶级艳羡贵族的门阀封号。此外,作者还臆造出"穴居人"的故事,将其美化为一个宗法社会,赞颂那里以人的自然品质所维系的社会生活,藉以表达个人的社会理想。作为一部讽刺作品,《波斯人信札》并无完整系统的情节,也鲜见具体的人物性格的描写,但它明确无误地阐发了作者的启蒙思想和见解,这种写作手法为后来的哲理小说风格奠定了基础。

《论法的精神》是孟德斯鸠众多著作中最著名的一部

1734 年,他发表的《罗马盛衰原因论》是一部严肃的历史著作,书中谴责了专制统治,颂扬了罗马的共和制度。1748 年出版的《论法的精神》是孟德斯鸠最重要的著作,他自述:"我毕生精力,耗尽在《论法的精神》一书。"在当时,这是一部进步的社会政治理论著作,受到广泛欢迎,两年内连续印行 22 版,并很快译成多种文字出版。中国有严复的译本——《法意》,对当时的资产阶级民主革命有一定的影响。这部著作受到了欧洲反动势力的诽谤,为了进行反击,孟德斯鸠在 1750 年曾匿名发表了《为〈论法的精神〉辩护和解释》一文。

孟德斯鸠在《论法的精神》的第一页指出:"法,就最广的意义来说,就是由万物的本性派生出来的必然关系:在这个意义之下,一切实体都有它们的法;

神有神的法，物质世界有物质世界的法，在人之上的天使有天使的法，禽兽有禽兽的法，人有人的法。”“他所说的法，重点在于物质世界的规律、法则。他说：“既然我们看到，这个由物质的运动造成的、并无理智的世界是永远存在的，那么它的运动就一定有一些不变的法则。”“这些法则是一种确定不移的关系。”孟德斯鸠认为在一切法之先的是自然法，自然法“是惟一从我们的存在结构派生出来的。”它是人处于建立社会之前的状态中所接受的法。孟德斯鸠反对霍布斯的“人与人之间像狼一样”的信条，主张第一条自然法就是和平。第二条自然法是由于感到匮乏而促使他设法养活自己的法则。第三条自然法是由于互相接近、互相依恋而彼此之间永远在进行的自然祈求。最后一条自然法就是过社会生活的展望’。但是，在人们进入社会之后就丧失了软弱的感觉；国与国之间、个人与个人之间为了争夺利益就出现了战争状态，这就是促使人们立法的原因。孟德斯鸠认为法的基础是理性。“一般的法，就其统治地上一切民族而言，就是人类理性；每一个国家的政治法和公民法，应当只是应用这种人类理性的特例。”孟德斯鸠把法放在主宰一切的、高于神之上的地位，把上帝和人世严格分开，努力从人类社会本身来解释历史。他把从人的本性派生出来的自然法说成是人类社会固有的发展规律，把理性看成是政府所制定的法的基础，这就破除了封建制度下“君权神授”的神话，对于批判封建专制制度、建立资产阶级国家起了推动作用。

孟德斯鸠认为历史上存在过三种政体：共和政体、君主政体和专制政体。“共和政体是全体人民或仅仅一部分人民握有最高权力的政体；君主政体是由单独一人执政，不过遵照固定的和确立了的法律；专制政体是既无法律又无规章，由单独一个人按照一己的意志和反复无党的性情领导一切。”他反对专制政体，认为在这种政体下：“一切事情都

中世纪的法国人

可以骤然地导致革命,革命是不能预见的。"他主张象英国那样的君主立宪制。他认为共和政体的原则是品德,君主政体的原则是荣誉,专制政体的原则是恐怖。马克思曾批评过这种唯心主义的观点,指出:"君主政体的原则总的说来就是轻视人,蔑视人,使人不成其为人;而孟德斯鸠认为君主政体的原则是荣誉,他完全错了。"

孟德斯鸠主张政治自由,认为"一个公民的政治自由乃是一种精神上的安宁,这种安宁来自人人都感到安全。"但是,他又指出,"政治自由并不在于想做什么就做什么。""自由就是做一切法律许可的事的权利。"他认为"民主制和贵族制从本性上说并不是自由的国家。政治自由只能存在于适中的政府中。"他所谓的适中的政府就是指君主立宪制。不过,在适中的国家中也并非永远有政孟德斯鸠的三权分立说在当时具有反封建的意义,代表了法国资产阶级向封建统治者"分权"的要求;它的基本原则在不同程度上为后来的许多资产阶级国家所采用。

孟德斯鸠是资产阶级地理学派的创始人,在《论法的精神》中,他用五章的篇幅论述政治、法律与地理环境的关系。

治自由,他认为"有一条颠扑不破的经验:凡是有权力的人,总要滥用权力。""为了使人们不致滥用权力,必须作出妥善安排,以权力牵制权力。"孟德斯鸠发展了洛克的三权分立说,提出:"任何国家都有三种权力:立法权,执行有关国际法事务之权,执行有关公民法事务之权。"后二者也就是国家行政权和司法权。他认为这三种权力机构应彼此分立而又互相钳制,绝不能集中于同一机构或同一人。"立法权和行政权为同一个人或同一个官厅并揽时,就没有自由可言。""如果不把司法权与立法权和行政权分开,也没有自由可言。""如果由同一个人或同一个要人团体、贵族团体或人民团体来行使这三种权力,即制订法律的权力,执行公共决议的权力,和审理罪行或个人争端的权力,那就一切都完了。"

他主张地理条件规定着民性和制度;气候、土壤和地域影响着民族的性格、感情、道德、宗教、风俗和法律,甚至决定国家的政体。他说:"酷暑令人形神皆惫,失去勇气","寒冷的地方有一种身体和精神上的力量使人能够作种种耐久、辛劳、巨大、勇毅的活动。""土地硗薄能使人勤勉持重,坚忍耐劳,勇敢善战;……

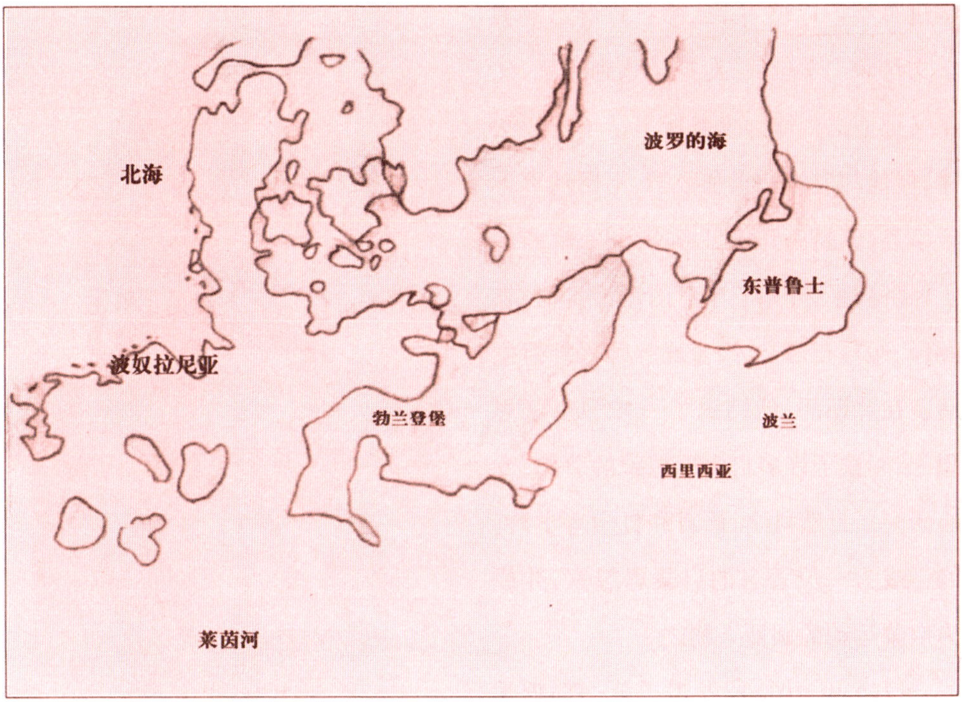

普鲁士的发展

土地膏腴则因安乐而使人怠惰，而且贪生畏死。”“因此热带民族的怠惰几乎总是使他们成为奴隶，寒带民族的勇敢则使他们保持自由。”“海岛民族比大陆民族更重视自由。”“艰苦的山区享有的自由，胜于得天独厚的地区。”“单独一人的统治最常见于土地肥沃的国度，而若干人的统治则见于不肥沃的国度。”他以普鲁泰克的话为例证：“山区的人竭力要求人民的统治；平原的人要求豪门的统治；近海的人则拥护两者混合的统治。”

孟德斯鸠这种片面地夸大地理环境对社会发展的作用的观点是错误的。地理环境固然是人类社会生存和发展的必要条件，但它只是一种外部因素，它有可能加速或延缓社会的发展，但社会制度的变革及其性质毕竟是由物质资料的生产方式所决定的。就孟德斯鸠批判了君权神授说的唯神史观来说是应该肯定的；但他无视社会物质经济生活对政治制度的决定作用，仍然陷入唯心主义的历史观。

狄德罗（1713—1784 年）出生于朗格尔市一个富裕的手艺世家，父亲是刀具匠。少年时他曾在天主教会的学校中学过神学。1732 年，狄德罗获得巴黎大学文科硕士学位后，对神学感到厌恶，父亲又把他送到律师事务所里学了两年法律，但他却爱好文学和数学，不愿从事诉讼事务，于是离开了事务所，和家庭断绝了经济联系，开始了十年的流浪生活，靠翻译、代写布道文、当家庭教师等维持生活。在此期间，他结识了卢梭等启蒙思想家，阅读了许多自由思想家的著作，专心研究了自然科学、语言和哲学等学科，终于成为一位著名的启蒙思想家，并成为启蒙运动的领袖人物之一。

1746 年，狄德罗发表了第一部哲学著作《哲学思想录》。当时他是一个自然神论者，在书中批判了天启、奇迹等宗教神学，此书立即被巴黎议会下令焚毁。但是，这只是更激发了他向封建势力斗争的勇气。1749 年，他发表的《供明眼人参考的谈盲人的信》中否定上帝的存在，转变到无神论的立场。由此，他又遭到封建统治者的迫害，以传播危险思想的罪名被关进文森监狱的城堡主塔。出狱后，他积极投入《百科全书》(即《科学、艺术和工艺详解辞典》)的编纂工作并任主编，通过编辑工作团结了一大批号称“百科全书派”的进步知识分子。由于他不屈不挠、坚持不懈的努力，经过

卢梭的雕像

20 多年的奋斗，终于完成了这部卷帙浩繁的巨著。恩格斯曾经赞扬道：“如果说，有谁为了‘对真理和正义的热诚’(就这句话的正面的意思说)而献出了整个生命，那末，例如狄德罗就是这样的人。”

狄德罗感情丰富、思想敏捷、才华横溢。他不仅是一个哲学家，自己也创作过小说和剧本；对于小说、戏剧、绘画等理论也有精湛的专门研究，是一个有影

响的美学家。狄德罗的美学观点同样以启蒙思想为基础。他反对古典主义的原则，主张艺术要摹仿自然，提出“美”即是“描绘和事物本身的吻合”。在造型艺术理论方面，他的主要作品是《沙龙》和《论绘画》，关于戏剧理论的重要著作则有《论戏剧诗》等。他创造了一种介乎悲剧和喜剧之间的启蒙戏剧体裁——正剧，主张戏剧要表现资产阶级的平民，并且在《私生子》和《家长》这两部正剧的创作中实践了这一思想原则。

狄德罗一生最大的贡献是编纂了《百科全书》

狄德罗的主要哲学著作有：《哲学思想录》(1746 年)、《供明眼人参考的谈盲人的信》(1749 年)、《对自然的解释》(1754 年)、《拉摩的侄儿》(1762 年)、《达朗贝与狄德罗的谈话》(1769 年)、《达朗贝的梦》(1769 年)、《关于物质和运动的哲学原理》(1770 年)等。

狄德罗关于物质和运动的学说包含着丰富的唯物主义的辩证法思想。

在实体观方面，他继承了斯宾诺莎关于宇宙间只有一个实体的思想，不同意笛卡尔主张有两个实体的二元论；但是他也克服了斯宾诺莎认为物质只是实体的一种属性的观点，明确断言这一个实体就是物质本身。他认为要假定任何一个处在物质宇宙之外的实体，都是不可能的。他驳斥了宗教唯心主义宣传的上帝是最高实体的观念，他说：“我承认，我们很难接受一个实体，它存在于某个地方，而又不与空间上的任何一点相合；我们很难接受一个实体，它是没有体积的，又占有体积，而且在这个体积的每一个部分里都是完整的；在本质上与物质不同，而又与物质联合为一体；跟在物质后面推动物质，而自身又不动；影响物质，而又受物质的一切变迁的影响：这样一个我对它几乎毫无观念的实体，一个具有这样矛盾的性质的实体，是很难接受的。”

狄德罗把许多性质不同的物质微粒称为“元素”，认为自然就是元素的组合。他强调元素是异质的，各元素有本质上的区别，否则就不能解释物质世界各种现象的多样性。他说：“在我看来，说自然界的一切东西都由一种完全同质的物质产生出来,这就和用同一颜色来表现一切东西一样不可能。”元素的数量是无限的,元素可最后分割为分子,而“分子是以一种绝对的不可分割性而不可分割的。”狄德罗关于“异质元素”的思想表明,他试图用辩证的观点说明世界的统一性和多样性的关系,用质的区别而不是用量的不同解释自然界的多样性。

狄德罗认为物质和运动不可分割,运动的原因在于事物的内部,是物体的固有属性。物质是永恒存在的,而运动则是它本性固有的。运动是和形状、广袤、不可入性一样是物质的基本属性,无论物体或组成物体的分子都处在运动之中。“物体就其本身说来,就其固有性质的本身说来,不管就它的一些分子看,还是就它的全体看,都是充满着活动和力的。”这样,他就描绘出一幅世界处于永不停息的运动变化之中的景象:“一切都在变,一切都在过渡,只有全体是不变的。世界生灭不已,每一刹那它都在生都在灭,从来没有过例外,也永远不会有例外。”物质的异质性正是从运动的多样性中所得出的结论。他说:“我看见一切物体都在作用与反作用中,都在一种形式下破坏;都在另一种形式之下重新组合;我看见各种各样的升华、分解、化合,各种与物质的同质性不相容的现象;我由此得出结论:认为物质是异质的;认为自然中有无数不同的元素存在。”物质的运动有其自身的规律,并非由于上帝的安排。他说:“混沌是不可能的;因为由于物质的原始性质,本质上就存在着一种秩序的。”

狄德罗关于物质和运动的观点具有丰富的辩证法思想,他强调事物之间的普遍联系。他说:“如果现象不是彼此联系着,那就根本不能有哲学。”他从物质运动的普遍性和形式多样性出发,主张自然界有一个发展过程,生物界是进化的。动物界和植物界一样,一个个体可以说有开始、成长、延续、衰颓和消逝。物种也是如此。他认为在“先有蛋还是先有鸡”的问题上,不能从已经形成的动物作为出发点,而应上溯到动物的最初根苗,回到它还是一个柔软的、纤维状的、无定形的、蛆虫似的、不大像一个动物而颇像一颗植物的根块状的物质时才行。他反对主张物种不变的“预成论”,他认为动物将来的样子和过去的样子并不雷同于现在的样子。“在污泥中活动的小到看不出的蛆虫,也许在走向大动物的状态;大得使我们吃惊的巨大动物,也许在走向蛆虫的状态。”不过，狄德罗的生物进化思想过分强调了发展的连续性、渐进性，忽视了其中质的变化。他认为生物的一个“界”以不可感觉的程度接近另一个“界”“链条中不可能有一个空档。”这仍然表现出机械的、形而上学思想方法的色彩。

狄德罗继承了洛克的唯物主义经验论，但克服了他把内省作为经验的一个来源的缺陷；他坚持了唯物主义的反映论，批判了贝克莱的主观唯心主义。他强调尊重事实，认识自然。他说：“事实，不管是什么性质的事实，总是哲学家的真正财富。”“我要写的是自然。我将让这些思想就照着对象在我的思考中呈现的次序，在我笔下相继出现。”相反，“那些在自然中没有任何基础的概念”正如没有根的树木，一阵风就可以把它推倒。他肯定物质世界是不依赖我们的意识而存在的，是认识的惟一对象。他形象地把人比作钢琴，是一具“赋有感受性和记忆的乐器”，“我们的感官就是键盘，我们周围的自然弹它，它自己也常常弹自己。”这样就产生了感觉，感觉是外部世界刺激人的感官所引起的结果。“感觉是我们一切知识的来源。”他批判贝克莱用主观的感觉去代替客观实在和主张“存在就是被感知”的观点，他说这犹如一架“发疯的钢琴”，以为自己是世界上惟一的钢琴一样。

对于检验认识的标准，他主张“真理就是我们的判断与对象一致”，并特别强调观察和实验的作用，认为实验是检验认识的惟一标准。除了实验以外，没有别的办法可以识别错误。值得一提的是：狄德罗提出了知识的效用问题。他说：“要使哲学在俗人眼中成为真正可尊重的，只有一个惟一的办法：这就是为他指出哲学伴随着效用。”“效用为一切划定了界限。”这种观点可以说比实验的观点更接受科学的实践观。当然总的说来狄德罗的效用，仍然是狭隘的实用，在某种意义上说是对知识发展起消极的阻碍作用。

狄德罗尊崇理性。他所述的理性不仅是与感性相对的一个认识阶段，而且有与宗教信仰相对立的含义，即“人类认识真理的自然能力”；“人的精神不靠信仰的光亮的帮助而能够自然达到的一系列真理”。他鼓吹“真正的哲学家”应当“敢于推倒宗教设置的神圣界限，打碎信仰所加于理性的羁绊。”他认为理性是惟一的导引者，而神学家却叫人在夜间迷失于森林时吹灭烛火以便更好地寻路。在他看来,愚昧无知是宗教产生的根源。实际上,神学家们"用一个奇迹来证明福音,就是用一个违反自然的东西来证明一个荒谬的东西。""人们用来支持宗教的那些事情是古老而且奇异的,这就是说,是最可疑不过的事情,用来证明最不可信的东西。"

狄德罗的认识论不仅比17世纪和同时代的唯物主义认识论前进了一步,而且一定程度接近辩证唯物主义。

狄德罗对天主教的圣经和教义作了深刻而机智的批判,指出其中的自相矛盾和荒谬。他说:"'三位一体'中的三位,或者是三种偶然属性,或者是三种本体。中间的是决没有的。如果这是三种偶然属性,我们就是无神论者或自然神论者。如果这是三种本体,我们就是异端。"针对亚当吃了苹果而受到惩罚的说法,他讽刺道:"基督徒的上帝是一个很看重他的苹果而很不看重他的孩子们的父亲。""没有一个好父亲愿意像我们这个天上的父的。"对于圣餐仪式,他叫人民睁开眼睛看一看:"这身体发霉了,这血液变酸了。这上帝就在他的祭坛上被蠹虫吞吃掉了。"

在现实生活中,宗教所起的作用是危害社会的。他指出:"上帝!上帝!这可怕的名字"使人们"彼此询问、争论、怒恼、痛斥、仇恨互相扼杀",在不同教派中掀起大规模的宗教战争。厚颜无耻的神学家们在人们探索自然的途径上设置重重精神障碍。"没有一种邪恶的学说是耶稣会士们没有宣扬过的。""他们公开侮辱最神圣的原则,力图消灭自然法,摧毁人的信心,践踏法律以破坏市民社会,压抑人道的感情。"他们不断地进行诽谤、陷害、咒骂、斲伤民族的最后一点元气,像讨厌的蚊子、苍蝇一样,将时间都花在叮人、咬人、打扰人工作和休息上。

狄德罗对宗教神学的批判是坚决而彻底的。他在临终时,神甫前来提醒他,如果不"小小否认一下"以前的信仰,就会像伏尔泰一样得不到墓地。狄德罗明确地回答说:"我懂您的话,神甫!您不愿让伏尔泰安葬,是因为他不相信圣子的神性。好吧,我死后,随便人们把我葬在哪里都行,但是我要宣布我既不相信圣父,也不相信圣灵,也不相信圣族的其他任何人!"

在社会政治思想方面,狄德罗从"自然权利"和"社会契约论"出发,认为"自由是天赐的东西,每一个同类的个体,只要享有理性,就有享受自由的权利。”现实社会中的权威“或者是出于垄断权威的人的实力和暴力”或者是人们之间订立的契约。“凭借暴力取得的权力只不过是一种篡夺”，它是不合法的。根据自然法和国家法君主只有凭着臣民的选择和同意，才有支配他们的权柄和权威。但是当时法国国王路易十四却宣称“朕即国家”。狄德罗在《百科全书》的许多条目中批判了这种独裁制度。他说：“在专制独裁的国家中，国家元首就是一切，而国家则算不了什么；一个独夫的意旨就是法律，而社会却没有自己的代表。”“在所有使人类遭受折磨的可怕的人中没有比暴君更残酷的了。”狄德罗认为权威是与法相联系的，君主也应该服从法。没有法就没有权威，任何法

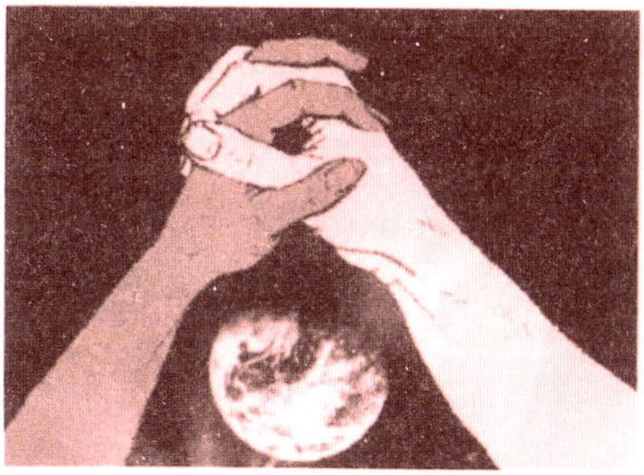

卢梭的《社会契约论》发出了人类解放的第一个呼声

都不给人以无限制的权威。政权“本质上只属于人民，仅仅为人民所固有。——并不是国家属于君主，而是君主属于国家。”但是，狄德罗是一个资产阶级思想家，他把资产阶级的“市民社会”称为“地上的神”，他心目中认为能参政的人民主要指资产阶级。狄德罗的社会政治思想虽然对于批判封建专制制度是起过巨大的革命作用的，但是他的通过教育和立法、通过发扬理性就可以改变社会制度的主张是不可能实现的；他认为政权产生于暴力或契约也是一种唯心主义的主张。

让·雅克·卢梭（1712—1778 年），出生在日内瓦一个钟表匠的家庭。他的祖先是法国血统，信奉加尔文教，为逃避宗教迫害移居日内瓦。他出世后就丧母，由父亲抚养，10 岁时父亲被迫出走，他被送到雕刻匠的铺子中当学徒。16 岁时，他离开日内瓦，在法国、意大利等地度过了 13 年流浪生活，做过学徒、仆役、家庭秘书、流浪卖艺的音乐家以至乐谱抄写员等。他曾被送入意大利都灵的宗教收容所，在诱迫下改信天主教，但后来又改信加尔文教。卢梭没有受过正规学校教育，他全凭自学掌握了丰富的知识，甚至在重病时也不间断。他说：“死亡的逼近不但没有削弱我研究学问的兴趣，反而似乎更使我兴致勃勃地研究起学问来。”他对数学、天文、历史、地理、

哲学、文学、音乐、生物等学科都有研究。1741 年，卢梭来到巴黎，结识了不少法国启蒙运动的杰出代表；1743—1744 年他出任法国驻意大利使馆秘书，返回巴黎后，积极为《百科全书》撰写政治，音乐等条目。1750 年，他写出第一篇重要著作《论科学与艺术》获得第戎科学院征文奖。1753 年，他撰写了《论人类不平等的起源和基础》，这标志着他思想已进入成熟期，1755 年在荷兰出版后震动了欧洲。1761—1762 年，他连续发表三部重要著作：《社会契约论》（又译《民约论》），这是卢梭影响最大的政治著作；《新爱洛绮丝》是一本包含着卢梭各方面思想的反封建的书信体小说；《爱弥儿》是一部教育学名著，也是政治和哲学著作，《新爱洛绮丝》揭露了封建等级制度对人的情感的压抑和摧残，表达了作者要求在各个方面获得自由和解放的强烈愿望。小说中对于个人感情的描写与对大自然的描写紧密结合在一起，为法国文学带来了新的因素。其中《萨伏依副主教的表白》集中表现了卢梭的橡树下饱食，在原始的小河里饮水，并以供给其食物的那一棵树的树脚作为自己的床；他的需要的满足就是如此。”卢梭认为，这种自然状态是关心自我保存然

哲学思想和宗教观点。此书在荷兰出版后，受到封建统治阶层的忌恨，巴黎学院下令当众焚毁，并扬言要烧死作者。从此，卢梭被迫逃往国外，又陷入凄惨的流亡生活；一度应休谟邀请在英国避难，后又化名秘密回国，在外省辗转流徙。这一时期，他用自传体写出文学名著《忏悔录》。1770 年，他被法国当局赦免，才定居巴黎；晚年生活悲凉，靠誊抄乐谱为生。他逝世 11 年后，法国爆发了大革命，卢梭获得了巨大的哀荣，他的遗体移葬巴黎名人公墓，并在法国国民议会大厅里为他建立丰身像，供人瞻仰。

卢梭思想体系的主要内容是社会政治学说，这也是他对后世影响最大的部分。

卢梭学说的出发点是抽象人性论。他接受了 17 世纪以来流行的“自然状态”说，虚构了一个没有任何社会联系的、处于“自然状态”之中的人类发展的最初阶段。那时，人们漂泊在森林之中，“每个人都生而自由、平等。”他说：“我看到他在

而并不损害他人保存的状态，人与人之间的关系没有奴役和统治，是天赋的自由平等状态，它是和平的，最适宜于人类的状态。由此，我们看到卢梭关于“自

卢梭的作品中时时刻刻都表达出强烈的反封建、反宗教思想

然状态”的看法，既不同霍布斯“人对人像狼一样”的“一切人对一切人的战争”状态，也不同于洛克所说的“那时就各自占有私有财产”的状态，而是把原始社会美化为“自由、平等、幸福”的黄金时代，实际上是把资产阶级心目中的理想社会推到古代去的一种虚构。

卢梭认为，私有制的产生是人类不平等的根源。人与人之间的统治和奴役的不平等关系只是在人类的“社会状态”亦即文明社会中才出现。人类从自然状态向社会状态转变是人类自身发展的必然过程。由于人具有自我完善化的能力，有凭借智慧和技巧征服自然的能力，在与自然界作斗争中增长了才智、建立了家庭，逐步掌握了冶金技术和农业技术，这就逐渐增多了生活资料，从而产生了利用富裕的生活资料使别人服从自己的可能。他认为，使人文明起来而又使人类没落下去的东西，“在诗人看来是金和银，而在哲学家看来是铁和谷物。”这时，“谁第一个把一块土地圈起来并想到说：这是我的而且找到一些头脑十分简单的人居然相信了他的话，谁就是文明社会的真正奠基者。”

卢梭描绘了社会不平等的发展过程，探讨不平等的原因和重新建立平等的途径。在他看来，原始社会因为没有私有财产，本是人人平等的。私有制出现，原始平等就被破坏而产生了不平等。为了保护私有财产和个人自由，就要订立社会契约建立国家机构，并拥立国君作为自己的统治者。后来国君必然成为人民的压迫者，君主用暴力压迫人民，人民用暴力推翻他。这样不平等又重新转变为平等。但不是原始人所拥有的旧的自发的平等，而是转变为更高级的社会契约的平等。

卢梭关于人类不平等的学说，包含着历史辩证法的思想萌芽，在某种程度上猜测到社会存在决定社会意识、经济因素决定政治因素的思想。恩格斯指出："我们在卢梭那里不仅已经可以看到那种和马克思《资本论》中所遵循的完全相同的思想进程，而且还在他的详细叙述中可以看到马克思所使用的整整一系列辩证的说法、按本性说是对抗的、包含着矛盾的过程、每个极端向它的反面的转化，最后，作为整个过程的核心的否定的否定。"

卢梭的《社会契约论》提出了他改造社会的政治理想。他是在批判格劳修斯和霍布斯等人的"社会契约论"的基础上提出自己的主张的。他强调"人作为整体来说是主权者。"他指责格劳修斯等人提出的自由和主权的转让论，认为这种说法是"不遗余力地剥夺人民的一切权利，并且想尽种种办法把它们奉献给国王。"在卢梭看来，要人民放弃自己的自由，就是放弃做人的资格。他努力"寻求一种结合的形式，使它能够以全部共同的力量来防御和保护每个结合者的人身和财富；而同时又使每一个与全体相联合的人只不过是在服从自己本人，并且仍然像以往一样地自由。"卢梭克服了早先资产阶级政治思想家的妥协性，摒弃对君主政体及其改良措施的幻想，主张把封建君主的国家政权改造成为民主国家，为包括整个第三等级在内的人民争取政治主权，这一主张在政治上高于当时其他资产阶级启蒙思想家。

卢梭认为人民的主权是不可分割的，不同意洛克、孟德斯鸠所主张的所主权分为立法、司法、行政三种权力，由人民和君主、贵族集团分享。他坚持人民应拥有直接的立法权。他说："立法权是属于人民的，而且只能是属于人民的。""立法权是国家的心脏。"他认为，只有全体人民参加立法，才能保持自由。因为这样制定的法律在他看来才是人民的"公共意志"的表现，也体现了"个人意志"。"公共意志"是卢梭提出的一个重要观点，它是抵消了各个人冲突后全体公民的意志的共同部分。“公共意志”所作的决定永远是好的。它既不损害公共利益，也不损害个人利益。卢梭主张民主共和制，反对徒具虚名的资产阶级代议制，批判了被伏尔泰、孟德斯鸠奉为楷模的英国君主立宪议会制，认为英国人民一旦选出议员以后，“他们就是奴隶，他们就等于零了。”在各种权利中，他强调财产权，认为是所有权中最神圣的，甚至比自由还重要。

卢梭的哲学思想集中反映在他的《爱弥儿》第四卷“一个萨瓦省的牧师自述”中。他借萨瓦副主教之口，阐述了他自己的主张，他受了洛克和孔狄亚克的影响，以唯物主义的经验论作为他的哲学基础。他肯定了物质世界的客观存在，指出：“宇宙的存在与我的存在同样确实。”并提出了一个概括性的物质定义：“我把我感觉到在我以外的，作用于我的感官的一切称为物质。”他还论证了物质的运动问题，承认宇宙是运动变化的，把运动分为两类，一类是“传来的运动”即受他物的影响而发生的运动；一类是“自发的或随意的运动”，即动因在运动的物体之内的运动。但是，他深受机械唯物主义的影响，认为物质的自然状态是静止的。那么，它怎样运动起来呢？他回答说：“如果地球在转动，我就认为感到有一只手在使它转动。”“运动的第一个原因并不在物质之内。”“我认为是一个意志推动着宇宙，鼓动着自然。这就是我的第一号教条或第一号信条。”正是这“一个意志”安排万物的系统，使它们按一定法则而运动。这个最高的意志就是卢梭心目中的“上帝”。不过，这个“上帝”并不是人格化的神灵，它虽然给万物以最初的推动，但并不能随心所欲地干预一切，不能创造或消灭物质。卢梭既批判封建统治的精神支柱天主教，也反对百科全书派的无神论者。他主张宗教宽容，企图创立一种建筑在良心的基础上的“好宗教”，认为天赋的良心是“神圣的本能，不朽的天堂呼声，……是善与恶的万无一失的评判者，使人与神相似。”这就使他在伦理观上也陷入唯心主义。

卢梭在教育、道德、文艺、美学等方面也有独到的见解，对后世有相当的影响。他在《爱弥儿》中论述了儿童教育问题。他倡导“自然教育”，重视自然赋于儿童的善良禀赋，强调农业和手工业是社会的基础，主张在劳动实践中自由地发展儿童个性，排除一切传统的封建宗教观念的影响，指责经院式教学中“那些华而不实的种种学科在这个不幸的孩子周围造成了许多的陷阱”。在文艺和美学方面他推崇“自然”、贬低“人为”，主张“回到自然去！”认为艺术和科学都无阻于道德风尚的提高，有否定艺术的倾向；由于他重视情感、良心、自由意志的作用，曾被后人视为浪漫主义思潮的始祖。

卢梭思想的影响是深远而复杂的。从政治上说，他在推动资产阶级革命、反对封建专制制度方面有不可磨灭的积极作用；从哲学上说，他对德国古典哲学也有重要的影响；黑格尔认为休谟和卢梭是法国哲学的两个出发点。康德则把卢梭和牛顿相提并论，认为牛顿揭示了外在世界的秩序与规律，而卢梭则发现了人的内在本性。但是卢梭实质上是一个小资产阶级思想家。他心目中的理想国家只是像古希腊的小国寡民式的城邦国家，他企求把欧洲拉回到由许多宗法式小共和国组成的集合体是违反历史发展趋势的，因此他的思想在许多方面又表现出消极性和保守性。

霍尔巴赫，原名保尔·亨利希·迪特里希（1723—1789 年），生于德国巴伐利亚帕拉蒂内特的埃德森姆村的一位信奉天主教的家庭，幼年丧母。12 岁时应伯父邀请随父移居巴黎求学，1744 年就读于荷兰莱顿大学学习自然科学，毕业后回巴黎，一度在索尔朋神学院教书，1749 年取得法国国籍。1753 年，无嗣的伯父病故，他继承了伯父的大量财产和男爵爵号，称为保尔·昂利·霍尔巴赫男爵。从 1749 年起，霍尔巴赫就结识了狄德罗等进步思想家，他家的沙龙成为他们聚会的中心，他也常凭借他的合法地位掩护他们反对封建专制、反对教会的活动。他从物质上，精神上全力支持《百科全书》的出版，并在物理、化学、矿物学、地质学、冶金学等领域撰写了约四百个条目。他关心外国的先进科学技术和先进思想，并作过介绍，曾当选为柏林科学院，巴黎科学院和俄国科学院的院士。他的主要著作有：《揭穿了的基督教》（1761）、《袖珍神学》（1767）、《神圣的瘟疫》（1768）、《自然的体系》（1770）、《健全的思想》（1772）、《社会体系》（1773）、《普遍道德》（1776）等。他的哲学著作大多在荷兰匿名发表。《自然的体系》是他的最主要的著作，很大程度上概括了 18 世纪法国唯物主义者的世界观，以密拉波之名在外国出版后，被誉为 18 世纪“唯物主义的圣经”，被译成好几种文字多次再版；同时该书也遭到僧侣和反动派的攻击，被巴黎法院判处公开销毁，并被罗马教皇列入《禁书目录》。

霍尔巴赫在《自然的体系》中概括了前人的成就，充分掌握了当时自然科学的成果，第一次系统地总结了法国唯物主义哲学，形成了一个较为完整的机械唯物主义哲学体系。

他强调研究自然的重要性，主张"人应该在自然本身以及自然的力量之内去寻找他所需要的东西。"他认为："从最广的意义来说的自然，就是由各种不同的物质、由这些物质的各种不同的组合、由我们在宇宙间看到的各种不同的运动集合而成的大全体。"他强调物质运动形式的多样性，"一些变化万殊，具有无限多组合方式的物质，不断地接受和传达着各式各样的运动。这些物质的各种不同的特性，各种不同的组合，以及它们必然产生的那些变化多端的活动方式，对于我们来说，就构成了万物的本质；就是由这些多样化的本质中，产生出这些事物所拥有的种种门类、等级和体系，其总和就构成了我们所谓的自然。"他认为自然界的运动是绝对的，运动的源泉在自然自身。他说："自然界的一切都处在一种不断的运动之中；它的各部分没有一个是真正静止的，总之自然界是一个活动的全体，……自然的观念必然包含着运动的观念。"至于这个自然是从哪里获得它的运动的呢？我们将回答说：是从它自身获得的，因为自然就是大全，在它之外是什么也不能存在的。我们要说，运动乃是一种必然从物质的本质中产生出来的存在方式；物质是凭它自己固有的能力而活动的；它的各种运动是由于它内部蕴涵的那些力造成的；它的各种运动及其所造成的各种现象之所以千变万化，乃是由于那些原来存在于种种原始物质中的特性、性质、组合的多种多样，而自然就是它们的总汇。"

霍尔巴赫对物质的定义作出了超于前人的贡献。他不赞成把物质看成一种单一的，粗糙的、被动的、不能自己组合、不能由自身产生出任何事物的东西。认为人们对于物质还没有作出一个令人满意的定义。他自己给物质下了新的定义："物质一般地说就是一切以任何一种方式刺激我们感官的东西；我们归之于不同的物质的那些特性，是以不同的物质在我们身上造成的不同的印象或变化为基础的。"这一定义从物质与精神的关系着手，坚持了物质第一性意识第二性的唯物主义反映论路线，高出于17世纪的唯物主义者的观点。

霍尔巴赫写了大量的著作揭露教会的恶行并对基督教教义进行分析和批判。除了《自然的体系》、《袖珍神学》、《神圣的瘟疫》等代表作以外，还著有《健全的思想》、《揭穿了的基督教》、《神职者的阴谋》、《摧毁了的地狱》、《批判的耶稣基督教义》、《被揭露的教士》、《对基督教辩护士的批判的考察》、《圣徒陈列室》、《雪了恨的以色列》和《神迹考》等著作。他旗帜鲜明地，公开地批判天主教神学，痛斥教会僧侣，在无神论史上留下了光辉业绩。

霍尔巴哈首先指出了宗教的作用和实际目的。他说："自古以来宗教的惟一作用就在于：它束缚了人的理性，使它无法认识人的一切正确的社会关系、真正的义务和实在的利益。只有驱散宗教的烟雾和怪影，我们才会发现真理、理性和道德的泉源和应当促使我们为善的实际动机。""我们对各种宗教教条和宗教原则研究得越多，我们就越相信它们的惟一目的就在于保卫暴君和僧侣的利益，而损害社会的利益。"他在著作中以形象的语言揭露了宗教的危害。他指出：神学不断地反对国家的幸福，人心的进步，有益的研究，思想的自由：它强使人们保持愚昧无知；它指点人们走的每一步路，都无非是错误。在社会生活中，神权实际上高于政权。"在每一个国家里都树立了两种不同的权力；以神本身为依据的宗教权力，几乎永远驾凌于君主的权力之上；……自从世界成了基督教的天下以来，君主就只不过是教士的第一号奴隶，只不过是执行教士命令、为教士复仇的刽子手罢了。"同时，天主教和教会又反过来成为封建专制君主统治人民的工具。那些地上的立法者被认为是"神的代言人和使者，他的利益永远就是神的利益。"专制君主"把自己与神明等同起来，行使着无上的绝对权力；……神被用来为暴政的放肆和罪行作辩解；人们把一些暴君说成这些神本身；人们以神的名义去作出罪行和伤天害理的行为，从天上来的恫吓变成了支持那些向凡夫俗子发号施令的人纵欲的工具。"霍尔巴赫控诉他们"以神的名义去残害、虐待、毁灭。于是人血流遍一切祭坛，各种最野蛮、最残暴、最痛苦的献祭被看成最合乎吃人肉的神的心意。"他还指出，宗教败坏人的道德，基督教根本没有资格自夸给道德和政治带来好处，

“我们在世界上所有的宗教中都看到一种凄惨悲愁的色彩占据着统治地位。事实上，我们不管在哪里都看到宗教致使世人忧郁，使他们一板正经，使他们逃避喜悦和欢乐，而且常常使他们采取那种最无趣味，最违反人性的生活方式。”宗教也妨碍了自然科学的发展，“神学，这种超自然的学说，是阻挡自然科学进步的一重无法克服的障碍，……除了通过迷信的病眼以外，它不允许物理学、博物学、解剖学去看任何事物。”他最后得出结论：“神学及其种种概念远非有益于人类，乃是种种令人世悲愁的灾难，使世人盲目的谬误，致人心于麻木的偏见，陷众生于轻信的无知，折磨群众的罪行、压迫人民的政府的真正来源。……这些不详的观念损害了道德，败坏了政治，推迟了科学的进步，在人心深处毁灭了幸福与和平。”所以，宗教是“神圣的瘟疫。”

霍尔巴赫还分析了迷信的起源。他认为“上帝的存在是一切宗教的基础。”但是这一点正是“一切宗教中最不足的东西。”因为凡是存在东西，它的属性必然是我们的感官能够感知的，但是谁能直接感知到上帝呢？如果说上帝是无形体的那也没有解决任何问题。因为无形体的概念不过是“一种不反映任何实在物的概念。”他说：“老实说，崇拜上帝，无异崇拜人的想创造的虚构物，或者简直就是崇拜乌有的东西。”在他看来，人之所以迷信，只是由于恐惧；人之所以恐惧，只是由于无知。无知和恐惧是人类各种迷误的两个滔滔不绝的来源。他认为是人创造了神而不是神创造了人。“人缺乏对于自然力量的认识，于是设想自然受一些看不见的势力支配，……他的想象力永远只能在这些神灵身上向他指出一些夸大了的人，因此他所设想的这些看不见的东西与他自己之间的各种关系永远是人的关系。”“因此他的崇拜，亦即他对待一个神的行为体系，是必然符合于他为神制造出来的那些概念的，正如这个神本身是按照他自己的感觉方式塑造出来的一样。”他指出：神这个实体总是被说成人的模样，不过这个

人是一个特权的人,像苏丹一样地专横。此外,由于人们所感受的各种不同的感情或心境的影响,所以"没有一个神不是自相矛盾的。"神的形象由于骗子手的欺骗而变得更严峻可怕。针对基督教赞颂的上帝,霍尔巴赫指出:"这个神是一个独夫,一个民贼,一个什么都能干得出的暴君。"基督教"所依据的是欺骗,无知和轻信,它在任何时候都只是对一些存心欺骗人类的人有利;它从不间断地为各个民族造成最大的灾难,它根本不能给他们带来它答应给它们的幸福,而只足以使人耽于狂暴,使人流血,使人陷于疯狂和罪行,使人不认识自己真正的利益和最神圣的义务。"

霍尔巴赫是一个坚定的无神论者,在这方面超出了他的同辈。他看透了"神学和宗教在任何时候都是一堆燃料,潜伏在人们的想象中,总归要以引起一场大火灾告结束的。"他敢于"追要到底,把神本身传到理性的法庭上。"他不赞成自然神论,认为"它的根据是一个幻想,我们可以看到它迟早必定堕落成为一种荒唐而且危险的迷信。"总的说来,霍尔巴赫在宣传唯物论和无神论、批判宗教神学和教会反动势力方面表现出彻底的革命精神,是18世纪战斗唯物主义的杰出代表。

在18世纪的法国,新兴的资产阶级发动了一场波澜壮阔的反封建反神学的思想文化运动。以伏尔泰、卢梭为代表的启蒙思想家,吹起了资产阶级反封建的思想斗争的号角,以狄德罗为代表的百科全书派的唯物主义是当时法国哲学的最高成就,成为马克思主义以前机械唯物主义的最完善的形式。法国唯物主义是在批判经院哲学和旧形而上学的斗争中发展起来的。它克服了17世纪唯物主义在物质与意识、物质与运动等问题上的不彻底性。它明确主张,只有物质实体,思维不过是物质的属性,在解决思维与存在统一性的问题上比过去大大前进了一步。它坚持唯物主义的反映论,力图克服唯理论和经验论的片面性,为全面研究认识过程的发展作了可贵的探索。法国唯物主义者是彻底的战斗无神论者,把唯物主义和无神论结合了起来。他们在感觉主义的基础上提出了一整套社会政治理论。在伦理学说方面,把资产阶级功利主义变成了哲学体系。他们建立新体系,鼓吹新思想、新观念,提出新方法、不仅富有积极的理论内容,而且表露出明显的实践价值。唯物主义的思想光辉,照亮了法国资产阶级大革命的道路。正如恩格斯所说:“尽管十八世纪法国人在陆上和海上的一切战争中都被德国人和英国人所战胜,法国唯物主义者还是使十八世纪成为主要是法国人的世纪。”但是,由于阶级的和时代的局限,18 世纪法国唯物主义自然属于形而上学唯物主义的范畴,他们持机械观点,认为“人也不过是一架机器”,他们受形而上学思维方式的束缚,一旦论及社会、伦理、政治、法律和历史的领域,就滑入唯心主义。18 世纪法国哲学,既在当时发挥了巨大的革命作用,又给后来的哲学发展以巨大影响。德国古典哲学,从法国哲学中吸取了思想营养,开辟了哲学发展的新纪元。

在启蒙运动中,还出现了一批反映下层人民群众革命要求的思想家,最具有代表性的是梅里叶(1664—1729 年)、玛布里(1700—1785 年)和摩莱里(生卒年不详)等人。这批思想家的思想中都带有明显的机械唯物主义和空想共产主义色彩。梅叶里在其代表作《遗书》中,痛斥了私有制,指出私有制和社会上的不平等现象是万恶之源,并将教士、投机商人、官吏统统称为“富足的懒虫”,称封建地主是“魔鬼”。他主张每个人在社会中都应做有益社会的事,社会财富应由大众共同享受。号召人民起来革命,推翻封建专制制度。摩莱里在其著作《自然法典》中,提出应该消灭私有制,建立一个人人平等的共产主义社会。但是他并不主张通过革命来达到这一目的,而是认为只要消灭社会上的偏见和谬误,就可以实现他的主张。玛布里的观点与梅里叶的观点大致相同。他认为只有消除社会不平等才能消除暴政和罪恶。在其著作《论法制或法的原则》和《论公民的权力和义务》中,玛布里描绘了他的理想共和国的图景:在这个共和国里“人人平等,人人自由,一切人皆为兄弟,禁止占有财产是这个共和国的第一法律”。但是,他又不切实际地提出,这一理想的国家,不能建立在当时的社会条件下,只能建立在荒无人烟的海岛上。这种空想共产主义思想,正是当时社会上广大劳动人民群众对现实绝望心情的一个侧面反映。

沙俄的早期扩张

觊觎波罗的海

波罗的海位于欧洲北部,素以“北欧的地中海”著称,它的东端有芬兰湾和里加湾。波罗的海东岸矿产丰富,盛产粮食和木材。这里世世代代居住着芬兰人,爱沙人和利沃人。古罗斯国在其西部边界地区兴建了诺夫哥罗得、普斯科夫、波罗茨克等一批商业城市。它们距波罗的海较近,但并不相连。马克思指出:“波罗的海海岸没有哪一部分实际归属过俄罗斯”。

1240年,罗斯扈从队在亚历山大·涅夫斯基率领下,在涅瓦河沿岸打败瑞典军队,1242年又在楚德湖冰上打败日耳曼骑士,这才开始插足于波罗的海。1492年,伊凡三世在纳洛夫河岸建立伊凡哥罗得城,在芬兰湾沿岸地区进一步加强自己的势力。16世纪初,伊凡四世时期,俄国占领了白海沿岸地区。由于白海出海口不能全年通航,于是伊凡四世在1558年发动争夺波罗的海出海口的利沃尼亚战争,结果被瑞典、波兰和丹麦等国打败。根据1583年普柳萨停战协定,芬兰湾沿岸包括纳尔瓦、伊凡哥罗得等重要城市都划归瑞典。

从16世纪中期起,俄国为争夺波罗的海出海口,多次与瑞典兵戎相见。根据1617年斯托尔波沃和约,瑞典占领了芬兰湾沿岸的全部土地。1618—1648年丹麦、瑞典、法国、西班牙等国进行的“30年战争”结束后,瑞典根据威斯特伐利亚和约,占领了波罗的海东岸的全部土地和大部分南岸地区,成了波罗的海沿岸居于统治地位的大国。1656年5月,俄国利用波、瑞交战之机,向芬兰湾沿岸地区发起进攻。6月,占领诺特堡、捷尔普特、吉纳堡和科坎加乌兹。8月,向里加逼近。这时,波兰突然调转枪口,准备收复乌克兰。俄国为避免两线作战,不得不于1661年同瑞典签订卡尔迪斯条约,把战争初期占领的芬兰湾沿岸的全部土地归还瑞典。直到17世纪末,波罗的海东岸一直由瑞典控制。

17世纪末叶,农奴制在西欧一些国家走向崩溃,但在俄国却仍处于发展阶段。沙皇政府为巩固和扩大封建统治,迫切要求掠夺新的领土和劳动力。当时,西欧国家资本主义发展需要从国外大批进口粮食,俄国作为农产品主要出口国,与西欧国家的贸易关系日益密切。当时的俄国仍是一个内陆国家,在南方,土耳其占据着黑海北岸及克里木半岛,封锁了俄国到黑海的出路;在西北方,瑞典控制着波罗的海沿岸的土地,堵住了俄国通向波罗的海的道路。随着新兴商人势力的增长,为加速发展对外贸易,俄国亟欲夺取西欧的出海口,彼得一世上

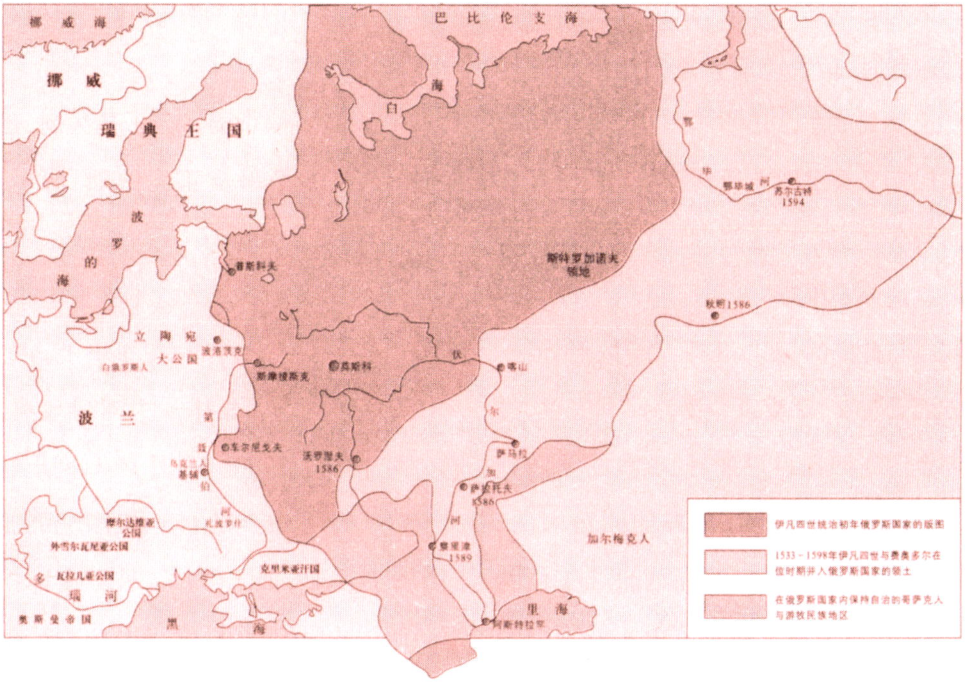

16世纪沙皇俄国的扩张

台后声言，“水域——这就是俄国所需要的”。这一时期俄国政府奉行的对外政策完全是从俄国地主农奴主阶级和新兴商人势力的利益出发的。

彼得一世开始是沿着费多尔和索菲亚执政时的南下路线，企图夺取黑海出海口。1695—1696年，彼得亲自率军，两次进攻由土耳其属国克里木汗国控制的亚速。1696年，俄军虽一度占领亚速，并没有真正解决黑海出海口的问题。

为了占领刻赤海峡，夺取黑海出涨口，1697年1月，俄国政府同波兰、奥地利和威尼斯建立了反土耳其同盟。同年3月9日，俄国政府派“大使团”去西欧考察，彼得一世化名随同出访，企图巩固和扩大反土耳其同盟。这时，西欧各国正忙于以争夺西班牙殖民地为目的的西班牙王位继承战争，对俄国纠集的反土同盟不感兴趣；各国对俄国也怀有戒心，担心俄国一旦取代土耳其将会对西欧造

俄国击败瑞典

成更大的威胁。因此，俄国大使团同荷兰谈判时，荷兰政府拒绝支持俄国进行反土耳其战争。1698年5月，奥地利和威尼斯又决定同土耳其媾和。反土耳其同盟名存实亡。这就为俄国争夺黑海出海口造成了困难。

与此同时，西欧出现了新的形势：一方面，波兰—萨克森企图夺回利夫兰，丹麦企图夺回斯科尼亚，同瑞典的矛盾日益加剧。另一方面，瑞典的同盟国法、英、荼兰等国因忙于准备西班牙王位继承战争，在军事上和物资上不能帮助瑞典。这为彼得一世进攻瑞典，夺取波罗的海出海口提供了有利的条件。

彼得为夺取波罗的海出海口，从外交、军事两方面进行准备。在外交方面，1698年8月3日彼得在拉瓦同波兰国王奥古斯持二世口头上达成共同反对瑞典的协议。1699年11月11日，在莫斯科附近的普列奥布拉任斯基村，奥古斯特二世的代表卡尔洛维奇和帕特古利同俄国签订了反瑞同盟条约。1699年秋，俄国政府还在莫斯科同丹麦大使盖因斯进行了谈判，双方签订了反瑞同盟条约。这样，建立了俄、波、丹反对瑞典的北方同盟。为了麻痹瑞典，彼得接见瑞典使节，再次表示，俄国将遵守俄瑞卡尔迪斯条约，承认芬兰湾属于瑞典，维护俄瑞友好关系。

在军事方面，俄国实行了募兵制，建立俄国历史上第一支正规的陆、海军。1700年，俄国野战军有4万人，丹麦有2万人，波兰有2万5千人。瑞典有14万陆军和一支强大的海军，在军事上占绝对优势。俄国为了集中兵力对付瑞典，避免两线作战，1700年7月14日同土耳其签订了为期30年的君士坦丁堡和约。同年8月9日，俄土停战。彼得立即把军队调往波罗的海沿岸。8月30日，俄国正式向瑞典宣战。

俄国争夺出海口的早期海战

17世纪以前俄国实质上是一个内陆国家。它的北部领土虽面临海洋，但因这些海域每年有半年或更长的冰封期，当时还没有条件与温水海洋常年通航。伊凡四世时代（1533—1547年莫斯科公国大公，1547—1584年俄国沙皇）曾发动立沃尼亚战争试图打开波罗的海的出海口，但没有达到目的。到17世纪，俄国要想打开出海口，就难免与西面的瑞典、南面的奥斯曼土耳其发生战争。

俄国把争夺出海口付诸行动开始于彼得一世（俄国人又称之为“彼得大

帝”,1682—1725年)时期。当时俄国农奴制兴盛,社会制度落后。彼得以一名青年担任沙皇,颇具奋发图强的精神。他厉行改革,兴办工厂,发展教育,加强外交,建立海军,为俄国社会的前进作出了重大的贡献。他为学习造船和航海技术,曾出国访问荷兰等国,还曾亲自化妆充当领航员,把外国船只领进俄国港口。

彼得最初于1695、1696年两次进攻黑海沿岸的亚速夫要塞,但新建的俄国海军为土耳其海军战败。1700年,俄国与丹麦、波兰结为北方同盟,于同年8月向瑞典宣战,史称北方战争。战争初期,北方同盟军一再受挫,16岁的瑞典国王在纳尔瓦大败俄军,俄守军几乎全军覆没。1702年,彼得亲自统率军队进攻芬兰湾沿岸,在芬兰湾东端建立了圣彼得堡,1704年攻下纳尔瓦。1714年7月,瑞典瓦特朗格上将率舰队在汉科半岛一带截击俄国舰队,彼得指挥舰队越海进攻斯德哥尔摩的计划受阻。随后,彼得定计佯攻汉科半岛,摆出将战舰拖过半岛最窄处的架势。瓦特朗格中计,以一支舰队封锁汉科半岛最窄处的沿岸。实际上,彼得却以一支舰队绕远海西进,以吸引瑞典海军追击,另以一支舰队贴近汉科半岛浅水礁石地带前进,避开了瑞典舰队的阻击达到了西进的目的。彼得利用这次打到瑞典军队后路造成的优势,以进攻的接舷战大败瑞典海军,瑞典的一个分舰队投降。这是俄国海军史上的第一次大胜仗。汉科战役胜利后,彼得在感慨中留下了一段名言:“任何君主,如果只有陆军,他就只有一只手。加上海军,他才是双臂齐全。”在战争过程中,彼得动用692万卢布,建造了一支包括141艘战列舰在内的舰队,同时建筑起彼得堡海军基地。1720年,俄军又在格良汉姆岛战败瑞典海军。到此,瑞典战败,俄国得到了通过芬兰湾出波罗的海再通向大西洋的通道。此外,彼得还为在太平洋方面找到出海口作了努力。1725年1月,彼得任命维图斯·白令为负责人,令其率舰船勘探弄清俄国东端海域和美洲的关系。白令(1681—1741)原是丹麦人,1703年应聘到俄国,先后被授予少尉、大尉、上校等军衔。白令为俄国的海洋探察事业做出一系列贡献。1732年白令率领8个分队977人出发。此后,白令亲率77人到俄国东端担负最艰巨的任务。最后弄清了俄国东端与阿拉斯加之间海峡的概貌,后来以他的名字将这个海峡命名为白令海峡。白令的探航为俄国弄清从鄂霍次克海到太平洋的出海口打下了基础。

在彼得之后，沙皇叶卡特琳娜二世（1762—1796 年）时期实现了新的海上扩张。1768 年，俄发动对土耳其的战争，1774 年土战败订立《凯纳吉条约》，俄占领布格河与第聂斯特河之间的土地和刻赤要塞，土同意将博斯普鲁斯海峡和达达尼尔海峡向俄国商船开放。1783 年，俄占领克里木。同年，俄建立黑海舰队，并在塞瓦斯托波尔建立黑海舰队的基地。1787 年，俄发动第二次对土战争。在这次战争中，俄国出现了一名卓越的海军将领乌沙科夫上将。在 1787—1791 年的战争中，乌沙科夫数次指挥作战，取得了多次重大胜利。1791 年 7 月 31 日是穆斯林的节日，以“海上雷神”著称的土海军司令阿里巴沙在作好安排后给海军官兵放了假。当天风向是从陆上吹向大海，阿里巴沙命 78 艘战舰在黑海南部卡利阿克腊海角（位于今保加利亚巴尔奇克城郊）抛锚休息，岸上炮台面对大海，以保护舰队。如有舰船来攻必是逆风劣势。但乌沙科夫却在弄清敌情、深思熟虑后，认为这是一个发动攻击的特殊良机。当天下午，他亲率 16 艘战列舰及 23 艘其他舰船来此作突然袭击。俄军利用土军度假疏于戒备的状况，一开始就抢风而上，岸上虽能发炮但动作缓慢，炮火零乱。这样，乌沙科夫赢得了抢居上风位置的时间。跟着，乌沙科夫放弃一般横列侧舷发炮的战法，果断地将舰队分成三个纵列插入土军舰队，土军官兵为俄军的行动感到震惊和手足无措。俄舰两舷的炮火沉重地打击着敌舰，土舰的炮火却急切难以调整到对准俄舰。一些土舰断锚逃跑，更增加了混乱。最后土烟大败，阿里巴沙身负重伤，随船逃到伊斯坦布尔，用担架抬着前往宫廷请罪。此战后俄土签订《雅西条约》，克里木正式并入俄国，俄占领了黑海北岸的大片土地。1798 年，沙皇保罗一世（1766—1801 年）派乌沙科夫率领舰队帮助土耳其与法国作战。乌沙科夫率领舰队突进到爱奥尼亚海，进而占领了科孚岛。1799 年，俄土签订《俄土同盟条约》，其中秘密条款规定俄海军舰船可自由往返于黑海与地中海之间，同时禁止外国军舰进入黑海。这样，俄国和土耳其就共同占有了对黑海的霸权，俄国因此也取得了通过博斯普鲁斯海峡和达达尼尔海峡进入地中海的权利。

乌克兰哥萨克起义

俄国利用乌克兰哥萨克起义对波兰

发动的兼并乌克兰的战争。

13世纪中叶，基辅罗斯被蒙古人建立的金帐汗国灭亡。东北罗斯，即后来的俄罗斯或大俄罗斯受其统治。西南罗斯，即后来的白俄罗斯和乌克兰（又称小俄罗斯）的王公投靠立陶宛大公国，寻求庇荫。1385年，立陶宛大公国和波兰王国，为了抵御日耳曼条顿骑士团的侵略，在克列沃签订条约，实行王朝联合，立陶宛大公雅盖洛成为波兰国王，乌克兰转归波兰。1569年，波兰王国和立陶宛大公国在卢布林议定，两国实行合并，建立统一的波兰共和国，以对付日益强大的俄罗斯国家。

从15世纪末起，在第聂伯下游草原，开始形成以捕鱼、狩猎、畜牧和农业为生的自由流民，号称哥萨克。他们是乌克兰、白俄罗斯和波兰的逃亡农民和城市贫民。16世纪末，他们在著名的险滩扎波罗热的托马科夫卡岛上安营扎寨，建立了哥萨克中心营地——谢契。为了防御土耳其和克里木鞑靼人的侵犯，他们建立了军事政治组织——团队，民主选举统领、管带和其他军事首领。由于他们骁勇善战，波兰国王斯蒂芬·巴托雷（1576—1586年）把他们登记入册，委以戍边的任务，发给固定的薪饷。波兰议会给上层哥萨克授予贵族称号。随着逃亡农奴人数的增加，哥萨克队伍激增。哥萨克不断要求增加在册人员的数目（16世纪末为500人，17世纪初扩大到1000人，1626年增加到6000人），波兰政府由于财政匮乏，无法满足要求，而且经常发不出在册哥萨克的薪饷。1591年，爆发了第1次哥萨克起义。此后，在1594年、1630年和1637年，又相继爆发了哥萨克起义。

1648年5月，爆发了波兰历史上规模最大的哥萨克起义。领导起义的是哥萨克文书鲍格丹·赫麦尔尼茨基（1595—1657年）。他和波兰大贵族亚历山大·科涅茨波尔斯基的役吏达尼尔·恰普林斯基有个人恩怨。他在家乡契季林的庄园被霸占，年轻的妻子被抢走，幼儿被打死。在他向政府和国王申诉无效后聚众起义。他被扎波罗热哥萨克选为统领。哥萨克起义很快演变为有农民、市民和贵族参加的乌克兰民族大起义。

波兰政府派统帅米·波托茨基率骑兵前往扎波罗热镇压起义。赫麦尔尼茨基得到克里木汗5000骑兵的支援。1648年4月29日，战斗在黄水附近打响。哥萨克军占有有利地形，以逸待劳，取得全胜。5 月 16 日，战斗结束。波军先头部队指挥斯·波托茨基（米·波托茨基之子）被俘。赫麦尔尼茨基乘胜追击，5 月 26 日，在科尔松再败波军。米·波托茨基被俘。哥萨克军缴获了大批枪支、大炮和弹药。胜利的消息鼓舞了乌克兰农民。起义的浪潮席卷了乌克兰全境，起义的农民中涌现出一批坚定的领导者（如伊凡·鲍贡）。

1648 年 5 月 20 日，波兰国王瓦迪斯瓦夫四世病故。国内在乌克兰问题上出现了主战派和主和派的斗争。以亚历山大·科涅茨波尔斯基为代表的东部大贵族主张采取坚决镇压的措施。以宰相耶日·奥索林斯基为代表的贵族，鉴于国内农民起义和财政匮乏，主张用妥协让步的方法解决乌克兰问题。主战派获胜。波兰议会决定再派军队镇压起义。9 月初，4 万波兰骑兵由大贵族亚·科涅茨波尔斯基、多·扎斯瓦夫斯基和米·奥斯特罗罗格率领进入沃伦。9 月 21—23 日，波军和哥萨克军在庇拉夫策发生激战。波军又败。10 月，赫麦尔尼茨基乘胜包围利沃夫；11 月，进抵扎莫什奇。起义扩大到白俄罗斯。这时候，波兰议会选举已故国王的弟弟杨·卡什米日为新王（1648—1668 年）。国王决定对哥萨克让步，派勃拉兹拉夫省督军阿·基什尔（东正教徒）同赫麦尔尼茨基谈判。双方于 1649 年 8 月 8 日在兹博罗夫签订了条约。波兰方面允许在基辅省、勃拉兹拉夫省和契尔尼哥夫省建立自治的统领国，波兰军队不得进入境内；在册哥萨克的数目由 6000 增至 4 万；恢复乌克兰的东正教会；被赶走的波兰地主可以回到自己的家园。兹博罗无条约满足了哥萨克上层的要求，使广大农民继续受农奴制的压迫。

波兰把兹博罗夫条约当作重整旗鼓的休战协定。赫麦尔尼茨基却发表文告，要乌克兰人民遵守条约。对于赫麦尔尼茨基的这种行径，乌克兰人民极为愤慨，纷纷要找他算账。扎波罗热哥萨克甚至选举胡多列伊为新的统领。赫麦尔尼茨基对反抗他的哥萨克和农民进行了残酷的镇压，逮捕和处死了胡多列伊。

1651 年春，波兰军队进入波多利亚，战争重新爆发。6 月 28 日—30 日，波兰国王杨·卡齐米日亲自指挥 5.7 万波军同 10 万哥萨克—鞑靼联军在沃伦的别列斯塔奇科举行会战。波军采取迂回前进、集中兵力、各个击破的战术，先打败鞑靼军队，迫使其撤离战场，然后集中力量打击哥萨克军，结果以少胜多，赢得会战的胜利。9 月 28 日，双方在白教堂签订新的条约。乌克兰统领国缩小到基辅一个省，在册哥萨克减少到 2 万名。

赫麦尔尼茨基不甘失败，决定同波兰进行第 3 次战争。1652 年 6 月 2 日，赫麦尔尼茨基的儿子齐莫什·赫麦尔尼茨基率哥萨克军在南布格河畔的巴托格击败波军，割下许多波兰战俘的头颅，以发泄对白教堂条约的不满。1653 年 10 月，赫麦尔尼茨基又率哥萨克鞑靼联军，袭击离卡缅涅茨—波多尔斯基不远的热瓦涅茨波军营地。由于杨·卡齐米日以重金收买了鞑靼人，使他们撤离乌克兰，哥萨克军遭惨败。12 月 15 日，双方在兹博罗夫条约的基础上达成妥协。

佩列雅斯拉夫协定

经过六年的波兰—乌克兰战争，赫麦尔尼茨基已疲惫不堪，乃决定投靠俄国。早在 1648 年 6 月，他就致函沙皇阿列克塞·米哈依洛维奇（1645—1676 年），请求保护。此后又一再呼吁沙皇给予保护。但是当时沙皇没有公开干预乌克兰问题并为此发动对波兰的战争。兼并乌克兰和白俄罗斯是伊凡三世（1462—1505 年）提出“祖传遗产”论以来，历代俄国君主对外政策的重要目标，那么当乌克兰哥萨克起义爆发以后，俄国为什么按兵不动呢？这里有几个原因：首先，克里木汗国同乌克兰哥萨克结成同盟，不只威胁波兰，而且也威胁俄国；第二，在 1648—1650 年间，俄国阶级斗争十分尖锐，城市和农村起义此伏彼起，其中最大的是 1648 年 6 月的莫斯科起义和 1650 年 2 月的普斯科夫起义。沙皇政府害怕乌克兰哥萨克起义同俄国南部库尔斯克、沃罗涅什起义汇合，威胁自己的统治；第三，希望在无嗣的波兰国王瓦迪斯瓦夫四世死后，使罗曼诺夫家族登上波兰王位；第四，对能否战胜波兰尚无把握，需要有一段观望和准备时期。

随着国内起义的平定和杨·卡齐米日当选波兰国王，俄国决定着手兼并乌克兰。1651 年 3 月召开的缙绅会议，通过了合并乌克兰的决定。但是，乌克兰在 1651 年的战败延缓了俄国的兼并行动。直到 1653 年，波兰和乌克兰已经两败俱伤，俄国才采取行动。1653 年 7 月，俄国政府通知赫麦尔尼茨基，沙皇已同意接受乌克兰加入俄国。同年 10 月 11 日，缙绅会议批准了政府关于接受乌克兰加入俄国的决定。

1654 年 1 月 8 日，赫麦尔尼茨基在佩列雅斯拉夫召开哥萨克代表大会。由大贵族弗·布土尔林率领的俄国使团参加了大会。会前,俄乌双方签订了乌克兰加入俄国的协定。大会通过了乌克兰和俄国合并的决定,举行了向沙皇效忠的宣誓仪式。宣誓后,布土尔林代表沙皇向赫麦尔尼茨基赠送旗帜和权杖。3月,赫麦尔尼茨基派出使团赴莫斯科同沙皇政府就有关乌克兰内部体制及其与俄国关系问题达成了协议,订立了《三月条例》。《条例》规定,乌克兰对沙皇称臣,但仍享有自行选举统领、进行自治之权;统领除与莫斯科的对手——波兰和土耳其断绝来往之外,仍然保留与外国交往权。

俄波战争

俄国为了实现佩列雅斯拉夫大会的决定和兼并乌克兰,同波兰进行了十三年(1654—1667 年)战争。战争分两阶段:1654—1656 年为第一阶段,1658—1667 为第二阶段。

第一阶段

1654 年初,俄国动员了 10 万军队进攻波兰,当时俄国的总兵力约 15 万,而波兰只能动员 6 万军队来抵抗俄军的入侵。土耳其和克里木汗国害怕俄国吞并乌克兰,转而支持波兰,不断派出轻骑兵配合波军作战。

同年 5 月,俄军在北线分北中南 3 路向白俄罗斯和斯摩棱斯克地区的波军发动进攻。北路俄军从大卢基出发,连克涅维尔(6 月 1 日)、波洛次克(7 月 17 日)、维帖布斯克(9 月 17 日)。中路俄军是主力,共有兵力 4 万,赫麦尔尼茨基还把伊凡·佐洛塔连科的 2 万哥萨克军编入俄军作战。俄军从维雅兹马出发,首先攻克多罗戈布日,继而包围了 17 世纪初被波军占领的斯摩棱斯克。经 2 个月的包围,俄军于 9 月 23 日攻克这个重要的战略城市。南路俄军从布良斯克出发沿罗斯拉夫里—姆斯季斯拉夫里—奥尔沙—鲍里索夫一线向明斯克推进。8 月,在舍佩列维齐附近重创由统帅雅努什·拉吉维尔指挥的波兰—立陶宛军队。这年秋,俄军占领了莫吉廖夫、戈麦利等城市,进抵别列齐纳河。在 1654 年的战争中,俄军不只收复了俄罗斯西部的失地,而且占领了第聂伯河和西德维纳河之间的白俄罗斯地区和一部分立陶宛地区。

1654 年底和 1655 年初,波兰—鞑靼联军在南线,即乌克兰发动反攻。在乌克兰，俄军只有2万人，先后由安·布土尔林和弗·舍列麦捷夫指挥。由统帅斯·波托茨基和斯·兰茨科龙茨基指挥的波军在波多利亚同伊凡·鲍贡指挥的哥萨克军发生激战。波军在莫吉廖夫（德涅斯特河）获胜后，进抵布沙，直逼勃拉兹拉夫和乌曼。1月10日，波兰—鞑靼联军包围了乌曼。守卫乌曼的是伊凡·鲍贡。乌曼城有很高的围墙，墙外有深沟。鲍贡命令用水浇围墙，把它变成光滑的冰山，使波军无法攻城。1月22日，波军在奥赫马托夫战役中获胜。勃拉兹拉夫省受到严重破坏。俄罗斯—哥萨克联军朝白教堂方向败退。但是，波军的胜利未能使整个战局转败为胜。

在白俄罗斯—立陶宛战场，俄军在1655年夏进展顺利，连克明斯克（7月3日）和维尔诺（7月31日）以及考那斯和格罗德诺等重要城市。俄军占领维尔诺后，大肆屠杀洗劫，纵火烧城，烈火持续了2个星期。繁荣的立陶宛首都沦为废墟。白俄罗斯和立陶宛大部分土地被俄军占领。

在乌克兰战场，赫麦尔尼茨基积极准备反攻。他力图使克里木鞑靼人脱离同波兰的联盟，为此派使者同克里木汗谈判。谈判没有取得成功，因为克里木汗要求赫麦尔尼茨基中断同俄国的关系。1655年夏，俄罗斯—哥萨克联军在赫麦尔尼茨基指挥下开始反攻，向西乌克兰推进。9月，联军包围利沃夫，北路俄军占领卢布林，直抵维斯瓦河畔的下卡齐米日和普瓦维。波兰首都华沙受到威胁。

战争进程表明，俄波两国力量已经发生根本变化。波兰已经丧失了16世纪和17世纪初占有的优势，而俄国则由劣势转为优势，咄咄逼人地向着兼并乌克兰和白俄罗斯的既定目标前进。

正当俄罗斯—可萨克联军伸入波兰本土作战的时候，4万瑞典军队从波莫瑞和立沃尼亚两个方向发动了对波兰—立陶宛的进攻。瑞典国王查理·古斯塔夫为了夺取波罗的海地区的霸权，使波罗的海成为瑞典的内湖，企图以迅雷不及掩耳的速度灭亡波兰共和国。1655年9月8日和10月19日，瑞军相继攻克华沙和克拉科夫。波兰国王杨·卡齐米日逃往西里西亚。

俄国政府鉴于波兰已经削弱，不再是危险的敌人，而且兼并乌克兰和白俄罗斯的任务已经基本实现，所以决定联合波兰，对付更加凶恶的敌人——瑞典。1656年11月3日，俄波两国代表在维尔诺附近的涅米扎签订了停战协定，共同投入对瑞典的战争。俄波战争第1阶段结束。

第二阶段

1657年8月6日，鲍·赫麦尔尼茨基病故。贵族出身的伊凡·维霍夫斯基当选为乌克兰哥萨克统领(1657—1659年)。他奉行亲波兰政策，废弃了佩列雅斯拉夫协定，以图脱离俄国。他的主张引起了哥萨克上层的分裂。站在维霍夫斯基一边的有总法官鲍格丹诺维奇—扎鲁德尼、佩列雅斯拉夫团团长巴维尔·捷捷里亚等。反对维霍夫斯基的有波尔塔瓦团团长马尔丁·普什卡里和扎波罗热哥萨克统领雅科夫·巴拉巴什。1657年底，他们在扎波罗热和左岸乌克兰南部发动反维霍夫斯基的起义，乌克兰陷入了内战。1658年夏，起义被镇压。普什卡里在战斗中阵亡。巴拉巴什被俘后被处死。1658年6月，维霍夫斯基派捷捷里亚赴华沙同波兰政府谈判。9月16日，波乌双方代表在加佳奇签订了条约，乌克兰以自治的“罗斯公国”名义加入波兰—立陶宛国家。

加佳奇条约又引起一部分亲俄哥萨克上层和农民群众的反对。在乌克兰再一次爆发了反对维霍夫斯基的起义。起义由农民领袖伊凡·鲍贡和扎波罗热哥萨克统领伊凡·西尔科领导。这时候，土耳其及其藩属克里木汗国虎视眈眈地准备入侵乌克兰。俄国政府眼看到嘴的肥肉有被波兰或土耳其、克里木汗国重新夺走的可能，于是派督军格里戈里·罗莫达诺夫斯基率军入侵乌克兰。俄军及其支持下的哥萨克军向波军和维霍夫斯基的哥萨克军发动了进攻，俄波战争重新爆发。11月，俄国同瑞典在纳尔瓦附近的瓦利耶萨里，签订了停战协定。随后俄军在白俄罗斯和立陶宛向波兰—立陶宛军队，发起了进攻。

1858年底，由古谢夫斯基指挥的波兰—立陶宛军队战败，向涅曼河撤退。在乌克兰，俄军在1659年4月包围了波兰军队一部，但在6月间又被维霍夫斯基的哥萨克军和鞑靼军队打败。维霍夫斯基乘机收复第聂伯左岸乌克兰。8月，俄军主力从基辅出发，大败维霍夫斯基军队。维霍夫斯基逃往波兰。鲍·赫麦尔尼茨基的儿子尤里·赫麦尔尼茨基在佩列雅斯拉夫当选为乌克兰哥萨克统领(1659—1663年)。他恢复了佩列雅斯拉夫协定。但是俄国政府修改了《三月条例》，取消了乌克兰的自治地位。

波兰人民经过5年的浴血抗战，在斯蒂凡·查尔涅茨基统帅的领导下，运用游击战和消耗战的战略战术，终于把瑞典侵略者赶出国土。1660年5月3日，波瑞两国代表在格但斯克附近的奥利瓦签订了和约，恢复了两国原先的边界。奥利瓦和约使波兰得以全力以赴地反击俄军的进攻。

1660年6月25日，波军在统帅斯蒂凡·查尔涅茨基指挥下，在白俄罗斯的波隆卡打败俄军；10月8日，在恰乌瑟再败俄军。俄军被迫退到波洛次克和莫吉廖夫。1661年，波兰国王杨·卡齐米日亲临前线督战。同年12月，波兰—立陶宛军队相继收复维尔诺和格罗德诺。

在乌克兰战场，波兰—鞑靼联军在斯·波托茨基和耶·卢博米尔斯基的指挥下于1660年9月在楚德诺夫包围了由舍列麦捷夫指挥的俄军。11月3日，俄军由于弹尽粮绝被迫投降。波军还迫使尤·赫麦尔尼茨基宣布脱离俄国，效忠波兰国王杨·卡齐米日。这样，波军控制了右岸乌克兰。波军企图夺取由俄军坚守的基辅，但始终未能成功。第聂伯河左岸的哥萨克不承认尤·赫麦尔尼茨基为统领，选举伊凡·勃柳霍维茨基为新的哥萨克统领。尤·赫麦尔尼茨基反复无常，时而亲俄，时而亲波，不久丧失了波兰的信任。1663年初，第聂伯河右岸乌克兰的哥萨克选举巴维尔·捷捷里亚为新的统领。乌克兰由此分为两个部分。

1663年底和1664年初，波兰军队和捷捷里亚统率的哥萨克军在鞑靼军队的支援下，向左岸乌克兰进军。波兰国王杨·卡齐米日亲临乌克兰前线。俄波战争第2阶段进入最激烈的状态。1663年11月，波军绕过俄军坚守的基辅、佩列雅斯拉夫和涅任等城市向东推进。次年1月和2月，波兰—哥萨克联军同罗莫达诺夫斯基和勃柳霍维茨基指挥的俄罗斯—哥萨克联军先后在格卢霍夫和北诺夫哥罗德展开激战。波军战败，退回右岸。伊凡·鲍贡在战斗中阵亡。

1664—1665年，在右岸乌克兰爆发了一部分哥萨克和农民反对波兰和捷捷里亚的起义。捷捷里亚逃往波兰。彼得·多罗申科当选为右岸乌克兰的统领（1665—1676）。他继续效忠波兰国王并寻求土耳其和克里木汗国的保护。

安德鲁索沃停战协定

长期的战争耗尽了波兰的国库。波兰已无力恢复对全部乌克兰的统治。土耳其苏丹利用波俄两败俱伤的机会,准备从南部入侵,妄图鲸吞乌克兰。在这种形势下,俄波两国从1664年起开始停战谈判。俄方代表是大贵族阿塔纳西·奥丁·纳什绍金,波方代表是克日斯托夫·帕茨。1667年1月30日,俄波双方代表在斯摩棱斯克附近的安德鲁索沃村签订了停战协定。有效期13.5年,以便为签订“永久和约”作准备。停战协定规定:第聂伯河西岸乌克兰和包括波洛次克、维帖布斯克、德文斯克在内的白俄罗斯仍然归属波兰;第聂伯河东岸乌克兰和白俄罗斯的一部分以及斯摩棱斯克省、契尔尼哥夫—谢维尔斯克省归属俄国;基辅由俄国占领2年,实际上为永远占有。双方还确定,扎波罗热谢契由两国共管,但实际上也为俄国永远占有。两国还就共同对付土耳其和克里木汗国的侵略达成了专门协定。1686年,俄波两国在安德鲁索沃停战协定的基础上签订了“永久和约”。

俄波战争第二阶段和整个俄波战争至1667年结束。

北方战争

北方战争是俄国为争夺波罗的海出海口同瑞典进行的战争。这场战争从1700年开始,到1721年以俄国取胜结束。

北方战争的三个主要阶段:

从1700年2月到11月,是北方战争的初期阶段,俄军在这一阶段惨遭失败。

北方同盟的俄、波、丹三国仅仅是互相利用,各有自己的打算。因此,在战略部署上,兵力分散,不能采取一致行动。1700年2月,奥古斯特二世首先率领萨克森军队偷袭里回,没有成功。同年3月,丹麦出兵进攻霍尔施坦,占领了一些要塞。随即,瑞典舰队炮轰丹麦首都哥本哈根。8月,瑞典国王查理十二世率军1.5万余名在丹麦的西兰岛登陆,包围哥本哈根。丹麦军队被迫投降,同瑞典签订了特拉文达利斯克和约,废除俄丹同盟,退出战争。

1700年9月16日至11月9日,3.4万名俄军包围了瑞典要塞纳尔瓦。瑞典驻军只有8000人。俄军数量虽多,但缺乏训练,武器质量低劣,辎重行进缓慢,弹药粮食供应不足,军官指挥不力。纳尔瓦迟迟不能攻克。

11月30日,查理十二率2.3万名援军抵达纳尔瓦地区。瑞军在炮兵攻击

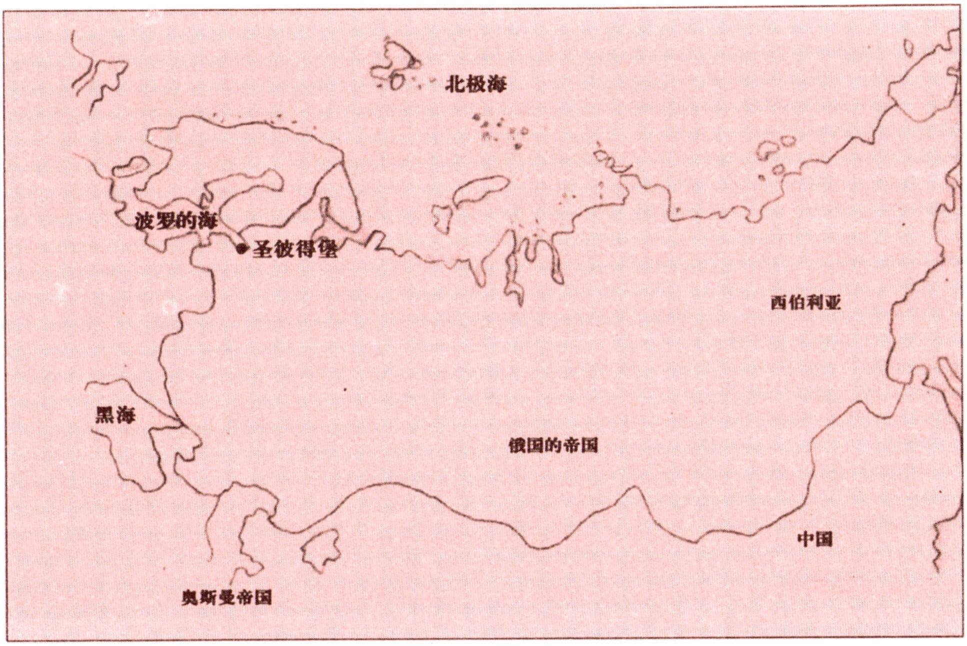

俄帝国的领土

的配合下，突破俄军防线。俄国贵族骑兵望风而逃，士兵溃不成军。彼得一世聘用的奥地利军官柯洛阿向瑞军投降。纳尔瓦一战，俄军损失7000多人和145门大炮。瑞军损失约3000人。

在胜利面前，查理十二错误地估计了形势。他认为，俄军已被彻底打败，于是，便调兵南下，进军波兰。然而，彼得一世认为，战争并没有结束，仅仅是开始。

彼得一世为了夺取战争的胜利，进行了军事、工业等各方面的改革。他为了铸造武器，发展军火工业，大力开发乌拉尔矿区，发展冶金工业，改变了生铁需从国外进口的局面。同时，还在莫斯科和其他地区开办各种类型的手工工场，生产军需品。1702年，彼得一世开始建立造船厂，筹建波罗的海舰队。经过一年准备，俄军补充了300多门大炮，10个龙骑兵团。在外交上，彼得一世千方百计地拉拢波兰奥古斯特二世，巩固俄、波同盟，避免孤军作战。1701年2月，双方在库尔兰比尔伊镇会晤。彼得一世答应奥古斯特二世派1.5万—2万名俄军到波兰境内作战；在三年内，每年给波兰10万卢布的贷款。双方划分了势力范围，商定战争胜利后，波兰占领利夫兰和爱斯特兰，俄国占领因格里亚和卡累利阿。

1701—1703年，俄军向波罗的海东岸大举进攻，先后侵入利夫兰，攻占诺特堡、尼恩尚茨堡、亚马、科波利亚和马连堡。1703年5月10日，彼得一世下令在涅瓦河口建立彼得——保罗要塞，奠定了彼得堡的基础，1704年，俄军占领了纳尔瓦、伊凡哥罗得和捷尔普特。

1705年，瑞军占领华沙和克拉科夫。在查理十二的压力下，波兰国会废黜亲俄的奥古斯特二世；另方亲瑞典的斯坦尼斯拉夫·列申斯基为波兰国王。但是，仍有一派贵族支持奥古斯特二世。俄国为了支持奥古斯特二世，决定派俄军进入波兰。同年6月，彼得一世率俄军占领波兰的波罗茨克和库尔兰。不久，俄将缅什科夫公爵等又率俄军进攻格罗的诺。1705年底至1706年初，查理十二率瑞军包围了俄军。这时，已被废黜但仍有一定势力的奥古斯特二世同瑞典进行秘密谈判，决定放弃王位，退出反瑞同盟。至此，北方同盟正式瓦解。彼得得知这一消息后，立即命令俄军从波兰撤回。

1707年夏，查理十二率重兵远征俄国。1708年春，瑞典主力部队进入当时波兰所属白俄罗斯境内，占领明斯克和莫吉廖夫。瑞军准备在这里同从里加出发的列文豪普特辎重部队会合，进军斯摩棱斯克和莫斯科。8月5日，查理十二不等列文豪普特部队到来，便离开莫吉廖夫，渡过第聂伯河，直逼莫斯科西南重镇斯摩棱斯克。彼得一世根据谢列麦捷元帅的建议，采取了诱敌深入的策略，命令俄军向斯摩棱斯克方向撤退。当瑞军开到俄国边境线上的斯塔利什村时，查理十二才发现，眼前是一片焦土。村庄全被烧光了。瑞军濒临弹尽粮绝的境地，在这咱形势下，查理十二被迫放弃进攻斯摩棱斯克和莫斯科的计划，率领军队返回乌克兰。

彼得一世决定截击列文豪普特辎重部队，1708年9月28日，俄军在白俄罗斯列斯纳亚村与列文豪普特辎重部队相遇。经过激战，俄军伤亡4000余人。瑞军伤亡8000余人，火炮和8000余车辎重全部被俄军缴获。列斯纳亚村战役为俄军夺取波尔塔瓦战役的胜利扫清了道路。

1709年4月25日，瑞典军队开始包围波尔塔瓦。战前，双方对这次战役都做了详尽的部署。彼得一世为置查理十二于孤立无援的境地，不惜重金收买波兰亲俄派阿达姆·谢尼西夫斯基支持俄国，又派戈利茨率领俄国围剿在波兰的克拉萨乌率领的瑞典军队，使查理十二得不到波王列申斯基的援助。与此同时，彼得还派出亚速海舰队，用武力威胁土耳其保持中立，防止土耳其出兵帮助瑞典。这次战役，俄国投入正规军4.2万人和72门大炮。彼得一世还在山峦起伏、森林茂密的地区构筑了6个多面堡。瑞军投入正规军3万人和4门大炮。

1709年6月27日凌晨2时，瑞军开始向俄军阵地发起进攻。波尔塔瓦战役正式开始。

瑞典步兵分四路纵队，随后是六路骑兵，向俄军阵地猛扑过来。在缅什科夫率领的俄国骑兵攻击下，瑞典骑兵节节败退，步兵陷入了俄国多面堡的交叉火力之中。当天上午10点，双方进行了一场激烈的白刃战。瑞军企图正面突破，把俄军的左右两翼切断。彼得一世率领诺夫哥罗得军团猛烈还击。瑞军溃不成军。一颗炮弹打在受伤国王查理十二的担架上，国王从担架上掉下来，昏了过去。上午11点战斗结束，俄军获得全胜。俄军伤亡4600人，而瑞军有9234名官兵被打死，2874人被俘。俄军占领了查理十二的指挥部，缴获了200万萨克森金币。

6月29日，撤离波尔塔瓦的瑞军开往第聂伯河彼列沃洛奇纳城。6月30日，缅什科夫率领9000人追赶逃跑的瑞军。瑞军疲惫不堪，陷入绝境。列文豪普特和克列伊茨特将军率1.5万余向俄军投降。查理十二和马泽普带领少数随从渡河逃往土耳其。波尔塔瓦战役是北方战争的转折点，它结束了瑞军的优势。

波尔塔瓦战役胜利后，丹麦向瑞典宣战，奥古斯特二世在俄国的支持下，又被拥为波兰国王，重新恢复了俄、波、丹同盟。不久，普鲁士也加入了这一同盟。

1710年，俄军先后占领里加、彼尔诺夫、埃兹耶利岛、列维里（塔林）、维堡和凯克斯果尔姆，进一步巩固和扩大了在波罗的海沿岸所占领的地区。这引起了英、法、荷等国的不安。查理十二也不甘心自己的失败，竭力鼓动土耳其反对俄国。1710年11月，土耳其在查理十二的怂恿和英、法的支持下，向俄国宣战。彼得一世不顾长期战争的消耗，开辟第二战场。1711年春，俄军开始进行普鲁特远征。双方在摩尔多瓦首府雅西附近的普鲁特河畔相遇。7月9日，土耳其军队向俄军阵地发起猛烈进攻。俄军几乎全军覆没。彼得一世为巩固已占领的波罗的海沿岸地区，迅速派副外交大臣沙菲洛夫去土耳其谈判求和。7月12日，双方签订普鲁特和约，规定俄国把亚速及其附近地区归还土耳其，拆除塔干洛格和第聂伯河上的要塞，让查理十二安全通过俄国回国。

俄土普鲁特和约签订后，俄军把主攻文向集中到了芬兰，企图逐步把战场推进到瑞典本土上去。在1712—1714年期间，俄军先后占领赫尔辛福斯（今赫尔辛基）、亚波、瓦扎和涅伊什洛特城堡，还占领了芬兰南部和波的尼亚湾的重要据点，夺得进攻瑞典的重要基地。瑞典军队被迫撤出芬兰。

1714年夏，俄国舰队由彼得堡驰向亚波，增援在芬兰湾沿岸的俄国地面部队。行至芬兰汉果乌得半岛东海岸，与瓦特兰格率领的瑞典舰队遭遇，开始了汉果乌得战役。在这次战役中，彼得一世利用瓦特兰格兵力分散的错误，充分发挥俄国帆桨快艇的优势，依靠划桨迅速接近瑞典舰队。瑞典大型舰队因无风而丧失了机动能力，遭到惨败。俄军在汉果乌得战役的胜利为其占领芬兰创造了有利条件。

汉果乌得战役后，彼得一世极力破坏法瑞同盟，以进一步置瑞典于困境。1717年8月，俄、法、普三国签订阿斯特丹条约，规定法国不再向瑞典提供军事和其他物资援助。这项条约使瑞典失去了同盟国法国。军事上的失利和外交上的孤立使瑞典被迫同意与俄国谈判。1718年5月，俄、瑞双方在阿兰群岛开始和谈，拟定了和约草案。同年年底，查理十二在挪威的腓特烈汉姆包围战中被人杀死，由他的妹妹耳里卡·埃累沃诺腊继承王位。新女王在英国的支持下拒绝和谈，俄瑞谈判中断。

俄国在波罗的海不断扩张势力，引起英国极大的不安。它希望波罗的海沿岸各国保持势力均衡，维护自己在波罗的海沿岸各国最高仲裁者的地位。1719年8月和1720年2月，英国和瑞典签订条约，规定英国对瑞典进行经济和军事援助，帮助瑞典夺回被俄国占领的领土。1719—1721年，英国分舰队由海军上将诺利斯率领，每年都到波罗的海向俄国施加压力。但由于商业上的利益，英国并没有采取坚决果断的措施，阻止俄国在波罗的海的扩张，也没有采取任何实际有效的军事行动帮助瑞典。俄国看出英国只是虚张声势，便得寸进尺，步步紧逼。1720年7月，5000名俄军在驻有英国分舰队的格林汗登陆，摧毁了瑞典沿岸设施。7月27日，俄国舰队在克琅加姆岛又取得了一次重大胜利。缴获瑞军4艘三桅巡洋舰、104门大炮，俘虏407名官兵。与此同时，俄国展开外交攻势，公开邀请瑞典王位最强有力的竞争者霍尔施坦公爵到彼得堡访问，答应把彼得一世的妹妹嫁给他，以此影响瑞典的对俄政策。瑞典政府深感继续同英国“合作”，只能是拖延战争和丧失领土。而俄国的两个盟国——丹麦和波兰已先后同瑞典签订了和约，退出战争。这种国际形势，加上连年战争使俄瑞两国都精疲力尽，于是两国重新恢复了几度中断的谈判。

尼斯塔德和约

1721年4月至8月，俄瑞双方在芬兰尼斯塔德城举行和谈。和谈一开始，俄国就向瑞典施加军事压力，以迫使瑞典屈服，满足自己的领土要求。这年夏天，5000名俄军在瑞典沿海登陆，摧毁工厂13座，缴获小船40只和大量军用物资，造成直逼斯德哥尔摩的态势。8月30日，俄瑞两国签订尼斯塔德和约，宣告持续21年之久的北方战争结束。和约满足了俄国的领土要求：利夫兰、爱斯特兰、因格里亚、部分卡累利阿连同维堡区都划归俄国。和约规定，俄国在条约换文4周之内尽量提前从芬兰撤军，将芬兰归还给瑞典；“沙皇陛下及其后嗣对于所归还的芬兰大公国领土永远不再有任何权利，也不得以任何名义或借口提出任何要求”。俄国把芬兰归还瑞典的这项规定完全是一纸空文。1809年9月，沙皇政府撕毁条约，占领了芬兰的全部领土。

和约规定，保障利夫兰、爱斯特兰和厄塞尔岛上全体居民在瑞典统治时享有的各种特权、习俗和权利。在划归俄国土地内，对宗教信仰不作任何强制……但今后信仰东正教有同样的自由，不受任何干涉。事实上，沙皇政府为了对兼并的新地区加强统治，强制人们信奉东正教。此外，在和约中还规定，双方互换战俘，两国商人自由贸易等等。

尼斯塔德和约使俄国得以确保自由出入波罗的海，由一个内陆国家扩张成为一个濒临海洋的欧洲强国。巩固了俄国在波罗的海沿岸所占领的阵地。1721年10月22日，参政院为表彰彼得在对外扩张中的所谓“赫赫战功”，尊奉彼得一世为皇帝，授予他“全俄罗斯大帝”和“祖国之父”的称号。从此，沙皇俄国正式改称为俄罗斯帝国。

北方战争的胜利是彼得一世对内剥削人民，对外武装侵略得来的。彼得一世曾说，“金钱是战争的动脉”。北方战争的全部重担都落在人民的肩上，在战争期间，各种苛捐杂税和人头税增加将近4倍。数以万计的青年农奴被征入伍，死于战场。战争期间，人民起义此伏彼起。仅在1705—1708年的3年间，就连续爆发了阿斯特拉罕、布拉文和巴什基尔人（巴什基里亚人）起义。

马克思在评价彼得一世发动北方战争时深刻指出：“持续21年之久的对瑞典战争，几乎占据了彼得大帝的全部军事生涯。无论是从这次战争的目的、结局，还是从它的持续时间来考虑，我们都可以公正地把它称为‘彼得大帝的战争’。他的全部事业都以征服波罗的海沿岸为转移”。彼得在北方战争中的胜利，使俄国跨进欧洲大国的行列。从此以后，沙皇俄国凭借其大国地位，不断地干预欧洲事务，进一步向外扩张。

法兰西第一帝国建立

概况

1769年，地中海上的第四大岛——科西嘉岛最终划入了法国版图。就在这一年，一个将在法国和欧洲政治舞台上叱咤风云的重要人物诞生于该岛。他就是大名鼎鼎的拿破仑·波拿巴。

1796年8月15日，拿破仑·波拿巴生于科西嘉岛阿雅克修城的一个贵族家庭。他的父亲是一位律师，曾热衷于政治，并参加过法国的政党。

拿破仑首先是作为一个军人走上历史舞台的。在15岁时，为了让他长大以后适应法国各种环境，多了解法国的历史发展、文化背景和现实社会，父母将拿破仑送入了巴黎陆军学校学习数学、军事和历史。或许对法语的特别陌生，或者兴趣全无，拿破仑的法语学得非常糟糕。以至于后来当了法兰西第一共和国的皇帝时，他的法语竟然说得很不流利！

此后，拿破仑进入炮兵军队服役，此时他一面研究作战方法，一面攻读卢梭、伏尔泰等启蒙思想家的作品，尤其是卢梭的作品，对他影响更大。应该说，就在此时，拿破仑接受了反对王权，建立资产阶级政权的民主思想。因此，拿破仑认为，要彻底打败、清除封建统治，建立一个自由、平等、和谐、幸福的人类新社会。这种叛逆思想，成了拿破仑奋斗、追求的指导原则，也成了他为之不懈努力的

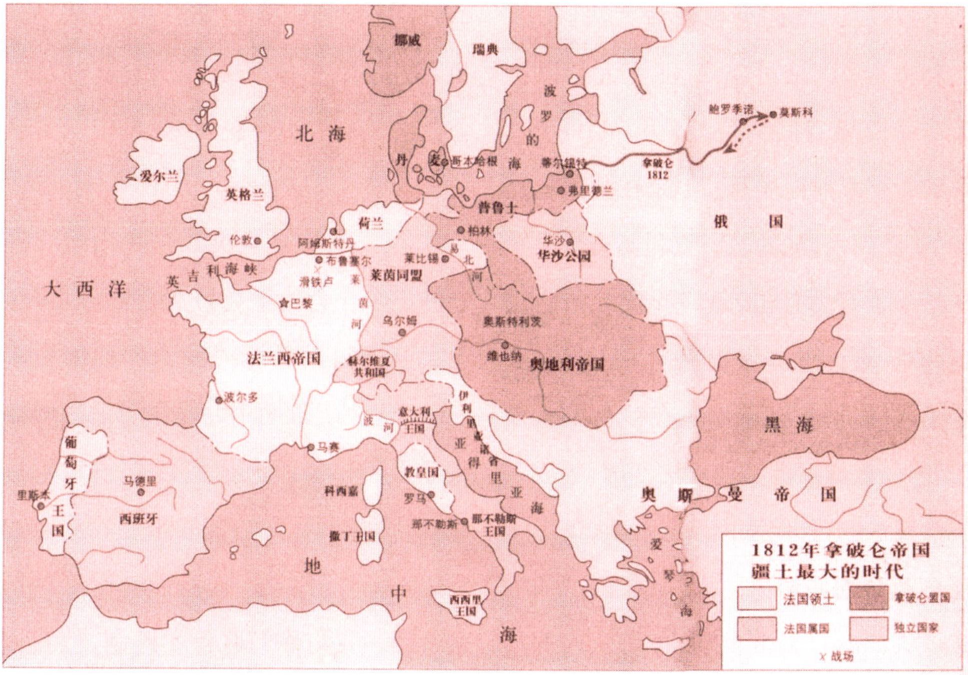

拿破仑的帝国疆界(1812 年)

远大理想。

从巴黎陆军学校毕业后，拿破仑当上了一名少尉军官。1789 年法国大革命发生以后，拿破仑坚定地站在革命营垒之中，对革命予以最大限度的支持。尤其是在革命遭受挫折时，不少贵族出身的军官纷纷叛离革命，逃到国外去过安逸自在的生活。在这时候，拿破仑却仍然留在革命营垒中毫不动摇，他对叛变革命的贵族军官们非常气愤。很快，拿破仑在粉碎保王党叛乱、击溃国际反法联盟的战斗中表现出色，从少尉直接提升为准将。

1795 年，国民议会受到保王党人的包围。拿破仑被重用，任命为法国“内防军”司令。这年 10 月，拿破仑指挥 6000 名士兵，去对付将近 3 万人的保王党部队。这种情况对于年青气盛的拿破仑来说，一点也不感到害怕，他反而认为，这是施展自己的抱负、表现自己才能的好机会。他认为，如果自己是 3 万兵力，而敌人只有 6000 人，那么，打胜了也不光荣。拿破仑率军英勇出击，在不到一天的时间内，就成功地镇压了全部敌人。拿破仑以少胜多，又取得了一个重大胜利。

1797年，拿破仑被任命为法国“意大利方面军”总司令，远征意大利以扩大革命成果，打击封建势力。1798年，拿破仑率军前往埃及。但是在英国的支持下，受到入侵的埃及、叙利亚对法国军队给予了有力打击，最终导致拿破仑进退两难，难以立即做出决断。正当拿破仑陷入困境时，俄国军队在沙皇本人的带领下，组织欧洲其他反法各国，结成第二次反法同盟，向法国发起进攻，试图把法国革命彻底消灭。另外，法国国内保王党人此时也蠢蠢欲动，企图从内部推翻资产阶级统治。

但是此时法国热月党人建立的督政府已经无力应付内外局面。于是，1799年10月，拿破仑抛下法国远征军，只率领少数随行人员，偷偷地离开埃及，急匆匆星夜赶回巴黎。资产阶级如获“救星”，备加欢迎。此后，拿破仑在大资产阶级的支持下，策划亲自执掌法国军政大权。

11月9日，拿破仑开始行动。他的心腹西哀士布置在元老院的同谋者借口“共和国在危机中”，让元老院通过法令任命拿破仑为巴黎卫戍司令，接着，拿破仑被召到元老院宣誓效忠宪法。然后，拿破仑派军队控制了督政府，并接管了革命政府的一切事务。这一天是法国共和历的雾月十八日，所以历史上称拿破仑在这天发动的政变为“雾月十八日政变”。

第二天，拿破仑突然带兵出现在元老们正在开会的圣克鲁离宫阿波罗厅。他大声责问元老们：“我为你们缔造了一个光辉灿烂的法国，而你们把法国搞成什么样子？我为你们创立了和平局面，而我回来看到的是战争。我从意大利运来了百万黄金，而我回来看到的却是贫困。我为你们取得了胜利，但我回来看到的却是失败！”

此后，拿破仑把法国议会（元老院和500人院）全部解散，夺取了议会大权，并宣布成立执政府，自己出任临时三执政人之一。不久，拿破仑就被推选为第一执政。雾月政变后，法国开始了拿破仑的个人军事独裁统治。

1804年12月2日，拿破仑在巴黎圣母院大教堂加冕称拿破仑一世，建立了拿破仑帝国，这就是法兰西第一帝国。

拿破仑称帝之后，采取各种措施强化了中央集权统治，建立起了具有高度行政效能的国家机器。他把法国划分为88个省，省长由他直接任命，取消了大革命以来实行的地方自治；改组法院，取

拿破仑被新政府关押

消陪审制度；建立了一支效忠于自己的近卫军和庞大的警察部队；实施严格的书刊检查制度，剥夺人民言论、集会和出版自由；在经济方面，拿破仑大力发展并保护工商业，取消强制公债，设立中央财政机构、创办“法兰西银行”，成立“民族工业奖励委员会”以领导和监督工商业的发展。

此外，拿破仑先后于1804年—1810年颁布了《法国民法典》、《民事诉讼法典》、《商业法典》、《刑事诉讼法典》、《刑法典》等五部法典，期望用法律的形式肯定法国大革命的成果，维护资产阶级社会经济秩序。

在这5部法典中，拿破仑最引以为豪的是《法国民法典》，他这样评价这部自己亲自主持编制的法典：“我一生的真正光荣不在于打了40个胜仗，而是那不能被遗忘的、将万古长存的我的民法。”《法国民法典》后来改名为《拿破仑法典》，但在拿破仑下台后又恢复原名 。

法国的导火杆

《法国民法典》是一部典型的资产阶级法典，它包括35章，总计2281条，其核心思想是资本主义私有财产不可侵犯。《法典》首先确定了资产阶级所有权的原则，进一步固定了小农土地所有制，保障它不受封建复辟势力的侵犯；其次，《法典》确认了资本主义契约自由的原则，维护并保证资产阶级的自由买卖、等价交换和雇佣关系；第三，《法典》确认了资产阶级自由、平等的原则。

应该说，《拿破仑法典》是资产阶级国家最早的一部民法典，因此理所当然成为近代西方各国资产阶级法典的范本。正因为如此，在拿破仑帝国毁灭之后，该《法典》并没有被取消，其影响力也丝毫没有消除，而后经过一些修改，在法国长期施行直到现在。

对外战争是拿破仑政治生涯中的重要组成部分，法兰西第一帝国的历史始终和对外战争联系在一起。作为军人，拿破仑一直主张对外扩张，并与英国、俄国争霸。从1799年到1815年，拿破仑帝国经历了5次和反法同盟的战争。期间，拿破仑经历了无数次各种规模的战争。最终，拿破仑帝国达到了鼎盛时期，但是战争又最终导致了拿破仑帝国的灭亡。在拿破仑征战的过程中，最为关键

拿破仑的雄姿

的战争是奥斯特里茨之战。

拿破仑登位后，积极加强登陆英国本土的战备活动。惊慌失措的英国联络奥地利、俄国组成了第三次反法同盟。奥俄在东线向法国发起强大的攻势。面对这一形势，拿破仑放弃了登陆英国本土的计划，立即挥师东进，在乌尔姆要塞围歼了奥军主力。

1805年12月，著名的“三皇大会战”拉开了帷幕，这就是著名的奥斯特里茨大战。在这场大会战中，拿破仑充分显示了自己杰出的军事才能。面对比自己强大的联军，他采取了以静制动、后发制人的战略。

战斗一开始，联军由于在数量上占优势，作战取得一定进展，法军右翼阵地

相继被俄军攻取。拿破仑立即把右翼预备队调了上来，向俄军左翼进行反冲击。经过一番激战，俄军伤亡惨重，并被迫向戈尔德巴赫河方向退守。2 日上午，掩盖着谷地的浓雾刚刚散去，一轮红日喷薄而出，拿破仑从指挥所里看到俄军犯了放弃中央高地的严重错误。他命令自己的两个师前去占领高地，这两个师不费吹灰之力便完成了任务，从而将敌人切成两段。俄国皇帝、总司令库图佐夫以及司令部因而失去了对联军的控制。

在北段，法国军队成功地击退了俄军的攻击。当法军完全控制高地之后，拿破仑令其左翼向俄军发起全面进攻。虽然俄军作战十分英勇，但最终还是败下阵来。在南段，面对法军大炮的猛烈轰击，联军很快就被压缩到狄尔尼兹和察特卡尼之间半结冰的湖泊上。但是湖泊的冰块很快被法军炮火击碎，大量联军掉在湖里淹死了，其余的则当了俘虏。

奥皇和俄皇眼见全军覆没，慌忙逃窜。将近黄昏时，战斗结束。这一仗，俄奥联军死伤 1.5 万人，损失火炮 186 门，炮兵几乎全被消灭，余众四散逃命，俄奥联军事实上已不存在；而法军仅死亡 800 人，伤者 6000。

不久，奥皇提出休战，拿破仑当即同

法国外交家塔列朗

意，条件是要求所有的俄军撤出奥地利，退回波兰。12 月 6 日，法奥签订停战协定，奥地利割让占全国人口总数 1/6 的国土和每年 4000 万法郎的战争赔款。会战后，欧洲第三次反法联盟随即瓦解，中欧地区成立了受法国保护的莱茵邦联，奥皇被迫解散圣罗马帝国。

奥斯特里茨会战是拿破仑的军事杰作。无论在军事方面还是在政治方面，这位法国皇帝显然都凌驾于奥俄二皇之上。

恩格斯曾这样评价奥斯特里茨会战和拿破仑的才能：“奥斯特里茨被公正地认为是拿破仑最伟大的胜利之一，它最为有力地证明了拿破仑的无与伦比的军事天才。因为，尽管指挥失误无疑是同盟国失败的首要原因，但是他用以发现同盟国过失的洞察力、等待过失形成的忍耐力、实施歼严性打击的决断能力和迅速摆脱失败困境的应变能力——这一切是用任何赞美之词来形容都不为过的。奥斯特里茨是战略上的奇迹，只要还有战争存在，它就不会被忘记。”

法国军队强渡阿尔波恩河

1906年，普鲁士、俄国再次组成第四反战同盟，但是不久法军就大败普军，不久就占领柏林而迫使普鲁士投降，其代价是丧失1/2的领土，赔款1亿法郎。1807年，俄国战败，法国和俄国签订《提尔西特条约》。1807年和1808年，法国侵占葡萄牙、西班牙。1809年，英国又与奥地利组成第五次反法联盟。在法军连续战败奥军后，迫使奥地利签订了《维也纳和约》，奥地利向法国割让大片土地，赔款8500万法郎。

到1810年，拿破仑帝国达到了其鼎盛时期，法国几乎控制了整个欧洲大陆，并在占领的国家和地区进行了一系列资产阶级改革，破坏封建基础，推广其《拿破仑法典》。

拿破仑建立的法兰西第一帝国，代表着大资产阶级和利益，是法国历史上最为强大的时期。长期顶峰时期，几乎控制了整个欧洲大陆国家。因此，拿破仑战争对资产阶级改革在欧洲的胜利起到了很大的作用。拿破仑主持编著的《拿破仑法典》，是资产阶级国家最早的一部民法典，成为近代西方各国资产阶级法典的范本。恩格斯曾这样评价《法典》:《法国民法典》是“以法国大革命的社会成果为依据并把这些成果转为法律的惟一的现代民法典……成为世界各国编撰新法典时当做基础来使用的法典。”

拿破仑

拿破仑·波拿巴(1769—1821年)是法国历史上著名的资产阶级军事家和政治家，法兰西共和国的第一执政(1799—1804年)，法兰西帝国的皇帝(1804—1814/1815年)。

拿破仑生于科西嘉岛阿雅克修城的地方贵族家庭，少年时便入巴黎军事学校学习。他读过伏尔泰、孟德斯鸠、特别是卢梭的作品，深受资产阶级“启蒙运动”的影响。他对于法国的封建等级制特别不满。他是怀着对“自由”、“平等”的向往欢迎法国大革命的。1791年到

1792 年间，他两次回到故乡，同当地保王党进行斗争。

在整个法国大革命时期，拿破仑是站在革命营垒一边，而且是雅各宾专政的支持者。在贵族出身的军官们纷纷叛离革命逃亡国外时，拿破仑则留在革命营垒里同敌人作战。法国革命军队在反击欧洲封建干涉战争中创造出来的新的战略战术，培育了这位二十四岁的炮兵上尉。1793 年末，拿破仑参加进攻南部王党的重要据点土伦，在他的实际指挥下，革命军攻克土伦，这一功勋使拿破仑破格提升为少将。

在热月党——督政府时期，拿破仑由于和雅各宾派的紧密关系一度受到怀疑和迫害。有一个时期他完全不被当政者所注意，口袋中往往一文不名。但是，到 1795 年，他又重新被起用，任命为法国“内防军”司令，政府要他对付威胁政权的王党叛乱。拿破仑对于王党和封建欧洲是很仇视的，正像他在一封信中所表白的：“从大革命开始起，……没有看见我作为军人不论在反对国内敌人还是反对外国人所进行的斗争吗？我抛弃了我的财产，我为共和国丧失了一切。”拿破仑的这种态度符合大资产阶级的意愿和急切需要。这年 10 月，拿破仑指挥 6000 士兵，在巴黎街头架起大炮，向 24000 多叛乱的王党猛烈轰击。王党分子还没有从这种空前的军事举动中省悟过来，就已经被击溃。1797 年，拿破仑任法国“意大利方面军”总司令，同封建欧洲作战。当他得悉国内大批王党分子钻进立法议会，准备恢复封建君主制时，立即派回军队，清洗立法议会，处死 160 名王党分子，再次维护了资产阶级政权。用他自己的话说：只有“一切都告完结之后，我才会放刀入鞘”。

拿破仑妻子约瑟芬

拿破仑在督政府时期已经转到大资产阶级的立场上，为大资产阶级的利益服务，他在北意大利战场取得胜利以后，就提出远征埃及，从埃及方向打击英国的计划。1798 年，拿破仑率军远征埃及，但是遭到埃及、叙利亚人民的奋勇抗击。拿破仑军队陷在埃及，进退维谷。正在这时，沙皇亲自出马，组织第二次反法联盟，向法国猛扑，法国国内王党活动猖獗，政局动荡不稳，资产阶级认为督政府的统治软弱，要求产生一种新的统治形式，以战胜国内外敌人的进攻。拿破仑闻讯，于1799年年中率少数随员，秘密离开埃及，星夜赶回巴黎。资产阶级把他当作“救星”给以狂热欢迎。11月9日（共和历雾月18日），拿破仑发动政变，取消督政府，成立执政府，自任第一执政，独揽大权，开始了拿破仑的军事独裁统治。恩格斯指出：“恰巧拿破仑这个科西嘉岛人做了被战争弄得精疲力竭的法兰西共和国所需要的军事独裁者，——这是个偶然现象。但是，假如不曾有拿破仑这个人，那末他的角色是会由另一个人来扮演的。”显然，拿破仑政权的产生，是18世纪末以来法国阶级斗争的结果。

拿破仑的统治，从表面上看是绝对的，他不受任何人的掣肘和干涉。他的为人，也表现出是一个善于权变、贪恋权势的人物，为达到目的不讲信义和不择手段。他曾得意地说：“我有时是狐狸，有时是狮子。进行统治的全部秘密在于，要知道什么时候应当是前者，什么时候应当是后者。”实际上，拿破仑的意志和行动，归根到底是体现法国资产阶级的意志和愿望。拿破仑并不代表人民群众的利益，而仅仅代表大资产阶级的利益，为大资产阶级掌权。大资产阶级是要拿破仑成为他们的“双刃剑”，既能镇压王党的复辟活动，又能镇压人民的革命运动；既能打败欧洲反法联盟的干涉，又能占领欧洲的土地和市场。拿破仑的政策和活动，都明显地反映出这种两重性。

拿破仑上台的第一件事就是强化资产阶级的统治，确保他们在革命中获得的果实，拿破仑表现出杰出的军事与行政才能。1800年，拿破仑击溃意大利的奥军，进逼奥地利南部，迫使奥地利签订和约。1802年，粉碎了以沙俄为首的第二次反法联盟，解除了对法国的威胁。在国内，他一方面用武力征伐和分化瓦解的手段，镇压了王党的复辟活动，另一方面他取缔了言论、集会、出版等自由，对雅各宾派和工人组织进行残酷的迫害。他建立起一个庞大的中央集权的官僚机器进行统治，各郡郡守乃至城乡基层官吏都由中央委任，法国大革命以来实行的一切地方自治机构均被取消。

1804年，拿破仑加冕称帝，法兰西第一帝国产生。这个帝国仍然是大资产阶级的政权。它“不仅被用来压制革命，取消人民的一切自由权利，而且是法兰西革命的一种工具，用来对外攻击，用来为法国在大陆上建立大体与法国相仿佛的一些国家来代替封建王朝。”

1797年1月14日里沃里战斗

拿破仑为争取天主教徒的支持，1802年与罗马教皇签订《协议书》，承认天主教为大多数法国人的宗教，教士由政府委派，经教皇批准；但教皇无权要求归还在革命时期没收的教产。

拿破仑在内政方面的主要成就，是1800—1804年由他主持编制的《民法》法典，这部史称《拿破仑法典》的《民法》，共2810条，详细规定了资本主义财产制度，保证私有财产不受侵犯；法典还固定了小农土地所有制，保证农民能够利用他们得到的小块土地，因此受到农民的欢迎。此后又陆续颁布了《刑法》和《商法》。法典依据法国大革命的社会成果，用法律形式巩固资产阶级专政，维护和巩固资本主义私有制和资产阶级的社会经济秩序。法典在破坏欧洲封建制度和促进欧洲资本主义发展上起过有影响的舆论与示范作用。

拿破仑的政治生涯是同对外战争紧紧联系在一起的。拿破仑从1799年上台到1815年止，历经了六次反对反法联盟的战争。拿破仑战争是大革命时期法国同欧洲战争的继续，拿破仑正是利用法国革命所爆发出来的民族力量，利用自由农民组成的军队，在欧洲陆战中几乎所向无敌，横扫欧洲。他击败了1805年由英俄奥组成的第三次反法联盟，又摧毁了1806年由俄、普为主的第四次反法联盟，迫使普鲁士投降。1807年，沙俄被迫同拿破仑签订梯尔西特和约，承认法国在欧洲的统治。法军所到之处，进行了一些资产阶级性质的改革：在意大利，推翻了小邦的封建王朝统治；在德国，废除了老朽的“德意志民族的神圣罗马帝国”（1806年），实行拿破仑法典，取消封建等级特权，消除关税障碍；在波兰，废除农奴制，宣布公民平等。拿破仑沉重地打击了欧洲封建制度，客观上有利于这些国家的资本主义的发展。

但是拿破仑战争还有另外一种性质：掠夺和争霸。拿破仑帝国的成立，特别是1807年梯尔西特和约的签订，标志着拿破仑统治的空前加强和巩固，法国大资产阶级对外侵略与扩张的欲望日益强烈，因此，拿破仑战争的性质发生了变化，资产阶级的掠夺和争霸成了战争的主要方面。拿破仑从占领的地区掠夺大量财富运回法国，大部分军费和军用物资都取自被压迫民族，居民被迫当炮灰，这就激化了同这些国家的民族矛盾。拿破仑为了同英国争霸，1806年在柏林宣布了所谓“大陆封锁令”，企图禁止英国货物输入欧洲大陆。1807年，拿破仑借口封锁英国，占领了葡萄牙和西班牙，激起西班牙人民起来打游击，反对拿破仑。拿破仑没有去消灭旧欧洲的一切痕迹，没有消灭普、奥的封建王朝，相反，1810年娶了奥皇女儿为妻，同反革命封建王朝结成同盟。1812年，拿破仑同沙俄争霸，爆发战争。9月，拿破仑进入莫斯科。拿破仑不采取解放俄国农奴的政策，反而掠夺和压迫俄国人民，激起俄国人民的反抗，他们开展游击战争，把拿破仑赶出俄国。

欧洲各被压迫民族都起来反对拿破仑的统治，拿破仑帝国的瓦解已不可避免。在1813年的来比锡战役中，拿破仑受到沉重打击，全线崩溃。1814年3月31日，第六次反法联军进入巴黎，拿破仑被迫退位，被囚在地中海的厄尔巴岛。被推翻的波旁王朝在法国复辟。1815年3月，拿破仑潜回法国，重新执政，欧洲各国又拼凑第七次反法联盟，六月再败拿破仑于滑铁卢，拿破仑二次退位，被流放大西洋的圣赫勒拿岛，1821年病逝。

拿破仑的一生所处的时代，正是法国和整个欧洲大陆从封建社会向资本主义社会大转变的时代，拿破仑的活动，也就和这个时代的特点紧紧联结在一起。他是逆这个历史时代潮流而动的呢？还是顺这个历史时代潮流而动的呢？应该说，拿破仑的活动基本上是顺历史潮流而动的。

拿破仑是法国大资产阶级的代表人物，因此在他身上也就鲜明地体现了资产阶级从一开始就具有的两面性：进步性、革命性和保守性、妥协性。拿破仑的一生大略可以分为三个阶段。早期他是法国大革命的支持者和参加者。1795—

1804这十年,他从元帅到第一执政到法兰西帝国的皇帝,他的活动主要表现为革命性:他无情地镇压了王党的复辟活动;粉碎了几次反法联盟的封建干涉;在欧洲推行一些资产阶级改革;巩固了法国资产阶级在国内的统治。当然,他侵略过埃及和叙利亚,镇压过国内的雅各宾派和人民运动,取消了国内的民主和自由,这些资产阶级的保守性和反人民性,比较起来,尚居次要的地位。1805—1814这十年,他作为法兰西皇帝和欧洲的实际统治者,他的活动主要表现为资产阶级的妥协性和掠夺性:在欧洲同英国和俄国争霸;侵略西班牙和葡萄牙;在欧洲诸国推行民族压迫和剥削政策;力图同欧洲封建王朝妥协,在欧洲帝王中间取得首屈一指的声誉,明显表现在娶奥国公主为妻,同奥国封建王朝联姻;他在称帝时,封了4个亲王,30个公爵,388个伯爵,1090个男爵,加上荣誉军团,形成一个新贵族阶层,追求享乐和苟安。当然,在这个时期,他进行的战争依然具有打击欧洲封建制度,促进法国资本主义发展的一面,但战争的性质主要却是争霸性的战争,掠夺性的战争,这种情况最后导致拿破仑帝国的崩溃。

总观拿破仑的一生,有功有过,但应该说,拿破仑是新兴资产阶级的军事家和政治家,他打击了国内外的封建反动势力,促进了欧洲人民的觉醒,保卫了法国革命的主要成果,巩固了资本主义的统治,这是他活动的主要方面,是他的主要功绩,也是历史发展的客观结论,因此,他的功大于过。

百日执政

拿破仑虽然已经加冕,当上了皇帝,但是他的戎马生涯,并没有就此结束,法兰西第一帝国的对外战争,仍在继续中。

1806年,他为了同英国争夺霸权,在柏林宣布了所谓"大陆封锁令",企图用禁止英国商品输入欧洲大陆的办法,从经济上扼制英国。1807年,他借口封锁英国,占领了葡萄牙和西班牙;两国人民奋起反抗,掀起人民游击运动。1812年,他为了同沙俄争霸,而爆发了战争;这年5月,拿破仑搜罗了说着12种语言的50万军队,大举进攻沙皇俄国。他渡过涅曼河,夺取了通往莫斯科的要道斯摩棱斯克。9月初,俄法两军在莫斯科西南的博罗迪诺村发生激战,双方损失惨重。拿破仑丢掉了47名将军和几万士兵以后,14日,突入莫斯科,然而,这里留给他的仅仅是一座空城。法军的抢劫和种种暴行,激起俄国人民的反抗,他们纷纷拿起武器,开展游击活动,出其不意的打击法国入侵者。他们骚扰法军后路,弄得法军焦头烂额。当拿破仑逃到涅曼河的时候,他只剩下两万名残兵败将,从此一蹶不振。

这时一股反对拿破仑的浪潮,正在各国人民当中兴起,拿破仑帝国的瓦解已成定局。1813 年、英、俄、普、西、葡、瑞典,后来还有奥地利,乘机组成新的反法同盟军,在柏林西南来比锡附近的平原上,进行了在拿破仑时代来说,最大的一场战争,这就是历史上著名的来比锡之战。战争初起,拿破仑投入了 15.5 万军队,同盟军是 22 万人,拿破仑军队的构成十分复杂,他们都是来自各国被迫当兵的人,其中除了法国人以外,还有波兰人、萨克森人、荷兰人、意大利人、比利时人和莱茵同盟各国中的德意志人。10 月 18 日,当战场上打得难解难分、战斗正在激烈进行的时候,萨克森军队突然倒戈,全部转向联军方面,并且马上掉转枪口,向法军开枪射击,萨克林军队的叛变,削弱了法军的战斗力,迫使拿破仑决定撤出战场。

来比锡之战,前后历时四天,法军损失至少不下 6.5 万人,联军死伤也接近 6 万。战争虽然已经停止,但它给人们留下子一片可怕的记忆:尸体的腐烂使整个平原充满了难以忍受的恶臭,战场上伤而未死的士兵嚎叫声响遍了来比锡地区,一些伤兵死前的呻吟总是隐约地在这里回荡着。

11 月 14 日,法国外交官圣埃里昂到了巴黎,带来了同盟国家要拿破仑放弃所有占领地区、停止战争、根据 1801 年吕内维尔和约来确定法国疆界等的和谈建议。对此,拿破仑并未立即发表意见。近几天来,拿破仑一直不说话,总是在办公室里不停地走来走去,像是在思索着什么。他突然放慢了脚步,自言自语地说:“等着瞧吧!你们很快就会知道我和我的士兵是怎么回事,我们还没有忘记我们的手艺!在易北河和莱茵河之间我们被打败了,由于叛变我们被打败了……但是,在莱茵河与巴黎之间不会有叛徒……”于是,和谈建议被搁置起来,每天都有新的部队开往东方,向莱茵河地区集结。

1814 年 3 月,反法联军直指巴黎,法国首都一片恐怖。30 日,被失败恐惧所吓倒的法国元帅马尔蒙,在塔列朗的影响下,于当天下午五点宣布投降。当拿破仑知道了这个消息以后果断地说：“在目前，……我的名字，我的形象，我的剑——所有这一切都引起恐惧。必须投降了……”4 月 6 日，他几乎一夜没睡，一清早便召见了元帅们，并对他们说：“先生们，放心吧，无论是你们或者军队都再也不用流血了，我同意退位。”拿破仑当即拿起一张文告，对着元帅们读了下面的一段话：“由于同盟国家宣布拿破仑皇帝是建立欧洲和平的惟一障碍，所以忠实于自己誓言的拿破仑皇帝宣称，他自己和他的后代都放弃法国和意大利的王位……”他随后签署了这个文告，并由科兰古和两位元帅把它立即送到巴黎。

俄国的亚历山大和反法联军，正在不安地等待着结局。他们看到退位文告以后，欢欣若狂。亚历山大当即宣布：厄尔巴岛将交给拿破仑完全支配，拿破仑的儿子罗马国王和他的王后玛丽亚·路易莎，将得到在意大利的独立领地。根据签订的条件，拿破仑被流放到厄尔巴岛，他除了享有年金之外，还可以保留一营卫队。

5 月 3 日，拿破仑告别枫丹白露宫，来到厄尔巴岛，作为被囚禁者，享有这个小岛的全部支配权。

在巴黎，波旁王族在反法联军刺刀的庇护下，由路易十六的兄弟路易十八登上王位，波旁王朝实行了第一次复辟。

然而，告别枫丹白露，并不意味着拿破仑 20 年来史诗的终结，恰恰相反，在前进的历史长河中，注定他会溅起一些浪花。

拿破仑经过一段消沉之后，越来越不甘沉默，他往往连续几个小时沉浸在深思之中。1814 年秋，特别是这一年的 11 月和 12 月，他非常注意搜集和听取有关法国国内和维也纳会议的一切情况报告。传来的消息都在表明，复辟的波旁王朝及其周围的一伙人，比原来预料的情况更加轻率、更要荒唐得多。用塔列朗的话说：“他们什么也没有忘记，什么也没有学会。”连亚历山大一世都曾经这样表示过：“波旁王族没有改正，也是不能改正的。”这时候，极端保皇党人，不停地喊叫，他们在革命时期被没收的、拍卖给农民的和资产阶级的土地，应该全部归还给他们；僧侣们也出来帮腔，他们在教堂里宣扬说，购买过被没收土地的农民，将遭天怒，他们会像“耶沙威一样被狗吃掉”。从而，激怒了广大农民。军队还在眷恋着他们的领袖拿破仑，认为波旁王朝是强加在他们头上的祸害；资产阶级本来指望着停止战争，振兴商业，但几个月过去了，连一点迹象也看不到。总之，从农村到城市，从军队到农民，整个法国人心浮动，人们正在向往着拿破仑和拿破仑时代。

拿破仑不仅知道国内人们的情绪，而且他也得到不少有关维也纳会议的消息。这些消息清楚地表明，与会的各国君主和外交家们，正在策划瓜分他的巨额财产，但不管怎样，却总是分不成。这群过去对付法国的同盟者，而今天已经变成了会议桌上的争吵家，他们尔虞我诈，相互攻击，要想让他们像进攻法国那样一致，看来已经是不可能了。

历史条件的变化，引起拿破仑的深思。他觉得厄尔巴岛无聊、寂寞。一天，他在波尔托费拉约自己宫殿附近散步的时候，喃喃地说："我不会永远这样继续下去的。"

1815 年 2 月，他决定逃离厄尔巴岛，回到法国，恢复他的国家。26 日，在做好一切准备之后，拿破仑带领 1 千多名士兵，登上几条小船，在晚间七点钟，乘夜雾迷漫，一路顺风，飘然北去。

3 月 1 日凌晨三点，小船队在法国南部的儒安登陆。广大群众像迎接"救世主"那样欢迎他，海关卫兵看到拿破仑，脱帽大声致敬。士兵们毫不隐讳地高声说，我们决不和皇帝作战！农民们一程又一程的护送他，这一群农民把拿破仑交给另一群，农民们一直把他送到巴黎。19 日。拿破仑带领他的前锋，进入枫丹白露，国王路易十八和他的全家，向比利时边界窜去。20 日晚九点，拿破仑在随从人员和骑兵们的前呼后拥之下，进入巴黎。当他的马车到达杜伊勒里宫的时候，人们像发疯似的冲向他，打开马车，在经久不息的喊叫声中，把皇帝抬进二层楼的一个房间。拿破仑在 19 天之内，赤手空拳，不费一枪一弹，赶走波旁王朝，再度入主龙庭，完成了令人难以置信的、神话般的政治变革。

拿破仑到达巴黎之后，用煽动性的口吻声言说：我这次重返巴黎，主要是拯救农民摆脱来自波旁王朝的恢复封建制度的威胁，保证农民的土地不被回国的贵族所侵占；我也希望重新审查国家体制，使帝国成为立宪法君主国家，成为真正有议员参加管理的君主国。拿破仑的这番话，激起了广大农民和资产阶级对他的信赖和幻想。

拿破仑这次上台，前后百天左右，所以，历史上叫它"百日王朝"、"百日执政"。

1815年3月7日晚上，维也纳皇宫中正在举行舞会，招待欧洲的各国君主和代表，当狂欢达到高潮的时候，突然，在奥皇弗兰茨的周围，有些骚动，大臣们面色苍白，左右穿梭，音乐戛然而止。这些不寻常的现象，原来是拿破仑重返法国的消息传到奥国宫殿，吓得这些人们惊慌失措的结果。维也纳会议顿时停止了争吵，反法联盟各国，再次联合起来，共同对付拿破仑。他们宣布：拿破仑是世界和平的扰乱者和敌人，“不受法律保护”。3月25日，英、俄、普、奥、荷、比等国家，迅速结成第七次反法联盟，拒绝拿破仑的和谈要求，开始对法国用兵了。1815年6月，反法联盟集结了70万大军，准备从莱茵河、意大利等方面分头进攻巴黎，并约定6月20日左右共同行动。

当欧洲各国的反法君主们再次兴兵的时候，集结在拿破仑鹰旗之下的军队，最多不过18万人，在军事上完全处于不利的地位。拿破仑决定采取以攻为为守的战法，争取主动，他把主要兵力集中在比利时方面，准备先行击溃英国和普鲁士的军队。6月12日，法军12万多人，向比利时进发。16日，同普军接战，拿破仑力图把英、普联军切开，然后各个击破。经过激战，普军防线全面崩溃。

这时候，拿破仑一面命令格鲁希尾追普军，一面带领主力向英军进攻，英军6万多人，在威灵顿的指挥下，布阵于比利时小村滑铁卢村南。18日，拿破仑率军7万，追击英军，并在滑铁卢附近扎营，一场会战在这里展开。午后，当拿破仑正想猛攻英军中段的时候，突然，一部分普军在布吕歇尔带领下，增援英军，使法军处境急剧恶化。拿破仑为了挽救败局，急令格鲁希，火速向滑铁卢增援；结果，格鲁希不仅没有回师，反而始终坚持着原来的进攻方向。从而，战局急转直下，法军腹背受敌。19日，法军全线崩溃，21日，拿破仑败归巴黎。百万反法联军源源进入法国。7月7日，联军进占巴黎。拿破仑宣布第二次退位，最后被放逐到大西洋的圣赫勒拿岛，“百日”终结了。

7月8日，波旁王朝在反法联军的支持下，回到巴黎，实行第二次复辟。

1812年的法俄战争

军事行动正式开始之前，双方首先展开了外交攻势。1812年2月，拿破仑以威胁的手段强迫普鲁士与法国结盟。

在即将到来的战争中，普鲁士须提供2万名士兵和60门大炮归拿破仑调遣。与此同时，俄国也四处活动，劝诱普鲁士投入俄国怀抱。法、俄都对奥地利积极进行拉拢。本来，奥地利是仇视法国革命的，慑于法国的强大，同意联姻，并在1812年3月同法国签订条约，结成联盟；然而在暗中却一直与俄国眉来眼去。拿破仑也想拉拢瑞典，但瑞典新王贝尔纳多特对拿破仑的行动十分反感，加上害怕英国的海军攻势，因此叛离了拿破仑转而与俄国结盟。对土耳其，拿破仑答应恢复40年间所失去之疆土作为法土结盟之报酬；俄国则向土耳其表示让步，愿意从所占巴尔干两公国撤走军队，加上英国对土耳其进行威胁，如果它与法国结盟，英国就用海军攻击君士坦丁堡，这就促使土耳使与俄国结成了联盟。

法俄双方在军事上都作了充分的准备。为了对俄作战，拿破仑广泛收集有关俄国的情报。早在1810年，他就命令下属将有关俄国的历史和现状的资料拿给他看。他仔细研究俄国的经济状况，秘密派遣间谍潜入俄国，甚至把伪造的俄国纸币运进俄国，以此扰乱对方的金融市场。1810年底，拿破仑根据特里亚农敕令和枫丹白露敕令，筹备了1.5亿法郎军费。1811年11月14日，拿破仑命令达乌元帅：一有信号就进入普鲁士，并迅速占领全境。

1812年9月俄国人在撤退时焚烧莫斯科的情景

亚历山大一世也一直在积极备战。1811年初，俄国虽然财政拮据，赤字高达1亿卢布，纸币贬值5/6，但沙皇并不因此而削减军备开支；相反，加紧"厉兵秣马"，很快编成了两个方面军，共计20万人。双方磨刀霍霍，准备一战，以决雌雄。

进入1812年，战争已迫在眉睫。法国已经组成了总数达51万之众的远征大军。这支庞大的军队，有半数以上由其他附庸国家提供，包括波兰大公国、巴伐利亚、萨克森、意大利等等。在多数外国军队中都有一个法国师作为支柱和核心。此时，俄国有两支主力军，一支由陆军大臣巴克莱·德·托利将军率领，约15万人，集结在维也纳北边；另一支由巴格拉吉昂公爵率领，约5万人，驻扎在沃尔希尼亚省。

拿破仑为了确保对俄战争中的战略主动权，出其不意，对俄国不宣而战。他预先制定的战略方针是：以速决战的办法，在短期内取胜；通过一两次总决战把俄军击溃后，迅速占领莫斯科，逼迫亚历山大一世投降，订城下之盟。

1812年5月9日，法军经德意志各国向波兰前进，逐渐向维斯瓦河和涅曼河地区集中。5月16日，拿破仑在萨克森国王的陪同下，进入德累斯顿。6月22日，拿破仑在涅曼河附近的维尔科韦息卡签署命令，号召军队“渡过涅曼河，把战争带到俄国领土上，”这个命令被认为是正式的宣战书。6月23日，拿破仑视察了骑兵和步兵驻地。为了不引起人们的注意，他改换了制服，仔细地察看了部队的部署，察看了架桥和进攻的准备。6月24日拂晓以前，拿破仑指挥军队迅速经过架设在涅曼河上的三座浮桥，进入帝俄领土，并一举占领了科夫诺。法俄战争开始。

俄国军队见法军来势汹汹，采取防御战术，由巴克莱率领第一军团向德里萨方向撤退，接着又退到斯摩棱斯克。法军没有遇到很大的抵抗，就迅速到达斯摩棱斯克城下。8月17日，拿破仑下令用火炮轰城，经过13个小时，全城夷为废墟。俄军拼死抵抗，顽强奋战，使法军付出了伤亡约1万2千人的代价。法军虽然伤亡较大，但在数量上明显占优势，巴克莱下令，放弃大火燃烧着的城市，与居民一道迅速撤退。巴克莱的撤退，在俄国统治阶层中引起了强烈不满。有人说巴克莱是叛徒。巴格拉吉昂认为，继续撤退是民族的奇耻大辱。他说，“陆军大臣是在将法军当作客人直接带往莫斯科”，因而坚决要求撤换巴克莱的职务。当时，出于民族感情，俄国士兵对退却也相当不满。在各种反对退却呼声的压力下，8月29日，当俄军退到查列沃—扎米舍的时候，亚历山大一世终于下令撤换了巴克莱，任命老将库图佐夫为俄军总司令。

米哈伊尔·伊拉里奥诺维奇·库图佐夫是俄国杰出的统帅之一。他认为巴克莱的战略设想是可取的，法军劳师远征他邦，不可能在一个离开本土几千公里的、充满敌意的大国中进行长期战争。不熟悉俄国的地理，不习惯这里的气候，这一切对于拿破仑的军队来说是很不利的。但是，受命于危难之时的库图佐夫同时也知道，俄国宫廷决不会允许他不战而放弃莫斯科。他接替巴克莱以后，就率11.2万正规军，配备640门大炮，将阵地设在距莫斯科120公里的波罗丁诺村。在这里待命抗击法军的，还有

7000 哥萨克和 1 万名莫斯科与斯摩棱斯克的义勇军。库图佐夫想通过波罗丁诺会战来提高俄军士气，并以此平息各方面舆论对战略退却的不满。

9 月 4 日，拿破仑的 13.5 万人的大军接近了波罗丁诺的俄军阵地，9 月 5 日，攻占了俄军前沿阵地谢瓦金诺多面堡。9 月 7 日，双方在波罗丁诺展开激战。法军拥有 587 门大炮，首先用炮火轰击俄军阵地。俄军也发起反攻，抵抗非常顽强，即使是一个较小的棱堡也经过多次争夺，几易其手。双方军队进退反复，展开残酷的肉搏战。争夺谢苗诺夫钝角堡的战斗尤为激烈。在这个地区集中了法军的 400 门大炮和俄军的 300 门大炮，双方混战成一团，伤亡惨重。在这次战斗中，巴格拉吉昂公爵受了重伤。拿破仑对拉耶夫斯基炮台进行了猛烈轰击。到下午 6 时左右，法军凭其优势的兵力，占领了炮台。俄军力图挽救战局，终因力量悬殊未能成功。激战一天，俄军炮台的守兵几乎全部牺牲。最后法军占领了波罗丁诺村。

这是一场极其激烈的血战。交战双方都以连续不断的炮火轰击对方，使双方都造成极大的伤亡。法军损失 2.8 万人，有 49 名将军死于这次战斗，俄军也损失 4 万人。波罗丁诺战役的结果，拿破仑未能全歼俄军，库图佐夫也不能给法军以致命打击。

9 月 13 日，库图佐夫在莫斯科近郊的费里村召开了军事会议。会上，将军们地继续与法军作战还是撤退的问题进行了激烈的争论。库图佐夫坚决主张撤离莫斯科，以保存有生力量。他说："失掉了莫斯科并不就是失掉了俄国"。最后决定撤退。9 月 14 日，俄军从莫斯科向科洛明和梁赞撤退。俄军实行了坚壁清野的政策，对军需品和生活用品能带走的带走，不能带走的销毁，居民和军队一起撤走。莫斯科变成了一座空城。

库图佐夫放弃莫斯科，把俄军集中在塔鲁丁诺村地区，切断了拿破仑军队向俄国南部地区前进的通路，为组织和准备对法军的反攻创造有利条件。库图佐夫还竭力扩大俄军的数量，用后备军补充正规军队。他也注意扩大和统一游击队的活动，并用正规军队加强游击队伍，为全面反击作准备。

9 月 15 日，法军进入莫斯科。全城静悄悄的空无行人，几乎像一座死城的可怕情景呈现在远离国土的法军面前。当天晚上，莫斯科突然起火，克里姆林宫的特洛伊茨塔也燃起火焰，熊熊大火一直烧了六天六夜。

法军历经长途跋涉和作战，早已十

分疲惫，在大火之后的莫斯科，住处只能勉强解决，而口粮的供应则成了大问题。两个星期过去以后，士兵开始挨饿，尽管四处掠夺，也无济于事。拿破仑进驻克里姆林宫以后，面对这一严酷的现实，进退两难：滞留莫斯科，将军们是乐意的，但大部队长期离开法国十分危险；追击库图佐夫，又不知俄军去向，而法军中的马匹已死去大半，部队机动性和战斗力大不如前。

拿破仑反复权衡利害得失，决定与亚历山大一世缔约。莫斯科大火后不久，拿破仑派洛里斯顿将军，去俄国统帅部大本营求见亚历山大。拿破仑表示愿意让俄国在土耳其，包括君士坦丁堡自由行事，并暗示波兰问题也可以按照沙皇的意图解决。但亚历山大一世发誓，只要还有一个法国兵留在俄国，他就决不能跟敌手谈判。

库图佐夫带领军队放弃莫斯科之后，不再继续向东撤退，而把兵力移到卡卢加，一方面保护有兵工厂的图位，另一方面可以控制法军的交通线。在这里，他改组和扩建了军队，兵力超过 10 万人。此时，已近冬季，占领莫斯科 30 多天的拿破仑，看到同俄国缔约以谋求和平的设想已不可能实现，不得不下决心撤离莫斯科。他让莫蒂埃元帅率 1 万名法军留守莫斯科，10 月 19 日，自己带领 11.5 万军队，沿着旧的卡卢加大道去追击库图佐夫。莫蒂埃在部分炸毁克里姆林宫之后，不久与大军会合。

10 月 24 日，当法军抵达马洛雅罗斯拉维茨时，与俄军遭遇。战斗极为激烈，在一整天的血战中，马洛雅罗斯拉维茨八易其手。最后法军占领了马洛雅罗斯拉维茨，损失了 5000 多人。在第二天举行的军事会议上，拿破仑根据实际情况，决定变更计划，改向斯摩棱斯克方向撤退，争取在俄军没有截断第聂伯河和别列津纳河之前渡河。

此时俄军得到新的补充，人数达 12 万人。为避免消耗兵力，库图佐夫不想猛追“穷寇”。在马洛雅罗斯拉维茨之战以后，俄军有意让拿破仑军队撤退，不对其施加任何压力。对库图佐夫来说，全部问题在于如何使拿破仑迅速退出俄国；但对英国在俄军中的官方代表威尔逊和很多德国人以及流亡的法国人来说，拿破仑退出俄国，事情并没有结束，而是新的麻烦的开始。他们认为重要的是摆脱拿破仑的压迫。所以，他们对库图佐夫不满，责备他缺少魄力。然而为了俄国的利益，库图佐夫没有让步。

严冬的风雪开始席卷俄罗斯的大地。法军撤出斯摩棱斯克时，人马已经疲惫不堪。饥寒交迫的兵士跌倒在雪地就再也爬不起来了，道路上尸体纵横。离开莫斯科时，法军还有11.5万人；11月14日离开斯摩棱斯克时，只有3.5万人了。11月16日，法军后勤基地明斯克被奇恰果夫率领的俄军占领，大批粮食落到俄国人手里。11月20日，奇恰果夫的军队抢占了波里索夫的桥梁，并占领波里索夫城，赶走波兰守将东布罗夫斯基。波里索夫大桥是拿破仑的安全所系。法军乌迪诺元帅竭力争夺，未能夺回。拿破仑听到这个消息，大为震惊。大桥的失守，迫使拿破仑改变渡河地点，决定在北面的斯土江喀渡河。

为了迷惑俄军，拿破仑假装要从波里索夫渡河，让乌迪诺率领部分军队进攻波里索夫。他亲率大军悄悄渡过别列津纳河，往维尔纳后撤。11月26日开始渡河，27日，有一支近1.4万人的掉队法军，被一支哥萨克军追到河边。还没有渡河的维克多元帅，指挥部队把他们击退。哥萨克迅速将法军渡河的动向报告库图佐夫。库图佐夫立即通知奇恰果夫追击。奇恰果夫来迟了一步，拿破仑及其残部已到了右岸。

早在11月6日，拿破仑就获知马莱搞政变的消息。马莱是法国共和派分子，正当拿破仑在俄国激战时，他假造文告，说拿破仑已被俄军俘虏。拿破仑听到这一消息感到很懊恼，为了保住皇位，他不能不迅速回巴黎去。12月5日，拿破仑对他的元帅们说，他要离开部队，赶回巴黎再招30万名士兵，以迎击来犯的俄军。他把军队交给缪拉指挥。12月6日，拿破仑在科林库尔、杜洛克等伴随下，离开军队回国。

缪拉率残部于12月12日到达科夫诺。库图佐夫主力离维尔纳尚有几昼夜的路程，残存的法军才侥幸地渡过了结冻的涅曼河。

至此，1812年拿破仑远征俄国之战，以法军的失败，俄军的胜利而告终。后来拿破仑又组织军队试图卷土重来，终因莫斯科之战，法军元气大伤，国家财力消耗过大，拿破仑再也无法重振昔日威风。而沙皇亚历山大一世则以解放欧洲为幌子，拼凑反法联盟，组织大军步步紧逼巴黎。

拿破仑入侵葡萄牙和西班牙的战争

1807年11月，拿破仑派兵进攻葡萄牙，1个月内占领里斯本；次年3月，法军进入马德里，并在西班牙抢占军事要地和交通干线；从此展开了延续6年多的半岛战争。拿破仑对葡西两国的入侵和对两国起义军民的镇压，是他战争经历中的肮脏之页。他为此丧失了道义，损失了军队，招致了劳民伤财的恶果，陷入了两线作战的泥潭。这场不得人心的侵略战争，是导致拿破仑在军事上最后遭到失败的一个方面和重要原因。

“大陆封锁令”的颁布与执行

1806 年 10 月，法军歼灭普鲁士军队的辉煌胜利，进一步改变了欧洲政治势力的格局，再一次助长了拿破仑权威形象的神化，眼见普鲁士的实际消灭，拿破仑内心充满了无限的喜悦和扩张的宏愿。他似乎感到，整个世界看来可以成为他自我意志得以充分表演的场所。他曾自信地说过：“我做的一切，是我应该做的，因为继承革命事业和巩固革命的地位，只有我才能做到，我就是一切。”的确，一连串的巨大胜利使他陶醉，使他自以为他的意志可以决定一切，而法国又赋予他实现自己意志的全权。然而，这个全权还是遇到了外部的严重挑战，并在他的心目中泛起一缕疑云，因为还有一个死对头没有征服。这个死对头便是英国。1 年以前，即 1805 年 10 月 21 日，英国舰队在西班牙沿海的特拉法尔加角全歼法国和西班牙联合舰队，使法国完全丧失了在海上同英国抗衡和竞争的能力。拿破仑深知，不彻底打败英国，法兰西帝国的统治地位，特别是在它的占领地区，就不会巩固，整个欧洲大陆也不会有真正的和平，他的霸业也将不断受到威胁。

怎样对付英国呢？拿破仑在军事胜利赫赫煌煌、内心深处洋洋得意的情势下，想出了立即从经济上打一场殊死战的独特办法。1806 年 11 月 22 日，拿破仑进占柏林不久，就在那里颁布了一个“大陆封锁令”，也即是通常所称的“柏林敕令”。这个命令指责英国，说它“无视作为文明的产物的公正的观念和自由的情感”，滥施淫威，“妄图封锁海港”，为此宣布：“大不列颠诸岛已被宣布为处于封锁状态中，所有与大不列颠诸岛的贸易和通信，概行禁止。”具体地说：禁止法国及其同盟国同英国有任何商业往来，禁止买卖英国及其殖民地的货物，禁止任何曾停靠大不列颠港口的船舶进入法国及其同盟国的港口，对任何串通违犯柏林敕令的船舶，都将作为合法的战利品加以扣留。很显明，颁布这个敕令的目的，是想用禁绝英国一切货物进出口的办法，从经济上彻底摧垮英国。

然而，当时正在实现技术革命、逐步

“用机器来生产机器”的英国，由于拥有比法国强大得多的工业基础和海上兵力，又岂惧法国的经济封锁。更何况，漫长的欧洲海岸线和众多的港口，又何能用一纸命令就完全封锁住呢。对于“柏林敕令”，英国的报复办法首先是针锋相对，它于1807年1月7日颁布“英王诏令”，禁止中立国船只在法国及其盟国港口，或在执行“柏林敕令”的港口之间进行贸易，对违犯者将扣留没收其船货。这样，“柏林敕令”执行以后，法国虽曾暂时地、部分地控制了欧洲大陆的资源，但却奈何不得英国，因为它还能从美洲大陆和南亚次大陆的殖民地取得丰富的资源。英国的经济优势比法国的军事优势显得更加有力量和有作用。

“大陆封锁令”颁行以后，效果并不理想。由于各国利益不同，它们对于拿破仑的依附和驯服程度也不一样，对于大陆封锁政策的执行当然差别很大。拿破仑虽然已成霸主，但要把沿海所有国家都纳入“大陆封锁”的规范之内，实际上很难办到。一些国家对他阳奉阴违。特别是紧邻英国的葡萄牙和西班牙，尽管当时迫于无奈加入了“大陆封锁”，但基本上没有认真执行，政府默许与英国贸易的走私活动。更重要的是，英国始终严密地控制着葡萄牙，并不断利用它在西南欧与法国对抗。对此，拿破仑非常恼怒，但又感到鞭长莫及，以致惴惴不安。为了保障大陆封锁的有效实行，同英国争夺葡萄牙，同时，也为了满足法国大资产阶级早就对伊比利亚半岛垂涎欲滴的掠夺原望，在处理了普鲁士问题又与俄国秘密结盟以后，拿破仑终于定下决心，要彻底征服葡萄牙和西班牙，把整个伊比利亚半岛完全纳入自己的统治之下，于是便爆发了入侵葡萄牙和西班牙的战争。

拿破仑吞并葡西两国

拿破仑对葡萄牙和西班牙的侵占，是采取军事突袭与政治欺诈双管齐下的手段实现的。1807年秋，他命令朱诺将军在巴荣纳练兵备战，编组一支2.5万人的部队，准备随时出动。9月8日，写信给葡萄牙摄政王，强烈要求葡萄牙禁止英国货物进入葡国一切港口，并没收英国商人在葡境内的一切货物和财产，警告摄政王考虑同英国结盟的严重后果。在拿破仑的高压淫威下，葡摄政王不能不俯首听命，着手采取拿破仑提出的各项措施。但是，恫吓只是一个幌子。拿破仑进军葡萄牙的决心已经不可改变，而此时正运用一石二鸟的手段，假惺惺地同西班牙秘密商讨有关瓜分葡萄牙的协定。10 月 12 日，拿破仑写信给西班牙国王，说："我预计朱诺将军的部队最晚 11 月 1 日将抵达布尔戈斯，与陛下的军队会合。然后，我们就能够用武力占领里斯本和整个葡萄牙。届时我当与陛下会商对该国的处置，但无论如何，宗主权是属于你的。"他所以采取这种外交手段，包含着麻痹敌人和分步克敌的阴谋，是要首先假道西班牙进攻葡国，同时获得进军西班牙的允诺，以便顺利地完成吞并半岛的第 1 步任务。

1807 年 10 月 22 日，法国正式向葡萄牙宣战。27 日，拿破仑签署了由他本人和西班牙国王商订的不可告人的《枫丹白露密约》。根据这一条约，葡萄牙及其殖民地将按拿破仑的意志瓜分，西班牙只享有名义上的宗主权，10 月 31 日，拿破仑给朱诺下达了关于攻占葡萄牙的详细命令。朱诺随即出兵，横越西班牙领土，于 11 月 30 日进抵葡都里斯本。葡萄牙摄政王自知力不能敌，率领着王室成员和王国小朝廷，在英国海军的帮助下，于首都陷落前 3 天泛海出逃，后来将流亡政府迁到了巴西。葡萄牙落入法军手中，它作为一个独立国家在欧洲的地图上暂时地消失了。

葡萄牙既已到手，拿破仑紧接着便以武力进占西班牙。法西两国瓜分葡萄牙的秘密协定，从签署开始就成了废纸。拿破仑早在朱诺于 11 月初出兵之时，即在巴荣纳继续组编新的军队。由杜邦将军指挥的 1 个军约 3 万人，便是后来所谓"西班牙军团"的前锋部队，以支援朱诺的"葡萄牙军团"为名，很快进入西班牙境内。随后，由蒙赛元帅指挥的 1 个军约 2.4 万人，继杜邦军开入西境。12 月，葡萄牙方面的战事已经暂时结束，而法国的两个军却不停地开进，到 1808 年 1 月底，分别抵达瓦里阿多里德和布尔戈斯。2 月，由迪埃斯梅将军指挥的另 1 个军约 3 万人，竟从比利牛斯山靠地中海的一端进入西班牙，占领了加泰罗尼亚地区。贝西埃元帅指挥的近卫军 3 万余人，作为后援部队进至布尔戈斯，法军这种明目张胆深入践踏西班牙国土的行径，自然要引起西班牙政府和人民的警觉和反感。

到得此时，拿破仑武装进占西班牙的部署基本完成。他随之也把假面具揭下来了。2 月 20 日，他任命其妹夫缪拉元帅以皇帝副帅的身份统一指挥西班牙境内的全部法军（此时约为 11 万余人），在维多利亚开设司令部，率军进入马德里。3 月 9 日，法外交大臣奉命向西班牙政府解释，说什么法军 5 万人将取道马德里去围攻直布罗陀。这样，拿破仑派兵进占西班牙的阴谋便完全暴露无遗。腐朽昏庸的西班牙王室，在强大的法军面前完全无能为力。他们没有组织对法军的抵抗，在民众开始暴动的情况下，国王查理四世被推翻，由他的长子阿斯图里亚亲王继位，称为费迪南七世。3月24日，费迪南七世登位刚刚几天，缪拉便率领着蒙赛和杜邦2个军进入了马德里城，同时在各处抢占军事要地和交通干线。

法军进占马德里后，西班牙政府实际上就不存在了。拿破仑并不准备承认刚即王位的费迪南七世。他以调解纠纷为名，把全体王室成员都召集到法国，先是强迫费迪南把王位还给他的父亲，进而威胁查理四世再次退位，并把他们分别软禁起来，而宣布自己的哥哥约瑟夫继任西班牙国王。这是一个骇人听闻的政治诈骗，它是在法军对马德里实行军事占领之后发生的。7月21日，约瑟夫到达马德里，开始法国波拿巴家族对西班牙的一段统治。西班牙国家和人民，由此陷入水深火热的武装斗争之中，被迫作出了巨大牺牲。进攻西班牙的大量法军，则长期跋涉于异国他乡，许多官兵为拿破仑的侵略战争献出了宝贵生命。

扑不灭的游击战烈火

法军赤裸裸的侵略行径，强盗式的军事占领，激起了西班牙人民的极大愤慨。他们不能接受法国佬的奴役和压迫，纷纷起来反抗。1808年5月2日，马德里的爱国者首先举起义旗，成千上万的群众拿起武器走上街头，同侵略者展开了英勇的搏斗。这次起义，尽管因为组织涣散和装备大缺而很快被镇压下去，但2000多平民的惨死却起到了唤醒人们觉悟的巨大作用。拿破仑废黜西班牙国王的消息传来，新任国王的随后到达，使得西班牙人民更加义愤填膺。各地人民纷纷拿起武器，到处掀起了反对法军占领的游击斗争。在人民英勇抗敌的感召下，忠于前国王的一些军队，以及各省的政务会（西班牙语称“洪达”），也大多参与了反法斗争的阵营，有的甚至起着组织抵抗的核心作用。随着事态的发展，各地的爱国者开始采取联合行动，相互配合打击敌人，从而不断发展着如火如荼的游击战争，使整个国家完全处于反抗法国侵略者的战争状态。

对于西班牙人民的愤怒和反抗，拿破仑是始料不及的，他原以为，属于波旁王朝世系的西班牙王官，早就腐朽不堪了。它的宫廷不睦，父子争权，宠臣弄术，已经把一个国家弄得混乱不堪。在这种情况下，他这个威震全欧洲的法国皇帝，只要略施小计，并派去十几万大军，一定可以轻而易举地把西班牙摄服。可是，他的算盘打错了，侵略政策和高压手段带来了严重的后果，在人民游击战争面前，向来号称不可战胜的法军，开始节节败退了。其中最突出的事例，是7月19日法军在拜兰地区的惨败。当时，杜邦率军南下，目标是想抢占西班牙南部地区，得手后再去攻取直布罗陀。西班牙的爱国将领卡斯特罗将军，率领2.5万余人，事先于安达卢西亚省占据希拉莫雷纳山隘等有利地形，在拜兰地区发动了对杜邦军的围歼战。由于交通线已被切断，在弹尽粮绝、饥渴难耐的情况下，杜邦走投无路，率领1.9万人投降。这个深被拿破仑器重的将军缴械投降，轰动了整个欧洲。它第1次打破了法军不可战胜的神话，显示了民族解放战争的巨大威力。尽管法军在其他地区也取得不少胜利，但拜兰之战激发了西班牙人民的斗志。此后，西班牙爱国者在各地纷纷出击，迫使法军各路分兵，疲于奔波，时有挫折，穷于应付。在游击队力量的打击下，约瑟夫忧心忡忡，被迫于8月2日撤出马德里。西班牙战场的情况顿时变得非常严峻和复杂了。

面对这一形势，拿破仑不得不亲自出马。他为此作了详细筹划：首先，指示西班牙境内的法军采取缓兵之计，牢牢固守战略要地以待援军到达，并作好再战准备；其次，抓紧时间安排好欧洲中部事务，并邀请沙皇亚历山大到埃尔富特来会谈签约，决定共同对付奥地利的政策，以解后顾之忧；接着，重新部署兵力，除留下7.5万余人驻守莱茵地区之外，命令第一、第五、第六军和3个骑兵师从德意志地区撤出，以最快速度进军比利牛斯半岛，并在巴荣纳新编一个攻城纵队，尽快作好战斗准备。这样，到11月5日，拿破仑便率领一大批随从，浩浩荡荡地奔赴西班牙前线。此时，他仍然是志得意满的，手中握有19万余人的大军（包括原先进入西班牙的三个军在内），认为很快就能收复马德里，而后挥军出击，歼灭所有的反抗者，一劳永逸地收拾好西班牙战场的残局。

由于拿破仑的到来，也由于法军的强大实力，分散作战的西班牙部队，特别是零星的游击队伍，当然无力阻止敌人的开进。12月4日，法军再次攻占了马德里。西班牙军民的抵抗力量在许多地方受挫和败逃。可是，挫折与失败并没有使西班牙人民气馁，广大民众仍然不屈不挠，团结奋战，坚持用游击战到处袭扰敌人，给法军以出其不意的打击。正如马克思所指出的那样，在西班牙土地上，“每一部分都洋溢着反抗力量。”

游击队的四处活动，使得法军不能派出信使，相互之间无法进行联络。拿破仑曾为此而发过哀叹，说“敌人游击队的活动实在难以捉摸”，说他们“突袭我的军事岗哨、辎重和信使的事件日益频繁”。正是西班牙人民这种灵活机动的游击战，把入侵的法军打得坐卧不宁。据说，当时在西班牙境内广泛地流传着一种《特殊问答》：“你是谁？上帝恩赐的西班牙人。谁是你的敌人？拿破仑。他从哪里来？他从罪孽中来。法国人怎么样了？原来是基督教徒，现在成了异教徒。西班牙人为他们服务将会怎么样？那就是叛徒，应该一律处死。杀死法国人有罪吗？不，按上帝旨意，罪有应得。”这种公开的宣传攻势，震撼人心的喊话问答，曾使法军官兵闻之丧胆，大挫士气。法军兵力上的优势，在敌人游击战的海洋中，终于失去了以往同正规军作战所显示的作用。

西班牙人民的游击战火越烧越旺。拿破仑对于这一难题也已束手无策。然而，正当他苦心谋划下一阶段的进剿行动时，欧洲腹地传来了新的消息，奥地利开始集结军队，准备对法国进行报复。拿破仑有些困惑，又面临新的难题：可能要进行两线作战，而主要战场自然是在欧洲腹地。于是，他顾不得眼前战场的残局，在西班牙停留不到 3 个月，于 1809 年 1 月匆匆离开瓦利阿多里德，把作战指挥权交给贝尔蒂埃，自己快速度赶回巴黎。

没有拿破仑坐镇的西班牙战场，随之又失去了有权威的统一指挥，从此更加陷入无法摆脱的困境。西班牙人民愈战愈勇，作战规模和成果都不断发展着。游击队和原政府军日益强大，在英国远征军的援助和配合下，经过延续六年的艰苦搏斗，拖住了拿破仑的几十万精锐部队（最多时达到 30 万人），连续挫败了法国著名元帅马塞纳、内伊和苏尔特等人的威风，最后收复了首都马德里。1813 年末，所有侵西的法军，终于被全部赶出了国境。西班牙人民恢复了战前的王国，并把王位奉还给了费迪南七世。从 1807 年法军入侵开始的半岛战争，真正成了敌人以任何烧杀手段都不能摧毁人民抵抗精神的战争，是西葡两国人民运用游击战手段赢得最后胜利的民族解放战争。

英国获得进攻法国的基地

拿破仑对伊比利亚半岛发动进攻，还有一个重要目的是阻碍英国势力向半岛的扩张发展。然而事与愿违。法军进占葡萄牙和西班牙后，英国政府有了借口，因而于1808年6月作出决定，派遣一支远征军进入伊比利亚半岛。其任务：最初不过是阻止法军占领大西洋沿岸的重要港口，后来随着形势的发展，远征军深入到半岛内地，支援和配合葡西两国的武装力量，共同开展反对拿破仑的战争。8月，英军中将阿瑟·韦尔斯利爵士受领远征军指挥职务，率军1.7万人，在葡萄牙的蒙德戈河口登陆，随后向里斯本进军。8月17日和21日，韦尔斯利两次大败法国朱诺统率的葡萄牙军团，进入里斯本，签署协定，迫使朱诺率全部军队由海路撤回法国。远征军的初战胜利，鼓励了英国人对于支援半岛战争的信心和欲望。由于掌握着制海权，英国海军能够自由地向比斯开湾和大西洋各港口运送兵员和武器弹药等物资，用以维持英国远征军和葡西两国开展抵抗运动。于是，英国与葡西两国在半岛的军事合作得以不断发展。

英国远征军在半岛参与抗法作战的历程也是随着战事的发展而几经变迁的。进退攻守，胜败得失，在斗争中有过不少波折。1808年秋，韦尔斯利获胜以后，英军迅速增加到了3.5万人。但是，他的指挥官职务被皇家近卫军老将约翰·摩尔爵士所取代。韦尔斯利返回本国继续担任他原先的行政职务。摩尔奉命进军西班牙，与前王国的政府军协同作战，抵抗法军的大举进剿。当年12月，英军3万余人顺利东进，在中旬连续占领萨拉曼卡、萨莫拉等地区，并在萨阿贡大败苏尔特军的骑兵部队。但由于拿破仑亲自率军支援，并切断其通往葡萄牙的退路，摩尔率军后撤，在拉科鲁尼境内作战时，不幸身负致命重伤。因此，英军对西班牙法军的第1次进击，最后遭到了失败。

1809年4月，韦尔斯利重新来到里斯本，接替亡故的摩尔担任英军指挥官。由于葡萄牙军很快与英军合编成旅，韦尔斯利实际上也成了葡军的司令。在以后的5年中，他多次领军出击西班牙，又多次退还葡萄牙休整，配合西班牙军队和人民进行了反抗法国侵略者的游击战争。1809年5—6月，韦尔斯利率领英葡军队出击，把苏尔特元帅率领的全部法军赶出了葡萄牙境内。7月，他同西班牙老将军库斯塔采取联合行动，取得了塔拉韦腊作战的巨大胜利。1810年，他挫败了马塞纳和内伊再次进攻里斯本的计划，使进攻的法军连遭失败而退。1811年，在弗温特斯德奥尼奥罗的战斗中，又一次打败马塞纳指挥法军的进犯，同时有一部分联军在巴达霍斯地区挫败了苏尔特部队的进攻。1812年，由于法国侵俄战争爆发，西班牙境内的部分法军相继调走，韦尔斯利率军向西班牙境内出击，在萨拉曼卡附近大败马尔蒙，使这位接替马塞纳担任前线统帅的著名元帅身负重伤而逃。他乘胜追击，进占马德里，但考虑到当时的战场形势复杂，认为还不到同法军进行决战的时候，便又主动撤回葡萄牙。

1813 年，随着欧洲战局的发展，拿破仑对西班牙的战事根本无力顾及，韦尔斯利制定了进攻西班牙法军的周密计划。他率领英葡军队出击，配合西班牙的政府军和游击队实行反攻。首先在维多利亚大败齐巴部队，迫使他们退向法国边境；而后在西法边境的比利牛斯山边区，连续重挫苏尔特部队，迫使法军全部退入法国本土。在此同时，他还协助前国王费迪南七世进行复辟，恢复了战前的西班牙王国。这样，由韦尔斯利率领的英国远征军，以同盟者的身份在西班牙王国境内同法军作战，同时也就获得了下一阶段直接进攻法国的可靠基地。1813 年 10 月，威灵顿（韦尔斯利此时因功晋升为威灵顿侯爵，不久又封为公爵，升为陆军元帅）从西班牙出发，率军北上，越过比利牛斯山，在法国境内作战，配合了第 6 次反法联盟对法国本土的进攻。

西班牙人民的游击战争，使法军遭受了重大的损失。当时流行着一种说法，法军在西班牙战场的不断损失，是长在法兰西帝国身上的一个“脓疮”，并终于化成一块“溃疡”。这块“溃疡”，不断地腐烂着，扩大着。它侵蚀了帝国的机体，消耗了大量的人力和物力，使得拿破仑的大量军队长期被困在伊比利亚半岛，使得拿破仑在尔后的年月里一直面临着两线作战的困境。法军所以失败，原因是多方面的，从总体上说，大体有以下几点。

一是侵略战争扑灭不了任何民族反抗压迫的革命怒火。拿破仑入侵葡西之战，采取了明火执杖的军事进攻和欺骗恫吓的政治讹诈手段，是一种赤裸裸的强盗行径。它公开违犯了国际公法和人类道义准则，从表面上看，似乎只是为了夺取王位和控制领地，为了某些经济利益，而实际上，却是对别国民族的生存权和自尊心的践踏，其最后结果，则是对别国广大人民群众的压迫和奴役。因此，它不能不引起被压迫民族和被掠夺人民的强烈反抗。半岛战争的事例表明，过去何等强大的法国军队，一旦师出无名，完全为了掠夺和压迫别的民族和人民去作战，结果也就丧失了以前那种无与伦比的作战能力。在这场侵略战争中，法军对于奋不顾身以求生存的反抗者,终究是砍杀不完,歼灭不了。他们面对四处蜂起、八方出击的游击队和游击斗争,最后也不免陷入困境,以致落得引火焚身。誓死反抗侵略和压迫的民族是永远不能用武力征服的,这是历史发展的逻辑。

二是英军的介入起了坚持抵抗的重大作用。在葡西人民反抗拿破仑入侵的战争中,英国远征军是一支重要的骨干力量。威灵顿率军进入半岛以后,对赶走葡萄牙境内的法国部队,加强和巩固葡萄牙的反侵略力量,曾起了决定性的作用。此后,他率军东进西班牙,对协助西班牙政府军和人民游击部队抗击法军的进剿,以及主动打击法国的驻防部队,也有不可磨灭的历史功绩。可以说,如果没有英军的介入,半岛战争的发展可能困难更大,战争胜利的到来也许要拖长一定的时间。事实表明,从 1809 年到 1813 年,在葡西境内打败法军进攻的大多数战斗中,差不多都有英军配合作战,有时还是他们起着主导作用。

三是法军缺乏坚强统一的领导,元帅们互不团结,不能协调一致地配合作战。半岛战争爆发以后,由于逐次增减兵力和调整部署,几经挫败和重新策划进攻,使得法军的领导体系和作战指挥屡经变易。开始时,以新任国王约瑟夫为名义上的总司令,茹尔当元帅当他的参谋长,两人都属平庸之非辈,在法军中根本没有威信。独立指挥各军单独作战的元帅们,压根儿瞧不起他们。对于来自马德里的命令和指挥,元帅们往往置之不理而各行其是。后来,马塞纳,内伊,马尔蒙和苏尔特等元帅,相继担任过指挥前线作战的统帅。他们各有特长,但历来不相统属,只是对拿破仑个人负责,而且彼此之间有不少私人恩怨,互争短长,各不服气。这种关系妨碍了他们在作战中的合作与支援。另外,伊比利亚半岛的地理环境也对作战指挥带来了不利影响。那里的山脉与河流使作战地区分成多块,相互隔绝,不利于军队的协调行动,但却便于各战区指挥官进行单独决策,各自为政。他们多从自己的方便出发采取作战行动,对于战场全局,以至整个战争的形势和利益,往往有所忽略。这样就造成了各区独立作战而缺少整体配合的局面。其所以如此,当然还是整个法军没有坚强统一的领导,是拿破仑军事领导体系中没有建立有效的机制,换句话说,只要拿破仑本人不在,他的军事机器就会发生故障。

第五次反法联盟与第四次法奥战争

1809年4月，奥地利为报3次失败之仇，主动向法国发起进攻。已把大部分军队投入西班牙战场的拿破仑，被迫进行两线作战。法军匆匆集结和走上前线，在4月中下旬连续实行五次进攻战，又一次迫使奥军放弃进攻而转入退却。法军乘胜追击，于5月13日再占维也纳。5月21—22日，双方争夺阿斯佩恩和艾斯林，法军首次败绩。拿破仑退守洛鲍岛，经过积极准备，复于7月4日夜巧渡多瑙河，随后赢得了7月5、6两日进行的瓦格拉姆会战。奥地利又一次战败投降。奥英两国结成的第五次反法联盟也随之破灭。拿破仑在这次战争中的战略部署和指挥艺术，特别是对主动进攻之敌抢先攻击和败而不乱的再战决策，仍然在战争发展史上留下了有益的经验。

1809年初的欧洲形势

1809年初，欧洲大陆又出现了变幻莫测的政治局势，战争风云重新翻滚起来了。人们翘首望着法国和西班牙，半岛战争拖困着大量的法军。尽管拿破仑亲自在前线督战，而法军仍然不断遭受挫折。看来，那里的战事是一下子结束不了的。葡萄牙和西班牙军民英勇抗法斗争的榜样，激励着一切渴望制服拿破仑的旧日王公，特别是那些被拿破仑用苛刻条约所束缚的战败者。欧洲列强之中，俄国暂时维持着与拿破仑结盟的关系，普鲁士还被压迫得喘不过气来，因而带头活跃起来的，是资产阶级掌权的大不列颠王国和志在复仇的奥地利帝国。

当时，掌握着制海权的英国，已经基本上克服了拿破仑实行“大陆封锁”给它造成的困难，并在经济上又有新的发展，因而现在反了过来，可以重新同法国争夺大陆的控制权。英国政府早在1808年秋即作出决定，派出远征军同葡萄牙军民并肩作战。在援葡抗法的名义下，韦尔斯利中将率领远征军在葡萄牙登陆，打败法国入侵部队，收复了里斯本。到1809年初，英国远征军已增加到4万人左右，不仅协助葡萄牙的游击部队积极防卫着本土，而且奉命进军西班牙，协助西班牙军民开展抗法斗争。英国人参与半岛战争的决心和行动，特别是远征军打败朱诺部队的重大胜利，对欧洲大陆的封建王侯，以及不满于法国革命和拿破仑统治的人们，产生了巨大的鼓舞作用。

经过3年休养生息的奥地利人，完成了重新整训军队的工作，正在扩军备战，决心要报3次大败特别是奥斯特利茨惨败的深仇。他们眼看拿破仑的一只手已经在西班牙战场被绊住，认为良机已到，决心尽快发动进攻，要同拿破仑进行又一次重大较量。因此，革命后的法国同奥地利之间的第四次战争，也就随着奥地利军队作战计划的执行而提上了日程。

路易十六被送上断头台，各国纷纷参加普奥联盟

共同的敌人与相互借重才能得到的利益，又一次把英国和奥地利联合起来了。它们为了打败法国，制服拿破仑，于1809年1月正式结成第五次反法联盟。英国提供若干财政援助，奥地利出兵打仗，以期重新改变欧洲的政治地图。

与此同时，法国内部的情况也在发生变化。本来，对于入侵葡西两国的战争，政府大臣中多有怀着不安情绪的。立法院主席戈塔内曾公开向拿破仑表示忧虑，说大家心里都“惶恐不安”。海军大臣德克雷在私下议论中，指说“皇帝疯了”，“他将自取灭亡，而我们所有的人都将跟他一起灭亡。”法军在伊比利亚半岛的失败，打击了拿破仑帝国的威望，加深了法国人对国家前途的担心。根据确切情报，整个一生“都在出卖那些收买了他的人”的前外交大臣塔列朗，和警务大臣富歇，正在联合起来，策划着如何出卖拿破仑。法国政局的发展，似乎很难预料。

对于欧洲政局的动荡，战争风云的涌现，拿破仑当然是有觉察的，并开始筹划对策。他在到西班牙去之前，专门约请沙皇亚历山大来埃尔富特举行会谈，希望俄国保证，在法奥之间再次发生战争时亚历山大站到拿破仑方面。然而，这位盟友并未明确表示态度。作为回答，拿破仑也在普鲁士问题上没有对沙皇作出保证。沙皇的冷漠说明了法俄联盟的脆弱性。俄国同奥地利、普鲁士之间的秘密勾结，拿破仑是非常清楚的。

他急于亲赴前线，就是要尽快收拾西班牙战争的残局，以便回头处理对付奥普俄的问题。

可是，到1809年初，欧洲形势的发展对拿破仑却更加不利了：半岛上的战争根本无法很快结束；英国远征军已由葡萄牙向西班牙境内开进；重新武装起来的奥地利正加快准备复仇；德意志境内开始发生反法骚乱；他的统治集团中也出现了惶恐情绪和叛离活动。总之，在整个大陆和法国内部，不安的因素在增长。拿破仑权衡利弊，下决心丢下半岛战争这个烂摊子，把作战指挥权交给西班牙国王约瑟夫，自己于1809年1月24日匆匆赶回巴黎，以便安抚和整顿内部，并准备对付奥地利的战争。

奥法双方走上战场

拿破仑返回巴黎，通过情报获悉奥军动态的最新消息，确信又一场战争已经不可避免。于是，他立即颁发征兵令，提前征召1810年度的新兵10万人入伍。同时下令各附庸国为他提供10万人的部队，预计在3个月内集结兵力约30万人，用于对奥作战。为了这一目的，法军在2—3月间紧张地进行了新兵入伍、接收补充和连队培训等大量工作。到3月末，原来只剩7.5万人的“莱茵军团”，便基本上完成了扩充和改编任务。诚然，由于补充的新兵太多而久经战阵的老兵大减，同时还新增了来自附庸国家约7万人的外籍士兵，法军的战斗力如何，能不能承担未来的作战任务，人们是有过担心的。

根据拿破仑的指示，扩充了的莱茵军团首先编成了五个军：第二军，下辖三个步兵师，一个骑兵师、共4.6万人，由拉纳指挥；第三军，下辖四个步兵师、二个骑兵师，共5.1万人，由达乌指挥；第四军，下辖四个步兵师、一个骑兵师，共3.5万人，由马塞纳指挥；第七军（巴伐利亚军），下辖三个步兵师、一个骑兵师，共3.4万人，由勒费弗尔指挥；骑兵军，下辖4个骑兵师，共6000人，由贝西埃指挥。此外，皇帝已于3月24日下令，将近卫军（步兵1.8万人，骑兵4000人）从西班牙前线调回。为了保护后方交通线和翼侧的安全，巩固占领地区，牵制奥军的行动，还决定组建第八、第九和第十军，分别由奥热罗、贝尔纳多特和路易·波拿巴指挥。

这样，拿破仑预计，到4月中旬，可以用来对奥作战的兵力将有约20万人。据他判断，奥军发动进攻的日期，可能要在4月15日以后，因此决定将法军集结地区选在累赫河西岸与多瑙河北岸沿线，以斯特拉斯堡为庄要补给基地，奥格斯堡和英戈尔施塔特为前进补给基地，利用多瑙河进行补给运输。当然，要完成新军的组建、调集和全部兵力的部署，任务非常艰巨，时间极为紧迫，还有敌情的变化未可预料。

事实上，局势的发展也确实出乎意料。法军还没有来得及按拿破仑的决心集中起来，奥地利军队就在卡尔大公的指挥下行动起来了。1809年4月9日，奥军不宣而战，首先发起进攻，走上了战场。

奥地利这次发动的对法战争，要比以往三次都得人心。这是因为，拿破仑的大陆封锁法令颁行以来，奥地利在商业和税收上遭到了巨大损失，商业资产阶级和全体消费者都产生了对拿破仑的不满情绪，因而一致拥护对法作战。同时，为了洗雪奥斯特利茨的耻辱，奥军在卡尔大公领导下进行了部分的军事改革。比如：军队设置了总司令部，把部队编成为军，建立了预备兵役制度，每个团的征兵区每年有接受3个星期义务训练的二个营，正式建立后备军，把分散的骑兵编成独立的师或团，把分散在步兵中的炮兵编成联队，组建了工兵团，改善了后方勤务，等等。经过改革的奥军，战斗力有很大提高。因此，它这次对法作战的准备是相当充分的，而且先于法军集中了兵力。

奥地利宣布对法战争时，全国共有兵力约50万人，除去预备队和各地守卫部队外，直接用于对法作战的兵力可达26万人，有火炮790门，编为九个军，由卡尔大公担任统帅。另有两个军约10万人作为预备队，分别驻守加利西亚和保卫维也纳。但后来真正参与对法作战的兵力则为19.5万人。当时，卡尔大公鉴于自己处于有利态势，决定采取先发制人的作战方针。他预计拿破仑不可能很快向多瑙河上游增加大量兵力，因而急速发兵，朝累赫河与多瑙河挺进，目的是把驻地分散的法军割裂开来，予以各个击破，争取在拿破仑赶到之前把法军打垮。为此，分兵两路：卡尔亲率主力约14万余人为左路，在帕骚与布劳瑙之间渡过因河，尔后向伊扎尔河开进，并分出一部开向慕尼黑；柯罗华特伯爵率5万余人为右路，沿多瑙河北岸向累根斯堡开进。

面对这种形势，法军的境况非常不利。拿破仑还在巴黎，军团的代理指挥官贝尔蒂埃也远在斯特拉斯堡。达乌的第3军正从纽伦堡向累根斯堡开进;拉纳的第二军在累赫河上的奥格斯堡;至于近卫军,则在从西班牙开来的途中。其他各军相距更远,有的连拿破仑关于迅速集中的命令都还没有收到。就这样,在4月9日奥军出击时,法军分散在约150公里的正面上,可用来作临战准备的时间非常有限,但是值得庆幸,志在先发制人的卡尔大公,却仍然没有改变过去那种徬徨犹豫、进军迟缓的老习惯。他的挥军挺进,只不过是缓缓地向西开拔而已。行军中不断地左顾右盼,既害怕法军很快集中,又担心防守维也纳的兵力薄弱。这样一来,他自己为拿破仑加速调动法军提供了宝贵的时间,同时又把自己的部队搞得非常疲惫。

法军初战获胜

奥军于4月9日而不是4月15日以后发动战争,对拿破仑来说是一次谋略上的失算,自然要给法军的作战部署带来颇大影响。但他作为战略家,仍然不失统帅风范,没有因为事出意外而惊慌失措,却又一次成功地利用了敌军指挥上的错误。尽管并未掌握敌军详情,拿破仑还是果断地下了决心,改变了原先在累赫河与多瑙河沿线组织防御的计划。他要变被动为主动,转守势为攻势,于是决定:以第三军与敌保持接触,缓缓地由累根斯堡撤退,沿多瑙河北岸退到诺伊施塔特,引诱敌人继续深入,在诺伊施塔特与第七军会合,尔后协同该军在正面抗击奥军的进攻;与此同时,以第二军和第四军分别从奥格斯堡出发,不顾连续行军的疲劳,迅速前出到伊扎尔河上的弗莱辛与兰夏特之间,攻击奥军的侧后,切断其后方交通线,造成有利态势,力求在多瑙河与伊扎尔河之间与奥军主力进行决战。

拿破仑于4月13日离开巴黎,17日凌晨4时抵达多瑙沃尔特,上午10时,给各军分别发出了改变原来决心的命令。当天夜里,奥军的四个军在兰夏特与弗莱辛之间渡过了伊扎尔河。与此同时,法军马塞纳指挥的第四军和拉纳指挥的第二军,开始从奥格斯堡开出。随着第四、第二军开出后,拿破仑将大本营前移到英戈尔施塔特。由于双方相向开进,而且彼此交错,法奥两军的战斗,紧接着便全面展开了。4月19日—23日,双方在阿本斯贝格、泰根、兰次胡特、埃克缪尔和累根斯堡,连续进行了五次血战,结果都以法军的胜利而告终。奥军总计损失约5万人，被迫从进攻转入退却，而法军虽然也有颇大伤亡，但却扭转了被动局面，转入了全面进攻。

初战的胜利，有效地检验了法军的战斗力。他们虽然新兵成分较多，而顽强勇敢的战斗作风却仍由老兵保持并传给了年轻的士兵们。拿破仑及时改变决心，采用正面牵制与侧后迂回攻击相结合的战术，对争夺胜利起了重大作用。这次被称之为“兰夏特行动”的大规模机动，同样是以部队不顾疲劳的急速行军和断敌退路为特点，是法军总体素质颇高的体现。还值得一提的是，在强攻累根斯堡时，拿破仑脚部负伤，但他深知统帅在关键时刻的作用，因而只作简单包扎，仍然继续指挥战斗，并严禁侍从人员向外泄露此一消息，以免扰乱军心。而在进入累根斯堡接受部下的欢呼时，他忍着伤口的剧痛，微笑着频频还礼。当然，这只不过是一件小事，但却反映了法国皇帝身居一线并以身作则的指挥作风。

法军初胜以后，立即乘胜追击。他们沿多瑙河而下，在艾别尔斯堡赶上了奥军的后卫部队，又取得一次胜利。但是，从奥军的作战行动可以看出，卡尔大公并不打算进行决战，因为他把维也纳城也主动放弃了。5月13日，法军没有经过激烈战斗便轻而易举地占领了奥地利首都。弗兰茨皇帝又像1805的那样，带领王室成员和政府，随着军队的撤退而逃跑了

争夺阿斯佩恩和艾斯林

但是事实表明，撤退的奥军并没有遭到致命的打击。在连续几次血战中，他们打得相当顽强和英勇，与马伦戈和奥斯特利茨作战的情况相比，应该说是大有进步。在卡尔大公的统率下，几次败退都是有秩序地撤走的。这一次，卡尔大公把部队从维也纳撤出，退到多瑙河左岸，其意图非常明显，那就是不愿意在首都附近决战，而有着新的预谋。卡尔深知，旷日持久对拿破仑不利，因而在撤退时毁掉了多瑙河上的所有桥梁，准备作持久的周旋。而拿破仑呢，他想再打一次奥斯特利茨式的会战，于是决心尽快渡河，寻求与奥军决战的机会。

在维也纳附近和下方，多瑙河被一些小岛分割了，形成几条支流。河中的岛子很多，其中最大的一个叫洛鲍岛。该岛与多瑙河左岸之间的河流比较狭窄。河的右岸这边是一层浅滩，河床平缓，并有两个小岛把大河分成为3条流

速比较缓慢的支流。河对面，也即是左岸大约 3 公里的地方，一东一西地并列着两个小小的村庄，分别叫做阿斯佩恩和艾斯林。撤过多瑙河的奥军，就在这两个小村庄后方的高地上组织防御，其阵地正好俯瞰着附近一线的多瑙河沿岸。

拿破仑决心渡河，并选择了经由洛鲍岛过河的路线。这是因为，要想渡过河去，在维也纳大桥被炸毁以后，通过洛鲍岛南侧的 3 条支流，尔后再由洛鲍岛渡过另一条支流，是现地最可行的路线。为此，拿破仑动用了 68 条大船和 9 个大木筏，在洛鲍岛南面的 3 条支流上架设起浮桥。5 月 17 日，法军安全地渡到了洛鲍岛，仅用四天时间就完成了渡河的第 1 步任务。随后，拿破仑命令在洛鲍岛北侧的多瑙河主流上架设轻便舟桥。由于缺乏制式材料，舟桥只能架成一座。21 日清晨，法军开始从洛鲍岛渡河。拉纳的第 2 军奉命先行，其后是马塞纳的第 4 军。第二军渡过河后，即刻抢占阿斯佩恩和艾斯林，以掩护后续部队继续渡河。

法军第二阶段的架桥和渡河行动，完全是在对岸奥军的监视之下进行的。卡尔大公看到，法军在洛鲍岛与左岸之间这个水流湍急的多瑙河主流上，只架设了一座轻便浮桥，步兵渡过该桥尚且小心翼翼，骑兵和炮兵要通过它，其困难就不必多言了。据此，卡尔决定，先不忙于发起攻击，待到法军渡过一半兵力之后，再迅速毁掉桥梁，力求全歼已经渡过河来的大约一半法军。他随即下令，在河的上游准备好装上重物和纵火物的船只，以便在适当的时候由上游放下这些船只，一举冲毁法军的舟桥。为了不致暴露意图，他还命令主力注意荫蔽，暂时躲在阵地内，只以部分骑兵佯作抵抗，并逐次后退以引诱法军慢慢深入。

5 月 21 日，中午 12 时左右，拉纳军的两个骑兵师和马塞纳的四个步兵师，共约 3 万多人，已经渡到了河的左岸。拿破仑本人就在第 1 批过来的部队当中。对于奥军的沉寂，他开始感到有些疑惑，但并不了解奥军主力是否就在附近，于是命令法军抢占阿斯佩恩和艾斯林，加紧构筑工事。直到下午 2 时左右，奥军才突然地采取行动。卡尔亲率奥军 8 万余人，对 3 万余名法军陡然发动进攻，其主要攻击方向，正是指向阿斯佩恩和艾斯林两个村庄，借着骑兵的掩护，奥军的火炮在阿斯佩恩和艾斯林之间占领了有利的阵地。这些阵地多是石质建筑物和有围墙的花园，便于以火力威胁正在坚守阿斯佩恩和艾斯林的法军，支援步兵和骑兵的冲击。这样，双方便围绕这两个居民地展开了激烈的争夺战，其攻击的猛烈程度和防御的顽强程度，在战史上几乎都是没有前例的。

在争夺过程中，两个居民地曾经几次易手。当时，奥军展开在居民地之间的火炮，给法军造成了很大伤亡。为此，拿破仑集中了已经过河的所有骑兵，决心搬掉这些火炮。经过几场拼搏，法军骑兵受挫，而奥军则进一步向河边压挤过来了。恰在这个时候，卡尔大公按其预定计划，利用阿尔卑斯山雪水融化而不断上涨的河水，从上游放下装有纵火物的船只，毁掉了法军与洛鲍岛之间惟一的一座舟桥，完全切断了法军后援、补给和撤退的道路。对于两个居民点的争夺，一直持续到夜幕降临。法军在左翼和中央的部队，都被奥军逼到了河边，只有右翼顶住子进攻，艾斯林仍然掌握在拉纳手中。待到天黑，双方只好暂停战斗。

拿破仑抓紧夜间时光，迅速组织力量修复舟桥，并把滞留在洛鲍岛上的法军调过河去，增强了北岸的部队。到天亮时，北岸的法军增到近 7 万人。5 月 22 日，双方继续争夺阿斯佩恩和艾斯林。战斗一开始，奥军攻克了法军控制的艾斯林，而法军则重新夺回了被奥军占去的阿斯佩恩，真是巧妙的调换。尔后就展开了争夺这两个居民点的拉锯战，拼搏愈演愈烈，双方都用刺刀冲杀。最后，两个村庄都落到了奥军手中，奥军占领两个居民点后，立即将火炮机动上来，凭借有利地形，从左右两翼对法军进行交叉射击，迫使法军开始后撤。

可是，拿破仑并不甘心失败。他曾试图从中央突破，以求扭转被动局面，于是，集中了大约 2 万名步兵、200 门火炮和几乎全部骑兵，形成一个大纵队，命令拉纳率领，从战线中央部位实行孤注一掷的进攻。攻击开始时，眼见发展顺利，曾经在战线的中央打开一个缺口，并已推进到奥军纵深中的预备队阵地。法军似乎又有了转败为胜的希望。然而，卡尔大公这一次却表现得异常的冷静和沉着。他迅速地把预备队的掷弹兵和骑兵统统调了上来，很快就制止了法军向纵深和两翼的扩张。法军遭到了敌军预备队的反击，密集的纵队不得不停止前进。这时，奥军迅速而又充分地利用了对它有利的时机，集中炮火对法军的密集纵队进行集中射击，并以骑兵实施猛冲猛杀，终于迫使法军仓惶后退。奥军得势，乘胜追赶，并从法军右翼对整个战线进行迂回，用炮火集中轰击法军通向洛鲍岛的舟桥，使得成群成群的法军士兵倒毙于桥头。

当奥军步步逼进、法军逐渐后撤的时候，又一个灾难性的消息冲击了法军。架设于洛鲍岛与多瑙河右岸三条支流上的浮桥，又被奥军乘洪水放下来的树木和装载重物的船只冲毁了。这样一来，法军由洛鲍岛到多瑙河南岸的道路，由维也纳提供补给物资的交通线，一下子被破坏了。看到部队惨重的伤亡和奥军愈来愈猛烈的攻势，听到浮桥被冲毁的消息，连久经战阵的将军们，也都感到不寒而栗。可是，如同在艾劳作战时一样，拿破仑却丝毫不以为意。他毫不气馁，沉着地指挥着战斗，又一次用自己钢铁般的意志稳定了部队。

退守洛鲍岛后的应变措施

然而，战局的发展毕竟对法军极为不利。眼见二天的作战已经付出重大代价，而且一时很难有取胜的把握，士兵们实在是疲劳不堪，加之有可能长时间失去与右岸的联系，拿破仑终于作出了艰难的抉择：后撤。5 月 22 日下午 2 时左右，他命令马塞纳率部担任后卫，全军退往洛鲍岛。马塞纳指挥的后卫战是打得非常顽强的，战斗一直延续到深夜，掩护最后一批法军撤上了洛鲍岛。

著名的阿斯佩恩艾斯林争夺战就此告一段落。在这次作战中，法军损失了大约 3 万人（一说 4.4 万人），奥军损失 2 万人左右（一说是 3.5 万人）。奥军这次在首都城下，而且几乎就在首都的视界以内所取得的胜利，是一次真正的胜利；敌人惨遭挫败，士气沮丧，被围在洛鲍岛那一小块地方。拿破仑自从统兵作战以来，这是第一次遭到真正的失败。

法军失败的消息立即在欧洲引起了强烈的反响，有人欣喜，有人担心，更多的人都在拭目以待，观察着事态的进一步发展。除了奥地利之外，普鲁士、意大利和德意志其他地区的一些农民，也都自发地组织起来了。他们分散地，但又是坚定地进行着反抗法国占领军的起义。霎时间，欧洲的政治局势泛起了波澜。拿破仑静观着事态的发展，并采取了谨慎对待、果断处理的政策。他深知，只有经过一次胜利的会战，彻底征服奥地利，才能挽回阿斯佩恩失败的影响，稳住整个欧洲大陆的政局。

为了应付当前形势，拿破仑采取了

各种紧急措施。首先，巩固和稳定欧洲大陆的秩序。他下令各地的法国占领军大力镇压农民起义。同时，颁布了所谓的“维也纳法令”，废黜并逮捕了罗马教皇，因为教皇庇护七世和他的红衣主教们借阿斯佩恩战斗大肆宣传，说什么上帝对拿破仑进行惩罚，说凌辱教会的暴君快要完蛋。拿破仑对他来了一个针锋相对，宣布把罗马城和教皇的一切领地完全并入法兰西帝国的版图，剥夺了教皇的一切特权。

其次，大力整顿战败的军队。为了鼓舞士气，提高官兵争取胜利的信心，拿破仑频繁地到各军去巡视，对士兵发表演说，使他们不仅从消沉的情绪中解脱出来，而且还焕发出积极求战的激情。他每到一处，都要特别询问部队的生活，力求使部队得到充分的休息和给养。当然，在那时的现实条件下，他最为操心，而且最为紧迫的任务，还是军队人员与装备的补充问题。于是，一个个的命令和指示从大本营中发出，不断地传送到欧洲的各个角落。随后，一批批的兵员、装备和给养物资，也源源不断地从各个附庸国和法国本土运上了前线。这样，在6月份，大约有2万名步兵、1万名骑兵、6000名近卫军和大量的火炮、弹药等，陆续补充到了部队。待到6月底，各军的损失已经全部得到了补充。

第三，调整指挥体系。法军得到补充以后，拿破仑对其编成和指挥官进行了适当调整。由于拉纳在阿斯佩恩战斗中阵亡，他任命乌迪诺接管第二军，而达乌和马塞纳仍然指挥第三军和第四军。新成立了骑兵军和第九军，分别任命贝西埃和贝尔纳多特担任指挥官。除了留下2个军驻防维也纳，以负责掩护主力、保障侧后的安全和后方交通线外，把欧仁·博阿尔内指挥的一个军、马尔蒙指挥的一个军以及巴伐利亚军等，统统调上前线。这样，法军将可用于直接进攻的总兵力，又达到18.7万人，火炮接近550门。有了这些兵力，拿破仑又可以寻求决战了。

双方重新选择战场

正当法军在洛鲍岛和多瑙河南岸积极备战的时候，卡尔大公也在重新筹划下一步的军事行动。由于阿斯佩恩和艾斯林地区离多瑙河岸太近，而且也太暴露，卡尔决定将奥军主力稍向后撤，选择一个有利阵地，以待法军再次来攻。这个阵地很快就被他找到了。原来，阿斯佩恩和艾斯林的东北部，就是一个叫做马尔赫法尔的平原。这个平原东西宽达60多公里，南北长约40公里，北端由一块自西向东而且成弧形的高地所环抱，其西端延伸到了多瑙河北岸。有一条叫做鲁斯巴赫的小河由北向南流来，从高地的中间穿过，又沿高地南缘流去，差不多是与多瑙河平行而转向东南方。在鲁斯巴赫河向东南转弯的地方，几乎是在弧形高地的顶点位置上，有一个居民地叫瓦格拉姆。

奥军主力从阿斯佩恩和艾斯林撤出后，来到了瓦格拉姆。卡尔大公看中了这块地方，立即命令部队停驻下来，就地组织防御。当时，卡尔选择这个防御阵地，也是费尽心机的。其左翼从瓦格拉姆伸展，向东南沿鲁斯巴赫河北岸部署，在大约7公里的地段上，配置了三个军和奥军的大部分骑兵。右翼也以瓦格拉姆作起点，沿高地向西南延伸，一直伸到多瑙河岸边，其正面约13公里；卡尔计划用四个军在这个地段组织防御，同时派出部分兵力前出到阿斯佩恩地区，占领前哨阵地。这样一来，瓦格拉姆便成了奥军左右两翼的结合部，实际上是整个部署的要害所在。

卡尔大公作这样的部署，是有其明确目的的。他确实选择了有利地形，企图依托河流和高地，构成一个形同聚能罩式的弧形防线，等待法军主动来攻。他设想，待法军落入陷阱，并受到一定的消耗之后，即可挥动大军，从两翼向法军的侧后出击，将敌军全部歼灭。可是，这样的部署却产生了一个致命的弱点，那就是把手中所有大约13.6万人的兵力作了平均分配，因而留不出可供急用的预备队。卡尔是发现了这一缺点的，因而曾发出急令，向各处调兵，并限令他的弟弟约翰大公尽快赶到战场参加战斗。约翰大公率领着1.5万人，当时驻守在维也纳以东的布拉迪斯拉发，从那里开上战场约有三天行程。这一情况表明，奥军的部署一开始就隐藏着祸根。

卡尔大公的上述企图和部署还潜伏着另一种危险性，那就是以假设作为根据。据他设想，法军如果发起进攻，还像阿斯佩恩作战那样，从洛鲍岛上北渡多瑙河。因此卡尔确定的主要防御方向，仍然是阿斯佩恩这个方向。这个判断似乎颇有道理，因为上次的战斗就是在这里展开的，而法军也对这里的地形与河床情况比较熟悉，并在这里架有浮桥。总之，卡尔对于法军的渡河地点和可能的进攻路线，单凭眼前的一点经验就作出了主观判断。

拿破仑会不会按卡尔大公的设想采取行动呢？这位杰出的统帅，久经战阵的老狐狸，在作战中早已形成了一条坚定不移的原则，那就是决不做敌人可能料到的事情。是的，法军要发起进攻。首先要克服多瑙河。障碍是要克服的，但不一定重蹈上次的老路，不必重复以前的做法。如何才能使10多万大军隐秘而迅速渡过河去，并在敌人预料不到的地点打击敌人，确实是使拿破仑费尽心机的问题。为了选定出敌不意的渡河地点，拿破仑和马塞纳元帅换上士官的服装，沿着洛鲍岛进行了仔细的勘察。他们亲自查看了多瑙河的河床、流速、沿岸地形，以及敌方部署等情况。根据现地勘察的资料，拿破仑决定：将渡河地点选在下游，即离上次渡河点约4公里的地方。具体地说，上一次的渡河点是在洛鲍岛的北端，这一次则移到了岛的南端。

根据这一决心，拿破仑制定了新的计划：以一部兵力在阿斯佩恩和艾斯林正面进行佯动，把奥军主力吸引到这个地段，而使主力在新选的渡场渡河。渡河利用夜暗掩护，分三个波次进行。主力渡河以后，分出部分兵力实施正面攻击，其余兵力迂回奥军防御阵地的左翼，争取在那里首先达成突破，而后进行横扫敌阵的卷击。为此，拿破仑在随后发布的命令中，将渡河序列作了如下安排：第一波为达乌、乌迪诺和马塞纳的三个军；第二波为欧仁·博阿尔内、贝尔纳多特和马尔蒙的三个军，以及近卫军和巴伐利亚军；第三波为贝西埃指挥的骑兵部队。同时，拿破仑决定：以一个步兵师和大约100门火炮留守洛鲍岛，充作预备队，一旦作战失利，则充当掩护部队。

法军渡河与奥军反击

1809年6月30日黄昏，根据拿破仑的命令，马塞纳派出一个师在阿斯佩恩当面的浮桥旧址开始渡河，进行佯攻。佯攻行动进展顺利，法军没有遇到抵抗就轻松地渡过了多瑙河，随后在那里大张声势地架设浮桥，开辟渡场。驻守阿斯佩恩前哨阵地的奥军，没有进行骚扰，只是加固工事。这是因为，根据卡尔大公的计划，要把法军诱到高地面前，进到鲁斯巴赫河一线，使他们自行落入陷阱。奥军统帅的这一谋划，实际上对法军渡河起了间接的保护作用。卡尔万万没有想到，他判断上的失误竟促成了敌军佯动阴谋的实现，并使十几万法军随后在一夜之间便顺利地渡过了面前这条欧洲大河，而其渡河地点不在旧址，却对准着他的暴露翼侧，立即对他的左翼构成了严重威胁。

法军准备就绪，只是等待时机。有利的时刻终于来到。7 月 4 日夜晚，电闪雷鸣，风雨交加。法军利用事先备好的渡河器材，在预定地点迅速架好了 6 座浮桥。按照拿破仑的命令，部队分成三波，向多瑙河北岸开进。与此同时，佯动部队在旧浮桥处架起火炮，对准阿斯佩恩附近的奥军阵地连续进行轰击，造成了法军将从旧址渡河的假象。7 月 5 日拂晓，法军第一波的第三、第二和第四军全部到达多瑙河北岸，随即按照预定计划，逐次展开成扇形式的战斗队形，缓缓地向奥军阵地推进。下午 3 时左右，法军作战部队全部完成了渡河任务。

就在 7 月 5 日，在曙光升起的时候，奥军已发现了法军的大批渡河，情况与卡尔的预计已有明显的不同。这时，卡尔大公如能抓住战机立即发起反击，那么对立足未稳的法军来说，肯定会面临极严重的困难，甚至要遭受最重大的杀伤。可是，卡尔大公这一次显得异常的稳重，没有像阿斯佩恩作战那样积极进行反击，其原因是想诱使法军继续深入，以便将他们投进陷阱。但战斗的发展并不是按卡尔的设想进行的，激烈的战斗首先发生在法军的左翼，即在阿斯佩恩地区。法军的左翼主要是马塞纳第四军的一个师。该师从旧浮桥处渡过河后，进到阿斯佩恩附近，在那里同奥军前哨部队发生了激战。几经争夺，奥军被迫放弃阵地，撤回到了瓦格拉姆以西的右翼防线。

下午 3 时过后，法军开始全线推进。在右翼，按照渡河的三个波次，分成前后三线。当第一线部队逐渐展开，拉大间隔时，第二线部队随即进入第一线部队的展开位置。直到傍晚 6 时左右，右翼部队终于推进到了奥军防御阵地的前沿。有人向拿破仑建议，由于天色快黑，似应等待第二天再发起攻击。拿破仑考虑，约翰大公的 1.5 万名奥军，就在东面不远的布拉迪斯拉发地区，随时都可前来增援，因而应该不失时机地马上发起攻击。这样，尽管时间很晚，而且缺少详细的侦察和炮火支援，法军仍然于晚 7 时以密集队形对奥军长期准备的阵地发起了攻击。

按照预定计划，法军应集中兵力攻击瓦格拉姆以东的奥军左翼。可是，在作战过程中，法军的行动却没有按计划发展，进攻的部队未能有效地对奥军左翼进行迂回，基本上形成了正面攻击。达乌军、乌迪诺军和贝尔纳多特军反复实施攻击，都没有任何进展，三个军遭到了很大的损失。最后，贝尔纳多特军中的萨克森师在损失面前坚持不住，开始向后溃退。由于该军位于三个军的中央，他们一撤退，达乌军和乌迪诺军的翼侧也就立即暴露了。此时，天色已经完全昏黑。拿破仑不得已下了停止攻击的命令。在第一天几个小时的战斗中，奥军顽强地坚守着阵地，而法军却受到了很大的损失。看来，拿破仑有可能重蹈阿斯佩恩作战的覆辙。卡尔大公心中窃喜，认为自己可以按预定计划打败法军。

法军把主要兵力都集中到了奥军的左翼方面，这就使得自己的左翼非常空虚。在阿斯佩恩附近，只有马塞纳军的一个师，其后面是多瑙河，纵深有限，回旋余地非常狭小。卡尔大公看到了这一弱点，决心加以利用。他以左翼继续抗击法军的进攻，而将四个军的兵力投向右翼，对法军空虚薄弱的左翼实施反击。反击的主要目标是阿斯佩恩，首先歼灭进到那里的法军，尔后由此向左卷击，即转过身来沿多瑙河河岸而下，切断南面法军主力与其后续部队的联系，从而包围在左翼当面实施进攻的法军主力部队，最后，只等约翰大公的援军从东面开到，即可共同歼灭被围的法军。

瓦格拉姆之战

1809 年 7 月 6 日拂晓，卡尔大公下达了发起反攻的命令。奥军很快击退了阿斯佩恩以北及其以东的马塞纳军，将该军的四个师全部压退到了阿斯佩恩和艾斯林两个居民地地区。法军的左翼和侧后完全暴露在奥军面前了，马塞纳军处于极端危险的境地。

奥军突然发起反攻，使拿破仑大吃一惊。当时，进攻奥军左翼阵地的部队又一次败退下来了。形势变得非常严重。事情已很明显，摆在拿破仑面前的只有两条路：一是抽调预备队和右翼部分兵力去增援马塞纳军，抗住奥军优势兵力的突击；一是利用奥军集中兵力于右翼实施反击而左翼防线暴露，中央瓦格拉姆地段兵力薄弱之机，采取敌进我进的办法，大胆地向敌中央瓦格拉姆阵地进行攻击，进而席卷敌军整个防线。走第一条路，需要临时调动预备队，必须经过一段时间的机动和准备，待到军队进入战斗，不仅费时费力，而且成功的把握不大，或许可能暂时阻止敌人的进攻，但难以达成彻底击败敌人的目的。选择

第二条路，当然要冒一定的风险，左翼一个军处在奥军优势兵力的进攻下，有可能被击溃，果然如此，则整个部队的后路也有可能被切断，但是，这个选择是积极的，一旦得手，就可能彻底改变战场的形势，动摇奥军的基础，从而有助于达到会战的目的。这是因为，瓦格拉姆是联结奥军左右两翼的枢纽部位，如果攻克这个中央阵地，不仅可以直捣奥军右翼反击部队的侧后，起到解救法军左翼的作用，而且可以向奥军的左翼实施卷击，并乘势向纵深发展进攻。

经过冷静思考，反复权衡，拿破仑终于果断地改变了原定决心，放弃以主力攻击奥军左翼的计划，立即把原定进攻左翼的全部兵力调向敌中央部位的瓦格拉姆。同时，命令马塞纳军不惜一切代价扼守阿斯佩恩和艾斯林地区，务必保持法军左翼的稳定，使主力可以放手发起进攻。为了保证法军右翼的安全，并使进攻瓦格拉姆的部队没有后顾之忧，拿破仑又命令原来负责监视约翰大公部队的达乌军，继续攻击奥军的左翼防线，首先担负牵制任务，如果有所进展，则从右侧向瓦格拉姆发展进攻，配合主力行动，对敌形成钳形攻击态势。

7月6日上午，法军进攻瓦格拉姆的号角吹响了。在长时间的炮火准备之后，见西埃率领骑兵首先发起冲击。随后，其他各军相继展开进攻。与此同时，达乌军也在右翼渡过了鲁斯巴赫河，突入敌人的阵地，并开始向瓦格拉姆方向突进。奥军打得相当顽强，表现出了在以前还从来没有过的战斗力。不过，法军的正面攻击非常猛烈，加上侧面的夹击来得突然，奥军开始支持不住，队伍中出现了混乱现象。当时，奥军在右翼进行反击的部队也面临了困难。他们的正面摆得过宽，以致兵力分散，攻击不能集中，而且缺少预备队，无法保持连续进攻的能力。与此相反，法军的马塞纳军则进行了顽强的阻击，他们退到阿斯佩恩和艾斯林地区以后，终于站住了脚跟，使得进攻的奥军最后停留在居民地前，再也无力前进。

经过多次的搏斗和反复的争夺，战场形势开始发生变化。法军逐步发展攻势；奥军被迫全线后退。到下午4时，卡尔大公得知，他所望眼欲穿的援军，即他弟弟约翰大公的那1.5万部队，还远在10多公里以外，根本不可能靠它来挽回危局。同时他也看到，法军的攻击异常猛烈，原定把法军包围歼灭的计划已无法实现。是的，他使法军钻进了鱼网，但却拉不起网来，反而被敌军冲破了网底。这样，继续战斗下去不仅毫无意义，而且可能招致全军惨败。基于这个判断，他命令全军撤退。

7月6日房晚，奥军开始撤出战场，除了有些小部队溃逃之外，大部分军队都保持着原来的队形。它留给法军的战利品，只不过是火炮9门和军旗1面，仅有部分伤员被俘，没有负伤而当俘虏的人寥寥无几。在这场大搏斗中，法军胜利了，但付出的代价却是高昂的。拿破仑已经把所有的预备队都投入战斗，再也没有能力实施追击了。这一仗，奥军损失约2.6万人，法军损失在3万人以上。由于双方参战的火炮都在400门以上，死伤多半都是炮火造成的。

瓦格拉姆一战，完全打掉了卡尔大公战胜拿破仑的信心。他对战争的前途感到绝望。7月11日，奥皇弗兰茨二世派出使者，向拿破仑请求休战。拿破仑欣然表示同意，但提出了极为苛刻的条件。按照拿破仑的要求，凡是法军在休战时刻已经到达的地方，哪怕只有几名士兵到达，奥军都要撤走，但在最后签订和约之前，奥军却要留在那里作为人质。对此，奥皇不得不表示同意。

随后，双方在维也纳的申布伦宫开始订约谈判。拿破仑开出的条件是：奥地利必须割让一部分土地给法兰西帝国；割出另一部分土地分给巴伐利亚王国、华沙大公国和俄罗斯帝国；同时付出1.34亿金法郎作为战争赔款；将军队的人数限制在15万人以内；继续执行大陆封锁政策，同英国断绝一切关系；保证不干涉西班牙、葡萄牙和意大利各国的事务。尽管奥地利并没有完全战败，但拿破仑作为胜利者却毫不让步。经过多次协商，奥地利讨价还价，恳求放宽一点条件。拿破仑直报拖了三个月之后才故作姿态地表示一点宽容，同意将战争赔款减为8500万金法郎，而对于土地的割让只作一点象征性的让步。

1809年10月14日，法奥两国签订了《申布伦和约》，正式结束了第四次法奥战争。随着奥地利的失败与和约的签订，奥英两国的第五次反法联盟也就彻底瓦解了奥地利想要摆脱拿破仑控制的战争尝试，又一次遭到了失败。

滑铁卢战役

拿破仑是历史上最负盛名的资产阶级军事家，一位身经百战的军事统帅。虽然他后来在圣赫勒拿岛流放时回忆说："我真正的光荣并非打了40次胜仗，滑铁卢之战抹去了关于这一胜利的回忆”，但是事实上，他的胜利记录和军事成就，盖过了以往历史上所有著名的军事统帅，并给以后的军事统帅们以深刻的影响。

滑铁卢战役是拿破仑一世同英、俄、普、奥等组成的第七次反法联盟之间的一次大规模会战，战争发生于1815年，战场在今天比利时境内的布鲁塞尔南边小村滑铁卢。这是拿破仑指挥的最后一次大会战，这一战，法军失败，终结了拿破仑的政治生命。

这次战争是这样打起来的：1815年初，被放逐于厄尔巴岛的拿破仑，得悉在维地纳开会的反法联盟各国之间由于分赃不均而闹得剑拔弩张，几乎决裂，而法国国内人民对波旁王朝的封建复辟和反攻倒算十分不满，便决定乘机再起。2月26日，拿破仑率旧部1050名官兵，分乘6艘小船，逃离厄尔巴岛，顺风飘然北去。3月1日抵达法国南岸，在儒昂湾登陆，开始向巴黎进军。沿途所到，守军和派来阻击的军队，大多是拿破仑的旧部，他们不是倒戈相向，就是欢呼归附。从枫丹白露到巴黎的大路上，成群结队的农民夹道欢迎，都想看一看这个穿灰大衣的人，3月20日，拿破仑未放一枪，进入巴黎。路易十八及其朝廷仓皇离京，向比利时方向遁逃。

拿破仑东山再起的消息使维也纳宫中的与会者惊得目瞪口呆，争吵停止下来。反法联盟各国的全权代表拟打了共同宣言，把拿破仑称为世界和平的扰乱者和敌人，“不受法律保护”。他们千方百计要在拿破仑集中全部力量之前就把他打倒。3月25日，英、俄、普、奥、荷、比等国结成第七次反法联盟，拒绝拿破仑和谈的要求，开始用兵。

反法联盟迅速集结70万重兵，准备分头进攻巴黎。集结在莱茵河方面的17万俄军和25万奥军，在巴克雷指挥下，向洛林和亚尔萨斯推进；在意大利方面，奥一撒丁联军6万，由弗里蒙特指挥，在法意边境集结；普鲁士布吕歇尔元

拿破仑指挥法军大胜土耳其军队

帅率12万普军、大炮300门集结于沙勒罗瓦与列日之间;英国的威灵顿将军统率一支由英、德、荷、比人组成的混合部队约10万人,炮200余门,驻扎在布鲁塞尔与蒙斯之间。此外,联盟军还有预备队30万人。英军和普军在6月中旬集结完毕。联盟军约定在6月20日左右开始共同行动。拿破仑方面,军队以惊人的速度进行集结,到6月上旬末,约有18万训练有素的军队集结在皇帝的鹰旗之下。拿破仑希望6月底能有50万战士可以上阵。

这次战争,从联盟国方面来说,是不义的、侵略性的战争,但是反法联盟继续打着欧洲各民族反拿破仑压迫的旗号煽动这种民族情绪;从法国方面看,是防御性的卫国战争,但是拿破仑却背着欧洲各民族的压迫者这个历史包袱,无法摔脱。拿破仑想唤起法国人民在大革命初期的爱国热情,但又不敢放手让民众起来。拿破仑只能用不到20万的兵力去对付百万联盟军,军事上处于不利地位。在这种情况下,拿破仑决定采取以攻为守的战法,争取主动。拿破仑认为当时威胁最大的是比利时方面的英、普军队,因此,在莱茵河、意大利方面,曾署一部分兵力取守势,实行牵制;在西班牙方面,派少量兵力扼守要塞;主要兵力集中于比利时方面。拿破仑计划在联盟军尚未会齐的时机,先击溃英普军。

6月12日,12.5万法军(包括近卫军2.8万人);炮300余门,向比利时方向进发。拿破仑先用5万兵力牵制英军,主力7万余人于6月16日在林尼附近同普军主力8万人接战,拿破仑力图把英普联盟军切开,然后各个击破。这一仗从下午2时起,一直处在激战状态,当时乌云密布,暴雨倾盆,只有闪闪电光才照亮硝烟弥漫的战场。当雷雨过后,在落日的余辉下布吕歇尔才发现了。普军防线已被突破,普军被切成两段,要想集结已经来不及了。普军全线崩溃,布吕歇尔也被摔伤。拿破仑以为普军已被击溃,命令法军休息一日,才令格鲁希元帅率3万余军尾追普军。自率主力转攻英军。正因如此,普军得以收拾溃散之众,向瓦弗方面重新集结。

威灵顿率兵六万余人,大炮一百五十六门,布阵于滑铁户村南。这个阵地后方有圣让山作依托,阵地前地势低洼,右侧有坚固的乌古蒙堡垒,中央有圣拉埃村。左侧有莫斯安、拉埃、帕佩罗特等小村及沼地和灌木林。山冈背后有一条低陷的横路,预备队和骑兵荫蔽在这里。

号称“铁公爵”的威灵顿，长于防守而短于进击，特别是他同拿破仑这样的对手交锋，加倍谨慎，着重防守。他正确估计到，只在挫败拿破仑的进攻，就能争取到胜利。因为拿破仑不再可能有后援。

6月18日，拿破仑率军7万，炮246门，追击英军，在滑铁卢附近扎营。拿破仑将总预备队位于中央后方。司令部设在李格芬村。对于英方阵地，拿破仑侦宗得不够清楚，但他正确判断，英军阵地的弱点在中段。他决定佯攻英军右翼，重点攻中段。上午11时，法军开台攻击英军右翼乌古蒙，形成对峙。午后1时，拿破仑正想主力猛攻中段，但飞马来报，布吕歇尔集结的普军一部来援，这位具有“屡败屡战”顽强精神的布吕歇尔，迫使拿破仑从总预备队中抽出两骑兵师迎击这部普军，阻滞其行动。拿破仑火速传令，让追击遇普军的格鲁希元帅立即率部来滑铁卢增援，然后法军以密集队形猛攻英军中部阵地。英军顽强抵抗，双方反复争夺，伤亡都很大。到下午6时许，在拿破仑的不惜一切代价的命令下。终于突破英军中部防线，占领了圣拉埃，但是由于法军突击队经过长时间冲锋，伤亡很大，无力扩张战果。

英军开始难以支持，而法军也难以

严寒袭击的拿破仑军队

扩展战果，双方对于援军的盼望达到了顶点。英军认为普军必将赶到，法军认为格鲁希部一定会来，这种焦急的盼望，使滑铁卢战役在战争史上独具特色。然而，最终盼来的军队还是普军，格鲁希部音讯杳然。格鲁希为什么不来？据说是拿破仑给他的指令不明确，格鲁希误以为拿破仑要他前往另一个目标瓦弗，而不是向拿破仑靠拢。尽管西边炮声隆隆，格鲁希还是坚持向瓦弗进攻，实在奇怪。格鲁希究竟是存心背弃拿破仑，还是真的误解了命令，也就成为历史上的一个“谜”。布吕歇尔把普军合在一起，共3万余人，投入战斗，狂攻法军右翼。拿破仑不得不孤注一掷，命令近卫军投入战斗，对英军作最后攻击，但也未能奏效。英军在普军的支援下，发起反攻，拿破仑腹背受敌，战局急转直下，最后大败。19日，普军骑兵袭击李格芬村法军

滑铁卢战斗场景

司令部，拿破仑乘马逃出战场，法军全线崩溃。1815年6月21日，拿破仑败归巴黎，百万反法联军也源源进入法境。7月7日，联军进入巴黎，拿破仑宣布退位，结束了“百日执政”。拿破仑被放逐到大西洋中的圣赫勒拿岛，直至去世。

恩格斯认为，拿破仑指挥的滑铁卢战役是“要完全防御性的战局中进行进攻战和不断攻击的最出色的例子”，“这位完全为了保卫遭到敌人侵犯的国家而战的统帅，在一切地点有机会就向敌人进行攻击；虽然整个说来兵力始终比入侵的敌人少得多，但是他每次在攻击的地点都能够造成优势，而且通常都获得胜利”。滑铁卢战役之所以失败，并不是计划本身或计划执行上的原因，而是政治方面和战略方面的，“其中主要的原因就是同盟国方面在兵力上占有巨大优势，一个在四分之一的世纪内连年战争因而力量消耗殆尽的国家，已不可能单独抵抗整个武装起来的世界对它的进攻。”

决定胜负的一分钟

命运总是迎着强有力的人物和不可一世者走去。多少年来，命运总是使自己屈从于这样的个人：凯撒、亚历山大、拿破仑，因为命运喜欢这些像自己那样不可捉摸的强权人物。

但是有时候，当然，这在任何时代都是极为罕见的，命运也会出于一种奇怪的心情，把自己抛到一个平庸之辈的手中。有时候——这是世界历史上最令人惊奇的时刻——命运之线在瞬息时间内是掌握在一个窝囊废手中。英雄们的世界游戏像一阵风暴似的也把那些平庸之辈卷了进来。但是当重任突然临到他们身上时，与其说他们感到庆幸，毋宁说他们更感到骇怕。他们几乎都是把抛过来的命运又哆哆嗦嗦从自己手里失落。一个平庸之辈能抓住机缘使自己平步青云，这是很难得的。因为伟大的事业降临到渺小人物的身上，仅仅是短暂的瞬间。谁错过了这一瞬间，它决不会再恩赐第二遍。

格鲁希

维也纳会议正在举行。在交际舞会、调情嘻笑、玩弄权术和互相争吵之中，象一枚嗖嗖的炮弹飞来这样的消息：拿破仑，这头被困的雄狮自己从厄尔巴岛的牢笼中闯出来了。紧接着，其他的信使也骑着马飞奔而来：拿破仑占领了里昂；他赶走了国王；军队又都狂热地举着旗帜投奔到他那一边；他回到了巴黎；他住进了杜伊勒里王宫。——莱比锡大会战和20年屠杀生灵的战争全都白费了。好像被一只利爪攫住，那些刚刚还在互相抱怨和争吵的大臣们又都聚集在一起。急急忙忙抽调出一支英国军队、一支普鲁士军队、一支奥地利军队、一支俄国军队。他们现在要再次联合起来，彻底击败这个篡权者。欧洲合法的皇帝和国王们从未这样惊恐万状过。威灵顿开始从北边向法国进军，一支由布吕歇尔统率的普鲁士军，作为他的增援部队从另一方向前进。施瓦尔岑贝格在莱茵河畔整装待发；而作为后备军的俄国军团，正带着全部辎重，缓慢地穿过德国。

拿破仑一下子就看清了这种致命的危险。他知道，在这些猎犬集结成群之前绝不能袖手等待。他必须在普鲁士人、英国人、奥地利人联合成为一支欧洲盟军和自己的帝国没落以前就将他们分而攻之，各个击破。他必须行动迅速，不然的话，国内就会怨声四起。他必须在共和分子重整旗鼓并同王党分子联合起来以前就取得胜利。他必须在富歇——这个奸诈多变的两面派与其一丘之貉塔列兰结成同盟并从背后捅他一刀以前就班师凯旋。他必须充分利用自己军队的高涨热情，一鼓作气就把自己的敌人统

拿破仑站在一个制高点观看着这场难料胜负的战斗

统解决掉。每一天都是损失，每一小时都是危险。于是，他就匆匆忙忙把赌注押在欧洲流血最多的战场——比利时上面。6 月 15 日凌晨 3 时，拿破仑大军（现在也是仅有的一支军队）的先头部队越过边界，进入比利时。16 日，他们在林尼与普鲁士军遭遇，并将普军击败。这是这头雄狮闯出牢笼之后的第一次猛击，这一击非常厉害，然而却不致命。被击败而并未被消灭的普军向布鲁塞尔撤退。

现在，拿破仑准备第二次猛击，即向威灵顿的部队进攻。他不允许自己喘息。也不允许对方喘息，因为每拖延一天，就意味着给对方增添力量。而胜利的捷报将会像烈性烧酒一样，使自己身后的祖国和流尽了鲜血、不安的法国人民如醉若狂。17 日，拿破仑率领全军到达四臂村高地前，威灵顿，这个头脑冷静、意志坚强的对手已在高地上筑好工事，严阵以待。而拿破仑的一切部署也从示有象这一天那样的细致周到。他的军令也从未有象这一天那样的清楚明白。他不仅反复斟酌了进攻的方案，而且也充分估计到自己面临的各种危险，即布吕歇尔的军队仅仅是被击败，而并未被消灭。这支军队随时可能与威灵顿的军队会合。为了防止这种可能性，他抽调出一部分部队去跟踪追击普鲁士军，以阻止他们与英军会合。

他把这支追击部队交给了格鲁希元帅指挥。格鲁希，一个气度中庸的男子，老实可靠，兢兢业业，当他任骑兵队长时，常常被证明是称职的。然而他也仅仅是一位骑兵队长而已。他既没有缪拉那样的胆识魄力，也没有圣西尔和贝尔蒂埃那样的足智多谋，更缺乏内伊那样的英雄气概。关于他，没有神话般的传说，也没有谁把他描绘成威风凛凛的勇士。在拿破仑的英雄传奇中，他没有显著的业绩使他赢得荣誉和地位。使他闻名于世的，仅仅是他的不幸和厄运。他从戎20年，参加过从西班牙到俄国、从尼德兰到意大利的各种战役。他是缓慢地、一级一级地升到元帅的军衔。不能说他没有成绩，但却无特殊的贡献。是奥地利人的子弹、埃及的烈日、阿拉伯人的匕首、俄国的严寒，使他的前任相继丧命（德塞在马伦哥，克莱贝尔在列罗，拉纳在瓦格拉姆），从而为他腾出了空位，他不是青云直上登坐最高军衔的职位，而是经过20年战争的煎熬，水到渠成。

拿破仑大概也知道，格鲁希既不是气吞山河的英雄，也不进运筹帷幄的谋士，他只不过是一个老实可靠、循规蹈矩的人，但是他自己的元帅，一半已在黄泉之下，而其余几位已对这种没完没了的风餐露宿的戎马生活十厌倦，正怏怏不乐地呆在自己的庄园里呢。所以，拿破仑是出于无奈才对这个中庸的男子委以重任的。

6月7日，林尼一仗胜利后的第一天，也是滑铁卢战役的前一天，上午11时，拿破仑第一次把独立指挥权交给格鲁希元帅。就在这一天，在这短暂的瞬间，唯唯诺诺的格鲁希跳出一味服从的军人习气，自己走进世界历史的行列。这不过是短暂的一瞬间，然而又是怎样的一瞬间呵！拿破仑的命令是清楚的：当他自己向英军进攻时，格鲁希务必率领交给他三分之一兵力去追击普鲁士军。这似乎是一项简单的任务，因为它既不曲折也不复杂。然而即便是一柄剑，也是柔韧可弯，两边双刃嘛！因为在向要格鲁希交待追击任务的同时，还交待清楚：他必须始终和主力部队保持联系。

格鲁希元帅踌躇地接受了这项命令。他不习惯独立行事。只是当他看到皇帝的天才目光，他才感到心里踏实，不加思索地应承下来。此外，他好像从自己手下将军们的背后感觉出他们的不满。当然，也许还有命运的翅膀在暗中拨弄他呢。总之，使他放心的是，大本营就在附近。只需3小时的急行军，他的部队便可和皇帝的部队会合。

格鲁希的部队在瓢泼大雨中出发。士兵们在软滑的泥泞地上缓慢地向普军运动。或者至少可以说，他们是朝着布吕歇尔部队所在地的方向前进。

卡右的夜里

北方的暴雨下个不停。拿破仑的师团步履艰难地在黑暗中前进。个个浑身湿透。每个人的靴底上至少有两磅烂泥。没有任何蔽身之处,没有人家,没有房屋。连麦秆稻草也都是水淋淋的,无法在上面躺一下。于是只好让10个或12个士兵互相背靠背地坐在地上,直着身子在滂沱大雨中睡觉。皇帝自己也没有休息。他心焦如焚,坐卧不安,因为在这什么也看不见的天气中,无法进行侦察。侦察兵的报告很含含糊糊。况且,他还不知道威灵顿是否会迎战;从格鲁希那里又没有任何关于普军的消息传来。半夜1点钟,拿破仑不顾簌簌的骤雨一直走到英军炮火射程之内的阵地前沿。在雾蒙蒙中,隐现出英军阵地上的稀薄灯光。拿破仑一边走着一连考虑进攻方案。拂晓,他才回到卡右的小屋子里,这就是他的极其简陋的统帅部。他在这里看到了格鲁希送来的第一批报告。报告中关于普军撤退去向的消息含含糊糊,尽是一些为了使人宽慰的承诺:正在继续追击普军。雨渐渐地停了,皇帝在房间里焦虑地走来走去,不时凝望着黄色的地平线,看看远处的一切是否最终能显现清楚,从而好使自己下决心。

清晨5点钟,雨全停了,妨碍下决心的胸中迷雾似乎也消散了,皇帝终于下达了如下的命令:全军务必在9点钟作好总攻准备。传令兵向各方出发。不久就响起了集合的鼓声。这时,皇帝才在自己的行军床上躺下,睡两小时。

滑铁卢的上午

时间已是上午9点。但部队尚未全部到齐。下了3天的雨,地上又湿又软,行路困难,妨碍了炮兵的转移。到这时候,太阳才渐渐地从阴云中露出来,照耀着大地。空中刮着大风。今天的太阳可不像当年奥斯特里茨的太阳那样金光灿烂,预兆着吉祥。今天的太阳只散射出淡黄色的微光,显得阴郁无力。这是北方的阳光。部队终于准备就绪,处于待命状态。战役打响以前,拿破仑又一次骑着自己的白色牝马,沿着前线,从头至尾检阅一番。在呼啸的寒风里,旗手们举起战旗,骑兵们英武地挥动战刀,步兵们用刺刀尖挑起自己的熊皮军帽,向皇帝致意。所有的战鼓狂热地敲响,所有的军号都对着自己的统帅快乐地吹出清亮的号音。但是,盖过一切响彻四方声音的,却是雷鸣般的欢呼声,它从各个师团滚滚而来。这是从7万士兵的喉咙里发出来的、低沉而又洪亮的欢呼声："皇帝万岁!"

20年来，拿破仑进行过无数次检阅，从未有像他这最后一次检阅这样壮观、热烈。欢呼声刚一消失，11点钟——比预定时间晚了两小时，而这恰恰是致命的两小时！——炮手们接到命令；用榴弹炮轰击山头上的身穿红衣的英国士兵，接着，内伊——这位"雄中之杰"，率领步兵发起冲锋。决定拿破仑命运的时刻开始了。关于这次战役，曾经有过无数的描述。但人们似乎从不厌倦去阅读关于它的各种各样激动人心的记载，一会儿去读司各特写的宏篇巨制，一会儿去读司汤达写的片断插曲。这次战役，无论是从远看，还是从近看，无论是从统帅的山头上看，还是从盔甲骑兵的马鞍上看，它都是伟大的，具有多方面的意义。它是一部扣人心弦的富于戏剧性的艺术杰作：一会儿陷入畏惧，一会儿又充满希望，两者不停地变换着位置，最后这种变换突然成了一场灭顶之灾。这次战役是真正悲剧的典型，因为欧洲的命运全系在拿破仑这一个人的命运上，拿破仑的存在，犹如节日迷人的焰火。它像爆竹一样，在倏然坠地、永远熄灭之前，又再次冲上云霄。

从上午11点至下午1点，法军师团向高地进攻，一度占领了村庄和阵地，但又被击退下来，继而又发起进攻。在空旷、泥泞的山坡上已覆盖着1万具尸体。可是除了大量的消耗以外，什么也没有达到。双方的军队都已疲惫不堪，双方的统帅都焦虑不安。双方都知道，谁先得到增援，谁就是胜利者。威灵顿等待着布吕歇尔；拿破仑盼望着格鲁希。拿破仑心情焦灼，不时端起望远镜；接二连三地派传令兵到格鲁希那里去；一旦他的这位元帅及时赶到，那么奥斯特里茨的太阳将会重新在法兰西上空照耀。

格鲁希的错误

但是，格鲁希并未意识到拿破仑的命运掌握在他手中，他只是遵照命令于6月17日晚间出发，按预计方向去追击普鲁士军。雨已经停止。那些昨天才第一次尝到火药味的年轻连队士兵，在无忧无虑地、慢腾腾地行走着，好像是在一个和平的国度里，因为敌人始终没有出现，被击溃的普军撤退的踪迹也始终没有找到。

正当格鲁希元帅在一户农民家时急急忙忙进早餐时，他脚底下的地面突然

凯旋门

微微震动起来，所有的人都悉心细听。从远处一再传来沉闷的、渐渐消失的声音：这是大炮的声音，是远处炮兵正在开炮的声音，不过并不太远，至多只有3小时的路程。几个军官用印第安人的姿势伏在地上，试图进一步听清方向。从远处传来的沉闷回声依然不停地隆隆滚来。这是圣让山上的炮火声，是滑铁卢战役开始的声音。格鲁希征求意见。副司令热拉尔急切地要求："立即向开炮的方向前进！"第二个发言的军官也赞同说：赶紧向开炮的方向转移，只是要快！所有的人都毫不怀疑：皇帝已经向英军发起攻击了，一次重大的战役已经开始。可是格鲁希却拿不定主意。他习惯于唯命是从，他胆小怕事地死抱着在纸上的条文——皇帝的命令：追击撤退的普军。热拉尔看到他如此犹豫不决，便激动起来，急冲冲地说："赶快向开炮的地方前进！"这位副司令当着20名军官和平民的面提出这样的要求，说话的口气简直像是在下命令，而不是在请求。这使格鲁希非常不快。他用更为严厉和生硬的语气说，在皇帝撤回成命以前，他决不偏离自己的责任。军官绝望了，而隆隆的大炮声却在这时不祥地沉默下来。

热拉尔只能尽最后的努力。他恳切地请求;至少能让他率领自己的一师部队和若干骑兵到那战场上去。他说他能保证及时赶到。格鲁希考虑了一下。他只考虑了一秒钟。

决定世界历史的一瞬间

然而格鲁希考虑的这1秒钟却决定了他自己的命运、拿破仑的命运和世界的命运。在瓦尔海姆的一家农舍里逝去的这一秒钟决定了整个19世纪。而这1秒钟全取决于这个迂腐庸人的一张嘴巴。这1秒钟全掌握在这双神经质地揉皱皇帝命令的手中。——这是多么的不幸!倘若格鲁希在这刹那之间有勇气、有魄力、不拘泥于皇帝的命令,而是相信自己、相信显而易见的信号,那么法国也就得救了。可惜这个毫无主见的家伙只会始终听命于写在纸上的条文,而从不会听从命运的召唤。

格鲁希使劲地摇了摇手。他说,把这样一支小部队再分散兵力是不负责任的,他的任务是追击普军,而不是其他。就这样,他拒绝了这一违背皇帝命令的行动。军官们闷闷不乐地沉默了。在他周围鸦雀无声。而决定性的一秒钟就在这一片静默之中消逝了,它一去不复返,以后,无论用怎样的言辞和行动都无法弥补这一秒钟。——威灵顿胜利了。

格鲁希的部队继续往前走。热拉尔和旺达姆愤怒地紧握着拳头。不久,格鲁希自己也不安起来,随着一小时一小时的过去,他越来越没有把握,因为令人奇怪的是,普军始终没有出现。显然,他们离开了退往布鲁塞尔去的方向。接着,情报人员报告了种种可疑的迹象,说明普军在撤退过程中已分几路转移到了正在激战的战场。如果这时候格鲁希赶紧率领队伍去增援皇帝,还是来得及的。但他只是怀着愈来愈不安的心情,依然等待着消息,等待着皇帝要他返回的命令,可是没有消息来。只有低沉的隆隆炮声颤着大地,炮声却愈来愈远。孤注一掷的滑铁卢搏斗正在进行,炮弹便是投下来的铁骰子,

滑铁卢的下午

时间已经到了下午1点钟。拿破仑的4次进攻虽然被击退下来,但威灵顿主阵地的防线显然也出现了空隙。拿破仑正准备发起一次决定性的攻击。他加强了对英军阵地的炮击。在炮火的硝烟象屏幕似的挡住山头以前,拿破仑向战

拿破仑兵败滑铁卢

场最后看了一遍。

这时,他发现东北方向有一股黑魆魆的人群迎面奔来,象是从树林里窜出来的,一支新的部队!所有的望远镜都立刻对准着这个方向。难道是格鲁希大胆地违背命令,奇迹般地及时赶到了?可是不!一个带上来的俘虏报告说,这是布吕歇尔将军的前卫部队,是普鲁士军队。此刻,皇帝第一次预感到,那支被击溃的普军为了抢先与英军会合,已摆脱了追击;而他——拿破仑自己却用了三分之一的兵力在空地上作毫无用处、失去目标的运动。他立即给格鲁希写了一封信,命令他不惜一切代价赶紧与自己靠拢,并阻止普军向威灵顿的战场集结。

与此同时,内伊元帅又接到了进攻的命令。必须在普军到达以前歼灭威灵顿部队。获胜的机会突然之间大大减少了,此时此刻,不管下多大的赌注,都不能算是冒险。整个下午,向威灵顿的高地发起了一次又一次的冲锋。战斗一次比一次残酷,投入的步兵一次比一次多。他们几次冲进被炮弹炸毁的村庄,又几次被击退出来,随后又擎着飘扬的旗帜向着已被击散的方阵蜂拥而上。但是威灵顿依旧岿然不动,而格鲁希那边却始终没有消息来。当拿破仑看到普军的前卫正在渐渐逼近时,他心神不安地喃喃低语:“格鲁希在哪里?他究竟呆在什么地方呢?”他手下的指挥官们也都变得急不可耐。内伊元帅已决定把全部队伍都拉上去,决一死战(他的乘骑已有三匹被击毙)——他是那样的鲁莽勇敢,而格鲁希又是那样的优柔寡断。内伊把全部骑兵投入战斗。于是,一万名殊死一战的盔甲骑兵和步骑兵踩烂了英军的方阵,砍死了英军的炮手,冲破了英军的最初几道防线。虽然他们自己再次被迫撤退,但英军的战斗力已濒于殆尽。山头上象箍桶似的严密防线开始松散了,当受到重大的伤亡的法军骑兵被炮火击退下来时,拿破仑的最后预备队——老近卫军正步履艰难地向山头进攻。欧洲的命运全系在能否攻占这一山头上。

拿破仑的部下缪拉

决战

自上午以来,双方的400门大炮不停地轰击着。前线响彻骑兵队向开火的方阵冲杀的铁蹄声。从四面八方传来的咚咚战鼓声,震耳欲聋,整个平原都在颤动!但是在双方的山头上,双方的统师似乎都听不见这嘈杂的人声。他们只是倾听着更为微弱的声音。

两只表在双方的统帅手中,象小鸟的心脏似的在嘀嗒嘀嗒地响。这轻轻的钟表声超过所有震天的吼叫声。拿破仑和威灵顿各自拿着自己的计时器,数着每一小时,每一分钟,计算着还有多少时间,最后的决定性的增援部队就该到达了。威灵顿知道布吕歇尔就在附近。而拿破仑则希望格鲁希也在附近。现在双方都已没有后备部队了。谁的增援部队先到,谁就赢得了这次战役的胜利。两位统师都在用望远镜观察着树林边缘。现在,普军的先头部队像一阵烟似的开始在那里出现了。难道这仅仅是一些被格鲁希追击的散兵?还是被追击的普军主力?这会儿,英军只能作最后的抵抗了，而法国部队也已精疲力竭，就像两个气喘吁吁的摔跤对手，双臂都已瘫软，在进行最后一次较量前，喘着一口气：决定性的最后一个回合已经来到。

普军的侧翼终于响起了枪击声。难道发生了遭遇战？只听见轻火器的声音！拿破仑深深地吸了一口气，“格鲁希终于来了！”他以为自己的侧翼现在已有了保护，于是集中了最后剩下的全部兵力，向威灵顿的主阵地再次发起攻击。这主阵地就是布鲁塞尔的门闩，必须将它摧毁，这主阵地就是欧洲的大门，必须将它冲破。

然而刚才那一阵枪声仅仅是一场误会。由于汉诺威兵团穿着别样的军装，前来的普军向汉诺威士兵开了枪，但这场误会的遭遇战很快就停止了。现在，普军的大批人马毫无阻挡地、浩浩荡荡地从树林里穿出来。——迎面而来的根本不是格鲁希率领的部队，而是布吕歇尔的普军，厄运就此降临了，这一消息飞快地在拿破仑的部队中传开。部队开始退却，但还有一定的秩序。而威灵顿却抓住这一关键时刻，骑着马，走到坚守住的山头前沿，脱下帽子，在头上向着退却的敌人挥动。他的士兵立刻明白了这一预示着胜利的手势。所有剩下的英军一下子全都跃身而起，向着溃退的敌人冲去。与此同时，普鲁士骑兵也从侧面向仓惶逃窜、疲于奔命的法军冲杀过去，只听得一片惊恐的尖叫声：“各自逃命吧！”仅仅几分钟的工夫，这支赫赫军威的部队变成了一股被人驱赶的抱头鼠窜、惊慌失措的人流。它卷走了一切，也卷走了拿破仑本人，策鞭追赶的骑兵对待这股迅速向后奔跑的人流，就像对待毫无抵抗、毫无感觉的流水，猛击猛打。在一片惊恐的混乱叫喊声中，他们轻而易举地捕获了拿破仑的御用马车和全军的贵重财物，俘虏了全部炮兵。只是由于黑夜的降临，才拯救了拿破仑的性命和自由。一直到半夜，满身污垢、头昏目眩的拿破仑才在一家低矮的乡村客店里，疲倦地躺坐在扶手软椅上，这时，他已不再是个皇帝了。他的帝国、他的皇朝、他的命运全完了。一个微不足道的小人物的怯懦毁坏了他这个最有胆识、最有远见的人物在20年里所建立起来

法军惨败

的全部英雄业绩。

回到平凡之中

当英军的进攻刚刚击溃拿破仑的部队，就有一个当时几乎名不见经传的人，乘着一辆特快的四轮马车向布鲁塞尔急驶而去，然后又从布鲁塞尔驶到海边。一艘船只正在那里等着他。他扬帆过海，以便赶在政府信使之前先到达伦敦。由于当时大家还不知道拿破仑已经失败的消息，他立刻进行了大宗的证券投机买卖。此人就是罗茨舍尔德。他以这突如其来的机敏之举建立了另一个帝国，另一个新王朝。第二天，英国获悉自己的胜利的消息；同时，巴黎的富歇——这个一贯依靠出卖发迹的家伙也知道了拿破仑的失败。这时，布鲁塞尔和德国都已响起了胜利的钟声。

到了第二天，只有一个还丝毫不知滑铁卢发生的事，尽管他离这个决定命运的地方只有4小时的路程。他，就是造成全部不幸的格鲁希。他还一直死抱着那追击普军的命令。奇怪的是，他始终没有找到普军。这使他忐忑不安。近处传来的炮声越来越响，好像它们在大声呼救似的。大地震颤着。每一炮都像是打进自己的心里。现在人人都已明白这绝不是什么小小的遭遇战，而是一次巨大的战役，一次决定性的战役已经打响。

格鲁希骑着马，在自己的军官们中间惶惶惑惑地行走。军官们都避免同他商谈，因为他们先前的建议完全被他置之不理。

当他们在瓦弗附近遇到一支孤立的普军——布吕歇尔的后卫部队时，全都以为挽救的机会到了，于是发狂似地向普军的防御工事冲去。热拉尔一马当先，好像被一种不祥的预感所驱使，去找死似的。一颗子弹随即把他打倒在地。这个最喜欢提意见的人现在一声不吭了。随着黑夜的降临，格鲁希的部队攻占了村庄，但他们似乎感到，对这支小小的后卫部队所取得的胜利，已不再有任何意义。因为在那边的战场上突然变得一片寂静。这是一种令人不安的寂静，可怕的和平，一种阴森森、死一般的沉默。所有的人都觉得，与其是这种咬啮神经的惘然沉默，倒不如听见隆隆的大炮声更好。格鲁希现在才终于收到那张拿破仑写来的要他到滑铁卢紧急增援的便条（可惜为时太晚了！）。滑铁卢一仗想必是一次决定性的战役，可是谁赢得了这次巨大战役的胜利呢？格鲁希的部队又等了整整一夜，完全是白等！从滑铁卢那边再也没有消息来。好像这支伟大的军队已经将他们遗忘。他们毫无意义地站立在伸手不见五指的黑夜中，周围空空荡荡。清晨，他们拆除营地，继续行军。他们个个累得要死，并且早已意识到，他们的一切行军和运动完全是漫无目的的，上午10点钟，总参谋部的一个军官终于骑着马奔驰而来。他们把他扶下马，向他提出一大堆问题，可是他却满脸惊慌的神色，两鬓头发湿漉漉的，由于过度紧张，全身颤抖着。至于他结结巴巴说出来的话，尽是他们听不明白的，或者说，是他们无法明白和不愿意明白的。他说，再也没有皇帝了，再也没有皇帝的军队！法兰西失败了……这时，所有的人都把他当成疯子，当成醉汉。然而他们终于渐渐地从他嘴里弄清了全部真相，听完了他的令人沮丧颓唐、甚至使人瘫痪的报告。格鲁希面色苍白，全身颤抖，用军刀支撑着自己的身体。他知道自己殉难成仁的时刻来临了。他决心承担起力不从心的任务，以弥补自己的全部过失。这个唯命是从、畏首畏尾的拿破仑部下，在那关键的一秒中没有看到决定性的战机，而现在，眼看危险迫在眉睫，却又成了一个男子汉，甚至像是一个英雄似的。他立刻召集起所有的军官，发表了一通简短的讲话——眼眶里噙着愤怒和悲伤的泪水。他在讲话中既为自己的优柔寡断辩解，同时又自责自怨，那些昨天还怨恨他的军官们，此刻都默不作声地听他讲。本来，现在谁都可以责怪他，谁都可以自夸自己当时意见的正确。但是没有一个人敢这样做，也不愿意这样做。他们只是沉默，沉默。突如其来的悲哀使他们都成了哑巴。

错过了那一秒钟的格鲁希，在现在这一小时内又表现出了军人的全部力量——可惜太晚了！当他重新恢复了自信而不再拘泥于成文的命令之后，他的全部崇高美德——审慎、干练、周密、责任心，都表现得清清楚楚。他虽然被五倍于自己的敌军包围，却能率领自己的部队突围归来，而不损失一兵一卒，不丢失一门大炮——堪称卓绝的指挥。他要去拯救法兰西，去解救拿破仑帝国的最后一支军队。可是当他回到那里时，皇帝已经不在了。没有人向他表示感激，在他面前也不再有任何敌人，他来得太晚了！永远是太晚了！尽管从表面看，格鲁希以后又继续升迁，他被任命为总司令、法国贵族院议员，而且在每个职位上都表现出具有魄力和能干。可是这些都无法替他赎回被他贻误的那一瞬间。

那一瞬间原可以使他成为命运的主人，而他却错过了机缘。

那关键的一秒钟就是这样进行了可怕的报复。在尘世的生活中，这样的一瞬间是很少降临的，当它无意之中降临到一个人身上时，他却不知如何利用它。在命运降临的伟大瞬间，市民的一切美德——小心、顺从、勤勉、谨慎，都无济于事，它始终只要求天才人物，并且将他造就成不朽的形象，命运鄙视地把畏首畏尾的人拒之门外。命运——这世上的另一位神，只愿意用热烈的双臂把勇敢者高高举起，送上英雄们的天堂。

帝国的建立和《法国民法典》

国际、国内的形势，成为拿破仑登上帝位的阶梯。1804 年 5 月 18 日，拿破仑公然授意元老院通过决议宣布拿破仑·波拿巴为法兰西人的皇帝。并且宣布实行国家元首的世袭制符合法国人民的最大利益。为提请全国公民投票批准世袭制，法国颁布了新宪法。11 月，提倡世袭制的新宪法以绝对多数票通过，正式宣布法国为帝国，把共和国政府托付给一位世袭的皇帝，这就是法国历史上的“共和十二年宪法”。12 月 2 日，拿破仑在巴黎圣母院举行加冕典礼，称拿破仑一世。从此法兰西第一共和国被第一帝国所取代。

拿破仑为了巩固大资产阶级的统治，十分强调立法工作，努力使集权与严密的法制结合起来，他经过多年的准备，陆续颁布了五部法典：《法国民法典》（1804）、《民事诉讼法》（1806）、《商法典》（1807）、《刑事诉讼法典》（1808）、《刑法典》（1810）。拿破仑认为《民法典》是他对资产阶级的最大功劳。他曾经说过：“我的真正光荣不在于我打了 40 个胜仗，但不能被遗忘的，将万古长存的则是我的《民法典》”。这部《民法典》是在拿破仑亲自主持下制订的，1800 年 8 月，他任命了特隆歇、波塔利斯、马尔维尔和比戈·德·普雷阿梅纳等 4 位著名法学家组成起草委员会，经过 4 个月的紧张工作提出了民法草案，由参政院立法专门委员会修改，交参政院全体会议逐条讨论修改，参政院先后召开了 107 次讨论会，其中拿破仑亲自主持了 62 次会议。拿破仑曾研究过古罗马法并阅读了大量法学书籍，因此，当讨论纠缠不清时，他就理出头绪，归纳出结论，并“提供大部分是正确、新颖、深刻的观念”。经过三年半的修改、讨论，于 1804 年 3 月 15 日由立法院通过，3 月 21

日拿破仑签署法令，以《法国人的民法典》的名称正式颁布施行。1807年这部《民法典》被命名为《拿破仑法典》，包括总则、三编（35章），共2281条。

《民法典》内容丰富，其中最突出的有这样几个方面：第一，确认了资产阶级财产所有权的原则。几乎有1/3的条文，从不同的角度保护资本主义私有制的不可侵犯性，维护了大革命最根本的成果。例如第537条规定："私人得自由处分属于其所有的财产"。第544条规定："所有权是对于物有绝对无限制地使用、收益及处分的权利"。这就保证了绝对的个人私有制，激发了个人积极性，为资本主义自由发展提供了法律保证。

《民法典》明确肯定了新的土地关系。保障它不受封建复辟势力的侵犯。第552条规定："土地所有制并包含该地上空和地下的所有权"。"所有人得在地上从事其认为适当的种植或建筑"。

拿巴又采用了软的一手。允许在革命期间逃亡在外的一些保王党和君主立宪派等反对派分子回国，以后又不断放宽条件。到1800年5月，波拿巴宣布，凡是愿意宣誓忠于新政权者，既往不咎。这一作法大大缓和了矛盾，有利于拿破仑政权的巩固。

实行有利于资本主义经济发展的政策。波拿巴接手政权之时，法国财政一片混乱。为了迅速改变这一状况，执政府整顿和加强财政机构，由参政院派出专人监督各主要财政部门的工作。改革税收制度，由国家统一税收，健全货币制度，重建期票证券制度，改组证券交易所，支持商会的活动。采用十进位的公制，以统一国内市场，活跃经济。成立全国工业促进会，加强对工业的监督和领导，给私人企业提供补贴、厂房和机器设备，鼓励采用新技术。在农业方面实行保护小土地所有制的政策，扩大耕地面积，推广优良品种和新技术，从而促进了农业的恢复和发展。在对外贸易方面，实行保护关税制度，抵制英国商品的倾销，同时鼓励出口创汇。由于上述措施的实施，使执政府统治下的法国经济状况日趋好转，国库收入增加，财政收支逐渐平衡，从而为稳定国内局势和对外战争的胜利提供了物质保证。

调整和改变宗教政策，利用宗教作为巩固政权的工具。波拿巴执政后，意识到天主教在法国的影响根深蒂固，同时也由于雅各宾派反宗教政策的教训，着手与罗马天主教廷和解。1801年7月与罗马教皇签订教务专约，承认天主教是法国大多数人信仰的宗教，恢复天主教会在法国的合法地位和活动，但教会服从政府的法令，教会承认大革命时期被出卖的教产的合法性，不再恢复什一税，大主教和主教由国家任命和支付薪俸，由教皇授职。此后，天主教会成为波拿巴统治的又一重要基础。

在军事上，打破第二次反法同盟对法国的包围和威胁。1800 年 5 月，波拿巴率 4 万军队翻越阿尔卑斯山，突然出现在意大利。在意大利的奥地利军队对于法军的到来毫无准备。6 月 14 日，法奥两军在马伦哥平原决战，法军以 4 万对奥军 13 万之众，却以少胜多。12 月，由莫罗将军率领的法军在莱茵战线取得胜利，兵锋直逼奥地利首都维也纳。1801 年 5 月，奥地利与法国签订《吕内维尔条约》，法国依约占有意大利北部和中部，并获得比利时和卢森堡。次年 2 月，法国在意大利建立了属于法国的意大利共和国，波拿巴兼任总统。第二次反法同盟遂瓦解。1802 年 3 月，英国与法国签订了《亚眠和约》，英国退还了原属法国的殖民地安德列斯群岛和印度的法属殖民地，并允诺从地中海的马尔他岛和埃及撤军。这样，法国暂时解除了外部的威胁。

世界上下五千年

世界历史的通俗性普及读物

姜忠喆 / 主编

辽海出版社

壹

图书在版编目（CIP）数据

世界上下五千年/姜忠喆主编. —沈阳：辽海出版社，2014. 12（文化百科）
ISBN 978 - 7 - 5451 - 3246 - 5

Ⅰ. ①世… Ⅱ. ①姜… Ⅲ. ①世界史 - 通俗读物
Ⅳ. ①K109

中国版本图书馆 CIP 数据核字（2014）第 262505 号

世界上下五千年

责任编辑：段扬华　柳海松　冷厚诚
责任校对：顾　季
装帧设计：马寄萍
出 版 者：辽海出版社
地　　址：沈阳市和平区十一纬路 29 号
邮政编码：110003
电　　话：024 - 23284473
E - mail：dyh550912@163. com
印 刷 者：北京一鑫印务有限责任公司
发 行 者：辽海出版社
开　　本：787mm × 1092mm　1/16
印　　张：80
字　　数：1280 千字
出版时间：2015 年 1 月第 1 版
印刷时间：2015 年 6 月第 2 次印刷
定　　价：498. 00 元（全四卷）

《世界上下五千年》编委会

前　言

历史是人类文明的形式，人类历史的不断积淀，才使人类文明获得了增长。历史上发生的事件，出现的人物，变成史实，存储在人类的记忆中。而通过这些史实，人们在头脑中进行了自己的创造和发挥，把这种储存变成知识的认识，就成了思想和智慧，于是开始新的行动而将人类的文明再向前推进。……

虽然我们人类的历史是非常短暂的，但人类进化与文明的进程是一个非常有力的加速过程。从一万年前开始，人类在完成了从新人向现代人转变的同时，也迎来了自己文明的初曙，从那以后，经历了初始文明、农业文明、工业文明以及正在到来的后工业文明。

世界史是人类社会的进化史，更是人类文明的发展史，这部《世界上下五千年》所记录的是自人类诞生至20世纪末的人类进化与文明发展的历程。《世界上下五千年》全书共分三卷，百余万字，千余幅珍贵图片，系统地记载了人类历史上的重大事件、重要人物以及科技文化方面的突出成就，对整个人类文明的增长进行了详略得当的总结，为我们继承和发扬提供了有效的途径。

博古通今是中国人的古训，“学点历史”更是有识之士的共识。从世界历史的兴衰演变中体会生存智慧，从风云叱咤的历史人物中感悟人生真谛，小而言之个人，是修身齐家的需要；大而言之国家，是立于不败的前提。处于民族复兴重要时刻的中国，不仅要从自己的历史，更要从世界历史的发展中汲取营养，有鉴未来。然现实中世界历史的研究与出版情况却不容乐观。一则多数的研究在世界观与方法论上仍未摆脱机械教条的旧有模式，无法跟上历史学本身的发展；再则因资料的匮乏，而用于普及世界历史的通俗读本更是精品甚少，令人担忧。本书作为一套世界历史的通俗性普及读本，对世界历史有重大意义和深远影响的事件以独立标题、各自成节的形式加以记述，既注重每一小节内容的故事性与通俗性，又结合标题之间内在的历史联系与历史规律，配以珍贵精美的插图，力求将世界历史的丰富性与精彩一面更直观、更真实、多层面地表现出来。

世界历史是历史学的一门重要分支学科，内容为对人类历史自原始、孤立、分散的人群发展为全世界成一密切联系整体的过程进行系统探讨和阐述。世界历史学科的主要任务是以世界全局的观点，综合考察各地区、各国、各民族的历史，运用相关学科如文化人类学、考古学的成果，研究和阐明人类历史的演变，揭示演变的规律和趋向。

在中国，约从 20 世纪 50 年代初开始，主要由于历史专业的分工，人们习惯于把中国史和世界史对举，几乎把世界历史作为外国历史的代称。实际上，世界历史绝非把中国历史排除在外的域外史，而中国历史也和所有其他国家历史一样，是人类历史发展为世界历史全过程的组成部分。

关于世界历史的分期，至今还没有完全一致的意见。早在文艺复兴时期，西方就已有了把历史分为“古代”、“中世纪”和“近代”的说法。这种主要基于欧洲历史的分期，在西方史学界长期沿用。有不少史学家又在三时期之后加上“当代”或“现代”，从而形成四阶段分期法。马克思主义史学也采用四阶段分期法，其基础是历史唯物主义关于社会经济形态发展的理论，与以政治兴替或其他“重大事件”为分期标准者有本质的不同。马克思主义历史学家对世界史的分期，一般都以“古代”相当于原始社会及奴隶社会阶段，“中世纪”相当于封建社会阶段，“近代”相当于资本主义社会阶段，而“现代”则是指以俄国十月社会主义革命为开端的一个新的时期。有的学者认为“中世纪”一词只适用于西欧历史，没有世界历史上的普遍意义，所以改用“中古”一词标示“古代”和“近代”之间的阶段。这种分期法从理论上说是完全可行的。但是人类历史的发展并不平衡，世界各不同地区进入某一社会经济形态有早有迟，在某一社会经济形态中经历的时间也有长有短。特别是自历史进入文明时期以后，很少看到绝对纯粹属于这一阶段或那一阶段的社会经济形态，也很少看到绝对整齐的、单一发展的由低级社会经济形态逐层向高级社会经济形态的过渡。因此在世界史的分期断限问题上，目前仍然存在着分歧。本书编者不同的研究结果，将世界历史分为上古文明史、古典世界史、中世纪世界史、世界近代史、世界现代史 5 个部分，系统的叙述了世界历史的发展历程。

本书为我们真实再现了人类进化过

程中所取得的光辉历史成就，使我们能够站在一个全新的高度来审视全人类的优秀共同遗产，以能够更好地继承和发扬。本书采用图文对照的形式、通俗易懂的语言，将世界历史上的重大事件、重要人物以及科技文化方面的突出成就，按照历史演进的顺序，进行了生动、真实、客观、全面的反映。

由于本书规模较大，编写时间仓促，编者水平所限，书中难免存在疏虞之处，恳请广大读者不吝指正。

本书编委会

2011 年 3 月

目　录

第一卷

上古文明史

古典世界史

中世纪世界史

第二卷

世界近代史

第三卷

世界现代史

第四卷

上古文明史

走出非洲

古人类学因东非化石发现而发生变革

对人类历史最早阶段的研究，即人们所说的古人类学或人类化石学，由于在东非的一系列重大化石发现，在20世纪下半期发生了革命性变化。在这些发现问世之前，古人类学家推定人类起源于东南亚，现在他们则知道人类的起源地是非洲，在此之前他们以为最早的类人动物发源于约100万年前，现在他们则把这一数字翻了一倍。

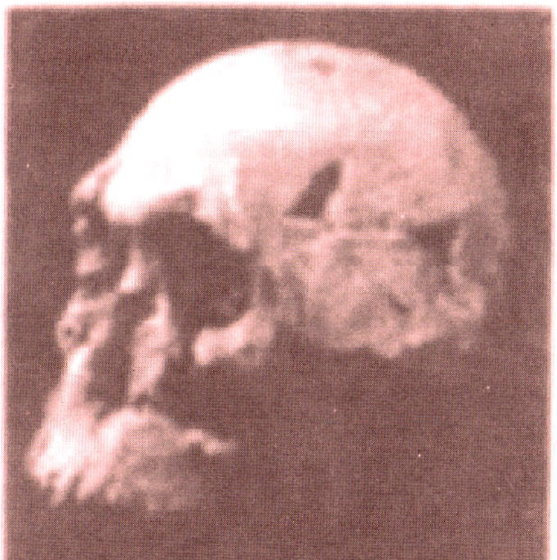

能人头盖骨。发现于非洲，年代在180万年前。

利基家族的功劳

最激动人心的东非化石发现有多次是由英国一个著名的古人类学家之家即利基家族完成的；没有该家族的开创之功，也许不会有其他发现。路易斯·利基（1903—1972年）是英国一位赴肯尼亚传教士的儿子，他在早年就决心在东非寻找早期人类化石遗存，这在当时被多数专家视为蛮干。（利基是位喜爱独来独往而不爱与人合作的人，他直到去世前不久仍令许多观察家惊奇：为了对初民祖先谋生的方式有直接感受，他不带任何武器就悄悄接近非洲野生动物。)1931年,利基在坦桑尼亚(当时是坦噶尼喀)发现了原始手斧,确信自己寻找化石的路子走对了;这些手斧是由生活在大约100万年前的一个早期人类种属制造的。由于身兼其他种种职务,再加资金缺乏,利基在其后四分之一多个世纪里在化石寻找方面进展甚微。随后,在1959年,一个巨大的突破出现了,但这不是利基本人而是由他的妻子和合作者玛丽·利基完成的。那年,玛丽在坦桑尼亚一个遗址进行细细搜寻过程中,发现了一些看上去像是人类的牙齿和头盖骨碎片;她把所有碎片拼凑在一起并进行年代测定,结果竟发现这是一个近乎完整的头盖骨,属于一个生活在180万年前大致与人相似的动物。由于玛丽发现的这一头骨下颌和牙齿很大,报界很快就把他称为"核桃夹子人"。

"核桃夹子人"其实并不是人,而是一种直立行走的高级猿类。路易斯和玛丽·利基自己也认识到这一点,因而就想弄清楚在附近能否找到更近似于人的动物化石;仅仅过了两年,他们的长子乔纳森就提供了一种确凿无疑的答案:他发现了一个生活在180万年以前、脑容量比"核桃夹子人"大得多的灵长目动物头骨遗存。路易斯·利基认出这些是一个与"核桃夹子人"不同的种类的化石,该种属显然是现代人类的直系祖先;因此他把它归入"人"类范畴而不是"猿"类范畴,称之为"能人"(Homohabilis),即"有才能的人"。

20世纪70和80年代在东非接二连三地有新发现

一旦人们清楚东非诸遗址是找到人类起源证据的最佳场所,其他惊人的发现以令人瞠目的快速度随之迅速产生。1972年,利基夫妇的次子理查德(利基家族中现今最著名的古人类学家)率领的一支队伍在肯尼亚发现了一个属于能人的头盖骨碎片,这一头盖骨比其兄长发现的那个头骨更加完整,也更加古老:比前者要早20万年。1974年,美国人康纳德·约翰逊率领的考古队在埃塞俄比亚发现了一个生活在325万年以前的直立行走的类人猿的整个骨架的百分之四十。(在宿营地清理该类人猿骨架时,收录机中正有人演唱甲壳虫乐队的歌曲"带着钻石的露西在空中",约翰逊灵机一动,把这一动物命名为"露西"。)一年以后,约翰逊及其考古队发现了至少属于13个与"露西"同时代的类人猿的大量骨胳;又过了一年,玛丽·利基在坦桑尼亚发现了一个375万年前在那儿行走的直立类人猿的足迹。在本书撰写过程中,惊人的发现仍在不断涌现:1984 年,理查德·利基所率考古队在肯尼亚发现了一个生活在 160 万年前的人类祖先的骨架;这一骨架十分完整,假如它是智人的骨架,那么几乎可以用它在医学学校上解剖课。

自然,发现头骨和骨架是一回事,解释这些物证是另一回事。毫不令人惊奇的是,在人类起源问题上仍有许多不确定因素和争论,同时,随着更好的论点的提出和新的物证的发现,人类起源学说在不断得到修正。但不管怎样,最近 20 年间提出的两个基本论点现在仍是无可置疑的。其一,导向现代人的进化链与包括所有现存类人猿在内的链条之间的第一次"分裂"与人们一度认为的脑容量大无关,而是与两足行走(bipedality)或直立行走有关。"露西"和约翰逊小组发现的与露西类似的其他直立类人猿化石证明了这一点,因为它们的臂骨和腿骨表明它们直立行走,其头骨则表明它们的脑容量不大,比黑猩猩的脑容量实际上多不了多少。具有本质意义的脑容量增大出现在"露西"之后 125 万年的化石上,由此看来,直立行走无疑出现得最早。

"露西"这一证据还表明,两足行走的好处并未马上表现在把双手解放出来制作和使用工具上,因为只有在脑容量增大之后这一便利才能显出威力。现在看来情况可能是,在生存斗争中直立类人猿较其他猿类占有优越,因为它们可以抓取食物,拿着食物疾行,随后在隐密处食用。由于它们是在白天时这么做的,因而它们还要流更多的汗,这就是为什么最好地残存下来的直立猿类是些皮毛较少的猿。其实,一些古人类学家现在认为,脑容量大首先成为一种生物学上的优势,因为脑容量大可以更好地调解直立类人猿的体温。因而,由于有利的喂食而在遗传方面向直立行走的转化是下述事实的绝妙说明:"自然之母"在设计人类进化时并非高瞻远瞩:把手解放出来固然可以导致工具制造,但这种情况在一二百万年后才开始出现。

直立行走和有利的喂食

恰如近来非洲的化石发现所表明的那样,"自然之母"也是草率的,因为她创造了许多像露西那样的不再存在的动物。这以另一种方式说明了有关人类进化的现已得到公认的第二个基本论点,即向人类进化的第二次遗传学"分裂"确实与脑容量有关。能人是现知向现代人进化的最早种属,它们早在 200 万年前就存在了,并有一个比像核桃夹子人那样的同时代直立类人猿大百分之五十左右的脑容量。毋庸置疑,正是这种大脑使得能人在10到20万年的时间内取代了直立类人猿，因为它使得它们能够使用工具。不言而喻，能人的工具极其简陋——兽骨，树木的枝干，最精致的无非是边缘经过打磨而变得锋利的石片。看来，这类工具与其说是用于狩猎，不如说有助于人类始祖挖掘块茎、砍伐植物、砸碎坚果和割去腐肉，从而增加他们的食物供应。但是，借助工具采集食物不仅使人类始祖得到更多和更丰富多样的食品供应，而且是人类向文明门槛迈进的第一步，因为它需要迄今在灵长目动物中尚不知晓的某种程度的集团协作。

由能人到智人

直立人

除了制造工具的能力外，我们对能人的活动知之甚少，他们看来在160万年前在非洲融入了在进化链中属于其后继者的直立人之中。不过我们对直立人的了解比对能人要多得多。直立人活动于大约160万年前到约30万年前，是最早自非洲外移并开始居住在地球各地的种属；另外，最早进行集体狩猎并学会用火方法的也是直立人。直立人还很善于适应他所生存的不同环境，因而他们存在的时间比我们现代人类即智人迄今所生存的时间要多五倍以上。

直立人体型更大，智力更发达

从体质的角度看，直立人与其前辈能人的区别非常大。能人的身高大概与俾格米人不相上下，直立人则与大多数现代人身材相当。理查德·利基小组1984年时发现的近乎完整的骨架是位年龄约为12岁的直立人男孩的骨架。从他已有大约5.5英尺高推断，成年时他可能会长到6英尺；确实，如利基所观察的那样，这个男孩十分健壮，“可以成为”史前大学代表队的“一名优秀的橄榄球运动员”。如果有机会，从其智力考虑，这位直立人男孩也会完成一种相当复杂的进攻性打法。直立人的脑容量比能人平均要多百分之四十，而且某一化石证据表明，直立人大脑的形状已朝着我们现代人的大脑的方向发生变化。

直立人的智力使他们可以自非洲移入欧洲和亚洲远东地区，并在迁移过程中适应了各种各样的气候条件。直立人分布的例子是所谓爪哇人和北京人，他们在大约公元前50万年就到了他们由以得名的地区。在1926至1930年间，考古学家在北京西南25英里的一个洞穴中发现了属于40多位北京人的骨架

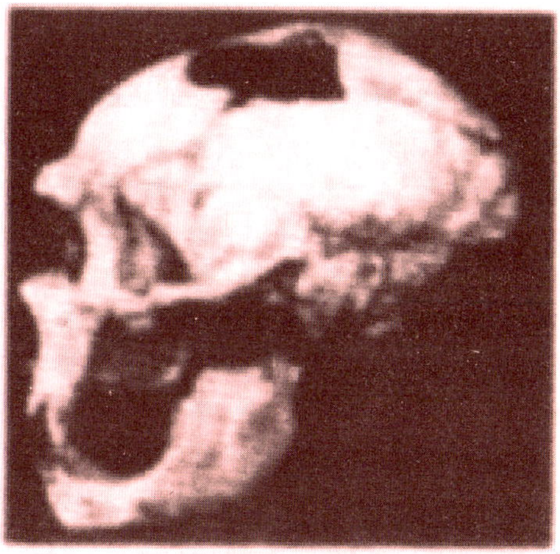

直立人头盖骨。年代在100万年前。

碎片。其后在同一地点的发掘发现了一些标本,但年代晚在20万年以后,在解剖学上与前者有重大不同:牙和上下颚变小,脑容量大增,多至百分之二十,表明人们的饮食习惯有所改变,智力有所提高。1949年中华人民共和国成立以来所进行的如火如荼的考古研究表明,亚洲东部大片地区仍由50万年前首次到达这里的人种居住着。证据虽仍不完备,但表明早在公元前65000年智人就可能已在中国出现了。

智力和适应性

显然,直立人最重要的单项发明是语言的应用:最近对直立人喉部进行的复原(完成于1982年)表明,直立人可以发出我们现代人可以发出的大多数声音;此外,尽管语言没有留下任何直接的化石遗存,但几乎可以肯定,直立人的工具是按一种只有通过语言才能长久存在的复杂的规则体系制造的。他们肯定知道如何在猎捕大型野兽、加工并分配从这些活动中获得的食物中进行合作。这类合作中最为突出的一点,就是在食物采集和食物加工过程中确立了互利性的男性和女性地位。最后,至少到了40万年前,直立人学会了使用火。他们是否学会了生火是个难以确定的问题,但他们已肯定可以控制火以取暖、驱逐对自己有威胁的野兽,也许还可以用火烹煮食物。直立人用火的证据在彼此相隔遥远的中国和西班牙都有所发现,这表明他们已具有足够的智力独立发明某些提高生活水平的基本手段。

由直立人向智人过渡

大约30万年前,直立人逐渐开始进化为智人——确实,这一进化过程十分缓慢,以致从现存遗物中很难分清前者何时结束,后者何时发端。可以肯定的是,从解剖学的观点看,在数十万年间体质的变化在颈部以上最为明显,因为尽管直立人的体格健壮得堪与橄榄球运动员相媲美,但他们的前额仍像猿类那样呈斜坡状,其脑壳容积平均约为我们现代人脑壳容积的七成。古人类学家倾向于同意,在直立人和完完全全的现代人种之间有两个过渡性的智人阶段——原始智人,生活在约 30 万到12.5万年前,以及“尼安德特人”,生活在12.5万年前到约 4 万年前。

尼安德特人阶段

由于在欧洲和近代有众多考古发现(“尼安德特人”骨骼最初是在 1856 年于德国尼安德河的尼安德特谷地发现的,故名),因而我们对尼安德特人这一智人过渡阶段有着远比对先于他们的任何种类的早期人类都要多得多的了解。最需要强调的也许是,尽管“尼安德特”经常被用作原始和愚蠢的同义词,尽管一部有关尼安德特人的好莱坞电影描述那时用“uggah - muggah”的方式交流,但在遗传学方面尼安德特人与现代人区别很小,类似于现代人各种族之间的区别。换言之,尽管尼安德特人的胸围比我们现代人要宽,其颅骨形状与现代人有些不同,但是,假如让一位男性尼安德特人穿上西方的公司制服站在华尔街或麦迪逊大道上,你不会感到有什么不协调。

工具制造与打猎

尼安德特人具有相当高超的制造工具技术,而且善于打猎。在他们之前类人动物往往依赖一两种可作各种用途的工具/武器,尼安德特人则发明了大约 60 种不同的专门工具,包括刀、凿、钻孔器和矛头。这些工具大多是用石头制成的,但他们还用骨头制造比较精致的工具,为此在操作时需要非常谨慎。此外,他们用树枝或骨头营建蔽身场所,或者,就便利用现成的洞穴栖身,并在洞内砌建庞大的石火炉。尼安德特人的狩猎活动十分成功,以致一些群体把自己限制在只捕猎一种猎物上,比如熊或鹿,而不是见到能猎的动物就捕杀。有些人类学家推断说,这些群体之所以具有这种狩猎习惯,主要是由于礼仪方面的考虑——可能尼安德特人以为他们是在尊重他们所喜爱的动物的魂灵。不论尼安德人是不是通晓礼仪的狩猎者,他们中的有些人确实是现知最早花费一些时间集体从事某种物质生存需要之外的活动的人。一些尼安德特人确实以与众不同的尊敬方式埋葬死者,以食物和用品陪葬,其意显然是想帮助死者在来世的旅行。

现代人和迁移

尼安德特人种是如何进化为完全现代的人种的,这是一个令专家头痛的问题,因为这一过程在或多或少不长的时间跨度内发生在东半球各地。(在尼安德特人居住在欧洲和西亚的大致同时,与尼安德特人相像的人种居住在非洲和东亚。)指出这一点也就足够了:在4万年前和3万年前之间,尼安德特人消失了,在东半球上居住的是在解剖学上与我们酷似的人。与此同时,这些新进化而成的人种移入了西半球;当时西伯利亚和阿拉斯加之间尚有陆桥相连,因此移入西半球不需要用船。由于澳大利亚在3万年前就已为人拓殖(方式不明),这样整个地球就像今天这样或多或少有人居住了。

早期人类艺术和早期人类遗存

早期人类艺术:洞穴壁画

除拓殖美洲外,现代人完成的最早的业绩之一是创造了整个人类艺术史上某些最令人叹服的绘画,此即完成于3万年前到1.2万年前之间的法国南部和西班牙北部的著名洞穴壁画,承认这一点无论如何是激动人心的。

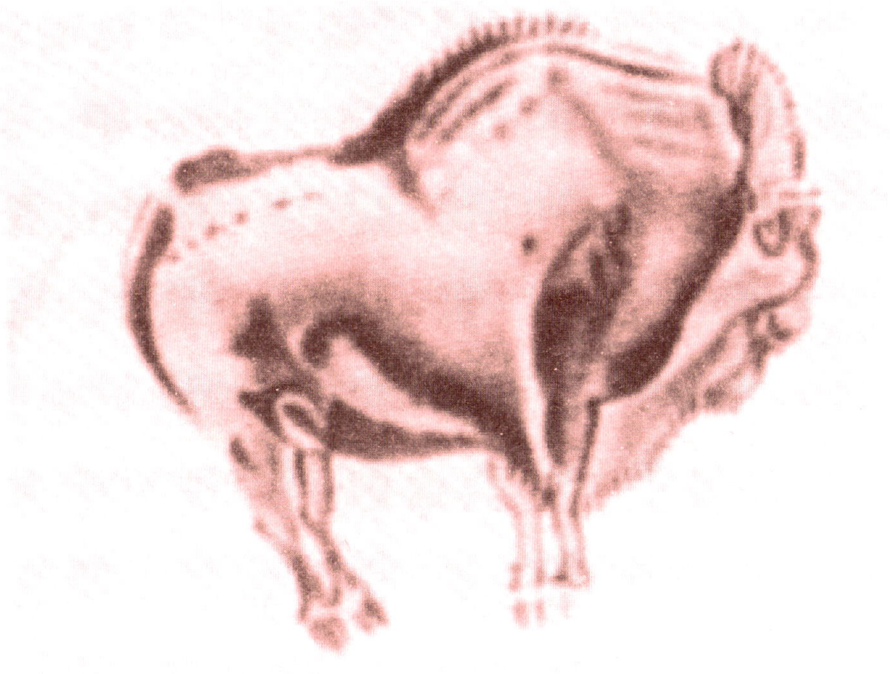

洞穴壁画,由智人中的一位代表创作,出自西班牙阿尔塔米拉洞穴

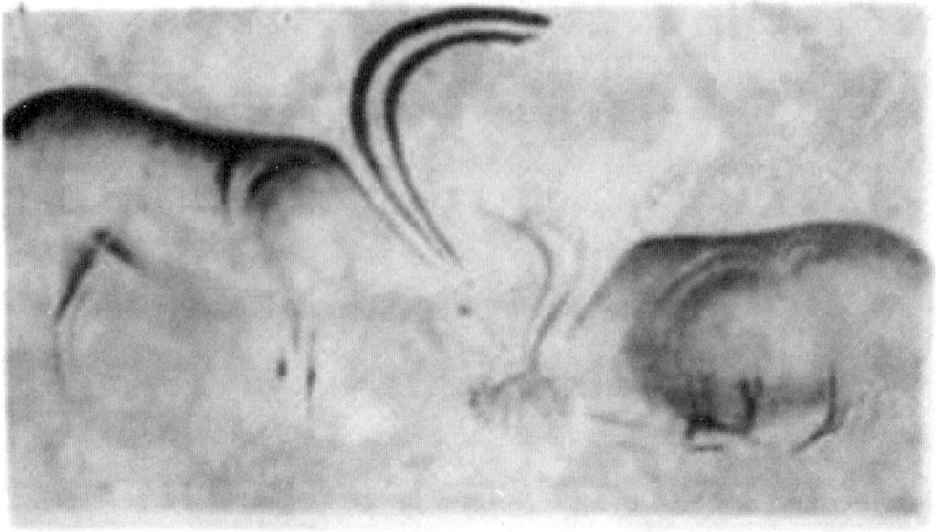

法国一洞窟壁上的驯鹿形象

在至今已发现的200多个洞穴中(其中最著名的是法国南部的拉斯科岩洞和西班牙的阿尔塔米拉岩洞),现知最早的艺术家创作了描绘腾跃的动物——公牛、马、矮种马以及牡鹿——的激动人心的壁画。这一洞穴艺术强调的无疑是运动。几乎所有的壁画描绘的都是骄傲的兽类在奔驰、在跳跃、在反刍,或者面对猎人作殊死拚斗。给人以动的感觉的独创性方法是加绘一些线条以显示动物的四肢或头部运动的区域。洞穴画家时常利用洞穴墙壁表面的自然隆起和凹痕成功地创造出惊人的三维效果。总的说来,今日有幸亲睹洞穴壁画的游客往往发现,它们和悬挂在世界最著名的艺术博物馆中的任何著名绘画一样引人遐想。

这些史前奇迹意图何在?美所带来的审美快感之说必须排除在外,因为洞穴壁画的绘制者通常生活在户外,而当他们真地把洞穴用作季节性的蔽身场所时,他们一般住在洞穴里别的地方(通常在入口处),而不是发现壁画的地方(壁画通常在洞穴的最黑暗、最难接近的区域)。另外,有不少证据表明,绘制壁画的人在壁画完成后对它们大多漠不关心,因为有许多壁画是绘在更早的壁画上面的。

对洞穴绘画的极端解释

把最极端的解释——纯粹的审美快感——排除在外,一些学者提出了另外一种解释,认为洞穴绘画是人类关系的深奥微妙的象征性表现。根据这一学

法国拉科斯旧石器时代洞穴壁画

说，洞穴画家是早期的社会哲学家，试图通过以象征手法把它们描绘出来进行解释以应付其社会结构的需求。在此条件下，洞穴骏犎并非真地指骏犎，而是指“女性”，马并非指马，而是指“男性”，聚集在大型动物身旁的小型动物形象则用来表示次要人物聚集在领袖人物周围。毋庸置言，由于没有文字记录，这种假说既无法得到证实，也无法被否定，但看来有些牵强附会。例如，骏犎身上并无十分明显的女性特征（其实，某些符号解释者则把骏犎看成“男性”，把马看作“女性”），而最重要的是，我们不理解为什么洞穴画家在打算描写人类现实的人时不绘人而绘动物。

把简单化和复杂化这两种极端解释都排除在外，我们认为，把洞穴艺术视为进行交感巫术的尝试是现有各种说法中最有说服力的一种。交感巫术建立在下述信仰上：模仿一种期望得到的结果就会出现那种结果。就洞穴艺术而言，史前画家在描绘骏犎被箭刺穿肋腹时，描绘这种场面本身就意味着确保箭真地刺穿骏犎，这在道理上是清楚的。有人对交感巫术说提出异议，认为现知所有洞穴壁画中只有大约百分之十描绘杀戮场面。但是，由于几乎所有洞穴绘画所描写的都是猎兽，因而可以这样答复上述异议：描绘大量腾跃的猎兽就意味着确保猎人会真地发现猎兽遍地都是，不可胜数。此外还有一个佐证:考古学家在绘有壁画的某些洞穴区中发现了举行祭仪活动的迹象。由此我们也许可以得出结论:在绘画的同时可能念咒语并举行祭典仪式,也可能所有这些巫术活动都是在狩猎进行过程中举行的。

劳动专门化和区分

最后还有一种推断,洞穴画家并不是狩猎者。尽管此绝非一个不争的事实,但可以肯定,产生了洞穴绘画的早期人类狩猎社会已达到了大规模的专业分工和社会分层的阶段。例如,严格从技术观点来看,洞穴绘画只可能由专业人士才能完成,因为这不仅需要用碳棒绘出黑色线条,用粘土似的矿沙(赭石)团绘出黄色、红色和棕褐色,而且需要把泥土色料同油脂掺合在一起(就像后来生产蛋黄颜料那样)并用羽毛或欧洲蕨作"画笔"。与此同时,同一社会中的手工艺人在制作工具方面发展出超常的技能,不仅用石、骨制造工具,而且用多叉鹿角和象牙制作工具。举例来说,在古代人类各种工具中,他们新增加了鱼钩、鱼叉、弓、箭及缝合兽皮的针等。

在3万前到1.2万年前之间,由于在狩猎宝库新增了一些巧妙的新技巧,狩猎活动也可能要求人进行专门训练。尤其是,此时的猎人学会了用短矛和箭射落飞鸟,用鱼钩和鱼叉捕鱼,并通过研究猎兽与生俱有的运动学会了惊散兽群以及设陷阱捕捉它们。由于他们主要依赖猎兽为生,他们随着猎兽的活动迁移居住地;而且,某些证据表明,他们并不是把有能力捕到的动物捕尽杀绝,而是遵循禁猎原则。不管怎样,年代在同一时期的考古遗址中屡屡见到的大批炭化的骨骼证实,大批猎兽被杀掉,随后被人在公共筵席上烧烤,这证明我们现在谈论的这些人不仅知道如何绘画和狩猎,而且知道如何分享食物。

村落、贸易和战争的产生

村落、贸易、战争和文明的出现

下面我们将集中考察西亚自食物采集转变到食物生产之后的发展情况。在该地区,向文明加速迈进的下一个步骤就是村落的出现、远距离贸易的兴起和血腥战争的产生。自约公元前6500年到约公元前3500/3000年一些村落逐渐变为城市之前,村落构成西亚地区最先进的人类组织。村落组织无可避免地引起远距离贸易,同样也无可避免地引发战争。毋庸置疑,战争与饥荒、疾病一直

早期村落陶器。该浅形碗出自西亚一村落遗址，年代在公元前5000年左右。

是危及人类生存的大敌，至少自农业村落产生以来是如此。不过在古代，战争的发育促进了经济和社会复杂化的加强，因而仍须把它视为导致文明产生的一个步骤。

社会组织和功能的进步

西亚由游荡无定的群体向村落乃至城市之社会组织方面的进步，就其本质而言是在功能上由采集食物向生产食物乃至从事以稳定的食物供应为先决条件的各种活动的进步。在每一个发展阶段，从典型意义上讲，社会组织都比过去变大了，不过我们也不能因此认为村落总是大于群落，总是小于城市。更确切地说，尽管典型的村落有居民1000人左右，但在西亚所谓“村落时代”的最早期，有些村落只有200名居民，比群落的平均规模还要小；而在村落时代的极盛期，一些村落拥有的居民在5000人以上，规模比随后出现的典型的城市还要大。

村落以定居和农业人口占多数为基础

因此，比较明智的做法是把规模置于考虑之外并坚决主张，倘若一个居民点的大部分居民没有定居下来，或者居住点中比例不小的强壮居民没有从事田间劳作，那么该居民点就不能看作是村落。自然，由于村落的农业劳动者总是寻求获得更高的劳动效率，生活得更舒适，因而，随着时间的推移，手工业开始发挥空前显著的作用，其地位仅次于农业。在一开始，所有村民都从事某种新手艺，但是随着某些手艺的技术变得更加复杂，专门的技术人员随之产生，他们逐渐成为专职的艺匠，不再从事农业劳动。不过，直到西亚村落时代临近结束时，此类专职手工艺匠依然非常少见，可能至多占成年人口的百分之一。

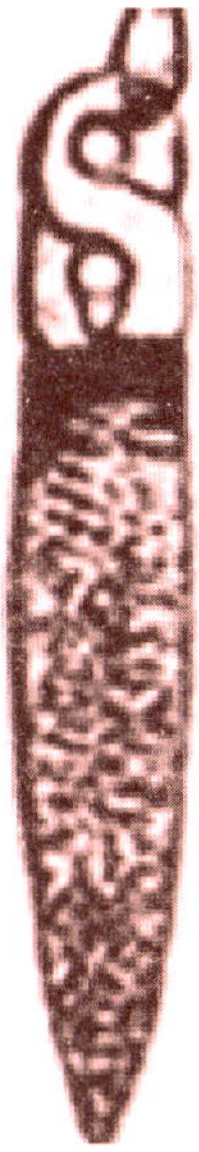

燧石短剑。发现于安纳托利亚，制作于公元前7000年左右。剑柄为骨制，上刻精致图案。

村落社会中的手工艺

1. 制陶

村落中最重要的手工艺包括制陶业、编织业、工具制造业和武器制造业。在这些手工艺中,制陶和编织业是转向定居生活带来的直接后果。人类一旦定居下来,就显然开始对储藏物品特别感兴趣;同样非常明显的是,他们不再需要担心贮物器皿是否适于迁移。因而,人类在很早很早之前可能就已知道如何制作粘土罐,不过他们并不想劳神去制作它们,因为粘土罐十分易碎,不便携带着迁移。然而村落出现以后,人们马上就制造罐状容器,因为他们发现它们是储存谷物及其他食物的理想用具。此外,粘土罐还可用于取水、存放水:有了陶器,人们可以在家中储存饮用水。这向着享受迈出了一步,其重要性或许可以与现代室内自来水管的发明相媲美。

2. 编织

编织业起初可能也是产生于人们对适用器物的追求,因为人们学会编织篮筐看来在学会织布之前。从考古记录看,柳条筐在人类定居后不久就出现了。,在持续不断的迁移过程中,这种筐确实显得十分笨重、不结实,但与罐状物相比,它们更适于贮存某些物品,由于比罐类轻便,因而更便于从田地里运回收获的庄稼。人们在广泛掌握编织的原理后,就可轻而易举地把它运用到织布上,只要驯化后的绵羊可用来生产羊毛。有了羊毛织物,村落居民也就获得了比兽皮更可靠、更便于使用的衣料。(只是在公元前 3000 年左右埃及人培育出亚麻这种适于充当制造亚麻布的原料之后,人类才开始利用植物纤维织布。)

3. 工具和武器

与制陶和编织相对,制造工具和武器对村庄时代的人来说并不是什么新鲜事,但村民确实学会了如何用新材料制造工具和武器。随着农业的发展,人们比以往任何时候都更需要更锋利、更经久耐用的工具,比如说,早期村民希望得到最锋利的镰刀、最耐用的犁具。而且,虽然武器越来越少地用于狩猎,但在战争中使用得越来越多。一开始,希望得到利刃的亚洲村落居民认识到,利用某些岩石可以打制出较之其他岩石更锋利的刃口,因而只要有可能就使用这些岩石。随后,他们注意到有些"岩石"延展性能尤其突出,因而可用以制成锋利的尖头,在磨钝时也可使之重新锋利起来。自然,这种具有延展功能的"岩石"根本不是岩石,而是自然界天然存在小块铜。在公元前 6500 年至 4500 年之间,这种

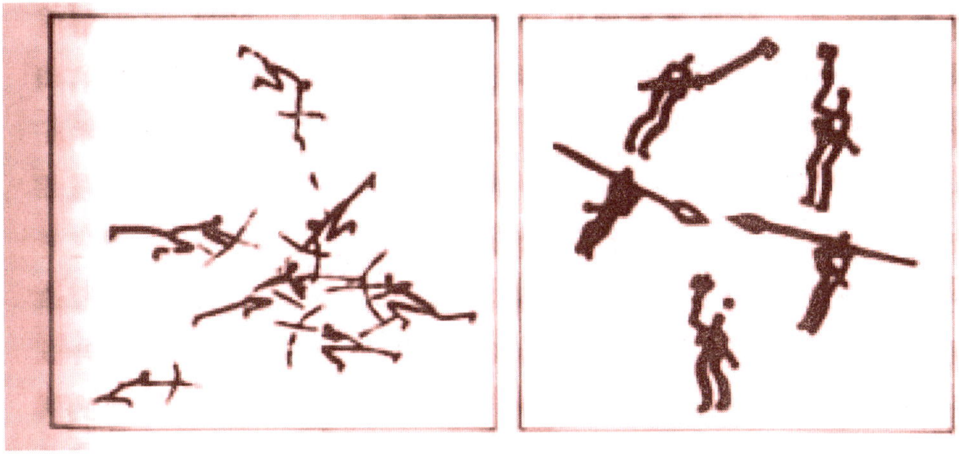

早期战争场面。左图是西班牙的一个洞穴壁画右图是瑞典的一个岩刻画。创作的具体年代不清，但几乎可以肯定均在定居农业出现之后。

铜块比较少见，因而只能用来制作器物的尖头及诸如饰针之类的极小型的用具。但在后来，可能出于偶然，有人把一块具有延展性的石块丢进了陶窑，结果发现某些“岩石”（矿石）在高温下会分化出黄铜。不论这个人是谁，他或她发明了冶炼术；在其后近千年时间里，冶炼出来的铜在西亚被用来制作各种各样的容器、工具和武器。

远距离贸易产生于剩余产品

提到越来越多地利用不同的岩石和铜，必然要引出贸易这一话题，因为早期村落居民希望得到的坚硬岩石并非见于西亚各地，不得不由外地长距离运来。即便说有，采集狩猎者也很少进行远距离贸易，因为无力支付所需费用——换句话说，他们生产不出剩余产品。这些人由一地迁移到另一地，尽量少带随身用品，因而根本不可能生产出剩余产品。另一方面，村民们是天生的贮存者，在开始贮存粮食后不久，他们逐步认识到生产并贮存超出自己需要的东西，即可藉以抵御饥馑，也可提供东西进行实物交换。

尽管我们永远无法弄清相关的具体步骤，但看来建立在血亲集团关系上的短途赠礼和交换先于更具有商业形式的远距离贸易。譬如，生活在富裕村落中的一个血亲集团可能送给邻村挨饿的亲戚一些粮食，把它们仅仅作为礼物，或者换回一两件工具；可以想象得到，住在不同村落的亲属之间正常的送礼或者交换可能是作为承认家族纽带的礼仪性手段产生的。不过，随着交换和财富积累的继续进行，某些团体不可避免地会比其他团体富有，最终有财力派出商队进行远距离贸易，比如说到盛产优质而锋利的切割用石的地方换回这种石料。不管怎样，早在公元前6500年左右，西亚贸易就无疑已经扩展到非常远的距离之外。特别是，现知存在于伊朗和伊拉克的所有村落都能设法从400到500英里之外的今亚美尼亚地区产地得到稳定的黑曜石(这是一种火山喷发造成的玻璃状物，特别适于制造锋利的切割用具刀刃)供应，此外这些村落还从两倍于上述距离之外的安纳托利亚中部得到小块的黄铜。因此，岩石、金属、食物、编织物、兽皮和小装饰品等物品的交易空前繁荣；到村落时代结束时，人们既通过陆路，也通过船只由水路运输货物。

然而贸易并非获得物品的惟一手段，因为成功的劫掠可以更好地满足人们的欲望。没有人能够说清人类战争开始于何时，但越来越多的专家对下述说法，即侵略行为在生物学上是“编入”我们之中的一种“程序”表示怀疑。母宁说，从严格的生物学意义讲，人类似乎既不偏向和平，也不偏向战争，而在转向定居农业之前，游荡不定的群落是爱好和平的。至至少少有一点是肯定的，冰河时代的任何洞穴壁画都没有描绘过人与人交战的场面，现知最早的表现战争的绘画与定居的村落生活同时出现。更引人注目的一个事实是，现知西亚最早的村落有许多都是带有防御设施的村落。显然，不论人类在过去时情况如何，自定居村落产生以来，其未来将是战争和杀戮。

村落生活与战争的关连

由于一些显而易见的原因，定居生活会引起持续不断的战争。游荡不定的群落的成员在狩猎和采集活动中需要互相合作，同时他们甚至很难见到其他群落的成员。假设一个群落偶然与另一个群落相遇，双方没有什么理由兵戎相见，因为获胜了也得不到什么或根本得不到战利品。与此相对，在村落里有战利品，同时受到攻击的村民会倾向于列队应战，而不是夹起尾巴匆忙逃窜；他们不仅要保护自己的财产，而且要保住自己历尽艰辛开垦出来并耕作的田地。地方性的战争可能是在由漫游生活至定居生活的过渡时期开始的，当时一些漫游群落变成了劫掠群落。此后，在众多村落出现之时，为了获得更多的财产和财富，一个居民点一定会动手攻打另一个居民点。

战争促进了技术和贸易的发展

具有讽刺意味的是，战端的开启促进了技术和贸易的进步。不论是出于防御还是出于进攻方面的考虑，西亚的早期村民们在武器设计和制造方面取得了重大技术进步，在短剑、战斧、长矛、投石器及钉头槌制造方面进行了尝试。进而言之，地方性的村落“军备竞赛”可能是促进冶金术进步的最重要因素，因为铜制矛尖和短剑比石制矛尖和短剑更锋利，而用青铜即铜锡合金——青铜制造在公元前3500年至3000年时得到完善——制造的各种武器都比铜制武器强得多。由于金属必须通过贸易来取得，因而参与军备竞赛的村民被迫提高生产效率，以生产出剩余产品来换取金属。就这样，对最好的武器的寻求即便造成了死亡和毁灭，却促进了经济生活的发展。

文明的诞生

城市与村落的区别

西亚史前史上最后一个重大发展是城市的出现。这一现象可追溯到约公元前3500年到3200年这段时期。由于一些村落是在大约五百年的时间里不知不觉地转变为城市的，因而根据城市何以在村落发展的末期产生来描述城市与村落的区别就比较容易了。与村落不同，城市里居住着各种各样职业的人士。早期城市里都有农民居住，因为城市周围的田地与其他田地一样需要有人耕种。此外，城市里还居住着少量工匠和商人，因为城市是在一些手工技艺变得非常专门化、贸易也正成为一种专门行当的时候成型的。但是城市里的显要人物是职业武士、行政官员和祭司，他们的存在确实决定了城市和村落的差异。

城市对村落；统治者对被统治者

概括说来，城市就是为了剥削村落而存在的。城市的第一流居民自己自然不会这样看问题。由于他们是职业武士、行政官员和祭司，因而他们会说他们的天职是通过军事手段保卫这片地区、通过出色的管理提高该地的生产力以及通过祈祷求得上帝的佑护。但是，既然这些人都不参加田间劳动，因而离开农业劳动者生产的剩余产品，他们肯定活不下去。换句话说，城市里居主要地位的居民是其社会的统治者，城市的其他居民和附属村落的村民是被统治者。

美索不达米亚城市：人口压力的产物

毫无疑问，西亚最早的城市产生于美索不达米亚或称两河流域，即位于今伊拉克的处于底格里斯河和幼发拉底河之间的地区。实际上，人们可以肯定，城市兴起的终极原因是人口压力。前面我们已经谈到，定居人口的繁殖能力比漫游无定者要高得多。的确，一旦西亚居民精于定居农业，食物产量就开始出现惊人的增长，人口也是如此。按照一个保守的估计，伊朗西部丘陵地带的人口在公元前8000年至4000年之间增加了50倍。在达到一定程度后，过量的人口为了生存必须迁移到新的地区，这在早期农业生产者中尤其如此。由于对作物轮作制或施肥技术一无所知，他们会逐渐耗尽地力。在西亚，这一时刻在公元前4000年来到了，当时伊朗和伊拉克的过剩人口开始大批移入先前无人居住的底格里斯河和幼发拉底河河谷地带。

美索不达米亚建立政府和实行强制的趋势

农业要想获得成功，必须具备两个条件：肥力，以及水分。西亚最早的农业聚居地位于原先生长野生谷物的丘陵地区。这些地区的土地并不是特别肥沃，但至少足以应付作物种植刚开始时的需要，而且那里确实从降雨中获得充足的水分。另一方面，美索不达米亚谷地极其肥沃，但在一年的很长时间里十分缺乏水分，以致如果不引入人工灌溉系统，就不可能进行农业生产。然而，兴建和维持灌溉系统却需要一定程度的规划以及人类社会至那时为止从无先例的繁重而协调一致的劳动。此处所谈的灌溉系统最初见于公元前4000年至3000年这一千年间。要建成这种灌溉系统，就要由底格里斯河和幼发拉底河这两条大河开挖主运河和沟渠，通过这些交叉分布的河渠把河水引到干旱的土地。这种工程从来没有完结的时候，因为运河和渠道时常淤塞，必须不断加以疏浚。修建及维修河渠的活计要求组织大量人员，筹集食品供他们食用，大量制作罐盆作为他们的餐具，诸如此类，不一而足。因此，显然需要规划人员决定如何劳动、何时劳动、在何处劳动，需要监督人员去指导和强制劳工，同时需要总督去安排、监控监督人员。与此相应，在这种情况下，社会分化成了统治者和被统治者。

尚武精神加强了政府力量

人口压力迫使人们去修建灌溉系统。公元前4000到3200年之间，这种压力在美索不达米亚造成了建立政府和实行强制的趋向，而这一趋向又因尚武精神的高涨而得到加强。一些人是何以设法成长为统治者的呢？无疑，主要解释在于暴力，最精于战事者在社会中最为强大。在我们所谈论的这一千年，军事权力会导致行政权力，并经由一个持续不断的螺旋式上升过程导致更强大的军事权力：金属武器固然优于石制武器，但比石制武器昂贵得多，因而只有那些通过征服和剥削他人获得财富的人才有力量得到金属武器，并借助于它们征服并剥削更多的人。尤其值得指出的是，美索不达米亚本身不产金属，也无任何金属矿石，但在那里发现了大量年代在公元前3500年到3000年的金属武器；显然，美索不达米亚的武士——统治者正变得愈加占居支配地位，地位愈加牢固。

祭司成为统治精英的一员

假如说占有支配地位的武士需要训练有素的行政官员协助他们管理和监督地方灌溉工程，那么单单这两个阶层在核心地点的联手就可以创造出城市。但实际上还产生了一个专职祭司阶层，该集团与前两个集团合力创建了城市。毋庸赘言，宗教并非美索不达米亚的发明。早在数万年前，对超自然力量的信仰在尼安德特人中和冰河时代的洞穴居民中必定就已存在了：尼安德特人在埋葬死者时用食物陪葬，洞穴居民的艺术显然意味着施展魔法。美索不达米亚的创新之处是专职祭司阶层——附着于举行典礼活动的中心即神庙的人——的出现，他们靠其他人的农业劳动的支持来从事诵念咒语、主持典仪活动。

对祭司等级产生之因的解释

对祭司等级何以首先在美索不达米亚兴起的原因人们作出一些推测，但看来有可能的是，到了公元前3500年左右，经济需求和社会复杂化都已达到非常高的程度，以致人们真地需要祭司。游移不定的群落在维持社会凝聚力方面没有困难，因为没有或很少有值得争斗的私有财产，因为职业责任大致等同，也因为群落规模不大——通常不超过500人——足以使群体成员通过互相亲近感到他们心连心。但是这种情形在村落里开始变化。在村落里，共同劳动、共同分享劳动成果仍然居主导地位，但随着时间的推移，尤其是随着贸易的发展，财产不平等现象越来越突出；而且，当村落人口由数百增加到数千时，村民们很难互相认识，也就是说，很难做到直呼其名。来自外部的攻击可能为村民提供了充足的社会凝聚力基础，使之免于发生剧烈争斗，但在美索不达米亚灌溉工程充满压力的开始阶段,仍需要更高程度的凝聚力。基于这一公认的推测性的看法,宗教鼓舞大群的人忠诚于一种共同的事业,鼓舞他们怀着是在为地方诸神效劳的信念努力工作。这种规模的宗教奉献要求祭司宣讲信仰并在给人深刻印象的神庙中主持精巧的典仪。

城市是文明的表征

探讨城市的起源实际上与探讨文明的起源是一样的。文明可定义为人类组织的这样一个阶段,其时行政机构、社会机构和经济机构已发展到足以处理(不论如何不完善)一个复杂社会中与秩序、安全和效能有关的问题。公元前3200年左右,美索不达米亚"已变成文明社会"。也就是说,该地区至少已有五座城市,它们的居民中都包括武士——统治者、行政官员和祭司,它们都拥有一些雄伟的神庙,此外也都以拥有精致的私人住宅、公共作坊、公共储藏设施和大型集市而夸耀。初步的档案保存方法正在为人们所掌握,文字也正在形成过程中。随着文字的出现,西方文明史开始了;随着文字的出现,我们可以开始叙述一个以诠释文字证据和考古发掘到的器物为基础的历史。

古代苏美尔:最早的城市

"苏美尔时代"

公元前3500到3200年间,美索不达米亚即两河(底格里斯河和幼发拉底河之间)地区的社会和文化生活建立在城市基础上,成了地球上第一片文明开化之地。我们可以把公元前3200年直到公元前2000年这段时期称为"苏美尔人时代",因为美索不达米亚最先进的地区是位于其最南部的苏美尔地区。苏美尔是片沼泽地带,面积与美国马萨诸塞州大致相当。在苏美尔时代的前九百

苏美尔人人物立像

年间，苏美尔没有出现统一的政权，而是由众多独立的城邦点缀期间，其中最重要的有乌鲁克、乌尔和拉格什等。随后，到了公元前2320年左右，整个苏美尔地区都被来自处于美索不达米亚正北部的阿卡德的一位强大武士所征服。这位武士的真名实姓已无从知晓，但我们知道他冠以“萨尔贡”（意为“真正的国王”）的头衔，与他同时代的人则称他为“伟大的萨尔贡”。美索不达米亚年代记称他在取得34场战斗的胜利后控制了苏美尔；最后他胜利地进军到“下海”（波斯湾），在那儿用海水清洗他的武器，以示战争结束。在其后近200年的时间里，伟大的萨尔贡创建的王朝统治着由阿卡德和苏美尔组成的一个帝国。不过到了公元前2130年左右，苏美尔重新获得了独立，实现了“复兴”。“复兴”一直延续到公元前2000年左右，其间该地区大多由住在乌尔的国王统治着。

萨尔贡青铜头像

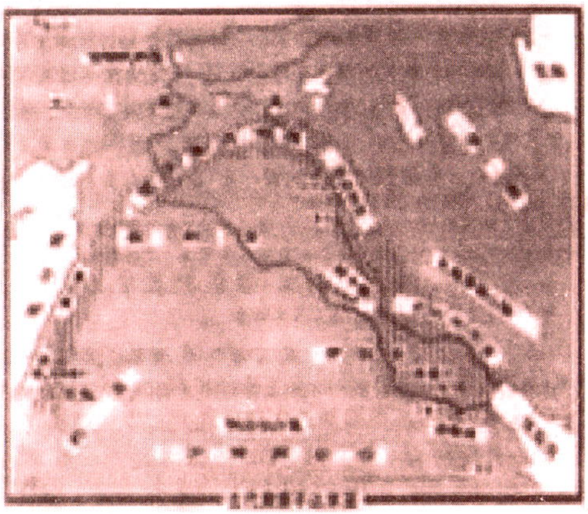

古代索不达米亚地理图

苏美尔的成就主要受到其气候和地理的影响。尽管两河流域非常肥沃，但灌溉不可或缺，因为这里一年中有近8个月不下雨，春天里降下的暴雨来得太晚，赶不上浇灌在4月份就要收割的主要作物。（苏美尔地区夏天时不是生长季节，因为那时温度高达华氏125度，可把土地烤焦。）如前所述，灌溉工程是项集体事业，需要精心策划和专断的领导，而这反过来导致社会分层、职业专门化和城市的出现。美索不达米亚南部完全

亲密的一对(出自尼普尔城)

缺乏诸如石料、矿物之类的天然资源,甚至连树木也没有,这一事实使苏美尔的处境进一步受到制约。这就意味着居住在苏美尔的人被迫严重依赖对外贸易,同时十分注意运用一切手段改变这种经济不平衡,以使之对他们有利。换言之,苏美尔人必须征服自然,而不是过着丰足舒适的生活。

苏美尔人最值得注意的发明之一,就是车辆运输,它发明于苏美尔时代初始之际(公元前3200年左右)。从比较的观点可以看出这一发明是何等地先进:直到公元前1700年左右埃及人才知道车辆运输;西半球的居民在欧洲人引入轮子之前根本不知道此为何物(秘鲁孩童的有轮玩具除外)。第一个把一个绕轴旋转的圆环形装置用于运输目的的苏美尔人可能是受陶轮的启发突发此想的,因为早在公元前4000年左右的伊朗轮子就已用于制陶业了,并在大约五百年后由伊朗传入苏美尔。把制陶业的轮制原理扩而应用于运输,其发展过程十分不明:至少到了公元前2700年,埃及人就知道了陶轮,但他们直到一千年以后才把它用于运输,而且即使那时他们也是在与美索不达米亚人的接触中学会车轮运输的,或许并非他们“独立发明了车轮”。因此,这位为了制造一种更好的运输工具最先把轮子附加在橇板上的不知名姓的苏美尔人,可以当之无愧地跻身于人类各个时代最伟大的技术天才之列。

苏美尔人的饰以牛首的匣式里拉琴

车辆运输

苏美尔最早的有轮运输工具是两轮战车和四轮货车。它们都是由牛牵引的（直到大约公元前2000—1700年之间东方入侵者将马引入西亚之后，西亚人才知道马），都是安装在没有轮幅的实心轮上：把两三块厚木板拼成圆形，用饰纽或撑柱把它们固定在一起。牛拉战车显然移动不太快，不过它们看来促成了方阵作战方式的一个进步，因为残存至今、年代在公元前2600年左右的一些图画描绘了它们践踏敌人的场面。用于运货的货车更不看重速度，它们必定在众多灌溉工程和城市建设工程中帮了苏美尔人很大的忙。

苏美尔人的战车。图片反映年代在公元前2600年左右，现在知最早的有轮车辆。由图中可知轮子是由木板拼成圆形、再用饰纽或撑柱固定在一起的。由此也可以看出在有文献记载的历史的初期，军事目的刺激了技术的革新，至今亦然。

太阴历

除车轮外，苏美尔人还发明了太阴（月）历，这也是人类早期最重要的发明之一。在像美索下达米亚那样极其恶劣的气候条件下，知道播种和收获的准确时间，是绝对必不可少的；因而，有必要找到某种标明时日行程以确定周而复始的农作周期的可靠途径。做到这一点的最简单的办法，就是利用月亮的盈亏循环。既然月亮由最初的鹅眉月运行到下一次最初的鹅眉月共需要29天半的时间，人们就可以考虑把这样一个循环视为一个基本的计时单位(我们把它称为一个月),然后累计这些计时单位的数目,直到季节也完成了一个循环。就这样苏美尔人得出结论,在月亮运行了12个这样的计时单位(6个是29天,6个是30天)后,一“年”就过去了,重又到了开始播种的时候。不幸的是,他们不知道“一年”实际上是地球绕太阳绕转一周的时间,月亮的12次循环或12个月比一个太阳年少11天。九百年后苏美尔了解到,每隔几年他们就要在其年历上另加一个闰月,这样才可准确地预测到季节的循环。苏美尔人的太阴推算法是通向我们现在理解的精确的预测性的科学(测度自然以掌握其“运行规律”)的现知最早的一步。现代犹太历和伊斯兰历法(回历)都以犹太人和穆斯林自古代美索不达米亚承袭而来的月亮运行周期为基础,这一事实证明,如果不断把短少的天数补增上去,那么太阴历本身实际上也是可以使用的。

文字的发明

与车轮和历法一起并称苏美尔人留给后世西方文明的三大珍贵礼品的是文字的发明。称文字是“发明出来”的,多少易于让人产生误解,因为苏美尔文字是逐步产生的,正如我们现在所知,其间

早期图画文字。上图:美索不达米亚页岩雕刻品,年代在公元前3400年左右,描绘的是两个人进行交易的情景,四周图案表示他们交易的物品。下图:苏美尔人泥版文书,年代在公元前3000年左右。在这里,标准化的图案开始代表抽象含义。

由借助图形表达某种观念到文字(尽管尚不是字母文字)的出现经过了一千年的演化过程(约公元前3500年至约2500年)。公元前3500年左右,苏美尔人开始刻图像于石或镌印于粘土,以此作为拥有某物的标志:一幅图画可能表示一个人的绰号〔例如用一块岩石表示“铁石心肠”(Rocky)〕,或者他的住所(例如用一颗树表示一幢房屋)。大约五百年以后,由图形向文字的演化速度大大加快。到了那时,苏美尔神庙的管理人员使用许多规范化的简图,把它们

结合起来保存神庙的财产档案和商业交易档案。尽管这一时期的书写文字仍具有象形文字特征，但已超越了以图画表示人及具体事物的阶段，发展到了用图画表示抽象事物：一只碗表示食物(任何种类均可)，一个人头加一只碗则表示吃的概念。又过了五百年，成熟的文字全面取代了旧有文字，因为到那时最初的图画已变得非常系统化，以致人们不再把它们视为图画，而须视之为纯粹的符号；这些符号有许多已不再表示特定的词，而成为与其他同类符号结合在一起就可形成字词的音节符号。

楔形文字

公元前2500年左右，苏美尔地区的这种文字体系达到了充分发展的阶段。这种文字被称作“楔形文字”，因为它是由用芦苇做成的带有三角形笔尖的笔在湿泥板上刻划而成的楔形符号组成的。楔形符号共有500种左右，其中有许多具有多重含义(其“准确含义”只能根据上下文来确定)，这就使得楔形文字体系比后来的字母文字体系要难以掌握得多。尽管如此，在两千年间楔形文字一直是美索不达米亚惟一的文字体系；到了公元前500年左右，这种文字甚至成了西亚大部分地区通用的商业交往媒介。

古代巴比伦马杜克神庙及其庙塔模型

从苏美尔时代残存下来、在近代被发掘出来的楔形文字文献都是抄写在泥版上的。这些泥版中，大约90%是商业和行政记录，其余的10%大致可以归入文学的范畴——明确说来，包括对话、谚语、赞美诗和神话传说的残篇。苏美尔人的对话采用这样的形式：两个角色在辩论中站在对立的一方互相驳辩——夏天对冬天，斧头对犁子，或者农夫对牧人。由于双方均有许多可以立足的根据，因而辩论通常没有输赢；倒不如说，这种形式主要是为教学目的设计的，旨在帮助神庙学校的学生对某一论题有尽可能多的了解。另一方面，残存至今的苏美尔谚语则提供了明确的观点。一则令人着迷的苏美尔处世格言这样讲：“仆人呆的地方，必有争吵相伴；理发师呆的地方，必有毁谤传出”；由此可知，多嘴多舌的理发匠在人类文明的黎明时期就已臭名远扬了。

苏美尔宗教的演变

苏美尔泥版中所残存的赞美诗和神话传说(后世的美索不达米亚人所抄录的苏美尔文献可作补充)表明,在苏美尔时代有关神灵的说法经历了一个稳步发展的过程。为简便起见,我们可注意两个主要阶段:由视神灵为自然的一部分转变为把神灵想象为像常人那样行事,随后是由赋予神灵以常人的属性转变为把神灵想象为像无所不能的主宰那样行事。最古老的证据表明,苏美尔人最初崇拜的是脱离肉体的自然力量。一位"神"是使谷物得以生长的力量,一位神是产生上升的元气的力量,另一位神是使食物储存于仓库中而不腐的力。然而,在公元前第三千纪这一千年间(公元前3000年至2000年),苏美尔人更易于根据人格化的类似来解释自然现象。因而酷热的夏季逐渐被看成繁殖神一年一度的"死亡",收获入仓则被看成繁殖神与仓储女神的"婚姻结合"。不论这些神是自然力量,还是人格化的存在,苏美尔人崇拜他们的目的都是指望他们带来丰足并防止自然灾害。但是到了第三千纪末期,在伟大的萨尔贡征服苏美尔后,苏美尔人的某些人格化的神祇不可避免地担当某种政治功能。一些神祇被视为城市的保护神,另一些神祇被视为各个领域(诸如天、地或冥界)的主宰,而其中的一个神恩利尔则被视为所有这些主宰的主宰。这就朝着神性合一和神灵万能进一步迈进了。

居高临下的庙塔

不论苏美尔人把神祇看作是什么,在公元前3200年到2000年之间,神庙一直是苏美尔社会中令人敬畏的力量。完全是为了增加神庙的高度,神庙建造在高大的平台之上,因而比城市和苏美尔平坦的地平线都要高。由于没有石料和木材,苏美尔神庙都是用晒干的泥板和泥砖建成的,建筑式样大多呈所谓庙塔(ziggurat)状,这是一种梯状的塔楼,顶上是一神龛。典型的苏美尔神庙规模庞大,兴建工作十分繁重;据现代估计,建成这样一个神庙,需要1500名劳力每人每天不停地工作十个小时,累积要十五年。(此外,这种泥一砖结构的大型建筑需要不断地进行大规模的修缮,因而建筑工作几乎没有停的时候。)不过,这种工程主要是由志愿者轮流着完成的,在他们看来,这是对庇护他们终生的神灵的奉献。

神庙学校

苏美尔祭司并不住在神庙本身之

中，而是住在构成神庙管区一部分的毗邻神庙的建筑里。神庙管区里还居住着神庙管理人员、工匠和奴隶。由于祭司和管理人员（这两个词往往意义相同）需要学习楔形文字，因而庙区内附设有学校，教授楔形文字和祭司等级需要掌握的其它知识。苏美尔的这些学校是现知人类文明史上最早的学校。

神庙的作用非常广泛

神庙共同体往往在城市以外拥有大片地产，因为没有这些农田提供的收入，就无法维系神庙庞大的事业。神庙共同体通常也从事商业贸易，把在庙区内制造或贮存在那里的货物出售给庙区所在的城市的买主，或用船运到很远的地方出售。因而神庙实际上是“国中之国”。另外，在萨尔贡时代之前，神庙往往就是“邦国”，因为苏美尔诸城的祭司经常就是城市的统治者。在苏美尔各城市摆脱萨尔贡王朝的统治重获独立之后，世俗国王一般取代祭司成了城市的主宰，但即便那时国王及其家庭仍会与主要祭司的家庭联姻。

苏美尔的社会结构

除祭司、国王和著名武士（他们可能是祭司及或国王家庭的成员）外，苏美尔社会中还存在着三个阶层：神庙共同体中的“专门人员”，自由农民和奴隶。专门人员包括神庙管理人员、商人和工匠，他们的生活按理很富裕，但要无条件地依从祭司。自由农民看来拥有的是最差的田地，为了生存往往不得不向神庙告债。至于奴隶，我们所知甚少，因为文字记录几乎不注意他们的存在，但实际上可以肯定，他们的生活十分悲惨。

古巴比伦的发展

苏美尔的经济缺陷：盐碱化

尽管苏美尔人在驾驭其外在环境方面取得了令人吃惊的成就，但他们却未注意到生态问题，以致他们的土地因盐份的不断增加而逐步退化，这一过程在技术上称为盐碱化。由邻近的河流里引水灌溉苏美尔地区干旱的土地固然带来了水分，但也带来了盐：水分蒸发掉了，盐却留在土壤之中。以年为单位观察，这样积存在土壤中的盐无足轻重，但以世纪为单位观察，土壤的肥力会因此受到影响。研读现存至今的泥版文书可以发现，早在公元前2350年，苏美尔各地区耕地的产量就有所下降。阿卡德的萨尔贡之所以能够征服整个苏美尔地区，原因可能就在这里。

此时苏美尔尚非十分软弱,因而在两个世纪后推翻了阿卡德人的统治;但到了公元前2000年左右,苏美尔开始陷入万劫不复的经济灾难之中。由于不再能生产出剩余产品,苏美尔各城无力供养祭司、管理人员和军队;慢慢地,苏美尔失去了它在美索不达米亚的主导地位,由更靠北的地区取而代之。

逐渐过渡到古巴比伦的统治

在美索不达米亚历史上,苏美尔时代之后出现的是古巴比伦时代(约公元前2000年到约1600年)。应当强调指出的是,把公元前2000年定为古巴比伦时代的起始年代实属武断,因为该年未发生任何标志着由一个时代转变到另一个时代的重大事件。实际上,不仅由苏美尔在美索不达米亚的支配地位过渡到古巴比伦的支配地位是逐渐发生的,而且即便在公元前1770年左右古巴比伦时代的极盛时期,其文化与其前驱苏美尔文化并无重大区别。如果说苏美尔人和古巴比伦人之间有什么明显的不同,那只有两个标准:地理和语言。如上所述,苏美尔时代美索不达米亚最繁荣、文化上最先进的城市都位于该地区的最南端;另一方面,在其后的400年间,文明的重心却北移到了阿卡德,而且在相当长的时间里以新建的巴比伦城为中心。此外,在古巴比伦时代执美索不达米亚之牛耳的各民族讲的是属于闪族语系的语言。

闪语各民族的到来

闪族语系的各个民族(今天有阿拉伯人、以色列人和埃塞俄比亚人)都把阿拉伯半岛视为其发源地。至于闪族部落到底为何或者在什么时间进入美索不达米亚,我们尚不知晓。我们知道的是,伟大的萨尔贡及其军队都是闪族人,因而在公元前第三千纪末叶苏美尔就已受过闪族人的统治一段时间了。就此而言,公元前2130年至2000年左右苏美尔的复兴只是一段插曲而已,因为即便

汉漠拉比:巴比伦国王和立法者

汉漠拉比法典。法典残存在一个八英尺高的玄武岩圆柱上。柱的上端描述的是汉漠拉比向正义之神(右面坐者)表示敬意。其下楔文铭文即为法典文献。

在那时其他闪族部落仍在往美索不达米亚渗透,并蚕食了苏美尔和阿卡德的小片土地。最终,这些部落中成就最大的是阿摩利特人,他们在公元前 2000 年左右进入美索不达米亚,在阿卡德各地区定居下来。两个半世纪之后,阿摩利特人征服了苏美尔全境,他们所说的闪族方言也取代苏美尔语成了美索不达米亚口头和书面语言。不过,同样这些阿摩利特人却吸取了苏美尔文化遗产的所有其他方面。

由于阿摩利特人把阿卡德的巴比伦定为其帝国的首都,因而他们往往被称为巴比伦人,或者为别于一千多年以后统治美索不达米亚的迦勒底人,更多地被称为古巴比伦人。古巴比伦帝国的缔造者是汉漠拉比(公元前 1792—1750 年),他也无疑是阿摩利特人最伟大的统治者。在他登基之际,阿摩利特人仍不过是美索不达米亚南部几个互相争斗的势力之一,但到了公元前 1763 年,汉漠拉比就征服了整个苏美尔;到了公元前 1755 年,他征服了美索不达米亚其余地区,并向北扩张到叙利亚边境地区。随着取得的胜利越来越多,汉漠拉比自称"苏美尔和阿卡德之王",随后又自称"天下四方之王"。尽管他如此自夸,他的帝国却很短命(汉漠拉比统治之后美索不达米亚的政治事件将在下节中叙述),但他为自己选定的另一个头衔"正义之君"却道出了他名声久存的缘由,因为汉漠拉比颁布了现存人类历史上最早的有条理的法律文集。

“汉漠拉比法典”

“汉漠拉比法典”刻在一个石碑上，共包括282则条文。学者们公认，法典是建立在苏美尔立法原则基础上的，其中揉和了闪族人的新发明，但他们对什么原则属于苏美尔人、什么原则属于闪族人说法各异，因而我们最好是把它们都简单地归结到最有名的记载“美索不达米亚法系”的文献之列。在考虑汉漠拉比法典的主要前提之前我们必须指出，法典缺乏“法律面前人人平等”的现代观念。在汉漠拉比法典中，奴隶毫无权利可言，稍有过失即受到断肢的可怕惩罚。此外，法典中提到了两个法律阶层：一是“人”，显然意指贵族；另是所有其他既非“人”亦非奴隶的人，他们的法律待遇很差，但拥有某些法律权利。与“人”侵犯“人”相比，“人”侵犯了地位低于他们而非奴隶的人受到的惩罚要轻一些，而“人”伤害了奴隶与他损坏了奴隶主的财产所受处罚相同。

美索不达米亚法系的实用特性

汉漠拉比法典建立在两个最著名的原则基础上，此即“以眼还眼、以牙还牙”和“让买方小心提防”。猛一看来这两个原则都很原始。在规定对确定的伤害行为进行赔偿时（“倘人毁他人之目，则毁其目”；“倘人断他人之骨，则断其骨”），法典从不考虑最初的伤害是否纯属意外，而是残酷无情地坚持让人受到皮肉之苦和受辱。“让买方小心提防”原则不那么残酷无情，但看上去不像是法律。为什么国家应在一部法典里宣布卖方行诈不会受到惩处呢？如果我们认识到汉漠拉比法典所追求的目标与现代法系不同，那么就可更清楚地领悟这部法典。美索不达米亚人颁布法律主要是为了制止争斗。因而他们以为——这决非毫无理由——一个总想采取暴力手段的人，如果记住不论他怎样加害于人，都会受到法律同样的处罚，那么他也许会不再施暴。另外，他们也清楚地认识到，惩罚只有迅捷无情才能收到威慑效果；这一观点使得他们必然对无实质意义的动机问题不予考虑，因为调查犯罪细节和犯罪动机要花费时间，况且，如果罪犯知道如何保护自卫，那么这就会使真正蓄意的犯罪有可能逃脱法律的惩罚。至于“让买方小心提防”原则，同样也是为了制止争斗，因为买方知道自己没有权利，如果他去取闹，马上就会受到惩罚。

正义概念和社会福利

在叙述了美索不达米亚法律体系的

这些实际范围之后，还必须补充一点：汉漠拉比法典并非对正义观念完全不关心。尽管实行严格的报复措施，但法典并非完全缺乏正义概念，因为“以眼还眼、以牙还牙”总比“以头还眼”或“以眼还指甲”要公正些。其次，汉漠拉比法典的某些条文中深深体现了抽象的种族原则。例如，既然美索不达米亚人认为儿女应当孝敬父母，因而法典第195条规定：“倘若儿子打其父亲，则应切去其手”。最后，法典偶或要求国家提供福利，而不是一味地审判、惩罚。法典第23条最充分地说明了法典的“福利国家”色彩。该条规定，一个人若遭到抢劫而又未能找到抢劫者，“则抢劫行为发生地所在的城市……应当赔偿他所受到的财产损失”。我们在上面已提到，汉漠拉比确实以“正义之君”名垂后世，而且按照他所处的时代看，他完全做到了这一点；此外，尽管西方有关正义的各个概念是在后来才大大发展起来的，但汉漠拉比法典中所隐含的多数原则成为未来诸多发展的出发点。

古巴比伦文学：《吉尔伽美什》史诗

在古巴比伦文明中，与汉漠拉比的法典一样享有不朽声誉的是叫做《吉尔伽美什)的史诗。就像法典那样，这一作品也是苏美尔——巴比伦的混合体。史诗的主角吉尔伽美什是一位真实存在的历史人物——公元前2600年左右当政的一位苏美尔国王。他的卓伟功业大大激发了当时人的想象力，以致他们就开始传颂有关他的传奇故事。经过苏美尔人几个世纪的口头相传，吉尔伽美什故事变得愈发神奇，以致最后几乎完全成了虚构。由于这些传说故事十分引人，公元前第三千纪晚期，征服苏美尔的历代闪族人都把它们译成自己的方言。现存《吉尔伽美什》史诗是这一演化过程后期的产物。公元前1900年左右，一位闪族说书人把有关吉尔伽美什的四五个传说故事汇编成一部结构松散的“史诗”。我们现在知道的了不起的诗歌就

《吉尔伽美什》史诗在古代西亚流传甚广，记述了大洪水传说。本图残片刻有史诗第11部分。

是这部史诗。

《吉尔伽美什》的世俗特性

《吉尔伽美什》史诗最引人注目的特征在于诗的十足的力度和惊人的世俗性，因为它所记载的完全是一位人类英雄在一个受到不可避免的死亡法则支配的世界上的冒险经历和热望。在经历艰苦的战斗和爱情遭遇之后，吉尔伽美什向一对老年夫妇寻求永生的秘密。这对老夫妇在上帝决定发洪水毁灭整个人类时躲在一条方舟中而幸免于难。他们告诉吉尔伽美什永生是不可能得到的，不过他们告诉他了一种至少可使他恢复失去的青春的植物的方位。吉尔伽美什历尽艰辛从海底搞到了这种植物，但不幸的是，由于未加防备，在吉尔伽美什熟睡之际，一条蛇把它吞吃了。（据该史诗的说法，这就是蛇通过蜕皮每年获得一次新生的原因。）因而这位渴求永生的英雄不得不承认，他应及时行乐，不要担心明天会发生什么事："吉尔伽美什，你将漂向何方？/你所追求的永生，永远无法得到，/因为上帝造人之际，就让死亡与人相伴。/……吉尔伽美什，穿上新衣，沐浴首身去吧。/凝望挽着你手的儿女，/愉悦怀中娇妻。/人应关心的，惟有这些事。"

古巴比伦文化中的个人宗教

尽管有这些世俗性的教诲，但若认为古巴比伦文化是完全不信宗教的，那就错了。因为所有古巴比伦人（包括《吉尔伽美什》史诗）都认为神祇对人类具有无限的支配权。实际上，既然神庙在古巴比伦城市中像在苏美尔城中那样突出显赫，那么宗教显然也同样具有权威。此外，残存至今的祈祷文表明，古巴比伦人已经达到了迄至那时从无先例的宗教信仰阶段：个人宗教。尽管苏美尔诸神"产生于自然"，起着比最有势力的统治者还要大的作用，但他们仍然是各城市或各国家的神，而不是单个人可以向他们私下祈求的神。随后，到了古巴比伦时代，除了照管人类集体事务的"政治性的神"，可以说还有照管单个人日常事务的其他神祇，人们应该向这些主管个人成功和赦免罪过的神进行祈祷。举例来说，一个古巴比伦人可以这样请求一位女神："我，一位受到苦难折磨的仆人，向您乞求。/噢，我的圣母，看看我；接受我的祈祷吧。"个人宗教在古巴比伦人中的出现对研究其后宗教发展史的学者特别具有意义，因为个人祈求上帝及宗教内省行为是犹太一基督教传统的两个基本特征。此外，单个古巴比伦人狂热地向个人神祇祈祷，这一事实之所以引人注意，还在于它说明在一个在其它方面正热心推行一体化的社会中，古巴比伦文化还容忍一定程度的个人主义存在。

数学

古巴比伦文化的最后一个引人注目的成就是在一个与上述两方面迥异的领域即数学方面取得的。由于美索不达米亚有关数学的知识的最早的记录都是古巴比伦时代留下的，因而难以确定古巴比伦的数学成就在多大程度上受惠于苏美尔人。不过这些记录所显示出的算术和代数概念十分先进，必定是以苏美尔成就为基础的。虽然如此，公元前1800年左右，古巴比伦神庙的书吏使用了乘法和除法表，以及计算平方根、立方根、倒数和指数的表格。这些成就十分引人注目，因而，即便只有一份古巴比伦数学表格留传下来，那么我们仍然可以得出结论：古巴比伦人是古代最有成就的数学家。（古希腊人虽精于几何学，但在数学方面并非如此。）我们现代生活中一个基本的东西就是从先前的古巴比伦数学中肇源的，即一天分为两个12小时，每一小时分为60分钟，每一分钟分为60秒。停下来仔细考虑考虑，十进制可能更为便当，但古巴比伦人以十二进制为基础进行计数（显然是因为他们把月亮的12个循环周期定为一年这种最基本的计算方法），而从那时以来西方的所有文明都继承了古巴比伦人的“十二进制”的计时方法。

喀西特人和赫梯人

汉漠拉比建立的帝国在他死后只维系了一个半世纪之久，其间古巴比伦人一直面临着地方暴动和外部入侵的威胁，直到公元前1300年左右第二个全美索不达米亚范围的帝国兴起之后这种混乱局面才告结束。古巴比伦衰落的一个原因可能是早先毁灭了苏美尔的土地盐碱化过程。然而，这不一定是主要原因，因为尽管盐碱化在一定程度上损害了古巴比伦经济，但其影响却不像早先苏美尔时代那么显著，其原因有三：(1)古巴比伦人已经知道运用排水技术来减少盐份的积累；(2)古巴比伦人种植的主要作物由小麦转变成了大麦，大麦比小麦更能适应盐碱性土壤；(3)古巴比伦人已经知道如何保存田地的肥力，方法是采用逐年轮耕制，让一些地块空闲着，因而，汉漠拉比的一些继承人缺乏治国之才，再加上在军事方面缺乏判断力，没能适应新的作战技术，看来是古巴比伦迅速衰亡的主要原因。

轻型车战的影响

公元前16世纪，古巴比伦帝国的敌人们所使用的新的作战方法，主要是用战车发动快攻：他们的战车用马而不是用牛牵拉，车轮有了轮幅而不是用系在一起的木板做成的实心轮。最早使轻型车战发挥出最大效力的是喀西特人和赫梯人，这两个民族是在公元前第三千纪末叶由里海以东的大草原来到西亚的，均非闪族人。在汉漠拉比在位之际，喀西特人在美索不达米亚的一些地区和平地定居下来，但不久他们就开始与古巴比伦人刀兵相向，并用武力占领了美索不达米亚更多的地区。到公元前1600年时，这一过程几近完成，但予古巴比伦帝国以最后一击的并不是喀西特人，因为汉漠拉比的继承者仍占据着巴比伦城本身。最后灭亡古巴比伦帝国的是赫梯人，他们在公元前1595年从北方发动闪电般进攻，摧毁了巴比伦城，从而消灭了古巴比伦帝国的最后残余。

喀西特人统治下美索不达米亚的“黑暗时代”

在灭亡古巴比伦帝国之后，赫梯人又像来时那样迅速退回北方，把美索不达米亚这一权力真空留归喀西特人；但是，显然由于他们缺乏有力的领导，再加上缺乏政治上的或文化上的认同感，喀西特人未能充分利用这一天赐良机。结果，美索不达米亚进入了长达三个世纪之久的“黑暗时代”，其间南方（阿卡德和苏美尔）的大部分地区处在喀西特人的统治之下，北方则由互相争斗的闪族和非闪族部落分而治之。这一时期之所以看上去“黑暗”，是因为当时既没有政治上的统一，在文化或思想方面也没有任何进步。喀西特人满足于使用苏美尔人的楔形文字、采用苏美尔人/巴比伦人的行政管理技巧，甚至满足于崇奉苏美尔人/巴比伦人的神祇，未曾作出任何值得注意的创新；他们在美索不达米亚北方的那些四分五裂的邻居们也未对文明史作出任何值得注意的贡献。

赫梯帝国

自然，史学家的兴趣集中在了赫梯人身上。赫梯人发源于中亚大草原，操印欧语（印欧语系包括印度语、波斯语、希腊语、拉丁语及现今拉丁语系、斯拉夫语系和日耳曼语系的各种语言）。到了公元前1600年，他们占领了安纳托利亚（今土耳其）的大部分地区，并在其后

赫梯雕刻，该浅浮雕或许是古代世界最具象征性的雕塑

200 年间沿地中海东岸向南扩展其帝国的疆土，征服了叙利亚和黎巴嫩。公元前 1595 年摧毁巴比伦之后，他们当即决定不直接对美索不达米亚实行统治，以免过分延伸其联络线。(《圣经》准确地指出，赫梯人把其统治扩展“到了大河即幼发拉底河”〔《约书亚记》，1:4〕。) 公元前 1450 年左右至 1300 年间，赫梯帝国的疆域扩展到了顶点，经济上也达到了极盛时期，但到了公元前 13 世纪，它就不得不忙于防御分别来自埃及和美索不达米亚北部的入侵。公元前 1286 年，赫梯人阻止住了埃及人对叙利亚的猛攻；而在同一世纪晚些时候，他们仍有能力抵挡住由美索不达米亚北部的讲闪语亚述人的一次次进攻。但是战争损耗太大，最终把他们拖垮了。公元前 1185 年前后数年，来自西方海上（曾短期出现于西亚的“海上民族”的真正起源地至今尚未确定）的持续不断的进攻浪潮最终导致赫梯势力的倾覆。

有关赫梯人的种种误解

尽管《圣经》经常提到赫梯人，但总是一带而过（例如，巴特什巴的丈夫是“赫梯人乌利亚”）。1907 年，赫梯人在安纳托利亚的首都哈土沙城（意为“赫梯人之城”）被发掘出来，一共发掘出 2 万块泥版。在此之前，我们对赫梯人实际上一无所知。1915 年，一位名叫贝德日赫·赫罗兹尼的捷克学者破译了这些泥版文书的语言，宣布它属于印欧语系，学者们自此对赫梯人大感兴趣。但不幸的是，这种学术研究具有某种种族偏见或者消息闭塞，因而使人们对赫梯人产生了某些错误的观念，下述观点就是一例：赫梯人是伟大的，因为他们是印欧语系人。这一观点错在两个方面，首先是因为它认定所有赫梯人都属于某一讲印欧语的种族，其次是因为它认定印欧语系种族的所有成员都具有较高的智力。由中亚迁移到安纳托利亚时，赫梯人可能是讲印欧语系语言的一个纯质的部落，但一旦其成员定居下来，他们就与当地居民彻底融合在一起，而其过去可能具有的所谓“种族的纯粹性”也就完全丧失了。（在美索不达米亚定居下来的各闪族部落情况也可能如此。）不管怎样，生物学证明，种族与智力的高下并无必然的联系。有关赫梯人的另一个荒诞的说法是，赫梯人之所以能够长时期地取得成功，是因为他们独占了一个秘密武器，即制铁术，并在好几个世纪里一直费尽心机地保守着这一秘密而不让外人知晓。尽管看起来有些奇怪，这一观点是因为把一份没有旁证的赫梯文献解释错造成的。真实情况是，赫梯人在公元前14世纪时确实开始制造和使用铁，但是他们同时代的其他民族也是如此；就现在所了解到的情况看，铁制武器的使用并未使任何西亚民族在相对任何别的民族时处于优势地位。

赫梯力量的根源

假如赫梯人并不是最聪明或者装备最精良的，那么又该如何解释他们的力量呢？答案部分地在于他们可以支配的资源上，因为与美索不达米亚相比，安纳托利亚金属矿石十分丰富，尤其是铜、铁和银矿石资源。住在富产这些金属矿石的地方的赫梯人可以用这些未经加工的矿石换取对自己有用的东西，也比其他民族更有条件进行冶金术实验，因而他们先是在青铜制造、继而在制铁方面胜过其他民族。尽管制铁并未赋予赫梯人任何独占的军事优势，但它确实给他们带来了财富，因为铁在和平时期如同在战争时期一样有用（在制造或加固农用工具方面尤为有用），同时还因为在制铁业最早的阶段（大致从公元前1400年到1200年）任何铁制品均具有显赫的价值。与此相应，赫梯人因铁制品贸易而致富，倘若他们定居在其他地区，这是根本不可能的。谈到这里时我们应补充下述事实，即他们创建了一套高效率的行政体制，其中“大王”在理论上具有至高无上的统治地位，但实际上又赋予地区性代理人以很大的权力。除其冶金术及其法律外，赫梯人并无特别的创新；他们采用了美索不达米亚人发明的楔形文字，其艺术相沿成规，同时看上去没有独立的文学。不过，由于拥有充足的财富和卓越的行政技巧，赫梯人得以较长时间里维护了他们的帝国，保持了自己的民族特性，这在西亚走马灯似的各民族和王国中是独具特色的。

亚述人的霸权

亚述霸权的演化

重新回到叙述美索不达米亚历史进程上，我们发现继喀西特人的“黑暗时代”出现的是亚述帝国时期（公元前1300年左右一公元前612年）。亚述人

王家侍从（公元前9世纪亚述浅浮雕细部）

是闪族语系人种的一支，公元前3000年左右就已在美索不达米亚最北部的底格里斯河河畔定居下来，在此建立了一个以亚述城为中心的小国。由于底格里斯河地区的北部是丘陵地带，气候比美索不达米亚南部温和，无需灌溉，因而该国从未受到过盐碱化的威胁。不过公元前13世纪之前，亚述人在历史上未留下任何值得书写的东西。进入公元前13世纪后，他们掌握了车战技术，开始征服毗邻的城市，情况有所改变。到了公元前

亚述人的一个雪花石膏壁壁雕（公元前8世纪），描绘了一位米底人牵着两匹马作为对萨尔贡二世的贡物的情景。该浮雕出自豪尔萨巴德（今沙鲁金）王宫。

1250年左右，他们成为整个美索不达米亚北部地区的主人，其后不久，他们又着手征服统治苏美尔和阿卡德的喀西特人。由于喀西特王国奄奄一息，亚述人未费吹灰之力就完成了征服。公元前1225年，亚述统治者图库尔蒂—尼努尔塔攻占了巴比伦并命其书记官这样记载：“我掳获了巴比伦国王，用脚踩在他高傲的脖子上，就像踩在脚凳上那样。……就这样我成了整个苏美尔和阿卡德的主人，以下海为国界。”

辛那赫里布统治时期亚述人成为西亚的主人

亚述人对苏美尔和阿卡德的直接统治仅仅持续了八年，因为他们无力维持占领一个其居民对他们十分憎恨的地区所需的高昂花费。不过，在图库尔蒂—尼努尔塔践踏其敌人之后，亚述人确实维持住了对美索不达米亚南部长达六个世纪的间接统治，保住了自己在该地区的商业利益，并确保没有一个政治势力可以与他们抗衡，向他们提出挑战。公元前900年后不久，亚述人开始向其它方向扩张，其意图显然是为了控制自然资源并靠近商路。公元前9世纪上半期，他们征服了叙利亚并扩展到地中海

沿岸；公元前840年左右，他们兼并了安纳托利亚东南部。亚述人内部出现的暂时的政治分裂使他们未能即刻进一步扩张，但100年后他们再次开始扩张势力；到了辛那赫里布统治时期（公元前705—681年），征服活动达到了顶点，此时亚述人几乎成了西亚所有有人居住地区的主人。

尼尼微的华丽

辛那赫里布的统治淋漓尽致地展现了亚述人辉煌的一面和令人恐怖的一面。为了纪念他的军事胜利，辛那赫里布在底格里斯河上游沿岸建造了一座华丽的新都城尼尼微。远远看去，美索不达米亚历史上从未有过如此华丽的城市。尼尼微城城墙周长7.5英里，城内有许多壮观的神庙和一座至少包括71个房间的王宫。城墙外有果园和动物园，内有辛那赫里布命令从遥远的地方运来的许多稀有树木和珍禽异兽。由于不满意当地供水的质量，这位强大的国王亲自督建了一项不同寻常的工程，通过沟槽和引水管从50英里以外的地方引来新鲜的山泉。为纪念这一工程的竣工，亚述人在水渠的源头勒石纪念，上绘诸神之像，像旁刻文记述了辛那赫里布的所有军事业绩。

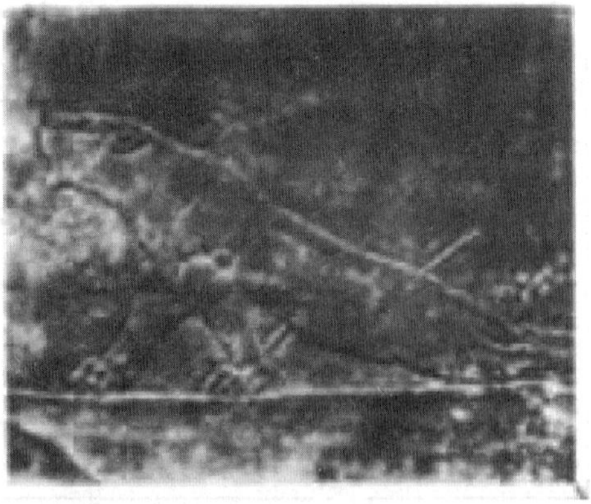

这一垂死的母狮被认为是亚述最精美的雕刻作品之一。母狮虽因中箭而局部瘫痪，但仍用前面两肢竭力撑起身体，昂首向前。

亚述文化的派生特性

辛那赫里布的王宫中有些房间是收藏了大量泥版文书的图书馆，这些泥版记录了各种实际知识和宗教学问。这一学识出自美索不达米亚南部，因为亚述人在涉及精神生活时完全得益于古代苏美尔人和古巴比伦人。为了得到他们可以得到的各种有利于其行政管理和贸易的实际知识，同时由于他们心甘情愿地崇奉古巴比伦的所有神祇，亚述人早在公元前1225年他们劫掠巴比伦城时就从该城运走楔文泥版。因此，当辛那赫里布的有学问的继承人亚述巴尼帕尔（公元前668—627年）完成尼尼微图书馆的收藏时，该图书馆所收藏的实际上是所有可以得到的苏美尔和古巴比伦学问和文学典籍。

亚述人的“残暴政策”

公元前7世纪时游历尼尼微的人因而会得出结论，亚述帝国的统治阶级不仅强大有力，而且精通技术，在某些方面非常有教养。不过，他也会从大量的证据中看到历史上被认为是亚述人最独特特征的“残暴政策”。公正地说，在辛那

亚述地区豪尔萨巴德城堡复原图。该城堡形成于萨尔贡二世统治时期(公元前722-705年)。复原图由查尔斯·奥特曼绘制

赫里布之前，与任何其他民族相比，残暴政策并非亚述文化的独有特征。尽管残暴政策意味着一个文化残酷无情地看重蛮野的刚毅(男子汉气概)品德，但是正是亚述人而非美索不达米亚任一别的民族，一度接受了一位女王的统治。这位女王叫萨穆拉马特(希腊人和后来的欧洲人称之为塞米拉米斯)，而她的统治(公元前810—805年)在其他民族看来确实太非同寻常了，以致这竟成了传说的主题。

艺术及政策中的野蛮性

然而，自辛那赫里布当政开始，亚述人在艺术作品和实际政策两方面都开始显现出其异乎寻常的野蛮特性。在装饰尼尼微的各类浮雕中，他们称颂的是战争和杀戮。他们最喜爱的是猎狮场面：画面表现的是人们以最勇敢因而也是最冷酷的精神捕猎腾空而起的狮子，同时对受伤后作垂死挣扎的野兽尤其关注。与此同时，亚述人也同样毫不留情地杀戮人类自身。辛那赫里布的军事业绩之一是在公元前689年镇压了巴比伦反对亚述霸权的反叛。一俟反叛被平息，辛那赫里布就命令士兵大肆抢劫，彻底摧毁了巴比伦城；为此他在铭文中自诩：“我比洪水淹灌还要彻底地毁掉了巴比伦。……我用湍急的水流夷平了该城，使之俨然一片草地。”

高压政府

亚述人在军事征伐中采取残暴政策主要是为了造成一种震慑效果，令其敌人因恐惧而卑躬屈膝。这一目的无疑达到了，但亚述人因此也成为迄至那时各西亚征服者中最遭人恨的民族。由于被征服民族对亚述人的憎恨往往胜过对亚述人的畏惧，因而在整个公元前？世纪，

反抗亚述统治的起义此起彼伏，而且反抗运动的中心往往就是巴比伦地区。尽管辛那赫里布在公元前689年主持摧毁了巴比伦，但他的儿子为了炫耀自己重新修建了巴比伦城。到了公元前650年，该城再度成为美索不达米亚南部反叛的中心。为了平息动荡不安的局面，辛那赫里布的孙子亚述巴尼帕尔在该年围困巴比伦并在公元前648年迫使巴比伦人投降，再次对巴比伦进行肆无忌惮的蹂躏。正如亚述巴尼帕尔在有关这一史无前例的有条不紊的大屠杀的最无人道的记述之一中所宣称的那样，“我扯掉了许多密谋反对我的人的舌头，然后把他们杀掉了。其他人则被我用当地神祇的雕像砸死了。……然后我把他们的尸体切成碎块喂了狗、猪、兀鹫和天上的各种飞鸟。”

巴比伦人—米底人的报复

人们也许会认为南部美索不达米亚人在这次大屠杀之后很长一段时期内都保持臣服，但实际上他们继续在寻找一切机会来摆脱亚述人的枷锁。公元前614年，这种机会终于来了：新近在美索不达米亚正东方的伊朗巩固了自己的势力的一个印欧语系部落米底人与巴比伦联合起来反抗亚述人。经过两年的战斗，他们终于摧毁了亚述帝国：公元前612年，尼尼微被巴比伦—米底联军攻克，随后被夷为平地；与巴比伦不同，该城从此再也未能复兴。所有被亚述征服的民族的喜悦心情充分反映在《旧约·那鸿书》中：“祸哉！这流人血的城。……鞭声响亮，车轮滚滚，马匹踢跳，车辆奔腾，马兵争先，刀剑发光，枪矛闪烁，被杀的甚多，尸首成了大堆，尸骸无数，人碰着而跌倒。……尼尼微荒凉了，有谁为你悲伤呢？”

新巴比伦的复兴

新巴比伦人—迦勒底人

在南部美索不达米亚人反抗亚述人统治的整个一个世纪中，参加反抗事业中最为有名的一个民族是称作迦勒底人的一个讲闪语的民族，正是他们和米底人一起夷平了尼尼微的。由于米底人只是把其公元前612年的胜利当作入侵安纳托利亚的一个跳板，那么美索不达米亚就留归迦勒底人支配了。迦勒底人定都在巴比伦城，因而史学家通常称之为新巴比伦人。新巴比伦人最著名的统治者是尼布甲尼撒，他征服了耶路撒冷，把大批犹太人解运到巴比伦，并使他的帝国成了西亚最强大的势力。尼布甲尼撒死后不久，新巴比伦人可能就受到一个来自伊朗的印欧语系民族即波斯人的挑战，后者与米底人结成紧密的同盟并最终与米底人交融在一起，以致史学家中流传着这样一个笑话："一个人说的米底人就是另一个人说的波斯人。"公元前539年，尼布甲尼撒的继承者之一伯沙撒未能理解"粉墙上指书"的含义(《但以理书》5)，而当他醒悟过来时，波斯人已以迅雷不及掩耳之势涌入美索不达米亚，巴比伦未及抵抗即已沦陷。

尼布甲尼撒的巴比伦城

关于巴比伦城，我们现在了解最多的就是新巴比伦人时期的巴比伦城，这部分上是因为20世纪初期的考古发掘使人们对它较为熟悉，部分上是由于现存的希腊旅行家对其亲眼所见的巴比伦太平的描述。在这一时期，巴比伦城仅规模一项就令人惊奇，因为它占地达2,100英亩，大于辛那赫里布兴建的尼尼微(占地1,850英亩)，更不用提典型的苏美尔城市了(占地135英亩)。(西欧最大的城市之一巴黎直到20世纪初期开始受到现代"城市无计划扩展"支配之时，大约仍只有两个巴比伦那么大。)更令人吃惊的是巴比伦城的色彩，因为

伊什塔尔门复原图。该门高约50英尺，游客在柏林的近东博物馆可以见到这一令人目瞪口呆的精品的复制品

新巴比伦人学会了用色彩明快的上釉的砖建造他们的主要纪念物。这方面最为著名的例子是因其富丽堂皇而被古希腊人称为"世界七大奇迹"之一的巴比伦城墙，它是由尼布甲尼撒主持兴建的。城墙以亮丽的蓝色为底色，由白、黄两色组成的狮子、公牛和龙的图案散布在城墙各处，同时它们由上到下一层一层地排列在"伊什塔尔门"(该门因是奉献给女神伊什塔尔的而得名)上，昂首阔步，栩栩如生。1902年在巴比伦城废墟进行发掘的德国考古学家是古代以来最早看到这一奇观的人士；乍见到此，他们必定像发现太子洋那样目瞪口呆。假如说尼布甲尼撒仅仅建设了巴比伦城墙，那也足以确保他的历史上最伟大的建设者之一的地位。不仅如此，他还主持兴建

了古代世界的另一个奇迹:巴比伦“空中花园”。这一伟大事业极为非同寻常,以致有关巴比伦空中花园的真实情况淹没在传说之中难以查寻。显然,尼布甲尼撒确实建造了自幼发拉底河向外的花园的逐阶上升的平台,每一阶平台上都栽有奇木异草。不过那种他这样做是为了取悦他的妻子的说法也许只是传说而已。据说他的妻子是位来自伊朗的米底公主,她对南部美索不达米亚的平坦单调心生厌腻,渴念家乡起伏不定的山峦。

除建筑成就外,新巴比伦人在文化方面所取得的最大成就是在天文学领域。如前所述,在最早的苏美尔时代,美索不达米亚各民族为了预测季节的循环就已观测到月亮的运行周期。二千年过后,美索不达米亚人仍在细心地研究夜空,但现在他们把注意力集中在天体和星宿的运动上,因为他们开始相信他们信奉的一些神祇就住在上天,而通过观测和预测天体和星宿的运动就可预测出哪位神正在掌权以及这对人间事务的影响。新巴比伦人把这种天穹研究发展到了极致,他们认出了五个“游移不定的星星”(我们可以称之为行星),并把它们同五位不同神祇的权力对应起来。(如果说这听起来很荒唐,那么我们记住,我们仍用五位罗马神的名字称呼前五个行星——水星(Mercury,墨丘利神)、金星(Venus,维纳斯女神)、火星(Mars,战神玛尔斯)、木星(Jupiter,主神朱庇特)和土星(Saturn,农神)——因为希腊人和罗马人承袭了这一体系。新巴比伦人还进一步得出结论:当某一特定的行星出现在夜空中的某一位置或与另一行星非常接近时,它的运行就预示着战争或饥馑,亦或一个民族战胜了另一个民族。这些体系发展到顶点,就产生了我们所说的占星术,不过新巴比伦人的占星术所关心的只是预测诸如洪水、饥馑和民族命运之类的广大无边的事件,而不是个人的命运。(希腊人和罗马人对此作了进一步发展,根据一个人出生时天空的图形为他算命,不过他们仍然把所有的星占家称作 Chaldaei〔迦勒底人,转指星占家〕,因为星占术发源于迦勒底人或新巴比伦人之中。)

观测和解释宇宙的种种努力

今天人们把各种星占术都称为迷信,但在当时看来,新巴比伦人对上天事件和人间事务之间关连的寻求是科学的。换句话讲,对人类而言,相信自己能够观测并解释宇宙、因而知道如何从中获益,比因面对不可知的神秘现象整日担惊受怕而畏畏缩缩，要科学一些。此外，在这种信念的支撑下，新巴比伦人对各种天象的观察比先前的任何古代民族都要精密，同时他们把其观测结果极其细致地记录下来，以致后来其他民族尤其是希腊的天文学家可以利用它们并加以补充。最值得注意的是，自公元前747年开始，迦勒底人的宫廷天文学家以月为单位记了“日志”，记录了各种星体运动和日月食现象，同时也记录了诸如价格变动、河水水位的升降、风暴及气温趋势之类的人间事务。这一记录一直维持到公元前400年左右希腊科学家开始了解新巴比伦种种成就之时，它们成了希腊罗马世界天文学的直接起点。

美索不达米亚的遗产

巴比伦被世人忘却

巴比伦空中花园一去不复返了。尽管公元前539年波斯人占领巴比伦时该城没有受到损坏，但波斯征服标志着美索不达米亚文明的终结，因为美索不达米亚当地各民族和王朝从此再也未能统治本地区。随着希腊人取代波斯人，罗马人取代希腊人，阿拉伯人取代罗马人，楔形文字逐渐停止了使用，外来艺术和建筑风格传了进来，旧有的城市化为废墟，取而代之的是新兴的城市。(巴比伦衰微之后幼发拉底河——底格里斯河地区兴起的最宏伟的城市是巴格达，它是由阿拉伯人兴建的。)基督诞生二个世纪之后，巴比伦被完全遗弃，被附近的流沙和迁徙不定的河流深埋在地下，以致无人知道它的确切位置。直到公元1900年后不久，考古学家才重新把它发掘出来。

对希伯来人的影响

不过美索不达米亚的遗产却通过各种不同的途径传留后世。一种途径是希伯来人的《圣经》。由于最早的希伯来人在移居巴勒斯坦之前就居住在美索不达米亚某一地区，再加他们讲的语言与古巴比伦人的语言密切相关，因而，《圣经》最早的几章往往提到美索不达米亚。据《创世纪》的记载，“世上英雄之首宁录王统治着“巴别(巴比伦)、以力(乌鲁克)和亚甲(阿卡德)”，亚伯拉罕自“迦勒底人的乌尔”来到巴勒斯坦；“他们拿砖当石头，又拿石漆当灰泥”建造的塔顶通天“巴别”塔(巴比伦塔)(《创世纪》第11章第1—9行)，肯定指的是古巴比伦的庙塔。《吉尔伽美什》史诗中谈到的洪水故事与《创世纪》中的挪亚方舟故事十分相像：不仅得救的都是一对夫妇,所依赖的都是一只方舟,而且在洪水之中都是用放飞鸟儿的办法试探洪水情况,一旦鸟儿不再飞回方舟,就都知道洪水在消退;这一相像进一步证明了希伯来人与美索不达米亚人之间的联系。更值得注意的依然是下述事实,希伯来人的基本的宗教观念与美索不达米亚人的宗教观念不无关连。这并不是说希伯来人的神学不是独创的。恰恰相反,希伯来人是古代世界最有独创性的宗教思想家。不过《旧约》在神学方面有系统的阐述是从古代美索不达米亚人的母体中产生的,希伯来人所作的特定的创新可能恰恰是对其美索不达米亚先驱思想的改编。到了辛那赫里布和尼布甲尼撒时期,由于亚述人和巴比伦人不停地进攻他们,希伯来人开始憎恨他们,其先知对他们作了种种痛骂。这种痛骂后来深深影响了基督教徒,以致直至今日"巴比伦"一词仍然是"罪恶"的代名词(例如:"好莱坞巴比伦")。但是辱骂不应掩盖希伯来人与他们的密切关系和从他们那儿得到的好处。

技术和思想遗产

另外,美索不达米亚在技术和思想方面也留下了一些遗产。如前所述,古代苏美尔最早把轮子用于交通运输,现知最早的文字产生在那里,古巴比伦人在诸如平方根和立方根之类的数学函数方面居领先地位。早期美索下达米亚的所有这些发明是否都以传播方式传给了其他民族,亦或某些成就(尤其是文字)是其他地区独立发明出来的,对此学者们尚难得出定论。但不管情况属于哪一种,今日欧洲和美国认为理所当然的种种现代措施都是由美索不达米亚的种种发明一步一步地发展而成的。同样,我们现在习惯上认为理所当然的许多东西是以美索不达米亚的法学和自然科学为根基的。我们四周形象化的世界看上去与古代美索不达米亚的形象化的世界完全不同,这是因为我们后来几乎未从美索不达米亚艺术和建筑中借鉴过任何东西;不过在技术和思想的基本方面,我们从五千年前这一由泥滩之地中奋力获得了权力和荣耀的天才民族中受益良多。

埃及国家的产生

埃及是历史悠久、文明古老的伟大国家。当蒙昧人、野蛮人游荡于世界广阔土地上的时候,非洲大陆东北角的尼罗河流域便已放射出人类文明的曙光,孕育了世界历史上第一个奴隶制国家。

尼罗河文明是怎样形成的?埃及奴

隶制国家发展的最初阶段是怎样一种形式？埃及早期国家发展的基本规律是什么？这些问题不仅涉及人类社会的最初国家的起源问题，也关系于古代世界早期的奴隶制国家的产生、发展的规律性问题。

国家问题，当然也包括国家的起源和发展的问题，“是一个最复杂最困难的问题”。特别是由于埃及历史早期的文献极其贫乏与简略，加之保存下来的又往往残缺不全，愈益加深了研究古埃及国家起源、发展问题的困难。但是，上一世纪埃及古城古墓遗址的考古发掘的成果，尤其是近年来对于某些文化遗址、遗物的深入考察与研究，虽然还存在着不少的分歧，却也给我们解决埃及国家的起源及其统一王国的形成问题，提供了某些必要的依据。

埃及国家是在什么时候出现的？这个问题在一些著作中，通常可以找到几种不同的答案。

苏联科学院主编的《世界通史》断言：在我们今天的知识的条件下，还不能确切断定尼罗河流域国家发生的日期。现在看来，这种论述未免过于武断。事实上，就在这一卷的稍后部分，另一作者则表示：早在第一王朝时，如果不是更早的话，便已形成了国家。还有的苏联学者认为，埃及的国家形成的过程开始于第一王朝的中叶。按通行的说法，埃及史上的第一王朝的年代，大约在公元前3100--前2890年。因此，依上述的意见，埃及大约在公元前3100年，或者在公元前3100年以后，才开始出现国家。

与此相反，另一种意见认为，早在公元前3100年前，埃及已经出现了国家。英国的《剑桥古代史》写道，紧接在第一王朝建立前的时期，埃及就出现了南北两个王国。还有的著作明确地表明，大约在公元前4000年代的中叶，甚至在公元前4000年前就已经形成了国家。

对于古埃及国家产生的时间问题存在着分歧意见，关键是如何认识尼罗河文明与埃及国家形成的标志。因此，我们必须把这两者结合起来加以论述。

考古学提出的“史前埃及文化”或“前王朝文明”，包括三个连续的发展阶段：巴达里文化（约公元前4500—前4000年），涅伽达文化Ⅰ（阿姆拉文化，约公元前4000—前3500年）、涅伽达文化Ⅱ（格尔塞文化，约公元前3500—前3100年）。“文明”与“文化”，虽然在概念上有联系，但决不能混同。严格说来，埃及的文明是从涅伽达文化Ⅰ的末期开始，到涅伽达文化Ⅱ时代最后形成。

涅伽达文化Ⅰ与巴达里文化一样，

仍处于铜石并用时代。但是铜器、石器与陶器的生产有了进一步的发展。手工业生产也愈益专门化，并且与亚细亚部族早已有了商业关系。

涅伽达文化Ⅰ的遗址已发现有居住地和墓地。居住地筑有雉堞墙，并有防御工事，所以，涅伽达Ⅰ的人民被称为“城市居民”。涅伽达附近的一个被称为“南城”的居住地是一个重要的遗址，其堡垒和近似长方形的房屋是用小砖筑成。这是一个设防的城市。恩格斯曾经指出：“用石墙、城楼、雉堞围绕着石造或砖造房屋的城市……这是建筑艺术上的巨大进步，同时也是危险增加和防卫需要增加的标志”；“在新的设防城市的周围屹立着高峻的墙壁并非无故：它们的壕沟深陷为氏族制度的墓穴，而它们的城楼已经耸入文明时代了”。

涅伽达文化Ⅰ时代，墓穴已有大小、充裕简陋之别。在阿巴底亚，最大和最富裕的墓是妇女的墓。这种现象反映了母系氏族的特点。在其他地方的一些大墓中，还发现了作为陪葬的巫术用品。西方埃及学者认为，这种迹象表明墓主是“巫师或女巫医，是公社的重要成员，或许甚至是他们的领袖”。还有的学者讲到，在前王朝时代早期，每个乡村是自治的，并且有一个首领，他的权力依赖于他作为一种“呼风唤雨王”的名声，他大概是能管理尼罗河洪水。这些推论，与恩格斯所说的个别成员“在非常原始的状态下执行宗教职能”的论述相一致，而且“这些职位被赋予了某种全权，这是国家权力的萌芽”。

研究埃及文明与国家形成的标志，更重要的是考古文物保留下来的有关王衔与王冠起源的记录。其一是涅伽达1546号墓出土的一块陶罐破片，罐标上是一间带有圆屋顶的房子，屋顶上栖息着一只小鸟。这种圆屋顶的建筑物可以看成是后来的“王宫的门面”，也可以称为“御座”。屋顶上的一只鸟则是隼鹰神荷鲁斯的粗略形象，荷鲁斯是法老时代的埃及国王的保护神，并且是国王的第一个头衔。第一王朝的国王后来都被称为“荷鲁斯的追随者”。

其二是涅伽达1610号墓中发现的一块带有红冠浮雕的黑顶陶片。红冠是埃及国王的两种基本冠式之一，也是最受尊敬的王徽之一。王徽王衔形象的出现，意味着王权的萌芽与产生，关系于国家的形成的问题。这两块重要的历史文物，根据英国F·皮特里的“顺序年代法”（S. D.）的划分，王衔陶片定年在S. D. 37，即涅伽达文化Ⅰ之末期；红冠王徽的陶片定年在S. D. 35—39，约当涅伽达文化Ⅰ之末期或涅伽达文化Ⅱ之初。

涅伽达文化Ⅱ时代，墓穴发现的很多，仅在涅伽达就发掘出2149座“史前墓”。涅伽达文化Ⅱ的居民更精心制作的墓呈长方形的，并且有了砖墙结构，但是穷人仍然葬于圆形墓穴中。涅伽达的T墓地是富裕的，在那里分布有几十座大小形状不同的墓，其中除了个别的圆形或半圆形与正方形外，绝大部分都是长方形的，并且有几座规模较大的墓。研究者认为，T墓地是统治阶级或集团的墓地。在希拉康坡里发现了著名的第100号墓，因其墙壁装饰以壁画，故又称为“画墓”或“装饰墓”。“画墓”的尺寸大约4.5×2.0×1.5米，与T墓地20号墓的5×2米大小差不多，而且同样是长方形的砖砌的，并带有间壁墙的结构。画墓与T15、T23墓也有某些类似之处。希拉康坡里画墓虽曾被盗，遗物多有丢损，但保留下来的仍有32件之多，与仅有数件陪葬品的一般墓穴形成了鲜明的对比。近几十年来的研究已证明：画墓是“首领墓地的一部分”，属于“王家墓地”；“埋葬在装饰墓中的人物应看成为上埃及传说中的王”。还有的论证，希拉康坡里的画墓和涅伽达的T墓地两者是“前王朝国王的埋葬地”。

除了国王的墓地外，希拉康坡里画墓的壁画给我们保留了土著与外来入侵者之间战斗的形象的描述。尤其重要的是画面上出现了手举权标头的国王打杀跪在他的面前的俘虏的场面。类似的现象还出现在前王朝末期的一些调色板和权标头上。

涅伽达文化Ⅱ时期最重要的成就之一，是文字的发明。最早的文字见于圆筒印上，而最早的圆筒印，迄今所知，出自涅伽达1863号墓（S. D. 46），大约相当于涅伽达文化Ⅱ的中叶。在这个时代的晚期，文字多见于权标头、调色板等文物上。恩格斯高度评价了文字在历史上的地位，指出：……由于文字的发明及其应用于文献记录而过渡到文明时代。

根据上述的生产力发展的水平，居地遗址的设防，墓葬的分化，王冠、王衔的起源以及文字的发明与应用等现象，可以确认，早在涅伽达文化Ⅰ之末期，即公元前3500年左右，埃及的氏族制度已经解体，国家萌芽，开始向阶级社会过渡。到了涅伽达文化Ⅱ时代，国家最终确立，形成了历史上最古老的尼罗河文明。

埃及统一王国的形成

古代埃及究竟在什么时候和怎样地形成了统一的国家？在埃及学中也是众

说纷纭的。《剑桥古代史》的作者写道："传统和事实上的一些证据强有力地表明，紧接在第一王朝建立前的时期，埃及划分为两个独立的王国：北部的王国，它包括尼罗河三角洲并且向南延伸到现在爱特斐附近（下埃及）；而南部王国包括爱特斐和赛勒赛拉（上埃及）。国王的官邸被认为坐落于西北三角洲的拍，和位于河西岸、埃德弗附近的涅亨（希拉康坡里），两者在历史时代至少具有重要的、统治者保护神隼鹰荷鲁斯的圣所。在拍附近设置德普，眼镜蛇瓦吉特（埃胶）女神的所在地；两个地方在新王国和以后被当作一个名字拍尔·瓦吉特（埃胶的荷鲁斯），被希腊人表示为布陀。"完全征服和统一两个王国的荣誉，很可能，属于那尔迈，他被认为是蝎王的直接继承者"。

上述引文涉及到两个重大问题：一是前王朝时代是否存在上下埃及两个王国的问题；一是那尔迈毕竟在多大程度上统一了埃及。

努比亚士兵的木制模型

关于前王朝时代的上下埃及王国的问题，尽管常常出现在一些著作中，但是，当时并没有留下什么文字的记载，帕勒摩石碑上的王名表残缺破损，不能给我们提供上下埃及王国的什么证据。况且，它还是在所谓两个王国统一后近乎七百年之久铭刻出来的。所以，上下埃及王国的出现，似乎没有什么直接的根据。正像有些人所说的那样，"这个事件是从后代的国王头衔中的涅布提名（二夫人名或二女神名）和尼苏特·毕特名（上下埃及王名）、官职双重构造、上埃及之白冠和下埃及之红冠的存在等推断出来的"。既然上下埃及王国之名，不见于当时的文献记录上，而是根据王衔、王冠等推断出来的，那么，我们就不能不论述王冠、王衔的起源及其有关的问题。

在王朝时代或法老时代，埃及国王完整的头衔是由五个所谓"伟大的名字"组成。其中作为对应的头衔有涅布提名（nbty，"二夫人"）和尼苏特·毕特名（n—sw—bit 意为"他属于菅和蜂"）。涅布提或二夫人衔名是由兀鹰女神和眼镜蛇女神组成。兀鹰女神为上埃及的保护神;眼镜蛇女神为下埃及的保护神。伽丁内尔认为,那是在埃及还是被分成两个王国时,国王对紧靠第一王朝以前时期的两个主要女神是处于一种特殊的关系中。大概,第一王朝的建立者美尼斯是第一个采取涅布提头衔,因此象征了他曾统一了两个王国的事实。但是,E. J. 鲍姆伽特新的研究证实,涅布提作为王衔,“不包含在登王以前的国王衔名中”。

尼苏特·毕特头衔是由一种称为“苏特”的植物(菅茅)和称为“毕特”的动物(蜂)符号表示的,又称为“树蜂衔”。“苏特”植物是上埃及的标记。“毕特”是蜜蜂,通常代表下埃及。树与蜂的结合意味着“上下埃及之王”。但是新的研究证明,“毕特‘养蜂者’仅能与旻神联在一起。他是野蜂的主宰,而蜜蜂是献祭给他的”。旻神是涅伽达文化Ⅱ的民族神,他的形象是公牛,国王由旻接受“强壮的公牛”的名称,他的俗界的形式是国王。因此,“毕特”衔应该是代表上埃及王衔。至于“尼苏特”衔,由于它的地位,在衔名制度上必定是较老的头衔。所以,两种头衔最初都是代表上埃及的。

赫努特美伊忒的陪葬人俑与人俑盒

传统上,白冠代表上埃及,红冠代表下埃及,但是新的研究证明那是晚后的事情,在前王朝时代红冠并非与下埃及有关。红冠最早见于涅伽达,白冠最早出现于希拉康坡里,两者都是出于上埃及,而且两地相距不远,在年代上,红冠先于白冠,说明红冠是古老的,代表了土著民族。白冠是晚后出现的,是新来的涅伽达文化Ⅱ民族的王冠。E. J. 鲍姆伽特的结论是:“……土著的埃及传统是那样的强有力,以致合法的王必须采用古代的头衔和徽章,而且所有的头衔和徽章都有它们的上埃及的起源,而这在早期,从下埃及来的东西是无法与之相比的”。对于王衔和王徽问题的新的考证,使我们对所谓的上下埃及王国的存在不能不表示怀疑。

关于统一王国的形成问题,可以从两个方面来讨论。首先,要说明的是,古埃及的统一究竟在什么时间？一种意见，“埃及在前王朝时代晚期或许政治上已统一，即使这种统一还没有使其在纪念性艺术或建筑上，或在任何文字的形式上表现出来”。另一种意见，把皮特里收藏品中的两个黄色大石灰石权标头残片（UC14898 和 14898A）上的戴红冠者看成是蝎王，并把它与通常所说的蝎王权标头上的戴白冠的蝎王联系在一起，证明早在蝎王时，而不是他的假定继承者那尔迈时代统一上下埃及的。更有甚者，估计埃及的统一可能先于那尔迈王一百至一百五十年发生。上述的几种解释并没有得到人们的承认，大多数埃及学家通常假定埃及的统一在第一王朝的开始时。具有代表性的观点认为：“完全征服和统一两个王国的荣誉，很可能属于那尔迈，……这个胜利的象徽的记载保存在得自希拉康坡里的著名的调色板上”。除了考古的文物资料外，比较晚后的文献资料提到了第一王朝的创立者美尼斯。人们常常把美尼斯与那尔迈视为同一，传说美尼斯统一了埃及。

美尼斯究竟是历史人物，还是神话或半神话人物？这个问题已引起了人们愈来愈多的议论。近年出版的一部著作写道：“成文的美尼斯统一埃及的故事来自于所说的事件如不是几千年就是几百年后，由于那个时代美尼斯（假如他一直真正存在）已变成了精神文明的英雄，他的生活和才能被半神话的轶事所润饰。根据这些故事之一，他被假定在长期统治后，在河中狩猎时被鳄鱼夺去并吞没而死”。关于美尼斯作为历史人物的真实性问题，几十年前已讨论过。有人认为，美尼斯不一定是一个人的名字，或者可以看成几个征服者，或者把其他王的事迹归于美尼斯一人。

古典作家希罗多德讲到了“米恩是埃及的第一位国王”，传统上，把米恩说成是美尼斯。但是，米恩同样也是值得怀疑的。有人认为，米恩或许是一个官吏或王子的名字。也有的学者根据希罗多德关于米恩的记载上的前后矛盾，考证米恩不是人王，而是神王，即米恩（旻）神。由于上述的意见分歧，特别是美尼斯一名没有出现在任何其同时代的文献中，而晚后的古典作家希罗多德和埃及僧侣马涅托的著作仅仅讲到了美尼斯（米恩）是埃及的第一位国王，所以目前还不能对美尼斯及其个人的历史作出确切的论述。

关于那尔迈或与那尔迈有关的历史文物已经发现了几件，而最著名的是那尔迈调色板。那尔迈调色板的正面中心刻画了头戴白冠的那尔迈手执权标头打击以鱼杈作为徽章的，可能属于西北三角洲的敌人的形象。右上边的隼鹰踏在六根纸草之上并牵引了一个绑在人头鼻子上的绳子。这组符号意味着荷鲁斯（给国王）带来了下埃及的俘虏。在这一面的底部有两个败倒或逃跑的敌人。左边的敌人身边的符号表示设防的城市。右边敌人身边的符号则是一个半圆形的圈地，由那里伸长出两道长墙，有人认为，可能是西巴勒斯坦的城市。调色板的另一面的上一部分，描绘了头戴红冠的那尔迈王在侍从的陪同下，与举着同盟军旗的四个州的首领一起视察被杀死的北方人。

那尔迈权标头刻画了那尔迈王戴着红冠坐在一个高立在九阶梯上的殿堂中。在他的对面一乘轿子中，坐着一个女人。这个场面表明被俘获的北方公主，或许将许配给胜利的王。这强有力的证据表明，征服者企图以北方的公主作为他的配偶使他的地位合法化。在图刻的中下部的一组象形文字符号表示俘获的 120000 人，400000 头公牛和1422000 头山羊。在那尔迈人物对面的上一部分，刻画了与那尔迈调色板上同样的四个同盟的州旗。

还有一个上半部残缺的所谓利比亚调色板，由于其上面没有任何王名的记录，其年代或者被断定在前王朝晚期，或者定在第一王朝初。调色板上有一组象形文字读为铁赫努（Tjehenu），即利比亚，位于三角洲西北边界。虽然，调色板上表现了蝎子，但是没有证据表明，蝎王在某些时候曾经达到西北三角洲。反之，希拉康坡里出土的象牙印章却证实了那尔迈对这个地区的远征。所以，这个调色板被看成是与那尔迈有关的一次远征的继续。在调色板的另一面，表现了带有锯齿状边城墙的七座方形的城市，每一座城市内部都有一个动物或植物的形象，作为城市的标志或名字。在每一座城墙上面，站立着一只动物，并举起一把鹤咀锄向城内开辟道路。但是，攻城的动物形象仅仅残留四个：隼鹰、狮子、蝎子和双隼鹰。利比亚调色板可能象征着希拉康坡里的隼鹰王，一个假定的那尔迈及其六个同盟的州攻击另外七个州的同盟者。

上述的几个与那尔迈有关的历史文物，描绘了那尔迈的军事活动。那尔迈头戴红冠与白冠，通常被看成是统一了南北上下埃及的证据。但是，正像前面已指出的那样，红冠与白冠最初都是起源于上埃及，只不过是表现了土著与外来者之分。如果按传统的说法，那尔迈已是统一上下埃及的“两地之王”，那么，在其调色板和权标头上出现的同盟诸州的现象就无法解释。同为同盟的“各州在描述的主要事件中起了重要的作用”，而那尔迈只不过是“诸州同盟的领导者”，并不是后来的全权的君主，但是，那尔迈对下埃及的成功的军事活动，的确奠定了埃及统一的基础。也许可以把他看成是埃及统一王国的开创者，但是，在他以后的整个早王朝时代，仍然是不断的斗争、和解与完成统一的过程。

埃及人的知识成就

埃及文字的特性

除其丰富多采的宗教思想外，埃及人在知识方面所取得的最大成就就在于其文字体系和某些实用科学。上文已经提到，埃及的文字即象形文字是在美索不达米亚的楔形文字出现之后才出现的，此时埃及人可能已经对楔形文字有所了解。因而，此处值得考虑的不是其文字思想，而是其独特性。具体说来，早在古王国时期，埃及象形文字就以三种书写符号为基础：象形，音节，以及字母。前两种已是楔形文字的组成部分，后一种却是一个极其重要的发明。假如埃及人采取措施把其字母符号——24 个音符，每一个代表人类语声的辅音——与非字母符号区分开来，在其文字交流中只使用字母符号，那么他们就会发明一种完全现代的文字体系。遗憾的是，保守性阻碍了埃及人，以致第一种单一的字母体系要等到公元前 1400 年左右由地中海东岸的一支闪族语系人即腓尼基人去发明。腓尼基人的字母表反过来又成了希伯来人、阿拉伯人、希腊人和罗马人的字母表的范本。但不论如何，由于腓尼基人明显是从埃及人处借来用单一符号表示单音的思想的，又由于他们的许多字母是以埃及人的字母为原型的，因而我们有理由认为，四方世界至今仍在使用的每一个字母都发源于古埃及人的字母体系。

纸莎草的重要性

天幸有了纸莎草这种在尼罗河三角洲地带遍地都是的植物（纸莎草在下埃及十分丰产，以致在象形文字中纸莎草的图形符号表示“下埃及”），埃及人有了一种廉价的可用以书写的廉价原料。把这种草压平晒干，其斜条就可用来记录象形文字，然后可把它们卷成筒状储存起来或传送出去。与在泥板上书写相比，在纸莎草上书写的好处在于纸草卷使用起来方便些，份量也轻得多：因而它们不仅成了埃及的通用书写材料，而且通过埃及人的传播为古希腊和罗马的各个文明采用。（罗马帝国能够用泥版文书建立其庞大的管理体系吗？这值得怀疑。）

埃及的文学形式

可能因为撰文写字太过容易，所以埃及人尝试了多种文学形式。中王国时期的埃及人被许多文学史家视为短篇故事之父。在那一时期，人们撰写了多种多样的短篇叙事文：残存至今的一个公元前 19 世纪的纸莎草卷记载了一个有关船只失事的水手的令人难以置信的故事；时代稍晚一些的一个记述文描写了一个人因尼罗河中河马的嘶鸣而无法入睡的境况；另外，古埃及一个难以置信的淫秽故事说的是一位淫荡的女人对男主人公说：“来吧，我们共尽床第之欢，对你是有好处的！”埃及文学的另一个极端是箴言集，它们与《旧约·箴言》相类似，向人宣讲实用的智慧，告诫人们要节制、公正。最后，现存至今的至少还有一部类似政治论文的作品，即《一位善言农民的请求》，撰写于约公元前 2050 年。在这一作品中，作者提出了他理想中的统治者的形象：为了其臣民的福祉，宽厚仁慈，公正无偏。尽管没有一部埃及文学作品堪与美索不达米亚的《吉尔伽美什》史诗、希伯来《圣经》的部分篇章亦或希腊的《伊利亚特》和《奥德赛》相媲美，具有经久不衰的文学成就，但不管怎样埃及的作品有其引人入胜的特征。

狮身女神塞赫麦特雕像。根认为她是医师的保护神

埃及科学的实用性：

1. 天文学和历法

至于科学，埃及人最感兴趣的是那些与实用目的密切相关的领域——天文学、医学及数学。在天文学领域，埃及人的最大成就是找到了避免太阴历不准确的缺陷的方法。前文已经谈到，古代美

索不达米亚各个民族仍局限于根据月亮运行的周期确定季节和年份的更替。与此相对，到公元前2000年左右，埃及人就注意到，天空中最亮的那颗星即天狼星在每年一度与太阳成一直线时就会在早晨升起。他们根据这一观测结果制定了一个历法，把"元旦"定在太狼星与太阳成一直线之日，以此预报尼罗河开始泛滥的日期；这一历法是尤利乌斯·恺撒的历法问世之前古代世界最好的历法。实际上，就连恺撒的历法也是以埃及历法为根基的。

2. 医学和以自然为根据的疾病观

古代埃及人在医学方面的独到之处在于他们认为疾病是自然因素而不是超自然因素造成的，因而医师可以对疾病作出准确的疹断，并对症下药。诊断的方法包括号脉和听心跳。至于治疗方面的学问，从现存纸莎草文献来看，有些处置可以预料是可靠的，有些则不可靠。例如，埃及医生在开处方时把蓖麻油用作导泻药，但又用掼驼鸟蛋外掺龟壳和龟棘治疗内溃疡。至于健康以及卫生方面，他们开的治疗汗脚的处方是："取田中的乌雅杜植物及沟渠中的鳗，在油中加热，敷之于双脚。"人们很容易对这种处方嗤之以鼻，但在另一方面，埃及人试图借助自然手段减轻痛苦和增强体质，是值得人们尊敬的；更何况，埃及人的某些治病方法经希腊人传到欧洲后，至今仍在使用。

3. 数学和测量

在数学领域，埃及人在测量方法方面成就卓著。举例来说，他们最早把圆分成360度，首先注意到所有圆的圆周率（即现在所说的π）都是一样的。此外，他们还发明了计算三角形的面积及金字塔、圆柱体和半球的体积的方法。这类成就显然与我们下文将要看到的埃及人雄伟的建筑工程密切相关。

光彩夺目的埃及艺术

金字塔

埃及所有直观纪念物中最为著名的自然是金字塔——它们建于有文字记载的时代刚刚开始之际，充当法老的陵墓，是些极其纯朴的庞大建筑。金字塔质朴无华的美固然令人赞叹不已，其建筑情况同样令人称奇。最早的金字塔是法老左塞的阶梯金字塔；它兴建于公元前2770年左右，此前人们从未建过，甚至也从未尝试修建如此大规模的建筑物。在同时代的苏美尔完全用泥砖造房、更前一些的埃及人也不过是用几吨重的石灰岩兴建其大型建筑物时，突然之间，在

吉萨的大金字塔和狮身人面像(约公元前 2650 年)。

罗塞达石碑(公元前 195 年)。该石碑用三种文字形成——象形文字(顶部)、圣书体(中部)和希腊文(下部)——记述了同一敕令。1799 年被一法国人发现,在释读象形文字中起了至关重要的作用。

左塞的主要建筑师伊姆霍特普的督导下,上百万吨石灰岩被开采出来并在没有有轮运输工具的情况下运出,一个压一个严实合缝地被砌成一个高达 200 英尺的建筑,这岂能不令人称奇!然而这只不过是个开端而已。此后不久,在从公元前 2700 年左右到公元前 2600 年左右这 100 年间,总共约有 2,500 万吨石灰岩被从山崖上开采出来,修整、拖运、垒砌,一系列金字塔耸立起来。它们是各种金字塔中最出名、最美丽的。这些精品中的精品无疑当推胡夫法老(希腊人称之为齐阿普斯)的金字塔,它高达 482 英尺,坡面呈“完美的”52 度角,致使塔高与塔底周长之比等于圆周率 π。希腊人在列举世界七大奇迹时,毫不犹豫地把“齐阿普斯”的金字塔放在第一位。

多年夏季的作业

看到保存至今的大金字塔,人们心中不由得升腾起许多疑问,比如金字塔是如何修建的,修建的目的何在。按照保守的估计,修建一座金字塔大约需要 7 万名劳力。这些劳动力几乎可以肯定是季节性参加修建工作。每年夏季几个月是尼罗河泛滥的季节;此时农民无事或没什么事可做,因而可以受雇从事大型建筑工程而不误农时。但是只靠一个夏天是建不成金字塔的。反过来,近来人们得出结论,修建金字塔的劳工必须一个夏季接一个夏季地干下去,修完一个接着修建另一个,而不管在位的法老是否已经死去,因为只有这样才能说明为何能在一个世纪的时间里把 2,500 万吨石块变成一些巨大的金字塔。是故,对成千上万的人来说,冒着埃及夏季的酷热开采和拖运石灰岩,是他们一年一度、无望停止的生活方式。

劳工的动力:宗教心理和集团活力

那么 7 万名劳工为何能忍受这一切呢?肉体的强制肯定不是答案,因为此时埃及尚不知奴隶制(除少数战俘外)为何物;此外,如不借助任何特别的武器,为数很少的统治者就能迫使几万名臣民违心地劳作,实在难以想象。宗教心理和集团活力却似乎可以对此作出最好的解释。修建金字塔的埃及劳工显然相信,他们的法老是活着的神,他们告别尘世后只有通过适当的安葬才能进入永生之境。因此,左塞的阶梯金字塔的字面意义就是"通往天堂的阶梯",而后来的金字塔不过是同样的升入天堂观念的直角形状的体现。那些在酷热的沙地中挥汗如雨地修建这些巨大的陵墓的劳工相信,他们自己的福祉与其神——统治者的福祉有着分解不开的联系:如果法老顺遂地进入永生之境,那么世间的众生就会繁茂兴旺。另外,协作劳动必定赋予单个苦力一种令人振作的亲近感和团体成就感。见于金字塔石块上的一些标记,诸如"充满活力的小组"、"耐久小组"等,看来证明了这一点。在一年大

涅菲尔提提。此半身肖像完成于埃赫那吞位于阿玛尔那的画室。

庙以规模庞大为特征。卡尔纳克神庙长约1,300英尺，占地超过人类历史上任何宗教建筑。仅其中央大厅几乎就可包容欧洲任何一座大教堂。该神庙使用的圆柱大得惊人。最大的一根圆柱高达70英尺，直径在20英尺以上。据估计，每个圆柱的顶部可站立100人。

埃及的雕刻和绘画主要是作为建筑的附属物而存在的。雕刻的特点在于制约着雕刻风格和意义的陈规。法老的雕像一般都很庞大。新王国时期创作的那些法老雕像高度在75到90英尺之间。它们中的一些着色饰彩以增加吸引力，眼睛里往往镶嵌有水晶。人物雕像几乎都很刻板，双臂交叉抱在胸前，或者固定在身体两侧，双目正视前方。雕像面部通常略带微笑，别的则没有任何表情。它们在解剖学上通常有些失真：大腿的自然长度被增大，肩臂的宽度被过分强定沉着。与此相应，其首要人物的雕像绝不能显示出焦虑、恐惧或洋洋得意，而要在各个时代都经久不变地镇静。同样，解剖学上的失真或许可解释为表达某种民族抱负的尝试。

埃赫那吞的艺术革命

埃及艺术发展主流的一个引人的例外是埃赫那吞统治时期的艺术创作。这调，或者各个手指长度相等。我们熟知的一个雕塑非写实特性的例子是斯芬克斯。斯芬克斯在埃及有上千座，其中最著名的是吉萨的大斯芬克斯像。它所代表的是法老面狮子身。其寓意可能是表达法老具有狮子的勇敢、强健特点的观念。浮雕人像与自然更不相合。它们的头部是侧面像，眼睛却完全正视；躯干是正面像，双腿却是侧面像。

埃及雕刻的意义

埃及雕刻的寓意不难领悟。法老雕像规模庞大，其意图无疑是想象征他们的权力和他们所代表的国家的权力。具有重要意义的是，随着帝国疆土的扩张和政治愈加专制，雕像的规模越来越大。刻板和无表情的成规意在表现国家生活的恒久和稳定。帝国的支柱不会因命运的无常变化而松散动荡，相反将依然固位法老试图打破古代埃及宗教的所有表现形式，包括其艺术成规，因而主持进行了一场艺术革命。他所保护的新艺术风格是写实风格，因为他倡导的新宗教视自然为阿吞神的亲手所为。与此相连，法老本人及其王后涅菲尔提提的半身雕像抛弃了先前的夸张的面无表情和失真，有了较现实的刻画。现存的涅菲尔提提半身像表现出他有些滑稽而令人难

捕鱼和捕猎野禽（壁画，底比斯，十八王朝）。图画中的女性看上去大都属于富有家庭，而由其所穿简朴的服装和在画中形象很小来看男人可能是些奴隶

忘的女性特征，是人类艺术史上的不朽杰作之一。由于同样的原因，在埃赫那吞的庇护下，绘图也成了一种具有高度表现力的艺术形式。从动的方面看，这一时期的壁画尤其展现了人们的心灵体验。它们抓住了公牛在沼泽中跳跃、受到惊吓的牡鹿急速逃窜以及鸭子在池塘中自在地嬉戏等一瞬间的动作。但是正如埃赫那吞的宗教改革未能持久那样，他统治时期较为写实的艺术也只能是昙花一现。

埃及的社会和经济生活

埃及社会的主要阶层

在埃及历史的大部分时期，居民被分为五个阶层：王族；祭司；贵族；包括书记员、商人、工匠和富裕农民在内的中等阶级；以及构成人口绝大多数的农夫。在新王国时期又出现了一个第六阶层，即职业士兵，他们的地位紧随贵族之后。另外，由于这一时期俘虏了成千名奴隶，他们一度构成第七阶层。奴隶受到其他各阶层的歧视，被迫在政府采石场和神庙地产上劳动。不过，他们逐渐被允许当兵，甚而成为法老的私人侍从。随着这些发展，他们不再构成一个单独的阶层。社会各阶层的地位随着时间的发展有所改变。在古王国时期，法老的臣民中贵族和祭司地位最显要。在中王国时期，平民阶层出现了。商人、工匠和农民从政府手中获得种种特许。尤其引人注目的是，商人和工匠在这一时期居主导地位。帝国的建立及相伴产生的政府职能的扩大,导致主要由官吏构成的新贵族得势。随着巫术和仪式主义的发展,祭司也获得了更大权力。

穷人和富人间的鸿沟

埃及上等阶层与下等阶层之间生活水平的差距比今日的欧美社会可能还要大。富有的贵族住在与芬芳的花园和绿荫荫的小树林相连的豪华别墅中。他们的食物种类繁多,应有尽有,包括多种肉类、家禽、饼类、水果、葡萄酒和糖果。他们的餐具用雪花石膏和金银做成,身佩昂贵的织品和珍稀的珠宝。与此相反,穷人生活悲惨。城镇中的劳动者住在拥挤不堪的地区,简陋的房屋由泥土——砖砌成,仅有的家具是长凳、箱子和少数粗糙的陶罐。大庄园上的农民住处稍为宽松些,但生活比城镇贫民好不到什么地方去。

埃及妇女

尽管一夫多妻是得到允许的,但社会的基本单位通常仍是一夫一妻制家庭。就连法老也有一位正妻,虽然他可以拥有后宫妃妾。然而纳妾是受到社会尊重的制度。不过与古代世界大多数社会相比,埃及妇女并未完全成为男性的附属品。妻子没有与世隔绝;妇女既可拥有财产,也可继承财产,而且可以经商。此外,埃及人还允许妇女继承王位:第十二王朝时有女王索贝克诺芙鲁,第十八王朝时有女王哈脱舍普苏。

农业、贸易和工业

埃及的经济制度主要以农业为基础。农业种类繁多,高度发达,田地生产优良的小麦、大麦、稷、蔬菜、水果、亚麻和棉花。从理论上讲,土地属于法老所有,但在较早的时期他就把大部分土地分授给了其臣民,这样田地实际上在很大程度上为私人所有。公元前2000年左右以后,商贸稳步发展,成为最重要的经济部门之一。埃及与克里特岛和地中海东岸各地区之间的商贸往来非常兴盛。埃及控制的利比亚金矿是一重要财源。主要出口产品包括黄金、小麦、亚麻织物,进口产品主要限于白银、象牙和木材。制造业的重要性不亚于贸易。早在公元前3000年,就有大量人口从事手工业。后来工厂建立起来,一爿厂雇有20位或更多的工人,同时出现了某种程度的分工。主要工业部门有造船业及陶器、玻璃器具和纺织品制造业。

交易手段的发展

从其历史初期开始,埃及人就在交易手段方面有所进步。他们了解会计学和簿记的要素。他们的商人开列订货单和收据。他们发明了财产契约、书面合同和遗嘱。虽然他们没有铸币制度，但他们以一定重量的铜圈或金圈为交换媒介，这实际上是现知人类文明史上最早的货币。不过农民和城镇贫民进行的简单交易无疑以物物交换为基础。

经济集体主义

埃及经济制度首先具有集体性质。人民的精力从一开始就被纳入社会化的轨道之中。个人利益和社会利益被认为等同如一。整个民族的生产活动都围绕着庞大的国家事业进行，政府更一直是最大的劳动力雇佣者。但这种集体主义并不是包罗万象的，个人独创性仍有很大的发挥余地。商人经营自己的交易；许多工匠有自己的铺子；随着时间的推移，越来越多的农民成为独立农场主。政府继续经营采石场和矿山，继续修建金字塔和神庙，继续耕种王室地产。

库什文明

埃及的辉煌在很大程度上是以其南部边界以外地区的人力和物质资源为基础的。一个接一个的埃及王朝从现今叫做苏丹共和国的地区大量引入劳动力和士兵，以及珍石异木以制作珠宝首饰和精美家具。这些肤色较黑的邻居对埃及的贡献，在见于埃及法老陵墓艺术品上的蚀刻图案中有生动反映。

库什王国的基础

这些具有黑人特征的南方人长期以来被神秘地掩盖起来，但是通过近来的考古发现，人们开始对他们的源起有所了解。我们现在可以比较肯定地指出，至少自公元前2200年起，生活在撒哈拉南部生态恶化地区的靠食物生产为生的新石器群体，向非洲较肥沃的地区分散。一些人迁徙到了尼罗河下游，与地中海种和亚洲种的民族合在一起奠定了所谓埃及新王国的基础。其他人往南漫游到了尼罗河上游一个后来被埃及人称作“库什”的地区。到了公元前1500年，这些黑肤色的库什人与前王朝时代埃及有着明显的文化姻亲关系，建立了自己的王国。确实，这一库什王国成了非洲第一个高度发达、基本上由黑人创建的文明。其充满活力的居民与埃及贸易往来非常活跃，并从埃及文化借来了大量东西。在四个世纪的时间内，库什王国在纳帕塔的首都（恰在第四瀑布之南）成了宗拜埃及神祇阿蒙——赖的一个主要中心。

埃及坟墓艺术。埃及艺术中经常表现其南方的领居。

库什入侵埃及

在其国王克什台的统治下，库什人开始利用埃及社会结构衰微的时机。公元前750年左右，克什台的军队一举侵入上埃及的首都、圣城底比斯。克什台的儿子彼安基进一步占领了孟菲斯，并把库什人的统治扩展到下埃及。在控制整个埃及之后，彼安基戴上了法老王冠，建立了埃及第二十五王朝。

麦罗埃：黑非洲第一个工业城市

库什人对埃及的统治昙花一现。他们的治国才干无法与公元前670年闯入埃及的铁器时代的亚述人相抗衡。库什人沿着尼罗河上游较远的一段迅速退回到其早先的故土。他们在麦罗埃建立了一个新的根据地；麦罗埃位于今喀土穆以北大约120英里，处在阿特巴拉河和青尼罗河之间肥沃的牧草地上。他们可能从亚述人那里了解到了冶铁技艺，因为麦罗埃成了古代冶铁业的重要中心，而且是撒哈拉以南第一座黑人工业城市。

库什人对地中海文明的影响

库什人给众多地中海文明留下了难以消除的痕迹。到了公元前5世纪，他们的形象出现在自地中海东部的塞浦路斯到意大利半岛的古代伊达拉里亚的花瓶、壁画和塑像上。他们被描绘成运动员、跳舞者、宫廷侍从和战士，形象各异。在埃市集市上很活跃的希腊人把库什人称为“埃塞俄比亚人”，意思是“黑脸的人”。

库什文明的盛期:公元前 250 年—公元 200 年

公元前 332 年,埃及被亚历山大大帝征服,成了希腊人统治下的一个王国。此后,借道希腊化的埃及,库什人与地中海文明的接触增多了。库什人与希腊人和希腊化的埃及人之间贸易兴隆,这给库什带来了繁荣,库什人也得以形成独特的建筑传统和艺术传统。无与伦比的石制金字塔越过尼罗河在麦罗埃有着很大影响;而饰以雕刻的几何图案的麦罗埃陶器足以与当时古代世界最精美的陶制器皿相媲美。公元前 250 年至公元 200 年之间,库什达到了极盛。到了公元 200 年,麦罗埃象形文字甚至开始取代埃及象形文字成为书面语言。

库什的衰亡

朝向非洲之外世界的这一库什门户在公元 13 年到公元 3 世纪埃及处于罗马人的统治之下这一段时期里开得更大了。此后,尼罗河流域贸易迅速衰落,库什文明也是如此。在几百年间,尼罗河的几个变化莫测、充满危险的瀑布使库什免遭来自北方的入侵,并使库什居民得以仅仅选择吸收埃及、希腊和罗马文化中他们认为有益的东西。但是随着尼罗河流域联系的减弱,库什在经济上受到损失,易于受到来自西方的沙漠渗入者的攻击。这一缺陷就使得东南方新兴王国阿克苏姆的军队轻而易举地在 4 世纪中叶推翻了麦罗埃。

古代跨越撒哈拉的联系

引人入胜的传说称,麦罗埃王室家族迁移到了西非,对新的政治和文化制度的成长作出了贡献。尽管西非人早在古典古代就与北非和尼罗河建立了跨越撒哈拉沙漠的联系,他们在经济上和政治上却比较落后。至少自公元前 130 年开始,西非人向北方供应黄金、奴隶、珍奇石料及用于角斗场的野生动物。一条古代的车道自北非沿岸布匿人的居住地经费赞地区的绿洲抵达乍得盆地。库什逃难者可能是沿着一条更为古老的经费赞连接尼罗河和尼日尔河的小道到达西非的。令人扼腕的是,中部尼罗河谷地成了一条死胡同,而不是通往南方的走廊。确实,尼罗河流域丰富的文化向南传播到东非和赤道非洲的相对说来少而又少。

埃塞俄比亚的基督教王国

悠久的阿克苏姆王国

与陆围的库什全然不同，位于其东南方的阿克苏姆可以从经由红海与托勒密时代的埃及的快节奏的贸易中获得好处。阿克苏姆各海港成立了自内地指定运往地中海世界、波斯湾、印度和更远地区的货物的集散地。埃及的希腊经纪人向阿克苏姆人提供了在地中海的一扇窗户，阿拉伯经纪人则向他们显示了东方的市场和文化。

阿克苏姆人

阿克苏姆人是非洲人和闪族语系的阿拉伯人以和平方式交融的产物。自公元前1000年起，后者就小股小股地移居到高低不平的埃塞俄比亚高原。通婚带来了文化的丰富；文化的丰富充分反映在巨大的宗教方尖碑上，它们用单块石头切凿而成，其精确程度令人难以置信。由于引进了耕犁及石阶地和灌溉技术，农业生产力也大大提高了。

皈依基督教和隐修制度的兴起

公元4世纪中叶，伊扎纳国王皈依基督教，并把它定为国教。基督教成了一种把阿克苏姆各个部族联合成一个文化及政治统一体、组建一个称为埃塞俄比亚的中央集权王国的有力工具。到了10世纪，信奉基督教的埃塞俄比亚消灭了阿克苏姆王国的最后一点残余。隐修院在埃塞俄比亚扎下根来，成了学问和文化传播的不可缺少的中心。埃塞俄比亚僧侣把《圣经》译成了当地语言吉兹语。随着时间的发展，由于相继继位的皇帝都赐给它们大量地产，隐修院在经济上势力强大。作为一种生活方式，隐修制度很快传播到邻居的努比亚诸王国，而此比隐修制度兴起于信奉基督教的西欧要早。

以多山的、几乎无法接近的高原为中心的埃塞俄比亚成了一座天然的城堡。它的居民生活在相对与世隔绝的状态中，塑造了一个十分稳定的君主政治及一种独特的基督教文化。作为世界上最稳定和最悠久的文明之一，埃塞俄比亚本质上在同样悠久而受人尊重的制度和同一王族的统治下，一直存在到20世纪。

伯来人的开端

希伯来人的迁徙

希伯来人是闪族语系的一支，他们

迦南人的一个神祇。据认为这是风暴和生育之神巴尔的塑像，发现于巴勒斯坦北部公元前3世纪的一个神庙中。

现知最早出现于美索不达米亚，因为据《圣经》记载，希伯来人的先祖亚伯拉罕家族就起源于苏美尔。由于希伯来人是一游牧民族，因而其后他们的准确踪迹难以查清就不令人奇怪了。指出这一点也就够了，大致在公元前1900年至1500年之间，他们逐渐由美索不达米亚迁入叙利亚（当时叫作迦南），随后迁入埃及。就在这几百年间，有一个自称是亚伯拉罕的孙子雅各的后裔的希伯来部落开始用雅各的别名称呼自己为“以色列人”。（据《创世纪》的记载，在雅各与一位天使角斗了整整一个通宵之后，他得到了“以色列”〈Is—rael〉这一称号，意为“神的勇士”。①在旅居埃及的大约300年间，适逢新王国诸法老正试图创建一个埃及帝国并寻找空前多的奴隶来维持国内经济的运转，希伯来人受到了种种奴役。正是在那时，在公元前1250年左右，希伯来人终于找到了一位领袖即英勇的摩西，他率领他们摆脱了埃及的束缚，离开埃及到了西奈半岛（这是位于埃及和迦南之间的一片沙漠地带），并说服他们崇奉雅赫维神，该神的名字后来被写作耶和华。也正是在那时，所有希伯来人都成了以色列人，因为他们在摩西的劝说下相信，耶和华是亚伯拉罕、以撒和雅各的神，结果以色列的神也就成了他们全都崇奉的神。

为迦南而斗争

希伯来人在西奈沙漠地带游荡了大约一代人时间，其后他们决定迁回比这里富饶得多的迦南之地；相对于干旱的西奈荒漠而言，迦南确实太过富饶了，在他们看来是片“流着牛奶和蜜”的地方。不过这次迁徙并非简单的搬迁和定居，因为迦南已经为另一个讲闪族语系语言的迦南人占领了，后者不愿与希伯来人共享他们的土地。因而希伯来人不得不诉诸武力，而事实证明这一历程进展迟缓且布满艰辛，决非一句名诗所描绘的那样"约书亚进军耶利哥，城墙纷纷塌陷"。摩西的继承者约书亚确实夺取了迦南的一些地区，但收获并不太大，因为游牧的以色列人装备较差，无法用围城战术攻克迦南防御坚固的城池。此外，约书亚死后，以色列各部重又各自为政，无法采取统一的军事行动，因而攻城掠地工作进展更小。结果，经过一个世纪的征战，以色列人所获得的只是迦南的一些丘陵地带和为数不多的土地较不肥沃的河谷。更糟糕的是，正是在那一时期前后，以色列不仅要抵御企图夺回失地的迦南人来保护自己，而且要抗击外来强大势力的入侵。

这一入侵势力是一非闪族的腓力斯丁人。他们来自小亚细亚，在公元前1050年左右迅速征服了迦南大片地区，以致该地区作为替代以"巴勒斯坦"一名著称，其意义实际上就是"腓力斯丁人的国度"。面对灭种的威胁，希伯来人现在强化了夺取迦南的努力。如果说过去他们保留了一种部落组织形式，在有必要时由各部落推选出来的智者（"士师"）会同解决争端，那么现在，为了应对腓力斯丁人的挑战，显然需要建立一种更紧密的、"全国性的"政治体制。于是，在公元前1025年前后，一位名叫撒母耳的部落士师以其人格力量赢得了以色列各部落的拥戴，他从所有以色列人中挑选出了一位国王扫罗，他后来使希伯来人成了一个统一的民族。

希伯来宗教的发展

希伯来宗教的演化

即使在大卫王统治时期，古代希伯来人不过是一个二流政治势力，而在所罗门统治之后，他们连这点也达不到了。因而，如果不是由于他们在另一不同的领域即宗教领域所取得的巨大成就，本书也许只会对他们一带而过而无必要大书特书了。今日的犹太教即犹太人的宗教是信仰、习俗和礼拜仪式首尾一贯的整体；所有这些都能在犹太人的《圣经》（基督徒称之为《旧约》，的章节中找到。然而研究历史的人必须认识到，犹太教并非一蹴而就的，而是摩西时期至马加比时期之间所发生的长期演变的结果。

全民族独尊一神的阶段

我们可以把希伯来宗教的发展分成四个阶段。第一阶段是希伯来人与西亚所有其他同时代民族一样崇奉多神的时代,对此学者们只能根据推测得知。随后进入了全民族独尊一神即一神崇拜的阶段,它于公元前1250年左右因摩西而发端,一直持续到公元前750年左右。一神崇拜意味着只尊崇一位神,但并不否认还有其他神祇。在摩西的影响之下,以色列人民选定了一位神作为其民族之神,这位神祇的名字写作Yhwh(雅赫维),但可能读作或者拼作Yahweh(耶和华)。希伯来人同意,除耶和华外不再崇奉别的任何神,因为摩西坚持"以色列啊,你要听,耶和华我们神是独一的神"(《申命记》6:4)。

耶和华的人格化特征

在全民族独尊一神的阶段,耶和华是位非常特别的人物。他几乎完全被拟人化了。他具有人的形体,具有人的情感品质。他时常任性妄为,性格也有些暴躁——在作出正确的裁定的同时也会作出不好的和忿激的裁定。有时他会像惩罚真正的罪犯那样毫不犹豫地惩罚无意中犯罪的人。具体一点说,据传耶和华击打乌撒至死,仅仅是因为在把约柜运往耶路撒冷途中伸手扶住约柜想把它弄稳(《历代志上》,13:9—10)。耶和华并不是无所不能的,因为他的权力仅限于希伯来占有的地域之内。不管怎样,希伯来对

死海文书。死海文书发现于希尔拜库兰附近洞穴中,包含了希伯来文圣经本。抄本与今文版没有重大区别,但年代在公元前2世纪,是现存最早的圣经文献

后世西方思想的某些最重要的贡献是在这一时期首先系统表述出来的。正是在这一时期,希伯来人逐渐相信上帝并非内在于自然,而是外在于自然,而人类作为自然的一部分,通过神意成为自然的主宰。这一"超越宇宙"(transcendent)的神学意味着,人类可以逐步地以纯粹理念的、抽象的术语理解上帝,同时可以认为人类具有随意改变自然的能力。

道德戒律、典仪和禁忌

在一神崇拜时期,希伯来人是通过赞同道德戒律、典仪和禁忌的结合来服事并尊崇耶和华的。尽管我们无法肯定在巴比伦之囚之前《十诫》的准确形式——《十诫》在公元前7世纪以来即为人所知——是否存在,但巴比伦人无疑严格遵守着一些神圣的戒律,其中包括某些伦理原则,诸如有关杀戮、通奸、

作伪证及觊觎“邻人之物”等行为的禁令。此外,他们严格遵守礼仪方面的要求,诸如庆宴,献祭,以及礼仪方面的禁忌,诸如第七天禁止作工及用母羊之奶煮幼羊。尽管道德规范在希伯来社区之内可能得到严格遵守,但在涉及外族人时未必总是适用。因而,即便就凶杀而言,希伯来人也不比亚述人更不乐意杀戮平民。在约书亚征服迦南各地区之后,“那些城邑所有的财物和牲畜,以色列人都取为自己的掠夺物,惟有一切人口都用刀击杀,直到杀尽。凡有气息的没有留下一个……”(《约书亚记》11:14)。以色列人对这种野蛮政策并无怀疑,因为他们深信这是主本人的旨意——耶和华确实授意迦南人进行抵抗,这样就可找到理由杀掉他们,“因为耶和华的意思是要使他们心里刚硬,来与以色列人争战,好叫他们尽被杀灭”(《约书亚纪》11:12)。

先知革命

与这种模糊不清的伦理观和神授正义的观念相比,希伯来宗教发展第三阶段的思想可谓一场革命;实际上这一阶段习惯上即被为先知革命(Propheticrevolution)。导致这一宗教思想革命的“先知”生活在希伯来民族的存亡受到亚述人和巴比伦人的威胁及流亡巴比伦的时期,即言从公元前750年左右到公元前550年左右。尽管“先知”一词逐渐意指能够预测未来的某人,但某最初的意思更接近于“布道者”(这一点在此处非常重要)——更准确地说,指某一有紧迫消息要宣布的人,他以为他是在神的启示下获得这一消息的。希伯来最初的先知是阿摩司和荷西,他们在公元前722年以色列王国灭亡前不久“预言”(即布道和告诫)了它的灭亡;以赛亚和耶利米,他们在公元前586年犹太覆灭之前即预言了它的覆灭;以及以西结和第二个以赛亚,他们预言到“巴比伦洪水”的到来。这些先知先是预告大灾难将降临到亵渎上帝和行为不端的人头上,随后宣告上帝的惩罚是公正的。他们宣告的消息彼此非常接近,因而有理由他们形成了一个单一的、首尾一贯的宗教思想团体。

先知的教义

先知教义的核心由三个基本信条组成:(1)十足的一神论——耶和华是宇宙的主宰;他甚至利用希伯来人之外的其他民族来实现他的目的;其他诸神都是伪神;(2)耶和华是独一无二的正义之神;他只行善事,世上的一切恶都源自人类而非源自他;(3)由于耶和华是公正的，他对其以色列子民的道德行为比其他方面更加看重；他不太关心典仪和祭祀，更要求他的子民“学习行善，寻求公平，解救受欺压的，给孤儿伸冤，为寡妇辨曲”（《以赛亚书》，1:17）。在大卫王之后，以色列人与迦南人融合在一起，过着定居农业生活；此时一些以色列人竟回复到向迦南人的繁殖之神献祭，希望这一做法能确保他们获得好年成；其他依然完全忠于耶和华的以色列人则空前关注礼拜仪式以示忠诚。先知阿摩司以势不两立的态度向上述做法展开斗争；他借助传达耶和华震聋发聩的警告对先知革命作了总结，昭示了人类文化发展史上一个划时代时刻的到来：

我厌恶你们的节期，
也不喜悦你们的严肃会。
你们虽然向我献燔祭和素祭，
我却不悦纳，
也不顾你们用肥畜献的
平安祭。
要使你们歌唱的声音远离我，
因为我不听你们弹琴的响声。
惟愿公平如大水滚滚，
使公义如江河滔滔。
——《阿摩司书》5：21—24

后放逐阶段

犹太教形成的最后一个阶段是犹太人自巴比伦返回巴勒斯坦之后的四个世纪；因而它被称为后放逐（post—exilic）阶段。后放逐阶段宗教思想家的主要贡献是一组末世论信条，即论及“最后的事物”或世界末日来临之际将会发生的事的文献。在波斯人和希腊人直接或间接的影响下，在马加比起义期间，巴勒斯坦的犹太思想家开始空前关注他们这个狭小的、在政治上软弱的民族在神的世界宏图中应起什么作用这一问题，同时因此开始寄望于弥赛亚和千福年。换言之，他们逐渐相信，上帝会马上派来一位救世主或“弥赛亚”（意为“天意选定的人”），他不仅会使犹太人强大起来，而且在末日来临之前和平、公正的千福年期间把耶和华崇拜传遍全世界。起初他们以为这一千福年的和平王国会在“今世”（this—worldly）出现——即人们能够亲眼目睹并享受它，或用第三位以赛亚的话来说，“田地怎样使百谷发芽，……主耶和华必照样使公义和赞美在万民中发出”（《以赛亚书》61：11）。但是时间一天天逝去，这一会像“田地使百谷发芽”一样自然而然地出现的千福年王国在有些人看来更加虚无飘缈了，因此在他们看来成功的希望只能寄于来世成了不可避免的事实。《旧约·但以理书》对来世末世论有着最完整的记述；该书

杜拉欧罗普斯犹太会堂壁画（公元3世纪）。画面描绘了希伯来人最早的大祭司、摩西的哥哥亚伦

的作者不是一位可能生活在尼布甲尼撒时代的名叫但以理（丹尼尔）的人，而是某人借但以理之名在马加比起义期间写成的。据这位预言家的看法，弥赛亚（他称之为“人子”）将“驾着天云而来”，“他的权柄是永远的，不能废去”（《但以理书》7：13—14）。与这一来世观密不可分是这样一种信念，即弥赛亚将主持“最后的审判”；换种别的说法，在超自然手段的作用下，死者将复活，接受弥赛亚对其生活质量的审判，恶男恶女将遭到永远受罪的处罚，“圣人”则将继续服侍“在天上地下施行神迹奇事”的“永不败坏”的王国（《但以理书》7：26—28）。

期待弥赛亚的到来

犹太人的弥赛亚期望显然对耶稣的活动有影响。耶稣是位犹太人，被追随他的犹太人和非犹太人视为弥赛亚，后来以基督徒知名。（有关基督教从犹太教中分离出去的详细情况，见本书第十章）。那些否认耶稣是弥赛亚的人继续企盼着弥赛亚的到来。有些人认为像《但以理书》所说的那样驾着天云而来，但多数人希望他是一位能够壮大以色列民族并重建圣殿的救世主。这两种希冀弥赛亚奇迹般地到来的想法都促动犹太人维持他们的其他各种信仰，即使在被迫远离圣地、居住在数千里之外之际，依然如此。这在很大程度上说明了一个真正的犹太奇迹——一个在其他方面都不重要的民族面对骇人的逆境忍耐至今，以其种种成就极大地丰富了世界。

希伯来人的律法和文学

希伯来文化：局限与成就

古希伯来人不是伟大的科学家、建筑师或艺术家。据目前所知，就连所罗门的圣殿实际上也算不上希伯来人的一个建筑成就，因为工程中最有挑战性的建筑任务看来是请腓尼基石匠和艺匠完成的。由于希伯来教规禁止雕制任何“偶像”，也不可“仿制”任何“上天、下地和地底下水中万物的形象”（《出埃及记》20∶4），因而犹太人中既无雕刻，也无绘画。反过来，正是在律法和文学领域古代希伯来文化找到了最可贵的表现。

希伯来律法：申命法典

希伯来律法的主要宝库是申命法典，它是圣经《申命记》的核心。尽管它部分上以与古巴比伦人的法律思想有亲缘关系的远古传统为基础，现存状态中的申命法典无疑产生于先知革命之时。一般说来，它的条款比古巴比伦人的汉谟拉比法典的有关规定要利他些，公正些。谈到利他，这不仅责成人们对穷人和外邦人宽大为怀，而且规定沦为奴隶的希伯来人在服役六年后应获得自由，应给予他们一些食品以让他们重新生活下去，同时要求每七年一次减免债务人所欠的债务。法律的公正体现在下述原则上：儿女不必为父亲的罪过负有责任，法官在任何情况下均不得接受馈赠。总之，申命法典提倡的是所谓“完全公正”的严格理想，因为耶和华要求太高，只有“完全公正”地生活，希伯来人才能自视值得承袭这一想望之乡。

希伯来文学

总的看来，希伯来人的文学是西亚各古代文明中最为出色的。现存希伯来文学作品均见于《旧约》和《伪经》（由于其宗教权威性值得怀疑而未被认可为经书的古希伯来著作）。除诸如《士师记》第五章“底波拉之歌”之类少数片断外，《旧约》实际上并不像人们通常认为的那样古老。学者们现在认为，《旧约》是经多次汇集和修订而成，其中新作与旧作搀杂在一起，一般被归功于古代的一位作者——例如摩西。但是如此多的修订中最早的一次不会早于公元前850年。《旧约》各卷大都形成于更晚的时候，惟《历代志》部分章节例外。尽管大量赞美诗是献给大卫王的，但其中许多首谈的是巴比伦之囚时期的事，同时可以肯定，《诗篇》从总的看来是经几个世纪的汇集才完成的。

《旧约》在文学上的优点

倘若说《旧约》一些部分包含一长串名字或秘密的宗教禁忌，那么其余的部分，无论是人物传记还是战争记述、感恩祈祷、战歌、先知的劝勉、爱情诗，亦或对话，都富于韵律，引人想象，感情强烈。任何语言的任何作品都很少有像第23首颂歌那样具有朴素的美的："耶和华是我的牧者，我必不致缺乏。他使我躺卧在青草地上，领我在可安歇的水边。他使我的灵魂苏醒……"；或者像《以赛亚书》中所描绘的和平景象："他们要将刀打成犁头，把枪打成镰刀；这国不举刀攻击那国，他们也不再学习战争。"

《雅歌》

《圣经》中的《雅歌》无疑可置身于世界最优美的爱情诗之列。虽然一代代读者试图找出其中象征性的超俗含义（而且现代许多评论家告诉我们，我们可以对我们喜爱的任何诗文自由地作出解释），但《雅歌》作为一部完全世俗的婚庆诗歌集产生于公元前5世纪左右。新郎称颂新娘为"鸽子"（"我的佳偶，你甚美丽！你甚美丽！你的眼好像鸽子眼"〔《雅歌》1:15〕），新娘则称新郎为"王"。他们在果园和葡萄园中沉醉在对两人互怜互爱和共享爱情生活的憧憬之中："起来，我的爱卿！快来，我的佳丽！看严冬已过，时雨止息，且已过去；田间的花卉已露……葡萄树已开花放香；……我的爱卿，你多么美丽，你的双眼有如鸽眼……你的牙齿像一群剪毛后洗洁上来的母绵羊……我的爱人到自己的花园，到香花畦去了，好在花园中牧羊，采取百合花，我属于我的爱人，我的爱人属于我。"

《约伯记》

希伯来文学的另一个与此完全不同的成就是作于公元前500至300年间某一时期的《约伯记》。这一作品在形式上是一部描写人与命运之间悲剧性斗争的戏剧。它的中心论题是恶：何以善者吃亏，恶人兴盛。《约伯记》是一古老的故事，很可能系改编古巴比伦一内容相近的作品而成。但希伯来人赋予这一故事更深刻的对哲学可能性的认识。故事的主人公约伯是位有德之人，"敬畏神，远离恶事"，他突然遭到一连串灾难的袭击：他的财产遭到抢劫，孩子被杀，他自己也受到疾病的困扰。起初他不以苦乐为意，听从命运的安排；得福必然要受祸。然而随着痛苦的加剧，他完全绝望了。他诅咒他出生的那一天，称颂死亡，“在那里，恶人止息搅扰，困乏人得享安息”。

其后就是约伯和他的朋友就恶的涵义进行的冗长的辩论。后者认为，所有苦难都是对罪过的一种惩罚，忏悔者将得到宽恕，且性格会坚强起来。但是约伯对其中的任何论点都不感到满意。他在希望与绝望两种思想的折磨下痛苦至极，力求从各个角度重新审查这一问题，他甚至考虑到这样一种可能性：死亡也许并不是结束，今生受祸，来世也许会得福。不过失望情绪再次占了上风，他断定上帝是位无所不能的神，性之所来或狂怒之下，就会毫不留情地把一切都毁掉。最后，在极端苦闷之中，他恳求这位全能的主现身，显示其奇妙的作为。耶和华从旋风中回答了约伯的要求；他历数了自己开天辟地、创造万物的宏伟功绩。约伯认识到自己是卑贱的，而耶和华的伟大是述说不尽的，因此“我厌恶自己，在尘土和炉灰中懊悔”，故事的最后并未给出解决个人受难问题的良方。耶和毕既未允诺在来世中予以补偿，也未花费任何气力去驳斥约伯的悲观情绪。人类必须从这样的哲学反思中求得慰藉：宇宙比人类伟大、上帝所寻求的宏伟目标实在是不能用人类的公正和善行标准加以限制的。

如果说抒情性的《雅歌》与悲剧性的《约伯记》迥然相异，那么极其老于世故的《传道书》与上述两者也有天壤之别。这一作品的作者传说是所罗门，但写作年代肯定不早于公元前3世纪，其中包含了《圣经》中某些最重要、最有力的语录。不过本书的信条与见于希伯来圣经其余各部分的崇高和预设相抵触，因为《传道书》的作者是位无神论者和惟物论者。在他看来，人类死后如同牲畜死后一样没有来世，而人类历史不过是代代相沿的过程。万物都是周期循环的，任何成就都不是持久的，因为“日头出来，日头落下.急归所出之地……日光之下，并无新事”。处于这种无意义重复之顶端，在人间事务的领域中，居支配地位的是隐蔽的命运而不是功过，因为“快跑的未必能赢，力战的未必得胜……明哲的未必得赀财，灵巧的未必得喜悦。所临到众人的，是在乎当时的机会”。鉴于这些情况，作者提出要以顺其自然的态度对待生活，行事有节制，”不要行义过分，也不要过于自送智慧……不要行恶过分，也不要为人愚昧，何必不到期而死呢?”就其消极的观点看出人意料的是，他也“赞颂行乐”，理由是“人在日光之下莫强如吃、喝、快乐”。

这样一段鼓吹“不要行义过分”的文字何以混入希伯来《圣经)，至今仍不清楚，不过不能过分强调这是例外。因而，我们与其以《传道书》来结束对希伯来文学的概述，倒不如最好指出，希伯来《圣经》的最后一卷《玛拉基书》，无论就其预言——末世学的神示——还是就其富有活力的肯定性的表达而言，都是以一种非常独特的按语结尾的。在这里它借耶和华之口这样说：”但向你们敬畏我名的人，必有公义的日头出现，其光线有医治之能……你们必践踏恶人……看哪，耶和华大而可畏之日未到以前，我必差遣先知以利亚到你们那里去。”

米诺斯文明和迈锡尼文明

长期被人遗忘的文明

在1870年之前，没有一个人会想到在雅典之前上千年在希腊爱琴海及其岛屿竟已兴盛过两个伟大的文明。研读希腊史诗即荷马的《伊利亚特》的人自然知道，一位强大的希腊国王阿伽门农据说曾率领全希腊人赢得了“特洛伊战争”的胜利，而这场战争发生在公元前8世纪《伊利亚特》成文定型之前很久。不过他们只是简单地推定史诗的整个情节都是虚构的。然而今天的史学家可以肯定，希腊历史——因而也就是欧洲历史——早在苏格拉底在雅典的市集上讨论真理的性质问题之前一千多年就开始了。

谢里曼的发现

人们之所以有所突破，对这些古希腊文明有了某些了解，是考古学史中最著名的“传奇故事大成功”的结果。19世纪中叶，德国商人海因里希，谢里曼自青少年时代起就被《伊利亚特》的叙述

早期爱琴海世界

所吸引，决心一旦有了足够的资金，就去证实他的第六感觉，即《伊利亚特》大体上是真实可靠的。很幸运，谢里曼在商业冒险中积聚到了一笔财富；于是他当即洗手不干，转而把时间和金钱都用在研究阿伽门农上。尽管他没有受过专门的考古学或学术训练，但他在1870年开始在小亚细亚西部一个他确信是特洛伊的遗址进行发掘，结果极其令人惊奇的是，不久他就发现了九座不同的古城的某些部分，而这些古城都是建在前一座古城的废墟上的。谢里曼认定第二座古城就是《伊利亚特》描述的特洛伊，不过现在学者们认为特洛伊可能是第七座城。初战告捷，谢里曼精神大振，1876年开始在希腊进行发掘，结果你瞧，他竟又找到了黄金——这一次在象征意义上和实际上都是如此。因为他发现了一座藏有大量黄金的陵墓遗址。由于1876年时谢里曼是在希腊一个叫作迈锡尼（拼作Myseeknee）的被遗弃的遗址发掘的，因而他认为自己是完全正确的，因为《伊利亚特》称迈锡尼是阿伽门农的住所并把它叫作"富有黄金的迈锡尼"。令人悲哀的是，谢里曼的发掘对研究遥远的古代并非完全有益，因为他热情过高，对科学的程序置之不顾，结果在发掘时毁掉了证据，对细致的档案保存也不重视。不过说真的，他的种种发现非常激动人心，非常重要，它们本身几乎就是一部传奇。

亚瑟·伊文思及米诺斯的世界

一旦谢里曼向人证明一般被视为传奇的史诗里含有某些真实性，其他人就迅速汇入进来，丰富了他的发现。在这方面谢里曼最重要的继承人是英国人亚瑟·伊文思。1899年，就像谢里曼寻找阿伽门农那样，伊文思开始寻找"米诺斯"——这意味着伊文思开始在希腊克里特进行发掘，因为传说称克里特岛上的克诺索斯城是一个强大帝国的首都，而此帝国的统治者名叫米诺斯。传说再一次被证明含有某些重要史实，因为伊文思不仅找到了同样丰富的遗物，而且发掘到比谢里曼（事实上更美丽）的东西。尽管伊文思的功业（这使他获得了爵士爵位）是在谢里曼之后完成的，但他在克诺索斯发现的文明比谢里曼发现的希腊文明年代要早。因而，我们首先应探究"米诺斯的世界"，然后再考察它是如何汇入"阿伽门农的世界"的。

米诺斯文明的兴盛

"米诺斯文明"是现代学者用传说中克里特的统治者米诺斯为之定名的。

它最早的踪迹可追溯到公元前2000年左右。米诺斯人在定居克里特之前源于何方，至今仍是一个谜，不过在公元前2000年左右他们已开始建造城市并创造了一种独特的文字形式（线形文字A）。自约公元前2000年到1500年这五百年，米诺斯文明处于其鼎盛时期，克诺索斯与其说是帝国的中心，倒不如说是克里特岛几个繁荣的城市之一，它们和睦相处，以致感不到有建筑防护墙的必要。只有间隙发生的地震才打乱了米诺斯人安宁的生活。这些自然灾害造成了很大破坏，但每次灾祸后他们都着手重建城市，往往设法建成比刚刚被毁的城市更为壮观的新城。在克诺索斯，亚瑟·伊文思爵士不仅发现了美丽的石制品和绘画，而且发现了现知人类最早的抽水马桶。后来，人们在米诺斯时期的另一个遗址卡托——扎克罗斯发现了一座庞大的宫殿，内有250个房间、一个游泳池和木条镶花地板。

迈锡尼文明的起源

就在米诺斯文明在克里特兴盛之际，其潜在的对手正在希腊大陆积聚力量。公元前2200年左右，讲最早形式的希腊语的印欧语系民族侵入希腊半岛，并在公元前1600年左右开始组建小型城市。最初是由于贸易联系，这些民族的文化发展逐渐受到米诺斯人的克里特的影响。希腊因素与米诺斯因素的交融产生了一个被称为“迈锡尼文明”的文明，它得名于约公元前1600至1200年希腊居主导地位的城市迈锡尼。公元前1500年左右以后，在爱琴海世界（爱琴海是地中海的一部分，处于希腊和小亚细亚之间）居主导地位的正是这一文明，它甚至在克里特也居优势地位。

线形文字B

20世纪最伟大的学术成就之一大大改变了我们对公元前1500年至公元前1400年这一百年克里特和希腊历史的理解。人们一度认为，希腊在这整个百年间仍是辉煌的克里特文明的一块半野蛮的经济殖民地，公元前1500至1400年间克里特内部的变化应归因于一个“新王朝”的兴起。人们知道，同样的线形文字（称为“线形文字B”）的文多实例在克里特和希腊大陆都有所发现，但人们只是简单地推定这种文字发源于克里特，由克里特传播到希腊。但是1952年，一位才华横溢的英国年轻人迈克尔·文特里斯成功地释读了线形女字B，并向人表明它表达的是希腊语的一种早期形式。文特里斯的发现表明在米诺斯

出自克诺索斯的一块线文B泥版

时期后期大陆人统治了克里特而不是相反，这大大改变了前古典时期的希腊史研究。

迈锡尼人的兴衰

学者们现在同意，公元前1500年之后不久，迈锡尼人取代米诺斯人成为爱琴海世界的统治者，尽管他们无法完全弄清这是如何发展的。这或者是由于克里特岛发生了一场大地震，大大削弱了该地的力量，致使大陆人乘虚而入控制了该岛，或者是由于迈锡尼人已经变得非常强大，有力量迅速征服克里特。不论情况如何，在约公元前1500至1400年间，迈锡尼人对克里特一段时期的繁荣和艺术成就负有责任。然而在公元前1400年左右，又一股希腊入侵者越海到了克里特，毁灭了克诺索斯，彻底结束了迈锡尼文明。这一入侵为何具有如此大的毁灭力，至今尚不清楚，不过希腊大陆在以后二百年间成了爱琴地区的主导力量，没有敌手可与之抗衡。公元前1250年左右，迈锡尼人与小亚细亚西部的特洛伊人进行了战争并取得了胜利，但他们自己现在也濒临灭亡。在公元前1200至1100年这一百年间，迈锡尼臣属于多里安人——多里安人是一拥有铁制武器的野蛮的北希腊人。（铁制武器在一开始也许不比迈锡尼人使用的青铜武器优越太多，但是由于西亚和东欧铁矿比青铜所需的铜和锡分布要广，因而铁制武器更为便宜，可为更多的战士所拥有）。由于多里安人除其武器外在各方面都不开化，因而他们取得支配地位就开始了希腊历史的一个黑暗时代，它一直持续到约公元前800年。

难以区分早期米诺斯和迈锡尼特征

从前面的叙述可以看到，米诺斯文明和迈锡尼文明密切相关；就连最伟大的专家也难以确定前者何时结束，后者何以开始。下述事实使问题更加复杂，即在克里特发现的早于“线形文字B且仅见于克里特的两种文字形式至今尚未破读出来。(任何想象谢里曼、伊文思或文特里斯那样出名的都可把破读米诺斯的文字作为奋斗目标。)与此相应,讨论公元前1500年左右之前的迈锡尼文明完全要依靠有形的和考古的证据,许多问题只能靠推测。不过这种证据确实表明,米诺斯文明是人类早期史中最发达的文明之一。

作为经济管理者的米诺斯国王

米诺斯统治者并不是像亚述国王那样喜怒无常的军阀。他看来确实拥有一支庞大的海军,但它并不是用于战争,而是用于维持贸易。实际上,国王是该国主要企业家。位于他王宫附近的手工工场生产大量陶器、纺织品和金属制品。虽然私人企业显然未在禁止之列,但它们要纳重税。不管怎样,仍有一些私有工场,尤其是在较小的城镇,而农业在很大程度上也为私人所有。

“巴黎女郎”(壁画),出自克诺索斯,年代在公元前1500-1450年间。

有官僚制君主政治一词来描述米诺斯国家可能是最为恰当的了。各个主要城市及其周围地区的统治者看来都是专制君主,而在米诺斯历史临近结束之时(具体时间难以说定),克诺索斯的统治者似乎控制了整个地区。专制君主借助于一个庞大的行征管理阶层进行统治。书吏控制着经济生活的各个方面;他们垄断了学问。所有农业生产和制造业都受到严密的监督,其目的是为国王搜括财富、征收税赋。对外贸易看来也受到了国家的严密监督;远航叙利亚和埃及港口的米诺斯大商船很有可能也为君主所有,至少要向他交纳重税,并受到官僚管理部门的严密监视。

尽管受到如此严密的监督,几乎各个阶层的米诺斯人都过着相当幸福的生活。虽然统治者与平民百姓之间有着巨大的社会和经济区别,但平民百姓之间显然没有什么财富和地位的分等。即便说奴隶制确实存在,那么它肯定不占重要地位。城市最贫穷地区的住房也建造得非常坚固宽敞,通常有六到八个房间,但不清楚有多少个家庭住在里面。妇女看来与男子享有平等地位。不论阶级高低、职业如何，她们都可以参加公共活动。在这一方面米诺斯人在古代世界中是独具一格的，克里特有女斗牛士，甚而有女拳斗手。上层社会的妇女把很多时间用在追求时尚和其他消闲活动上。

爱好体育和游戏

克里特本地人喜爱各种游戏和运动。跳舞、赛跑和拳击对人都很有吸引力。米诺斯人是最早用石料建造剧场的，那里的队列行进和音乐吸引了大量观众。

米诺斯宗教的母权制性质

米诺斯人的宗教因其母权制居主导地位而在古代世界很出名。主神是位女神而不是男神，她是整个宇宙——无论大地还是天空、海洋——的主宰。最初看来受到崇拜的根本没有一位男性神祇，后来出现了一位男神，他与伟大的女神相关，是她的儿子和配偶。不管怎样，在米诺斯人眼里，这一男神从未具有任何独立重要地位。尽管母神既被视为善之源，也被视为恶之源，但即便她的邪恶的能力也不恐怖可怕：虽然她带来了风暴并沿途制造死亡，但这样做是为了使

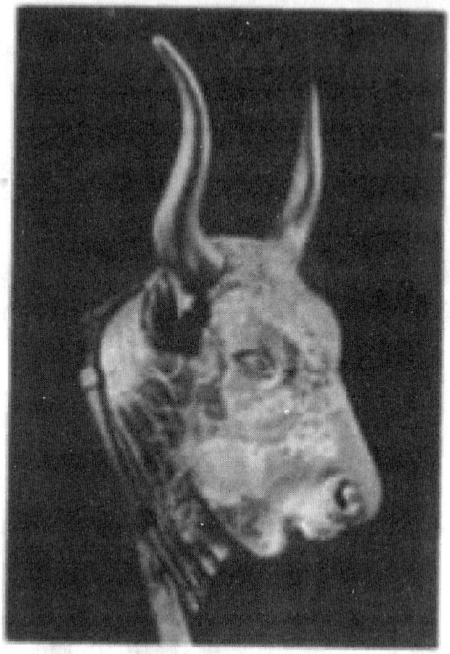

绿泥石牛首角状杯

大自然充实起来。恰如死亡是生的前提一样。世间众生要为女神及其圣兽诸如公牛、蛇等作出牺牲。与整个信仰体系的女性取向相应，主持典仪的是女祭司而不是男祭司。

作为发明家和工程师的米诺斯人

由于我们尚未破读早期克里特的文字，我们无法弄清米诺斯人是否有文学，尽管这是不太可能的，因为线形文字B中尚无记载。科学成就问题较易决，因为我们可以以物质遗存作指导。克里特岛上的种种考古考现证明，米诺斯人是天才的发明家和工程师。他们建造了大

渔夫。湿壁画，年代在公元前1500年左右，出自提位。

约11英尺宽的壮观的石道。现代卫生工程的几乎所有基本原则都已为克诺索斯王宫的设计者所掌握，结果克里特的王室早在公元前17世纪就享受到了舒适和便利，诸如室内自来水，这是就连公元17世纪的法兰西和英格兰的君王也未能用上的。

米诺斯绘画之精美

如果说有哪一种成就最能显示米诺斯文明的生命力，这就是他们的绘画天才。除了在其后一千年间发展起来的古典时代希腊人及罗马人的艺术成就，古代世界没有一种艺术可与之相媲美。米诺斯绘画的独特特征是精美、浑然天成和写实风格。它不是用来称颂傲慢的统治阶层的抱负或者宣讲某一宗教教义，而是用来表现单个人面对米诺斯世界的美的喜悦心情。米诺斯绘画大都是壁画，偶或也有彩绘浮雕。克里特王宫的壁画无疑是古代世界存留下来的最佳作品，展现出表现戏剧特征和格调优美和谐的天赋以及捕捉千变万化的自然的才干。米诺斯艺术是如此精致、优美，以致一位法国人在克诺索斯发掘到一件壁画的残部，看到一位长着一头卷发、双目生辉、有着一个性感的嘴唇的动人魂魄的妇女肖像时，情不自禁地大吓起来："呀，她活脱脱是位巴黎女郎！"。

毫不令人惊奇的是，对一个追求风雅的民族来说，米诺斯人具有的艺术专长由绘画扩展到雕塑，甚而扩展到日常家什方面。米诺斯雕塑最引人注意的方面也许在于其规模总是按比例缩小。人们从米诺斯遗物中看不到相当于巨大的美索不达米亚国王重击其矮小的敌人那样的雕像，也看不到相当于向其崇拜者蛇神状走来的埃及法老巨像，因为古代米诺斯人不愿意依靠尺寸创造惊人的效果。反过来，米诺斯的人物雕像总是比真人要小；他们靠天然自成和雅致来引发观众的想象力。与此类似，雕琢的宝石、金器、青铜器和陶器，乃至最不起眼的瓦器都一无例外地加工精细，有时滑稽幽默。

米诺斯文明与迈锡尼文明的相似之处

与米诺斯文明相比，迈锡尼文明看上去更为好战，不像前者那样优雅，不过最新的学术研究告诫我们谨防夸大这些区别。如同在克里特岛那样，在希腊大陆，文明的中心也是城市——迈锡尼时期的主要城市包括迈锡尼城本身、皮洛斯和梯林斯。每一城市及其周围地区都由一个叫作 wanax 的国王统治着。如同在克里特那样，迈锡尼国家也是官僚制君主政治。由于线形文字 B 文书释读的成功，我们对君主政治的运转情况有了一些了解。这些文书都是高度官僚化的管理机构的记录。见于皮洛斯的线文 B 文书展现了国王臣属的经济生活最细小的细节：封地的准确面积；某人拥有的烹饪器具的数目；以及给另一位人的两头公牛起的名字（“格劳西”和“布莱基”）。这类详尽的清单表明，这是一个高度集权的国家，它对其公民的经济活动具有最高的控制。

迈锡尼与米诺斯社会模式的不同

尽管米诺斯人和迈锡尼人的官僚制君主政治差别不大，但这两个相关的文明之间至少存在着几个显著的区别。其一是迈锡尼肯定存在着奴隶制。另外迈锡尼社会更适应战争。由于迈锡尼各城市之间战端频仍，因而它们都建在山丘顶部，防御严密。迈锡尼人的生活比克里特人要粗鄙、野蛮；与此相应，迈锡尼国王为自己建造了外观美丽的陵墓，其中埋葬着他们最好的嵌有花样的青铜短剑和其它象征权力和财富的东西。

另外，与米诺斯相比，迈锡尼艺术也确实不那么高雅。在优美温雅方面迈锡尼人无疑根本无法与米诺斯人相提并论。不过，公元前 1500 至 1400 年之间在克诺索斯制作的迈锡尼艺术品与更早的米诺斯艺术品相比，虽然在构图上较为呆板，更加对称，但两者绝非完全不同。此外，米诺斯的克诺索斯的“巴黎女郎”与见于迈锡尼的梯林斯的公元前 1300 年左右的一个描绘女子行列的壁画在风格上非常相似。我们也不应认为迈锡尼艺术的所有最好的方面都只是对米诺斯人成就的低级模仿：制作华美、精致的迈锡尼嵌有花样的青铜短剑在克里特各地从无先例。

米诺斯和迈锡尼文明的影响

米诺斯文明和迈锡尼文明的重要性主要不能根据它们对后世的影响来加以评估。除迈锡尼人外，米诺斯文化对其他民族几乎没有影响，随后在约公元前1400年之后被毁，几乎踪迹全无。迈锡尼留下的遗迹稍多一些，但仍为数不太多。后世希腊人保留了一些迈锡尼的男女神祇，比如宙斯、赫拉、赫耳墨斯和波塞冬，但完全改变了他们在宗教万神殿中的地位。另外，后世希腊人可能从迈锡尼文化中承袭了对体育的爱好及其度量衡制度，但其间的关连似待弄清。荷马无疑记得迈锡尼人对特洛伊成功的围困，但同样重要的是应认识到荷马忘掉了多少：荷马（实际上有作品传流至今的一些不同的作家用的都是这一名字）在公元前8世纪创作时完全忘掉了我们从线形文字B文书中了解到的迈锡尼官僚君主政治的整个类型。迈锡尼人和后世希腊人之间的这一中断也许不无好处。一些史学家坚称，专制的迈锡尼被多里安人毁灭是后世更自由、更开明的希腊观点产生的不可缺少的一步。

米诺斯和迈锡尼文明的重要性

尽管米诺斯文明和迈锡尼文明对后世影响甚微，但由于至少四个理由它们仍然值得注意。首先，它们是欧洲最早的文明。在米诺斯种种成就产生之前，所有的文明都出现在更靠东的地方，但在米诺斯之后欧洲将历经一个又一个令人难以忘怀文明的发展过程。其次，尽管他们没有产生直接影响，但在某些方面米诺斯人和迈锡尼人看来预示了后来欧洲的一些价值观和成就。固然，米诺斯和迈锡尼的政治组织与许多亚洲国家的政治组织相类似，但米诺斯艺术看来尤其与亚洲国家的艺术大相径庭，而具有较多的后世欧洲风格的特征。再次，米诺斯文明在较低程度上还有迈锡尼文明，因其世俗的和进步的观点而具有重要意义。这表现在爱琴海地区的居民热衷于舒适和丰饶、热爱娱乐活动、津津于生活并勇于实验。最后，古亚述、古巴比伦乃至古代埃及都是亡于“刀兵”之中的，而古代克里特却是在不设城防的城市里享受欢乐庆典时咽下最后一口气的。

印度的民族

印度次大陆（包括巴基斯坦和孟加拉）面积略大于半个美国，人口近乎美国的三倍。印度不仅面积广大，人口稠密，而且还有许多不同层次的文化，不同的宗教信仰，不同的语言和不同的经济条件，其历史极其复杂。印度人操五、六种不同类型的语言。居民成分包括所有三大不同人种——黑人，黄人和白人——且组合和比例各不相同。与非洲俾格米人有种族关系的矮黑人是最早的人类之一，现已在印度消失，但在东部的安达曼群岛仍可发现。与此形成鲜明对照的是北部和西北部浅肤色的地中海人，他们是约3500年以前入侵该地区的印度—雅利安人的后裔。在南印度分布最广的是著名的达罗毗荼人，但由于这一称呼适用于所有达罗毗荼语系的人，所以它不再用来特指某一种族。另一类型的人，因其与广布在东南亚各地、东及澳大利亚的原始民族有种族关系，被称为澳大利亚人种，他们可能比达罗毗荼人更古老。蒙古人种主要分布在北部和东北边境地区。在西部沿海地区可发现阿尔卑斯山区的类型，有的还稍有日耳曼人特征（眼睛呈灰色或蓝色）。因此通常把印度土著称为“有色人种”或“棕色人种”的提法是错误的。实际上他们肤色各异，但显然白种人早已存在，特别是在印度北部地区。即使是现在，也可在旁遮普和西北边境看到一些身材高大型的地中海白种人的典型代表。他们已与含有阿尔卑斯山型、澳大利亚人种、蒙古人种和矮黑人特点的民族非常接近。多少世纪以来，尽管有历史上种姓制度的无情隔离，印度仍是一个人类的熔炉。

印度的地理

印度在地理上可分为两大部分。南部的三角地带或半岛部分，被称为德干，完全属热带范围。北部或大陆部分，亦呈三角形，与墨西哥和美国纬度相当，气温包括热带的酷热和北部高山的严寒。德干北部是个半山区，森林茂密，是一些原始山区部落的栖息地，他们的祖先是由于较开化社会的扩张而被挤入荒蛮之地的。被称为西高止山的山区沿西海岸展开，但半岛的大部分地区是个缓坡高原。印度北半部被称为印度斯坦，北部以高耸的喜马拉雅山脉为界，南部从低矮的文迪亚山与德干高原相隔。印度斯坦大部分地区是平原，面积约为法国、德国和意大利面积的总和，有印度河和恒河这些大水系流经。这些河流发源于喜马拉雅山脉或以外地区，有雪水和冰川提供水源。印度河和布拉马普特拉河均发源于西藏，取相反方向绕山而流，然后向南进入印度，将高原生土带到平原沉积下来。水流平缓的恒河比印度河较少泛滥，最能造福人类。作为“母亲河”，它长期以来一直是印度人的圣河。无怪乎它的中央谷地是世界上人口最稠密的地区之一，那里土地肥沃，砾石全无。恒河口周围是一片可怕的丛林，一片沙漠将印度河下游谷地与恒河及其支流分隔开；然而从整体上看，印度河—恒河地区仍是大自然的慷慨赐赠。印度文明的几个最有影响力的中心就座落在这里。

季风的影响

对印度来说，气候因素极端重要，因旱季和雨季截然不同。在通常情况下，每年的六月，饱含阿拉伯海和印度洋水汽的季风向东北方向横扫次大陆，带来大量但不均衡的降水。德干西海岸，喜马拉雅山下的恒河平原，尤其是东北角（现在孟加拉和西孟加拉），洪水常泛滥成灾。印度河—恒河水系为灌溉提供了充足的水源，但南印度半岛几乎都是靠降雨来灌溉其肥沃的土地的。由旱季引起的反复发生的饥荒给印度历史打上了烙印。

印度文明的基础

印度最早的文明

印度西北部是与美索不达米亚和尼罗河谷文明同时代的伟大的古代文明地区。许多世纪以来，它被人类遗忘了。它的存在和文明程度通过20世纪20年代的考古发掘而展现在世人面前。在公元前三千纪达到其顶峰的印度河谷文明，与后来的印度文明有许多不同。它的兴衰原因仍是个谜，但70年代的发掘提供了令人信服的证据，即印度河谷地文明是土生土长的，是由早在公元前第六千纪就定居于这一地区的能制造工具，生产食物的人创造的。

早期印度农业社会的文化

在北俾路支斯坦（现巴基斯坦）的一个500英亩遗址上的一个农业村落的发掘工作揭示了几个相连续的、处于不同水平的食物生产文化，它大约经过了三千年才进入成熟的印度河谷文明时期。早在公元前4000年，这些村庄就开始生产轮制陶器，有了动物种类多样的畜牧业，并种植包括棉花在内的多种庄稼。他们的彩陶以及赤陶人物和动物塑像展现了很高的艺术技巧。俾路支的产品远销包括伊朗和阿富汗在内的广大地区。

摩亨佐—达罗和哈拉帕的发掘

印度河谷文明（约公元前3200—1600年）面积近50万平方公里，从阿拉伯海岸起，北经印度河水系直抵阿富汗北部的阿穆达利亚（乌浒河）。尽管该

在摩亨佐一达罗进行的发掘出土了神母塑像(左)和可能具有宗教意义的圆筒印章(右)印上刻有文字,本质上是一种象形文字,这种文字至今尚未破译。中间的铜器物出自北印度,制作于约公元前1000年,可能是用于猎捕动物的武器。

文明的基础是农业,但其本质是城市文明,它是一个功利主义的、讲究享受的都市社会,与外界有大规模贸易。与美索不达米亚的交往在公元前2300—2000年间特别活跃。在已发掘的约70个中心城市中,摩亨佐—达罗和哈拉帕是两个主要遗址,前者距海岸约300英里,后者座落于由河上溯至400英里的旁遮普。据估计两个城市各有35,000以上的人口,并且在住房式样上鲜明地反映了各阶级不同的财富拥有量和不同的社会地位。两城市都是城堡式的,有坚固的砖结构,展示了与雄心和智慧相应的设计能力。甚至有些三层的坚固的房屋,配有带下水道的浴室,排污管铺设在主要街道下面。摩亨佐——达罗建有900平方英尺的公共浴池,周围用不透水的砖砌成并配有美丽的装饰。哈拉帕的一个巨大的粮仓由一个升起的平台作基础,以防止所存储的各种谷物被洪水淹没。驯养的动物有有隆肉的牛(瘤牛)和没有隆肉的牛、水牛、山羊、猪、驴

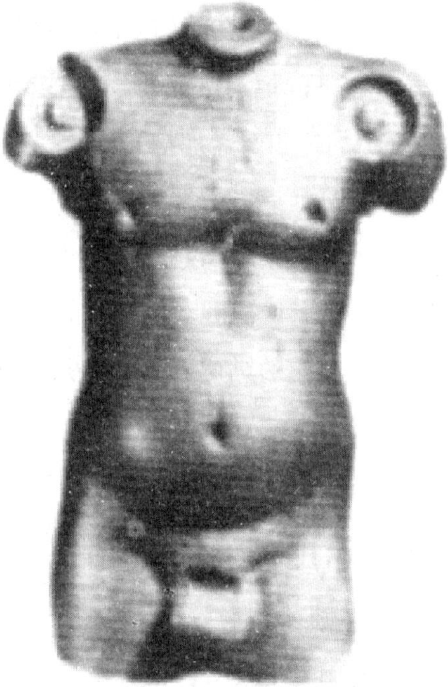

出自哈拉帕的男子裸体躯干雕像,完成于约公元前2300–1750年。这一高3.5英寸的雕像令人联想到后来印度在解剖上具有现实主义特点和风格的雕刻品。

和家禽。只有少部分印度河谷文明的文物被重新找回，大部分都不可复得，因为水平面已上升数百年了。但所获证据足够说明，这一文明在其顶峰时期，是高度发达，可与埃及和美索不达米亚媲美。

印度河谷文明时期正是印度的青铜时代。赏心悦目的带有金银饰物的铜和青铜器皿已被发现。手工技术是专门化的，其水平极高。虽然印度河谷居民没留下威仪堂堂的纪念碑，但他们在个人饰物，动物和人物优雅自然的造型上展示了手工艺才能。一些象征被采纳，其中包括卍字符，它成为以后印度艺术的基本装饰图形。在哈拉帕发现了两件石刻的男子躯干造型，它们完美地符合解剖规律，比起一千年后古希腊的雕刻来，更具有生气。

一批在美学上有深远意义但却是为日常生活而设计的物品，包括方形和长方形的石印，已发现2,000多件。每一个印——大概是用于个人签字标志，正如美索不达米亚的圆筒印章——都刻上一个动物和一行简短的文字，它提供了迄今所发现的惟一的书写证据。印度河谷文书有约270个象形文字或字母，与任何别的体系的文字明显无关。遗憾的是，由于这种文书至今仍没破解，所以还不能断言使用它们的人与智慧的生活有关。

关于早期印度河谷居民们的众多宗教信仰和实践问题是需要推测的，但无疑它们为印度宗教遗产提供了持久的因素。已发现的雕刻和造型表明了生殖崇拜的突出地位。男性生殖器象征，一个母亲女神，一个男性神祇，一株圣树，一头公牛，这些都是圣物。一个出现在三个印上、头上有角的雄性形象被认为是印度教广为人知的湿婆神的原型。

印度河谷文明在公元前第二千纪的上半期衰败了，似乎在公元前1600年左右就已终结。其原因仍在争论中。一个重要的干扰因素大概是一系列的洪水和地震，它使印度河水改道并淹没了人口稠密的地区。与此同时，印度西北部遭到半开化部落的入侵，那些武士摧毁了城市并占领了土地。然而，人们不再相信，印度河谷文明是突然崩解的，或只是野蛮人入侵造成衰败的这种说法。入侵者带来了新印度文明的种子，但也与被征服的居民融合，吸收并延续了土著文化的许多因素。

入侵与印度早期文明衰落的巧合并不是世界上的一个孤立事件。公元前2000年稍后，还有一些环境因素——可能是中亚和西亚草原的不断减少——包括游牧民族的大量迁移，也突现出来。移民主要定居在亚洲南部和西部(例如约公元前1,600年赫梯对安纳托利亚的占领),但这种人口流动所产生的文化效应比区域的物质效应深远得多。虽然移民部落社会较为原始并缺乏文字体系,但他们的口语却很发达,大有替代所遇居民口语的趋势。现代术语"印欧语"是特指从印度斯坦到欧洲西部和北部边界线这一广大地区的一种占压倒优势的语族。它包括古希腊语和拉丁语,也包括现代欧洲语言——希腊语、罗曼语、斯拉夫语,克尔特语和日耳曼语(主要的例外有匈牙利语、芬兰语和爱沙尼亚语)。

在公元前两千纪上半期的大移民中,两个关系密切的部族从俄罗斯西部草原向东南方向移动,一支进入伊朗高原,另一支穿越兴都库什山脉进入印度西北部。这两部分人都自称是"雅利安"(Arya,"贵族"之意);地理和政治名词"伊朗"即由此而来,这一词的一些印度变种也从此而来。严格来说,雅利安这一名称只适用于伊朗人(波斯人)和次大陆的印度——雅利安人,虽然它常常被宽泛地用于整个印欧语族。用它来称呼任何欧洲民族或种族是不适当的。

早期印度——雅利安人的经济和社会

早期印度—雅利安人拥有一个单一但规模巨大的畜牧经济。他们驯养的动物有:绵羊,山羊,拉战车和赛车的马,他们还是牛的热心饲养者。虽然当时不崇拜牛,但牛颇受欢迎,被当作货币。仅仅耕种一些谷物才需用小公牛牵引的木犁来帮助。所有的常见手工工艺,包括金属冶炼业在内,都已存在。包括声乐和由长笛、乐鼓、钗钹、琵琶或竖琴组成的器乐在内的音乐,是人们喜闻乐见的娱乐形式,舞蹈亦然。投骰子赌博是全民性的消遣形式,举国上下几乎为之迷狂。早期印度——雅利安社会与其它半野蛮的、好战的民族非常相似,如荷马笔下的《伊利亚特》,盎格鲁撒克逊人的《贝奥武甫》和北欧、爱尔兰人的英雄传奇。社会基本单位是父系家庭,一夫多妻现象甚为罕见。妇女虽不像在后来的印度教社会受到种种限制,备受屈辱,但这时已处于从属的地位。

政治和法律机构

法律和政治机构在早期印度—雅利安社会中已有雏形。每个部落都有头人或国王（罗阇），其作用是在战场上指挥战士作战。在有些部落，罗阇是由武士大会选举产生的，这与贵族共和国更相像，而不像专制君主制。由于缺少可从中获利致富的人口稠密的大城市，罗阇的权力欲求受到限制。他管辖内的村庄自理其内部事务，只将部分产品送给罗阇以换取“保护”。对犯罪的控制和处罚形式与一千年后入侵罗马帝国的那些日耳曼部落颇为相似。受害者或他的家庭应主动控告罪犯。对受害者的补偿通常是向原告支付款项，在谋杀案中，款项应支付给被害者家庭。与此并行的另外一种日耳曼司法制度是偶尔运用神裁法，用火或水去决定犯罪与否。盗窃行为仍是人们普遍抱怨的对象，特别是偷牛行为，尽管这种罪行被人唾弃并遭到特别的谴责。一个破产的债务人——通常在赌博中太粗心——可能被判为债权人的奴隶。

早期雅利安人的宗教

在印度悠久的历史中，在文明的每一阶段，宗教都是个主要因素。早期雅利安人相对简单的宗教与早期希腊、罗马、挪威和日耳曼社会的宗教有可比性。雅利安人的神祇——天神（deva），或“发光者”——是大自然威力或这些力量的拟人化。他们没有神像或庙宇，拜神主要靠奉献牺牲。谷物和牛奶被神圣化，动物肉在祭坛中烧烤（敬神者自食这些肉）。最佳的奉献是苏摩，这是一种用山区植物发酵而成的制幻饮料。神灵被看作是巨大的有威力的动物，他们具有人类的特征，但只要喝了苏摩就会长生不老，而且，总的来看，他们还会造福人类。据认为他们会对人类所给予的尊敬和礼物报以谢意。渐渐地，这样一个观念深入人心，即如果神圣的仪式受到永恒精确的引导，他们将会强迫神来服从他们。

神灵名录

神灵的名册非常大并有增加的趋势。虽然一些神祇与别的印欧民族神祇相同，但他们却没有希腊或挪威神祇那样鲜明的个性。雅利安人和后来的印度教徒万神殿趋向于复杂化和专门化。底尤斯是光明天之主，相当于希腊的宙斯（虽然重要性低一些）。在包容一切事务的能力方面，伐楼那代表着上苍或天国，它掌握着整个宇宙。他被称为阿修罗，这个称呼表明他与波斯的最高神阿胡拉·玛兹达有很密切的关系。至少有五个不同的神被视为太阳。密陀罗是其中之一，与波斯的密特拉同出一源，但该神在印度并不像在波斯和西方显赫。苏利耶是太阳的金轮，普善代表着太阳帮助植物和动物生长的力量，毗湿奴是这个迅速移动的天体的人格化体现，三大步就跨越天空。

因陀罗

整个吠陀时代神祇中最受崇拜的是因陀罗，他最初的意义并不明朗。据传他曾通过杀死一个作恶多端的大毒蛇而造福人类。该蛇是个旱魔，它死后被阻断的水又释放出来，浇灌大地。而且，据说因陀罗发现了光，为太阳开辟了一条道路，创造了闪电。他的主要荣誉是以一个勇武的战士和战神的身份获得的。他为雅利安人宰杀了恶魔和"黑皮肤"的敌人。据传因陀罗特别喜好苏摩，饮后热血沸腾，渴望战斗，又传这种烈性饮料他一口能饮三湖，同时能吃下 300 头水牛肉。苏摩这种圣液也被神化，正如圣火阿耆尼一样。阿耆尼既是神，也是众神之口，或是将食物带给天堂诸神的仆役。

向更复杂的雅利安社会演进

原始的雅利安宗教——与多姿多彩的自然神话相结合，且从本质上说是机械的和契约式的结合——随着时间的流逝缓慢但明显地改变了。一些神祇开始很显赫，后来重要性下降或干脆消失了，而另外一些神祇，也许是受雅利安人之前的居民崇拜的，却进入了万神殿。更有意义的变化是充满活力的智力活动的结果，它是由相互竞争的阶级因争夺权威的压力而激发的，下一部分将讨论这一问题。宗教的不断成熟与由从游牧、畜牧经济向定居的农业社会，最终成为人口众多的中心城市的转变中，社会复杂性的增加相一致。雅利安部落逐渐由印度西北部基地向东，推进到恒河谷地，通过刀耕火种，在恒河北岸开出农田。约公元前 800 年左右，雅利安武士由于获得铁制兵器而提高了战斗力，他们是有名的好战者，战斗常在他们内部和非雅利安邻居间展开。在公元前第一千纪的最初几个世纪里，他们征服了恒河东部地区，并开始向德干渗透。与此同时，部落和部落联盟转变成了有一定规模的王国，设有固定的法庭，行政官员亦分等级。

雅利安社会的四个等级

雅利安人的社会结构，最初是个简单的家庭首领的联盟，他们集牧人和武士的功能于一身，后来逐渐出现分层并且复杂起来。早期的一个传统对社会规定了神圣的区分，社会被总的分为称为瓦尔纳（字面意义为“遮盖”，但特指每一阶层所特有的颜色）的四大等级。这些分别是婆罗门（僧侣），刹帝利（武士），吠舍（牧人、工匠、商人）和首陀罗（仆人、体力劳动者）。最后一个被命名的不仅被认为是卑劣的，而且，从根本上讲，不具备雅利安社会完整的成员资格。首陀罗也许是一个土著部落的名称——达萨（dasa，“黑皮肤的人”）之一，他们在雅利安人的进攻面前据守着设防城市，后来被迫沦为奴隶。在雅利安人的社会中，奴隶所起作用甚微，但却是一种类似农奴制的较早的依附类型。然而，不可接触所体现的极端的隔绝状态与屈辱是后雅利安时代的现象。尽管有不许通婚的禁忌，但大批的“黑皮肤”土著人可能被同化进雅利安社会，不仅首陀罗如此，而且武士、甚至僧侣亦然。虽然家家都寻求被高级的三个瓦尔纳之一认同——否则将被迫地被安排在地位最低的瓦尔纳中——但四个等级的理论是一个人为的概念，与社会结构的渐进几乎无关。经济的进步带来财富的增加，并导致权力的集中，各集团为寻求统治地位的竞争加剧了——婆罗门和刹帝利之间的竞争最为激烈。公元前3世纪后婆罗门在全印度被认可，显赫一时。在这一等级制的另一端，据称是首陀罗后裔的家庭在印度的一些地区变得富有而有影响。即使有首陀罗国王也不足为奇。

种姓制度

不仅理论上的四大等级，而且种姓制度成了形成印度社会的主要因素。种姓很难界定；任何严格的定义都有例外。它的本质是确有或据称有血缘关系的一批家庭，用严格的用以控制个人行为的规矩在内部实行统治，大家分担集体义务，保护成员不受伤害或侮辱。它的起源仍不清楚；它历经了数千年的变化；最终成了极坚固的战壕，以防被根除。血缘群集在每一个人类社会中都是重要的，但印度在密切保持血缘族群方面是独一无二的，它是印度全部社会结构的关键组成部分，它历经了文明程度的全面变化，而且还历经了政权形式的变化。

种姓制度的发展

虽然印度——雅利安社会不以种姓为纽带，但种姓的根源可追溯到这一时代，甚至可以追溯到更早的印度河谷文化。种族优越感无疑是社会不平等和社会隔离学说形成的一个因素，而这正是种姓制的基本原则。首陀罗地位的下降反映了征服者对与土著混血而导致雅利安血脉失纯的恐惧。经济专门化和劳动分工也在种姓制的形成中起了部分作用，但仅仅是部分的和不稳的作用。婆罗门，按定义为僧侣和学者，可自由地从事多种职业，只避开被认为是本质污浊的职业。婆罗门又分为许多种姓，仅仅是其中一小部分人才真正从事僧侣业。然而种姓又确与不同的手工业、商业或服务业相一致，他们的作用和在社会等级中的地位因地区而异。种姓起源的背景极为不同，其中有背离原有宗教信仰或改宗的，有与异种人混血的，或迁徙他乡的等。种姓数字庞大，总计有3,000以上。印度北部称种姓为阇提——字义为“种类”——反映了这样一个信念，即这一制度是自然秩序的一部分，是神圣教义认可的，并且要从宗教义务的标准来接受它。通常是，在一个特定地区，每一个种姓都崇拜一个特别的神祇或一批神祇，并且种姓等级秩序和他们声称的内在纯洁或不纯洁程度与众神的等级相一致。虽然其组成和排列各不相同，但种姓制度具体体现了一个现实的等级观念，它在宇宙秩序和人类社会方面都适用。

种姓对个人的限制

随着种姓制度的发展，它将如此的限制强加于个人——当与西方平等和自由观念形成鲜明对比时——这似乎是不可忍受的了。婚姻是个典型，虽有直接血缘关系上的禁忌，但它仍被限制在种姓之内。只有本种姓或更高种姓的人准备的食物才可食用。职业、服饰样式、社会交往的范围等都被规定好了。种姓制度加剧了妇女的依附地位。在某些条件下，一个男子可以与低种姓的女子通婚；但对一个妇女而言，照此行事绝不会被接受。一个种姓的社会地位可能会升高，而个人却不能脱离他的种姓或在种姓内部提高地位，尽管他可以打破清规戒律，堕入低级种姓。

种姓制度的有益功能

虽然种姓制度有其缺点，但在展现这根深蒂固的社会制度的负面之余，它也在印度社会中起了些正面作用。如果

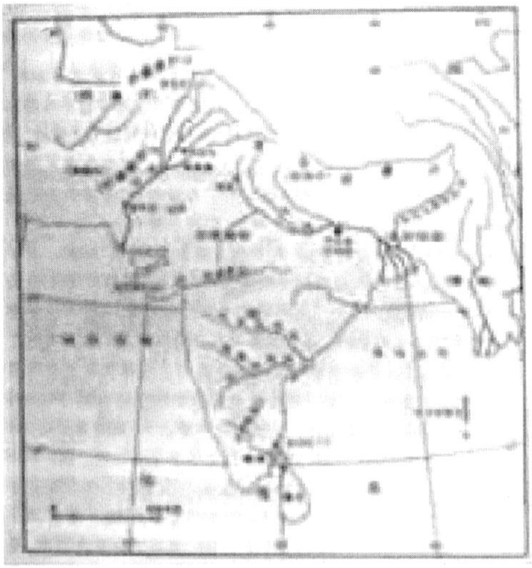

古印度地理图

它说否认个人的独立，它就得向他提供保护（并不总是可行）以免受到外界伤害。它管理它自己的成员。种姓间劳动和服务分工的清晰界线使得社会能够完成自己必做的工作而将混乱程度降至最低。社会分隔从来不是绝对的。不同种姓的代表齐集村议会，在那里处理地方事务。除最低种姓（和不可接触者）外，所有种姓都参加宗教仪式和庆典。种姓手段使入侵者易于同化进印度社会。次大陆成功的入侵者们——发现他们既不能赶走种姓也不能阻止它渗入他们自己的社会。最后，由于种姓制建立在最基本的制度——家庭基础上——它为印度文化和宗教遗产的持久性做出了贡献。

最早的印度帝国

亚历山大大帝对印度河谷地的征服

公元前4世纪，恒河东部谷地出现了摩揭陀王国。两个世纪前乔答摩曾在此向弟子布道。这里成了北印度绝大多数国家和部族走向统一的斗争中心。政治统一的需要和达成统一的手段在印度无力阻止外敌入侵的问题上展现出来。作为约公元前500年波斯国王大流士一世征服的一个结果印度河谷地成了波斯帝国的一个省（管辖地），每年需交黄金年贡和提供雇佣兵。在著名的马其顿征服者亚历山大大帝推翻了波斯帝国之后，他挥师东进，穿越兴都库什山进入印度河上游（公元前327—326年）。他虽然在印度呆了不到两年，但却横扫了旁遮普的大部分地区，与地方罗阇们进行战斗和谈判，并在该地区设置了马其顿官员。尽管亚历山大的入侵第一次为印度历史提供了可考日期，但它在印度人心目中却几乎没留下印象，甚至当时的记载也没提及他的名字。然而，这次入侵加强了印度人与希腊语世界的文化交流，而且更为直接的是，它开辟了在印度建立一个强大国家的道路。

孔雀王朝的兴起

公元前323年亚历山大死后，出现了反叛和混乱的局面，一个名叫旃陀罗笈多·孔雀的印度冒险家乘机建立了一个王朝。旃陀罗笈多运用希腊人的战术，获益甚多，他领导了把马其顿官员驱逐出印度的运动。然后，他率军攻打当时印度斯坦最强大的摩揭陀王国。他击败并杀死了摩揭陀国王，自立为王，定都华氏城（今巴特那）。该城宏伟壮丽，雄居恒河南岸，长达八英里。当塞琉古（亚历山大在叙利亚和波斯的继承者）

试图收复印度失地时，旃陀罗笈多给予他迎头痛击并迫使他放弃了俾路支斯坦和部分阿富汗的土地。旃陀罗笈多将他的政权扩大到北印度的大部分地区，建立了印度历史上的第一个帝国。虽然他的孔雀王朝持续不到一个半世纪，但它在历史上却占有突出地位。

旃陀罗笈多的家长式统治

作为一个统治者，旃陀罗笈多·孔雀与早期的雅利安罗阇大不相同。不仅是由于他的王国人口绸密而又富庶，而且还因为他的统治令人惊奇地有一些现代国家的特征。通过职能繁多的官僚机构，政府对社会生活和社会活动施行家长式管理，在经济领域尤其如此。政府控制了矿山，森林、珍珠采集业，甚至控制了制盐用的平底锅。政府开办了农场，船厂和兵工厂，雇佣贫穷的妇女进行纺织。除民事机构外，旃陀罗笈多还建立了强大的军事力量，号称有 60 万步兵，3 万骑兵和 9,000 头战象。政府财政收入的主要来源是土地税，占总收成的四分之一和一半之间。

旃陀罗笈多：铁腕而老练的管理

旃陀罗笈多的统治是有效而严厉的，他取消了因违反上谕而受严惩的种种界定。死刑有时以施毒药来执行，对死刑的判决不受任何限制。拥有大量的间谍、情报员和秘密警察是早期印度君王体制的典型特征，但孔雀皇帝似乎将其发展到完美的艺术境地。谍报人员从婆罗门、占星家、失去种姓的人，娼妓等所有的社会阶层中招募，他们领命去收集公众舆论，监察官员，侦破罪案或阴谋案，并把情报汇总，将中央情报局和联邦调查局的职能合为一体。孔雀王朝严酷的统治和技巧的高超由《政事论》给予了阐述，这是一个五百年后定形的有关政体的条约集，但它的形成应归功于旃陀罗笈多的宰相。这部常常用来与马基雅弗利《君主论》相对比的书，要求统治者做一个意志坚强、精力充沛、敢作敢为并有高度警惕性的人，以防下属的阴谋活动。它还断定两个邻国永远是敌人，建议统治者与其邻国的更远邻国——他的敌人的天然敌人结盟。

主要改进

除了给印度广大地区带来稳定，旃陀罗笈多还在兴建和改善公共水利工程及建设道路上广受赞誉，其中有一条连接首都与西北边陲的皇家大道，长度为 1,200 英里。尽管他有间谍网的护卫，但仍为可能发生的暗杀而担忧，以致每晚都更换寝宫。据传统说法，在经过22年的军事统治后，旃陀罗笈多退位，以一个耆那教僧人的身份了此余生。

阿育王：信奉佛教的征服者

孔雀王朝最伟大的人物、所有文明史中最杰出的统治者之一是旃陀罗笈多的孙子、皇室中佛教的赞助者阿育王，其仁政持续41年（公元前273—232年）。阿育王是在其父和祖父的战争传统中开始自卫的生涯的，但在经血腥征战击败并吞并了奥里萨正南方的敌对王国后，他的政府的特点迅速改变。这场胜利——决定性的，但却是通过付出大规模屠杀的代价而取得的——显然给征服

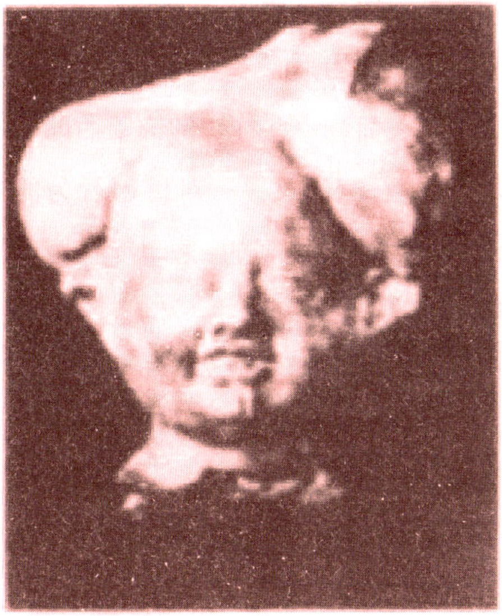

面带笑容的男孩。一位欢笑男性的赤陶头部，出自华氏城。这是孔雀王朝时期现实主义雕塑的一个例证。

者和他潜在的反对者双方留下了致深的印象。阿育王对因他的军队而引起的灾难公开表示悲哀，并宣布了他放弃暴力的决定，但同时又宣称他的决定必须像一个合法的君主那样被接受和遵守。经过成功的外交努力，他使次大陆上大多数未被征服的国家归顺，那时他的统治北达阿富汗和克什米尔，南抵德干南部的迈索尔。至此，几乎整个印度都置于一个中央政府的管辖之下，这在历史上还是第一次。然而阿育王的征服在他自己看来对其统治并不那么重要。由于受佛教教义的吸引，他先是成了俗家弟子，后来可能正式起誓，加入僧人阶层，但没放弃王位。他试图以自己的个人生活来树立一个恪守佛教信条的榜样，并将佛教教义用于帝国政务。因此，他几乎是惟一的将宗教理想注入治国之道的例子，但他却不是神权统治者。

阿育王的仁政

我们无法知晓阿育王的良好愿望是怎样贯彻实施的。他特别致力于为旅行者建造休息的房屋，沿途栽种树木，挖掘水井，修建供水处，以供行人和牲畜歇脚之用，还改善医治病人的设备。他向王国各地派遣专员以询察民众疾苦，向他们传教，并汇报百姓心智进步的情况。

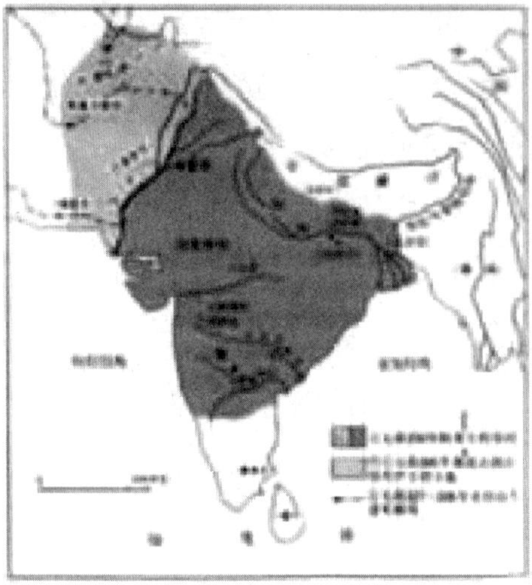

公元前250年阿育王的帝国

遵照佛教禁杀生的戒律，阿育王放弃了田猎（代之以“虔诚之巡”或朝圣），在皇室生活中逐渐减少肉食，直至——按照他的诏谕——素食。他改革了他的祖父们施行的严刑峻法，但没彻底废除死刑。没有证据表明阿育王的政府有任何民主倾向。他沿袭专制统治的传统，但在实施中讲良心，讲仁慈。阿育王虽然极虔诚地支持佛教，但他把宗教容忍当作国策，并主张印度各派的婆罗门都应受到尊重。

赞助佛教

阿育王在其执政的长时期中对佛教的赞助显著地促进了佛教的发展。他派传教士去锡兰，缅甸，克什米尔，尼泊尔，而且显然向西，甚至到了马其顿，叙利亚和埃及。国王本人的儿子是被派往锡兰的传教士。公元前250年，佛教僧人在阿育王的首都华氏城举行大集会，议定了具有权威性的基本经文。这次“华氏城大会”确立了佛教经典，特别是小乘教派的经典。佛经是印度最古老的书面文献，即它们是首批撰写的作品。然而，虽然这些经文在公元前250年就被决定，但它们并没有全部书写下来，直到公元前80年，锡兰才出现写本。

阿育王雕柱

阿育王建了大量的灵冢，其中一些灵冢被后来数百年间的佛教徒建成了精美的纪念塔。这个虔诚的帝王还将佛教经文刻在石头上和30根巨大高耸的有波斯君王风格的石柱上。这些石柱，如今依旧耸立的只有十根。它们以其美丽的抛光表面和一些柱头的饰雕而闻名遐尔，这些石刻经文——对道德行为的劝戒+正如前文提到的，是印度有史以来最早的、保存完好的书写例证。经文的绝大部分用所谓的婆罗门体制成，该体是古典梵文和现代印第文的前身。一些石柱的顶部刻有动物形象。一匹引人注目的栩栩如生的马和头公牛的形象与古印度河谷文明时期石印的风格相同，它说明那一时代的艺术传统经受住了雅利安人征服造成的冲击，并在一千年后重放光彩。

阿育王的不同凡响的行政体系并不比他的寿命维持得长久。他的继任者们似乎平庸无能，既无改革热情，也没组织才能。公元前 184 年，末代孔雀王被一个野心勃勃婆罗门、军队的指挥官所暗杀。弑君者将自己的家族押上了王座。孔雀王朝在灭亡 500 年后，阿育王政府时期的那种实力才又出现。

苏美尔城市国家的起源

苏美尔是人类社会最早进入文明、世界上最早产生城市国家的地区之一。

苏美尔位于古代两河流域（今伊拉克）南部。其地处底格里斯河与幼发拉底河流域冲积平原，土地肥沃松软，气候

一块用楔形文字刻的碑

发拉底河及其支流的沿河台地与沼泽地带建立许多小型村社，利用定期泛滥的河水和沼泽地带丰盛的水草、芦苇及粘土，从事农业、畜牧业和手工业。以后随着生产力的发展，逐渐开发了整个南部地区，建成了世界上最初的城市，在农业、手工业、建筑业、文化艺术等方面都取得了惊人的成就，创造了灿烂的苏美尔文化。

0 根据古代传说，苏美尔城市国家的起源可以追溯到非常遥远的年代。例如，据著名古代文献《苏美尔王表》（以下简称《王表》）所载，早在二十七万多年前，王权自天下降至埃利都（今阿布沙赫连）城之后，苏美尔国家就形成了。《王表》所述王权起源和国家形成的时间虽然充满了神话色彩，但也包含了某些真实的历史成分在内。考古发掘证明埃利都确实是两河流域南部最古老的居民点之一，早在公元前五千纪，当地就已经出现了神庙建筑和居民住宅，其文化遗存属欧贝德文化，甚至更早，其后，由于幼发拉底河及波斯湾的影响，土地盐碱化，当地人口减少，逐渐衰落，仅为淡水和地下水之神恩基祭祀中心。《王表》称埃利都后来为洪水所灭。

有关洪水的传说和对恩基的崇拜，说明洪水前，即欧贝德文化早期，生产水

巴比伦王国的硬币

平是很低下的。当时人们不但无力兴修水利工程抵御洪泛灾害，常常还须提防灭顶之灾。克莱默根据乌尔等地洪水沉积层前后陶器形制的变化，推测当地原始居民欧贝德人在这场洪水之后极少幸存。从考古发掘所见石器、手制陶器、苇制民棚和砖坯建成的简陋神庙看来，这时尚无财产分化、阶级分化的痕迹，当然更不可能有国家存在。

大概就是在《王表》所说大洪水之后，即欧贝德文化中期，苏美尔文化的创造者苏美尔人才由中亚地区经伊朗迁入两河流域南部。闪族部落大概也在同时移居苏美尔以北地区。关于苏美尔人的种族和语系，一直未能确定。至欧贝德文化晚期，各地出现规模较大的神庙建筑，如埃利都神庙 VI 的面积达 26.5×16 平米，它可能已经成为经济合作与管理的中心，承担了兴建与维护正在形成的灌溉系统的任务。神庙又是畜牧业、手工业与商业的中心。当时的手工业已经具有较高的技术水平，出现了轮制陶器、铜器，说明生产水平较前已有所提高，分工有所扩大。有人推测苏美尔这时约有 5% 的劳力从事与食物生产无关的经济活动，而到

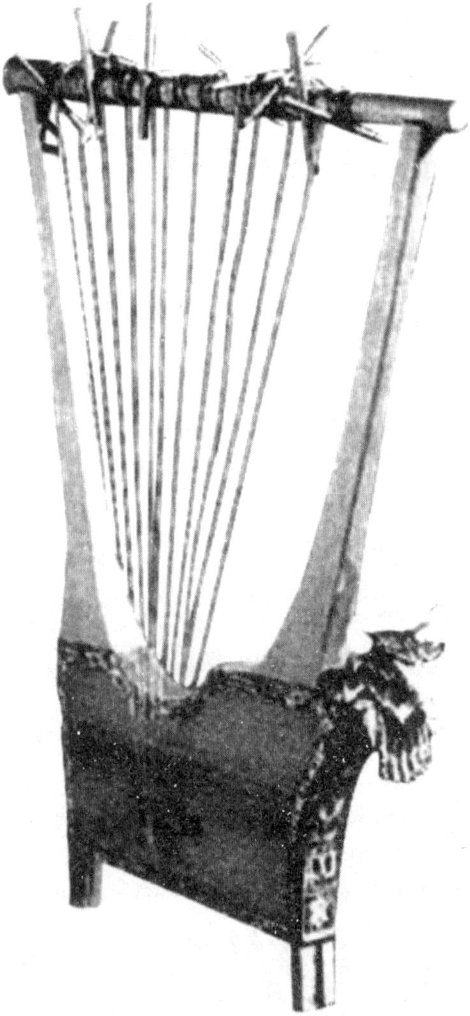

乌尔族墓中出土的镶有天青石、金子和贝壳的竖琴

原始文字末期，从事此类活动的人口则占20%。根据埃利都时期墓葬出土的象征部落首长的男俑判断，社会大概已经由母权制过渡到父权制。

至乌鲁克文化时期，社会变化更为明显。以乌鲁克为例，该时期在埃安那周围约有100个以上的村庄。这些村庄沿着小河散落，每村约有居民几十人，这大概就是一个父系氏族公社的规模。当时居民已经掌握了犁耕、陶轮制陶、冶铜等技术。农业技术的进步使农业劳动所能提供的剩余产品数量大为增加，不但扩大了分工的基础，也为对外贸易提供了不少物资。早期铜器虽然多为纯铜做成，质地柔软，用途不广，但它为下阶段青铜制造奠定了基础。由于铜的冶炼、制造技术远比其他手工业复杂，苏美尔本地又不产铜矿石，因而冶铜业的发展不但扩大了手工业与农业的分工，也促进了苏美尔与周围地区早已存在的商品交换，加速了社会内部财产分化与阶级分化的过程。该时期居民开始由分散的小村迁往较大的居民中心，几个较大的居民中心又合并为一个城市。以血缘关系为基础的父权制家庭公社开始让位于以地域关系为基础的农村公社。至乌鲁克文化晚期，由于居民迁并的结果，埃安那周围村庄数目明显地减少，这些村庄且沿着新开辟的人工运河散落。但这时尚无真正的人工灌溉系统。大型灌溉网的形成，显然是在国家形成之后的事情。埃安那（Ⅵ）时期修起了围墙。伊南娜神庙（Ⅴ和Ⅳb）面积达75×29平米。苏美尔进入了建筑史上的黄金时代，各地普遍出现了城市和宏伟的神庙建筑，同时出现了作为财产标志的圆柱形印章以及象形文字。这既是社会生产与分工长期发展的结果，又是财产分化与阶级分化剧烈的象征。整个苏美尔地区，已经处于文明的前夜了。

在氏族制度解体到国家形成的过程中，苏美尔历史上也出现过军事民主制，或所谓“原始民主制”，这已经为许多神话所证实，其中“所说的人物虽然是神话中的人物，但这一点并不重要，因为传说确实反映了氏族的制度。”根据这些神话传说，苏美尔军事民主制同样也有“三个协调权力的机关”，这就是“人民大会、氏族首长议事会和企图获得真正王权的军事首长”。

古巴比伦创世史诗《恩努玛·艾里施》为我们形象地再现了苏美尔军事民主制的情况。史诗情节大概是这样：当混沌未开之际，原水之神提阿马特为报杀夫之仇，带领一群恶魔前来与众神相斗。众神无法抵御，因此决定召开一次神界的人民大会——众神大会，以挑选一名勇敢善战者领导大家作战。他们选中了苏美尔主神之一恩基之子、年轻的马都克。但是，后者在作战之前，就要求在胜利后必须承认他为众神之长。经过“众神之父”、天神安和“全体决定命运的大神”，以及其他一些只有表决权而无发言权的小神（因为史诗中没有明确提及他们）组成的众神大会决定，为了击败敌人，同意马都克的要求，授予他言出令行的最高权力。他们宣布马都克为“王”，授予他王权的标志：节杖、宝座和PALU（王的任期），令其出战。最后，马都克率领众神血战沙场，灭尽群魔，并以提阿马特之躯造成了天地，以其情夫金古之血和泥土造成了人类。马都克遂永为众神之王。

这个神话反映出苏美尔军事民主制时期，氏族管理机构还是建立在民主原则的基础上，氏族首长与人民大会在解决有关本部落的一切重大问题，特别是像决定战争与和平以及挑选部落军事首领这样一些重大问题时，还起很大的作用。但是我们从史诗中也可以看到，部落军事首领的人选，已经习惯地由特定的家族中选出，其权力也越来越大。随着部落间战争的日益频繁，到军事民主制后期，军事首领开始排斥人民大会和酋长会议的作用，僭取公共权力。他们使自己的职位由选举产生逐渐变为世袭，奠定为“世袭王权和世袭贵族的基础”。至原始文字时期，由于生产力的进一步发展，氏族内部财产分化、阶级分化进一步加剧，氏族部落中出现了奴隶主和奴隶、富人和穷人、贵族与平民的斗争，各部落间的战争也越来越激烈。作为阶级矛盾不可调和的产物，国家也就取代氏族制度而产生了。

公元前3000年左右，苏美尔开始出现了一系列以城市为中心，结合其周围若干村镇而成的奴隶制小国，数目约有十七个。国内外史学界一般称之为城市

汉穆拉比头像

国家。我国史学界有人把它们简称为“城邦”。由于这样的国家一般都占据了一个灌溉系统,包括若干城市,好像是埃及前王朝的州一样,因而也有人认为把它们称为“诺姆国家”可能更为恰当些。但有些学者认为古代苏美尔的拉格什、乌尔等并不是真正的城市,因而主张把这些国家称作“村社国家”。这显然是对城市的定义理解有所不同。众所周知,不同的时代,衡量城市的标准也不同。按照苏联学者的意见,城市就是“剩余产品集中、再分配及销售之地”。它的其他一切职能(工商、文化和政治)都是由上述职能所派生的。而按照美国学者的意见,衡量一个居民点能否称为城市有五条标准:一、城市与农村相比,是一个有大量人口的居民点;二、城市居民密度大于农村;三、城市的基本功能是分配;四、城市是交通中心;五、城市是需求等等中心。我们觉得,按照上述标准,苏美尔各城市无疑可以称为真正的城市,因而把苏美尔各国称为“村社国家”未必恰当。

城市国家是奴隶社会早期发展阶段的产物,是原始的国家形态,但是它已经具备了国家的基本特征:一、地域关系战胜了血缘关系。这个过程是通过居民的迁并途径完成的。这一迁一并,就使旧的氏族组织遭到破坏,建立了以地域为原则的城市国家。这些国家最初规模都不大,一般都只有一个中心城市和若干小村镇,人口也不多。像著名的乌尔城邦在早王朝初期有三个城市和若干村庄,面积不过90平方公里,人口才6000人。其他国家大概也与此不相上下。二、公共权力的设立,这有乌鲁克的红宫和捷姆迭特·那色神庙档案为证。红宫是一个封闭式大庭院,面积约600平方米,中有一砖坯小平台。有人根据苏美尔文献推测,这个大院子就是人民大会的会场,而小平台则是祭司和长老会议开会的地方。祭司、长老高居于人民之上,由此可见一斑。而从捷姆迭特·那色神庙文书中,我们见到恩(EN)及其他高及官吏,如最高女祭司(EN. SAL)、商人首领(GAL、SAB)、首席法官(TUG、DI)、指挥官(PA. SUL)和预言家(ISIB)。脱离人民的军队也已经出现了,大概由神庙人员组成,由指挥官直接领导。它已经不同于自备武器的公民兵组织。三、赋税的设立。这点早期没有文字可资证明,大概主要表现为各种各样的劳役。但我们由乌鲁卡基那(又有人译为“乌鲁依尼木基那”)改革铭文推测,真正的赋税大概早已存在。从乌鲁克雪花石膏瓶献祭场面与圆柱形印章鞭打战俘场面中我们可以看到，苏美尔城市国家自其诞生之日起，内部就充满了阶级对抗，暴露出奴隶主专政的阶级实质。也有人认为，原始文字时期与早王朝之间乌鲁克城被彻底摧毁的原因，大概就是因为剧烈的社会分化所引起的冲突所致。如果情况真是如此，那就可以认为这是世界上第一次奴隶和平民反抗奴隶主的伟大斗争了。

苏美尔地区的统一

君主制的建立，为整个苏美尔地区的统一奠定了政治基础。与此同时，统一的物质条件和舆论也逐渐成熟了。当时整个苏美尔地区以幼发拉底河为主干，形成了一个完善的水利系统，它不仅对农业，而且对商业也有很大促进。手工业也有长足的进步。而商人则早已将苏美尔的物资远销印度、小亚等地。当时各邦的争霸，表面上是各邦统治者为了争夺土地、劳力和水利工程控制权而进行的残酷战争，实际上却反映了各邦人民要求统一，以从事正常生产、生活的愿望。而苏美尔自古以来也就存着许多有利于统一的因素：如各国人民都有共同的称呼——“黔首”；共同的宗教信仰，以尼普尔城恩利尔神为最高主神；共同的文化，经过上千年的民族融合，形成了以楔形文字为代表的苏美尔文化，居民自视一体，没有畛域之分。因此，到早王朝晚期，各邦开始由割据混战走向兼并统一。

苏美尔统一的过程，大概可分为三个阶段。首先是整个地区经过几百年的混战，形成南北两个军事联盟：一个是以乌尔—乌鲁克为霸主的南方同盟；一个是以基什为霸主的北方同盟。它们分别联合了南北各邦（拉格什除外）。第二个阶段是由温马统治者卢伽尔扎萨西所进行的初步统一。他首先获得南方的霸权，随后兴兵北上，征服基什，初步统一了苏美尔地区。卢伽尔扎萨西的胜利，反映了人民困于战争、渴望统一的要求。但是，他在胜利之后所建立的是一种邦联性质的政治结构，和军事同盟相去不远，并没有建立起统一的国家，因而其统治并不稳定。就在他倾尽全力与其宿敌拉格什苦战、无暇他顾时，基什王萨尔贡乘机崛起，逐步统一南北各邦，并将其击败，作为献祭送往尼普尔城恩利尔神庙。萨尔贡后来在苏美尔北部地区兴建阿卡德城作为他所建立的新国家的首都。这个国家，这个地区和建立这个国家的闪族人，后来都以该城之名而名，整个苏美尔地区在萨尔贡的统治下，第一次统一起来了。苏美尔城邦时期过去了。古代西亚第一个中央集权的奴隶制大国——阿卡德王国出现了。

公元前24世纪苏美尔城市国家拉格什的首脑乌鲁卡基那(约公元前2378—前2371年在位)所实行的改革，是现知世界历史上最早的一次大规模社会改革。由于记载改革的铭文及一些记述有关情况的文献较好地保存了下来，使我们对这个早期奴隶制国家这场改革的情况，能有一个大体明确的了解。在世界各国早期奴隶制时代的历史中，其他国家或全无类似记载，或虽提到改革而记载不详。

拉格什城初建于公元前4000年代中叶。公元前28世纪，它已以城市国家的面貌出现于历史舞台。公元前26世纪，乌尔·南希建立起乌尔·南希王朝。这个王朝共经六代恩西(ENSI，国家首脑的称呼，原意为“率领人们从事建筑的祭司”，后来意为“首领”，是国家主神在世间的代理人，其权力受到贵族的限制)，即乌尔·南希、阿库尔格尔、安那吐姆、埃安那吐姆一世、恩铁美那、埃安那吐姆二世。以后，不属于乌尔·南希家族的埃冷塔西、卢伽尔安达先后为恩西。安那吐姆、恩铁美那当政时，拉格什与温马发生战争，温马战败，向拉格什缴纳贡赋，拉格什一度在苏美尔部分地区称霸。卢伽尔安达当政时，国内动荡，对外未见有什么大事。

公元前20世纪初拉格什可灌溉土地的面积约2000平方公里，人口总数(包括奴隶)约15万。除两个主要城市外，拉格什郊区有西拉兰、吉尼尼尔、巴尔巴尔、古阿当等小的政治宗教中心。从这时农民耕种份地看，农村公社还存在，土地还以公有制为主。小的政治宗教中心即为公社中心，现可列名的为14个。社会细胞是个体家庭和家族，个体家庭已占优势。

当时拉格什主要有三个阶级：一是奴隶主贵族，包括恩西、其他世俗贵族和上层僧侣；二是平民(公社普通成员)；三是奴隶。恩西、大官占有奴隶和大片土地，有一个官员占地达51甘(一甘合5.31市亩)，比普通平民多几十倍。神庙经济在拉格什经济中居于重要地位。国家主神宁吉尔苏的妻子巴乌女神神庙占地约730余甘(合3880余市亩)，有大批奴隶和平民为其劳动。奴隶数达400多人，加上从事体力劳动的平民、书手、记账人、经商人员，约有1200人左右。寺庙经济由上层僧侣控制，已是一种剥削劳动人民的经济形态，但还有公社共同体公有经济的成分。土地还不属于恩西、上层僧侣个人私有。

改革铭文和其他文献中的“伊格·路·杜”(Iginu - duh)意译为“不抬眼的人”或“盲人”。有的学者认为伊格·路·杜是贵族或半自由人。但从这种人常被买卖、按几头或几只计数、担负繁重劳动等情况来看,他们大多数应是奴隶,只有少数例外。

改革铭文和其他文献中还有一种人音译为“苏不路伽尔”(Sub - Lugal),意译颇不一致。各家不同译法和解释主要有:(一)“兵士”;(二)“农奴”;(三)“依附民”;(四)“屈节和匍伏于主人面前的人”;(五)认为其地位接近于苏路帕克(苏美尔城市国家之一)的“古鲁什”,是农村公社成员,劳动者,同时又是一般战士。现在不同译解还没有一致起来。弄清“苏不路伽尔”的身份是正确认识改革的关键问题之一。改革铭文提到这种人“掘井”,可见是劳动者;又提到改革前他们受到欺压。改革铭文以外的文献对弄清这种人的身份非常重要。当时神庙有这种人,神庙外也有。他们一般都耕种份地,这很能说明他们的身份是公社成员;他们主要从事农业,具体从事耕种、播种、灌溉、运粮等劳动,也从事畜牧、捕鱼、手工、建筑等事业,在买卖人口的契约中,未见有买卖苏不路伽尔的记载。在平时,他们是普通劳动者;在战时,他们应征组成轻装兵,地位低于由贵族子弟组成的重装兵。因以上种种情况,我们认为这种人的身份,上述第五种解释较符合实际,这种人受剥削、欺压,但身份是自由人,不是“农奴”、“依附民”;主要身份是劳动者,故也不宜译为“士兵”。

改革前苏不路伽尔的经济地位已严重分化,其中有的全年为神庙劳动,领取口粮。在神庙内的一般占份地 1.4 甘,已较贫穷;神庙外有的有份地 2 至 4 甘不等,也不富裕。个别的占地 18 甘,较富有,但不审详情。多数苏不路伽尔在改革前日益贫困,显然是改革面临的主要社会问题。

卢伽尔安达的暴虐统治加剧了拉格什的阶级矛盾。一方面,国家和当权者加紧压榨平民,增加了捐税,并分派官吏到生产现场征收。“从宁吉尔苏边境以至于海,到处都有收税人。”管理船民、牧人、渔民的官员由被管理者养活,跟到牧场征收驴羊,跟到渔船上渔网中取鱼,甚至夺取驴羊、船只和渔场;手工业者负担捐税过重而乞讨面包;凡剪得白羊毛必须交给国家或缴纳难得的银子;长官以买为名,侵吞其所管平民的房子、好驴;掌管食品的僧侣进入贫苦妇人的园子强取树木和果子，等等。这加剧了贵族当权集团和平民的矛盾。另一方面，卢伽尔安达把宁吉尔苏神庙及其经济从上层僧侣手中夺归自己直接掌管，把巴乌神庙及其经济夺归其妻巴拉娜姆达姆名下，把拉格什郊区神庙夺归其子名下，使上层僧侣的权益受到严重损害。这又大大加剧了统治阶级内部僧侣贵族和当权贵族的矛盾。与此同时，社会其他矛盾也日益尖锐化。债权人欺压债务人；死者的家庭负担的殡葬费异常沉重；孤儿寡妇备受欺凌；盗窃、强夺、杀人案件增多。这一切，使拉格什社会已难以照旧维持下去。

经过一场斗争，卢伽尔安达的统治被推翻，乌鲁卡基那取得了政权。现未见正面记载这场斗争的具体经过和形式的文献，但从有关事实看，这次政权改变是通过暴力实现的，在卢伽尔安达统治时，重装兵是恩西和贵族统治的支柱，由国家和巴乌神庙供养。乌鲁卡基那执政后，供给重装兵的口粮只占原有总数的1/3，重装兵的大部分从经济报表中消失了。看来，这2/3重装兵是在战斗中被击溃，余下的一小部分站到了新政权的一边。同时，乌鲁卡基那执政第一年给轻装士兵苏不路伽尔的口粮，从过去每人每月72西拉（一西拉约合1.75公升）增加到144西拉。还有，以后乌鲁卡基那与温马作战，也以轻装兵为主要力量。

乌鲁卡基那出身于贵族家庭，他的父亲恩格尔沙做过乌尔·南希王朝的高级官员，他的妻子莎克莎克是埃冷塔西的姊妹，卢伽尔安达的姑母。他开始执政时，已有两个儿子、四个女儿。儿子的名字为埃里吉阿克、埃克拉姆特，女儿的名字为基姆巴乌、基姆达尔西尔希尔、姆，尼娜和莎丽莎卡。经济文献提到姆·尼娜的男奴隶19人，女奴隶17人，莎丽莎卡有男奴隶8人，女奴隶10人。他的另一对儿女也有自己的奴隶。从他已有六个子女、多数子女已有自己独立的家庭经济，可推知他执政时年龄约在四十五岁以上，并已可能富有政治经验。

乌鲁卡基那执政第一年时的头衔仍为恩西，先为吉尔苏的恩西，不久称拉格什的恩西。他执政后，先后为宁吉尔苏和巴乌神建造了几座新庙宇，为巴乌神庙建造了剪羊毛的房舍；开凿了一条新运河（以献给南希神的名义），疏浚了一条运河；为吉尔苏城建造了城墙。在他执政的第二年，拉格什与温马之间爆发了较大规模的战争，拉格什获胜。同年，乌鲁卡基那的头衔改为卢伽尔（Lugal，原意为“大人”，引申意为“主人”、“王”，地位和权威高于恩西）。他从执政第一年起即实行社会改革。改革铭文已被发现，记载在三块坨式泥板和由五块石片组成的椭圆形石板上，用苏美尔文字书写。以下分三个方面叙述改革的措施和内容。

第一，关于改革的基本政策和政治制度的改革

(1)对贵族当权集团和一般奴隶主贵族的基本政策。

乌鲁卡基那打击旧的贵族当权集团，但有一个明确的限度。这就是只剥夺他们滥用政治特权所获得的利益并禁止继续这种滥用，但没有触动他们作为一般奴隶主贵族的经济和社会地位，这是在改革中贯穿于全局的一项基本政策，首先，对卢伽尔安达及其家族就实行了这一政策。卢伽尔安达被剥夺了恩西的地位，也失去多占神庙收入和捐税的特权，但实行改革后，他和他的妻子还活着，并过着富裕的贵族生活。他的妻子的名字从巴乌神庙名录中消失，神庙分给她一份“给养”的记录也消失了。但她还参加巴乌神庙的宗教仪式，分食“神餐”。乌鲁卡基那执政第三年她死去，还举行隆重的葬礼，参加葬礼者达200余人。其次，改革禁止官员和当权的僧侣侵吞平民的驴、羊、船、房屋、树木和果子(详见下文)，但也没有触动他们作为一般奴隶主贵族所占有的奴隶、土地等财产及社会地位，这种政策在当时是比较切实可行的、开明的。

(2)关于政治制度的改革和改革依靠的力量。

乌尔·南希王朝的第五代恩西恩铁美那在一件铭文中自称是宁吉尔苏神在3600人中授予他“王”权；乌鲁卡基那在改革铭文中则自称是宁吉尔苏神在36000人中授予他“王”权。这里的“人”无疑是指享有政治权力的自由人，这种人较前大大增加(扩大10倍，但未必是绝对数)，显然包含着提高平民地位、扩大平民权力的内容，因此是政治制度方面的一项重大改革。但其中具体情况还未见资料。能够加以推断并值得注意的是：(一)在36000人中，包括平民，也包括贵族；(二)强调“36000人”的意义，既扩大平民的政治权力，也就必然在一定程度上削弱、分散了贵族的权力。从这一点和改革依靠轻装兵作战，采取一系列措施减轻平民负担来看，改革的主要依靠力量是平民，同时也依靠一般贵族。由此可认为，乌鲁卡基那所建立的，是一个以“36000人”为基础来统治、剥削广大奴隶的政权。这个政权的阶级基础，较前显然扩大了。

(3)关于军事制度的改革

乌鲁卡基那以平民兵为其军队的主要力量，基本改变了过去的恩西以贵族子弟兵为主要军事力量的制度。军队成分的改变与多方面存在联系。平民兵经济待遇的改善，使平民的社会地位也有所提高，而这些，也就又改善了平民的政治地位。军队情况的这些变化，是他能够推行改革的主要条件，同时也有利于加强国家的军事力量。

第二，大幅度地调整政策，取消弊政

改革的这类内容又分为两个方面，对平民而言，改革有利于他们；对僧侣集团而言，有一些措施有利于他们，也有一些限制他们的措施。

（1）减轻平民负担、使平民免受侵夺的措施。

①撤去派往各地的税吏，减免部分捐税、欠税。"从宁吉尔苏边境直至于海，不再有收税人"。这并不是免收一切捐税，而只是撤去跟到生产场地直接收税的收税人。同时，还豁免了原来平民积欠王室的赋税（谷物）及王室另外征收的大麦，减少了手工业者负担的捐税。

②免除了平民的弟弟所负担的无酬劳役。改革前除作为一户之主的平民担负人工灌溉等国家劳役外，户主的弟弟也被征服劳役，不给报酬。改革取消了"弟弟"的负担。

③禁止当权官员利用职权侵夺平民的财产。"他禁止（……）管理船夫的人（夺去）船只。他禁止管理渔场的人（夺去）渔场。……他禁止监察官（接受）为剪白羊毛和伽巴羔羊（的毛而交）的银子"，等等。

④减少殡葬费。改革规定了殡葬手续费和仪式费的标准数额，较前减少了一半左右到一半以上。如将尸体抬入墓内，原负担酒七杯，现定为三杯，原负担面包 420 块，现定为 80 块，等等。

（2）关于对待僧侣集团的政策。

乌鲁卡基那将卢伽尔安达及其亲属夺得的神庙掌管权归还上层僧侣，使他们重新成为神庙财产的主管者和受益者。同时取消了改革前向部分僧侣征收的捐税。这些措施有利于僧侣集团的多数人，主要有利于上层僧侣。但改革也禁止当权的僧侣滥用特权，禁止掌管食品的僧侣进入贫苦妇女的园子强取树木和果子；并以减少殡葬费用，限制上层僧侣过多地剥削平民。改革将几个神庙的财产主管权发还僧侣，是针对卢伽尔安达滥用特权贪婪侵夺而采取的措施，不能认为这是把历史车轮拉向后转。从总体上看，改革对僧侣的政策有利于缓和阶级冲突和社会安定，在当时是比较适当、平稳的。

第三,改革社会制度的几项措施

改革的这部分措施特别重要。它所反映的早期国家在社会矛盾面前所起的积极作用,是现知世界历史上最早的具体记录。它既有当时拉格什的特殊性,又反映了早期奴隶制国家历史发展的普遍的规律性。这方面主要有以下四项。

(1)以国家立法形式确定财产的私有制。

当时拉格什的经济关系中的私有制实际已经存在并在发展,但还没有达到以国家立法的形式予以承认和保护的程度。同时,还存在氏族贵族和盗窃者利用“氏族制度的共产主义传统”来为自己侵犯私人财富辩护的现象。在当时,确立并发展私有制有利于生产的正常进行和社会安定。然而,已经解体的氏族制度已不能有任何帮助,于是就只有期望形成还不很久的“国家”了。改革在一定程度上满足了这一期望。

改革铭文所记当权者侵夺财富的多方面内容,多未写明为这种行为辩护的借口。但在实际中,显然都利用其担任公职的权力,以公共利益作为借口。在当时,所谓为了公共利益还免不了利用尚存在的为了氏族共同体的观念和原始共产制的观念。如果说,这只是从理论上作出的推断,那末,从铭文的另一内容,却可清楚地看到这种“辩护”的具体观念。

在改革前,“如果氏族会社(?)成员造了养鱼池,任何人都可以窃取他的鱼;这人说:‘它是太阳照耀下的’。”按译解,“太阳照耀下的”的意思就是鱼原“不属于任何人所有”。换句话说,就是窃夺者以鱼为公共所有为自己窃夺他人的鱼的行为作辩护。针对这一问题,改革规定:“如果氏族公社(?)成员造了养鱼池,任何人不能窃取他的鱼”,如果有人窃夺,“将石头掷向偷儿”(意即用石头将窃夺鱼的人砸死)。窃夺者为自己辩护的观念,在大体处于相同社会发展阶段的其他民族也有具体事例。乌鲁卡基那所采取的措施,正是以国家立法的形式给“私有财产”以及“相继发展起来的获得财产的新形式”,“盖上社会普遍承认的印章”。改革规定长官如要买平民的房子、好驴必须付出银子,不得侵夺,也是同一性质的措施。这一措施有利于生产发展、社会相对安定和社会进步,是顺应历史发展潮流的重大改革。这是整个改革具有进步性的一个重要方面。

(2)以国家立法形式确定一夫一妻制。

改革前，一夫一妻制在拉格什已实际形成，但还存在一些原始婚姻习惯的残余，“昔日的女人曾惯于嫁两个丈夫”，同时限制男子休妻，如男子休妻，恩西收取五西克勒（一西克勒合 8.4 克）银子，有关官员收取一西克勒银子。改革禁止一妻多夫，并规定，如女人再有两个丈夫，则“用石头砸死”。同时规定，如丈夫休妻，恩西和有关官员“都不收取任何银子”。这从两方面加强了夫权：一是要妇女对丈夫保持贞节，而破坏夫妻忠诚则是丈夫的权利；二是只有丈夫可以解除婚姻关系，离弃他的妻子。改革的这一立法，又给一夫一妻制盖上了社会普遍承认的印章。这也是顺应历史发展潮流的一项进步措施。

（3）关于解除债务奴役的措施。

改革铭文有关部分的原文较费解，译文歧异，但可肯定的是改革为解除债务奴役采取了措施。有关的一句话，克莱默译作（改革）“赦免了那些（由于他们）所欠的债……（而被监禁的）拉格什公民们”；贾可诺夫译作（改革）“使拉格什公民从债务奴役……中解放出来”；载美尔译作（改革）“使拉格什儿子们从生命借贷……中清洗（解放）出来”。这些译文大意相同，只译词互异。从相同的方面看，改革解放了因欠债而被奴役或被拘禁的人，否定了旧的关系和制度。在古代世界早期奴隶制国家中，债务奴役是造成本族自由民内部纷争不已的共同问题，能否废除债务奴隶制是决定奴隶制能否高度发展（奴役外族人）的主要条件之一。迄今所知，这场改革也是涉及这一问题最早的一次，但是否废除了债务奴隶制，因受原文太简的限制，还说不清楚。

（4）关于建立法制。

改革铭文不是一部法典，但记载了建立法制的若干内容，带有立法文献的性质。铭文对改革内容的记述，有些也就是制定法和法律条款。从建立法制所达到的水平来说，有三点值得注意。其一，一切国家的法和法律都是强制实行的，改革建立的法制也是这样。允许什么，禁止什么，什么罪处死，都是强制性的规定。其二，改革的立法具有开创的特色。以国家名义确定私有制、一夫一妻制为合法，确认在商品交换中买卖双方对自己财物的主权地位等，都是改革新创立的东西。改革及其铭文的特别可贵之处，还在于它说明了这些法是在什么样的阶级矛盾和斗争中通过国家立法而产生出来的。这对于研究法的起源，是有重要价值的。其三，改革的立法又具有简单、粗犷等原始性。其中一部分内容，只是把习惯法记载下来。如“用石头砸死”罪犯，在原始社会后期实行习惯法时已经使用，并还是比较野蛮的表现，等等。

在乌鲁卡基那执政的第四年，拉格什与温马的战争重新爆发。在战斗中，由苏不路伽尔组成的轻装兵是拉格什军队的主力。其中八个队有农人队、牧人队、海上渔人队，河上渔人队等名称。保存下来的供给战士口粮的经济报表，列有队长、队员的名字。这些队每队一度是 18、20、22、33 人不等。战争的头一年，拉格什曾取得一些胜利。从此后名单上人员的变化，可看出在乌鲁卡基那执政的第五、第六年，拉格什的士兵伤亡很重。如一个河上渔人队在他执政第四年为 22 人，第六年只剩下 8 人；一个海上渔人队第五年为 20 人，第六年只剩下 5 人。另一情况是，第六年还第一次出现将农人、牧人、渔人混合编队的做法，大概是战士大批伤亡且兵源缺乏的表现。最后，在温马和乌鲁克联军的攻击下，拉格什失败了。温马军队攻占了拉格什城及其郊区，破坏严重，“烧毁了安塔苏鲁神庙，抢走了银子和宝石，提拉什宫浴于血泊之中”，但未攻占吉尔苏城。乌鲁卡基那大概在吉尔苏又当了几年首脑。温马统治拉格什城时期形成的铭文认为，温马人冒犯了宁吉尔苏神，但“乌鲁卡基那王在这方面没有犯罪”。此后，在阿卡德王国统治时期，乌鲁卡基那可能担任拉格什的总督。因为在阿卡德王国第二代国王时，一块石碑还提到他的名字，不过，从被温马和乌鲁克联军战败后，未见有文献记载他的活动。

汉谟拉比法典

摆在我们面前的，是三块貌不惊人的黑色玄武石，有谁会想到这些竟是极其珍贵的古代文物呢？但是，如果我们把它们合在一起，奇迹便出现了，这是一整块椭圆柱形的石碑，高 225 厘米，底部圆周 190 厘米，顶部圆周 165 厘米，更为奇妙的是，石碑上方还刻有两个人的雕像，一个坐着，右手握一根短棍，另一个站着，双手打拱，神态恭谨。石碑下方更让人吃惊，竟然是几千个密密麻麻的楔形文字。

这块石碑自然引起了许多人的兴趣，艺术史家们兴致勃勃地欣赏着雕像，考古学家津津乐道地研究这些楔形文字，经过他们辛勤的研究，有关这块石碑神奇的谜底终于揭示出来了……。

原来，这两个人的雕像，一个是两河流域的太阳神沙马什，站着的一位是古

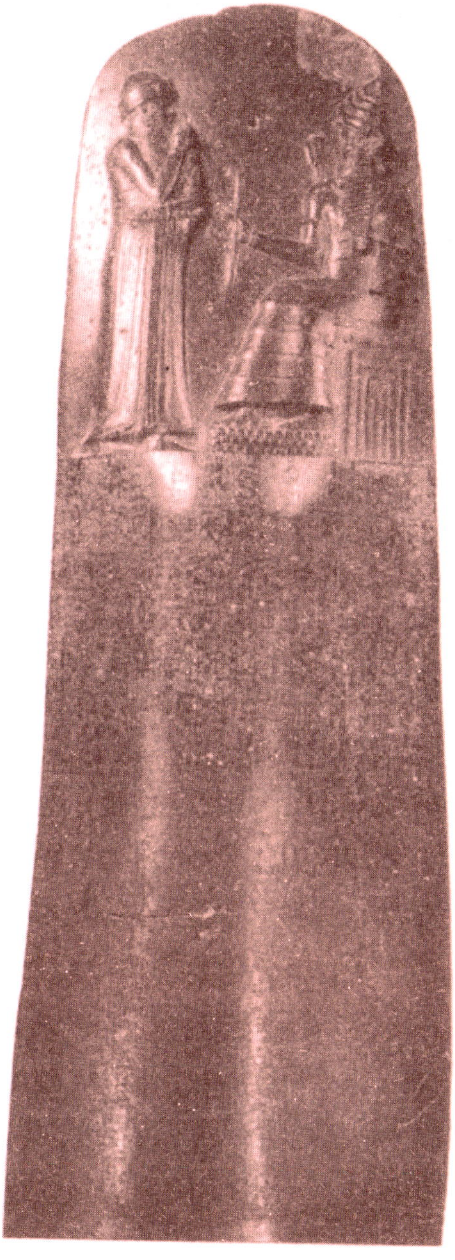

汉谟拉比法典石柱

巴比伦威震四方的国王汉谟拉比，而下面那些文字，则是著名的汉谟拉比法典——人类第一部成文法典。

离今约五千年以前，西部亚洲的两河流域地区就已出现了文明的曙光。底格里斯河和幼发拉底河日夜奔腾，辛勤地浇灌出一大片肥沃的土地，人类便在这里栖息、耕作、拓植，使这里成为古代四大文明的发祥地之一。然而，不幸的是，在几千年中，两河流域总是战乱频仍，没有像古埃及、印度和中国那样有一个较为长久统一的王朝。但是，在公元前18世纪，这里却出现了一个称雄一时的古巴比伦王国，汉谟拉比便是其第六代国王（约公元前1792—前1750年在位）。

古巴比伦王国位于两河流域的中央。“巴比伦”一词原意为众神相会之地。顾名思义，这里是西亚的交通要冲。可是，尽管古巴比伦地理位置优越，在汉谟拉比即位之前，它还是一个须要向周围邻国称臣纳贡的弹丸之邦，其领土长不过一百二十三十公里，宽只有三十二三公里。志向远大的汉谟拉比懂得，要使国家强盛起来，首先得巩固内部，积聚力量。在他当政的头五年，汉谟拉比卧薪尝胆，积极扩充军备。

到了第六年，汉谟拉比联合了北方的马里、南方的拉尔萨，一举消灭了南方的敌邦伊新。接着，他又再次联合马里，消灭了南方另一邻邦拉尔萨。公元前

1759年，汉谟拉比又挥师北上，向两度成为自己盟友的马里宣战。经过近一年的苦战，马里城遭到了毁灭性的破坏，马里国王吉姆里利姆被迫向汉谟拉比表示降服。汉谟拉比用了三十五年的时间统一了两河流域，创建了一个从波斯湾至地中海沿岸的中央集权奴隶制帝国。他骄傲地自诩为“强大之王，巴比伦之王，阿穆鲁的全国之王，苏美尔、阿卡德之王，世界四方之王”。当时，古巴比伦的确当之无愧地成为西亚最大的经济、政治和文化中心。

汉谟拉比为了巩固巴比伦王国的奴隶制度，加强中央集权，制定了一部全国统一的法典，后人称之为《汉谟拉比法典》。这个法典在汉谟拉比即位不久就开始制订，以后经过不断修正，最后将法典的全部内容刻在石碑上，立在一座庙宇中。

《汉谟拉比法典》是人类历史上第一部较为完备的成文法典，分为序言、正文和结束语三个部分。正文共有282条，包括诉讼手续、盗窃处置、军人份地、租佃、雇佣、商业高利贷和债务奴隶、继承权、伤害和赔偿、奴隶地位等各方面的条文。这部法典较为全面地反映了古巴比伦王国的社会状况。尽管汉谟拉比在序言中宣称自己要“发扬正义于世，灭除不法邪恶之人，使强不凌弱，使我有如沙马什，照临黔首，光耀大地”。但人们还是可以从法典中看出广大奴隶和下层平民所受到的不平等待遇。

伊什塔尔女神

比如，法典的第15至第20条规定，奴隶主对奴隶拥有所有权，逃亡奴隶必须交还原主，盗卖奴隶或藏匿奴隶者处以死刑。法典第247条规定，伤害奴隶的一只眼睛与伤害一头牛的一只眼睛处罚相同。汉谟拉比法典是一部道道地地的奴隶制法典，它竭力保护奴隶主贵族、僧侣、大商人和高利贷者的私有财产，而把奴隶视同牲畜。这部法典对以后的奴隶制国家的立法影响极大。

《汉谟拉比法典》是目前所知道的人类历史上第一部较为完备的成文法典。它是汉谟拉比即位第30年下令颁布的，这部著名的古代法典，刻在一块黑色玄武岩石柱上，柱高2.25米，上部周长1.6米，底边长1.9米，石柱上端是浮雕，表现太阳神沙马什侧身端坐在宝座上，将王权标授予站在面前的汉谟拉比。

浮雕下面是用楔形文字镌刻的法典全文。1901 年，法国考古队在伊朗西南部的古埃兰首都苏撒发现，现藏于法国卢浮博物馆。据考证，公元前 1150 年，埃兰攻陷巴比伦时，将此碑作为战利品，带归苏撒。碑上条文部分有被磨损，后来根据在苏撒、亚述等地发现的法典泥板抄本断片，从而使石碑阙文得以补齐复原。因此，法典仍是完整的。

《汉谟拉比法典》由序言，正文和结语三部分组成，共 49 栏，3500 行、8000 余字。序言和结语说明制定法典的主要宗旨，宣扬王权神授，将国王描绘成“众王之神”的君主，尽情歌颂他的文治武功，希望他的“政德”将永垂后世。

法典正文共 282 条，依条文顺序可分为 10 个部分：

1. 关于司法行政的规定（1—5 条）；

2. 关于保护私有财产的规定（6—25 条）；

3. 土地房屋（占有、继承、转让、租赁、抵押等方面）的权利和义务的规定（26—88 条）；

4. 关于借贷、经商、债务等方面的规定（89—126 条）；

5. 关于婚姻、家庭及继承的规定（127—194 条）。

6. 关于伤害不同人权而予以不同处理的规定（195—214 条）；

7. 关于各种职业人员的报酬及责任的规定（215—240 条）；

8. 关于农牧业的规定（241—267 条）；

9. 关于租赁及雇佣的规定（268—277 条）；

10. 关于奴隶买卖及处罚的规定（278—282 条）

《汉谟拉比法典》仍保留了一些旧时习惯法的痕迹。例如，采用“同态复仇法”即“以眼还眼，以牙还牙”（196200 条），来解决上层自由民之间的纠纷。

《汉谟拉比法典》条文涉及到当时社会关系的方方面面，反映了古巴比伦王国的经济、政治状况和思想文化，是研究古代西亚奴隶制社会的珍贵史料。

《汉谟拉比法典》是我们了解古巴比伦王国社会经济情况的主要依据。汉谟拉比时代，两河流域的社会生产力较前有了较大的提高。青铜器已普遍使用。农业生产工具有了大的改进，出现了一种附有漏斗的改良犁，提高了耕作效率。为了高地灌溉，采用一种较方便的扬水装置，扩大了谷物和椰枣种植。由于灌溉系统的改善，促进了农业生产的发展。

在手工业方面，城市出现了独立的手工作坊。《汉谟拉比法典》中提到了10种手工行业，经营制砖、缝纫、冶金、刻石、皮革、木工、造船、制革、编筐、建筑等。实际上当时的手工行业多达二三十种。手工业作坊主要是国王和神庙开设的，在城市里也出现了私人手工作坊，雇用手工业者进行生产。

商业和贸易也较前更为繁荣。国内贸易主要是城乡之间互相交换农牧产品，如食品、油类、羊皮等。对外贸易输出谷物、油类、枣子、织物、皮革以及陶罐（104条），换回金、银、铜、石头、木料、盐、奴隶、香料、染料及各种供国王和贵族享用的奢侈品。大宗贸易由王室和神庙垄断，其商业代理人称为“达木卡”，“达木卡”的助手称“沙玛鲁”。他们垄断国内外贸易，经营国家税收，并从事高利贷活动。由于国内外贸易的发展，货币也流通起来，定量银块越来越成为一般交换的媒介物。租赁、借贷、赔偿、雇用等方面仍多用实物来计算。

《汉谟拉比法典》记载，巴比伦的居民分为三个等级：阿维鲁、穆什根努和奴隶。从自由民和奴隶的关系来说，阿维鲁和穆什根努是自由民，他们和奴隶是两个对立的阶级。

阿维鲁（直译为“人”或“丈夫”）是全权自由民，包括奴隶主贵族、神庙祭司、高官富豪，也包括自耕农、佃农、独立的手工业者和各行业的雇工。他们处于不断分化之中，有的是奴隶主，有的不是，也有的因负债成为人质甚至沦为债奴。

穆什根努（直译为“顺从者），是非全权的自由民或依附民。穆什根努包括王室、神庙经济代理人（“达木卡”）、从王室领取服役份地的士兵（“列杜”和“柏以鲁”）以及所谓的“纳贡人”（投靠王室分得田园房屋的佃耕者）。穆什根努以经济上依附王室为主。他们之中也有贫富贵贱之分，富有者拥有土地、房屋和奴隶，如“达木卡”，而贫者同样负有王家义务，如“纳贡人”。所以穆什根努中既有奴隶主，又包括小生产者。

阿维鲁和穆什根努同为自由民。就经济地位来说，不论是阿维鲁或者是穆什根努，都有奴隶主和非奴隶主，富人与穷人之分，同是奴隶主，也有大中小之别，两者之间的区别在于穆什根努是依附王室的非全权自由民。就社会法律地位来说，阿维鲁和穆什根努之间是有高低之分。法典对他门区别明显，分别对待。例如，法典规定：伤害阿维鲁的眼睛或骨头，必须受到同样损害的惩罚；若伤害了穆什根努的眼睛或骨头，只需赔偿一明那（合505克）银子；伤害奴隶或骨头，则只需向奴隶的主人赔偿奴隶身价的一半(196—199条)。由此可见，阿维鲁的社会地位高于穆什根努，而穆什根努的地位高于奴隶。

奴隶的社会地位最低下，他们完全是奴隶主的财产，任奴隶主随意处罚。法典规定，杀死奴隶的凶手，只要赔偿奴隶主的损失，无须偿命(116条)；还规定，如奴隶打自由民的嘴巴或不承认自己的主人，要受割耳之刑(205、282条)。

总之，古巴比伦社会的两大对抗阶级是自由民与奴隶，阿维鲁与穆什根努属于自由民阶级，因而与奴隶处于统治和被统治关系之中。

尽管法典对奴隶条文规定不多(只有寥寥5条)，但法典全文保护奴隶主、把奴隶视为奴隶主财产的宗旨是显而见的。《汉谟拉比法典》是一部为奴隶主阶级和奴隶制国家制定的法典，法典严格地保护奴隶主阶级对奴隶的所有权，保护奴隶主阶级的私有财产，充分反映了古巴比伦社会的奴隶制社会的性质。

亚述巴尼拔攻陷了又一座城池

亚述帝国的发展概况

古代亚述的本部，位于现代伊拉克北部沿底格里斯河上游的一小块地区。其早期疆界，东至扎格罗斯山，西北至马希奥斯山，西与辽阔的叙利亚——美索不达米亚草原接壤，下扎布河，北接阿尔明尼亚(又译亚美尼亚)高原。在亚述四周的草原和山脉上，当时植物稀少。这里的居民主要从事于畜牧业。每逢春夏之交，由于积雪融化，上扎布河水量充足，故河谷地区也适于农业。境内底格里斯河谷地区，因伟大河流的定期泛滥而得到了良好的灌溉。但是，由于东西有高山横亘，这个河谷的面积是比较小的，古代亚述本部的耕地面积不超过1.2万平方公里。

南临底格里斯河上游河谷，在商业上处于有利地位。这里有四通八达的商路：向南可沿底格里斯河到波斯湾，向东沿各河河谷到伊朗高原，向北则经过山道进入三大湖(谢梵湖、凡湖和乌米亚

亚述王塑像

湖）区域及南高加索，向西则沿底格里斯河进入叙利亚与小亚细亚，再从那里通往叙利亚和腓尼基沿海的各个城市。

在远古时代，可能是公元前 5000—前 4000 年左右，苏巴列亚人各部落就居住在亚述的土地上。这些向来居住在西亚细亚北部的种族，在语言、外貌、文化水平和历史命运上，同美索不达米亚西部和北叙利亚的胡里特人、南高加索的乌拉尔图人、底格里斯河以东各山区的部落人都非常接近。后来，约在公元前 2600 年左右，属于阿卡德的闪族部落来到这里定居，他们构筑了亚述城，被称为亚述人。到公元前 2000 年左右，当地的苏巴列亚人部落，已经部分地同亚述人融合在一起。随着历史的前进，在亚述国家形成的过程中，苏巴列亚人的各个部落便进一步融合到闪族人里面了。在亚述，占统治地位的语言是属于闪族语系的亚述语。

由于社会生产力的提高，私有制的出现，阶级矛盾的尖锐化，亚述逐步形成为雄据西亚的奴隶制国家，其存在长达一千四百多年。从历史发展进程来说，亚述通常分为三个时期：古亚述时期，或称早期亚述王国，约存在于公元前 2030—前 1366 年，先后传位 42 个国王；中亚述时期，或称中亚述王国，约存在于公元前 1366—前 935 年，传位 25 个国王；新亚述时期，或称新亚述帝国，约存在于公元前 935—前 612 年，共传 19 个国王。亚述在其历史发展中，随着本国军事实力的强弱和敌国盛衰情况的变化，同其四周邻国进行了许许多多的战争。它有时实行侵略扩张，有时被迫防守自卫，维护着国家的奴隶制政权，经历了成长、扩张和衰落、败亡的漫长过程。它曾不断兴旺发达，成为西亚的强大城邦和王国，君临大批异邦；尔后，又先后沦为古巴比伦王国和米坦尼王国的藩属；但在一些有为国王的领导下，竟然灭亡了米坦尼，击败了取代古巴比伦的赫梯帝国；待到新帝国中兴，更建立了地跨亚非两洲的奴隶制大帝国。但是，曾几何时，它又衰落下去，最后被新巴比伦和米底联军消灭了。

在古亚述时期真正在军事上功绩卓著的，是13代国王沙马什阿达德（约公元前1815—前1783年在位）。他以暴力夺取了政权，并以武力对外扩张领土，曾在铭文中自称为“四方之王”。他统治期间，接受过许多国王的纳贡，势力播及“大海”（地中海）之滨。在中亚述时期，武功最超群者为提格拉特帕拉沙尔一世（约公元前1114—前1076年在位）。他不仅向南征服了巴比伦，还向西远征黎巴嫩和腓尼基。不过，亚述国王们惊世骇俗的武功和侵略扩张的战争，主要还是发生在新亚述帝国时期。从提格拉特帕拉沙尔三世（约公元前745—前727年在位）大振国威，到亚述巴尼拔（约公元前668—前627年在位）灭亡埃兰，亚述6位君主，率领强大的亚述军队，东侵西讨，南征北伐，在军事上取得了极大的成功。当时，埃及的势力已经衰落，赫梯帝国已经解体，巴比伦尼亚也基本上处于长期不振的状态，因此亚述没有强大的敌手，在对外扩张中处于有利态势。新亚述帝国正是利用这一有利时机，采取极端凶残的手段，实行野蛮的征服政策，占领和掠夺西亚广大地区。在大约一百零五年的历史进程中，亚述曾先后灭亡了西亚的所有主要王国，如大马士革王朝，以色列耶户王朝，前犹太国的埃哈兹王朝，腓尼基西顿王朝，古埃及的第25王朝，巴比伦王国的第四王朝，以及埃兰王国的乌曼·哈尔达什王朝等。通过这些侵略扩张战争，亚述真正统一了西亚的绝大部分地区，同时也严重挫败了其北部强邻乌拉尔图王国。

赫梯的狮门　公元前13世纪　小亚西亚

这里所要着重论述的，就是新亚述帝国几位国王进行的对外扩张战争。

亚述王阿舒那西尔帕二世（约公元

前884—前859年在位)奠定了亚述帝国的基础。他在自己当政期间施行了大规模的侵略扩张政策。他迫使阿拉美亚诸部屈服于亚述。与此同时,他又恢复了亚述在那伊里诸部中的势力。他对居住在幼发拉底河以西的诸部亦取得了一连串的巨大胜利,占领了卡尔凯美什地区,征服了叙利亚北部诸小公国,从而打开了通往地中海的商路。

萨尔马纳塞尔三世(约公元前858—前824年在位),继承了乃父阿舒那西尔帕的侵略扩张政策。他在当政的35年时间里,出征了32次。萨尔马纳塞尔在西方征服了比特阿迪尼部落,目的在于完全征服幼发拉底河整个河谷直到巴比伦地区,公元前856年,萨尔马纳塞尔三世占领了这个阿拉美亚部落的首府提尔巴尔喜布(位于幼发拉底河岸上距卡尔凯美什约20公里处)。卡尔凯美什、阿列坡和撒马利亚慑于亚述大军的淫威,纷纷表示愿意向亚述王纳贡称臣。但当萨尔马纳塞尔再向西推进的时候,他却遭到了大马士革等部军民的顽强抵抗。大马士革把叙利亚、腓尼基诸部以及巴勒斯坦各部团结在自己的周围,甚至阿拉伯诸部也加入了这个以大马士革为首的巨大反亚述联军。两军会战于奥龙特河畔哈马特以北的卡尔卡地区。亚述军损失十分惨重,不得已撤退(约公元前854年)。稍后,亚述军于公元前850、前849、前846和前842年,先后4次组织了大规模进攻,但却被西方联军阻遏住了。公元前841年,萨尔马纳塞尔三世再度率领12万大军攻打大不里士,虽然未能取得决定性胜利,但是亚述王在很大程度上削弱了大马士革,以大马士革为首的反亚述联军不久即土崩瓦解。大马士革向亚述投降。以色列、推罗和西顿都接受了亚述的宗主国地位并向其纳贡。甚至埃及也认可了亚述国际强国的地位而把两只骆驼、一只河马及其他珍奇动物作为礼物献给萨尔马纳塞尔三世。亚述王对巴比伦尼亚的战争取得了更大的成就。他率大军长驱直入,一直攻到波斯湾沿岸的沼泽地区,彻底征服了全部巴比伦尼亚。在北方,亚述王挥兵侵入乌拉尔图,但自然环境的恶劣给亚述大军的行进造成了巨大的困难。乌拉尔图王充分利用了地利、人和的有利条件,成功地抵御了亚述人的侵略,甚至一度由防御转入进攻。

阿舒那西尔帕二世和沙尔马纳塞尔三世留下了不少铭文,宣扬他们的所谓“武功”。他们所过之处,动辄摧毁城市,焚烧城垣,对战俘用刀杀,用火烧以至竖立尖桩把他们刺死在上面。他们对投降的城市勒索巨额财富。他们的这种行径引起了统治区内的大起义。参加起义者不仅有被征服地区的人民，也有亚述核心地区的人民。公元前829—前824年连续六年的大起义，给亚述奴隶主贵族以十分沉重的打击。公元前8世纪80年代末至40年代中，亚述约有三十多年实际处于瘫痪状态。

在此期间，即在公元前8世纪中叶，近东政治地理也经历了一场风云变幻。当时，由于亚述帝国忙于在国内镇压起义而无暇他顾，叙利亚阿拉美亚诸部争当霸主，争斗不休，丧失了团结御侮的力量；伊朗地区的波斯人开始由北部向南部的巴卡第阿里山区迁移，而米底则乘机将其势力范围扩及到整个伊朗高原；乌拉尔图则进一步发展成为堪与亚述争雄的强国。在阿尔吉斯梯斯一世（约公元前780—前750年在位）统治下，乌拉尔图的版图自亚美尼亚境内的谢凡湖扩展到伊拉克北部山区。在乌拉尔图本部的四周，各弱小诸部构成其藩属群，其中包括高加索地区的希缅因人，安那托利亚陶鲁斯地区的新赫梯诸部，以及伊朗境内的曼奈人国家。阿尔吉斯梯斯一世的后继者萨尔杜尔三世（约公元前749—前734年在位）成功地拆散了叙利亚的阿拉美亚部落阿尔帕德与亚述新缔结的联盟，并通过阿尔帕德将乌拉尔图的政治影响迅速扩展到阿拉美亚诸部。

乌拉尔图势力的崛起，使亚述感到巨大的挑战，在萨尔马纳塞尔四世（约公元前782—前773年在位）统治时期，亚述人屡遭挫折的事实使亚述人清醒地认识到：在当时情势下，任何针对乌拉尔图的直接军事行动都将导致失败，于是，亚述不得不采取迂回战略，即加强自己在两河流域的地位，征服并控制叙利亚和伊朗，以斩断乌拉尔图的统治支柱。公元前745年，提格拉特帕拉沙尔三世登基，这位雄才大略的国王随即展开了大规模的军事行动。

提格拉特帕拉沙尔三世的第一个行动是出兵巴比伦尼亚北部地区，驱逐那里的阿拉美亚驻军，使屡遭阿拉美亚人骚扰的商路重新畅通无阻。通过这次行动，亚述王使得巴比伦充分认识到了亚述的军事实力，并体会到与亚述保持友好睦邻关系给巴比伦商业带来的好处。

提格拉特帕拉沙尔三世的下一个目标是叙利亚。公元前743年，他举行第一次大规模西征，率军横渡幼发拉底河，向叙利亚北部诸部进攻。叙利亚诸部十分恐慌，他们遂联合在阿尔帕德（位于阿勒坡以北）的旗帜下迎击亚述侵略军。与此同时，他们火速向乌拉尔图国王萨尔杜尔三世求援。萨尔杜尔洞悉亚述人对叙利亚诸部的进攻实际是针对乌拉尔图王国的,所以,即刻率乌拉尔图大军急如星火地前往解救。其实,亚述王早已预料到这一点,并在幼发拉底河谷的萨姆萨特附近的险要地点设下了埋伏。当乌拉尔图大军进入伏击圈以后,亚述军队全线出击,一举将其全歼,萨尔杜尔三世只身脱逃。于是,叙利亚完全暴露在亚述的兵锋之下。阿尔帕德被围,城内军民英勇抵抗达三年之久,最后在公元前 740 年陷落。整个叙利亚落入亚述人掌握之中。

征服叙利亚以后,提格拉特帕拉沙尔三世挥师东向。于公元前 739 年和前 737 年,踏平了中部扎格罗斯山区的大部分地区,把它们纳入亚述的版图。接着,亚述王向占据着伊朗高原的中央地带的米底人发动了战争。亚述军队横扫伊朗高原,兵锋远达摩温德山以及盐漠地区,直至德黑兰西南部。公元前 735 年,提格拉特帕拉沙尔认为,最后打击乌拉尔图的时机已成熟,便对乌拉尔图发起了进攻。乌拉尔图的首都被围,但因设防坚固,久攻不下。而此时地中海沿岸的局势再度紧张:由于亚述的劫掠,而使黎巴嫩地区的西顿和推罗与埃及的大宗木材贸易大幅度减少,引起了这些地区人民反亚述奴役的起义;同时,一个由所有巴勒斯坦和约旦地区诸部结成的反亚述同盟也在腓利斯丁地区的阿斯卡龙和加沙两部的号召下建立。于是,提格拉特帕拉沙尔被迫于公元前 734 年中止与乌拉尔图的战争,回师镇压这次起义。亚述五的二次西征,经过两年多的持续作战,又一次取得了决定性胜利。阿斯卡龙王战死,加沙王逃往埃及,各部被迫向亚述称臣纳贡。

西方已被提格拉特帕拉沙尔踩在脚下,现在他又不得不回师应付发生在巴比伦尼亚的事变,名义上仍处于独立地位的巴比伦国王那布纳西尔去世后,一个阿拉美亚酋长乌金泽尔于公元前 731 年僭称巴比伦国王。亚述王先是号召巴比伦公民起而反对之,并宣布将对那些从阿拉美亚酋长的军队中开小差的战士豁免一切税收。但这些外交宣传手段毫无结果,于是亚述王不得不率领部下攻入巴比伦尼亚,并将乌金泽尔逐回其在波斯湾南岸的老巢。公元前 729 年,这场战争结束之时,迦勒底人的比特阿木卡尼部落、乌金泽尔王国、阿拉美亚人的比特雅金部落以及伽勒底地区的海国,都臣服于亚述王了。公元前 728 年,提格拉特帕拉沙尔宣布自己为巴比伦王。次年,他就去世了。

提格拉特帕拉沙尔之子萨尔马纳塞尔五世(约公元前 726—前 722 年在位)

统治期间，以色列的傀儡国王霍西雅起而反叛亚述。萨尔马纳塞尔派兵围攻撒马利亚达3年之久（约从公元前724年到前722年）。但对以色列的最后征服是由其后继者萨尔贡二世（约公元前722—前705年在位）完成的。

萨尔贡二世继位之际，在近东发生了两件影响亚述的战略和外交达百年之久的重要事件：埃及对巴勒斯坦地区的干涉和埃兰对巴比伦尼亚的染指。两者都是提格拉特帕拉沙尔三世征服战争的结果：亚述在伊朗高原势力范围的扩展阻止了两河流域通往埃兰的惟一贸易孔道；亚述对腓尼基的控制则断绝了埃及和巴勒斯坦地区历史悠久的贸易往来。埃及和埃兰由于共同的利益而联合亚述的劲敌乌拉尔图一起与亚述为敌。然而，面对正处于鼎盛时期的亚述，他们不得不采取外交手段，即相对稳健的策略：煽动并支持亚述诸属国的叛乱以达到消耗亚述实力的目的。故而，每当南部伊拉克的阿拉美亚酋长或被亚述军队不可战胜神话所吓倒的巴勒斯坦诸部首脑乞援时，他们在人力物力上都不惜给以全力支持。因此，萨尔贡二世统治时期的战争兼有平叛与攻掠的特点。

巴比伦地区起义烽火不断，埃兰人暗中给予全力支持，亚述军队疲于奔命。萨尔贡登基的同年，埃兰人扶持定居于巴比伦尼亚的阿拉美亚酋长美洛达赫巴拉丹登上巴比伦王位。公元前721年，埃兰人甚至直接侵入美索不达米亚，围攻底格里斯河下游的都尔依鲁要塞，以支持巴比伦王。萨尔贡二世率部前往解围，但在要塞下被埃兰人击败。这一败绩的直接后果是美洛达赫巴拉丹君临巴比伦达十一之久（约公元前721—前710年）。

对亚述构成同样威胁的是叙利亚、巴勒斯坦地区所出现的反叛。在埃及的策动和支援下，哈马、大马士革、以色列在撒马利亚的余部、加沙和腓利斯丁，都企图摆脱亚述人的枷锁。约公元前720年，萨尔贡二世放弃了收复巴比伦尼亚的所有计划，挥师西指，在卡尔卡尔击败哈马、大马士革、以色列、加沙和腓利斯丁联军，接着又在埃及国境线附近的拉斐亚全歼腓利斯丁和埃及联军。埃及被迫像其他小邦一样向亚述纳贡。也就是在这次征服中，亚述人将以色列彻底灭亡，将其90%左右的居民迁往亚述和米底（约公元前722年）。

在拉斐亚取得对埃及及其所支持的叙利亚、巴勒斯坦诸部的决定性胜利以后不久，萨尔贡二世又不得不奔赴北方边境，因为野蛮游牧部落对那里的骚扰持续不断，而背后支持他们的则是乌拉尔图和安那托利亚地区新兴强国腓瑞吉亚。这场在北方的战争花去了萨尔贡二世十年的时间。战争期间，乌拉尔图的鲁萨斯一世成功地用自己的傀儡在公元前719—前715年间取代了亲亚述的莫奈统治者。这一事件点燃了亚述与乌拉尔图战争的导火线。

约公元前714年，亚述对乌拉尔图发动了大规模的进攻。这次进攻的显著特点是行军极为艰苦：亚述大军不得不常常翻越库尔德斯坦山区的崇山峻岭。萨尔贡二世翻山渡水，率大军如神兵天降般突然出现在乌尔米雅赫湖和凡湖之畔。乌拉尔图人猝不及防，旋即退入其首都穆萨里尔城，拼死抵御亚述的围攻。但终于矢尽粮绝，穆萨里尔陷落，乌拉尔图民族神哈尔迪亚的神像被掠往亚述，鲁萨斯一世绝望自杀。乌拉尔图虽未亡国，但所遭受的打击是空前的。

乌拉尔图虽战败了，但它所点燃的反亚述的烈火仍在其余各地燃烧着。约公元前717年，卡尔凯美什因阴谋反叛亚述而被萨尔贡二世兼并，被划为帝国的一个行省。公元前715年，亚述军在勒法伊亚击败埃及法老奥索尔康三世的军队，随后扫荡巴勒斯坦南部。犹太国王埃哈兹投降，前犹太国从此不复存在。在连续征战的五年内，同样的厄运降临到库埃、古尔古姆、米利德、库姆胡和塔贝尔的头上。小亚的腓瑞吉亚只因与亚述关山重隔才避免了被奴役的命运。在此期间内，约公元前713年，亚述军还乘扎格罗斯地区的统治家族内乱之机，征服了凯曼什哈和哈马丹地区的公国和城镇，并迫使米底纳贡称臣。

到公元前710年左右，萨尔贡二世终于扑灭了帝国各地蜂起反叛的烈火。整个叙利亚、巴勒斯坦和大部分扎格罗斯山区被亚述牢牢掌握；米底成为其藩属；乌拉尔图受重创；埃及不得不作出友好姿态；埃兰和腓瑞吉亚虽有敌意，但仍愿与亚述保持和平状态。

然而，美洛达赫巴拉丹统治下的巴比伦尼亚仍是亚述的心腹之患。约公元前710年，亚述王再次出兵巴比伦尼亚。巴比伦王动员了全体人民反击亚述军队的侵凌。巴比伦的战士们英勇顽强，抵抗达两年之久，但最终难免于失败。萨尔贡兼并巴比伦领土，自称巴比伦国王。亚述的这次军事胜利的影响十分深远。安那托利亚的腓瑞吉亚王国请求与亚述建立友好睦邻关系；波斯湾巴哈林岛上的迪尔蒙王国向亚述纳贡称臣。萨尔贡二世的敌人阴谋削弱亚述的努力已告彻底失败，亚述空前强盛。

辛那赫里布（约公元前704—前681

年在位)在位期间,北部和东部边境处于相对平静状态。萨尔贡二世在库尔德斯坦、亚美尼亚和陶鲁斯地区对乌拉尔图等国毁灭性的打击,使得他们不再是令人生畏的敌手了。而且好战的游牧民族希缅因人开始活跃于近东政治舞台,他们对乌拉尔图等亚述敌人的压力使得亚述人获得了暂时的宁静。然而,希缅因人的进展是令亚述忧虑的:他们正沿着黑海南岸向前推进,在彭提克山脉的褶皱地带骚扰腓瑞吉亚和它的西邻——年轻而富庶的吕底亚王国。与此同时,希缅因的其他支派则正向伊朗西北角渗透,并与莫奈人和米底人建立了同盟。辛那赫里布无疑了解这种态势,但他既未能洞察其潜在的严重后果,而事实上也无力对这边远地区所发生的事变进行卓有成效的干预。因为当萨尔贡二世死亡的消息一传开。地中海沿岸和巴比伦地区又立即落入叛乱者手中,而辛那赫里布不得不为镇压叛乱分子而全力以赴。

由于埃及的政治游说,腓尼基和巴勒斯坦地区的西顿、犹太、埃克雍和阿斯卡龙等地区,在萨尔贡二世死讯传来后,废除了与亚述王的宗属关系。约公元前700年,辛那赫里布残酷地镇压了反叛者,结果,西顿王逃往塞浦路斯岛,阿斯卡龙王被解往亚述城,一股援救埃克雍的埃及军队被击溃。在上述诸部中,更驯服的人被扶上统治者的宝座。接着,辛那赫里布进攻犹太国,包围了设防坚固的拉西什城,分兵进攻耶路撒冷。犹太人最后用重金贿赂亚述王,并且被迫割让大片土地给其世仇腓利斯丁,亚述军队始撤围。此役之后,为了报复埃及对反叛者的支持,辛那赫里布决定入侵埃及。亚述军队曾开进到现苏伊士运河以东30里的彼吕西乌姆地方,只是由于军中发生瘟疫才不得不回师。

亚述王在巴比伦所面临的形势要比叙利亚、巴勒斯坦严峻得多。反击阿拉美亚及其埃兰同盟者的战争在辛那赫里布统治的大部分时间里都在进行着。在辛那赫里布登基的那一年(约公元前704年),萨尔贡的老对手美洛达赫巴拉丹从避难地埃兰归来。在埃兰军官团的帮助下,他很快在南伊拉克组建了一支由阿拉美亚部民组成的军队。但亚述王不想给美洛达赫巴拉丹以喘息之机,公元前703年,辛那赫里布兵临基什城下,美洛达赫巴拉丹的乌合之众不堪一击,美洛达赫巴拉丹落荒而遁。亚述王命士兵劫掠了巴比伦城,虏走战俘无数,并将一亚述傀儡倍尔伊比尼扶上巴比伦王位。公元前700年左右,美洛达赫巴拉丹又在他的老巢比特雅金部落支持下崛起,亚述王不得不再次加以镇压。由于怀疑倍尔伊比尼暗中勾结美洛达赫巴拉丹，辛那赫里布以自己的儿子亚述尔那丁苏米取而代之。美洛达赫巴拉丹遁迹海上，不久死去。

在亚述淫威下，比特雅金部民避难埃兰。亚述王以此为借口，于公元前694年左右发动了一场对埃兰的突然袭击。这是一场大规模的两栖作战行动，其真正目的在于打通一条穿过亚述的敌国——海国通往波斯湾的贸易通道。亚述舰队的舰只是由腓尼基工匠在尼尼微修造的，水手则是来自推罗、西顿和爱奥尼亚的青年。这支舰队沿底格里斯河顺流而下直达欧匹斯。然后，这些舰只被从陆路拖入附近的阿拉赫图运河。舰队通过阿拉赫图运河驶入幼发拉底河，顺流而下直达河口附近的巴布萨里米提，在那里与集结于此的陆军会师。然后，满载官兵的舰队通过波斯湾驶向埃兰的领土，袭击了全无戒备的埃兰人，劫掠了埃兰沿海地带。满载迦勒底避难者和埃兰战俘以及亚述官兵的舰队返航巴比伦尼亚。埃兰王哈鲁苏立即进行报复。他很快攻入巴比伦尼亚，攻陷西帕尔并俘获了辛那赫里布之子巴比伦王亚述尔那丁苏米，并将他的一个随从纳加尔乌什兹立为巴比伦王，然后携亚述尔那丁苏米返回埃兰。

公元前693年，辛那赫里布重新夺回巴比伦尼亚，并将纳加尔乌什兹解往亚述，随即大举进犯埃兰本土。埃兰新王库都尔那赫混特采取坚壁清野战术，退入山中，展开游击战争。亚述王无功而还。公元前692年，巴比伦人又拥立穆什兹波马尔都克为王。公元前691年，辛那赫里布南征巴比伦尼亚，惶恐的巴比伦新王遂请求埃兰王乌曼米那努（库都尔那赫混特的继承者）支援。乌曼米那努与亚述军会战于底格里斯河畔的哈路里。亚述军队损失惨重而不得不撤回亚述本土。埃兰军队跟踪追击并占领了巴比伦尼亚的部分土地，而穆什兹波马尔都克仍旧据有巴比伦尼亚其他领土。但埃兰方面损失亦很巨大：主帅战死，美洛达赫巴拉丹之子被俘。

公元前689年，埃兰王乌马米那努死，亚述王开始实施其酝酿已久的复仇计划。他突然袭击并攻陷了巴比伦城，将其王穆什兹波马尔都克以及马尔都克神的神像掠往亚述。巴比伦城被蓄意地毁弃了：人民被放逐，城垣夷为平地，阿拉赫图运河被填塞。

亚述位于美索不达米亚北部，底格里斯河中游。公元前3000年代末，以亚述城为中心，形成亚述国家。亚述是一个好战的国家，亚述王从不满足于已占有的土地，几乎每一代国王都继续着扩张政策，不断出征，征服别国，企图统一当时他们所知道的世界。在长期战争中，亚述曾几度兴衰，又重新崛起，到公元前 8 世纪，由于军队训练的加强和武器的不断改进，亚述终于成为当时的世界（指西亚、北非、地中海地区）巨强。它先后攻陷文明古国巴比伦和埃及，又扩大到周围的地区，使其疆域东临伊朗高原，西抵地中海以至埃及，北及南高加索，南至波斯湾，以底格里斯河畔的尼尼微为都城，确立起一个庞大的军事帝国。

提格拉·比利萨三世像

亚述的强大突出在它的军事威力，亚述本土多山地，出产铁矿，便于制造锐利武器；艰苦而又十分危险的山地打猎生活，又将亚述人锻炼成坚韧和大胆的武士。在这些有利条件下，著名的亚述王之一，提格拉特帕拉沙尔三世（公元前 745—前 727 年）又实行了卓有成效的军事改革。他改组军队，实行募兵制；建立战车兵、骑兵、重装步兵、轻装步兵、工兵等多种兵种，装备以铁制武器；同时注重武器的改进和军事工程的建造；侦察兵和谍报员也有其特殊地位。军事在亚述发展为完善、有系统的科学，亚述军队成为古代东方社会中最强大的军队。这支军队曾攻陷了许多历史名城，叙利亚都城大马士革就是其中之一。

公元前 734 年，通往大马士革的路上，匆匆行进着一支大军，这就是由强悍无敌的亚述王提格拉特帕拉沙尔三世率领的亚述军团。队伍来到一条小河旁，停顿下来，工兵立刻来到河边，熟练地吹起了皮囊，把它们绑在一起，又在上面铺上杉木板。这样的木筏不仅能够渡过步兵，同样也可以渡过骑兵和战车。亚述军团渡过小河，直逼大马士革城下。

大马士革王登上城墙的塔楼瞭望，他几乎绝望了，亚述军团铺天盖地而来，有 5000 辆战车，骑兵像“海滩上的沙”那样多。而大马士革城内只拚凑出 2000 辆战车，士兵只有亚述的一半。而且孤立无援，看来只有拼死一战，或能保全。

在大马士革城外的平原上，两军迅速进入战场。亚述军队排开了阵势，每一个连队都占据了指定地点。每一连中，走在前面的是五辆战车，后面十五个骑兵排成一列，第三排是二十五个重装步兵，而在两翼和后边则布置了五十个轻装步兵。连队由一个连长指挥，他的副手是两个伍什长。随着亚述王一声令下，战车首先向前挺进，沉重的车轮迅速转动着，铜的幅条闪闪发光。每辆战车上有两名战士，一个人拉开了弓箭，另一个手拿盾牌，拉着马缰。沉重的铁矛挂在战车后部特备的架子上，箭囊和铜斧则在车厢两侧摇摆，车辕木是用金银的花瓣形钉子装饰起来的，马衣上则飘扬着各色的缨穗。在战车之后，奔驰着身穿铁甲的骑兵弓箭手，他们的脚边巧妙地装着铁的刺马钉，马鬃上装饰着羽毛，马笼头上的银铃发出叮当的响声。铃声、厮杀的呼号声和箭的嗞嗞声交织成一片。在短暂的互射后，两军相接，战车和战车相遇，骑兵与骑兵交手。大马士革的战车招架不住亚述人优势兵力的进攻，城堡塔楼中百发百中的射手保护他们退却。这时，亚述的战车和骑兵忽然向两边分开，亚述的重装步兵向前挺进了。每个重装步兵右手执矛，左手拿着青铜盾牌，他们的头上戴着有高尖的、半圆形的、沉重的帽盔。在重装步兵的两翼配合作战的是轻装步兵，他们由专门拿着跟人那么高的，柔韧的树条编成的盾牌的盾牌手掩护，盾牌的上部是弯曲的，以便遮挡从城堡上射下的箭。步兵奔向前去，射出箭或用皮弹弓打出石块，然后在盾牌手的掩护下飞跑回来。

在亚述兵的进攻下，大马士革军队乱成一片，向城里退去。战车、骑兵和步兵互相践踏，四个军事将领被亚述人生俘，在亚述王的命令下被打得皮开肉绽，绑在大马士革城门前的木桩上。大马士革人再也不出城作战了，他们储备的粮食可维持五年，决心坚守。亚述人围城一年多，仍未使其屈服。恼羞成怒的亚述王决定强攻。

公元前732年的一天，在大马士革城墙下，亚述王命令士兵们拉来了二十只“大苍蝇”——这是人们对一种攻坚器械的称呼。不论是埃及人、巴比伦人、还是以色列人都不会破坏敌人的坚固工事，顶多只会采用云梯爬上城墙。可是亚述人却创造出别具一格的攻坚器械。这是一些巨大的木框子，里面装有一种特制的绞盘，上面绞着用马鬃和橡树皮编成的绳索，绞盘把绳索绞紧，然后拉开，产生很大的力量，把石弹或燃烧着的油桶抛到城堡的门上或墙上，造成很大的破坏。“大苍蝇”把大马士革南面的城墙的门打坏了许多处。得意的亚述王又让士兵们换上攻城器。这种攻城武器像一只只大笼子，下面有四个轮盘，前面是一枚又重又粗的大铜锤，大铜锤的头是尖的，直向前方，后面则用皮带牵动。在亚述王的命令下，四个大力士拉动着皮带，攻城器撞击着城角，砖块纷纷下落，城上的大马士革士兵慌忙射出带火的箭，可是亚述士兵在盾牌的掩护下很快扑灭了火焰，攻城器继续在轰击城墙，不久，在城墙上出现一条裂缝。第二天，正城门也被崩塌了。亚述士兵冲进城去，大马士革人仍然顽强地抵抗着，激烈的巷战整整继续了七天七夜。以凶残著称的亚述人对谁也不留情。他们用棍棒敲碎受害者的头，用短剑割断他们的咽喉，在城中燃起大火，抢劫每一户人家的财产，掳走妇女、小孩和老人。第八天，全城已被占领，浑身是伤和血迹的大马士革国王被捆绑着押到亚述王面前。亚述王凶狠地看了他一眼，就下令把他斩首了。

战败的大马士革，其状惨不忍睹。北城门边，砍下的人头堆成了一座小山，还有上千的战俘被绑在上端削尖的木桩上，让他们在痛苦中慢慢死去，20000个和平居民作为奴隶被押回亚述，随后，还有一堆堆的金、银、铜、象牙和其他贵重物品，一车接一车地运回亚述……

亚述就是这样残酷地蹂躏战败的国家。后来，打了胜仗的亚述王通常要坐在四个被俘国王挽曳的两轮车上，在都城尼尼微巡行一周，显示威风。战败被俘的贵族被装在囚笼中陈列在街道两旁。对于战败国的人民，亚述王则要课以极重的赋税，甚至亚述自己也称之为“重税”。

亚述最后一个杰出的国王是亚述巴尼拔。他虽然受过教育，博学多才，堪称政治家和外交家，还曾在尼尼微的皇宫中设立了世界上最早的图书馆。但是，他身上同样继承了他渴血的先辈们的残忍。他统治时期，亚述帝国已开始动摇，为了威吓不顺从的人，他下令把敢于反抗亚述统治的地区的居民，不论老人、妇女、儿童都斩尽杀绝。他还大言不惭地吹嘘：“……我在一个月的时间内，就把埃兰王国从大地上消灭掉，我使这个国家的田地和草原上没有人的声息，没有马匹、母牛和母绵羊的足迹。让凶恶的野兽、毒蛇和爬虫自由地到那里去栖息。……我连他们城市的余烬都运到了亚述。”

被征服的人民都仇恨亚述，整个东方都在亚述的残暴统治下呻吟，整个东方就期待着亚述灭亡。在许多古代东方文献中，亚述被称为“狮穴”，尼尼微被称为“血城”。渴望着亚述灭亡的不仅仅是奴隶和下层人民，还有被奴役国家的贵族。亚述帝国虽然幅员辽阔，但它外强中干，它是借助血腥掠夺、残酷镇压而建立的，它不可能是巩固的。因此，亚述巴尼拔死后，它迅速地瓦解了。埃及首先宣布独立，叙利亚和腓尼基也不再俯首听命;公元前626年,巴比伦也争得独立,并和米提人结成反亚述的同盟。亚述已接近末日了。公元前614年,米提人攻下亚述城,把它洗劫一空,城中贵族都被砍死。公元前612年,巴比伦和米提联军攻陷尼尼微。在这血腥的城市里,战车在飞驰,战马在嘶叫,骑兵在飞奔,剑和矛亮光闪闪。尼尼微被蹂躏、被毁坏、被洗劫了,满城的大火,积尸成堆,亚述注定要灭亡了。最后一代亚述王为了不被生擒,纵身跳入火海。亚述军队的抵抗也挽救不了亚述灭亡的命运。公元前605年,亚述军队在卡尔赫美什进行了最后一次激战,一个声威强盛的国家——亚述就永不存在了。

亚述帝国与乌拉尔图的斗争

在阿达德尼拉列死后,乌拉尔图出现了一个有才干的国王阿吉斯提一世。他在各个方面对亚述展开了攻势,把亚述人从那意里赶走;在乌尔米亚湖东南征服波苏瓦和曼奈各部。萨尔玛拉萨尔四世(公元前782—前772年)与乌拉尔图苦战六年毫无成效。大马士革再次反叛。阿淑尔丹三世(公元前772—前755

作战中的弓箭手和投石器手

年)时,阿淑尔城、阿拉普哈和古赞那三个大城市相继反叛,六年后才平息下去。国内还发生了两次瘟疫。阿淑尔尼拉列五世(公元前754—前745年)在位11年,仅出征两次。连续几个国王的无能引起国内各阶层的不满。公元前745年,首都卡拉赫发生了起义,强有力的非王室血统的军事将领提格拉特帕拉沙尔三世(公元前744—前727年)在全国一片拥戴声中登上了王座。从此,帝国进入了一个新的发展阶段。

从提格拉特帕拉沙尔三世开始,亚述帝国达到极盛。这时,总督的辖区(行省)缩小了,削减了总督的权力,加强了国王的权力;对被征服国家,不再采用过去保留本地王公的政策,而是尽量将其变成由亚述总督治理的行省(对巴比伦这样的大国由亚述王兼任国王);把反抗情绪大的人民迁移到离亚述首都

这幅尼尼微石雕表现的是国王亚述巴尼拔与王后一同用膳

近的地区或其他远隔的地区的作法现在几乎是常规了。这几种措施减少了反叛和起义的机会,从而大大地稳定了帝国。在军事上,提格拉特帕拉沙尔三世也进行了改革。他将临时召集公民入伍的办法变成设立常备军。另外铁制武器已在军队中完全取代了青铜武器,军队的战斗力从而大大提高了。在与众多的敌人作战中,他采取各个击破的战略。公元前745年,他平定了巴比伦的内乱,树立起亲亚述政权,从而稳定了后方。公元前744年,亚述军东北进击,征服了米底各部落。公元前743年,亚述王率军西征北叙利亚各国同盟。亚述军围阿尔帕得城不下,转入西北山区并与乌拉尔图军队和其六个同盟国家的军队遭遇。两军鏖战,敌军不支,乌拉尔图王落荒而逃。亚述乘胜深入敌境追击,大获全胜,此役共俘敌72950人。公元前742—前740年,亚述军再围阿尔帕得,三年始下,置为行省。叙利亚各国皆称臣纳贡。公元前739年,以大马士革、以色列为首的西方(小亚南部、叙利亚、巴勒斯坦、阿拉伯等地区)19国联合反叛亚述。亚述大军在黎巴嫩山区与之会战,再次获胜。此役震动西方,各国纷纷降服。哈马特居民30300人被移往他乡,其地置为亚述行省。公元前736年和735年,亚述王再次北伐乌拉尔图，将乌拉尔图王萨尔杜里二世围在其首都凡城（在凡湖岸边）。凡城因其地势险要才未被攻下。公元前 734 年，亚述征服了腓力斯丁城邦阿斯卡隆和伽萨。两年后，亚述王终于攻陷了大马士革，将它置为行省。公元前 731 年，巴比伦尼亚南部的迦勒底人强大到已能夺取巴比伦王位。亚述王岂能容他人染指巴比伦，他战败了篡位者。公元前 728 年新年，他举行了“握拜尔神之手”的仪式，自任“苏美尔和阿卡德王”。第二年，这位战果累累的国王死去了。他的儿子萨尔玛拉萨尔五世（公元前 726—前 722 年）仅统治五年。

这位国王在国内得罪了阿淑尔城的贵族和祭司。一位贵族乘机杀了他，自己登上了王位，这就是萨尔贡二世（公元前 721—前 705 年）。萨尔贡授予阿淑尔城免税自治权和他把很少在名年官表上出现的阿淑尔总督列为名年官之第二名这两件事，说明了他的登位是与阿淑尔城的支持有关的。

古典世界史

古代希腊概况

古代希腊的地理范围包括希腊半岛、爱琴海和爱奥尼亚海上的诸多岛屿和小亚细亚半岛的西部沿海地区，比现代的希腊共和国所辖面积稍大。

希腊半岛仅次于地中海的东部，地处巴尔干半岛的最南端，东濒爱琴海，西接爱奥尼亚海。从希腊半岛出发，向东可达小亚细亚半岛的西海岸，往东北则可穿越赫勒斯滂（今达达尼尔海峡）到达黑海。希腊半岛按自然地理条件可分为三个部分，即北希腊、中希腊和南希腊，北希腊包括伊庇鲁斯山地和色萨利平原。中希腊境内群山绵延，将该地区分为阿提卡、彼奥提亚等 8 个自然区。其中阿提卡是雅典城邦的所在地，在古代希腊史上占有重要的地位。南希腊亦称伯罗奔尼撒半岛，包括阿哥斯、拉哥尼亚等地区，著名的斯巴达城邦就在拉哥尼亚境内。

古代希腊由于境内多山。除少数平原地区宜于种植谷物外，其他地区只能种植适于山地生长的葡萄、橄榄等。因此，古代希腊半岛居民所需的粮食，有很大部分需要从西西里岛、黑海沿岸，甚至从埃及舶入。但是，希腊半岛拥有丰富的大理石等矿产资源，又为其冶金、建筑等手工业的发展提供了有利的条件。希腊半岛的东部沿海地带，海岸曲折，多优良港湾，利于航海经商。爱琴海海上散布着数百个大小岛屿，其中最大的岛是克里特岛。该岛扼西亚、北非和南欧海上交通之咽喉，战略位置极为重要，同时也是古代希腊与外部世界联系的桥梁。小亚细亚西部沿海地区有与希腊半岛东海岸同样曲折的海岸线，也有许多优良的港湾，附近海面上散布着星罗棋布的岛屿。这一地区距西亚等文明最早发生

希腊神话中的复仇女神

的地区较近，是古代希腊与这些地区联系的中介地，对希腊古典文明的形成，有着重要的影响。

根据传统说法，古代希腊半岛最早的居民是皮拉斯古人，海岛上的居民是勒勒吉人，他们是非希腊语族人。大约在公元前 2000 至前 1200 年左右，属于印欧语系的希腊语人从北方先后分三批进入半岛的中部和南部。到公元前 1000 年左右，希腊语人的诸部落占据了希腊各地。其中爱奥尼亚诸部落占据了中部希腊的阿提卡、小亚细亚西海岸的中部地区以及爱琴海中部诸岛，多利亚人占据了伯罗奔尼撒半岛、小亚细亚西海岸南部地区以及爱琴海南部诸岛。阿卡亚人则分布于伯罗奔尼撒的阿卡亚和阿卡地亚地区，希腊原有的土著居民逐渐被同化。

全部古代希腊史可以划分为五大阶段：爱琴文明（公元前 2000—前 1200）、荷马时代（公元前 11 世纪—前 9 世纪）、奴隶制城邦形成时期（公元前 8—前 6 世纪）、古典时代（公元前 5—前 4 世纪）和马其顿亚历山大帝国时代（公元前 4 世纪—公元 2 世纪）

爱琴文化是指爱琴海地区早期奴隶制城邦文明（或青铜文化），它包括克里特文化和迈锡尼文化为主的两个阶段，又称克里特·迈锡尼文明。

公元前 1200 年前后，希腊语种的一支多利安人侵入希腊半岛和克里特岛，毁灭了仅存在于爱琴海局部地区爱琴文明，导致希腊历史的发展经历了几个世

亚历山大大帝

纪的暂时局部曲折。这个过程在历史上称为“荷马时代”。

希腊奴隶制城邦形成时期，希腊人建立了许多城市国家，同时又通过广泛的殖民运动在海外建立许多殖民城邦。斯巴达和雅典是两个典型。

古典时代是希腊奴隶制城邦繁荣时代，希波战争是这一时期的重大历史事件。战后，希腊大多数工商城邦的奴隶制经济、文化和民主政治出现了繁荣景象。伯罗奔尼撒战争是希腊城邦由盛变衰的重要历史转折。战后，由于奴隶制进一步发展，自由民贫富分化加剧以及城邦间的混战，使希腊城邦陷入危机而趋于衰落，终于被北方新兴的马其顿王国征服。

马其顿亚历山大帝国是亚历山大率希腊马其顿军队进行侵略波斯的战争，结果建立了一个横跨欧、亚、非三洲的奴隶制大帝国。亚历山大死后，帝国分裂为三部分：托洛密埃及、安条克叙利亚、马其顿统治下的希腊本土，直至最后被罗马吞并。

爱琴文明

爱琴海区域的地理概况和居民

爱琴海区域是地中海东部一个独特的地区。它靠近北非、西南亚几个古文明的中心，东包小亚细亚西部沿海之地，西接希腊半岛，北经达达尼尔海峡、博斯普鲁斯海峡以通黑海。爱琴海中有 480 多个大小不等的岛屿，其中以南边的克里特岛为最大。实际上，爱琴海倒像个“千岛之湖”。这里海陆交错，舟楫往来便捷；而水光山色，启人遐想。

在距今五六千年以前，当希腊人还没有南下、从游牧部族变为定居部族的时候，爱琴海区域的居民就已经有一簇灿烂的古文明。这古文明的中心是在克里特岛。克里特岛地形狭长，东西长约 250 公里，南北的宽度约为 12 公里至 60 公里不等。它横卧海上，是爱琴海地区的前沿。

关于爱琴海区域最早居民的部族属性问题，目前历史学家还不能确切地予以说明。一般的论断是：爱琴海区域最早的居民是来自小亚细亚和叙利亚一带，大概与塞姆人有关，他们在新石器时代就已经定居于此。嗣后随着地中海东岸一带部族的迁徙，又有许多新的部族移植过来。总之，爱琴海区域的居民在血缘上和语言上都是异常庞杂的。

爱琴文明的发现

古希腊的文明史是从爱琴文明开始的。所谓爱琴文明就是指南希腊和爱琴海岛屿上的文明。在青铜时代，这些地区的原始社会逐渐解体，产生了奴隶制国家。

爱琴文明的发现，是近代考古学上的一项重大成就。它所处的地理位置极佳，气候宜人，农产众多，林木茂盛；位于腓尼基与意大利、埃及与希腊之间，正是战略要冲，也是贸易重地。亚里士多德曾指出这个地理的优越性，以及“它如何使得克里特王米诺斯获得了爱琴海帝国。”米诺斯的故事虽然被所有古典学者认为是真有其事，但是现代学者却斥为传说；并且直到六十年前，包括英国历史家格罗特在内，均认为爱琴海文明的

希腊陶制黑人头像

历史乃是开始于多丽斯人的入侵或是奥林匹克竞技。

1871 年至 1890 年间，德国学者谢里曼根据荷马史诗中吟咏的特洛伊战争，以及有关战争发动者迈锡尼国王阿伽门农的传说，先后对小亚细亚西部的特洛伊，南希腊的迈锡尼和太林斯等地进行考古发掘，取得了惊人的成就。他的考古报告，引起了当时考古界的极大重视。一些考古学者开始试图寻找古代希腊神话中提到的克里特岛米诺斯王宫的遗址。

在 1893 年，英国考古学家伊文思博士，在雅典买到了一些小石块，这是被希腊妇女戴在身上当护身符用的。他对于石块上面刻的象形文字甚感好奇，这些象形文字也没有一位学者懂得。为追溯这些石块的来源，他来到克里特岛，在岛上各处游荡，捡拾他认为是克里特古文字的样品。1900 年春季，他雇了 150 个人，连续挖掘了九个星期，终于掘出了现代历史研究上最丰富的宝藏——米诺斯的宫殿。所有已知的任何古代遗物均无法与这个建筑的壮丽相比，它的外观与古代希腊故事中的迷宫完全一样。在这个宫殿以及其他废墟中，就好像是要证实伊文思的直觉一样，又发现了数千块图记和泥板，上面所刻的图形文字（线型文字 A）是跟他最初发现于小石块上

面的相同。消息传出后，来自各国的学者纷纷赶到克里特，进行了大量而细致的发掘工作，其后，一些学者又在希腊半岛、爱琴海岛屿和小亚细亚等地进行了富有成果的发掘，进一步丰富了爱琴文明的内容，终于使得湮没数千年的爱琴文明，重为世人所知。

由于爱琴文明的发现，使希腊的历史可以远溯到更古的时代，成为世界五大文明发祥地之一。爱琴文明的中心是克里特岛和迈锡尼城，因此又称克里特·迈锡尼文明。从公元前 2000 年克里特岛上出现最早的奴隶制国家起，到公元前 12 世纪迈锡尼灭亡止，爱琴海地区的上古国家存在约八百年。

希腊城邦兴起

由村落到城邦

公元前 12 世纪，随着多里安人的入侵，希腊堕入“黑暗时代”。这一时期的希腊以农业为主，实行部落制和贵族政治，活动范围限于爱琴海区域，到公元前 6 世纪末，这一切都改变了。

荷马时代晚期，希腊已普遍使用铁器，提高了社会生产力。铁铧、铁锄、铁镰的应用，使农田得以深耕，丘陵被进一出了过去的水平。手工业也有显著的发展。希腊的酿酒、榨油和制陶业在地中海世界已处于领先的地位。他们的造船业也很发达，这时已能建造三层桨座的快速远航船。农业的进步与手工业的多样化，加速了国内外贸易的发展。在一些工商业较为发达的城邦已出现集市，有了专做买卖的商人，商业活动的中心逐渐形成，城镇正在兴起。在公元前 7 世纪，有的城邦已开始铸造货币。对外贸易不断扩大。工商业城邦与地中海沿岸各地已有密切的经济往来，向外输出葡萄酒、橄榄酒、陶器等生活用品，输入他们所需要的粮食、手工业原料和奴隶等。

社会劳动大分工导致了希腊社会的阶级大分裂，希腊人的氏族制度终于被新的社会组织形式——国家所代替。古代步开垦，耕地面积在不断扩大，粮食、葡萄、橄榄的种植都超希腊人建立的是城邦国家，即以一个城市为中心，把周围的若干村镇附属于城市国家的统治之下。这些城邦地不过百里，人口不过数万，最大

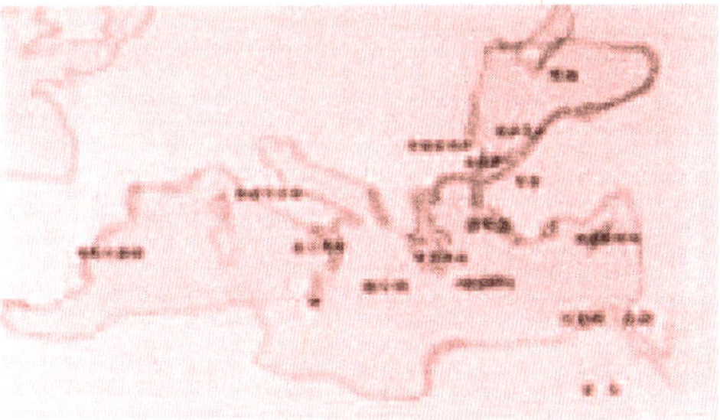

希腊在地中海沿岸的殖民扩张

的也不过数十万人，具有小国寡民的特色。当时，在希腊各地先后建立有二百多个城邦，其中最著名的有：小亚细亚西部沿岸的米利都和爱非斯（亦译以弗所）；中希腊的特尔斐与雅典；南希腊的科林斯、阿果斯和斯巴达，等等。各城邦原则上都是独立自主的，但也通过结盟的方式加强政治、军事上的联系，并奉较大的城邦为盟主。古代希腊人虽未建立统一的国家，但他们在语言文字、宗教节日活动、社会习俗和文化传统方面都基本保持一致，并都自称是“希腊人”。

在城邦建立初期，各邦的政权都被氏族贵族独占。但在政体上分别采取了贵族共和、贵族寡头和君主专制等不同的形式。实行共和制的城邦往往通过贵族会议从贵族中选举出两名或数名执政官执政。执政官的任期有一定的年限，卸任后可进入贵族会议。在国家遇到战争或其他紧急事务时，可从执政宫中推选一人为总裁官（“埃修尼德”）。总裁官任职期限分别为半年、一年，或只以完成某件大事为限。在出现平民与贵族斗争的一些城邦，还有过一种僭主政治（“僭主”意为依靠武力取得政权而建立的个人统治）。早期僭主政治常在反对贵族残暴的统治中出现，对社会发展起过一定的积极作用。在为数众多的希腊

古希腊石雕少女像

城邦中，最强大而又最重要的是斯巴达和雅典。这两大城邦在奴隶制的经济和政治上各代表一种类型，并在相当长的一段时间是希腊城邦集团的两个霸主。

由于各地区、部落条件、特点不同，希腊各城邦形成的具体过程也不一样，大致可以分为以下几种形式：

1. 原迈锡尼文明地区，由于外族入侵，原有的城邦毁灭，重新在氏族社会瓦解的基础上形成的国家；或者在征服过程中，征服者与被征服者的斗争过程中形成国家，前者如彼奥提亚诸邦，后者如斯巴达城邦等。

2. 由于公元前 11 世纪末多利亚人

南下，引起希腊各部落迁移，在移民过程中形成的城邦；后来在大殖民运动中形成的城邦。前者如小亚细亚沿海的爱奥尼亚诸城，后者如地中海和黑海沿岸的殖民城邦。

3. 迈锡尼文明时代尚未形成国家，也没有遭到外族的入侵，“国家是直接地和主要地从氏族社会本身内部发展起来的阶级对立中产生的”。雅典是这类城邦中的典型。

城邦形成的原因

希腊地区的地理特点是促成发展的一个基本因素。希腊地区没有丰富的自然资源，也找不到肥沃的大河流域和广阔的平原，而具备这些天然条件，并合理地开发和利用，是供养如中东、印度和中国所建立的那种复杂的帝国组织所必需的。在希腊和小亚细亚沿海地区，只有连绵不绝的山脉，这不仅限制了农业生产率的提高，而且把陆地隔成小块。因而，那种可作为地区合并基础的天然地理政治中心，希腊人是没有的。入侵者入侵之后，在彼此隔离的村庄里安居下来。这些村庄通常坐落在易于防卫的高地附近，因为高地上既可设立供奉诸神的庙宇，又可作为遭遇危险时的避难处。这些由村庄扩大而成的居留地一般称为“城邦”，而提供避难处的地方称为“卫城”或“高城”。城邦常策略地设在土壤肥沃的地方或商路附近，因而吸引来更多的移民，成为该地区的主要城市。许多小城邦就是这样形成的，彼此较为隔绝，而又生气勃勃地独立不移。

有经济方面的原因。希腊触目皆是的天然屏障使货物难以运输，除了通过海上，而大海这时还不能保险地航行。而且，我们先前所说的多样性使得很小的一块区域对于希腊人这样对物质生活要求甚低的民族能够自足。这两个事实都导致一个方向：在希腊没有很多的经济依赖，在这国家各部分之间也没有足以将希腊人拉出小社区的相互驱动。

宗教也和城邦息息相关——虽然并非宗教的每一种形式。奥林匹斯诸神的确在全希腊都受崇拜，但每个城邦，就算没有自己的神祇，也有其独特的崇拜仪式。雅典娜在斯巴达也受崇拜，但对斯巴达人而言，雅典娜绝不是雅典人所说

19世纪的人们所构想的雷埃夫斯的城墙

的“护城女神雅典娜”。因此在雅典，赫拉是专由女人崇拜的女神，是炉灶和家庭女神，但在阿耳戈斯，“阿耳戈斯的赫拉”是当地人民所崇拜的最高神祇。但除了这些奥林匹斯神以外，每个城邦还有其本地小品神，“英雄”和仙女，各按其古来即有的习俗加以崇拜，很难想象它们会在仪式展开地以外存在。因此，尽管有泛希腊的奥林匹斯神系，尽管有使得单纯部落的神祇对希腊人而言成为不可能的哲学精神，在某种意义上，我们还是可以说，城邦是个独立的宗教单位，一如政治单位。起码悲剧诗人仍会利用这种古老的信仰；这一座城市行将被征服，就说诸神离弃了它。神祇是城邦福祉之不可见的伙伴。

宗教与“政治”思想联系得也非常紧密，埃斯库罗斯的剧作《奥瑞斯忒亚》。这一三部曲就是围绕正义的观念而建构的。它从浑沌到秩序，从冲突到调和，同时抵达两个层面：人性的和神圣的。在第一部中，我们看到一种宇宙的道德法则，罪恶必须得到惩罚，这一法则以可能是最粗野的方式得到实现；为了报复一个罪恶，产生了另一个罪恶，怨怨相报，看来没有尽头——然而总是为宙斯所赞许。在第二部中，这一罪恶之链达到了高潮，此时奥瑞斯忒斯（主人公）替父报仇，杀死了母亲。他是怀着矛盾的心理犯下这罪行的，而指挥他去干的则是阿波罗，宙斯的儿子与代言人——为什么？因为克吕泰涅斯特拉谋害了她的丈夫阿伽门农王，这一罪行若不加惩罚，将会瓦解社会组织。奥林匹斯诸神所关注的是捍卫秩序，他们是专属城邦的神。然而奥瑞斯忒斯的弑母则超出了人类最深层的本能；因而他不见容于其他神祇：复仇女神。复仇女神对社会秩序毫无兴趣，却不容许践踏血缘关系的神圣性，她们的使命就是维护这种关系。在第三部中，古老的复仇女神与年轻的奥林匹斯神祇为这不幸的奥瑞斯忒斯发生了可怖的冲突。最后的解决是雅典娜带来了宙斯的一项新制度。由雅典公民组成的陪审团受命在卫城审讯奥瑞斯忒斯——他逃到此处寻求保护——这就是雅典最高法庭的第一次集会。两边的票

雅典卫城巨大入口处

数相等，于是，出于仁慈，奥瑞斯忒斯被判无罪。被骗走合法的牺牲品之后，复仇女神威胁要摧毁阿提卡，但雅典娜劝说她们以雅典为家，其古老的使命并未废除（如起初她们所设想的）而是得到了提升，因为从此她们将惩罚城邦中的暴力，而不仅仅是家庭中的暴力。

成熟的城邦是实现法律而不产生混乱的手段，因为公共的正义高于私人的复仇；而权威的主张也与人性的本能相协调。整个三部曲结束于一幕令人难忘的欢庆场面。令人畏惧的复仇女神将她们的黑色裙袍换成红色的，不再是复仇女神，而是"仁慈者"；不再是宙斯的敌人，而是其意志与荣誉的代理人，是其完善的社会秩序的捍卫者，反对来自内部的暴力。在卫城下剧场之中，当着全体雅典公民的面——而且还是在公民司仪的引导下——她们步出剧场来到卫城另一处的新家。某个最为严重的人类道德与社会难题得到了解决，而调解的手段就是城邦。城邦的尺度使得一个人可以向其他所有的人发出呼吁。当他觉得城邦的另一成员伤害了他，他就很自然地会这样做。希腊人普遍接受这样的假定：城邦源于对正义的需要。个人是无法无天的，但城邦必须使错误得到改正。然而不是通过一套复杂的国家正义的机制，因为这样一部机器只能由个人来操作，他们会像最初的坏人一样不公正。受害的一方只有当他的冤屈让整个城邦的人了解，才会确信自己获得公正的对待。

殖民运动和殖民城市

从公元前 8 世纪起，希腊人开始远涉重洋，在地中海和黑海的沿岸建立殖民地。希腊人的殖民活动，是其社会内部的原因所引起的。由于氏族纽带的崩解和阶级的分化，那些贫无立锥之地的人为了避免当奴隶的悲运，便纷纷到海外去寻找安身立命的地方。有些政治上的野心家，也常常因为在政争中失败而离乡背井，到海外去开拓他们的新事业。而海上贸易的兴盛，也刺激了移民。这样，希腊的殖民者便舳舻相接，一批又一批地向海外拓殖。最初，希腊人的殖民仅具有垦殖的性质。接着，由于手工业和商业的发展，这种殖民就意味着开拓新的市场和原料出产地。及至奴隶制盛行，希腊人的海外拓殖又兼有掠夺"蛮族"以充当奴隶的性质。

希腊人的殖民活动是由希腊各城邦分头进行的。在东方，早期的希腊殖民者原已在小亚细亚的西部海岸上建立了许多城邦，其中最重要的是米利都，它在公元前 7 至 6 世纪时成为希腊所有殖民地中的翘楚，在文化上实高于希腊本土。邻近的塞浦路斯岛，也成为希腊殖民者的乐园。向南，希腊人在埃及的尼罗河三角洲上建立了一个商站，叫做瑙克拉提斯，并且在非洲北岸的西里尼地方定居了下来。向西，希腊的殖民者于公元前750年左右开始定居于意大利半岛南部，先后建立了塔兰托、克罗顿、那不勒斯、丘米等城市。希腊人移往意大利南部者甚众，以致后来罗马人竟把那地方称为“大希腊”。在西西里岛，希腊移民把原先移殖到那边的腓尼基人压缩到该岛的西北一隅之地，而在该岛东部建立了墨西拿、叙拉古等城市。后来，叙拉古曾一度发展为地中海西部最昌盛的城邦。现今法国南部的要港马赛，最初便是希腊殖民者所建的商站马赛利亚。希腊人更远航到现今西班牙的东部，在那边开采银矿，并且建立了萨贡顿等城市。向北，希腊的殖民者穿过达达尼尔海峡，定居于黑海沿岸。在公元前600年左右，黑海的四周便遍布了希腊人的殖民地，其中较为重要的是克里米亚半岛南端的刻松尼索斯和小亚细亚北面的西诺普。希腊人与西徐亚人有所接触，他们从黑海以北的地区取得了谷物、牲畜、蜂蜜、木材、琥珀和奴隶，并且在小亚细亚北部开采铁矿。希腊人在博斯普鲁斯海峡通往黑海的海角上所建的拜占廷城，后来成为欧亚水陆交通的枢纽。罗马帝国后期的都城君士坦丁堡，便是在拜占廷的原址上建筑起来的。

位于奥林匹亚的赫拉神庙

在这些早期的殖民地中起码有一点是肯定的，即它们都不是出于贸易的目的而兴建的，它们不是“工厂”，殖民者所寻求的是土地。希腊的农民没有多少盈余，过着一种朝不保夕的日子。家庭地块的划分很快就到了临界点，不再可能从事有效的种植，并且大块地产不知不觉地吞食着小块的土地。重新分配土地的呼声常能在希腊听到，殖民运动就是一道安全阀。贫困的农民或许会放弃他母邦的那小块被蚕食或抵押的土地，到海外去捞一块无人耕种的土地——这样也会形成新的斗争，他和他的后代也许会富有，成为新城邦有土地的贵族，或者失败了，准备下一轮殖民或革命。

虽然首要的目的是土地而非贸易，但殖民运动的确极大地刺激了贸易和工业，以至于有些后期的殖民地眼睛盯着贸易而不是农业。有时新土地出产的作物与他们母邦不同，这样的殖民地就会让希腊人更多地与“蛮族”相接触，因为他们会有合乎希腊人需要的东西出售。在一些古老的贸易路线，比如从波罗的海开始的琥珀之路上，有些殖民地就靠近货源。因而货物的交换愈加兴旺，新的接触又会带来新的想法和新的技术。慢慢地，不引人注目地，物质生活水平提高了，这在有些地方远比其他地方为高。比如说，科林斯这座地理位置极其适合贸易的城市，就忙于建造船只，用黄铜制作物品，并且在陶器上发展出一种希腊人数百年未见的自然主义绘画风格，而不出30英里的阿卡迪亚村庄却丝毫没有受到这些新事物的影响。参与这场贸易与工业增长的其他城市有埃伊纳，埃维亚的卡尔西斯，以及伊奥尼亚的米利都。埃维亚是因有历史时代第一场希腊战争而为人所关注，这场战争的对手是她的邻邦厄立特立亚，为了争夺邻近的利兰丁平原的控制权。其他许多城市各支持一边，对有争议的领土却没有明显的兴趣；看起来，商业的竞争已经开始扮演角色。

希腊词 Apoikia 字面上的意思是“远处的家”。无论怎么说，apoikia 都不是母邦的扩展，也不对母邦有什么依赖，它是个全新的独立的机构。母邦组织了移民群体，也常常邀请其他城邦的人加入。母邦从自己的成员中挑选一位正式的领导，他将监督新土地的分配，并且会长久地被尊为创立者。通常在试图建立一个殖民地之前，要到德尔斐去求神谕。这不仅仅是针对各种未知危险的宗教设防。在希腊的全部宗教胜地中，德尔斐赢得高超卓越的地位，一年到头，全希腊各地——有时还有“蛮族”——都有人来此地求神谕，德尔菲的祭司对各处的情况也就相当熟悉（更不用说其重大的政治影响力）。

殖民地建立起来后，它与母邦的联系就纯然是宗教与情感的。公共炬台上燃烧着的圣火是从母邦传来的；母邦的公民来访，按理会有某种获得礼遇的特权；假如从这殖民地又去另创一殖民地，八成会邀请母邦提名一位创立者。严格的政治联系是不会有的，一座城市与其殖民地之间的战争是不自然不成体统的，但不算是反叛或脱离；因此希腊人这样源源不断地从城市密布的希腊本土与伊奥尼亚流出，虽然将希腊的影响带到地中海的各个角落，除了被迦太基人和伊达拉里亚人所控制的地区，但他们并未形成一个希腊帝国或国家。只意味着独立的希腊城邦的数目大量地增加了——也意味着故乡的同情和争执也传得越来越远。希腊人的殖民活动，更刺激了希腊各城邦工商业的发展。如果说在这以前，希腊城市只不过是防卫设施和贵族的邸宅，这时它们却成为工商业的中心了。由于交换经济发展的需要，钱币便出现了。在最初，人们在经济交换中是“以物易物”，那种交换方式当然很不方便。后来人们便用金属做贸易的中介，因为金属一方面有它本身的价值，一方面又可作为表现其他商品中所含社会劳动量的尺度。很久以前，埃及人和腓尼基人就用金块、银块或铜片、铁片做货币。但货币要尽到它在交换经济中的特殊职能，就必须有一种固定的质量和形式。到了公元前7世纪中，爱琴海区域便出现了金制或银制的钱币。在公元前550年左右，小亚细亚西部吕底亚的国王克罗苏斯用金和银的合金铸造了一种钱币，流通甚广，于是人们就错误地把他当做钱币的发明者。其实在克罗苏斯以前，雅典和其他的希腊城邦早已开始铸造钱币了。

钱币的使用，在社会上引起严重的后果。它促进了贸易的发展，急遽地破坏了昔日那种淳朴的在自然经济状态下人与人的关系，使富者愈富，贫者愈贫，加速了社会上的阶级分化。一些握有金钱的高利贷者和工商业者，成为有权有势的特殊阶级。在公元前6世纪初，代表工商业贵族利益的雅典政治家梭伦竟公然说：“人的社会地位是由金钱造成的。”

氏族制度和货币经济是绝不相容的。货币经济就像腐蚀性的酸液一样，侵蚀着那建立在自然经济基础上的氏族组织。恩格斯在《家庭、私有制和国家的起源》中曾指出：当人们最初发明钱币的时候，他们没有料想到他们是在创造着一种新的社会权力。整个的社会，都必须向这无孔不入的权力屈膝。不管它的创造者知道不知道，愿意不愿意，这新的权力突然产生了。雅典人在各方面都感到货币经济在其青春时期的猛烈性。怎么办呢？旧的氏族组织不仅无力对付那货币权力的胜利进军，而且也绝对不能在它的范围内容纳钱币、债权人、债务人以及强迫收债等等新的花样。但是，那新的社会权力却根深蒂固了，什么善良的心愿，什么想回转到旧日平等时代去的渴望，都不能把金钱和高利贷驱逐出这个世界。希腊的氏族制度解体了，在阶级社会中出现了国家。

在为数众多的希腊城邦中，最强大而又最重要的是斯巴达和雅典。这两大城邦在奴隶制的经济和政治上各代表一种类型，并在相当长的一段时间是希腊城邦集团的两个霸主。

希腊城邦斯巴达

公元前8至前6世纪，希腊半岛上出现了二百多个奴隶制国家。这种国家是以一个城市为中心，包括周围若干村镇所组成的所谓“城邦”，意即城市国家。斯巴达是其中最强大最重要的一个。

斯巴达位于伯罗奔尼撒半岛的东南部。公元前12世纪左右，一批由多利亚人组成的希腊部落从希腊北部侵入伯罗奔尼撒，散居在被毁的斯巴达城附近的村落里，到公元前10至前9世纪，才由五个村落联合成一个新的政治中心，这就是多利亚人的斯巴达城，这支入侵的多利亚人被称作斯巴达人。

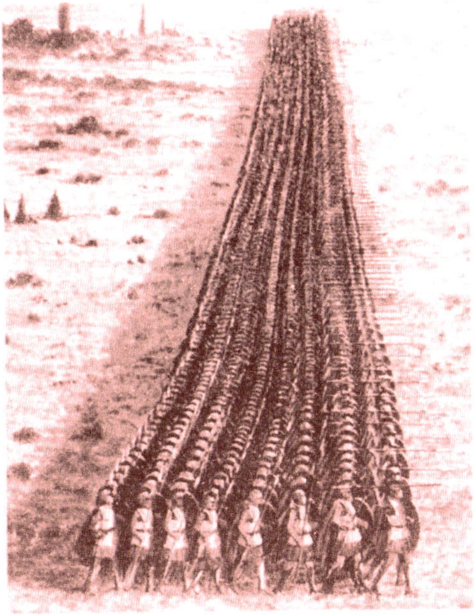

斯巴达方阵

斯巴达人不断用武力征服周围的居民。被征服者大多成为斯巴达的国有奴隶，称作希洛人；一部分被驱逐到偏僻的山区和沿海地区，以农业、手工业和商业为生，承担纳税和服兵役的义务，被称作庇里阿西人。斯巴达人建立了一个强有力的国家机构，由国王、长老会议、公民大会和监察官组成。

国王有两个，平时主持祭祀；战时领兵出征。

长老会议是最高权力机构，由两个国王和二十八个年逾六十岁的长老组成，讨论决定一切有关城邦的重大事务，提交公民大会通过。

公民大会由国王主持，年满三十岁的斯巴达男子都有权参加。公民大会对于长老会议的提议只有表决权而不进行讨论，表决时也只以呼声的高低来表示赞成与否。

公元前5世纪以后，一年一选的五人监察委员会成为最重要的国家权力机构，可以监察国王和公民的言行，拥有巨大的势力和职权，成为事实上的统治者。

斯巴达的土地和奴隶统归国有，斯巴达人长期过着以农业为主的自然经济生活。全国土地分成数千份，每个公民一份，不准买卖、转让或分割。份地由希洛人耕种，平均每七户希洛人供养一户

希腊骑士和斯巴达战马

斯巴达人。希洛人终年劳作，还被迫到军中服役，从事运输、修筑工事等劳役，有时也充当水手，可是得到的却是贫困、皮鞭和无尽的屈辱。

希洛人虽在法律上属国家所有，个别斯巴达人无权买卖他们，但可以任意伤害他们。节日里，斯巴达人常用劣酒把希洛人灌醉，然后拖至公共场所，让斯巴达青年知道醉酒是怎么回事。希洛人即使没有过错，每年也要被鞭笞一次，说是要他们记住自己的奴隶身份。斯巴达的长官时常派遣大批身佩短剑的青年战士下乡，白天分散隐蔽起来，一到晚上，便奔向大道，屠杀他们所能捉到的每一个希洛人。有时，他们也来到希洛人劳动的田地里，杀死其中最强壮最优秀的人。这种制度称为“克里普提”，意思就是“秘密勤务”。

斯巴达没有建筑城墙，人民的身体便是斯巴达的城墙，青年的胸膛便是斯巴达的国防。为了镇压希洛人的反抗，为了向外扩张，斯巴达人用强大的军队筑起了一堵“人墙”。

斯巴达人的婴儿落地，先要接受长老的检查，强者生存，弱者弃之。随后，母亲用劣酒替婴儿浴身，经不起刺激的婴儿，则任其死去。幼儿七岁之前由母亲抚养，母亲从小注意培养他们不哭不闹，不怕黑暗与孤独的习惯，以便长大后成为维护奴隶制度的勇猛战士。

男孩满七岁，离家编入儿童队，受严格的体育和军事训练。到十二岁，经过测验，升入少年队。测验那一天，国王、长官和斯巴达公民都来观看，测验项目之一是搏斗，儿童分成两队，教官一声令下，赤手空拳的孩子们一对对打成一团，你来我去，拼命要将对方推入濠沟，以显示自己的勇敢和狡诈。测验项目之二是挨打比赛，儿童们跪在神殿之前，任凭皮鞭的嗖嗖抽打，谁最能忍受痛苦，谁就是获胜者。编入少年队后，生活更严酷了，穿单衣，睡草垫，食物也很少，为的是让他们自己能向饥饿作斗争，他们还必须学会偷窃，在偷窃中训练敏捷和机智。

从二十岁起，斯巴达男青年正式成为军人。三十岁成亲，但每天仍得参加军训，直至六十岁才结束军事生活。

斯巴达的妇女虽不参军，但和男子

同样从事体育锻炼。斯巴达人认为，惟有刚强健壮的母亲才能生育刚强的战士。在斯巴达母亲的眼里，儿子战死疆场或凯旋而归，则是母亲最大的光荣和安慰。

斯巴达人尚武轻文，文化程度很低，而且讷讷寡言。在它的历史上，没有语惊四座的演说家和口若悬河的雄辩家，也看不见雄伟的建筑和艺术珍品，只有寒光闪闪的刀剑和森严壁垒的军营。

公元前2世纪中叶，随着罗马统统在希腊的确立，斯巴达终于走到了历史的尽头。

斯巴达是古希腊的一个城邦国家。它位于伯罗奔尼撒半岛的南部，拉哥尼亚地区的幼洛他斯河谷。幼洛他斯河谷三面环山，南面临海，与外界交通不便。但是这里有肥沃的土地，丰富的铁矿和大片森林、草地，很早就有人在这里安身。公元前2000年代末期，斯巴达国家的建立者——一支希腊人部落，翻过高山，来到河谷，侵占了当地人的住处，而后又占据整个拉哥尼亚，把当地原有居民变作奴隶，称之为“希洛人”（意即俘虏），外来者在河谷中心地区建起斯巴达城，自称为“斯巴达人”。这样就出现了斯巴达国家。

在斯巴达国家里，居民主要有两类：斯巴达人和希洛人。斯巴达人是希腊征服者的后裔，他们是享有全权的公民，是国家的统治者；希洛人是当地被征服者的后裔，是受斯巴达人统治奴役的奴隶。据说，斯巴达国家初建立时，一个叫来库古的人为了使斯巴达人能永远保持统治者的地位，不致因内部分化而使力量削弱，于是努力使斯巴达人之间保持平等，不让他们发展财富或过奢华的生活。他把属于国家的土地平均分给每一个斯巴达家庭，不许买卖；同时，为禁止斯巴达人从事商业和手工业，便发行笨重的铁币，代替金币和银币，使斯巴达人认为从事工商业是下贱、可耻的事，只有奴隶才去做；而为了随时准备镇压奴隶的反抗，在斯巴达人中长期保持着军事民主制阶段的尚武遗风。

斯巴达设有两个国王，他们在战时有无限的权力，在平时则共同处理国政，而且必须征求长老会议的同意。长老会议是由包括国王在内的三十位老人组成，他们是凭民众大会上欢呼声音的高低而当选，当选后则具有巨大的权力。人民无权讨论长老的决议，只有以叫喊声表示通过或拒绝。

在这样一个长期遗存军事民主制的国家里，一方面是由于部落生活的影响，一方面是镇压奴隶起义的需要，斯巴达国家力图把每一个斯巴达男子训练为百折不挠的战士，把每一个斯巴达女子训练成为养育战士的母亲。说来令人惊奇，几乎是从婴儿初生的日子起，这个锻炼就在开始。新生的婴儿必须经过长老的检查，长老认为健壮合格的，才准许父母养育，否则就命令抛弃到山峡里面去，免得他身体虚弱，长大了不能适应斯巴达严酷的军事生活，在别的国家，母亲给婴儿洗澡只用水，斯巴达人的母亲却用酒来洗刚刚出世的婴儿，她们以为这样可以考验孩子的体格：病弱的任他在酒里晕死，强健的在经过考验之后就可以变得像铁一样结实。对于孩子的养育，她们也有一套不同寻常的办法，她们不用襁褓或绷带，相信这样可以使孩子的四肢和形体自由发育；她们也不把好吃的食品给孩子；训练孩子不怕黑暗，不怕孤单，不急躁，不爱哭等等。男孩长到七岁，就要送到少年团队里去参加体育锻炼。他们几乎不学读和写，主要是进行艰苦锻炼，发展体力，训练敏捷和耐劳能力。人们常看到，男孩子们由一个年龄稍大的男孩带引，在烈日下长时间地行走在荆棘丛生的路上，以培养他们吃苦耐劳的精神。随着孩子年龄的增长，团队的训练也越也越严，他们总是剃光头，整年赤脚走路，穿极粗朴单薄的衣服，晚上睡在河边拣来的干草上，即便是冬天，也仅是再铺上一些蓟花絮，用以取暖，惟恐舒适的床，会使男孩子们变得懒惰。几乎所有的希腊历史书上都提到这样一个斯巴达儿童：这个孩子在上学路上抓到一只活狐狸，怕老师发现，就把它藏在上衣贴胸的地方。上课时，狐狸开始用锋利的爪子在男孩子的胸部乱抓，尽管疼痛难忍，孩子却一丝不动，最后活活地让狐狸咬死。之后，凡经受痛苦而不哼一声的男孩就被誉为“小斯巴达”。这个故事有几分真实我们且不去考证，但是，在斯巴达有意识地训练青少年忍耐痛苦的能力，倒是确有其事。每年，在亚特米斯（希腊女猎神）神坛前举行一次鞭打，不许儿童大声喊叫和啼哭求饶，越是忍得住鞭打的，就越被认为有毅力。斯巴达的儿童就是在这种棍棒教育中长大，没有欢乐，没有爱抚。不仅如此，更使人奇怪的是斯巴达人还训练他们的青少年偷窃。如果有人在行窃时没被人发现，则受到赞扬；凡在偷窃中被人捉住的，说明这个人太笨，太不机灵了，就要受到责罚。斯巴达人认为用这种方法可以训练青少年的敏捷和机智，更主要的是使斯巴达士兵在行军打仗时不至于挨饿。因为，斯巴达人外出打仗时，军队是不携带粮食的，也没有负责供给食物的军需官，士兵们只有依靠自己的偷窃本领去弄到食物，否则就要挨饿。

斯巴达人的教育培养了优良的战士，可是也使斯巴达人残酷、粗鲁、不文明。在实行民主政治的希腊城邦雅典，富有的父亲总想把儿子教育得文采斐然，能诵诗，能辩论，能够出口成章，在公共场合可以语惊四座。在斯巴达，则完全不重视这种文化教育。他们要求青年人沉默寡言，不好文饰，只要青年人出言简当，就算达到了语文教育的目的。据说，“在斯巴达从男孩那里比从石像还难得听到声音。……男孩比女孩还娴静”。这种教育方式，与斯巴达的社会状况是分不开的。斯巴达是清一色的军事国家，实行贵族专政，奴隶主阶级没有分化为经济利益不同的阶层，把青年训练成为雅典式的能够左右公民会议的政治家，远远没有把他们训练成为战士重要。

斯巴达青年到了二十岁则离开少年团队，开始军营生活，受正规的军事训

希腊战士正在做战前准备工作

练。斯巴达的战术主要是以步兵战为主，把军队编成方阵，每一个方阵构成一个有机的整个。这种战术，胜败不仅依靠每一个战士的勇敢，而且还要依靠全阵组织和纪律的严密，为了保证方阵在战斗中进退娴熟，接应机敏，长期的操练成为必不可少的条件。因此，斯巴达青年战士的正规训练，定期十年。从二十岁到三十岁，每个青年都必须在军中受训；三十岁后，他们可以成家，并住在自己家里，但他们还必须每日出操，和战士们一起进餐，为此按月交纳规定数量的粮食，直到六十岁，才可以结束军事生活。

斯巴达尚武的风气，也表现在对妇女的教育上。斯巴达的女孩子不像许多别的国家的女孩子一样被娇生惯养，而是和男子们同样进行体育锻炼。根据记载，斯巴达的少女必须练习格斗、赛跑、投铁环和掷标枪，目的是为了将来怀孕的婴儿可以在强壮的母体中长得更结实，发育得更好，而她们自己也会因体格健壮更能经得起分娩的痛苦。这样教育出来的妇女是刚强的，照斯巴达人的想法，惟有刚强的母亲才能生育刚强的战士。在斯巴达，做母亲的并不怕看到儿子在战争中负伤，她们所怕的是养出来的儿子太弱，在战场上丢了武器，身上没有一点伤痕，就退阵回到故里，这是要被人耻

笑的。斯巴达的母亲常以儿子战死沙场而自豪，她们把斯巴达的荣辱看得比儿子的性命还重要。有一位母亲去询问战争的情况，别人告诉她，她的五个儿子都战死了，但她却说："这并不是我要问的，我要问的是斯巴达人胜利了没有。"

这种严格训练的结果，斯巴达人被培养成勇敢善战、刻苦耐劳的战士，斯巴达的军队有良好的纪律，特别出色的优美姿势和武装。全体斯巴达战士一律配备有战马、短剑和盾，戴着盔，披挂着甲胄和护足。他们在战斗中永不退却，直到最后一口气，因此斯巴达的步兵被认为是全希腊最优秀的步兵，长时间内被认为是无敌的，它的步兵方阵在南希腊享有常胜的威名，而且在全希腊都有举足轻重之势。

斯巴达独特的军事制度和它畸形发展的军事生活，使其拥有其他希腊城邦所不及的军事优势。斯巴达用几十年时间征服周围的地区，被征服的居民都沦为希洛人。到公元前6世纪，斯巴达已成为伯罗奔尼撒半岛上最强大的国家。后来，斯巴达又建立起以自己为首的伯罗奔尼撒同盟，几乎南希腊的全部国家都参加了同盟。同盟的职责是支持贵族寡头政治和镇压奴隶起义。斯巴达的军事寡头政治及尚武风气与雅典的民主政治和文采、雄辩形成鲜明对比，除了因为应付共同的敌人而形成短期联合外，它和雅典总是处于矛盾的地位。

第一次美塞尼亚战争

在古代希腊，斯巴达是一个著名的奴隶制城邦，斯巴达的公民是十足的寄生阶级，他们既不从事农业和手工业，也不经营商业，全靠剥削一种叫做黑劳士的奴隶来过活。据古代希腊学者说，当时各城邦的奴隶人数，以斯巴达的黑劳士为最多。黑劳士制度是斯巴达通过征服邻近地区特别是征服美塞尼亚而发展起来的。

斯巴达城邦是多利亚人建立的。公元前12世纪，多利亚人部落从北希腊南下。其中一支来到伯罗奔尼撒半岛东南部的拉哥尼亚地区，在斯巴达一带逐渐定居下来。他们成了斯巴达人。这些斯巴达人最初还处于原始社会晚期阶段，当然也还没有奴役黑劳士的制度。随着原始公社的逐渐解体，约公元前9世纪，斯巴达人的国家开始发生。同时，斯巴达人逐渐向周围地区的阿哈伊亚人发动进攻，强迫被征服者接受他们的统治。据说，当斯巴达人征服南方沿海的黑劳士（Helos）城的时候，他们开始把那里的

木马计——这是特洛伊战争中希腊取胜的重要因素

被征服者变为奴隶。这种奴隶因地名而被称为黑劳士(Helos),而且斯巴达人把以后由征服得来的同类奴隶也照例称为黑劳士了。

斯巴达人约在公元前8世纪中叶统一了拉哥尼亚,同时开始建立起剥削黑劳士的制度。公元前8世纪后期,斯巴达人又对西边的邻邦美塞尼亚发动战争。这就是历史上所说的第一次美塞尼亚战争(约公元前740—前720年)。

相传,这次战争是由这样一些事件引起的。两国边境上有一处神庙,逢时过节,双方的人们都来祭献。有一次双方的人发生流血冲突,斯巴达的一个国王也在冲突中死去。斯巴达人说,美塞尼亚人要污辱斯巴达的妇女,斯巴达王在阻止的过程中被杀。美塞尼亚人说,斯巴达人派出一些没有胡子的青年,男扮女装,身藏利刃,阴谋伤害美塞尼亚的一些上层人物,所以美塞尼亚人的行动是出于自卫。此外,一个斯巴达人骗取了一个美塞尼亚人的畜群,还杀了美塞尼亚人派来讨债的儿子。这个美塞尼亚人向斯巴达申诉无效,就决定一有机会就杀斯巴达人,以作为报复。斯巴达派使者要求美塞尼亚交出凶手。美塞尼亚方面表示和国人商议后再回答。在商量中,美塞尼亚内部两派人发生了流血的冲突,最后不向斯巴达屈服的一派胜利。他们遣使回答斯巴达人,要求把两国间的纠纷交托中间人来仲裁。斯巴达人表面不作答复,实际已秘密准备战斗,并发

抢劫海伦·列尼

誓不论经过任何艰难曲折最终也要夺取美塞尼亚的土地。所以,这次战争的真正原因是,美塞尼亚有着比拉哥尼亚肥美得多的土地,刚刚征服拉哥尼亚并开始建立黑劳士制度的斯巴达人,对邻邦的土地起了贪心,企图把邻邦的人民变成黑劳士来奴役。

战争从斯巴达人突然袭取美塞尼亚边境上的一个小城镇开始。美塞尼亚人知道这个消息以后,才开会商量对策,整军经武,准备抵抗。斯巴达人进攻美塞尼亚的城镇,因对方防守严密,不能得手。他们经过农村,赶走牲畜,掠取庄稼,但是不毁坏树木、房屋。他们心中已经认定,这些将来都是他们的财产。美塞尼亚人基本处于守势,但也伺机扰掠拉哥尼亚沿海地区和西部农田,作为报复。

三年以后,美塞尼亚人认为准备基本就绪,开始反攻。斯巴达人从所占领的边境城镇出来迎击。美塞尼亚人选择地形崎岖之处作为战场,使斯巴达人的精良的步兵无所发挥其优势。斯巴达人不能取胜。美塞尼亚人又步步为营,使斯巴达人无法以突击取胜。于是斯巴达人被迫退回本国。

特洛伊木马的复制品

一年以后,斯巴达人再度侵入美塞尼亚,美塞尼亚奋起迎敌。开战之前,斯巴达王勉励部下毋忘决心征服美塞尼亚的誓言。美塞尼亚王则对部下说,这一战不仅为了保护土地和财产,而且如果战败,妻子儿女将被虏为奴,成年男子将受辱而死,神庙将遭抢劫,祖宅将被焚毁,所以宁可死战,也不能受此灾祸。接着双方展开激战。斯巴达人在军事训练和兵员人数上都占优势,美塞尼亚人则不惜牺牲,作了最英勇的奋战。鏖战到夜幕降临,双方胜负难分,只好暂停,次日双方虽然未继续开战,但是美塞尼亚方面情况开始逐渐恶化。财政发生困难,奴隶向斯巴达方面逃亡,疾病也发生了。于是美塞尼亚人被迫放弃内地城镇,退而据守伊托麦山。

战争持续地进行着。到第十三年,斯巴达人又大举进攻。美塞尼亚王埃夫法埃身先士卒,负了重伤。他虽不久因伤重致死,其行为却鼓励了美塞尼亚人的抵抗精神。随后，美塞尼亚人选举亚里斯托德摩斯为王。亚里斯托德摩斯照顾人民，尊重贵族，并与阿尔卡迪亚、阿尔哥斯、西居昂保持友好的关系。他采用小股作战的方法不断困扰斯巴达人。到亚里斯托德摩斯当政的第五年，双方都为长期战争的消耗感到焦急，于是又发生了一次大战。斯巴达人不仅倾全国之力，而且请了盟邦科林斯的军队。美塞尼亚方面则请了阿尔卡迪亚、阿尔哥斯和西居昂的援军。在战斗中，美塞尼亚方面的不同兵种配合得很好。结果斯巴达人战败。但是他们征服美塞尼亚之心不死，仍然伺机行动。到战争的第二十年，美塞尼亚方面力量消耗殆尽，亚里斯托德摩斯绝望，自杀殉国。这一年年底，美塞尼亚人为饥馑、匮乏所迫，撤离伊托麦山，退往邻国。不过，这只是美塞尼亚人中的不多的一部分。大多数美塞尼亚平民还散居在各自原来的居住地。斯巴达人夷平伊托麦山的堡塞，占领美塞尼亚，给公民们分配了被征服的美塞尼亚土地，迫使被征服的美塞尼亚人将田地收成的一半交给斯巴达人。所以，由于第一次美塞尼亚战争的胜利，斯巴达的刚在拉哥尼亚发生的黑劳士制度在广阔的美塞尼亚地区扩展起来。

第二次美塞尼亚战争

美塞尼亚人民不甘忍受斯巴达人的奴役。尤其是青年人，虽然没有经历以前的战争，却常怀着宁死也不能忍受奴役的气概。在美塞尼亚的青年中出现了一位杰出的领袖，名叫亚里斯托麦涅斯。他秘密地组织群众，准备起义，并且和阿尔卡迪亚、阿尔哥斯取得联系，争取他们的支持。不久起义爆发，史称第二次美塞尼亚战争。关于这次战争的年代，古代希腊史家即有不同说法。比较可靠的说法是第一次美塞尼亚战争的参与者是第二次战争参加者的祖父一代。所以这次战争约在公元前 7 世纪后期。

起义开始的第一年，双方在美塞尼亚的德拉伊地方打了一次大仗，结果难分胜负。亚里斯托麦涅斯在战斗中的超乎寻常的勇敢善战，博得了起义者的尊重。人们要推举他为美塞尼亚国王。他谢绝了，人们就拥戴他作为全权的大将军。他也成了斯巴达人的所忌惮的一个带有传奇性的人物。据说，他曾乘夜潜入斯巴达城，在那里的雅典娜神庙上高悬一面盾牌，上面大书：“亚里斯托麦涅斯获自斯巴达人，谨以奉献女神。”

第二年，双方都请到了盟军，在名叫

希腊城邦间战争中的两军对垒情形

豕冢的地方举行会战。支持美塞尼亚人的有埃利斯人、阿尔卡迪亚人、阿尔哥斯人、西居昂人等，站在斯巴达人一边的有科林斯人等。在双方激战的过程中，亚里斯托麦涅斯率领一支由 80 名最精悍的美塞尼亚青年组成的突击队，首先冲向斯巴达国王亲率的军队，经过奋战击败了敌人。当斯巴达王领兵脱逃时，他就让其他部队承担追击任务，自己又领兵往战斗艰苦的地方去打击敌人。亚里斯托麦涅斯率先冲锋陷阵，击败斯巴达方面一支又一支队伍，最终使敌方全线溃败。斯巴达人伤亡惨重，士气沮丧，企图结束战争。据说由于一个名叫提尔塔伊奥斯的跛足诗人的鼓励，斯巴达人才坚持战斗下去。亚里斯托麦涅斯率领起义军在豕冢的大胜，使美塞尼亚人欣喜若狂。当他凯旋原驻地时，妇女们向他抛撒彩带、鲜花，为他高唱凯歌，热烈欢迎起义的英雄。这一战役以后，亚里斯托麦涅斯又一再向斯巴达人进行了奇袭和伏击。

战争的第三年，双方又在名叫大壕的地方展开一场大战。阿尔卡迪亚地区各城都出兵支援美塞尼亚人。但是斯巴达人已经暗中用金钱收买了阿尔卡迪亚人的君主和统帅亚里斯托克拉特斯。战斗尚未开始，亚里斯托克拉特斯就对部下阿尔卡迪亚人说，现在处境不妙，如果一旦战败，退路都成问题。他命令每一个阿尔卡迪亚人注意他发的信号，一见信号大家就立即逃跑。战斗刚刚开始，亚里斯托克拉特斯就命令阿尔卡迪亚人撤退，造成美塞尼亚人阵线方面的左翼和中翼空虚。而且他命令阿尔卡迪亚人逃跑时经过美塞尼亚人所坚持的右翼，以扰乱他们的阵脚，影响他们的士气。在这样情况下，斯巴达人毫无困难地对美塞尼亚人合了围。亚里斯托麦涅斯率众英勇抵抗，终因寡不敌众，形势无法扭转。这一役美塞尼亚方面伤亡惨重。以后亚里斯托麦涅斯纠合余众，带领大家放弃平原，退守埃伊拉山。斯巴达人满以为不久即可消灭这支起义军，结果起义又坚持了十多年。

亚里斯托麦涅斯知道已经没有力量组织大军同斯巴达人进行大战，就组织了一支300人的精兵，不时袭击美塞尼亚和拉哥尼亚的斯巴达人，夺取谷物、牲畜和各种财物作为起义军的给养。他们的这种斗争策略使得斯巴达人深感头痛，据说竟然在战争结束以前一直不敢在美塞尼亚和与之毗邻的拉哥尼亚地带从事种植。这种说法虽然不免太夸大了，但也说明埃伊拉山起义军的存在总使斯巴达人不能在美塞尼亚安稳地建立起黑劳士制度。亚里斯托麦涅斯对斯巴达人的神出鬼没的袭击，有一些在古代就成了流传民间的传奇故事。据说有一次他在袭击斯巴达人的时候负伤被俘，斯巴达人把他和他的同伴投入一个四面绝壁的深谷。同伴都摔死了，他竟然独能不死。当他在谷底坐以待毙的时候，看到一只狐狸从死者尸体上爬过。他捉住狐狸尾巴，跟着它找到出谷的孔道，把这个孔道扩大开来，他也就又逃回了埃伊拉山。这类故事不论其真实程度如何。总反映出美塞尼亚人民对自己的起义领袖和民族英雄的热爱之情。

斯巴达人攻取埃伊拉山的行动不止一次失败了。在战争的最后一年（据说也就是埃伊拉山被围的第十一年），斯巴达人乘天下大雨美塞尼亚人难防的机会，突然进攻埃伊拉山。美塞尼亚人奋不顾身地进行抵抗，连妇女都起而助战。战斗十分激烈。斯巴达军人多，就分批轮番作战。美塞尼亚人连续战斗了两天两夜，不能休息，也得不到饮食，到第三天已经精疲力竭。亚里斯托麦涅斯不得不组织撤退。他亲自率先突围，让自己的儿子和一些人断后。他们将残部撤退到了阿尔卡迪亚。

亚里斯托麦涅斯在阿尔卡迪亚又选出五百名美塞尼亚战士，准备乘斯巴达军还在埃伊拉未回之际，直接袭取斯巴达城。有300名阿尔卡迪亚人也准备参加。事刁因阿尔卡迪亚王亚里斯托克拉特斯将秘密露给斯巴达王而未成，不过亚里斯托克拉特斯也因叛卖事泄而为国人所杀。第二次美塞尼亚战争又以斯巴达胜利而告终。

梭伦改革

在希腊文明史中，雅典扮演的角色最有典型性。雅典发达的商品经济、健全的民主政治，使其创造了希腊文化中的绝大部分辉煌。按照雅典将军伯里克利的话说：“雅典是全希腊的学校。”就是在这里，梭伦进行了一场非常成功的改革,可以说是世界历史中成功改革的典范。

梭伦其人及其改革的背景

公元前638年,梭伦出生在雅典的一个贵族家庭。年轻时梭伦一面经商,一面游历,到过许多地方,漫游名胜古迹,考察社会风情,后被誉为古希腊“七贤”之一。在游历中梭伦还写过许多诗篇,在诗中他谴责和抨击贵族的贪婪、专横和残暴。这些诗篇同时为他赢得了“雅典第一位诗人”的美誉。

一个月色溶溶的夜晚,轻纱般的薄雾使萨罗尼克海湾的景色显得更加迷人。汹涌的海浪拍打着船舷,发出阵阵扣人心弦的回响。雅典改革家梭伦迎着海风伫立在甲板上,回首遥望渐渐消失的祖国海岸,他心潮起伏,思绪万千:“啊,祖国,我已经向你献出了我的智慧和力量,再见吧!……”他的眼睛润湿了,模糊了……。

梭伦的半身像

梭伦出身于没落的贵族家庭,年轻时因家境贫困而外出经商,希腊、埃及和小亚细亚等地都留下过他的足迹。长期的旅游使他积累了渊博的学识和丰富的经验,生活的变迁更使他饱尝了社会的不平,听见了平民痛苦的呻吟和战斗的呼声。

公元前6世纪,雅典的奴隶制度已经确立,但氏族制残余犹存。贵族垄断了国家的执政官等职务,控制了统治机构——贵族会议,成为特权阶层;还霸占土地,征收重租,用高利贷盘剥农民和手工业者。

农民借债度日,被迫以土地作抵押,将收成的六分之五交租,自己只留1/6,被称为“六一汉”;一旦还不起债,便沦为债务奴隶,甚至不得不将自己的子女

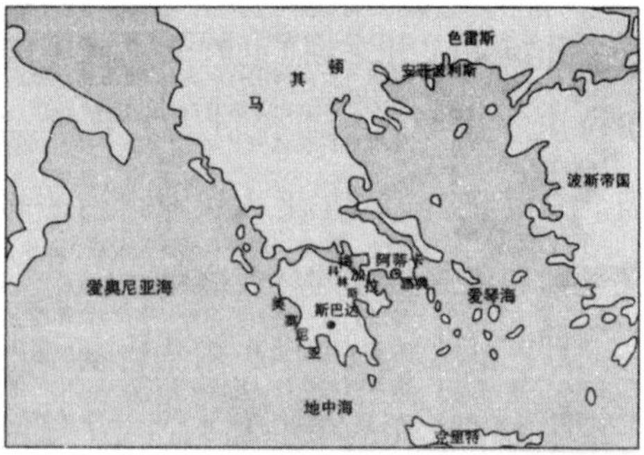

伯罗奔尼撒战争形势图

卖到国外做奴隶。——这就是“雅典人的文明时代的欢乐的曙光。”

这一时期，雅典农民的境况是极其艰苦的，借了财主的债若还不清，财主就在借债者的土地上竖起一块债务碑石，借债者就会沦为“六一农”，他们为财主做工，收成的六分之五给财主，自己只有1/6。如果收成不够缴纳利息，财主便有权在一年后把欠债的农民及其妻、子变卖为奴，并把他们卖到异邦。就政治方面而言，此时雅典的全部政权都属于贵族的后裔。担负高级职务的执政官以及元老院（顾问团）的成员只能从他们中间选出。他们决定着国家大事，判定着法庭争讼，指挥着对外征战。

公元前7世纪，雅典与邻邦墨加拉为争夺萨拉米斯岛而发生战争，结果雅典失败了。这样，雅典就失掉了进行和发展贸易所必须的出海口。这时候，那些对海外贸易根本不关心的执政官以及元老院竟颁布了一条屈辱的法令：任何人都不得提议去争夺萨拉米斯岛，违者必处死刑。而梭伦却从文献资料、历史传统、风俗习惯等考证出萨拉米斯本应属雅典所有，他对当局的这种懦弱行为深为不满，为了唤醒雅典人的爱国热情，同时避开不公正的法律的残酷制裁，他想出了一个巧妙的办法：佯装疯癫。于是“疯”了的梭伦经常出现在雅典的中心广场上，向着人群大声朗读他的诗篇：“瞧吧，不久，到处都将说我们的坏话……他就是那些把萨拉米斯岛拱手让人的家伙中的一个……”最后，他热情号召说：“让我们向萨拉米斯进军，我们要为收复这座海岛而战，我们要雪洗雅典人身上的奇耻大辱……”听梭伦演说的都是些工匠、作坊主、商人等城市居民，因为对他们来说，海外贸易的停顿，就意味着破产和贫困。因此，他们主张继续进行战争，并且热烈地支持梭伦。在梭伦的努力下残酷的禁令终被废除，战争再次爆发。公元前600年左右，年约三十岁的梭伦被任命为指挥官，统帅部队，一举夺回了萨拉米斯岛。赫赫军功使梭伦声望大增，城市居民把梭伦看成了自己的领袖和庇护者。而完全属于贵族后裔并处在他们的债务束缚下的农民也在渴望着他的保护。

伟大的改革

在平民起来要求废除债务奴隶制、要求重分土地、要求政治权利的急风暴雨中，作为工商业奴隶主的代表，梭伦的政治热情像奔腾的江河，一泻千里，他以诗作为武器，把同情献给平民，把憎恶射向贵族：

雅典政治制度:君主制—贵族制—民主制

"你们这些财物山积,丰衣足食而且有余的人,应当抑制你们贪婪的心情,压制它,使它平静;应当节制你们傲慢的心怀,使它谦逊,不要以为要什么就有什么,我们决不会永远服从!"

梭伦不仅是个才华横溢的诗人,而且是个智勇双全的军事家。当时,雅典和麦加拉城争夺梭伦的故乡萨拉米斯岛,雅典人屡遭失败,于是贵族会议宣布一项法令:若再有人提议收复萨拉米斯岛,以死罪论处!梭伦深知,萨拉米斯岛是雅典的门户,对外贸易的重要基地,他立下誓言:不收复萨拉米斯,"宁愿改换一个祖国,不做一个雅典人"!一天,他佯作疯癫,头带花环奔进雅典广场,对着人群大声朗诵他的诗作《咏萨拉米斯》:

"让我们到萨拉米斯去吧!去夺取那可爱的岛屿,去雪洗那令人难堪的耻辱!……"

这激越的诗篇,铿锵的语调,重新燃起了雅典人的爱国热忱和民族尊严。在广大人民的支持下,雅典当局被迫取消禁令,与麦加拉重开战端。雅典人推举梭伦为指挥官,终于一举收复萨拉米斯岛。

萨拉米斯战争的胜利,使梭伦声望倍增。公元前 594 年,梭伦当选为首席执政官。从此梭伦如虎添翼,他用他那大权在握的双手,描绘了一幅幅壮阔宏伟的改革蓝图。

第一项改革是颁布"解负令"。平民所欠债务一律废除,因负债而沦为奴隶的全部恢复自由;永远禁止再把雅典人变为奴隶;因欠债而被卖到海外的雅典人由国家赎回。

公元前592—前591 年左右,梭伦被授权修改宪法。他按财产而不是按门第把全体公民分成四个等级。第一、二等级可以享有一切政治权利，可以担任执政官；第三等级可担任低级官职；第四等级不能担任官职。

为了限制和削弱贵族会议的权力，梭伦规定公民大会为国家最高权力机关，决定国家方针和政策，选举执政官；又设立公民大会的常设机构——400人会议，负责准备和审理公民大会的提案；还设立最高司法机关——陪审法庭，每个公民都可当选为陪审官，参与审理案件。

鼓励工商业经济也是改革的内容之一：提倡农业水利；扩大橄榄油的输出；禁止谷物出口；实行货币改革；奖励外邦工匠移居雅典；提倡每一个雅典人学一门手艺。

梭伦将他采取的每一项改革措施都刻在轴转木板上，竖立在雅典城的中心广场，公布于众。他带头放弃了人家欠他父亲的债务，并鼓励别人仿效他的榜样。

梭伦以他的言行在人们的心中竖起了爱的丰碑。许多人劝他夺取政权，做终身独裁者，但他严词拒绝了。他决心让“进网的鱼跑掉”，而不愿僭窃政权。

然而，鉴于当时的历史条件和梭伦的工商业奴隶主的立场，他没有满足下层平民重分土地的要求，也没有赋于他们享受平等的政治权利，因而引起他们的不满；贵族们的责难和反扑更似恶浪般地涌来。梭伦被迫急流勇退，借口出国考察，扬帆远航了。

梭伦在埃及、塞浦路斯和小亚细亚等地漫游了十年之久。当他回到故国时，雅典各政派正纷争不止。庇西特拉图企图建立僭主政治，梭伦进行了规劝和斗争，但雅典人民没有接受他的忠告，他只得回家过隐居生活。

古希腊的雅典城邦，在希波战争后国力空前强大，其势力几乎控制了整个

梭伦的诗

希腊半岛以及爱琴海区域，成为全希腊最富庶的强国。这是同梭伦的改革分不开的。

梭伦（约公元前630—前560年）是贵族埃克塞凯斯提德斯的儿子。年轻时家境不富，他便出外经商，到过埃及、塞浦路斯和爱琴海东岸的希腊移民城市，经历过许多风险坎坷。他很喜爱学习，同希腊各地的学者们广交朋友。丰富的学识是梭伦后哑成为杰出的政治家的重要因素。

梭伦生活在雅典社会孕育巨变的时代。雅典在公元前7世纪还只是希腊的一个穷国，但雅典的工商业奴隶主也在逐渐地成长起来，私有制度，商品经济不断冲击整个社会。这时，雅典国家刚刚产生，部落组织的残余依然存在。氏族贵族成为奴隶主统治阶级。他们仗着传统势力，占有大量田地，垄断国家官职，顽固维护旧传统，妨碍雅典社会进步和国家富强。贵族以经营地产为业，与小农争夺土地。很多小农无力偿还贵族的欠债，他们的田地被插上债碑。他们被迫把收成的六分之五交给债主，成为所谓的"六一汉"。没有土地的债务人或不能满足债主勒索的"六一汉"，本人或他们的子女往往被债主卖为奴隶抵债。小农的处境恶化，影响了农业生产，也不利于工商业的发展。而雅典的旧制度、旧法律却保护氏族贵族的利益，平民百姓在政治上也处于无权地位。遭受奴役的人民心怀怒火，起来反抗。贵族面对骚乱也惶惶不安。公元前594年，雅典人推举梭伦为执政官，授予他最高权力，请他作为"调解人"来消除严重的社会危机。

穷人们认为梭伦虽是贵族，但诚实公正，同情穷人，谴责富人，他曾说："作恶的人每每致富，而好人往往贫穷"。梭伦拼命鼓吹"平等"，指出平等不会产生战争，因而受到贫富双方的欢迎。

梭伦看到了社会弊病威胁到国家的生存。决心实行改革，把雅典从内战的威胁中拯救出来。

首先，梭伦颁布《解负令》。他下令拔除债碑，废除与人身抵押有关的所有债务，解放债务奴隶，禁止以人身作为债务抵押，从而永远废止了债奴制。因债务被卖到国外的雅典人也被陆续赎回。梭伦带头放弃了别人欠他父亲的一大笔钱，并鼓励别人也这样做。他规定个人占有土地的最高限额，以便限制贵族觊觎小农土地的无限贪欲。梭伦还采取了其他一系列办法来发展农牧生产和奖励工商业，振兴雅典。例如规定：奖励植树造林、开凿水井；打死1只危害家畜的大狼，可得钱5德拉克马（1德拉克马可买羊1只）；如果做父亲的没有教会儿子一门谋生手艺，就不得强迫儿子赡养他；外来移民中的熟练工匠可优先得到雅典公民权等。梭伦又以流行较广的优卑亚币制代替了原来的埃基那币制。为鼓励雅典人的国家荣誉感，他规定奥林匹克运动会的优胜者，可得奖金500德拉克马。《解负令》和这些措施都得到了雅典新兴的工商业奴隶主的支持。

梭伦着手改革雅典的政治制度。他写了一首很有名的诗，诗中说明了他的政治主张："我给了一般人民以恰好足够的权力，也不使他们失掉尊严，也不给他们太多；即使那些既有势力而又豪富的人，我也设法不使他们受到损害。我手执一个有力的盾牌，站在两个阶级的前面，不许他们任何一方不公正地占着优势。"

在梭伦改革以前，雅典人中有贵族、农夫和手工业者三种人。为了按地产收入多寡承担不同军事义务，他们又分为五百斗级（收入500斗）、骑士级（收入300斗）和双牛级（收入200斗）三个等级。双牛级以下的贫民无力负担军役，其中很多人没有氏族土地，因而没有资格参加公民大会，丧失了基本的政治权利。执政官等高级官职只有贵族才能担任，执掌大权的是显要贵族组成的议事会。梭伦改革终止了贵族独霸政坛的局面。他将雅典公民按收入大小分别归入五百斗级、骑士级、双牛级，收入低于双牛级的人归入新设立的日佣级。第一、二等级的成员出任执政官，第三等级但任低级官职，日佣级虽不能担任任何官职，但负责提供轻装步兵和水手，也可以参加公民大会，从而使大会成为全体公民的会议，划清了同氏族大会的界线。新的公民大会选举各级官员，从指定的40人中选出执政官。梭伦设立400人会议，由雅典4个部落各出100人组成，它分掌了贵族议事会的一部分权力。

有人曾经问梭伦，住在哪一个国家最好？他回答说：要住在这样的国家里，那里未曾受害的人也和受害人一样，都尽力惩罚罪犯。根据这样的思想，梭伦建立了雅典的陪审法庭。全体公民都可担任陪审员。梭伦规定，除杀人犯外，对任何罪犯不得处以死刑。每一个人对其他任何人的罪行都应告发。不关心国家事务的公民应剥夺其选举权。这些改革都是为了把人们从狭隘的氏族、家族圈子里解放出来，让他们以国家公民的身份关心整个国家和社会。梭伦准许没有子女的人把财产留给同自己无血缘关系的朋友。这实质上是进一步肯定私有财产权，否定氏族制度的残余。

无论是在古代还是在后世，梭伦素有雅典“民主之父”的声名。但梭伦本人决不是民主派，他在政治改革上走的是“中间路线”，只希望在贵族政治的旧体制上增加一些民主色彩。以一方面减轻人民的不满，一方面抑制一下氏族贵族的骄横；最终目的是提高发财致富的工商业奴隶主的地位，他是他们的政治代表。不过陪审法庭和公民大会成为后来雅典民主政治的重要机构，对于雅典政治制度的发展演变有深远的影响。

梭伦是古代奴隶主阶级的杰出政治家和改革家，他顺应历史发展的要求，进行广泛的社会改革，对雅典社会的发展起了重大的促进作用。梭伦实行一系列有利于生产发展的政策，从而为雅典经济繁荣创造了条件。他通过一系列改革措施，打击了旧的氏族制度的残余与氏族贵族势力，创立了新的政治制度和国家机构，奠定了雅典民主政治的基础。同时，梭伦改革改善了广大平民的经济与政治地位，缓和了阶级矛盾，使广大平民摆脱了沉重的债务奴役和沦为债务奴隶的威胁，从而扩大了社会基础，增强了雅典的国力。总之，梭伦改革使雅典调整了社会关系，建立了适应经济发展需要的上层建筑，促进了社会生产力的发展。梭伦改革后一个世纪，雅典终于以一个经济繁荣、国力强大、政治民主、文化昌盛的奴隶制国家出现于世。

但是，梭伦毕竟是奴隶主阶级的代表人物，他又奉行中庸、温和的处世哲学，因此梭伦改革又有一定的局限性。经过改革，雅典的氏族贵族的经济和政治力量虽然受到沉重打击，但是氏族制度的残余和氏族贵族的势力没有得到彻底清算。平民的经济和政治地位有所改善，但是平民最迫切的重分土地的要求没有满足。梭伦建立按照财产资格确定政治权利的制度，也只是以富豪政治代替贵族政治，广大下层公民在国家权力机构中的作用仍然十分有限。

对于平民反对贵族的斗争，梭伦在自己的诗中表明了自己的态度。梭伦的态度是“拿着一只大盾，保护两方，不让任何一方不公正地占居优势”。他还说，他“所给予人民的适可而止”，“即使是那些有势有财之人”，也“不使他们遭受不当的损失”，亚里士多德指出，梭伦是“以仲裁者身份，代表每一方与对方斗争，而后劝告他们共同停止他们之间方兴未艾的纷扰。”梭伦双方都不讨好”，“却宁愿遭受双方仇视”。用妥协的办法来求得斗争双方的和解，以达到公民集体的团结，这是城邦形成时期阶级斗争的一大特点。在梭伦的言行中，这种折衷、调和的思想表现得很典型。虽然他认为如果“有时让敌对的两党之一得意，而有时又令另一党欢欣，这个城市就会有许多人遭受损失”，但是他的同情心主要是在有权势的人们方面。所以他的诗中一再说到“抑制人民”、“必须责备人民”，要使人民“好好追随领袖”。他明确地说，他不愿“让君子与小人”“享有同等的一分沃土”。

公元前594年，梭伦被选为雅典的首席执政官。他得到了“修改或保留现有法律及制定新法律”的权力。当政后的梭伦立即实施了一系列改革，颁布多项法令，向氏族贵族发动了猛烈的进攻。他首先废除了“六一农”，抵押了的土地归还了原主，竖在地里的柱子被拔去了，由于欠债而沦为奴隶的雅典人又回到了自己家中。这一转变使贵族后裔和古老的氏族贵族受到了很大损失。但梭伦不想从根本上彻底废除奴隶制度，他的法律反对的只不过是那种妨碍雅典经济发展的债务奴隶制。

具有重大意义的是梭伦在雅典确立新的国家制度的改革。

根据梭伦的法令，雅典的全体公民将按财产的多少划分为四个等级，不同等级的公民享有不同的政治权利。谁的财产多，谁的等级就高，谁就享有更大的政治权利。第一、二等公民可担任包括执政官在内的最高官职，第三等只能担任低级官职，第四等级不能担任任何官职。这一制度虽然并未实现公民之间的真正平等，但它意味着身为贵族，如果财产少，也享受不到过去那么多的政治权利，而新兴的工商业奴隶主可凭借自己的私有财产，跻身于城邦政权。这就打击了贵族依据世袭特权垄断官职的局面，为非贵族出身的奴隶主开辟了取得政治权利的途径。当时，战神山议事会是国家权力结构的中枢。贵族借助这个机构操纵了立法、行政、司法等大权。梭伦恢复了公民大会，使它成为最高权力机关，决定城邦大事，选举行政官，一切公民，不管是穷是富，都有权参加公民大会；设立了新的政府机关——400人会议，类似公民会议的常设机构，由雅典的四个部落各选一百人组成，除第四等级外，其他各级公民都可当选。这一切，为雅典政治制度的民主化开辟了道路。

在梭伦改革之前，雅典行使的是德拉古法，它对偷窃水果、懒惰等过失都要判处死刑。人们指责它不是用墨水，而是用鲜血写的。对此梭伦建立了新的陪审法庭，所有年满30周岁的公民都可出席法庭。法庭成员用抽签的办法选出，陪审法庭监督担负国家职务的人员活动，保护雅典人民的利益。同时，雅典的军队也不像从前那样，按氏族、族盟和部落来组成，而是根据财产的等级。头两等的公民在骑兵服役，第三等级组成重武装步兵，轻装部队和海军由第四等级组成。

梭伦还采取了许多鼓励手工业和商业发展的措施，如除自给有余的橄榄油外，禁止任何农副产品出口；凡雅典公民，必须让儿子学会一种手艺；奖励有技术的手工业者移居雅典，给予其公民权；改革币制；确定私有财产继承自由的原则等。梭伦制定的这一系列法律条文均刻在木板或石板上，镶在可转动的长方形框子里，公诸于众。梭伦的改革获得了雅典人民的热烈拥护，在梭伦颁布这些法律的时候，整个雅典都沸腾了。让我们来回顾一下当时的情景：

古城雅典的中心广场上聚集了成千上万的农民、手工业者和新兴的工商业奴隶主。兴致勃勃的人们正急切地等待着一个重要时刻的到来：新上任的首席执政官梭伦将在此宣布一项重要的法律。

梭伦在众人的注视下大步登上讲坛，环顾四周，径直走到一个大木框前。此时，嘈杂的会场立时变得鸦雀无声，人们凝神平息，视线随着梭伦不约而同地投向了那个大木框。梭伦用手一拨，将架在木框中的木板翻转过来，刻在木板上的新法律条文便呈现在人们面前。梭伦高声宣读着各项改革法令，并以洪亮的声音庄严声明："此法律的有效期为100年。"顷刻间，掌声雷动，欢声四起，那些无力还债的农民更是起劲地欢呼，整个雅典城被一种异常热烈的气氛所笼罩。

这种情景是对梭伦改革的肯定，只有成功而合理的改革，才会获得人民的拥护。

恩格斯认为，梭伦的改革与国家起源有关。恩格斯说："社会一天天成长，越来越超出氏族制度的范围；即使最严重的坏事在它眼前发生，它也既不能阻止，又不能铲除了……既然氏族制度对于被剥削的人民不能有任何帮助，于是就只有期望正在产生的国家。而国家也确实以梭伦制度的形式给予了这种帮助，同时它又靠牺牲旧制度来增强自己。梭伦揭开了一系列所谓政治革命，而且是以侵犯所有制来揭开的……迄今所有的一切革命，都是为了保护一种所有制以反对另一种所有制的革命。它们如果不侵犯另一种所有制，便不能保护这一种所有制。在法国大革命时期，是牺牲封建的所有制以拯救资产阶级的所有制；在梭伦所进行的革命中，应当是损害债权人的财产以保护债务人的财产。债务简单地被宣布无效了……他清除了负债土地上的抵押柱，使那些因债务而被出卖和逃亡到海外的人都重返家园。”

梭伦的改革并不能完全消除公民集体中的深刻矛盾。广大平民要求进行更多的民主改革，而氏族贵族则力图恢复失去的财产和权力。因此，梭伦改革既遭到贵族的反对，又得不到平民的全力支持。在完成所许诺的改革之后，梭伦离开雅典，出国旅游去了。以后，雅典的阶级斗争进入了新的阶段。

梭伦在首席执政官任满后，即放弃全部权力离开雅典去远游了。据说他到过埃及、塞浦路斯、小亚细亚等地，一路上留下不少佳话和美谈。晚年他退隐在家，从事研究和著述，死后骨灰撒在了他曾为之战斗过的美丽的萨拉米斯岛上。

巨大的影响

梭伦改革的伟大之处，在于他提出了“公正”这一观念。他在一首诗中写道：“我拿着一只大盾/保护两方/不让任何一方不公正地占据优势/我制定法律/无贵无贱/一视同仁。”梭伦抑制了平民与贵族的过分的欲望，在“公正”的旗帜下将一个氏族社会引入了国家的轨道，私有制诞生了。“毫无疑问，二千五百年来私有制之所以能保存下来，只是由于侵犯了财产所有权的缘故。”梭伦改革中，解除债务的政策，无疑是对债权人的一种“侵犯”，但这种“侵犯”是一种执行社会公正的结果，是公正地推动社会进步的必要措施。雅典人民不负历史的厚爱，在梭伦之后的200年间，不断完善着公正的观念，创造了政治、经济、哲学、艺术、科技全面繁荣的希腊文明。

梭伦改革奠定了雅典乃至希腊的民主制度和自由之风的基础，而后者，却是欧洲民主制度的一个重要来源。梭伦改革，从某种意义上讲，对后来的世界资本主义民主制度的建立，有深刻的思想渊源。

平民与贵族的斗争继续发展，雅典人分成了三派：(1)平原派。主要是在平原地区占有大片较肥沃土地的贵族，他们主张实行极端的寡头政制，维护贵族原有利益。(2)山地派。主要是住在山地的小农、手工业者以及遭受债务奴役的人民，他们主张实行激进的民主政制，进行社会改革，他们是平民的下层。(3)海岸派。主要是住在沿海地区的工商业奴隶主。他们的利益不在于放高利贷、收地租和奴役的债务奴隶，而在于向海外发展商业，掠夺奴隶。他们的经济利益与贵族不同，在政治上不满贵族的特权统治。他们的经济地位也与下层平民不同，所以也不赞成山地派的激进主张，而主张温和的改革。这一派可以说是平民的上层。

公元前594年，在平民已组织起来准备用暴力实行改革的情况下，梭伦当选为第一执政官，开始实行改革。梭伦出身一个没落贵族家庭，青年时因家贫而出外经商，因此致富。贵族鉴于他的出身，平民鉴于他的经历，都同意他为“仲裁者”。梭伦的第一项重大措施是发布“解负令”，取消债务，拔去债务人田地里表示抵押的牌子，禁止借贷的人身担保，废除了债务奴隶制，甚至把先前被贵族卖往国外的债奴也赎了回来。一时那些债奴和逃亡在外的农民，都以自由之身重新回到自己的土地上。梭伦的改革是侵犯贵族的财产以维护平民的利益，是取消贵族的债权以恢复平民的自由，在这一点上就具有政治革命的意义。亚里士多德在《雅典政制》中写道：“梭伦禁止以人身奴役作为贷款的抵押，他不但在当时，而且也在未来，都是解放了人民。”这段话并不算过分的美化。此外，梭伦还废除了德拉古所制定的那些过于苛酷的律令，并且创立了“陪审法庭”，规定司法案件须由一定数目的陪审员陪审，期能杜绝徇私舞弊，使法治趋于清平。

梭伦改革的另一个重要内容，便是他把全体的雅典公民按照其财产的多寡分为四个等级：每年的收入合谷物500墨斛（1墨斛约等于52.3公升）以上者为第一级；300墨斛以上者为第二级；150墨斛以上者为第三级；其余无地或少地的贫民，则为第四级。不同等级的公民，在政治上的地位绝不相同。只有属于前三级的公民，才可以担任政府的公职。而政府的最高职位，必须由属于第一级的大贵族充任。在军事上，第一级和第二级的公民组成骑兵，第三级的公民组成重铠兵，第四级的公民则组成轻铠兵。梭伦按照雅典公民的财产状况来划分等级，这便意味着氏族制度的破坏，意味着私有财产的巩固。于是，一个全新的要素就被引用于政治组织之中：私有财产制。公民所享有的权利和义务，是按照他们土地财产的多寡来决定；而当有产阶级开始在政治上取得优势时，那旧有的由血缘关系所构成的集团便处于不重要的地位了。氏族制度又遭受到新的打击。

梭伦的第三项改革是在贵族会议之外另设一个由400人组成的议事会，由它来为公民大会准备提案。这样就使大会摆脱了贵族会议的直接控制，限制了贵族会议的一部分权利。此外，梭伦鼓励人们从事手工业，限制农产品输出。这也有利于工商业奴隶主，而不利于贵族。

恩格斯把梭伦从侵犯贵族财产所有权开始的一系列措施称为“政治革命”。因为梭伦改革打击了贵族，打击了旧的氏族制度，促进了雅典奴隶制经济和奴隶制国家的发展。另一方面，梭伦改革又很不彻底，他没有也不愿满足下层平民重分土地的要求，还在许多方面保留了贵族的利益。梭伦在自己的诗里说：“我拿着一只大盾，保护两方，不让任何一方不公正地占居优势”。他要表明自己在贵族与下层平民之间不偏不倚，实际上正好表明他所持的是工商业奴隶主的立场。他决不是超然的。

在此基本立法之外，对于希腊历史最重要者，是梭伦更增列若干其他法律以求解决当时之各项次要问题。首先，他使在习惯上早已认可之私有财产制合法化。倘一人有子嗣，在死亡时可将财产分配于诸子；倘无子嗣，可将其财产遗赠于任何人，在此种情形下通常其财产自动转入宗族。因此雅典自梭伦开始实

亚里士多德教导童年的亚历山大

施遗嘱的权力与法律。因梭伦本身系一商人，故亦经由开放公民权利以促进雅典之工商业，凡外国人具有各行业专长，欲携眷永久定居雅典者可获得公民权利。除橄榄油外，其他出自土中之产物均禁止出口，其目的是将生产过剩之农产品转移为工业。梭伦并且制定法律，凡父亲未传授其子一技之长者，儿子对父亲无奉养义务。对梭伦而言（并非对尔后之雅典人），工艺实具有其本身之荣誉与尊严。

梭伦的法律甚至亦涉及道德和礼仪的领域。长期的怠惰认为系一种罪行，生活荒唐淫乱者不得在民众大会发表演说。他使娼妓合法化并予课征税捐，他建立公共妓院，由政府发给执照并予监督，并以国库经费建一阿佛洛狄忒神殿。一位当时的诗人曾歌颂他：“啊！梭伦，我们歌颂你，你为本城和本城道德的利益而设置公娼，因为这个城市充满了精力充沛的青年，如果没有你这个明智的措施，他们一定向良家妇女骚扰，因而对社会造成困扰”。他建立了“非德拉科的惩罚”，凡是冒犯自由妇女者，处以高额罚款，凡当场捕获通奸者（男方），准许将其就地处死。他限制妆奁的价值和数量，希望双方以爱情及为生育与抚养子女之目的而结合；他采取一种率直的

信任，禁止妇女在衣橱内超过3套服装。他被要求订立反对单身汉的立法，但他认为妻子毕竟是一个很重的负担，因而拒绝。他制定法律，认为诽谤死者，或在神殿、法院、公共办公处所及竞技中中伤他人均为罪行，但这仍不能钳制雅典人爱说话的口舌，因为雅典和我们的情形一样，闲言和造谣似乎是民主的一个重要部分。他规定在雅典发生暴乱时采取中立者将丧失公民资格，因他认为大众对国事漠不关心可致国家于灭亡。他对浮夸的典礼、奢侈的牺牲和对丧葬的冗长哀悼都加以谴责，他也对殉葬的财货加以限制。他制定了一个非常有益的法律，凡殉国者的子女应由国家扶养与教育，这个法律为雅典人多年勇敢作战的主要原因。

梭伦对他的法律都定有罚则，虽较德拉科所订较缓，但仍甚严厉。他规定任何公民都可以对认为是犯罪的人提出控诉，为使他的法律更能为人了解与遵守，他把这些法律写在“王者”执政官“朝中”的木滚或棱柱上，以便能一面转动，一面阅读。他并没有像莱克格斯、米诺斯、汉谟拉比一样说他的法律系得自神谕，这种情形当然也反映了时代、城市和人们气质的不同。人民曾邀请他作为永久的独裁者，他未予接受，他认为“独裁者是一个很好的位置，但上去后没有路下来。”激进分子批评他未能建立财产和权力的平等；保守分子批评他不应让一般人民享受特权及进入法院，他们说这部法典的精神将是“智者恳求，愚者决定”。梭伦很谦虚的接受这些批评，承认他的法典并不完美。当有人问及他是否已给予雅典人以最佳法典时，他的答复是：“不，但那是一部雅典人所能接受的最佳法典”——也就是当时在雅典能劝服各种不同利害集团所能共同接受之最佳法典。他采取中庸之道且保全了邦国；他可以说是“生于亚里士多德前的亚里士多德的好学生”。传说在特耳斐阿波罗神殿所刻的格言“从无过度”就是他的写照，同时所有希腊人都一致把他列入七哲（七贤）之林。

十年战争

战争的开端、双方实力对比

公元前431年3月，伯罗奔尼撒战争由斯巴达的同盟者底比斯夜袭雅典同盟城邦普拉提亚而正式爆发。底比斯300多人夜袭普拉提亚失败，一部分人战死，180人被俘，并立即被处死。5月，斯巴达国王阿基达马斯二世统率伯罗奔尼撒军侵入亚狄迦，蹂躏了雅典近郊的农村，砍伐雅典的橄榄树和葡萄藤。

从战争第一年到公元前421年双方签订“尼西亚和约”止，在伯罗奔尼撒战争史上，称这一阶段的战争为“十年战争”，或按斯巴达国王名字命名为“阿基达马斯战争”。

战争开始阶段，双方的实力几乎是势均力敌，各有千秋。雅典的海军和财政力量雄厚，而斯巴达的陆军，尤其是重装步兵最强。

雅典方面，根据同盟贡税登记材料，到战争爆发时期已有300多城邦加入雅典海上同盟。雅典从各盟邦收取的贡税，平均每年有600他连特；雅典卫城还蓄存了6000他连特银币和价值3500他连特的金银珍宝。海军方面雅典拥有300艘三层船舰；陆军方面约有27000名重装步兵。

斯巴达方面，除小部分城邦外，几乎全部伯罗奔尼撒半岛上的希腊城邦都加入了伯罗奔尼撒同盟，而中希腊的底比斯等绝大多数希腊城邦以及西西里、叙拉古等许多希腊城邦也都是它的同盟者。伯罗奔尼撒的基本军事力量是陆军，根据古代希腊作家普鲁塔克记载，阿基达马斯二世率领的伯罗奔尼撒军和底比斯等中希腊的同盟者的重装步兵，第一次入侵亚狄迦的人数约6万人。伯罗奔尼撒舰队主要是由科林斯、麦加拉的船舰组成，加上其他一些同盟者的辅助舰队，总数不超过300艘，大体上相当于雅典舰队的数目，但它的战斗力却远不及雅典。在财政上，伯罗奔尼撒同盟也不能和雅典相比拟。不过据推算，它所能支配的数额仍然相当可观，在战争期间，要供给一支300艘船舰的舰队活动经费，一天至少要3他连特。

战争的第一年，伯罗奔尼撒军侵入亚狄迦的战略方针是竭力挑动雅典人出战。但是，雅典民主派的杰出领袖伯里克利却清醒地知道，雅典的重装步兵总额还不到入侵的斯巴达及其同盟者的一半，不能和他们正面交锋。他说服了雅典人，采取“坚壁清野，固守城垣”的方针。雅典人把妻室儿女和全部能携带的财产，甚至门板、窗格、大小牲畜都移置到城内或送往优卑亚岛，依据“长城”坚守；同时尽可能发挥它的海军优势，围绕伯罗奔尼撒半岛，破坏沿海城市，鼓动斯巴达的奴隶希洛人暴动。

战争的第一年夏天，雅典派了一支100艘三层船舰的舰队蹂躏伯罗奔尼撒沿岸，伯里克利也亲率雅典军侵入麦加里德进行破坏。从这时起一直到公元前424年，雅典军每年都多次入侵麦加里德，对斯巴达军屡次入侵亚狄迦采取报复行动。

第一次侵入亚狄迦的伯罗奔尼撒军，并没有跟雅典军正面接触，仅在亚狄迦停留一个月就进入彼奥提亚，在这里解散了同盟军，返回伯罗奔尼撒。

第二年，雅典再度派100艘三层船舰的舰队去进攻伯罗奔尼撒沿岸城市，蹂躏了许多地方。而斯巴达军也第二次入侵亚狄迦，6月初进入雅典罗立温银矿区。他们在亚狄迦停留时间约有四十天，可是破坏程度却远比第一次严重。这时候，雅典城内瘟疫已经开始流行，斯巴达军又撤了回去。

第一次马其顿战争

马其顿王国位于地中海东部，是巴尔干半岛北部的一个古老国家。境内可分为两大部分，即以山岳为主的上马其顿和以平原为主的下马其顿。历史上的三次马其顿战争发生在公元前3世纪末期到公元前2世纪中期，即马其顿的安条克王朝统治时期。安条克王朝对内镇压希腊的反马其顿运动，巩固对希腊地区的统治，对外则与包括罗马在内的其他国家争夺爱琴海和赫勒斯滂海峡的霸权，腓力五世(公元前220—前179年在位)当政时期，西方的罗马共和国也正在大举扩张，它欲取得头等强国的地位，必须对付地中海东部的马其顿王国。因此，两强相遇，战争势不可免。

马其顿王国兴起较晚，但是经过腓力二世、亚历山大等几代能征惯战的国王的扩张，国势发展相当迅速，到公元前4世纪中期，已控制了整个希腊地区。公元前220年，十七岁的腓力五世继承王位，次年便同埃托利亚同盟交战。这便是历史上的“社会战争”。这次战争最后以和约的方式结束，但它不是因为腓力没有能力打赢这场战争，而是因为他的野心远远超出了打赢这场战争的目的。公元前217年，罗马在与迦太基进行的第二次布匿战争中，遭到了特拉西美诺湖之战的惨败，士气低落，国内形势紧张。这使得腓力相信：一个绝好的插手地中海事务的机会到来了，因此，他匆匆结束了与埃托利亚同盟的战争，把侵略的目光投向了亚得里亚海方面。当年冬天，腓力建成一支快速舰队，并于次年春天把它调到亚得里亚海。这一行动暴露了腓力要代替伊利里亚成为亚得里亚海霸主的意图。对此，罗马方面立即有所警惕，并加紧准备。一旦腓力威胁罗马安全，就给他一个狠狠的打击。

公元前215年，罗马军舰在凯拉比

利亚海面拦截了一条向东航行的马其顿船，搜查到一份重要文件。这便是汉尼拔和腓力准备缔结条约的草案。这一事件使罗马元老院大为震惊，它立即讨论决定，对腓力采取相应的措施：向阿普利亚增加战舰30艘，由执政官拉维努斯指挥；一旦腓力采取援助汉尼拔的行动，拉维努斯便率舰跨海，赶到马其顿，尽力把腓力的军队牵制在那里，使他与汉尼拔的合作不能实现。

事实证明，罗马元老院这个决策是正确的，它估计到了腓力可能带来的危险。公元前214年春天，腓力率领一支由120艘小船组成的舰队再次进入亚得里亚海水域，并迅速占领了奥里卡姆。奥里卡姆在被占之前向拉维努斯求援。遵照元老院的命令，拉维努斯率军越过了亚得里亚海，并成功地堵截了腓力的小股部队。腓力攻打阿波罗尼亚时，拉维努斯设计把他的一些部队送进城内，里应外合地给腓力以彻底的打击。腓力被迫烧掉了他在阿乌斯河口的新造船只，并撤退回到马其顿内地。但是，他也没有忘记为罗马舰队设置障碍，使他们长期滞留在伊里利亚水域。

由于船只被焚烧，腓力无法进行海上远征，于是他转而在陆地上发展自己的势力。公元前213年，他越过品都斯山，试图控制帕希尼、第乌鲁姆和阿提塔娜斯，并且占领了里苏斯堡。但这些只是表面上的成功，拉维努斯始终控制着亚得里亚海，寸步不让。双方的对峙持续一段时间以后，罗马人开始寻找新的同盟者。他们很清楚，腓力在战争中成败的关键，在于希腊各城邦的态度。从公元前4世纪中期，希腊地区即被马其顿全部控制。在希腊人眼里，马其顿早就成了他们的宿敌，是他们谋求解放和独立的真正敌人。所以，不单埃托利亚人对马其顿十分仇视，甚至与马其顿比较友好的亚该亚人，也对马其顿的不断强大持十分疑惧的态度。当然，他们仍不得不对腓力表现出几分好感。拉维努斯首先把目光转向了刚刚与腓力结束“社会战争”的埃托利亚同盟。共同的敌人使他们很快就结成了联盟。联盟条约规定：埃托利亚人立即在陆地上层开对腓力的战争；与之相呼应，罗马增强海上实力，提供25艘以上的战舰；战争中所获取的土地归埃托利亚同盟，罗马只求得到所掠夺的动产（其中包括人和牲畜）；双方不得单独与腓力订立和约。不久，联盟中又增加了埃力斯、斯巴达和培尔伽门等国相继加入联盟，从而扩大了反马其顿的力量。这样，腓力不但没能把战争转移到意大利半岛，反而使自己引火上身，在巴尔干本土陷入了四面受敌的困境。

第二年，反马其顿联盟取得了巨大战果。首先，他们抢占了奥尼阿达、那苏斯和匝辛索斯等地；接着，在公元前 210 年，拉维努斯和他的继承者也攻克了弗西斯的安提希拉和萨柔尼克海湾的阿吉娜等城。

在战争中，一些希腊城邦不断被占领，他们的人口被贩卖，各城邦之间正常的交往被扰乱。他们尝够了战争的苦果。由于要保持希腊世界的权威不被颠覆，正常的商业能够进行，并且害怕战争的火焰蔓延得越来越广，许多中立国家开始探索促使双方平息战火的道路。

从公元前 207 年开始，局势又开始有利于腓力。当埃托利亚同盟内部滋生厌战情绪时，腓力再次发展了他的舰队，夺回了匝辛索斯，并且直插到托利亚腹地，掠夺了该同盟在瑟木姆的至圣所。此时，恰好汉尼拔的弟弟哈斯德路巴尔率军突入意大利，给罗马造成了相当大的压力。罗马被迫把全部力量集中在意大利，因而没有能力援助埃托科亚同盟。埃托利亚损失惨重，在得不到援助的情况下，开始考虑妥协。公元前 206 年，在中立国的积极斡旋下，埃托利亚同盟与腓力之间订立了和约。

由于失去了埃托利亚同盟，罗马元老院没有兴趣也没有能力独自在巴尔干半岛作战。迦太基的汉尼拔此时给予罗马的压力仍然很大，使罗马不能对巴尔干半岛的战争承受过多的负担。况且，到此时为止，罗马进行此次战争的目的已经达到，它已使腓力未能在第二次布匿战争中给汉尼拔带来具体帮助。在这种情况下，罗马与腓力之间也就于公元前 205 年结束战争而签署了和约。

第一次马其顿战争在战术上并没有什么特色，但是它却扩大了罗马人的眼界，也开拓了罗马同希腊中部和小亚细亚一些城邦的联系，其意义远远超过了最初只为打击腓力这一狭窄的目标。尽管罗马人在和约里把大陆上的部分土地让给了腓力，但他们为自己保存了最重要的伊利里亚领地。总之，在这一次战争中，双方均未取得决定性胜利，而以大体上维持现状的一纸和约告终。

第二次马其顿战争

公元前 3 世纪末期，地中海东部的相对均势发生了变化。埃及在托勒密四世当政的最后年代里显著地衰落了。在弱肉强食的古代帝国关系中，她的衰落引起了腓力和叙利亚国王安提奥库斯的贪欲，他们试图瓜分埃及在叙利亚、小亚细亚、爱琴海及海峡地带的领地。共同的欲望使他们超越了彼此间深刻的矛盾，于公元前203年到前202年的冬天缔结了密约，并对埃及采取了军事行动。

两个帝国对被征服地区的掠夺，以及出卖居民为奴的种种行径，在希腊世界引起了极大愤慨。不愿意看到海峡落入马其顿之手的小国，如罗得、拜占廷等结成联盟打击腓力。公元前201年夏，罗得和倍尔伽姆的使节到达罗马，向元老院请求帮助。早些时候，埃及也曾请求过保护。对罗马来说。干预东方事件始终是一个极其严肃的问题，尤其是在对迦太基的长期战争刚刚结束、历经战乱的人民渴望和平的时候更是如此。但是，元老院经过长期辩论，还是决定开战。元老院这么做，主要是基于两个方面的原因。

其一，腓力和安提奥库斯是罗马潜在的敌人，他们都有潜力建成东方最强大的国家。腓力曾公开地表示，要助迦太基的汉尼拔一臂之力。对于这一点，罗马人始终耿耿于怀，欲施报复。现在，汉尼拔虽然失败了，但并没有被彻底消灭，他会不会东山再起，与腓力再次联合呢？想起这种可能性，罗马元老院就会感到不安。安提奥库斯是个好大喜功，而且是有毅力、有才能的统治者，罗马元老院担心他随着势力的发展而成为又一个骁勇善战的亚历山大。他与腓力秘密结约，更使罗马意识到，需要通过一场战争来消灭明敌与隐患。

其二，罗马统治集团的侵略意图也起了不小的作用。如果说，在第一次马其顿战争中，罗马还有防御的必要，那么到此时，罗马的政策则是富有扩张性了。在两次布匿战争中，罗马发展了奴隶制度，使奴隶制经济有了重大进展，并形成了意大利庄园，扩大了包括包办业务和批发商业在内的金融经济。经济的发展提出了不断扩张的要求，加上罗马人对东方文化的羡慕、对物质财富的垂涎，使元老院滋长了一定的战争情绪。东方危机的产生，促使这种情绪更加高涨。而援助遭腓力蹂躏的希腊小国，正是介入战争的最好借口。

公元前200年春天，罗马向巴尔干半岛派出一个由3人组成的使团，目的是要使希腊国家加入反马其顿同盟，并向腓力发出最后通牒。这个使团在希腊进行了热烈的煽动，但希腊各城邦始终保持观望的态度，不肯答应承担任何义务，只有与腓力发生过尖锐冲突的雅典向腓力宣战。罗马对腓力的最后通牒是：停止对希腊人的一切敌对行动；把所占的埃及领土全部归还给埃及;马其顿与培尔伽姆和罗得之间的一切争端,用仲裁办法加以解决。这个通牒实际上等于要腓力交出所有的既得利益,所以腓力无论怎样也不愿接受。这一点是罗马元老院早就预料到的,这样做的目的,是想借此在公然敌视战争的罗马舆论中煽起仇视马其顿的情绪。

公元前200年夏末,罗马执政官伽尔巴率领两个军团渡海,到达巴尔干半岛西海岸城市阿波罗尼亚,攻打腓力在伊利里亚的领地,由此开始了第二次马其顿战争。与此同时,雅典也开始军事行动。

战争的头两年,双方都没有取得决定性的胜利。但是不久之后,埃托利亚同盟加入了战争,改变了战争的局势。达尔达尼人和伊利里亚从一开始便是罗马的同盟者。罗德斯和培尔伽姆的舰队在爱琴海上和马其顿沿岸地带展开了军事行动,同罗马舰队互相配合,再加上埃托利亚同盟的力量,使罗马在此地区开始占据很大的优势。与此相反,腓力的情况远不如罗马。曾经与腓力秘密签约的安提奥库斯,担心腓力的力量超过自己,在整个战争中一直采取消极的态度,并不给腓力以实际援助。

腓力迫切需要同盟者。亚该亚同盟曾在第一次马其顿战争中帮助他对付罗马,但自从腓力插手伯罗奔尼撒事务而得罪了该同盟后,他们的关系便中断了。公元前200年秋,腓力为亚该亚同盟提供帮助,以打击亚该亚同盟的敌人斯巴达人,然后又提出了与亚该亚同盟结盟的要求,结果再次被拒绝。

这样,腓力便完全陷入了孤军奋战的境地。公元前199年冬天过后,罗马执政官伽尔巴率军出征,占领了马其顿的西部,掠夺了林赛提斯的大片土地,击溃了腓力的大部分军队,掠夺了大量财物。但他没能深入到下马其顿。秋天,他返回到海边基地,并把他的领导权移交给了继任的执政官。同时,罗马舰队继续对雅典进行掩护,并在爱琴海和马其顿岸边抢掠财物。不过到此为止,罗马人还没有取得重大的胜利。

公元前198年,罗马执政官佛拉米尼努斯被派到巴尔干,率军与腓力作战。佛拉米尼努斯当年才三十岁,毅力和才能兼备,是一个希腊文化的热烈崇拜者,并有着希腊式的思想和抱负。他在罗马元老院里有强有力的支持者,元老们给他以充分支持,使他得以长久地控制罗马在巴尔干半岛的利益。

起初,罗马为了削弱腓力的力量,曾试着进行和谈。但是,由于罗马坚持自己的条件，马其顿又不肯放弃既得的利益，和谈没有进展，罗马人却在其间夹杂着进行一些零星的小规模的军事行动。到和谈彻底破裂时，腓力已失掉了通往马其顿的要道阿乌斯峡谷，并退到帖撒利亚。腓力在他仓惶之中作出决定，如果佛拉米尼努斯紧追而来，他就以牺牲帖撒利亚为代价实行焦土政策。但是，佛拉米尼努斯并没有立刻追击。他首先保护了联接西部海岸的通路，然后才进军帖撒利亚，与自己的希腊同盟军会合。不久，同盟军的舰队也进抵科林斯。在这样强大的压力之下，亚该亚同盟便倒向了罗马方面。

罗马步步紧逼，腓力节节败退。到公元前197年，腓力在希腊的影响，实际上只限于弗提欧提斯和帖撒利亚两个地区了。原来表示友好的一些希腊小国，现在也都反对他。这样对他来说，只剩下冒险决战一条出路了。此时，佛拉米尼努斯也产生了决战意图。公元前197年，腓力集结了身边所有的力量，与罗马军队在库诺斯克法莱（希腊语“狗头山”）进行了具有决定意义的会战。双方兵力几乎相等：腓力有2.5万人；佛拉米尼努斯拥有两个罗马军团（约9000人），其同盟部队为6000名埃托利亚步兵，1200名阿萨马尼亚步兵，500名克里特步兵和300名阿波罗尼亚步兵，以及400名埃托利亚骑兵。腓力麾下的马其顿军队仍然沿用马其顿方阵作战。这种方阵体积庞大，在平坦宽阔的地面具有极大的杀伤力，但在凹凸不平的山区就显然缺少灵活性。因此，马其顿方阵在这次会战中发挥不了自己的优势，无形中大大提高了罗马及其同盟者的作战能力。腓力遭到惨败，差不多损失了一半以上的军队。他退入马其顿并派使节到佛拉米尼努斯那里谈和，佛拉米尼努斯早已把牌亮在桌面上，除了接受全部条件之外，腓力无路可走。

腓力被迫放弃了马其顿境外的所有领地，退出希腊，交出舰队（保留了几艘船），放还所有战俘和逃亡者，并交付了1000塔兰特的赔款，其中一半要立刻付出，其余的款项在十年内分期付清。但这个条约还算比较温和，罗马并没有把腓力逼得太急，因为罗马人希望腓力能在罗马与叙利亚王国之间势不可免的战争中充当罗马的同盟者。

第三次马其顿战争

局势的发展正如罗马元老院的设想。马其顿一度成了罗马的同盟者，与罗马联合起来对付叙利亚国王安提奥库斯。腓力有自己的利益所在，他在战争中得到了一些好处，扩大了自己在希腊北部的影响。他夺取了色雷斯、帖撒利亚、波哈比亚和阿塔玛尼亚地区的一些城镇。毫无疑问，马其顿势力的增大直接威胁着罗马在希腊事务中的利益。安提奥库斯被打败后，马其顿自然又成为罗马的主要打击对象。公元前189年，罗马元老院与埃托利亚人缔结了和约，目的就是要维持埃托利亚联盟与马其顿之间的抗衡。

由于对马其顿和罗马的态度不同，色雷斯各城邦中存在着尖锐的派系斗争。腓力的老对头优米尼斯曾派使者到罗马元老院控告他，元老院作出裁决，强迫腓力退出色雷斯和希腊的一些据点。腓力服从了裁决，但是心中却加深了对罗马的不满和仇恨，也导致了他又一次开始做战争的准备。

腓力从色雷斯据点全部撤军以后，罗马方面再没有对他下强迫命令。这是由于腓力的幼子德米特里乌斯的原因。德米特里乌斯曾作为人质在罗马住了几年，对罗马文化有着一定的了解，感情上倾向于罗马。因此，罗马元老院有意加强对他的影响，希望他能成为腓力的继承者。但是，腓力早已有了合法继承人即他的长子佩尔修斯，结果马其顿宫廷发生了政变，德米特里乌斯被处死。

马其顿和罗马对希腊的兴趣始终不减，双方不断调节各自的政策，以求尽快达到自己的目的。公元前179年，腓力大功未竟身先死，长子佩尔修斯继承了王位。此时的马其顿王国仍然是一个军事上强大的国家，应该说，秉承父志的佩尔修斯，无论从个人的角度还是从国家的角度都是极仇视罗马的。但他统治伊始，并没有破坏传统的勉强维持和平的政策，还是重修了与罗马的联盟。这种政策使他得到了尽可能多的朋友。他与叙利亚联姻，娶了叙利亚的公主劳迪斯；罗得人也想改善同他的关系；而且在埃托利亚人中间，他的影响也大大增加。但是不久，佩尔修斯便离开了保持传统政策的道路。

首先，他在希腊赦免了逃亡者、负债者和那些因为宫廷政变被流放的罪犯，并把他们召到马其顿，答应恢复他们的财产和权利。这些人的名单张贴在希腊几处重要的太阳神庙和帖撒利亚的雅典娜神庙里，他们的归来受到国王的热烈欢迎。佩尔修斯的目的是要以自己仁慈的举动吸引希腊人的目光。但是，这种煽惑政策，实际上却刺伤了一般民众的心，因而招来了适得其反的结果。居民中的有产者纷纷离开了他，而与亲罗马的政党接近了，这一点在不久爆发的战争中表现得更为明显。

罗马元老院从一开始便对佩尔修斯的行动给予特殊的关注。在希腊，有罗马的朋友，也有罗马的敌人。佩尔修斯的频繁外交活动，曾使许多城邦开始考虑与马其顿改善关系。对此，罗马人没有冷眼旁观，而是密切注视着巴尔干半岛上事件的发展，等待着采取反击措施的机会。

双方都在加快行动的步伐。公元前174年，从迦太基返回罗马的使者报告说，迦太基元老院接待了佩尔修斯的使者。很快，罗马元老院就派出一个高级使团前往马其顿，侦察马其顿国王的行踪。事实上，在公元前174年的大部分时间里，佩尔修斯都不在马其顿，他在外地奔忙，全心全意地重修与亚该亚同盟之间的关系。亚该亚同盟在第二次马其顿战争中与马其顿的关系破裂后，其内部一直存在着亲马其顿派和亲罗马派的激烈斗争。亲罗马派后来占据了上风，佩尔修斯派出的使团根本没有被接待，所以实际上，亚该亚同盟还是站在罗马一边的。

公元前172年，对佩尔修斯政策深为不满的培尔伽姆国王优米尼斯，带着对佩尔修斯的控诉书再次来到罗马元老院。他控告说，腓力早已计划了一场战争，佩尔修斯很快就要将它付诸实践。当优米尼斯从罗马返回时，在得尔菲几乎险遭暗杀。很明显，阴谋的制造者正是佩尔修斯。这件事使罗马再也不能忍耐下去了。在此以前，罗马元老院出于形势的需要已经在讨论对马其顿宣战的问题。作战的任务落到了公元前171年执政官的身上；同时，许多使团和使节被陆续派往希腊和亚洲的城邦或王国，旨在寻求战争中的同盟者，并观察佩尔修斯在罗马统治区的动向。战争的准备进行得很顺利，两个军团以及一支由50艘战船组成的舰队迅速集结起来了，准备渡海到伊利里亚的阿波罗尼亚。

但是，与佩尔修斯相当充分的战争准备相比，罗马的战备工作还是不够的。因此，罗马元老院派出以菲利普斯为首的罗马使团与佩尔修斯和谈，希望争取时间进行更充分的准备。佩尔修斯在战略上的反应比较迟钝，做事犹豫不决，加之他对避免战争还心存幻想，因而答应了和谈。这就给了罗马以必要的准备时间，而使自己失去了最佳的作战时机。接着，菲利普斯来到亚该亚人中间，再次获得外交上的成功。亚该亚的执政官同意派遣一支部队为罗马人驻守凯齐斯。公元前171年11月，当执政官走马上任之时,罗马议会正式向马其顿宣战。

公元前 169 年,执政官克拉苏斯在凯利希乌斯遭到失败。他是在通过伊庇鲁斯进入帖撒利亚时陷入了马其顿骑兵的包围。但在整个战争进程中,这次失败并不重要,因为时隔不久,在进入冬季宿营地之前,他终于夺取了帕拉那。战争全面展开以后,罗马不断地取得了许多小战的胜利。他们攻破许多城镇,将居民变为奴隶,并把这些地区交到亲罗马派手中,但是明确规定:他们的职位要得到罗马元老院的认可才能生效。

由于罗马统治集团内部的原因,菲利普斯再次被派去处理马其顿事务。他的所作所为要比前几任指挥官更为活跃和成功。首先,他利用外交手段,使埃托利亚同盟、亚该亚同盟以及罗得的许多城邦都对罗马表示友好,或者至少表示了中立态度。其次,他摆脱了通往马其顿的主要道路都被佩尔修斯部队控制的困境,在阿斯库里斯湖附近离马其顿军队驻地不远的奥林匹斯山上,发现了一条通路。这是一条陡峭的山路。菲利普斯率军克服路途中的许多困难,进入了马其顿本土。公元前 169 年末,双方军队在埃尔坡斯河两岸对峙,从而使得马其顿南部的陆地和海岸完全暴露在罗马军队面前。

为了加强自身的力量,佩尔修斯试图诱惑伊利里亚国王詹提乌斯加入公开的联盟,共同对付罗马。詹提乌斯趁机索取金钱,但吝啬的佩尔修斯不愿为此花费金钱,因此,詹提乌斯回绝了佩尔修斯的要求。公元前 169 年,罗马在马其顿前线取得了节节胜利,这使佩尔修斯重新认识到詹提乌斯对他的重要性。他不得不委曲求全,忍痛花费金钱而与詹提乌斯达成了联盟协议。

公元前 168 年,保路斯和奥克塔维斯当选为罗马执政官。罗马元老院派使者到达希腊前线,查明罗马军队在马其顿和伊利里亚的情况,然后根据他们的报告制定了战争的计划。保路斯率领主力部队进军马其顿,奥克塔维斯则致力于爱琴海舰队的建设。后来,根据伊利里亚形势的变化,罗马元老院又命令保路斯率军增援伊利里亚,进攻詹提乌斯。当年发生的伊里利亚战争,仅在 1 个月内就结束了。关于这次战争的记载大部分都已佚失,但是有一点是肯定的,即詹提乌斯在海上和陆地上都失败了,被赶到了斯柯达一隅,不久他就投降了。

当年冬天,佩尔修斯稳定了他在伊庇鲁斯的局面,并且派遣强大的部队到皮特拉和皮提乌姆驻防,以阻止罗马部队从奥林匹斯方向进行偷袭。保路斯决定穿过伊庇鲁斯直接攻击佩尔修斯。为吸引马其顿军的注意力,他首先佯攻马其顿的沿海地带。奥克塔维斯则受命率领舰队,并连同补给的船队,赶到赫拉克勒姆。公元前168年6月17日,纳希卡率领一队精兵,穿过伊庇鲁斯也进到了那里,然后靠着舰队的掩护,经过三昼夜行军,最后到达皮提乌姆。6月20日清晨,纳希卡部队驱走了马其顿在皮提乌姆的驻军。佩尔修斯被迫放弃伊庇鲁斯而向皮得那撤退,6月22日,双方大军在皮得那进行会战。会战开始时,马其顿方阵仍然占有很大优势,击溃了罗马的前锋,使罗马军团被迫退到自己军营附近的高地上。但是,在紧接着实行追击时,由于地形不平坦,方阵被迫变换队形,不得不散开,保路斯便趁机把中军插入敌人方阵的空隙之中,并从两翼和背后对马其顿军发起进攻,马其顿军即刻陷入混乱,骑兵束手无策。最后,佩尔修斯全面崩溃,据说,有2万马其顿士兵阵亡,6000人逃到了皮得那,但却在那里被俘,另外5000人则在途中当了俘虏。佩尔修斯退回首都,想焚毁王宫的文件,但追击而来的罗马人连这点时间都没有给他。他仓惶逃往萨莫色雷斯,在那里投降,后被处斩。

至此,战争全部结束,马其顿也不再作为一个独立国家而存在了。

恺撒大帝

公元前1世纪的某一天,天气晴朗,风和日丽。几个罗马贵族青年相约外出郊游。当他们有说有笑地走过高卢一个贫穷的小村时,一个青年开玩笑地说:“哎呀!在这样鄙陋的角落,该不会有人为占居首位而争夺利了啊?”话音未落,青年们都哈哈大笑起来,其中只有一人没有笑,而是神情严肃地说道:“我宁愿在这里当老大,也不愿在罗马当老二。”这个青年就是后来名震遐迩的古罗马大政治家、军事家、史学家恺撒。

盖马斯·尤利乌斯·恺撒出身于罗马古老而著名的尤利马斯家族,受过良好的教育。少年时代,恺撒就有着非凡的志向,幻想权威和荣誉。他喜欢阅读关于马其顿王亚历山大大帝的事迹。但读了之后,却又使他黯然神伤。亚历山大与他同龄的时候,已经赫赫有名,而自己呢?至今还默默无闻。然而,罗马社会的动荡变迁终于给了恺撒大显身手的机会。

恺撒生活的时代,奴隶制的罗马共和国正面临着严重的危机。斯巴达克起义给了它沉重的打击。罗马元老院由于

恺撒

无能而地位大为削弱。不少奴隶主都希望有一个强有力的军事独裁制度来取代瓦解中的共和制度。奴隶主阶级内部出现了两个对立集团:民主派和贵族派,其代表人物分别是马略和苏拉。恺撒一开始和民主派接近。当苏拉独裁的时候,他因此而受到迫害;幸好,苏拉不久便死了。恺撒重新活跃在罗马政治舞台上,先后担任了市政官、大祭司和西班牙总督。任职期间,恺撒穿着讲究,言谈机敏,为了笼络人心,他不惜自己借债而慷慨捐资,为公民们举办豪华的午宴和演出,还免费向观众分发面包。这样,恺撒便在平民和一部分上层人士中赢得了威望。可是恺撒深知,这还仅仅是开头。因为在他面前,有两个比他影响更大的人物:庞培和克拉苏,于是,在公元前60年,他与庞培、克拉苏结成了“前三头同盟”。在他们的支持下,恺撒出任公元前59年的执政官。为了巩固这一同盟,他还把与别人订了婚的女儿尤利娅嫁给了庞培。恺撒迈出了成功的第一步。

公元前58年,恺撒出任高卢总督。在他赴任之前,他也没有丢掉罗马,而是扶植了自己的代理人克劳狄乌斯,尽管这个人是个有名的“花花公子”,还曾与恺撒第二个妻子私通,但恺撒选择他,因为克劳狄乌斯在他看来是最适合于自己计划的人。

恺撒在高卢任总督期间,正是那一地区大动乱的时期,居住在那里的克尔特诸部落矛盾重重。恺撒在对其征服的过程中,表现了出色的军事才智。他只

出土于巴勒斯特里的罗马战士浮雕

化了两年时间就基本上合并了高卢，还越过莱茵河打败了日耳曼的部落，两次入侵不列颠岛，并于公元前52年镇压了高卢的反罗马人大起义。他用从高卢掠夺来的巨额财富收买城市贫民，培植党羽，而在征服期间久经征战的10个军团则成了他夺取政权的重要资本。还值得一提的是，恺撒为了表白自己在高卢的战功，还用简练优美的文字写下了一本《高卢战记》，这本著作史料翔实可信，赢得了后代不少史学家的赞赏。

但是，恺撒在高卢的巨大胜利引起了庞培和克拉苏的嫉恨。为此，三头同盟曾在鲁卡举行会议，但裂痕无法弥补。想效仿恺撒的克拉苏远征帕提亚，不想战败身亡。庞培则进一步靠拢元老贵族，与恺撒对立。

庞培在元老院贵族的支持下，一度占了上风，公元前49年1月1日的元老院会议上通过了决议，要恺撒立即卸任，否则就被宣布为祖国的敌人。恺撒的拥护者、保民官安东尼和克文杜斯·卡西马斯则对此行使了否决权，但受到了元老院贵族的侮辱。1月7日，元老院宣布共和国危急，并让庞培在意大利招募军队，形势非常紧张，安东尼和卡西马斯化装成奴隶逃出罗马，到恺撒所在的山南高卢报告了罗马的情况。

当时，恺撒的大部分军队驻在山北高卢，他身边只有一个军团和一些辅助部队，但是为了抓住时机，他还是决定出兵。1月10日，他率领军队渡过了意大利和高卢之间的界河卢比孔，赶在行动迟缓的庞培之前，以迅雷不及掩耳之势向罗马突进。他进军的借口是维护被侮辱的保民官。庞培果然猝不及防，只得逃出了罗马。恺撒进入罗马之后，并没有对那些政敌进行迫害，而是实行了怀柔政策，无条件释放了俘虏。他的士兵在城里也没有进行劫掠。这样，就使罗马的政治生活很快恢复，并且赢得了一部分元老贵族和骑士的好感，逃亡的人也陆续回城。

但是，庞培还有着众多的部下，他在巴尔干半岛集聚了一支大军，西班牙也

古罗马近卫军在罗马帝国后期的政治危要中常常扮演非常重要的角色

有他的七个军团。恺撒仍然面临着严峻的形势。公元前49年秋天,他首先进军西班牙,经过四十天的艰苦战斗。恺撒终于包围了敌军的营寨,截断了水源,迫使庞培的两员部将投降。

第二年,恺撒开始与庞培本人进行决战。尽管恺撒的兵力少于对方,但他的神速大胆和庞培的迟缓使他赢得了胜利。公元前48年6月的法萨卢大战中,恺撒彻底击溃了庞培。庞培逃到埃及,但被国王派人杀害。恺撒的军队穷追不舍,也到了埃及,消灭了庞培党羽,把归顺恺撒的埃及女王克列奥帕特拉七世扶上王位。在以后的两年中,恺撒又转战各地,清除庞培的余孽,结束了罗马内战。他终于成为罗马的老大了。

恺撒回师罗马时,受到了空前热烈的欢迎。他被元老院推为终身独裁官,成了集军、政、司法、宗教权于一身的最高权威,这在罗马历史是空前的。恺撒掌权期间,实行了一系列改革:改组元老院,增加高级官员数目,改善行政管理等等。他还制订了"儒略历",这种历法在西欧流行了一千多年。

但是,恺撒的独裁统治也激起了一部分守旧的贵族共和派的不满。以卡西约斯和布鲁图斯为首的密谋者阴谋暗杀恺撒。但恺撒却陶醉于那些要他戴皇冠的甜言蜜语中,公元前44年3月15日,恺撒出席元老院会议,阴谋分子借机围在他身边,一声暗号,恺撒周围就出现了一片刀光剑影。恺撒流着血,愤怒地大喊着,躲避着剑锋,但当他看见他一直认为是他朋友的布鲁图斯也举剑向他刺来时,他停止了抵抗,用斗篷遮住脸,倒在血泊之中,他的身上中了23处剑伤,带着遗恨离开了人间。

古罗马文武双全的杰出政治家就这样结束了生命。但是,罗马由共和转向帝制已不可避免,作为一个不是皇帝的独裁者,恺撒的事业将由他的后继者来完成。

萨莫奈战争

第一次萨莫奈战争

萨莫奈战争是罗马在亚平宁半岛的侵略扩张战争,也是萨莫奈人民反抗侵略和征服的战争。

萨莫奈地区位于中部意大利,多山而又有众多肥沃的可耕土地。从公元前5世纪后半期起,萨伯利部族中一个强大的支系,即萨姆奈人在这里繁衍生息,建立起强大的部落联盟。其所据地区,

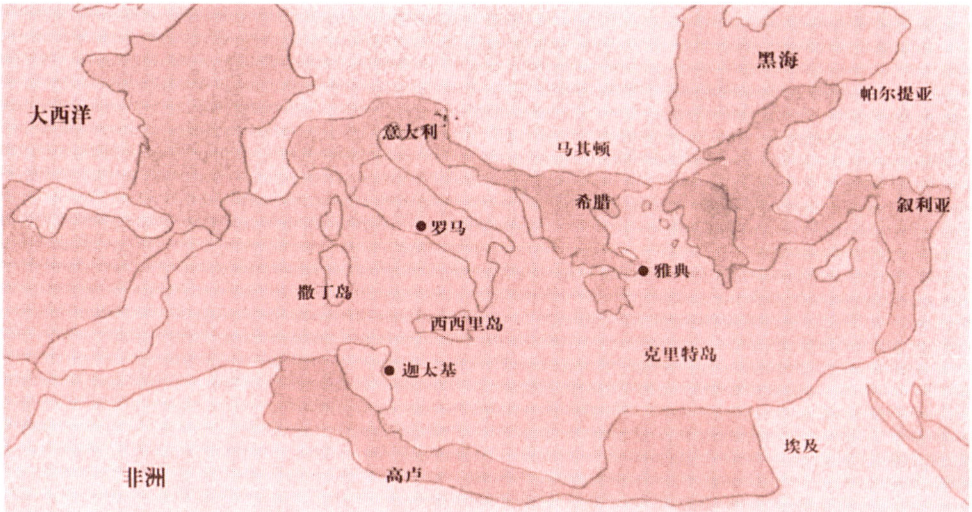

罗马帝国的扩大

号称萨姆尼乌姆。公元前 4 世纪中期，罗马人兼并了拉丁平原之后，继续向南方推进，遂与萨莫奈人在坎佩尼亚发生利益冲突，矛盾继续发展，最终导致了前后三次、持续半个世纪的战争，并通过战争扩张了领土，完成了对整个中部意大利的征服。

第一次萨莫奈战争发生在公元前 343 年到前 341 年。公元前 354 年，罗马曾和萨莫奈人签订联盟条约，共同防御高卢人的入侵。可是，到公元前 343 年，当萨莫奈人入侵坎佩尼亚的重要城市卡普亚时，罗马人却不顾他们同萨莫奈人的联盟关系，答应卡普亚人的请求，派出军队去支援他们抵抗萨莫奈军的进犯。罗马人所以欣然地答应卡普亚人的请求，向萨莫奈人宣战，原因十分简单，那就是他们早已垂涎这块肥肉，因为坎佩尼亚正是意大利半岛最丰饶的地区。这个地区是罗马人统一意大利的必争之地，他们绝不能让它落入萨莫奈人手中。

罗马的两执政官率领一支军队进入坎佩尼亚，成功地赶走了萨莫奈人，占领了卡普亚城。但是，罗马人来不及在这里进行巩固，第二年便祸起萧墙，一些属地的军队起义和内部的政治斗争，使他们无力顾及同萨莫奈人的军事冲突。因此，到公元前 341 年萨莫奈人提出和平要求时，他们很快答应下来，恢复了以前与萨莫奈人签约的联盟关系。这就是历史上时间短暂的第一次萨莫奈战争。

第二次萨莫奈战争

公元前 340 年到前 338 年，罗马人与拉丁同盟之间进行了著名的拉丁战争。战争以罗马人的彻底胜利而结束。因此，到公元前4世纪30年代末期，罗马便成了意大利最大的国家。它实际上已占有从南部伊特拉里亚到坎佩尼亚的广大地区。对于拉丁平原的统治既已巩固，罗马人又把眼光南移，于是同萨莫奈人的斗争又不可避免了。

公元前328年，罗马在利里斯河东岸特里路斯河汇入处的弗里格拉城建立了殖民地，以之作为周围地区的战略据点。这又激起了萨莫奈人的愤怒，因为萨莫奈人认为，他们是这一地区理所当然的所有者。与此同时，坎佩尼亚的希腊城市那不勒斯发生内乱，民主派邀请了萨莫奈人进入该城，贵族派则向罗马请求援助。于是爆发了第二次萨莫奈战争。公元前327年，罗马派执政官克温图斯·普布里乌斯·费洛率领军队包围了那不勒斯城，另一执政官率军进行掩护。公元前327年底或前326年初，那不勒斯贵族派在内战中战胜了对手，成功地赶走了萨莫奈人，打开城门将围攻的罗马军队迎了进来，双方缔结了联盟。这个联盟的缔结，是罗马在第二次萨莫奈战争中最先取得的重大胜利。

此后几年，罗马人与萨莫奈人断断续续发生过一些零星的战斗，但对双方来说都没有决定性的胜利。公元前321年，在萨莫奈西南部的卡乌丁峡谷，罗马人却首次遭受了灾难性的打击。当时，罗马执政官率领2万军队企图从坎佩尼亚抄近路穿过亚平宁山脉，直入萨莫奈的后方和粮食基地，阿普利亚，在峡谷里遭到了萨莫奈伏兵的狙击。率领萨莫奈人取得胜利的将军，是他们的杰出领袖卡维优斯·彭提乌斯。他成功地将罗马军队诱入内地山区，然后在狭窄而林木丛生的峡谷中埋下伏兵。还没有适应山区作战的罗马人，被围之后粮草断绝，没有救兵，在走投无路的情况下，被迫投降。执政官以个人名义签署了屈辱的和约。和约规定：罗马人立即撤出萨莫奈地区，以600名骑士做人质，保证不再发动战争。投降仪式对罗马军队是一种极大的耻辱，他们必须放下武器，半裸着身排成单行，一个一个钻过用兵器架起的轭形门，而他们的敌人则在旁边纵声嘲笑。

公元前316年，六年的和约期满，战斗重又开始，但这之前，罗马人却为战争作了充分的准备，他们加强了自己在坎佩尼亚和奥伦克人地区（位于拉丁平原和坎佩尼亚之间）的地位，在那里建立了两个新的特里布斯组织，即两个新的部落。公元前315年，罗马派出一支军队向萨莫奈人的后方进军，进入阿普里亚，而以另一支军队挺进萨莫奈西南部，围攻撒提库拉城，其目的是想围歼萨莫奈军队。萨莫奈人也不示弱，他们利用罗马分散兵力的机会，开进到利里斯河流域，并进而向罗马推进。

当年，经过比较长时间的艰苦围困，罗马人攻陷了撒提库拉城。但是，萨莫奈人也成功地突进到了坎佩尼亚和拉丁平原，并在塔尔拉齐那城附近的拉乌图拉打败了罗马军，劫掠了沿海地区。

公元前314年是战争的转折点。这一年，双方又在塔尔拉齐那附近进行了一场大战。萨莫奈人战败，损失惨重，前功尽弃。罗马乘胜恢复了对坎佩尼亚的控制。此后几年，罗马人相继占领了从弗里格拉到撒提库拉的各个战略要点，作好了进一步攻击的准备。

然而，来自北部的压力推迟了罗马人对萨莫奈人的胜利。公元前311年，伊特拉里亚人乘罗马的兵力被牵制在南方的机会，包围了苏特里乌姆。但是到公元前310年，罗马杰出的将领、执政官克温图斯·法比优斯·鲁里亚努斯又成功地以“围魏救赵”的办法解了苏特里乌姆之围。他率军队绕过了翁布里亚，出敌不意地出现于伊特拉里亚中部，纵横驰骋，迫使伊特拉里亚人撤军而去。经过几年的战斗之后，罗马人和伊特拉里亚人重新缔结了三十年的休战协定。

对伊特拉里亚人的战争可能一度使罗马的力量有所削弱，但罗马很快就恢复过来。采取了更大规模的进攻姿态，重新向萨莫奈地区发起进攻。罗马军攻陷了萨莫奈中部的重要城市波维亚努姆，继而挥师西向，收复了被萨莫奈人占领的失地。到公元前304年，萨莫奈人提出了媾和的请求，于是旧的联盟又得以恢复。

第二次萨莫奈战争结束了。萨莫奈的领土基本上没有改变。但是经过这次战争，罗马成功地阻止了萨莫奈人对阿普里亚，南部坎佩尼亚和路卡尼亚的控制。罗马在新占领区建立了新的殖民地并组成了两个特里布斯组织，继而和中部意大利诸小部落如玛尔喜人、佩利格尼人等建立了联盟关系，为对萨莫奈人的最后胜利作了充分的准备。

第三次萨莫奈战争

最后一次萨莫奈战争发生在公元前298年。这一次，罗马的敌对阵营中加进了高卢人和伊特拉里亚人，从而一度使罗马陷于非常危险的境地。罗马虽然第一次遇到几个强敌的联合进攻。但仍然获得了最后的胜利。

战争是从萨莫奈人向路卡尼亚进行袭击开始的。罗马人利用这一机会与路卡尼亚人结成联盟，名正言顺地派出军队，由两位执政官统率，分两路对萨莫奈本土发起进攻。执政官路克优斯·科尔涅里乌斯·斯奇庇奥·巴尔巴图斯率1支军队突入萨莫奈西南部，攻占了许多据点；另一位执政官高格涅乌斯·富尔维优斯·马克西姆斯·肯图马路斯率另一路军队进攻萨莫奈北部，在那里击溃了萨莫奈军队，继而攻占了萨莫奈各部落联盟的中心城市波维亚努姆。随后几年，罗马人继续发挥了军事优势，不断攻占和蹂躏了萨莫奈的城镇和乡村。萨莫奈军队受到夹击和围剿，陷入了从未有过的困境，民族灭亡的时刻似乎就要到来。

就在这个时候，罗马北部地区风云突变。来去迅速而又极有破坏力的高卢人，重又出现于意大利北部并向南推进。高卢人曾于公元前299年扫荡过意大利北部，随后便带着丰富的劫掠物如一阵风似归去。公元前295年，他们却不断南下，进入伊特拉里亚地区。这一次，他们与伊特拉里亚人不是进行战争，而是结成联盟，并派使者与萨莫奈人联络，希望共同夹击罗马人。萨莫奈人正求之不得，立即派遣著名将军盖里乌斯·艾格那提乌斯率军策应。他成功地突破了罗马人的一道道防线，率领军队北进到伊特拉里亚，和伊特拉里亚人及高卢人的军队会合在一起。

公元前296年和前295年，罗马人的军事部署显得特别繁忙。战争的主战场已经转到了北部，在伊特拉里亚和翁布里亚境内将会有激烈的战斗。罗马人派出了他们两位英勇善战的著名将领昆图斯·法比优斯和普布里乌斯·戴克优斯。军队向翁布里亚进发，前锋部队在翁布里亚中部的卡美利努姆遭受了挫折。但是几天之后，主力军在翁布里亚北部的森提努姆城附近与萨莫奈人和高卢人的联军进行了决战，取得决定性的胜利。

公元前295年的森提努姆会战，是意大利有史以来最大的一次军事行动。罗马方面包括其盟军部队在内，总人数达3.6万人之多，是罗马建城以来投入兵员最多的一次作战。萨莫奈人和高卢人联合军的兵力数量远远超过了罗马军队，但确切的数字史无记载。有人估计为65万，那显然是不可置信的。当时双方的步兵与骑兵都投入了战斗。战斗进行得异常激烈。罗马人曾一度处于溃败边缘，但在关键时刻，普布里乌斯·戴克优斯挺身而出，勇猛地冲进了高卢阵，奋勇拼杀，光荣战死。戴克优斯的英勇行为，特别是他的光荣战死，激起了罗马人的勇气和胆略。士兵们化悲痛为力量，在为统帅报仇的口号下冲向敌阵，很快扭转了败局，使战斗向着有利于罗马军队的方向发展。据李维的《罗马史》记载，这场会战结果：罗马士兵牺牲 8700 人，敌军方面有 2.5 万人战死，其中有萨莫奈人的杰出将领盖里乌斯·艾格那提乌斯。

森提努姆会战决定了整个意大利的命运。罗马主要敌人的联盟垮台了，萨莫奈人的力量也遭到了重大损失。这对萨莫奈人来说，导致了最后失败时刻的到来。当萨莫奈军队大量北去的时候，罗马军队并没有放松对南线的作战，公元前 295 年和前 294 年，罗马军在萨莫奈也先后取得了重要胜利。萨莫奈人虽然英勇奋战，不断组织反击，但已没有力量扭转整个不利的局面。

公元前 293 年，萨莫奈人作了最后的努力。他们把所有力量都聚集起来，为自己民族的自由作最后的斗争。据说，萨莫奈军当时约有 3.6 万人，其中有 1.6 万人组成了精英部队，装备了很好的武器。可是很不幸，在公元前 293 年的阿魁罗尼亚战争中，萨莫奈人又一次失败了。他们从此一蹶不振，再也没有力量作较大的反抗了。此后几年，整个萨姆尼乌姆，即萨莫奈各部族的土地，全都遭受了罗马军队的蹂躏。罗马人在一些战略要地建立殖民地，以巩固势力。直到公元前 290 年，为反抗侵略、争取自由而英勇作战了半个多世纪的萨莫奈人，终于被迫同罗马人签订了和约，结成所谓的联盟，实际上完全被罗马人征服，他们自己只剩下了以波维亚努姆为中心的一小块领土。

萨莫奈战争就这样以罗马的胜利而结束了。经过这个战争，罗马消灭了它在意大利最顽强的一个敌对势力，成了从波河流域以南直到路卡尼亚北部的全部意大利的主人。萨莫奈人是一个极其顽强的民族。他们虽然战败了，但却并没屈服。后来，在罗马人对马其顿王皮鲁斯的战争中，他们重又揭竿而起，支持皮鲁斯；汉尼拔转战意大利的时候，他们又成了罗马的敌人；直至同盟战争和苏拉内战中，他们仍为自身的独立和自由而进行了英勇战斗。苏拉在他所进行的战争中，对顽强的萨莫奈人进行了野蛮的大屠杀。萨莫奈民族就这样逐渐被罗马人消灭了。

罗马平民和贵族的矛盾

按照一般说法，罗马贵族和平民等级之分开始于王政时代，这种等级划分萌发于社会分工的需要，而后又和罗马社会经济发展引起财产分化、早期罗马侵略扩张以及吸收外来移民有关，经历了长期复杂的形成过程。

贵族来源于早期罗马公社各氏族部落中的显贵世家。相传早在罗慕路斯时代，已从拉丁世家中选拔出100个“贤能者”组成元老院，后来又不断吸收兼并而来的部落显贵补充元老院，据说从合并的萨宾人和随同老塔克文迁居罗马的伊达拉里亚人之中，先后各增补了100人进入元老院；这些选入元老院的人尊称为“元老”或“父老”，他们的家族和后代就被称为“父族”或“贵族”。文献记载王政时代组成早期罗马公社的三部落各有100元老，共300元老组成元老院，这些数字如此整齐当然并不可靠，但在当时逐渐产生了元老贵族则是完全可信的。

平民不但人数众多，而且来源比贵族更为复杂。平民来自上述部落中的非显贵世家、脱离保护关系的依附民、零散迁居罗马的外邦人以及较后被罗马征服的拉丁部落居民。起初，这些平民都包括在库里亚组织之内，享有罗马公社成员的权利。后来，由于罗马社会经济的发展和城市的兴起，吸引了越来越多的外邦人移居罗马，同时也由于罗马不断进行扩张，地域范围逐步扩大，人口日益增多，因此，很难再把人们都编入三个氏族部落之内，只得把一部分居民排除在氏族组织以外。这些由于各种原因成批迁来的居民，主要居住在罗马外部诸山如阿芬丁等地区，大多从事工商业活动，他们可能仍然保持其原有的氏族组织和宗教信仰。这些稍后迁入罗马的大批居民构成了平民的主体。前此已编入库里亚的平民，随着时代的发展也有所分化，其中有些可能由于保护关系而成为贵族的依附民，另一些则与新来的平民汇合在一起，形成平民等级。

王政时代罗马社会已发生严重分化。贵族拥有大量的土地和财富，在政治、军事和宗教方面享受特权，把持各种公职，掌握国家权力。而平民的社会和政治地位低下，他们的权利则是不完全和不充分的。平民虽然享有作为私法权的通婚权和财产权，但在实际上却受到种种限制。平民有产者有权参加公民大会，参军服役，可是不能进入元老院和担任国家其他要职。城市平民中只有少数人由于经营工商业发财致富，大多数人生活比较困难，甚至处于贫困境地。乡村中的平民缺少土地以至没有土地。穷困的平民向贵族租佃土地，借贷财物，受着贵族的压榨和盘剥，甚至遭受贵族的奴役。

尽管如此，在王政时代由于贵族和平民等级划分刚刚产生，两个等级之间界线还不十分严格和分明，他们虽然存在矛盾，尚未发展到严格对立的地步。另外，王政后期伊达拉里亚人入主罗马，伊达里亚王采取一系列政策措施，笼络平民，压制打击贵族势力，以加强和巩固自己的统治地位。据说塞尔维乌斯·图里乌斯实行改革，不分贵族和平民，将全体罗马居民根据财产资格划分等级并确定其相适的权利和义务，因而在一定程度上提高了平民有产者的地位；他还把贵族霸占的公有地分给平民。高傲者塔克文压制和打击元老贵族，处死了一些元老贵族，以至于元老院出现空额也不增补。这些措施可能钳制贵族势力的发展，起到了暂时延缓等级矛盾发展的作用。

然而，在公元前 510—前 509 年推翻王政和建立共和国以后，平民和贵族的矛盾与斗争日益尖锐起来。贵族直接掌握政权后，力图巩固自己的特权，扩大政治和经济方面的势力，同时，他们为了维护自己的特权地位，在内部实行联姻，封闭起来，逐渐发展成为一个完全排他性的等级。这样，贵族和平民等级界线森严，泾渭分明，他们在政治和社会方面的权利不平等，必然导致这两个等级发生冲突。另一方面，在新的历史条件下，平民的处境更加恶化了。他们在政治上继续受到贵族的压迫，在经济上也日渐贫困化。由于共和早期工商业的衰落，一部分原先经营工商业活动的平民不得不转向农牧业生产，加上人口增加，少地和无地的平民数目急剧增加起来。虽然随着罗马的对外扩张，兼并而来大片公有地，但大部分被贵族所侵占，平民很少分得土地。同时，连年的战争也加重了平民的兵役和捐税的负担，加之敌人蹂躏乡村田地，以及遭受天灾人祸，往往造成平民负债累累，家破人亡。贫苦的平民有些投靠贵族，充当依附民；有些则向贵族借贷钱粮，维持生计。但在当时高利贷盛行，利息很高。又按债务习惯法，借债须以债务人及其家属的人身为抵押，到期不能偿还，债主有权拘禁抵债者，强使他们充当债务奴隶，甚至出卖到国外。因此，平民迫切要求改善自己的困苦境地，在经济上围绕着争取土地和取消债务奴役制问题展开斗争。同时在政治上，平民也强烈要求提高自己的地位，保障人身自由和合法权益，特别是富有平民要求享受与贵族平等的权利，参与政权，结束贵族独揽大权的局面。

共和初期的平民斗争

根据传统说法，平民反对贵族斗争

最早发生在公元前494年。这次冲突的起因是债务问题。当时,平民不堪忍受债务奴役,特别是服役出征的平民战士甚至有战功的军官都因负债遭受残酷折磨,纷纷起来抗议。在军事形势紧张的情况下,为了平息平民的义愤,执政官塞维利乌斯颁布法令,禁止债主出售服役军士的财产和子女。不料在战争胜利后,另一执政官克劳狄拒不执行这条法令,听任债务人受债主的摆布。因此,再次出征的平民群情激愤,集体撤离到安尼奥河对岸、离城五公里的圣山上,表示要与罗马脱离关系。这一行动使贵族大为惊慌,因为当时罗马周围强敌如林,战争此伏彼起,平民的军事力量对罗马来说是必不可少的。于是,贵族不得不作让步,派使者和平民进行谈判,最后取得了和解。根据达成的协议,平民得到了推选自己的官员的权利,即每年从平民中选出两位保民官。保民官的人身不可侵犯,其职责是保护平民不受贵族官员的横暴侵犯,他们行使的否决权后来获得进一步发展,可以制止和否定国家官员的决定乃至国家机关的法案,大概在保民官产生的同时或稍后,又设置了两个平民市政官作为保民官的助手,他们负责阿芬丁山上平民神庙的祭祀、保管档案等,后来其权力也有所扩大。平民第一次撤离斗争的结果,可能还争取到释放当时被拘禁抵债的人,取消了未偿还的债务,但并没有废除债务奴役制。

保民官最初是如何产生的,由于缺乏确凿可靠的史料,难以断定。根据公元前471年保民官普布利里乌斯·沃来罗法推断,当时由平民按特里布斯组织召开只有平民才能参加的特里布斯平民大会(ConciliumPlebis)已获得正式承认,当年的保民官就是在平民大会上选举产生的。据说平民大会投票时斗争十分激烈,保民官命令无投票权的人走开,贵族青年不走,几乎动武。特里布斯平民大会是平民的政治集会,它推选平民自己的官员,可能还审理粗暴侵犯平民权利而处以罚金的案件。特里布斯平民大会通过的决定(Plebiscita)起初只对平民有效,后来围绕着平民决定不经任何批准即对罗马全体公民具有法律效力问题展开长期和复杂的斗争。但是,无论如何,到公元前471年,平民经过斗争争得到选举保民官和创设平民大会的权利,这是确凿无疑的。

共和初期平民还开展争取土地的斗争。相传公元前486年的执政官斯普里乌斯·卡西乌斯是第一个提出土地法案的人。他建议把刚从赫尔尼克人夺来的土地的一半分给平民。另外他还想收回贵族占有的公有地，和新获得的土地一起进行分配，这样可以较彻底地解决平民缺少土地的问题。这一法案遭到贵族激烈反对，卡西乌斯被指控僭取王权而被处死了。在这以后连续十几年保民官都提出土地法案，但均未获得通过。在此期间大多是费边和克劳狄氏族贵族当政，他们顽固地反对平民的土地法案，执政官克劳狄在公元前480年收买一个保民官反对另一个保民官以阻挠土地法案的通过。在公元前473年还发生了保民官简努西乌斯被暗杀的事件。直到公元前456年，根据保民官伊启里乌斯提议通过了一项法令，把阿芬丁山上的土地分给平民以供居住。总之，平民争取土地斗争经常受挫，没有取得显著的成果。

十二铜表法

直到公元前五世纪中叶，罗马的法律只依习惯法，因循先例，没有成文规定。习惯法的规范比较含糊，对法律的解释权和司法审判权掌握在贵族官员手中，他们时常滥用职权欺压平民。平民为了保障自身的安全和财产，反对贵族司法上专横行为，要求编纂成文法。据说为此而进行的斗争持续数年之久，公元前462年保民官哈尔撒提议编纂成文法，遭到贵族坚决反对，直到公元前451年才组成10人团，其成员全是贵族，赋以全权，制订法律。相传10人团只编出了十个法表，次年另选了第二个10人团，继续编纂工作，又加上了两个法表。这些法律条文刻在铜板上，故称为“十二铜表法”。从法律条文来看，十二铜表法基本上是习惯法的汇编，包含着产生于不同时代、互相矛盾的各种法规。就阶级实质来说，这部法典严格维护私有财产，保护贵族奴隶主的利益。但因为法律既已编制成明确条文，量刑定罪以此为准，这就在一定程度上限制了贵族的司法专横。不过，由于贵族仍然保持特权地位，平民在法律上还不能和贵族处于平等地位。例如，在法典中虽已规定了诉讼程序，但平民对起诉时所用的术语和具体程序不熟悉，法庭开庭日

胜利女神

期也未公布,因而平民起诉受到限制。尤其是在法典中规定禁止平民和贵族通婚,更是说明他们社会地位的不平等。在这以前,贵族不与平民通婚而在内部实行联姻,可能习以为常,但从未有过法律禁令。十二铜表法中规定这两个等级不许通婚,反映了贵族维护特权实行封闭达到顶点。这条被西塞罗等人斥之为不公正的立法,遭到平民强烈的反对,过了五年通过坎努利优斯法案,取消了这个法律禁令。

据说,因为10人团期满后不肯交卸权力,尤其是其领袖克劳狄专横跋扈,欺凌平民,导致了平民第二次撤离。这里不免有虚构的成分,可能真正的原因是,平民在达到公布法律目的以后要求恢复并改进原来的政制,又进行了一番斗争。结果,10人团被迫下台。公元前449年选出瓦列里乌斯和荷拉提乌斯为执政官,他们实施了三项法律。第一条法律是恢复了上诉权(Provocatia),即当公民被高级长官判处死刑或其他重刑时,他有权向公民大会提出上诉。据记载,在公元前509年罗马公民已获得上诉权,可是后来被10人团取消了,因此公元前449年立法重申这一法律。第二条法律是确认平民大会通过的决定为全体人民都必须遵守。这样,平民大会的地位和作用大为提高,发展成为罗马立法机构之一。第三条法律是涉及保民官人身的神圣不可侵犯性,根据这一法律,凡是侮辱保民官的人都要被处死,并没收其财产。以前保民官的人身不可侵犯是由平民立誓惩处侮辱者得到保障,到公元前449年则正式得到法律保护。大概在公元前471年保民官已增至4人,到公元前449年可能增至10人。

以后,大约在公元前445年平民争取到和贵族通婚合法权的同时,他们又要求担任执政官之职。贵族当然不愿把高级官职轻易让给平民,但为了应付平民要求参政的斗争,答允设置军政官这种特殊职位;每年选举产生执政官还是军政官则由元老院决定。军政官具有协议性质的执政官的权力,初为3人,后增至6人,无论贵族还是平民皆可出任。这种改变可能也出于军事方面的原因,因为当时罗马对外战争频繁,两个执政官不胜军职,需要更多的军事指挥官,而平民在军队中占有相当大的力量,历来担任各级军官,具有作战经验。据说,公元前444年选出的三个军政官之一是平民。尽管如此,由于军政官是在森都利亚大会选举产生,在那里贵族占据优势,因此在公元前400年以前担任军政官的主要是贵族,平民当选为军政官的甚少。

公元前443年设置两个监察官职位，规定只能由贵族担任，据说这也同平民反对贵族斗争有关。因为设立军政官之职后，平民担任此职握有执政官大权，而贵族不愿把执政官全部权力交给平民，于是另设监察官来分担执政官的部分职权。起初，监察官的职权是对公民进行财产调查，分配公民到相应的财产等级和部落，后来权力扩大，负责掌管国家契约，编制元老院名册，监督社会风尚等。公元前421年原先作为执政官助手的财务官由两人增至四人，负责管理国家财政，并对平民开放。据说公元前409年四个财务官中有三个是平民。可见，到公元前5世纪下半期，平民已经获得担任国家一些官职的权利，贵族垄断政权的局面开始改观。

平民斗争结果

公元前5世纪末和前4世纪初，罗马贵族和平民的斗争一度沉寂下来，究其原因，大概是和当时接连不断地进行对外战争有关。面对埃魁人、沃尔斯奇人、伊达拉里亚和高卢人威胁和入侵，平民和贵族不得不暂停斗争，团结对敌。可是，在高卢战争后，两个等级之间的斗争重新爆发了。平民经过前一阶段的斗争虽然在政治和社会方面取得一些权利，但与平民下层密切相关的经济问题并未解决。随着罗马的扩张，公有地数量有所增加，贵族乘机大量侵占土地，平民所得无几，土地仍感不足。据说在公元前396年罗马征服威伊以后，曾分给每个公民四犹格（一说七犹格）土地，平民的土地要求得到部分满足。可是，长期战争特别是高卢战争的破坏，加速了小农的破产和土地的集中，同时债务盘剥和奴役也更严重了。因此，土地、债务和争取政治上平等权利问题结合起来，又提到斗争的日程上来。

传说从公元前376年到前367年间，平民和贵族展开了激烈的斗争，终于迫使贵族作出让步，在公元前367年通过了著名的保民官李锡尼乌斯和绥克斯图斯法案：（一）已付债息一律作为偿还本金计算，未偿还部分分三年归还；（二）占有公有地的最高限额为500犹格；（三）取消军政官，重选执政官，两个执政官之一须为平民所担任。而绥克斯图斯本人在公元前366年当选为第一个平民出身的执政官。

既然平民获得担任国家最高官职的权利，其他的官职也就对平民陆续开放了。公元前366年从执政官职权中分出审判权交给新设的行政长官，起先这一职务只能由贵族担任，到公元前337年允许平民也可担任。在公元前367年设置了两个贵族市政官，过了一年便规定由贵族和平民每年轮流出任。公元前356年和前351年平民鲁提鲁斯先后就任独裁官和监察官，说明这两个国家重要官职也可为平民担任。公元前342年通过盖努克优斯法，规定两个执政官皆可为平民担任。公元前339年平民出身的独裁官披罗又实施了三项法律：（一）两个监察官之一须从平民中选出；（二）把元老院对公民大会通过的决议的批准权，改为高级长官提交公民大会通过的议案事先经过元老院审议。这一法律看起来是改变了元老院批准公民大会决议的程序，实际上则是削弱了元老院的权力。（三）重申平民决定具有法律效力。

平民在政治斗争中取得的胜利，加强他们的阵地，有利于他们在社会和经济方面斗争的开展。公元前357年保民官图伊利乌斯和墨纳尼乌斯把借贷的最高利息限定为1/12，公元前352年国家设立五人团，帮助负债人解决困难。公元前347年又把原有利率减半。公元前344年宣布了延期偿付令。公元前342年通过简努西乌斯法，禁止高利贷。公元前326年通过了波提利乌斯法案，禁止以人身抵债，废除了债务奴役。从此以后，平民免除了沦为债务奴隶的威胁，人身自由得到保障。公元前304年市政官弗拉维优斯把诉讼程序和法庭术语汇编成册，公诸于众，并公布了开庭日和不开庭日，这使贵族失去了对法律和历法知识的垄断，保证平民在法律方面享受到实际平等的权利。公元前300年通过瓦列里乌斯法，重申公民对包括独裁官在内的高级官员的判决有上诉公民大会的权利。同年还通过了保民官欧古尔尼乌斯兄弟法案，把大祭司和占卜官各由4人增至9人，所增加的人数都从平民中选出。宗教职务在罗马被认为是神圣的，一直为贵族所把持，现在也被平民分享。至此，平民和贵族在担任国家公职方面已经没有任何重要区别了。

平民反对贵族最后一场大规模的斗争发生在公元前287年，据说这次斗争的起因是债务问题，但比较可能的是，其原因带有政治性质。当时平民举行了最后一次撤离，占领了台伯河对岸的雅尼库路姆山。后来，平民荷尔田希乌斯被任命为独裁官，他公布一项法律平息了平民骚动，这项法律再次批准平民决定对全体公民都有法律效力。这样，由公元前449年瓦列里乌斯和荷拉提乌斯法案所提出的权利，经过长达百余年的斗争，终于得到最后确认。一般认为，这一事件标志着平民反对贵族斗争的胜利结束。大约与此同时，罗马征服和统一了意大利。从此以后，罗马进入新的历史发展阶段。

经过两百余年的斗争，平民在政治、社会和经济方面不同程度地取得了成果。全体平民在政治和法律上争得了与贵族享受平等的权利，他们有权担任国家公职，可以参加特里布斯大会，行使政治权力，在法理上成了共和国的主人。平民与贵族通婚的合法化，使平民取得和贵族平等的社会地位。平民的经济地位通过斗争也有所改善。这就使得罗马公民内部关系得到调整，扩大了共和国的社会基础。特别是废除债务奴役制，划清了自由民和奴隶之间的界限，开创了罗马奴隶主不再奴役本国公民，而是奴役外籍奴隶的道路。后来随着奴隶制的进一步发展，罗马公民内部矛盾逐渐让位于奴隶主阶级和奴隶阶级之间的对立，使罗马发展成为一个典型的奴隶制国家。

平民地位的提高，特别是国家高级官职对平民开放，对于平民中的富裕上层具有重要意义。他们一旦当选为高级官员，便有可能经过遴选参加元老院。同时通婚权又使他们通过联姻方式与贵族融合起来。大约在公元前4世纪下半期和公元前3世纪初，平民上层便与贵族逐渐合流，形成所谓“新贵”，共同把持政权。因为在等级斗争过程中，贵族日趋衰落，他们屡屡参战，死亡枕藉，家族凋敝。狭隘的贵族内婚习俗也使其世系不健全。相反，平民的政治影响和势力与日俱增，特别是富有平民参与政权，成为当时社会上显赫人物，贵族之中许多人抛弃门第之见，开始与平民上层结好；而平民上层也有意攀附贵族，互相联姻，逐渐溶为一体。他们独揽大权，排斥异己，利用职权大量侵吞公有地，大规模使用奴隶进行生产劳动，变成为新的奴隶主阶级上层。据说，李锡尼乌斯和绥克斯图斯法案通过后不久，李锡尼乌斯、绥克斯图斯和吉努西乌斯等平民家庭首先变成了新贵。以后新贵陆续增加，到公元前4世纪末出现了十几家新贵。在新贵之中也有来自拉丁姆和坎佩尼亚城市的显要人物，如图斯库罗姆城的弗尔维乌斯家族便是拉丁人中最著名的新贵家族。

富有的平民变为新贵分出去，余下的平民主要是占有土地或缺少土地的农民、城市手工业者和商人以及贫民。他们在等级斗争过程中地位有所改善。尽管土地问题没有得到根本解决，但随着罗马对外侵略扩张，建立军事殖民地以及分配少量的公有地，也满足了部分平民对土地的要求。据统计，从公元前343至前264年，大约把6万份地分给拉丁人和罗马人，其中罗马人约占4万份。债务的减免，土地集中有所缓和，也使罗马小农得以维持。自由农民积极支持并参与罗马对外侵略扩张活动，他们构成了罗马军队的主要来源。另外，由于罗马地位提高和城市工商业的发展，以及公民权的扩展，吸引了大批移民特别是拉丁人移居罗马，使城市人口迅速增加。他们之中包括大量的被释放奴隶和脱离保护关系的依附民。同时，由于大土地所有制的发展，奴隶劳动开始大规模使用，使农民丧失土地和工作机会，失去土地的农民流入城市，与原来的城市贫民汇合而成流氓无产者。这样，在作为奴隶主统治阶级上层的新贵出现的同时，也形成了与之相对立的新的平民阶层。

经过贵族和平民长期斗争，罗马城市国家制度也逐渐完备起来。除了原有的库里亚大会和森都利亚大会以外，又增添了特里布斯民众大会和平民大会，作为具有最高立法权的公民大会。罗马公民在这两个大会上表决通过国家立法、选举保民官、市政官、财务官和其他低级官员，审理涉及被高级官员课以罚金的上诉案件和其他案件。森都利亚大会决定战争和和平问题，选举执政官、监察官和行政长官，审理涉及被高级官员判处死刑和其他重刑的上诉案件。库里亚大会已经完全丧失其政治意义，仅在形式上授予高级长官的职权而已。由于国家职能的增加和国家事务的繁多，各种高级官职也相应地设置和增加起来，进一步完善了国家机器。在罗马共和国政制中，元老院处于权力中心的地位，拥有广泛的权力，决定着内外大政，实际上成了罗马共和国最重要的国家机关。至此，罗马国家具备以元老院为中心的一整套国家机构。

“到阿芬丁山去”

公元前494年的一天，罗马城内人声鼎沸，群情激愤，全副武装的人们汇集成一支队伍，浩浩荡荡涌出城门，有人高声喊着：“走吧！抛弃那贵族的罗马，去建立一个我们自己的城市！”“走啊，到阿芬丁山去！”原来，这是罗马共和国早期平民反对贵族斗争中激动人心的一幕。

塞维·图里乌改革以后，平民虽然获得了某些政治权利，但仍受到很多限制，贵族富豪依旧操持权柄。废除王政，赶走伊达拉里亚人以后，公元前509年，罗马贵族建立起共和政体，设立了两名任期只有一年的执政官，充任国家名义上的统治者。按规定，执政官必须由贵族担任，平民不得当选；执政官的职权处于贵族元老院的严密监督和控制之下。因此，元老院实际成为国家命运的真正主宰，罗马共和国从一开始就打上了贵族政治的鲜明印记。

共和初年，随着土地和债务问题日益突出，平民和贵族围绕政治权利展开了激烈的斗争。早在王政时代，平民就被剥夺了分享公地的权利。尽管平民替罗马国家当兵打仗，流血流汗，罗马领土日渐扩展，可是打仗夺来的大片土地却落入了贪婪的贵族手中，平民照旧无权使用。苦于缺乏足够的土地，加上繁重的战争税役，许多下层平民被迫负债破产，沦为债务奴隶。在抵债的名义下，债主任意拘押、虐待债奴，甚至惨无人道地割裂其肢体。不仅下层平民，就连一些富裕平民也对贵族垄断政权、排斥异己的行径深表不满。

这一年，罗马与外族再次发生战争，正当用人之际。平民提出要贵族放弃残害平民的债务法，否则拒服兵役，贵族假言应允，随后又背弃诺言。于是广大平民发动了这场向阿芬丁山进发的“撤离运动”（据说历史上曾先后发生过三次这样的平民撤离运动）。这一来，罗马兵力削弱，生产停顿，直接动摇了贵族共和国的统治根基。元老院贵族十分惊慌，连忙派代表赶到阿芬丁山与平民谈判，订立了“神圣约法”。在平民的压力下，贵族不得不同意减轻他们的债务负担，尤其是承认平民有权选出两名保民官，作为维护自身利益的代表。按规定，保民官人身不受侵犯，直接对平民负责；凡是元老院或高级官吏采取的任何有损平民的行为，保民官都有权干预，可以行使否决权，只要说一声“veto”（拉丁文意思是“我禁止”），这些行动或法令就不能生效。现今，联合国安理会五个常任理事国拥有的“否决权”，其实就来源于这种古老的制度。

设立保民官，是平民的一大胜利，却引起贵族的极度恐惧。相传公元前491年，贵族科里奥莱努斯因反对设立保民官阴谋败露，竟投靠外敌，引狼入室，妄图血洗罗马。这件事至少从一个侧面反映了当时双方之间深刻的矛盾。

虽然有了保民官，但还只能囿于已有的法律来行事。那时罗马通行习惯法，没有写成文字，贵族仍能利用其对法律的解释权，在司法审判方面维护自己的特权，继续迫害平民。因而，人们迫切希望能有一部权威的成文法律。经过不懈的斗争，罗马国家终于在公元前451—前450年制订并公布了这样一部成文法。法律条文被镌刻在铜牌上，最初有十块,后又增加了两块,悬挂在罗马广场之中,这就是有名的“十二铜表法”。它的内容主要体现了保护贵族和富裕平民私有财产的倾向,但同以往没有成文法律可依、任凭贵族随意解释的状况相比,毕竟是进了一步,对贵族那种无法无天的行为多少起到一些限制作用。公元前 445 年,罗马国家通过保民官坎努利亚提出的法案。据此,平民取得了与贵族通婚的权利,这是对旧传统的又一次冲击。

公元前 376 年起,保民官李锡尼和塞克斯图在平民支持下,经过十年的持续努力,终于使得他们的法案获得批准。这项法案规定,所有罗马公民,包括平民,都有权占有和使用公地,但占有数额最高不得超过 500 尤格(约合我国近 2000 市亩),这样既确认了平民拥有分配公地的权利,同时也对贵族兼并土地作了一定限制。法案还提出,当选执政官中必须有一人来自平民,法案通过的第二年,塞克斯图正式当选为首任平民执政官。此外,法案在债务问题上也作了有利于负债平民的规定。公元前 326 年通过的波提利阿法案,从法律上根本否定了债权人私自拘禁负债人的权利,实际上等于宣布债务奴隶制的废除。从此之后,包括平民在内的全体罗马公民便不再会因为债务而沦为奴隶了。结果,外族人变成了罗马奴隶的惟一来源,自由公民与奴隶之间出现了一道不可逾越的鸿沟,这同希腊雅典的情况是相似的。

共和国早期平民反对贵族斗争的终结,一般以公元前 287 年霍腾西阿法案的颁行作为标志。根据它的规定,平民大会开始拥有立法权,平民作为自由人的法律地位得到了巩固。

经过几个回合、长达二百来年的斗争,平民取得了显著的胜利,经济地位和政治地位都有了一定的改善。过去氏族贵族的特权大体上已被废止,罗马国家的阶级关系有所调整。然而从胜利中得益最大的不过是上层的富裕平民。富裕平民通过担任国家高官和通婚途径,渐渐与原先的贵族合流,形成新的国家当权派——豪门贵族,这样,罗马仍旧保持了它的奴隶主贵族共和国的性质。对于一般平民来说,他们总算告别了沦为债奴的命运,取得了国家全权公民的身份。

布匿战争

两千多年前,迦太基和罗马两个奴隶制国家,为了争夺西地中海的霸权,发生了一场延续一个多世纪的著名战争。

因罗马人称迦太基人为布匿人，所以战争被称为布匿战争，历史上也一直这样沿用。

罗马人和迦太基人之间早有接触，不过在公元前3世纪中期以前，他们基本上是友好相处的。公元前6世纪末他们订立过一个友好条约，公元前348年又续订了条约，进一步调整两国之间的关系。当时迦太基人主要是与希腊人竞争，特别是争夺西西里，无力直接染指意大利半岛，而罗马人在当时则把主要精力放在对意大利半岛的扩张上，商业尚不发达，因而与迦太基人无论在贸易或殖民方面，都无直接的利害冲突。罗马人统一中意大利之后开始向南意大利扩张，这时，迦太基人还没有把罗马人看做潜在的竞争对手，仍然注目于和希腊人的争斗。罗马人在南意大利遇到的是迦太基人的宿敌——希腊人的殖民城邦，战争爆发后，希腊人向希腊本土求援，伊庇鲁斯国王皮洛斯率军前来援助，罗马人连连失利。迦太基人看到形势紧迫，更害怕皮洛斯进军西西里，于公元前279年和罗马订立了互助条约，向罗马提供海军和财政援助。后来罗马人扭转了战局，最后于公元前275年打败了皮洛斯，迫使他率领残余部队撤回希腊，继而征服了整个南意大利。

罗马统一意大利之后，一跃而成为西地中海的强国，形势发生了根本的变化。西地中海的国际关系由迦太基人和希腊人的角逐变成为迦太基和罗马的两强争雄。迦太基在当时已发展成为西地中海区域首屈一指的强国，所统辖的领土包括北非西部沿海地区、比利牛斯半岛南部、撒丁和科西嘉以及西西里西部海岸。他们原希望在打败希腊人以后他们能独占整个西西里，认为以农业为主的罗马不会对海外发生多大兴趣，然而，正处于蒸蒸日上的罗马不以占有整个意大利为满足。它在征服意大利过程中，奴隶制发展了，工商业也发展了，这些都要求它在征服意大利之后向海外进行新的扩张。罗马继续对外扩张必然要和迦太基的既得利益发生矛盾，旧日的盟友变成敌手，两个古代奴隶制国家之间爆发战争便是不可避免的。

西西里富饶而肥沃，宜于谷物生长，迦太基人为了占有它和希腊人争斗了数百年；而罗马人在征服意大利之后和西西里只隔着一条狭窄的墨萨纳海峡，近在咫尺，为之垂涎。这样，西西里便成了罗马人和迦太基人争夺的第一个目标，于公元前264年爆发了第一次布匿战争。

第一次布匿战争

第一次布匿战争的导火线是墨萨纳

争端。墨萨纳位于西西里的东北角，公元前289年叙拉古僭主阿加托克利死后，他原先在意大利坎佩尼亚招募的雇佣军占领了墨萨纳，建立了自己的政权。那些雇佣军自称为“马墨尔提尼人”，意为战神马尔斯的人。阿加托克利的继承人发动了对他们的战争，击溃了他们的抵抗，约在公元前265年包围了墨萨纳城。被围者处境危急，决定向外求援，一些人提议请求迦太基人保护，另一些人鉴于血缘关系，建议与罗马结盟。在墨萨纳海峡巡逻的迦太基军队开进了城里，叙拉古军队没有抵抗便撤退了。罗马在援救墨萨纳问题上因事关重大而未能迅速作出决策。一方面，罗马人不能眼看着墨萨纳落入迦太基人手中，进而控制整个西西里，封闭西地中海；但另一方面，罗马人深知迦太基雄厚的财力和强大的军力，特别是海军的威力，出兵墨萨纳就等于立即和迦太基人开战，因而不得不虑及未来战争难以预料的结局。元老院意见分歧，问题提交到百人团大会，最后百人团大会作出了出兵西西里的决定。

公元前264年，罗马军队渡过墨萨纳海峡，揭开了战幕。罗马军队进展顺利，击溃了叙拉古军队，迫使迦太基军队后撤，占领了墨萨纳城，然后又沿着西西里东海岸南下，直抵叙拉古城下，叙拉古不得不和罗马结盟。叙拉古与罗马结盟大大便利了罗马军队的进一步的军事行动，罗马军队在西西里东南部继续推进，经过半年多围攻，于公元前262年夏攻下了迦太基人在西西里南岸的主要据点阿格立真坦。罗马军队进城后大肆劫掠，有2万名俘虏被卖为奴隶。

罗马军队取得初步的胜利，控制了西西里东部和东南部的广大地区，但战争的胜负远未确定。因为迦太基的舰队还没有受到攻击，在罗马没有海军的情况下，迦太基可以利用海军进行回击，封锁西西里和意大利海岸，断绝罗马军队的后路，置罗马军队于绝境，也正是慑于迦太基海军的威力，西西里南岸的不少大城市继续据守着。为了争取最后胜利，罗马人作了巨大的努力和牺牲，在希腊人的指导下，迅速建立了一支舰队。当然，这支舰队在机动性和作战经验方面，都远不如迦太基舰队。为了弥补自己的不足，同时发扬罗马步兵良好的战斗素质，罗马人发明了新的海战战术，即在每只船舰的舰首安装一种前端装有钩子、两侧装有栏杆的吊桥，前进时竖起，可以阻挡敌人投掷武器的攻击，接近敌人时放下，吊桥前端的钩子便像乌鸦嘴一样钩住敌舰的甲板，步兵如履平地从上面冲过去，与敌人展开短兵相接的战斗。公元前260年，罗马舰队和迦太基舰队在西西里岛北面的米列海岬(在墨萨纳西边)展开了一次大海战，罗马军队用上述桥舰第一次打败了迦太基舰队。为了庆祝这次海战的胜利，罗马广场建了一座大理石纪念柱，上面用俘获的迦太基舰首作装饰。罗马利用舰队进攻科西嘉和撒丁岛，公元前259年在撒丁岛附近再次打败了迦太基舰队。

迦太基人在陆上和海上失利之后，退到西西里西部，凭借那里的海军要塞固守，战争出现了相持局面。罗马人看到在西西里迅速取胜是不可能的，便决定进攻迦太基本土。公元前256年，执政官雷古卢斯和曼利乌斯率领由330只船舰组成的罗马舰队，载着四万名步兵，远征非洲，第一次布匿战争进入第二阶段。

罗马舰队由墨萨纳出发，在西西里南岸的埃克诺穆斯海岬附近遇上了由350只船舰组成的迦太基舰队，展开了西方古代史上一次著名的大海战。罗马的桥舰再次发挥了威力，大败迦太基舰队，迦太基损失约100只船舰，罗马只损失24只。罗马军队在迦太基东面的克卢佩亚登陆，进展顺利，屡败迦太基军队，一直进抵到离迦太基城不远的地方。迦太基人见形势危急，请求媾和。但是自负而缺乏远见的雷古卢斯过高地估计了自己的胜利，提出了一些对方无法接受的、带污辱性的条件，结果坐失良机，使唾手可得的胜利化为泡影。迦太基迅速征集了新的雇佣军，大败军马军队，雷古卢斯本人被俘，只有两千人溃逃到克卢佩亚。公元前255年，载着残余军队的罗马舰队在返国途中又遭遇风暴袭击，使罗马远征军几乎全部覆没。

战场重新回到西西里。罗马人重建了舰队，于公元前251年攻下了西西里北岸的主要城市帕诺尔穆斯，后来又一下把迦太基人挤到西西里西部的利里拜乌姆和德瑞帕努姆。公元前247年，西西里的迦太基军队改由年轻的哈米尔卡尔指挥，他在西西里陆上向罗马军队展开了反击，同时从海上骚扰意大利，使迦太基人在西西里的处境有所改善。不过罗马人在重建了再次被风暴摧毁的舰队后，展开了新的攻势，终于占领了迦太基人在西西里的最后据点利里拜乌姆和德瑞帕努姆，公元前241年又在西西里西部的埃伽特斯群岛附近的海战中打败了迦太基舰队。连续二十三年战争已经使迦太基筋疲力尽，只好授权哈米尔卡尔与罗马谈判媾和。这时罗马也感到财匮力乏，便与迦太基签订了和约。和约规定迦太基向罗马割让西西里及其与意大利之间的其他岛屿，十年内向罗马赔款3200塔兰特。这样，第一次布匿战争以罗马的胜利告结束，西西里成了罗马的第一个行省。公元前238年罗马又乘迦太基雇佣兵和奴隶起义的机会，占领了科西嘉岛和撒丁岛，后把它们变成了罗马的行省。

第二次布匿战争

第一次布匿战争并没有彻底解决罗马和迦太基之间的矛盾。罗马虽然扩大了势力范围，得到了巨额的战争赔款，但还没有掌握对西地中海的控制权，而迦太基并不甘心失败，它虽然战败，但它的经济政治力量并没有被摧毁。它利用它所拥有的广大的殖民地的丰富资源，轻易地偿付战争赔款，迅速从战争灾难中恢复了过来。因此，爆发新的战争势在必行。

迦太基在第一次布匿战争结束之后不久即开始为新的战争进行准备。它在平定了国内的雇佣兵和奴隶起义以后，于公元前237年派主战派代表、曾经在西西里担任过迦太基军队司令的哈米尔卡尔率军去西班牙，恢复和扩大在那里的地盘，以弥补在上次战争中的损失，并为未来的战争准备进攻基地。公元前228年哈米尔卡尔在一次作战中阵亡，他的女婿哈斯德路巴尔成为继承人。哈斯德路巴尔进一步拓展了迦太基人在西班牙的领土，在西班牙的东南海岸建立“新迦太基”城，成为迦太基在西班牙的主要据点，附近巨大的银矿又为迦太基提供了丰富的财政来源。罗马对哈斯德路巴尔在西班牙的成就感到不安，但由于意大利北部的高卢人正准备南犯，形势十分紧张，无力去西班牙抗争，因而便于公元前226年派了一个使团到西班牙去，要求迦太基人不要越过希伯鲁斯河。哈斯德路巴尔乐意答应这样的要求，因为这等于罗马人承认他们在西班牙既得的势力范围。公元前221年哈斯德路巴尔被人杀死后，哈米尔卡尔的长子、年仅二十五岁的汉尼拔成为继承人。汉尼拔

汉尼拔

是古代伟大的军事家之一，也是一位出色的政治家和外交家，他矢志与罗马为敌，据说当哈米尔卡尔带他去西班牙时，曾经让他在神坛前发誓永远仇恨罗马。汉尼拔掌权后，继续前任们的政策，几乎征服了希伯鲁斯河以西的整个地区，完成了战争准备。

第二次布匿战争的导火线是萨贡杜姆事件。萨贡杜姆可能在公元前226年后与罗马结了盟，是希伯鲁斯河以西惟一没有被迦太基人征服的城市。汉尼拔为了挑起事端，于公元前219年春围攻萨贡杜姆，萨贡杜姆没有得到罗马的及时支援，坚守八个月后陷落了。在萨贡杜姆陷落之后，罗马于公元前218年春派以费边为首的使团去迦太基交涉。罗马历史学家李维是这样描述罗马使者在迦太基元老院进行交涉的最后场面的：迦太基人拒绝了罗马人的要求，“这时费边撩起长袍前襟，做了个褶，说道：‘这里我给你们带来了战争和和平，你们喜欢什么，就挑吧！’他的话得到了同样高傲的回答，说他自己喜欢什么，任他给。当费边放下长袍宣布给他们战争的时候，所有在场的人一致回答说，他们应战，并且将以应战时的同样决心进行战争”。这样，第二次布匿战争便开始了。由于第二次布匿战争的整个进程始终和汉尼拔的行动，特别是和他远征意大利的行动联系在一起，因而许多历史家又称这次战争为“汉尼拔战争”。

罗马人对于这场新的战争也有准备，他们的计划是由两位执政官兵分两路，一路以西西里为基地，进军非洲，打击迦太基本土；一路进军西班牙，钳制汉尼拔的军队。但在战争开始后，罗马人的进军计划却因他们自己行动迟缓和汉尼拔进军的大胆和神速而被打乱了，汉尼拔的计划是以西班牙为基地，避开罗马人的海上优势，由陆路进军，翻越阿尔卑斯山，出人意料地出现于意大利，寄希望于他在意大利的军事胜利会促使受制于罗马的意大利同盟解体，从而打败罗马。

公元前218年春，汉尼拔率领由9万步兵、1.2万骑兵和几十只战象组成的军队从新迦太基城出发，开始了对意大利大规模的军事远征。部队顺着西班牙东部向东北方向行进，渡过希伯鲁斯河，穿过比利牛斯山，然后沿着高卢南部海岸继续前进。罗马人由于对汉尼拔的进军意图认识不足，拖延了出征西班牙的时间，当普·科尔涅利乌斯·斯奇比奥率军从海路到达罗丹河口时，汉尼拔已经进抵那里，并且迅速渡过了河，然后溯河北上，躲过了罗马军队的拦截。斯奇比奥悟出了汉尼拔的进军意图，便派自己的弟弟格·斯奇比奥率领军队继续去西班牙，自己则率一部分军队迅速上船，赶回意大利。这时，汉尼拔经过长途跋涉，于9月初到达阿尔卑斯山麓，他不顾严寒和饥饿的折磨，坚韧地在已开始被冰雪封盖、人迹罕至的狭窄山道中前进。当他走出阿尔卑斯山的时候，身边只剩下2万步兵和6千骑兵，战象几乎都死掉了。汉尼拔进到山南高卢以后，让疲惫不堪的部队休息了一下，对兵员和给养作了补充，准备迎接即将开始的和罗马军队的战斗。

罗马元老院采纳了斯奇比奥的意见，立即派他率军去波河流域，准备在那里阻击从阿尔卑斯山下来的汉尼拔，同时命令另一位执政官率领的准备进攻非洲的部队也由西西里开来意大利，与斯奇比奥会合。在波河支流提基努斯河和特雷比亚河流域，罗马军队在汉尼拔的打击下接连失利，高卢人发动了反对罗马的起义，整个山南高卢倒向汉尼拔一边，汉尼拔的第一步计划实现了。在这种情况下，罗马只好改为保卫中意大利，阻止汉尼拔继续南进，于是便派两位执政官分东西两路进行拦截。汉尼拔选择了穿过伊达拉里亚的近路，采用迂回战术，绕过了罗马军队的营地，用四天三夜的的时间涉过了被认为无法通过的阿尔努斯河下游的沼泽地，出人意外地出现在罗马军队的后面，在特拉西美诺湖北岸一处三面环山、一面临源的谷地打败了贸然追赶上来的罗马军队。特拉西美诺湖之战是第二次布匿战争中的重要战役，在这次战役中，罗马损失惨重，15000人阵亡，数千人被俘。

汉尼拔踏上了通向罗马的大道，罗马紧张起来。采取紧急措施：一方面加强城防；另一方面任命费边为独裁官，统一指挥军事行动。然而汉尼拔并没有直接向罗马进军，因为他知道，以他现有的兵力无论是采用急袭的方法，还是采用围攻的方法，都不可能拿下罗马，因此按照原先的设想，在意大利土地上纵横驰骋，蹂躏意大利土地，打击罗马的抵抗力量，同时采用区别对待的手法以图瓦解意大利同盟，孤立罗马。这样，他在特拉西美诺湖胜利以后，没有立即挥军南下进攻罗马，而是向东穿过翁布里亚，进入皮凯努姆，到达亚得里亚海岸，在那里补足给养以后再向南前进，进入阿普里亚。

费边就任独裁官后认真分析了敌我形势，他看到汉尼拔的军队，特别是汉尼拔的骑兵战斗力强，罗马军队难以直接抵御，但是汉尼拔是孤军深入，后援困难，急于求胜，而罗马军队虽然屡遭失败，但在本土作战，人员和给养补充都比

罗马人与布匿人的战斗

较容易，时间、地理对它有利，因而决定采用拖延战略。费边率领四个军团在阿普里亚和汉尼拔接触上了，虽然汉尼拔一再向他挑战，但他总是避免和汉尼拔发生大的冲突，驻守时扎营于不便于汉尼拔的骑兵活动的山区，行进时尾随在汉尼拔军队的后面，伺机进行骚扰。费边的拖延战略在当时是比较可行的，但也包含着很大的风险。罗马的威力在很大程度上依赖于意大利同盟城市对其人力、物力的支援，汉尼拔蹂躏意大利土地可能引起同盟城市和广大农民对罗马的不满，从而倒向汉尼拔。在罗马，人们对他拖延和汉尼拔决战发起了越来越强烈的攻击，称他为“孔克塔托尔”，意即“迟疑不决的人”。他的骑兵长官米努基乌斯·卢福斯便是激烈反对他的战略的人之一，利用他暂时不在军队的机会向汉尼拔出击，取得了一次小小的胜利，这更增加了人们对费边的不满，但是不久米努基乌斯中了汉尼拔的埋伏，只是费边及时赶来救援，才免于全军覆没。

公元前219年末，费边六个月的独裁官任期届满，统帅权交给新当选的执政官，这时要求与汉尼拔决战的舆论越来越强烈。公元前216年夏，在南意大利的康奈附近的原野上发生了一场西方古代史上著名的大战役——康奈战役。双方投入的兵力是：罗马步兵8万，骑兵6千；汉尼拔步兵4万，骑兵1万。从力量对比看，总的兵力汉尼拔比罗马弱，但他却占有骑兵优势。双方沿奥菲都斯河列阵，罗马阵线的中心部位是密集的重装步兵，骑兵配置在两翼，目的是以强大的步兵猛攻敌方的阵线；汉尼拔则把步兵排成半月形，突面对着敌人，骑兵放在两侧。战斗开始后，罗马步兵向敌人阵线的中心部位发起强攻，敌人的中心部位开始后缩，罗马军队继续向前逼进，结果阵线越拉越长，队伍越陷越深。这时，汉尼拔的两翼步兵发起了攻击，骑兵也向罗马骑兵冲杀过来，在打垮罗马骑兵后便包抄到罗马步兵后面，立即形成了对罗马步兵的包围圈。罗马军队惊慌起来，阵线开始混乱了，士兵越挤越紧，密集得使敌人枪无虚发，石无虚投。结果罗马军队大部分阵亡，万余人被俘，幸存者甚少，汉尼拔军队仅损失六千。后来，“康奈”成了包围并全歼敌人的大会战的同义语。

康奈惨败对罗马是个重大的打击，前线瓦解了，罗马又作了汉尼拔直扑罗马城的准备，十七岁以上的青年都应召入伍，此外还由国家出钱赎买奴隶，组成了两个军团。可是这次汉尼拔还是没有向罗马进军，因为他知道罗马的力量还没有从根本上被摧毁。不过他在康奈的胜利确实引起了对他非常有利的巨大反响，南意大利的大部分城市都投到他的方面，甚至中意大利有些城市也发生了转向。公元前 216 年秋，坎佩尼亚的最大城市卡普亚背离罗马，这是汉尼拔在分化意大利同盟方面的一个重大胜利。在意大利境外，在康奈战役胜利的影响下，汉尼拔运用灵活的外交手腕，争得了马其顿王腓力五世的结盟。叙拉古也背离了罗马，使罗马几乎失去西西里全岛。当时形势对罗马人来说是严峻的，他们总结了失败的教训，重又回到费边的战略上去，谨慎行动，避免和汉尼拔发生大的决战，努力保卫余留地区，支持继续忠于罗马的城市，惩罚倒向汉尼拔的城市，破坏汉尼拔的补给，消耗他的有生力量。在当时，中部意大利仍然基本上忠于罗马，随时为罗马提供充足的人力、物力补充，这是罗马得以稳住阵脚的关键因素。此外，罗马的一支军队在西班牙阻挠了汉尼拔从那里及时得到补给。西西里的叙拉古也在公元前 213 年被罗马攻陷。而迦太基政府对汉尼拔心怀疑忌，一直没有给他什么真正的支援；汉尼拔瓦解意大利同盟的愿望未能实现，他在人力、物力得不到及时的补充的情况下，孤军深入的弱点越来越明显地暴露出来，处境变得越来越困难。

公元前 212 年，罗马军队开始转守为攻，围攻卡普亚。汉尼拔率军前来救援，但两次都未能解围。他为了引开围攻卡普亚的罗马军队，只好施用调虎离山计，率军北上向罗马挺进。罗马紧闭城门，准备坚守，同时继续对卡普亚的围困。汉尼拔自知力薄，攻不下罗马，便在罗马郊外驻扎了一段时间，撤回到坎佩尼亚，尔后又撤到南意大利去了。卡普亚不得不向罗马投降。以后，罗马又攻占了一些坎佩尼亚城市。公元前 209 年罗马军队攻占意大利南部的最大城市塔林敦，给了汉尼拔又一个沉重的打击。

汉尼拔在意大利的处境虽然每况愈下，但他对战局并未绝望，寄希望于留在西班牙的两个弟弟的支援。公元前208年，他的大弟弟哈斯德路巴尔甩开了罗马军队的追击，率领援军离开西班牙，基本上沿着汉尼拔翻越阿尔卑斯山的路线进军意大利，但在翁布里亚境内的墨塔尔鲁斯河畔被罗马军队击溃，哈斯德路巴尔本人战死。汉尼拔断绝了从西班牙得到支援的希望，只好退到意大利南端的布鲁提伊。第二次布匿战争的战局实际上已经确定。

罗马为了在另一条战线上打击迦太基人，于公元前210年末派普·斯奇比奥去西班牙。斯奇比奥于公元前209年攻克新迦太基城；在哈斯德路巴尔离开西班牙之后，又于公元前207年打败汉尼拔的另一个弟弟玛戈，从而结束了迦太基在西班牙的统治。

公元前204年春，罗马军队在斯奇比奥的率领下，从西西里的利里拜乌姆出发，进攻非洲，第二次布匿战争进行最后阶段。罗马军队在迦太基北边的乌提卡附近登陆，得到东努米底亚首领玛西尼萨的支援，连连了取得胜利。迦太基形势危急，只好召汉尼拔回国救援，汉尼拔不得不承认他的进军意大利的计划的破产，含恨撤离转战十五年、没有遭受过一次重大损失的战场。公元前202年，斯奇比奥和汉尼拔在扎玛(位于迦太基南边)会战，双方步兵势均力敌，但玛西尼萨的骑兵对罗马军队的支持起了决定作用，汉尼拔有生以来第一次被打败。迦太基被迫向罗马求和，于第二年签订了和约。和约规定迦太基只能保留非洲本部的土地，不经罗马允许不得和邻国作战，除保留10只船舰防止海盗袭击外，必须交出全部舰只和战象，此外还得交出100名名门子弟做人质，五十年内向罗马赔款1万塔兰特。第二次布匿战争就这样以罗马再度战胜迦太基而结束了，由于这次胜利，罗马成为西地中海地区最强大的国家。

第三次布匿战争

第一、二次布匿战争摧毁了迦太基的军事力量，但它的经济力量并没有被摧毁。在失去海外殖民地的情况下，它注意发展农业，依靠非洲本土的资源，迅速从战争创伤中复苏过来，重又成为一座繁荣的城市，同时商业也兴旺起来，不仅和当地部落建立起频繁的贸易往来，而且和埃及、本都等国家和地区重又建立起了广泛的商业联系，罗马在第二次布匿战争之后，立即利用东地中海各希腊化国家之间的矛盾，走上了向东方扩张的道路，先后征服了马其顿、希腊、叙利亚等，把东地中海沿岸广大地区纳入了自己的版图，建立了对整个地中海四周广大地区的统治权。迦太基的迅速复苏引起了罗马的忌恨和不安，特别是引起了在前两次战争之后新兴起来的、与对外贸易有密切关系的罗马骑士阶层和一部分新贵的不满，他们不能允许迦太基妨碍他们在海外的利益，不希望看到迦太基又成为他们在贸易方面的竞争对手。老加图是这一派人物的代表，他是一位大农场主，和商业阶层也有广泛的联系。公元前153年他率领一个使团去非洲，调解迦太基人和玛西尼萨之间的纠纷，看到迦太基的繁荣景象，回来后每次在元老院发表演说时，最后总要加上一句："我认为迦太基是必须摧毁的！。"

主战派在罗马占了上风，战争借口是不难找到的。东努米底亚首领玛西尼萨在罗马的支持下野心勃勃，企图吞并迦太基的领土，经常和迦太基发生纠纷。公元前150年，他又向迦太基寻衅，迦太基忍无可忍，被迫进行抵抗，结果虽然被打败，然而罗马却从中找到了挑起新的战争的口实。罗马宣称迦太基违背了公元前201年和约，于公元前149年对迦太基宣战，开始了第三次布匿战争。

第三次布匿战争完全是强者对弱者的欺凌，罗马派出由8万步兵、4千骑兵、600艘船舰组成的军队在两位执政官率领下攻打迦太基。迦太基人害怕了，他们向罗马求和，罗马元老院接受了迦太基的投降要求，责令他们交出300名人质，并履行罗马执政官发出的一切指令。执政官首先要求迦太基人交出一切武器和军用物品，迦太基人不折不扣地履行了这些条件，然后执政官又命令迦太基人摧毁城市，在距海不近于15公里的内地另建新的居民点。迦太基人被激怒了，他们杀死了主张向罗马投降的元老，决心保卫城市。全城居民日夜赶造武器，修筑工事，贮存粮食，妇女们甚至剪下自己的头发搓绳索。当罗马军队来到城下的时候，城市已经巩固地设防。罗马军队包围了城市，但是城里有充足的粮食贮备，城外有部分野战军策应，海岸也没有完全被封锁住，迦太基人坚持斗争。罗马军队连续围攻了两年，没有能拿下城市。公元前147年，非洲征服者老斯奇比奥的养孙斯奇比奥·埃弥利阿努斯（后来通称小斯奇比奥）当选为执政官，率领援军来到非洲。他整顿了军纪，对迦太基实行严密的海陆包围，断绝了迦太基同外界的联系，于是城里发生了饥馑和瘟疫。公元前146年春，罗马军队对城市发起了最后攻击，从一处防守薄弱的地方进入了城里。迦太基人进行殊死的抵抗，巷战进行了六天六夜，最后迦太基人退到卫城，放火烧了里面的神庙，与之同归于尽。根据罗马元老院的命令，五万被俘的迦太基人全部被卖为奴隶，城市被付之一炬，大火一直烧了十五天，然后被夷为平地，用犁耕出沟来，禁止人在那里居住。那些在战争中站在迦太基一边的其他非洲城市也得到同样的命运。这样，第三次布匿战争以迦太基的被彻底摧毁而告终，从此，迦太基领土成为罗马的阿非利加行省的一部分。

延续一个多世纪的布匿战争以迦太基的最后覆灭而告结束，连同战争期间对东方的扩张成果，罗马基本上实现了称霸地中海的愿望。战争的爆发是两国掠夺殖民地和争夺地中海霸权的必然结果，列宁说：罗马同迦太基的战争，从双方来看都是帝国主义战争。战争的起因和全过程说明了列宁论断的正确性。整个战争使双方都遭受了巨大的损失，人民蒙受了惨重的苦难，数十万人丧生于战场，上千艘船舰葬身于地中海底，许多城镇遭到浩劫，大片田野变为荒芜，无数的平民和战俘或遭屠杀，或被卖为奴隶，战争中真正获利的是罗马大奴隶主。

在这场规模巨大、历时长久的战争中，罗马是胜利者。罗马获胜的主要原因是因为共和制罗马当时正处于蓬勃发展时期，尽管它是一个贵族共和国，作为统治阶级不同阶层的平民和贵族之间存在着矛盾，但是在平民经过两个多世纪的斗争废除了债奴制度、获得了一定的政治权益之后，统治阶级内部的关系得到调整，平民在国家生活中的积极性大为提高，国家政治生活暂时比较安定，这些为罗马顺利对外扩张提供了重要的政治和社会前提。罗马对外扩张的主要目的是掠夺土地、财富和奴隶，对这种掠夺要求最迫切的当然是奴隶主阶级上层分子，然而平民也并非毫无兴趣，许多人也希望从战争虏获物中得到一点小利，特别是当意大利的土地显得越来越紧张的时候，对外扩张的结果可以使平民对土地的要求得到某种程度的满足，虽然他们往往成为战争的受难者和牺牲品，这样，在对外扩张问题上，罗马奴隶主统治阶级内部是比较一致的。罗马对外扩张的主要工具是组织严密的军团，这些军团由罗马公民组成，平民特别是农民是罗马军团的中坚力量。由于上述原因，罗马在对外扩张中具有强大的力量，它在布匿战争过程中虽然屡遭失败，但是在每次失败之后又可以迅速得到人力、物力的补充，直到最后取得胜利。

相比之下，迦太基在许多方面远不

如罗马。迦太基在征服北非土地之后统治阶级内部明显分为两派：一派代表大土地所有者的利益，主张主要维护和巩固在非洲的利益；另一派为商业集团，主张继续进行海外扩张，扩大在海外的利益。两派之间一直进行着尖锐的斗争，时常此起彼伏，影响和左右了迦太基的对外政策，哈米尔卡尔、哈斯德路巴尔和汉尼拔代表的主要是后一派的利益，主要活动基地和据点是西班牙和新迦太基城，而在迦太基国内和政府内部，往往是地主派占上风。汉尼拔转战意大利期间一直没有得到过迦太基政府的支援，原因就在这里。汉尼拔虽然具有杰出的军事才能，但是统率的是一支孤立无援、与本国几乎断绝关系、主要由雇佣军组成的军队，而且是在他国领土上作战，处境是十分困难的。以上这些情况都使迦太基在战争中最后失败而被毁灭。

罗马隶农制

罗马帝国经过将近二百年相对平稳的发展之后，渐渐走上了下坡路。其实，早在经济相对繁荣时期，就已经潜藏着危机的阴影了。奴隶主阶级敲骨吸髓的压榨，早已使奴隶丧失了起码的生产积极性。公元 3 世纪，罗马爆发了普遍的社会危机。奴隶来源减少、价格陡增以及奴隶的反抗，使奴隶制大庄园因无利可图而急剧衰落。为了给农业寻求出路，庄园主不得不改变以往那种役使大批奴隶的经营方式，越来越多地采取较为缓和的租佃剥削方式，即把庄园的土地分成若干小块（例如 20 尤格左右一块），租给小佃农耕种，然后向他们收取地租（常常占其收获物的 5/6 甚至 9/10）。这些小佃农叫作隶农，这种剥削方式就是隶农制。

然而，隶农早在罗马共和国末期就已出现。那时，在奴隶制大庄园中，不但有大批“戴镣铐的”奴隶劳动力，而且还存在着少量“不戴镣铐的”劳动者。他们原先是罗马破产的自由农民，因生活所迫而沦落为庄园主的雇工或佃农，庄园主往往把一些不适于使用奴隶耕种的或贫瘠的土地出租给他们，一般定租期为五年，期满后契约可延长或废除。这就是最初的隶农，人数不多，影响也不大。

隶农与奴隶相比，拥有一定的独立经济，可以租种小块土地（尽管只有使用权而无所有权），支配部分收获物（虽然数量有限），拥有少量工具，因此隶农一般比奴隶具有较高的生产积极性。就社会政治地位而言，隶农可以当兵，参与法庭诉讼等。整个说来，隶农的地位和处境要优于奴隶，而接近于封建时代的农奴，但又不完全等同于农奴，恩格斯把它称作“中世纪农奴的前辈”。

进入帝国时代，隶农制获得很大发展，遍布于意大利本土和地中海沿岸各行省，隶农人数也日益增多。一些大奴隶主通过释放奴隶，把他们变为向自己缴纳地租的隶农。许多贫苦农民因不堪帝国政府重税的盘剥和官吏的欺压，也被迫将自己的小块土地“献给”大土地占有者，以求得“保护”，充当其隶农。此外，当时还有很多迁居帝国边疆地区的外族移民，以及被征服的外族俘虏，也相继变成了罗马大土地占有者的隶农。与此同时，剥削阶级则由于剥削方式的改变，它们本身的地位也发生明显变化，随着集中使用奴隶劳动的大庄园开始转变为隶农制的大地产（拉丁语叫“萨尔图斯”），一些大奴隶主（包括当时权势上升基督教会上层）便渐渐转化为新兴的大地产主，这就是封建主阶级的前身，那些大地产主大都成为拥兵自重、割据一方的豪强，他们公然违抗国税、兵役，拒不接纳政府命官，以致后来连皇帝也奈何他们不得。结果，大地产的发展导致了罗马帝国中央权力的削弱，大大加快了奴隶制的衰亡。

如果说，早期隶农在法律上多少还享有一些自由人的权利，那末，随着帝国由盛转衰，隶农的实际地位便出现了显著的下降，罗马奴隶制政权为了保证国家税收、维护大土地占有者所需的劳动人手，接连颁布法令，将隶农牢牢地束缚在土地上。公元 332 年，罗马皇帝君士坦丁一世颁发敕令，严禁隶农离开土地，规定凡藏匿逃亡隶农者课以罚金，逃亡者一经抓获，即戴枷送回原地。法令强迫隶农世世代代固着在主人的土地上，可以连同土地一起被出售和转让。隶农自由迁移权被剥夺，实际上意味着他们失去了自由人的身份。法令还禁止隶农与自由人通婚，不准隶农向法庭控告自己的主人，规定隶农的财产必须由主人来全权支配，不经主人许可，隶农不得出外当兵或当僧侣，等等。这样，隶农就完全变成了主人的依附者。隶农（其中很多人是早先的自由农民）处境的恶化，使它与奴隶地位接近、命运相连，便于他们在反抗共同压迫者的斗争中协同一致。帝国末年风起云涌的人民起义，往往表现为更加壮阔的隶农和奴隶的联合斗争，再也不会出现斯巴达克起义时奴隶孤军奋战的局面了。

五世纪晚期，奴隶制的西罗马时代帝国一朝倾覆，西欧历史从此揭开了新的篇章，罗马时代遗留下来的大批隶农，逐渐地演变为封建时代的农奴。东罗马帝国境内保存较久的隶农制也为它后来向封建社会的过渡开辟了道路。

第一次西西里奴隶起义

西西里是罗马的谷仓，在那里使用奴隶劳动的大农庄发展得较早。在这些大庄园里往往聚集了成千上万的奴隶，而且大多来自同一民族或地区，有着共同的语言和感情，因此有利于奴隶斗争力量的组织和发动。奴隶主对奴隶残酷压迫和剥削，终于引起了奴隶大规模的起义。

据狄奥多拉斯记载，西西里岛上恩那城的庄园主达莫披洛斯和妻子加丽达残暴到无耻的地步，他们不仅不给自己的奴隶们以起码的衣食，竟驱赶奴隶去抢劫过往旅客，抢到的东西还要分去一半。公元前137年的一个夏天，那些抢不到东西的裸体奴隶，不得已向达莫披洛斯要求发给衣服，但达莫披洛斯却叫道："难道客商们都光着身子在西西里旅行吗？难道他们没有为所有缺衣服的人提供现成的补给吗？"然后他把这些奴隶绑在柱子上毒打了一顿。忍饥挨冻的奴隶们实在按捺不下积压已久的阶级仇恨，掀起了起义。

叙利亚籍的奴隶攸努斯带了20多个最勇敢最聪明的奴隶，躲过主人的监视，到一个阴森可怕的牧场秘密聚会，决定起义，首先支持他们的是牧奴，接着达莫披洛斯在乡村的400名奴隶都参加了，当时夏收工作正在紧张地进行着，他们各以手中的锄头、镰刀、斧头、长竿短棒武装起来，冲进恩那城，得到城里奴隶的积极响应，很快便占领了城市。起初达莫披洛斯还气焰嚣张地威胁说，罗马很快就会派大军来，要把"闹事"的奴隶全部处死。但还来不及等待大军的到来，结果先被处决的是他自己和他的妻子，落得应有的报应。

为了有组织地开展斗争，起义军进入恩那城后在剧场开会，建立国家，以奴隶们的故乡叙利亚命名为"新叙利亚王国"，攸努斯被推选为国王，取国号为"安条克"，下设有"人民议会"、"人民法庭"，由才智最杰出的奴隶组成，其中也有希腊人，如阿凯乌斯。并在三天之内建立一支拥有6000人的武装军队，将军都由奴隶担任。这个奴隶王国带有东方的色彩，但它是作为与罗马政权相对抗的一种独特的奴隶政权形式出现的。

西西里其他地方的奴隶闻风而动，纷纷响应，其中最大的一支是西西里岛西南部阿格立真坦地区克里昂领导的有5000

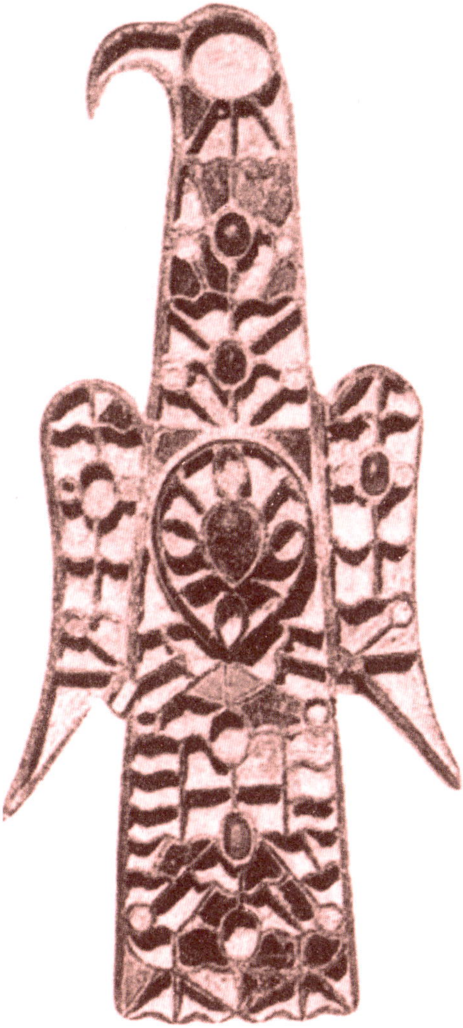

西哥特族的装身饰品

人的起义军。克里昂是一橄榄园主的马夫，他和同伴们也作着随时起义的准备。当攸努斯发动起义后，他们立即响应，很快地与攸努斯取得联系汇合起来。起义军增至 7 万人。为了共同事业的胜利，克里昂听命于攸努斯，自愿当助手，大家选他为总司令。这一举动，使奴隶主们指望他们之间争吵的打算落了空。

起义的力量迅速发展，其他各地奴隶纷纷响应，西西里东部和中部许多城市如墨萨纳、托洛明尼亚、卡塔涅、列昂提尼等都转到起义军手中。起义人数日益增加，竟达到 20 万人之多。

奴隶们打击的对象是奴隶制大庄园，起义军所到之处，摧毁大庄园，杀死大庄园主，但对小庄园、小农经济和手工业者则加以保护。据狄奥多拉斯记述：“在所有这一切当中最值得注意的是起义的奴隶非常明智地关心到未来，而没有把小农庄烧掉，没有破坏其中的财产、储藏的果品，也没有侵犯那些继续从事农耕的人们。”所以，起义军也得到农民的同情和支持。对于手工业者，特别是武器匠，让他们继续生产武器，以保证起义军的需要，为了减少敌对力量，起义军宽恕了那些早先人道地对待奴隶的人，而且不侮辱他们。对于以前庇护过他们的达莫披洛斯的女儿，他们甚至派了可靠的护送队，将她送往卡塔涅城她的亲戚那里。

罗马统治阶级一开始就派兵镇压起义，但都被起义军屡屡挫败。起义军击溃了从罗马城派来的由鲁齐・希庇西带领的一支装备精良的 8000 人的队伍；在公元前 134 年和前 133 年又先后打败了由执政官富尔维优斯・拉库斯和执政官卡尔普尔尼乌斯·披索带领来镇压起义的军团。狄奥多拉斯不胜感叹地说："从来没有像西西里爆发的这种暴动！"它使"恩那城的'代行最高审判官'和他们的地方部队毫无办法，就是从意大利调来的两个执政官的军队也完全无能为力。"

但是，罗马奴隶主不甘心他们的失败，公元前132年执政官普布里乌斯·路庇里乌斯率领大批军队，向起义军猛扑起来，攻下起义军的重要据点马尔干提纳，接着，路庇里乌斯利用收买叛徒的手段，攻占了起义军的主要城堡——托洛明尼亚，被俘的起义军经拷打后被扔下悬崖。继后又围困恩那城，企图以饥饿的办法迫使起义军投降。起义军领袖们决定突围，但在突围的激战中，由于罗马军团的凶残攻击，起义军伤亡惨重，克里昂英勇战死，两万奴隶阵亡。1000名近卫军保护着攸努斯血战到底，当他们知道自己的国王被俘时，便用剑互相砍杀而死。攸努斯被囚禁在狱中，后被折磨至死。

执政官普布里乌斯·路庇里乌斯攻陷恩那城后，又派出军队追击幸存的参加起义的奴隶，并彻底梳洗了西西里全岛。第一次西西里奴隶起义就这样结束了。

第二次西西里奴隶起义

第一次西西里奴隶起义失败后，奴隶的状况更加恶化，奴隶反抗的怒火并没有泯熄，三十多年后，在同一个西西里岛，又爆发了一次大规模的奴隶起义，即公元前104—前100年的第二次西西里奴隶起义。

这一次起义的直接原因是由西西里总督涅尔瓦停止释放奴隶而引起的。

公元前2世纪末，罗马在非洲进行朱古达战争，后又和北方入侵的基姆伯尔人和特乌托涅斯人作战，需要大量的军队。但许多行省和同盟国的自由民却因债务关系沦为奴隶，不能提供兵源。当元老院请求各地支援时，比提尼亚国王尼科美德斯答复说，为了满足罗马包税人的勒索敲诈，其王国内的壮丁都被卖为奴隶了。其他同盟国提出同样的申述，元老院无可奈何，只好命令各行省总督对奴隶及其家族进行审查，凡出身于自由民家庭的奴隶概予释放。西西里总督涅尔瓦接到命令后释放了800名奴隶，但他后来接受了奴隶主的贿赂，停止审查工作，热切希望获得自由的奴隶们得消息后，压制不住心中的怒火，愤然举行起义。

公元前104年，西西里岛西部赫拉克里亚城附近的80名奴隶在萨维阿斯领导下揭竿而起，立即有许多奴隶响应。萨维阿斯像攸努斯一样，是以占卜师而享有声名的。他把起义军带到卡普里恩山上修筑防御工事，建立据地，并击溃了涅尔瓦派来的部队。不久，在利里拜乌姆城附近又有一支在雅典尼奥领导下的起义军，集结了1万多人，形成奴隶起义的第二个中心。为了抗击共同的敌人，这两支队伍在西西里岛西部的特里奥卡拉城会师，联合起来。同时还有大批农民投向他们，起义军的力量不断壮大，他们在特里奥卡拉城建立国家政权，共推萨维阿斯为王，号为“特里丰”，雅典尼奥当总司令，下设议事会，作为共商大计的机构。在王宫旁还开辟一处广场，作为群众集会的场所，许多重大事情都在这个广场征求意见和最后通过决议。为了提高战斗力，从起义军中挑选出最强壮的奴隶组织正规军队，有2万步兵和2000骑兵。他们把这些军队分为三部分，每一队都有司令官，令他们分头在西西里全岛进行广泛深入的进击，然后在约定的时间地点会合，布置新的战斗任务，重新行动。这一战术收到辉煌的效果，吓得奴隶主们惊慌万状、惶惶不可终日！

与第一次西西里起义一样，农村是这次起义军开展斗争的广阔天地。也像第一次西西里起义一样，他们只打击大庄园主，对农民和手工业者的利益则加以保护，使经济维持正常的状态。两次西西里起义有好多相似之处，以致有人提出怀疑，西西里第二次奴隶起义是第一次起义的重述和翻版，不一定有真实的第二次起义，但从罗马的有关史料来看，确有两次奴隶起义，狄奥多拉斯的记载是有力的佐证，只不过相似的太惊人而已。

在涅尔瓦不能扑灭起义后，公元前103年，罗马元老院不顾北方日耳曼人入侵的威胁，把一支新征募的1.7万人的部队投入西西里战场，由行政长官李锡尼乌斯·路库鲁斯率领前来镇压起义军；次年又改派行政长官盖乌斯·塞尔维里乌斯统率罗马军队，但这两个行政长官最后都因军事失败被召回罗马，送交法庭判处流放，这时，起义烽火燃遍了西西里的绝大部分地方。起义军四出活动，捣毁大庄园，袭击军政机构，毁坏驿站并切断西西里各处的交通，使城乡之间失去联系。

但不久起义军遇到了不利的情况，萨维阿斯于公元前102年不幸病死，起义军失却了一位坚强有力的杰出领袖。粮食缺乏也使起义军面临困境。另一方面，罗马在战胜了基姆伯尔人和特乌托涅斯人以后，能够集中力量来对付起义的奴隶们，公元前101年，由执政官曼尼乌斯·阿克维里乌斯带领大批罗马军队进攻起义军，在墨萨纳附近发生了激战。据说在这次战斗中，雅典尼奥在同阿克维里乌斯进行单独决斗中被杀，起义军败退特里奥卡拉，不久，起义军的根据地特里奥卡拉陷落，无数的奴隶被俘后活活钉死在十字架上，剩下1000名起义军在沙提鲁斯领导下继续战斗了好长时间，后来受骗归附阿克维里乌斯，竟被卖为角斗士；但当他们发现受骗后，不愿自相残杀以供奴隶主取乐，都在上竞技场之前砍杀而死，以示最后反抗。

斯巴达克起义

斯巴达克起义是古代罗马一次大规模的奴隶起义，英雄的起义军在杰出的领袖、卓越的军事统帅——斯巴达克领导下，屡败罗马军队，在意大利纵横驰骋，所向披靡，沉重地打击了不可一世的罗马奴隶主统治阶级，谱写出古代世界被压迫阶级争取解放的光辉篇章。

起义前夜

斯巴达克起义发生在公元前1世纪70年代，此时正值罗马雄踞地中海，奴隶制充分发展之时。然而，罗马疆域之广阔，奴隶制经济之繁荣，完全建筑在对内压迫剥削奴隶，对外扩张掠夺，奴役弱小国家与民族的基础之上，其结果，势必导致奴隶起而反抗，势必引起被征服的国家与民族奋起斗争。

早在斯巴达克起义前，地中海沿岸地区奴隶起义的怒涛汹涌澎湃，一浪高一浪。据李维等古典作家所记，公元前198年，拉丁地区的奴隶曾酝酿起义，计划占领奥斯提亚、诺尔巴和萨尔泽伊。因叛徒泄密，起义失败，被处死者达500余众，被俘者皆夹上4公斤半的足枷；公元前196年，伊达拉里亚地区的奴隶起义，规模之大，人数之多，竟使罗马动用整整一个军团；公元185年，阿普里亚地区牧奴起义，经罗马大法官调查，起义者达7000余人；公元前138年和公元前104年，西西里岛曾先后爆发两次奴隶大起义。在第一次西西里奴隶起义期间，奴隶们曾组成一支20万人的大军，并控制该岛的大部分地区，还建立起自己的国家——“新叙利亚王国”。在第二次起义期间，起义军也曾在短期内占领该岛的大部分地区。在西西里起义的同时，意大利半岛的明图伦、西努耶萨、努塞利亚、小亚细亚的帕加马都曾爆发

角斗场景

奴隶起义。公元前104年，卡普亚郊区还曾爆发3000角斗奴的起义。上述起义成为斯巴达克起义的先导。

斯巴达克起义前，地中海沿岸地区的被罗马征服的国家与民族争取独立的斗争，如滚滚洪流猛烈地冲击征服者的堤坝。在罗马的西方，塞尔托里乌斯成功地领导了西班牙各部族的起义，宣告了西班牙的独立；在罗马的东方，小亚细亚和希腊城市为摆脱罗马的控制，全力支持本都王米特拉达特斯六世同罗马交战。塞尔托里乌斯与米特拉达特斯六世的结盟，使罗马完全陷入东西夹攻的窘境。

此外，共和末期统治阶级内部民主派与贵族派的“内战”，意大利居民为争夺公民权所发动的“同盟者战争”，农业的连年歉收，海盗的猖獗活动，这一切使得意大利本土兵连祸结，罗马人坐卧不安，一筹莫展。

斯巴达克正是在罗马社会矛盾重重，危机四伏，内外交困的背景下，率领奴隶大众登上了历史舞台。

暴动成功

关于斯巴达克起义，约有30多位古典作家曾予记述，但保存至今只有普鲁塔克、阿庇安的概述和萨留斯特、福洛茹斯、阿罗修斯、李维等人所记的片断，有些情节众说纷纭；至于斯巴达克本人的生平事迹，古典作家更少提及。综合各家的说法，我们只能素描这一伟大战争的悲壮历程。

斯巴达克乃色雷斯人。公元前80年，他在色雷斯反对罗马征服的战争中不幸被俘。初在罗马辅助部队中服役，后因多次逃亡，被卖为奴。由于斯巴达克魁梧英俊、臂力过人，卡普亚一所训练角斗士的学校将其买下做角斗奴。角斗奴遭受的非人待遇，罗马人以其互相残杀作为娱乐的暴行，激起斯巴达克及其同伴们的无比愤慨，斯巴达克决计率领同伴逃出牢笼。他启迪众角斗士：“与其以生命在剧场里冒险，不如为自由而去担当哪怕最大的风险”。在斯巴达克的鼓动下，200名角斗奴决意暴动。不幸，事泄。斯巴达克当机立断，提前行动，于公元前73年春末率70余名角斗奴，手持厨房的刀叉，以迅雷不及掩耳之势，杀死卫兵，逃出城市，躲进了附近的

角斗士浮雕

维苏威深山。起义者推选斯巴达克为首领，高卢人克利克苏斯和日耳曼人恩诺马乌斯为副将，成立了斯巴达克起义军。

起义军于维苏威扎寨之初，并未引起罗马元老院的注目，因为奴隶逃亡在罗马已成司空见惯之事，何况元老院正苦于内忧外患，无暇顾及镇压起义力量。起义军因利乘便，积聚力量，在短短几个月里，不仅缴获了当地驻军的大量武器，而且还从附近庄园、城市补充了大批给养。由于此时起义军纪律严明，深得奴隶与贫民的欢迎和支持，队伍迅速壮大起来，据公元2世纪作家福洛茹斯报导，起义军很快发展到1万多人。

节节胜利

起义军活动范围日益扩大，使愈来愈多的奴隶主惶恐不安。元老院决定迅速翦灭斯巴达克军，于是在公元前72年春派行政长官克劳狄乌斯前去征剿。克劳狄乌斯率领3000兵马抵维苏威山后，立即切断了起义军的退路，将起义军围困在悬崖峭壁之上，妄图迫降。然而，困难见巧，起义军随时制宜，用山上野葡萄藤编成绳梯，然后沿绳下到山脚，绕至敌后，突袭敌人，出奇制胜。维苏威一役打击了罗马官军的嚣张气焰，提高了起义军的士气，显示了斯巴达克的军事才能，起义军名声大震。斯巴达克深谋远虑，因势利导，扩建武装。起义军吸收了前来投奔的坎佩尼亚地区的奴隶和破产的农牧民，将军队整编成投枪兵、主力兵、后备兵和骑兵。

同年秋，斯巴达克大军浩浩荡荡从坎佩尼亚向亚得里亚海挺进。元老院闻讯，惶惶然派行政长官瓦里尼乌斯率领临时凑集的两个杂牌军团约1.2万人前去阻截。斯巴达克针对瓦里尼乌斯采用的分进合围战术，运筹帷幄，制定出择敌薄弱环节，集中精兵逐个击破的方针。

西班牙的金制品

交战伊始，斯巴达克的精兵杀向瓦里尼乌斯副将傅利乌斯的2000人马，迅速取胜，继而回转旆旗杀向前来增援的瓦里尼乌斯的另一副将科辛纽斯军。科辛纽斯全军溃败，其本人葬身沙场。瓦里尼乌斯见此情景，旋即改变战术，收缩兵力，将起义军逼至一荒无人烟、崎岖难行的山区角落。瓦里尼乌斯还令战士在起义军前方修垒挖堑，扎营下寨，企图困死起义军。此时起义军因连续作战，人人力尽筋疲，兵器损耗甚巨，加之粮食殆尽，气候变冷，形势十分危急。尽管如此，起义军临危不惧，“宁肯死于刀剑，也不死于饥饿”，积极筹划突围。斯巴达克意识到敌强己弱，强攻必败，于是巧施计谋。在一个夜间让战士和平素一样在营地点起篝火，然后偷偷地将死尸绑在营门木柱之上，迷敌眼目。起义军神不知鬼不觉地沿着瓦里尼乌斯认为无法通行的山路，迅速突围出去。翌日，瓦里尼乌斯方知中计，气急败坏地率领兵马追击。起义军择有利地形，设下埋伏，待敌出现，呐喊冲来，敌措手不及，溃不成军，瓦里尼乌斯本人也险些被俘。罗马元老院本想让瓦里尼乌斯挽回维苏威败局，以壮军威，结果却适得其反，损将折兵。

起义军的节节胜利，大灭了元老院的威风，用普鲁塔克的话说：“现在，斯巴达克是伟大而又威严可怕，罗马元老院忧虑的已不仅仅是奴隶暴动的不体面的耻辱，它惧怕斯巴达克了，并且意识到处境的危险。”阿庇安说：“此后，聚集在斯巴达克周围的人数更多，达到7万人。”起义军占领了意大利南部许多城市，自由地驰骋在坎佩尼亚、卢卡尼亚、阿普里亚的大地上。

内部分裂

就在大败瓦里尼乌斯后，起义军领

斯巴达克塑像

袖在战略上产生了分歧。斯巴达克主张队伍立即北上，尽快翻越阿尔卑斯山出境，而克利克苏斯坚持起义军留在意大利与罗马人斗争到底。领袖间"由于彼此争执行动的计划，几乎把事情弄到哗变的地步"，最终克利克苏斯与斯巴达克分道扬镳，起义军不幸分裂。

为什么斯巴达克与克利克苏斯在战略上意见不一呢？因史料欠缺，学者们看法不一。主要有两说。其一是起义军内部民族复杂说。持此说者认为，斯巴达克属色雷斯族，而副将克利克苏斯和恩诺马乌斯属高卢和日耳曼族，斯巴达克代表了包括色雷斯在内的希腊人的利益，而克利克苏斯代表了与希腊人有嫌隙的高卢—日耳曼人的利益。由于领袖们陷于本民族的狭隘利益不能自拔，必然在战略上难以一致，其二是起义军内部各阶层利益不一说。持此说者认为，起义军内部既有外籍奴隶和意大利本土奴隶，还有意大利破产的农牧民和早已定居在意大利的高卢—日耳曼人以及罗马逃兵。由于各阶层的社会地位不同，因此起义的目的也不同：外籍奴隶渴望返回祖国，获得自由；本土奴隶渴望在意大利成为自由民；破产的农牧民和早已定居在意大利的高卢—日耳曼人以及罗马逃兵希冀得到土地。斯巴达克只想满足外籍奴隶的要求，而克利克苏斯一心维护意大利人和定居于意大利人的利益，因此必然产生战略上的分歧。

起义军内部固然民族复杂，但在同

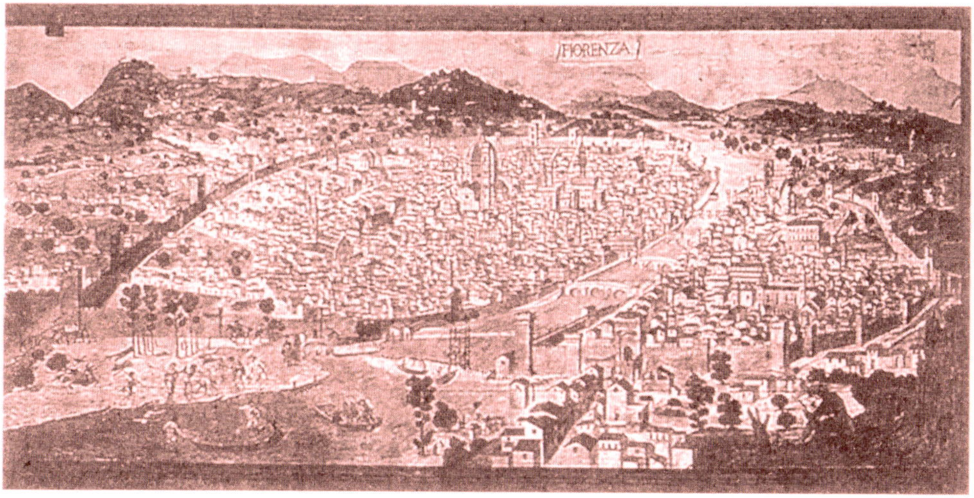

1480 年的佛罗伦萨城

罗马斗争的问题上，民族间的矛盾早已降到次要地位。我们从现存的有关斯巴达克起义的史料中，既看不到各民族间存在什么隔阂，又看不到各民族间采取过什么敌对行动，反而却能看到当克利克苏斯率领三万战士离开主力遭罗马军围困之时，斯巴达克闻讯前去救援的动人情景。就是在起义军分裂后，无论斯巴达克的部下，还是克利克苏斯的部下仍旧由多民族组成，可见，起义军内部民族的驳杂并非导致战略分歧的原因。起义军内部各阶层的不同动机和目的，才是产生战略分歧的基础和酿成分歧的重要因素。

起义军的分裂不仅削弱了军力，涣散了军心，而且给了敌人以可乘之机。同年冬，元老院派两执政官林图鲁斯和格里乌斯围堵起义军。在阿普里亚的加尔干诺山附近，克利克苏斯军与格里乌斯军遭遇。虽克利克苏斯及其部下顽强抵抗，终因寡不敌众一败如水，克利克苏斯及其军队 2/3 的战士英勇献身，余众突围北上，重归前来援救的斯巴达克军。恩诺马乌斯大约在此之前也已牺牲。

北战南征

斯巴达克率领全军按原计划向东南

斯巴达克

迂回，准备穿越亚平宁山脉北上，打开通向阿尔卑斯山的道路。斯巴达克命令部下烧掉所有无用的东西，杀死所有的战俘，屠宰驮兽，轻装前进。一路上，前有林图鲁斯在翁布里亚集结的几万大军的堵击，后有进入萨姆尼乌姆山区，准备切断起义军退路的格里乌斯大军的尾追，起义军处于前后夹攻的被动局面。斯巴达克不愧为天才的军事领袖，他率领队伍机智灵活地在亚平宁山脉活动，很快甩掉了尾追之敌，然后，起义军集中全力猛攻林图鲁斯的阵地，陆续挫败林图鲁斯的几员副将，粉碎了林图鲁斯的军事计划。接着起义军旌旗回转，扑向尾追的格里乌斯军，格里乌斯军招架不住，一败涂地，起义军终于摆脱了被动局面。庆功之时，斯巴达克强迫300罗马战俘进行角斗表演，用以祭奠战友克利克苏斯的“亡灵”。尔后，起义军进行了短期的修整、扩充。据阿庇安说，此时起义军已达12万人。

整编后，起义军沿着亚得里亚海岸向北挺进。经二十天急行军，队伍进入了山南高卢。山南高卢总督卡西乌斯企图凭借穆提那的坚固防线和手中的1万精兵进行拦阻，起义军势如破竹夹攻敌军，迅速攻克穆提那城。

过了穆提那，起义军朝思暮想的阿尔卑斯山展现在他们的眼前。此刻再没有敌人的阻截，只要翻过高山，就能回到各自的国家，北上的计划即将实现了。

可是，起义军突然改变出境计划，烧毁了一切多余物质，杀掉了多余的马匹，急转回师，挥戈南下。

起义军为何改变原定计划？因史书对此无任何记载，故学者们做出种种推测。归结起来，大体有以下三种看法。其一，阿尔卑斯山高路险，雪窖冰天，12万大军通过，存在重重困难，况且起义军在意大利北部又得不到当地农民支持，只好南下，另找出境之路。其二，随着起义军北征的节节胜利，战士们战胜罗马的信心已愈来愈强。到了阿尔卑斯山后，战士们认为自己的力量足以进攻罗马，因此强烈要求斯巴达克改变原定计划，率领他们直捣罗马。斯巴达克此时或已丧失对部下的控制，或为顾全大局，防止起义军再次分裂，因此顺从众意，回师南下。其三，起义军出自阶级的情感，不忍心丢下仍然呻吟在皮鞭下的奴隶弟兄而离去，为了解救苦难的弟兄，他们掉转矛头向意大利中部和南部的奴隶主进攻。

其实，阿尔卑斯山的自然条件对于斯巴达克来说早已了如指掌，至于起义军出自阶级情感而放弃出境计划更难以令人信服。因为奴隶还不具备把解放本阶级作为己任的觉悟，更何况从任何史料中，找不到一点根据。奴隶起义只是为了争得个人的解放。当他们感到在罗马难以达到目的之时，自然想到出境获得自由：而一旦他们感到自己有能力在意大利赢得自由之时，原来的想法动摇了，更何况他们在意大利生活了多年，焉知出境以后之祸福？北上的胜利，增强了他们在意大利求得自由的信心和勇气。

起义军南下途中，在皮凯努姆再遇林图鲁斯和格坦克乌斯联军堵截。经一场激战，罗马军丢盔卸甲，辙乱旗靡。起义军以排山倒海之势向南推进。元老院担心起义军直捣罗马，立即宣布全国处于紧急状态，其惶恐之状，不亚于当年汉尼拔叩罗马城门，甚至在选举下年度行政长官之时，贵族竟无人敢充任候选人。元老院费尽周折，直至最后才选定克拉

影片“斯巴达克斯”中，起义的奴隶袭击罗马士兵

苏统帅林图鲁斯和格里乌斯两执政官的军队和新补充的六个军团。克拉苏为保住罗马，率军迅速抵达罗马以东的皮凯努姆地区，扼守通向首都的咽喉之路。但是，也许是因为斯巴达克感到进攻罗马的时机尚不成熟，准备去西西里联合那里的奴隶；也许是因为起义军中许多战士无视斯巴达克的教育，屡犯群众纪律，促使斯巴达克恢复将队伍带出意大利的计划了；也许是起义军故作进攻罗马之状，以调敌军，扫清南下障碍，总之，起义军抛开了罗马，快马加鞭直指半岛南端。

克拉苏闻讯急令副将穆米乌斯率领两个军团跟踪，拖住起义军。而穆米乌斯利令智昏，求战心切。斯巴达克抓住了穆米乌斯的弱点，在亚平宁峡谷与穆米乌斯公开交战，一举粉碎敌军，歼敌7000余人。之后，起义军飞速穿过萨姆尼乌姆地区、卢卡尼亚腹地，向南部海滨挺进。克拉苏为挽回败局，竟然恢复古老的“什一抽杀律”，整饬军纪，顿时4000兵士葬生。与此同时，元老院为尽快消灭心中之患，采取措施，将克拉苏兵力增至10万余人。

起义军日夜兼程。马不停蹄，终于到达了墨萨纳海峡，准备渡海去西西里岛。为了解决运输问题，起义军曾与西

西里海盗达成协议，租用船只，但是由于西西里总督维里斯收买了海盗，结果起义军上当受骗，船只落空。斯巴达克曾试图以木筏强渡，但因水势凶猛，风浪太大，渡海不成。南下出境的计划彻底破产。斯巴达克不得不率军北上。可是阴险狡猾的克拉苏为了将起义军困死在半岛南端，早已下令士兵在布鲁提伊半岛的最狭窄地带挖出深与宽各 4 公尺半，长 50 公里的深沟，并在沟边筑起土墙堤坝。起义军三面临海，一面受敌，陷于进退维谷的境地。

顽强不屈

自公元前 72 年底，罗马的形势发生急剧的变化。西线庞培战胜了塞尔托里乌斯军队，东线卢库鲁斯击退了米特拉达特斯六世和北方部族的进攻，三年严重的粮荒也已结束，现在元老院可以调回主力部队镇压奴隶的暴动了。于是元老院令卢库鲁斯和庞培班师回国，配合克拉苏作战，形势对起义军更加不利了。

斯巴达克闻讯罗马主力大军将至，意识到处境的危险，乃提出与克拉苏谈判，遭克拉苏断然拒绝。起义军向克拉苏的防线发起一次又一次的冲锋，但接连失利，损失 1 万多人。此时已届隆冬，起义军给养耗尽，如不能冲破封锁，就等于坐守待毙。斯巴达克并不气馁，积极导找进攻时机。在一个风雪交加的晚上，当起义军的骑兵队伍从半岛南端集结到主力部队的地点时，斯巴达克立即制定出新的突围方案。他率领 1/3 的步兵，巧妙地用树枝、柴草、泥土和敌人的死尸填平一段壕堑，在骑兵的掩护下，火速越过防线。不久其余的人也冲了出去。至此，克拉苏以“布鲁提伊陷阱”困死起义军的计划成了南柯一梦。克拉苏担心起义军进攻防备虚弱的罗马，旋即写信给元老院，请求速调卢库鲁斯和庞培前来支援。

起义军进入卢卡尼亚后，斯巴达克决计将队伍带到布隆迪西乌姆港，从那里东渡亚得里亚海出境。但是，部下康尼格斯和卡斯都斯反对此种决定并公然带领 12300 人脱离主力，结果在鲁干湖畔被克拉苏全歼，康尼格斯和卡斯都斯

罗马的元老院

皆壮烈牺牲。斯巴达克闻听噩耗，预感到局势的严重，立即率领主力撤退至伯特利亚山中。克拉苏副将坤图斯和财务官斯科洛见此情景，误以为起义军败退，旋即率6万大军尾追。斯巴达克诱敌至卡鲁恩特河谷，凭借山地的有利地形，一举击溃敌军，罗马军丧生1万余众，斯科洛却身负重伤，险些被俘。之后，起义军急速向布隆迪西乌姆进发。可是，他们万万没有料到，此时卢库鲁斯已从小亚返回，抢先占领了布隆迪西乌姆港，截断了起义军的去路。

起义军的处境显得愈发艰难，前有卢库鲁斯拦截，后有克拉苏追赶，侧面庞培军正步步进逼。斯巴达克深知夺取布隆迪西乌姆已不可能，于是果断决定避开罗马主力，回师迎战克拉苏。好大喜功的克拉苏仿佛预感到同奴隶的战争即将结束，害怕卢库鲁斯分享战功，也急于同斯巴达克交战。公元前71年春，一场决定起义军生死存亡的鏖战，终于在阿普里亚境内拉开了战幕。

斯巴达克面对排成长长战斗行列、威武雄壮的战士们，庄严地宰马宣誓，表达了全军与罗马官军决一死战的决心。誓毕，斯巴达克率领全军战士杀向敌群。战事异常残酷，从清晨直杀到黄昏，战场上死伤枕藉，血流成河。斯巴达克不愧为起义军的杰出领袖，始终临危不惧，冲杀在前，寻找仇敌克拉苏决战；起义军不愧为威武不屈的队伍，战士们置生死于度外，顽强地抗击12万罗马官军的围攻。由于众寡悬殊，起义军愈来愈力不从心，被迫分散突围，以求保存力量。但是，就在这关键的时刻，斯巴达克的大腿不幸被罗马一百夫长佛里克斯的投枪刺伤，他翻身落马，被敌人团团包围。斯巴达克面对群敌，毫不惧色，他像一头愤怒的雄狮，一手举盾，一手挥剑，曲膝不停地还击，英勇地战斗到生命的最后一息。斯巴达克气吞山河的英雄气概，使奴隶主的史学家也为之感叹。福洛茹斯写道："斯巴达克本人，以惊人的勇敢，战斗在队伍的最前列，他牺牲了，只有一个伟大的统帅才具有这种精神。"

斯巴达克牺牲后，战事急剧恶化，绝大多数战士光荣献身。根据李维和阿罗修斯报导，起义军阵亡了6万人。突围出去的战士，虽躲进深山老林，但经克拉苏围剿，6000人又不幸被俘。根据阿庇安报导，嗜杀成性的克拉苏，将这6000人残忍地钉死在从卡普亚至罗马城沿途的十字架上。

斯巴达克主力失败后，起义军余部仍旧在各地坚持斗争。在伊达拉里亚地区，一支5000人的队伍战斗了将近一年。公元前70年，当队伍向东南转移时，不幸与从西班牙返回的庞培军遭遇，全部阵亡。在意大利半岛的南部地区，另一支起义军余部以杜利城为基地与罗马进行了约十年之久的斗争，据记载，直至公元前62年，元老院还令奥古斯都的父亲前去镇压。

万古流芳

在奴隶社会中，任何一次奴隶起义无不因历史和阶级的局限而最终导致失败的结局，其根源盖出于奴隶阶级本身不是新的生产力和新的生产关系的代表。斯巴达克起义败因亦然。这次波澜壮阔的奴隶起义尽管人数之多，时间之长，范围之广，在古代十分罕见，但是由于起义适逢罗马奴隶制蓬勃发展，共和政体向军事独裁的帝制过渡之时，因此

公元前186年元老院发布的有关违反社会习俗的决议公文

客观上促使奴隶制度消灭的历史条件尚不成熟，奴隶主阶级在军事、政治、经济等方面拥有强大的实力。在起义的整个过程中，起义军没有像西西里奴隶起义军那样，以推翻罗马奴隶主阶级专政，建立自己的新政权为目的，因此自始终缺乏明确的斗争纲领和远大的斗争目标，缺乏主动进击的路线。

此外，当时的罗马自由人一向鄙视奴隶，尤其是农业奴隶。甚至破产的小农把自己的失地原因错误地归咎于奴隶身上，因此奴隶和自由民对抗情绪较大。这种情况不能不反映到起义军内部中来。它明显地表现为起义军成员因各自所处的社会地位不同，对起义的目的和要求也不相同。奴隶为争取自由而斗争，破产农民则为获得土地进行斗争，由于二者利益的差别，不可能结成牢固的联盟。斯巴达克代表了起义队伍中奴隶的利益，他的三次大的军事行动旨在把奴隶带出意大利争得解放；克利克苏斯代表了起义队伍中破产农民的利益，他为了夺得土地，脱离主力，向罗马统治者进攻。由于领袖间意见不一致，行动不能统一，因此队伍中始终产生不出一个能够反映内部各阶层利益并领导各阶层战斗的领导核心，使起义军长期处于涣散状态。这不仅导致组织上的分裂，而

且也给了敌人以可乘之机，酿成无法挽回的损失。

然而斯巴达克起义的功绩绝不因它的失败而泯灭，它对罗马社会的政治、经济、国事等方面都产生了重大的影响。受到沉重打击的罗马统治阶级开始认识到，现有的共和体制已完全不适应镇压奴隶和维护统治之需要，因此，一个新的作为奴隶主阶级联合的军事独裁帝国的降生已势所必然，可见斯巴达克起义在某种程度上加速了共和向帝制过渡的步伐。此外，奴隶主阶级也认识到，旧有的剥削奴隶的方式，只能激起奴隶的不满与反抗，因此，他们不得不较多地采用隶农制剥削形式，尽量购买不同种族的奴隶，更多地使用家生奴隶，开始允许一些奴隶成家，生育子女。

多少世纪以来，斯巴达克起义的光辉壮举，赢得了后世人的高度赞扬并世世代代经久不衰地广为传颂。这次起义已成为鼓舞被压迫人民和被压迫民族反抗反动势力的强大力量。无产阶级的革命导师曾热情赞颂斯巴达克，马克思称赞他为“古代无产阶级的真正代表”。列宁也赞誉说：“斯巴达克是大约二千年前最大一次奴隶起义中的一位最杰出的英雄”。伟大的斯巴达克起义的英勇事迹永存史册，万古流芳。

征服高卢

高卢包括今意大利的波河流哉（古时称为山南高卢，因为它在阿尔卑斯山南），和今法国、比利时的全部、瑞士大部、荷兰的一部分和莱茵河左岸的部分德国领土（称为山北高卢）。

高卢地区人口众多（在 1500 万至 2000 万人之间），土地肥沃，经济相当发达而富庶，有发达的农业、手工业和商业贸易。在恺撒进行高卢战争前，罗马人已经统治了山南高卢和法国南部的一块地方（称作普罗旺斯），建立了行省。

恺撒进行的高卢战争，是征服山北高卢的战争。这里的居民一般就称为高

罗马近卫军浮雕

卢人，或凯尔特人，他们中有些人同日耳曼人有很亲近的关系。

战争背景

恺撒征服前的高卢人，还处在原始社会晚期，但已有阶级分化。高卢人分为很多个部族，彼此之间有的关系很好，有的则互相争战，争夺对高卢人的领导权。他们同罗马的关系也各不相同，有的是罗马的同盟者，有的则不是。这给了恺撒一个利用其矛盾的机会。

苏埃托尼乌斯说：恺撒在高卢“不放过任何战争借口，不论它是多么不公正或多么危险，既向敌对的野蛮民族，也向同盟的民族挑衅，以致有一次元老院命令派一个专门委员会去调查高卢行省的局势，有些人甚至建议把恺撒交给敌人。但是由于恺撒事业的成功，他得到了比他之前的任何人次数更多，每次时间更长的公众的感恩祈祷。”

佛罗伦萨大教堂近景

恺撒为什么不惜一切地挑起战争？因为他在三头中实力和影响都是最弱的一个。他想通过战争既在军事上和经济上增强实力，又在政治上增强影响，从而获得更大的发展。

说恺撒不惜一切借口，不管公正与不公正地挑起战争，可以他挑起同厄尔维几人的战争为例。

战争的起因是这样的：公元前58年，居住在今瑞士西部的一个人数众多的民族厄尔维几人（他们有30多万人，其中能拿起武器作战的就有90000多人），由于日耳曼人的压迫而打算迁居到法国的卢姆河口一带去居住，他们烧掉了自己的城市和村庄，毁掉了储备的全部粮食，只带了可以带走的东西后就开始迁移了。

迁移的路有两条：一条是穿过汝拉山和罗丹河之间的塞广尼人居住的地区，这是一条狭窄而难走的路；另一条是穿过罗马人统治的普罗旺斯的地区，这条路比较好走。厄尔维几人走的正是第二条路。

恺撒得知此事，便急忙赶往离厄尔

尼禄的黄金宫殿遗迹

维儿人居住地很近的盖纳瓦城（今日内瓦）去，并下令在普罗旺斯征兵。

厄尔维儿人派了一个使团去见恺撒，请求让他们通过普罗旺斯。当时恺撒兵力不足，便行缓兵之计。他让他们到4月13日再来见他。他利用这个机会赶紧征兵，并修筑了一条长达19里的带壕沟的壁垒（从列曼努斯湖到汝拉山）。

待使节第二次来见恺撒时，恺撒便断然拒绝他们通过。感到绝望的厄尔维儿人试图突破防线，但失败了。于是他们决定走第一条路，既穿过塞广尼人的路，这对罗马人并无损失，因此没有理由进行干涉。但恺撒仍以这个民族曾在公元前107年战胜过罗马军队，让他们受了轭下之辱（即使战败的敌人从用武器搭成的轭门下通过，以嘲弄和侮辱之）并杀死了罗马的执政官，过分好武为借口对他们开了战，当厄尔维尔几人到达爱杜依人境内时，恺撒便率领5个军团越过阿尔卑斯山，以保护爱杜依人为名，向正在渡过塞纳河的厄尔维几人发起了进攻。当时，厄尔维几人已有2/3过了河，剩下的人因恺撒出其不意的攻击而被歼灭。

随后，恺撒也渡过塞纳河，跟踪厄尔维几人。双方在爱杜依人盛产粮食的大城镇毕布拉克提附近打了起来。恺撒把军队配置在一座山上，在战斗开始前，他下令把自己的坐骑以及其他将领的坐骑都牵走，以表示自己绝不逃跑，要与阵地共存亡的决心。所以，战斗十分激烈，厄尔维几人几乎被全歼。

对这次战斗，恺撒在自己的《高卢战记》中写道："兵士们居高临下，掷下轻矛，很容易地驱散了敌人的方阵。敌人散乱之后，士兵们拔出剑来，朝他们冲过去。高卢的人盾，大部分被轻矛一击中就穿透了，而且因为铁的矛头弯了过来，紧箍在后面，拔又拔不出来，左手累累赘赘地拖着它们作战又不方便，一时很受阻碍，于是，许多人用手臂摇摆了很久仍没法摆脱它。之后，他们因为受伤累累，支持不住，开始撤退，向离当地约1罗里的一座小山逃去。等他们占有那座小山时，我军已紧紧跟在他们背后。作为后军掩护着敌人后方的15000波依人和林都忌人，掉过头来攻击罗马军队敞开着的侧翼，包围住他们。已经退上山的厄尔维几人看到这事，重新投入战斗。罗马人回转身来，两面分开应战，第一列和第二列抵抗已被击败和逐走的敌人，第三列抵抗新来的敌人。”

厄尔维几人战斗得十分英勇。恺撒写道“谁也没有看到任何敌人转过身去逃走的。”

但厄尔维几人最后还是失败了，原来36.8万人的厄尔维几人，只剩下11万人。恺撒命令他们返回原来住地去，重建被他们自己烧毁的城市和村庄，并让附近的高卢人借给他们粮食等。

在整个高卢战争中，恺撒借口战争需要，不断地扩大军事实力，增加军团数量，由原来元老院批准的两个军团，扩充到了10个军团，其编号为第六—十五军团。其中，恺撒最为信任、战斗力也最强的是第十军团，以后内战时期也是如此。恺撒曾说过：“即便真的再没有别人肯跟我走，只剩下第十军团跟着，我还是照样继续前进。”他的这番话是在厄尔维几人之后同日耳曼人进行战争过程中，当罗马士兵因恐惧日耳曼人而惶惶不安时说的。

事情是这样的：当罗马人战胜厄尔维几人后，在一次全高卢人的代表会议上，代表们跪在恺撒面前说，日耳曼人受阿浮尔尼人和塞广尼人之邀，前来帮助他们争夺在高卢的霸权，同爱杜依人作战。前来的日耳曼人15000人，他们在战后爱上了这块地方，不想离去，而且召来了更多的日耳曼人（到那时已有12万人了），并要求更多的土地。因此，高卢人希望恺撒帮助他们攻打日耳曼人，以解除威胁。恺撒答应了。

会后，恺撒便同日耳曼人领袖阿里奥维斯都斯谈判，他要求日耳曼人不要再向高卢移民，把爱杜依人的人质还给他们，不许再用战争威胁爱杜依人及其同盟者。

恺撒认为对方不会同意。所以，他就可以此为借口向日耳曼人开战。对方也确实拒绝了。

于是恺撒率军以急行军的速度向日耳曼人地方推进。在行军途中，他占领了设防坚固的塞广尼人的首府贝松战，并在这里停留了几天，以安排军队的供应。这里的高卢人和客商向罗马士兵和军官夸称日耳曼人身材魁武，勇敢非凡，武艺精熟，引起恺撒士兵的惊恐。受这种情绪影响的先是年轻的将领，后来传播得更广，连有经验的军人们也都感到惶惶然了，以致“全营的人都在签署遗嘱了”。还有消息说，军队可能不服从统帅的命令。

于是恺撒召集了军事会议，以制止这种惊慌情绪的蔓延。他把所有的百人队长都召了来，他责怪他们“竟然把军队要开到哪里去和开去干什么，认为是应该由他们来过问和考虑的事情”。他指责他们对自己的勇气和他本人领导缺乏信心。他说：“至于有人报告说：兵士们会拒绝听从命令，不再拔帜前进，他绝不因为这种事情动摇……因而，他本来想把过一些日子再做的事情提到现在来做，明天夜间四更天就要拔营前进，以便尽可能早一些知道，在他们中间究竟是自尊心和责任感占上风呢，还是恐怖占上风？即令真的没人肯跟我走，只剩第十军团跟着，我还是照样继续前进。毫无疑问，第十军团一定能够这样做，他们正可以做我的卫队。”

恺撒的一番话，消除了士兵们的恐惧和对恺撒能力的怀疑，产生了要求马上投入战斗的巨大热情和渴望。第十军团的士兵更是受宠若惊，纷纷向恺撒表示，他们已作好了一切战斗准备。

恺撒把高卢骑兵们的马都拿来交给第十军团的士兵，以保证在有什么变故的情况下有一支可靠的卫队，所以，第十军中有一个士兵开玩笑说：“恺撒现在做的事情，已经远远超过他的诺言，他原来只答应过第十军团担任卫队，现在却让他们当上骑士（即最初罗马富有的人组成的骑兵百人队）了。”

当然，恺撒也知道日耳曼人英勇善战。日耳曼人领袖阿里奥维斯都斯曾说过：“如果能打败恺撒，这将符合许多罗马显贵和有影响的罗马人的心意”。因此，恺撒对同日耳曼人的战争并未等闲视之。

但是，罗马人同日耳曼人的战争并未马上发生，双方先进行了一些试探、摸底。日耳曼人回避进行决战，恺撒从俘虏口得知，按日耳曼人的习俗，在新月之前不能进行战斗。于是恺撒决定首先发动进攻。

战斗极为残酷。激战中，日耳曼人的左翼，也是恺撒准备重点打击的一翼被击溃并逃跑了。但在右翼，日耳曼人在数量上占优势，对罗马人形成很大压力，甚至有可能决定整个战斗结局。骑兵队长、克拉苏之子小克拉苏把自己的预备部队投入了战斗，使日耳曼人遭到失败，小克拉苏也因而成了英雄。

罗马人将日耳曼人一直追击到莱茵河边，只有少数人渡过了河（包括阿里奥维斯都斯），绝大多数日耳曼人被罗马人追上杀死。阿里奥维斯都斯的两个妻子和一个女儿被杀，一个女儿被俘。

这样一来，在公元前58年夏天，恺撒就打了两次大胜仗：战胜了厄尔维几人和阿里奥维斯都斯领导的一部分日耳曼人。

从这两次战役中可以看出，恺撒不仅善于指挥战斗，而且善于宣传鼓动，抓住战机。

公元前57年，恺撒同居住在高卢北部的比尔及人的战斗中取得胜利后，又继续推进，进入了纳尔维人的地区（今坎布雷地区），同纳尔维人发生了战争。

纳尔维人以非凡的勇敢著称，"他们都是极粗野、极勇敢的人"。他们同罗马人没有联系。恺撒得知，这些纳尔维人，商人一直接近不了他们，"酒和其他近于奢侈的东西，他们绝不允许带进去，认为这些东西会消磨他们的意志，减弱他们的勇气"。他们声明，决不派人到恺撒那里去，也不接受任何讲和条件。他们和相邻的一些部族联合起来，占领了撒比斯河对岸的阵地，严阵以待。

纳尔维人自古以来就没有骑兵，他们所有的力量，全在步兵上面。为了防止邻国的骑兵侵入，他们把半切开的嫩枝弯着插向地下，让其向四面八方滋生出许多小枝，茅刺和荆棘也密密麻麻夹杂着丛生在里面，长成一道墙似的藩篱，构成一条很好的防御工事，人也不能通过，甚至连窥探也不可能。

恺撒的军队扎营在萨比斯河边的一座山上，与纳尔维人所在的山正好对峙，中间隔着一条萨比斯河。

纳尔维人探知，罗马军队在行军时，一个军团同另一个军团之间，配有大量辎重队，当前面的军团进入营寨，其余的军团还隔着一段距离时，乘机攻击那些身负行囊的士兵，然后夺取他们的辎重是很容易的。

于是，当罗马的几个军团已进入营寨，修筑防御工事时，纳尔维人发现了罗马人的第一批辎重队，这成了他们攻击的信号。他们在彼此鼓励一番后，突然以全部兵力冲出来，向罗马人发动了未曾料到的神速进攻。遭到攻击的是罗马人的骑兵，而且很快把这些骑兵击溃，使其陷入了混乱。纳尔维人又以难以想象的速度奔向河边，一时看起来似乎在林中、河边、乃至罗马人身边，到处都是纳尔维人。他们甚至冲上山去攻击那些赶筑工事的人和罗马营寨。

当时恺撒也感到措手不及。在一瞬间他要做许多事情:战旗要升起来——这是表示要马上拿起武器,信号要发出,士兵要从工事上叫回来,跑到远处去干事的人要召回来,队伍要排列布阵,战士要鼓励一番,还得把战斗号令发布出去,等等,时间紧迫,纳尔维人斗志又十分昂扬,罗马军队不仅徽号没佩好,甚至连戴上头盔、揭掉头套的时间都没有。但罗马士兵的丰富经验帮了忙,他们一看到敌兵如此迅猛,没等恺撒的命令,马上就根据自己的判断行动起来。各人从工事上奔过来时,不管遇上哪一部分或哪个连队的标志,就在那边站定下来,不因寻找自己的队伍而浪费战斗时间。

虽然第八、九、十、十一军团以逸待劳,杀死了不少跑得很乏力、喘不过气来和负伤累累的敌兵,但罗马军的营寨的正面和左侧完全暴露在敌人面前,一部分纳尔维人在自己的领袖波多奥耶多斯领导下,从暴露着的侧翼包围第七和十二军团,另一部分则攻击山上的罗马人营寨。

在纳尔维人第一次冲击时败逃下来的罗马骑兵和部分轻装步兵,正退回营寨时,恰好碰上敌人,重新又向别的地方逃去,在营寨后门和山顶上的军奴(随队到军营中来侍侯主人的私人奴隶)正要下山来收集战利品时,回头一看,纳尔维人已在罗马军营寨中走动,急忙四处逃命。跟辎重队一起来的人也吓得呐喊起来,到处乱窜。这时派来支援恺撒的,在高卢以勇猛著称的一部分德来维里人的骑兵,看到罗马营中到处是纳尔维人,罗马军团受到沉重压力,而且几乎处在被包围之中,军奴们、骑兵们、射石手等纷纷逃生时,大为惊骇,认为罗马军已处绝境。他们忘了自己的任务是来支援罗马军的,却急忙赶回家去,报告他们的同胞说,罗马人已被打败和溃散了,他们的营寨和辎重已落入纳尔维人手里了。

恺撒在鼓励了一番第十军团之后,急忙向左翼赶去,他看到自己的部下受到沉重的压力,第十二军团所有连队标志都集中到一起,士兵们也都拥挤在一起,无法展开战斗。有的百人队长和掮标志的人也被杀死,连标志也失落,还有许多百人队长受伤。有的士兵由于身后失去了掩护,就退出战斗,以避锋刃。另一方面,敌人却只管在正面从下向上攻,同时还冲击着侧翼,情况十危急。此时的恺撒不顾一切,他从一个士兵手中抢过一面盾,就向阵线的第一列赶去。一面叫着百人队长的姓名,鼓励着其他士兵,吩咐他们把连队标志移到前面去,连队与连队之间拉开以便能自由地使用剑。“他的到来给士兵们带来了希望，他们的精神重新振作起来，各人都想在统帅的亲眼目睹之下，表现出自己即使身历险境时还骁勇善战到何种程度”。

第七军团也受到沉重的压力，只是在恺撒的指挥之下才站稳脚跟，更勇敢地进行战斗。

后来，由于在后方保护辎重的两个军团赶来，攻占了敌人营寨的副帅拉频努斯让第十军团前来救援，才使形势起了变化。罗马军中“即使因伤躺倒的人，也竭力倚在他们的盾上重新站立起来，投入战斗。那些罗马军奴，尽管没有武器，照样扑上去。罗马的骑兵们此时也希望以自己的勇敢洗刷掉溃逃的耻辱，就在所有战斗的地方一马当先抢到军团士兵的前面去”。

纳尔维人战斗得十分勇敢，连恺撒也不能不佩服。他写道：“敌人尽管生存的机会微乎其微，却仍显示出非常的勇敢。当他们前列的人阵亡时，旁边的人便马上站到倒下的人上面，在他们的尸体上战斗，当这些人也都倒下，他们的尸体积成一堆时，活着的人就把他们当作壁垒，站在上面向我军发射武器，或者拦截我军发出的轻矛，投掷回来。因之，我们完全有正当的理由称这些敢于渡过大河、攀登高岸、闯入形势不利的地方的人为英勇无比的人。这些行为虽是极端不容易的，但高度英勇使他们轻易做到了。”

这场战斗的结果是，纳尔维人完全失败了。“差不多把纳尔维人这个民族连带他们的名字都消灭掉了。”他们的6000个长老只剩下3个，能持武器征战的60000男子中，大约只剩500人。

赶来援助纳尔维人的阿杜亚都契人，在知道纳尔维人的结局后，半途便退了回去，放弃了全部市镇和要塞，把所有钱物都集中到一处被自然条件极好地防护着的市镇里去。但最后也没有逃脱悲惨的命运。有53000多人被卖为奴。

公元前56年，在对占整个高卢的人口和面积1/3的阿奎丹尼亚人的战争中，年轻的副帅小克拉苏也取得了胜利，敌人保存下来的至多不过1/4。

在公元前58—前56年的远征中，恺撒虽几乎征服了整个高卢地区，但一方面，被征服的地区并不甘心被征服，他们时时在寻找机会重新争取自由，并力图争取莱茵河东岸的日耳曼人的支持，日耳曼人也想渡过莱茵河进行掠夺；另一方面，恺撒和他的士兵，乃至罗马奴隶主，也并不满足于已经征服的地区，他们的贪婪之心是没有止境的，他们也想东渡莱茵河，到日耳曼人的地区去，西渡大西洋到不列颠去。因此，公元前55年，恺撒找了个借口，东渡莱茵河，挑起了同日耳曼人的战争。

恺撒的借口是，乌西彼得斯人和登克德里人这两个日耳曼部落，因受苏威皮人的侵扰，不能耕作，便大批越过莱茵河，到了高卢地区。苏威皮人是日耳曼人中最大、最骁勇善战的一族，他们不吃粮食，而以肉类和乳品为生，以兽皮为衣，他们希望自己的国土周围有一大圈荒地。据说他们有一面的边境竟长达600罗里土地是断绝人烟的。他们把人口众多、力量强大的另一个日耳曼部落乌皮人也变成了自己的属国。因此，乌西彼得斯人和登克德里人对苏威皮人的侵扰毫无办法，只好渡过莱茵河到高卢来寻求生存之地。他们所到的地方是门比奈人居住的地方，河流两岸都有他们的田地，房宅和村落。这些门比奈人看到涌来这么多日耳曼人，就撤出了莱茵河东岸的房舍，在河西布置了岗哨，以防止日耳曼人过河。日耳曼人用尽了各种办法却不得渡，便假装退回自己原来的老家去。但在赶了三天的路程后，又突然掉过头来，他们的骑兵在一夜之间赶了回来，一举袭击了毫无防备的门比奈人，杀了他们的人，抢了他们的船，占据了他们在两岸的房舍和田园，用门比奈人的粮食供养自己。

恺撒就借此要讨伐日耳曼人。正在此时，关于高卢人和日耳曼人进行谈判的消息也传到恺撒耳中。因此，恺撒提早结束了冬休，开始了对日耳曼人的战争。

他先把高卢各族头目召来，向他们宣布了攻打乌西彼得斯人和登克德里人的计划，并要他们派出骑兵来支持他们进行战争。

日耳曼人派使者到恺撒这里来说，日耳曼人决不先动手攻击罗马人，但在遭到攻击时也决不会拒绝一战。日耳曼人祖祖辈辈传下来的规矩是：不论是谁来侵犯，应该还击而不应该求饶。他们还说，他们来此并非本愿，而是被逐出本土的，希望罗马人允许他们居住在被他们占据的土地上，或为他们指定一块移居地，他们愿与罗马人友好。但恺撒说，只要他们留在高卢，就不会有友谊。因为这里已没有空闲的土地。恺撒让他们到乌比伊人的土地上去居住。

使者希望恺撒宽限三日，再作答复；在此三日之内恺撒的军队不要再向前推进，恺撒认为日耳曼人是在耍手腕，因此未予答应，继续向前推进，直到离日耳曼人营地只有18公里的地方，日耳曼人请求恺撒不要再前进，但恺撒说，他的军队要取水，还需前进一点，并保证打前锋的骑兵不会挑起战争。

但就在当天，大约800名日耳曼骑兵同恺撒的5000名高卢骑兵发生了战斗。第二天，一个庞大的日耳曼人的使团来到恺撒营地，请求宽恕。恺撒不予回答，却下令把他们全部抓起来，并率军立刻前进，以迅雷不及掩耳之势，攻击了毫无准备、没有领袖的日耳曼人。日耳曼人手足无措，连匆匆考虑一下对策或拿起武器来的机会都没有。罗马人冲入惊慌失措的日耳曼营寨时，只有少数人进行抵抗，其余的人，包括妇女和孩子则四散奔逃。

正在抵抗的日耳曼人听到后面的嘈杂声，又看到自己人被杀，便仍下了武器，丢下旗帜，一起逃出营寨。当他们逃到莫塞河与莱茵河汇合处时，许多人已被杀掉，余下的觉得逃生无望，便跳进激流。由于恐怖、疲乏和河水的冲击，他们全被淹死。罗马人一个未死，伤者也少。罗马人安然度过了这场巨大的战争恐怖。

恺撒还不以此为满足，他还要到日耳曼人的土地上去显示罗马人的、实际上也是他的军队的强大威力，于是他准备渡过莱茵河。如何过河？坐船摆渡，恺撒认为这既不安全，“也与自己和罗马人民的尊严不相称”。他决定在这宽阔而又急又深的莱茵河上架起一座桥，从桥上过去。

在《高卢战记》中，恺撒详细地记载了建桥的经过：“虽然要在这样宽阔、而且又急又深的河上造一座桥是件极为困难的事，但他（恺撒）认为还是应该作这样一番努力，否则就索性不把军队带过去，他决定按照下列方式建造桥梁：把许多粗各一罗尺半的木柱每两根连在一起，中间相距两罗尺，下端从根部起稍稍削尖，量好正跟河底的深度相当，利用机械的力量把它们送到河中立住后，再用打桩锤把它们打入河底，却不像木桩那样垂直地立着，而是倾斜着俯向河水顺流的一方。面对着这一对对柱脚，又在下游方向距离它们约四十罗尺的地方，另外树立起同样成对柱脚，也同样紧紧地连在一起，只是倾斜的方向是逆着水力与激流的。每一对这种柱脚紧紧地连起时空出来的二罗尺空档中，都插入一根长梁。在他们的外档，还有两根斜撑，一里一外地从顶端把它们撑开。这样，由于它们撑开着，而且又相反地夹紧，因此这些工程异常牢固，水流和冲击的力量愈大，柱脚相夹就愈紧，这些长梁上面又都直交地铺上木材，连在一起，再加上木条和编结好的木栅。除此之外，桥梁面向下游的一方水中，还斜着插入了木桩，像一堵护墙似的紧凑地配合着整个工程，以抵抗水流的冲力。在桥梁上流不远处，也修筑了同样的工程……”。全部工程，在木材开始采集以后的十天之内完成了，军队被带了过去，但是恺撒在莱茵河东岸只呆了十八天，他在认为完成他的显示力量的目的之后，便回到了西岸，并拆毁了桥梁。

恺撒对不列颠进行了两次征讨。第一次在公元前55年秋天；第二次是在次年，即公元前54年进行的。

恺撒为什么要横渡英吉利海峡远征不列颠？他自己说是“因为他发现差不多在所有的高卢战争中间，都有从那边来给我们的敌人（即高卢人）的支援”。也就是说是为了巩固他对高卢的征服战果，并惩罚不列颠人对高卢人的支援。其实，他还有别的目的，这就是垂涎于不列颠的财富，因为不列颠富有金、银、铜、锡、铁等矿藏，以及富产粮食和牲畜。此外，还有越过莱茵河的同样目的：显示恺撒和罗马人的武力。

第一次远征时，恺撒只用了两个军团，这实质上是一次试探性的远征。因为，对罗马人来说，不列颠究竟是个什么样子，还是一个谜。所以，这一次恺撒抱定的目的是，“只要登上那个岛，观察一下那边的居民，了解一下他们的地区、口岸和登陆地点，对他（恺撒）也有莫大的用处……”。当时恺撒也知道，要真正征服不列颠，两个军团显然是不够的。

为了这次远征，恺撒先派了一名军官去进行实地考察。但这名军官根本没敢登陆不列颠，而只是在船上看了看便返回高卢了。

接着，恺撒集中了80艘运输船，选了一个适于航行的晴朗天气横渡英吉利海峡，开始了对不列颠的第一次远征。

不列颠人严阵以待。当恺撒的船只到达登陆点时，那里所有的山上都布满了武装的人，他们从高处往下掷矛枪，几乎可以达于海边。恺撒试图改变登陆地点，也被土著居民识破。当他们到达新的登陆地点时，土著居民的骑兵、战车兵等也跟了过来。只是经过激烈的战斗后，恺撒的军队才登上了陆地。但由于没有骑兵，所以没敢追击敌人很远。

不列颠人提出求和，答应交出人质，并执行恺撒所命令的一切，由于风暴袭击，恺撒的战船和运输船受到很大的破坏，又无骑兵，粮食储存地也被毁，因而不敢久留，便接受了求和。恺撒命令赶快修理船只，以防不测。果然，不列颠人利用有利的形势，攻击了恺撒派出去征集食品的第七军团。进攻虽被打退，但危险依然很大，因此恺撒还是匆匆地离开了这个不友好的岛屿，返回了高卢。

虽然这次远征并未取得什么积极成果,罗马元老院却决定为此举行一次为期二十天的感恩祈祷;甚至像西塞罗和卡图努斯这样一些恺撒的政敌都对此远征表示欢迎。所以,恺撒对不列颠的远征,反映了罗马奴隶主的要求。

恺撒对不列颠的第二次远征是在公元前54年进行的。在远征时,他把对罗马人表示忠诚的高卢领袖留在高卢,而把一些敌视罗马人的高卢领袖人物作为人质带在身边,以防他们在后方捣乱。过去同恺撒闹过矛盾的爱杜依贵族杜姆诺里克斯不想参加远征,并鼓动其他高卢贵族也不参加。当恺撒在等待了好几个月后,终于等到一个好天气而下令起锚出发时,杜姆诺里克斯和他手下的一批人擅自离开了营地。这惹恼了恺撒,他派出一队骑兵去追赶,并说如他抵抗便杀死他。杜姆诺里克斯表示他是"自由国家的自由人",进行了反抗,因而被杀。

第二次远征不列颠时登陆比较顺利,没遇到什么抵抗。原来,庞大的罗马舰队(有800艘船)把当地人吓跑了。但很快,不列颠人就集合起了一支人数众多的军队,拥有强大实力和富有经验的卡西维劳努斯被拥立为统帅。

不列颠人进行了顽强的抵抗。但是,由于内部分裂,给了恺撒可乘之机,使抵抗遭到失败。罗马人一直打过了泰晤士河。卡西维劳努斯只好同罗马人谈判,交出人质,并答应交纳贡赋。

由于担心高卢会发生起义,因此恺撒只好满足于这个成果,下令自己的军队带着大批俘虏回到高卢。

这次远征虽未获得新的领土,也未带回很多的虏获物,但它有利于巩固罗马对高卢的征服成果。在以后,不列颠人未曾再干预高卢事务。

不管恺撒用什么借口挑起对高卢人的战争,都掩盖不住以下事实:征服剥夺了高卢人的自由,将其置于罗马人的统治和奴役之下;征服中充满了狡诈、杀戮和劫掠;征服后的统治(交人质、赋税和服兵役)极其残酷,令高卢人难以忍受。恺撒为了罗马奴隶主的利益,为了能赢得罗马奴隶主及平民的欢心,为了显示他个人的权威,在高卢纵横捭阖,恩威并施,有打有拉,分化瓦解,显示了罗马奴隶主的残忍、奸诈和贪婪。高卢人从罗马人征服和统治的实践中认识了罗马人和恺撒的真实面目。因此,在恺撒以为他已征服了高卢时,高卢人民却给了他一个教训。他们掀起了规模巨大的、前仆后继的起义。起义席卷了整个高卢。

在先后参加起义的人中,有的是恺撒对之有过所谓恩惠的。安皮奥列克斯就是其中之一。他对罗马人说的一席话，说明了高卢人，其中也包括他这样的人为什么要起义。他说，他承认，由于恺撒对他的一番厚爱，使他沾到很多光。全仗恺撒，他才得免除惯常交给邻国阿杜亚都契人的贡赋。也是由于恺撒，才能够把他送到阿杜亚都契人那边做人质，才能够把在那边受奴役和监禁的一个儿子和一个侄子交还给他。他宣称，他之所以进攻罗马人的营寨，既不是他自己决定的，也不是他希望的，而是出于国人的压力。他所拥有的权力，是这样的一种权力，即群众在他身上的权力和他在群众身上所有的权力是相等的。他们的国家之所以发动战争，纯然是因为他们无力抗拒高卢突然采取的联合行动。只要看他的力量多么微弱，就很容易证明他决不会糊涂到妄以为光凭他一个人就可以征服罗马了。这是全高卢的共同的决定，这一天被定作对恺撒的所冬令营同时发起进攻的日子，免得这一个军团可以赶去支援另一个军团。高卢人要拒绝高卢人是很困难的，特别当他们认为参与的计划跟大家的自由有关的时候。

爱杜依人的首领孔维克多列塔维斯，也曾受过恺撒的恩惠，他的首领职位就是恺撒给他的。他鼓励人们不要忘记自己生来就是自由的，而且是统治别人的。他自己虽然在恺撒手中得到过一些好处，但恺撒给他的，本来就是他有最正当理由得到的东西，而他对全国的自由，却负有更大的责任。他问道："为什么爱杜依人要恺撒来决定有关他们本身权利和法律的事情，罗马人的事情却不由爱杜依人来决定？"由于爱杜依人势力强大，他参加起义具有重要意义。

在恺撒征服时，遭受过灭顶之灾的民族参加起义就更是天经地义的了。例如，在公元前57年曾同恺撒军进行过殊死战斗，以致最后"这个民族连同他们的名字都被消灭了的纳尔维人"也投入到起义洪流中来，以争取自由，报复罗马人对他们的迫害。

起义爆发于公元前54年末。首先举起义旗的是德来维里人。他们的领袖英度鞠马勒斯早在恺撒第二次东征不列颠时就与恺撒发生了矛盾。在远征回来后，他便鼓动起义，掩袭了罗马人的一支伐木队，并攻击罗马人的营寨。在他的影响下，埃布罗尼斯人起而响应，使罗马军遭到惨重损失，罗马将领图里乌斯和科塔被杀，驻防的罗马士兵被歼。

公元前53年春，恺撒召开了全高卢大会，有几个部族的领袖未能出席，恺撒认为这是背叛和暴动的信号，因此，当即发动了对未出席会议的谢诺尼斯人的战争,迫使其交出人质。由于他还要对首举义旗的德来维里人发动更大规模的战争,才放过谢诺尼斯人。

在进攻德来维里人的途中,他还进袭了曾向他请求和平的美那皮衣人,蹂躏了他们的国土,焚烧了他们的村庄,掠夺了他们的人口和牲畜,然后才去进攻德来维里人,使其遭受到惨重的损失。

在其后对埃布罗尼斯人进行报复时,那里的居民几乎全被杀光,以致从那时起,这个民族的名称本身就永远从历史上消失了。

但起义烈火并未被扑灭,相反,却越烧越旺。公元前52年,起义者召开了全高卢人的首领会议,选举了全高卢人的起义领袖:阿德来巴德人康缪斯,爱杜依人维理度马勒斯,厄朴理陶列克斯、阿孚尔尼人维尔卡西味朗纳斯,起义达到了它的最高潮。

起义者根据客观形势,不断变换斗争方式。当阿尔维尔尼人参加起义后,它立即成了反罗马人的中心,它的领袖维尔琴格托里克斯也立即成了起义的新领袖。他包围并攻克了罗马人的同盟者波依人的中心城市高尔高比那城,使全高卢人都清楚地看到恺撒已软弱到连自己的同盟者都不能保护的地步。

维尔琴格托里克斯鉴于罗马人的强大,因此建议放弃正面同罗马军团进行战斗的方法,而采用游击战,用骑兵打击罗马人的粮秣采集和运输队,在罗马人分散兵力去保护其粮秣的运输队时,再歼灭其小股队伍。因此,他认为应放弃并摧毁自己的村庄。大多数人都同意了他的主张,只有全高卢最美丽的城市阿瓦里库姆(今布尔日)人请求不要毁掉它,因为它十分坚固。恺撒对该城的围攻十分凶狠,他挖掘坑道,修建塔楼、土堤。起义者也进行了殊死的战斗,但仍被罗马人攻克。罗马人对该城居民的屠杀特别野蛮,恺撒自己写道,起义者"沿着城墙四面散开去时,恐怕逃走的希望都断绝,就抛掉自己的武器,一路横冲直撞,向市镇最偏僻的地方逃走。其中,一部分在城门狭隘的出口处拥挤成一团时,被我军步兵杀死,一部分已经出了城门的,也被骑兵歼灭。这时谁都不忙于获取战利品,钦那布姆的屠杀和长期围困的辛苦,使士兵激怒得不顾一切,无论是年迈的老人、妇女还是儿童,概不饶过。最后,在数达40000的居民中,只勉强剩下了最初一听到喊声就跑出市镇的人"。

城市被攻下来了,但恺撒的主要打算并未实现,起义者的军事实力并未削弱，却提高了维尔琴格托里克斯的威信，因为这证实了他的看法的正确。

陷入困境

此后，恺撒在长期围困阿尔维尔尼人的盖尔哥维亚城时，罗马人的同盟者爱杜依人也在其领袖康维克托利塔维斯领导下起义了，他们杀死了恺撒用来安置人质、粮秣以及金库、行李和购买的马匹的城市诺维欧都努姆城的卫戍部队和城里的罗马商人，分配了掠夺来的战利品。由于粮食储备特别多，所以起义者将其余部分扔到了河里，并烧掉了这个城市。

形势对恺撒极为不利。罗马的将领们大多主张罗马军队翻过凯本纳山，退到普洛旺斯去，但被恺撒否定了。他把军队带到了阿格金库姆和拉频努斯的军队合在了一处。

起义者重新肯定了进行游击战的计划。起义部队进入到罗马的行省普洛旺斯，迫使恺撒也不得不到普洛旺斯去。起义者用骑兵进攻在行进中拉长为纵队的罗马军队。高卢骑兵宣誓：如果有谁不是两次骑马穿过敌人的纵队，就不许他回家，不许他回到他的双亲和妻子儿女那里去。但高卢骑兵的袭击遭到失败。

起义的一次大决战是公元前52年在阿列西亚城进行的。当时，维尔琴格托里克斯把自己的25万步兵和8000骑兵带到了那里。因为那里有城墙保护，城外还有设防营地，但就在起义者到达该地的第二天，恺撒也率部到了那里，包围了起义者，并立即开始了攻城的准备。罗马人绕城修了一道长17公里的工事，同时还修了一道长20公里的对外防御工事，以防起义者从外部进攻。

围攻进行了一个多月，城内发生了饥荒。起义者决定把不能战斗的人送出城外去，但未成功。援军从四面八方赶来，振奋了被围者的士气。援军对罗马人进行了三次围攻，战斗进行得异常激烈。因为，对高卢人来说不突破罗马人的防线，城内的起义者就失去了一切希望；而对罗马人来说，只要他们坚守了防线，他们就胜利了。

由于罗马人调来了骑兵和步兵支援，从起义者的背后攻击援军，使起义者的援军再也支持不住而全线崩溃了。罗马人到处追杀逃跑者，只有少数起义者的援军逃入营中获救。从城里冲出来的起义者又被迫退回了城里。罗马人取得了全面的胜利。起义者的许多将领或死、或被俘。

第二天，起义最高领导人维尔琴格托里克斯投降，他被送回罗马，在后来的凯旋式时作为战败者被展示，并被处死。罗马为这一胜利举行了为期二十天的庆祝活动。

在此后的公元前 51 年和前 50 年，起义还零星地在高卢各地继续着，但已不再对罗马人构成重大威胁。起义者同罗马人的最后一次较大规模的战斗是公元前 50 年在乌克塞洛都努城进行的，该城地形险要，罗马人的围攻进行了很长的时间。他们用坑道切断了城市的水源后，起义者才投降。

恺撒对该城的起义者进行了残酷的惩罚。《高卢战记》第 8 卷的作者伊尔久斯写道："恺撒知道自己的仁慈是众所周知的，绝不怕给了他们严厉的处分之后，人家会疑心这是由于他的本性残暴。他还考虑到，如果再有别的地方，继续以同样的方式试行叛乱，他的计划就永无完成的一天，因而必须以一次示范性的处罚来禁止其他人效尤。他命令把所有拿起武器作过战的人的手都砍掉，然后饶了他们的性命，作为作恶必受惩罚的铁证。"这就是征服者的逻辑，只准他们烧杀抢掠和征服，不准被征服者反抗。所以，恺撒在高卢的所作所为，充分反映了罗马奴隶主及他本人的残暴本性，而不是仁慈。

据普鲁塔克统计，恺撒在高卢九年，曾经屠杀了 100 万人，俘虏了 100 万人。他本人和他的部下将士都发了大财。恺撒利用这些掠夺来的财富广施贿赂，一直贿赂到罗马要人们的宠奴身上。

马克思曾经说过，奴隶制的存在需要两个条件，一是不断增加新的土地；二是不断补充新的劳动力。恺撒对高卢的征服，对满足罗马奴隶制存在的这两个条件作出了重要贡献。因此，虽然罗马元老贵族与恺撒始终处于敌对状态，但对恺撒进行的高卢战争却感激不尽。罗马元老院多次决议给恺撒胜利举行谢神祭（这是罗马人在遇到重大灾难，如战争中的惨败，或巨大胜利后举行的一种全国性的宗教仪式）。举行仪式时，开放全城的庙宇，在公共场所陈列神像和宠物，以供人奉献牺牲。各祭司团体也要举行隆重的祈祷仪式。谢神祭的时间或长或短，由元老院决定，执政官公布，通常为三天，五天和七天已属少见，庞培在东方打败米特拉达时也不过才举行十天谢神祭。但为恺撒在高卢的远征和镇压起义的谢神祭都超过了此数：公元前 57 年的一次为十五天；公元前 55 年为二十天；公元前 53 年为二十天。说明罗马奴隶主包括元老院，对恺撒的胜利是多么欣喜若狂。

高卢战争不仅为罗马奴隶主带来重

大收获;而尤其为恺撒带来重大收获:军事实力大为增强,在国内的影响大为加强,政治上的地位大为提高。恺撒成了罗马政治生活中的一个重要人物。

渡过卢比康河

恺撒同庞培、元老院之间的矛盾越来越尖锐,双方都在对方营垒内进行分化瓦解工作。庞培把恺撒在高卢战争中的副帅之一拉频努斯拉了过去;恺撒则把元老贵族派中的库里奥拉了过来。

库里奥这个人本是恺撒的敌人,在他以前担任执政官时,曾对恺撒大肆攻击。有人说此人是一个"受过教育、胆子大、荡尽了自己和别人财产的贵族";"无论用任何办法、任何努力也无法满足自己的贪欲、愿望和奇想"的人;是一个"不务正业的天才","有把共和国搞垮的语言天赋";"精力极为充沛和极为狂热的内战煽动者"。对于这样一个人,恺撒显然认为是可以利用、可以收买的。因此,他用250万第纳尔收买了他,帮他还清了债务。从此,他成了一个恺撒派,为恺撒效了犬马之劳,在内战爆发后帮助恺撒占领了西西里,后来在非洲同庞培派作战时阵亡。

另外,恺撒还用一笔更大的款项使得当选执政官帕乌路斯保持了沉默。此人也是一直与恺撒为敌的。另一位执政官玛尔凯路斯,恺撒企图用婚姻关系去套住他,因为他娶了恺撒的外甥孙女屋大维娅,但这未能改变他反对恺撒的立场。

恺撒甚至想把西塞罗也拉到自己一方面来,在高卢战争期间,西塞罗的弟弟小西塞罗就在恺撒军中,是其副帅之一。恺撒曾给与西塞罗有交情的人写信,企图让他们去做工作,但西塞罗同情庞培,而不同情恺撒。不过西塞罗当时还主张谈判,他希望庞培接受恺撒的条件,不过没有任何结果。

公元前50年4月,执政官玛尔恺路斯在元老院会议上坚持让恺撒提前交出对高卢行省的权力。而库里奥则提出要庞培也放弃去行省担任长官和军队的统帅权,显出在庞培与恺撒之间的一种不偏不倚的立场。他说,只有这样才有利于国家的巩固与安全,因为庞培与恺撒互不信任,只有他们两人都成为普通公民时,才能使国家平静下来。

玛尔恺路斯向元老院提出两个议案:一个议案是关于派人接替恺撒的事;另一个是有关庞培的行省和统帅权问题。在进行表决时,大多数元老投票赞成立即派人接替恺撒,并且反对剥夺庞培的权力。这时,库里奥又出来帮恺撒的忙,他要求表决庞培和恺撒应不应该同时交出权力。这一议案实际上把玛尔恺路斯的两个议案给否定了，气得玛尔恺路斯在会上叫嚷说："你们胜利就是为了要恺撒这个暴君啊！"

元老院步步紧逼：借口帕提亚方面的战争威胁，要恺撒交出两个军团。恺撒明知这是个骗局，也只好照办，而且给他们以慷慨的赏赐。这两个军团回到意大利后，不仅没用去进行帕提亚战争，反而交给了庞培用以反对恺撒。从恺撒那里把军队带来的将领们讨好庞培，他们要庞培相信，他甚至无法想像自己有多大的威力和荣誉，因为他可以借助于恺撒自己的军队来打败恺撒，在这支军队里，人们都十分憎恨恺撒，却爱戴和崇拜庞培。这些话很快传开了，庞培日益相信自己是绝对地强大，却瞧不起害怕战争的人。当人们问他，如果恺撒向罗马进攻，他从哪里去弄到军队同恺撒作战时，庞培轻松地笑了笑，回答说："无论在意大利什么地方，只要我跺脚，立刻就会从地里出现步兵和骑兵。"还可以在全意大利征兵，对恺撒进行战争。

公元前49年1月2日，元老院宣布了非常状态。执政官、行政长官、保民官和城市附近具有执政官权力的人们都取得了无限的权力。他们可以利用这种权力"使国家不遭受任何损失"，利用这些权力也可以对付保民官的不可侵犯性和否决权。对此，保民官安东尼发誓说，那些敢于作出这种决定从而侵犯了保民官不可侵犯性权力的人们应当受到一切惩罚和灾难。

当夜，安东尼、库里奥和卡西乌斯等人装成奴隶的模样，雇了一辆车子偷偷地离开罗马，跑到恺撒那里去了。

1月8日和9日召开的元老院会议，批准了在全意大利征兵、授予庞培从国库和各自治市提款的权力。

内战箭在弦上。恺撒知道内战不可避免了。他在1月12日（或13日）召开的第十三军团士兵的会议上发表演说，向士兵们提起最近一段时间里他的敌人对他进行的恶意中伤；他抱怨庞培受到这些人的引诱和腐蚀，出于妒忌，一心想伤害他的荣誉；他责怪他们给共和国开了先例，把几年前刚用武力恢复的保民官否决权，又用武力加以污辱和破坏。他指出，这些人比苏拉更坏，有过之而无不及，因为苏拉尽管剥夺了保民官的各种权力，却没有触动自由运用否决权的规定，而庞培虽然号称恢复了他们过去失掉的东西，但实际上反把他们原来有的都攫走了。过去除非是有什么破坏性的法律提出来，或者是在有保民官肆行强暴，有人闹分裂，寺宇和高地要塞被占领了的时候，否则是不会发布命令叫官吏们注意不让共和国受到侵害的。这种号召，这种元老院的决议，就是意味着号召全体罗马人民都武装起来。他向士兵们指出，过去时代的这些先例，就是以萨图尔宁和格拉古兄弟的毁灭作为代价的。此时此刻，别说没有这类事情发生，就连想也没有人在想。他鼓励士兵们，他们是在他的统率之下，才能在八九年时间里一帆风顺地为国家干了许多事业，作了多次所向无敌的战斗，平定全部高卢和日耳曼，现在该为保卫他的声誉和尊严，起来对付敌人的时候了。

在讲过这些话后，恺撒就将第十三军团最勇敢的士兵和百人队长组成的一支不大的队伍秘密派往阿里米努姆(此城是从高卢进入意大利的第一个大城市)，企图悄悄地、不流血地突然占领它。为了掩人耳目，恺撒本人则白天出席观看角斗士的表演，在众目睽睽之下度过，似乎什么事也没有发生；傍晚，他洗过澡，陪客人吃晚饭，只是在天黑之后，他才借故离开了客人，带着少数最亲密的朋友，雇了一辆车去阿里米努姆。第二天拂晓时分，在卢比康河边赶上了他派出的先头部队。

卢比康河，是一条很小的河，是恺撒的行省山南高卢同意大利本土的界河。据苏埃托尼乌斯记载，恺撒在渡河前，曾对他的同行者们说：“现在我们仍然可以往回走，但是，一旦我们过了小桥，一切将决定于武器。”而据阿庇安记载，当恺撒到达意大利边界的卢比康河畔时，他停了下来，注视着河里的流水，心里思考着渡河将会引起的后果。之后，他对身边的人说：“朋友们，如果不渡河的话，我会遭遇多种的灾难；如果渡河的话，全体人类会遭遇多种灾难。”于是，他像着了魔一样，一冲就渡过了河，口中说出了一句俗语：“骰子已经掷了，就这样吧！”约在黎明时，他占领了阿里米努姆。

内战就这样爆发了。当时恺撒只带了率十三军团的5000步兵和300骑兵，其他军队还在阿尔卑斯山以外，而恺撒已不愿再等。

攻占阿里米努姆的消息于1月16日传到了罗马。第二天，又传出恺撒军队攻占其他地方的消息。罗马城中惊恐万状。元老院召开紧急会议，人们要求庞培拿出对策，问他的军队在哪里？一位元老指责他欺骗，还有一位元老幸灾乐祸地劝他“跺脚”。人们已经清楚，这时庞培并没有足够的兵力。有人建议派使节到恺撒那里去，西塞罗也支持这个建议，但未获通过。伽图建议把最高统帅权委托给庞培,理由是“谁惹起了这场大祸,谁就应当自己出来了结此事”。

对于这个决定,庞培的反应出人意料。他宣布说,必须离开罗马。他号召高级官吏和元老们都学他的榜样,而且还说,他认为凡是不响应他的号召的人,都是祖国的敌人和恺撒派。恺撒则宣布,凡是保持中立不参加任何派别的人都是自己的朋友。

庞培在1月17日离开了罗马,执政官和许多元老在第二天也离开了,他们走得如此匆忙,以至没有来得及举行在战争时期应当举行的牺牲奉献仪式,也没有来得及把国库带走。甚至在个人的财产中,人们也只能随身带些东西。人们是怀着惊慌失措的心情,在一片混乱中逃跑的。用普鲁塔克的话来说,城市“好像是由绝望的人来掌舵的一艘船,它任凭风浪的摆布,并且已成为盲目的机会手中任意摆弄的玩物了。”

恺撒的军队向意大利南部迅速推进。沿途许多城市自动站在了恺撒一边,赶走了庞培派,庞培则一直跑到意大利东南的布伦迪西港,然后带领军队离开意大利渡海到巴尔干去了。

恺撒率领着自己的军队于3月9日来到布伦迪西,这样,恺撒在六十天里就成了整个意大利的主人,而且,正如普鲁塔克所指出的,“没有流一滴血”就成了意大利的主人。

庞培的拥护者感到特别的痛苦和失望。西塞罗说:“我们的庞培没有任何理智的行动,没有任何勇敢的行动,而最后,他没有一件事情不违反我的忠告和我的有充分根据的意见。”西塞罗认为,庞培放弃意大利就是背叛了“我们的事业”。“他把恺撒培养起来,突然又开始怕他,他不同意和约的任务一项条款,却又对战争不作任何准备。他离开了罗马,又由于本身的过错而失去了皮凯努姆地区,躲进了阿普利亚,最后又开始作去希腊的打算,但是他不来找我们,不许我们参与如此重要和如此不寻常的决定。”

在布伦迪西的事情告一段落之后,恺撒就回到罗马去了。在这里,元老院的代表们怀着战栗的心情等候着他,这些人既不愿离开,又害怕留下。在去罗马的途中,恺撒先是通过书信,后来又亲自会见西塞罗,劝他回罗马参加预定在4月1日召开的元老院会议。西塞罗拒绝了这一建议。

预定的会议还是召开了。恺撒在发言中试图向元老院证明,他的一切行动都是因他的敌人引起的。他建议元老院同他合作治理国家,而如果他们拒绝合作的话，那么没有他们，他照旧可以应付得过去。在信的末尾，恺撒再次谈到，应当派使团到庞培那里去，同他举行谈判。

派遣使团的建议通过了，但是没有执行。没有人愿意以使节的身份到庞培那里去，因为元老们记起了庞培对那些没有离开罗马的人们所作的威胁性声明。此外，元老们也不相信恺撒的意图是真心实意的。

收降瓦罗

恺撒渡过卢比康河后，在意大利节节胜利，庞培及元老院根本未做好战争准备，因而集结不起军事力量，更组织不起像样的抵抗。庞培赶紧从意大利南部的布伦迪西渡过亚德里亚海到希腊，企图在那里组织起抵抗。由于他把舰队和船只统统带走，使恺撒一时无法将军队送过海去追击；再加上庞培在西西里、北非还有相当强大的势力，尤其是西班牙，庞培经营多年，有雄厚的基础。他在这里的军事分别由阿弗拉尼乌斯、佩特雷尤斯和瓦罗统率，共 7 个军团，以及若干本地的辅助兵。恺撒认为这股势力不可小看，特别是怕他们从后面进攻高卢或意大利。因此，他暂时放弃了对庞培本人的追击，而亲自率军攻向西班牙。

公元前 49 年 4 月，恺撒离开罗马前往西班牙。他共有 6 个军团，还有同盟者的 5000 步兵和 3000 骑兵。另外，他还从高卢召来了大约相同数目的军队，及至那些“最最显贵，最最勇敢”的人物。他向军团指挥官和百夫长们借钱发饷，既鼓舞了士气，又将这些官军们“绑”在了他的战车上。此次西班牙战役主要是在伊莱尔达这个地方进行的，庞培派在西班牙的两员主将阿弗拉尼乌斯和佩特雷尤斯的军队都集中在此。因此，这一战役将决定庞培势力在西班牙的命运。

在伊莱尔达战役中，一桩突如其来的灾难差一点把恺撒及其军队给毁了。一场暴风雨来势凶猛，大水冲下所有山上的积雪，涌上高峻的河岸，把河上的桥全部冲毁，使恺撒军队不仅没了退路，而且断绝了粮草。军队多日没有吃的，牲口也没了草料，而庞培派却粮草充足。恺撒陷入了绝境。阿弗拉尼乌斯等人十分高兴，他们在给亲友的信中说，战争马上就要结束。信件到达罗马后，大批人聚集在阿弗拉尼乌斯家里，兴高采烈地祝贺。更有人离开罗马前往庞培处，或者是去告知消息，或者是去投靠，“想避免被看成是坐待成败已成定局，然后才在所有的人中最后一个赶去的人”。

但恺撒这次又挺了过来，阿弗拉尼

乌斯的部下及部分本地军人、居民开始倒戈。庞培派的军队被迫转移，军中开始出现私下与恺撒军联系倒戈的事，虽被佩特雷尤斯强行制止，但军心已经不稳。尤其在恺撒的军队将阿弗拉尼乌斯的军队封锁在行军途中，断绝了他们的粮草、水源后，阿弗拉尼乌斯被迫将自己的儿子交给恺撒作为人质，要求宽恕他和他的部下。对此，恺撒发表一番慷慨激昂的讲话，指责阿弗拉尼乌斯和庞培。他说："在所有的人中，再没有谁比阿弗拉尼乌斯更不配来扮演诉苦和乞怜的角色。其余的每一个人，都已经尽到了自己的责任。我自己哪怕是在很有利的条件下——地形有利、时间有利，还是不愿出击，为的是使一切有助于和平的事情不受丝毫损害。我的士兵，尽管自己受到侵害，自己的战友也被杀害，却仍旧保全和掩护那些处在他们掌握中的人。哪怕是阿弗拉尼乌斯自己军队中的士兵，也自动出来设法谋求和平，因为他们认为这是一件关系到自己所有战友性命的事情。这样，全军上下一致倾向于宽容，就只有他们的统帅提到和平就变色，他们完全不顾谈判和休战的公认准则，惨无人道地杀害了没有经验、上了谈判当的人。因而，他们也遭到了常常落到最顽固、最傲慢的人头上的命运，被迫重新回过头来苦苦哀求不久前自己还鄙夷不屑的东西。现在，我既不想利用他们的屈辱，也不想利用自己的一时走运，来要求可以用于增加自己实力的东西，但我要求他们把对付我而蓄养了多年的这些军队解散掉。他们派到西班牙6个军团，又在当地征召了第七个；他们准备了这么多、这么强大的一支舰队；他们派来了极有军事经验的将领；凡此种种，也不外是为了这个目的（对付我）。它们既不是为了要镇抚西班牙，也不是为了在行省有什么用处，西班牙已经和平了这么长的时期，并不需要增派援军来。所有这些都是自始就针对着我来的。为了对付我恺撒，还创设了一个新的政治特权，一个人可以一面站在首都城门口坐镇全局，一面又自身不到却遥控两个最骁勇善战的行省这么多年；为了对付我恺撒，还篡改了官吏任职升迁次序，一反过去的常例，派到行省去的不再是已经任满的司法官和执政官，而是它们少数人所赞同和推选的人；为了对付我恺撒，一些在以往战争中有成就的人被召出来统带军队，就连年迈也不足成为推辞的理由；也只有在我一个人身上，才发生了取消统帅权利的事情，而对于一个建立了功勋的人，通常是让他带着一些荣誉回来，至少也不会让其受到耻辱并解散其军队后回来。我过去一直耐心地忍受着这一切,今后还将忍受下去。我不想把他们的军队夺过来自己保留着,虽说这样做并不困难。我只希望别人不再能保留着它,用来对付我本人。因而,正像我自己说过的那样,只要他们离开行省,解散他们的军队,做到这一点,我一个人也不愿伤害,这就是我接受议和惟一的、而且是最后的条件。"

阿弗拉尼乌斯的士兵本来都在等待着罪有应得的灾难,现在却用不着请求就开恩答应他们解散,真是使他们极感满意和高兴。他们有的立即被解散,有的到指定的地点解散。阿弗拉尼乌斯后来又到巴尔干参加了庞培反对恺撒的战争。

当伊莱尔达战役结束后,恺撒就着手解决远西班牙的问题。这里驻守的是瓦罗所领导的庞培的两个军团。

瓦罗在西班牙听到内战开始后意大利的情况,对庞培能否获胜颇为怀疑。在谈到恺撒时,他常常用极为友好的口气。但后来,他得知恺撒已在马西利亚城(即今之马赛)下被拖住,无法脱身;佩特雷尤斯的军队和阿弗拉尼乌斯的军队已经会师,而且又来了大批同盟军支援他们,还有更多的军队要来;又听到整个近西班牙都团结得很好;后来还听到恺撒的军队在伊莱尔达城下发生了粮荒;阿弗拉尼乌斯写信给他,夸张地、添油加醋地把这些事情告诉了他,他也就随着时运的转移,见机行事。他在全行省着手征兵,在征够了两个军团后,又在它们之外加上 30 个中队的同盟军。他收集起大批粮食;他命令伽德斯的居民建造 10 艘战舰,此外还安排在希斯帕利斯再建造一些。他又把赫丘利庙中的金银财宝统统搬出来,迁到伽德斯城里,还从行省中派了 6 个中队去守卫它们;他迫使罗马公民付给他现款 19 万塞斯退斯、银子两万磅和小麦 12 万麦斗。当他得知在近西班牙发生的情况后,便开始准备战争。他准备带着他的两个军团到伽德斯,他认为,在一个岛上,如果粮食和船只都有了准备,就很容易把战事拖延下去。

在派出两个军团由保民官卡西乌斯统领下进入远西班牙之后,恺撒自己也带着 600 名骑兵,急行军赶去,还事先发布一项通告,要所有各地方的官员和首领都要在指定的时间赶到科尔杜巴来会见他。就在同一天,科尔杜巴的罗马侨民组织自动把他们的城门关上抵制瓦罗。当地许多城市也都仿效他们。瓦罗见此情景,只好派人去告诉恺撒,说他愿意交出在他统率下的军团。恺撒派塞克斯图斯·恺撒到他那儿去,命令瓦罗把军队移交给他。交出了军队之后，瓦罗跑到科尔杜巴来见恺撒，在非常诚实地把公共账目交代给恺撒以后，又把自己手头的所有钱财都交给他，还交待了自己有多少粮食和船只，在什么地方。

恺撒在科尔杜巴召集了一次会议，向各方面一一表示了谢意。感谢罗马公民们，为的是他们尽力竭力使这个城市保留在他手里；感谢西班牙人，为的是他们驱走了驻军；感谢伽斯人，为的是他们挫败了他敌人的计划，维持了自己的自由；感谢到那边去担任守卫的军团指挥官和百夫长，为的是由于他们的英勇，使伽德斯人更坚决地实行自己的计划。他免除了罗马公民答应给瓦罗充作公用的摊派，还把财物还给了那些因讲话“太自由了些”而招来充分之祸的人。在把酬赏发给了一些城镇的公私双方之后，他又使其余的人对未来都充满了美好的期望。他在科尔杜巴停了两天之后，出发到伽德斯去。他命令把从赫丘利神庙中拿来、现贮放在私人家中的钱财和纪念品都送回庙里去。他还任命卡西乌斯主管这个行省，并交给他4个军团。他自己带着瓦罗建造的船只，还有伽德斯人奉瓦罗的命令建造的那些，在几天之后到达塔拉科。差不多近西班牙行省各地方来的所有使者都已集中在那里等候恺撒来临。在给一些公社和城市颁发奖赏后，恺撒离开那里，从陆路赶向纳波，再从该地赶向马西利亚。在那里，他得知罗马通过了一条有关设置独裁官的法案，他被提名为独裁官。

瓦罗在被恺撒收降后，于公元前46年退出国界和政界，成为恺撒的座上宾。恺撒委任他建立一个图书馆，他则埋头著述，且著作颇丰，达490卷之多。其涉及面之广，令人惊叹：诗歌、讽刺诗、文学评论、文法、语言学、科学、历史、教育、哲学、法律、神学、地理学、考古研究等等。但他的著作大多遗失，保存最完整的是《论农业》，3卷；另《拉丁语论》，25卷，但破损严重。其他著述只有一些片断保存在别的作家著作中，从而才为我们所知。在写作《论农业》时，瓦罗已经是一位80岁的老人了，他是在“打点行囊准备离开这个世界”时完成的。

恺撒雪耻法萨卢

恺撒在总结了迪拉基乌姆失败的教训，鼓舞起士兵的作战斗志之后，便拔营向帖萨利亚而来。沿途，他躲过了庞培和西庇阿的注意，逃脱了被包围的危险，用闪电般的速度攻占了歌姆菲城，并任凭士兵涌入城市大肆劫掠。而后，又转向美特洛波利斯，该城未进行任何抵抗便投降了。其他帖萨利亚的城市，除西庇阿重兵驻守的拉里撒之外，都主动归降了恺撒。军队的供应问题解决了，敌人的封锁没有了。恺撒带领他的军队来到法萨卢西北安营扎寨，静候庞培。

庞培在马其顿东南沿海的赫拉克列乌姆同西庇阿会合后，也赶往法萨卢，扎营于恺撒西面。此时双方兵力情况是，庞培有步兵50000，骑兵7000；恺撒只有步兵20000，骑兵1000。从军事力量上说，优势明显地是在庞培方面，所以他对于战争的结果非常乐观。恺撒过去的副帅、现在投靠到庞培方面去的拉频努斯也赞同庞培的乐观估计。

在迪拉基乌姆战役后，庞培阵营中的人都以为庞培是稳操胜券了。他们现在考虑的不是如何取得胜利，而是在胜利后官职和财富的分配："由于庞培的部队增加了……士兵们原有的信心增强，胜利的希望也更有把握，因而时间越是向后拖，他们返回意大利的日子好像也越受到耽搁似的。当庞培在任何一次行动上稍稍显出一些迟疑或顾虑的时候，他们就硬说这只不过是一天就干得好的事情，庞培只是为了留恋统帅大权，好把那些执政官和司法官级别的人当奴隶使唤。他们已经在公开争夺酬劳和祭司职务，分配今后几年中的执政官席位，又有一些人在索取恺撒营中人的房产田地……"。"多弥提乌斯、西庇阿和斯平特尔已经天天在为恺撒的祭司职位争吵，竟至公开使用起极为侮辱性的话来。斯平特尔夸口说，自己年高德昭，多弥提乌斯吹嘘自己在首都得人心、有威望，西庇阿则信赖自己和庞培之间的亲戚关系（他是庞培的岳父）。多弥提乌斯在一次军事会议上说，照他看来，最好在战争结束以后，每人发给三块牌子，让他们将来留在罗马的人一个个判决时投票用，其中第一块用于判决一切该免除刑罚的人，第二块用于该褫夺公权的人，第三块用于该罚款的人。总之，大家谈论的全是自己的显耀前程、金钱酬奖或报复私人嫌怨，至于用什么办法打赢这场战争，则绝不再考虑，考虑的只是怎样去享受胜利。"

而恺撒这时却在精心准备着和庞培的决战：安排好粮食供应，调整士兵的情绪，训练步兵与骑兵的配合以对付强过自己的庞培的骑兵，做到"只要一个骑兵，哪怕在极开阔的地方，也可以抵挡庞培的十个骑兵的进攻，不会因为对方人多势众，引起很大的恐慌"。他的部队在同庞培部队的一次小接触中，还取得过胜利，杀死了叛逃到庞培一边去的阿洛布罗及斯人的两兄弟。

由于恺撒多次企图挑动庞培决战都未成功,因此,恺撒便决定改变战术,不断地转移营寨,从而既便于解决粮食供应,又使不甚习惯吃苦的庞培士兵疲于奔命,还可在运动中寻找战机歼灭敌人,亦即在运动中消灭敌人。

终于,在公元前48年8月9日这一天,战机被寻找到了。当时恺撒军队的拔寨出发号令已经传出,正在拆卸帐篷时,庞培的军队违反惯例,离开壁垒向前推进了一些,恺撒认为此时自己可以不必在不利的地形条件下战斗了,便对士兵们说;"我们现在必须停止行军,正像我们一直在争取的那样考虑战斗了。让我们全心全意准备好投入战斗吧,今后我们就不容易再找到机会了。"他立即带领军队轻装出阵,冲向敌人。

而庞培也早想进行决战了,在此之前的一次军事会议上他就曾宣称:他在两军还没交战前,就可以击溃恺撒军队。拉频努斯紧跟着他说下去。他一面贬低恺撒的军队,一面吹捧庞培的计划。他说:"庞培,你别以为这支军队(即恺撒的军队)就是征服高卢和日耳曼的那支军队。当年的那支军队,还留下来的只有很小的一部分了,它的绝大部分已经丧失,这是这么多战斗的必然结果,又有许多人死在意大利的秋季瘟疫中,还有很多离开军队回家了,再有许多被留在大陆上。难道你们没有听到过,在布伦迪西是把那些因身体不好留下来的人编成军队的吗?你们看到的这些军队是近年来在南高卢征集来的人组成的,他们中许多人都是从帕杜斯河外的殖民地来的。这算这样,他们的精锐部队也都已经阵亡在迪拉基乌姆的两次战斗中了。"他宣誓说:他如不战胜,决不再回到营寨里。他还怂恿别人照样宣誓。庞培赞扬他的建议,也同样宣了誓。在场的其余人,没有一个迟疑着不肯宣誓的。

战斗开始时,双方军队的配置是:庞培军队的左翼是过去恺撒根据元老院决定拨给庞培的那两个军团。庞培本人也在这一翼。战阵的中心配置的是西庇阿和他手下的几个叙利亚军团,右翼是一个军团和西班牙的步兵百人队,这些百人队是阿弗拉尼乌斯带过来的。这些军队在庞培心目中是最可靠的。其余的被他分配到整个战线里去。另有7个步兵百人队被留下来包围营地。由于战阵的右翼靠着陡峭的河岸,所以全部骑兵、弓弩手都集中在左翼。

恺撒按老习惯把第十军团配置在右翼,而把第八和第九军团配置在左翼,第九军团在迪拉基乌姆损失惨重,所以把它和第八军团放在一起。他委派安东尼指挥左翼，苏拉指挥右翼，中间是卡尔维努斯。他本人则同庞培相对峙。恺撒担心自己的右翼会被敌军的优势骑兵所包抄，于是他就从第三线的每个军团选出一个步兵百人队组成了第四线。还预先告诉这里的士兵们：战斗的结果极可能正是由他们来决定的。因此他命令，不得到他的信号第三线不得出击。

当时两军之间留下的距离刚刚够让双方军队冲击。庞培关照他的部下要等恺撒先过来攻击，自己不要离开阵地，以免阵脚被打乱。据说，是有人劝他采取这种做法的，这样，就可以粉碎恺撒军队的第一次冲刺和猛攻，使对方的队伍陷于混乱，然后，坚守在行列中的庞培的军队就可以趁势进攻那些混乱了的敌人。他还希望，如果坚持在一起不动，敌方掷过来的轻矛落下来时，会比落在这面也在一边投掷轻矛一边跑的人身上的力量要轻些。同时，由于恺撒的部队这样一来就会有双倍的距离要跑，势必跑得气急败坏，疲惫不堪。但在恺撒看来，庞培采取这种做法是失策的。他认为所有的人天生都有一股因渴望战斗而炽热起来的精神上的锐气和冲劲。这种激情，做统帅的只能加以鼓励，切不可加以遏制。因而，从古传下来的做法，即军号要四面齐鸣，全军一气猛喊，决不是没有道理的，为的是这样做可以使敌人惊惧，使自己的部下受到鼓舞。

恺撒鼓励他的军队去战斗，他说起他对他们始终如一的关怀爱护，特别是提醒他们说，他可以让自己的部下来证明，他是用多大的努力来争取和平的。他说，他是从来不肯白白叫士卒浪费鲜血，或让共和国失掉这一支或那一支军队的。说了这些话之后，在士兵们迫切要求战斗的一片喧嚷请战声中，他用喇叭发出号令。恺撒军队中有一个留用老兵克拉斯提努斯，前年曾在他部下担任第十军团的首席百人队长，是一个极为勇敢的人。号令一发出时，他就说：“跟我来，曾经和我同一连队过的兄弟们，把你们早就决心要为统帅出的力拿出来吧！只剩下这一场战斗了，当它结束时，他就可恢复他的尊严，我们也可以恢复自己的自由了。”同时，他回过头来对恺撒说：“今天，统帅，不管是死还是活，我一定要让你好好感激我！”说了这番话，他从右翼第一个冲出去，约120名百人队的人跟随着他。

恺撒军队一听到号令，便挺着轻矛，跑步上前。当他们看到庞培的军队并不迎上前时，就利用从过去战斗中得来的经验，自动停止前冲，在大约一半距离的地方站定下来，以免奔到敌人面前时已经体力耗尽。在稍微停息了片刻之后，才又重新起步向前。他们投出了轻矛，又依恺撒的指示，迅速拔出剑来。庞培的军队格开投过来的武器，顶住恺撒军队的攻击，同时仍旧保持着自己的队列，在掷出自己的轻矛后，也挥起剑来。就在这时候，庞培左翼的骑兵按照命令，合力冲向恺撒的军队，大队弓弩手也跟着涌上前来。恺撒的骑兵挡不住他们的攻击，慢慢离开自己的阵地后撤，庞培的骑兵更加凶猛地压过来，而且一伙一伙散开，从恺撒军队暴露着的一侧开始对其进行包围。恺撒看到后，马上发令给那以6个百人队组成的第四线，这些人迅速奔跑，全力挺进，用极大的冲劲迎击庞培的骑兵，使得他们没有一个人能站得住脚，全部转过身去，不仅逃出阵地，而且一直飞奔，躲进极高的丛山中去。当他们被驱走时，庞培所有的弓弩手和射石手都被孤零零地丢了下来，一无支援地遭受歼灭。这些百人队一路穷追猛打，扑向庞培的左翼，乘对方仍继续在队里抵抗、战斗不止时，把他们包围起来，从背后攻击他们。

此刻，恺撒命令还守在阵地上的第三线向前推进。这样，一面有精力旺盛的生力军来接替体力不支的人，背后又有别的人赶来攻击，庞培的军队支撑不住，全都转身逃走。恺撒没料错，胜利果然是由放在第四线面对敌人骑兵的那几个百人队开始取得的。庞培一看到自己的骑兵被逐回，且自己最信赖的那一部分军队陷入一片混乱，就对其余的军队失去了信心，立刻离开战场，径自策马奔回营寨。他对布置在帅帐门口值岗的百夫长们说：“管好营寨，要仔细守卫，免得出什么乱子，我要再到别的几道门去巡视一下，鼓励一下守卫营寨的人。”说完这些话，他进入帅帐，对大局完全丧失了信心，任凭战斗胡乱发展下去，直到恺撒的士兵已经冲入营地，他才清醒过来。于是他便脱掉身上的甲胄，和几位朋友从营地的后门向拉里撒方向逃去。

当庞培的部队一路逃进壁垒时，恺撒认为不应该给这些惊慌失措的人以喘息的机会，就鼓励部下好好利用机会，马上进攻敌人的营寨。虽说战斗已经一直拖到中午，大家因为酷热，疲惫不堪，但仍旧坚持着战斗。庞培的士兵，个个都惊慌而疲劳，许多人连自己的武器和连队旗帜都丢了，他们想的是下一步逃到哪里去，而不是怎样防守营寨。在他们的百夫长和军团指挥官带领下，一路飞奔，逃到营寨附近的高山里去了。

冲进庞培营寨的恺撒士兵，看到搭着的凉棚里陈设着分量很重的银盘盏，士兵们的帐篷上覆盖着新鲜的草皮，斯平特尔和其他一些人的帐篷则面掩盖着常春藤，还有许多东西。这表明庞培及其周围的人异乎寻常的奢侈和对胜利的盲目自信。他们大概对这一天的战斗结果毫不担心，所以才寻求那些不必要的享受。

恺撒在占领了那座营寨后，敦促他的士兵不要一心只管掠夺战利品，错过了完成其余事情的时机。他们用工事把那山岭包围起来。由于山上没有水，庞培的部下失去了信心。开始沿着山脊向拉里撒方向退去。恺撒把兵力分开，命令一部分军团开始走一条近路，前去追赶庞培的军队。庞培的残兵在一处山上停了下来。于是恺撒的部下开始在山下修筑一道工事，这样，就使庞培的军队在夜间无法取水。当这项工程完工时，庞培的军队只得派使者来乞求投降，少数和他们在一起的元老及随员则乘夜逃走了。

在天色刚破晓时，恺撒命令山上所有的人，都从高处下到平地上，放下他们的武器。当他们顺从地照办后，便全都趴在地上。伸开着手，哭哭啼啼地求恺撒饶了他们。恺撒安慰他们，叫他们站起来，对他们说了一些自己如何宽大为怀的话，然后宣布饶恕他们，并带他们去见自己的部下，叮嘱大家不要伤害他们中的任何一个，也不要让他们丢失任何东西。就在这一天，恺撒到达拉里撒。

具有重大意义的法萨卢战役就这样结束了。在这次战役中，恺撒损失的士兵不到200人，其中包括30名非常勇敢的百夫长，而那个克拉斯提努斯就是这30人中的一员，他在战斗中被一剑砍在脸上。庞培的军队大约战死15000人，投降的则在24000人以上，因为那些驻扎在要塞里充任守卫的百人队都向恺撒投降了。此外，还有许多人逃向附近的城镇。在战斗中缴获送来给恺撒的连队旗帜有180面，军团的鹰帜有9面。

当恺撒追踪庞培也来到拉里撒时，庞培已经离开了那里。他到列斯堡岛的米提列涅同自己的妻子科尔涅利娅会合后，去了埃及。此时埃及的国王托勒密十三世的父亲是在庞培的支持下登上王位的，庞培认为一定会受到他的欢迎。

当时埃及国王托勒密十三世正同其姐克列奥帕特拉为争权夺利而打得不可开交，双方正在尼罗河三角洲东部的别努吉乌姆交战。庞培一行也来到此地。他先派人去告知国王，说他来了。这使国王及其三位顾问（宦官波廷、国王的老师提奥多托斯和军队司令拉西斯）十分为难。他们商量结果是将庞培请来后再杀掉。

庞培乘了一条小船前去见埃及国王,他的妻、子等未去。庞培离开妻子时念了下面一句诗:"任何人到一暴君那里去时就变成他的奴隶了,纵或他去的时候是自由的。"庞培上岸后即被杀死,他的妻儿在船上清楚地看见了这一情景,便赶紧开船离开埃及。

埃及人割下了庞培首级,而将其尸体的其余部分就地掩埋了。有人在他墓前立了一块碑,上面写道:"对于在神庙中这样富丽豪华的人,这是多么可怜的一个坟墓。"

当恺撒寻迹来到埃及时,人们将庞培的头颅送给他看,他转过脸去。然后,他赦免了在埃及的曾追随过庞培的人,以便使他们归附自己。

罗马征服犹太

公元前一世纪罗马通过扩张称霸东地中海后,逐渐把侵略的魔爪伸向弱小的犹太王国。

公元前63年,罗马侵略势力扩及巴勒斯坦。当年,庞培胜利地结束了米特拉达特斯战争,接着便在东方的一些小国中到处进行干涉活动,扩大侵略成果。他把叙利亚置为罗马行省后,就向犹太进军。这时,犹太玛卡贝王朝的两兄弟希尔卡努斯和阿里斯托布路斯正在争夺王位。庞培支持希尔卡努斯,拥护阿里斯托布路斯的群众拒绝服从。他们占领耶路撒冷神殿,坚持三个月斗争后才被庞培所攻破。

庞培征服犹太后,把犹太王国的大部分领土并入叙利亚行省,只将剩下的巴勒斯坦中部、佩列阿和加利利地区,任命希尔卡努斯为祭司长进行统治。实际上,世俗政权操于安提帕特尔之手。公元前57年,罗马把希尔卡努斯管辖的地区分为五个自治的公社,实际上剥夺了希尔卡努斯的世俗权力,仅仅为他保留了宗教方面的权力。犹太人民身受罗马和本国统治者双重压迫和剥削。不满情绪日益增长。后来,克拉苏出征帕提亚,肆意劫掠犹太人奉为神圣的耶路撒冷神庙及其宝库,进一步加剧了矛盾。公元前52年,犹太人民举行起义,但受到罗马的镇压。被卖为奴者达3万之众。

查理大帝跪在教皇利奥三世面前接受加冕

在恺撒与庞培的斗争中，阿里斯托布路斯和他的两个儿子曾经支持恺撒，而在公元前 48 年恺撒在埃及亚历山大里亚城被起义者包围时，希尔卡努斯的重臣安提帕特尔给了恺撒重要帮助。恺撒在脱险之后，为了报答犹太人，豁免应向罗马人交纳的全部赋税，把加法城归还犹太人，保证内部自治和宗教信仰自由，允许重建庞培挖掉的耶路撒冷的城墙。不过，恺撒责成犹太人自己负责保卫国界，并且承担与此有关的开支。在这之后，犹太王国内部不同势力在对待本国统治者以及罗马人的态度上一直存在意见分歧和斗争。公元前 40 年，帕提亚侵入叙利亚，掳走了希尔卡努斯。恺撒被刺后，安东尼支持安提帕特尔的儿子希律为犹太的统治者。公元前 37 年，安东尼击败帕提亚人，占领了耶路撒冷，扶植希律为王。公元前 30 年，屋大维继续承认希律的地位，并将庞培在公元前 63 年从犹太王国划出的大部分城市交给他治理。

公元前 4 年希律死后，罗马三分犹太王国，分别交给希律的儿子安提帕斯、阿尔赫拉乌斯和菲利浦治理。阿尔赫拉乌斯的统治很不得人心。公元 6 年，奥古斯都废黜了他，将其所辖地区置为犹太行省，派罗马任命的总督治理。但是，在行省内部保留了犹太人的自治。公元 34 年菲利浦去世，其所治理地区归入叙利亚行省，而在公元 37 年，罗马又将这一地区交给他的侄儿阿格里帕。阿格里帕以国王的名义进行统治。公元 39 年，阿格里帕又领有被剥夺王位的安提帕斯曾经据有的地区。公元 41 年，罗马皇帝克劳狄乌斯将犹太行省并入阿格里帕的王国，但在公元 44 年阿格里帕死后，又将他的王国重新改为犹太行省。

犹太人民起义

继卡里古拉担任罗马皇帝的克劳狄乌斯，在对待犹太人和犹太教方面又恢复了提比略的政策。但是多年存在的罗马官员滥用职权欺凌犹太人的积弊，犹太人民群众中对罗马统治者的憎恨，并没有消除。种种矛盾引起的冲突经常不断发生。著名古罗马史学家蒙森指出，犹太人民的起义通常认为从公元 66 年开始，实则从公元 44 年即已开始。自从阿格里帕于公元 44 年去世，在犹太境内，武装冲突从未停止。

公元 66 年犹太人民的起义，首先在当时犹太行省的首府，位于加利利和撒马里亚之间的沿海城市恺撒列亚爆发。事情的经过大体是：在这个犹太人和非犹太人杂居的城市中，受过希腊文化教育的非犹太人向罗马皇帝尼禄的近臣布鲁斯提出申诉，要求在这个城市中使非犹太人在享有公民权方面占据优势。这个得到布鲁斯支持的意见在犹太人与非犹太人中引起了长期的争论和冲突。一些犹太人因而离开恺撒列亚。但是罗马当局强迫他们返回。公元 66 年 8 月 6 日，在恺撒列亚街道上发生的犹太人与非犹太人的冲突中，曾经离城的犹太人全部被杀。这一事件激起了耶路撒冷城的起义。

领导起义的是吉拉德派。他们既力图推翻罗马人的统治，又想消除大地主、高利贷者和犹太教僧侣的压迫。这一派中的激进的一翼，被罗马人称为“西卡里”，意为“凶手”。因为他们主张用恐怖手段进行斗争。西卡里派的主要成员是奴隶、贫苦农民和城市居民的下层。犹太人中较为富裕的中间阶级也参加了起义。起义者的领袖是吉斯卡拉的约翰和吉奥拉的儿子西门。

当耶路撒冷发生反罗马的人民起义的时候，当时拥有任命耶路撒冷神庙祭司长和管理神庙宝库财产权力的阿格里帕二世正在城里。他先是企图说服，继而试图用武力制止犹太人起义，但都没有得逞。

驻在神庙附近的堡垒中的罗马警备部队，人数不多，很快就被起义者击败、杀死。在邻近的王宫中，阿格里帕的部队愿意投降，获准不受阻碍地撤走。而驻在王宫中的罗马军队，却在投降后被杀。这样一来，犹太人的圣城便完全解放了，而在耶路撒冷的罗马军队全被消灭。在耶路撒冷已经取得胜利的起义迅速席卷整个犹太。各地起义者很快取得联系。

在犹太境内的起义顺利发展的同时，在邻近的许多犹太人和非犹太人杂居地区，诸如大马士革、阿斯卡隆、斯基托波尔等地，都发生了犹太人和非犹太人之间的激烈冲突。

罗马驻叙利亚行省的军事首脑加鲁斯在得知耶路撒冷城起义的消息后，立即率领大军前往镇压。他拥有 20000 名罗马士兵，13000 名由各附属国提供的军队和为数众多的叙利亚辅助部队。他先占领了加法城，杀死了所有城市居民。九月间，他的军队已经进入耶路撒冷。但在神庙和王宫的坚固城墙面前，他一筹莫展。不知由于什么原因，他很快撤围后退，甚至抛弃了辎重和殿后的队伍，这样一来，起义者就控制了巴勒斯坦的大部分地方。只是一些希腊人的城市还在坚守。

公元67年2月，罗马皇帝尼禄指派韦斯帕西安努斯镇压犹太人起义。韦斯帕西安努斯带领了约50000人的军队向巴勒斯坦进军。韦斯帕西安努斯采取步步为营的战略，尽力不使自己的军力过于分散。在公元67年，韦斯帕西安努斯力图控制加利利地区的堡垒。仅仅在一座名为约塔帕塔的小城附近，他就率领三个军团驻扎了四十五天。到公元68年夏天，耶路撒冷已被罗马军队四面包围。

当罗马军队步步进逼的时候，起义的犹太人内部却充满尖锐复杂的斗争。高级僧侣和法利赛派力求与罗马媾和。贵族把政权交给由高级僧侣组成的议事会，企图用这种方法使起义失去领导。而在吉拉德派内部也分为以约翰和以西门为首的两派，彼此之间不断有斗争。西门一度被迫离开耶路撒冷，但不久又回到该城。起义队伍中的分裂，削弱了起义者的力量。

也就在韦斯帕西安努斯快要开始进攻耶路撒冷的时候，传来了尼禄自杀的消息。按照罗马的法律，随着皇帝的死亡，他的权力也随之终止。谨慎从事的韦斯帕西安努斯停止了军事行动。只是在公元69年6月，韦斯帕西安努斯才恢复进攻，占领了赫布隆。可是不久，韦斯帕西安努斯被所率领的士兵宣布为罗马皇帝。他为了争夺帝位，带领了一部分军队去意大利，另一部分军队交给了提图斯。提图斯把这支军队带到叙利亚，转赴埃及。只是在公元69年年底，争夺罗马皇帝宝座的斗争结束之后，韦斯帕西安努斯才授命提图斯结束犹太战争。

在罗马人开始进攻之后，据守耶路撒冷的起义者由于物资的匮乏而遭受饥饿的威胁。但是，他们仍然英勇战斗。此时，西门和约翰也结束了内讧，重归于好，联合抗击罗马军队。在西门和约翰的领导下，起义者不断打退敌人的进攻，并且不时胜利出击。不过，军队数量的优势和军事技术的优势毕竟是在罗马人方面。公元70年8月，起义者固守的据点接连失陷。在这之后，延续达一个月之久的巷战也以起义者的失败告终。长达五个月的围攻耶路撒冷的战斗，造成了巨大的生命和财产损失。起义者的领袖西门和约翰都被罗马人俘虏。

就在耶路撒冷城破之后，起义者的余部还在马赫拉和马萨达继续战斗了几年。他们的领袖是加利利人犹大的孙子埃列阿查尔。公元73年，被罗马军队围困在马萨达要塞的起义者，在杀死自己的妻儿之后，集体自杀，全部壮烈牺牲。

先后延续七年的犹太人民反抗罗马暴虐统治的斗争，终于被罗马军队淹没在血泊之中。耶路撒冷成了一片废墟。公元71年,提图斯返回罗马,并且举行了凯旋式。西门被处死。约翰则在终身监禁中度过了一生。

但是,犹太人民的这次起义,毕竟对后来历史的发展发生了影响。一方面,它促使罗马政府改变了统治犹太的方法;另一方面,它促进了基督教与犹太教的分离。

罗马帝国的三世纪危机

罗马帝国建立后取得了二百年的表面稳定和繁荣(所谓“罗马和平”),安敦尼王朝被称为帝国的“黄金时代”,达到了鼎盛阶段。但从2世纪末起,帝国盛极而衰,发生严重危机,表现为农业萎缩、商业萧条、城市衰落、财政枯竭、政治混乱,以及贫民、奴隶起义此伏彼起,大批蛮族入侵,整个罗马社会动荡不安,帝国统治处于摇摇欲坠的危险地步。这种在罗马帝国社会中爆发的全面而深刻的危机,归根结蒂,是由于奴隶制的衰落和奴隶制社会矛盾的激化而造成的。

在帝国初期,罗马的奴隶制获得了高度的发展,后即日益腐朽,逐渐成为生产力发展的桎梏。奴隶被迫从事生产劳动,不仅缺乏劳动积极性,而且也妨碍使用先进的生产工具和推广先进的生产技术,加上奴隶以各种形式进行反抗斗争,奴隶价格又不断上涨,因此,劳动生产率日益降低,使用奴隶劳动已越来越无利可图。在这种情况下,大批奴隶被释放了,而更多的奴隶变为授产奴隶或隶农。隶农制最早产生于共和后期,在帝国初期有所发展,到3世纪便盛行起来。除了奴隶和贫苦农民转变为隶农以外,许多移居帝国境内的日耳曼人也加入了隶农的行列。隶农所受的剥削日重,依附性日强,其地位和奴隶逐渐接近。

由于奴隶制的衰落,农业最先出现了凋敝之势。在意大利,经营葡萄和橄榄业的庄园入不敷出,大多改为牧场,生产大大萎缩。后来,农业危机也波及到行省地区,大量使用奴隶劳动并与市场有着密切联系的大地产,开始转变为主要剥削隶农和具有自给自足倾向的大庄园。同样,在共和后期和帝国初期发展起来的意大利各城市手工业,也因奴隶劳动生产率低下和行省手工产品的竞争排挤而衰落下来。农业和手工业的衰退必然导致城市没落和商业的萧条。当时,社会动乱、蛮族入侵、海盗猖獗、商路阻塞,以及帝国政府强令城市负责征集赋税和发行劣质货币等财政金融政策,更是加剧了这一过程。

在社会经济发生危机的情况下，罗马社会矛盾也尖锐起来。这时，奴隶、隶农、破产农民的差别日益缩小，地位日渐接近，这就为这些下层群众反对大奴隶主大地主，联合起来进行斗争，创造了条件。城市富裕居民由中小土地所有者和奴隶主组成，他们原是帝国的重要支柱，但在危机中纷纷破产。例如，帝国政府强令城市征集赋税并由市议员完纳欠税，许多城市议员不胜负担，宁肯出售土地，释放奴隶，降为小农。他们甚至沦为隶农或流落他乡。在城市衰落的同时，大庄园迅速发展起来。

在大庄园的排挤下，现在不仅在意大利，而且还在各主要行省，自由农民和小土地所有者的人数日益减少了。他们失去了土地和生活资料，沦为隶农或成为无业游民；有些人通过参加雇佣军队而在退伍时在军事殖民地中获得一块份地。退伍士兵和部分军官，就其社会地位和财产而论，与中等土地所有者相近，成为重要的社会力量和帝国的可靠支柱。这些人和帝国社会中残存的中小土地所有者组成奴隶主阶级的一个集团。它同另一以元老院元老为代表的大地主集团的利益常常发生冲突。这两个集团之间的斗争在三世纪时加剧了。同时，帝国境外的日耳曼部落又加紧进犯帝国。这些事态的发展导致了三世纪爆发全面危机。

君士坦丁改革

著名的君士坦丁一世在经历了戴克里先以后十九年争夺帝位的内战以后，于323年再次恢复了帝国的统一。在君士坦丁战胜其对手的斗争中，宗教政策起了重要的作用。君士坦丁的父亲康士坦提乌斯在其统治区内（高卢、西班牙、不列颠）对基督教一向采取宽容态度，君士坦丁从父亲手上承接过来的军队中又有许多基督教徒。这位识时务的统治者当时虽然还不是基督教徒，但已显示出自己是个新宗教的有力庇护人。早在313年，他就同据有东方各行省的李基尼乌斯联合发布了“米兰敕令”，宣布宗教信仰自由。在这以后，他又赐给基督教会许多重要特权，免除了基督教僧侣本人对国家的徭役义务。基督教很快就从原来是受迫害的宗教变为占优势地位的宗教。这个宗教已习惯于罗马国家的秩序，并乐意为皇帝政权的权威辩护。另一方面，君士坦丁也积极参预教会事务，竭力帮助教会建立统一组织。他认识到统一的帝国必须有同它相适应的统一的教会；在这个教会中不容有教义上的分歧。但当时，就各种教义问题和教会纪律问题进行激烈的争辩是经常发生的。这种争辩是社会斗争的反映，它发生在教会内部，而教会是联合了各种成分的。在基督教成为受官方庇护的宗教以后，它的各派主教们就希望借助皇帝权力来解决内部的纷争。从君士坦丁时代起，教会事务和教义问题已被认为是国务问题。

君士坦丁在313年就参预了关于非洲的多拉图斯教派的正统性的争端。非洲基督教的代表人物向君士坦丁提出申诉，请求裁决谁该被认为有权作正统的主教——凯基里亚努斯或多拉图斯？君士坦丁将此事交给主教会议去处理。这次会议起先在罗马开会，后来转往阿尔列。会议承认凯基里亚努斯享有正统主教的权利，并获君士坦丁批准。多拉图斯及其拥护者乃宣称只有他们是真正的基督教徒，并着手建立自己的教会。后来，在正统教会的拥护者与多拉图斯分子之间的争论具有了更激烈的社会斗争的性质：它反映了非洲城市的分离主义倾向以及大土地所有制与小土地所有制之间、奴隶与奴隶主之间的矛盾。

君士坦丁对教会事务的最大干预是在如何对待阿里乌斯教派的问题上。早在2世纪末和3世纪前半期，亚历山大里亚教会的一些神学家就对正统教义提出了异议。其中特别有影响的是奥里根（约生于185年，死于254年）。他以柏拉图的理念观为依据，力图把基督教义与希腊哲学原理结合起来。在他的神学理论体系中，逻各斯（Logos，语言、言论或理智）占有重要的地位；它与上帝之子耶稣基督被视为同一事物。奥里根对基督教神学基础所作的这种哲学解释的理论，很快就在亚历山大里亚获得广泛的传播。4世纪初，一位以其禁欲主义著名的教会长老阿里乌斯发展了这种理论，而主张这样的学说：在圣父、圣子、圣灵三者中，只有圣父才是永恒的。圣父首先创造圣子或逻各斯，而后逻各斯创造圣灵。因此，圣子不能与圣父同等，而只是与圣父相似。这是对基督教基本教义提出理性主义的解释，在逻辑上是符合思维法则的。但作为神学体系的基督教义应是人们的理性所不能理解的（否则它就没有什么奥秘可言了），因此，这种学说受到了那些服务于上层社会利益的埃及地区主教们的谴责。但阿里乌斯的思想却在亚历山大里亚的普通居民、手工业者和水手中受到普遍欢迎。在街头上、市场上和其他公共场所，常常发生激烈的辩论，有时还变成了公开的冲突。辩论不仅在埃及教会，而且也在其他地方的教会进行。在这种情况下，君士坦丁显然是在教会人士的要求下进行干预的。

325年，君士坦丁在尼西亚召集了全罗马帝国基督教主教会议，讨论阿里乌斯提出的教义问题。大多数与会者表示反对阿里乌斯学说，承认圣子与圣父是同一的。会议据此制定了所有基督教徒都必须遵奉的正统教义——《尼西亚信条》，确认基督与圣父、圣灵是同体的，因而也是永恒的。此时还不是基督教徒的君士丁担任了会议主席，并批准了会议的决议。阿里乌斯被放逐到伊利里库姆，他的一些拥护者被放逐到高卢。

然而，尼西亚"全基督教大会"与其说是排除了，倒不如说是正式开创了阿里乌斯教派。阿里乌斯在宫廷官员中有不少拥护者，君士坦丁皇帝本人对他也有好感，因为阿里乌斯并不要求有独立于国家权力之外的教会组织。因此，不久之后，阿里乌斯戏剧性地从流放地被召了回来，而他的主要反对者、亚历山大里亚主教阿诺那修斯却被放逐了。在阿里乌斯于336年死后，他的追随者继续得到宫廷的保护。争论长期进行着。在宫廷中，时而尼西亚信条的拥护者取胜，时而阿里乌斯的支持者占上风。君士坦丁本人又于337年病重时在阿里乌斯教派的教士手上接受洗礼。直至381年，阿里乌斯学说在新的一次宗教会议上再次被谴责，尼西亚教派（正统教派）才取得了完全的胜利。但阿里乌斯教派却又在日耳曼蛮族部落中得到了顺利的传播。

对罗马旧教来说，君士坦丁的宗教政策导致了基督教的最后胜利，这无疑也是一种宗教改革。可以说，君士坦丁顺应了时代的潮流，在宗教政策上采取了比戴克里先更为明智的方针。他们在利用宗教为帝国政权效劳以巩固奴隶制的社会结构的目标上并无不同，因而在社会改革和财政政策方面，君士坦丁就只是进一步发展了由戴克里先奠定了基础的改革体系。

君士坦丁保持了由戴克里先实行的新的帝国划分，并贯彻执行了使地方民政权与军权分离的政策。把军队分为边防部队和内地机动部队的军事改革在他的时代也最后完成了。骄横不逊的近卫军（它的人数在戴克里先时代已减少）被解散，而用重新组织的特殊的宫廷亲卫部队来代替。军事权力从此完全集中到皇帝手里。

但是，帝国社会关系的日趋腐朽使军队的素质败坏了。过去那种将土地授予退伍士兵的办法曾具有复兴小土地所有者阶层的社会意义，现在已变成为单纯用来强制土地领受者的儿子世袭当兵的奴役手段了。但强制征召老兵的儿子服兵役，也只能获得新兵来源的一部分，还远远不能满足兵员补充的扩大军队的需要,因而利用蛮族人当兵,把愈来愈多的蛮族人吸收到帝国的军队中来就成为时势之所趋了。军队(包括边防军团、内地机动军团和宫廷亲卫部队)蛮族化的过程大大加速了,许多蛮族出身的人还在军队中担任了高级职位。

君士坦丁财政政策的目标同样是为了获得稳定的税收。它的强制实施所造成的社会后果是各个社会阶层之被奴役。316 年和 325 年颁布的敕令禁止城市居民的高级阶层(库里亚)离开他们出生的那个城市。他们不能以任何理由被免除城市的义务,也不能免任民政或军事的职务。库里亚的义务还成了一种世代相承的负担。君士坦丁对待劳动者的态度当然不会更宽容些。332 年的皇帝敕令,禁止隶农从一个庄园逃到另一个庄园;收容别人隶农的人,应将他交还原来的主人,此外,还应支付逃亡隶农在其庄园上居留的全部时间所应交的赋税。敕令公然说:"对这些逃跑的隶农,应给他们带上镣铐,就像对待奴隶一样,为的是用惩罚奴隶的方式迫使他们对有特权的自由人履行义务"。君士坦丁也将手工业者进一步固定在他们所属的公会里,强制他们共同负担国家向公会分摊征课的赋税和徭役。317 年发布的一项命令说:"造币厂的工匠要一辈子处于其现有的地位"。有些被固定在那些为供应宫廷和军队所需的皇帝作坊里手工业者还被打上烙印,以防逃跑。君士坦丁就是这样以对待奴隶的态度来对待这些原来还是自由人的手工业者的。至于奴隶本身的处境就更悲惨了。按照君士坦丁的法令,奴隶的生命是毫无保障的:主人如果为了"纠正"不驯顺的奴隶的不规矩行为而将这个奴隶鞭挞致死,可不受起诉。这在实际上就是恢复了奴隶主任意杀害奴隶的权力,而在 2 世纪时,哈德良和安敦尼已颁布过不允许主人杀害奴隶的法令的。3 世纪时,对煽动和帮助奴隶逃亡的人,只给予罚款的处分,现在却要严刑拷打。以前对企图投奔蛮族的奴隶,捕获后只是将他们交还原主,现在的法令则规定要把他们放逐到矿山去,有的甚至要被砍腿。君士坦丁还正式宣布,允许贫民出卖自己的子女为奴隶。这是违背罗马传统的基本准则的。在此之前,亚历山大·塞维鲁曾准许二十岁以上的自由民卖身为奴,但到戴克里先执政时,又下令禁止这种行为。现在君士坦丁却比亚历山大·塞维鲁在背离罗马传统准则的道路上走得更远了。他的法令还确认奴隶主有权把所谓"无礼的"被释奴隶连同其子女一起重新变为奴隶。

这样,在君士坦丁的统治下,劳动群众和普通自由民的生活状况急剧恶化了,甚至中等阶层的人的自由权利也被剥夺了。罗马奴隶制危机和古典文明危机的最后结果就是如此:以对全体劳动人民实行普遍奴役的形式表明了这个社会的不可避免的灭亡。

罗马哥特战争

第一次罗马哥特战争

哥特人与罗马人之间发生的第一次大规模战争(249—254 年),是在达契亚和巴尔干半岛发生的。

罗马的北方行省达契亚,是一片肥沃的土地,在罗马皇帝图拉真时期(98—117 年在位),经过两次大规模的达契亚战争(101—102 年;105—107 年)之后,才归属帝国。但是,罗马人对这一行省的统治只具有“理论”上的意义,实际却没有部署任何军力或财力来加以防护。这里的人民也习惯了和平宁静的生活,从来没想过要进行战争。但是,238 年春季,一支哥特人渡过多瑙河,开始对达契亚省进行骚扰性进攻。当时的多瑙河驻军长官德西阿斯,因防卫不力被元老院撤职,代之赴任的是图里乌斯·迈诺菲卢斯。242 年,罗马皇帝戈尔狄安三世被迫在与波斯交战期间撤离前线,率军抵达莫西亚和色雷斯,以驱逐哥特入侵者,到罗马皇帝腓力(244—249 年在位)时期,哥特人的进攻更为频繁,有文字记载的规模较大的入侵,发生于 246 年和 248 年。此后,罗马人在阿卢塔河(联接莫西亚与达契亚省的交通干线)沿线修筑了大批防砦,以制止哥特人的突然进攻。

248 年,哥特人在其国王阿尔盖修斯率领下对罗马发动进攻。参加哥特人队伍的还有一些北方少数民族,包括喀尔巴阡山麓的喀尔巴阡人、巴斯塔奈人和黑海地区的萨尔马特人。为了应付这支蛮族大军的入侵,罗马大将德西阿斯率大军于 248 年底以前,进入多瑙河地区,在马尔西安堡(下莫西业首府城市)取得决定性的胜利。由于该城受到哥特人长期围攻,城内居民恐怖异常,把大批金币藏在地窖里。这成为后来考古学界的一大收获。

249 年夏,罗马军队撤回意大利,哥特人随后又回到莫西亚。次年,哥特人国王克尼瓦的主力军(号称 7 万之众)突破了莫西亚防线,抵达厄斯库斯城下,控制了特兰斯瓦尼亚的重要山口。另一支军队则进入下莫西亚省，抵达色雷斯重镇菲利普城下。克尼瓦的军队东行至诺瓦伊，被驻守该地的下莫西亚将领迦鲁士击退。于是，哥特人暂避锋芒，回军折向莫西亚腹地雅特鲁斯河谷，包围了尼科堡。这时，德西阿斯已取得帝位(249—251 年在位)，在平定了内乱之后亲率军队火速来到多瑙河前线。

当德西阿斯大军来到莫西亚时，哥特人立即撤围转移。两军相遇后，罗马军取得了优势，克尼瓦的军队损失了 3 万人之多。哥特军不敢战，立即南下菲利普城，欲同另一支哥特人会合。该城位于色雷斯境内，是亚历山大之父菲利普二世时建立的。德西阿斯误以为哥特人兵败溃逃，遂尾追不舍。但罗马军团多由重装步兵组成，动作极其缓慢。当哥特人已越过了海拔 4000 英尺的巴尔干高原时，德西阿斯的军队还在艰难地攀登什普加山口。在经过了一片荒无人烟的原野后，疲惫已极的罗马军在巴尔干山南麓的奥古斯塔—塔雅纳地方休息整顿。但他们没有意识到哥特人就在他们前方不远处。这时，哥特人迅速回军，袭击了罗马人的营寨。罗马人猝不及防，很快溃不成军。皇帝德西阿斯仓惶逃离战场。哥特人转而包围了菲利普城。城内守军将领朱利乌斯·普利斯库斯在此危急情况下背叛了帝国，自立为帝，企图博得哥特人的青睐，拱手让出了菲利普城。但哥特人并不信守诺言，而是在进城之后进行了惨无人道的大屠杀，死者计 10 万之众。许多居民，包括元老贵族被哥特人掳为战俘。普利斯库斯本人也未能侥幸活命。

这时，德西阿斯已率其残部退至多瑙河岸的厄斯库斯城。在此整顿了军队，并与迦鲁士率领的援军会合。他在哥特人后方筑起一道鹿砦防线，使一批忠勇的将士把守各路山口，欲阻止北方喀尔巴阡山的蛮人南下与哥特人会师。同时，他令迦鲁士防守多瑙河沿线，以阻断哥特人之退路。当时，德西阿斯身体已十分虚弱，甚至不能行军、登山，而且军马兵力也很不足，因为罗马帝国的高卢和东方各省正在发生暴乱，帝国政府已没有机动部队可以自由调动。因此，德西阿斯别无选择，只能在多瑙河沿线守株待兔，以雪当日劫营之耻。

后来，哥特人被罗马人完全包围了。他们军中的精英在菲利普一战中损失惨重；加之当地居民饱受蹂躏，已不可能为军队提供足够的军粮。哥特人企图用他们掠得的战利品作为议和的交换条件。但是，德西阿斯求胜心切，拒绝接受任何议和条件。这样，哥特人被迫背水一战。

251年6月，双方军队在莫西亚省一个不知名的小镇弗卢姆·特莱布拉尼（今多布罗加，在保加利亚境内）附近相遇。哥特军构成三道防线，其第三道防线的前沿阵地是一片沼泽。克尼瓦企图利用德西阿斯求胜心切的情绪，把罗马军诱入他的圈套。战斗一开始即异常激烈，德西阿斯的儿子埃尔尼乌斯·埃特卢斯库斯在战斗开始不久即中箭身亡。德西阿斯强忍悲痛，继续指挥战斗。罗马军迅速突破了哥特人的二道防线，向第三道防线发起进攻。这时，战况发生了根本的转折。罗马军欲夺取穿越沼泽地的小路，恰恰中了哥特人的计谋，因为这里处处是淤泥，一不小心，就会遭没顶之灾。罗马人难以停留，也不能前进，在一动即陷的淤泥中，他们手中的投枪根本投射不出去。可是，日耳曼人则习惯于沼泽地作战。他们身材高大，投枪又长，可以在远距离杀伤敌人。罗马军在这场战斗中伤亡惨重，皇帝德西阿斯亦壮烈牺牲。

德西阿斯逝世后，他的部将迦鲁士继承帝位。德西阿斯之子霍斯蒂利安虽也被首都人们拥立为帝，但他很快即被迦鲁士杀害了。迦鲁士独揽大权后（251—253年在位），同哥特人签订了和约。在和约中，迦鲁士答应使哥特人保有他们的战利品和大批有才华的战俘；同时供给哥特人一切军需给养，助其撤离帝国领土，另加上一笔贡金；哥特人则许诺他们不再侵犯罗马边境。

此后二年间，哥特人并没有停止活动。他们会同其他各族于252年骚扰了帝国的欧洲诸行省。253年，哥特人从海上向小亚地区发动了第一次远征，蹂躏了以弗所和佩西努斯。同年春天，哥特人首领克尼瓦再次向帝国索要更多的贡金，下莫西亚戍军首领伊米利乌斯·伊米利亚努斯在反击哥特人的战斗中取得了胜利，并自立为皇帝。10月前后，迦鲁士在发兵讨伐伊米利亚努斯时被其部将杀害。而伊米利亚努斯亦被弗利里安所取代。

罗马的内乱助长了哥特人侵略的气焰。254年，哥特人又一次渡过多瑙河，劫掠了色雷斯，直抵萨洛尼卡城下。但最后被罗马军队击退，且损失惨重。于是哥特人进入希腊半岛，希腊的居民陷于极度恐慌之中，他们修复了温泉关和科林斯地峡的防御设施，重修了雅典城墙，但却没有一支有力的军队能够有效地打击哥特人。因为与此同时，西部各省也受到蛮族的侵扰，潘诺尼亚、莱茵河流域及伊利里亚都处于危机之中。为了保卫家园，希腊人进行了积极的准备，许多城乡居民组织起民兵,参加抵抗侵略者的战斗。254 年以后,哥特人开始把其注意力转移到黑海的小亚细亚沿岸地区。

第二次罗马哥特战争

罗马人与哥特人第二个回合的冲突(259—261 年),主要发生在小亚细亚和黑海沿岸。而且,哥特人以骚扰性进攻为主,双方没有进行大规模战斗。

由于罗马军民在多瑙河一带对哥特人的成功抵抗,哥特人暂时停止了对巴尔干半岛和多瑙河沿岸的骚扰。罗马皇帝弗利里安在位(253—259 年)期间,哥特人开始向黑海和小亚地区发展。在今刻赤海峡附近的博里斯蒂内河流域,驻于乌克兰地区的哥特人及萨尔马特人,时常对帝国的小亚领土进行骚扰性进攻,罗马军队在此进行了较为成功的抵抗。

当时,在刻赤海峡周围地区,有一个博斯普鲁斯王国。这里本是古希腊移民和一些半开化的蛮族人建立的城邦,在罗马帝国早期,曾被米特拉达梯吞并,奥古斯都以后,归属于罗马帝国。3 世纪中后期,博斯普鲁斯王国发生内讧,一些篡位者把哥特人引入王国腹地。不久,哥特人控制了博斯普鲁斯王国的舰队,开始进行海上冒险活动。哥特人所控制的这支黑海舰队是由结构十分简单的小船组成的。小船皆用圆木凿成,平底,上有风帆,在暴风雨来临时,则张起临时船篷,以利船上人们避风雨。哥特人虽不善长航海,但其企图劫掠黑海南岸富庶之地的愿望,压倒了一切恐惧。

哥特人约于 254 年第二次进行黑海冒险,他们沿海岸东向航行,但收获不大;次年则攻占了罗马帝国东疆的庇底厄斯城和特拉比松德(今土耳其特拉布宗)。庇底厄斯城中守军曾在其将领萨克希阿努斯指挥下进行了英勇抵抗。但因萨克希阿努斯被调离该城,哥特人立即攻进城市,随后,哥特人航行 300 英里至黑海东端的特拉比松德城下。这座城市亦建于古希腊殖民时期,罗马皇帝哈德良在此建立了人工港口。城市规模很大,有 1 万守军,两重城墙。但是,城中守军纪律松弛,长年沉溺于声色享乐之中,有苟且偷安之心,无流血护城之意。哥特人看到了守军的这一弱点,在夜里用木柴捆贴城墙垒起了高高的柴堆。然后,手执武器沿柴堆爬上城墙,攻入了毫无防备的城市。城市居民惨遭杀戮,罗马守军则仓惶地从另一城门逃遁。城里神庙和宫殿也受到惨重破坏。哥特人攫取了城内贵族积蓄的无数珍宝,抓获了大批战俘。紧接着,哥特人又毫无顾忌地掠夺了本都省。他们的船只满载珍宝停靠在特拉比松德港口，被俘虏的青壮年则被捆去为哥特人划船。于是，哥特人凯旋回到博斯普鲁斯王国，略事休整后又开始第三次黑海航行。

256年，哥特人的大规模舰队又开始其海上冒险活动。他们这次沿着海岸西向航行，步兵随同舰队在岸上行军。这支大规模舰队穿过博里斯蒂内河口、德聂斯特河口和多瑙河口，渡过了博斯普鲁斯海峡，抵达小亚城市卡尔西顿。尽管这里有着坚固的城防。有数量上占优势的守卫部队，但由于军队腐败，厌战，他们没有进行任何抵抗，见到哥特人舰队的桅杆即弃城而逃了。城内丰富的武器和粮食、金钱储备皆落于哥特人之手。随后，哥特人劫掠了尼科米底尼斯、布尔萨等。这些小亚古城的居民已习惯了和平生活，对于突如其来的侵扰毫无思想准备，因此，哥特人的进攻和劫掠都十分顺利。

夺取布尔萨后，哥特人向马尔马拉海上的小岛基齐库斯出发。这时，已进入雨季，暴雨连日，河水猛涨，阻断了哥特人在陆上的进军。于是，哥特人只好在赫拉克利亚休整，到秋分时节即启程返航。因为哥特人认为，秋冬季节在黑海航行，是不明智之举。于是，哥特人在黑海和小亚的入侵，暂告休止。

第三次罗马哥特战争

哥特人第三次实行大规模的入侵(267—269年)，是以巴尔干半岛和希腊腹地为主战场的。

罗马皇帝加列努斯(259—268年在位)统治后期，哥特人的入侵又开始了。267年，他们仍从黑海出发，渡博斯普鲁斯海峡，毁灭了卡尔西顿，掠夺了尼科米底，然后进入伊奥尼亚，在以弗所烧毁了月神庙，并在回军时毁了特洛伊古城遗址；接着，小亚西部的利底亚、弗里吉亚和比西尼亚等地均遭涂炭；最后，哥特人取道卡帕多细亚和卡拉提亚回到赫拉克利亚港口。当罗马大将奥登纳修斯率军匆匆赶到赫拉克利亚港时，哥特人已满载掠获物和战俘扬帆远去。

268年，在前几次冒险中均获大胜的哥特人又开始准备新的进攻。他们在德聂斯特河口集结了一支庞大的队伍，据最保守的估计，仅船舶即有500艘。另一些史料中则说有2000到5000艘。如果按每艘船载25—30人计算，哥特人海军可达1.5万左右；另有32万步兵在黑海岸随舰队西行。无论如何，这是3世纪以来侵入罗马领土的最庞大的日耳曼人军队。舰队主要由黑海岸的航海民族赫鲁利人组成，陆军成员多是哥特人，另外还有黑海及南俄罗斯地区的其他民族。这支大军的目标已不是在黑海地区掠夺,而是直出博斯普鲁斯海峡西行,欲进入色雷斯和希腊腹地。博斯普鲁斯海峡欧洲一岸的拜占廷,和与它隔海相望的赫里索城,受到了这支舰队的侵扰和掠夺。但在穿越海峡时,由于水急浪大,通道狭窄,一些经验不足的水手无以应付,许多船只撞到岸边,有的则互相碰撞而损坏;加之罗马海军的进攻,这支海军出海峡后,已元气大伤。侥幸留存的舰队,沿途蹂躏了马尔马拉海和爱琴海上的岛屿和沿海城市。其中有基齐库斯,莱姆诺斯,斯基罗斯,科林斯,斯巴达和阿尔戈斯等。当时,已有300年之久未受战争侵害的希腊人,正在罗马官员克莱奥德姆斯领导下修复城防设施。但有一支哥特人进入了彼雷埃夫斯港,随后抵达雅典城,并大肆掠夺。驻守雅典的罗马官员德克西普斯迅速集结了雅典的部队,吸收了一批略有军事知识的雅典市民计2000人左右,占领了橄榄园的有利地形,构成严密的封锁线,以限制哥特人活动、迫使其撤出雅典。这时,克莱奥德姆斯在海上对哥特人的舰队发动了进攻,并大获全胜。在雅典守军的海陆军联合打击下,哥特人退出雅典,取道维奥蒂亚、伊庇鲁斯、马其顿北上。在经过菲利普城时,曾经攻城而未克。另一支驶出博斯普鲁斯海峡的舰队,在阿索斯山下休整后,包围了卡桑德拉和萨洛尼卡城。

这时,罗马皇帝加列努斯的大军已赶到伊利里亚,与另一支罗马军队会合于纳苏斯城(今尼什);海军舰队也进入爱琴海待命。在纳伊苏斯城外,罗马军与哥特军交锋。罗马军先败后胜,歼灭哥特人大军逾5万人,许多哥特人在流动战车阵内拥挤而死。这时,罗马后方发生奥勒俄卢斯的叛乱,迫使加列努斯回军西顾。在米兰城外,加列努斯被自己的部将谋杀。克劳迪乌斯继承帝位(268—270年在位),继续组织对哥特的战争。当哥特人因缺乏给养而从设于格萨克斯的大车阵中撤至马其顿地区时,又两次受到罗马骑兵的打击而退却。269年初,另一支哥特军渡过多瑙河,但由于饥饿和瘟疫的打击损失甚大,幸存者被罗马人俘获,用于从军或耕耘。

270年春,克劳迪乌斯染上瘟疫去世。哥特人和汪达尔人残部又组成联合部队渡过多瑙河进入帝国领土。罗马皇帝奥勒利安(270—275年在位)率军抵抗,经过了1天的激战后,罗马人和哥特人都不想继续对抗下去,双方签订了和约。和约允许哥特人自由地回到他们家乡多瑙河北岸,但他们需向罗马人提供

2000名士兵，包括骑兵。和约同意，罗马人将在多瑙河沿线设立定期集市，与哥特人进行物资交易。这2000名士兵将由罗马皇帝亲自统辖，使之受到罗马文化的正规教育，并使他们与罗马上层贵族通婚，实现罗马人与哥特人的民族融合。更重要的是，罗马宣布放弃达契亚省，从这里撤出所有的军队，从而使哥特人和汪达尔人在此定居，从事农业生产。原来驻于该省的罗马军队和居民则撤往多瑙河南岸。这样，罗马人似乎是退却了，但在实质上，却使哥特人成为罗马北疆的主要防卫军队。另一方面，不肯随大军南迁的罗马居民，留在了当地，与哥特人共同生活和劳动，帮助他们掌握了罗马的先进文化和生产技术，开始过定居的农业生活。多瑙河两岸的商业和文化交流也因此得到繁荣发展。从此，哥特人和罗马人间保持了较为友好的关系。

第四次罗马哥特战争

第四次罗马哥特战争（376—378年），是居于帝国境内的哥特人为反抗帝国统治者的暴政而进行的斗争。

376年，由于匈奴人的入侵，结束了哥特人与罗马帝国间的和平关系。匈奴原是中国北方的游牧民族，秦汉时期成为中国边境要患。汉武帝时期匈奴人被汉将打败，从此衰落。公元1世纪以后，匈奴人由于内部争夺单于位的冲突，分为南、北二部。南匈奴入居塞内，逐渐与汉人杂居、融合；北匈奴仍坚持与东汉王朝对立，处境日艰，遂于公元1世纪后期西迁乌孙，康居，约于4世纪出现在欧亚之交的草原上。不久，匈奴人击败了黑海以东的阿兰人，越乌拉尔河，伏尔加河，又打败了顿河草原上的阿兰人，于374年出现在黑海北岸，与东哥特人发生冲突。不久，匈奴人又打败了东哥特人，以黑海与多瑙河北岸地区为基地，向西哥特人发难。西哥特人无力抵抗，遂欲越过多瑙河边境，进入罗马帝国。

376年春，哥特人抵达多瑙河岸，苦苦哀求罗马当局允许他们过河。他们表示，若帝国允许他们定居于色雷斯和莫西亚地区，他们愿为帝国提供兵源，并遵守帝国法令，做帝国的顺民。地方官立即把这一信息火速报送朝廷。皇帝瓦伦斯（364—378年在位）召集文武官员讨论此事。大多数官员乐于接受这一事实。因为，自3世纪以来，多瑙河沿岸长期受到战争的侵害，土地荒芜、城市凋敝、人烟稀少，哥特人的到来将有助于这些地区农业的振兴和罗马军队兵源的补充。于是，帝国政府允许哥特人渡过多璐河,定居于莫西亚省。据史料记载,当时进入帝国领土的人数达30—40万,其中有半数以上的青壮年可以从军。皇帝瓦伦斯令边界将领采取措施安排哥特人定居,并供应粮食。开始,这些蛮族颇为遵纪守法。但是,腐败不堪的地方官吏和将军们利用这个机会,挪用贪污了帝国拨下来用于哥特人安家的费用,迫使哥特人出卖子女换粮;他们还任意捉拿无人保护的哥特人,强迫他们为自己种地,或把他们卖为奴隶。统治者肆无忌惮地虐待哥特男子,奸污他们的妻子,侮辱他们的孩子。许多哥特人不堪虐待,乘船渡海到小亚定居。留下来的哥特人,对政府的愤怒之情也日益高涨。最后,他们终于忍无可忍,于376年夏天发动了起义。参加这次起义的,不仅有西哥特人,而且有来自多瑙河北岸的东哥特人,阿兰人和匈奴人。多瑙河地区的罗马人(农民、奴隶、隶农和士兵)也参加了起义,声势十分浩大。起义军在哥特人首领弗里迪盖伦领导下,杀死贵族,或把他们驱赶到多瑙河北岸,夺取了他们的土地。对起义不加抵抗的城市则保持其自由,免纳租税,也不受侵害。罗马将领吕皮西那斯企图镇压这股声势浩大的起义巨潮,但在马尔西安堡惨败。当罗马政府匆忙在各省调集的援军集结起来时,起义军已控制了整个莫西亚。377年秋,两军在萨利西斯相遇,罗马军战败。罗马军中的日耳曼将领在这次讨伐他们自己同胞的战斗中表现甚为出色,但未能挽救罗马军的败局。不久,哥特人完全控制了色雷斯,对首都君士坦丁堡造成极大威胁。一场生死决战不可避免。

当时,东罗马皇帝瓦伦斯正在波斯前线,闻讯立即于378年4—5月紧急回师,稍事休整后于6月底开赴色雷斯前线。这时,哥特人已控制了什普加山口,并北据尼科堡,南守维罗亚,扼住了巴尔干半岛的中段。西罗马皇帝格拉提安(359—383年在位)也派大将塞巴斯提亚努斯率领援军来到,占领了色雷斯重镇亚得里亚堡,固守城池。弗里迪盖伦遂令哥特人退守卡比勒休整待命。此时,西罗马皇帝格拉提安率领的另一支援军也正向亚得里亚堡赶来。最初,瓦伦斯不顾军士疲惫,欲立即与西帝的援军会师,率军匆匆越过马里查山口。恰在此时,罗马人发现弗里迪盖伦的军队在向南移动,瓦伦斯担心哥特人会切断自己的后路,遂立即回师亚得里亚堡。然后,弗里迪盖伦又向布鲁克—德尔奔特山口迂回,造成欲切断瓦伦斯与首都之联系的假象。这就使瓦伦斯必须在等候援军和立即交战这两者之间做出选择。瓦伦斯选择了后者。他过低地估计了敌人的力量，满以为自己会轻易取胜，这一错误的判断导致他的失败。

378年8月9日黎明时分，双方军队开始出发，到中午时，双方阵线已清晰可见。罗马军仍由传统的步兵构成，以步骑兵混合军团居中，骑兵保护两翼。哥特人则排成传统的战车阵，弗里迪盖伦为了赢得时间，一开战即放出和谈的烟幕，但当他的骑兵从远处的牧场飞驰赶来时，弗里迪盖伦立即不失时机地向罗马军发动攻势。罗马军团正在全力攻击哥特人战车阵时，一支骑兵仿佛从天而降，冲垮了罗马军的左翼。罗马人猝不及防，被哥特骑兵践踏于马蹄之下，拥挤于战阵之中。罗马军的步兵左翼亦被突破，中军和后卫在骑兵冲击下大乱。罗马步骑军团和步兵大队的军士们，在惊慌失措中被挤压成堆，无以立足。战场上的皇帝卫队、轻装军队、投标兵、辅助兵及步兵等，在哥特骑兵冲击下，阵脚已乱。右翼骑兵和轻装步兵见大势已去，遂撤离战场。这时，被暴露于敌军面前的主力步兵陷于十分可怖的境地：他们侧翼被围，后有骑兵压阵，前有哥特人战车掩护下的大批哥特军士，无处可逃；但他们的队形又太过密集，在敌军的挤压之下无法还击；他们的长矛互相碰撞，七倒八歪，既站不起来，也无法挺枪战斗，很快被哥特骑兵击溃。到夜幕降临时分，瓦伦斯所带6万精兵已死伤4万多，只有少数人逃离战场，与先行逃命的右翼部队会合逃遁。瓦伦斯本人战死沙场。

哥特人在亚得里亚堡赢得的胜利，不仅是一次被压迫者反抗罗马暴政的胜利，而且是骑兵对步兵的胜利。它宣告了罗马的重装步兵将退出战争的舞台，起而代之的是灵活机动的骑兵。于是，哥特人当之无愧地成为中世纪骑士的祖先。

第五次罗马哥特战争

第五次，即最后一次哥特战争（379—382年）的主战场是巴尔干半岛北部。

亚得里亚堡之战完全毁灭了东罗马帝国的军队，因为瓦伦斯调去镇压哥特人起义的军队，是波斯前线和亚洲部队的主力。瓦伦斯死后，在小亚细亚及其他有哥特人居住的地区发生了罗马人对哥特人移民和雇佣军的报复性大屠杀，这使取胜的哥特人更加怒不可遏。于是，他们进行了十分残酷的破坏性战争。战争持续了三年之久，直到狄奥多西大帝（379—388年在位）登基以后这种混乱局面才告一段落。

狄奥多西本是西罗马的将军，他父

亲也是远征不列颠时期的名将。当亚得里亚堡之战进行时,他已卸甲归田,在西班牙闲居,瓦伦英逝世后,西帝格拉提安为了挽救东罗马帝国的危难,重新起用狄奥多西,并使他成为东方皇帝。狄奥多西到任后,由于瘟疫和饥饿,哥特人已撤离萨洛尼卡,狄奥多西不失时机地进驻该城。萨洛尼卡是北希腊重镇,位于爱琴海北岸,城内有公路直通多瑙河和君士坦丁堡:该城的优良港口停泊着来自亚洲和埃及的商船,可以源源不断地从海上得到给养和援兵。因此,萨洛尼卡是一座进可攻,退可守的要塞城市。狄奥多西以萨洛尼卡为基地,兵分两路对哥特人进行了讨伐战争。他的部将莫达雷斯率军东向色雷斯,扫除哥特人残部,他本人则北上抗敌,沿途进展顺利。但当年冬季(379 年)狄奥多西突染重病,几临死亡边缘,对哥特战争无法进行,已取得的成功亦付之东流。哥特人在弗里迪盖伦率领下蹂躏了塞萨利、伊庇鲁斯和阿黑亚;另一支哥特军直取潘诺尼亚,威胁西部帝国。西帝格拉提安在此关键时刻又一次派出援军,制止了哥特人北上之势。381 年夏天,格拉提安的军队抵达萨瓦河上重镇西尔米乌姆(今密特罗维查,在南斯拉夫境内),在此与哥特人议和。格拉提安在和约中允诺,帝国将为哥特人提供给养,而哥特人将为帝国提供士兵。9 月,格拉提安与狄奥多西的军队会师。不久,哥特人的领袖弗里迪盖伦去世,由于群龙无首,他们遂离开帝国边境而北上,从此不再构成对帝国的威胁。

382 年,狄奥多西与哥特人正式议和。和约中,狄奥多西允许哥特人继续在莫西亚定居,并把哥特人中的精英编入自己的卫队。这些哥特人没有被编入罗马军团中,而是直接向皇帝宣誓效忠,成为皇帝的亲兵;皇帝则给他们一笔年俸。此后,帝国的安危主要系于这些蛮人“同盟者”身上,因为他们实质上成了帝国军队的骨干。这样,哥特人与罗马人在战场上的公开对抗,转移到罗马政府机构内,成为哥特人军事贵族与帝国元老贵族间的对抗。帝国陷于新的危机之中。

罗马帝国衰亡

公元前 30 年,屋大维上台成为罗马的军事独裁者,由此开始了历史上的罗马帝国时期。此后的一二百年间,罗马帝国迅速扩大了领土,地跨欧亚非大陆,奴隶制经济呈现出非常繁荣的景象。

不过从 2 世纪末开始,罗马帝国开

非洲的罗马遗迹

始出现社会经济的混乱，大规模的奴隶制已经成为生产力发展的桎梏。农业萎缩，商业衰落，政局动荡，国内经常爆发奴隶起义，因此罗马帝国的这段历名被称为“三世纪危机”。

导致罗马帝国开始走向衰落的主要原因，在于奴隶所有制生产关系日益腐朽，已经成为生产力发展的桎梏，导致社会经济停滞和萎缩，政局陷于混乱状态。从2世纪中叶开始，罗马帝国通过大规模的对外战争而掠夺战俘，使之成为奴隶。但是奴隶主对奴隶进行残酷的压榨，而他们自己却过着穷奢极欲、荒淫无度的生活。因此，奴隶经常发动起义事件，他们破坏奴隶主的劳动庄园、矿场和手工作坊，导致奴隶主的生产遭到致命打击，奴隶经济迅速走向衰落。

奴隶制度的衰落，给帝国的整体经济带来了打击，此时，政府的税收减少，出现财政危机。为了克服财政困难，政府大量铸造不足值的劣币，到3世纪末时，银币的含银量只有法定的2%。劣币的发行，导致国内物价上涨，人民对政府失去信任，很多人开始放弃使用货币而宁愿实行物物交换。

与此同时，帝国内部中央政权的控制力量越来越弱，地方势力开始蚕食中央的权力，并且互相争权夺利。公元192年，当时的帝国皇帝康茂德被暗杀，导致军队和各行省的将军们纷纷拥兵自立，相互间展开内战。

从公元235年之后，罗马帝国更是

陷入了长期的混战之中。例如,在公元238年这一年中,罗马就出现了4个皇帝,但是他们都在几个月后的战斗中被杀。在公元238年以后的十五年中,罗马竟然换了10个皇帝。

塞维鲁王朝覆灭后,政局陷入混乱,出现了所谓"三十僭主"的局面。在西方,形成了包括高卢、西班牙和不列颠在内的高卢帝国,在东方则产生了地处叙利亚和美索不达米亚之间的帕尔米拉帝国。这些"帝国"分别拥有自己的军队和行政机构,并且还可能拥有独立的经济体系,例如独自发行货币等。

自由民和城市的中下等阶层也在不稳定的政局中日益贫困,甚至沦为隶农,处境和地位和奴隶几乎一样。不满的人民群众不断爆发起义,在北非、西西里和高卢等地都发生了人民起义。

在3世纪中叶爆发的"巴高达"运动是当时最大的起义。起义者包括奴隶、隶农和城市贫民,他们占领了高卢的大部分农村地区,并且贡献了很多城市,建立了一支强大的军队。罗马政府于273年暂时平息了这次起义,但是在此后的一百五十多年间,巴高达运动始终在进行。

罗马国内政局的混乱导致边疆防守的放松,因此边疆的驻军根本无力抵抗外族的入侵。来自多瑙河和莱茵河地区的日耳曼民族的部落如潮水般涌入高卢地区和意大利北部,到3世纪70年代时,他们已经进入到意大利的中部,直接威胁到罗马。在东部,东哥特人不断侵入小亚细亚和希腊半岛,波斯萨珊王朝也不断向西侵犯,并在罗马皇帝瓦勒里安出征时俘虏了他。

公元284年,戴克里先(公元284—305年在位)杀死了一个月内杀害了两个罗马皇帝的军官阿培尔,登上了罗马的帝位。此后,戴克里先采取各种措施加强王权。首先,他把元首的称号正式改为"君主",规定君主的权力不受任何限制。这种君主制成了后期罗马帝国相袭的一种统治形式。

其次,戴克里先还意识到他一个人不可能对付国内的奴隶起义及外族入侵,于是把罗马分成两个部分,由东部各省组成东罗马帝国,西部各省组成西罗马帝国。东、西罗马帝国分别设立一个皇帝,并享有同样的统治权。戴克里先自己统治东罗马帝国,而将西罗马帝国委托给好友马克西米治理。后来,他们又各自把统治区域分成两个区,为自己使用了副职恺撒。从此,戴克里先和他的3个助手共4个人分别治理帝国的一部分,历史上称为"四帝共治制"。

最后，戴克里先还将雇用兵制改成征兵制。在戴克里先之前的帝国，由于罗马没有可用的士兵用来抵抗外族的入侵，因此雇佣了其他外族的士兵来抵抗另外民族的入侵。采用了征兵制后，罗马暂时有了大量的士兵和军队，并将军队分成边防军团和内地机动军团，分别负责抵御外族入侵和国内的人民起义。

当然，戴克里先还在货币、税收等方面也进行了改革。

戴克里先退位后，君士坦丁（公元306—337年在位）于公元306年登上罗马帝位。但是此时罗马帝国东部的李西尼却一反戴克里先原先的愿望，和君士坦丁争夺罗马帝国的统治权长达数年之久。

公元324年，君士坦丁废除了“四帝共治”制度，独揽军政大权，重新统一了罗马帝国。由于帝国经济、文化重心东移，君士坦丁认为罗马不足以作为帝国统治的中心，因为一旦北方的外族再向内陆挺进，罗马城就岌岌可危，因此他在330年把罗马迁往东部的拜占廷，并将之改名为君士坦丁堡。

此外，君士坦丁在许多方面继续执行戴克里先的政策，改组国家机构，扩充官僚体系；颁布一系列法律，竭力维护奴隶制度，使得奴隶和隶农的境遇更加恶化；加强对奴隶的奴役和镇压，明确指出奴隶主有权处死奴隶，宣布贫民出卖子女为合法。

帝国通过一系列法令，剥夺隶农的自由。332年10月30日，皇帝君士坦丁发布敕令：“任何人，不但应把隶农送回原地方的原主，而且应该负担隶农在那个时期（即归他所有的期间）的人头税。”从此隶农被固定在奴隶主的土地上。

为了利用基督教巩固反动统治，君士坦丁又颁布米兰敕令，承认基督教的合法地位并加以特殊保护，使基督教逐渐成为帝国的重要支柱。

戴克里先和君士坦丁的改革，并不能挽救趋于瓦解的罗马帝国。公元337年，君士坦丁病逝，罗马内部争夺帝位的斗争重新开始。君士坦丁的3个儿子将罗马帝国一分为三。不久，三兄弟之间又开始了争夺领土和权力的战争。

公元379年，狄奥多西一世（公元379—395年在位）当政，并一度恢复了罗马的统一。但在他死后，罗马帝国就分裂为两部分：西罗马帝国以罗马城为首都，东罗马帝国以君士坦丁堡为首都。罗马帝国从此彻底分裂为东西两个帝国。

西罗马帝国的统治者依然推行各种反动的措施，企图加强奴隶制在帝国的统治。不仅如此，统治者们还通过法令的形式剥夺隶农的权利，使他们降到和奴隶相似的地位。公元396年，西罗马帝国皇帝阿卡第乌颁布敕令，禁止隶农控告自己的主人，隶农全部财产归主人所有。422年又明令宣布剥夺隶农签订任何契约与合同的权利。在瓦伦廷尼安三世统治时期(425—455年)规定，隶农的身份是世袭的。当时的法律规定，主人可以像拷打奴隶一样拷打隶农，隶农的婚姻和奴隶的婚姻一样，仅被视作简单的同居。

这些事实说明，阻碍社会发展的并不仅仅是哪个皇帝，而是整个奴隶制度和奴隶主政权，除非废除这些制度，封建制度才能在古罗马顺利发展，而日耳曼人的入侵，则加速了这一过程。

公元374年，亚洲北部的匈奴人进入欧洲，征服了那里的阿兰人和东哥特人，并向黑海北岸的西哥特人进攻。西哥特人在匈奴的进攻下，不得不渡过多瑙河，向巴尔干半岛迁移。他们向罗马帝国提出了进入罗马帝国的要求，在经过和罗马皇帝的谈判后，罗马帝国同意这些罗马的“世敌”进入罗马，但是这些西哥特人有为罗马帝国御边的责任。

但是皇帝原先允诺的粮食并没有运到西哥特人守卫的地区，这些地区的罗马官吏则任意欺侮这些西哥特人，甚至任意抓人充当罗马奴隶主的奴隶。378年，不堪忍受的西哥特人举行武装起义，当地的奴隶和隶农纷纷加入起义队伍。起义军占领了墨埃西亚和色雷斯，罗马军队毫无招架之力。西罗马皇帝瓦伦斯急忙调集守卫在东罗马边界上的军队。不久，两军在阿得里亚堡展开决战，起义军歼灭了2/3的罗马军队，瓦伦斯也被哥特人围在一所房屋里烧死。

公元401年，西哥特人在首领阿拉里克领导下，从巴尔干半岛侵入意大利，西罗马皇帝一度要求向阿拉里克献纳大量财物而让阿拉里克暂时放弃对罗马的围攻。但是阿拉里克拒绝了西罗马帝国的请求，继续向罗马城挺进，沿路的奴隶和隶农纷纷加入这支西哥特人的队伍。在4万奴隶和数万“蛮族”出身的罗马士兵的配合下，终于在410年攻占了被称为“永恒之城”的罗马城。

西哥特人冲进了罗马城，经过三天三夜的洗劫后，罗马城到处是燃烧的大火，巍峨的殿宇和壮丽的宫殿化为一片焦木。

公元419年，西哥特人在高卢南部和西班牙地区建立了第一个得到罗马帝国承认的“蛮族”王国——西哥特王国。到5世纪中叶，西罗马帝国的境内已经出现好几个日耳曼人建立的王朝。

继西哥特王国之后，汪达尔人也经

过高卢进入西班牙，后来由于西哥特人的威胁，他们横渡直布罗陀海峡而占领了北非首府迦太基城，建立了汪达尔王国。在奴隶和隶农的支持下，汪达尔人迅速占领整个北非，罗马帝国的贵族大部分被屠杀和逃亡到东方各行省。公元455年，汪达尔人渡过海峡而攻占了罗马城，劫掠了大批奴隶和金银财物。

罗马城遭到汪达尔人洗劫后，西罗马帝国从此一蹶不振。罗马城经过几次蹂躏，从原先的几十万人口一下子变成了7000余人。瓦伦斯之后的西罗马帝国的皇帝们为了避免帝国灭亡的命运，都做了极大的努力，但是仍然不能摆脱亡国的命运。帝国的皇帝们已经不住在罗马城，而是龟缩在沼泽围绕的拉温纳。他们得不到帝国军队的保护，反而成为雇佣军的傀儡。

此后，西哥特人再次侵入意大利，法兰克人和阿勒曼尼人侵占了莱茵河地区，西哥特人一部和汪达尔人一部共同占领了西班牙。

公元476年，西罗马帝国最后一个皇帝罗穆勒·奥古斯都被日耳曼雇佣兵首领奥多亚克废黜，西罗马帝国至此正式宣告灭亡。就这样，这个曾称霸地中海、历时12世纪的奴隶制大帝国，终于在国内奴隶起义和外族入侵的情况下覆没了。

民族迁移与西罗马灭亡

公元1至2世纪，是罗马帝国的强盛时期，它雄踞于地中海一带，俨然是一个不可一世的大帝国。然而，到公元3世纪，罗马的奴隶制便出现了严重的危机，农业衰落，政局动荡，帝国的没落已成无可挽回之势。这时候，东方的游牧民族大规模向西迁徙，也开始冲击罗马帝国的城墙。

公元前6—前1世纪，在欧洲中部日耳曼尼亚的广阔土地上，居住着许多语言和物质生活相近的部落。他们来自斯堪的那维亚南部和日德兰半岛，被古希腊、罗马人称为日耳曼人。日耳曼人居住在北至北海和波罗的海南岸，西到莱茵河，南抵多瑙河的广大区域内。

公元前2世纪，日耳曼人与罗马人发生了冲突。到公元9年，双方在战略上取得某种均势，暂罢干戈。这时候日耳曼人进入原始社会末期，力量日益强大，而罗马帝国则日渐衰落。此时位于亚欧大陆另一端的匈奴，在汉帝国精锐骑兵的攻击之下，于公元前1世纪左右，开始了缓慢的向西迁移，在匈奴的推动之下，其他民族也一波一波向西运动，在这种背景下，出现了震动世界的民族大迁徙。公元2世纪,原住维斯拉河河口地区的哥特人由于人口增多,原住地狭小而开始南迁,到4世纪形成东西两个大部落,称为东哥特人和西哥特人。公元375年,顿河草原上的匈奴人进攻东哥特人,逼迫日耳曼部落向西大迁徙,成为日耳曼人征服欧洲奴隶制罗马帝国的起点。

与此同时,公元395年,罗马帝国终于分裂为东西两部,即以君士坦丁为首都的东罗马帝国和以罗马城为首都的西罗马帝国。千疮百孔的罗马帝国民怨沸腾,奴隶起义风起云涌。所以,日耳曼人所到之处都受到奴隶、隶农的欢迎。西哥特人仅用几年时间就踏遍了意大利全境。最后,他们矛头直指帝国首都——罗马。

公元408年,西哥特人在他们最有名的勇士阿拉里克的率领下向罗马挺进。阿拉里克出征前曾对妻子许愿说:"我要打进罗马,把城里的贵妇给你做奴婢,把他们的财宝给你作礼物。"阿拉里克首先占领了罗马的港口,断绝了罗马的粮食来源。这令罗马的统治者惊恐万状。罗马元老院决定派军使到阿拉里克那里求和。最后终于达成了协议:罗马人出黄金5000磅,白银3000磅,绸料4000块,皮革3000张,胡椒3000磅。罗马人为了凑足5000磅的黄金,甚至将金质的神像都熔化了。哥特人收到这些贡品,才允许罗马人出城买粮食。

公元410年,阿拉里克决定打进罗马城,他向士兵们宣布:攻进罗马,可以任意抢劫三天。于是在一个雷电交加的夏夜,穿着兽皮的西哥特人吹着牛角号,冲进了罗马城,三天三夜的洗劫,四面八方的大火,使巍峨的殿宇、壮丽的宫殿化为一片焦土。金质神像和黄金器皿装满一车又一车,都被拉走了。

抢光、烧光之后,哥特人在入城的第六天放弃了罗马,向意大利南部推进。不久,阿拉里克突然死去,据说哥特人强迫罗马俘虏排干了一条河,把阿拉里克的遗体和无数宝物一起埋在河底,然后再把水放进河里。工程完成后,全部俘虏都被杀死。所以阿拉里克的葬地及殉葬品始终未被发现。

其他地区的民族迁移与欧洲版图的雏形

公元419年,阿拉里克之孙提奥多里克出任领袖,他以土鲁斯为首都,建立西哥特王国。从此,西哥特人历经半个世纪的大迁移活动结束了,他们在南高卢和西班牙定居下来。

在哥特人西迁的同时，居住在潘诺尼亚的日耳曼人——汪达尔人、苏维汇人和阿兰人，因受到匈奴人的威胁，也被迫西移，到达了诺立克和里西亚两省，从此，开始踏上大迁移征途。公元410年，汪达尔人、阿兰人越过莱茵河，进入高卢。在高卢劫掠两年后，他们又越过比利牛斯山到达西班牙，占领了整个伊比利亚半岛。苏维汇人获得了西北部的加里西亚，阿兰人占领西部地区，其余部分归汪达尔人占领。公元416年，西罗马皇帝唆使同盟者西哥特人进攻西班牙。经过十年战争，汪达尔人、苏维汇人、阿兰人被驱逐到了边远地区。新上任的汪达尔人领袖盖塞利克，为了摆脱困境，决计去攻打罗马的北非行省。

公元429年5月，盖塞利克率兵8万渡过直布罗陀海峡，在北非登陆，受到奴隶和隶农的欢迎。盖塞利克先后征战十年，于439年占领北非首府迦太基城。这标志着罗马帝国在北非的六百年统治的结束。盖塞利克以迦太基为首都，建立了汪达尔人王国。

居住在莱茵河和马斯河之间的日耳曼人，被称为法兰克人，他们分滨海法兰克人和滨河法兰克人两部分。公元5世纪初，他们趁高卢地区的巴高达运动（奴隶、隶农反对奴隶制，梦想恢复农村公社的斗争）的发展，于420年向南推进。但法兰克人的迁移是以原有土地为根据地向外蚕食的办法进行的。

在法兰克人向北高卢进发的同时，原居住在奥得河口一带的勃艮第人也南下进入高卢，在罗纳河流域定居下来。

公元451年春，匈奴国王阿提拉率军攻打高卢。西罗马军事统帅阿提乌斯联合西哥特人、勃艮第人、法兰克人，于6月20日在卡塔龙尼安平原的特洛伊城附近与匈奴人会战。两军伤亡惨重，不分胜负。阿提拉退出高卢，阿提乌斯也回到意大利。滨海法兰克人乘机南侵罗马土地。不久，勃艮第领袖贡德里斯以里昂为首都建立勃艮第王国，于是西罗马政府同北高卢的联系中断了。

由于法兰克人、勃艮第人的相继入侵，罗马在高卢的领土很快被分割完了。当时西哥特王国占领南部、西南部，东南部归勃艮第王国所有，西部为不列颠人占领，只有高卢中部地区仍属于西罗马帝国，但已同西罗马隔绝，由高卢贵族西阿格留斯治理。公元476年，西罗马帝国灭亡，西阿格留斯处于四面楚歌之中，滨海法兰克人克洛维继承墨洛温为首领，联合其他法兰克人向西阿格留斯王国进攻。公元486年，双方会战于苏瓦松，西阿格留斯兵败被杀。克洛维就以苏瓦松为首都,建立法兰克王国。不久,又将首都迁到巴黎。496 年,克洛维皈依基督教,并把西哥特人赶出高卢。到公元 6 世纪中叶,法兰克王国便据有与现在法国大致相同的疆域,成为当时西欧最强大的国家。

大不列颠岛上的最早居民是凯尔特人,公元 1 世纪中叶大不列颠被罗马征服,罗马派总督治理。但罗马的统治主要在东南部平原区,西北部山区仍为原始的凯尔特人控制着。从公元 4 世纪起,罗马帝国在奴隶、隶农起义和日耳曼入侵的联合打击下,日渐衰落,帝国政府就不断从边远行省不列颠撤军,从 407 年开始,至 442 年全部退走。从此,罗马对不列颠的长达四百年的统治结束了。于是这就给了另两个日耳曼部落以可乘之机。他们就是居住在日德兰半岛南部的盎格鲁人和居住在易北河、威悉河下游的撒克逊人,由于二者语言风格很难区分,因此被称为盎格鲁·撒克逊人。

他们同法兰克人毗邻,但势力比法兰克人小,无法越过法兰克人向高卢发展,因此从公元 3 世纪起,他们就划着小船横渡北海,从事海盗劫掠活动。为了防止这些海盗袭击,占领不列颠的罗马人,沿东南海岸建立起一系列要塞和瞭望台,配备军队专门防守,从而限制了盎格鲁·撒克逊人的活动。但是,随着罗马帝国的衰落,尤其是罗马军团撤退后,凯尔特人内部发生争斗,使盎格鲁·撒克逊人得以大举进入不列颠。

公元 5 世纪中期,当匈奴人进犯北欧时撒克逊人从北海的东南岸启程,乘船到达沃什湾进入英格兰,然后溯乌斯河向南进发,在剑桥附近上岸,再沿罗马人修筑的伊克尼尔克大道进入泰晤士河流域。盎格鲁人则横渡北海,取道恒比尔河口进入英格兰的中部。凯尔特人同入侵者进行了激烈而持久的战斗。公元 500 年左右,凯尔特人中出现了一位能干的武士阿鲁狄尔,他采取坚壁清野等策略,打了一连串胜仗,遏止盎格鲁·撒克逊人前进达几十年之久。直到公元 550 年以后,入侵者才又重新向前推进。南部撒克逊人把疆土扩展到布里斯托尔湾。公元 613 年,盎格鲁人在今日诺丁汉郡的切斯特获胜,把占领区推进到爱尔兰海岸。这时,不列颠的大部才被盎格鲁·撒克逊人占领。从此,他们便在这个岛上定居下来。

而日耳曼人中的东哥特人,曾一度归顺匈奴人并进兵欧洲,长期活动于达基亚和潘诺尼亚一带。匈奴帝国解体后,经东罗马皇帝马尔契安同意,他们定居于潘诺尼亚。公元 476 年,西罗马帝国的军队统帅日耳曼人奥多亚克举兵叛乱，推翻皇帝罗穆洛·奥古斯都，西罗马帝国灭亡了。西罗马帝国的灭亡引起了东罗马帝国的震动。奥多亚克政变后建立的军事贵族掌权的王国，被东罗马人视为眼中钉。于是东罗马皇帝唆使东哥特人向奥多亚克王国进攻。东哥特国王狄奥多里克巧妙地利用罗马贵族敌视奥多亚克政权的情绪，仅用3年就征服了意大利，建立了意大利东哥特王国，领土包括现代的意大利和瑞士、南斯拉夫一部分。

东哥特王国的巩固与扩大，又引起东罗马的嫉恨。从公元534年开始到公元554年结束，东罗马用了二十年时间消灭了东哥特王国，而它的财力、物力也消耗殆尽。公元568年，日耳曼人的一支伦巴德人，越过阿尔卑斯山，到达波河流域，其目的是侵占领土，长期定居。他们在军事首领阿尔波音的率领下大举入侵意大利，迅速打垮东罗马军队，占领北部意大利，建立伦巴德王国。

从公元4世纪末到6世纪末，经历二百多年，先后有十几个日耳曼部落冲进罗马帝国，建立各自的国家。这些国家很大程度上影响了后来欧洲的政治力量布局。这次大迁移不是和平迁移，而是日耳曼人对罗马帝国的征服。在这个征服的基础上使罗马因素与日耳曼因素结合起来，逐渐形成了西欧特殊形式的封建社会。在这种总体上介于封建性质的国家中，还存在着原始农村公社的残余，被称为“马尔克”。现在西南欧的格局，也是由日耳曼人大迁徙确定下来的。欧洲历史从此揭开了新的一页。

后期罗马帝国

1. 3世纪危机

从公元2世纪末到3世纪末，罗马奴隶制社会在经济、政治等方面爆发了全面危机，史称三世纪危机。

罗马奴隶制的危机早在2世纪已在意大利露出端倪，到了3世纪由于奴隶制社会基本矛盾的发展、激化，终于导致农业萎缩、商业衰落、城市萧条、财政枯竭、政治混乱、奴隶起义此伏彼起，整个罗马社会陷于动荡之中。

与经济危机相伴而行的是政治动乱。安敦尼王朝最后一个皇帝康茂德（180—192年）被杀以后，帝国内部各军事将领之间就爆发了争夺帝位的内战。战争结果，潘诺尼亚省军团的将领塞维鲁被军队拥立为皇帝（193—212年），建立塞维鲁王朝（193—235年）。塞维鲁是非洲人，出身于富有家庭。他做皇帝以后，首先对军队进行了改革。193年，他解散专横跋扈和已经堕落的旧近卫军，从各省军团中选拔新的近卫军。他提高军人待遇，并允许士兵的家属可以居住军营附近，士兵可以在家里住，只是有军事任务时才住在军营里。士兵在驻防区又得到分配的土地。

塞维鲁用军团的军官充任行政长官和各行省的统治者。他加强中央集权，以元首顾问会为国家的最高机关。它的决议可以代替元老院的法令。因此元老院管理国家事务的职权实际上已被解除。塞维鲁统治时期，又对安息进行侵略，使罗马在幼发拉底河以外扩大了疆域。211 年，他率领军队出征不列颠的时候，死在不列颠。据说他对儿子的最后遗训是“愿你们兄弟和睦，让士兵们都发财致富，其余的人不在话下”。

塞维鲁的儿子卡拉卡拉即位后，除了增加军饷，贿买军队外，还于 212 年颁布了一项把罗马公民权授予帝国全体自由民的敕令，史称卡拉卡拉敕令。这一敕令是帝国时期扩大统治阶级的社会基础这一趋势的必然结果。其目的，既在于缓和阶级矛盾以利统治，也在于扩大税源，使一切自由民都和罗马公民一样担负遗产税及其他捐税。然而，增加税收仍无济于事。217 年，卡拉卡拉为近卫军所杀。到塞维鲁王朝末帝亚历山大·塞维鲁统治时期(222—235 年)，母后当政，元老贵族取得优势。元老组成特别委员会，施行了另一套挽救危机的措施：紧缩开支、降低赋税、确定主人对隶农农具的所有权，准许二十岁以上的自由民卖身为奴，把土地、牲畜和奴隶分给边疆移民以扩大兵源。这些措施当时已经行不通，又遭到军队的强烈反对，起不到什么作用。罗马又陷于混乱，亚历山大·塞维鲁被哗变的士兵所杀(235 年)。

塞维鲁王朝覆灭后，士兵拥立马克西米(235—238)为帝，不久也为部下所杀。238 年一年内，元老贵族推出四个皇帝，不久全为兵士所杀。随后，十三岁的戈尔迪安三世即位，以充当近卫军的傀儡。此后十五年，发生了多次政变，换了十个皇帝。从 253 年到 268 年，进入所谓“三十僭主”时期，军团和行省都拥立皇帝，互相残杀，政局一片混乱。在这期间，高卢曾出现独立的“高卢帝国”，叙利亚、埃及曾经分立，中央政权实际上处于瘫痪状态。

与此同时，帝国边境“蛮族”部落的侵袭日益加紧，帝国边境的防线到处被“蛮族”突破。日耳曼部落从莱茵河右岸进入高卢地区和北意大利，哥特人从多瑙河下游劫掠黑海地区，并进入爱琴海一带和小亚细亚。在东方，新兴的波斯也不断向幼发拉底河一带进攻。从前强盛一时的罗马帝国，至此已是一片风雨飘摇、山河破碎的局面。

2. 戴克里先和君士坦丁的改革

“三十僭主”之后，从 268 年至 283 年，帝国的皇帝中有 4 个是来自伊利里亚的军人，因此，被称为伊利里亚诸帝。在奥列尼统治时期(270—295 年)，一方面与各行省和意大利的大土地所有者结成联盟，一方面残酷镇压人民的反抗斗争，使政局暂时稳定。公元 275 年，奥列尼被暗杀。在此后的十年间，帝国又相继出现了 3 个皇帝。284 年，近卫军长官戴克里先(284—305 年)取得了帝国政权，罗马进入了后期帝国时代。从这时起，罗马皇帝不再称为元首，改称“君主”。由于共和国国家机构的一切残余均已消失，因此，政权形态被称作“君主制”。戴克里先仿效波斯皇帝，身穿皇袍，头戴皇冠，要求所有视见皇帝的人须行跪拜之礼，并宣扬自己是罗马大神朱庇特的后裔，被奉为神明。

为了加强统治，戴克里先进行了一系列改革。为了防止人民起义和外族入侵，他下令把帝国分成四部分，由其 3 个副手和他共同统治，即所谓“四帝共治制”。四帝中有两个正职，由戴克里先和马克西米安担任，称奥古斯都；两个副手称“恺撒”。并规定“奥古斯都”任职二十年，二十年后，将权力交给“恺撒”，并将他们收为奥古斯都的继子或女婿，其目的是用亲缘关系巩固统治，防止发生军事政变或宫廷政变。但实际上，在戴克里先统治时期，最高权力仍属戴克里先。为了防止行省的分裂倾向，他重新将帝国划为 100 个行省，分属几个行政区。行省中实行军政分立，行省总督不再掌握军队。此外，戴克里先还对军队进行了改编，将军队的编制增至 72 个军团，军种分为边防军和巡防军，并招隶农和蛮族加入军队，使军队进一步蛮族化。为了扩大税收，戴克里先改革了税制，对农村人口一律收土地税和人头税，对城市人口收人头税。此外，还进行了币制和物价方面的改革。

公元 305 年，戴克里先宣布退位。随着戴克里先的退位，四帝共治制也随即破灭，在他的继承者之间发生了相互敌对的斗争。312 年，君士坦丁一世在罗马的米尔维桥打败了罗克森提乌斯(马克西米安的儿子)，从而成了西部的惟一皇帝。次年，李锡尼乌斯获得了对东部的毫无异议的控制。这样在罗马历史上又出现了两个皇帝共治的局面。323 年，君士坦丁击败李锡尼乌斯，从而成了罗马世界的惟一统治者。

君士坦丁在其统治期间，首先废除了“四帝共治制”，加强皇帝的个人独裁统治，他任命三个儿子为恺撒，授权治理帝国各地。君士坦丁三世掌管西班牙、高卢和不列颠；君士坦丁西乌斯三世管辖叙利亚、埃及等省；君士坦图斯则治理意大利，伊利里亚和北非。君士坦丁的三个侄儿分别统辖北部边区和黑海一带。君士坦丁自己则直接控制帝国的核心地区：巴尔干、色雷斯和小亚。这种实际的分权管理由于有四个近卫军长官的存在而得到了保证，这四个近卫军长官领导着四个行政区：东方、伊利里亚、意大利和高卢。不过，这时的近卫军长官已经失去了其军事性质。

君士坦丁完成了戴克里先的官僚改革，增加了官僚职位，扩大官僚人数。同时实行官阶制，以严格的等级划分全国官员，按阶品授以尊贵的头衔，并享有一系列特权。这些特权包括：免纳租税，免除在市政机构中服役，免受拷打；也包括：可以进入宫廷，职管元首的审判等。高级军政官员完全由皇帝指派，效忠皇帝是他们的职责。皇帝的意旨已经成了惟一的法律。皇帝本身也已神化，凡是涉及皇帝本人的一切措施均冠以“神圣的”形容词。在军队方面，君士坦丁取消了近卫军，而用皇帝直接控制的宫廷亲卫队来代替它。这样，近卫军长官也就失去了其军事势力。军事领导权则交给“军事长官”和他的副手“骑兵长官”手中。同时，他又降低了边疆驻军的重要性和实力，使之变成地方民兵性质，由地方将领指挥。此外，他还大大的增加了军队中的日耳曼人的比例，大量接受日耳曼人在内地和边防内服役，有的甚至进入了宫廷亲卫队。四万名哥特人构成了“联盟者”的一支特殊的队伍，他们从帝国政府那里领取饷银，并为帝国服务。

为了表示专制政体的彻底建立，君士坦丁永远离开了罗马，并于330年正式宣布拜占廷为帝国的首都。罗马的元老院被迁到新的首都，新首都建立起了华丽的政府建筑物和神庙，并取名君士坦丁堡，意则君士坦丁的城市。从此，君士坦丁堡比罗马城占有了更重要的地位。君士坦丁的迁都表明，罗马城在帝国统治区内的位置日趋下降。

为了巩固帝国的统治，君士坦丁顽固地执行维护奴隶制的政策。他重申主人有权处死奴隶，准许父母出卖子女为奴，加强对逃亡奴隶及其煽动者的刑罚。被释放的奴隶如有“无礼”行为，奴隶主有权将他重新收为奴隶。332年，他又颁布敕令，禁止隶农从一个庄园逃到另一个庄园。任何人，若在他的地方内发现别人的隶农，不但应把发现的隶农送回原地，而且应该负担隶农在这期间（即在他的地方上生活期间）的人头税。至于隶农自己，凡是有意逃亡的就应该被束缚于不自由的地位，他们在这种奴役地位的惩罚下，就会被迫去完成与自由人相当的任务。君士坦丁还将手工业者进一步固定在他们所属的公会里，强制他们共同负担国家向他们分摊的赋税和徭役。317 年颁布的一项敕令说："造币厂的工匠要一辈子处于其现有的地位。"有些在皇帝作坊里工作的手工业者，还被打上烙印，以防止逃跑。君士坦丁把隶农和手工业者固定在土地上，限制他们的自由，实际上就是把他们重新降到奴隶的地位。

313 年，君士坦丁颁布"米兰敕令"，承认基督教的合法地位，同时还决定偿还他们先前被没收的财产，免除教会神职人员的徭役，使基督教成了罗马皇帝对内实行统治的精神工具。

3. 帝国的分裂

戴克里先、君士坦丁的统治，虽然缓和了三世纪危机的一些方面，但不能从根本上挽救正在没落的奴隶制度。相反，奴隶和其他劳动者的处境更加恶化，奴隶及接近奴隶的隶农与奴隶主之间的阶级对立和斗争，在这一时期发展到了空前广泛、激烈的程度。

帝国后期的社会经济，各地情形不一。帝国西部奴隶制发达的地区，农业、手工业、商业继续衰落，农村荒芜，城市萧条，社会经济表现出更严重的自然经济特色。帝国东部也经历衰落的过程，但有些行省表现较缓，有的地区经济还稍有发展。

帝国后期的社会阶级关系，以隶农地位下降为其突出表现。隶农一般耕种土地 20 犹格。他们的收获，一般约缴 1/3 给地主，还要给地主尽一些其他义务，交给国家的赋税，又约占 1/3，加上地方的摊派、官吏的敲诈，所剩无几，生活非常困苦。因此，隶农逃亡，参加起义，成为普遍现象。从君士坦丁到以后历代皇帝，都针对隶农制定了一系列法令，规定窝藏逃亡隶农者处以罚金；主人在出卖土地时，须连同隶农一起出卖；隶农不得与自由民结婚；隶农无权控告主人；隶农当兵，须经主人允许；隶农没有财产权，无权出卖农具和收获物。国家对土地、隶农和农业奴隶每五年调查一次，依据调查结果征收赋税。与此同时，手工业者、商人则被固定在同业公会组织中，公会成员应缴的税款、实物及应承担的徭役，由该公会负责。市议员也被固定在公职上,负责监督市民向国家缴税。对逃避的市议员,规定严厉的惩罚,或鞭打,或下狱,直至处死。4 世纪末的法令规定,在城市应缴税款不足或不能按期上缴的情况下,应处死三个市议员。因此,市议员逃避义务或逃亡的情况更加严重,有的弃家逃走,有的去当兵,等等。所以城市中的这一阶层,到帝国末期只剩下原有人数的十分之一。

在 337 年君士坦丁死后,帝国统治集团又发生了十六年争夺皇位的混战,随后也无法建立稳固的政权。提奥多西(379—395 年)虽曾一度恢复统一,但他死后把帝国分给两个儿子,于是帝国于 395 年正式分裂为二:西罗马帝国(首都罗马)和东罗马帝国(首都君士坦丁堡)。至此,统一的罗马帝国不复存在,昔日罗马的繁荣景象亦一去不复返了。人民贫困,人口锐减,经济衰败,城乡萧条,政局混乱,国家分裂,这一切便是罗马帝国的末日迹象。

4. 西罗马帝国的灭亡

继三世纪大规模的奴隶和人民起义之后,4 世纪 30 年代,在北非又爆发了阿哥尼斯特(意为争取正义信仰的战士)运动,参加起义的有奴隶、隶农、贫农和柏柏尔人。他们到处打击大土地所有者和奴隶主,烧毁奴隶名单和债券。起义虽被罗马帝国重兵镇压,但沉重地打击了罗马帝国的统治。4 世纪末期,在多瑙河下游居住的西哥特人,由于受到匈奴人的压迫,经罗马皇帝的允许,越过多瑙河进入色雷斯地区居住。不久,由于不堪忍受罗马统治者的压迫,举行大规模起义。公元 378 年,罗马皇帝瓦伦斯亲率大军前往镇压,结果全军覆灭,瓦伦斯也被打死。此后,提奥多西也前往镇压,但同样没能取得胜利,遂把色雷斯和马其顿让给起义者居住。395 年,西哥特人在阿拉里克的率领下又掀起起义,并进攻意大利。与此同时,日耳曼部落的汪达尔人和勃艮第人也从北方进攻意大利。410 年,阿拉里克围攻罗马,得到城内奴隶的响应。内应的奴隶打开了城门,被称为“永恒之城”的罗马陷入奴隶和蛮族人的手中。西哥特人洗劫了罗马之后,又进入高卢和西班牙,于 419 年在高卢南部和西班牙北部建立了西哥特王国。汪达尔人此时则进入西班牙南部定居,后来又渡海进入非洲的西北部,在迦太基故地建立了汪达尔王国。455 年,汪达尔人渡海进攻意大利,再次洗劫了罗马。

4 世纪末,匈奴西迁进入欧洲中部。五世纪中期,匈奴王阿提拉率大军攻入东罗马境内,东罗马战败求和。此后阿提拉又两次进军意大利。尽管罗马人联合西哥特人和法兰克人最后战胜了匈奴人，但是匈奴人给予西罗马帝国的打击是异常沉重的。此后，帝国在奴隶、隶农起义和蛮族入侵的双重打击下，已经奄奄一息。

到5世纪70年代，西罗马帝国已经土崩瓦解。西哥特人统治西班牙，汪达尔人统治非洲北部，高卢则成为法兰克和勃艮第人的天下，意大利则被东哥特人统治。西罗马皇帝已成为日耳曼人雇佣军手中的傀儡。476年，日耳曼雇佣兵的首领奥多雅克废除了罗马最后一个皇帝慕洛，西罗马帝国从此不复存在。

西罗马帝国的灭亡是西欧奴隶社会结束的一个标志。在此之后，封建制生产关系在西欧成长起来。东罗马帝国尽管由于历史和社会经济方面的原因，没有同西罗马帝国一起灭亡，但也同样经过奴隶起义和外族入侵的过程进入封建社会。

西罗马帝国末期尽管封建的生产关系萌芽已经成长，但是旧的奴隶制生产关系还有相当的基础，腐朽、保守的上层建筑还在顽强地维护旧的生产关系，从而使罗马奴隶社会走入绝境。而长达两个世纪的大规模的人民起义和外族入侵推翻了奴隶制生产关系的最后依托——罗马帝国政权，终于导致罗马帝国的灭亡，从此，西欧历史进入了封建时代。

中世纪世界史

伊斯兰世界的起源及形成

伊斯兰教

伊斯兰教，在中国又称回教、清真教、天方教，是公元7世纪初穆罕默德首传于阿拉伯半岛的麦加城，以后在世界各地获得广泛传播的宗教，与佛教、基督教并称为世界三大宗教。“伊斯兰”，意为“顺从”，即顺从惟一真主“安拉”的意志。一个信仰伊斯兰教的人称为穆斯林。现在全世界大约有8亿人信仰伊斯兰教，分布各大洲，特别集中在西亚、中亚、北非、东南亚各地。伊斯兰教传入中国已有1300多年的历史，现在全国共有10个少数民族信仰伊斯兰教，即回族、维吾尔族、哈萨克族、东乡族、柯尔克孜族、撒拉族、塔吉克族、乌兹别克族、塔塔尔族和保安族，共1,400余万人（据1982年人口普查数字）。

伊斯兰教包括理论与实践两个部分。理论部分包括信仰（伊玛尼），即信安拉、信天使、信天经、信先知、信后世。实践部分包括伊斯兰教徒必须遵行的善功和五项宗教功课（简称“五功”）。所谓“五功”即念“清真言”、礼拜、斋戒、天课、朝觐，简称“念、礼、斋、课、朝”。现分述如下：

伊斯兰教的信仰

伊斯兰教的基本信条（即所谓“清真言”）是：“万物非主，惟有真主；穆罕默德是真主的使者”。这里的真主，就是阿拉伯语的安拉。一个人只要承认这点，并用清楚的语言表白自己的信仰，在名义上就可以称为穆斯林。在这一基本信条之下，又分为五项信仰：

1. 信安拉。确信安拉是惟一的真主，反对多神和偶像崇拜。伊斯兰教认为真主是不可见的宇宙万物的创造者和

以色列的岩圆顶寺是世界上最古老的伊斯兰教建筑之一

恩养者，清算日的掌权者，全能、全知、大仁、大慈、无始、无终、独一无二、永生、自存、无形象、无所在、无所不在、不生育、亦不被生。《古兰经》中列举了安拉的美名达99个之多，集中到一点，就是“信主独一”。在一个盛行多神拜物教的社会里，对安拉的这一概念，具有统一信仰的划时代的意义。

2. 信天使。伊斯兰教认为安拉创造万物，天使也是安拉创造的。安拉派遣天使管理天国，但他们并无神性，只是执行安拉的命令。《古兰经》认为，人是安拉在大地上的代理者，天使也要向人祖下拜。人看不见天使。伊斯兰教在天使论中给哲卜利勒以最高的地位，据说是他把安拉的启示传达给穆罕默德。

3. 信天经。伊斯兰教认为《古兰经》是安拉的语言，是通过穆罕默德而降示的一部安拉的经典，也承认在穆罕默德以前历代先知所传的经典如《旧约》、《新约》

大马士革清真寺内殿的装饰——马赛克镶嵌画

等为“天经”，但认为它们有的已经失传，有的经过后人篡改而失真，只有《古兰经》是最后、最完善的一部天经，为穆斯林所遵行。

4. 信先知。伊斯兰教认为在每个民族那里都会出现一个先知，作为安拉的使者，向人们“报喜信，传警告”，但穆罕默德却被认为是一位最后的先知和安拉的使者，即“封印的圣人”。《古兰经》中所提到的先知，绝大多数是《旧约》和《新约》中记载的，这说明伊斯兰教是集闪族宗教（包括犹太教、基督教、哈尼夫思想、伊斯兰教等）之大成的宗教。

5. 信后世。伊斯兰教的后世论，是《古兰经》中最生动的部分。第75章被称为《复生章》，认为世界将有一天，一切生命都会停止，进行总的清算，所有曾在这个世界上生活过的人，都将“复活”，集中起来，接受安拉的审判，决定赏罚，善人进“乐园”，恶人进“火狱”。后世的信仰，一直是历代先知的教训的主要部分，伊斯兰教把它列为信条之一。

有些学者把“信前定”列为信条之一，成为“六信”。所谓“前定”，就是说，世间发生的一切事情，不论善恶，都是出自真主的意志。“前定”是伊斯兰教的一条重要教义，但在是否列为第六信仰上，伊斯兰教学者中尚有争议。

伊斯兰教的五功

伊斯兰教实践包括“五功”，它是一个穆斯林必须履行的宗教义务。“五功”的内容是：

1. 念“清真言”。“万物非主，惟有真主；穆罕默德是主的使者”。这是信仰的表白（即“作证”）。当众表白一次，名义上就是一个穆斯林。

2. 礼拜。这是穆斯林面向麦加“克尔白”（天房）祈祷的宗教仪式，主要有：每日五次礼拜，分别在晨、晌、晡、昏、宵五个时间举行；每周一次的星期五聚礼（主麻拜）；每年开斋节和古尔邦节的会礼。

3. 斋戒。每年在教历九月（“莱麦丹”月）斋戒一月，每天从黎明到日落禁止饮食和房事等。莱麦丹月是《古兰经》开始下降和穆罕默德开始为圣的月份。

4. 天课。这是伊斯兰教的宗教课税。信徒的资财达到一定数量时，每年

穆罕默德的阿拉伯文书法

必须提出其中一部分散给贫苦的穆斯林。天课原来是一种自由施舍，后来成为按信徒财产的不同种类以不同比率由国家征收的宗教税。近年来，在一些伊斯兰教国家中，天课与国家税收分开，又变成一种宗教性的自由施舍。

5. 朝觐。伊斯兰教规定，一个穆斯林，在身体健康、经济能力许可、旅途安全的情况下，一生中至少应去麦加朝觐一次。一年一度的麦加朝觐，是世界性的穆斯林大集会。

一些伊斯兰教者想在“五功”之外增加一项“圣战”（为安拉之道而战），成为“六功”，但不为大多数学者同意。

伊斯兰教不仅是一个宗教，而且是一个思想体系，一个伊斯兰教作为主导因素的文化。“政教合一”是伊斯兰教社会制度的特征。

伊斯兰教的主要经典是被称为“安拉的语言”而为穆罕默德所传述的《古兰经》；穆罕默德的言行录——哈迪斯（圣训）是《古兰经》的补充。教法（沙利亚）是后来伊斯兰教学者根据《古兰经》和圣训，并参考被征服地区的法律和风俗习惯，因时制宜而制定的穆斯林“行为的规则”或“法典”。研究教法的学问叫做教法学（斐格赫）。因对教法问题的看法不同而出现了许多教法学派，如哈乃斐派、马力克派、沙斐仪派与罕百里派。中国穆斯林在教法上遵行哈乃斐派的主张。伊斯兰教有许多传统的风俗习惯，例如饮食、婚姻、丧葬、宰牲等，都具有深厚的历史、民族、宗教和社会根源。伊斯兰教禁食自死物、血液、猪肉、未诵安拉之名而宰杀的牲禽等，还有禁酒，在《古兰经》中都有明文规定，在当时是对古阿拉伯人饮食禁忌上的一大改革。穆斯林严格遵守《古兰经》上的这些规定。但“为势所迫，非出自愿，且不过分的人，（虽吃禁物），毫无罪过”。

伊斯兰教主要有三大节日：开斋节（教历十月一日）、古尔邦节（教历十二月十日）和圣纪（先知穆罕默德的诞辰，教历三月十二日）。伊斯兰教有三大圣地：麦加、麦地那和耶路撒冷。伊斯兰教有两个主要教派：逊尼派（多数派）和什叶派（少数派）。什叶派也有自己的圣地和节日。什叶派的圣地有纳贾夫、卡尔巴拉（以上在伊拉克），库姆和马什哈德（以上在伊朗）。什叶派的节日有阿舒拉节（教历一月十日）等。

伊斯兰教的创立与发展

伊斯兰教是世界三大宗教之一，自创立之后，就对东西方都产生了重要的影响，至今对世界仍发挥着作用。这一宗教于公元7世纪时产生在阿拉伯半岛，创立者是穆罕默德。

渴望得到解救的阿拉伯人

阿拉伯半岛地处欧亚非三大洲的交汇处，因此，这里的居民在肤色上也兼有三个人种的特征。几乎被沙漠和草原所笼盖的阿拉伯半岛特别适合于游牧，独特的自然条件使得这一地区在古代农耕业不发达时期，一直比其他地区先进。

在世界各地普遍进入定居的农耕时期以后，阿拉伯地区的优势地位便开始消失。到公元5至6世纪之后，世界上许多地区早已进入文明时代三四千年了，然而阿拉伯地区，尤其是贝都因人居住的地方，却仍然未能摆脱原始的落后状态。经济、文化停滞不前，部落间的战争连绵不断，人们经常为争夺牧场和水草而展开血腥的厮杀。

摩洛哥哈桑清真寺的宣礼塔和石柱

但是，靠近红海的汉志地区的情况却比较特殊。这里虽是不毛之地，但却是从南部沟通欧亚的商业要道。东方的商品从印度洋运到也门，然后再由阿拉伯商人用骆驼驮着北上，通过汉志地区到达地中海，再从那里转送到欧洲各地。得天独厚的交通条件为汉志地区带来了繁荣，其中麦加和麦地那城最为出名。

麦加城位于整个阿拉伯地区南北交通的中枢，那些长途跋涉的商人通常都要在这里歇脚。因为这里有一口诱人的清泉井，这在视水如油的阿拉伯人眼中是很不寻常的，这里还有一块巨大的不知什么时候从天上落下来的黑色陨石，阿拉伯人将它看成是一个圣物。为了供奉这块圣石，还建了一座庙，名字叫克尔白神庙。远近的阿拉伯人常常成群结队地专程到此拜祭。同时，他们往往还随身带来一些货物互相交换。久而久之，一个大规模的交易市场就在麦加形成了。

公元6世纪，为了争夺也门、波斯和埃塞俄比亚发生了战争，这就使原来经过汉志的商路被切断了，麦加城由此陷入了十分困难的境地。公元 572 年,波斯人占领也门以后,没有恢复原来的商路,而是把运到这里的商品改道波斯湾进入两河流域,然后再运抵地中海。商路断了,财路同样也就断了,麦加人的收入因此急剧减少,变得越来越穷。为了争夺财富,阿拉伯人各个部落之间加紧了互相的掠夺,战争由此更加频繁。

此时汉志地区的大多数阿拉伯人都感到十分痛苦,但是又没有人给他们指出一条出路。绝望中,他们把希望寄托于神,希望神能解救他们出苦海。伊斯兰教于是在这种背景下产生了。

安拉的使者

穆罕默德(意为"受到高度赞扬")生于公元 570 年的麦加。他的父亲出身于哈希姆家族,以前是强盛的古莱西部落的望族,所以穆罕默德是这支贵族旁系的后裔。穆罕默德的父亲在穆罕默德出生前就去世了,穆罕默德的母亲也在他六岁时死去,在穆罕默德六岁至八岁时由他的祖父(克尔白神庙的管理人)抚养,八岁时祖父去世,由伯父收养。

穆罕默德的童年很苦,从小就得自谋生路。他当过放牧人,是一个半文盲,年青时他诚实可靠,相貌俊秀,在随伯父经商的时候,到过巴勒斯坦、叙利亚和许多地区。通过游历,穆罕默德增长了见识,对阿拉伯人民的各种痛苦也有了很深的了解。他又研究了基督教和犹太教的教义,知道了许多神话传说,同时也了解了这些地区的风土人情。另外,他还学会了观测天气、预测风沙和治病的本领。这一切都为他以后创立伊斯兰教打下了基础。

但是穆罕默德太穷了,他的抱负没有金钱和地位的保证,是无法得到施展的。于是在二十五岁时,穆罕默德和一个年龄比他大得多,名叫赫蒂彻的麦加富商的遗孀结了婚。从此,他在经济上一下子有了保障,开始进入上层社会。

在麦加城外,有一座幽静的小山,当地人都称它希拉山。穆罕默德经常独自一人到山里的一个小山洞里冥思苦想。他一直在考虑创立一个可以被大多数阿拉伯人接受的宗教,使那些整天处于痛苦之中的同胞得到解脱。他参照基督教和犹太教的经典,将其中他认为阿拉伯人能够接受的教义和阿拉伯原始宗教中的一些教义设法结合起来。但是这个工作太艰难了,穆罕默德为此常常在山中呆上许多天。终于,在 610 年的一天,他豁然开朗,想通了最关键的道理。不久,他从山上下来,便开始传教,这就是后来的伊斯兰教。

"伊斯兰"一词在阿拉伯语中原意为"顺从"。按伊斯兰教的观点,穆罕默德是伊斯兰教的复兴者而不是创始人。所谓复兴是因为在漫长的历史中伊斯兰教发展到尔萨(公元元年—40年)圣人时代之后中断了五百多年,到穆罕默德为圣时才复兴了伊斯兰教。穆罕默德宣称,世界上只有一个神——安拉,他是世界的创造者和人的创造者,人只有生前服从安拉,死后才能进入天堂,否则死后就会被打入地狱。穆罕默德自称为安拉的使者,由于自己是安拉的第一个信徒,所以他就是信徒的先知,是安拉派到人间的使者,传达安拉的意旨。信仰安拉的人被称为穆斯林,意为信仰安拉和服从先知。

虽然伊斯兰教教义在解决社会矛盾方面,要求人民采取消极的态度。但在另一方面,又给教徒提出了做人的基本准则,如为人行善,买卖公平,救济贫困,照顾孤寡老人等。此外,对偷盗和欺诈等犯罪行为,伊斯兰教义也规定要给予极为严厉的惩治。因此伊斯兰教教义也被信仰伊斯兰教的一些国家长期奉为法律。伊斯兰教的另一个显著的特点是一夫多妻。穆罕默德本人就在赫蒂彻死后,又娶了八个妻子。穆罕默德的施教早年并不顺利,头三年只有30多个人皈依他宣传的宗教,还遭到一些麦加富商和奴隶主贵族的反对。因为伊斯兰教是一神教,同传统的古莱西部落的多神教是极不相容的。同时,教义中提出的施舍济贫的主张,也损害了大贵族和富商的经济利益。一些贵族和富商时刻准备谋杀穆罕默德。在这种险恶的情况下,622年7月16日深夜,穆罕默德率领他的信徒离开了麦加,移居到麦地那,这就是伊斯兰教的"徙志",伊斯兰教把这一年定为伊斯兰历法的元年,历史上称为"希吉拉",意思就是大迁移。

雅特里布与麦加不同,这里不是顽固的古莱西部落贵族统治的中心,手工业和商业也很发达,贫民也较多。在这里,伊斯兰教很快便被人们所接受。在此基础上,穆罕默德制定了"伊斯兰教不仅是宗教权威而且是世俗权威,管理人们事务的统一力量应是信仰而不是部落"这一流传至今的法则。

不久,麦加贵族向雅特里布发动了进攻,企图消灭穆罕默德的势力。穆罕默德将雅特里布的教徒组织起来,建立了自己的军队,同麦加贵族进行了多次的战斗,打败了麦加贵族军队的进攻。628年,穆罕默德和麦加的贵族们签订了停战条约,使双方的战争暂时停止下来。

公元630年1月,穆罕默德以一个麦加人害死一个穆斯林为借口,集合了一支1万人的大军攻占了宗教中心麦加城。进入麦加之后,穆罕默德清除了克尔白神庙中的所有的部落神，只保留了那块陨石，作为全体穆斯林的圣物，又把克尔白神庙改为清真寺，并规定，每一个穆斯林一生中必须到这里朝圣一次。同时他还宽恕了他的大多数敌人，收复了各个部落，把非穆斯林赶出圣地，不接受伊斯兰教的人不得参政（但不会遭杀害或放逐）。自此，建立了穆罕默德在阿拉伯半岛的伊斯兰教的统治地位。

632年，穆罕默德在麦地那病逝。当时他没有留下遗嘱安排谁为哈里发（继承人），也没有谈到以什么形式推选哈里发。按照阿拉伯人的传统，领袖是从部落上层有威望的人中推选的。然而穆罕默德所建的公社包括了许多部落，哪个部落有优先权呢？由此，在伊斯兰教内诞生了两大主要派别——“逊尼派”和“什叶派”。

“逊尼派”全称为“逊奈与大众派”，阿拉伯语原意为“遵循传统者”。逊尼派是伊斯兰教中教徒最多的一个教派，占全世界穆斯林的90%左右。此教派的教徒主要分布在阿拉伯国家以及土耳其、印度、马来西亚等国。逊尼派虽然将其他不同信仰视为异端，却同时提倡求大同存小异，融合不同见解，努力调和真主的无限权威和人的责任这两个观念。

“什叶派”是伊斯兰教中仅次于“逊尼派”的第二大教派。“什叶”在阿拉伯语中意为“追随者”或者“派别”、“同党”。该派认为只有出身于哈希姆家族（即圣族）的阿里发及其直系后裔才是穆罕默德的合法继承人，否认阿布·伯克尔、欧麦尔、奥斯曼前三任哈里发的合法性。目前该派主要分布在伊朗、伊拉克、印度、巴基斯坦、也门、叙利亚、黎巴嫩、阿富汗、土耳其、巴林等国。

到16世纪时，伊斯兰教徒已经遍布世界各地。伊斯兰教的产生促进了阿拉伯地区的发展，对于阿拉伯地区的统一，抵御外来侵略也起到了积极的作用。但是，伊斯兰教中让教徒进行“圣战”的教义，使它在传教的过程中，具有极大的侵略性。伊斯兰教徒们正是以“圣战”的名义，在新月的旗帜下，挥舞着阿拉伯弯刀，进行猛烈的扩张，建立了许多富有侵略性的大帝国，比如阿拉伯帝国、奥斯曼土耳其帝国等。直到现在，伊斯兰教仍然在世界上拥有巨大的能量。

7世纪前的阿拉伯半岛

阿拉伯人原来住在阿拉伯半岛上。半岛位于亚洲西南部，是世界上最大的半岛，面积达300万平方公里，约为欧洲的1/3，绝大部分土地为沙漠和草原，叫做“内志”，气候干燥，土地贫瘠。半岛西南部的也门,气候温和,是一个富庶的农业区,称为“阿拉伯福地”,主要生产咖啡、椰枣和大麦。6—7 世纪时,半岛上的居民大多数为牧民,称为贝多因人。他们逐水草而居,放牧骆驼、羊和马匹。骆驼素有“沙漠之舟”之称,是阿拉伯半岛不可缺少的运输工具。在半岛西部红海沿岸,有一条狭长地带,叫做“汉志”。自古以来,这个地区就是亚欧两洲交通的一条重要商道,中国的丝绸、印度的香料、非洲的黄金和奴隶等,都经海路运往也门,然后由骆驼运到地中海东岸,再转运到欧洲。半岛上出产的椰枣、皮革和金银矿产等也通过这条商道运往境外。商路两旁形成许多商业据点和城镇,其中以麦加和雅特里布最为重要。

麦加城是个繁荣的城市,它是商道上的重要枢纽,手工业和商业都很发达。麦加城的多数居民是古莱西部落(意为收集财物),他们主要经营商业和服务行业,也有一些手工业者。麦加城有个克尔柏古庙。其中有一块黑陨石,为阿拉伯人所崇拜。每年春季举行的庙会,成为定期市集,各方的阿拉伯人常来赶集和朝拜神庙。古莱西部落的贵族组织和领导朝拜及交换事宜,从中获得大量的商业收入和其他经济收入。

阿拉伯人的社会发展是极不平衡的。半岛西南部的也门地区,早在公元前就建立了奴隶制城邦国家。7 世纪时,居住在汉志一带以及少数绿洲的阿拉伯人,处在原始公社解体和阶级社会产生的阶段。部落中分化出来的贵族占有较好的牧场、牲畜和奴隶。在通商要道的城市里,出现了商业和高利贷贵族。奴隶的主要来源是战争俘虏,也有人因犯罪和负债沦为奴隶的。阿拉伯人认为,掠夺是光荣的,为了争夺水草和牲畜,部落之间经常发生战争,氏族之间血亲复仇之风盛行。奴隶和贫苦牧民为了反抗贵族的剥削和压迫,经常起来反抗,捣毁贵族的帐幕,抢走他们的牲畜和财产。

6 世纪初,伊朗和埃塞俄比亚为了争夺半岛的西南地区进行长期战争,使也门地区遭到严重的破坏,土地荒芜,人口锐减,商旅不前,汉志地区商业因而转向衰落。东方商业改由波斯湾和两河流域运到地中海。商业的破坏和经济的衰落,使农民、牧民、手工业者和奴隶深受其苦,许多靠过境商业维持生活的部落逐渐贫困化。麦加贵族和富商乘机用高利贷盘剥穷人,广大下层人民的处境非常困难,人民群众不满情绪日益高涨,反抗斗争不断发生。贵族为了加强统治,镇压人民群众反抗,夺取新的土地,开辟新的商业途径,需要政治统一,建立一个强有力的国家机构。阿拉伯人民也希望打破部落的局限，获得牧场和肥沃土地。阿拉伯各部落联合成为统一国家的前提条件已经具备。伊斯兰教的产生，这是这些社会变动和政治统一要求在意识形态上的反映。

麦地那神权国家的形成

610年后，穆罕默德开始在麦加宣传伊斯兰教。由于他主张信仰一神，反对多神教和偶像崇拜，影响到麦加贵族与富商的宗教特权和经济利益，以倭马亚族的阿布·苏非扬为首的麦加贵族起而反对甚至多次殴打穆罕默德及其信徒，迫使穆罕默德的一些信徒离开麦加，迁往埃塞俄比亚。雅特里布的居民因受麦加商业贵族的盘剥，支持穆罕默德，他们派出代表，邀请穆罕默德前去雅特里布。穆罕默德先派其大批信徒迁去，622年7月16日夜，他本人与少数门徒亦从麦加出奔，这就是著名的“徙志”。后来这一年被定为伊斯兰教历的纪元。雅特里布也被改称为麦地那（意为“先知之城”）。由麦加迁到麦地那的伊斯兰教徒称为“迁士”（穆哈吉尔），接受伊斯兰教的麦地那居民则被称为“辅士”（安沙尔）。

麦地那居民中有不少人长期受到麦加富商和贵族的高利贷盘剥，因此，自然地形成了对穆罕默德的支持，伊斯兰教也在麦地那迅速传播开来。穆罕默德依靠“迁士”和“辅士”的力量，开始建立了以伊斯兰教为共同宗教信仰的政教合一的国家。穆罕默德不仅是宗教首领，而且是最高法官和军事统帅。为了打败麦加贵族，穆罕默德曾亲自出征20余次。630年，穆罕默德和麦加贵族达成协议：穆罕默德率军进入麦加城，麦加贵族接受伊斯兰教，承认穆罕默德是“先知”；穆罕默德则承认麦加是伊斯兰教的圣地，克尔伯古庙改为伊斯兰教的清真寺，黑陨石作为伊斯兰教的圣物保存下来。这样，也就保留了麦加贵族在政治上的特权和经济上的利益。此后，麦加成为阿拉伯半岛伊斯兰教的中心，麦地那成为阿拉伯国家的首都。到632年穆罕默德逝世时，阿拉伯半岛已基本上建成了统一的阿拉伯国家。

阿拉伯帝国的形成与扩张

阿拉伯帝国的形成

穆罕默德死后，他的亲信为了争夺继承权展开了激烈的斗争。最后选出了他的岳父艾卜·伯克为哈里发（632—634年）。艾卜·伯克首先镇压了国内各部落的叛乱，统一了半岛。然后开始对外扩张。到第二任哈里发欧默尔统治

阿拉伯骑兵

时期(634—644 年),在"圣战"的旗帜下,乘拜占廷、伊朗和中西亚各国内部危机深重、国力削弱之际,发动了一系列侵略战争。阿拉伯贵族和一般部落成员为了获得土地和战利品,纷纷应召出征。636 年远征叙利亚,在约旦河支流雅姆克河畔打败了拜占廷的军队,攻陷大马士革、安条克、阿勒颇等重要城市,占领了整个叙利亚。638 年,进攻耶路撒冷,不久占有全部巴勒斯坦。然后转向东方进攻伊朗。637 年,占领伊朗首都泰西封。642 年,灭掉伊朗萨桑王朝。同时,又派兵攻陷埃及。645 年,又占领了昔兰尼加和利比亚。

在欧默尔统治时期,还没有形成完备的国家制度,阿拉伯贵族和牧民之间的差别不很显著。按照古兰经的规定,每个战士都可分得一份战利品。到第三任哈里发鄂斯曼统治时(644—656 年),阿拉伯国家政权便具有明显的贵族专政性质。国家行政和军队的高级职位都由鄂斯曼的亲信和倭马亚家族担任。倭马亚家族在叙利亚、埃及等地占有大量土地,并竭力扩张自己的势力。哈里发鄂斯曼(644—656 年)开始,因哈里发的继承问题,引起伊斯兰教的教派斗争,这实质上是统治阶级内部争权夺利的斗争。鄂斯曼任用自己的亲信和倭马亚家族的人担任各地的行政长官,并分配给他们大量地产和奴隶,却常常不给阿拉伯普通战士发放粮饷,引起广大阿拉伯人的强烈不满。阿里利用人民的不满来反对鄂斯曼的专横。656 年,鄂斯曼在麦地那被暗杀,阿里当选为第四任哈里发(656—661 年)。倭马亚家族的人不甘心丧失政权,以叙利亚总督摩阿维亚为首同阿里展开斗争,宣称阿里与谋杀鄂

伊斯兰建筑风格的印度红堡

斯曼有关，不能担任哈里发。支持阿里的一派称为十叶派（“十叶”是阿拉伯语，意为“宗派”或“党徒”。“十叶派”即阿里的党徒，他们认为阿里和法提玛的后代才能当哈里发。）；支持摩阿维亚的一派则称为逊尼派（“逊尼”意为“行为”、“道路”；逊尼派全称为“逊奈和大众派”，意为遵守逊奈者；自称为正统派。这一派承认哈里发都是穆罕默德的合法继承人），双方经过几个月的战争都未取得决定性的胜利，准备以谈判解决。另有一部分不满意阿里的人，从十叶派中分离出去，形成哈瓦立及（哈瓦立及，意为“出走”）派。这一派反映下层人民的一些要求，故又称军事民主派。661 年，阿里被一个哈瓦立及派分子刺死，摩阿维亚乘机即位为哈里发，建立了倭马亚王朝（661—750 年）。首都由麦地那迁到大马士革，从此，哈里发成为世袭，不再选举。

倭马亚王朝统治时期，继续向外侵略。阿拉伯军队几乎同时向北、东、西三个方向出击。在西方，曾多次进攻君士坦丁堡，并向北非和西班牙扩张。698 年，征服了突尼斯、阿尔及利亚和摩洛哥等西部地区，将领土扩张到大西洋沿岸。741 年，征服了西哥特王国，占领了比利牛斯半岛，越过比利牛斯山，侵入高卢西南部。732 年在波瓦都战役中，为法兰克王国宫相查理·马特所败。从此，阿拉伯人入侵西欧内陆的势头终于被阻止。

波斯战争

为了争夺高加索通往黑海的出海口，参加对东方的贸易，并牢牢掌握对小亚细亚地区的统治权，公元 527 年，刚刚继位的查士丁尼一世任命贝利撒留为拜占廷军东方战线统帅。

贝利撒留（约 505—565 年）出生于巴尔干半岛达尔马提亚的农家。他膂力过人，性情坚韧，有胆有识，颇具大将风范。因其妻安东尼娜与皇后狄奥多拉过从甚密，使他成为查士丁尼一世的宠臣。他此时虽只有二十二岁，但已荣登帝国高级将领之列，出任东方统帅之一要职。他到任后，一方面大力整饬军纪，提高军队的战斗力；另一方面着力于防务的加强，在尼西比斯修筑要塞。

科巴德一世得到贝利撒留出任拜占廷军东方统帅和他致力于军务的消息，认为不能坐等拜占廷发展。如果任其扩大实力，将会对波斯极为不利。于是，他下决心先发制人，在 528 年先向拜占廷宣战，挑起了第一次拜占廷波斯战争。

第一次波斯战争

战争爆发后，科巴德一世派大将扎

基西斯率领3万大军向贝利撒留指挥的拜占廷军发动猛烈进攻，当时，贝利撒留麾下共有2.5万人，是一支由拜占廷人和蛮族人混合编成的队伍。这支队伍虽经贝利撒留作了整顿，但因时日过短，仍然存在纪律松弛、意志消沉等弱点，加上构成复杂，与波斯军相比，无论在数量上和质量上都处于劣势，战斗开始后，扎基西斯指挥的波斯士兵勇猛冲杀，很快就在战场上占据主动地位，在529年的尼西比斯作战中击败了拜占廷军队。首战失利后，贝利撒留冷静地分析了双方的力量对比和战场形势。他认为，在敌强我弱的形势下，应当主动后撤，集中力量，待敌人的战线拉长，力量分散之时再主动出击，与敌人决战。这样，他下令拜占廷军全线后撤，集中在德拉城。初战告捷及顺利进军，使波斯军新任统帅贝利则斯将军认为贝利撒留无计无谋、胆小如鼠，以为拜占廷军不堪一击，德拉城唾手可得。公元530年，他率领4万精锐的波斯大军，直扑德拉城。

波斯居鲁士二世占领巴比伦

德拉城是美索不达米亚平原上的战略重镇，位于尼西比斯北部23公里处，距底格里斯河有四天的路程，四周没有任何自然屏障，完全依靠城防工事的保护。其城防由内城、外城、护城河和防御壕及塔楼组成。内城城墙高达30米，外城的墙基坚固。为了加强守备，与敌人周旋，贝利撒留在城内布置了大批军队；在开阔平坦的城外，挖掘了纵横交错的交通壕，以掩护待命出击的骑兵。刚愎自用的贝利则斯十分轻敌，认为波斯军很快就会击败敌人并攻占城池，因而在攻城之前即向德拉城内的市民发布通告，要他们准备好洗澡水，以便占领该城后为波斯士兵洗涤征尘。

战斗开始后，波斯大军发动了猛烈的进攻，拜占廷军接连失利，中军发生动摇。就在这危急时刻，贝利撒留指挥两翼的骑兵适时出击，出其不意地从两个方面夹击敌人侧后。在拜占廷骑兵的冲击下，波斯军阵脚大乱，导致全军溃败。统帅贝利则斯看到大势已去，弃军逃走。波斯士兵丢弃武器，四散奔逃，结果有5000人阵亡、8000人被俘。获胜的贝利撒留为防敌人反扑，下令收兵回城，重整防务，531年，波斯军渡过幼发拉底河，从叙利亚沙漠方向发动进攻。贝利撒留统兵2万前往援救。波斯军发动的多次进攻，都在贝利撒留的巧妙应付下瓦解了。在胜利面前，拜占廷军中的骄傲轻敌情绪日益高涨，加上贝利撒留尚不满二十六岁，其部下诸将欺其年轻，经常不服从他的统辖，全军缺乏行动的一致性，直接影响了此后的战争进程。

当时，贝利撒留为了尽快退敌，下令要拜占廷军每晚都抢先占领敌人预定第二天占领的阵地，待敌人前来进攻时，经短暂战斗，即主动放弃。这样，通过拉锯战来消耗敌人的有生力量，但贝利撒留部将急于立功，不遵守贝利撒留的命令，有的轻举妄动，擅自出击，以致在卡尔基斯城附近轻易与波斯军主力交战。在战斗中，位于拜占廷军右翼的阿拉伯人在波斯士兵的拼死攻击下临阵逃脱，使拜占廷军陷入绝境，800 名英勇善战的匈奴老兵被包围消灭。只有左翼的拜占廷步兵在贝利撒留的激励下，在幼发拉底河岸背水一战，顶住了波斯骑兵的冲击，并乘夜巧妙渡河撤退，摆脱了危险。波斯军队取得了卡尔基斯会战的胜利。

公元 531 年秋，波斯国王科巴德一世逝世，国内发生继嗣之争，政局动荡不安；而拜占廷方面，皇帝查士丁尼一世为了恢复失去的国土，准备集中全力对非洲用兵，进攻汪达尔王国，也急于尽快结束与波斯的战争。这样，因双方都无心再战，就在公元 532 年达成媾和协议，结束了第 1 次波斯战争。条约规定：拜占廷撤回德拉城的驻军，向波斯支付黄金 1000 磅。

亚历山大与波斯作战

纵观第 1 次波斯战争，波斯军队在数量和质量上始终占绝对优势，但是拜占廷军在足智多谋的贝利撒留指挥下，以少胜多，以弱胜强，给波斯军以很大打击。由于这次战争是一场没有经过决战定出胜负就停战媾和的战争，在某种意义上可以说是一场没有打完的战争。虽然查士丁尼一世不惜以金钱和实利换取了和平，但是在交战双方之间存在的矛盾并未消除，双方的军事力量也没有受到任何大的损失，因而双方的冲突和战争仍是不可避免的。

第二次波斯战争

双方停战后，波斯新王库斯鲁一世（531—532 年在位）利用和平时机，致力于稳定国内政局。他在无情镇压政敌，巩固自己的地位，把持了朝政之后，就开始大力进行国内的政治、经济和军事等方面的改革。首先，鼓励发展农业，推广农耕技术，向人烟稀少的边疆地区大量移民；其次，大力整修道路，发展交通事业，使之既有利于军队的调动，也为贸易往来提供便利；第三，改革军制，以铁甲骑兵和农民组成的步兵为主，建立新的正规军，增强军队的训练和组织纪律性；第四，大力进行税制改革，增加国家财政收入。他改变过去官员和贵族随意摊派税额和随意征收的旧制，开始征收固定的土地税和人头税，每年分两次完税；另外，他还奖励发展工艺品的制造，并大力发展文化教育事业，创办了苏萨大学。这些措施，巩固了波斯王室的地位和中央集权的统治，也使波斯的政治、经济和军事实力得到增强，因此，库斯鲁一世在位期间，被称为萨珊波斯的黄金时代。

库斯鲁一世是个野心勃勃的人，他进行改革的目的，就是要增强国力，对外进行侵略扩张，扩大自己的版图。但是，在他致力于解决国内问题的时候，拜占廷军已征服了汪达尔王国，正在向东哥特王国进攻。因此，库斯鲁一世非常不安，他既嫉妒查士丁尼一世取得的成功，又担心拜占廷势力的强大会威胁到波斯的存在，整日郁郁寡欢，苦思对策。就在这时，公元539年底，东哥特国王维提吉斯派特使求见库斯鲁一世，告诉他：东哥特王国在贝利撒留指挥的拜占廷军的打击下，已岌岌可危，所以敦请库斯鲁一世火速出兵拜占廷，以减轻东哥特王国的压力，同时可以从东西两个方面夹攻拜占廷帝国。库斯鲁一世不愿看到拜占廷打败东哥特王国壮大力量，接受了请求。他认为拜占廷军的主力都在贝利撒留的指挥下西征东哥特王国，国内必定空虚；而且亚美尼亚和科尔奇斯人不满拜占廷的统治，如果趁此时机发动战争，一定会取得胜利。于是，他先唆使阿拉伯人酋长进攻拜占廷帝国，尔后以援助阿拉伯人为名，撕毁和约，向拜占廷宣战，战争再次爆发了。

公元540年春，库斯鲁一世亲率大军从首都泰西封出发，沿幼发拉底河西岸前进。拜占廷人猝不及防，加上拜占廷军在幼发拉底河防线上的兵力薄弱，无法与波斯军对抗。因此，战争一开始，库斯鲁一世就给予拜占廷军以自亚德里亚堡以来所没有受到过的打击。在镇压了小城苏拉的反抗后，库斯鲁一世率军进攻希拉波利斯、卡尔基斯等城，勒索得巨额赎金，然后直捣叙利亚首府安条克。

安条克是拜占廷在东方的第二大城市，人口稠密，建筑宏伟，三面环山，一面临奥伦德斯河，围绕城市建有坚固的堡垒。守将是查士丁尼一世的外甥，他完全是依靠姻亲关系担任这一职务的，根本就没有指挥才能。虽然在波斯军的包围圈形成之前，查士丁尼一世派来的6000援军已进入城内，但援军的到来并未使军队的士气有所提高。波斯军围城之后，库斯鲁一世下令指挥大军攻城。数万波斯士兵肩扛登城的云梯，发动了一次次的强攻，在残酷、激烈的战斗中，拜占廷军的伤亡不断增加，许多士兵从旁门突围逃走。城内吉莫（市民的区域组织，有自选的区长，负责治安）派出大批青壮年支援残留在城内的士兵进行抵抗，但在波斯军的最后总攻下，安条克城陷落了。库斯鲁一世为了报复，下令让波斯军大肆烧杀抢掠。寺院受劫掠，房屋被焚烧，人民遭屠杀，整个城市惨状纷呈，劫余的居民被掳往波斯。尔后，库斯鲁一世挥军进攻地中海东岸地区。

在这一年里，库斯鲁一世率领波斯大军纵横驰骋在拜占廷帝国的东方领土上，如入无人之境，取得了一连串的胜利，掠得的财宝不计其数。在胜利面前，库斯鲁一世日渐狂妄自大，野心不断膨胀。他认为从拜占廷帝国夺取小亚细亚已不成问题，就是帝国首都君士坦丁堡也将在波斯大军的铁蹄下化为齑粉。

拜占廷皇帝查士丁尼一世得到波斯军队入侵并劫掠的消息后，十分惊慌，急忙召回正在意大利指挥作战的贝利撒留，任命他为征讨波斯的统帅。公元541年，贝利撒留风尘仆仆地从意大利战场上赶回，戎装未卸，就奔向叙利亚战场。

这时的贝利撒留经过十几年无数次战争的锻炼，早已成为一个杰出的骑兵指挥官和战术家，他建立了一支由拜占廷人和一部分蛮族人组成的7000人的亲随骑兵。他们身披锁子甲，装备有日耳曼人的长矛和波斯人的弓箭，在战斗中行动迅速，勇猛异常，成为拜占廷军的主力，被称为“铁甲士”。作为一名将军，贝利撒留深知士兵的重要，因此他非常爱护士兵，珍惜士兵的生命，在战斗中，他总是身先士卒，带领亲随骑兵驰骋拼杀，因而得到士兵们的崇敬和爱戴。贝利撒留抵达东方前线，立即指挥拜占廷军向前推进，在幼发拉底河畔扎营。他详细考察、研究了战场形势，决定采取引蛇出洞的战术，把以逸待劳、固守堡垒的波斯军引出来，加以伏击。但是，由于执行诱敌任务的阿拉伯雇佣军军纪涣散，战斗力低下，使计划失败了。这时，由于家庭纠纷，查士丁尼一世召贝利撒留回君士坦丁堡，他只好暂时离开了前线。波斯军趁机发动进攻，缺乏主帅的拜占廷军无心恋战，节节后退。542年，当贝利撒留重返前线时，拜占廷军已退缩到希拉波利斯城。他立即投身于建立新的战线的工作，同时，鼓励士兵振奋精神，奋勇向前。很快，他就在希拉波利斯城和幼发拉底河之间建立了新的防线。新的防线是由骑兵和步兵按梯次配备组成的，第一线是由6000骑兵组成的机动部队；第二线是由哥特人、汪达尔人、伊比利亚人等蛮族组成的步兵。步兵每个阵营分为四队，第一队持鞭，第二队仗剑，第三队执弓，第四队用斧。此外，在幼发拉底河东岸部署1000各亚美尼亚骑兵，作为策应。

库斯鲁一世深知贝利撒留作为一代名将在胆量和韬略方面的过人之处，当他看到拜占廷军已做好迎战的准备，就决定放弃进攻，避免与贝利撒留进行决战。于是，他引兵向北进攻、劫掠黑海北岸。

此时，流行于欧洲大陆的黑死病（鼠疫），在拜占廷肆虐起来。在黑死病的袭击下，君士坦丁堡居民大量死亡，最多时一天有近万人死于瘟疫。同时，黑死病也威胁到交战双方的军队，两军因此不得不休战。留在前线的贝利撒留利用休战，整训军队。这时，一个消息传到前线，说查士丁尼一世死于黑死病。一个部将趁机劝说贝利撒留利用手中的兵权夺取帝位。这件事被人密报君士坦丁堡，查士丁尼一世本来就害怕贝利撒留功高盖主，此时他不问青红皂白，将贝利撒留召回，没收其财产，剥夺其亲兵，削去其职务，使拜占廷军失去了一位杰出的指挥官。

看到拜占廷内部发生的纠纷，库斯鲁一世觉得有机可乘，遂于公元543年派军进占亚美尼亚，全歼了前来进攻的3万拜占廷军。544年，库斯鲁一世再次亲征上美索不达米亚，围攻首府尼得撒城达数月之久。但波斯军发动的多次攻城战，均因城高险固未能如愿。无奈，他率军退回尼西比斯。

公元545年，双方缔结了一个有效期为五年的停战协定，根据协定，波斯将所占领土归还拜占廷，拜占廷则偿付波斯黄金2000磅。第二次波斯战争至此就结束了。

这次战争，双方仍未决战，由于查士丁尼一世采取了以金钱买和平的息事宁人的政策，战争暂时停止了，但导致战争的因素并未消除，战争仍是解决双方矛盾的惟一手段。因此，公元549年又爆发了第三次波斯战争。

第三次波斯战争

这次战争（549—562年），双方主要围绕科尔奇斯进行争夺，展开了激烈的战斗，进行了反复的较量。科尔奇斯只是一个小国，它位于黑海东岸，扼守作为东西方商路的高加索通道，法息斯河流经其间，河运十分便利，从河口的港口只需9天即可航行到君士坦丁堡。科尔奇斯物产丰富，特别是黄金等矿产蕴藏量很大。优越的地理环境，丰富的物产，吸引了众多的人口，成为多民族的聚居地。科尔奇斯号称人口400万，仅使用的语言就达130多种。它由7个部落组成，其中以拉济卡部落最大，拉济卡酋长又称为科尔奇斯国王。富庶的科尔奇斯一直是周围强国的争夺目标。为了进行自卫，国内建有许多小要塞，每个要塞都有砖砌的城墙和塔楼，并配备相当数量的守军。全国号称有军队20万人。

在古代，科尔奇斯是波斯帝国的属国，波斯帝国瓦解，被本都王国吞并，本都在米特拉达梯战争中失败后，又被罗马帝国征服。但由于距罗马过于遥远，罗马的控制很松弛，实际上仍然作为一个独立的小王国存在着。随着基督教的广泛传播，科尔奇斯人纷纷转而信奉基督教。控制着教权的拜占廷帝国趁机向科尔奇斯进行渗透，扩张自己的势力。公元522年，科尔奇斯遭到东方伊比利亚人的侵害，为了求得拜占廷帝国的庇护，科尔奇斯国王沙非亲自到君士坦丁堡接受洗礼，并娶拜占廷人为妻。后来又与查士丁尼一世缔结同盟，实际上成为拜占廷的属国。

到国王卡巴翟斯当政时，拜占廷在比遵达和庇特拉修建要塞，驻扎重兵。开始，科尔奇斯人欢迎拜占廷士兵的到来，认为他们是来保护自己的。但由于拜占廷军的纪律涣散，长期以来，扰民行为不断发生。拜占廷士兵到处侮辱、劫掠当地人民，甚至插手科尔奇斯的政治，使国王卡巴翟斯成为傀儡，政权几乎完全掌握在拜占廷官吏的手中。这些，都大大伤害了科尔奇斯人的民族自尊心，他们忍无可忍，遂向波斯国王库斯鲁一世恳求援助和友谊。早想染指科尔奇斯的库斯鲁一世接到请求后，大喜过望，马上应诺下来。他计划先派舰队沿法息斯河顺流而下，控制黑海商路和制海权，蹂躏本都和比西尼亚海岸；同时联合不满君士坦丁堡统治的各蛮族，共同进攻拜占廷帝国。公元547年，库斯鲁一世率领8万大军，以讨伐斯基泰人为借口，秘密进入伊比利亚。科尔奇斯人看到波斯军的到来，认为是来解救他们的，高兴地为波斯军充当向导，帮助开辟通过高加索山脉的道路。卡巴翟斯王甚至跪在库斯鲁一世面前表示感谢，宣誓效忠波斯。进入科尔奇斯后，库斯鲁一世指挥波斯军进攻庇特拉要塞。拜占廷守军顽强抵抗，但在波斯大军的轮番冲击下，城垣毁坏，残余的拜占廷守军投降，庇特拉落入波斯之手。

科尔奇斯人原以为“救星”波斯人的到来，会给他们带来和平、安宁的生活。但事与愿违，作为专制君主的库斯鲁一世,不但把以卡巴翟斯王为首的科尔奇斯人视为奴隶,百般驱使,而且下令强制要求科尔奇斯人放弃基督教的信仰,改信波斯的袄教。在信奉基督教的科尔奇斯人眼中,袄教的许多仪式和习俗是难以接受的。如袄教习俗之一的“天葬”,是将亲人的遗体放在高塔上任凭日晒雨淋,作鸟和鹰的食物,这被他们看做是对亲人的不敬和残忍的行为。因此,他们对改教抱有反感,从而产生了敌意。库斯鲁一世察觉后,准备暗杀卡巴翟斯王,并将科尔奇斯人迁往遥远的沙漠地区,把忠实于自己的波斯人移民法息斯河畔。科尔奇斯人听到这个可怕的消息后,慌恐万分,他们既不愿改变自己的信仰,也不愿离开世代生息的家园。于是,公元549年,他们再次向拜占廷帝国皇帝查士丁尼一世求救。查士丁尼一世觉得收复科尔奇斯的机会来了,他立即派将军达基斯特率8000拜占廷士兵向波斯军发动进攻,力图从黑海沿岸驱逐波斯势力。双方因此展开了著名的庇特拉争夺战。

庇特拉要塞建在法息斯河口的一个伸向黑海的小半岛上,岛上地势险要,只有一条小路通向陆地,易守难攻。波斯军占领该要塞后,对要塞进行了改造,使之更加坚固。要塞中有1500名波斯士兵驻守,储有约5万件防御武器和五年的口粮。在拜占廷军的围攻面前,波斯守军毫不畏惧,顽强战斗,保住了要塞。但是在激烈的战斗中,有1200名波斯士兵阵亡,残存的300名波斯士兵在战友们的尸体堆中,忍受着难耐的尸臭,继续战斗。在最危急的时刻,波斯将军梅尔美劳斯带3000名士兵,杀开一条血路,冲入城内增援。拜占廷军因久攻不下,由贝思将军出任攻城总指挥。梅尔美劳斯是位失去双脚,在担架上指挥战斗的老将军;贝思则是一个久经沙场的年逾七十的宿将。两人到达前线后,都潜心研究战场上的形势,制定新的战略战术。

公元551年,经过充分准备的拜占廷军5万人发起了新的攻城战。拜占廷军使用需40名士兵搬运的大型撞城槌冲击城墙,然后用铁钩钩下松动的墙砖,力图打开一个突破口。波斯军则在城墙上往下倾倒用硫黄和沥青制造的燃烧剂,烧灼拜占廷军,并以飞蝗般的箭矢阻止拜占廷军登城。拜占廷军老将贝思一马当先,常常冲在队伍最前列,他的勇气鼓舞了拜占廷士兵的斗志,他们顶着矢雨,奋勇登城。波斯军也在梅尔美劳斯的指挥下英勇杀敌,寸土必争。残酷的战斗持续了几个月。战斗激烈之时,6000名拜占廷士兵同时架起云梯登城,战场上到处是刀剑的撞击声、喊杀声、呻吟声。在拜占廷军的攻击下，波斯军伤亡惨重，但仅存的2300人仍坚守着残破的要塞。在拜占廷军的最后总攻击中，波斯军仅有700人受伤被俘，其余的1600余人均被剑与火夺去了生命。最悲惨的是被包围在名为天主阁的卫城内的500名波斯士兵，因拒绝投降，在拜占廷军的火攻下，一齐葬身火海。拜占廷军在付出了巨大的伤亡后，占领了已成为废墟的庇特拉要塞。

庇特拉围攻战后，拜占廷军和波斯军在高加索山麓进行了六年的拉锯战。拜占廷军掌握了主动权，取得了多次小胜利。但由于波斯军得到源源不断的补充，力量不断增加，总兵力达到了7万人。554年，波斯军向阿尔凯奥波利斯发动进攻，失利后，主动撤退。不久，再次发动进攻，占领了伊比利亚。战争逐渐向有利于波斯的方向发展。连续的失利，使拜占廷军士气低落，战线不断后移，卡巴翟斯王逃入山中。公元555年，那科劳凯恩将军出任波斯军统帅。他傲慢自负，不可一世，狂言在战场上取胜，就像往自己手上戴戒指一样容易，当时，数万拜占廷军已被波斯军困在法息斯河口的一块狭小的地区，内无粮草，外无援兵。但置之死地而后生，处于绝境的拜占廷军抓住有利时机，拼死向轻敌冒进的波斯军队发起反攻，取得了胜利，消灭波斯士兵1万余人。那科劳凯恩将军狼狈地逃回波斯，被激怒的库斯鲁一世将他剥皮处死。

面对战场上的败势，库斯鲁一世采取了养精蓄锐、以利再战的政策，主动放弃战争，逐渐将军队撤回国内。拜占廷恢复了对科尔奇斯的控制，卡巴翟斯王再次向拜占廷宣誓效忠，但不久被查士丁尼一世以背信弃义的罪名处死。

公元562年，波斯与拜占廷再次媾和，条约规定：波斯放弃对科尔奇斯的领土要求，作为补偿，拜占廷每年向波斯支付黄金1.8万磅；条约有效期限为五十年。

这样，在拜占廷帝国方面由查士丁尼一世进行的三次战争就结束了。通过战争，拜占廷保住了在东方的领土。但辉煌的战果是付出了巨大代价才取得的，庞大的战争费用和巨额的年金，耗尽了国家原有的积蓄，天文数字般的财政赤字的弥补，加重了人民的负担，使广大下层人民的不满与仇视情绪与日俱增，阶级矛盾和阶级斗争日益尖锐。统治阶级内部也因种种矛盾，趋向分化解体。拜占廷帝国已成为外强中干的空架子，往昔繁荣的大帝国的景象，已一去不复返了。正像查士丁尼一世的继承人查士丁二世在566年发布的补充诏令中说的那样：我们的国库空虚，负债累累，达到极端贫困的境地，军队也趋于瓦解，以致国家遭到蛮族不断的侵袭与骚扰。”

第四次波斯战争

公元562年双方媾和之后，库斯鲁一世再次改革内政，整顿军队。为了稳定后方，消除后顾之忧，他出兵征服阿拉伯半岛，控制了半岛最大的港口亚丁。经过一番努力，波斯的实力渐渐恢复起来。

公元565年1月，拜占廷皇帝查士丁尼一世去世，把拜占廷帝国这个乱摊子丢给了继承人查士丁二世（565—578年在位）。面对财政困窘，吏治混乱，军事无力，人民斗争不断的局面，查士丁二世改变了查士丁尼一世的对外政策，力图通过改革内政来挽回颓势。571年，查士丁二世下令停止向波斯支付年金。库斯鲁一世以查士丁二世撕毁条约、拒纳年金为名，率领波斯军进攻德拉城，战端又启。经过五个月的厮杀，德拉城陷落。在索得黄金4万磅后，波斯军后撤，双方暂时休战，在战争失利的情况下，性格内向的查士丁二世苦于强国无策，终日闷闷不乐，最后竟精神失常，死于578年。将军提比略二世继其后为拜占廷皇帝（578—582年在位）。提比略二世为了集中全力同波斯进行战争，在帝国其他方面都采取了守势，甚至不惜花费巨额款项与阿瓦尔人和解，但面对残破的局面，他同样回天乏术，在声声悲叹中死去。根据遗诏，其女婿、将军莫里斯登上帝位（582—602年在位）。

在波斯，579年库斯鲁一世逝世，其子霍尔密资德四世（579—590年在位）继位。霍尔密资德锐意改革图治，采取了许多削弱地方权力，加强中央集权的措施，力争重新树立国王的权威。但是，他的改革措施遭到了普遍反对。巴比伦、苏萨、达尔马提亚相继发生叛乱，阿拉伯等地拒绝向中央政府缴纳贡赋。西方有拜占廷军的进攻，东方面临突厥人的入侵，内忧外患一齐涌来。589年，以阿塞拜疆驻军司令巴拉姆·楚宾为首的部分贵族发动叛乱，杀掉霍尔密资德，篡夺王位。霍尔密资德之子库斯鲁二世巴尔维茨逃往拜占廷，请求拜占廷皇帝莫里斯的保护。为了彻底解决东方问题，莫里斯答应了他的请求，派将军那尔翟斯率7万大军援助库斯鲁二世。拜占廷军在幼发拉底河畔击败了波斯军，乘胜于591年攻陷波斯首都泰西封，杀掉了巴拉姆·楚宾，把库斯鲁二世扶上波斯王位（591—628年在位）。继位之初的库斯鲁二世不得不向拜占廷做出重大让步，将亚美尼亚的大部分和伊比利亚之半割让给拜占廷，双方订立“永久和平协定”。莫里斯圆满地结束了苦战二十年的战争。

第五次波斯战争

波斯国王库斯鲁二世是个颇有才智

和野心的人。他虽然借拜占廷的力量登上王位，并与拜占廷订立“永久和平协定”，但其真实目的是为了首先解决国内问题，巩固刚刚到手的王位，扩大自己的势力，增强国力。因此，他一面派兵出击突厥人，守卫东部边疆；一面稳定国内政局，注意休养国力。恰好，由于阶级矛盾激化；拜占廷发生兵变，602 年，暴动士兵在百夫长福卡斯率领下向君士坦丁堡进军。兵变得到了君士坦丁堡的吉莫和平民的广泛支持，他们推翻并处死了莫里斯皇帝，拥立福卡斯为拜占廷皇帝（602—610 年在位）。但福卡斯政权一建立，就遭到元老、大地主、行政官吏和高级军官的反对，拜占廷陷入了国内战争。内战使拜占廷的行政机构完全处于瘫痪状态。

拜占廷的内乱使库斯鲁二世觉得时机已到，便以给大恩人莫里斯复仇为名，于公元 606 年率领大军西征，战火又起。交战中，波斯军斩杀拜占廷将军凯尔马努斯，俘其所部；进而围攻德拉城，经九个月的战斗攻占该城。608 年，波斯军进攻卡帕多西亚、比西尼亚、卡拉奇亚；另一支波斯军攻占了卡尔西顿城，联合阿瓦尔人、斯拉夫人威胁君士坦丁堡。

波斯大军的迫近，使君士坦丁堡一片混乱。已被内乱搞得头昏脑胀的福卡斯皇帝手足无措，不知如何应付如此危急的局面。在元老、大地主和行政官吏的支持下，近卫队长普里斯库斯秘密联合非洲行省省长希拉克略，准备发动政变，推翻福卡斯。610 年，希拉克略率舰队向君士坦丁堡进军，在达达尼尔海峡击败了支持福卡斯的军队，顺利进入君士坦丁堡，推翻并处死了福卡斯，希拉克略成为拜占廷皇帝（610—640 年在位），开始了希拉克略王朝的统治。

这时的拜占廷，国内战争虽然结束，但旧有的矛盾和问题尚未解决，又出现了新的问题；外部，波斯大军兵临君士坦丁堡，直接威胁到帝国的存在。可以说这是拜占廷帝国形成后未曾有过的黑暗时代。希拉克略千方百计想排除重重困难，挽救危急中的帝国，为阻止波斯军的攻势，他任命普里斯库斯为东方统帅，并派其弟德奥多尔斯驻守战略要冲奇里乞亚（又译西里西亚）山口，但 611 年普里斯库斯因与希拉克略的关系破裂，阴谋反叛，东方战线形同虚设，根本无法与波斯军抗衡。

波斯在蹂躏小亚细亚之后，于 609 年进攻叙利亚，611 年再次攻占安条克。帝国的广大下层人民，特别是犹太居民，认为波斯人是来解救他们的，使他们不再受帝国的政治压迫和经济盘剥，因而情愿接受波斯人的统治。613 年，波斯大将夏尔·巴尔兹率军攻占大马士革，并进攻耶路撒冷。

耶路撒冷是传说中耶稣基督的殉难

地，耶稣的灵墓即在这里，因而被基督教徒视为“圣地”。信奉基督教的拜占廷士兵和当地居民为保卫“圣地”不受异教徒的亵渎，浴血奋战。波斯军以移动木塔为掩护，用攻城槌撞击城墙，发动轮番进攻。守军寡不敌众。在激战八十多天后，耶路撒冷城被攻陷。波斯军进城，大肆劫掠，总计有9万人惨遭杀戮，圣殿和庙宇均罹兵燹，三百多年的积蓄被抢劫一空，连耶稣的陵墓也未逃厄运，“圣十字架”（传说中钉死耶稣的十字架）被作为战利品运回泰西封。基督教的信徒们闻此失色，悲叹世界末日的降临，他们把库斯鲁二世视为《圣经》中的“基督的仇敌”。

616年，夏尔·巴尔兹又率领波斯军侵入埃及，攻陷了亚历山大里亚城，到619年征服了整个埃及。同时，另一支波斯军队出征小亚细亚，直抵博斯普鲁斯海峡，再次威胁到君士坦丁堡的安全。波斯大军兵锋所至，本都沿海经安基拉到罗得岛的许多城市望风而降。庞培等罗马帝国将军在几百年间夺占的土地，在短短的几年中就全部被库斯鲁二世夺走。到这时，埃及、阿拉伯、巴比伦、叙利亚及小亚细亚的美索不达米亚、亚美尼亚、美地亚等地，都先后臣服于波斯，波斯的版图扩大到了极点，萨珊波斯的势力达到了空前绝后的极盛时期。617年，波斯军又一次攻占卡尔西顿城，库斯鲁二世与阿瓦尔人、斯拉夫人等蛮族订立同盟，共同进攻君士坦丁堡。

这时，拜占廷帝国的形势非常紧张，君士坦丁堡被围困，粮道断绝，军费匮乏，士气低落，人心浮动，加上疾疫流行，城内混乱不堪。希拉克略无计可施，打算放弃君士坦丁堡，迁都迦太基城。在主教塞尔基乌斯的竭力劝阻下，希拉克略打消了迁都的念头，决心坚持战斗到底。在大敌当前的情况下，帝国内部各阶级、各阶层之间的矛盾得到了缓和，他们都团结在希拉克略周围，准备与敌人决一死战。希拉克略在他们的支持下，在国内施行了三项重要改革：首先，把北非的总督制移植到拜占廷东方各省，建立军区制（亦称宅姆制），把地方军、政大权集于军事长官一身，健全了军事组织；其次，充分利用帝国内乱时充入国库的被镇压贵族的财产，把土地分给军人，建立军役和封建义务合一的军事屯田制，加强军队的经济基础；第三，利用宗教的精神和物质力量，大批动用教产，以“圣战”号召全国军民同仇敌忾，与“异教徒”波斯人决一死战。

为了争取时间，希拉克略向波斯提出休战。波斯严辞拒绝，同时发兵进攻君士坦丁堡，逼迫希拉克略投降。620年，夏尔·巴尔兹率军从埃及赶到卡尔西顿，参加对君士坦丁堡的攻击。得到增援的波斯军乘船强渡博斯普鲁斯海峡，试图从海上进攻君士坦丁堡。在拜占廷舰队的拦击下，波斯军伤亡士兵4000余人，进攻受阻。见此情景，库斯鲁二世向希拉克略提出休战条件：拜占廷每年向波斯交付金银2000塔兰特，绢衣1000件，马1000匹，美女1000人。迫于当时的形势，希拉克略答应了这些苛刻的条件，但以时间仓促为由，要求延缓纳贡的期限。双方达成了休战协定。利用这一短暂的时机，希拉克略大力加强陆海军军备。621年，又以黄金20万磅的代价与阿瓦尔人议和，消除了后顾之忧。

一切准备就绪后，公元622元，希拉克略将太子留在君士坦丁堡，把后事托付给主教和元老院，抱着必死的决心，亲自率领拜占廷军踏上了进攻波斯的征途。希拉克略指挥拜占廷军避开正面的敌人，乘军舰出其不意地在小亚细亚南端奇里乞亚的伊索斯港登陆。这里曾是马其顿亚历山大大败波斯皇帝大流士三世的古战场。驻扎在卡尔西顿城的波斯军听到拜占廷军在自己身后的伊索斯登陆，十分惊慌，为保住自己的补给钱，马上分出一支部队火速赶往伊索斯。希拉克略率军迎击，双方在卡帕多西亚相遇。战斗中，在希拉克略的激励下，拜占廷军奋勇拼杀，人人争先，大败波斯军，乘胜收复小亚细亚东部。初战告捷，拜占廷军士气大振。623年，希拉克略又率军舰在小亚细亚北部的特拉帕作斯港登陆，在击退敌人的进攻后，占领科尔奇斯。在这里，拜占廷军得到许多来自高加索山区的蛮族雇佣军的补充。不久，拜占廷军又夺取了亚美尼亚，攻入美地亚，占领塔里斯城。为避免过早地与波斯军进行决战，希拉克略下令停止进攻，原地休整。624—625年，拜占廷军基本上平定了小亚细亚西部。

战场上的失利和军队的大量减员，使波斯军面临着许多困难。为了补充兵员的严重不足，库斯鲁二世大量募集新兵，并打破惯例将广大下层贫苦人民强制编入军队。626年，库斯鲁二世为了发动新的进攻，制定了一份详细的作战计划。按计划，波斯军兵分两路：一支由5万人组成，出兵亚美尼亚，牵制希拉克略率领的拜占廷军；另一支由夏尔·巴尔兹将军指挥，从南方经小亚在卡尔西顿城与阿瓦尔人会合，力争在短时期内攻下君士坦丁堡。

在得知波斯军的动向后，希拉克略调整了自己的战略部署。他将拜占廷军分为三部分：一支横渡黑海，援救君士坦丁堡；一支由其弟德奥多尔斯率领在亚美尼亚与波斯军队周旋；第三支主力由希拉克略亲自指挥，作为机动部队，静观战局发展再决定出击方向。

626年8月，8万阿瓦尔人大军向君

士坦丁堡发起进攻，在激战十天后，被拜占廷军击退，失利的阿瓦尔人欲乘船渡过海峡与波斯军会合，但遭到拜占廷舰队的猛烈攻击，在拜占廷军海陆夹攻下，阿瓦尔人解围引兵北遁，从此一蹶不振。

在亚美尼亚，德奥多尔斯大败波斯军，再次攻入美地亚。希拉克略抓住有利时机，派一支精锐部队经美地亚、阿西利亚直捣波斯首都泰西封。他自己指挥主力出科尔奇斯，沿底格里斯河南下，两支军队互相策应。

面对拜占廷军的大规模进攻，库斯鲁二世被迫与拜占廷军决战。他把所有留在国内的士兵集中起来，拚凑了一支军队，以将军拉扎特斯为统帅，进行决战的准备。他对即将出征的拉扎特斯说："胜利与殉国，希卿任选其一。"同时，他又派信使火速赶往卡尔西顿，召大将夏尔·巴尔兹率军回国参加决战。信使在途中被拜占廷军俘获，使波斯军失去了后援。

公元627年12月12日，两支大军在古城尼尼微附近相遇，激烈的战斗开始了。战斗自拂晓至中午仍未见胜负。激战中，希拉克略身先士卒，带领拜占廷军发起最后攻击。拜占廷士兵勇猛拼杀，战场上人喊马嘶，声震如雷。波斯军损失惨重，将军拉扎特斯阵亡。傍晚，波斯军稳住阵脚，开始主动后撤。不久，波斯军重新发起进攻。希拉克略见波斯军来势汹汹，避而不战，率军乘夜色从小路昼夜兼程，直扑波斯陪都达斯塔噶德城，库斯鲁二世见势不妙，一面下令拆掉护城河上的木桥，一面再派信使召回夏尔·巴尔兹，但由于拜占廷军进军神速，一切都无济于事了，无奈，他只好弃城逃走。希拉克略进入该城后，将离宫内的财宝、积蓄抢劫一空，放火焚烧了宫殿。尔后，继续率军向泰西封挺进。由于天寒雪大等不利条件，加上得到夏尔·巴尔兹大军将至的消息，希拉克略下令将军队撤回美地亚。

战场上的接连失利，使库斯鲁二世恼羞成怒。他不顾国库空虚、兵力不足等客观条件，拒绝了希拉克略的媾和要求，誓与拜占廷帝国血战到底。在国家存亡的危急关头，628年，一部分波斯贵族联合将军夏尔·巴尔兹举行政变，将库斯鲁二世逮捕入狱（后在狱中忧愤死去），拥立其子西罗斯为波斯国王，即科巴德二世，公元631年，科巴德二世与拜占廷议和。条约规定：波斯立即归还历代侵占的拜占廷领土；无条件释放拜占廷俘虏；归还抢自耶路撒冷的"圣十字架"；归还一切抢劫的拜占廷财物，并偿还相当数额的军费。

波斯惨败以后，国势日颓，再也无力向拜占廷发动战争；到公元651年，萨珊波斯也就被阿拉伯帝国灭亡了，但是，这一地区并不宁静。随着阿拉伯帝国的崛起，便又开始了阿拉伯与拜占廷之间的战争。